हरी भरी उम्मीद

चिपको आन्दोलन और अन्य जंगलात प्रतिरोधों की परम्परा

वाणी प्रकाशन

INDIAN INSTITUTE OF ADVANCED STUDY

ज्ञानमय तपः

भारतीय उच्च अध्ययन संस्थान

हरी भरी उम्मीद

चिपको आन्दोलन और अन्य जंगलात प्रतिरोधों की परम्परा

शेखर पाठक

वाणी प्रकाशन

वाणी प्रकाशन

4695, 21-ए, दरियागंज, नयी दिल्ली 110 002

फ़ोन : +91 11 23273167 फ़ैक्स : +91 11 23275710

शाखाएँ

अशोक राजपथ, पटना 800 004, बिहार

कॉफ़ी हाउस कैम्पस, महात्मा गांधी मार्ग, इलाहाबाद 211 001, उत्तर प्रदेश

महात्मा गांधी अन्तरराष्ट्रीय हिन्दी विश्वविद्यालय, वर्धा 442 001, महाराष्ट्र

सुल्तानिया रोड, मोतिया पार्क, भोपाल 462 001, मध्य प्रदेश

www.vaniprakashan.in
marketing@vaniprakashan.in
sales@vaniprakashan.in

HARI BHARI UMMEED
Chipko Andolan Aur Anya Junglat Pratirodhon Ki Parampara
by Shekhar Pathak

ISBN : 978-93-88434-45-4
Social Science/History

प्रथम संस्करण 2019

मूल्य : ₹ 995

सिटी प्रेस, दिल्ली-110 095 में मुद्रित

वाणी प्रकाशन का लोगो मक़बूल फ़िदा हुसेन की कूची से

सौंपता हूँ यह किताब

उस समाज को

जो

जंगलों के मायने समझता है

शुरुआत/आभार

उत्तराखण्ड में बीसवीं सदी के प्रारम्भिक दशकों में हुए जंगलात आन्दोलन तथा हमारे समय के चिपको आन्दोलन से सम्बन्धित अपने शोधकार्य 'अनक्वाइट वुड्स' (1989) की भूमिका में सुप्रसिद्ध इतिहासकार रामचन्द्र गुहा ने यह ज़िक्र किया था कि चिपको आन्दोलन का विस्तृत और सुनिश्चित इतिहास मेरे द्वारा लिखा जा रहा है। दरअसल 1995 में भारतीय उच्च अध्ययन संस्थान की फ़ैलोशिप मिलने पर ही मैंने यह अध्ययन विधिवत शुरू किया। अगले ढाई सालों में मैंने वे सभी क्षेत्र पुनः देखे और समझे, जहाँ मैं आन्दोलन के दौर में अनेक बार गया था। तमाम आन्दोलनकारियों और आन्दोलन के विभिन्न हिस्सेदारों से मैं फिर मिला, जिनसे लगातार मेरा सम्पर्क था। अभिलेखागारों, पुस्तकालयों और अनेक व्यक्तिगत संग्रहों से सामग्री संकलन का कुछ कार्य पहले कर चुका था। चिपको आन्दोलन सम्बन्धी व्यक्तिगत संग्रहों के कुछ और पत्र तथा दस्तावेज़ इस दौर में देखे। सरला बहन द्वारा अपने सहयोगियों को लिखे गये महत्त्वपूर्ण पत्र और बहुत-सी नयी सामग्री मिली। इक्कीसवीं सदी में डैन जैन्सन के कारण पिछले 225 साल के विभिन्न जार्नल्स और दुर्लभ किताबों को उल्टा-पल्टा।

1998 में शिमला से लौटते समय मैं इस अध्ययन की एक पाण्डुलिपि संस्थान में जमा कर आया था, जिसे मैं तब प्रकाशन योग्य नहीं मानता था। फिर मैं अध्यापन तथा अन्य कामों में इतना व्यस्त हो गया कि इस पाण्डुलिपि की तरफ़ झाँकने का मौक़ा नहीं मिला। जब भी राम गुहा, अनिल अग्रवाल, समीर बनर्जी, चेतन सिंह, ओ.सी. हांडा या प्रकाश उपाध्याय जैसे मित्र मिलते तो पूछते कि काम कहाँ पहुँचा है? गिर्दा ने कुछेक बार उलाहना दिया। कोई हफ़्ता ऐसा नहीं गुज़रता था जब उमा मुझे इसकी याद नहीं दिलाती थी।

**

2015 के मध्य में हमें अपने बेटे-बहू के पास सैन होजे (कैलीफ़ोर्निया) में 3 माह रहने का मौक़ा मिला। घूमने के पुराने 'अमल' पर नियन्त्रण रख, शनि तथा इतवार को छोड़कर मैं हर सप्ताह 4-5 दिन इस काम में जुटा रहा। हालाँकि वहाँ मेरे पास पूरी सन्दर्भ सामग्री नहीं थी। पुराना ड्राफ़्ट भर था, पर सब कुछ मेरे दिमाग़ में था। अगस्त में वापसी के समय मैं इसे बड़ी सीमा तक पूरा कर चुका था। दो खो गये अध्याय पुनः लिखे गये और दो नये भी। इस तरह उमा, सोमी, माही तथा रूपिन का संयुक्त दबाव बहुत निर्णायक रहा। चारों का आभार। बोरिस, इसा बेला तथा साशा तीनों सेपियन्स न होकर भी मेरे मददगार बने।

अब लगता है कि यह शोधकार्य पाठकों, विद्वानों, उत्तराखण्ड और हिमालय के हितैषियों तथा चिपको आन्दोलन के हिस्सेदारों के साथ उस समाज के सामने प्रस्तुत करने लायक हो गया है, भौतिक ज़रूरतों से जुड़े होने के साथ जिसकी आत्मा और अस्तित्व की आवाज़ों की तरह थे ये सभी जंगलात

आन्दोलन। इतनी लड़ाइयों के बाद भी ये जंगल इस समाज के अपने नहीं बन पाये हैं। आज़ाद भारत की सरकारें जंगलात के मामले में औपनिवेशिक दृष्टिकोण और 'राज्य मनोविज्ञान' से बाहर नहीं आ सकीं। जो कुछ हो सका है वह जन-आन्दोलनों के दबाव का परिणाम है। पर वह पर्याप्त नहीं है।

मेरी कोशिश रही है कि यह अध्ययन बीसवीं सदी में उत्तराखण्ड में चली जंगलात की विभिन्न लड़ाइयों और विशेष रूप से चिपको आन्दोलन का दस्तावेज़ बन सके और इस विषय का हर आयाम सामने आ सके। जंगलात के विभिन्न आयामों को समझने के साथ आन्दोलन में हिस्सेदार सभी चरित्र/व्यक्तित्व सामने आ सकें। सबसे अधिक यह कोशिश रही कि विविध स्रोत सामग्री का अधिकतम परिपक्वता और विवेक सम्मतता के साथ इस्तेमाल हो सके। मेरे लिए अपने आपको चिपको आन्दोलन से अलग कर इतिहास के विद्यार्थी की हैसियत से इसे देखने की स्वतन्त्र नजर विकसित करने में शायद एक दशक से अधिक लग गया। अपने को निर्मम बनाना निश्चय ही कठिन कार्य है और मैं यह कर सका कि नहीं सिर्फ़ जानकार और प्रबुद्ध लोग बता सकेंगे।

**

इस अध्ययन का अध्याय विवरण देना उचित होगा। पहले अध्याय में जंगलात आन्दोलनों के भूगोल यानी उत्तराखण्ड का अपेक्षाकृत विस्तृत परिचय देने का प्रयास किया है। दूसरे अध्याय में उत्तराखण्ड में औपनिवेशिक शासन के आगमन और जंगलात के बदलते परिदृश्य के साथ टिहरी रियासत पर नज़र डाली गयी है। तीसरे अध्याय में जंगलात की पहली लड़ाई का विस्तार है कि कैसे जंगलात सम्बन्धी चेतना और बिखरे विरोध का रूपान्तरण एक सुसंगठित प्रतिरोध में हुआ। कैसे बेगार तथा जंगलात के आन्दोलनों ने इस दूरस्थ क्षेत्र को भारतीय संग्राम से जोड़ा। चौथे अध्याय में आजादी के बाद के जंगलात परिदृश्य को देखते हुए कुजजास की स्थापना और उसके सुझावों को समझा गया है। पाँचवें अध्याय में चिपको के प्रस्फुटन से पहले की, 1962 तथा 1965 के युद्धों के बाद से अलकनन्दा बाढ़ तक के हालात की चर्चा है। इसी में गढ़वाल कमिश्नरी स्थापित होने तथा उत्तराखण्ड के 5 समुदायों को अनुसूचित जनजाति बनाये जाने के प्रसंग शामिल हैं।

छठे अध्याय में चिपको आन्दोलन की पहली लहरों के प्रस्फुटन और विकास को देखा गया है। गोपेश्वर, मण्डल, रामपुर-फाटा के बाद कैसे रेणी की चिपको अभिव्यक्तियाँ प्रकट होती चली गयीं। किस तरह चिपको जाँच समिति बिठाई गयी। अध्याय सात में एक ओर उत्तरकाशी और दूसरी ओर कुमाऊँ से जन्मी और विकसित हुई चिपको की दूसरी लहर को समझने का प्रयास है और कैसे आपातकाल ने इस प्रक्रिया को रोक दिया। अध्याय आठ में तीसरी लहर के साथ चिपको के नये रूप, उत्तराखण्ड संघर्ष वाहिनी के जन्म, नैनीताल में नीलामी, अदवाणी आन्दोलन और दमन की रचना प्रक्रिया को प्रस्तुत किया गया है। अध्याय नौ में चौथी लहर के रूप में भ्यूँढार, चाँचरीधार, बडियारगढ़, जनोटी-पालड़ी, रंगोड़ी-ध्याड़ी तथा डूँगरी-पैन्तोली के विभिन्न चिपको प्रतिरोधों को प्रस्तुत किया गया है।

अध्याय दस में वन अधिनियम 1980, स्टार पेपर मिल से अनुबन्ध की समाप्ति और 1000 मीटर से ऊपर हरे कटान पर लगी रोक के बाद किस तरह चिपको आन्दोलन अनेक स्थानों पर चलता रहा। सम्मान और संशय के बीच आ पहुँचे आन्दोलन की पड़ताल की गयी है। इसी अध्याय में टिहरी बाँध विरोधी तथा नशा नहीं रोज़गार दो आन्दोलन को चिपको की अगली कड़ियों के रूप में देखा गया है। अध्याय ग्यारह में नेतृत्व, संगठन, जन हिस्सेदारी तथा कुछ नेता-कार्यकर्ताओं के बहाने चिपको

आन्दोलन की पड़ताल की गयी है। अध्याय बारह में चिपको के आर्थिक और पारिस्थितिक पक्षों के गहन अन्तःसम्बन्ध को विश्लेषित किया गया है। अध्याय तेरह चिपको आन्दोलन में महिलाओं और युवाओं के योगदान की महत्ता के साथ बताता है कि कैसे उनकी हिस्सेदारी से चिपको एक गहन सामाजिक आन्दोलन बन सका।

अन्तिम अध्याय में चिपको को चार दशकों में बनते-सिमटते देखा गया है कि कैसे धुँधलाती चमक के बावजूद इसके अवशेषों में सतत कौंध बनी हुई है। सबसे अन्त में विविध सन्दर्भ सामग्री दे दी गयी है। कुछ फ़ोटो भी एक एल्बम में दिये हैं।

**

इस अध्ययन के प्रकाशन के समय मेरे सामने वे सभी व्यक्ति साक्षात खड़े हैं, जो इन आन्दोलनों के महत्त्वपूर्ण नेता, कार्यकर्ता, हिस्सेदार, अध्येता, इतिहासकार या विश्लेषक रहे हैं। उनसे हुई बातों-मुलाक़ातों, उनसे मिली सामग्री तथा उनकी पुस्तकों-लेखों ने इस विषय को समझने और विश्लेषित करने में मदद दी। अतः उन सबका अन्तरंग आभार। मैं सभी के साथ संवेदना और निर्ममता से पेश आया हूँ। संवेदना इस अर्थ में कि किसी के भी योगदान का कोई पक्ष न छूटे और निर्मम इस अर्थ में कि किसी भी नेता, कार्यकर्ता, आन्दोलनकारी, प्रशासन, सरकार या अध्येता-विश्लेषक, पत्रकार अर्थात कुल मिलाकर आन्दोलन और अध्ययन की कोई फ़िसलन आँख से ओझल न हो। मेरी समझ से यही इतिहासकार या समाजविज्ञानी का काम है।

आज से चार दशक पहले सुन्दरलाल बहुगुणा ने जिन युवाओं को खोजा था और 'अस्कोट-आराकोट अभियान' का बीज जिनके भीतर सदाबहार कर दिया था, उनमें मैं भी था। सरला बहन, विमला बहुगुणा और राधा भट्ट ने प्रेरणा दी और स्नेह भी। चण्डी प्रसाद भट्ट से निरन्तर सीखते रहे। उनके साथ संघर्ष, शिविर और सतत यात्राओं में लगातार तर्क-वितर्क जारी रहा। शमशेर बिष्ट का साथ 1972 से हुआ था, जो निर्बाध जारी है। 1974 में कुँवर प्रसून, प्रताप शिखर और विजय जरधारी साथी बने और यह रिश्ता आजन्म हो गया। तमाम आन्दोलन और 2004 तथा 2014 के अस्कोट-आराकोट अभियान इसके गवाह बने। कुँवर प्रसून और प्रताप शिखर असमय ही चिपको की दुनिया और हमारे पहाड़ों से चले गये। अन्तिम समय तक वे सक्रिय और संवेदनशील बने रहे। शमशेर बिष्ट और विजय जरधारी अपनी जगह सक्रिय खड़े हैं। घनश्याम सैलानी की रचनात्मकता और स्पष्टवादिता अलग ही तरह की थी, जब हम उन्हें बुजुर्ग मानने लगते तो वे अपनी निश्छलता से दोस्त बन जाते थे।

पहले अस्कोट-आराकोट अभियान से वापसी के बाद 1974 में बिपिन त्रिपाठी ने अलमोड़ा के युवाओं को स्थानीय वनान्दोलन से जोड़ा। इस समय चिपको आन्दोलन की बयार चमोली से अलमोड़ा की ओर बहने लगी थी। युवाजन गोपेश्वर, मण्डल, फाटा, रेणी (चमोली) और वयाली (उत्तरकाशी) का स्पर्श लेकर लौटे थे। 1996-97 में मैं शोधकर्ता के रूप में बिपिन त्रिपाठी से मिलने द्वाराहाट गया तो हम दोनों उत्तराखण्ड आन्दोलन के दौर में हुई अपनी गरम बहसों को भूले नहीं थे। वे तब उत्तराखण्ड क्रान्ति दल के नेता की हैसियत से बोलते थे और मैं स्वतन्त्रचेता आन्दोलनकारी के रूप में। चाँचरीधार आन्दोलन के पूरे क्षेत्र में वे साथ घूमे। कहते रहे कि जन-आन्दोलनों का समग्र इतिहास सामने आना चाहिए। वह गुम नहीं होना चाहिए।

राजीव लोचन साह से 1977 में 'नैनीताल समाचार' के जन्म के समय से दोस्ती हुई और चिपको के साथ परवान चढ़ी। नैनीताल में उनका और गिर्दा का जंगलों की नीलामी के विरोध में आना मुझे बहुत स्पष्टता से याद है। इन दोनों और उनकी टीम का नैनीताल और पूरे उत्तराखण्ड में पत्रकारों, लेखकों और संस्कृतिकर्मियों का ताना-बाना तथा नागरिक समाज बनाने में दिया गया योगदान किसी से छिपा नहीं है। गिर्दा से परिचय तो पहले हो गया था पर 1974 से यह गहन होता गया। 1977 में ख़ुद गिर्दा का जीवन चिपको आन्दोलन ने एक अलग और यादगार रास्ते में डाल दिया था।

केदार सिंह रावत, आलमसिंह बिष्ट, वासवानन्द नौटियाल, जैत सिंह, कमलाराम नौटियाल, गोविन्द सिंह रावत, धूम सिंह नेगी, विद्यासागर नौटियाल, इन्द्रमणि बडोनी, गोविन्द सिंह नेगी, प्रताप सिंह पुष्पाण, शिशुपाल सिंह कुँवर, मुरारीलाल, आनन्द सिंह बिष्ट, हयात सिंह, सच्चिदानन्द भारती, जसवन्त सिंह बिष्ट, भवानी भाई, चन्दन सिंह राणा, विश्वम्भरनाथ साह 'सखा', रमेश पहाड़ी, बिहारीलाल, मोहन सिंह आदि सभी पुराने सम्माननीय साथी रहे हैं। शोधकर्ता की हैसियत से जिनके पास भी गया सहयोग मिला।

पूरन तिवारी (पीसी), प्रदीप टम्टा, राजा बहुगुणा, षष्टी दत्त जोशी, बालम जनोटी, दीवान धपोला, जगत सिंह रौतेला, विनोद पाण्डे, निर्मल जोशी, कपिलेश भोज, शिव नयाल, चन्द्रशेखर भट्ट, जसवन्त नेगी, प्रकाश फूलोरिया, महेन्द्र बिष्ट आदि अलमोड़ा कॉलेज, अलमोड़ा; डीएसबी कॉलेज, नैनीताल या नैनीताल पॉलीटैक्नीक के विद्यार्थी थे और 1977 में ही ये चिपको आन्दोलन में हिस्सेदार बने थे। ये युवा तबसे अनेको को उद्वेलित करते रहे हैं। इनमें से अनेक अभी भी अपनी-अपनी तरह से सक्रिय हैं।

श्यामा देवी, इन्दिरा देवी, गौरा देवी, सुदेशा देवी, सौपा देवी, बचनी देवी, कुन्ती देवी, कौशल्या देवी, भरादी देवी, लखमा देवी, गैणी देवी, सोणी देवी, गीता देवी, कल्पी देवी, दूसरी गीता देवी, भकुली देवी, पवित्रा देवी, नन्दी देवी, सुलोचना देवी, भाकी देवी, पंचमी देवी, काली देवी, कांती देवी, बचुली देवी, लक्ष्मी देवी, भागुली देवी, बसन्ती देवी; मथुरा देवी, पार्वती देवी, गायत्री देवी, मालती देवी, कलावती देवी, राधा देवी रावत तथा अन्य अनेक आन्दोलन के दौर से ही सभी को प्रेरित करती रही हैं। ये सभी चिपको के आधार स्तम्भों में रहीं।

केदार सिंह कुंजवाल, गोपालदत्त पाण्डे, योगेश बहुगुणा, सुदर्शन कठैत, गोपालदत्त भट्ट, रामराज बडोनी, दयाल सिंह भण्डारी, जीवानन्द श्रियाल, षष्टीदत्त भट्ट, महेन्द्र मटियानी, हरीश करायत, दीवान मटियानी, पूरन चन्द्र तिवारी (पीसीटी), दयाल भण्डारी (गोपेश्वर), बहादुरसिंह धपोला, गणेश दत्त जोशी, राजीवनयन बहुगुणा, खड़क सिंह खनी, कमला पन्त, बसन्त खनी आदि भी मेरे सामने हैं। इनमें से कुछ अभी भी सक्रिय हैं, अनेक अब हमारे बीच नहीं हैं।

चिपको की विभिन्न अभिव्यक्तियों तथा आन्दोलन की बाद में नज़र आने वाली तीनों धाराओं से जुड़े कुछेक साथियों के पास अनेक बार जाने का सौभाग्य मिला। इन मुलाक़ातों से समयानुसार सोच-समझ में हुए बदलावों का अहसास हुआ। विभिन्न साथियों की बहुत-सारी आपसी गलतफ़हमियाँ उजागर हुईं। आकांक्षाओं, अपेक्षाओं और उपेक्षाओं का द्वन्द्व अनेक बार प्रकट हुआ। लगा कि अधिसंख्य आन्दोलनकारियों में भी सामान्य आदमी की सी उम्मीद, अपेक्षा और आकांक्षा होती है। उपेक्षा को बहुत कम लोग पचा पाते हैं। आदर्शवाद बहुत दिन नहीं टिकता और आजन्म लड़ाकू बने रहना सभी के लिए सम्भव नहीं होता है। सामान्य आदमी और सामान्य आन्दोलनकारी कभी ठहरता है, चुप होता है पर लड़ाई नहीं छोड़ता। कभी-कभी चुप्पी में काम की पड़ताल या आगामी तैयारी निहित होती है।

जंगलात आन्दोलनों के अनेक हीरे अब हमारे बीच नहीं रहे। केदार सिंह रावत, आलम सिंह बिष्ट, वासवानन्द नौटियाल, चिरंजीलाल भट्ट, जसवन्त सिंह बिष्ट, कमलाराम नौटियाल, गोविन्द सिंह रावत, घनश्याम सैलानी, विद्यासागर नौटियाल, इन्द्रमणि बडोनी, गोविन्द सिंह नेगी, आनन्द सिंह बिष्ट, हयात सिंह, षष्टीदत्त जोशी, बालम जनोटी, श्यामादेवी, इन्दिरा देवी, गौरादेवी, दयाल सिंह भण्डारी, जीवानन्द श्रियाल, कुन्तीदेवी, लखमा देवी, पीताम्बर तिवारी, महेन्द्र मटियानी, निर्मल जोशी, चक्रधर तिवारी, कुँवर प्रसून, प्रताप शिखर, बिपिन त्रिपाठी, बृमो सिंह नेगी 'आग्नेय', खड़क सिंह खनी, चन्दन सिंह राणा, लक्ष्मी नौटियाल, गिरीश तिवारी गिर्दा, बहादुरसिंह धपोला, षष्टीदत्त भट्ट तथा हरीश करायत हमारे बीच से चले गये हैं। पर उन्हें कौन भूल सकता है? मैं इन सबको अत्यन्त हार्दिकता से याद करता हूँ।

चिपको आन्दोलन के बिना इनमें से शायद ही कोई हमारी स्मृति में आये और इनके बिना चिपको आन्दोलन का इतिहास अधूरा ही रहेगा। उक्त आन्दोलनकारियों की हिस्सेदारी तथा सक्रियता में अन्तर अवश्य रहा। कुछ एक दौर में अपना योगदान दे रहे थे और कुछ निरन्तर रचनाशील हैं। कुछ को ऐतिहासिक शक्तियों ने आन्दोलन को विकसित करने का मौक़ा दिया और कुछ को आन्दोलन ने ही विकसित किया। कुछ लोग आन्दोलन के दौर में संक्षिप्त शिरकत कर सके। कुछ प्रत्यक्ष राजनीति में चले गये। जन-आन्दोलन और व्यक्ति का रिश्ता इससे समझ में आता है। यह निर्विवाद लगा कि आन्दोलन व्यक्तियों को बड़ा बनाता है, सामान्य को शीर्षस्थ बनाता है पर आन्दोलन सदा व्यक्ति (नेता, कार्यकर्ता) से बड़ा होता है।

**

उत्तराखण्ड के पूर्व तथा वर्तमान मुख्यमन्त्री, संसद सदस्यों, विधायकों, विभिन्न दलों के नेताओं, वन पंचायत के पंचों तथा अन्य जन प्रतिनिधियों; वयोवृद्ध सुन्दरलाल बहुगुणा, चण्डी प्रसाद भट्ट, विमला बहुगुणा, राधा बहन; शमशेर बिष्ट, पूरन तिवारी, राजा बहुगुणा, विजय जरधारी, सुदेसा देवी, धूम सिंह नेगी, सच्चिदानन्द भारती, धन सिंह राणा, बाली देवी (लाटा/रेणी); कलावती देवी (बछेर), बसन्ती बहन (कौसानी) तथा कमला पन्त सहित सभी महिला आन्दोलनकारियों या जगदीश चन्द्र पन्त, मुकुल सनवाल, निर्मल कुमार जोशी, आई.डी. पाण्डे, आर.बी.एस. रावत या जे.एस. मेहता जैसे रचनात्मक पूर्व प्रशासकों और हिमालय तथा उत्तराखण्ड के तमाम शुभचिन्तकों के साथ उत्तराखण्ड की महिलाओं और युवाओं को आज यह याद दिलाने की ज़रूरत है कि चिपको का ऐजेण्डा अभी अधर में लटका है। सबको मिलकर इस तरफ़ देखना चाहिए। कुछ आर्थिक बेहतरी और प्रभावी प्रवास के बावजूद यदि हमारे संसाधन नहीं रहेंगे तो हमारी कोई हैसियत नहीं रहेगी। नये राज्य में जंगलात के प्रश्न को नयी और खुली नज़र से देखने में पहल होनी चाहिए। नया राज्य पिछले 15 सालों में जंगलात के मामले में 'उत्तर प्रदेशी' ही रहा है। इससे आगे चल कर जाना होगा।

आभार

बहुत-सारे लोग मुझे इस मौक़े पर याद आ रहे हैं।

सबसे पहले रामचन्द्र गुहा का आभार। दरअसल उन्होंने ही मुझे इस काम में उलझाया और फिर इसे पूरा करने को विवश किया। मैं बीस साल से अधिक समय तक धारण किये गये उनके धैर्य और प्यार से मुझे 'मेरा अपराध' याद दिलाना न भूलने के लिए याद करता हूँ। अपनी नयी किताब

की भूमिका में भी उन्होंने उम्मीद दोहराई कि एक दिन मैं इस काम को पूरा कर लूँगा। उनके बिना मैं इस अध्ययन को पूरा करने की कल्पना नहीं कर सकता।

मैं भारतीय उच्च अध्ययन संस्थान, शिमला के निदेशक मृणाल मिरी, विभिन्न फ़ैलो जनों तथा शिमला के मित्रों को हार्दिकता से याद करता हूँ। रणधीर सिंह, मोहिन्दर कौर, सुजाता मिरी, भीष्म साहनी, शीला साहनी, कृष्णा सोबती, उदयन मिश्र, तिलोत्तमा मिश्र, चिदानन्द दासगुप्ता, शिवनाथ, राजी सेठ, सुरेश शर्मा, चेतन सिंह, ओ.सी. हाण्डा, समीर बनर्जी, उमा बनर्जी, जयवन्ती डिमरी, उदय कुमार, टी.आर.एस. शर्मा, अरुण बाली, सुचेता महाजन, प्रेम सिंह, कुमकुम यादव, वीरभारत तलवार, आलोक भल्ला, ज्योतिर्मय शर्मा, रुस्तम सिंह, जावेद आलम, एस.आर. हरनोट, अनिकेत आलम; संस्थान के सचिव के.जे.एस. चतरथ, जन सम्पर्क और प्रकाशन अधिकारी अशोक शर्मा, एकेडेमिक सहायक स्व. अब्दुल जब्बार, लाइब्रेरियन देवेन्द्र मुखर्जी तथा अलेखा मुखर्जी, प्रशासनिक अधिकारी भानु कुथियाला, फूलों और हरियाली के संरक्षक मेलाराम शर्मा तथा समस्त स्टाफ को सप्रेम याद करता हूँ। शिमला में मुझे वहाँ के तमाम प्यारे लोगों के अलावा हमारे समय की कुछ बड़ी हस्तियों के साथ रहने या उनसे संवाद का मौक़ा मिला। यह सुखद संयोग है कि शिमला संस्थान में प्रकाशन हेतु यह पोथी जमा करते समय मेरे सह फ़ैलो रहे चेतन सिंह संस्थान के निदेशक हैं।

विभिन्न प्रकार की दुर्लभ शोध सामग्री उपलब्ध कराने के लिए नवजीवन आश्रम, सिल्यारा (टिहरी); दशौली ग्राम स्वराज्य मण्डल, गोपेश्वर; लक्ष्मी आश्रम, कौसानी; शिशुपाल सिंह कुँवर, ओमप्रकाश भट्ट (गोपेश्वर); बिपिन त्रिपाठी/रमेश त्रिपाठी (द्वाराहाट); गोविन्द सिंह रावत (जोशीमठ); कुँवर प्रसून, रंजना प्रसून, प्रताप शिखर, विजय जरधारी तथा धूम सिंह नेगी (जाजल, टिहरी); कमलाराम नौटियाल (उत्तरकाशी); राधा दीदी (कौसानी); शमशेर बिष्ट, जगत रौतेला (अलमोड़ा); नरोत्तम प्रसाद त्रिपाठी (लखनऊ); सुनील कैंथोला, संजय कोठियाल, नरेन्द्र भटनागर (देहरादून); अनुपम मिश्र, अनिल अग्रवाल, सुनीता नारायण (दिल्ली) आदि का अन्तरंग आभार।

राष्ट्रीय अभिलेखागार, दिल्ली; उ.प्र. राज्य अभिलेखागार तथा विधानसभा पुस्तकालय, लखनऊ; क्षेत्रीय अभिलेखागार, इलाहाबाद, देहरादून तथा नैनीताल; राष्ट्रीय पुस्तकालय, कलकत्ता; इण्डिया ऑफिस पुस्तकालय, लन्दन; भारतीय उच्च अध्ययन संस्थान, शिमला; नेहरू स्मारक पुस्तकालय तथा संग्रहालय, दिल्ली; सैन होजे विवि पुस्तकालय, सैन होजे; स्वेन हेडिन फ़ाउण्डेशन, स्टाकहोम; सर्वे ऑफ़ इण्डिया तथा एफ.आर.आई. पुस्तकालय, देहरादून; डीएसबी पुस्तकालय, प्रशासन अकादमी पुस्तकालय तथा नगरपालिका पुस्तकालय, नैनीताल का आभार।

श्रीमाधव आशीष, शंकर लाल शाह, गोपाल गाँधी, गिरीश तिवारी गिर्दा, पुष्पेश पन्त, पी.सी. जोशी, डी.पी. अग्रवाल, राम सिंह, लालबहादुर वर्मा, आर.एस. टोलिया, तारा चन्द्र त्रिपाठी, के.एस. वल्दिया, ए.एन. पुरोहित, डी.पी. जोशी, मदन भट्ट, प्रयाग जोशी, जे.एस. मेहता, प्रकाश उपाध्याय, जयन्ता बन्द्योपाध्याय, प्रभात उप्रेती, देवेन्द्र मेवाड़ी, थियो सेफलस, महेश रंगराजन, बटरोही, अजय रावत, अतुल सकलानी, बृजमोहन खण्डूड़ी, रघुबीर चन्द, नवीन जुयाल, महेन्द्र कुँवर तथा अन्य अनेक विशेषज्ञों/मित्रों की याद आना स्वाभाविक है।

अपने शोधार्थियों-मित्रों हीरा भाकूनी, अनिल जोशी, गिरिजा पाण्डे, किरन त्रिपाठी, गोविन्द पन्त राजू, ज्योति साह, सावित्री कैड़ा, शेरसिंह पांगती, कनक रावत, नमिता हर्बोला, गिरधर नेगी, अनीता गर्ब्याल, सपना मिश्र, संजय धिल्डियाल, देबकी बोरा, कैलाश तिवारी, भुवन शर्मा, ललित अधिकारी, गिरिजाशंकर मुनगली, तनवीर हुसेन दर, स्मिता रावत, वीरेन्द्र नेगी, वन्दना साह, कविता जोशी, रितेश

साह, प्रतिभा शर्मा, अंजुम अली, आशाराम बिजल्वाण, मधु पाण्डे, पूरन बिष्ट तथा अन्य विभागीय सहयोगियों तथा अपने अन्य तमाम शोधार्थियों को याद करता हूँ। ललित पन्त, कमल जोशी, अनूप साह, श्रीश कपूर, नवीन जोशी, आशुतोष उपाध्याय, बी.आर. पन्त, भूपेन मेहता, चन्दन डांगी, हरीश पाठक, रितु जोशी, केसी जोशी, प्रदीप पाण्डे, बसन्ती पाठक, वीरेन्द्रपाल तथा मास्टर किंशुक आदि आभार के बराबर हकदार हैं। कुँवर प्रसून, आशुतोष उपाध्याय, चक्रधर कण्डवाल, आशाराम बिजल्वाण, प्रदीप पाण्डे, ओमी भट्ट, अरण्य रंजन तथा धर्मानन्द उनियाल 'पथिक' तो क्षेत्रीय भ्रमण में भी कुछेक बार मेरे साथ आये। उनके लिए अतिरिक्त आभार। इस किताब में प्रकाशित नक्शों के लिए भूपेन मेहता का आभार।

गोपेश्वर कोठियाल, भैरवदत्त धूलिया, ललिताप्रसाद नैथाणी, रामप्रसाद बहुगुणा, धर्मानन्द पाण्डे, विष्णुदत्त उनियाल, रमेश पहाड़ी, कैलास पाण्डे, शिरीष पाण्डे, अज्ञेय, रघुवीर सहाय, राजीव लोचन साह, नित्यानन्द भट्ट, नेत्रसिंह रावत, अनुपम मिश्र, मंगलेश डबराल, संजय कोठियाल, मुकुल शर्मा, कनक दीक्षित, मनीषा आर्याल, अमित मित्र, अनिल अग्रवाल तथा सुनीता नारायण आदि का स्मरण भी स्वाभाविक है, जिन्होंने चिपको और स्थानीय जन-आन्दोलनों को समझने की कोशिश की और उन्हें संवेदना के साथ अपने पत्रों में स्थान दिया। रमेश पहाड़ी तथा राजीव लोचन साह तो सक्रिय आन्दोलनकारियों के रूप में भी याद किये जाते रहेंगे।

'हरी भरी उम्मीद' में प्रकाशित सभी ऐतिहासिक महत्त्व के फ़ोटो उस समय के दुर्लभ दस्तावेज़ हैं। इन्हें उपलब्ध कराने के लिए सर्वश्री अनुपम मिश्र, कुँवर प्रसून, प्रमोद साह, सुन्दरलाल बहुगुणा, धूम सिंह नेगी, चण्डी प्रसाद भट्ट, रमेश पहाड़ी, सच्चिदानन्द भारती, धनसिंह राणा, गोविन्द पन्त राजू, ओम प्रकाश भट्ट, गम्भीर सिंह फर्स्वाण, महानन्द बिष्ट, क्रान्ति भट्ट, प्रदीप पाण्डे और पहाड़ संग्रह का आभार। कुछ फ़ोटो उसी दौर में मैंने खींचे थे। हर अध्याय के शुरू में वालेरा पावलोव के रेखांकन की विश्वम्भरनाथ शाह 'सखा' द्वारा बनाई गयी पुनर्रचना लगाई गयी है, जिसे 'साभार पहाड़' के पहले अंक से लिया गया है। भारतीय उच्च अध्ययन संस्थान, शिमला के प्रकाशन अधिकारी के साथ मैं प्रकाशक अरुण माहेश्वरी के प्रति भी आभार जताता हूँ।

मैं अपने विभिन्न शिक्षकों हुसेन साहब (कैलेन्सी हाई स्कूल, मथुरा), राधा बल्लभ उप्रेती, प्रताप सिंह, धर्मानन्द बिष्ट, भैरवदत्त पाठक (गंगोलीहाट); नवीन चन्द्र खर्कवाल (बेरीनाग); जगदीश चन्द्र जोशी मामू, महेन्द्र कुमार रस्तोगी, उमेश चन्द्र पाण्डे, (अलमोड़ा); शाकम्बरी द्विवेदी तथा डी.डी. पन्त (नैनीताल) के साथ अपनी ममकू को याद करता हूँ। दरअसल इन सबने भी मेरा निर्माण किया।

3 अगस्त 2015

—शेखर पाठक

अनुक्रम

1

चिपको का मातृ क्षेत्र

उत्तराखण्ड,[1] जो अविभाजित उत्तर प्रदेश के पहाड़ी, भाबर, दून तथा तराई क्षेत्र तक फैले क्षेत्र का नाम रहा है, 9 नवम्बर सन् 2000 को भारतीय गणतन्त्र का 27वाँ राज्य बना। फिलवक़्त इसके अन्तर्गत दो मण्डल तथा तेरह ज़िले हैं। कुमाऊँ मण्डल के अन्तर्गत 6 ज़िले–पिथौरागढ़, अलमोड़ा, चम्पावत, बागेश्वर, नैनीताल तथा ऊधमसिंह नगर और गढ़वाल मण्डल के अन्तर्गत 7 ज़िले–चमोली, रुद्रप्रयाग, पौड़ी, टिहरी, उत्तरकाशी, देहरादून तथा हरद्वार–आते हैं। भारतीय संसद द्वारा उत्तर प्रदेश पुनर्गठन बिल 2000 पारित करते समय हरद्वार ज़िला भी उत्तराखण्ड में मिला दिया गया था।

1. भौगोलिक परिचय

कुमाऊँ तथा गढ़वाल क्षेत्र हिमालय के पाँच पौराणिक खण्डों में से क्रमशः दूसरे और तीसरे के रूप में वर्णित कूर्मांचल तथा केदारखण्ड हैं। इन्हें मानसखण्ड तथा केदारखण्ड (स्कन्दपुराण के अन्तर्गत) भी कहा गया है और भौगोलिक, ऐतिहासिक तथा सांस्कृतिक दृष्टि से यह क्षेत्र एक सम्पूर्ण तथा स्वतन्त्र इकाई माना जाता है। स्वायत्त शासन की स्थापना के लिए भी यही आधारभूत तर्क दिया गया।

उत्तराखण्ड विस्तृत हिमालय के मध्य में स्थित है। पूर्व में काली नदी भारत-नेपाल सीमा बनाती है और पश्चिम में कहीं पब्बर-टौन्स नदियाँ तथा कहीं पास के पहाड़ इसे हिमाचल प्रदेश से अलग करते हैं। उत्तराखण्ड का दक्षिणी छोर गंगा-यमुना के मैदान के धुर उत्तरी हिस्से (उत्तर प्रदेश) से जुड़ा है, जिसके उत्तर में स्थित पट्टी तराई कहलाती है। इसके उत्तर में भाबर तथा दून क्षेत्र आता है। पूर्व से पश्चिम की ओर क्रमशः कोटादून (बौर और कोसी नदी के बीच), पातलीदून (कोसी तथा पश्चिमी रामगंगा नदी के बीच), कोटरी दून (पश्चिमी रामगंगा और गंगा के बीच) तथा देहरादून (गंगा तथा यमुना के बीच सबसे बड़ा दून) घाटियाँ स्थित हैं। तराई, भाबर तथा दून की 8 से 25 कि.मी. चौड़ी पट्टी के बाद शिवालिक और बाह्य हिमालय के बाद हिमालय पर्वतमालाएँ धीरे-धीरे उठती हैं और महा

हिमालय में 7,817 मीटर (नन्दादेवी का मुख्य शिखर) तक चली जाती हैं। सर्वोच्च शिखरों युक्त इन ऊँचाइयों की उत्तरी ढलान को ट्रांस हिमालय या टैथिस हिमालय कहा जाता है। यहीं उत्तराखण्ड की तिब्बत से अन्तरराष्ट्रीय सीमा लगी है। इसी क्षेत्र में उत्तराखण्ड की अन्तिम बसासतें, अनेक नदियों के जन्मस्थल, उच्च घाटियाँ तथा भारत और तिब्बत के बीच के दर्रे स्थित हैं। इस उत्तरी ढलान में भारत-तिब्बत सीमा सतलुज तथा करनाली के जलग्रहण क्षेत्रों को गंगा के उत्तराखण्डी जलग्रहण क्षेत्रों से अलग करती है।

उत्तराखण्ड में हिमालय की तीनों शृंखलाएँ—लघु हिमालय (सब हिमालय), उच्च हिमालय (बर्फ़ीला, हाई हिमालय) तथा ट्रांस या टैथिस हिमालय मौजूद हैं। तराई-भाबर की पट्टी सम्पूर्ण हिमालय की तलहटी में एक भिन्न पर संलग्न प्राकृतिक संरचना की तरह मौजूद है। नन्दादेवी का प्राकृतिक अभयारण्य, सोर घाटी तथा दून घाटी जैसे क्षेत्र उत्तराखण्ड के भूगोल की अतिरिक्त विशेषता है। भाबर तथा दून से उत्तर में तथा लघु हिमालय के दक्षिण में निचली और बाहरी पहाड़ियाँ (मायावती-गागर रैंज से सुरकंडा-नागटिब्बा तक) पहली शृंखला का; थल केदार, असुरचुला, शैल पर्वत, बिन्सर, पिननाथ-पांडुखोली, चन्द्रबदनी आदि दूसरी शृंखला का; पंचचूली, राजरम्भा, नन्दाकोट, नन्दादेवी, त्रिशूल, चौखम्भा, केदारडोम, बन्दरपूछ तथा स्वर्गारोहिणी आदि के आसपास का क्षेत्र तीसरी बर्फीली शृंखला का (इसके दक्षिण में सीमा बुग्याल, सहस्रताल, पँवाली कांठा, तुंगनाथ, कुँआरीखाल तथा छिपलाकोट जैसे बुग्यालों वाले पर्वत विस्तार हैं) तथा इनके पार तिब्बत से जुड़ा क्षेत्र (जिसमें कामेट, माणा, छोटा कैलास तथा ओम पर्वत जैसे कुछ शिखर तथा लिपूलेख, लावे धूरा, किंग्री बिंग्री, नीती, माणा, तथा नेलंग ला जैसे तिब्बत में खुलने वाले दर्रे भी स्थित हैं) चौथी शृंखला का प्रतिनिधित्व करते हैं।

हिमालय के अन्य हिस्सों की तरह इस क्षेत्र को भी नदियों के प्रवाह ने आड़े-तिरछे काटा है। उत्तराखण्ड की समस्त नदियाँ गंगा के बृहत् प्रवाह तन्त्र का हिस्सा हैं। बल्कि यह कहा जाय कि इस तन्त्र का पश्चिमी सीमान्त रुपिन दर्रे और उससे उत्तर को फैली धार तक है, जो टौन्स (यमुना) और बासपा (सतलुज) की जल विभाजक रेखा है। उत्तर में भारत-तिब्बत सीमा लगभग जल विभाजक रेखा भी है, जहाँ सतलुज पश्चिम-दक्षिण को बहती है। पूर्व में काली की नेपाल की ओर से आने वाली सहायक नदियों तक यह जलागम फैला है। काली से उत्तर में करनाली का क्षेत्र है, जो खोजरनाथ और हिल्सा होकर नेपाल में प्रवेश करती है।

उत्तराखण्ड में गंगा नदी के तीन उप प्रवाह तन्त्र स्पष्ट देखे जा सकते हैं। पूर्व में काली-सरयू (कुटी, टिंकर, धौली, गोरी, चरमागाड़, चमलिया, सरयू-पूर्वी रामगंगा, लोहावती तथा लधिया), मध्य में भागीरथी-अलकनन्दा (जाड़गंगा, असीगंगा, भिलंगना, जलकूर, पश्चिमी धौली, विष्णुगंगा, नन्दाकिनी, पिण्डर, आटागाड़, मन्दाकिनी तथा नयार) और पश्चिम में यमुना-टौंस (हनुमानगाड़, अगलाड़, सुपिन, रुपिन, पब्बर तथा खूनीगाड़)। उत्तराखण्ड के मध्य-दक्षिणी हिस्से, जो लोहाघाट-चम्पावत से पौड़ी (काली नदी से गंगा या टनकपुर से हरद्वार) तक फैला विस्तृत क्षेत्र है, से कुछ गैर-बर्फ़ानी नदियाँ स्वतन्त्र रूप से बहकर गंगा में मिलती हैं। इनमें खोह, सोना नदी, पश्चिमी रामगंगा, कोसी, दाबका, गौला तथा कलसा आदि प्रमुख हैं। गंगा तथा यमुना के बीच रिस्पना तथा अगलाड़ आदि नदियाँ हैं। काली (शारदा) नदी की मुलाक़ात गंगा से बिहार में होती है तो गंगा से यमुना का मिलन इलाहाबाद में होता है। उत्तराखण्ड के समस्त जंगल इन नदियों के जलागमों में फैले हैं।

डाकपत्थर, रुड़की-देहरादून, हरद्वार-ऋषिकेश, कोटद्वार, कालागढ़, काशीपुर-रामनगर, रुद्रपुर-हल्द्वानी तथा खटीमा-टनकपुर उत्तराखण्ड के दक्षिणी प्रवेश-द्वार हैं। इस क्षेत्र में उत्तराखण्ड की अधिकतम सघन जनसंख्या का वास है। लघु हिमालय की ऊँचाई दो हज़ार मीटर तक है। इसके कुछ क्षेत्र-शिखर तीन हज़ार मीटर तक भी पहुँचते हैं। इसी क्षेत्र में उत्तराखण्ड की सर्वाधिक जनसंख्या निवास करती है। अधिसंख्य गाँवों तथा खेती योग्य भूमि के साथ यहाँ पिथौरागढ़, लोहाघाट, डीडीहाट, अलमोड़ा, बागेश्वर, कर्णप्रयाग, रुद्रप्रयाग, रानीखेत, गोपेश्वर, पौड़ी, श्रीनगर, लैन्सडौन, टिहरी, उत्तरकाशी, मसूरी, बड़कोट तथा पुरौला जैसे नगर-क़स्बे यानी विभिन्न ज़िला, तहसील तथा ब्लाक मुख्यालय हैं।

लघु हिमालय के बाद उत्तर में 40 कि.मी. की औसत चौड़ाई में महा हिमालय के शिखर फैले हैं, जिनकी औसत ऊँचाई 6,500 मीटर से अधिक है। इस क्षेत्र में विश्व के कुछ प्रमुख तथा भारत के सुप्रसिद्ध नन्दादेवी सहित 12 ऐसे शिखर हैं जिनकी औसत ऊँचाई 7 हज़ार मीटर से अधिक है तथा 70 से अधिक ऐसे शिखर हैं, जिनकी औसत ऊँचाई 6 हज़ार मीटर से अधिक है। कुछ प्रख्यात ग्लेशियर—सोना, मिलम, बमरास, रालम, कफनी, पिण्डारी, सुन्दरढूँगा, अलकनन्दा बाँक, खतलिंग, गंगोत्री, चतुरंगी, बन्दरपूछ, जमदार आदि—इसी क्षेत्र में पड़ते हैं। उत्तराखण्ड की प्रमुख नदियाँ इन्हीं गलों से जन्म लेती हैं।

यहीं उत्तराखण्ड की अन्तिम सीमान्त बस्तियाँ—गुन्जी, कुटी, नाबी, नपल्च्यू, बिदांग, सीपू, रालम, मिलम, नामिक, कीमू, खाती, नीती, माणा, त्रिजुगीनारायण-रांसी, केदारनाथ, गंगी, पिलंग, गंगोत्री, मुखबा, हनुमान चट्टी, खरसाली, सॉकरी, लेबाड़ी, डूनी तथा ओसला आदि हैं। भारत-तिब्बत सीमा की उत्तरी ढाल से तिब्बत का पठार शुरू हो जाता है। यहाँ कामेट (7,756 मी.) जैसे कुछ शिखर तथा लिपूलेक, मंगसिया धूरा, लंपिया धूरा, दारमा धूरा, बलचा धूरा, लावे धूरा, किंग्रीबिंग्री, सलसल धूरा, मड़थी धूरा, नीती, माणा, बंगनाल, निलंग ला जैसे तिब्बत में खुलने वाले दर्रे स्थित हैं। उत्तराखण्ड की एक से दूसरी घाटी को जोड़ने वाले दर्रे—सिनला, सेला, रालम, ऊँटाधूरा, खिंगर धूरा, कालिन्दीखाल आदि—भी इसमें पड़ते हैं। जनसंख्या से पूरी तरह रहित (कुछ सैन्य पड़ाव छोड़कर) तथा बहुत कम वनस्पतियों वाला होने के बावजूद यह क्षेत्र सामरिक तथा सांस्कृतिक-व्यापारिक महत्त्व का रहा है।

स्थलाकृतिक दृष्टि से उत्तराखण्ड बर्फ़, नदियों, बुग्यालों और जंगलों का क्षेत्र है। सर्वोच्च शिखरों के अगल-बगल पसरे गलों से जन्म लेती नदियों ने उत्तराखण्ड और अन्ततः गंगा-यमुना के मैदान के भूगोल की रचना की है। यहाँ के भूगोल को भूगर्भ असाधारण रूप से प्रभावित करता रहा है। अन्य अनेक भ्रंश तथा दरारों के साथ दो मुख्य भ्रंश अत्यन्त प्रभावशील हैं। शिवालिक तथा बाह्य हिमालय के सन्धि स्थल में मेन बाउन्ड्री थ्रस्ट (एम.बी.टी.) तथा महा हिमालय और टैथिस हिमालय के बीच में मेन सेण्ट्रल थ्रस्ट (एम.सी.टी.) हिमालय के आर-पार गुज़रते हैं। इन दोनों तथा कुछ अन्य प्रभावी भ्रंशों से सैकड़ों छोटे-बड़े भ्रंश आड़े-तिरछे निकलते-मिलते हैं। एक प्रकार से इन भ्रंशों से हिमालयी धरती के भीतर-बाहर की हलचलों यानी भूकम्प से भूस्खलन और बाढ़ जैसी आपदाओं का जन्म तथा विस्तार जुड़ा है। भूगर्भविदों ने इधर के दशकों में 'साइस्मिक गैप एरिया' (जिस क्षेत्र में अनेक दशकों से बड़ा भूकम्प न आया हो) तथा 'आर.आई.एस.' (जलाशय जनित भूकम्प) जैसे नये पक्षों को उजागर किया है।[2]

गलों (ग्लेशियरों) की गत्यात्मकता ने उच्च तथा टैथिस हिमालय में अनेक चौरस मैदान बना दिये हैं। नदियों का पाट फैलाव वाला है। जैसे ही सैण्ट्रल क्रिस्टलाइन क्षेत्र आता है तो नदियों को गहरी-सँकरी घाटियों (गौर्ज) से गुज़रना पड़ता है। विशाल पत्थर तथा चट्टानें उनकी राह रोकने की कोशिश करती हैं। इस क्षेत्र के ऊपरी हिस्सों में बर्फ़ रेखा से नीचे और वृक्ष रेखा के ऊपर घास के मैदान हैं। जिन्हें 'बुग्याल' और कभी-कभी 'पयार' कहा जाता है। यह क्षेत्र स्थानीय लोक संस्कृति के साथ पशुचारण और जड़ी-बूटी की परम्परा का अभिन्न हिस्सा है। पिछले एक दशक से इसी क्षेत्र का बड़ा हिस्सा कीड़ा जड़ी (यार्सागुम्बा) के कारण चर्चा में है।

उच्च हिमालय में पशुचारण (विशेष रूप से भेड़ तथा बकरी) प्रमुख कार्यकलाप है। घाटियों में स्थायी खेती का विकास हुआ। उत्तराखण्ड के अधिकांश उपजाऊ क्षेत्र छोटी नदियों के किनारे हैं। जैसे सेराघाट, थल, नाचनी, रीठासाहब, बागेश्वर, गरुड़-बैजनाथ, सोमेश्वर, चौखुटिया-गेवाड़, बीनू घाटी, नयार घाटी, बाल गंगाघाटी, यमुनाघाटी, कमलसिरांई तथा रामासिरांई आदि। यद्यपि उत्तराखण्ड की कुछ सम्पन्न घाटियों को छोड़कर खेती आरम्भ से ही अपनी मिट्टी से जुड़ने की औपचारिकता मानी जाती रही है। लेकिन असल में खेती उत्तराखण्ड का एक प्रमुख आर्थिक क्रियाकलाप है। पशुपालन खेती का अनिवार्य हिस्सा है। ये दोनों जंगलात से अभिन्न रूप से जुड़े हैं। यदि खेती, पशुपालन, कुटीर उद्योगों आदि का संयुक्त रूप से ज़िक्र किया जाय तो जंगल अपने आप केन्द्र में चले आते हैं। जंगलों की यह अर्थवत्ता जंगलात असन्तोष तथा आन्दोलनों को समझने की कुंजी है।

भोटांतिकों में खेती नाममात्र को है तो तराई-भाबर में खेती पिछली आधी सदी में यान्त्रिक युग में पहुँच गयी है। तराई-भाबर में 1947 के बाद खेती का विस्तार और उसी अनुपात में जंगलों का विनाश हुआ, जो 1960-70 के बीच अपनी पराकाष्ठा पर पहुँचा। भोटांतिक क्षेत्र में पशुपालन या पशुचारण ने कुटीर उद्योगों तथा भारत-तिब्बत व्यापार–जो 1962 से समाप्तप्राय हो गया और पिछले कुछ सालों से लीपूलेक मार्ग से पुनः शुरू होकर भी व्यापक रूप नहीं ले पाया है–को स्थानीय निवासियों ने आजीविका के प्रमुख साधन के रूप में विकसित किया था। 1967 में आरक्षण मिलने के बाद भोटांतिक क्षेत्र की आबादी का बड़ा हिस्सा राजकीय नौकरियों में जाना शुरू हुआ, जिससे वहाँ का सदियों में विकसित विशिष्ट सामाजिक-आर्थिक परिदृश्य एक़दम बदल गया है।

खेती उत्तराखण्ड के अनेक हिस्सों में आजीविका का सम्पूर्ण साधन न होकर भी महत्त्वपूर्ण साधन रहा है और स्वाभाविक है कि उपजाऊ घाटियों में घनी आबादी का विस्तार है। आज खेती तथा उसके पूरक व्यवसायों के आधे-अधूरेपन का अनुमान इससे लगाया जा सकता है कि पहाड़ी जनसंख्या का बड़ा हिस्सा रोज़गार की खोज में उत्तराखण्ड से बाहर चला जाता है और तरह-तरह की नौकरियाँ करके उत्तराखण्ड के दूरस्थ-दुर्गम इलाकों में स्थित अपने परिवारों के अस्तित्व को बनाये रखता है। लेकिन यह 'धनादेश की अर्थव्यवस्था' मात्र 150 साल पहले औपनिवेशिक शासन के दौर में उत्तराखण्ड के आत्मनिर्भर समाज में रोपी गयी थी और फिर बहुगुणित होती गयी। आज यह एक ओर खुशहाली और राष्ट्रीय मुख्यधारा में होने का और दूसरी ओर पलायन तथा परनिर्भरता का प्रतीक बन गयी है। सूत्र रूप में कहा जाय तो यह अर्थव्यवस्था जितने समाधान प्रस्तुत करती है, उतनी ही समस्याएँ भी।

उत्तराखण्ड के भूगोल ने यहाँ के निवासियों की मानसिक तथा शारीरिक संरचना को अपने अनुरूप बनाया है। एक ओर यहाँ प्रकृति अपने सर्वाधिक सुन्दर तथा आकर्षक रूप में है (उसका कठोर और डरावना रूप भी मौजूद है), दूसरी ओर यहाँ के आदमी का कष्ट और संघर्षमय जीवन आज भी अधिक सुखद नहीं हो सका है। पिछली दो सदियों में तरह-तरह से स्थानीय संसाधनों पर हमला हुआ और इस प्रक्रिया से आज की परनिर्भर अर्थव्यवस्था का जन्म हुआ। लेकिन अपने विविध संसाधनों-जंगल, पानी, ज़मीन, वन्यता, जानवर तथा मनुष्य के कारण आज भी उत्तराखण्ड एक आत्मनिर्भर अर्थव्यवस्था की ओर लौट सकता है। यह प्रश्न सामाजिक तथा राजनीतिक दोनों प्रकार की इच्छाओं से जुड़ा है। शिक्षा, स्वास्थ्य, विकेन्द्रीकरण, सुशासन तथा मध्यम तकनीक का समझदारी भरा उपयोग इसके अन्य पक्ष हैं।

ट्रेल ने तत्कालीन कुमाऊँ-गढ़वाल की जनसंख्या 3 लाख के करीब बतायी थी।[3] इसमें यदि टिहरी रियासत तथा देहरादून के 1 लाख और जोड़ दिये जायें तो 1825 में यहाँ की जनसंख्या 4 लाख के लगभग रही होगी। उसका अनुमान था कि एक वर्ग मील में तब 27 लोग रहते थे। नार्थ वेस्ट प्रोविन्स की 1865 की जनगणना में देहरादून, गढ़वाल और कुमाऊँ ज़िलों की जनसंख्या 7,37,363 थी तथा घरों की संख्या 2,37,808 थी।[4] 1872 में देहरादून, गढ़वाल, अलमोड़ा, नैनीताल ज़िलों तथा टिहरी रियासत की कुल जनसंख्या 10,45,613, 1891 में 15,90,782, 1901 में 16,50,027 तथा 1911 में 18,34,684 हो गयी।[5] 1921 में यह 18,19,881, 1931 में 19,71,105, 1941 में 22,41,498, 1951 में 25,18,355, 1961 में 31,06,356, 1971 में 38,21,960, 1981 में 48,35,712, 1991 में 59,26,146, 2001 में 70,42,162 (हरद्वार सहित 84,89,349) तथा 2011 में 81,95,870 (हरद्वार सहित 10,08,6292) हो गयी थी।[6]

आज 53,484 वर्ग कि.मी. क्षेत्रफल में प्रशासनिक रूप से दो कमिश्नरी, 13 ज़िलों, 100 तहसीलों, 95 विकास खण्डों में फैले उत्तराखण्ड में कुल 7,555 ग्राम सभाएँ, 670 न्याय पंचायतें तथा 12,000 से अधिक वन पंचायतें हैं। 16 हज़ार से अधिक गाँवों तथा लगभग 115 नगरों-क़स्बों में उत्तराखण्ड की जनसंख्या निवास करती है। उत्तराखण्ड मूल की लगभग आधा करोड़ जनसंख्या उत्तराखण्ड से बाहर देश के अन्य नगरों-क़स्बों तथा विदेशों में रहती है। यह अविश्वसनीय जनसंख्या परिदृश्य लग सकता है लेकिन एक वास्तविकता है।

उत्तराखण्ड में बीसवीं सदी में जनसंख्या घनत्व प्रति वर्ग किमी 37 (1901), 40 (1911), 39 (1921), 42 (1931), 47 (1941), 53 (1951), 69 (1961), 86 (1971), 90 (1981) तथा 133 (1991) रहा, जो इक्कीसवीं सदी में 159 (2001) तथा 189 (2011) हो गया। 2011 में जनसंख्या घनत्व न्यूनतम 41 व्यक्ति प्रति वर्ग कि.मी. (उत्तरकाशी) से अधिकतम 649 (उधमसिंहनगर) तथा 549 (देहरादून) है। 1971 में जनसंख्या घनत्व क्रमशः न्यूनतम 18 (उत्तरकाशी) तथा अधिकतम 187 (देहरादून) व्यक्ति प्रति वर्ग कि.मी. था। 1901 में उत्तराखण्ड का औसत जनसंख्या घनत्व 37 व्यक्ति (भारत का 77) प्रति वर्ग कि.मी. था जो 2011 में 189 (भारत का 389) हो गया।[7]

हरद्वार, देहरादून तथा उधमसिंहनगर ज़िलों में जनसंख्या घनत्व पिछले दो दशकों में असाधारण गति से बढ़ा है। इन तीन ज़िलों को घटा कर शेष उत्तराखण्ड पर नज़र डालें तो स्थितियाँ भिन्न हैं। 2001 की जनगणना से पहाड़ों से पलायन के जो संकेत मिल रहे थे, वे नये राज्य में डरावने यथार्थ

में बदल गये हैं। 2011 की जनगणना के अनुसार उत्तराखण्ड के 88 प्रतिशत भूगोल में फैले 10 पहाड़ी ज़िलों (देहरादून के पहाड़ी क्षेत्र सहित) में 49,00,000 और 12 प्रतिशत तराई, भाबर तथा दून क्षेत्र में फैले 3 ज़िलों (इसमें चम्पावत, पौड़ी तथा नैनीताल का भाबर क्षेत्र भी जोड़ें) में लगभग 53,00,000 जनसंख्या निवास करती है।[8] लेकिन प्रान्त से बाहर कितने लोग गये यह आँकड़ा न सरकार के पास है और न विशेषज्ञों के पास। मेरा अनुमान है कि यह संख्या आधा करोड़ से ज़्यादा होगी। इस संख्या में वे भी शामिल हैं जो आधी सदी पहले ही प्रवास में जा चुके थे।

उत्तराखण्ड के लगभग 57 प्रतिशत गाँव 200 से कम, 31 प्रतिशत 200 से 499, 8.70 प्रतिशत 500 से 999; 2 प्रतिशत 1,000 से 1999; 0.50 प्रतिशत 2,000 से 4,999 तथा मात्र 0.07 प्रतिशत 5,000 से ज़्यादा जनसंख्या वाले हैं।[9] ज़्यादातर बड़ी बसासतें नैनीताल, उधमसिंहनगर, हरद्वार तथा देहरादून ज़िलों में केन्द्रित हैं। नगरीय जनसंख्या 21 प्रतिशत हो गयी है। 1901 से 1991 के बीच देश में 254.6 प्रतिशत, उत्तर प्रदेश में 183.7 प्रतिशत तथा उत्तराखण्ड में 257.6 प्रतिशत जनसंख्या बढ़ी है।

तालिका 01 : उत्तराखण्ड : क्षेत्रफल, बसासतें तथा जनसंख्या 1971 तथा 1981

क्रम	ज़िला	क्षेत्रफल (वर्गकिमी)		जनसंख्या		बसासतें/गाँव	
		1971	1981	1971	1981	1971	1981
01	नैनीताल	6792	6794	790080	1133111	1771	1806
02	पिथौरागढ़	7217	8856	415163	479600	1542	2174
03	अलमोड़ा	7028	5385	750088	772994	3576	3019
04	गढ़वाल	5440	5440	553028	624259	3236	3237
05	चमोली	9125	9125	292571	364287	1487	1516
06	देहरादून	3088	3088	577306	757259	767	743
07	टिहरी	4421	4421	397385	493245	1959	1953
08	उत्तरकाशी	8016	8016	147805	190571	672	669
	उत्तराखण्ड	51127	51125	3923426	4815326	15010	15117

स्रोत : जनगणना 1971, सिरीज़ 21, उत्तर प्रदेश; 1981, सिरीज़ 22, उत्तर प्रदेश

उत्तराखण्ड के समाज में 71 प्रतिशत उच्च जातियाँ हैं (यह ध्यान रहे कि ये सभी आर्थिक उच्चवर्ग नहीं हैं)। 16.7 प्रतिशत शिल्पकार (अनुसूचित जातियाँ) और 3.5 प्रतिशत अनुसूचित जनजातियाँ हैं। 9 प्रतिशत मुस्लिम हैं। सिख तथा ईसाई जनसंख्या यहाँ अत्यन्त कम है। 65 प्रतिशत से अधिक जनसंख्या काश्तकारों की है। 5 प्रतिशत खेतिहर मज़दूर हैं। 2 प्रतिशत छोटे-मोटे कुटीर उद्योगों से जुड़े हैं और 29 प्रतिशत नौकरियों में हैं।[10]

जैसा कि बताया गया है कि आधे करोड़ से अधिक उत्तराखण्ड मूल के निवासी उत्तराखण्ड से बाहर हैं। यह पलायन औपनिवेशिक काल में पारम्परिक जीवन-शैली के ध्वस्त, शिक्षा व्यवस्था तथा

संचार साधनों के विकसित, प्राकृतिक सम्पदा के व्यापारिक दोहन और फ़ौज, सर्वे, निर्माण तथा जंगलात आदि सरकारी विभागों में भर्ती होने के साथ शुरू हुआ। यह धनादेश की अर्थव्यवस्था निरन्तर बढ़ती गयी। तीर्थाटन तथा पर्यटन के कारण ग्रीष्म तथा शरद ऋतु में उत्तराखण्ड में आगन्तुकों की संख्या बढ़ जाती है। वर्तमान में उत्तराखण्ड की स्थायी जनसंख्या से ज़्यादा पर्यटक तथा तीर्थयात्री हर साल यहाँ आते हैं।

1822 में ट्रेल ने कुमाऊँ-गढ़वाल में 2,41,314 गाय, भैंस तथा बैल बताये थे। भेड़ तथा बकरियों की संख्या उसने उनकी चर्चा और महत्ता के बावजूद नहीं दी थी। चिपको आन्दोलन की शुरुआत के समय जो आधा करोड़ से अधिक पालतू पशु यहाँ थे, आज उनकी संख्या 80 लाख से ऊपर हो सकती है। ये खेती, पशुचारण तथा व्यापार से जुड़े रहे हैं।[11]

2. ऐतिहासिक पृष्ठभूमि

पिछले 5 हज़ार साल के दौर में (यह उत्तराखण्ड में मिले गुफा चित्रों तथा ताम्र अवशेषों के बाद का काल है) अनेक लघु समाज और संस्कृतियाँ उत्तराखण्ड में हर ओर से आती रही हैं। इनमें कोल-मुंड, किरात-मंगोल तथा खस सहित अनेक नृवंशों की अनेक परतें मौजूद हैं। आज भी चेहरों की बनावट, पुरातत्व, भाषा और परम्पराओं से उत्तराखण्ड की सामाजिक-सांस्कृतिक विविधता को समझा जा सकता है। विविध रक्त, भाषा समूहों और समुदायों के बीच संघर्ष तथा समन्वय का सतत दौर स्वाभाविक रूप से चला। उत्तराखण्ड के वर्तमान सामाजिक-सांस्कृतिक परिदृश्य से शिकारी-संग्राहक, घुमक्कड़-पशुचारक, पशुचारक-खेतिहर-कुटीर उद्योगी, खेतिहर-व्यापारी और मज़दूर-सिपाही-बाबू-अफ़सर सहित नौकरीपेशा वर्ग तक आर्थिक-सामाजिक जीवन के विविध सोपानों का विकास स्पष्ट प्रकट होता है। इन सोपानों की उपस्थिति और अवशेष उत्तराखण्ड के वर्तमान सामाजिक-आर्थिक स्वरूप में स्पष्टतः मौजूद हैं।

विविध लोक कलाओं-शिल्पों से जुड़े शिल्पकार, बनराजी, थारू, बोक्सा, शौका (भोटिया), जौनसारी और वन गूजर आदि उत्तराखण्ड के सामाजिक यथार्थ के अपरिहार्य हिस्सा हैं तो खस मूल से विकसित तथा पूर्व मध्यकाल में भारत के विभिन्न क्षेत्रों से यहाँ आये समुदायों से विकसित सवर्ण भी।[12] जनजाति घोषित न होने के बावजूद अब गूजर उत्तराखण्ड के एक मात्र घूमन्तू पशुचारक समाज हैं। इन्हें अभी तब वनाधिकार कानून का लाभ नहीं दिया जा सका है।

225 साल पहले कुछ नेपाली मूल के समूह यहाँ आये (काली घाटी में तो सामाजिक-सांस्कृतिक आदान-प्रदान पहले से था)। 1947 के बाद थोड़े से एंग्लो-इण्डियन यहाँ बने रहे और भारत विभाजन के समय पंजाब और बंगाल के अनेक हिस्सों से विभाजन की त्रासदी झेलकर आये समुदाय उत्तराखण्ड के समाज का हिस्सा बन गये। पूर्वी उत्तर प्रदेश से भी लोग बड़ी संख्या में यहाँ आ बसे। इस समाज में सबसे नयी पर्त तिब्बतियों (स्वायत्त तथा स्वतन्त्र तिब्बत के उनके सपने का सम्मान करते हुए) की कही जा सकती है, जो 1959 के बाद तिब्बत से भागकर भारत के अनेक स्थानों की तरह यहाँ भी आये।

इस प्रकार उत्तराखण्ड एक अत्यन्त विविधता भरे समाज-संस्कृति का क्षेत्र है और इसके भूगोल तथा प्राकृतिक संसाधनों ने हज़ारों सालों में एक खास तरह का सह-अस्तित्व विविध समुदायों के

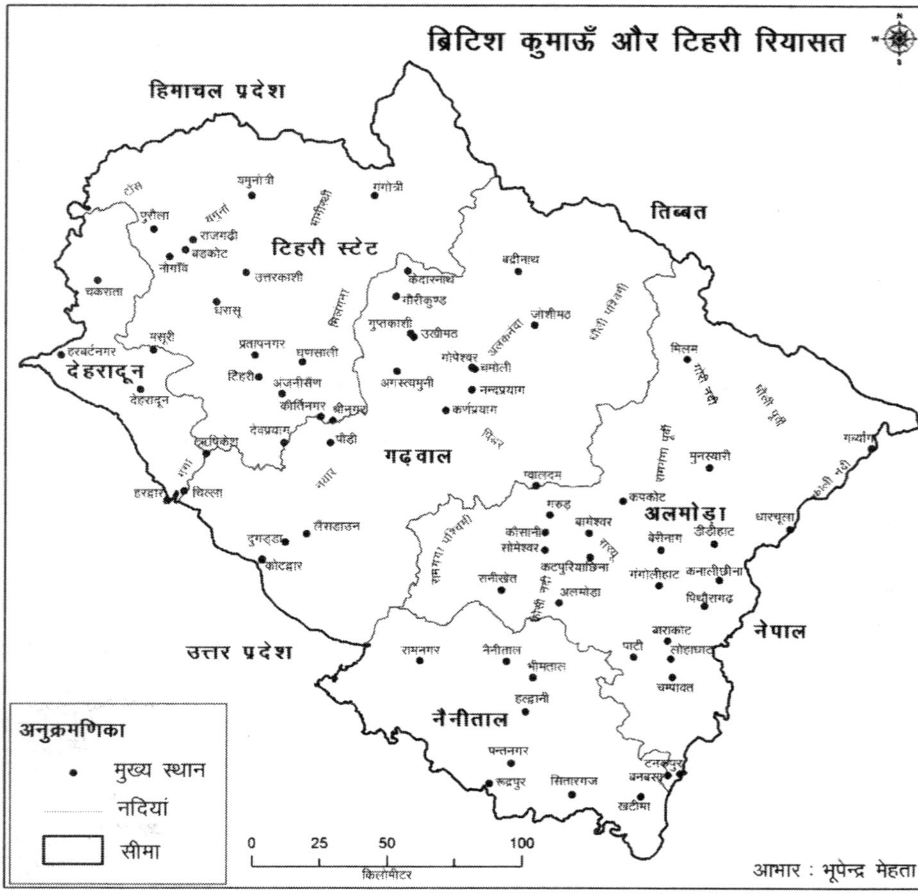

ब्रिटिश कुमाऊँ तथा टिहरी रियासत

बीच विकसित किया है।[13] इस सह-अस्तित्व में आंशिक रूप से सामन्ती और शोषक ताना-बाना भी जीवित रहा है। सामन्ती, औपनिवेशिक और उत्तर-औपनिवेशिक युग में इस सह-अस्तित्व को बार-बार चुनौती दी जाती रही और इसे ध्वस्त करने के प्रयास हुए लेकिन इसका कुछ न कुछ हिस्सा आज भी जीवित है। इसका भौगोलिक-सांस्कृतिक के अलावा एक प्रमुख कारण विविध समुदायों में आर्थिक स्वार्थों के टकरावों का कम होना था।

कभी उत्तराखण्ड में छोटे-छोटे समुदायों के प्रमुख सामन्त रहे होंगे। क्रमशः कम ज्ञात राजवंशों और फिर पौरव, कुणिन्द, बर्मन तथा कत्यूरी शासकों का दौर आया। कत्यूरियों का अखिल उत्तराखण्डी राज्य आदि शंकराचार्य (सन् 870-902) के उत्तराखण्ड आगमन और उत्तरी भारत में गुलाम वंश की स्थापना के बीच तो निश्चित ही कायम था। इसका विखण्डन मध्यकाल में हुआ और उत्तराखण्ड के पूर्वी हिस्से में चन्द और मध्य-पश्चिमी हिस्से में पँवार शासकों का उदय हुआ। इन दोनों वंशों के महत्त्वाकांक्षी शासकों ने विभिन्न ठकुराइयों, जिनमें कत्यूरी, बम, मल्ल आदि थे, का एकीकरण किया और प्रारम्भिक बहुराजकता इन दो वंशों में सिमट आयी।

चन्द तथा पँवार वंश क्रमशः 1790 तथा 1804 तक राज करते रहे। सन् 1778 से 1788 के बीच पँवार राजकुमार प्रद्युम्नशाह कुमाऊँ की गद्दी पर प्रद्युम्नचन्द बन कर बैठा। चन्द-पँवार शासक कभी-कभी आपस में लड़े और बाहरी हमला होने पर एक-दूसरे की मदद भी करते रहे। दोनों सामन्ती शासन अपने ही अन्तर्विरोधों से ध्वस्त होने के कगार पर थे और तीसरे बेगाने पर पड़ोसी गोरखा शासकों ने बहुत सरलता से कुमाऊँ में 1790 और कुछ प्रतिरोध झेलकर गढ़वाल में 1804 और फिर 1809 में किन्नौर-कांगड़ा तक अधिकार कर लिया। गोरखों की दमन और आतंक के लिए कुख्यात सैनिक सामन्तशाही कुमाऊँ में 'गोरख्योल', गढ़वाल में 'गोरख्याणी' और हिमाचल में 'गोरखशाही' के रूप में जानी गयी।[14]

1814-16 में नेपाल युद्ध और सिगौली की सन्धि के बाद अगले 13 दशकों तक यहाँ औपनिवेशिक शासन रहा। 1857 तक कम्पनी के अधीन और फिर ब्रिटिश ताज के तहत। इसी अवधि में उत्तराखण्ड को राजनीतिक-प्रशासनिक रूप से शेष देश और संयुक्त प्रान्त से जोड़ा गया। साथ ही उत्तराखण्ड में प्राकृतिक सम्पदा के दोहन-शोषण, मनुष्यों के पलायन, समाज के आधुनिकीकरण और गतिशील होने की प्रक्रिया प्रारम्भ हुई। इससे सामाजिक बदलाव हुए, स्थानीय प्रतिरोधों का जन्म हुआ। ये प्रतिरोध अन्ततः राष्ट्रीय संघर्ष का हिस्सा बने और उसी में समाहित हो गये।[15]

औपनिवेशिक काल में उत्तराखण्ड दो अलग क्षेत्रों में विभाजित था। ब्रिटिश उत्तराखण्ड के अन्तर्गत कुमाऊँ तथा देहरादून थे। टिहरी रियासत, जहाँ कम्पनी की छत्रछाया में चलने वाला सामन्ती शासन था, के अन्तर्गत अलकनन्दा और मंदाकिनी से उत्तर-पश्चिम का और देहरादून ज़िले से पूरब का क्षेत्र था। कुमाऊँ का शासन एक शक्तिशाली कमिश्नर के तहत था। ज़िला देहरादून कुछ समय कुमाऊँ में रहकर मेरठ कमिश्नरी का प्रशासनिक हिस्सा बना।[16] शेष गढ़वाल (ब्रिटिश या फारेन गढ़वाल) को कुमाऊँ कमिश्नरी के अन्तर्गत लेकर कम्पनी ने टिहरी रियासत को नेपाल युद्ध में मदद करने वाले और खुड़बुड़ा के युद्ध में मारे गये प्रद्युम्न शाह के पुत्र सुदर्शन शाह (1815-59) को सौंप दिया। सुदर्शन टिहरी रियासत का पहला शासक बना। उसके बाद भवानी शाह (1859-71), प्रताप शाह (1871-86), कीर्ति शाह (1892-1913), नरेन्द्र शाह (1919-46) तथा मानवेन्द्र शाह (1946-49) टिहरी के शासक रहे। 1886 से 92 तथा 1913 से 19 तक दो बार रीजेन्सी शासन टिहरी रियासत में रहा।[17]

कुमाऊँ का कमिश्नर संयुक्त प्रान्त के अन्य कमिश्नरों से अधिक शक्तिशाली था। कार्य और न्याय दोनों पालिकाओं का अधिकार उसके पास था। वह टिहरी रियासत के लिए ब्रिटिश सरकार का एजेण्ट होता था। 1815 से 1947 तक कुमाऊँ में 23 कमिश्नर रहे। इनमें से ट्रेल (1815-36), बैटन (1848-56), रैमजे (1856-84) तथा विंढम (1913-24) अधिक जाने जाते हैं। हेनरी रैमजे के बाद कमिश्नर की शक्ति का क्षय होता चला गया। भारतीय राष्ट्रीय कांग्रेस की स्थापना, काउन्सिलों में उत्तराखण्ड सम्बन्धी प्रश्नों के उठने तथा स्थानीय आन्दोलनों के प्रस्फुटन तथा स्वतन्त्रता संग्राम के उत्तराखण्ड में व्यापक रूप से फैलने के बाद कमिश्नर की हस्ती और हैसियत बदलती और छोटी होती चली गयी। 1825 में देहरादून के डिप्टी कमिश्नर को टिहरी रियासत के लिए सरकार के एजेण्ट का जिम्मा दिया गया। रवाँई के विद्रोही गोविन्द सिंह बिष्ट का पक्ष लेने के कारण उसे बदला गया था। इसके बाद भी एजेन्सी वहीं बनी रही। 1842 में यह कार्य पुनः कमिश्नर कुमाऊँ देखने लगा। 1825 में देहरादून ज़िला कुमाऊँ कमिश्नरी में मिलाया गया था और कदाचित 1857

के बाद तक यही स्थिति बनी रही। 1937 में टिहरी रियासत को पंजाब हिल स्टेट्स एजेन्सी के साथ जोड़ दिया गया।

1815 में टिहरी रियासत को छोड़ शेष उत्तराखण्ड का प्रशासन ऊपरी तौर पर बंगाल प्रेजीडेन्सी से सम्बद्ध था। लेकिन इसे सीधे फर्रुखाबाद कमिश्नरी से जोड़ा गया। 1834 में आगरा प्रेजीडेन्सी बनी, जो दो साल बाद नॉर्थ-वेस्ट प्रॉविन्स के रूप में अलग प्रान्त बन गयी। 1838 के एक्ट 10 के अन्तर्गत कुमाऊँ को उत्तर पश्चिमी प्रान्त के सदर दिवानी तथा सदर निजामत कोर्ट के अन्तर्गत लिया गया। इसे प्रान्त का लेफ्टिनेंट गवर्नर देखता था। 1856 में अवध को कम्पनी सरकार के क्षेत्र में मिलाया गया।[18] 1861 में शुरू कुमाऊँ तथा गढ़वाल के अनुसूचित (शिड्यूल्ड) ज़िले बनने की प्रक्रिया 1874 में पूरी हुई। 1877 में अवध के ज़िलों को 'नॉर्थ-वेस्टर्न प्राविन्स' में मिलाकर 'नॉर्थ-वेस्टर्न प्रॉविन्सेस एण्ड अवध' नाम दिया गया और 1902 में 'यूनाइटेड प्राविन्स ऑफ़ आगरा एण्ड अवध' बना। 1937 में इसे 'यूनाइटेड प्रॉविन्स' और 1950 से 'उत्तर प्रदेश' कहा जाने लगा। 9 नवम्बर, 2000 को उत्तर प्रदेश का पुनर्गठन कर 'उत्तराखण्ड' राज्य बनाया गया।

1815 से 1839 तक कुमाऊँ कमिश्नरी एक ज़िले के रूप में थी। 1839 में ब्रिटिश गढ़वाल तथा 1891 में नैनीताल ज़िला बनाया गया। 1842 में स्थापित तराई ज़िला अलग-अलग रूपों में नैनीताल ज़िले की स्थापना तक रहा। औपनिवेशिक शासन ने उत्तराखण्ड को गैर-आयनी (नान-रेगुलेशन) क्षेत्र बनाया था। 1874 में इस क्षेत्र को अनुसूचित ज़िलों (सीड्यूल्ड डिस्ट्रिक्ट) के अन्तर्गत लाया गया तो 1920 के बाद इससे बाहर निकालने के प्रयास हुए। लेकिन 1940 में कुमाऊँ लॉज कमेटी की संस्तुतियाँ प्राप्त होने पर भी लागू नहीं हो सकीं, क्योंकि अब तक राष्ट्रीय संग्राम अपनी पराकाष्ठा पर पहुँच गया था।

1947 में पूरा उत्तराखण्ड आज़ाद नहीं हुआ। टिहरी में सामन्ती शासन जनवरी 1948 तक जारी रहा और फिर प्रजामण्डल का शासनकाल आया। इसी बीच 1949 में टिहरी रियासत का विलय संयुक्त प्रान्त में हो गया और टिहरी अन्ततः कुमाऊँ कमिश्नरी का चौथा ज़िला बना। 1960 में अलमोड़ा ज़िले का उत्तर-पूर्वी हिस्सा पिथौरागढ़, गढ़वाल ज़िले का उत्तरी हिस्सा चमोली और टिहरी का उत्तरी हिस्सा उत्तरकाशी ज़िले के रूप में स्थापित हुआ। कुछ समय के लिए इन तीनों ज़िलों की अलग उत्तराखण्ड कमिश्नरी भी बनायी गयी। 1967-68 में गढ़वाल कमिश्नरी की स्थापना हुई और फिर उत्तराखण्ड कमिश्नरी को समाप्त किया गया। देहरादून ज़िले के 1969 में गढ़वाल कमिश्नरी में आ जाने के बाद वर्तमान प्रशासनिक स्वरूप बना। हाल के सालों में उधमसिंहनगर, चम्पावत, बागेश्वर तथा रुद्रप्रयाग ज़िले बनाये गये। हरद्वार ज़िले को नये राज्य की स्थापना के साथ इसका हिस्सा बनाया गया।

3. जैविक परिदृश्य

उत्तराखण्ड जैविक-सांस्कृतिक विविधता का भण्डार है। इसका कारण इसकी भारतीय उपमहाद्वीप में स्थिति तथा यहाँ का भूगोल है। तराई-भाबर में कुछ बसासतों के होने का प्रमाण तो कालसी के शिलालेख तथा ह्वेनसांग के यात्रा विवरण से मिलता है, लेकिन यह ज़्यादातर सघन वनों का क्षेत्र था और मध्यकाल में दिल्ली-आगरा के अनेक शासक यहाँ शिकार के लिए आते रहे थे।[19] एक प्रकार से तराई-भाबर तथा दून के जंगल तब उत्तराखण्ड की दक्षिणी सुरक्षा दीवार की तरह

थे। जंगलों की सघनता, जीव-जन्तुओं का बाहुल्य तथा अस्वास्थ्यकर जलवायु का होना ही इस क्षेत्र में बसासतों को विकसित न होने देने का कारण बना। बाह्य हिमालय की बसासतों के जो निवासी (घामतप्पा तथा गोठिया) जाड़ों में भाबर जाते थे, वे जाड़ों के बाद लौटकर पहाड़ आ जाते थे। 18वीं सदी के प्रारम्भ तक नैनीताल की तराई सघन वनों से घिरी थीं और दून घाटी में कुछ ही बसासतें थीं। तराई-भाबर से महा या टैथिस हिमालय तक उत्तराखण्ड में मुख्यतः चार प्रकार के वानस्पतिक क्षेत्र हैं :

उप उष्णकटिबन्धीय (सब ट्रापिकल ज़ोन)	800-4,000 फ़ीट
शीतोष्ण कटिबन्धीय (टेम्परेट ज़ोन)	4,000-6,500 फ़ीट
सब अल्पाइन ज़ोन	6,500-10,000 फ़ीट
अल्पाइन ज़ोन	10,000-15,000 फ़ीट और बर्फ़ रेखा तक

उक्त वानस्पतिक क्षेत्रों में सेठ तथा चैम्पियन (1968) द्वारा बताये गये 9 प्रकार के वन पाये जाते हैं। सब ट्रापिकल ज़ोन टनकपुर से डाकपत्थर तक फैला है। इसमें सबसे मूल्यवान तथा सबसे ज़्यादा साल *(Shorea robusta)* के जंगल हैं। यह प्रजाति पहाड़ों की घाटियों में 3,500 फ़ीट तक मिलती है। सम्पूर्ण उत्तराखण्ड की बाहरी पहाड़ियों में कालसी, राजपुर, मुनि की रेती, दोगड्डा, सीताबनी, कालाढूँगी, रानीबाग, सूखीढांग से ऊपर या उनके आसपास साल तथा चीड़ के जंगलों का विभाजक क्षेत्र देखा जा सकता है। चिपको आन्दोलन के एक क्षेत्र अदवाणी तथा दूसरे क्षेत्र ध्याड़ी में चीड़ तथा साल का मिला-जुला जंगल है। तराई-भाबर की अन्य महत्त्वपूर्ण वृक्ष प्रजातियों में सैन, कन्जु, हल्दू, सेमल, धौरी, जामुन, झिंगन, तुन, शीशम, खैर आदि हैं। बाँस यत्र-तत्र मिलता है। इसके अलावा धौला, गंधेला, तथा कुरी *(Lantana camara ornyctanthes abortristis)* आदि यहाँ मिलते हैं।[20] वर्तमान में इस क्षेत्र में टीक, यूकिलिप्टस तथा पापलर के रोपित क्षेत्र और दून घाटी में चाय के बचे खुचे बागान नज़र आते हैं।

टेम्परेट ज़ोन में बाँस, चीड़, टुन, बुराँस, काफल, सानण, बाँज, अयार, पदम, कुकाट आदि तथा इन वृक्षों की विविध प्रजातियाँ मिलती हैं। बैटन ने 6 प्रकार की बाँज प्रजातियों का ज़िक्र किया है।[21] कहीं-कहीं देवदार मिलता है। विशेष रूप से मन्दिरों के आसपास। जैसे गंगोलीहाट, जागेश्वर, धौलादेवी आदि लेकिन लोहाघाट, देहरादून, उत्तरकाशी में अनेक स्थानों पर देवदार के सघन प्राकृतिक वन मौजूद हैं। जंगलात सम्बन्धी औपनिवेशिक रपटों में लिखा जाता रहा है कि देवदार यहाँ की मूल प्रजाति नहीं है और मन्दिरों में रोपित वृक्षों से इसका फैलाव हुआ। जबकि अनेक जगह आज भी यह प्राकृतिक वनों की तरह फैला हुआ है। इस ज़ोन का सर्वाधिक चर्चित वृक्ष चीड़ है। यह दक्षिणी ढलानों में छह हज़ार फ़ीट से ऊपर तक और नीचे साल तथा ऊपर कभी कैल तथा बाँज के वृक्षों के साथ भी मिलता है।

सब अल्पाइन ज़ोन में देवदार, कैल, पदम, बाँज, बुराँस, अयार आदि के साथ मोरिंडा/रागा *(Abies Pindrow)*, तिलोज *(Q.dilatata)*, खरसू *(Q. Semi Carpifolia)*, अखरोट, अंगू, गढ़पीपल, थूनेर *(Texus baccata)* आदि मिलते हैं। कहीं-कहीं सुरई *(Cupressus tomlosa)*, तान्सिन *(Tsuga brunoniana)* मिलते हैं। छोटी झाड़ियों के रूप में सकीना *(Indigofera spp)*, भाटा *(Desmmodium spp)*, कुन्जा *(Rosa moschata)*, गुईया *(Viburnum spp)*, किलमोड़ा *(Berberis Asiatica)*, सतपूरा *(Daphne cannabi)*, रिंगाल, हिसालू आदि मिलते हैं। बाँज की

अन्य प्रजातियाँ, जैसे खरसू 11,000 फ़ीट तक, ऊपरी क्षेत्रों में मिलती हैं। बाँज तथा तिलौंज के साथ पापड़ी *(Buxus wallichiana)* के वृक्ष मिलते हैं। भोजपत्र के साथ सिमरू *(Rh. spp)* भी उच्च क्षेत्र में मिलता है। उत्तराखण्ड में भोजपत्र, जूनीपर, सिमरू (सफेद बुरांश), देवदार, पदम, पीपल तथा बेलपत्र को पवित्रतम वृक्षों में माना जाता है। इनका रोपण करने और रक्षा बाँधने की परम्परा प्रचलित है।

अल्पाइन ज़ोन का बड़ा हिस्सा बुग्याल घेरे रहते हैं, जिनके निचले हिस्सों में वृक्ष रेखा और ऊपरी हिस्सों में हिमरेखा स्पष्ट देखी जा सकती है। खर्सू तथा फर यहाँ मुख्य वृक्ष हैं। फिर भोजपत्र के वृक्ष, धूप *(Juniperus macropod)* तथा सिमरू की झाड़ियाँ नज़र आती हैं। कैल, फर तथा रागा कहीं-कहीं नज़र आ सकते हैं। यह क्षेत्र नवम्बर-दिसम्बर से अप्रैल-मई तक बर्फ़ से ढका रहता है और इसके बाद वनस्पति यहाँ फूलों और घास के रूप में प्रकट होती है। इन फूलों में प्रिमूला, ब्लू पॉपी, जंगली गुलाब *(Rosa nacrophylla)*, ब्रह्मकमल तथा फेनकमल आदि मुख्य हैं। यह मूल्यवान जड़ी-बूटियों का क्षेत्र भी है और अभी इस पर सर्वाधिक दबाव है।[22] कीड़ा जड़ी (यारसा गुन्बो) का इसी क्षेत्र से दोहन हो रहा है। वन-वनस्पतियों की सघनता और प्रकारों पर वन्य जीवों का जीवन और विविधता निर्भर है। मनुष्य की घुसपैठ भी वन्य जीवों को प्रभावित करती है।

तराई-भाबर में बाघ *(Penthera tigeris)*, हाथी, तेंदुआ चीतल, स्लोथ बियर, बन्दर, साँभर, पांडा, शाही आदि मुख्य जानवर हैं। 1850 से पहले उत्तराखण्ड की तराई में गैंडा भी विचरण करता था।[23] जंगलों पर जबर्दस्त दबाव से पहले गैंडा, फिर चीता और हिल पेट्रिज आदि प्रजातियाँ गुम हो गयीं। लघु हिमालय में भालू, बन्दर, सराऊ, लंगूर, काकड़, घुरड़, तेंदुवा (गुलदार), लोमड़ी, शाही और खरगोश मुख्य जानवर हैं। उच्च क्षेत्रों में कस्तूरी मृग, भरल, हिमचितुवा, थार तथा क्याँग मुख्य रूप से होते हैं। हिमचितुवा तो दुर्लभतम है और कस्तूरीमृग खात्मे के कगार पर।[24]

उत्तराखण्ड के पक्षियों में मोर, ग्रेट हौर्न बिल, कोयल, काला तीतर, सफेद तीतर, प्यूड़ा, मैना, बुलबुल, मैगपाई, मल्यो (Snow Pigeon), स्नो काक, चकोर, चील, कव्वा, न्यौली, मोनाल, कलीज, कोकलास तथा चीड़ फीजेण्ट मुख्य हैं। तराई के अजगर, अनेक प्रकार के साँप, लिजार्ड (ग्वाण) आदि यहाँ मिलते हैं। मछलियाँ में महासीर, ट्राउट और रोहू मुख्य हैं। कॉर्बेट पार्क में मगरमच्छ/घड़ियाल हैं। सालिम अली द्वारा वर्णित 287 पक्षियों में से 230 उत्तराखण्ड में पाये जाते हैं। इनमें से अनेक लुप्तप्रायः हो गये हैं।[25] जैसे हिल पैट्रिज तथा स्नो कॉक आदि। अलग-अलग मौसमों में यहाँ तिब्बत, मध्य एशिया, साइबेरिया और मैदानों से पक्षियों का आगमन होता है। उच्च हिमालय की झीलों (और अब भाबर और दून की मानव निर्मित झीलों) में घुमन्तू मध्य एशियाई/तिब्बती पक्षी अनेक बार देखने को मिलते हैं।[26] अनेक प्रकार की तितलियाँ भी यहाँ मिलती हैं। उत्तराखण्ड में तितलियों की चार सौ से अधिक प्रजातियाँ मौजूद हैं।[27]

औपनिवेशिक काल में सेव, आलू तथा चाय की खेती/बागवानी को हिमालय के अनेक क्षेत्रों की तरह यहाँ भी विस्तार मिला। यह विस्तार चरागाह या जंगल को लील कर हो सका। भूमि उपयोग के बदलने के परिणामों पर अभी कोई गम्भीर अध्ययन नहीं हुआ है। साथ ही उसी दौर में कुरी तथा यूकिलिप्टस का आगमन हुआ। अनेक व्याधियों का कारक पार्थेनियम भी इसी तरह का पौधा है।

आज के उत्तराखण्ड का 64.79 प्रतिशत (लगभग 3.47 मिलियन हैक्टेयर) वन्य क्षेत्र है।[28] इसमें 42 या उससे कम प्रतिशत उचित सघनता वाले जंगलों का है। इस क्षेत्र का 13.79 प्रतिशत संरक्षित

क्षेत्र के अन्तर्गत है। अभी यहाँ 6 राष्ट्रीय पार्क (इनमें दो विश्व प्राकृतिक धरोहर हैं), 6 वन्यजीव अभयारण्य, एक बायोस्फियर रिज़र्व तथा दो संरक्षित क्षेत्र हैं।[29] एक रपट में यह बताया गया है कि उत्तराखण्ड में अभी 1,000 में से 55 वनस्पति प्रजातियाँ, 85 में से 5 स्तनपाई जीव (मैमल्स), 230 में से 6 पक्षी प्रजातियाँ और 76 में से 16 मछली प्रजातियाँ विरल, संकटापन्न तथा संकटग्रस्त श्रेणी के अन्तर्गत हैं।[30]

उत्तराखण्ड में अनेक जीवनदायक जड़ी-बूटियाँ मिलती हैं, जिनमें अतीस, लटजीरा, बासिंग, जम्बू, गन्द्रायन, पुतिका, सालम मिश्री, सालम पंजा, कूट, डोलू, कुटकी, हरड़ आदि मुख्य हैं। कुछ जड़ी-बूटियाँ समाप्ति के कगार पर हैं। हिमालय की जड़ी-बूटियाँ सिर्फ़ फूलों के रूप में भी आकर्षित करती रही हैं। जंगली फलों में काफल, बमोर, किलमोड़ा, हिसालू, घिंगारू, बेड़ू, तुस्यार, पइयाँ (पदम), अखरोट, पांगर, भोटिया बदाम आदि प्रमुख हैं। कीड़ा जड़ी (यार्सा गुन्बा) इस औषधि परम्परा की सर्वाधिक नयी अभिव्यक्ति है।

यहाँ इस विवरण को देने का उद्देश्य यह है कि जंगल हर ग्रामीण क्रियाकलाप के केन्द्र में थे। खेती, पशुपालन, तमाम कुटीर उद्योग जंगल पर निर्भर थे।[31] जड़ी-बूटी, मकान बनाने तथा खेती के औजारों तथा घरांट का सामान, जलावन, चारा पत्ता, जंगली जानवरों का मांस, खाल, पक्षी, शहद आदि सामग्री जंगल से ही मिलती थी। उत्तराखण्ड के प्राचीनतम समाज के प्रतिनिधि बनराजी या बन रावत अपने लकड़ी के बर्तनों के काम के लिए पूरी तरह जंगलों पर निर्भर थे।[32] इसी तरह लकड़ी, रिंगाल, घास या पत्तों से अनेक कुटीर उद्योग जुड़े थे।

4. सामाजिक-सांस्कृतिक विविधता

उत्तराखण्ड की सामाजिक-सांस्कृतिक विविधता एक प्रकार से जैविक विविधता का ही हिस्सा है। उत्तराखण्ड के मध्यवर्ती हिस्से में मूल शिल्पकार और खशों तथा मध्यकाल में देश के अन्य हिस्सों से आये समुदायों के वंशज रहते हैं। दक्षिण और उत्तरी हिस्सों में जनजातीय पट्टियाँ हैं। ये सभी संविधान द्वारा घोषित ही नहीं जीवन पद्धति से भी जनजातीय समाज थे और आज परिवर्तन के सघन दबाव से गुज़र रहे हैं। तराई में थारू और बोक्सा मुख्य रूप से निवास करते हैं। इनकी भूमि और परिवेश पर जबर्दस्त दबाव रहा और अपनी बहुत-सी ज़मीन और जंगलों से ये अब वंचित हो चुके हैं।

थारू जनजाति मुख्य रूप से उधमसिंहनगर ज़िले के विकासखण्ड खटीमा तथा सितारगंज के लगभग 141 गाँवों में रहती है। थारुओं ने तराई की अत्यन्त विपरीत जलवायु के बावजूद जंगलों के बीच खेती विकसित की थी।[33] उत्तराखण्ड की कुल जनजातीय जनसंख्या का थारू समुदाय 32.5 प्रतिशत हैं। बोक्सा/मिहिर जनजाति उत्तराखण्ड की कुल जनजातीय जनसंख्या का 13.62 प्रतिशत है और मुख्यतः उधमसिंहनगर के बाजपुर, गदरपुर, काशीपुर; नैनीताल ज़िले के रामनगर; गढ़वाल के दोगडा तथा देहरादून ज़िले के डोईवाला तथा सहसपुर विकासखण्डों के लगभग 173 गाँवों में रहती हैं। थारू तथा बोक्सा खेतिहर जनजाति हैं।

पिथौरागढ़ ज़िले के धारचूला, डीडीहाट, कनालीछीना तथा चम्पावत ज़िले के चम्पावत विकासखण्डों के मात्र 8 ग्रामों में छोटे-छोटे कबीलों के रूप में रहने वाले बनराजी या बनरौत या लुलरौत उत्तराखण्ड की जनजातियों में सबसे कम जनसंख्या वाली है (0.23 प्रतिशत)। ये असली अर्थों में शिकारी-संग्राहक थे। इस सदी के पहले दशक में और बाद तक भी ये लकड़ी के बर्तन

बनाया करते थे[34] और अब कुछ खेती की ओर आये हैं। पिछले दो दशकों में इस जनजाति के मात्र दो सदस्य नौकरी में आ सके हैं।[35] नये राज्य की पहली विधानसभा (कुल 70 चुने हुए तथा 1 नामित) का एक सदस्य राजियों में से था। जिन्हें दुबारा भी चुना गया पर इस सीट के आरक्षित न रहने पर वह 2012 के विधान सभा चुनाव में पराजित हो गये।

उत्तराखण्ड की शौका (भोटिया) जनजाति (14.68 प्रतिशत) पिथौरागढ़ ज़िले के विकासखण्ड धारचूला, डीडीहाट, बेरीनाग तथा मुनस्यारी; बागेश्वर ज़िले के विकासखण्ड गरूड़, बागेश्वर तथा कपकोट; चमोली ज़िले के विकासखण्ड जोशीमठ, बदरीनाथ तथा दशौली और उत्तरकाशी ज़िले के विकासखण्ड भटवाड़ी तथा डुण्डा के लगभग 291 गाँवों में निवास करती है। घुमन्तू, खेतिहर, व्यापारी-व्यवसायी शौका समुदाय उत्तरकाशी में जाड, चमोली में मार्छा तथा तोल्छा और पिथौरागढ़ में जोहारी, रङ (दारमी, चौदांसी तथा ब्याँसी) कहलाते हैं।[36] सामान्यतया अब इन्हें भोटिया ही कहा जाने लगा है।

देहरादून के विकासखण्ड कालसी तथा चकराता (जौनसार भाबर) के लगभग 356 गाँवों में निवास करने वाले जौनसारी (38.78 प्रतिशत) उत्तराखण्ड की सबसे बड़ी जनजाति है। उत्तराखण्ड में सिर्फ़ यहाँ संविधान प्रदत्त जनजातीयता पूरे क्षेत्र में लागू है, सिर्फ़ कुछ जातियों में नहीं।[37] खेतिहर-पशुचारक जौनसारी समाज में बहुपति प्रथा का प्रचलन था और यह क्षेत्र अर्से तक शिक्षा से वंचित रहा। राज्य बनने से पहले उत्तर प्रदेश की कुल अनुसूचित जनजातीय जनसंख्या का 77 प्रतिशत उत्तराखण्ड में रहता था। यह आश्चर्यजनक है कि जहाँ देहरादून के जौनसार-भाबर क्षेत्र को अनुसूचित जनजातीय क्षेत्र घोषित किया गया, वहीं उस जैसा ही टिहरी का जौनपुर और उत्तरकाशी का रवाँई क्षेत्र गैर-जनजातीय बना रहा। नये राज्य में इन दो क्षेत्रों को ओबीसी श्रेणी दी गयी है।

यद्यपि सरकारी रिकार्ड्स में गूजरों को जनजाति में नहीं गिना जाता पर यह शुद्ध घुमन्तू पशुचारक समाज है और मुख्यतः गर्मी में पहाड़ों में और जाड़ों में तराई-भाबर-दून में रहता है। इधर के वर्षों में इनके घुमन्तू जीवन पर रोक लगी है और सहारनपुर, हरद्वार आदि में इन्हें बसाने का प्रयास हुआ है। राजाजी नेशनल पार्क के बनने से भी इनकी जीवन-शैली में बदलाव आया है। टौन्स घाटी में कुछेक स्थानों पर गूजरों ने खेतिहर के रूप में बसना शुरू किया है।[38] उत्तराखण्ड में 'अनुसूचित जनजाति और परम्परागत वन निवासी (वन अधिकारों की मान्यता) विधेयक 2006' के लागू न होने से गूजर समुदाय इसके लाभ से वंचित है।

इन जनजातियों में सर्वाधिक गतिशील शौका (भोटिया) समुदाय है। यद्यपि इसे जनजातियों में 1967 में शामिल किया गया था, लेकिन अपेक्षाकृत अधिक शिक्षित और सक्रिय होने से इस समुदाय ने सरकारी, गैर-सरकारी नौकरियों में अपनी महत्त्वपूर्ण उपस्थिति दर्ज की है। इस सदी की अनेक घटनाओं ने इन जनजातियों पर प्रभाव डाला। 1947 के बाद तराई में बसासतों के बढ़ने से जहाँ थारू-बोक्सा और सिर्फ़ जाड़ों में भाबर आने वाले भोटिया प्रभावित हुए, वहीं 1962 में भारत-चीन युद्ध के बाद भोटिया समुदाय सदियों से विकसित भारत-तिब्बत व्यापार से वंचित हुआ। वनराजियों को सरकारी योजनाओं ने गुफाओं से तो निकाल लिया पर किसी बेहतर स्थिति में नहीं पहुँचाया। जौनसारी समुदाय अशिक्षा के कारण अपने जनजाति होने का बड़ा लाभ अभी नहीं ले पाया है।[39]

उत्तराखण्ड की शिल्पकार तथा सवर्ण जातियाँ मुख्यतः मध्यवर्ती हिस्से में रहती हैं। जहाँ शिल्पकारों को यहाँ का मूल निवासी माना जाता है वहीं बहुत-सी सवर्ण जातियाँ मध्यकाल में

भारतीय उप महाद्वीप के अलग-अलग हिस्सों से यहाँ आयीं। खसों का मिश्रण बाद में आयी विभिन्न सवर्ण जातियों से हुआ। ये सभी मुख्यतः खेतिहर हैं और पशुचारण से अनेक क्षेत्रों में इनका गहन सम्बन्ध है। शिल्पकार जातियाँ परम्परा से ही विभिन्न शिल्पों की विशेषज्ञ रही हैं। जैसे धातु, पत्थर, लकड़ी-रिंगाल, रेशे, चमड़े, संगीत आदि से जुड़ी विभिन्न तकनीकों और कलाओं में इनकी पारंगतता ने पारम्परिक ज्ञान-विज्ञान के अनेक रूपों को जीवित रखा है। सवर्ण जातियों का खेती में वर्चस्व रहा है। कुछ ब्राह्मण जातियाँ हल न जोतने के बावजूद खेती से जुड़ी रहीं। राजपूतों में से कुछ खेती के साथ कतिपय कुटीर उद्योगों से भी जुड़े रहे।

इन समाजों का बड़ा हिस्सा नौकरी के लिए पहाड़ों से बाहर सेना, सर्वे, जंगलात, पुलिस, दफ़्तरों, फैक्ट्रियों और होटल-रेस्ट्राओं में जाता रहा है। पर यह नयी घटना न होकर औपनिवेशिक युग में शुरू हुई प्रक्रिया का अगला हिस्सा है। ब्राह्मण और राजपूत जातियाँ शिक्षा का लाभ औपनिवेशिक काल से ही लेती रहीं। राजपूतों का लम्बे समय तक सैन्य सेवाओं में वर्चस्व रहा। जब 'मारसियल रेसेस' का सिद्धान्त 1930 के आसपास समाप्त हुआ तब ब्राह्मणों और दलितों को सेना में सेवा करने का मौक़ा मिला। यद्यपि कुछ ब्राह्मण यह लाभ चतुराई से अपने नाम में 'सिंह' लगाकर प्रथम विश्व युद्ध के समय से ही लेने लगे थे। राष्ट्रीय संग्राम, स्थानीय आन्दोलनों तथा सवैधानिक प्रावधानों से निश्चय ही दलित वर्ग को लाभ हुआ, लेकिन इसे पर्याप्त नहीं कहा जा सकता है।[40] उनकी सामाजिक-आर्थिक हैसियत तो बढ़ी पर उनके समस्त लोक हुनर (शिल्प) नष्ट हो गये। उत्तराखण्ड की भवन निर्माण कला, काष्ठ कला, धातु कला आदि न तो संरक्षित रखी जा सकी और न ही शिक्षा से जोड़ी जा सकी।

विभाजन के समय आयीं विविध समाज-संस्कृतियाँ उत्तराखण्ड के व्यापक समाज में इस तरह समाहित हुईं कि उन्होंने अपनी विविधता और विशिष्टता को बचाये रखा। पिछले 6 दशकों में इस समन्वय को अनेक बार सीमित सोच के नेतृत्व ने नुक़सान पहुँचाया। पारम्परिक तीर्थों तथा आधुनिक पर्यटन-पर्वतारोहण का क्षेत्र होने से उत्तराखण्ड को राष्ट्रीय तथा क्षेत्रीय एकता तथा सामाजिक विश्वास को बनाये रखने में मदद मिली। उत्तराखण्ड की जैविक विविधता का इसकी सामाजिक-सांस्कृतिक विविधता से गहन रिश्ता है। इसी तरह वानस्पतिक विविधता का यहाँ की कृषि विविधता से सम्बन्ध है। सबसे महत्त्वपूर्ण बात यह है कि इस जैविक तथा सामाजिक-सांस्कृतिक विविधता के केन्द्र में जंगल हैं। जंगल खेती, पशुचारण, संग्रहण-शिकार, वैद्यकी-कुटीर उद्योग के आधार हैं। पहाड़ों में चटाइयाँ, मोस्टे, डोके, सूपे, डाले, कंडियाँ, घिंगारू या तिमूर की लाठियाँ तथा खेती के औजार/उपकरण बनाना कुटीर उद्योगों का हिस्सा रहा है।[41] जंगल मिट्टी बनाते हैं और उसे बहने से रोकते हैं। पानी और हवा (ऑक्सीजन) का भण्डार बढ़ाते हैं। वर्षा के धरती पर प्रहार का असर कम करते हैं। अन्य अनेक वनस्पतियों, जीव-जन्तुओं, पक्षियों का घर भी जंगल हैं। जंगल उद्योगों के लिए सन्तुलित कच्चा माल दे सकते हैं और गरीबी-गर्दिश भरे तथा बहुराष्ट्रीय कम्पनियों से नियन्त्रित समाज को रोज़गार उपलब्ध करा सकते हैं। धरती का ताप बढ़ने तथा जलवायु परिवर्तन के दौर में कार्बन उत्सर्जन को नियन्त्रित करने वाला जंगलों से बड़ा कोई और उपकरण नहीं है। स्थानीय जलवायु को बनाने में जंगल योगदान देते हैं।

जंगल नदियों को अनुशासित करते हैं और धरती को बाँधते हैं। जंगल उस वन्यता (wilderness) की रचना करते हैं, जिसकी मनुष्य की आध्यात्मिकता तथा रचनात्मकता के लिए आवश्यकता होती है।[42] यह कवि-चित्रकार की ज़रूरत है और आम आदमी की भी। जंगलों से पहाड़ की जातें (यात्राएँ),

तीर्थाटन और अनेक सांस्कृतिक-धार्मिक परम्पराएँ जुड़ी हैं और पहाड़ों के गीत-संगीत भी। हरेला जैसा खेती और जंगल से जुड़ा लोक पर्व भी इसीलिए यहाँ जन्म ले सका है। जैसा कि हम अनेक वर्षों से कहते आये हैं 'गैली पातल' (सघन जंगल) के बिना 'न्यौली' जैसी गायन शैली की कल्पना नहीं की जा सकती है।

राष्ट्रीय संग्राम ने जंगलों को 'जीवन मरण का प्रश्न' माना। बेगार तथा जंगलात के प्रश्नों ने उत्तराखण्ड को शेष देश से जोड़ा था। पहला इज़्ज़त का सवाल था और दूसरा अस्तित्व का। इसलिए जंगल सदा आन्दोलन का विषय बने रहे। पिछले 100 सालों में जंगलों के अधिकार के लिए यह समाज 'बोलांदा बद्रीनाथ' (टिहरी के शासक) तथा औपनिवेशिक तन्त्र से और तत्पश्चात आज़ाद भारत की सरकारों, नौकरशाहों, ठेकेदारों और माफियाओं से प्रतिकार करता रहा है। यह समाज जानता है कि अस्तित्व है तो अर्थव्यवस्था है। अस्तित्व है तो पर्यावरण है। उत्तराखण्ड के गाँवों में अपने जल, जंगल और ज़मीन को कायम रखना इस समाज के लिए सिर्फ़ अपने को नहीं, एक सभ्यता को कायम रखने और सँवारने की लड़ाई है। इन्हीं प्राकृतिक आधारों पर यहाँ की जैविक ही नहीं सांस्कृतिक विविधता की रचना हुई, जो अभी तक टिकी है।

इसलिए चिपको या अन्य जंगलात आन्दोलनों का इस समाज में प्रकट होना आश्चर्य नहीं, इसके स्वभाव की तरह लिया जाना चाहिए।

सन्दर्भ

1. उत्तराखण्ड तथा मध्य हिमालय (Central Himalaya) नाम को लेकर बहुत भ्रम है। जैसा आचार्य डबराल का कहना है यह उत्तराखण्ड शब्द उत्तरापथ के पहले आधे तथा केदारखण्ड/मानसखण्ड के दूसरे आधे से बना है। ऐसा लगता है कि पहली बार उन्नीसवीं सदी में कभी तीर्थयात्रा साहित्य में यह नाम प्रयुक्त होने लगा था। मुझे उत्तराखण्ड का सबसे पुराना प्रयोग पातेराम परमार की पुस्तक (Garhwal Ancient and Modern, 1917, Shimla : 5) में और गोविन्द प्रसाद घिल्डियाल द्वारा 1918 में 'अलमोड़ा अख़बार' तथा अपनी पुस्तक (गढ़वाली राजपूतों की सैनिक सेवा, 1920 : 83, 90) में मिला। उन्होंने अपने को 'उत्तराखण्डवासी' कहा था। 1926 में प्रकाशित शालिग्राम वैष्णव की पुस्तक का नाम 'उत्तराखण्ड रहस्य' था। 1960 के आसपास बनने वाले तीन सीमान्त ज़िलों की कमिश्नरी को भी उत्तराखण्ड नाम दिया गया था। फिर आचार्य शिवप्रसाद डबराल ने इस नाम को महत्ता दी।
   इसी तरह मध्य हिमालय का भ्रम बरकरार है। औपनिवेशिक काल में इस क्षेत्र को अनेक बार पश्चिमी हिमालय कहा गया। कुछ अभी भी कहते हैं। एटकिन्सन और पातेराम परमार के बाद हेम तथा गैन्सर का प्रसिद्ध भूगर्भीय अध्ययन 'सैण्ट्रल हिमालय' शीर्षक से आया। मध्य हिमालय अभी भी प्रचलन में है। अनेक विद्वान नेपाल को, कुछ उत्तराखण्ड तथा नेपाल को मध्य हिमालय कहते हैं। कुछ इसमें सिक्किम को भी जोड़ते हैं (देखें : Zurick, David and others, 2005, Atlas of the Himalaya, ICIMOD, Kathmandu)। इस तरह या तो उत्तराखण्ड मध्य हिमालय का पश्चिमी हिस्सा हो जाता है या पश्चिमी हिमालय का पूर्वी हिस्सा। यह पूरी तरह न मध्य हिमालय है और न पश्चिमी हिमालय। अतः इतिहासकारों तथा समाजविज्ञानियों के लिए ज़्यादा उचित यह है कि इस क्षेत्र को स्पष्ट रूप से उत्तराखण्ड कहा जाय, क्योंकि बीसवीं सदी में यही नाम इसकी पहचान के रूप में विकसित हुआ है। मेरा मानना है कि मध्य हिमालय दरअसल गंगा का हिमालयी जलागम है, जो आंशिक हिमाचल और सम्पूर्ण उत्तराखण्ड तथा नेपाल से मिलकर बनता है।
2. V.K. Gaur, 1982, Earthquake Risk to Tehri Dam, Unpublished Report, NGRI, Hyderabad; Gaur, V.K. (Ed.), 1993, Earthquake Hazard and Large Dams in the Himalaya, INTACH, Delhi; Roger Wilham, The Next Great Earthquake, *Himal,* May-June 1994 : 26-30
3. Traill,1828, Statistical Sketch of Kamaon
4. Census of NW Provinces, 1865, Vol I-II, , 1867, Govt. Press : 2-3, 8-9
5. Census of India 1911, Volume XV, United Provines of Agra and Oudh, Part II by EAH Blunt, Supdt. Census Operations, Allahabad, 1912 : Table II, Page 6-7
6. Census of India 1911, बी.आर. पन्त प्रदत्त विश्लेषण

7. बी.आर. पन्त एवं रघुबीर चन्द, 1914, उत्तराखण्ड : जनसंख्यात्मक झलक : 4-7
8. बी.आर. पन्त एवं रघुबीर चन्द, 1914, उत्तराखण्ड : जनसंख्यात्मक झलक : 5-6
यह स्पष्ट करना उचित होगा कि जहाँ पौड़ी, नैनीताल तथा चम्पावत ज़िलों में भाबर के हिस्से आते हैं वहीं देहरादून में जौनसार बावर का पर्वतीय क्षेत्र आता है।
9. बी.आर. पन्त द्वारा उपलब्ध।
10. विभिन्न जनगणना रपटें।
11. 1997 में यह संख्या 46,08,656 बतायी गयी थी (देखें : Gautam, P.L., 2004 in Singh, Vir and Gautam, P.L. (Eds.) Livestock Production Systems for Sustainable Food Security and Livelihoods in Mountain Areas, Pantnagar : 4); 2003 में यह संख्या 4940000 (SFR 2005:140), जो 2011 में 51,40,000 हो गयी (SFR 2011 : 236); Uttarakhand 2008-09, Directorate of Economics and Statistics, Dehradun में यह संख्या 68,23,458 + 49,43,329 कुल 1,17,66,787 बतायी गयी है। किसे सही मानें? दरअसल प्रदेश सरकार के पास ज़मीन तथा जानवर सम्बन्धी सही आंकड़े नहीं हैं और न यह उसकी प्राथमिकता है।
12. शिवप्रसाद डबराल, उत्तराखण्ड का इतिहास, भाग 2
13. शेखर पाठक, उत्तराखण्ड : एक समग्र जन इतिहास का ताना-बाना : 20-28
14. शिवप्रसाद डबराल, गोरख्याणी।
15. शेखर पाठक तथा रामचन्द्र गुहा, राष्ट्रीय संग्राम में उत्तराखण्ड : स्थानीय इतिहास, जन इतिहास या राष्ट्रीय इतिहास, पहाड़ 3-4 : 200-213; शेखर पाठक, सरफरोशी की तमन्ना : उत्तराखण्ड में स्वाधीनता संग्राम का दृश्य इतिहास, नैनीताल
16. G.R.C. Williams, Memoir of Dehradun
17. डबराल, उत्तराखण्ड का इतिहास, भाग 6
18. Dharma Bhanu, History and Administration of the North-Western Provinces
19. Watters, Thomas, 1961 (1904), On Yuang Chuang's Travels in India, Delhi : 317-31; Habib, Irfan, 1990. Atlas of Mughal India, OUP, New Delhi
20. Champion and Seth,1968, A Revised Survey of the Forest Types of India, Govt. Press, Nasik; Osmaston, 1994 (1927), A Forest Flora for Kumaon, Bishan Singh Mahendrapal Singh, Dehradun
21. Batten, J.H. 1851, Official Report on the Province of Kumaon, Agra : 16
22. गोपाल रावत के अनुसार उत्तराखण्ड में कुल 82 प्रमुख बुग्याल हैं जो 4250 वर्ग कि.मी. क्षेत्र में फैले हैं और इन बुग्यालों में लगभग 1,400 पुष्प प्रजातियाँ पायी जाती हैं, जो प्रान्त की कुल पुष्पीय पौधों का 32 प्रतिशत हैं। इनमें से 152 वनौषधीय तथा सुगन्ध पौधे बताये गये हैं। इन बुग्यालों में 25 स्तनपाई जीव प्रजातियाँ भी देखी गयी हैं (जी.एस. रावत, 2005, उत्तरांचल के बुग्याल, जड़ी-बूटी शोध एवं विकास संस्थान, गोपेश्वर)
23. Daniel, William, 1835. The Oriental Annual or Scenes in India रु. 4 तथा चित्र; Habib, Irfan, 1996. Atlas of Mughal India, OUP, New Delhi
24. Green, Michael J.B., 1986, The Distribution, Status and Conservation of the Himalayan Musk Deer *(Moschus chrysogaster)*, Biological Conservation, Volume 35, Issue 4 : 347-375
25. Asad Rahmani, 2012, Thretened Birds of India, BNHS, Mumbai
26. Salim Ali, 1980 (1949), Indian Hill Birds, OUP; Salim Ali, 1985, The Fall of a Sparrow, OUP, Delhi : 86-120
27. Peter Smetacek, 2012, Butterflies on the Roof of the World, Aleph, New Delhi
28. SFR 2011 : 236
29. पहले हैली, फिर रामगंगा और अब जिम कार्बेट (521 वर्ग किमी) के नाम से जुड़ा राष्ट्रीय उद्यान 1936 में स्थापित हुआ। 1982 में नन्दादेवी (624.60 वर्ग किमी) तथा फूलों की घाटी (87.50 वर्ग किमी); 1983 में राजाजी (820.42 वर्ग किमी); 1989 में गंगोत्री (2390.02 वर्ग किमी) तथा 1990 में गोविन्द पार्क (472.08 वर्ग किमी) स्थापित हुए। नन्दादेवी को 1988 में तथा फूलों की घाटी को 2005 विश्व प्राकृतिक धरोहर के अन्तर्गत लिया गया। पशु विहारों में गोविन्द (521.89 वर्ग किमी) तो 1955 में स्थापित हो गया था। 1972 में केदारनाथ (975.20 वर्ग किमी); 1986 में अस्कोट (599.93 वर्ग किमी); 1987 में सोनानदी (301.18 वर्ग किमी); 1988 में बिन्सर (47.07 वर्ग किमी); 1993 में मसूरी-विनोग (10.82 वर्ग किमी) तथा 2012 में नंधौर (269.95 वर्ग किमी) की स्थापना हुई। बायोस्फियर रिज़र्व (संरक्षण आरक्षित) नये राज्य में ही स्थापित हुए। 2005 में आसन (4.44 वर्ग किमी); झिलमिल (37.83 वर्ग किमी) तथा 2012 में पवलगढ़ (58.24 वर्ग किमी) की स्थापना हुई। उत्तराखण्ड में कुल संरक्षित क्षेत्र 7705.99 वर्ग कि.मी. में फैले हैं। यह संरक्षित क्षेत्र उत्तराखण्ड के कुल क्षेत्र का लगभग 15 प्रतिशत और कुल वन्य क्षेत्र का 23 प्रतिशत है।

30. अनूप साह से प्राप्त सूचना।

31. उत्तराखण्ड में ज़िलेवार जंगल तथा खेती क्षेत्र

ज़िला	**क्षेत्र वर्ग कि.मी.**	**वनावरण**	**खेती**
अलमोड़ा	3083	48.82	14.3
बागेश्वर	2303	56.80	16.8
चम्पावत	1781	63.67	10.5
चमोली	7614	34.24	5.1
देहरादून	3088	50.42	16.7
हरद्वार	2360	25.93	53.3
नैनीताल	3860	80.88	12.0
पौड़ी	5400	59.94	13.1
पिथौरागढ़	7100	29.63	8.3
रुद्रप्रयाग	1891	61.82	9.1
टिहरी	4080	54.90	11.1
उत्तरकाशी	8016	39.57	3.8
उधमसिंह नगर	2908	26.44	53.8

(Census of India 2001; State of India's Forests 2005, FSI, Dehradun)

32. T. Jodh Singh Bagli Negi, Himalayan Travels, 1920, Calcutta : 146-48; Charles A. Sherring, 1906, Western Tibet and British Borderland

33. William Crooke, 1897, The NW Provinces of India : 216-17

34. Charles A. Sherring, 1906, WTBB : 10-15

35. पहाड़ अस्कोट-आराकोट अंक

36. देखें : शिवप्रसाद डबराल, रतनसिंह रायपा तथा शेरसिंह पांगती की तत्सम्बन्धी पुस्तकें तथा ललित पन्त का शोध प्रबन्ध

37. रतनसिह जौनसारी, 2006, जौनसार बावर : एक सांस्कृतिक, आर्थिक एवं सामाजिक अध्ययन

38. अस्कोट-आराकोट अभियान : 1994, 2004 तथा 2014

39. भेंटवार्ता : रतनसिंह जौनसारी

40. भेंटवार्ता : चन्द्रा आर्य

41. अस्कोट-आराकोट अभियानों में प्रत्यक्ष अनुभव

42. Shekhar Pathak and Sanjay Ghildiyal, 2007, *Biodiversity : A Basic Tourism Resource* in Harshwanti Bisht and Govind S. Rajwar (Eds.), Tourism and Himalayan Biodiversity : 3-5

2

औपनिवेशिक शासन का आगमन

ईस्ट इण्डिया कम्पनी तथा उसके माध्यम से ब्रिटिश साम्राज्यवाद ने अपने लिए हिमालय के द्वार किस तरह खोले, यह औपनिवेशिक इतिहास का अत्यन्त रोचक पहलू है। इस पर अत्यन्त विस्तार से अन्यत्र बात की गयी है।[1] यहाँ इतना बताना उचित होगा कि कम्पनी तथा गोरखों के बीच हुआ नेपाल युद्ध (1814-16), जिसकी परिणति गोरखों द्वारा हिमाचल, गढ़वाल और कुमाऊँ को छोड़ने में हुई, शुरुआत नहीं एक प्रकार से उस प्रक्रिया की पराकाष्ठाओं में एक थी, जो अंग्रेज़ों ने प्लासी की लड़ाई के बाद भारत में शुरू की थी।

यह प्रक्रिया थी हिमालय और हिमालय पार के सामरिक-भौगोलिक तथा व्यापारिक महत्त्व को समझने के बाद उसे अधिक जानने और हड़पने की। कम्पनी की नज़र समस्त हिमालय, तिब्बत, टार्टरी और मध्य एशिया तक थी। प्रकारान्तर में इससे चीनी, रूसी तथा फ्रांसीसी साम्राज्यों से ब्रिटिश शासन को महसूस होने वाला भय भी प्रकट होता था। प्रत्यक्ष रूप में व्यापारिक तथा संसाधन हित (कच्चे माल और बाज़ार की एक साथ प्राप्ति) जैसे कारक प्रभावशील थे। व्यापारिक हितों की अभिव्यक्ति 1815 से पहले ही लीसे और भंगेले पर कम्पनी अधिकारियों की नज़र ने कर दी थी और बाकायदा एक लीसा फैक्ट्री उत्तराखण्ड की तराई में स्थित काशीपुर क़स्बे में काम करने लगी थी।[2]

इसके बाद हिमालय में प्रत्यक्ष घुसपैठ शुरू हुई। औपनिवेशिक प्रसार प्रकारान्तर में हिमालय के विभिन्न हिस्सों को राजनीतिक रूप से शेष देश से जोड़ने में सफल रहा। पर यह राजनीतिक एकता औपनिवेशिक शासन के एकछत्र और निर्मम बने रहने के निमित्त थी। इसके साथ ही इस दौर में कश्मीर, हिमाचल तथा गढ़वाल के एक हिस्से के साथ नेपाल, सिक्किम और भूटान स्वतन्त्र बने रहे। पूर्वोत्तर भारत में औपनिवेशिक सत्ता की घुसपैठ बाद तक जारी रही और इसकी प्रतिक्रिया में स्थानीय विद्रोह भी लगातार प्रकट होते रहे।

1. चतुर उपनिवेशवाद

गोरखा और फिर औपनिवेशिक शासन को लाने वाले कोई व्यक्ति विशेष नहीं थे। ऐतिहासिक तथ्य बताते हैं कि जिस तरह स्थानीय गृहयुद्ध ग्रस्त चन्द और पँवार शासकों के स्थानापन्न गोरखा बने थे, उसी तरह गोरखों की सैनिक सामन्तशाही की अपेक्षा अधिक शक्तिशाली, व्यापक और औद्योगिक क्रान्ति के परिणामों से लैस ब्रिटिश औपनिवेशिक शासन अन्ततः गोरखा शासन का स्थान ले सका। यह मूलतः अति महत्त्वाकांक्षी, सशस्त्र साम्राज्यवाद तथा उसके छुटकू और अतिशय चतुर उपनिवेशवाद की जीत तथा मध्यकालीन अस्थिर सामन्तवाद की हार थी।[3] उत्तराखण्ड को ईस्ट इण्डिया कम्पनी ने जीता नहीं था बल्कि स्थानीय सहयोग से उत्तराखण्ड में गोरखों को पराजित कर ख़ुद उनका स्थान ले लिया था। कम्पनी ने उत्तराखण्ड में क़ब्जा सिगौली की सन्धि के तहत किया (इसीलिए यह 'ट्रीट्री स्टेट' कहलाया) था और स्थानीय समाज पराजित हुए बिना ही कम्पनी शासन की छत्रछाया में आ गया था।

कम्पनी द्वारा देश के दूरस्थ क्षेत्रों—विशेष रूप से उत्तर पश्चिमी सीमान्त पर अधिकार करने का जो सिलसिला 1757 में शुरू हुआ था, वह 1770 के बाद तरह-तरह से हिमालय और तिब्बत की समग्र स्थितियों को अधिक गहन तरीके से जानने के अभियान में बदल गया। यह चतुराई से हो रहा नियोजित कार्यकलाप था। स्थानीय समाज तथा शासक तत्काल इसके परिणाम नहीं समझ सकते थे।

उत्तराखण्ड से होकर सत्रहवीं सदी के पूर्वार्ध में जैसुईट पादरी पश्चिमी तिब्बत की यात्रा कर चुके थे। वे पहले यूरोपीय थे, जिन्होंने यह क्षेत्र प्रत्यक्ष देखा था।[4] सन् 1770 से 1850 के बीच सिर्फ़ उत्तराखण्ड में ही दर्जनों अभियानों का आगमन हुआ। इनका नेतृत्व कोई चित्रकार, वनस्पतिशास्त्री, सर्वेक्षक, डाक्टर, घुमक्कड़, पारड़ी, पर्वतारोही, शिकारी या सैन्य अधिकारी कर रहे थे। डैनियल तथा फ्रेजर बन्धु, हार्डविक, वैब, रेपर, हियरसे, मूरक्राफ्ट, ट्रेबेक, थामस स्किनर, बिशप हेबर, पिलग्रिम, हौफ मीईस्टर, ह्वाइट आदि के नेतृत्व में दर्जनों दल उत्तराखण्ड की पड़ताल करने पहुँचे थे। उन्होंने चित्रों, सामाजिक-प्राकृतिक तथा भौगोलिक सर्वेक्षणों, शिकार कथाओं तथा यात्रा सर्वेक्षणों द्वारा इस क्षेत्र का विस्तृत परिचय सामान्यतया पूरे यूरोप तथा विशेष रूप से ईस्ट इण्डिया कम्पनी को दिया था। इनमें से कुछेक हिमालय पार जाने में सफल रहे और कुछ ने प्राण भी गँवाये।[5]

उक्त अभियानों ने हिमालय क्षेत्र की सामाजिक-राजनीतिक व्यवस्था, प्राकृतिक सम्पदा और सौन्दर्य, अर्थव्यवस्था और व्यापार को प्रत्यक्ष रूप से समझा तथा यूरोप की जैसी जलवायु वाले इस सीमान्त में कम्पनी का झण्डा फहराने का सपना भी देखा। यहाँ की प्राकृतिक और मानव सम्पदा (फ़ौज में भर्ती, बेगार की उपलब्धता, सर्वेक्षणों हेतु उपयोगिता) के दोहन के साथ हिमालय पार—तिब्बत तथा टार्टरी—तक का व्यापारिक सपना तब से औपनिवेशिक आँखों में निरन्तर बना रहा। इस सपने में पुराने मुख्य रेशम मार्ग तक पहुँचने का लक्ष्य भी था। नेपाल युद्ध इस प्रक्रिया की स्वाभाविक परिणति थी। बाद में 1802 से शुरू ट्रिगनोमैट्रिकल सर्वे से लेकर सन् 1904 में यंग हजबैण्ड के ल्हासा पर सशस्त्र हमला करने तक हिमालय पार के क्षेत्रों को जानने, समझने, उनमें घुसपैठ करने और भारत—तिब्बत व्यापार में एकाधिकार ज़माने के प्रयास जारी रहे।

उत्तराखण्ड में औपनिवेशिक सत्ता ने किस तरह स्थानीय आत्मनिर्भर व्यवस्थाओं को ध्वस्त कर अपना वर्चस्व कायम किया, यह गम्भीर अध्ययन और विवेचन की माँग करता है। हिमालय के कुछ हिस्सों में प्रत्यक्ष और कुछ हिस्सों में अप्रत्यक्ष औपनिवेशिक सत्ता का आगमन इस क्षेत्र का ईस्ट

इण्डिया कम्पनी या ब्रिटिश सम्राज्ञी द्वारा शासित हो जाना ही नहीं था। इसी के साथ सामान्यता हिमालय और विशेष रूप से अध्ययन क्षेत्र उत्तराखण्ड में औपनिवेशीकरण, आधुनिकीकरण, नयी प्रशासनिक व्यवस्था, प्रवास में जाना, नये रोज़गारों का मिलना, ईसाई धर्म का आना तथा नये क़स्बों, नगरों और छावनियों की स्थापना का सिलसिला भी शुरू हुआ।

पूरे हिमालय की बात की जाय तो मरी, डलहौजी, कसौली, शिमला, मसूरी, नैनीताल, दार्जिलिंग, कर्सियांग तथा शिलांग जैसे हिल स्टेशन तथा बकलो, अलमोड़ा, देहरादून, सवातो, चकरौता, लैन्सडाउन, रानीखेत तथा लोहाघाट जैसी छावनियों की स्थापना हुई। सड़क संचार माध्यमों में बदलाव आया और हिमालय की तलहटी तक रेल पहुँची और दो हिमालयी हिल स्टेशनों–शिमला तथा दार्जिलिंगतक भी। हिमालयवासी औपनिवेशिक सेना में जाने लगे और बन्द पहाड़ी समाज महाद्वीपीय स्तर तक खुलता गया। यह पुरुषों के प्रवास में जाने और 'धनादेश की अर्थव्यवस्था' की शुरुआत थी। औपनिवेशिक दासता तथा आधुनिकीकरण की प्रक्रिया यहाँ साथ चलने लगी थी।

इस दौर के और अधिक महत्त्वपूर्ण पक्ष हैं। औपनिवेशिक काल में ही पहली बार हिमालय की विभिन्न सम्पदाओं का तीव्र दोहन (जिसे 'नियोजित' और 'वैज्ञानिक' कहा जाता है) प्रारम्भ हुआ।[6] एक ओर स्थानीय लोगों के सदियों से चले आ रहे वनाधिकार सिमटते गये और दूसरी ओर दूरस्थ क्षेत्रों तक लीसे के दोहन के साथ रेलवे स्लीपरों हेतु वनों का कटान होता रहा। स्थानीय खनन तथा धातुकर्म को हतोत्साहित कर इंग्लैण्ड की लौह सामग्री हेतु यहाँ बाज़ार बनाया गया।[7] तिब्बत व्यापार को औपनिवेशिक शासन ने अपनी शर्तों पर संचालित किया। तिब्बत और टार्टरी में कच्चे माल–ऊन, सोना, सुहागा, नमक, अन्य खनिज–तथा बाज़ार की तलाश हुई और इसमें बड़ी सीमा तक सफलता मिली। यही नहीं प्रारम्भ में शिकार अभियानों और बाद में पथारोहण, पर्वतारोहण ने साहसिक खेलों का रूप ले लिया। इस क्रम में हिमालय के अनजाने या कम जाने गये क्षेत्रों के शिखरों, सौन्दर्य और प्राकृतिक सम्पदा को दुनिया के सामने लाने का कार्य होता गया। हिमालय सम्बन्धी बढता ज्ञान औपनिवेशिक दोहन के रास्ते विकसित करता गया। औपनिवेशिक शासन ने कर और दमन दोनों में इजाफ़ा किया।[8]

औपनिवेशिक शासन के चाहे-अनचाहे अनेक सकारात्मक परिणाम भी सामने आये। हिमालय के अनेक क्षेत्रों में प्रेस-पत्रकारिता की स्थापना, आधुनिक शिक्षा ही नहीं दलित तथा स्त्री शिक्षा और सेना के अतिरिक्त अन्य सरकारी नौकरियों में जाने की शुरुआत इसी युग में हुई। औपनिवेशिक शासन ने अपनी ज़रूरत के लिए भारत को एक कर दिया था। अतः स्वाभाविक रूप से हिमालय का अलग-थलग रहना सम्भव न था।

इस प्रकार औपनिवेशिक शासन ने शेष देश की तरह हिमालय की राजनीति, समाज-संस्कृति और अर्थव्यवस्था-पर्यावरण पर गम्भीर प्रभाव डाले। कुछ प्रभाव हिमालय के प्राकृतिक स्वरूप और सामरिक महत्त्व के कारण बिल्कुल अलग और अपवाद थे। कदाचित् यह कहा जा सकता है कि अनेक अर्थों में आज़ादी के बाद का भारतीय हिमालय आज़ादी के पहले के हिमालय का ही परिशिष्ट है। आज अवश्य ही आन्तरिक उपनिवेशवाद की पहचान करना अपेक्षाकृत सरल है। इसी अनुपात में उससे लड़ना अधिक कठिन और चुनौती भरा है।

कम्पनी गोरखों के दमनकारी शासन के बाद उत्तराखण्ड में आयी थी और स्थानीय समाज ने गोरखों की पराजय में सक्रिय योगदान दिया था, इसलिए दासता के इस नये युग को कई दशकों तक जन सामान्य द्वारा महसूसा और समझा नहीं जा सका। सन् 1790-91 में गोरखों के कुमाऊँ

तथा 1804 में गढ़वाल आगमन से पूर्व जिस तरह के गृह युद्ध की स्थिति यहाँ थी उसमें गोरखों के महत्त्वाकांक्षी सेनापतियों द्वारा इस क्षेत्र को जीत लेना कठिन न था। गोरखों की विजय जितनी उनकी शक्ति और महत्त्वाकांक्षा को उजागर करती है, उतनी ही उत्तराखण्ड के उक्त दोनों राजवंशों की आन्तरिक कमज़ोरियों, राजकर्मचारियों के अन्तःर्कलह और अन्ततः स्थानीय सामन्तवाद के अन्तर्विरोधों को सामने रखती है।[9] कुमाऊँ में गोरखा आक्रमण का तीव्र विरोध नहीं हुआ और उनकी गढ़वाल विजय का 1791 से 1804 तक स्थगित होना चीन द्वारा नेपाल पर जवाबी हमले के कारण सम्भव हुआ।[10] वैसे भी गढ़वाल 1792 से गोरखों का करद राज्य बन चुका था।[11]

पूर्व में काली से पश्चिम में ब्यास नदी (कुमाऊँ से कांगड़ा) तक फैला गोरखा राज्य निरंकुशता, अत्यधिक कर संग्रह, स्थानीय सैन्य प्रशासकों के दमन, अमानवीय न्याय व्यवस्था, बसासतों की लूट और अन्ततः कम्पनी शासन के इस क्षेत्र में आने की महत्त्वाकांक्षा के कारण पूरे 25 साल भी कायम नहीं रह सका। दासता का यह नया युग अंग्रेज़ों के जाने तक चलता रहा।[12] 1815 में गोरखा सैन्य सामन्तवाद का जब बर्तानवी उपनिवेशवाद स्थानापन्न बना तो उत्तराखण्ड के द्वार एक भिन्न शैली के शासन और भिन्न संस्कार के शासकों के लिए खुले। यह रोचक बात है कि सामन्ती व्यवस्था के कुछ हिस्सों को, जैसे बेगार प्रथा, कम्पनी शासन ने जारी रखा और अनेक प्रचलित संस्थाओं, परम्पराओं और व्यक्तियों को मान्य बनाये रखा।

क्रम में दूसरे लेकिन प्रभाव में पहले कमिश्नर जॉर्ज विलियम ट्रेल ने अपने भूमि बन्दोबस्त में प्रचलित परिदृश्य को लिपिबद्ध किया। जैसा कि कहा गया है सन् 1815 में पुराने गढ़वाल राज्य का एक हिस्सा राजकुमार सुदर्शन शाह को दिया गया, जिसने टिहरी नामक स्थान पर राजधानी की स्थापना कर इसी नाम के छोटे राज्य में शासन शुरू किया।[13] टिहरी रियासत औपनिवेशिक छत्रछाया में कार्यरत सामन्तशाही थी। इसी कारण उत्तराखण्ड का समाज दो व्यवस्थाओं के अनुभव से गुज़र सका।

एक तरफ़ पारम्परिक स्थानीय सामन्ती राजवंश और दूसरी तरफ़ विदेशी तथा बेगाना औपनिवेशिक तन्त्र था। राजवंश टिहरी के 6 शासकों के तहत चला। औपनिवेशिक तन्त्र पहले कम्पनी शासन के तहत और फिर सम्राज्ञी के सीधे शासन में चलता रहा। दोनों शासकों की दृष्टियों में जो बहुत गहन फ़र्क़ था वह सामन्ती पिछड़ेपन और औपनिवेशिक गतिशीलता से जुड़ा था। यद्यपि जनोन्मुख व्यवस्था इनमें कोई न थी पर दोनों शासकों को देखने की जनता की दृष्टियाँ भिन्न थीं। 'राजा' के साथ एक अपनत्व का रिश्ता था। उसका कारण परम्परा, इतिहास, धार्मिकता या इनसे विकसित वह मनोविज्ञान था जो राजा में 'बोलांदा (जीवन्त) बद्रीनाथ' देखता/दिखवाता था। औपनिवेशिक शासन अपरिचितों और विधर्मियों का तन्त्र था। उत्तराखण्ड आगमन के 100 साल बाद तो इस शासन को स्थानीय जनता 'बनिया शासन' या 'राक्षसी शासन' कहने लगी थी और ब्रिटिश सम्राट को 'रावण'। लेकिन इस आक्रामकता तक पहुँचने में पूरी एक शताब्दी निकल गयी। रोचक यह है कि 'विधर्मियों' के शासन में स्थानीय समाज ने शिक्षा, संचार तथा रोज़गार के मार्फत आधुनिक युग में प्रवेश किया और 'अपना राजा' नये युग में भी सामन्तशाही का संचालन करता रहा।

प्राकृतिक संसाधनों—विशेष रूप से जंगलात-सम्बन्धी औपनिवेशिक नीतियों को रियासत में लागू करने के कारण टिहरी रियासत ने स्वयं अपने लिए ख़तरे के बीज बोये, जो बीसवीं सदी में आक्रामक तरीके से खिलने वाले थे। दबाव में औपनिवेशिक नीतियों को लागू करने के कारण रियासती शासन से स्थानीय जनता का बड़ी सीमा तक मोहभंग हुआ और टिहरी की अन्तिम महा ढंढक सन् 1930 में

रवाँई क्षेत्र (तिलाड़ी) में प्रकट हुई। इसके बाद पारम्परिक ढंढकों का रूपान्तरण आक्रामक प्रजामण्डल आन्दोलनों में हुआ। लेकिन प्रजामण्डल द्वारा विश्वसनीय शासन न दे पाने पर टिहरी के अन्तिम शासकों को पुनः जन समर्थन मिला, जो जनतान्त्रिक चुनावों में भी लगातार प्रकट होता रहा।

सन् 1815 से 1947 के बीच 132 साल तक उत्तराखण्ड में रहे औपनिवेशिक शासन में 1857-58 में इतना परिवर्तन आया कि कम्पनी शासन के स्थान पर शेष देश की तरह यह क्षेत्र सीधे ब्रिटिश ताज के अन्तर्गत आ गया लेकिन औपनिवेशिक तन्त्र की निरन्तरता और निरंकुशता में कोई फ़र्क़ नहीं आया और हेनरी रैमजे, जो अनेक वर्षों से अलमोड़े ज़िले का डिप्टी कमिश्नर था, सन् 1856 से 1884 तक कुमाऊँ का कमिश्नर यानी एकछत्र शासक बना रहा। वह एक प्रकार से ब्रिटिश कुमाऊँ में औपनिवेशिक निरन्तरता का प्रतीक तथा प्रतिनिधि था।

कम्पनी शासन के दौर में ट्रेल के बाद बैटन का बन्दोबस्त हुआ। चाय बागानों की शुरुआत हुई। मसूरी (1820) तथा नैनीताल (1841) जैसे स्थानों पर बसासतें विकसित हुईं। पहले गढ़वाल और तराई ज़िला बनाया गया, फिर नैनीताल ज़िला अस्तित्व में आया। सर्वेक्षण के कार्य बढ़े। कुछ प्राकृतिक सम्पदाओं का दोहन भी शुरू हुआ। सन् 1857 की घटनाओं से उत्तराखण्ड अप्रभावित नहीं रहा।[14] प्रत्यक्ष प्रतिरोध के साथ कुछ व्यक्तियों ने रुहेलखण्ड में विद्रोहियों से सहयोग किया और दमन भी हुआ।[15] गवर्नर जनरल की काउन्सिल तथा संयुक्त प्रान्त की काउन्सिल बनने के बावजूद उत्तराखण्ड को इनमें प्रतिनिधित्व नहीं मिला था। सन् 1910 के आसपास जब यह प्रतिनिधित्व मिला भी तो टिहरी रियासत के राजा के मार्फत, जिनका जल्दी ही निधन हो गया था। 1915 में तारादत्त गैरोला का मनोनयन प्रान्तीय काउन्सिल हेतु हुआ। 1920 के काउन्सिल चुनावों में चुने गये तीनों प्रतिनिधि रायबहादुर थे। काउन्सिलों में आन्दोलनकारी जनप्रतिनिधि तो जंगलात तथा बेगार आन्दोलनों की सफलता के बाद ही (1923 में) पहुँच सके।

लेकिन 1870 के बाद स्थानीय प्रेस तथा पत्रकारिता के जन्म, स्कूलों की स्थापना के बाद एक जागृति की शुरुआत उत्तराखण्ड में देखी जा सकती है। तत्कालीन स्थानीय भद्रलोक आर्म्स एक्ट का विरोध कर सका था और एलबर्ट बिल का समर्थन। पत्रों में बेगार और जंगलात के बाबत टिप्पणियाँ छपने लगी थीं। बेगार और जंगलात प्रतिरोधों ने उस चेतना या राष्ट्रवाद को जन्म दिया, जिसे 'नीचे से अंकुरित राष्ट्रवाद' कहा जा सकता है। कांग्रेस के अधिवेशनों में स्थानीय प्रतिनिधियों के जाने से 'ऊपर से आ रहे राष्ट्रवाद' का स्पर्श कुमाऊँ में पहुँचा।[16]

इसी बीच चकराता (1866), रानीखेत (1869) तथा लैन्सडौन (1887) छावनियों की स्थापना हुई और नैनीताल को प्रान्त की ग्रीष्मकालीन राजधानी बनाया गया। देहरादून और अलमोड़ा की छावनियाँ विकसित होती गयीं। विभिन्न बसासतों के विकास ने एक गतिशीलता को जन्म दिया। सन् 1860 के बाद मिशनरी कार्यकलाप यहाँ फैलने लगे। शिक्षा तथा स्वास्थ्य के क्षेत्र में मिशनरियों का योगदान रहा और मामूली धर्मान्तरण भी हुआ। उन्नीसवीं सदी के अन्त तक उत्तराखण्ड के प्रवेश-द्वारों—टनकपुर, काठगोदाम, रामनगर, कोटद्वार, हरद्वार तथा देहरादून में से अधिकांश तक रेल पहुँच गयी थी।

औपनिवेशिक सरकार ने पिछड़ी, पारम्परिक लेकिन आत्मनिर्भर अर्थव्यवस्था को बड़ी सीमा तक ध्वस्त कर दिया। सबसे बड़ी दिक्कत ज़मीन और जंगल में सरकारी घुसपैठ से जुड़ी थी। जंगल, गोचर तथा गाँव संजायत की ज़मीन को अनेक जगह चाय बागानों के लिए अंग्रेज़ों को दिया जाने लगा था। कुली बेगार देना हर किसान के लिए अनिवार्य था। चुली कुली नियम के अनुसार हर चूल्हे

(परिवार) को कुली बेगार और बरदायश देनी होती थी। जंगलों की घेराबन्दी और व्यापारिक कटान ने दूसरे संकटों को जन्म दिया। ज़मीन के बन्दोबस्तों से जन्मी समस्याएँ लोग झेलते रहे और विशेष रूप से बेगार का मुखर विरोध होता रहा लेकिन जंगल के बन्दोबस्त ने अन्ततः जंगलात और बेगार की लड़ाई को एक किया और त्वरित भी।

2. पारम्परिक जंगलात व्यवस्था का अन्त

कोलम्बस और वास्कोडीगामा की यात्राओं के साथ यदि आधुनिक यूरोपीय शक्तियों के महाद्वीपीय विश्व विस्तार को जोड़ें तो इसमें औद्योगिक क्रान्ति एक युगान्तकारी प्रसंग है।[17] इसने यूरोपीय राष्ट्र-राज्यों को साम्राज्यों में रूपान्तरित किया और अमेरिका सहित आज की तीसरी दुनिया को तब की दूसरी दुनिया (उपनिवेश) बनने को विवश होना पड़ा। यह सिलसिला उत्तरी अमेरिका, लातीनी अमेरिका, अफ्रीका से एशिया और आस्ट्रेलिया तक विस्तारित हुआ। स्वयं यूरोपीय किसानों ने पूँजीवादी और औद्योगिक क्रान्ति के उन दुष्परिणामों का विरोध किया जो उन्हें झेलने पड़ रहे थे। लेकिन नये उद्योगों या उपनिवेशों में उनमें से कुछ के लिए ज़मीन, जंगल, वन्यता और नौकरियों की कुछ उपलब्धता ने कदाचित विरोध की तीव्रता को कमज़ोर कर दिया।

पूँजीवाद (यूरोपीय साम्राज्यवाद) की पहली ज़रूरत कच्चामाल और बाज़ार थी। उपनिवेशों में उसे कच्चा माल, सस्ता श्रम (अनेक बार मुफ़्त श्रम यानी 'बेगार' भी) और पर्याप्त बाज़ार एक साथ मिला। इस व्यापारिक इच्छा में पहले प्रच्छन्न और बाद में प्रत्यक्ष राजनीतिक इरादे जुड़ गये थे। उपनिवेशों के समस्त संसाधन मूलतः ज़मीन, जंगल या जल से जुड़े थे। खेती हो या खनन, कस्तूरा मृग हो या मछली, जड़ी-बूटी हो या पेड़, नहर हो या तालाब, गीत हो या उत्सव, रोज़गार हो या व्यापार, कुटीर उद्योग हो या युद्ध आदि ये सभी इन्हीं आधार संसाधनों के चतुर्दिक होते थे। इन संसाधनों पर औपनिवेशिक नियन्ताओं की पहली नज़र थी। संसाधनों वाले समाजों को नियन्त्रित करना या गुलाम बनाना सर्वाधिक कठिन काम था। इस कठिन काम को औपनिवेशिक सत्ता करना चाहती थी।

यहाँ इस कहानी को दोहराने की ज़रूरत नहीं है कि रैड इण्डियनों (मनुष्य), बाइसन (पशु) तथा अपार प्राकृतिक सम्पदा से लैस उत्तरी अमेरिका को किस तरह निर्ममता से नियन्त्रित किया गया। एक पूरे महाद्वीप की वन्यता तथा विविधता को नष्ट करने की शुरुआत करने वाले कोलम्बस को नयी दुनिया का अन्वेषक कहा गया। इस 'पारिस्थितिक साम्राज्यवाद' पर अल्फ्रेड क्रासबाइ का गम्भीर अध्ययन आँखें खोल देता है कि कैसे महाद्वीपों तथा देशों में यूरोप का 'जैविक विस्तार' हुआ। यूरोपीय नियन्ता अपने साथ जीव-जन्तु, वनस्पतियाँ ही नहीं बीमारियाँ भी लाये। यह अलग बात है कि वे चीन-भारत आदि जैसे पुरानी सभ्यताओं वाले उष्णकटिबन्धीय देशों को जीत तो सके पर उनका पूरा यूरोपीयकरण नहीं कर पाये।[18] लेकिन संसाधनों के स्वामित्व और इस्तेमाल का मामला वे निश्चय ही गड़बड़ा गये। इसी तरह का दूसरा अध्ययन जैरेड डायमण्ड ने किया और बताया कि यूरोपीय शक्तियाँ किस तरह उपनिवेशों में बन्दूकें, बीमारिया और इस्पात लेकर गयीं और इन शानदार सभ्यताओं को या तो नष्ट कर दिया या गुलाम बना लिया।[19]

टैगानिका में जर्मन प्रशासकों और जावा में डच उपनिवेशकों ने किस तरह जंगलों में हस्तक्षेप किया, इस पर रोचक अध्ययन हुए हैं।[20] इसी तरह के अध्ययन अफ्रीका तथा बर्मा पर हाल में सामने आये हैं।[21] इनसे स्पष्ट होता है कि दुनिया के अलग-अलग हिस्सों में किस तरह औपनिवेशिक सत्ता ने जंगलों तथा विभिन्न संसाधनों को नियन्त्रित किया और दोहन, दोहन के लिए संरक्षण तथा संरक्षण का सिलसिला चलाया।

औपनिवेशिक वर्चस्व अपनी तरह के 'अन्वेषण' और 'ज्ञान' को जन्म दे रहा था। इसमें मनमाने तरीके से इतिहास को पढ़ा जाता था और ज़रूरत के अनुसार उसकी व्याख्या की जाती थी। औपनिवेशिक सत्ता द्वारा जंगलों के उपयोग और प्रबन्ध का अधिकार अपने हाथ में लेने के लिए उसने पूर्व औपनिवेशिक इतिहास का मनमाना इस्तेमाल किया और एक नतीजा यह निकाला कि जंगल और हर प्राकृतिक सम्पदा राज्य की है; किसान, पशुचारकों, वनवासियों या उनके समाज या समुदाय की नहीं।

भारत में ईस्ट इण्डिया कम्पनी के आगमन के समय जंगलों के मुक़ाबले ज़मीन ज़्यादा महत्त्वपूर्ण थी। लेकिन शिकारगाह के रूप में जंगलों का उपयोग निरन्तर होता आया था, जो भारतीय सामन्ती संस्कृति में प्रचलित था और रियासतों में बहुत बाद तक जारी रहा। औपनिवेशिक शासन ने भूमि उपयोग को बदलना शुरू किया और रबर, चाय, कॉफ़ी या मसालों के उत्पादन को प्राथमिकता दी। इस हेतु पारम्परिक खेती के साथ चरागाह तथा जंगलों में हस्तक्षेप हुआ और ये सामुदायिक चरागाह तथा जंगल बागान मालिकों (प्लाण्टर्स) के व्यक्तिगत स्वामित्व में आने शुरू हुए।[22]

जंगलों और समुदायों के जंगलों से जुड़े अधिकारों के पूर्व औपनिवेशिक परिदृश्य के बारे में पिछले दशकों में दो तरह के विचार विकसित हुए हैं। गुहा और गाडगिल का मानना है कि ग्राम समुदायों का अपने जंगलों तथा चरागाहों आदि के प्रबन्ध और उपयोग पर नियन्त्रण था। जमींदारों तथा शासकों की ओर से इनकी उतनी माँग नहीं थी, जितनी औपनिवेशिक काल में हो गयीं थी। औपनिवेशिक सरकार ने मनुष्य को जंगलों के शत्रु के रूप में ही देखा था।[23] रिचर्ड ग्रोव ने अपने अध्ययनों में निष्कर्ष निकाला है कि वनों के विनाश की प्रक्रिया औपनिवेशिक शासकों के आने से पहले ही व्यापक हो गयी थी।[24] हमारा कहना है कि विभिन्न इलाकों में जंगलों की स्थिति, औपनिवेशिक घुसपैठ की प्रक्रिया तथा स्थानीय शासन तथा समाज की प्रतिक्रिया भिन्न रही। इसी तरह जंगलों तथा चरागाहों आदि के प्रबन्ध और उपयोग की विधियाँ अलग-अलग तरह की थीं। स्थानीय जीवन पद्धति और नयी शक्तियों की घुसपैठ के अनुरूप उपनिवेशों में प्रतीक्षा और प्रतिरोध की प्रक्रिया भी विकसित हुई।

सम्भव है कि मानव बसासतों वाले क्षेत्रों की प्रकृति पर प्रारम्भिक दबाव रहा हो लेकिन बसासतों से दूर स्थित प्राकृतिक सम्पदा और सौन्दर्य नये शासकों को प्रारम्भ में सिर्फ़ लुभाता रहा। भारतीय सन्दर्भ में यह कहा जा सकता है कि समुद्री क्षेत्रों या नदियों के परिवहन से जुड़े या उसके पास के इलाकों की प्रकृति पर अत्यधिक दबाव था। इसमें मामूली तौर पर 'प्रचलित स्थानीय' और गहरे प्रभाव करने वाले 'आगन्तुक औपनिवेशिक' दोनों दबाव थे। पहला दबाव अस्तित्व रक्षा के लिए माना जा सकता है, दूसरा मनोरंजन (शिकार), भोजन और साम्राज्य की ज़रूरतों (लकड़ी, लीसा, जड़ी-बूटी, रेसा-रंग और वन्यजीव) के लिए। दूसरे दबाव के अधिकार ने यदि दोहन को त्वरित किया तो पहले दबाव के निषेध ने प्रतिरोध को।

दक्षिण भारतीय तथा अफ़्रीकी प्रकृति तथा समाजों पर सन् 1770 से 1840 के बीच में यूरोपीय प्रभाव असाधारण रूप से बढ़ा। एक तीव्र पारिस्थितिक संक्रान्ति का दौर आया और पर्यावरण क्षय के नियन्त्रण हेतु साम्राज्यवादी संस्थागत विकास के प्रयास हुए।[25] यह तथ्य प्रकाश में आया है कि प्रारम्भिक औपनिवेशिक पर्यावरणविदों—विशेषरूप से विलियम रोक्सबर्ग (William Roxburgh)—को जंगलों की जलवायु से जुड़ी महत्ता की समझ थी और उन्होंने इस हेतु जलवायु सम्बन्धी आँकड़े इकट्ठा किये थे और अनेक क्षेत्रों में वृक्षारोपण कराये थे।[26] उधर सर विलियम जोन्स ने सन् 1787

से प्राकृतिक इतिहास में रुचि लेनी शुरू की और भारत में एक घुमन्तू वनस्पतिशास्त्री की नियुक्ति की इच्छा ज़ाहिर की।[27] शिवरामकृष्णन ने शासन और प्रतिरोध के बीच एक द्वन्द्वात्मक सम्बन्ध ढूँढ़ने की कोशिश की है कि प्रतिरोध से सत्ता की पड़ताल की जा सकती है।[28]

गोविन्द बल्लभ पन्त ने सन् 1858 से भारत में वन संरक्षण का ज़िक्र किया था।[29] दरअसल रेल परिवहन के भारत में आगमन की आधी सदी पहले ही से टीक और साल के जंगलों का कटान मालाबार (जो सन् 1792 में जीता गया), बंगाल तथा बर्मा (इसका टेनासेरिम क्षेत्र कम्पनी ने सन् 1826 में लिया) में शुरू हो गया था। यह ब्रिटिश व्यापारिक जहाज़ों तथा नौ सेना हेतु वांछित इमारती लकड़ी की ज़रूरत से जुड़ा था। कम्पनी ने अगस्त 1800 में कहा था कि मालाबार में व्यक्तिगत सम्पत्ति पर अतिक्रमण (इन्फ्रिन्ज) नहीं होगा।[30] पुर्तगाली और डच भी इस सम्पदा को चाहते थे। मालाबार के जंगलों पर औपनिवेशिक नज़र सत्रहवीं सदी के अन्तिम दशकों से ही गढ़ गयी थी।[31]

एक प्रकार से यह 'व्यापारिक वानिकी' की शुरुआत थी। अनेक अध्येता इसे 'वैज्ञानिक वानिकी' की शुरुआत मानने की गलती करते हैं। आश्चर्य नहीं कि सन् 1806 में जिस कैप्टन बाट्सन को मालाबार में भारत का पहला कंजरवेटर बनाया गया, वह मूलतः पुलिस अधिकारी था। सन् 1807 में स्थानीय अधिकारी यह कहने लगे कि मालाबार तथा ट्रैवंकोर की निजी तथा सार्वजनिक ज़मीन में स्थित जंगलों पर कम्पनी का एकाधिकार है।[32] इस कुतर्क के आधार पर किसानों को ईंधन के लिए लकड़ी नहीं काटने दी गयी।[33] इसी तरह की बात डॉ. वालिच ने बर्मा के अटारन तथा सालवीन के जंगलों के बारे में कही। इस प्रकार कम्पनी सरकार द्वारा जंगलों पर पूरा नियन्त्रण अपेक्षित तथा आवश्यक माना गया। टामस मुनरो की तरह किसानों का पक्ष लेने वाले अंग्रेज़ भी थे। उसने मालाबार के किसानों का पक्ष लिया था।

अगले 15 सालों में मालाबार तथा ट्रैवंकोर आदि में जंगलों का इतना अधिक विनाश हुआ कि सन् 1823 में कंजरवेटर का पद ही समाप्त कर दिया गया। अगले तीन दशकों तक कुछ चिकित्सकों को जंगलात के प्रबन्ध का काम विभिन्न प्रेजीडेन्सियों में सौंपा गया। इससे पूर्व कलकत्ता वनस्पति उद्यान के अधीक्षक के रूप में विलियम रोक्सबर्ग तथा नैथैनियल वालिच (जिन्होंने सन् 1824 में बर्मा के जंगलों का सर्वेक्षण किया था) आदि ने जंगलों सम्बन्धी अध्ययनों को बढ़ाया। ईस्ट इण्डिया कम्पनी में सेवारत ऐलेक्ज़ेण्डर गिब्सन तथा हग क्लेघौर्न (Hugh Cleghorn) ने संरक्षण की प्रक्रिया को पेड़ों की सुरक्षा से आगे ले जाने की ज़रूरत बतायी। सन् 1837 के बाद वे जंगलों के विनाश और सूखे के अन्तःसम्बन्धों को उजागर करते रहे। सन् 1760 के बाद कलकत्ता क्षेत्र में लकड़ी की कमी को दक्षिण नेपाल से नदियों में बहाकर ले जाई गयी लकड़ी से पूरा किया गया।[35] कम्पनी के बंगाल से उत्तर पूर्व की ओर और बम्बई से मराठा क्षेत्रों की ओर साम्राज्य विस्तार को लकड़ी की कमी ने भी प्रोत्साहित किया था।[35] इस तरह लकड़ी की ज़रूरत के साथ साम्राज्य का विस्तार हुआ। साम्राज्य विस्तार में सेना, नौ सेना तथा नये शहरों हेतु लकड़ी की अपरिहार्यता स्पष्ट थी। सार संक्षेप में कहें तो अब 'राज' को 'रय्यत' से ज़्यादा 'जंगलों' की ज़रूरत हो गयी थी।

सन् 1840 के आस-पास तक ब्रिटिश नौ सेना, सेना तथा शहरों की बसासत के लिए लकड़ी की इतनी कमी हो गयी थी कि उत्तरी भारत, सिन्ध और हिमालय तक से लकड़ी का दोहन होने लगा था। दूसरी ओर अभी जंगल से बहुत कम आमदनी थी। बैटन की गढ़वाल भूमि बन्दोबस्त रपट (1842) के अनुसार जब भूमिकर रु. 2,15,745 था तो जंगल के उत्पादों से मात्र रु. 6,958 आमदनी थी।[36] बैटन ने अपनी तराई की रपट में बताया है कि लकड़ी से प्राप्त कर (कठबांस) तथा

चराई कर मिलाकर कुल रु. 18,729 था।[37] उधर अन्नामलाई से अवध तक के जंगलों को दोहन हेतु लक्ष्य किया गया और सन् 1857 में साल तथा शीशम के जंगल सिर्फ़ सरकार के इस्तेमाल के लिए सुरक्षित कर दिये गये।[38] सन् 1847 में बम्बई तथा 1856 में मद्रास में कंजरवेटर नियुक्त किये गये।

प्रकृतिविद् चिकित्सकों को सौंपे गये जंगलात प्रबन्धन का काम जारी रहा। लार्ड डलहौजी के समय में सन् 1854 में डॉ. मैक्लीलैण्ड को पेगू (बर्मा का एक प्रान्त, जिसे ब्रिटिश साम्राज्य में 1852 में मिलाया गया था) में जंगलात का अधीक्षक बनाया गया। उसने स्थानीय करेन किसानों की खेती की पद्धति को सागौन (टीक) के जंगलों के विनाश के लिए ज़िम्मेदार ठहराया था। सन् 1856 में जर्मन वनविद् ड्राइट्रिच ब्रैन्डिस नया अधीक्षक बना और उसने जंगलों के बाबत एक दस्तावेज़ जारी किया। मेजर सीएटन (Seaton) ने स्थानीय किसानों को धान के खेतों में टीक के बीज लगाने के लिए प्रोत्साहित किया। जब ये किसान नयी भूमि में जाते तो ये पेड़ सरकार के हो जाते थे।

सन् 1857 में ईस्ट इण्डिया कम्पनी का अवसान तो हो गया पर औपनिवेशिक शासन पूर्ववत जारी रहा। जंगलों के सन्दर्भ में सन् 1857 से अधिक महत्त्वपूर्ण घटना 1853 में बम्बई से थाणे तक रेल मार्ग का बनना थी। अगली आधी सदी में रेलों के विस्तार के लिए लकड़ी की सबसे ज़्यादा ज़रूरत होने वाली थी। एक ओर लकड़ी के स्लीपर रेल मार्गों के विस्तार में मदद करते, दूसरी ओर रेल मार्गों का विस्तार नये जंगलों का कटान और ढुलान एकदम सरल और सस्ता कर देता था। एक मील ब्रॉड गेज रेलमार्ग के लिए 1,800 से 2,000 स्लीपरों की ज़रूरत पड़ती थी। सन् 1878 तक 2 मिलियन (20 लाख) स्लीपरों का प्रयोग रेल मार्गों में हो चुका था।[39] रेल मार्गों के विस्तार के लिए साल, सागौन, टीक और देवदार प्रयुक्त थे। इस समय रेल के इंजन में भी ईंधन के रूप में लकड़ी का इस्तेमाल होता था। विशेष रूप से जहाँ कोयले का अभाव था, वहाँ यह इस्तेमाल अपरिहार्य था। हिमालय की तलहटी में स्थित तराई-भाबर के साल और पहाड़ी क्षेत्रों के देवदार के जंगलों पर औपनिवेशिक सरकार की स्वाभाविक नज़र थी। यह नज़र शीघ्र ही प्रहार में बदल गयी।

जंगलात के प्रबन्ध में अनुभवहीन अंग्रेज़ों ने यह नया कार्य जर्मन वनविद् ड्राइट्रिच ब्रैन्डिस को सौंपा। प्रारम्भ में उसने मात्र मैक्लीलैण्ड का स्थान लिया पर दिसम्बर 1862 में उसे अन्य प्रान्तों में भी जंगलात सम्बन्धी कार्य देखने की ज़िम्मेदारी सौंपी गयी। अभी जंगलात विभाग स्वतन्त्र रूप से अस्तित्व में नहीं आया था। अप्रैल 1864 में उसे भारत का पहला इंसपेक्टर जनरल ऑफ़ फारेस्ट बनाया गया और इस तरह औपनिवेशिक जंगलात विभाग के जन्म की घोषणा हुई। जन्म तो वह बहुत पहले ले चुका था। नयी जंगलात व्यवस्था में स्थानीय किसानों तथा वनवासियों के लिए सम्मानजनक स्थान न था। उन्हें जंगल के विनाश का ज़िम्मेदार बताने के साथ उनके कार्यों को अपराधिक भी करार दिया जाने लगा। 1864-65 में ओ' कोलाघम (O' Collagham) ने टिहरी रियासत की टौन्स घाटी के जंगलों का सर्वे किया[40] और देवदार के जंगल लीज पर लिए, जिनका दोहन 1902 तक होता रहा। इस हेतु विशेष 'वेट स्लाइड ट्रामवे' भी बनायी गयी थी।[41]

ब्रैन्डिस द्वारा भारत में आधुनिक जंगलात प्रबन्ध और जंगलात विभाग की शुरुआत हुई। जंगलात का पहला कानून सन् 1865 में अत्यन्त हड़बड़ी में बना। ब्रिटिश सत्ता को तब अन्दाज़ नहीं था कि जंगलों में किस हद तक घुसपैठ की जानी चाहिए। इस विभाग और कानून का लक्ष्य ब्रिटिश साम्राज्य की ज़रूरतों के लिए जंगलों का आरक्षण करना था। यह कार्य राजस्व अधिकारियों द्वारा कराया जाता था, क्योंकि तब जंगलात की नौकरशाही का तन्त्र शुरू ही हो रहा था। प्रारम्भ में

आरक्षण की इस प्रक्रिया से किसानों, वनवासियों या गिरिजनों के हितों को सुरक्षित रखा गया था। बिल की प्रस्तुति के समय हेनरी मेन ने कहा भी था कि कुल मिलाकर जंगलात की नयी नीति यूरोपीय देशों में प्रचलित कानूनों से कम कठोर होगी और सामुदायिक अधिकारों पर कोई खलल नहीं पड़ेगा।

दूसरी ओर एक अन्य अधिकारी डालैल (Dalyell) तथा नासिक के कलेक्टर ई.एन.बी. अर्सकाईन (E.N.B. Erskine) ने जंगलों के सरकारी नियन्त्रण से आदिवासियों के हितों को क्षति पहुँचने की आशंका जताई थी। लेकिन कृषि सचिव बेडेन पॉवेल खेती से बाहर की ज़मीन पर सरकार का नियन्त्रण चाहता था। उसका कहना था कि जनता द्वारा किये जा रहे जंगलों के कटान को उसी तरह रोक (दबा) देना चाहिए जैसे सती प्रथा या चेचक की बीमारी।[42]

कुछ सालों के भीतर ही जंगलात का यह पहला कानून अपर्याप्त लगने लगा। इसकी कमियों को उजागर करने का सिलसिला प्रारम्भ हो गया। इस तरह सन् 1878 के नये जंगलात कानून की पृष्ठभूमि बनी।[43] ब्रैन्डिस मौसम, सामरिक तथा व्यापारिक दृष्टि से महत्त्वपूर्ण जंगलों को चुनिन्दा तरीके से अधिकार में लेने का समर्थक था। वह एक ऐसा व्यावहारिक मध्यमार्ग तैयार करना चाहता था, जो बेडेन पॉवेल तथा समुदायों के अधिकारों के समर्थकों की अतियों से बच सके।[44] मतभेदों के बावजूद सभी अधिकारी नये कानून की ज़रूरत स्वीकार करते थे। वे स्वीकार कर रहे थे कि जंगलात नीति में परिवर्तन पेड़ों के बढ़ते व्यापारिक महत्त्व के कारण हुआ है। इसी समय से समुदायों के जंगल या ज़मीन के 'अधिकारों' को 'सौभाग्य' या 'अनुकम्पा' (privilege) कहा जाने लगा था। यह प्राकृतिक संसाधनों में राजकीय हस्तक्षेप की शुरुआत थी।

यह बताना उचित होगा कि सन् 1865 के अधिनियम के तहत जंगलात विभाग को जंगलों के अल्प उपयोग का ही अधिकार मिला था। तब नये कठोर कानून की रचना का काम शुरू हुआ। ब्रैन्डिस ने सन् 1869 में इसका एक मजमून बनाया। बहस के लिए प्रेजीडेन्सियों में भेजा गया। सन् 1874 के जंगलात अधिकारियों के सम्मेलन से इसका स्वरूप स्पष्ट हुआ। यह ब्रैन्डिस तथा बेडेन पॉवेल की संयुक्त रचना थी और दोनों के दृष्टिकोण में गहन अन्तर था। पहला प्रजा के अधिकारों का समर्थक था और दूसरा राज्य का वर्चस्व चाहता था। दरअसल 1875 में शिमला में हुए जंगलात सम्बन्धी सम्मेलन में स्पष्ट निष्कर्ष निकाला गया था कि विजय का अधिकार सबसे मज़बूत अधिकार है, जिसके ख़िलाफ़ अपील नहीं की जा सकती है।[45] तत्कालीन कृषि सचिव आक्टेवियन ह्यूम का दृष्टिकोण भी जंगलों और परती भूमि पर सरकारी नियन्त्रण के पक्ष में था। दूसरी ओर न सिर्फ़ पूना सार्वजनिक सभा बल्कि मद्रास सरकार के अधिकारी डब्लू. राबिन्सन ने इसका विरोध किया। लेकिन अन्ततः यह एक्ट लागू हो गया। माधव आशीष इसे स्पष्ट रूप से 'भूमि का अपहरण' कहते हैं।[46]

सन् 1878 का कानून मद्रास, बर्मा, पंजाब के हजारा ज़िले, अजमेर, बरार, कुर्ग तथा अफगानिस्तान को छोड़कर भारत के हर प्रान्त में लागू किया गया। इसका कारण था कि अनेक प्रान्तों के प्रशासनिक तथा जंगलात के अधिकारियों ने इस कानून पर आपत्ति की थी। औपनिवेशिक तन्त्र के भीतर भी उनके अपने तर्क थे और इन तर्कों में वजन था। इस कानून के द्वारा आरक्षित (reserved) जंगलों का फैलाव हुआ और इसके साथ ही संरक्षित (protected) जंगलों की श्रेणी भी बनायी गयी। क्योंकि बर्मा के चीफ कमिश्नर ने इस कानून को बर्मा में लागू करने से इनकार किया था, अतः सन् 1881 में बर्मा के लिए एक स्वतन्त्र जंगलात कानून बनाया गया।[47] मद्रास में सन् 1878 का कानून

वनाधिकारों में हस्तक्षेप माना गया और 1882 में मद्रास ने अपना स्वतन्त्र जंगलात कानून बनाया। 1878 के कानून के विपरीत बर्मा तथा मद्रास के कानूनों में जंगलों की एक श्रेणी थी। बर्मा कानून में तो 'ग्राम वनों' का विचार मौजूद था।

सन् 1886 में बरार वन कानून बना, जिसके अनुसार तमाम परती भूमि को राज्य की सम्पत्ति घोषित किया गया। इसी तरह बलूचिस्तान के लिए भी कानून पारित हुआ। सन् 1887 में अपर बर्मा वन रेगूलेशन पारित हुआ। इसमें आरक्षित जंगलों की स्थापना के साथ झूम खेती को नियन्त्रित करने का प्रस्ताव भी था। सन् 1890 में यह कानून बर्मा के शान प्रान्त में लागू हुआ। सन् 1878 से 1890 के बीच जंगलात विभाग के अन्तर्गत आरक्षित और संरक्षित वनों का 86,000 वर्ग मील का विस्तृत क्षेत्र आ गया था। यह 'जनता के जंगलों' को 'सरकारी जंगलों' में रूपान्तरित करने के औपनिवेशिक प्रयास की पहली सफलता थी। साथ ही यह सामुदायिक जीवन के आधारभूत साधनों के क्षरण और हरण का प्रारम्भ था।[48]

इस तरह जंगल और ज़मीन के स्वामित्व का स्वरूप विभिन्न प्रान्तों में अलग-अलग प्रकार का था और इनका दोहन या इस्तेमाल भौगोलिक स्थिति, संचार साधन और साम्राज्य या प्रेजीडेन्सी के मुख्य स्थानों या बन्दरगाहों से उनकी दूरी पर निर्भर था। लेकिन सत्रहवीं-अठारहवीं सदी में हिमालय के जंगलों पर दबाव कम था।[49] सन् 1857 के बाद धीरे-धीरे यह दबाव मध्य भारत, उत्तर-पूर्वी क्षेत्र तथा हिमालयी प्रान्तों की ओर बढ़ता गया। 'साम्राज्य की सेवा' के अलावा जंगलों से आर्थिक लाभ भी लगातार हो रहा था। जैसे 1891-92 में उत्तर पश्चिमी प्रान्त तथा अवध के जंगलों से कुल आय रु. 17,31,513, व्यय रु. 9,55,200 तथा लाभ रु. 7,76,293 था और कुल 42,05,000 क्यूबिक फ़ीट इमारती लकड़ी तथा 76,73,000 क्यूबिक फ़ीट जलावन इस्तेमाल हुई।[50]

सन् 1894 में पहली बार भारतीय राष्ट्रीय वन नीति घोषित की गयी। इस पर नयी कृषि नीति का स्पष्ट दबाव था। वननीति में सभी पक्षों को देखने के साथ 'राजस्व' का विशेष ध्यान रखा गया था और जंगलों तथा वन क्षेत्रों को चार भागों में बाँटा गया था : 1. जलवायु तथा भौतिक पक्षों की दृष्टि से महत्त्वपूर्ण जंगल, 2. इमारती लकड़ी के क्षेत्र, 3. लघु वन उत्पादों के क्षेत्र और 4. चरागाह तथा गोचर।

पहली तथा दूसरी श्रेणी को आरक्षित जंगलों के अन्तर्गत लिया गया था तथा तीसरी और चौथी श्रेणी को वनवासियों के उपयोग हेतु मानते हुए भी संरक्षित घोषित किया गया था। वनवासियों के अधिकार अब संरक्षित जंगलों में सिमट गये थे। सन् 1893 में बनाये गये ज़िला संरक्षित जंगलों को 1903 में 'खुले' तथा 'बन्द' दो श्रेणियों में विभाजित किया गया। अब वनवासियों/ग्रामीणों का अधिकार खुले तथा संरक्षित जंगलों में ही रहा। सन् 1911 में 'खुले जंगलों' को भी संरक्षित श्रेणी में शामिल कर लिया गया। यद्यपि संरक्षणवादियों तथा चिकित्सक जंगलात अधिकारियों द्वारा जंगलों के बाबत उठाई गयी पर्यावरण की बहस अपनी जगह पर थी लेकिन यह कहना सही नहीं है कि तब भारत की वन सम्पदा नष्ट प्राय थी और न ही यह कि उसका संरक्षण और पुनर्जनन सिर्फ़ औपनिवेशिक व्यवस्था ने किया। यह सच है कि आग से जंगलों को हानि पहुँचती थी और कहीं-कहीं यह अपूरणीय भी होती थी, लेकिन जंगलों से अपरिहार्य अन्तःसम्बन्धों के कारण उनके संरक्षण की ज़्यादा गहरी चिन्ता स्थानीय समाजों में थी और यह धारणा भी, कि अनेक बार नियन्त्रित आग न सिर्फ़ जंगलों के पुनर्जनन बल्कि खेती की बेहतरी में मददगार होती है, प्रचलित थी।

अगला और अन्तिम औपनिवेशिक वन कानून सन् 1927 में बना, जो एक प्रकार से अब तक चला आ रहा है। यह भी 'जनता के जंगलों' में 'राज्य के हस्तक्षेप' को कम करने को तैयार न था, लेकिन तब तक न सिर्फ़ राष्ट्रीय संग्राम अधिक प्रखर और आक्रामक रुख लेने लगा था बल्कि प्राकृतिक अधिकारों पर राज्य द्वारा किये जा रहे हस्तक्षेप के विरुद्ध क्षेत्रीय वन आन्दोलन या 'जंगल सत्याग्रह' प्रारम्भ हो चुके थे। यह ध्यान देने योग्य बात है कि सन् 1878 से 1927 तक न सिर्फ़ ब्रिटिश भारत में बल्कि सभी देशी रियासतों में भी लगातार जंगलों का अधिग्रहण किया जाता रहा। रेलों का विस्तार, नगरीकरण में तेज़ी, प्रथम विश्व युद्ध का दौर आदि इन सबने जंगलों पर अतिशय दबाव बढ़ाया था, जो दूसरे विश्व युद्ध के समय तक अपनी पराकाष्ठा पर पहुँच गया था।

इस तरह वनवासियों, गिरिजनों, किसानों, घुमन्तू पशुचारकों के प्राकृतिक अधिकारों पर निरन्तर हस्तक्षेप बढ़ता गया। यह सत्य हो सकता है कि नये वन प्रबन्ध में 'पुरानी बर्बादी' रोकी गयी हो पर यह प्रामाणिक रूप से सत्य है कि जंगलों की 'नयी बर्बादी' का प्रारम्भ और विस्तार इसी के अन्तर्गत हुआ। सन् 1927 के बाद ब्रिटिश सत्ता चला चली की मनःस्थिति में थी। वह जंगलों से अलगाव में ही रही। दूसरे विश्वयुद्ध में जंगलों पर फिर जबर्दस्त दबाव पड़ा। युद्ध के समय जंगलों के संरक्षण तथा जनता के अधिकारों की याद किसे रहती है? भारत देश के आज़ाद होते समय जंगल अत्यन्त दयनीय दशा में आ चुके थे। लेकिन कुमाऊँ के जंगलात सत्याग्रह के कारण सन् 1925 से वन पंचायतों ने काम करना शुरू किया, जिस हेतु 1931 में कुमाऊँ वन पंचायत नियमावली बनायी गयी। इस तरह ग्राम समाज के पास एक 'हरे विकल्प' के प्रबन्धन और इस्तेमाल की गुंजायश थी, जिसे औपनिवेशिक सत्ता ने कृपापूर्वक दिया नहीं था बल्कि इसे 'जंगलात सत्याग्रह' द्वारा लोगों ने लिया था।

3. उत्तराखण्ड : बदलता जंगलात परिदृश्य

अधिकांश औपनिवेशिक यात्रियों, जो प्रारम्भ में उत्तराखण्ड में आये, ने यहाँ के जंगलों की विविधता और सघनता के साथ वन्य जीवों की बहुलता की चर्चा की है। डेनियल,[51] हार्डविक,[52] मूरक्राफ्ट,[53] जे.बी. फ्रेजर,[54] हेबर,[55] पिलग्रिम,[56] हौफ मीईस्टर,[57] मारखम,[58] स्ट्रेची,[59] वैबर[60] या कैनेडी[61] के यात्रा वर्णनों से कभी-कभार ही कुछ स्थानों पर जंगलों के विनाश की जानकारी मिलती है। सर्वत्र जंगलों की सघनता, वन्य जीवों की बहुलता तथा विविधता की चर्चा है। 1802 में लार्ड हेनरी वेलेजली ने गाट नामक अधिकारी को कुमाऊँ के जंगलों की पड़ताल का काम सौंपा था।[62] विविध रिकार्ड्स के अध्ययन और उत्तराखण्ड के व्यापक भ्रमण से अर्जित अनुभवों के आधार पर लिखित विविध यात्रा वर्णनों से मत बनता है कि गोरखों के समय में बहुत-सी पर्वत धारों पर उन्होंने फ़ौजी पड़ावों के लिए स्थान बनाया और कहीं-कहीं पुराने क़िलों को इस्तेमाल किया। कुछ स्थानों पर गोरखे पारम्परिक रास्तों का इस्तेमाल न कर जंगलों से होकर अगले पड़ाव के लिए गये। फ़ौजी पड़ावों तथा रास्तों को बनाने की इस प्रक्रिया में अनेक स्थानों पर जंगलों का विनाश हुआ।

गोरखा शासन के दमन के कारण अनेक गाँवों में लोग घरों से भागकर जंगलों में चले जाते थे, जहाँ वे कभी-कभी अस्थायी खेती (यानी कटील और इजरान) हेतु जंगलों का कटान करते थे।[63] इस कारण भी कुछ जंगल नष्ट हुए थे।[64] पर इसे बहुत अधिक नहीं कहा जा सकता है। दूसरी ओर जंगलों की अपनी पुनर्जनन क्षमता होती है। फ़ौजी पड़ावों में ईंधन तथा छप्परों हेतु निश्चय ही पेड़ों का कटान हुआ। यह कदाचित अप्रत्याशित ज़रूरत थी और लगातार जारी नहीं रही। शासन

पर अपना पूरा नियन्त्रण स्थापित करने के बाद गोरखों को इस तरह की बरबादी की कम ज़रूरत पड़ी होगी। गोरखों में यह कहावत प्रचलित थी कि जंगल सोने की खान होते हैं।[65] गोरखा शासन ख़ुद इन जंगलों का बहुत बड़ा आर्थिक लाभ नहीं ले सका। तब उसकी सम्भावना भी नहीं थी। औपनिवेशिक युग में इस कहावत के पशुचारक-खेतिहर, ठेकेदार-व्यवसायी तथा सरकार के लिए अलग अर्थ निकलने वाले थे।

सन् 1815 से पहले रदरफोर्ड ने काशीपुर में लीसे का काम शुरू किया था और लीसे के अलावा सन और भाँग के रेसे पर उसकी नज़र थी।[66] इस हेतु कम्पनी ने गोरखों से समझौता किया था। तराई के साल के कुछ जंगलों के कटने का विवरण मिलता है।[67] लेकिन आवागमन के साधनों के अभाव, नदी बहान की पद्धति के इस क्षेत्र में प्रारम्भ न होने तथा हिमालय के जंगलों के बन्दरगाहों से बहुत दूर होने के कारण बर्तानवी नौसेना के लिए यहाँ के जंगलों का तत्काल बड़ा अर्थ न था। यह एक प्रकार से भविष्य के लिए सुरक्षित संसाधन था। कम्पनी की अन्य संसाधनों पर भी नज़र थी। अभी उन्हें उत्तराखण्ड बाबत विस्तृत जानकारी नहीं थी, फिर भी उन्होंने अन्य संसाधनों की उपलब्धता तथा व्यापार की सम्भावना पर लिखा था।[68]

जंगलों की व्यापक उपयोगिता उजागर न होने से कम्पनी की तब जंगलों की अपेक्षा भांग, खाल-पंख, खनिज तथा धातु सम्पदा पर ज़्यादा नज़र थी। इस बाबत प्री म्यूटिनी रिकार्ड में लगातार पत्राचार मिलता है।[69] खनिज तथा धातु सम्पदा की तरफ़ कम्पनी अधिकारियों की ज़्यादा गहरी नज़र का संकेत 1835 में प्रकाशित रपट से मिलता है, जिसमें कुमाऊँ के विविध खनिजों, धातुओं, प्रचलित लोहे तथा ताँबे की खानों, सामान्य जलवायु और जीवों के साथ भूकम्पों का अध्ययन किया गया था।[70]

गोविन्द बल्लभ पन्त की तरह बीसवीं सदी के पहले जंगलात आन्दोलन तथा बेगार उन्मूलन आन्दोलन में शामिल और 1959 की कुजजास के एक विधायक के रूप में सदस्य रहे मोहन सिंह मेहता का कहना था कि अंग्रेज़ी शासन के आते समय कुमाऊँ के अनेक गाँवों में अपनी 'लठ पंचायतें' थीं, जिनका प्रबन्धन, वितरण और सुरक्षा का काम ग्रामीण समाज पारम्परिक तराके से करता था। पर यह व्यवस्था अधिकतर उन गाँवों में विकसित हुई थी, जहाँ जंगलों पर दबाव किंचित् ज़्यादा था। इस 'लठ पंचायत' व्यवस्था का बीच में क्या क्रम रहा, इस पर अभी कोई जानकारी नहीं मिल पायी है पर 1921 में जंगलात सत्याग्रह का एक बड़ा परिणाम वन पंचायतों की पुनर्स्थापना था।[71] क्योंकि 'लठ पंचायतों' का लिखित इतिहास नहीं था और न उसे खोजने की कोशिश हुई, इसीलिए वन पंचायतों की स्थापना के समय अधिकारियों को मद्रास भेजा गया, जहाँ वन प्रबन्ध की समुदाय आधारित पद्धति प्रचलित थी। इस तरह वर्तमान वन पंचायतें परम्परागत वन प्रबन्ध पद्धति का ही संशोधित रूप हैं।

एक अनुमान बनता है कि सन् 1820 में उत्तराखण्ड (टिहरी रियासत सहित) में लगभग 4 लाख की जनसंख्या निवास करती थी।[72] यह मुख्यतः खेती, पशुचारण, कुटीर उद्योग तथा व्यापार में लगी थी और जंगल इसके जीवन के मुख्य आधार थे। अपनी ज़रूरत की बहुत-सी चीज़ें यह समाज जंगल से पाता था और बहुत-सी उत्पादित करता था। अनेक उत्पादों की आपस में अदला-बदली प्रचलित थी, जिसके कुछ अवशेष आज भी दिखते हैं। सन् 1815 से उत्तराखण्ड दो भिन्न प्रशासनिक व्यवस्थाओं के भीतर आया। जो नीतियाँ ब्रिटिश उत्तराखण्ड में लागू होती थीं, वे तुरन्त टिहरी रियासत में नहीं लागू हो पाती थीं। क्योंकि रियासती शासन की विवशता ब्रिटिश साम्राज्यवाद

से जुड़ी थी, इसलिए आधे-एक दशक बाद औपनिवेशिक नीति—चाहे जंगल से सम्बन्धित हो या भूमिकर से—रियासत में भी लागू हो जाती थी। बल्कि अन्ततः रियासत के जंगलों के दोहन का ठेका पश्चिमोत्तर प्रान्त की सरकार ने ले लिया था।

जॉर्ज विलियम ट्रेल ने अनेक भूमि बन्दोबस्त किये थे। इनमें साल अस्सी या संवत् 1880 (1822-23) का बन्दोबस्त सर्वाधिक प्रसिद्ध है। इसमें यहाँ के जंगलों की प्रशंसा के साथ पहली बार जंगल के उत्पादों पर लिए जाने वाले 'रुकबा' नामक कर का ज़िक्र मिलता है।[73] प्रति बोझ कटी लकड़ी पर 6 आना शुल्क लिया जाता था। भाबर में स्थित बमोरी तथा बरमदेव के कुछ जंगल आरक्षित भी किये गये थे और तराई के साल के जंगलों पर विशेष नज़र रखी जाने लगी। कुछ काष्ठ प्रजातियों, कत्थे तथा हाथी की बिक्री पर कर देय था।[74] भूमि बन्दोबस्त के द्वारा उसने गाँवों, खेती तथा जंगलों की प्रचलित सीमाओं को मान्यता दी थी। प्री म्यूटिनी रिकार्ड्स में उसके समय का हर माह का जमा-ख़र्च प्रस्तुत हुआ है। अपने बन्दोबस्त में उसने ग्रामीणों के चराई, ईंधन तथा इमारती लकड़ी के पारम्परिक अधिकार में किसी तरह का खलल नहीं डाला था। उसका बन्दोबस्त राजस्व प्रशासन के लिए ज़्यादा उपयोगी था।

सन् 1840-46 के बीच किये गये बैटन के बन्दोबस्त में ट्रेल की बुनियादी बातें पूर्ववत् रहीं। सिर्फ़ ज़मीन की ज़्यादा विस्तृत और सही पड़ताल की गयी। दरअसल अभी जंगल औपनिवेशिक नज़र में नहीं आये थे। पर इस बीच भाबर के 'साल के थापलों' की हिफ़ाज़त होती रही। उन पर दबाव भी था। 1840 में कुमाऊँ में वनोत्पादों (कठबांस) से रु. 10,273 तथा चराई से रु. 9,077 कर के रूप में मिला। अब भाबर में ज़मीनें खेती आदि हेतु दी जाने लगी थीं।[75] इस दौर में तराई-भाबर के जंगलों पर ईंधन तथा इमारती जकड़ी का दबाव बढ़ने लगा था। क्योंकि इस क्षेत्र से लगे रुहेलखण्ड में जंगलों की कमी थी। 1845 में यह बताया गया था कि पिछले तीन साल में 6000 बैल गाड़ी (cart-loads) इमारती लकड़ी रामपुर नवाब के यहाँ भाबर क्षेत्र से ले जाई गयी थी।[76]

1840 से पहले ही किसान-पशुचारक के जीवन में एक महत्त्वपूर्ण हस्तक्षेप चाय बागानों के आगमन के रूप में हुआ। प्री म्यूटिनी रिकार्ड्स में चाय बागानों का पहला ज़िक्र तो 1834 में मिलता है।[77] बहुत से चरागाह, पनघट-गोचर तथा जंगल के क्षेत्र निजी चाय बागानों के लिए दिये गये। इसका आर्थिक पक्ष कम महत्त्वपूर्ण नहीं था पर ग्रामीण कुमाऊंनी किसान के पास इस मुनाफे का कितना अंश जाता था, इसे कोई रिपोर्ट नहीं बताती है। जल्दी ही चाय बागानों का पराभव भी हो गया, पर इस ज़मीन पर नये मालिकों का स्वामित्व बना रहा।

सन् 1850 के आसपास तक जंगलों का सबसे बड़ा उपयोग शिकार के लिए किया जाता रहा और यह उस समय का सर्वाधिक कुख्यात 'स्पोर्ट्स' या 'गेम' था, जिसकी पर्याप्त चर्चा उस समय के यात्रा साहित्य में मौजूद है। सिर्फ़ निशाना साधने या मनोरंजन के लिए जंगली जानवरों को मारना सामान्य बात थी।[78] उपनिवेशवाद ने यह ध्वंस लगभग दुनिया के अपने क़ब्जे वाले हर महाद्वीप और देश में किया था। इस दौर में इसे 'गेम' भी कहा जाता था और औपनिवेशिक अधिकारियों तथा देशी राजाओं में 'शिकार' एक अर्ध सामन्ती-अर्ध औपनिवेशिक संयुक्त खेल-मनोरंजन की तरह विकसित हो गया था।

सन् 1824 में भीमताल के आसपास छखाता के जंगलों का हाल देखकर बिशप हेबर चिन्तित हुआ था पर यह अपवाद वास्तविकता थी।[79] सन् 1848 में फैड्रिक विल्सन नामक एक घुमक्कड़-शिकारी ने पहली बार जानवरों की खालों, मोनाल के स्टफ तथा कस्तूरा मृग (खाल और कस्तूरी) को टिहरी

रियासत में एक आर्थिक क्रिया कलाप के साथ जोड़ा। उसने जिस तरह और जिस संख्या में कस्तूरा मृगों, दुर्लभ सफेद बाग, काले और भूरे भालुओं, भरल, थार तथा मोनालों का शिकार किया, वह आश्चर्यमिश्रित भय पैदा करता है।[80] रियासत की भागीरथी, जमुना तथा निचली टौन्स घाटियाँ देवदार के जंगलों तथा ट्यूनी से सांकरी तक की टौन्स घाटी बेहतरीन चीड़ के जंगलों (जिन्हें बाद में पियर्सन ने सर्वे के समय 'चीड़ के समन्दर' कहा था) के लिए प्रख्यात थी। लेकिन अभी यूरोप में आविष्कार हो जाने के बावजूद भारतीय उपमहाद्वीप में रेल का आगमन नहीं हुआ था।[81]

तब जंगलों से दाम मिलने की कल्पना नहीं की जाती थी। इसलिए जब विल्सन ने टिहरी के राजा को जंगलों की लीज के रूप में रु. 400 प्रति साल देना तय किया तो कहा जाता है कि सुदर्शन शाह की आँखों में चमक कौंध गयी थी लेकिन अर्से तक विल्सन सिर्फ़ वन्य जीवों का ही शिकार और व्यापार करता रहा। भागीरथी, जमुना, टौन्स तथा बास्पा-सतलुज नदियों के ऊपरी जल ग्रहण क्षेत्रों का विल्सन जानकार हो गया था पर उसकी असली प्रतिभा हिमालय के जंगली जानवरों तथा पक्षियों की विशेषज्ञता से जुड़ी थी।

यद्यपि प्री म्यूटिनी रिकार्ड्स में पहले पहल रेलों के विस्तार हेतु स्लीपरों की आपूर्ति का ज़िक्र 1854 में हो चुका था।[82] पर विल्सन अधिक सक्रिय था। रेल के भारतीय उपमहाद्वीप में आने के बाद जल्दी ही विल्सन ने अपनी प्रयोगशीलता से यह जान लिया था कि कौन-सी पेड़ प्रजातियाँ भागीरथी तथा अन्य नदियों में बहाकर ले जाई जा सकती हैं और अप्रैल 1858 से उसने जंगलों का प्रत्यक्ष कटान-बहान शुरू किया था।[83] हालाँकि इमारती उपयोग के लिए हिमालय की लकड़ी का इस्तेमाल हिमाचल की सतलुज और ब्यॉस नदियों की घाटियों से सन् 1841 में शुरू हो गया था, जब नौसेना के लेफ्टिनेण्ट बाल ने यह काम प्रारम्भ किया था। बाल ने विल्सन से पहले नदियों में लकड़ी का बहान करने में सफलता पायी थी।[84] इसी तरह बास्पा घाटी से एक आर्मेनियाई टी. अरातून ने सन् 1862 में यह कार्य प्रारम्भ किया था। उसी ने झेलम घाटी (कश्मीर) में भी यह कार्य किया।[85]

विल्सन द्वारा किया गया यह कटान सिर्फ़ भागीरथी की ऊपरी घाटी के देवदार के जंगलों में होता था। विल्सन सन् 1864-65 तक देवदार का कटान तथा बहान कराता रहा और अन्ततः यह लकड़ी हरद्वार में जमा की जाती थी। यहाँ उसने विशाल डीपो बनाया था।[86] वह इमारत अभी हरद्वार में हैं, जहाँ उसके कुली, महावत तथा हाथी रहा करते थे। तब कुलियों की अत्यधिक ज़रूरत पड़ने लगी थी।[87] विल्सन की इस कमाई से पश्चिमोत्तर प्रान्त की सरकार परिचित थी और विल्सन की लीज के सन् 1865 में समाप्त होने से पहले ही उसने रियासत में अगली लीज लेने की इच्छा जताई थी। रैमजे-विल्सन पत्राचार से यह बात स्पष्ट हो जाती है।[88] रैमजे ने अपनी रिपोर्ट में स्थानीय निवासियों के लिए 'ग्राम वनों' की स्थापना का सुझाव दिया था, जो निश्चय ही पारम्परिक 'लठ पंचायतों' से प्रेरित रहा होगा।[89]

वैसे प्री म्यूटिनी रिकार्ड्स (PMR) में टिहरी के जंगलों का पहला सन्दर्भ सन् 1849 में आता है। इसमें ठेकेदारों का ज़िक्र है, साथ ही टिहरी के जंगलों के लीज पर लिए जाने का सन्दर्भ मिलता है।[90] विल्सन टिहरी रियासत में महत्त्वपूर्ण हैसियत रखता था और राजा उससे प्रभावित था लेकिन सन् 1859 में सुदर्शन शाह की मृत्यु के बाद टिहरी में डलहौजी के अपहरण सिद्धान्त के लागू हो सकने के भय के कारण एक अनिश्चितता का वातावरण था। सुदर्शन शाह का अपनी रानी से कोई पुत्र नहीं था और कम्पनी ने दत्तक पुत्र को उत्तराधिकार न देने की नीति तय की थी। सन् 1857 के अत्यन्त कठिन वर्ष में सुदर्शन शाह द्वारा कम्पनी को असाधारण मदद दिये जाने तथा रैमजे के

सहयोग के कारण भवानी सिंह को अस्थायी उत्तराधिकार दिया गया।[91] सन् 1860 में पश्चिमोत्तर प्रान्तों के लेफ्टिनेण्ट गवर्नर कैलविन के अलमोड़ा दरबार में भवानी शाह 400 कुलियों तथा 250 अन्य सदस्यों के साथ आया और स्थायी उत्तराधिकार पाने में सफल हुआ।[92]

सन् 1865 में रियासत के जंगलों के दोहन का काम पश्चिमोत्तर प्रान्त की औपनिवेशिक सरकार द्वारा ले लिया गया। यह लीज 20 साल के लिए रियासत के देवदार के जंगलों के कटान के लिए थी। इसका मूल्य सालाना 10,000 रु. तय किया गया था। इस तरह शुद्ध व्यापारिक हितों तथा साम्राज्य की ज़रूरतों के लिए यह ठेका शुरू हुआ।[93] यह समय भारतीय उपमहाद्वीप में रेलों के विस्तार का था और चीड़ अभी इस लायक नहीं बनाया जा सका था कि उसका इस्तेमाल रेलवे हेतु किया जा सके।

यह महत्त्वपूर्ण है कि औपनिवेशिक सरकार द्वारा भारतीय साम्राज्य में जंगलात विभाग की स्थापना और पहले वन कानून की रचना का काम तथा प्रान्तीय सरकार द्वारा टिहरी रियासत के जंगलों हेतु 20 साल का अत्यन्त कम धनराशि में अनुबन्ध एक ही साल (1864) सम्पन्न हुआ। अब विल्सन जैसे गौरांग और टिहरी राजा के प्रिय व्यक्ति के लिए अनुबन्ध प्राप्त करना असम्भव था। क्योंकि कुमाऊँ कमिश्नर हेनरी रैमजे के माध्यम से रियासत के जंगलों पर ब्रिटिश सरकार की सीधी नज़र थी।[94] दूसरी ओर सन् 1872 से 1875 के बीच में विल्सन किसी न किसी रूप में जंगल के विविध उत्पादों के दोहन में जुटा था और यह क्रम बाद तक चला। क्योंकि यहीं विवाह कर वह रियासत का निवासी बन गया था।[95]

इस प्रकार अगले बीस सालों में पश्चिमोत्तर प्रान्त की सरकार ने टिहरी रियासत के जंगलों का व्यापारिक दोहन किया लेकिन यह दोहन देवदार के पेड़ों तक सीमित था। रेल परिवहन के विस्तार के लिए तब तक उच्च हिमालय की सिर्फ़ यही प्रजाति उपयुक्त मानी गयी थी। इस समय रियासत में जंगलों के कटान, ढुलान के लिए कुलियों की अत्यधिक ज़रूरत पड़ने लगी थी। भागीरथी (गंगा) के जलागम के ये स्लीपर अन्ततः हरद्वार में जमा किये जाते थे। जंगलों के दोहन की प्रक्रिया रियासत और ब्रिटिश क्षेत्र दोनों के साथ जुड़ी थी। रियासत में कटान और ब्रिटिश भारत को बहान।

सन् 1885 में इस लीज का नवीनीकरण किया गया। यह तय हुआ कि टौन्स घाटी के चीड़ के जंगल रियासत के नियन्त्रण में रहेंगे और देवदार के जंगल औपनिवेशिक वन विभाग के। सन् 1905 में फिर यह अनुबन्ध (लीज) अगले 20 साल के लिए बढ़ाया गया लेकिन 1902 से प्रान्तीय सरकार ने अपनी 'उदारता' के तहत हर साल के शुद्ध नफे में से 80 प्रतिशत राशि राजा को देने का निर्णय लिया।[96] स्पष्ट है कि यह अनुबन्ध पुरानी शर्तों तथा दाम के अनुसार था और इस बीच व्यापारिक लकड़ी के दाम बहुत अधिक बढ़ गये थे। प्रान्तीय शासन ने पर्याप्त लाभ कमाकर ही रियासत के प्रति उदारता दिखायी थी।

टिहरी रियासत के जंगलात तथा तत्सम्बन्धी दिक्कतों का भान रमोली पट्टी के किसानों द्वारा कमिश्नर कुमाऊँ एच. जी. रौस को दिये प्रतिवेदन के रौस द्वारा 15 जुलाई, 1887 को दिये उत्तर से होता है। रौस के टिहरी आगमन पर किसानों ने 'नालिश' की थी। रौस ने प्रतिवेदन की बहुत-सी बातों को फ़िजूल और झूठ कहाँ– इस पत्र में 21 माँगों का उत्तर था। जिसमें अधिकांश जंगल तथा ज़मीन बाबत थे। रौस ने अन्त में जनता को डराया भी था कि राजा साहब की मदद नहीं करोगे तो काले पानी की सजा होगी।[97] फिर भी टिहरी रियासत के किसानों और पशुचारकों पर अभी मारक प्रहार नहीं हुआ था। अभी टिहरी तथा पड़ोस की बुशहर रियासत के सीमान्ती पशुचारक एक-दूसरे

के मौसमी पशुचारण क्षेत्रों में अपने जानवरों को लेकर आते-जाते थे[98] और खेती पर जंगल दोहन के प्रत्यक्ष असर की प्रतीक्षा थी।

यह कहा जा सकता है कि कम्पनी शासन के उत्तराखण्ड आगमन के समय गोरखों द्वारा अनेक स्थानों पर विनाश किये जाने के बावजूद जंगलों पर व्यापक स्थायी दबाव नहीं पड़ा था और कुछ सालों में उनके पूर्व स्थिति में लौट आने की सम्भावना थी। यद्यपि प्रारम्भ में कम्पनी की नज़र लीसे तथा सन-भंग पर थी क्योंकि बन्दरगाहों से दूर तथा यातायात की व्यवस्था के अभाव में अभी तराई-भाबर के साल के जंगलों के दोहन की सम्भावना न थी। 1867 से 1877 के बीच कुमाऊँ की यात्रा करने वाले जेम्स कैनेडी ने यहाँ पर्याप्त जंगल पाये थे।[99]

कम्पनी का पहला दबाव उत्तराखण्ड के जंगलों पर अपने प्रशासनिक केन्द्रों, छावनियों, डाक बंगलों, आवासों की स्थापना तथा इस हेतु होने वाले निर्माण कार्य के कारण पड़ा।[100] यह दबाव दूरस्थ दुर्गम क्षेत्रों की ओर अगली आधी सदी बाद ही प्रभावशाली हो सका। कदाचित् गुमानी (1791-1846) की कविता में इस प्रक्रिया का आंशिक बखान हुआ है :

'करै फिरंगी राज आबादी, धरती में ना जंगल हैं
कंपू पल्टन जगे जगे पर, किले कोतघर बंगले हैं'..[101]

और मोलाराम (1733-1843) ने इस तत्कालीन सच्चाई के दूसरे महत्त्वपूर्ण पक्ष को बहुत स्पष्टता के साथ छुआ :

'सन भंग के बहाने सब भेद लेत हैं
दुश्मन के घर में भंग ही वो बोय देत हैं'..[102]

ट्रेल ने अपने भूमि बन्दोबस्त में चन्द-पँवार और गोरखा शासकों से चली आ रही भूमि व्यवस्था को मान्यता दी। जैसा कि पहले कहा जा चुका है इस बन्दोबस्त में जंगल या ज़मीन पर जनता के प्रचलित अधिकारों या जंगल और ज़मीन के प्रचलित इस्तेमाल पर सरकार की ओर से कोई हस्तक्षेप न था। सन् 1830 के बाद चाय बगानों की स्थापना के समय पहली बार खेती तथा जंगलों के बीच की ज़मीन पर ब्रिटिश बागवानों को चाय के बगीचे लगाने की सुविधा दी गयी।[103] अलमोड़ा, लोहाघाट, बेरीनाग, कत्यूर, विजयपुर, कौसानी, भीमताल, पौड़ी, लैंसडौन तथा देहरादून आदि स्थानों पर चाय बागान स्थापित हुए। सन् 1850 के आसपास चाय बागानों पर प्रति एकड़ 12 आना रकम लगायी गयी, जिसे अगले बन्दोबस्त में भी बदलने की ज़रूरत नहीं बतायी थी।[104] कम्पनी शासन के अन्तिम सालों में (1855) कुमाऊँ में 4,788 एकड़ ज़मीन पर चाय बागान थे और सरकार का इरादा उन्हें 22,980 एकड़ तक बढ़ाने का था।[105] चीड़ के पेड़ों से निकाले जाने वाले लीसे के व्यापक दोहन के प्रमाण नहीं मिलते हैं। कदाचित् परिवहन की गम्भीर समस्या इसका कारण था। फिर भी तराई के जंगलों से काठ, बाँस और कत्थे का दोहन बढ़ता गया और फिर इन जंगलों का विनाश सरकारी ठेकेदारों द्वारा किया गया।[106] कटान के बाद जंगलों से लकड़ी को ढोकर तथा नदियों से बहाये जाने का सन्दर्भ मिलता है।[107]

सन् 1846 में नैनीताल नगरपालिका की स्थापना के बाद पहली बार नगर के आसपास के जंगलों की सीमा निर्धारित हुई। हेनरी रैमजे ने जंगलों के प्रबन्ध तथा ईंधन के मामले पर विचार करना शुरू कर दिया था।[108] यह प्रक्रिया सन् 1873 में रानीखेत छावनी तथा 1875 में अलमोड़ा नगर के आसपास के जंगलों को सीमांकित कर कुछ आगे बढ़ी।[109] लेकिन 1853 में भारत में रेल के आगमन

से समग्र यातायात परिदृश्य और जंगलों के इस्तेमाल के बाबत सरकारी सोच एकदम ही बदल गया। इससे पहले से देहरादून (गंगा-यमुना और बाहरी हिमालय-शिवालिक के बीच का क्षेत्र) के जंगलों का इस्तेमाल पंजाब सहित उत्तरी भारत के बड़े हिस्से में होता रहा था।[110]

8 अगस्त, 1855 के एक पत्र में कुमाऊँ कमिश्नर बैटन ने पश्चिमोत्तर प्रान्त (NWP) के सचिव को लिखा था कि वह सर जॉन स्ट्रैची के इस मत से सहमत है कि देवदार के जंगलों की रक्षा होनी चाहिए वर्ना कुमाऊँ तथा गढ़वाल में पुल बनाने मुश्किल हो जायेंगे। सौभाग्य से यहाँ के निवासी देवदार को पूज्य मानते हैं। अतः इसकी रक्षा में कठिनाई नहीं होगी।[111] इसी रिपोर्ट में जॉन स्ट्रैची का 31 जुलाई, 1855 का वह नोट नत्थी था जिसमें उसने लिखा था कि नैनीताल में एक रुपये के आठ-नौ गट्ठर (प्रति गट्ठर बीस सेर) लकड़ी मिलती है और अलमोड़ा में दस-ग्यारह, जबकि अलमोड़ा जंगलों से अपेक्षाकृत दूर है।

इस प्रकार रैमजे के सन् 1856 में कुमाऊँ कमिश्नर बनने के साथ ही जंगलों के दोहन और प्रशासनिक और फ़ौजी बसासतों के आसपास संरक्षण के नाम पर प्रबन्धन के बहाने सरकारी घुसपैठ का कार्य शुरू हो गया था।[112] रैमजे कुमाऊँ का पहला वन संरक्षक बना। अब तक प्रचलित ठेकेदारी प्रथा को उसने समाप्त किया। नगरपालिका नैनीताल की सीमा से लकड़ी के कटान पर रोक लगा दी। इन जंगलों पर कुमाऊँ आयरन कम्पनी के लकड़ी तथा ग्रामीणों के चराई के पारम्परिक अधिकार समाप्त कर दिये गये। यह नये नगरीकरण के लिए ज़रूरी रहा होगा लेकिन कुमाऊँ आयरन कम्पनी को 350 वर्गमील जंगल भाबर क्षेत्र में दिया गया था।[113] शेष जंगलों के सौभाग्य और शोध की कमी से रेल मार्ग निर्माण में अभी तक सिर्फ़ साल, सागौन की लकड़ी ही इस्तेमाल हो रही थी। इनमें से साल उत्तराखण्ड के तराई-भाबर तथा दून क्षेत्र में उपलब्ध था। सन् 1864 में जब वन विभाग की स्थापना हुई तभी वन सर्वेक्षक के रूप में वैबर की नियुक्ति हुई थी।[114] सन् 1868 में कुमाऊँ के जंगलों के प्रबन्ध को वन विभाग को सौप दिये जाने के साथ जंगलों के सर्वेक्षण, वन सम्पदा की व्यापक जाँच पड़ताल, विस्तृत वर्णन लिखने और सीमा निर्धारित करने के लिए सर्वे दल बना। इसी साल मेजर पियर्सन ने कुमाऊँ के जंगलों की व्यवस्था सँभाली।[115]

सन् 1863 से 1873 के बीच कुमाऊँ में बैकेट का भूमि बन्दोबस्त हुआ। उसने सयाणों/पधानों से उन इकरारनामों को लिखाने में सफलता प्राप्त की, जिनसे जंगलों और चरागाहों में ग्रामीणों के अधिकार छीनने और बेगार तथा बर्दायश की शोषक प्रथा में शामिल होने को उनके सामान्य कर्तव्य मानने की शुरुआत हुई।[116] बैकेट के समय कुमाऊँ में 19 फ्री सैम्पल इस्टेट्स, 19 ग्राण्ट्स तथा 39 गाँव चाय बागान के मालिकों के हाथ में थे।[117] जंगल तथा ज़मीन पर दबाव के कारण ही ट्रेल के ज़माने के पालतू जानवरों तथा घी के दामों में शत प्रतिशत वृद्धि हुई थी।[118]

खेती, चाय बागान तथा नयाबाद के विस्तार हेतु जंगलों पर सरकारी नियन्त्रण को बैकेट के द्वारा दिये गये इस तथ्य से समझा जा सकता है कि सन् 1860 से 1872 के बीच 479 बाघ (टाइगर), 1886 तेंदुवे (लेपर्ड) तथा 2869 भालू मारे गये। सैकड़ों और मारे गये होंगे पर उन्हें ढूँढ़ा नहीं जा सका। इन जानवरों के विनाश हेतु सरकार ने 20,413 रु. व्यय किया था।[119] पौ के बन्दोबस्त 1890-96 के समय गढ़वाल ज़िले में सन् 1877 से 1895 तक जंगली जानवरों द्वारा 295 आदमी मारे गये थे और वर्ष 1895 में ही शेर, बाघ, भालू तथा हाथी द्वारा 18,598 पालतू जानवर मारे गये थे। सन् 1877 से 1895 के बीच जंगली जानवरों को मारने के लिए 17,243 रु. इनाम में दिये गये थे।[120]

बैकेट के बन्दोबस्त, जो जंगलात विभाग के जन्म, पहले वन कानून तथा जंगलों के स्वामित्व की प्रारम्भिक बहस के दौर में सम्पन्न हो रहा था, से यह पता चलता है कि तत्कालीन कुमाऊँ अत्यन्त सम्पन्न था और यहाँ से मैदानों और तिब्बत को अन्यान्य वस्तुएँ निर्यात होती थीं, जिनमें जड़ी-बूटी, फल, भंगेले वस्त्र, घी, तेल, शहद, कस्तूरी, भोजपत्र, काग़ज़, बाँस, लकड़ी के बर्तन ही नहीं, सभी प्रकार के अनाज, दालें, हल्दी और तेल वाले बीज भी थे।[121]

स्पष्ट है कि बेगार, बर्दायश तथा जंगलों सम्बन्धी आगामी असन्तोष के बीज इसी समय बोये गये थे। काश्तकारों के तत्काल उत्तेजित न होने का कारण कमिश्नर रैमजे का अनेक मामलों में काश्तकारों का पक्षपाती होना और उसकी स्वयं की लोकप्रियता थी। सन् 1858 से 1868 के बीच कुमाऊँ के जंगलों की व्यवस्था रैमजे ने संचालित की थी। तत्पश्चात् इन्हें जंगलात विभाग को दिया गया। सन् 1877 में इन्हें औपचारिक रूप से 1865 के एक्ट के तहत आरक्षित जंगल बनाया गया। सन् 1878 के वन कानून लागू होते समय कुमाऊँ में यही जंगल आरक्षित थे।[122] पर इन जंगलों में पालतू जानवरों को चरने दिया जाता था और ग्रामीणों को विभिन्न वनोत्पादों को अपने उपयोग के लिए जंगल से लाने की इजाज़त थी, जो उनके उपकरण, बर्तन तथा चटाई-टोकरी आदि बनाने के काम आ सकें।

1878 के वन कानून के लागू होने के बाद 26 फ़रवरी 1879 को कुमाऊँ के इन जंगलों में से लगभग 40 वर्गमील क्षेत्र छोड़ दिया गया और 638 वर्गमील क्षेत्र को रिज़र्व जंगल घोषित किया गया और इसमें से 290 वर्गमील क्षेत्र का सीमांकन कर इसे पास के ग्रामीणों के उपयोग के लिए छोड़ा गया था।[123] इन ज़्यादातर रिज़र्व जंगलों के भाबर में स्थित होने के कारण औसत पहाड़ी किसान के जीवन पर इसका तत्काल असर नहीं पड़ा।

सन् 1879 में नैनीताल नगर के सीमांकित जंगल संरक्षित (protected) घोषित हुए। आसपास के ग्रामीणों ने मामूली विरोध भी किया। सन् 1873 में रानीखेत के जंगलों को कानून के तहत लाने के बाद सन् 1875 में अलमोड़ा शहर के बलढौटी जंगल (यह बैकेट के नाम पर 'बिकट वन' कहलाता है और आज भी सरकारी नियन्त्रण में है) को यह कहकर ले लिया गया कि चीड़ के जंगल के फैल जाने पर 20 साल बाद इसे ग्रामीणों के लिए खोल दिया जायेगा। लेकिन तब यह दबाव दो-चार नगरों-छावनियों के आसपास तक केन्द्रित था। ग्रामीण उत्तराखण्ड को अभी जंगलात का कानून अपनी गिरफ़्त में लेने की तैयारी भर कर रहा था।[124]

भारत में रेल परिवहन के आगमन के बाद ही औपनिवेशिक शासन नया वन प्रबन्धन प्रारम्भ करने को विवश हुआ। इस प्रकार जंगलात विभाग की स्थापना नयी औपनिवेशिक ज़रूरतों के कारण हुई। इस हेतु जर्मन वनविद् बुलाने पड़े क्योंकि जंगलों के प्रबन्धन की इंग्लैण्ड की अपनी परम्परा नहीं रही थी। वन विभाग के स्थापित होते ही टिकाऊ तथा दीर्घजीवी लकड़ी—जैसे साल, सागौन तथा देवदार—के क्षेत्रों की पहचान का काम शुरू हो गया था। साल और सागौन के बहुत भारी होने से दिक्कत होने लगी। फिर भी बाहरी हिमालय के ज़्यादातर साल के जंगल सन् 1869 तक कट चुके थे।[125] अब खोजी दल यमुना तथा सतलुज की घाटियों में भेजे गये।[126] इन क्षेत्रों में देवदार के जबर्दस्त कटान के बाद सरकार यूरोप से स्लीपरों का आयात करने को बाध्य हुई।

इसी समय आयात किये गये स्लीपरों का स्थानीय विकल्प ढूँढ़ने के प्रयास शुरू हुए और यह परीक्षण किया जाने लगा कि क्या एण्टीसेप्टिक ट्रीटमेंट के बाद चीड़ इस लायक हो सकता है?[127] ब्रैन्डिस ने अपने लेख में यह बताया था कि अप्रैल 1878 तक रेलवे को जो 18,34,944 स्लीपर सप्लाइ

किये गये थे उनमें से 13,64,251 स्लीपर उत्तर पश्चिमी प्रान्त के जंगलों से आये थे।[128] जब प्रचलित वन कानून को बदलकर सन् 1878 का वन कानून बनने लगा तो कुमाऊँ में प्रशासनिक पदों पर रह चुके जॉन स्ट्रैची,[129] जो पश्चिमोत्तर प्रान्त के लेफ्टिनेण्ट गवर्नर भी रहे, ने जंगलों को 'आरक्षित' बनाने पर आपत्ति की थी। तब यह कहकर स्पष्टीकरण दिया गया था कि इसका आशय वनाधिकारों का हनन नहीं है।[130] जॉन स्ट्रैची ने यहाँ तक कहा कि जंगलों के संरक्षण से ज़्यादा महत्त्वपूर्ण जनता के हितों तथा अधिकारों का संरक्षण है।[131] इसी कारण कदाचित् संरक्षित जंगलों की श्रेणी बनी रही।[132]

सन् 1878 का कानून लागू होने पर कुमाऊँ के जंगल 'आरक्षित', 'संरक्षित' तथा 'अनक्लास्ड इन्क्लूडिंग लीज्ड फारेस्ट' में बाँटे गये। जैसा कि बताया जा चुका है, उत्तराखण्ड के प्रमुख नगरों, जो प्रशासनिक केन्द्र या छावनी भी थे, में ईंधन तथा इमारती लकड़ी की निरन्तर उपलब्धता के वास्ते आसपास के जंगलों को सरकारी नियन्त्रण में लेकर 'आरक्षित' बनाया गया था। सन् 1878 के बाद जंगलों को आरक्षित बनाने की प्रक्रिया में तेज़ी आयी। साथ ही संरक्षित जंगलों का विस्तार हुआ। यद्यपि 6 मार्च, 1878 को मि. होप ने स्पष्ट किया था कि सरकार का इरादा किसानों के वनाधिकारों को समाप्त करने या उसमें खलल डालने का नहीं है और जॉन स्ट्रैची ने भी यह माना था कि राज्य और जनता के जंगलों के प्रचलित अधिकार जारी रहेंगे तथा जनता के मौजूदा वनाधिकार अपरिवर्तनीय हैं।[133] दूसरी ओर चाय तथा फल बागानों हेतु जंगलात या संजायत की ज़मीन ली गयी। लेकिन कुल मिलाकर तब जंगलों में राज्य सत्ता की इस प्रारम्भिक घुसपैठ का प्रत्यक्ष असर नगण्य ही था।

सन् 1893 में कुमाऊँ की समस्त बेनाप ज़मीन को ज़िला संरक्षित वन (डिस्ट्रिक्ट प्रोटैक्टेड फॉरेस्ट) घोषित किया गया। इस प्रकार इस ज़मीन में सरकार का अधिकार हो गया तथा ग्रामीणों की इस ज़मीन में पहुँच पर रोक लग गयी। क़ब्जे में लिए जंगलों में सरकारी रुचि चीड़ की बहुलता के कारण थी, क्योंकि चीड़ के पेडों से लीसा निकालने की पुनः शुरुआत सन् 1890 से हो चुकी थी। कुछ ही साल बाद भवाली में लीसा फैक्ट्री की स्थापना होने वाली थी।[134] साथ ही चीड़ तथा ब्लूपाइन की लकड़ी रासायनिक ट्रीटमेण्ट के बाद रेलवे स्पीलरों हेतु उपयुक्त पायी गयी थी।[135]

सन् 1878 से 1893 के बीच में अनेक जंगलों को पुनः लीज पर लोहा कम्पनियों को दिया गया था। गागर, निंगलाट तथा डोल्मार मोरा (ज़िला नैनीताल) के जंगल आरक्षित घोषित हुए। इसी तरह सन् 1886 तथा 1890 में गढ़वाल के अदनाला, मण्डल और पातली दून तथा घाड़ के जंगल आरक्षित किये गये। इसी बीच अलमोड़े ज़िले में मैंचोर, भतरौज, स्यूनी, स्यून, बेलख, कठलेख, गनियाद्योली, करचुली, चिलियानौला, चौबटिया, पढोली, द्वारसौं, स्याही देवी तथा एड़ीद्यो के और नैनीताल ज़िले में छीना, बधाखोला, नलेना, भवाली, जाख, लरियाकांठा तथा कुरिया के जंगलों को संरक्षित घोषित किया गया। सन् 1893 से 1910 के बीच इन संरक्षित जंगलों को आरक्षित कर दिया गया। इसी के साथ नैनीताल के आरक्षित जंगलों में 50 वर्गमील क्षेत्र और जोड़ दिया गया। सन् 1911 से पूर्व अलमोड़ा तथा गढ़वाल ज़िलों में आरक्षित जंगलों का क्षेत्र नगण्य तथा नैनीताल ज़िले में ज़्यादा था।

इस काल के प्रारम्भ में 17 अक्टूबर, 1893 को निकाली गयी अधिसूचना (नोटिफिकेशन) न. 869 एफ/638-44 के अनुसार समस्त कुमाऊँ के वे जंगल तथा परती ज़मीन, जो गाँव की नाप ज़मीन या आरक्षित जंगल से बाहर है, को वन कानून 1878 की धारा 28 के अन्तर्गत संरक्षित जंगल घोषित कर दिया गया। पन्त ने लिखा था कि इस कार्यवाही की अवैधता तथा अनौचित्य प्रमाणित करने के लिए किसी विस्तृत तर्क की ज़रूरत नहीं है।[136]

इस प्रकार अब कुमाऊँ के संरक्षित जंगलों के अन्तर्गत बर्फ़ीले शिखर, चट्टानें, खड़े पहाड़, नदियों के पाट, झीलें, नाप खेतों के बीच की ज़मीन, मैदान, खेती की ज़मीन, भवन, धर्मशालाएँ, मन्दिर की ज़मीन, सड़क, पगडण्डी, डाक बंगले तथा नजूल ज़मीन भी आ गयी। इस ज़मीन को ज़िला संरक्षित जंगलों के अन्तर्गत लेकर इसे ज़िलाधिकारी के मार्फत कमिश्नर कुमाऊँ के नियन्त्रण तथा कंजरवेटर फारेस्ट, पश्चिमी वृत्त के निरीक्षण में रखा गया। ऐसा लगता है कि कुमाऊँ में भारत सरकार के जंगलात सम्बन्धी सरकुलर न. 22 एफ. दिनांक 19 अक्टूबर, 1893 को लागू नहीं किया गया। जिसमें स्थानीय ज़रूरतों तथा ग्रामीणों के हक़-हकूकों के मुक़ाबले सरकारी आय को गौण माना गया था। इसका आधार डॉ. वॉल्कर की किताब 'इंप्रूवमेण्ट ऑफ़ इण्डियन एग्रिकल्चर' का अध्याय 8 था, जिसमें स्पष्ट कहा गया था कि जंगलात विभाग को खेती के हितों का पोषण करना चाहिए। जंगलों को राज्य सम्पत्ति बताते हुए चार श्रेणियों में बाँटा गया था : 1. जलवायु तथा भौतिक आधार वाले जंगल 2. व्यापारिक उद्देश्यों हेतु लकड़ी देने वाले, 3. लघु जंगलात उत्पाद तथा 4. चरागाह।[137]

सन् 1894 में भारत सरकार ने जंगलात नीति घोषित की थी। 24 अक्टूबर, 1894 की अधिसूचना 846 एफ. 638-72 द्वारा देवदार, साईप्रस, चीड़, साल, शीशम, टुन तथा खैर आदि को संरक्षित घोषित किया गया। इसी दिन एक और अधिसूचना नं. 843 एफ. 638-69 द्वारा इन जंगलों के इस्तेमाल या नियन्त्रण बाबत नियम जारी हुए। इनमें कहा गया था कि—क. 3 फ़ीट तक की मोटाई के चीड़ के पेड़ को, यदि वह सड़क के 100 फीट के भीतर नहीं है, छोड़कर बिना लायसेन्स के कोई व्यक्ति किसी भी आरक्षित पेड़ को न काट सकता है और न ले जा सकता है। ख. खेती या घरेलू उपयोग हेतु स्वीकृत पेड़, जो गाँव के पाँच मील के भीतर दिया जायेगा, को छोड़ कर कोई और पेड़ न काटा जायेगा और न ले जाया जायेगा। ग. डिप्टी कमिश्नर द्वारा दिये गये लायसेन्स को छोड़कर इमारती लकड़ी के कटान, ढुलान या वनोत्पादों को व्यापार हेतु इकट्ठा करने, उनसे उत्पाद बनाने (manufacture) या ढुलान करने की मनाही होगी। घ. एक फ़ीट छह इंच की गोलाई के पेड़ों के छटान तथा जंगल से खाद ले जाने की स्वीकृति होगी। च. डिप्टी कमिश्नर के लिखित आदेश के अलावा खेती का ऐसा विस्तार नहीं किया जायेगा, जिससे जंगलों को हानि हो। छ. डिप्टी कमिश्नर की स्वीकृति के बिना कोई व्यक्ति जंगल में जाल या फन्दा नहीं लगा सकेगा तथा ज. डिप्टी कमिश्नर द्वारा दी गयी लायसेन्स की शर्तों के अलावा कोई व्यक्ति बर्फ़वारी के समय न गोली चला सकता है, न शिकार कर सकता है और न किसी जंगल में घुस सकता है।[138]

शिकार सम्बन्धी उक्त कानून को अधिसूचना 730/XIII-309 बी. दिनांक 16 दिसम्बर, 1902 द्वारा इस सीमा तक बदला गया कि अब भीमताल, नौकुचियाताल, सातताल तथा मलुवाताल में बिना लायसेन्स के मछली नहीं मारी जा सकती थी।[139] एक और सामान्य आदेश जी.ओ. न. 806/26 1 ए-3 दिनांक 19 अक्टूबर, 1900 के अनुसार सभी राजपत्रित गजेटेड अधिकारियों तथा सभी गैर कमीशन प्राप्त यूरोपियन अधिकारियों और सैनिकों के अलावा भारतीय पदवीधारियों को शिकार सम्बन्धी उक्त अवरोधों से मुक्त रखा गया। आम लोगों के लिए शिकार करना या मछली मारना जंगलात कानून के सेक्शन 32 के अनुसार दण्डनीय हो गया था और इसके अन्तर्गत 6 महीने तक की सजा और 500 रु. का जुर्माना या दोनों हो सकते थे। यहाँ यह याद दिलाना भी उचित होगा कि इण्डियन फिसरीज ऐक्ट के अनुसार मछली मारने/पकड़ने के लिए डायनामाइट या कोई विस्फोटक या जहरीले पदार्थ इस्तेमाल करने पर दो माह की सज़ा या दो सौ रुपये जुर्माने का प्रावधान था। बिना विशेष आज्ञा

लिए जंगलों में शिकार अथवा नदी या झील में मछली मारने पर बन्दूकों के लायसेन्स प्राप्त व्यक्ति भी सजा पा सकते थे। ये कार्य संरक्षण तथा नियन्त्रण दोनों आयामों को उजागर करते हैं।

यही नहीं सन् 1897 में पश्चिमी वृत के कंजरवेटर ने जंगलों की सालाना प्रशासनिक रपट की समीक्षा के बाद सुझाव दिया कि संरक्षित जंगलों का वर्गीकरण किया जाय ताकि ऐसे क्षेत्रों, जो व्यापारिक रूप से महत्त्वपूर्ण हैं (गोविन्द बल्लभ पन्त के शब्दों में दोहन/शोषण के लिए उपयुक्त क्षेत्र)[140] या जहाँ से लकड़ी उपलब्ध होती है, को जंगलात विभाग को सौंपा जाना चाहिए। लेकिन स्थानीय प्रशासन (लोकल सेल्फ गवर्नमेण्ट) ने इन जंगलों के दोहन का विरोध किया और यह प्रस्ताव कारगर नहीं हो सका। कंजरवेटर ने इसी तरह का प्रस्ताव सन् 1900 में दिया, जिसे लेफ्टिनेण्ट गवर्नर एण्टोनी मैकडोनल ने स्वीकार नहीं किया। लेकिन जंगलात विभाग अपनी कोशिश जारी रखे रहा और अन्ततः स्थानीय प्रशासन को प्रभावित करने में सफल हुआ। स्थानीय शासन ने जी.ओ. 695/14-264 बी. दिनांक 1 दिसम्बर, 1902 के अनुसार कुछ विशेष पर्वत शिखरों के जंगलों, जो खेती के क्षेत्र के ऊपर थे, को पुनर्उत्पादन हेतु बन्द करने की सहमति दे दी।[141]

5 अप्रैल, 1903 को जी.ओ. 262-14-264 बी. द्वारा कुमाऊँ के 'ज़िला संरक्षित पर्वतीय जंगलों' हेतु नयी नियमावली जारी हुई, जिसके प्रारम्भ में कहा गया था कि कुमाऊँ के पर्वतीय क्षेत्र के संरक्षित जंगलों (जिन्हें 'सिविल जंगल' भी कहा गया) का प्रबन्ध स्थानीय निवासियों के लाभ के लिए किया है।[142] इसमें सिविल जंगलों को 'बन्द' तथा 'खुले' में बाँटने का प्रस्ताव था। 'बन्द सिविल जंगलों' के अन्तर्गत सरकार ऐसे क्षेत्रों को ले सकती थी जहाँ पुनर्जनन या पेड़ों की सुरक्षा का काम होना हो। इस अधिग्रहण को पर्वतों के शिखरों के आसपास फैले जंगलों तक सीमित रखने की बात कही गयी। सिविल जंगल के बन्द होने पर डिप्टी कमिश्नर को बन्दोबस्त करके बन्द क्षेत्र में ग्रामीणों के अधिकार इंगित/परिपोषित करने का काम दिया गया था। 'बन्द सिविल जंगलों' के प्रबन्ध का काम रेंन्जरों-वनाधिकारियों की एक विशेष समिति को और जंगलों के खोलने का काम पटवारियों को करना था। ग्रामीणों के घास, रिंगाल, बाँस प्राप्त करने, पत्थरों के खनन तथा पशुचारण के अधिकार अब सिर्फ़ खुले सिविल जंगलों तक सीमित हो गये थे लेकिन इन जंगलों के आरक्षित पेड़ों में से देवदार के कटान हेतु डिप्टी कमिश्नर की तथा अन्य प्रजातियों के कटान हेतु पटवारी-पधान की स्वीकृति लेने की व्यवस्था की गयी। प्रचलित परम्परानुसार ग्रामीणों को पुनर्जनन हेतु घास जलाने की स्वतन्त्रता थी।

इस प्रकार 'बन्द सिविल जंगलों' के अन्तर्गत गढ़वाल में 350, अलमोड़ा में 450 तथा नैनीताल में 100 यानी कुल 900 वर्ग मील जंगल क्षेत्र ले लिया गया। पन्त के शब्दों में प्रान्तीय लाट के रूप में जॉन हेवेट तथा कुमाऊँ कमिश्नर के रूप में जॉन कैम्पबैल के आने से यह प्रक्रिया और तेज़ हो गयी।[153] सहनशील कुमाऊँनी किसानों में यहीं से प्रत्यक्ष आक्रोश का जन्म हुआ। यद्यपि 2 नवम्बर 1908 के बरेली दरबार में प्रदेश के लाट जॉन हेवेट ने कहा कि सरकार की इच्छा कुमाऊँ के जंगलों से पैसा कमाने की नहीं है बल्कि कुमाऊँवासियों के हितों हेतु इसे व्यय किया जायेगा, पर वास्तव में यह अत्यन्त चतुराई भरा वक्तव्य था।

सन् 1947 के बाद भी जंगलात की सम्पदा तथा शराब की बिक्री से प्राप्त लाभ का ऐसा ही उपयोग करने की घोषणाएँ होती रही हैं। लाट की असली मंशा जंगलात कानून के अन्तर्गत परती ज़मीन (गाँव संजायत, पनघट, गोचर आदि सार्वजनिक भूमि) ले आने की थी। पन्त के अनुसार हेवेट का इससे आगे कुछ करने का इरादा कदाचित् नहीं था।[144] लेकिन शीघ्र ही उसने अपनी

पिछली घोषणा की अवहेलना करते हुए जॉन कैम्पबैल तथा क्लटरबक जैसे शिकारी प्रशासक मित्रों के सहयोग से पर्वतीय 'संरक्षित जंगलों' के बड़े हिस्से को 'आरक्षित जंगलों' में शामिल करने का निर्णय लिया।

यह एक प्रकार से सन् 1893 से पुनर्परिभाषित और विकसित जंगलात नीति की पराकाष्ठा थी और सन् 1911 में औपनिवेशिक जंगलात नीति कुमाऊँ में अपनी अन्तिम और चौथी अवस्था में पहुँची। यह किसानों, पशुचारकों तथा वनवासियों के सदियों से प्रचलित वनाधिकारों को बड़ी सीमा तक लील लिए जाने की शुरुआत थी। सन् 1910 में नैनीताल में जंगलात प्रबन्धन बाबत बैठक हुई, जिसमें मुख्य रूप से जॉन हेवेट, जॉन कैम्पबैल तथा क्लटरबक ने भाग लिया। इस बैठक में कुमाऊँ में जंगलों का नया बन्दोबस्त करने का निर्णय लिया गया। वैसे इस बन्दोबस्त का निर्णय सन् 1893 की घोषणा से पहले लिया जाना चाहिए था। इस निर्णय के बावजूद हेवेट ने अपनी सन् 1908 के बरेली दरबार में कही बात को 1912 में हल्द्वानी के एक अस्पताल के उद्‌घाटन समारोह में दोहराया।[145]

अक्टूबर 1911 में कुमाऊँ के जंगलों के बन्दोबस्त हेतु स्टिफ तथा नेलसन नामक दो वनाधिकारियों की नियुक्ति हुई। स्टिफ को अलमोड़ा तथा नेलसन को गढ़वाल ज़िले का बन्दोबस्त सौंपा गया और इन दो ज़िलों का बन्दोबस्त करने के बाद उन्होंने नैनीताल ज़िले का बन्दोबस्त किया। हरबर्ट इनका सहयोगी था। जंगलात कानून के अनुसार वे 3,000 वर्ग मील से अधिक क्षेत्र आरक्षित जंगलों के अन्तर्गत ले आये और जो क्षेत्र 1912 में 4,175 वर्ग मील[146] था, 1915 में वह 7,500 वर्ग मील हो गया। गोविन्द बल्लभ पन्त के शब्दों में तत्कालीन कुमाऊँ में आरक्षित जंगलों का क्षेत्र 10 गुना अधिक हो गया था और इससे ग्रामीण जीवन पर पड़ने वाले दूरगामी प्रभावों को समझना कठिन नहीं था।[147] यद्यपि बन्दोबस्त के समय बार-बार यह कहा जाता रहा कि यह कुमाऊँ के ग्रामीणों के हित में हैं। आरक्षित जंगलों के बाहर के क्षेत्रों पर सभी नियन्त्रण (restriction) उठा लेने का आश्वासन भी दिया गया था।

दोनों अधिकारियों की जंगलात बन्दोबस्त की शैली कुछ-कुछ भिन्न थी। नेलसन ने भैंसों की संख्या तथा जंगल के हक़-हक़ूक प्राप्त जनसंख्या हेतु दो अतिरिक्त कालम अपने बन्दोबस्त में बनवाये थे। बन्दोबस्त के तरीके में भी गड़बड़ियाँ थीं। अनेक स्थानों पर सीमांकन करने वाले व्यक्ति उस स्थान विशेष में गये ही नहीं। ग्रामीणों को 30 मील दूर स्थित बन्दोबस्त अधिकारी/अमीन/पटवारी के पास अपने दावों या अधिकारों (claims) को प्रस्तुत करने हेतु आने को कहा गया। सीमाओं को ठीक तय करने में गड़बड़ी थी और हर बार सीमाओं को ठीक से निर्धारित करना सम्भव नहीं था। स्वयं स्टिफ तथा नेलसन की सूचियों में गड़बड़ियाँ थीं। दावों की जाँच पड़ताल भी संक्षिप्त थी और वांछित अधिनियम का उल्लंघन करती थी। ग्रामीणों को कुछ समझ नहीं आता था। अनेक भूमि/राजस्व बन्दोबस्त हो चुकने के बाद भी ग्रामीण इस प्रक्रिया से पूरी तरह परिचित न थे। जंगलात बन्दोबस्त एक़दम विचित्र घटना (strange novelty) थी और पूरे कुमाऊँ में कुछ ही लोग थे, जो वन कानूनों (laws) तथा नियमों (rules) की जटिलता से परिचित थे। आम ग्रामीण इसकी महत्ता भी नहीं समझते थे।[148]

बन्दोबस्त अधिकारी को नियमानुसार किसी भी संरक्षित जंगल या वनोत्पादों पर किसी व्यक्ति के अधिकारों के अस्तित्व, स्वरूप तथा सीमा की पड़ताल के बाद उसे निश्चित करना था। हर मामला उसके गुण-दोष पर तय होना चाहिए था लेकिन विभिन्न गाँवों की ज़रूरतों की पड़ताल करने के स्थान

पर एक कठिन तथा अनुभव आधारित विधि (rough empirical method) अपनाई गयी। ग्राम सभाओं (local government) ने जंगलात के हक़-हकूकों की एक सीमा सुझाई लेकिन बन्दोबस्त अधिकारियों ने उसे और कम कर दिया। इससे अधिकारियों की उस मानसिकता का अन्दाज़ा होता था, जिसमें वे स्थानीय वाशिन्दों को 'अवांछित याचक' की ही तरह मानते थे।[149]

जिनके अधिकारों का हनन हुआ उन्हें कोई हर्जाना नहीं दिया गया, जबकि जंगलात कानून में स्पष्ट कहा गया था कि बन्दोबस्त अधिकारी यदि किसी के हक़-हकूकों को घटाता है तो वह उसे या तो इसके एवज़ में धन देगा या ज़मीन और या कोई अन्य उचित मुआवज़ा। पर ग्रामीणों की अपीलें बिना अपवाद के खारिज की जाती रहीं। बन्दोबस्त अधिकारियों का एक ही प्रयास था कि ऐसे प्रस्ताव बनाये जायँ, जिससे जंगलों का आरक्षण व्यापक और गहन हो ताकि सरकार को अधिकतम राजस्व प्राप्त हो।[150] इस बन्दोबस्त से ग्रामीणों के लकड़ी-ईंधन, चराई के 'अधिकार', जिसे पहले ही 'रियायत' (concession) बना दिया गया था, अत्यन्त सीमित कर दिये गये और सर्वेक्षित क्षेत्र को जंगलों के अन्तर्गत ले लिया गया।

सन् 1911-17 के बन्दोबस्त के द्वारा नये आरक्षित जंगलों का 'ए', 'बी' तथा 'सी' श्रेणी में वर्गीकरण किया गया। 'ए' श्रेणी स्थानीय ग्रामीणों की ज़रूरतों तथा बेचे जाने वाले वन उत्पादों हेतु थी। इन जंगलों तथा वन उत्पादों को सुरक्षा के लिए वन विभाग के तहत रखा गया। इन पर वन विभाग का पूरा नियन्त्रण था। 'बी' श्रेणी ईंधन तथा चारे हेतु थी। ये जंगल भी वन विभाग के अन्तर्गत थे। कुछ विशेष क्षेत्रों को छोड़कर इन जंगलों पर ग्रामीणों के लकड़ी, ईंधन तथा चारे के अधिकारों पर नियन्त्रण न था। 'सी' श्रेणी एक प्रकार से परती वन भूमि थी। इसमें ग्रामीणों का स्वामित्व तो न था पर सरकारी नियन्त्रण से यह क्षेत्र मुक्त था। यह जंगल के बाद दूसरा साझा प्राकृतिक संसाधन था।

लेकिन उक्त वर्गीकरण स्थायी न था। बन्दोबस्त अधिकारियों ने बाद में 'बी' श्रेणी का उन्मूलन कर इसके अन्तर्गत आने वाले जंगलों को 'ए' श्रेणी में शामिल कर दिया। इस तरह इस श्रेणी के जंगलों के बीच न तो खेती की ज़मीन विकसित की जा सकती थी और न ही कुछ अव्यावहारिक अपवादों को छोड़कर उनमें हक़-हकूक इस्तेमाल किये जा सकते थे। पन्त ने सन् 1894 के आदेश सं. 843, 846 तथा 1903 के आदेश संख्या 262 की तुलना 1915 के आदेश सं. 413 तथा 416 से करते हुए लिखा था कि 'सी' श्रेणी के जंगलों में भी अनेक वृक्ष प्रजातियाँ आरक्षित थीं। सन् 1903 के नियमानुसार इन्हें आधे दाम पर घरेलू उपयोग के लिए लिया जा सकता था तथा देवदार के अतिरिक्त अन्य पेड़ों के कटान की स्वीकृति पटवारी से ली जानी होती थी। पर यह व्यवस्था 1915 के नियम में न थी। इसी तरह पुराने नियमानुसार जिस ज़मीन में पेड़ न हों उसे खेती हेतु प्रयुक्त किया जा सकता था पर नये नियम में खेती के विस्तार पर रोक लग गयी थी। घरेलू तथा खेती की ज़रूरतों के अलावा वनोत्पादों का न तो दोहन हो सकता था, न ही जंगल को खेतों में बदला जा सकता था। इसी तरह जंगली जानवरों पर बन्दूक चलाने पर रोक थी। पहले खुले सिविल जंगलों में आग लगाने (firing) की स्वीकृति थी पर अब इसकी आरक्षित जंगलों की सीमा के एक मील के भीतर मनाही हो गयी थी। अनेक बार तो नाप ज़मीन में भी आग लगाने पर आपत्ति की गयी थी।[151]

ग्रामीणों द्वारा सबसे बड़ी आपत्ति आरक्षित जंगलों के घेरे को एक़दम खेतों तथा घरों तक ले आने पर की गयी थी। अनेक गाँवों में जंगलों के सीमा स्तम्भ नाप ज़मीनों पर बना दिये गये थे।

इसमें दो दिक्कतें थीं। जंगल के संसाधनों के इस्तेमाल की रोक के साथ किसान जंगली जानवरों से न खेती को बचा सकते थे और न ही पालतू जानवरों को। दूसरी ओर पालतू जानवरों को कम करने का दबाव डाला गया। बाँज के जंगलों में स्थित खरकों में जानवरों को ले जाना मना हो गया था। पशुपालन को पहाड़ी खेती का आधार पिछले तमाम बन्दोबस्त अधिकारियों ने माना था पर स्टिफ तथा नेलसन ने खेती को नज़रअन्दाज़ कर दिया था। बन्दोबस्त अधिकारियों ने एक परिवार के मात्र एक जानवर (या इससे भी कम) को मुफ़्त चराई की स्वीकृति दी थी।[152] इस तरह जंगलात प्रशासन कठोर, अमानवीय तथा दमनकारी बन गया था। यह औपनिवेशिक शासन, जिसे कुमाऊँ में 100 साल होने जा रहे थे, के जंगलों के मामले में सर्वाधिक निरंकुश हो जाने का दौर था।

सरकार ने अब तक मकान हेतु 12.5 (साढ़े बारह) तथा गोशाला हेतु 2.5 (ढाई) क्यूबिक फ़ीट लकड़ी तथा इतनी ही खेती के उपकरणों हेतु ज़रूरत को मान्यता दी थी। नये बन्दोबस्त में यह मकान हेतु 5 से 8 क्यूबिक फ़ीट, गोशाला हेतु 1 से पौने दो क्यूबिक फ़ीट तथा खेती के औजारों, उपकरणों हेतु मात्र 1 क्यूबिक फ़ीट कर दी गयी थी। अनेक गाँवों में इतनी लकड़ी भी उपलब्ध नहीं हो सकी। पन्त ने बाकायदा सन् 1897 से 1916-17 के बीच हुए इस 'संसाधन अपहरण' की वास्तविकता को एक विस्तृत चार्ट द्वारा सिद्ध किया था।[153]

इसी तरह ईंधन का अधिकार अब सूखी तथा गिरी-पड़ी लकड़ी तक सिमट गया था, जो चीड़ के जंगल में दुर्लभ थी। पहले ऐसा न होने पर हरे पेड़ ईंधन हेतु दिये जाते थे। पहाड़ों में गोबर के कंडे बनाये जाने सम्भव न थे क्योंकि जानवरों की संख्या घटाने के दबाव के साथ खेती हेतु खाद का विकल्प न था। इसी तरह जंगलों के बन्द होने से चारा दुर्लभ हुआ और जानवर घटे। इसी अनुपात में दूध-घी का उत्पादन घट गया। इससे निश्चित ही औसत स्वास्थ्य और अर्थव्यवस्था पर असर पड़ा, क्योंकि तब तक कुमाऊँ से घी का निर्यात निरन्तर होता रहा था।[154] लोहारों की भट्ठी हेतु प्रयुक्त लकड़ी या चीड़ की खाल (बगेट) पर रोक लगा दी गयी। अधिकारों की सूची से यह क्रम ही ग़ायब कर दिया गया था। ज़िला संरक्षित जंगलों से वनोत्पादों को 5 मील से अधिक दूर ले जाने की मनाही थी, पर बन्दोबस्त अधिकारियों ने अनेक ग्रामीणों को हक़-हक़ूक 5 मील से अधिक दूर स्थित जंगलों में दिये। दरअसल ये हक़-हक़ूक औपचारिक और अव्यावहारिक थे।

किसी भी जंगल को छीन लेने तथा 20 साल तक के लिए बन्द करने का अधिकार सरकार ने ले लिया था। साथ ही किसी हक़-हक़ूक या रियायत को सरकार बिना कारण बताये कभी भी समाप्त कर सकती थी। जरा-सी लकड़ी की प्राप्ति या चारे के पेड़ों या ईंधन के पेड़ों के छपान की स्वीकृति के लिए जटिल विधि बनायी गयी थी। जंगलात कानून की धारा (सैक्सन) 78 अत्यन्त दमनकारी थी और इसके द्वारा 'शरारत' तथा 'ब्लैकमेल' दोनों किये जा सकते थे।[155] इसमें सामान्य ग्रामीणों के साथ स्त्री तथा बच्चे फँसाये जा सकते थे और उन्हें मीलों दूर मजिस्ट्रेट के सामने जाना पड़ता था। दुर्गा देवी तथा गंङुआ आदि युवकों की गिरफ़्तारी के मामले में ऐसा ही हुआ था।[156] किसी दूर के जंगल में आग लगने पर बुझाने को न जाना अपराध था।

सन् 1920 के आसपास जंगलों में लगी आग को बुझाने में 3-4 दिन से लगातार लगे ग्रामीणों का इसलिए चालान कर दिया गया कि वे 6 मील दूर दूसरे जंगलों में लगी आग को बुझाने नहीं जा सके। भयावह हो गयी आग को नियन्त्रित न कर पाने हेतु सज़ा दी गयी। इस तरह ऐसे कठिन समय में सैकड़ों ग्रामीणों को 30 मील दूर तक मजिस्ट्रेट के पास बुलाया गया। फारेस्ट गार्ड की बात अन्तिम सत्य की तरह मानी जाती थी। अनेक ग्रामीणों को बड़ी धनराशि जुर्माने में देनी

पड़ी। यह असाधारण अकाल, सूखे और गर्दिश का दौर था। जंगल के काम में लगे ग्रामीणों को कोई पारिश्रमिक नहीं दिया गया था। जंगल की आग बुझाने में दो ग्रामीणों की झुलस जाने से मृत्यु हो गयी पर उनके परिवारों को, जिनके कमाने वाले दिवंगत हो गये थे, संवेदना प्रकट करना तो दूर, कोई हर्जाना नहीं दिया गया।[157] अपने खेत में बकरियों को चराते समय घास-फूँस या कूड़ा-करकट जलाने तक में 10-12 साल के बच्चों को सजा दी गयी। जंगलों में भी 'चिलम' से तम्बाकू पीने के अपराध में किसानों को सजा हुई।[158]

जंगलों के आरक्षण से जंगली जानवरों ने, विशेष रूप से हथियार (बन्दूक) विहीन गाँवों में, एक स्थायी संकट का माहौल पैदा कर दिया। पन्त ने वर्ष 1921 में ही लगभग 300 लोगों के जंगली जानवरों के हाथों मारे जाने की सम्भावना प्रकट की थी।[159] घायल तथा स्थायी रूप से अपाहिज बनाये गये लोग इनके अतिरिक्त थे।[160] खेती को जंगली जानवरों द्वारा पहुँचाई गयी क्षति अतिरिक्त थी। खेती की सुरक्षा हेतु दिये जाने वाले शस्त्र लाइसेंस अलमोड़ा, गढ़वाल तथा नैनीताल ज़िलों हेतु क्रमशः 400, 700 तथा 1,300 थे। नैनीताल ज़िले में इस संख्या की अधिकता का कारण यहाँ तराई-भाबर में सरकारी इस्टेटों का होना था। नैनीताल ज़िले में सरकारी इस्टेटों के अन्तर्गत 1,100 गाँव आते थे और ये 2,000 वर्ग मील के क्षेत्र में फैले थे। अलमोड़ा में 5,000 गाँव 5,300 वर्ग मील में फैले थे।

सरकारी इस्टेटों में हर गाँव या लगभग 2 वर्ग मील तक के क्षेत्र के लिए एक बन्दूक की स्वीकृति थी। अलमोड़ा ज़िले में 12 गाँवों या 13 वर्ग मील हेतु मात्र एक बन्दूक स्वीकृत थी। यानी हर 12 गाँव में 11 गाँव बन्दूक रहित थे। गढ़वाल तथा नैनीताल में हर 6 में 5 गाँवों की यही स्थिति थी।[161] नाप ज़मीन में या गाँव से बाहर लाइसेंसशुदा व्यक्ति के अलावा कोई और बन्दूक का इस्तेमाल नहीं कर सकता था। हेनरी रैमजे के ज़माने में सन् 1857 के विद्रोह के बाद जब आर्म्स एक्ट लागू हुआ था तो उसने लार्ड केनिंग को लिखते हुए प्रश्न किया था कि जिन हथियारों को हिमालय के हिन्दुओं और गोरखों ने हमारी सेवा में कठिन मौक़े पर इस्तेमाल किया था, उन्हें अब मैं कैसे छीन लूँ?

क्योंकि अनेक घर तथा बाखलियाँ (मोहल्ले) बेनाप ज़मीन के अन्तर्गत आते थे[162] अतः जंगली जानवरों को मारना लाईसेंसशुदा भारतीयों के लिए भी जोख़िम भरा था। इस पर सिर्फ़ कमीशन प्राप्त या गैर-कमीशन तथा गजेटेड अफ़सरों का एकाधिकार था। पन्त के शब्दों में स्थानीय निवासी उन जंगली जानवरों को पाल रहे थे जिन्हें अपिरिचित शिकारियों के 'खेल' (गेम) में प्रयुक्त होना था। सरकारी नियमानुसार साल की कुछ अवधि में शिकार वर्जित तथा कुछ में नियन्त्रित होता था। साथ ही जानवरों के विरुद्ध की गयी क्रूरता के बाबत भी कानून था। इस प्रकार बाहरी तौर पर मनुष्यों के मुक़ाबले जानवरों के पक्ष में कानून ज़्यादा झुके थे। पर हिफ़ाज़त दोनों में से किसी की भी नहीं हो पा रही थी। यद्यपि नौकरशाही स्वयं इन नियम-कानूनों की अवहेलना करती थी। सन् 1918 में अलमोड़ा के डिप्टी कलेक्टर ने यही किया था और वह गर्मी के मौसम में स्याही देवी के जंगल में शिकार खेलने चला गया था। इस घटना में एक कुली घायल हो गया था। इसी मुद्दे पर लिखे कठोर सम्पादकीय के कारण 48 साल से प्रकाशित हो रहे 'अलमोड़ा अख़बार' को बन्द होना पड़ा था।

लेकिन सबसे आपत्तिजनक यह तथ्य था कि वनोत्पादों के लिए ग्रामीण किसान पूरी तरह पतरौल (फॉरेस्ट गाडी) की सद् इच्छा पर निर्भर हो गये थे। फॉरेस्ट गार्ड कुछ भी कर सकता था। इस बाबत पिछली सदी के अन्तिम हिस्से में शिवदत्त सती, जो स्वयं अंग्रेज़ीराज समर्थक थे, द्वारा लिखा गया

'घस्यारी पतरौल नाटक' एक जीवन्त दस्तावेज़ है और सन् 1911-17 के बीच यह दुखद परिस्थिति पराकाष्ठा पर पहुँच गयी थी।[163] जंगलात विभाग के मामूली कर्मचारियों द्वारा आरोपित ग्रामीणों को लम्बी सजायें दी गयी। जंगल के उत्पादों के दोहन से सर्वाधिक गहन रूप से जुड़ी महिलाओं के लिए यह अपने ही संसाधनों का दोहन न कर सकने का और इस हेतु यातना और अपमान सहने का समय था।[164]

पन्त ने इस नीति से जनता पर व्यापक असर पड़ने की बात कही थी। पिछले दशकों से ही गाँवों से पलायन का सिलसिला शुरू हो गया था, जो निरन्तर बढ़ता ही गया। इसकी चर्चा पौ (1894) और गूज (1903) के भूमि बन्दोबस्तों में भी हो चुकी थी।[165] यहाँ यह बताना उचित होगा कि प्रथम विश्व युद्ध, सन् 1916 से 21 के बीच के सूखे-अकाल तथा सन् 1920-21 की जंगलों की आग ने कुमाऊँ के ग्रामीण जीवन को अत्यन्त कष्टप्रद बना दिया था। सरकारी दमन तथा राष्ट्रीय संग्राम की स्थायी आग इससे अलग थी। इन दोनों ने जंगलात आन्दोलन को त्वरित किया। सन् 1894 से जंगलात विभाग के तेज़ी से बढ़ने से ग्रामीणों पर बेगार का दबाव बढ़ा था। सेना, सर्वे तथा सामान्य प्रशासन के लिए बेगार और बर्दायश मुहैय्या करा रहा समाज अब जंगलात विभाग को बेगार-बर्दायश देने को विवश किया गया।[166]

सन् 1900 के आसपास जंगलात विभाग दर्जनों अधिकारियों और सैकड़ों कर्मचारियों वाला बन गया था। सबसे ज़्यादा दौरे अब जंगलात विभाग के अधिकारियों के होते थे और उन्हें कुली-बर्दायश का इस्तेमाल करने की स्वीकृति दी गयी थी।[167] गाँवों के अलावा क़स्बों-नगरों में भी ईंधन की कठिनाई इस दौर में बढ़ गयी थी। मौसम के मिज़ाज यानी निरन्तर सूखे ने कष्टों को बहुगुणित कर दिया था।

उक्त कारकों के समन्वित प्रभाव से कुमाऊँ में ब्रिटिश सत्ता का जबर्दस्त विरोध हुआ। एक और पक्ष महत्त्वपूर्ण है। सन् 1886 से 1911 के बीच यह पता लग चुका था कि लीसा निकालने से चीड़ के पेड़ों को स्थायी हानि नहीं होती है। यद्यपि यह विश्वसनीय नहीं था पर इसे चुनौती नहीं दी गयी। अतः लीसा उद्योग को तेज़ी से विकसित करने के प्रयास हुए।[168] सबसे पहले एक छोटी डिस्टिलरी सन् 1900 से कुछ वर्ष पूर्व देहरादून में स्थापित हुई। इसमें उत्पादित कोलोफ़ोनी (colophony) तथा तारपीन उच्च फ्रांसीसी किस्म के उत्पादों की श्रेणी का था और इसका बाज़ार उपलब्ध था। इस समय दो और डिस्टिलरी खोलने की बात सोची जा रही थी। पंजाब के कांगड़ा जंगलों से प्राप्त लीसे के लिए एक बड़ी डिस्टिलरी की ज़रूरत भी महसूस की गयी।[169] सन् 1910 से 1920 के बीच लीसे के स्रोतों (चैनल्स) की संख्या 2,60,000 से बढ़कर 21,35,000 हो गयी।[170] इसी अनुपात में लीसे और तारपीन का उत्पादन बढ़ा। स्माईथीज[171] के अनुसार सन् 1907-8 में 76,200 CWTS (इसकी एक यूनिट ब्रिटिश व्यवस्था में 112 पाउण्ड या 50.80 किलोग्राम के बराबर बतायी गयी है) रोजिन (rosin) और 2,25,560 गैलन तारपीन का आयात किया जाता था और इस समय देशी उत्पादन क्रमशः 4845 CWTS तथा 16,086 गैलन था। सन् 1922-23 में आयात घटकर क्रमशः 18,037 CWTS तथा 90,364 गैलन हो गया और देशी उत्पादन बढ़कर क्रमशः 82,000 CWTS और 2,79,100 गैलन हो गया था।[172]

भवाली (नैनीताल) की लीसा फैक्ट्री की स्थापना 1896 में हुई थी।[173] यह फैक्ट्री कुल भारतीय लीसा उत्पादन का 60 प्रतिशत पैदा करती थी तथा शेष पंजाब की जाजू फैक्ट्री से उत्पादित होता था। सन् 1920 में यह फैक्ट्री भवाली से क्लटरबक गंज (बरेली) को स्थानान्तरित हुई और इस समय उसकी क्षमता 64,000 CWTS रोजिन तथा 2,40,000 गैलन तारपीन उत्पादन की हो गयी थी, जो

सरलता से और बढ़ाई जा सकती थी। इन उत्पादों के निर्यात की बातें भी होने लगी थीं।[174] इस समय पहाड़ों में सबसे अधिक कठिनाई परिवहन प्रणाली के सुव्यवस्थित न होने की थी। चीड़-देवदार के स्लीपरों की तरह लीसे के टिनों को नदियों के मार्फत ले जाने के प्रयास सफल नहीं हो सकते थे। इसलिए रेल हैडों, मोटर सड़कों के पास तथा घोड़े-खच्चरों से ढोये जा सकने वाले जंगलों में ही लीसे का प्रारम्भिक दोहन हुआ। कर्णप्रयाग तक रेलमार्ग ले जाने की योजना दरअसल अदोहित लीसा भण्डार तक जाने के सपने से जुड़ी थी।[175] इस क्षेत्र का लीसा दोहन मोटर मार्ग के आने के बाद ही हो सका।

प्रथम विश्व युद्ध ने उत्तराखण्ड के युवकों और पेड़ों दोनों की बलि बड़ी संख्या में ली। ये बलि ब्रिटिश साम्राज्य की हिफ़ाज़त के लिए ली गयी थीं। अभी चीड़ के पेड़ों पर एण्टिसेप्टिक परीक्षण चल ही रहा था कि युद्ध ने सामान्य स्लीपरों की बड़ी माँग पैदा कर दी। दूसरी ओर शारदा, गौला तथा गंगा नदियों के पर्वतों से मैदान में उतरने के स्थानों क्रमशः टनकपुर, काठगोदाम तथा हरद्वार में एण्टीसेप्टिक ट्रीटमेण्ट केन्द्रों की स्थापना हुई।[176] सन् 1916-18 के बीच में चार लाख स्लीपर कुमाऊँ से बाहर भेजे गये और पहली बार जंगलात विभाग के कुमाऊँ वृत्त ने लाभ कमाया। सरकारी आरा मशीन लकड़ी की माँग पूरी नहीं कर पा रही थी। एक प्रकार से युद्ध जन्य परिस्थितियों ने तत्कालीन विवादास्पद जंगलात बन्दोबस्त का औचित्य कम से कम विभाग के लिए तो सिद्ध कर ही दिया[177] लेकिन इसने स्थानीय असन्तोष की आग में घी का काम किया।

जंगलात बन्दोबस्त का जो विरोध ग्रामीण-किसानों के प्रतिवेदनों तथा शहरी प्रबुद्धों की बैठकों (अलमोड़ा 1907) तथा प्रतिनिधि मण्डलों के माध्यम से प्रकट हो रहा था,[178] सन् 1916 में कुमाऊँ परिषद् की स्थापना और स्थानीय प्रेस के स्पष्ट रुख लेने के बाद वह एक संगठित आन्दोलन में बदलने लगा। बेगार तथा जंगलात के मुद्दे इस बीच अभिन्न हो गये थे। इसलिए इस संघर्ष में एक स्वाभाविक गहराई आ गयी थी। अब विभिन्न सभाओं में बेगार उन्मूलन और जंगलात के अधिकारों की बहाली एक स्थायी विषय की तरह निरन्तर प्रस्तुत होते। 11 मई, 1919 को नन्दादेवी प्रांगण अलमोड़ा में हरगोविन्द पन्त की अध्यक्षता में हुई सभा में पारित प्रस्ताव संख्या दो में स्पष्ट रूप से बेगार हटाने के साथ जंगलात में लोगों को पूरे हक मिलने की माँग की गयी थी।[179] सन् 1921 में स्थानीय समाज ने बेगार उन्मूलन कर दिया और यह आन्दोलन अब जंगलों के अधिकारों की बहाली पर केन्द्रित हो गया। औपनिवेशिक सरकार के पास हार मानने के सिवाय कोई विकल्प न था।

सन् 1921 में जंगलात की दिक्कतों को जानने तथा उनके कष्ट निवारण हेतु समिति (Kumaon Forest Grievences Committee—KFGC/कुमाऊँ जंगलात कष्ट निवारण समिति–कुजकस) बनायी गयी। इसने बड़ी सीमा तक पुनः स्थानीय किसानों के वन अधिकारों की बहाली की। प्रथम श्रेणी आरक्षित जंगलों का निर्धारण हुआ। इन्हें ज़िला प्रशासन को सौंपा गया और द्वितीय श्रेणी आरक्षित जंगल विभाग के पास बने रहे। व्यापारिक दृष्टि से कम महत्त्व के जंगल द्वितीय श्रेणी में नहीं रखे गये। इस प्रकार प्रथम श्रेणी जंगलों में मुख्यतः बाँज, बुँराश, स्प्रूस, फर आदि प्रजातियाँ थीं।[180] प्रथम श्रेणी के अन्तर्गत 1,917 वर्गमील जंगल थे और द्वितीय श्रेणी के अन्तर्गत 1,169 वर्गमील। वन विभाग की बेचैनी और चिन्ता 1923-24 की प्रशासनिक रपट में प्रकट हुई थी।[181]

आन्दोलन के दबाव से बनी कुजकस ने जंगलात विभाग से बड़ा वन्य क्षेत्र स्थानीय समाज को वापस दिला दिया था। कदाचित उत्तराखण्ड के और देश में अन्यत्र हुए जंगलात आन्दोलनों का असर

सन् 1927 के वन कानून पर सिर्फ़ इतना पड़ा कि इसमें ग्राम वनों या कुमाऊँ में पंचायती वनों को विकसित करने का सूत्र शामिल करना पड़ा था।[182] बेगार के साथ-साथ जंगलात जैसे मुद्दे के मार्फत दूरस्थ-दुर्गम क्षेत्रों की जनता राष्ट्रीय संग्राम से जुड़ी।

फिर भी जंगलात से रेलवे विभाग को स्लीपर जा रहे थे और विभाग लाभ भी कमा रहा था। 1926-27 की प्रशासनिक रपट में बताया गया था कि इस साल प्रान्त ने मीटर गेज रेलवे के लिए 2,74,620 स्लीपर तथा ब्रौड गेज के लिए 34,988 स्लीपर मुहैया कराये थे और पुलों के निर्माण के लिए जो स्लीपर दिये गये थे, उनकी कुल लकड़ी 42,798 क्यूबिक फ़ीट थी। जंगलात से कुल आय रु. 58,28,600 तथा शुद्ध लाभ रु. 25,36,954 हुआ था।[183] सन् 1920 के बाद उत्तराखण्ड के निजी या व्यक्तिगत जंगल भी जंगलात विभाग की मदद से कमाई कर रहे थे। जैसे सन् 1933 में अलमोड़े की देवलघार स्टेट के 5 कम्पाटों में 6641 चीड़ के पेड़ बिक्री हेतु तैयार थे।[184] 1933 तक कुमाऊँ में 144 वन पंचायतें स्थापित हो चुकी थीं और इनके अन्तर्गत 20,764 एकड़ क्षेत्र आता था।[185]

1934-35 में जंगलात विभाग ने सर्वाधिक लाभ कमाया था, जो रु. 22,26,746 था। 1934 में नेशनल पार्क्स बिल प्रस्तुत हुआ,[186] जो 1935 में नेशनल पार्क्स एक्ट के रूप में पारित हुआ, जिसके अन्तर्गत कालागढ़-रामनगर वन प्रभाग को नेशनल पार्क बनाया गया तथा देहरादून में एक अभयारण्य की स्थापना की गयी।[187] द्वितीय विश्वयुद्ध से पूर्व बनी कांग्रेसी सरकार को जंगलों के प्रबन्ध की चिन्ता थी पर वह जंगलात की नीति में ज़्यादा परिवर्तन नहीं कर सकी। पन्त ने सन् 1937 में जंगलात के नये बन्दोबस्त की ज़रूरत महसूस की थी और कहा था कि जैसे राजस्व बन्दोबस्त में संशोधन होता है, वैसे जंगलात में भी होना चाहिए।[188]

सन् 1939 के बाद जंगलों पर फिर जबर्दस्त सरकारी दबाव पड़ा और सन् 1940-41 में ही 4,40,000 स्लीपर रेलवे विभाग को भेजे गये थे। इनमें से ज़्यादातर चीड़ के थे। इसी समय टनकपुर तथा नंधौर में ट्रामवे तथा रोपवे की व्यवस्था भी की गयीं थी ताकि जंगलों का दोहन जल्दी हो सके।[189] वनोत्पादों की युद्धोत्तर ज़रूरतें इसके अतिरिक्त थीं। दोनों विश्वयुद्धों ने उत्तराखण्ड की प्रकृति (जंगलों) तथा समाज (युवा सिपाहियों) को अपार क्षति पहुँचाई। यह ब्रिटिश सत्ता द्वारा उत्तराखण्ड की प्राकृतिक तथा मानव सम्पदा का अधिकतम उपयोग करने का सफल प्रयास था। हालाँकि इस सत्ता के ख़िलाफ़ हुए विद्रोह को दबाने में वह सफल नहीं रही।

4. टिहरी रियासत में जंगल

जैसा इस अध्याय के प्रारम्भ में बताया गया था कि टिहरी रियासत के बहुत से जंगल सन् 1864 में उत्तर पश्चिमी प्रान्त की सरकार द्वारा ले लिए गये थे। यह अनुबन्ध 20 साल के लिए था, लेकिन फिर इसे एक और साल के लिए बढ़ाया गया। इसी बीच उत्तर पश्चिमी प्रान्त की सरकार ने टौंस तथा यमुना घाटियों के देवदार जंगलों को रु. 4,500 सालाना के हिसाब से ले लिया था।[190] औपनिवेशिक सरकार टिहरी के जंगलों से मिलने वाले लाभ से परिचित थी और उसका टिहरी के जंगलों का ठेका लेना साम्राज्य की ज़रूरतों से जुड़ा था।[191] सन् 1869 से 1885 के बीच में सिर्फ़ यमुना घाटी से ही देवदार के 6,50,00,000 (छह करोड़ पचास लाख) स्लीपर ब्रिटिश भारत में भेजे गये थे।[192] लीज में लिए जंगलों के सर्वेक्षण से औपनिवेशिक सरकार को पता था कि इनसे पर्याप्त राजस्व और सरकार/रेल विभाग को वांछित लकड़ी मिलेगी।[193]

सन् 1885 में टिहरी रियासत ने जंगलात विभाग की स्थापना की। यह उस लाभ से प्रेरित कार्य था, जिसे औपनिवेशिक सरकार टिहरी के जंगलों से प्राप्त कर रही थी। जंगलों की सुरक्षा तथा प्रबन्धन हेतु एक कंजरवेटर, 4 रेंजर तथा 23 फॉरेस्ट गार्डों की पहली बार नियुक्ति हुई। दरअसल टिहरी प्रशासन को सन् 1870 के बाद ही यह लगने लगा था कि रियासत की वन सम्पदा से ज़्यादा लाभ कमाया जा सकता है तथा इसके लिए जंगलात प्रबन्ध को अपने हाथ में लेने की ज़रूरत है। सन् 1880 में राजा के एक आदेश द्वारा हरसिल, रिंगखाल, डालनू, जाख, वियाना ली, स्यालना, द्योकरन, देवलसारी, औतार, एरिसिर आदि जंगलों की सीमा निर्धारित की गयी और देवदार के अनेक जंगल सरकारी नियन्त्रण में लिए गये। रियासत द्वारा जारी रवन्ना के बिना अब देवदार का पेड़ नहीं काटा जा सकता था। इस तरह ग्रामीणों के अधिकार बहुत अधिक सीमित कर दिये गये थे और जनता को कुमाऊँ कमिश्नर को आवेदन भेजना पड़ा।[194]

सन् 1885 से 1896 के बीच रियासत के जंगलों का प्रबन्ध अन्य कर्मचारियों के हाथ में ही रहा क्योंकि जंगलात विभाग अभी प्रारम्भिक स्वरूप में था। इस दौर में यमुना तथा टौंस घाटियों के देवदार के जंगलों का दोहन उत्तर-पश्चिमी प्रान्त की सरकार के माध्यम से हो रहा था और यह क्रम अगली सदी के प्रारम्भ तक चलता रहा। इस दौर में अनेक स्थानों पर देवदार के पेड़ों का रोपण हुआ। देवदार के कटान के साथ-साथ खिल (shifting cultivation) पर रोक लगायी गयी।[195] वनाधिकारों पर इन प्रतिबन्धों का ग्रामीणों ने विरोध किया।[196] जंगलों के आरक्षण के विरुद्ध रवाँई के ढाई हज़ार किसान प्रदर्शन करने टिहरी गये पर इस बीच प्रताप शाह की मृत्यु हो जाने के कारण वे वापस लौट गये।[197]

सन् 1897 के प्रारम्भ में उत्तर-पश्चिमी प्रान्त से वनाधिकारी केशवानन्द ममगयी की सेवाएँ रियासत द्वारा ली गयीं और जंगलों के 'संरक्षणमुखी प्रबन्ध' की शुरुआत हुई। सन् 1897-99 में कीमती जंगलों का सीमांकन हुआ और ग्रामीणों द्वारा जंगलों के इस्तेमाल पर अनेक नियन्त्रण (restrictions) लगाये गये। स्वीकृति तथा छपान हुए बिना अब पेड़ नहीं काटे जा सकते थे। बाँज की पत्तियाँ काटने और जंगलों में आग लगाने पर नियन्त्रण बाबत नियम बनाये गये। चराई पर रोक लगी और परती ज़मीन को आबाद करना अब कठिन हो गया। देवदार के नियन्त्रित जंगलों का क्षेत्र बढ़ाया गया तथा वन अपराधों की जाँच-पड़ताल तथा उन पर निर्णय लेने की व्यवस्था हुई। जंगलों का 'अनियन्त्रित दोहन' समाप्त करने का प्रयास हुआ। सन् 1905 में केशवानन्द ममगयी के स्थान पर सदानन्द गैरोला नये कंजरवेटर नियुक्त हुए।

टिहरी के किसानों ने अपने प्राकृतिक-सामुदायिक अधिकारों पर हो रहे इन प्रहारों पर आपत्ति प्रकट की और ढण्ढकों द्वारा अपने विरोध को अनेक बार राजा के दरबार में दर्ज भी किया। इससे सरकार ने 31 मार्च, 1905 को वन नियमों में कुछ बदलाव किया। अब ग्रामीणों को अपनी ज़मीन से पेड़ काटने की, वन भूमि में 20 जरीब तक खेती को फैलाने की तथा देवदार, चीड़, कैल, थुनेर, रैनू, सीसम, साल, सैण तथा पापड़ी को छोड़कर अन्य पेड़ों को काटने या जलाने की स्वीकृति दी गयी थी।[198]

सन् 1907 में, जिस साल अलमोड़े में वनाधिकारों की बहाली के लिए सभा के आयोजन के बाद सरकार को प्रतिवेदन दिया गया था, टिहरी रियासत में रामदत्त रतूड़ी ने जंगलों का सीमांकन कर उन्हें तीन श्रेणियों में बाँटा। पहली श्रेणी में 'आरक्षित' तथा दूसरी में 'संरक्षित' जंगल थे और इनमें अदला-बदली हो सकती थी। ये जंगल जंगलात विभाग के नियन्त्रण में थे। तीसरी श्रेणी के

जंगल ग्राम व्यवस्था के नियन्त्रण में थे। पहली श्रेणी के जंगलों में प्रचलित रास्तों और गूलों को मान्यता दी गयी लेकिन यहाँ से ईंधन या इमारती लकड़ी को लाने की स्वीकृति न थी। दूसरी श्रेणी में जंगलात विभाग के नियमानुसार ग्रामीणों को अपनी ज़रूरतें पूरी करने की स्वीकृति थी। वे फल, फूल, जड़ी-बूटियाँ, घास ला सकते थे या 5 मील के घेरे में जानवरों को चरा सकते थे, बशर्ते कि जंगल पुनर्जनन/पुनर्उत्पादन के लिए बन्द न किये गये हों। कुकाट, बाँज, रियाज या उतीस आदि को काटने की स्वीकृति थी।

किसानों द्वारा बाड़ हेतु कँटीली झाड़ियाँ तथा जानवरों के बिछावन हेतु (thatching) घास-पत्ती काटी जा सकती थी। छानें बनाने की स्वीकृति थी। स्वीकृति लेकर स्थायी तथा अस्थायी खेती विस्तार मान्य था। इसके बदले आग बुझाने में ग्रामीणों को मदद करनी थी। रियासत की प्रत्येक भैंस पर आधा सेर घी कर लगाया गया था।[199] तीसरी श्रेणी के जंगल ग्रामीणों के लिए पूरी तरह खुले थे और इनके बीच के रिक्त स्थानों पर खेती के विस्तार की स्वीकृति थी। टुन, देवदार तथा शीशम को छोडकर अन्य पेड़ स्वीकृति ले कर काटे जा सकते थे। जंगलों में स्थित विभिन्न खानें आदि टिहरी दरबार के सीधे नियन्त्रण में थीं।

सन् 1909 से 1911 के बीच रियासत में पुनः जंगलात बन्दोबस्त हुआ और ग्रामीणों की शिकायतें सुनने के बाद उन्हें रियायतें भी दी गयीं। यह रोचक बात है कि रियासत में यह बन्दोबस्त ब्रिटिश कुमाऊँ के बन्दोवस्त (1911-17) से पहले समाप्त हो गया था। सन् 1914 में जब सकलाना मुआफी में जंगलात बन्दोबस्त हुआ तो इसका विरोध किया गया था और इसे 'नादिरशाही' तक कहा गया था।[200] सन् 1909-12 में ब्रिटिश सरकार को लीज पर दिये जंगलों से रियासत को 0.96 लाख रुपया मिल रहा था जो सन् 1921-24 में 1.45 लाख हो गया था। गुहा के अनुसार औपनिवेशिक जंगलात प्रबन्ध ने टिहरी के जंगलों का व्यापारिक महत्त्व सिद्ध किया और रियासत का रुझान अपने जंगलों का प्रबन्ध करने का हुआ। 1925 में रियासत द्वारा जर्मन वन विशेषज्ञ फ्रेंज हेस्के को वहाँ के जंगलों का सर्वेक्षण करने और सुव्यवस्था हेतु परामर्श देने के लिए नियुक्त किया गया।[201]

अन्ततः यह कार्य सन् 1928 में हुआ और हेस्के द्वारा तैयार इस रपट में कहा गया था कि 1. लोगों को सिर्फ़ आज की चिन्ता है, आने वाली पीढ़ियों की नहीं, 2. खेती का विस्तार जंगलों के विनाश का कारण है, 3. बसासतों के आसपास चीड़ है। पुराना जंगल मात्र झाड़ियों के रूप में रह गया है। चीड़ के जंगल बहुत हैं और बहुपयोगी भी हैं, 4. गढ़वाली (टिहरी) समाज खेतिहर से अधिक पशुचारक है, 5. जंगलों के विनाश का एक कारण लकड़ी का दुरुपयोग है (वेस्टफुल यूज ऑफ़ वुड)। हर साल जलावन हेतु एक पेड़ चाहिए। 60 हज़ार पेड़ हर साल इमारती लकड़ी के लिए कटते हैं। तकनीक का न होना भी बर्बादी का कारण है, 6. हिमालय के जंगल 'प्रोटेक्शन फारेस्ट' हैं क्योंकि ये उत्तरी भारत की नदियों के स्रोत हैं अतः इनकी हिफ़ाज़त होनी चाहिए। पानी को धारण करना और देना जंगलों का मुख्य काम है तथा 7. चराई से अनेक दिक्कतें हैं। इस क्षेत्र की जनसंख्या तो इस बीच बढ़ी है पर खेती का क्षेत्र नहीं बढा है।[202]

टिहरी रियासत में सन् 1929-31 के बीच हेस्के के परामर्शानुसार जंगलात बन्दोबस्त हुआ। टिहरी, उत्तरकाशी, यमुना तथा टौंस नामक चार नये वन प्रभाग बनाये गये। वन अधिकारियों को प्रशिक्षण हेतु वन अनुसन्धान संस्थान भेजा जाने लगा और रियासत के समस्त जंगलों का प्रबन्ध कार्य योजनाओं के अनुसार होने लगा।[203] रियासत का जंगल से मुनाफ़ा कमाने का रुझान इससे बढ़ा। विशेष रूप से दूसरे विश्वयुद्ध के दौर में रियासत के जंगलों पर गम्भीर दबाव पड़ा। गुहा के

अनुसार युद्ध के पहले तीन सालों में ही 1.4 मिलियन (14 लाख) क्यूबिक फ़ीट लकड़ी युद्ध क्षेत्र में इस्तेमाल हेतु भेजी गयी।[204] टौंस घाटी से ही हर साल 20 हज़ार पेड़ निर्यात किये गये। सालों तक टिहरी दरबार की आय के सबसे बड़े स्रोत जंगल बने रहे। सन् 1935-36 में रियासत की कुल 17.94 लाख आय में से 7.3 लाख जंगलों से अर्जित की गयी थी।[205] सन् 1925 से 1945 के बीच सिर्फ़ टौंस फॉरेस्ट डिविजन से टिहरी दरबार को कुल आय रु. 50.75 लाख तथा कुल नफ़ा रु. 41.38 लाख प्राप्त हुआ था।[206]

जंगलों के इस दोहन का गहरा असर रियासत के किसानों-पशुचारकों के जीवन पर पड़ने लगा था। सन् 1928-29 से ही नयी सुगबुगाहट पैदा हो गयी थी, जो सन् 1930 में रवाँई प्रतिरोध के रूप में सामने आयी। रवाँई प्रतिरोध पारम्परिक ढण्ढकों में सबसे अन्तिम था और पहली बार वहाँ की जनता अपने राजा से संवाद नहीं कर पायी। पिछले ढण्ढकों में राजा किसी न किसी तरह बीच-बचाव कर असन्तोष पर नियन्त्रण कर लेता था। इस बार असन्तोष ने अविश्वास का रूप ले लिया, जो रियायत के समाप्त होने तक बना रहा। बाद के सालों में जंगल जैसा विषय प्रजामण्डल के जन्म के कारणों में एक सिद्ध हुआ। प्रजामण्डल के आन्दोलनों में जंगल सम्बन्धी तमाम मामले महत्त्वपूर्ण बने रहे।

इसी तरह देहरादून ज़िले में आने वाले जंगलों का प्रबन्ध हुआ। जौनसार-देहरादून क्षेत्र में सन् 1918 में पन्ना लाल के नेतृत्व में जंगलात बन्दोबस्त किया गया।[207] अपेक्षाकृत कुछ साल देर से बन्दोबस्त होने के कारण यह क्षेत्र-विशेष रूप से जौनसार-बावर—उन अतियों का शिकार नहीं हुआ, जिसके कि ब्रिटिश कुमाऊँ तथा टिहरी रियासत हुए थे। सन् 1920 में जब जौनसार-बावर के कुछ जंगलों को आरक्षित किया जाने लगा तो एक अधिसूचना द्वारा जौनसार-बावर के 40 खतों के लगभग 250 गाँवों के हक़-हक़ूक परिभाषित किये गये थे। यदि उस साल के हक़ के पेड़ इस्तेमाल कर लिए हों तो सामान्य हक़ों के अलावा हर खत को हर साल देवदार का एक अतिरिक्त पेड़ दिया जाना तय हुआ। इससे ग्रामीणों को देवदार के 6 से 9 फ़ीट गोलाई वाले पेड़, जिनसे 60 क्यूबिक फ़ीट इमारती लकड़ी तैयार हो सकती हो, मिलने लगे। गिरे-पड़े पेड़ जंगल से लिए जा सकते थे। सूखे लेकिन खड़े पेड़ों पर सरकार का ही अधिकार तय माना गया था।

ग्रामीणों को ईंधन हेतु गिरी-पड़ी लकड़ी या झाड़ियों को, जानवरों हेतु घास, गिरे पत्ते और फल, कन्द-मूल, शहद, जड़ी-बूटी, छाल, रस्सियों हेतु बाभिल घास, शराब निर्माण हेतु प्रयुक्त वनस्पतियाँ, छानियों को छाने हेतु पत्ते या बेलें, पाथर, पत्थर या मिट्टी ले जाने का तथा बाड़, खेती या घरेलू उपकरणों हेतु कुसमल, घिंगारू, लोध, भेकन, अयार, कैन्थ, तिम्बूर आदि की टहनियों का उपयोग करने का अधिकार था। लेकिन इनका व्यापार करने की या किसी और को देने की या बेचने की मनाही थी। जंगलों से प्राप्त फलों की बिक्री हो सकती थी।

यमुना, टौंस, पब्बर तथा अमलावा नदियों में जाल डालकर मछलियाँ पकड़ी जा सकती थीं पर अन्य छोटी नदियों में मछली पकड़ने पर रोक थी (इन नदियों में 'मौण' यानी मछली उत्सव हर साल बरसात से पहले मनाया जाता था)। जंगलों में प्रचलित पुराने रास्ते तथा पानी की गूलों के बने रहने का और पानी के नलों को लगाने हेतु आज्ञा न देने का निर्णय लिया गया था। जोगन तथा रिंगाल के निश्चित दोहन का हक दिया गया था। रिंगाल चटाई, टोकरी तथा हुक्के (चिलम) हेतु दिया गया पर चारे, खाद तथा पत्तों के रूप में नहीं। साथ ही सरकार ने किसी जंगल को बन्द रखने या खोलने का अपना विशेषाधिकार कायम रखा था।[208]

सन्दर्भ

1. Pemble, John, The Invasion of Nepal, John Company at War; शेखर पाठक, हिमालय के द्वारों का खुलना, *पहाड़*-9, 1-25; शेखर पाठक तथा उमा भट्ट, एशिया की पीठ पर, भाग 1
2. B.D. Sanwal, Nepal and the East India Company : 115-156; Chaudhary, Indo-Nepalise Relations : 151; डबराल, उत्तराखण्ड का इतिहास, भाग 7 : 65;

   Extract from a letter from Hearsay to John Adams dated 24 August 1814 in Pre Mutiny Records, Office of the Commissioner of Kumaun, Miscelaneous Letters Received, Series I, 1814, Volume I, page 27 (UPSA, Lucknow) :

   'They (Gorkhas) are not aware of the rsources of the country they now hold in Gurhwal are rich copper mines, iron in great abundance, Tari, Hemp and marts and yards of fir innumerable, sufficient to supply all the navy of England....If the country was given back to the former Rajah, a great flow of commerce would take place, highly beneficial to Great Britain and British commodities would by the Rootwal passes of Neetee, Mana, Juaar and Tacklakote find their way into Tartary and even China.'
3. 'The hill Rajas, when they had successfully conquered and displaced, were mere ignorant selfish tyrants on bad terms with their own relations. Thus while there was amongest them no principle of combination for mutual defence against a common enemy, not one of the petty principalities was sufficiently strong or united within itself to be capable of substantial resistance.', Prinsep, H.T., History of the Political Transections in India During the Administration of the Marquess of Hastings 1813-23, I : 55, Irish University Press, Shannon, Ireland, 1972 (1825)
4. J.N.L. Baker, History of Geographical Discoveries and Exploration; Percy Sykes, A History of Exploration : map page 102; Nathalie E. Hinger, A History of Discovery and Exploration : Africa and Asia : Mapping Two Continents : 73-75; Maclagan, Jesuits and the Great Mogul : 344; Kenneth Mason, Abode of Snow : 57; Wessels, Early Jesuit Travellers : 101; De Filippi, Account of Tibet : 365, ft 4; *पहाड़* 11
5. Mildred, Archer, 1980, Early Views of India : The Picturesque Journeys of Thomas and William Daniell 1786-1794 : paintings 44-55; Hardwick, Thomas, 1809, Narrative of a Journey to Sirinagur, *Asiatic Researches*, Volume 6 : 309-381; Colebrooke, H.T., 1818, On the Sources of Ganges in the Himadri or Emodus, *Asiatic Researches*, Volume 11; Raper, F.V., 1818, Narrative of a Survey for the Purpose of Discovering the Sources of the Ganges, *Asiatic Researches*, Volume 11; Moorcroft, William, A Journey to Lake Manasarovara in U'nde's, a Province of Little Tibet, *Asiatic Researches*, Volume 12 : 380-424; Frazer, James B., 1820, Account of a Journey to the Sources of the yamuna and Bhagirathi Rivers, *Asiatic Researches*, Volume 13 : 171-249; Himala Mountains, 1- 548; Heber, Reginald D.D., 1827, Narrative of a Journey Through the Upper Provinces of India 1824-25, Vol. 2; Pilgrim, 1844, Wanderings in the Himmala, Agra; Hoffmiester, W., 1847, Travels in India and Ceylone, London; White, G.F., 1837, Views in Indian, London.
6. Dhirendra Datt Dangwal, Himalayan Degradation : 15-17
7. देखें : Pande, Girija, Geijerstam, Jan af. (Eds.), 2002, Tradition and Innovation in the History of Iron Making, Nainital; Geijerstam, Jan af., 2004, Landscapes of Technology Transfer : Swedish Iron Makers in India (1860-1864), Jernkontorets Bergshistoriska, Skriftserie (Sweden)
8. जेम्स सी. स्कॉट की दक्षिण पूर्व एशिया के सन्दर्भ में कही यह बात उत्तराखण्ड पर भी लागू होती है कि, "इस बात पर कोई शक नहीं है कि किसानों की आय पर औपनिवेशिक शासन का औसत भार किसी भी पुरानी सरकार से कम नहीं था। औपनिवेशिक कर प्रणाली न सिर्फ़ जीवन यापन के साधनों पर प्रहार करती थी बल्कि उसे लागू करने का तरीका भी दमनात्मक था" (James C. Scott, 1976, The Moral Economy of the Peasant : Rebellion and Subsistence in South East Asia, Yale University Press : 92)
9. शेखर पाठक, उत्तराखण्ड में कुली बेगार प्रथा, 13
10. उपाध्याय, नेपाल का इतिहास : 114
11. Mahesh C. Regmi, 1999, Imperial Gorkha
12. डबराल : उत्तराखण्ड का इतिहास, पाँच : 37
13. Moorcroft and Trebeck, Travels in Hindustan, Part I; डबराल, उकाई, भाग 6
14. S.A.A. Rizvi, 1960, Freedom Struggle in U.P., Volume V : 176-80, 190-209, 269-276; शेखर पाठक, सरफ़रोशी की तमन्ना, 11-13; टोलिया, कुमाऊँ और विद्रोह, *पहाड़* 10, 281-294
15. उक्त

16. उक्त
17. विस्तार हेतु देखें—Grove, Richard, Green Imperialism
18. lfred Crosby, 1986, Ecological Imperialism : The Biological Expansion of Europe, Cambridge University Press, Cambridge
19. Jared Diamond, 1997, Guns, Germs, and Steel : A Short History of Everybody for the Last 13,000 Years, WW Norton, New York
20. Peluso, N.L., 1991, The History of State Forest Management in Java, Forest and Conservation History, 35:2, 65-75 and Schabel, H.G., 1990, Tanganyika Forestry under German Colonial Administration 1891-1919, Forest and Conservation History, 34:3, 130-43
21. David Anderson, Richard H. Grove, 1990, Conservation in Africa : Peoples, Policies and Practice, CUP; Koponen, Juhani, 1994, Development for Exploitation : German Colonial Policies in Mainland Tanzania, 1884-1914, FHS, Helsinki/Hamburg; Bryant, Raymond L., 1997, The Political Ecology of Forestry in Burma 1824-1994; see also George Orwell, Burmese Days
22. Tucker, Richard, 1988, The Depletion of India's Forests under British Imperialism in D. Worster (Ed.), The Ends of the Earth : Perspective on Modern Environmental History, Cambridge University Press, New York
23. Gadgil, Madhav and Guha, Ramachandra, Ecology and Equity : 22-23; This Fissured Land : 118-123; State Forestry and Social Conflict in British India : A Study in the Ecological Bases of Agrarian Protest, *Past and Present,* No 123 : May 1989 : 141
24. Grove, Richard, Green Imperialism
25. Grove, Richard, Green Imperialism : 309-10
26. Grove, Richard, Green Imperialism : 347
27. Grove, Richard, Green Imperialism : 341
28. K. Sivaramakrishnan, Colonialism and Forestry in India : 3-40
29. Pant,The Forest Problem in Kumaon : 32
30. Rangarajan, Mahesh,1996 : 21
31. Grove, Richard, Green Imperialism:141-42
32. Rangarajan, Mahesh,1996 : 21
33. Grove, Richard, Green Imperialism : 388
34. Grove, Richard, Green Imperialism : 388
35. Grove, Richard, Green Imperialism : 388-89
36. J.H. Batten, 1844, Report of the Settlement of Garhwal 1842 in *Journal of the Asiatic Society,* CLV, Volume 13, Part II : 94
37. Batten, J.H., 1844, A Few Notes on the Kumaon and Rohilkhand Tarai, Part II in *Journal of the Asiatic Society,* CLV, Volume 13, Part II : 163
38. Rangarajan : 24-26
39. Rangarajan : 29
40. Stebbing, Volume II : 299-300
41. *The Indian Forester*, XXVI, July 1900 : 297-310
42. Rangarajan : 30; Baden Pawell, 1876 : 280 and 285
43. Guha, Ramachandra, Early Debate, IESHR, 83-4; Brandis, Indian Forestry : 132
44. Guha, Ramachandra, Early Debate, IESHR, 83-4
45. Report of the Progs of the Forest Conference held at Shimla, October 1875, quated by Guha, Unquiet Woods, 1989 : 38
46. Madhav Ashish, Relating to Reality : 379
47. बर्मा के जंगल, नदी, खेती, मनुष्य और औपनिवेशिक शासकों के व्यवहार के लिए देखें : George Orwell, 1934, Burmese Days
48. Ribbentrop, Foresty in India : 114.16; रामचन्द्र गुहा, पर्यावरण पर एक प्रारम्भिक बहस, *पहाड़* 9, 155-161
49. Chetan Singh, 1991, Natural Premises : 169
50. Forest Administration Reports for 1891-92 for the N.W. Provinces & Oudh, Coorg and the Forest Surveys, *The Indian Forester*, Vol. XIX, 1893 : 270-74
51. Mildred, Archer, 1980, Early Views of India : The Picturesque Journeys of Thomas and William Daniell 1786-1794 : paintings 44-55
52. *Asiatic Researches*, 6, 1809 (1979) : 327, 329
53. Travels : Volume I : 21
54. *Asiatic Researches*, 13 : 199

55. Heber, Reginald D.D., 1827, Narrative of a Journey Through the Upper Provinces of India 1824-25, Vol. 2 : 216-17, London
56. Pilgrim, 1844, Wanderings in the Himmala
57. Hoffmeister, 1847, Travels in India and Ceylone
58. Fred. Markham, 1854, Shooting in the Himalayas, Richard Bentley, London
59. Strachey, R., Notice of a Trip to the Niti Pass, *Journal of the Asiatic Society of Bengal,* Volume XIX, No. I to VII 1850, 1851 : 79-82 and 239-242; Strachey, R., On the Physical Geography of the Provinces of Kumaon and Garhwal in the Himalaya Mountains and the Adjoining Parts of Tibet, *The Journal of the Royal Geographical Society,* Volume Twenty First, 1851 : 57-85 and map
60. Thomas W. Webber, 1902, The Forests of Upper India and their Inhabitants, Edward Arnold, London
61. Kennedy, Life and Works in Baneres and Kumaon
62. Walter Hamilton, A Geographical, Statistical and Historical Description of Hindustan and the Adjacent Countries, Volume II : 651-52
63. Fraser, W. 1820. An Account of the Journey to the Sources of Yamuna and Bhagirathi Rivers, *Asiatic Researches,* Volume 13 : 179-80
64. Pre Mutiny Records (PMR), Office of the Commissioner Kumaon, Miscellanaeous Letters Received (MLR), Series-I : 1814, Vol. One, 46-50; Rutherford's letter to John Adams, 25 May 1815; Heber : 157-58
65. Princep, H.T. : History of Political, Military Transsections I : 1825 (1972) : 60
66. देखें : मोलाराम रचनावली तथा कहै गुमानी
67. Saksena, B.P., Historical Papers Relating to Kumaon : 274
68. Letter from Hearsay to John Adam, 24 August 1814, Pre Mutiny Records, Miscellaneous Letters Received, Series I, Volume 1, 1814 : 26-27

    "The Gorkhas are not aware of the resources of the country they now hold in Garhwal, are rich copper mines, iron in great abundance. Tari, Hemp and marts and yards of fir innumerable, sufficient to supply all the Navy of England....If the country was given back to the former Rajah, a great flow of commerce would take place, highly beneficial to Great Britain and British commodities would by the Rootwal passes of Neetee, Mana, Juare and Tucklakote find their way into Tartary and even in China."
69. PMR : KD, MLR, S-I, : Vol 7, 1816 : I : 19, 197-201; Vol 8, 1816 : II : 143; Vol 32 : 1826-I : B-41; Vol 61, 1839 : II : 435; Vol 72, 1843 : I : 14; Vol 90, 1849 : II : 331; Vol 107 : 1856 : I : 239-271
70. John McClelland, 1835, Some Inquiries in the Province of Kemaon Relative to Geology, and other Branches of Natural Science, Ms. Thacker & Co, Calcutta : 1-367
71. भेंटवार्ता : मोहन सिंह मेहता, 1975; मोहन सिंह मेहता ने 'एक नाली एक माणा' सूत्र का ज़िक्र किया था। यानी एक माणा (नाली का 1/6) खेती को टिकाऊ रूप से करने के लिए एक नाली (यानी 6 माणा) जंगलों की ज़रूरत होती है। यह कुमाऊँ के पहाड़ी किसानों के अनुभवों से निकली प्रारम्भिक पारिस्थितिक समझदारी रही होगी और इससे खेती और जंगलात के प्रकारान्तर में जंगलात और पानी या जंगलात और पशुपालन के अन्तःर्सम्बन्ध उजागर होते थे। इस बात की चर्चा स्वतन्त्रता सेनानी देवकी नन्दन पाण्डे तथा प्रेम सिंह गड़िया ने भी की थी (भेंटवार्ता : देवकी नन्दन पाण्डे तथा प्रेम सिंह गड़िया, 1976)।

    दीवान नागरकोटी, 1999, उत्तराखण्ड की लठ पंचायतें, *पहाड़* 10 : 268-280; Arun Agrawal, Environmentality
72. Shekhar Pathak, State, Society and Natural Resources in Himalaya : Dynamics of Change in Colonial and Post Colonial Uttarakhand, *EPW,* 26 April
73. PMR : MLR, Vol 79 : 1845, Batten's letter to Lushington 30 April 1845
74. R.S. Tolia, Founders of Modern Administration in Uttarakhand : 64-68
75. R.S. Tolia, Founders of Modern Administration in Uttarakhand : 111-116
76. PMR : KD : S-I, Vol 25 : 1823 : II : 45, 111-112
77. PMR : KD : S-I, Vol 49 : 1834 : I : 33-43
78. Markham, Shooting in the Himalaya; Mountaineer (Ed.), 1860, A Summer Ramble in the Himalayas, London; Charles Allen, Scrap Book of the Raj; Thomas W. Webber, 1902, The Forests of Upper India and their Inhabitants, Edward Arnold, London; Rangarajan (Ed.) 2000 (1999), The Oxford Anthology of Indian Wildlife, Volume I and II
79. Heber, 1827, Narrative of a Journey Through the Upper Provinces of India 1824-25, Vol. 2
80. Mountaineer,1860, A Summer Ramble in the Himalayas : 60

81. Mountaineer, A Summer Ramble in the Himalayas; Stray Feathers (London), 1874, Vol II : 225-228 and 1875, Volume III : 224-227; The Field, The Country Gentleman's Newspaper (London), 27 January, 3 March, 17 April and 12 May 1866, 12 November and 24 December 1870; रामेश बेदी, 1999, *पहाड़* 10 : 215-234; Kala, D.C., 2006, Frederick Wilson 'Hulson Sahib' of Garhwal
82. PMR : KD : S-I, Vol 103 : 1854 : 295-310
83. टिहरी गढ़वाल राज्य अभिलेखागार रजिस्टर दो : प्रपत्र 56/10 ब, डबराल, उत्तराखण्ड का इतिहास 6 : 229 दरअसल तब अन्तर्वर्ती क्षेत्रों से सिर्फ़ नदियों के बहान द्वारा ही लकड़ी लाई जाती थी। पुल तो बनते होंगे पर जंगलों के दोहन के लिए पुल और मोटर सड़कें तब नहीं बनी थीं, जैसा बन्द्योपाध्याय गलती से लिख गये (Bandyopadhyay, Jayanta, 1995, From Environmental Conflicts to Sustainable Mountain Transformation : Ecological Action in the Garhwal Himalaya : 266)
84. H. Cleghorn, 1864, Report Upon the Forests of the Punjab and the Western Himalaya : 83-84, 182-83; Mahesh Rangarajan : 24-25
85. H. Cleghorn, 1864, Report Upon the Forests of the Punjab and the Western Himalaya : 35-37, 182; Stebbing, Volume I : 413
86. भटनागर पेपर्स
87. PMR, Kumaon Records, 119, Series –3, 111 : III : 79-80
88. आर. एस. टोलिया द्वारा दी सूचना
89. Stebbing, Volume II : 307
90. PMR : Vol 90 : 1849 : II : 405-418 तथा Vol 91 : 1849 : III : 535-39
91. Aitchison, II, 60-61; Memorandum on Native States in India : 330
92. टिहरी राज्य अधिनियम, रजिस्टर दो, प्रपत्र 11/101, डबराल : 6 : 222
93. मीया प्रेमसिंह, गुलदस्त तवारीख : 96; P.D. Raturi, Working Plan for Jamuna Forest Division, Tehri Garhwal State 1932-33 to 1952-53, Tehri, 1932 : 49; Col. R. Strachey, Secy GoI to Secy Govt. NWP and 0, No 682/XIV/328-63, dated 29 may 1847 in file No. 279, Dept IV A, List No. 2 Post Mutiny Records, Regional Archieves, Dehradun in Guha 1989 : 39
94. देखें, रामजे, विल्सन तथा टिहरी राजा के पत्राचार, टोलिया संग्रह, मुनस्यारी
95. देखें, टिहरी गढ़वाल बहीखाता, उप्र राज्य अभिलेखागार, लखनऊ पृष्ठ 7, 11 आदि तथा रामेश बेदी, *पहाड़* 9; D.C. Kala, Frederick Wilson 'Hulson Sahib' of Garhwal; विल्सन के जीवन की औपन्यासिक प्रस्तुति हेतु देखें : Robert Hutchison, 2010, The Raja of Harsil : The Legend of Frederick 'Pahari' Wilson, Roli Books, New Delhi.
96. J.C. Tulloch, WP for the Leased Deodar Forests in Tehri Garhwal, Allahabad, 1907 : 1-15; Guha 1989 : 39
97. रमोली पट्टी (टिहरी) के किसानों द्वारा कमिश्नर कुमाऊँ एच.जी. रौस को दिये प्रतिवेदन का उत्तर, 15 जुलाई, 1887। शूरवीर सिंह पँवार के संग्रह से। ये बिन्दु निम्न प्रकार थे : 1. ज़रीब से ज़मीन की पैमायश मना की गयी 2. विसावा का बाज़ार भाव मिलेगा 3. पटवारी के रसूल रकम में गुज़ारा नहीं हो सकता 4. बाँज की लकड़ी की कीमत देनी पड़ेगी 5. घास के बाबत पैसा देना पड़ेगा। 6. हरेक भैंस के पीछे एक सेर घी सावनी में देना होगा 7. 3 रु. के गल्ले का एक रुपया मिलने में दुरस्ती होगी 8. आसानी से ज़मीन नहीं निकाली जायेगी। 10. साल, सैन, सीसम, देवदार, टुन की लकड़ी की जितनी दरकार है तुरन्त मिलेगी 11. जंगली जानवरों को मारने का बन्दोबस्त होगा पर राजा को कुछ जंगल अपने शिकार के लिए रखने का हक है।
98. Guha : 32
99. James Kennedy, Life and Work in Benares and Kumaon : 223, 244-45
100. PMR, Vol 6, 1815, 5:87; Atkinson, Three, I : 335 तथा पाठक, बेगार : 93, 113-4
101. उमा भट्ट, कहै गुमानी : 42-46
102. मोलाराम रचनावली उद्धृत डबराल, भाग 7 : 67
103. PMR : Kumaon : MLR : Vol 49 : 1834 : I : 33-43, 167-79; Vol 50, : II : 167-79; Vol 100 : 1852 I : 4; Vol 102 : 1853 : I 16; Vol 108 : 1856 : II : 569-602
104. PMR : Almora, MLR : 1845-52 II : 611
105. Selections from the Records of the Govt. NWP, Mr. Thompson Despatches, Vol I, Allahabad, Govt. Press, 1855 : 250-253
106. Pant : 36
107. PMR : Vol 99 : 1851 : IV : 674

108. PMR : Vol 104 : 1855 : I : 155-65
109. अलमोड़ा अख़बार, 26 जनवरी, 1914
110. Mountaineer,1860, A Summer Ramble in the Himalayas, London : 5
111. Selections from the Records of GOI, Home Department, Supplement to Selection No. VIII, Forest and Iron Mines in Kumaon, Calcutta, 1855 : 9
112. Selections from the Records of GOI, 1855 : 9; Stebbing, The Forests of India : II : 292
113. R.S. Tolia, Founders of Modern Administration in Uttarakhand : 306-7
114. Stebbing : The Forests of India : II : 302-3; Thomas W. Webber, 1902, The Forests of Upper India and their Inhabitants, Edward Arnold, London
115. Pearson Report, 129-39; Atkinson, I, 2 : 853
116. Tiwari, Political Notes on Kumaon, Almora : 67-68; विस्तार के लिए देखें : Becket, 1874, Report on the Revision of Settlement in Kumaon District 1863-73, Part II, Allahabad
117. Becket, 1874, Report on the Revision of Settlement in Kumaon District 1863-73, Part I : 10 and 22
118. Becket, 1874, Part I : 12 and Part II App : 11
119. Becket, 1874. Part I : 29
120. Pauw, 1896, Report on the Tenth Settlement of the Garhwal District 1890-92 to 1895-96, Allahabad : 40 and 65-66
121. देखें : Becket, 1874. Part II, App19 : 77D, Allahabad.
122. Pant : 36-37
123. Nevill, District Gazetteer Nainital : 22; Pant : 37

नोट : के.एफ.एफ.एफ.सी. 1959, पेज 17 के अनुसार सन् 1877 में अलमोड़ा तथा नैनीताल के जंगलों का औपचारिक सीमांकन कर उन्हें 'आरक्षित' घोषित किया गया। बाद में इन्हें 'पुराने आरक्षित जंगल' कहा जाने लगा। सन् 1877 के आरक्षण आदेश के अनुसार कुल 674.5 वर्गमील क्षेत्र को वन विभाग के अन्तर्गत लाया गया। इसमें से 290.5 वर्गमील क्षेत्र स्थानीय लोगों के लिए खुले थे लेकिन 384 वर्गमील क्षेत्र में उन्हें कोई अधिकार नहीं था।

124. Pant : 37-38
125. Berthold Ribbentrop, 1900, Forestry in British India : 62; Guha : 38
126. G.D. Paul, 1871, Felling Timber in the Himalaya, Lahore; Pearson, 1870, Report on the Deodar Forests at Jamuna/Tons Rivers, Selections from the Records of Government NWP, Second Series, Volume III, Number 2, Allahabad : 129-139 तथा Volume II, 1871 (117-125, 125-153) में भागीरथी तथा बाहरी हिमालय के जंगलों की रिपोर्ट थी।
127. Brandis, Memorandum on the Supply of Railway Sleepers of the Himalayan Pines Impregnated in India, *The Indian Forester,* Volume IV, July 1878-April 1879 : 365-385; Guha : 38
128. उक्त : 384-85
129. कृपया देखें : John Strachey, 1888. India : 22-28
130. Pant : 33
131. Pant : 34
132. KFFFC 1960 : 17
133. KFFFC 1960 : 17

    John Strachey, 1888, India (74-88) ने बताया था कि 1886-87 में जंगलात से प्राप्त राजस्व पाउण्ड 11,03,970 था जबकि भूमिकर से 2,30,55,724 और अफीम से 8942976 था। स्ट्रैची यह भी बताते हैं कि जंगलात की आय में से संरक्षण में धन लगा और असली आय पाउण्ड 3,83,000 ही रही। 1857 के बाद ही संरक्षण में कुछ व्यय होने लगा।

134. 100 Years of Indian Forestry 1861-1961, Volume II : 62
135. Guha : 44
136. Pant : 39; 'No elaborate arguments are needed to expose the illegality and impropriety of this action.'
137. R. Maclagan, 1941, Land Management in Punjab Foot Hills : App I, I-IX
138. Pant : 40-41
139. इन झीलों की समझ के लिए देखें : W. Walker, 2010 (1888), Angling in Kumaon Lakes, Nainital
140. Pant : 42
141. Pant : 42
142. Pant : 42

143. Pant : 43-44
144. Pant : 44
145. KFFFC : 19; वन विभाग की स्थापना से 1911 के वन बन्दोबस्त तक के क्रम को देवेन्द्र प्रसाद जोशी ने अपनी लेखमाला 'कुमाऊँ के इतिहास का वैज्ञानिक विश्लेषण' में निम्न प्रकार व्यक्त किया था :

"जंगलों के संरक्षण के दोनों कानूनों (1865 और 1878) का प्रभाव 1893 तक तराई भाबर तक ही सीमित रहा तथा कुमाऊँ के अन्दर जनता का आधिपत्य जंगल और बंजर पर कायम रहा। अक्टूबर 1893 में एक नोटिफिकेशन जारी करके सरकार ने सभी जंगलों और बंजर भूमि को जंगलात के कानून के अन्तर्गत पूर्णतया अपने संरक्षण में ले लिया। 1893 से 1911 तक वर्किंग प्लान बने जिनके सिलसिले में देहातियों पर बेहद ज्यादती हुई। यहाँ तक कि लैण्ड एक्यूजीसन एक्ट के अनुकूल जंगलात विभाग ने गाँव छीने और उन्हीं के एक आध टुकड़ों को बतौर मुआवज़े के दिया। इधर 1884 में रामजे के सहानुभूति युक्त निरंकुश शासन का अन्त हुआ और कच्चे ब्यूरोक्रेटों का शासन चला। कुली बेगार का अन्याय भी बढ़ चला और कुमाउंनी देहात में असन्तोष की लहर फैल गयी।" (कुमाऊँ कुमुद : 2 मई, 1940)

शक्ति (26 अप्रैल, 1921) का सम्पादकीय 'कुमाऊँ में जंगलात' भी प्रस्तुत करने योग्य है :

"कुमाऊँ में जंगलात का प्रश्न लोगों के जीवन-मरण का है। घरेलू जानवरों का जीवन तथा किसान की सुख-समृद्धि सब इसी बात पर निर्भर है। साल अस्सी (संवत् 1880) में कुमाऊँ में बन्दोबस्त हुआ। फिर बिकट साहब ने प्रत्येक गाँव की सरहद मुकर्रर कर दी। सब जंगल प्रजा के ही हाथों रहे। प्रजा में अमन-चैन था। आनन्दपूर्वक वह रहती थी। मनमाने डंगर पालती थी। खूब घी-दूध-दही की भरमार थी। सन् 1878 में जंगलों को रिज़र्व करने की नीति काम में आयी। पहले पहल तो बड़े-बड़े जंगल गाँव से दूर थे। जैसे बिन्सर, स्याहीदेवी, एड़द्यों आदि रिज़र्व किये गये पर लोगों के हक उनमें यथापूर्व रहे। यद्यपि उनमें थोड़ी बहुत रोकटोक होने लगी। सन् 1895-96 में सरकार की ओर से बाबू हर स्वरूप रेंजर साहब आये। उन्होंने बहुत से जंगल रिज़र्व किये और सिविल जंगलों में भी चकबन्दी की। इसके बाद 1911 में जंगलात का बन्दोबस्त आरम्भ हुआ। ...कुल जंगल प्रजा के छीने गये। कहीं-कहीं नाप और आबाद ज़मीन भी जंगलात में बदल गयी। ज़मीन का मूल्य दिया गया कहीं दो आना कहीं चार आना नाली। यद्यपि इस समय 100 से 500 रुपया नाली तक में ज़मीन मिलना कठिन है। गैर गैर में जंगल बन्द किये गये। जगह-जगह तार लगाये गये। थोड़ी-थोड़ी बातों में प्रजा डराई धमकाई जाने लगी। प्रजा ने अनेक अर्जियाँ दी, कुछ भी सुनवाई नहीं हुई। सैकड़ों पतरौल, रेंजर, डिप्टी रेंजर, फारेस्टर आदि भर्ती किये गये। जिनका कार्य प्रजा को सताना, डराना, धमकाना हो गया। जंगलात में थोड़ा सा भी जुर्म हो कि बस तुरन्त दण्ड। न जाने आज तक प्रजा की कितनी दरातियाँ, कुल्हाड़ियाँ और बड़्याठ निर्दयी पतरौलों और रैंजरों द्वारा छीने गये हैं। कितनी स्त्रियों की लाजें गयी हैं। कितने मनुष्यों पर अत्याचार हुआ है..."

इसी तरह का सम्पादकीय शक्ति ने 16 तथा 23 अगस्त, 1921 के अंकों में 'जंगलात के इतिहास पर एक दृष्टि' लिखा था।

146. KFFFC यह पूरे उ.प्र. का वन क्षेत्र बताती है, पेज 19
147. Pant :45; स्वाधीन प्रजा : 8 जनवरी, 1930
148. Pant : 46
149. Pant : 46-47
150. Pant : 4; 'Their only case was to make proposals for as intensive and extensive reservation of the forest as possible with a view to the government getting the maximum revenue out of them.'
151. Pant : 49
152. Pant : 55; कृपया स्टिफ तथा नेलसन की रपटें देखें।
153. Pant : 57-59
154. भेंटवार्ता : मोहन सिंह मेहता, भैरवदत्त धूलिया, मुकुन्दीलाल, देवकीनन्दन पाण्डे; गढ़वाली, मार्च 1913 : 177-181; शक्ति, 16 अगस्त, 1921
155. Pant : 63, भेंटवार्ता : मोहन सिंह मेहता, प्रेमसिंह गड़िया, भैरवदत्त धूलिया, देवकीनन्दन पाण्डे।
156. Guha, Unquit Woods : 117 तथा रामचन्द्र गुहा, 1986, वन, वन व्यवस्था और वनान्दोलन, *पहाड़-2* : 123
157. Pant : 65
158. भेंटवार्ता : उक्त तथा प्रेमसिंह गड़िया, मंगतराम खन्तवाल आदि।
159. Pant : 66.67
160. Pant : 67; भेंटवार्ताएँ : उक्त
161. Pant : 67.68

162. खेती की ज़मीन के बहुत कम होने से पर्वतीय उत्तराखण्ड में घर या छानियाँ ज़्यादातर व्यक्तिगत स्वामित्व की ज़मीन पर न बनाकर अन्य प्रकार की ज़मीनों पर बनाये गये हैं। आज भी इस वास्तविकता की पड़ताल की जा सकती है।
163. कविता के आँखर : 64-65; मथुरा दत्त मठपाल, 1999, शिवदत्त सती : कुमाऊँनी कविता का मध्य स्तंभ, *पहाड़* 9/10 : 126-134, Lalit Joshi, Forest Policy and Anti-Colonial Policy in Nineteenth Century Kumaun, in Vinaya Chandra Pande and Sunit Singh (Eds.), *Independence Movement and Uttar Pradesh* : 88-118

   'जंगल को बड़ो दुख ज़मींदार कणी, बीकी ले अरजा करो, भल मैसो मणी।
   दिक है गी ज़िमींदार जंगल है बेर, घा लाकड़ा का है ल्यूनी है गैछ अँधेर।
   ठौर ठौर बणपन तार लैगे बाड़, ...
   जंगल का शोत शोतों, पतरौल रौनी, बिन पास जंगल में जन आया कौनी।
   हत्यार जफत होला जुर्बानो लै आलो, जंगल को लाकड़ो यो सिरीखण्ड होलो।'
   या
   'चोरी बेर बेच छै तू जंगल का पेड़...'
   'बण जाणी कसी हुंछ इज़्ज़त की डर, बैक जाला बण पन सैणी रहा घर।'
   या
   'धमकौछ पतरौल रेंजर है बांकी, छिपी रौछ जंगल में गाढ़ी बेर टांकी।'
164. शुभ्रा गुरुरानी ने 1993 के अध्ययन भ्रमण में महिलाओं में इसी मनःस्थिति को मौजूद पाया था। जंगलात सम्बन्धी दिक्कतों, आरक्षित जंगल में धुसपैठ, उसे अभी भी अपनी 'सम्पत्ति' मानने के महिला मनोविज्ञान तथा पतरौल की मनःस्थिति समझने हेतु देखें (Shubhra Gururani, Regimes of Control, Strategies of Access : Politics of Forest Use in the Uttarakhand Himalaya : 170-90)
165. Pant : 52-53
166. पाठक, शेखर, उकुबेप्र : 100-101
167. Stebbing, The Forests of India, Volume II : 497-98; GAD File 739/1920, Serial-2; Police Department File 1151/1921 : 55
168. E.A. Smythies, 1914, The Resin Industry in Kumaun, *Forest Bulletin* 26 : 3, Calcutta; R.G. Marriot, 1936, The Resin Industry in Kumaun, Compiled in the Kumaun Circle, Bulletin 9, United Provinces Forest Department, Allahabad; Ramachandra Guha, Unquiet Woods : 45 (FN 32)
169. Ribbentrop : 173
170. Stebbing, Vol III : 660
171. India's Forest Wealth, 1925
172. Smythies, India's Forest Wealth, 1925; Guha : 47 and FN 34
173. Council Proceedings, 1915 : 22; हरिप्रिया रंगन ने भवाली में 25 साल तक रही फैक्ट्री के योगदान की चर्चा नहीं की (Rangan, State Economic Policies and Changing Regional Landscapes in the Uttarakhand Himalaya : 43)
174. Guha : 47 and FN 34

   इस सम्बन्ध में प्रान्तीय काउन्सिल में जोध सिंह नेगी ने 27 अक्टूबर 1921 को सवाल भी पूछा था कि क्यों इस फैक्ट्री को हटाया गया? तब इसका उत्तर नहीं दिया गया था (Council Proceedings, 1921 : 77)
175. R. N. Brahmawar, W.P. for the Garhwal Forest Division 1930-31 to 1939-40, Allahabad,1932 : 138-39
176. Stebbing : III : 658-9; JEC Turner, IF 40 (1914) : 427-9; Guha : 47
177. Annual Progress Report of Forest Administration in the United Provinces for the Year 1916-17 (Allahabad 1918) : 20, 38, 45 और 1917-18, 22-23; जोधसिंह नेगी ने 24 जनवरी 1922 को भी काउन्सिल में जंगलात सम्बन्धी अनेक सवाल पूछे थे (Council Proceedings, 1922, VI : 95-97)

   रामचन्द्र गुहा ने WPs के आधार पर कटे पेड़ों की संख्या निकाली है, जो निश्चय ही इससे ज़्यादा होगी।
178. Pant : 44
179. शक्ति : 20 मई 1919
180. Johari, WP for GFD, 1940-41 : 54-55; Guha : 48
181. Annual Progress Report of Forest Administration in the United Provinces for the Year 1923-24, *The Indian Forester,* Volume LI, 1925, Allahabad : 83-88

   निम्न हिस्सा गौर करने लायक है :

   "It seems unnecessary to enlarge on the bad effect these desforestations and unlimited rights will have in Kumaon. Very serious damage to some areas recently disforested is already reported. The idea that because the demand for rights on a particular area is so heavy that it can not be satisfied, that area should be handed over for destruction is most failacious but this what is being done. The more thoughtfull inhabitants of Kumaon are already displaying some anxiety at the wanton damage that is taking place. It can be said definitly that the forest in class I under remedy 4 will disappear in a few decades, that those deforested under remedy I will do so still more rapidly and that the last state of the Kumaon will be worse than the first. No forest conservancy can ever be instituted without definition and restriction of rights of user. This definition and restriction has been carried out hitherto by forest department with the greatest care to avoid unnecessary trouble to the people, but its actions have been consistently misrepresented" : 84

182. देखें : 1927 का वन अधिनियम।

183. Annual Progress Report of Forest Administration in the United Provinces for the Year 1926-27, *The Indian Forester,* Volume LIV, 1928, Allahabad : 37-39

184. दस्तावेज़, 29 नवम्बर, 1933, देवलघार स्टेट, अलमोड़ा।

185. Annual Progress Report of Forest Administration in the United Provinces for 1933-34, *The Indian Forester* Volume LXI, June 1935, Allahabad : 409-10

186. Legislative Council Proceedings, 12 December, 1934 : 368-371

187. Annual Progress Report of Forest Administration in the United Provinces for 1934-35, *The Indian Forester,* Volume LXII, May 1936, Allahabad : 316-319

188. KFFFC 1960 : 38; पहली वन पंचायत 1925 में बनी जबकि वन पंचायत एक्ट 1931 में बना। 1947 में कुल वन पंचायतों की संख्या 429 थी जो 1993 में 3635, 2001 में 6777 तथा 2006 में 12089 हो गयीं।

189. R.N. Brahmawar, 1940, A Short Note on the Export Arrangements from the Forests in Sarda Valley, *The Indian Forester,* Volume LXVI, October 1940 : 583-592; Khan, Alamgir, The Nandhaur Valley Tramway, *The Indian Forester*, 1947, Allahabad : 195-201

190. KFFFC 1960 : 22

191. Raturi, P.D., Working Plan for the Jamuna Forest Division, Tehri Garhwal State, 1932-33 to 1952-53, Tehri, 1932 : 49; Guha : 39

192. N. Hearle, WP for the Tehri Garhwal Leased Forests, Jaunsar Forest Division, Allahabad, 1888 : 1-16; Guha : 40

193. G.F. Pearson; Guha : 40

194. डबराल, उकाइ, भाग 6 : 239

195. KFFFC : 22

196. P.D. Raturi, Working Plan for the Jamuna Forest Division, Tehri Garhwal State 1932-33 to 1952-53, Tehri :11, 50; Ramachandra Guha : UW : 70

197. श्याम चन्द नेगी, टिहरी जन-आन्दोलन ज़िन्दाबाद, युगवाणी : 15 दिसम्बर, 1947

198. डबराल, उकाइ, भाग 6 : 252 तथा 420-36

199. Bahuguna, M.N.,Working Plan for the Tehri Forest Division, Tehri Garhwal State, 1939-40 to 1969-70, Tehri, 1941; Tehri Darbar Circular Number 21, 1930; Verma, V.P.S., Working Plan for the Tehri Forest Division, Garhwal Circle, UP, 1973-74 to 1982-83, Nainital, 1973, Appendix : 580-84; Guha, Unquiet Woods : 41 तथा KFFFC : 22-23

200. गढ़वाल समाचार : मई-जून 1914 : 7

201. Guha, Unquiet Woods : 39.43

202. Franz Heske, Problem Der Waldernautung in Himalaya in *Tharandier Forstlichen Jehrabuch,* 1931 vol 82, No. 8 p. 545- 594, अंग्रेज़ी अनुवाद एस.आर.डी. गुहा तथा रामचन्द्र गुहा के सौजन्य से

203. गढ़वाली, 20 अक्टूबर, 1928; File No. 730-1/26 Forest Dept, NAI and Guha : 41

204. Guha : 42

205. Annual Administrative Report of Tehri Garhwal State Forest Department 1936-37, Tehri,1937

206. Guha : 42

207. Forest Department Notification No. 234 Special, XIV 237, 19 September, 1918, Regional Archieves, Dehradun

208. देखें : Forest Department Misclleneous, 17 July, 1920, No. 1227/XIV-217, Regional Archieves, Dehradun

3

जंगलात की पहली लड़ाई

उन्नीसवीं सदी की अन्तिम चौथाई से जंगलात के हक़-हक़ूकों को नियन्त्रित और कम करने का विरोध ग्रामीण क्षेत्रों तथा उत्तराखण्ड के नगर-क़स्बों से होने लगा था। ग्रामीण किसान प्रत्यक्ष प्रतिरोध भी कर रहे थे। नगरों-क़स्बों का भद्रलोक स्थानीय पत्रों के माध्यम से तथा प्रशासनिक अधिकारियों (कमिश्नर तथा डिप्टी कमिश्नर) तथा वनाधिकारियों को प्रतिनिधि मण्डलों के रूप में विभिन्न मामलों में प्रतिवेदन दे रहा था। बाद में प्रान्तीय काउन्सिल के कुछ संवेदनशील सदस्यों, सन् 1915 में नामित सदस्य तारादत्त गैरोला ने और 1920 के बाद कुमाऊँ से चुने गये काउन्सिल सदस्यों ने इस क्रम को बढ़ाया था। जंगलात आन्दोलन लगभग बेगार उन्मूलन आन्दोलन के ही क्रम में था। ये दोनों कई बार एक-दूसरे के समानान्तर लगते हैं जबकि ये पूरक थे।

1. जंगलों का औपनिवेशिक अपहरण और प्रतिरोध

इतिहास लेखन की सबसे बड़ी दिक्कत यह है कि जो प्रमाण आप नहीं ढूँढ़ सके या जो प्रमाण आप तक सुरक्षित नहीं पहुँच सके, उनसे जुड़ी वास्तविकता इतिहास प्रवाह की मुख्य धारा में नहीं आ पाती है। गोविन्द बल्लभ पन्त ने सन् 1920 तक के जंगलात के प्रश्न का बहुत बारीकी से अध्ययन किया था। अनुपम मिश्र तथा रामचन्द्र गुहा ने चिपको आन्दोलन तक के जंगलात प्रतिरोध को संवेदनशील दृष्टि से लिखा है। अन्य बहुत से लेख और किताबें हाल के दशकों में प्रकाशित हो चुकी हैं। लेकिन जंगलात का पूरा मुद्दा सामने आ सका कि नहीं अभी शंका होती है। जंगलात का प्रश्न तथा उसके विरुद्ध हुआ आन्दोलन बहुपरती और अधिक गहरा है। लगा कि उसे सिर्फ़ अंग्रेज़ी दस्तावेज़ों से पूरा नहीं पकड़ा जा सकता है। इन दस्तावेज़ों से सिर्फ़ एकांगी इतिहास लिखा जा सकता है। इसके लिए 'लोक' में उतरना निश्चय ही अनिवार्य है। कितना हम पकड़ पाते हैं, यह हमारी सीमाओं पर निर्भर है।

जंगलात का प्रश्न एक ओर औपनिवेशिक सत्ता द्वारा स्थानीय समुदायों के जंगलों को राज्य प्रबन्धन में लेने और दूसरी ओर उत्तराखण्ड के किसानों द्वारा प्रकट किये गये सामान्य विरोधों के धीरे-धीरे एक गहरे प्रतिरोध में बदलने की कहानी है। यह स्थानीय प्रतिरोधों के जन्म और विकास के साथ उत्तराखण्ड में पहुँच रहे शहराती राष्ट्रवाद से इनके मिलने की गाथा भी है। अतः आम किसान-पशुचारक के 'लोक' को उसकी स्मृतियों, गीतों, पत्रों, कहावतों, स्थानीय अख़बारों, उसके नेताओं के वक्तव्यों, प्रतिवेदनों या जीवनियों/आत्मकथाओं में ढूँढ़ा जा सकता है। इस सच्चाई का छोटा-सा अंश ही अंग्रेज़ी दस्तावेज़ों में आ सका है।

सामान्य किसान तथा पशुचारक अपनी रोज़मर्रा की ज़िन्दगी में जिन संसाधनों पर निर्भर थे या हैं, उनकी सुरक्षा तथा स्वामित्व का सवाल उनके अस्तित्व से जुड़ा था और है। इसलिए जंगल के अधिकारों की लड़ाई स्थानीय समाज की अपने को अपनी जगह कायम रखने की लड़ाई थी। दार्शनिक रूप से यह अपनी मिट्टी को बचाने का जतन था। प्रत्यक्ष रूप से यह अपनी खेती, पशुपालन, कुटीर उद्योग, जड़ी-बूटी, कन्दमूल और सांस्कृतिक स्थलों-उत्सवों तथा गीतों को बचाने की लड़ाई भी थी। यह सच है कि टिहरी रियासत तथा बर्तानवी (ब्रिटिश) उत्तराखण्ड के आन्दोलनों में इस अर्थ में फ़र्क था कि रियासत में स्थानीय शासक के प्रति जनता की श्रद्धा थी और अक्सर 'ढण्डक' राजकर्मचारियों या राज्य की गलत नीतियों के ख़िलाफ़ होते रहे। 1930 के रवाँई काण्ड के बाद दृश्य अवश्य बदला। लेकिन ब्रिटिश उत्तराखण्ड में नीतियों (ब्रिटिश सत्ता की) और नियन्ताओं (सामान्य प्रशासन तथा जंगलात विभाग के नौकरशाह और यहाँ तक कि प्रान्तीय लाट भी) दोनों का विरोध हुआ। दूरस्थ दुर्गम इलाकों में रहने वाले चुप समाज अन्याय के प्रतिकार का नया मुहावरा कैसे गढ़ते हैं, यह उत्तराखण्ड में हुए जंगलात सम्बन्धी प्रतिरोधों से बखूबी समझा जा सकता है।

यह बताया जा चुका है कि ईस्ट इण्डिया कम्पनी का उत्तराखण्ड आगमन सन् 1815 में हुआ। लगभग चार दशक के प्रारम्भिक शासनकाल में जंगलात सम्बन्धी शासकीय दबाव अत्यन्त कम होने से जन असन्तोष के प्रसंगों का नहीं मिलना स्वाभाविक था। जंगल के कुछ उत्पादों का दोहन सन् 1850 से पहले शुरू हुआ था पर यह मात्रा में ज़्यादा न था। चाहे तराई-भाबर तथा दून के जंगलों या भागीरथी-यमुना घाटियों में जानवरों तथा पक्षियों की खालों-पंखों या कस्तूरा मृगों का दोहन हुआ हो या ब्रिटिश बसासतों या छावनियों की इमारतों या टिहरी के पुराणा दरबार तथा अन्य इमारतों के निर्माण हेतु कटान हुआ हो, इससे जंगलात सम्बन्धी संकट स्थानीय समाज को अनुभव नहीं हुए।

लेकिन लोहे की खानों के करीब स्थित गाँवों ने लोहे को गलाने हेतु मालिकाना (कर) न देकर जंगल कटान के मामले में ईस्ट इण्डिया कम्पनी के ज़माने में ही विरोध शुरू कर दिया था।[1] इसी तरह छखाता (भीमताल से भाबर तक का क्षेत्र), जहाँ से कुमाऊँ के अन्तरवर्ती क्षेत्रों को बहुत आवागमन होता था, के ग्रामीणों ने जंगलों में सरकारी घुसपैठ तथा चारा, लकड़ी, घास की दिक्कतों के कारण अपना विरोध प्रकट किया था।[2] बेगार की सामन्ती प्रथा को बनाये रखने में उक्त प्रक्रियाओं ने योगदान दिया था।[3]

उत्तराखण्ड के गोरखा कुशासन से अभिशप्त समाज को सन् 1815 में यह अन्दाज़ा नहीं था कि वह एक 'नयी गुलामी' के युग में प्रवेश कर रहा है। अतः नेपाल युद्ध के समय स्थानीय सहयोग कम्पनी को निरन्तर मिला। कम्पनी शासन के प्रारम्भिक सालों में स्थानीय समाज पर फ़ौजी पड़ावों या छावनियों के रखरखाव तथा भवनों-सड़कों के निर्माण कार्य का दबाव था।[3] स्थानीय

समाज ने इसमें सहयोग दिया और प्रारम्भिक 8-10 सालों तक शुद्ध बेगार का प्रचलन नहीं हो सका था। इस कार्य के लिए धनराशि दी जाती थी। हाल ही में गोरखों की गिरफ़्त से मुक्त हुए पहाड़ी समाज की उदारता का कम्पनी प्रशासकों द्वारा यह अर्थ लगाया जा रहा था कि इस कार्य में पहाड़ी काश्तकारों की रुचि है और इससे उन्हें पर्याप्त धनराशि भी प्राप्त हो जाती है।[5] धीरे-धीरे यह बेगार का रूप लेने लगा।

यद्यपि प्रारम्भिक प्रशासकों ने दो महत्त्वपूर्ण कोशिशें कीं। कमिश्नर ट्रेल ने सन् 1822 में खच्चरों की एक टुकड़ी (म्यूल कोर) की व्यवस्था की। साथ ही सन् 1817 के अधिनियम 10 के अन्तर्गत नियुक्त कमिश्नर ग्लिन द्वारा पहाड़ी कुलियों की स्थिति तथा मज़दूरी की दरों का सर्वेक्षण किया गया था। उसने मज़दूरी को बढ़ाने की सिफ़ारिश की थी। ग्लिन की रपट से तत्कालीन समाज तथा बेगार व्यवस्था की अनेक पर्तें खुलती हैं। निम्न आर्थिक तथा सामाजिक वर्ग किस तरह बेगार से पिसते थे, इस रपट से स्पष्ट उजागर होता है।[6] लेकिन ट्रेल के प्रयासों के बावजूद न खच्चरों की व्यवस्था स्थायी रूप से चल सकी और न ही ग्लिन की रपट के बावजूद तत्काल मज़दूरी ही बढ़ सकी। इस तरह ये दोनों प्रयास सफल नहीं हो सके।[7] कदाचित कम्पनी प्रशासकों में वांछित दृढ़ इच्छा न थी और शायद उन्हें इसकी व्यावहारिकता पर भी शक था। उक्त दोनों कार्यों से कम्पनी को होने वाला सम्भावित आर्थिक घाटा ही इनके लागू न होने का कारण बना।[8]

इस तरह बेगार को एक अपरिहार्य प्रथा के रूप में स्वीकार कर अगले ज़मीनी बन्दोबस्तों में इसे इकरारनामों के साथ जोड़ दिया गया। स्थानीय समाज ने बेगार प्रथा को पूरी तरह स्वीकार नहीं किया और अनेक प्रकार से बेगार का विरोध होता रहा। इस पर विस्तार से अन्यत्र प्रकाश डाला गया है।[9] जंगलात सम्बन्धी अधिकारों बाबत छखाता (भीमताल) के ग्रामीणों ने 1853-55 के बीच विरोध किया था।[10] बेगार प्रथा के विकास की दूसरी अवस्था (1856-1885) कमिश्नर हेनरी रैमजे के काल से जुड़ी है। यह काल प्रथम स्वतन्त्रता संग्राम से कांग्रेस के जन्म के बीच फैला है। इसी काल में भारतीय उपमहाद्वीप में विभिन्न बन्दरगाहों से हिमालय की तलहटी तक रेल पहुँचाने की तैयारी हो रही थी। मसूरी तथा नैनीताल तो कम्पनी शासन के दौर में ही हिल स्टेशनों के रूप में विकसित होने लगे थे, पर चकराता (1866), रानीखेत (1869) तथा लैन्सडौन (1887) छावनियों की स्थापना इसी काल में हुई।[11] रेल का आगमन तथा नयी बसासतों की स्थापना जंगलों के कटान से जुड़नी स्वाभाविक थी।

इसलिए हेनरी रैमजे के कमिश्नर काल के प्रारम्भ में ही जंगलों के 'दोहन' और 'रक्षण' का काम महत्त्व पाने लगा था।[12] नैनीताल में नगरपालिका की सीमा से कुमाऊँ आयरन कम्पनी को पेड़ देने से उसने इनकार किया था। इस कारण कम्पनी को कालाढूँगी में स्थानान्तरित होना पड़ा था। 1864 में जंगलात विभाग की स्थापना हुई और इसी साल कुमाऊँ में वन सर्वेक्षक के रूप में वैबर की नियुक्ति हुई।[13] सन् 1868 में नये कानून के अन्तर्गत कुमाऊँ, गढ़वाल तथा देहरादून के जंगल जंगलात विभाग को सौंपे गये। जंगलों का सर्वेक्षण, वन सम्पदा की व्यापक जाँच-पड़ताल तथा सीमा निर्धारण करने के लिए सर्वे दल बनाया गया। सन् 1868 में ही मेजर पियर्सन ने कुमाऊँ के जंगलों की व्यवस्था सँभाली।[14] बताया जा चुका है सन् 1863 से प्रारम्भ बैकेट ने अपने ज़मीनी बन्दोबस्त में सयाणों (ग्राम प्रधानों) से उन इकरारनामों को लिखाने में सफलता पायी, जिनके अनुसार जंगलों और चरागाहों में ग्रामीणों के अधिकार सिमट गये और बेगार तथा बर्दायश देना उनका सामान्य कर्तव्य मान लिया गया।[15] स्पष्ट है कि बेगार तथा जंगलात आन्दोलन के बीज इसी समय बोये

गये। यह अलग बात है कि औपनिवेशिक प्रशासन को तब इनके अंकुरित होने की सम्भावना नज़र नहीं आती थी।

बेगार उन्मूलन तथा जंगलात के आन्दोलनों के अन्तःर्सम्बन्धों की पड़ताल के लिए यह समझने की ज़रूरत है कि जंगलात विभाग के विस्तार के साथ बेगार तथा बर्दायश का दबाव किसानों पर बढ़ता गया। जंगलात के हक़-हक़ूकों को नियन्त्रित करने के साथ बेगार का अतिरिक्त भार किसान परिवारों पर पड़ना शुरू हुआ। रेलों के विस्तार तथा जंगलों की व्यापारिक उपयोगिता के कारण सदी के अन्त तक जंगलात विभाग सैकड़ों कर्मचारियों तथा अधिकारियों वाला हो गया था। इस प्रकार जंगलात और बेगार के प्रश्न एक हो गये थे और बड़ी सीमा तक इनके ख़िलाफ़ हुआ आन्दोलन एक ही प्रक्रिया की दो लहरों की तरह था।[16]

बाहरी तौर पर कमिश्नर रैमजे को न ब्रिटिश सत्ता का विरोधी कहा जा सकता है न कुमाऊँ के किसानों का। उसने यह कठिन सन्तुलन बनाने में कामयाबी पायी, पर वह जंगलों के बारे में जिस तरह की बात (स्थानीय ग्रामीणों के अधिकारों की हिफ़ाज़त) कर सका—स्ट्रेची ने भी यह किया था—वैसी दृष्टि उसकी बेगार के बारे में न थी। रैमजे ने बेगार के विरुद्ध सोमेश्वर में उठे एक ग्रामीण प्रतिरोध का दमन किया था।[17] लेकिन रैमजे के शासनकाल के अन्तिम सालों में और विशेष रूप से सन् 1890-95 के बीच जिस तरह कुमाऊँ के किसानों और उनके जंगलों के बीच ब्रिटिश सत्ता एक दीवार की तरह स्थानीय प्रशासन तथा जंगलात विभाग के रूप में खड़ी हो गयी थी, उसमें एक सहनशील और 'चुप' समाज का मुखर होना स्वाभाविक था। इस मुखरता के पीछे जंगल के अधिकारों का सिमटना तथा बेगार का फैलना था।

2. स्थानीय पत्रकारिता तथा प्रतिरोध के अंकुर

सन् 1868 में उत्तराखण्ड में स्थानीय पत्रकारिता की शुरुआत हो चुकी थी[18] तथा एक छोटा-सा भद्रलोक विकसित हो रहा था। सरकार के मुक़ाबले या सरकार के साथ अख़बार को लिखना शुरू से ही लोगों को ज़रूरी लगने लगा था। 'समय विनोद' के दिसम्बर 1869 के अंक में कुमाऊँ के जंगलों के हेनरी रैमजे से जंगलात विभाग के हाथ में जाने पर रंज प्रकट किया गया था। इसमें रैमजे के प्रति स्थानीय मोह ज़्यादा झलकता था पर उस समय जंगलात विभाग की भावी नीतियों का मिज़ाज नहीं समझा गया था। 'समय विनोद' के 1 जनवरी, 1874 के अंक में कुमाऊँ के जंगलों को जंगलात विभाग को सौंपे जाने के ख़तरे उजागर किये गये थे और कुमाऊँवासियों के जंगलों से अन्तर्सबन्धों को विश्लेषित किया गया था। 'अलमोड़ा अख़बार'[19] ने बोर्ड ऑफ़ रेवन्यू से यह आग्रह किया था कि नदियों के द्वारा काटे या बहाये गये खेतों को भूमि कर से मुक्ति मिलनी चाहिए। इस अंक में बाढ़, वर्षा तथा जंगलों के रिश्ते की पड़ताल के साथ जंगल और ज़मीन को पहाड़ों का प्रथम विषय बताया गया था।

15 अक्टूबर, 1874 के 'अलमोड़ा अख़बार' ने लिखा था कि बेगार से दबे कुमाऊँनियों के सिर पर जंगलों को सरकारी बनाने की विपत्ति का बोझ रख दिया गया है और 'समय विनोद'[20] ने स्पष्ट कहा था कि जंगलों को लेना ज़मीन को लेना ही है। यद्यपि 'अलमोड़ा अख़बार'[21] तथा 'समय विनोद'[22] दोनों पत्र देशी प्रेस को विकसित करने में सरकारी योगदान के प्रति आभार जताते रहे थे, पर वे स्थानीय विषयों पर लिखने से नहीं चूकते थे। उत्तर पश्चिमी प्रान्त के डायरेक्टर पब्लिक इन्सट्रक्सन्स ने इसीलिए शायद 'अलमोड़ा अख़बार' के लिए लिखा था कि वह इसकी शैली के बारे में नहीं जानता पर इसके लेख यदाकदा सशक्त होते हैं।[23]

सन् 1875 में नैनीताल नगर में प्रशासन द्वारा यह आदेश जारी किया गया था कि बिना परमिट के कोई जंगल से लकड़ी नहीं ला सकता। इस हेतु आठ और चार आने के टिकट लेने अनिवार्य कर दिये गये। बिक्री के लिए नगर में लकड़ी आनी बन्द हुई तो 'समय विनोद' ने लिखा कि यह पर्वतवासियों के हक़ों पर आघात है। इसी तरह जब चाय बागानों के अंग्रेज़ स्वामियों ने स्थानीय ग्रामीणों के जल स्रोतों के इस्तेमाल को ग्रामीणों द्वारा मना किये जाने पर गोली चलायी तो 'अलमोड़ा अख़बार'[24] ने इसका विरोध यह लिख कर किया था कि कोर्ट ने चाय बागान के मालिकों को मात्र मामूली जुर्माना किया। क्या स्थानीय निवासियों का जीवन इतना सस्ता है?

'समय विनोद'[25] ने लिखा था कि भारतवासियों को उन्हीं के देश में बेगाना बना दिया गया है। समस्त शक्ति ब्रिटिश सत्ता के हाथ में है और वह पूरे ब्रह्माण्ड को अपने अधिकार में समझती है। पूरा भारतवर्ष लाचार है और कठोर हृदय यवनों के हाथ से जो बच गया था वह अब अंग्रेज़ों के हाथ में है। इसी अंक में आगे लिखा गया था कि छोटे-मोटे अधिकारी तो निरन्तर प्रजा का अपमान करते रहते हैं। लेकिन अब हमारे जंगलों और ज़मीन पर भी विपत्ति आने लगी है। 'समय विनोद'[26] का मानना था कि भारतीय प्रशासन पर ब्रिटिश संसद तथा सम्राज्ञी का कोई असर नहीं है। वायसराय अपने तहत कर्मचारियों पर वैसे ही निर्भर है, जैसे राजा अपने सूबेदारों पर होता था। अतः उन्हें प्रजा की स्थिति पता नहीं है।

नगरपालिका में स्पष्टवादी सदस्यों की ज़रूरत बतायी गयी ताकि वे स्थानीय वाशिन्दों का पूरा पक्ष ले सकें।[27] 'समय विनोद' ने अगले अंक में कमिश्नर हेनरी रैमजे की जनसमर्थक नीति की प्रशंसा करते हुए लिखा कि वे अलमोड़ा के ज़िलाधिकारी को समझायें, जिसने नगर में जानवरों को पालने पर रोक लगा दी है।[28] 'अलमोड़ा अख़बार' ने वर्नाक्यूलर प्रेस एक्ट का विरोध किया था,[29] तो सन् 1878 के जंगलात एक्ट का भी।[30] साथ ही पत्र यह लिखने से नहीं चूका कि भारत में खेती की उन्नति जंगलों की उन्नति से जुड़ी हुई है।[31] 'अलमोड़ा अख़बार'[32] ने 'पायोनियर' नामक सरकारपरस्त तथा भारतीय समाज के प्रति दुराग्रही अंग्रेज़ी पत्र की आलोचना की और लिखा कि ख़ुद अंधकार से ग्रस्त यह पत्र हमें सभ्यता सिखाता है। कलकत्ता के 'स्टेट्समैन' की प्रशंसा करते हुए लिखा था कि देशी पत्र उससे सीख सकते हैं।[33]

'अलमोड़ा अख़बार' ने अलमोड़े में पानी की कमी पर लिखा था कि ज़्यादा पानी का इस्तेमाल तो अधिकारी करते हैं, नागरिकों के लिए कहाँ पानी बचता है। इसी पत्र में नगर के आसपास खड़े जंगलों को सरकार द्वारा लिए जाने पर आपत्ति की गयी थी।[34] साथ ही नैनीताल-अलमोड़ा तथा नैनीताल-रानीखेत मार्गों में आये भूस्खलनों को नज़र में रख इनके आसपास पेड़ों को फैलाने का सुझाव दिया था।[35] जिस अलमोड़े में सन् 1903 में समुद्र पार करना एक आन्दोलन का कारण बना, वहाँ 'अलमोड़ा अख़बार'[36] ने लिखा था कि ऐसा करना हिन्दू परम्परा के विपरीत नहीं है। पत्र ने अलमोड़ा के आसपास के चरागाहों में जानवरों की चराई पर लगी रोक तथा सरकारी (आरक्षित) जंगलों की सीमा के फैलाव का विरोध कर लोगों को सुझाव दिया कि वे ज़िला प्रशासन को तत्काल अपना विरोध पत्र भेजें।[37]

कुमाऊँ में खेती के विस्तार के लिए सिंचाई की व्यवस्था और जंगलों की सुविधा को जोड़कर देखा गया[38] तथा पहाड़ के किसानों को अपनी फ़सल तथा जानमाल की जंगली जानवरों से रक्षा के लिए बन्दूक देने की वकालत की गयी। स्पष्ट कहा गया कि सरकार को कुमाऊँ में आर्म्स एक्ट लागू नहीं करना चाहिए।[39] गर्मी के मौसम में फ़ौजियों द्वारा अपने टैंकों को नौले से भर ले जाने का विरोध

करते हुए लिखा था[40] कि सरकार ने जंगल ले लिए और अब पानी छीन रही है। अगले ही अंक में लिखा था कि अलमोड़ा के सिटोली में छावनी की स्थापना करने तथा बलढौटी में जंगल लगाने के बहाने स्थानीय निवासियों का चरागाह छीन लिया गया है। अतः चराई की वैकल्पिक सुविधा दी जानी चाहिए। इस बाबत नगरवासियों द्वारा डिप्टी कमिश्नर को प्रतिवेदन दिया गया था।[41]

विश्वनाथ के मुर्दाघाट में लकड़ी की किल्लत[42] तथा जंगलात के नये नियमों से किसानों को हो रही दिक्कतों का ज़िक्र करते हुए लिखा कि जो सरकार अपनी संवेदना तथा उदारता के लिए जानी जाती थी, अब वह लालची तथा क्रूर हो गयी है।[43] अलमोड़ा के नागरिकों के प्रतिवेदन के बावजूद जब ज़िला प्रशासन पर कोई असर नहीं पड़ा तो 'अलमोड़ा अख़बार'[44] ने पुनः दुख व्यक्त करते हुए लिखा कि अलमोड़े को बसाने वाले राजा के समय से स्थानीय निवासियों को बलढौटी के जंगल में जानवरों को चराने का अधिकार था।

सन् 1893 में ही सरकार ने भाँग पर प्रतिबन्ध लगा दिया था। भाँग के बीजों का पहाड़ी समाज भोजन में इस्तेमाल करता रहा था। चटनी इससे बनती थी तथा रेसे से रस्सी, चटाई या थैले बनते थे। दरअसल भाँग के तने तथा पत्तों से उक्त 3-4 उत्पादों के साथ चरस और गाँजा भी उपलब्ध होता था। पत्र ने इस सरकारी निर्णय का विरोध किया था क्योंकि यह पहाड़ी किसान की भोजन पद्धति का हिस्सा था।[45]

17 अक्टूबर 1893 के नोटिफिकेशन[46] के द्वारा गढ़वाल, अलमोड़ा तथा नैनीताल ज़िलों में जंगलात के अलावा पनघट, गोचर तथा अन्य बेनाप ज़मीनों को सरकार द्वारा लिए जाने की घोषणा हुई। इससे पूर्व सन् 1879 तथा 1883 में अलमोड़ा के 14 क्षेत्रों (नोटिफिकेशन 177 दिनांक 26 फ़रवरी, 1879 तथा संशोधित नोटिफिकेसन 99 दिनांक 31 जनवरी, 1883) तथा सन् 1879 तथा 1887 में नैनीताल ज़िले के 7 क्षेत्रों (नोटिफिकेसन 149 दिनांक 31 जनवरी, 1879 तथा संशोधित नोटिफिकेशन 133 एफ/539-13 दिनांक 31 मार्च, 1887) को संरक्षित (प्रोटैक्टेड) घोषित किया गया था। सन् 1895-96 में अकाल के कारण कुमाऊँ में अनेक स्थानों पर अनाज की कमी थी। विभिन्न स्थानों पर अनाज के भावों में फ़र्क़ था। भाबर तथा अलमोड़ा में जो अनाज रुपये का 7 या 8 सेर मिल रहा था, वही अनाज दूरस्थ क्षेत्रों तथा गढ़वाल में रुपये का 5 सेर ही मिल पा रहा था।[47]

इसी बीच 17 अक्टूबर, 1893 को जारी जंगलात की नयी अधिसूचना लागू की जाने लगी। इसके अनुसार कुमाऊँ में बंजर भूमि संरक्षित करार दी गयी। इस समय सरकार को अनेक प्रतिवेदन देकर सरकारी घोषणा का तीव्र विरोध किया गया था। अनेक गाँवों से सरकार को प्रतिवेदन भेजे गये थे।[48] सन् 1895 में जंगलात के नये नियमों की समीक्षा कर उन्हें अनुपयुक्त और किसानों के अधिकारों में घुसपैठ बताया गया था।[49] इसी अंक में गढ़वाल में बाघ द्वारा 16 बकरियों के मारे जाने तथा एक औरत और तीन मर्दों को गम्भीर रूप से घायल करने का समाचार प्रकाशित हुआ था। अख़बार ने सरकार द्वारा पहाड़ी किसानों को हथियार विहीन करने की नीति की स्पष्ट निन्दा की थी।

सन् 1890 से 1996 के बीच इ.के. पौ ने गढ़वाल ज़िले में ज़मीन का बन्दोबस्त किया था। उसने बन्दोबस्त के समय बेगार को नियन्त्रित करने का प्रयास किया था तो 'अलमोड़ा अख़बार'[50] ने अपेक्षा की थी कि यदि सरकार ग्रामीणों को जंगल से लकड़ी, चारा आदि ले जाने दे तो उचित होगा। जिस तरह बेगार लेना अन्याय है, वैसे ही जंगल के हक़-हकूकों को लील लेना भी। इस माँग से जंगलात और बेगार का अन्तःर्सम्बन्ध तथा आगामी चौथाई सदी में ये क्यों आन्दोलन के कारण बने, भी स्पष्ट होता है।

उन्नीसवीं सदी के अन्तिम दशक में उत्तराखण्ड के गाँवों से एक ओर स्थानीय क़स्बों तथा दूसरी ओर मैदानों के नगरों को प्रवासन की गति बढ़ गयी थी। 30 जून, 1896 को पूरे हो रहे साल में लैन्सडौन/कोटद्वार में मनीआर्डर द्वारा डेढ़ लाख रुपये आये थे।[51] यह धीरे-धीरे बढ़ रही 'मनीआर्डरी अर्थव्यवस्था' का उदाहरण था। दूसरी ओर गढ़वाल ज़िले में पिछले बन्दोबस्त और इस बन्दोबस्त के बीच हिस्सेदारों की संख्या 25,567 से 35,096 तथा उनके पास उपलब्ध ज़मीन 94,064.4 एकड़ से 2,03,144.5 एकड़ हो गयी थी। खैकरों की संख्या 14,679 से 15,163 तथा ज़मीन 26,613.8 एकड़ से 53,987.3 और सिरतानों की संख्या 10,052 से 11,799 तथा ज़मीन 7,813.2 एकड़ से 26,122.4 एकड़ हो गयी थी। पिछले बन्दोबस्त के कुल 50,298 किसानों की संख्या तब 62,058 तथा ज़मीन 1,28,491.4 एकड़ से 6,09,533.3 एकड़ हो गयी थी।[52] इसी तरह पौ ने ज़िला गढ़वाल के कुल जानवरों की संख्या 6,31,804 बतायी थी।[53] स्पष्ट था कि जंगल तथा चरागाह घटे थे तथा उसी अनुपात में खेती की ज़मीन बढ़ी थी।

कभी-कभी 'अलमोड़ा अख़बार' कुमाऊँ निवासियों की राजभक्ति की चर्चा कर अंग्रेज़ प्रशासकों को प्रभावित करने की कोशिश करता था। एक लेख में लिखा गया था कि कुमाऊँनियों ने सन् 1857 के विद्रोह के समय सरकार को मदद दी थी। अतः सरकार को आर्म्स एक्ट कुमाऊँ में लागू नहीं करना चाहिए। सरकार को यह मानना चाहिए कि ये हथियार जंगली जानवरों से जान-माल तथा फ़सल की रक्षा के लिए ज़रूरी हैं।[54] अलमोड़े के भद्रलोक तथा ग्रामीण किसानों के क्रमशः प्रतिवेदन तथा विरोध के स्वर अलमोड़े के डिप्टी कमिश्नर ने साथ-साथ सुने। परिणामस्वरूप 'सिविल जंगलों' से किसानों को इमारती तथा खेती के उपकरणों हेतु प्रयुक्त लकड़ी लेने की स्वीकृति दी गयी।[55]

3. नयी सदी में जंगलात प्रसंग

सन् 1901 में रानी विक्टोरिया की मृत्यु पर शोक मनाने वाला 'अलमोड़ा अख़बार' नगर में पानी की कमी या कोयले के दाम, जो 8 से 14 आने प्रति मन था, बढ़ने पर भी लिखता रहा।[56] अलमोड़े में नाकरचीटोला से करबला तक सड़क के दोनों ओर तथा पानी के नौलों के अगल-बगल पेड़ लगाने का सुझाव दिया गया था।[57] सन् 1901 में जब कुमाऊँ में नया भूमि बन्दोबस्त शुरू होने की चर्चा हुई तो पत्र के एक लेख में प्रस्तुत विभिन्न माँगों में अधिकतर ज़मीन तथा जंगल से सम्बन्धित थी।[58]

स्थानीय प्रेस ने आर्म्स एक्ट को कुमाऊँ में लागू करने पर पुनः असन्तोष जताया,[59] तो ज़िला गढ़वाल में शिक्षा, परिवहन, अकाल, पटवारियों के व्यवहार, रोज़गार आदि बाबत प्रखर टिप्पणियाँ लिखी थीं।[60] 'अलमोड़ा अख़बार'[61] ने लिखा था कि संयुक्त प्रान्त के लाट द्वारा गवर्नर जनरल का ध्यान जंगलात की समस्या की ओर दिलाने की ज़रूरत है। सरकार ने तीन फ़ीट से कम गोलाई के साल, शीशम तथा देवदार के पेड़ों के कटान पर रोक लगायी है पर वन विभाग बेड़ु तथा घिंगारू तक नहीं काटने देता। ग्रामीणों के हक़-हकूक आसपास के जंगलों तथा चरागाहों में हर हाल में कायम रहने चाहिए। आगे अख़बार ने लिखा था कि जंगल की रक्षा के साथ ही किसान के लिए घास लकड़ी भी ज़रूरी है। फारेस्ट गार्डों की संख्या बढ़े पर वे ग्रामीणों को हतोत्साहित न करें। जहाँ ज़रूरी हो नये पेड़ लगें, लेकिन पहाड़ के जिन किसानों से ईंधन, घास और चारे के अधिकार छीन कर उन्हें मैदानी किसानों से बदतर हालत में पहुँचा दिया है, पहले उनकी स्थिति ठीक की जाय।

सन् 1903 में जंगलात तथा बेगार सम्बन्धी उदार प्रतिरोध की दो बड़ी घटनाएँ हुईं। पहली घटना अलमोड़ा नगर से लगे खत्याड़ी गाँव के किसानों के द्वारा जुलाई 1903 में बेगार देने, तहसील

में जाने, कुली बनने तथा तहसीलदार को उत्तर देने से इनकार करने की थी। बाद में जुर्माना देने से भी इनकार किया गया और अन्ततः इलाहाबाद हाईकोर्ट से किसानों को न्याय मिला। यह अलग बात है कि इस जीत का आम किसानों में प्रचार-प्रसार नहीं हो सका और न ही भद्रलोक इस महत्त्वपूर्ण निर्णय को तब महत्त्व दे पाया।[62]

इसी साल लार्ड कर्जन का कुमाऊँ आगमन हुआ था। अलमोड़े से सोमेश्वर, गरुड़, ग्वालदम, देवाल, रामणी तथा पाणा होते हुए ढाक-तपोवन तक उनके लिए एक विशेष सड़क का निर्माण किया गया था। अलमोड़े से कौसानी जाते हुए टोटासिलग में तारादत्त बिष्ट तथा नारायणदास ने लार्ड कर्जन को कुली बेगार तथा जंगलात की समस्याओं की वास्तविकता बता कर प्रतिवेदन दिये थे। इससे पहले भी उन्होंने ग्रामीणों के हस्ताक्षरों से युक्त प्रतिवेदन बेगार और जंगलात की दिक्कतों के बाबत ज़िला प्रशासन और लाट को भेजे थे। ग्रामीण किसानों की इस तरह की चेतना और व्यवहार शैली से तत्कालीन डिप्टी कमिश्नर चार्ल्स शेरिंग कुपित हुआ था।[63] स्वयं कर्जन ने यहाँ के प्राकृतिक संसाधनों, सौन्दर्य, सघन जंगलों, नदियों और बर्फ़ीले पहाड़ों की हार्दिक प्रशंसा की थी, लेकिन जंगलात या बेगार बाबत उसने क्या किया यह पता नहीं लगता।[64] कदाचित वह इन समस्याओं को नहीं समझ सका था। उसके मन में तब दो ही विषय पक रहे थे। एक था यंगहजबैण्ड के नेतृत्व में तिब्बत पर हमला और दूसरा भारत के अत्यन्त जाग्रत प्रान्त बंगाल का विभाजन।

'अलमोड़ा अख़बार' ने सन् 1905 के अन्तिम अंक[65] में लिखा था कि इग्लैण्ड में लिबरल पार्टी की सरकार रहे या कंजरवेटिव की, भारत की दशा तो बद से बदतर हो रही है। अब डिप्टी कमिश्नर भी मामूली आने लगे हैं और ग्रामीण समाज तहसीलदार, नायब तहसीलदार, रेंजर, फारेस्टर, पटवारी तथा फारेस्ट गार्डों की कृपा पर है। ये सभी मनमानी करते हैं। इसी अंक में कुमाऊँ के किसानों की बन्दूक़ें जब्त करने का परिणाम प्रस्तुत करते हुए कहा गया था कि अब कुमाऊँ में जंगली जानवरों की संख्या बढ़ गयी है और वे फ़सल को नुक़सान पहुँचा रहे हैं और बच्चों और पालतू जानवरों को उठा ले जा रहे हैं।

उक्त लेख में जिन तहसीलदार, नायब तहसीलदार, पटवारी, रेंजर, फारेस्टर तथा फारेस्ट गार्डों का ज़िक्र किया है, वे सामान्य तथा जंगलात प्रशासन और प्रकारान्तर में बेगार तथा जंगलों की अत्यन्त आपत्तिजनक व्यवस्था के प्रतीक और संचालक थे। उनका विरोध न सिर्फ़ आवेदनों तथा प्रतिनिधि मण्डलों द्वारा किया गया वरन स्थानीय समाचार-पत्रों में ये मुख्य विषय बने रहे। बेगार तथा जंगलात ने तत्कालीन कुमाऊँ को संगठित होने का अर्थ समझाया। जानवरों की चराई पर नियन्त्रण लगाने तथा जंगलों को उनके लिए वर्जित स्थान घोषित करने का विरोध किया गया था।[66]

'गढ़वाली' ने अपने पहले ही अंक में जागृति का सन्देश दिया[67] और अक्टूबर 1906 के अंक[68] में गढ़वाल में बाढ़, अतिवर्षा और अकाल की चर्चा की तो 'अलमोड़ा अख़बार'[69] ने स्थानीय प्रशासन का ध्यान जंगलात के उन प्रचलित नियमों की ओर दिलाया था, जिनसे ग्रामीणों को दिक्कत होती थी और जंगलात कर्मचारियों को ग्रामीणों को सताने का मौक़ा मिलता था। सन् 1907 में 'अलमोड़ा अख़बार'[70] ने स्वदेशी आन्दोलन का समर्थन करते हुए अलमोड़ा में शीघ्र स्वदेशी दुकानें खोलने का सुझाव दिया था, तो 'गढ़वाली' ने बेगार के ख़िलाफ़ सशक्त लेख छापे थे[71] और 'भारत दुर्दशा' का बखान किया था।[72]

लेकिन सन् 1907 की ज़्यादा महत्त्वपूर्ण घटनाएँ बेगार तथा जंगलात नीति के प्रत्यक्ष विरोध से जुड़ी थीं। इस साल अलमोड़ा तथा श्रीनगर में बेगार के विरोध तथा वांछित संशोधनों को सुझाने

हेतु सभाएँ हुईं। अनेक शिष्टमण्डल डिप्टी कमिश्नरों से मिले।[73] अलमोड़ा में जंगलात के प्रश्न को लेकर ब्रिटिश भारतीय फ़ौज में वरिष्ठ पदों पर रहे अवकाश प्राप्त मेजर जनरल पैट्रिक ह्वीलर[74] की अध्यक्षता में एक बड़ी बैठक हुई थी, जिसमें रायबहादुर बदरीदत्त जोशी आदि जैसे भद्रलोक के प्रतिनिधि सक्रिय थे। बैठक के बाद उन्होंने एक विस्तृत और तार्किक पत्र ज़िला प्रशासन तथा प्रान्तीय लाट को भेजा था,[75] जिसका लाट हेवेट ने बरेली दरबार में जवाब दिया था कि सरकार का इरादा कुमाऊँ के जंगलों से मुनाफ़ा कमाने का नहीं है।

मनुष्य भक्षी बाघों की स्थानीय अख़बारों में निरन्तर चर्चा रही[76] तथा ग्रामीणों को बन्दूक देने या गाँव में शिकारियों को नियुक्त करने का आग्रह किया जाता रहा। जब तक जंगल के प्रचलित कानूनों में सुधार, पालतू जानवरों का बाघों द्वारा मारा जाना बन्द और डेरी फार्मों की संस्कृति नहीं होगी तब तक इस क्षेत्र में घी-दूध की दिक्कत बनी रहेगी।[77] 'गढ़वाली'[78] ने अकाल की स्थिति का वर्णन करते हुए जंगलों को बचाने तथा फैलाने की ज़रूरत बतायी थी। जंगलात के नये नियमों से किसानों के लिए लकड़ी की बहुत तंगी होने का ज़िक्र किया था। इसी अंक में जंगलात के नये बन्दोबस्त की अनुगूँज भी थी। पत्र में लिखा गया था कि सुना है अब हर 'सिविल जंगल' को 'शाही (इम्पीरियल) जंगल' में बदला जा रहा है। इससे अवश्य हानि होगी। इसकी तत्काल जाँच होनी चाहिए।[79]

'गढ़वाली'[80] ने बन्दोबस्त की सुगबुगाहट के समय ही अपने सम्पादकीय में लिखा था :

> 'हमको यह सुनकर अत्यन्त शोक हुआ कि गढ़वाल के सिविल प्रोटेक्टेड जंगल, जो आज तक डिप्टी कमिश्नर साहब के प्रबन्ध में थे, जिनका केवल प्रजा के लाभ के लिए ही प्रबन्ध किया जाता था अर्थात उनसे सरकार तिजारत नहीं करती थी, अब उनको सरकारी जंगल बनाने का विचार है। हम इस विषय पर दूसरे अंक में विस्तार पूर्वक लिखेंगे। इस समय इतना कहना आवश्यक है कि जिन्होंने गढ़वाल के गरीब किसानों की दशा देखी होगी और यह जानते होंगे कि गढ़वाल में केवल भेड़-बकरी, मवेशी और खेती से ही गरीब रिआया का गुज़ारा होता है, ज़मीन भी ऐसी पथरीली है कि बिना ख़ूब खाद डाले उसमें कुछ भी नहीं होता और ऊँचे शिखरों में बिना ख़ूब लकड़ी जलाये निभती भी नहीं, वे कदापि इस प्रस्ताव के पक्षपाती नहीं हो सकते।'

बेगार के ख़िलाफ मुखर हो रही किसानों तथा भद्रलोक की आवाज़ को सन् 1911-17 के जंगलात बन्दोबस्त ने द्विगुणित किया था। 'अलमोड़ा अख़बार'[81] ने प्रारम्भ में अपेक्षा की थी कि नये बन्दोबस्त में चराई, इमारती लकड़ी तथा गोचर की सुविधाएँ ग्रामीणों को पूरी तरह वापस दी जायेंगी। 28 मार्च 1912 के अंक में जंगलात पर टिप्पणी की थी।[82] 'गढ़वाली' तथा 'गढ़वाल समाचार' के जून 1912 के अंकों में ग्रामीणों द्वारा जंगलात के कर्मचारियों को घायल करने का समाचार था,[83] जिससे दैनन्दिन ग्रामीण प्रतिरोधों का अन्दाज़ा लगाया जा सकता है। 'गढ़वाली' ने अगस्त 1912 के अंक में जंगलात या बन्दोबस्त अधिकारियों के अनुभवहीन होने की बात लिखी थी।[84]

हल्द्वानी में लाट हेवेट ने अपने भाषण में बेगार पर चुप्पी साध जंगलात की बहुत चर्चा की थी और दोहराता रहा कि यह कुमाऊँनी जनता के हित में हो रहा है।[85] 'गढ़वाली' ने अक्टूबर 1912 में 'कुमाऊँ और कौन्सिल' नामक लम्बे लेख में कहा था कि कुमाऊँ की दशा पर कोई और सलाह नहीं दे सकता। जंगलात के नये प्रबन्ध से भविष्य में हो सकता है लाभ हो, पर इस बन्दोबस्त की त्रुटियों

की ओर सरकार का ध्यान दिलाना ज़रूरी है। यह काम वही कर सकता है जिसको आवश्यकताओं का अनुभव हो। लेख के अन्त में कुमाऊँ से काउन्सिल सदस्य नामित करने का आग्रह था।[86] सन् 1911 के दरबार के समय प्रान्तीय लाट ने उत्तराखण्ड के जिन व्यक्तियों को चाँदी के पदक दिये थे उनमें 3 रेंजर तथा 2 फारेस्टर भी थे जबकि कोई पटवारी या पेशकार पुरस्कृत नहीं हुआ था।[87]

'गढ़वाली'[88] ने कुमाऊँ को काउन्सिल में प्रतिनिधित्व दिये जाने की वकालत इस आधार पर की थी कि जंगलात तथा बेगार की प्रबल तथा भयानक तकलीफों से पर्वतीय समाज तभी मुक्त हो सकेगा। पत्र ने बेगार तथा जंगलात का सम्बन्ध सामान्य पहाड़ी किसानों की इज़्ज़त तथा आबरू से बताया था। इसी साल पिण्डरघाटी के गाँव थराली (ज़िला गढ़वाल) में जंगलात के एक अधिकारी द्वारा एक किसान को पिटवाने का 'गढ़वाली' ने विरोध किया था।[89]

'अलमोड़ा अख़बार' ने एक लेख में लिखा था[90] :

'बेगार के प्रश्न ने हमको वास्तव में बेजार कर दिया है। यह कष्ट जंगलात के कष्ट से भी गुरुतर है। क्योंकि जंगलात का प्रश्न तो धन सम्बन्धी है और यहाँ तो मानहानि का प्रश्न है...'।

इस सम्पादकीय में जंगलात की शहरी समझ और बेगार का शहरों की ओर मुखर दबाव स्पष्ट झलकता है। 'अलमोड़ा अख़बार' ने अपने एक अंक में बताया था कि पूरे प्रान्त में सन् 1912 में जंगली जानवरों द्वारा 160 मनुष्य तथा 13,150 पशु मारे गये, जिसमें से 67 मनुष्य तथा 12,428 पशु कुमाऊँ के थे।[91] ज़िला गढ़वाल में नये बन्दोबस्त का विरोध करते हुए डिप्टी कमिश्नर तथा प्रान्तीय लाट जेम्स मेस्टन के नाम प्रतिवेदन भेजे गये थे।[92] बेगार तथा जंगलात के संयुक्त संकट को एक और पत्र में मार्मिकता से व्यक्त किया गया था :

'...पुराने समय में अन्य लोगों की तुलना में ग्रामीणों को अधिक सुविधाएँ प्राप्त थीं तथा जंगलों और चरागाहों के स्वतन्त्र उपयोग को रोकने हेतु कोई नियम न थे, जैसे कि अब हैं। अब समय काफ़ी कठिन है और अनेक कानून और कर लादकर कठिनाई बढ़ा दी है। ग्रामीण जीवन वर्तमान नियमों और नियन्त्रणों की कठिनाइयों से भरा है। वे न अपने ईंधन के लिए पेड़ काट सकते हैं, न चारे के लिए पत्तियाँ। लेकिन दौरे पर आने वाले अधिकारी अपने घोड़ों के लिए अच्छी घास, भोजन बनाने को ईंधन तथा अपने तथा कर्मचारियों के लिए दूध आदि मुफ़्त प्राप्त करने के लिए दबाव डालते हैं जबकि अपनी मेहनत और पैसों से भी इन चीज़ों को वे अपने लिए मुश्किल से जुटा पाते हैं...'।[93]

15 सितम्बर, 1913 को प्रान्तीय काउन्सिल में बृजनन्दन प्रसाद ने कुमाऊँ में हो रहे जंगलात के बन्दोबस्त से जनता में प्रकट असन्तोष का ज़िक्र करते हुए पूछा था कि क्या सरकार ग्रामीणों को जंगलात के पुराने अधिकार दे रही है? उत्तर में बताया गया कि असन्तोष सिर्फ़ उस गलतफ़हमी से है जो भविष्य में इस बन्दोबस्त से होने वाली सम्भावित स्थिति से जन्मी है।[94] 1 दिसम्बर, 1913 को सरकार ने काउन्सिल में यह सूचना दी कि अगस्त 1912 तक 1023 $\frac{1}{2}$ (1023.5) एकड़ खेती वाली ज़मीन को आरक्षित जंगलों के भीतर ले लिया गया था।[95]

जंगलात के अधिकार डिप्टी कमिश्नर से जंगलात विभाग को दिये जाने का विरोध 'गढ़वाल समाचार'[96] में भी प्रकट हुआ था :

'डिप्टी कमिश्नर साहब से जंगलात के अधिकार छीन कर सरकार ने इन पहाड़ी ज़िलों की प्रजा के साथ निष्ठुरता का बर्ताव किया है। क्योंकि डिप्टी कमिश्नर साहब को ज़िले का हाकिम होने से अपनी प्रजा के दुख-सुख का जैसा ख़्याल होगा, वैसा ख़्याल जंगलात के अफ़सर को हो नहीं सकता। जंगलात का अफ़सर सिर्फ़ जंगलात की ही आमदनी का लिहाज़ करेगा। उसको प्रजा के दुख-सुख की क्या पड़ी है। किन्तु डिप्टी कमिश्नर साहब को जंगलात की बेहतरी के साथ-साथ प्रजा के दुख-सुख पर भी ख़्याल करना पड़ता है। इसलिए हम कहते हैं कि सरकार ने यह निष्ठुरता का कार्य किया है। यदि सरकार चाहे तो इस निष्ठुरता में फिर मधुरता आ सकती है।'

'अलमोड़ा अख़बार' ने अपने एक सम्पादकीय में जिन महत्त्वोपयोगी विषयों पर मतभेद को जातीय आत्मघात कहा था, उनमें जंगलात का प्रश्न भी था।[97]

पटवारी तथा पतरौल की बिना प्रमाण की रपट पर लोगों को सजा और जुर्माना होने का विरोध करते हुए पत्र ने लिखा था कि अगर अपील करने से डरोगे तो जुर्माने की चक्की चलती रहेगी।[98] 'गढ़वाली'[99] ने सरकार के उस तर्क का, कि यहाँ भूमि कर कम है तथा जंगलात की सुविधा है, जवाब देते हुए लिखा था कि कुमाऊँ में भूमि से पैदावार इतनी कम है कि भूमि कर बाहर से कमा कर देना पड़ता है। जंगलात के बन्दोबस्त ने कुमाऊँनी प्रजा के रहे सहे जंगल सम्बन्धी अधिकार भी छीन लिए हैं। देशी ज़िलों में किसी गाँव के सरहद भीतर की ज़मीन पर चाहे आबाद हो या बंजर ज़मीदार (काश्तकार) का ही अधिकार होता है। किन्तु कुमाऊँ में नाप खेतों की मैंड़ तक को सरकारी जंगल घोषित कर दिया गया है। उस पर भी ज़मींदार का अधिकार नहीं रहा।[100] 'लीडर'[101] ने कुमाऊँ के जंगलात बन्दोबस्त पर लेख छापे थे, जो किसानों का पक्ष बड़ी स्पष्टता से रखते थे।

19 जुलाई, 1915 को बृजनन्दन प्रसाद ने एक प्रस्ताव में निवेदन किया कि कुमाऊँ को काउन्सिल में प्रतिनिधित्व दिया जाय। पिछले 6 साल से यह स्थान खाली है। किसी कुमाऊँनी को नामित किया जाय। उन्होंने यह भी कहा कि हालाँकि कुमाऊँ के मुसलमानों का रुहेलखण्ड के मुसलमानों के साथ एक प्रतिनिधि काउन्सिल में है। जनसंख्या का कम होना कुमाऊँ को सदस्यता न देने का कारण नहीं बनना चाहिए। इस क्षेत्र में जंगलात बन्दोबस्त प्रभावी है। बेगार तथा उतार यहाँ की विशेष दिक्कतें हैं। चाहे अधिनियम (regulation) में संशोधन करना पड़े पर प्रतिनिधित्व होना चाहिए। यहाँ के लोगों ने सेना तथा नागरिक प्रशासन में सरकार की असाधारण सेवा की है। यूरोप की लड़ाई में यहाँ के जवान असाधारण योगदान दे रहे हैं और पहले भारतीय के रूप में एक गढ़वाली को विक्टोरिया क्रास जैसा सर्वोच्च सैनिक सम्मान मिला है। उत्तर में कहा गया था कि पिछले एक्ट को 6 साल हो गये हैं। अतः चुनाव से प्रतिनिधित्व नहीं आ सकता, नामित सदस्य ही आयेगा।[102]

17 फ़रवरी, 1915 को राय विश्वम्भरनाथ बहादुर ने कुमाऊँ टरपैण्टाईन इण्डस्ट्रीज के बाबत उत्तर दिया कि यह फैक्ट्री सन् 1896 से चली थी और तब से 1913-14 तक इस पर रु. 5,81,474 व्यय हुआ जबकि आय रु. 8,93,901 हुई।[103] इसी दिन बृजनन्दन प्रसाद ने जंगलों पर सवाल पूछे थे।[104] 5 अक्टूबर, 1915 को नामित सदस्य के रूप में तारादत्त गैरोला ने राजभक्ति की शपथ ली और बागवानी पर आये प्रस्ताव पर कहा कि यातायात की दिक्कतों से कुमाऊँ में बागवानी लाभदायक नहीं हो पा रही है।[105] 11 नवम्बर, 1916 को गैरोला ने बेगार, बर्दायश तथा बनिया नाली के बारे में अनेक सवाल पूछे थे।[106] इस बीच स्थानीय पत्रों में गढ़वाल में अकाल[107] तथा कुमाऊँ दरबार में

जनप्रतिनिधियों को आमन्त्रित न करने बाबत छपे लेखों[108] की अनुगूंज काउन्सिल में सुनाई दी। 'अलमोड़ा अख़बार' ने जंगलात की सख्ती तथा जंगलात बन्दोबस्त की पुनः आलोचना की। इस पर भी काउन्सिल में सवाल पूछा गया पर सूचना के अभाव में उसका उत्तर नहीं दिया गया।[109]

4. चेतना और प्रतिरोध का रूपान्तरण

सन् 1913 से 1916 के बीच वह उदार सरकार परस्त चेतना रूपान्तरित हुई, जो स्थानीय प्रेस के साथ जन्मी और कांग्रेस के अधिवेशनों तथा अन्य सम्मेलनों में स्थानीय भद्रलोक के जाने के साथ विकसित हुई थी। इस चेतना की रचना में सर्वाधिक निर्णायक भूमिका कुमाऊँनी देहात के आन्दोलित स्वरों ने निभायी थी। ये स्वर किसानों के थे। सन् 1913 में अलमोड़ा शहर में बेगार लगाये जाने की घोषणा हुई और सन् 1911 से प्रारम्भ जंगलात बन्दोबस्त ने अपना अधिक असर 1912-13 के बाद दिखाना शुरू किया। इससे बेगार तथा जंगलात के विरुद्ध आन्दोलनों को तेज़ी मिली। अब बेगार तथा जंगलात के प्रश्नों से नगरों, क़स्बों या अन्य वर्गों के लोग अलग या सुरक्षित न थे। जिन स्थानों पर प्रत्यक्ष या मुखर विरोध सामने नहीं आया, वहाँ भी जंगलों पर अपने अधिकार खोने को बहुत गहराई से महसूस किया गया। गढ़वाल में जंगलात का बन्दोबस्त कर रहे अधिकारी नेलसन ने कदाचित इसे समझा था :

> 'ऊपर से नीचे तक सबके मन में यह विचार है कि सरकार उनसे उनके जंगल छीन रही है तथा उनसे उनकी सम्पत्ति लूट रही है। यह विचार ब्रिटिश नियन्त्रण के प्रारम्भिक 80 सालों में ग्रामीणों द्वारा बेकार ज़मीन (चरागाह) तथा जंगलों का उपयोग करने में किसी नियन्त्रण के न होने के कारण और दृढ़ हो गया है। अतः सबसे अधिक बुजुर्ग ग्रामीण, जो सबसे ज़्यादा जानकार भी माना जाता है, जनता द्वारा जंगलों के अनियन्त्रित उपयोग के अधिकारों का इतिहास जानता है तथा ग्रामीण समुदाय अनियन्त्रित उपयोग तथा स्वामित्व/अधिकार में कोई अन्तर नहीं मानता है। सिर्फ़ परवर्ती नियम, जो अभी नये हैं, उन्हें अपने वनाधिकारों के हनन के रूप में दिखायी देते हैं, जिनकी परिणति अब उनकी सम्पत्ति के ज़ब्त किये जाने में हो रही है। मेरे सभी प्रयत्न लोगों को स्थिति में हुए परिवर्तनों को समझाने या जंगलों के सरकारी स्वामित्व के ऐतिहासिक तथ्य में विश्वास कराने में असफल रहे...।'[110]

इससे पूर्व सन् 1893 में बेनाप और संजायती ज़मीन को संरक्षित जंगल के अन्तर्गत लिए जाने से जन्मे सामाजिक आक्रोश तथा विरोध को देखकर गढ़वाल के डिप्टी कमिश्नर मैकनेयर ने अपने परवर्ती डिप्टी कमिश्नर के लिए जंगलात प्रशासन सम्बन्धी टिप्पणी में लिखा था कि जंगलात विभाग मुख्य रूप से ग्रामीणों से झगड़े करने के लिए बना है।[111]

सन् 1913 में बदरी दत्त पाण्डे के 'अलमोड़ा अख़बार' के सम्पादक बनने पर पत्र को आक्रामक सक्रियता मिली और नव प्रकाशित 'विशाल कीर्ति' भी बेगार तथा जंगलात सहित सभी प्रमुख विषयों पर प्रखरता से लिखने लगा था। इन पत्रों के सम्पादक या सम्पादक मण्डल सदस्य अपने नगर-क़स्बे के प्रबुद्ध जनों में थे। इनमें से कुछेक का राजनीतिक रुझान भी था। इसी समय देहरादून में गढ़वाल तथा देहरादून की प्रमुख सामाजिक संस्थाओं का एकीकरण हुआ और 'गढ़वाली' मासिक का प्रकाशन इस संस्था के मुखपत्र के रूप में होने लगा था।

इन सालों में उत्तराखण्ड ने हज़ारों स्वस्थ युवकों को सेना और कुली कोर के माध्यम से बर्तानवी साम्राज्य की सेवार्थ तथा रक्षार्थ भेजा था। स्वयं जनता ने इस दौर में 'वार लोन' आदि के माध्यम से सरकार की मदद की थी, लेकिन न तो कुमाऊँ को प्रान्तीय काउन्सिल में प्रतिनिधित्व दिया गया और न यहाँ कॉलेज की स्थापना की गयी। जंगलों के पारम्परिक प्राकृतिक अधिकारों पर बन्दोबस्त द्वारा गहन हस्तक्षेप करने के साथ कुली बेगार का उन्मूलन करने के बारे में अभी भी सरकार की दृष्टि लाट हीवेट की 1907 की राय की तरह थी, कि 'बेगार उठाना गोया चाँद को माँगना हो'।[112]

इस बीच गाँवों से बेगार तथा जंगलात नीति का प्रत्यक्ष विरोध शुरू हो गया था और देहरादून, पौड़ी, श्रीनगर, नंदप्रयाग, नैनीताल, अलमोड़ा आदि नगरों-क़स्बों में भद्रलोक के एक हिस्से का मोह भंग ब्रिटिश सत्ता से होने लगा था। इस नागर जागृति की सीमाएँ थीं लेकिन ग्रामीण प्रतिरोधों के निरन्तर व्यापक होते जाने की स्वाभाविक सम्भावना थी और देर-सबेर प्रत्यक्ष ग्रामीण प्रतिरोध भद्रलोक को भी विवश करने वाले थे। पर जंगलात और बेगार को लेकर अभी उत्तराखण्ड के भद्रलोक की राय आम किसानों से भिन्न थी।[113]

बदरी दत्त पाण्डे के 'अलमोड़ा अख़बार' के सम्पादक बनने के बाद इस पत्र की ग्राहक संख्या 115 से 1500 पहुँच गयी थी।[114] भद्रलोक प्रतिवेदन दे रहा था, समाचार-पत्रों में लिख रहा था और ग्रामीण क्षेत्रों में जन असन्तोष अनेक रूपों में प्रकट हो रहा था। ज़िला गढ़वाल की पट्टी पिण्डरपार के कुछ ग्रामीणों ने अपने गाँवों को ही छोड़ देने का विचार बनाया था। ये ग्रामीण एक अंग्रेज़ बागान मालिक के पास ज़मीन माँगने तक गये, क्योंकि नये जंगलात नियम तथा नियन्त्रण इतने कठोर हो गये थे कि इन नियमों को मानने के बजाय वे नये ज़िले या नयी जलवायु में जाने को तैयार थे।[115]

विरोध का एक अन्य तरीका लागू नियमों की अवहेलना करना था। यह प्रक्रिया सबसे अधिक तब सामने आयी जब बन्दोबस्त के समय जंगलात के अधिकार नियत हो रहे थे। ग्रामीण इस बारे में अधिक स्वैच्छिक सहायता देने के पक्ष में न थे।[116] अनेक स्थानों पर जंगलात के सर्वे दलों को सामान्य क्षेत्रों में भी अनाज देने से इनकार किया गया था।[117] यह निश्चय ही ग़ुस्से का प्रारम्भिक रूप था। इसीलिए जंगलात के एक अधिकारी ने चराई तथा अन्य अधिकारों के निषेध के विरुद्ध जनता के प्रत्यक्ष ग़ुस्से के प्रकट होने की भविष्यवाणी की थी।[118]

किसानों ने मई 1916 से प्रत्यक्ष कार्यवाही शुरू कर दी। ध्यान रहे कि अभी 'कुमाऊँ परिषद्' सामाजिक गर्भ में ही थी। पहली बार नैनीताल वन प्रभाग की गौला रेंज में आग लगायी गयी। यह वास्तव में पाँच साल बाद प्रकट होने वाले व्यापक जन-आन्दोलन की पूर्व सूचना थी। इस आग से चीड़ के जंगलों को नुक़सान हुआ और क्षतिग्रस्त 28 हज़ार पेड़ों को असमय में ही गिराना पड़ा था। तत्पश्चात जंगलों में अग्निकाण्डों का सिलसिला ज़िला नैनीताल से अलमोड़ा तथा गढ़वाल की ओर फैला। बिन्सर तथा ऐड़ीद्यो जैसे बाँज बहुल जंगलों में भी आग फैली। दरअसल ग्रामीणों द्वारा जानबूझकर कटान तथा लीसा गड़ान वाले जंगलों को निशाना बनाया जा रहा था। जहाँ आग स्वतः लगी थी, वहाँ आग न बुझाकर विरोध प्रदर्शन हो रहा था। जंगलात विभाग का अनुमान था कि 1916 में 441 अग्निकाण्डों, जिसमें 388 वर्गमील जंगल क्षेत्र जला था, में से 64 प्रतिशत जानबूझ कर या सोद्देश्य किये गये थे। इसके मुक़ाबले पिछले साल यानी 1915 में 188 अग्निकाण्डों में मात्र 35 वर्गमील जंगल जला था। इस आगजनी के कारण हज़ारों एकड़ जंगलात क्षेत्र में अगले दस साल के लिए शेष वनाधिकार भी समाप्त कर दिये गये।[119]

तत्कालीन कुमाऊँ में एक स्थानीय संगठन की आवश्यकता सन् 1908 से ही महसूस की जाने लगी थी।[120] बदरीदत्त पाण्डे ने 'लीडर' में लिखा था कि कुमाऊँ को एक संगठन तथा एक समाचार-पत्र की आवश्यकता है।[121] बाद में 'अलमोड़ा अख़बार' ने स्थानीय समस्याओं के समाधान के लिए स्थानीय संगठन और स्थानीय आन्दोलनों हेतु 'कुमाऊँ परिषद्' की शाखाओं के जगह-जगह खुलने और इसके सालाना जलसे आयोजित किये जाने का स्वप्न देखा था और कुमाऊँ की मुख्य विपत्ति कुली उतार और जंगलात को ही बताया था।[122] 'अलमोड़ा अख़बार' ने जंगलात की सख्ती पर लगातार सवाल किये थे।[123] इस तरह नया स्थानीय संगठन अस्तित्व में आया। निश्चय ही इसमें तत्कालीन ग्रामीण उत्तराखण्ड की जागृति तथा आक्रोश का योगदान अधिक निर्णायक था।

सितम्बर, 1916 में, जब संयुक्त प्रान्त के लाट जेम्स मेस्टन नैनीताल दरबार में कह रहे थे कि 'हमने 1815 में कुमाऊँ में सदियों से प्रचलित कुशासन को समाप्त किया तथा हिन्दुस्तान में ऐसे क्षेत्र बहुत कम हैं जहाँ लोगों पर कुमाऊँ की तरह सरकार का भार कम है', कुमाऊँ में एक नये संगठन 'कुमाऊँ परिषद्' का जन्म हो चुका था। इसमें कुमाऊँ के प्रबुद्धजन शामिल थे– जैसे बदरी दत्त पाण्डे, लक्ष्मी दत्त शास्त्री, हरगोविन्द पन्त, गोविन्द बल्लभ पन्त, इन्द्रलाल साह, मोहन सिंह दड़म्वाल, चन्द्रलाल साह, प्रेम बल्लभ पाण्डे, भोला दत्त पाण्डे आदि।[124]

सन् 1916 जहाँ राष्ट्रीय स्तर पर कांग्रेस की दो धाराओं के पुनः एक होने का साल था, वहीं उत्तराखण्ड में 'कुमाऊँ परिषद्' नाम से एक क्षेत्रीय सामाजिक-राजनीतिक संगठन का जन्म हुआ। इस साल लखनऊ में होने वाले कांग्रेस के अधिवेशन में उत्तराखण्ड से लगभग 500 लोग गये थे, जिनमें कांग्रेस प्रतिनिधि मात्र 20 ही थे।[125] इनमें बड़ी संख्या में ग्रामीण प्रतिनिधि थे। यह बताना उचित होगा कि उत्तराखण्ड के किसान जंगलात या बेगार के प्रश्नों के हल के लिए 'कुमाऊँ परिषद्' के जन्म की प्रतीक्षा नहीं कर रहे थे। प्रकारान्तर में वे इसके जन्म के लिए समुचित दबाव पैदा कर रहे थे। जब परिषद् का विचार ही भद्रलोक में अंकुरित हो रहा था तो, जैसा ऊपर कहा जा चुका है, उत्तराखण्ड के किसानों ने चीड़ के आरक्षित जंगलों में सन् 1916 की गर्मियों में लगी आग को न बुझाकर, या इसे फैलाकर या जंगलात बन्दोबस्त में सहयोग करने से इनकार कर अपना विरोध स्पष्ट रूप से दर्ज कर दिया था। यह नहीं भूलना चाहिए कि 1916 की गर्मियाँ असाधारण रूप से शुष्क थीं। मौसम का यह क्रम लगातार 1920-21 तक चलता रहा। जाड़ों में भी कम वर्षा हुई थी। इसलिए जंगल की आग में स्वाभाविक बढ़ोतरी होती रही। ग्रामीणों के जंगलात बन्दोबस्त के प्रति जन्मे आक्रोश ने इस प्रक्रिया को बहुगुणित किया था।[126]

1917 में अप्रैल, मई तथा जुलाई में तारादत्त गैरोला ने प्रान्तीय काउन्सिल में बेगार तथा जंगलात सम्बन्धी प्रश्न पूछे थे। उन्होंने कहा था कि जंगलात की हाहाकार मची है और जनता दुखी है।[127] कुमाऊँ की जनसंख्या सन् 1885 से 1911 तक 4-5 प्रतिशत बढ़ी बतायी गयी थी। खेती की ज़मीन में 4.32 प्रतिशत का इजाफ़ा बताया गया था। जंगलात के अपराधों में गाँव वालों से 1911-12 में 7,327 रु., 1912-13 में 11,647 रु. 12 आना, 1913-14 में 14,203 रु. 11 आना, 1914-15 में 11,986 रु. 14 आना और 1915-16 में 8,783 रु. और कुल पाँच साल में 53,984 रु. 7 आना जुर्माना वसूल हुआ था।[128]

सन् 1917 में 'कुमाऊँ परिषद्' का पहला सालाना अधिवेशन अलमोड़ा में हुआ था। सभापति जयदत्त जोशी और स्वागताध्यक्ष राय पीताम्बर दत्त जोशी बहादुर थे। मुख्य विषयों में कुली बेगार, जंगलात तथा नयावाद ही थे। जंगलात के विषय में स्वागताध्यक्ष ने मार्मिक शब्दों में कहा, 'इतनी

लकड़ी चारों ओर है पर जलाने के लिए बिल्कुल नहीं।'[129] यह सामान्य व्यंग्य न हो कर राज्य व्यवस्था की स्थानीय संसाधनों में घुसपैठ पर स्पष्ट चोट थी। दूसरी ओर स्टिफ कह रहे थे कि यदि जंगलात के कारण किसी कुमाऊँनी को कोई कष्ट है तो इसका ख़्याल नहीं रखा जाना चाहिए।[130]

'अलमोड़ा अख़बार' के 4 जनवरी, 1918 के अंक में प्रकाशित एक ग्रामीण के पत्र में बताया गया था कि जंगलात के अफ़सरान के दर्शन गाँव-गाँव में हो जाया करते हैं। क्योंकि लीसा या लकड़ी-कोयले ढुलान का काम गाँवों के पास होने से अफ़सरान कुली माँगते हैं। उनको कुली न दिये तो यह डर हो जाता है कि उनके हक़ न काट दिये जायँ। 'अलमोड़ा अख़बार' के 18 फ़रवरी, 1918 के अंक में डूंगरसिंह लोध्याल का सम्पादक के नाम पत्र 'भर्ती होवें या कुली बेगार दें' में स्पष्ट था कि सामान्य प्रशासन तथा जंगलात के कर्मचारियों का दबाव गाँवों पर बहुत बढ़ गया था। ज़मीन की तंगी थी। जंगलात से घास-लकड़ी नहीं ला सकते थे। चराई पर रकम लग रही थी। खाद बनाना कठिन हो गया था। पूछा गया था कि ऐसे में रंगरूटों को कैसे तैयार करें? प्रथम विश्व युद्ध अभी चला ही हुआ था।

'अलमोड़ा अख़बार' के 1918 के 'होली अंक' में तत्कालीन डिप्टी कमिश्नर अलमोड़ा लोमस के एक मेम साहिबा के साथ स्याही देवी (अलमोड़ा) के जंगल में शिकार हेतु जाने और उनकी बन्दूक के छर्रे से कुली के घायल होने का समाचार छपा था। इस समाचार के कारण 'अलमोड़ा अख़बार' को स्थानीय प्रशासन के कोप का शिकार होना पड़ा और डिबेटिंग क्लब के मुद्रक/व्यवस्थापक सदानन्द सनवाल को बुलाकर जमानत माँगी गयी और उनसे त्यागपत्र लिखवा लिया गया। इस प्रकार औपनिवेशिक तन्त्र के साथ 48 साल से चल रहा पत्र, जो अपने अन्तिम 5-6 सालों में एक़दम भिन्न और आक्रामक रूप ले चुका था, जंगलात के मामले को लेकर बन्द हुआ।[131] गढ़वाल के पत्र 'पुरुषार्थ' ने तब लिखा था :

'एक फायर में तीन शिकार,
कुली, मुर्गी और अलमोड़ा अख़बार'।[132]

प्रथम विश्व युद्ध के इस दौर में स्थानीय समाज राष्ट्रीय संग्राम की अभिव्यक्तियों में भी हिस्सेदारी कर रहा था। 7 अप्रैल, 1918 को अलमोड़ा में आयोजित एक सभा में 'आर्म्स एक्ट' का विरोध किया गया और 14 अप्रैल, 1919 को गाँधी की गिरफ़्तारी का।[133] 11 मई 1919 को नन्दा देवी प्रांगण अलमोड़े में विशाल सभा हुई जिसमें जंगलात तथा बेगार आन्दोलनों के साथ राष्ट्रीय मुद्दों पर चर्चा हुई। फिर 18 अगस्त, 1919 को अलमोड़ा में महत्त्वपूर्ण आम सभा का आयोजन हुआ।

उधर प्रान्तीय काउन्सिल में सी.वाई. चिन्तामणि के द्वारा 24 जुलाई, 1918 को पूछे गये जंगलात सम्बन्धी प्रश्न के उत्तर में बताया गया था कि यहाँ के जंगल 2 सितम्बर, 1912 से टैक्नीकल आफ़िसरों के प्रशासन के तहत हैं। बताया गया कि 1909-10, 10-11 तथा 11-12 में जंगलात से 1,02,913 रुपये की आय हुई और व्यय 1,19,228 रुपया हुआ।[134] 13 अगस्त को तारादत्त गैरोला के काउन्सिल में यह कहने पर कि कुमाऊँ को प्रान्त के न्याय क्षेत्र में रखा जाना चाहिए, एक अन्य सदस्य सय्यद रज़ा अली ने व्यंग्य से कहा कि 'कल तक जो 'माई-बाप सरकार' कहते थे, आज वे उसमें हिस्सेदारी चाहते हैं।' इस पर गैरोला ने बहुत विस्तृत वक्तव्य दिया था कि 1909 के मिण्टो मोरले सुधारों के बाद भी (कुछ मुसलमानों को छोड़कर जिन्हें काउन्सिल चुनाव आदि के लिए रुहेलखण्ड के मुसलमानों के साथ जोड़ दिया गया था) कुमाऊँ को प्रतिनिधित्व नहीं मिला है।

आगे उन्होंने सन् 1815 से तब तक का सामाजिक, आर्थिक तथा प्रशासनिक इतिहास सामने रखते हुए कहा था कि कुमाऊँ की मुख्य राजनीतिक समस्याएँ कुली बेगार, जंगलात तथा शिक्षा से जुड़ी हैं। ये समस्त समस्याएँ कुमाऊँनी समाज को प्रभावित कर रही हैं। उन्होंने कहा कि सरकारी अफ़सरों सहित बाहरी लोग पहाड़ की समस्याओं को नहीं समझ पाते हैं। पहाड़ के युवाओं का 25 प्रतिशत अभी रणक्षेत्र में हैं। उन्होंने एक सैनिक के द्वारा भेजे गये उस मार्मिक पत्र का ज़िक्र किया था, जिसमें लिखा गया था कि 'हम तो यहाँ लड़ रहे हैं और साम्राज्य की रक्षा कर रहे हैं, पर हमारे भाई बेगार तथा जंगलात के कष्ट सह रहे हैं'।[135] गैरोला के इस प्रस्ताव को काउन्सिल ने स्वीकृति दी थी। 28 अक्टूबर 1918 को सी.वाई. चिन्तामणि ने जंगलात पर सवाल पूछा तो बताया गया कि कुमाऊँ के पहाड़ों का क्षेत्रफल 11400 वर्गमील है, जिसमें 945 वर्गमील खेती तथा 1,705 वर्गमील संरक्षित जंगलों का क्षेत्र है।[136] 1913 से 1917 तक दिये गये बन्दूकों के लायसेन्सों की संख्या (आत्मरक्षा तथा फ़सल रक्षा हेतु) भी बतायी गयी थी।[137]

कुमाऊँ परिषद् का दूसरा अधिवेशन 24-25 सितम्बर, 1918 को हल्द्वानी में हुआ। सभापति तारादत्त गैरोला थे। उन्होंने कुमाऊँ के मुख्य राजनीतिक प्रश्नों में बेगार, जंगलात और शिक्षा को माना था। सम्मेलन में 2 साल के भीतर बेगार को न उठाने पर सत्याग्रह की धमकी दी गयी थी और जंगलों के हक़ों को बहाल करने का प्रस्ताव भी रखा था।[138] 21 मार्च, 1919 को श्रीनगर में 'गढ़वाल परिषद्' (यह कुमाऊँ परिषद् की स्थानीय शाखा की तरह ही बतायी जाती है)[139] की सभा में राजभक्ति के साथ जंगलात सम्बन्धी प्रस्ताव पेश किया गया था तथा 6 अक्टूबर, 1919 को 'कुमाऊँ परिषद्' की मझेड़ा शाखा की बैठक में बेगार तथा जंगलात सम्बन्धी प्रस्ताव पारित हुए।[140]

इस बीच 'कुमाऊँ परिषद्' के विभिन्न कार्यकर्ता अपने क्षेत्र के गाँवों में जन सम्पर्क तथा परिषद् द्वारा उठाये गये विभिन्न मुद्दों पर बातचीत करते रहे। गाँवों में सर्वत्र कार्यकर्ताओं का स्वागत हुआ और लोगों ने बहुत दिलचस्पी आगन्तुकों को सुनने में दिखायी। अनेक गाँवों में लोग जंगलात, बेगार, नयाबाद या शिक्षा सम्बन्धी मामलों के अलावा एकदम स्थानीय मुद्दे भी सामने रखते थे। जैसे विश्वयुद्ध में किसी सैनिक के मरने की सूचना, गाँव के रास्तों या नहरों की हालत की जानकारी या पोस्टमैन का नियमित गाँव में न आना या पटवारी अथवा पतरौल द्वारा आपत्तिजनक व्यवहार किया जाना आदि।[141] इस ग्रामीण अभियान से कुमाऊँ परिषद् को गाँवों में गहराने का मौक़ा मिला, जो आने वाले सालों में अधिक परिणामकारी होता गया।

अक्टूबर 1919 में कुमाऊँ परिषद् के तीसरे अधिवेशन से पहले 'पुरुषार्थ' ने एक सम्पादकीय में स्पष्ट लिखा था :

> 'हम कुमाऊँ प्रान्तवासियों के लिए यह बड़ी लज्जा की बात है कि जब अन्यान्य प्रान्त के लोग भारत को स्वराज दिलाने की जी जान से चेष्टा कर रहे हैं तो हम लोग इस बीसवीं शताब्दी में और ब्रिटिश गवर्नमेण्ट के राज में अभी 'कुली' कहलाने के कलंक से भी अपने को मुक्त नहीं कर सके हैं। दूसरी कलंक की बात यह है कि हमारी रक्षा में पले हुए जंगल, जिसमें हमारा अनादिकाल से पूर्ण सत्व था, हमारे देखते-देखते सरकार यह कहते छीन ले कि इसकी आमदनी हमको ही स्कूल, सड़क, पुल या अस्पताल के रूप में मिल जाया करेगी और अब हमको जो इन बातों के लिए प्रान्तीय सहायता मिलती थी, बन्द कर दी जायेगी। दूसरे शब्दों में हमसे जंगलात भी छीने जायें और उसकी आमदनी भी हमको न मिले'।[142]

कुमाऊँ परिषद् का तीसरा अधिवेशन 22-24 दिसम्बर, 1919 को कोटद्वार (ज़िला गढ़वाल) में सम्पन्न हुआ। रायबहादुर बदरीदत्त जोशी की अध्यक्षता में हुए इस सम्मेलन में कुली उतार तथा जंगलात के प्रश्न सबसे असाध्य और निकृष्ट बताये गये थे।[143] जंगलात सम्बन्धी प्रस्ताव प्रेम बल्लभ पाण्डे ने रखा, जिसका समर्थन गिरिजादत्त नैथाणी तथा अनसूया प्रसाद बहुगुणा ने किया। कोटद्वार अधिवेशन में ही यह तय हुआ कि बदरीदत्त जोशी कुली बेगार पर, प्रेम बल्लभ पाण्डे जंगलात पर, गोविन्द बल्लभ पन्त शासन सुधार पर तथा हरगोविन्द पन्त राजनीतिक प्रवेशिका विषयक पुस्तिका लिखेंगे।[144] कोटद्वार अधिवेशन कुमाऊँ परिषद् का ज़िला गढ़वाल में आयोजित पहला अधिवेशन था और इससे इस संगठन को गहराई और विस्तार दोनों मिला।

कुमाऊँ परिषद् के कोटद्वार अधिवेशन से तत्कालीन उत्तराखण्ड के लगभग 100 कार्यकर्ता अमृतसर कांग्रेस में शामिल होने गये। इनमें बदरी दत्त पाण्डे, मुकुन्दीलाल, हरगोविन्द पन्त, मोहन सिंह मेहता, अनसूया प्रसाद बहुगुणा आदि प्रमुख थे। 26 दिसम्बर, 1919 को जलियाँवाला बाग में आयोजित सभा में भाषण देने वालों में बदरीदत्त पाण्डे भी थे।[145] अमृतसर कांग्रेस से लौटकर कार्यकर्ताओं ने अपने-अपने क्षेत्र में कुमाऊँ परिषद् के संगठन का कार्य बेगार तथा जंगलात के मुद्दों पर केन्द्रित होकर किया। जगह-जगह सभाएँ हुईं। कुमाऊँ परिषद् की स्थानीय शाखाओं का गठन हुआ। अलमोड़ा में विद्यार्थियों का सम्मेलन हुआ तो कोटद्वार में गढ़वाल परिषद् का पहला अधिवेशन। ग्रामीण क्षेत्रों में निरन्तर कुली बेगार तथा जंगलात का विरोध बढ़ रहा था।[146] इसके समाचार वहाँ से लगातार आ रहे थे।

बेगार आन्दोलन के दबाव के बाद सन् 1920 में प्रदेश सरकार ने स्वीकार किया था कि जंगलात विभाग के दौरों से कुली उतार बढ़ा है। सुझाव दिया गया था कि उतार के बदले अब जंगलात विभाग को स्थायी कुलियों की व्यवस्था करनी चाहिए और इस हेतु बजट में प्रावधान रखना चाहिए। पड़ावों पर लकड़ी, कोयला तथा घास की व्यवस्था हो ताकि ग्रामीणों पर अनावश्यक भार न पड़े।[147] पर प्रदेश सरकार बहुत दिलचस्पी के साथ इन मुद्दों पर ध्यान नहीं दे रही थी। तब उसे आगामी उग्र प्रतिरोध का शायद अन्देशा न था।

21 से 23 दिसम्बर, 1920 को ज़िला नैनीताल के काशीपुर नगर में कुमाऊँ परिषद् का चौथा अधिवेशन हरगोविन्द पन्त की अध्यक्षता में हुआ। यह अधिवेशन पिछले तीन अधिवेशनों से विकसित होकर भी उनसे भिन्न था। नीचे से इस अधिवेशन पर गाँवों में हो रहे बेगार तथा जंगलात के विरोध का दबाव था तो ऊपर से राष्ट्रीय असहयोग आन्दोलन का शुरुआती असर। पिछले अध्यक्षों से भिन्न हरगोविन्द पन्त इस समय प्रगतिवादियों, परिवर्तनवादियों और राष्ट्रवादियों के प्रतिनिधि और प्रतीक थे, जो न सिर्फ़ कुली उतार बन्द करना चाहते थे और जंगलात के अधिकार जनता को लौटाना चाहते थे बल्कि इस स्थानीय आन्दोलन को राष्ट्रीय संग्राम से भी जोड़ना चाहते थे। काशीपुर अधिवेशन में सबसे ज़्यादा ग्रामीण प्रतिनिधि उपस्थित थे। इस अधिवेशन में बेगार तथा जंगलात के प्रश्न न सिर्फ़ छाये रहे बल्कि 'सहनशीलता की समय सीमा' तय हो गयी थी। यह प्रस्ताव पारित हुआ कि यदि साल भर के भीतर बेगार नहीं उठाई गयी तो जनता इसे ख़ुद हटा देगी।

इसी तरह जंगलात के अधिकारों की बहाली का मामला उठा। कहा गया कि यदि सरकार जंगल नहीं खोलती है तो जनता को यह काम स्वयं करना पड़ेगा। बेगार तथा जंगलात के बाबत इतने स्पष्ट तथा कठिन निर्णय लेना जहाँ कुमाऊँ परिषद् के बदलते मिज़ाज़ को उजागर करता है

वहीं ग्रामीणों के अधिक आक्रामक होते जाने को भी। यहाँ से अनेक प्रमुख कार्यकर्ता नागपुर कांग्रेस अधिवेशन में शामिल होने गये, जहाँ महात्मा गाँधी से कुमाऊँ आने का आग्रह किया गया।[148] सक्रिय भद्रलोक इसकी ज़रूरत समझता था जबकि ग्रामीण कुमाऊँ प्रतिरोध के प्रत्यक्ष उपकरण जुटाने की तैयारी कर रहा था। क़स्बाई कार्यकर्ता तथा नेतृत्व अभी ग्रामीण समाज की सक्रियता तथा शक्ति के पूरे निहितार्थ नहीं समझ पा रहे थे। एक माह के भीतर ही इस अर्थ को समझने का अवसर आने वाला था।

5. बागेश्वर और उसके बाद

नये साल के पहले दिन (1 जनवरी, 1921) बागेश्वर के पास स्थित चामी गाँव में हुई सभा ग्रामीण क्षेत्रों में हो रही हलचल का प्रतीक थी। सभा में क़स्बाई नेतृत्व का कोई प्रतिनिधि नहीं था। इसी माह के पहले सप्ताह कंजरवेटरों को गणाई तथा द्वाराहाट में कुली नहीं मिले थे। जंगलात के अधिकारियों को कुली उपलब्ध न कराना ग्रामीण किसानों की रणनीति का स्वाभाविक हिस्सा था। पर बागेश्वर में यह विरोध पराकाष्ठा पर पहुँचेगा यह प्रशासन (सामान्य तथा जंगलात) ने नहीं सोचा था।[149]

11 से 14 जनवरी, 1921 के बीच बागेश्वर में बेगार आन्दोलन अपनी सफल पराकाष्ठा पर पहुँचा, यह अत्यन्त विस्तार से अन्यत्र बताया जा चुका है।[150] यहाँ सिर्फ़ यह बताना उचित होगा कि बागेश्वर में तथा अन्यत्र जनता तथा नेतृत्व द्वारा बार-बार यह कहा गया कि बेगार आन्दोलन की सफलता के बाद वे जंगलों के लिए आन्दोलन करेंगे। ग्रामीणों से यह आग्रह किया गया कि वे लीसा निकालने, लकड़ी चीरने और जंगलों के ठेके का काम करना फिलहाल बिल्कुल छोड़ दें।[151] दरअसल बेगार आन्दोलन की जीत के बाद समस्त सामाजिक ऊर्जा का जंगलात के मुद्दे पर लग जाना स्वाभाविक था।

अलमोड़े के डिप्टी कमिश्नर डायबिल ने जब थोकदारों तथा मालगुजारों को 'गरम मिज़ाज', नाराज़ तथा आन्दोलनकारियों के प्रभाव में पाया तो उसने उतार तथा जंगलात में सुधार का आश्वासन दिया पर यह सब प्रभावहीन रहा। ग्रामीणों के एक दल ने डायबिल से जंगलात के कष्ट बयान किये थे।[152] बागेश्वर से कुमाऊँ परिषद् के नेता तथा कार्यकर्ता जहाँ भी गये बागेश्वर की जीत की ख़बर देते हुए तथा जंगलात की लड़ाई का आह्वान करते हुए गये। स्पष्ट था कि उनकी नज़र में बेगार आन्दोलन की जीत तब तक अधूरी थी जब तक कि उसमें जंगलात आन्दोलन की सफलता नहीं जुड़ जाती। बागेश्वर में एक जनान्दोलन (बेगार) अपनी पराकाष्ठा पर पहुँचा और दूसरा (जंगलात) पराकाष्ठा की ओर अग्रसर हुआ।

12 जनवरी, 1921 को गढ़वाल ज़िले के सिलोट महादेव में सभा हुई, जिसके विषय भी बेगार और जंगलात ही थे।[153] 30 जनवरी, 1921 को चमेठाखाल में मुकुन्दीलाल और सहयोगियों तथा इसी बीच ककोड़ाखाल, नन्दप्रयाग, चमोली आदि स्थानों यानी उत्तरी गढ़वाल में अनसूया प्रसाद बहुगुणा और सहयोगियों द्वारा बेगार तथा जंगलात का आन्दोलन फैलाया जाता रहा। अब बेगार के उठ जाने और जंगलात की नीति के बदलने की बात ही सभाओं में होती थी और धारा 144 लगने, नेताओं को गिरफ़्तार करने, सभाओं पर रोक लगने या स्थानीय समाचार-पत्रों से जमानत माँगने का कड़ा विरोध होने लगा था।

डिप्टी कमिश्नर डायबिल के भयभीत हो जाने और यह लिखने पर कि बेगार तथा जंगलात के प्रश्न जुड़े हैं,[154] कमिश्नर कुमाऊँ पर्सी विण्ढम ने अपने पत्र में संयुक्त प्रान्त के चीफ़ सेक्रेटरी को

लिखा था कि उसने डिप्टी कमिश्नर डायबिल को कहा है कि याद रखो कि 'कुमाऊँ व्यापक आग का एक धुआँ छोड़ता हिस्सा भर है। सरकार को कुमाऊँ की तरह की ही अन्य समस्याओं को देखना है। अन्य के साथ कुमाऊँ को भी देखा जायेगा। मेरी आशा है कि सरकारी अग्निशामक यन्त्र से कुमाऊँ को पर्याप्त पानी मिलेगा'।[155]

विण्ढम के चीफ़ सेक्रेटरी को लिखे पत्र[156] से स्पष्ट था कि वे यह मानते थे कि जंगलात की नीति में संशोधन करके कुमाऊँ को शान्त किया जा सकेगा। लेकिन डायबिल भयभीत था। उसने 4 फ़रवरी, 1921 के पत्र में विण्ढम को बदरीदत्त पाण्डे के 1 फ़रवरी, 1921 के उस भाषण का सन्दर्भ भेजा था, जिसमें उन्होंने कहा था कि 'यह असली सरकार नहीं है। यदि बेगार नहीं देंगे तो जंगल भी हमारे लिए खुल जायेंगे। यदि ऐसी ही एकता रही तो ब्रिटिश सत्ता 5, 7 या 10 साल में समाप्त हो जायेगी। हमारे बच्चों को सरकारी या सरकार द्वारा मदद प्राप्त स्कूलों को छोड़ देना चाहिए, जहाँ सिर्फ़ गुलामी सिखाई जाती है।'

डायबिल[157] ने विण्ढम को यह भी लिखा था कि यह आन्दोलन उतार-बेगार की अपेक्षा जंगलात की समस्या से ज़्यादा तेज़ हुआ है। कुछ सरकार परस्त मालगुजारों ने उससे कहा भी था कि यदि जंगलात का मामला ठीक हो जाये तो वे प्रशासन को कुली देने की सोच सकते हैं। उसने सुझाया था कि जंगलों को तत्काल घास, लकड़ी तथा पत्तों के लिए खोल देना चाहिए। चराई की स्वीकृति होनी चाहिए। यदि सरकार ऐसा नहीं करेगी तो अगला आन्दोलन अवश्य ही जंगलात सम्बन्धी होगा। डायबिल अभी यह नहीं समझ पा रहा था कि जंगलात आन्दोलन तो चला ही हुआ है।

ग्रामीण उत्तराखण्ड में उस समय बेगार के उन्मूलन से जनित ऊर्जा किस तरह जंगलात आन्दोलन में लगी थी, उसका पता धरमघर की एक मिशनरी मिस गो (Miss Gow) के पत्र से चलता है, जिसमें उसने लिखा था कि 'ग्रामीण लोग कहते हैं कि ब्रिटिश शासन समाप्त हो गया है'।[158] कमिश्नर द्वारा लाट को लिखा 13 मार्च, 1921 का पत्र बताता है कि प्रशासन पराजय महसूस कर रहा था। उसे धारा 144 लगाने तथा गिरफ़्तारी की स्वीकृति देने का साहस भी नहीं हो रहा था।

मार्च 1921 में जंगलात आन्दोलन निरन्तर चलता रहा। बदरीदत्त पाण्डे, लक्ष्मीदत्त शास्त्री, मोहन सिंह मेहता, प्रयागदत्त पन्त, प्रेमसिंह गड़िया, हरगोविन्द पन्त, हरिकृष्ण पाण्डे, ईश्वरी दत्त ध्यानी, मुकुन्दीलाल, अनसूया प्रसाद बहुगुणा, केशरसिंह रावत, मंगतराम खंतवाल आदि तथा उनके तमाम सहयोगी अपने-अपने इलाकों में सक्रिय रहे। ग्रामीण समाज में न घबराहट थी और न मतभेद। सभी बेगार के विरोध में एक थे और जंगलात की नीति बदलने की बात अब मुख्य हो गयी थी।[159] समाज के जो हिस्से बेगार आन्दोलन के दौर में प्रत्यक्ष हिस्सेदारी करने से कतराये थे या नहीं कर पाये थे, वे भी अब सामने आने लगे थे। सरकार की ओर से तरह-तरह के प्रलोभन ग्रामीण समाज को दिये जा रहे थे। जंगलात तथा बेगार बाबत जनता से आवेदन माँगे गये और फ़रवरी, 1921 में सरकार की ओर से एक नोट वितरित हुआ जिसमें आश्वासन दिया गया था कि अगले बजट में खच्चरों और स्थायी कुलियों की व्यवस्था होगी और जंगलात विभाग द्वारा कुली गैंग बनाये जायेंगे।[160]

'शक्ति' ने एक सम्पादकीय में किसानों से अपील की थी कि वे जंगलात के कानूनों को पूर्ववत मानें, बेगार के उन्मूलन के बाद जंगलात का आन्दोलन होगा, लेकिन किसान बहुत आगे निकल चुके थे।[161] 'शक्ति' में ही 'भाइयो सावधान'[162] अपील में गोविन्द बल्लभ पन्त, हरगोविन्द पन्त, चिरंजीलाल, बदरीदत्त पाण्डे तथा लक्ष्मीदत्त शास्त्री ने लिखा था कि 'अभी हमने जंगलात के सम्बन्ध में कोई आन्दोलन नहीं किया है... ग्रामीणों को चाहिए कि वे अपनी तकलीफें कुमाऊँ परिषद् के

मन्त्री को भेजें तथा जहाँ परिषद् की शाखा नहीं है वहाँ इसकी शाखा खोलने का प्रयास करें। अपीलकर्ताओं का मानना था कि परिषद् के माध्यम से जंगलात की तकलीफ़ें पेश करके प्रशासन पर ज़्यादा असर होगा। अपने ग्रामीण दौरों में परिषद् के नेताओं ने जंगलात में कोई हस्तक्षेप न करने तक को कहा'।[163] पर ग्रामीण किसान न किसी प्रत्यक्ष प्रतिरोध का मौक़ा चूक रहे थे और न ही आगे की तैयारी का। यह पुनः नेताओं के पीछे होने और समाज के आगे होने का संकेत था, जो कुछ ही समय पहले बेगार आन्दोलन में देखा जा चुका था।

'शक्ति' के 2 नवम्बर, 1920 से 5 अप्रैल, 1921 तक के जिन 53 लेखों (जो 14 अंकों में छपे थे) के लिए 6 हज़ार की जमानत माँगी गयी थी, उनमें से अधिकांश लेख बेगार सम्बन्धी थे। सीधे जंगलात से सम्बन्धित 2-3 लेख ही थे।[164] यह एक प्रकार से भद्रलोक की मनःस्थिति को ज़्यादा उजागर करता था। जंगलात की नीतियों का विरोध अवश्य सर्वत्र किया गया था पर स्वायत्त किसान आन्दोलन भद्रलोक के निर्देशों की प्रतीक्षा में न था। वह अपनी समझ का समय-समय पर सतत इस्तेमाल कर रहा था। दूसरी ओर अगस्त 1923 में 'शक्ति' के सम्पादक दुर्गा दत्त पाण्डे को पत्र के 22 तथा 29 मई, 1923 के अंकों में प्रकाशित 'जंगलात का सत्याग्रह' शीर्षक लेखों के लिए दो साल की क़ैद तथा दो सौ रुपये जुर्माना हुआ। इससे पहले कुली उतार सम्बन्धी लेखों के लिए बदरीदत्त पाण्डे और बोलने की स्वतन्त्रता पर लिखने के लिए मोहन जोशी को सजा हो चुकी थी।[165] जंगलों के सम्बन्ध में तब नेताओं और सम्पादकों का चिन्तन निश्चय ही गहरा था, यह निम्न लेखांश से स्पष्ट होता है :

> 'हमारा तो मुख्य कहना यह है कि जब जंगल लोगों के हैं तो उनका प्रबन्ध उन्हीं के हाथ रहना चाहिए। जंगलों का इन्तजाम ऊँचे कर्मचारियों को मोटी-मोटी तनखाहें देने के लिए न होना चाहिए, जैसा कि इस समय हो रहा है। जंगल रहें पर मनुष्यों के लाभ के लिए, न कि मनुष्य जंगल के लाभ के लिए हों। जंगल स्वतन्त्रता के समय बड़े काम के होंगे पर इस गुलामी के समय जंगल हमारे पैर में बेड़ियों के मानिन्द हैं। इनसे हमारी दासता, खासकर पहाड़ों में, बढ़ गयी है।'[166]

रामचन्द्र गुहा ने अपने अध्ययन में सन् 1911 से 1922 के बीच जंगलात के कानूनों की अवहेलना के कुल मामलों तथा दोषी व्यक्तियों की सूची दी है,[167] जिससे जंगलात के आन्दोलन में किसानों की बढ़ती हिस्सेदारी को स्पष्ट देखा जा सकता है। 1911-12 में जहाँ पश्चिमी सर्किल में 786 मामले और 1,708 दोषी, पूर्वी सर्किल में 1,167 मामले और 2,306 दोषी तथा कुमाऊँ सर्किल में 958 मामले और 2,159 दोषी पाये गये वहीं 1917-18 में ये क्रमशः 1,242/2,364, 1,530/2,777 तथा 2,197/11,046 हो गये थे। 1919-20 में यह संख्या 1,162/2,120, 1,378/2,773 तथा 2,136/13,457 थी। 1920-21 में इसमें कमी आयी क्योंकि जंगलात जाँच कमेटी के कारण अनेक मामले समाप्त कर दिये गये थे।[168]

यह प्रतिरोध प्रत्यक्ष रूप से ग्रामीण और जंगलात क्षेत्रों में हो रहा था। जंगलात के कानूनों की अधिकांश अवहेलनाओं या विरोधों को जानना या उनका रिकार्ड रखना स्वयं जंगलात विभाग या ज़िला प्रशासन के लिए सम्भव न था। भारत सरकार तक यह सूचना जा चुकी थी कि जंगलात आन्दोलन के कारण लीसा निकासी में अवरोध आया या जंगलों में आग लगायी गयी अथवा साढ़े तीन लाख रुपये की वित्तीय हानि भी हुई।[169]

स्थानीय पत्रों, अभिलेखागार के दस्तावेज़ों तथा उस समय के आन्दोलन में भाग लिए लोगों से हुई बातचीत से स्पष्ट होता है कि बेगार आन्दोलन की सफलता के बाद जंगलात के मामले ने अत्यन्त गहन हिस्सेदारी वाले आन्दोलन का रूप ले लिया था। प्रारम्भ में कुछ जगह विरोध में अपने गाँव को ही छोड़ देने का विचार आया। तत्पश्चात जंगलात से चारा, लकड़ी, घास, कन्दमूल या जलावन लाना, जंगल की आग बुझाने में दिलचस्पी न लेना या कहीं-कहीं आग को फैलाने में प्रत्यक्ष-अप्रत्यक्ष योगदान देना, जंगलात तथा रैवन्यू कर्मचारियों की अवमानना करना, उन्हें गलत सूचना देना, जंगलात के कुलियों को लीसा टिपान या स्लीपर ढुलान न करने देना, स्थानीय पत्रों में छपी जंगलात, बेगार या राष्ट्रीय आन्दोलन सम्बन्धी ख़बरों का सार्वजनिक वाचन करना आदि इस प्रतिरोध के अनेक प्रकट रूप थे, जिन्हें कम या ज़्यादा हर जगह अभिव्यक्त होने का मौक़ा मिला था।[170] इस तरह की विभिन्न कार्रवाइयों से जनता की जंगलों पर निर्भरता के विविध आयामों का अन्दाज़ा मिलता है और जनता के दैनन्दिन प्रतिरोधों के मिज़ाज़ का भी।

आग ज़्यादातर चीड़ के जंगलों में केन्द्रित थी, जहाँ निकला हुआ या निकल रहा लीसा मौजूद था और तैयार स्लीपर भी। ये सब जंगलात के प्रत्यक्ष दोहन के दृश्य थे और इसी अनुपात की गहराई में ग्रामीणों के मन में उनके हक़-हक़ूकों के लील लिए जाने का मनोविज्ञान रचते थे। ऊपर से असाधारण रूप से लम्बे सूखे और घनघोर ग्रीष्म ऋतु ने आग के फैलने में योगदान दिया (हाल के वर्षों में 1994, 1996, 1998, 2006, 2011 तथा 2016 की तरह)। टोटाशिलंग, द्वाराहाट, ताकुला, बिन्ता, नन्दप्रयाग, अलमोड़ा, रानीखेत, कोटद्वार, बेरीनाग, कर्णप्रयाग आदि में ग्रामीणों तथा कार्यकर्ताओं ने आग बुझाने में असहयोग का निर्णय लिया। पर अनेक जगहों में वे बाँज के जंगलों में फैली आग को बुझाने गये।[171]

सोमेश्वर, गरुड़, बैजनाथ तथा बागेश्वर क्षेत्रों में आन्दोलन की तीव्रता सर्वाधिक थी। कैड़ारौ पट्टी के सुरना गाँव की एक महिला दुर्गा तथा 16 साल के गंङुआ और उनके साथियों की गिरफ़्तारी हुई थी। सम्भावना है कि वे थकलोटी के जंगल में पकड़े गये थे। उनके साथ अन्य ग्रामीण युवक भी थे। दुर्गा निश्चय ही उत्तराखण्ड में राष्ट्रीय आन्दोलन में गिरफ़्तार होने वाली पहली महिला थी। सोमेश्वर, कत्यूर तथा बागेश्वर की घाटियों में सदियों से एक खुशहाल खेतिहर समाज बसा था और इसका अन्तःर्सम्बन्ध आसपास के जंगलों और जंगलों द्वारा नियन्त्रित नदियों से था। चाय बागानों वाला, पिण्डारी तथा अलमोड़ा-गढ़वाल मार्ग में होने के अलावा यह क्षेत्र मोटर सड़क तथा जलमार्ग (लकड़ी बहान के सन्दर्भ में) से भी जुड़ा था। बीसवीं सदी के तीसरे दशक में गरुड़ तक मोटर जाने लगी थी और बागेश्वर के आसपास से सरयू में स्लीपर बहाकर टनकपुर में इकट्ठे किये जाते थे।[172]

जैसा कि कहा जा चुका है कि अधिकांश स्थानों पर आग फैलाने में योगदान दे रहे ग्रामीण कुछ स्थानों पर आग को बाँज तथा अन्य चौड़ी पत्ती के जंगलों में जाने से रोकते भी रहे। यह चयन किसानों की राजनीतिक तथा आर्थिक के साथ उनकी पारिस्थितिक समझ के परिपक्व होने से जुड़ा था। 4 लाख एकड़ जंगलों में आग बुझाने के प्रयास हुए और लगभग 2.46 लाख एकड़ जंगल जल चुके थे। जंगलात विभाग का तन्त्र और तकनीक न सिर्फ़ आग बुझाने में बल्कि 'आग लगाने वालों' को पकड़ने में भी पूरी तरह असफल हुए।[173] इसी तरह चीड़ के 320 वर्गमील में फैले जंगलों के 11.5 लाख लीसा चैनलों के साथ 65,000 मन लीसा नष्ट हुआ।[174]

आग मूलतः अलमोड़ा, नैनीताल तथा गढ़वाल ज़िलों के चीड़ तथा लीसा क्षेत्रों में केन्द्रित थी, जो सड़कों से सीधे जुड़े थे और यह क्षेत्र सघन जनसंख्या वाला था। यह सम्पदा किसानों के लिए 'लुटेरी सरकार का माल' था, जिसे जलाना उचित माना गया था। यह महत्त्वपूर्ण है कि सामान्यतया ग्रामीणों ने जंगलात विभाग द्वारा आरक्षित या संरक्षित बाँज या चौड़ी पत्ती के जंगलों में आग नहीं लगायी। बल्कि जैसा कहा जा चुका है अनेक स्थानों पर, जहाँ बाँज के कुछ जंगलों में 'देवस्थल'/'देववन'/'पवित्रस्थल' (सेक्रेड ग्रोव) थे, ग्रामीणों ने आग बुझाई थी। किसानों का लक्ष्य स्पष्ट था और निशाना साधने में कोई भ्रम न था। शायद इसीलिए बच्चे और महिलाएँ आग लगाकर अपने आक्रोश को प्रकट करने में पीछे नहीं रहीं।

यह महत्त्वपूर्ण है कि जंगलात विभाग के अलावा कुमाऊँ कमिश्नर से लेकर प्रान्तीय लाट तक समस्त प्रशासन सन् 1915-16 से ही चिन्तित दिखायी दिया था। स्टिफ के बन्दोबस्त के बाबत लखनऊ में लाट की टिप्पणी थी कि विश्वयुद्ध से वापसी के बाद गढ़वाल रायफल्स के सैनिकों के लिए यह दुख की बात होगी कि वे अपने ग्रामवासियों को असन्तोष की आग में झुलसता हुआ देखें। गढ़वाल के डिप्टी कमिश्नर ने लिखा था कि जंगलात विभाग के प्रति ग्रामीणों की घृणा को सैनिकों का समर्थन मिलेगा और युद्ध के बाद सैनिकों का प्रभाव बढ़ जायेगा।[175] बेगार आन्दोलन में जो सक्रिय भूमिका प्रधानों ने निभायी, जंगलात आन्दोलन में वह भूतपूर्व तथा अवकाश में आये सैनिकों ने निभायी। गढ़वाल ज़िले में तो ज़्यादातर आग जंगलों में उन्होंने ही लगायी।[176] गढ़वाल में अवकाश पर आये सैनिकों ने जंगलात के अधिकारियों को धमकाया या उन पर हमला किया तथा अलमोड़े की कोसी घाटी में सरकार को 'बनिया', ब्रिटिश सत्ता को 'राक्षसी राज' कहा गया था और किंग इम्परर को 'रावण'।[177]

यूरोप के युद्ध मोर्चे पर कुमाऊँ के एक घायल सिपाही के पास जब ब्रिटिश बादशाह आये और तकलीफ़ों के बारे में पूछा तो उसने तत्काल हज़ारों मील दूर स्थित अपने गाँव और परिवार को परेशान करने वाले पटवारी तथा पतरौल के विरुद्ध शिकायत की थी।[178] कुमाऊँ कमिश्नर पर्सी विण्ढम का तो यहाँ तक कहना था कि कुमाऊँ से सेना, पुलिस तथा अन्य कार्यों के लिए योग्य व्यक्ति मिलते रहे हैं, लेकिन जंगलात विभाग ने इस स्थिति को अवरुद्ध कर दिया है। जंगलात विभाग ने 39वीं गढ़वाल रायफल के सिपाहियों के गाँवों का सीमांकन भी इस तरह किया है जैसे सारी दुनिया पेड़ उगाने के लिए बनी हो। विण्ढम असन्तुष्ट किसानों पर नये नियम लादने को तैयार न था।[179]

तीनों ज़िलों के डिप्टी कलेक्टर तथा सब डिवीज़नल ऑफ़ीसर जंगलात विभाग की अति का विरोध करते रहे थे, जिसकी पराकाष्ठा कुजकस के गठन के बाद तब प्रकट हुई जब उन्होंने कहा कि जंगलात पर नियन्त्रण सिर्फ़ दंगा-फ़साद तथा रक्तपात को न्यौता देगा।[180] बाद में एक जंगलात अधिकारी ने भी जन असन्तोष की सम्भावना व्यक्त कर दी थी।[181] लेकिन जंगलात विभाग यह सब मानने को तैयार न था। नेलसन ने किसानों पर यह आरोप लगाया था कि 'वे अनियन्त्रित उपयोग तथा स्वामित्व के अधिकार में कोई अन्तर नहीं करते हैं। उन्हें सभी परवर्ती नियम अपने वनाधिकारों के हनन के रूप में दिखायी देते हैं।' हालाँकि उसने यह माना था कि 'वह उन्हें (किसानों को) जंगलों के सरकारी (राज्य) स्वामित्व के ऐतिहासिक तथ्य में विश्वास कराने में असफल रहा।'[182]

इसी तरह स्टिफ ने तो लिख दिया था कि पहाड़ का आदमी अच्छे घर में रहता है। अच्छा पहनता है। अच्छा खाता है तथा मैदानी क्षेत्रों में रहने वालों की तुलना में एक चौथाई काम करता है। जंगल

सिर्फ़ वित्तीय दृष्टि से मूल्यवान हैं। यदि पहले से ही ज़्यादा सिर चढ़ाये कुमाउँनियों के प्रति किसी गलत संवेदना के कारण जंगलों का पूरा विकास और दोहन नहीं किया गया तो यह तराई में रहने वालों के प्रति अन्याय तथा बरबादी होगी।[183] यह देखने लायक है कि कुजकस की रपट तराई-भाबर पर लागू नहीं की गयी थी और स्टिफ के कमिश्नर काल में तराई के जंगलात के हक़-हक़ूकों में निरन्तर खलल पड़ता रहा। ऐसे तर्क सन् 1930 के जंगलात बन्दोबस्त के समय भी दिये गये कि कुमाऊँ के जंगलात विभाग की सबसे बड़ी उपलब्धि गरीबी से घिरे ग्रामीणों को वन श्रमिक की नौकरी देना है। इसके बिना हज़ारों पहाड़ी जन भूखे मर जाते।[184] यह जंगलात विभाग की पूँजीवादी दबाव से विकसित औपनिवेशिक दृष्टि थी, जो बड़ी सीमा तक सन् 1947 के बाद भी कायम रही।

सन् 1921 में बेगार आन्दोलन की प्रत्यक्ष उपलब्धि इस शोषक प्रथा का उन्मूलन और जंगलात के आन्दोलन का परिणाम जंगलात सम्बन्धी बहुत-सारे अधिकारों की बहाली थी। यह जीत क्षेत्रीय संगठन, सामूहिक नेतृत्व और स्थानीय मुहावरे में उन सालों में मिली थी, जब गाँधी ने असहयोग आन्दोलन चौराचौरी के बाद वापस ले लिया था और अवध तथा बिहार के किसान आन्दोलन या मोपला विद्रोह को कुचल दिया गया था। प्रान्तीय सरकार ने 13 अप्रैल, 1921 को कुजकस बनायी, जिसका उद्देश्य कुमाऊँ की पहाड़ी पट्टियों में सन् 1911 से प्रारम्भ जंगलात आरक्षण से जनित कष्टों की पड़ताल करना और सरकार को जंगलात की नीतियों में संशोधन सम्बन्धी तथा अन्य सुझाव देना था। प्रारम्भ में इस कमेटी के तीन सदस्य बनाये गये थे। कुमाऊँ कमिश्नर, जोधसिंह नेगी एम.एल.सी. तथा जंगलात विभाग के आर.जी. मैरियट। विरोध के बाद इसमें अलमोड़ा नगरपालिका के अध्यक्ष लक्ष्मीदत्त पाण्डे को लिया गया और उन्हें नैनीताल का प्रतिनिधित्व भी दिया गया। असली जन प्रतिनिधियों को समिति में न लिए जाने का 'गढ़वाली' ने विरोध किया था।[185]

कमेटी ने मई से अगस्त 1921 के बीच कुमाऊँ के तीनों ज़िलों के दौरे किये। कुल 5,040 (गढ़वाल 3,430, अलमोड़ा 1,042 तथा नैनीताल 568) लोगों ने गवाहियाँ दी। प्रत्यक्ष या प्रतिनिधियों के माध्यम से डिप्टी कमिश्नरों तथा डिवीज़नल ऑफ़िसरों से भी परामर्श लिया था। 1911 से 17 के बीच अलमोड़ा में 969, गढ़वाल में 2,125, नैनीताल में 217 तथा कुल 3,311 वर्ग मील जंगलात आरक्षित किया गया। इस बन्दोबस्त में कुल रु. 4,65,526 व्यय हुआ था। नयी व्यवस्था हेतु पूरे जंगलात क्षेत्र को 6 डिवीज़नों में बाँटा गया था। उत्तरी गढ़वाल, दक्षिणी गढ़वाल, रानीखेत, मध्य अलमोड़ा, पूर्वी अलमोड़ा तथा नैनीताल। इस समय इस क्षेत्र में एक कंजरवेटर, 10 गजिटेड ऑफ़िसर तथा 88 कर्मचारी कार्यरत थे। पतरौल इनके अतिरिक्त थे।

इस कमेटी ने सन् 1915 तथा 1916 में जारी जंगलात की अधिसूचना—नोटिफिकेशन—को वापस लेकर सिविल जंगल पूर्ववत खोल दिये और उनके भीतर किये जाने वाले कार्य डिप्टी कमिश्नर की स्वीकृति से जोड़े गये। जंगलात विभाग अपने लाभ में से कुमाऊँ को उसका हिस्सा देगा। अभी तक लीसे तथा लकड़ी से जंगलात विभाग जो कमा रहा था, उसमें से वह 10 लाख रुपया कुमाऊँ में दे रहा था। जंगलात विभाग रोज़गार भी स्थानीय निवासियों को उपलब्ध कराता था। अतः कहा गया था कि लीसा तथा लकड़ी को उद्योगों हेतु बन्द करने से लोगों का अहित होगा।

जंगलों के सीमांकन हेतु या उन्हें गाँवों से जरा दूर करने का अधिकार ज़िलाधिकारी को दे दिया गया। छटान का अधिकार पूर्ववत बहाल हुआ लेकिन यह शाही वृक्षों—जैसे देवदार, टुन, साईप्रस, वालनट—पर बिना स्वीकृति के लागू नहीं किया गया। बिना घेराबन्दी के नयावाद में

खेती करने की मनाही की गयी। वनोत्पादों को ग्रामीण अपने उपयोग हेतु लायेंगे लेकिन बिक्री हेतु नहीं। छाल, पत्थर, पाथर तथा खनिज लाने में आपत्ति नहीं होगी और खरक बनाये जा सकेंगे। चराई हेतु गढ़वाल में लिया जा रहा कर बन्द किया गया और चराई हेतु जानवरों की गिनती नहीं किये जाने का निर्णय हुआ। भेड़ और बकरियों की चराई पर रोक हटाई गयी। फारेस्ट गार्ड को प्रथम श्रेणी के जंगलों से हटा दिया गया।

सन् 1911-17 के आरक्षित जंगलों में जो पत्तों-पेड़ों के दोहन, आगजनी सम्बन्धी तथा अन्य 1,028 मामले हुए थे उनके निस्तारण की पद्धति भी बतायी गयी। इमारती लकड़ी हेतु माँग पत्र (इन्डेण्ट्स) रेंजर को सौंपे जायेंगे और मार्च से जून छोड़कर साल भर इसे लिया जा सकता था। हकदार को पूरा पेड़ दिया जा सकता था। जंगलात विभाग से इसका अंकन अपने लिए क्यूबिक फ़ीट में नोट करने को कहा गया। प्रथम श्रेणी के जंगलों से आग की रोक हटाई गयी और ज़्यादा उचित व्यवस्था का निर्णय हुआ। द्वितीय श्रेणी के जंगलों में आग नियन्त्रित की गयी। इनसे ग्रामीण पत्थर, बाँस, रिंगाल, चूने का पत्थर, मिट्टी, स्लेट, क्रीपर्स की छाल, बाफिल घास, कन्द-मूल, फल, सूखी पत्तियाँ, छवाई हेतु घास और गिरी पड़ी लकड़ी जंगल से ले जा सकेंगे। उस हेतु पुरानी सूची छोड़कर पास या दूर दोनों प्रकार के जंगलों के इस्तेमाल की स्वीकृति दी गयी, लेकिन दूसरी श्रेणी के जंगलों में इमारती लकड़ी हेतु आबंटन (एलोटमेण्ट) की व्यवस्था की गयी।

जंगल के बीच की ज़मीनों के मामले डिप्टी कमिश्नर को सुलझाने हेतु सौंपे गये। पहली बार पंचायती जंगलों को विकसित करने का सुझाव दिया गया। चीड़ के जंगलों की व्यवस्था जंगलात विभाग के पास ही रखी गयी। अलमोड़ा, नैनीताल, रानीखेत तथा लैंसडौन नगरों की लकड़ी-कोयले की पूर्ति हेतु पुराने आरक्षित जंगल थे। पौड़ी की लकड़ी-कोयले की ज़रूरतों तथा व्यापारिक मार्ग में जानवरों के चारे हेतु दूसरी श्रेणी के जंगलों से व्यवस्था तय की गयी। रोपित जंगलों को लेकर समिति के सदस्य मैरियट ने कहा कि ये जंगलात के पास रहें। अन्य सदस्यों ने आपत्ति की क्योंकि इनके साथ पतरौलों की फिर उपस्थिति हो जायेगी। लीसे के टिपान पर जंगलात का वर्चस्व रहेगा। ग्रामीण जन अपने सिविल जंगलों से जंगलात विभाग के सहयोग से लीसा टिपान करवा सकते हैं। स्थानीय घरेलू तथा दवा के इस्तेमाल हेतु लीसे के टिपान में जंगलात विभाग का हस्तक्षेप नहीं होगा। कुल जंगलों में से 1,986 वर्ग मील क्षेत्र दूसरी श्रेणी में तथा 1,090 वर्गमील प्रथम श्रेणी के अन्तर्गत था।

बन्दोबस्त के तहत लिए गये जंगल पंचायतों की व्यवस्था में आने से पूर्व सिविल जंगलों के रूप में डिप्टी कमिश्नर के तहत रहेंगे। डिप्टी कमिश्नर को जंगलात के बन्दोबस्त अधिकारी का काम भी सौंपा गया। आरक्षित जंगलों की दो श्रेणियाँ बनायी गयीं। प्रथम श्रेणी के अन्तर्गत व्यापारिक दृष्टि से कम महत्त्वपूर्ण या महत्त्वहीन जंगल थे। ये नदियों के जलग्रहण क्षेत्र के महत्त्वपूर्ण हिस्सा थे। जैसे गागर, भटकोट, दूधातोली या अलमोड़ा और गढ़वाल के उत्तरी क्षेत्रों के बाँज के जंगल। इनमें किसानों के अधिकारों में कोई अवरोध नहीं रखा गया।

दूसरी श्रेणी में चीड़, साल, देवदार, साईप्रस, कैल, स्प्रूस, सिल्वर फर यानी व्यापारिक या भविष्य में व्यापारिक बनने वाली प्रजातियाँ शामिल थीं पर इनमें ईंधन तथा घास/चारा देने वाले क्षेत्र भी थे। इस श्रेणी में सरकार का नियन्त्रण रखा गया और जंगलात विभाग इस हेतु और शक्तियाँ भी ले सकता था। इन जंगलों में जनता के अधिकार नहीं थे, लेकिन पुनर्जनन क्षेत्र को कुल के 1/6 से अधिक नहीं रखे जाने का निर्णय हुआ। करीबी स्थानीय ग्रामीणों को इससे दिक्कत न हो यह सुनिश्चित किया जाना था। नफ़े-नुक़सान को सार्वजनिक किये जाने के साथ लीसे से प्राप्त लाभ

कुमाऊँ को दिये जाने की व्यवस्था की गयी थी। यह आश्वासन दिया गया था कि बन्दूकों के लाइसेंस देने का काम कमिश्नर करेंगे और उसमें दिक्कत नहीं होगी। शिकार तथा मछली मारने की स्वीकृति मछली विभाग के लिए छोड़ दी गयी थी। दारमा तथा जोहार के निवासियों से जंगलात विभाग द्वारा अभी तक लिया जा रहा शुल्क नहीं लिया जायेगा। उनके पड़ावों की दूरी 6 मील मानी गयी और आपत्काल में वे एक जगह पर वांछित से ज़्यादा दिन रह सकेंगे। वे अपने साथ दरॉती ले जा सकेंगे, पर कुल्हाड़ी नहीं।

काली कुमाऊँ के देवदार के जंगल सरकार के नियन्त्रण में रखे गये। इनमें से मन्दिरों तथा ज़िला परिषद् के उपयोग हेतु लकड़ी दी जाने की व्यवस्था की गयी। इन्हें दूसरी श्रेणी के जंगलों के अन्तर्गत रखा गया। मन्दिरों के आसपास के पेड़ों तथा अन्य बाँज बनियों, जिन्हें ग्रामीणों ने सदियों से विकसित किया था, को आरक्षित जंगलों से वापस लेने हेतु डिप्टी कमिश्नर को कार्य सौंपा गया। प्रशासनिक तथा जंगलात की इकाइयों की सीमा के एक होने का सुझाव भी आया। बहान की लकड़ी पर विभाग का नियन्त्रण उठा लिया गया। सिविल जंगलों का काम ज़िला प्रशासन को सौंपा गया। पंचायती जंगलों की स्थापना के साथ स्कूलों में वनविज्ञान की शिक्षा देने का सुझाव आया था और यह भी कि यदि भविष्य में सिविल जंगलों का प्रबन्ध सन्तोषजनक रहा तो सरकार अन्ततः पहली तथा दूसरी श्रेणी के जंगलों को प्रबन्ध हेतु ज़िला परिषद् को दे सकती है।[186]

सन् 1911-17 के बीच जिन जंगलों का आरक्षण कर प्रथम श्रेणी का घोषित किया गया था, उन्हें 1921 की कुजकस के सुझावानुसार ज़िला मजिस्ट्रेट के निरीक्षण में सौंपा गया। ऐसा जंगलात क्षेत्र कुल 11,15,458 एकड़ (नैनीताल 52,456; अलमोड़ा 2,23,983 तथा गढ़वाल 8,39,019)[187] था। जंगलात विभाग इस कमेटी के सुझावों को हूबहू मान लिए जाने को आंतरिक रूप से स्वीकार नहीं कर सका। यह उक्त कमेटी के प्रस्तावों के साथ नत्थी जंगलात विभाग के प्रस्ताव न. 1237/XIV-209 दि. 21 नवम्बर, 1922 से पता चलता है, जिसमें चीफ़ कंजरवेटर के माध्यम से कहा गया था कि इस कमेटी के सुझावों से कुमाऊँ में जंगलात के संरक्षण को गहरा आघात पहुँचेगा। जंगलात विभाग के नियन्त्रण से बाहर मौजूद जंगल धीरे-धीरे जलान, कटान, छटान तथा चरान से नष्ट हो जायेंगे।[188]

इसी प्रस्ताव में आगे कहा गया था कि जंगलात विभाग का यह दृष्टिकोण ठीक है, पर सरकार मानती है कि इससे कम में कुमाऊँ की जनता को सन्तुष्ट नहीं किया जा सकेगा। अतः कमेटी की संस्तुतियों को लागू करने के अलावा कोई चारा नहीं है। यहाँ यह पूछा जा सकता है कि क्या औपनिवेशिक सरकार के सामान्य प्रशासन और जंगलात प्रशासन में वाकई कोई अन्तर था? दरअसल ग्रामीण समाज जंगलात विभाग के मुक़ाबले ज़िला प्रशासन पर ज़्यादा विश्वास करता था। 1927 के जंगलात कानून पर कुमाऊँ के जंगलात आन्दोलन का असर ढूँढ़ना कठिन है। 1980 के जंगलात संरक्षण अधिनियम को कुछ लोगों ने चिपको के साथ जोड़कर देखा। ऐसे ही 1927 के एक्ट को तत्कालीन कुमाऊँ के जंगलात आन्दोलन के साथ देखने की कोशिश हुई। जबकि समग्र वास्तविकता ऐसी न थी।

1922 के बाद कुमाऊँ फॉरेस्ट कमेटी काम करती रही। द्वितीय विश्वयुद्ध के दौर को छोड़ इसकी बैठकें सदा होती रहीं।[189] दूसरी ओर औपनिवेशिक प्रशासन यह प्रयास करता रहा कि जंगलों के बारे में भ्रम बना रहे। 1923 में सरकार ने कुमाऊँनी भाषा में जंगलात सम्बन्धी एक पुस्तिका 'कुमाऊँ का जंगलात का बारा में असली बात' का प्रकाशन किया था। इस पुस्तिका में गलत तथ्य दिये गये थे और कई असत्य बातें कही गयी थीं।[190] इसी दौर में गौर्दा की कविता 'वृक्षन को विलाप' लिखी

गयी थी। यह एक प्रकार से आदमी और जंगल के रिश्ते की गहराई और जटिलता को प्रस्तुत करती है और उसकी केन्द्रीयता को भी।[191]

इस बीच 'गढ़वाली', 'तरुण कुमाऊँ' तथा 'शक्ति' में जंगलात विषयक लेख, पत्र तथा सम्पादकीय लगातार छपते रहे।[192] 1923 में 'शक्ति' के तत्कालीन सम्पादक दुर्गादत्त पाण्डे को 'जंगलात का सत्याग्रह' सम्पादकीय के लिए दो साल की क़ैद तथा दो सौ रुपये जुर्माने हुए।[193] 'शक्ति' का 9 दिसम्बर, 1924 का सम्पादकीय वन संरक्षण के अन्तर्विरोधों की पड़ताल करता है।[194] फ़रवरी 1925 में जब केन्द्रीय काउन्सिल के सदस्य रंगा अय्यर बागेश्वर आये तो उन्होंने जंगलात विभाग द्वारा जारी दमन का ज़िक्र किया था और जंगलात के प्रचलित (1878 के) कानून को बदलने की तीव्र आवश्यकता महसूस की थी। पर इसकी असली औषधि तो कुली बेगार की तरह का आन्दोलन करना ही बताया था। अय्यर ने कहा था कि कुमाऊँ में जंगलात के कर्मचारियों की बड़ी संख्या है और जंगलात के प्रबन्ध पर बहुत रुपया ख़र्च होता है। विलायत में तालीम पाये जंगलात अधिकारियों के मुक़ाबले देहरादून में शिक्षित रेंजर अपने जंगलों बावत कई गुना अधिक इलम रखते हैं। पतरौलों, रेंजरों का वेतन बढ़ाया जाए, जिससे वे लोगों को अनावश्यक न सतायें और जंगलात की दशा का सुधार करें।[195]

1926 में 'गढ़वाली' पंचायती वनों तथा कुमाऊँ वन समिति की सिफ़ारिशें जल्दी लागू करने की माँग की।[196] 1927 में 'शक्ति' के एक सम्पादकीय में कहा गया था कि यदि कुमाऊँ में जंगल न हों तो एक दिन भी किसान का रहना कठिन है। अतः नौकरशाही से लड़कर जो जंगल प्राप्त किये हैं उनकी सुव्यवस्था करना सीखना होगा।[197] इसी तरह 1928 में एक सम्पादकीय में मोहन जोशी ने लिखा था कि सरकार की वर्तमान जंगलात नीति से किसी को भी लाभ नहीं है। न पशुओं को, न मनुष्यों को, न किसानों को और न सरकार को ही जंगलों से विशेष लाभ हो रहा है। सरकार न जनता को लकड़ी दे रही है और न उद्योगों को।[198]

इस कमेटी (कुजकस) की संस्तुतियाँ पूरी तरह कभी लागू नहीं हो सकीं। इसलिए वन नियमों की अवहेलना बाद में 1930-31 तथा 1942 तक होती रही।[199] इससे पूर्व कुमाऊँ परिषद् के हर अधिवेशन में जंगलात का प्रस्ताव पारित हुआ। गलियाद्योली (रानीखेत) में आयोजित अन्तिम नवीं परिषद् में भी 12 जुलाई, 1926 को जंगलात सम्बन्धी प्रस्ताव पारित हुआ था।[200] 1927 में कुमाऊँ जंगलात कमेटी (कुजक) पुनर्गठित हुई थी। इसकी 31 जनवरी तथा 1 फ़रवरी, 1927 को हल्द्वानी में बैठक हुई। इसमें कमिश्नर स्टिफ, कंजरवेटर वेनिंग, हरगोविन्द पन्त, नारायणदत्त छिमवाल, पातीराम, लक्ष्मीदत्त पाण्डे, मुकुन्दीलाल तथा बदरीदत्त पाण्डे सदस्य के रूप में उपस्थित थे। गोविन्द बल्लभ पन्त तथा तारादत्त गैरोला उपस्थित नहीं हो सके थे। 1927 में पूर्वी अलमोड़ा डिवीज़न के सर्कुलर 488 दिनांक 15 अगस्त, 1927, जो सरकारी आदेश 1128-32/45-2 दिनांक 12 अगस्त, 1927 के मुताबिक था, में चौकीदारों/फॉरेस्ट गार्डों के लिए हिदायतें थीं कि वे रेस्ट हाउस, डाक बंगले तथा पड़ाव आदि में लकड़ी, कोयला, घास, बिछाली, सौ खूंटियों आदि की मुफ़्त व्यवस्था करेंगे। तीस मन प्रति साल तक घास देनी होगी। इस पर 'शक्ति'[201] ने लिखा था :

'हमने चाहा था कि हाकिम से करेंगे फरियाद,
वह भी तो कमबख्त तेरा चाहने वाला निकला।'

इस तरह के आदेशों का दबाव अन्ततः किसानों पर ही होना था। 1927 में गढ़वाल, नैनीताल तथा अलमोड़े के लिए एक वन पंचायत अधिकारी की नियुक्ति हुई। उसको अध्ययन हेतु मद्रास

भेजा गया और 1930 में 'शेड्यूल्ड ज़िला एक्ट' के तहत कुमाऊँ वन पंचायत नियम बनाये गये। ग्रामीणों के नियन्त्रण वाले इन पंचायती जंगलों में सिविल तथा प्रथम श्रेणी के जंगल शामिल किये गये थे, जो 1931 से लागू हुए। लेकिन समग्रता से इन संस्तुतियों के लागू न होने से सामाजिक आक्रोश व्यक्त होता रहा। शायद इसीलिए 'स्वाधीन प्रजा' ने अपने एक सम्पादकीय 'कुमावनियो जंगल तुम्हारे हैं' में स्पष्ट रूप से लिखा था कि संवत् अस्सी यानी 1880 यानी सन् 1823 के जंगलों की पंचायतें बनें।[202] यह एक प्रकार से औपनिवेशिक शासकों के आने से पहले प्रचलित 'लठ पंचायतों' की बहाली की माँग थी। इसी तरह 'कुमाऊँ कुमुद' ने बाँज के जंगलों की रक्षा पर लेख छापा था।[203]

सविनय अवज्ञा आन्दोलन तथा भारत छोड़ो आन्दोलन के समय जंगलात विभाग के कार्यालय, लीसा डिपो, जंगल, लकड़ी के टाल तथा डाक बंगले आदि किसानों के हमले के केन्द्र में रहे। 1931 की गर्मियाँ भी 1921 की तरह शुष्क तथा लम्बी थीं और जंगल की आग फैलने का पूरक कारण भी। कोसी, गौला, लधिया, गगास, नयार तथा सरयू घाटियों के अलावा नैनीताल, अलमोड़ा तथा गढ़वाल ज़िलों के अनेक जंगलों में आग फैली। सरकारी आँकड़ों में ही नैनीताल, अलमोड़ा तथा गढ़वाल ज़िलों में क्रमशः 34, 49 तथा 6 कुल 89 स्थानों पर आग लगी और 38,512 एकड़ जंगल जल कर नष्ट हुआ।[204] सन् 1932 में सरकार ने एक आदेश द्वारा कुमाऊँ के निवासियों को उन वनोत्पादों, जिनके दोहन से जंगलात को क्षति नहीं है तथा जो अन्यत्र नहीं बिकते हैं, को जंगलात से लेने का आदेश दिया।[205] सन् 1937 में स्वयं पण्डित पन्त ने जंगलात के नये बन्दोबस्त किये जाने की ज़रूरत बतायी थी।[206] सन् 1938-39 में यह तथ्य सामने आया कि दूसरी श्रेणी के जंगलों में प्रचलित मौजूदा अधिकारों के अन्तर्गत 8,42,891 क्यूबिक फ़ीट लकड़ी आती है, जबकि ग्रामीणों ने 4,96,120 क्यूबिक फ़ीट से अधिक लकड़ी किसी भी साल नहीं ली।[207]

राष्ट्रीय संग्राम की स्थानीय अभिव्यक्ति की व्यापकता को यहाँ छोड़ा जा रहा है। पर यह बताना उचित होगा कि सन् 1942 में पुनः लीसा डिपो, डाक बंगले ही नहीं कुमाऊँ के कंजरवेटर का कार्यालय भी जला डाला गया। अनेक जगह पोस्ट ऑफ़िस भवन नष्ट किये गये तथा टेलीग्राफ विभाग के तार काट डाले गये। तराई-भाबर के लकड़ी डिपो जलाने की योजना ज़रूर थी लेकिन यह सफल नहीं हो सकी।[208] इसका अभिप्राय यह भी था कि औपनिवेशिक सत्ता ने जंगलात की समस्या का समाधान संवेदना तथा समग्रता से नहीं किया। इसलिए जंगलात विभाग तथा उसके हिस्से उस सत्ता का प्रतीक बने रहे जिससे कुमाऊँनी जनता प्रतिकार कर रही थी।

जंगल स्थानीय आन्दोलन तथा राष्ट्रीय संग्राम के ही नहीं बल्कि भौतिक-सांस्कृतिक अस्तित्व के किस तरह हिस्सा थे और इधर संघर्ष का केन्द्र बन गये थे, वह इस बीच लिखे गये लेखों, कविताओं या काउन्सिलों में उठाये गये सवालों से पता लगता है। सन् 1924 के उत्तरायणी मेले के मौक़े पर बागेश्वर में जो प्रदर्शनी हुई उसमें जंगलात एक प्रमुख विषय था। इस मौक़े पर 'शक्ति' ने दो पन्नों का एक क्रोडपत्र (परिशिष्ट) 'जंगलात' शीर्षक से निकाला था :[209]

> '... हमें यह जानना ज़रूरी है कि कृषि का जंगलात से कैसा घनिष्ठ सम्बन्ध है। प्रथम इन जंगलों से हमारा जलवायु शुद्ध होता है, जिससे खास कर कृषकों का स्वास्थ्य कृषि करने योग्य बनता है। दूसरा हमारे कूर्मांचल में वन समतल भूमि की तरह बड़ी-बड़ी नहरों का काम देते हैं अर्थात कृषि के निमित्त बहुधा जल बर्षाते हैं। तीसरा यदि हमारे इन पहाड़ों में वन नहीं होते, तो शायद हमारी

भूमि कृषि के योग्य कदापि नहीं रहती। चौथा इन्हीं जंगलों से हम अपने कृषि के उपयोगी चौपायों का पालन करते हैं। पाँचवाँ आज इस प्रदर्शनी में जो अच्छी-अच्छी लकड़ी की चीज़ें, क़ाग़ज में सुन्दर चित्र गोंद से चिपकाए हुए हैं, दियासलाई के बंडल, अनेक प्रकार की कीमती जड़ी-बूटी, मृगमद (कस्तूरी), अनेक बढ़िया पशमीने व चुटके इत्यादि-इत्यादि चीज़ें देख रहे हैं, यह सब सामान अधिकतर जंगलों से ही प्राप्त हुआ है... ।'

इस टिप्पणी में जंगलों को पहली बार हवा, मिट्टी और पानी का स्रोत बताया गया था। लगभग आधी सदी बाद चिपको आन्दोलन ने यही शब्दावली किंचित् नये परिप्रेक्ष्य में इस्तेमाल की। उस दौर में देवकीनन्दन पाण्डे ने लिखा था :[210]

'...पहाड़ी देशों में सभी जगह खेती से जंगलों की अधिकता है। जंगल ही उनकी जायदाद हैं। जंगल छीनना उनकी जायदाद छीनना है। यदि सरकार को हमारी सुव्यवस्था की फ़िक्र होती तो आज हम धन-धान्य सम्पन्न ही होते। ...हमारा प्रधान आर्थिक साधन कृषि है। गोपालन इसका परिपूरक है। अन्य गौण हैं और अभी गौण ही रहेंगे। पहाड़ी प्रदेशों की खेती तो बिल्कुल खाद पर ही निर्भर रहती है। खाद के मुताबिक ही अन्न की उपज होती है। खाद का होना न होना गोवंश की वृद्धि पर अवलम्बित है। गोवंश की वृद्धि जंगलों की सुव्यवस्था पर अवलम्बित है। गोवंश की वृद्धि और जंगलात का मातृ सम्बन्ध होने से जंगलों का हमारी कृषि से बहुत नज़दीकी रिश्ता है। गोपालन का आधार होने के कारण जंगलात प्रधानतः, गौणतः और सर्वतः हमारी आर्थिक उन्नति के आधार हैं।'

'शक्ति' के सम्पादकीय में कहा गया था :[211]

'जंगल खुलने के बाद जब चाहें पेड़ काट लेंगे, यह धारणा सुधार लें... मुल्क में जंगल रहेंगे क्योंकि उनकी ज़रूरत है। वे काटे भी जायेंगे और उगाये भी जायेंगे। जंगल पर्वतों की शोभा हैं... जंगल देश की अटल सम्पत्ति हैं। किसान के लिए तो उनका होना न होना जीवन-मृत्यु का प्रश्न है...'

औपनिवेशिक जंगलात नीति की विस्तृत समीक्षा, आन्दोलन और कुजकस का गठन और उसकी सिफ़ारिशों के कुछ हद तक लागू होने की चर्चा के बाद पत्र ने लिखा था :[212]

'यह बात तो निर्विवाद है कि कुमाऊँ के जंगल कुमावनियों के हैं। उनका नफ़ा-नुक़सान कुमाऊँ का है। उनका संचालन प्रजा की भलाई के लिए होना चाहिए। एक ओर सरकार ने प्रजा को तंग न करना चाहिए, दूसरी ओर रय्यत का कर्तव्य है कि जंगलों को अनाप-शनाप तौर पर न काटें, बल्कि उनकी रक्षा करें और उपभोग भी करें।'

वनों की उपयोगिता तथा महत्त्व पर विक्टर मोहन जोशी ने 'बेकार जंगल' टिप्पणी में लिखा था :

'सरकार की वर्तमान जंगलात नीति से किसी को भी लाभ नहीं है। न पशुओं को, न मनुष्यों को, न किसानों को, न स्वयं सरकार को ही जंगलों से विशेष लाभ हो रहा है...एक ओर तो दीन प्रजा के हक छीन कर उसको घास, चारे और लकड़ी से वंचित किया गया और दूसरी ओर देश के होनहार उद्योग धन्धों को, जिनका अस्तित्व लकड़ी पर ही निर्भर है—जैसे दियासलाई उद्योग-, सहायता देने का कोई

प्रबन्ध नहीं किया गया है। ...जंगलात के अफ़सरों का माथा शर्म से झुक जाना चाहिए कि आज देश की व्यावसायिक उन्नति में उन्होंने कुछ भी सहायता नहीं पहुँचाई है। ग्रामीण किसानों को कष्ट काफ़ी पहुँचाया है पर उसकी आर्थिक उन्नति में कोई सहायता नहीं की... जंगलात कमेटी ने इस विषय में क्या किया है? क्या उसके सदस्य उत्तर देंगे? मेरी राय में जंगल बेकार है, जंगलात विभाग बेकार है और जंगलात कमेटी सबसे अधिक बेकार है।'

'गढ़वाली' ने भी तब सशक्त सम्पादकीय लिखा था। जिसमें अधिकारियों को मद्रास भेजे जाने के बदले कुमाऊँ के जन प्रतिनिधियों से बात करने का सुझाव दिया था।[213] जून 1929 में जब महात्मा गाँधी का कुमाऊँ आगमन हुआ तो जगह-जगह उनका स्वागत हुआ। लोगों ने रुपये और गहने दान में दिये। गाँधी के स्वागत के साथ स्थानीय नेतृत्व अपने क्षेत्र की दिक्कतें रखना भी नहीं भूला। 15 जून, 1929 को गाँधी ने भवाली की सभा में कहा था कि :

'आपने जो मुसीबतों का बयान किया है उनसे मैं वाक़िफ़ था। इन विषयों पर मेरे पास ख़त भी आये। जंगलात और बेगार की तकलीफ़ें मैं जानता हूँ। पर ये दुख मेरे आने से दूर न होंगे। आपको संघर्ष करना होगा। मैं ऐसा अभिमानी नहीं हूँ कि यह मानूँ कि मेरे आने से ये दुख दूर हो जायेंगे।'[214]

कुमाऊँ में 1930-32 का सविनय अवज्ञा आन्दोलन अनेक स्थानों पर जंगलात के अधिकारों का आन्दोलन बन गया था।[215] काली कुमाऊँ में कांग्रेस कमेटी ने 2 सितम्बर, 1930 को जंगलात विभाग को नोटिस दिया कि जिन जंगलों से घास, लकड़ी लाने की मनाही है, उन्हें खोल दिया जाय। जंगलात विभाग से कोई उत्तर नहीं मिला पर पीछे से मातहत कर्मचारियों द्वारा गाँव वालों को सूचना दी गयी कि वे बन्द जंगलों से भी घास, लकड़ी ला सकते हैं। यह जंगलात आन्दोलन के साथ समग्र राष्ट्रीय आन्दोलन का असर था। प्रकारान्तर में यह जंगलात आन्दोलन की एक विजय थी। पर काली कुमाऊँ के सूई और खिलपति के तार लगे जंगलों में चराई का प्रश्न बाकी था, जिन्हें अक्टूबर 1930 में तार काट और खम्भे उखाड़ कर चराई के लिए खोल दिया गया। इस सत्याग्रह में वहाँ 23 कार्यकर्ता गिरफ़्तार किये गये।[216] 1930 में देश में अन्यत्र भी जंगल सत्याग्रह हुए थे।[217]

सन् 1930 के बाद जंगलात के नये बन्दोबस्त के बाबत बात उठने लगी। तभी कदाचित पहली बार काउन्सिल में नारायणदत्त छिम्बवाल ने कालागढ़ जंगल को राष्ट्रीय पार्क बनाने का प्रस्ताव रखा था।[218] फिर यह प्रस्ताव पारित हो गया। 25 तथा 26 अगस्त, 1936 को फारेस्ट कमेटी की जो बैठक हुई थी, उसमें नयावाद के नियमों को बदलने की माँग स्थगित रखी गयी थी। हर्षदेव ओली ने इसे पुरानी जंगलात नीति का पुनर्जन्म कहा था।[219] इस बैठक में अनसूया प्रसाद बहुगुणा द्वारा प्रस्तुत सिविल तथा रिज़र्व जंगलों को ज़िला परिषद् को सौंपने का प्रस्ताव नहीं माना गया। पर यह कहा गया कि इन जंगलों से आमदनी होने पर व्यय काट कर शेष राशि सरकार ज़िला परिषद् को दे देगी। मुकुन्दीलाल का यह प्रस्ताव नहीं माना गया कि यहाँ के बुग्यालों से सिर्फ़ यहाँ के लोग फायदा उठावें, बाहर के गड़रिये नहीं।[220] 'शक्ति' ने अपने सम्पादकीय 'बाँज के जंगल' में स्पष्ट लिखा था कि जंगलों की बर्बादी अपनी ही बर्बादी है।[221] सन् 1937 की कांग्रेसी सरकार के समय यह बात उठी। 'शक्ति' में उसके बाद भी सम्पादकीय लिखे जाते रहे।[222] इसी तरह 'कुमाऊँ कुमुद' में भी।[223]

सन् 1939 में 'कर्मभूमि' के प्रवेशांक में एक लेख में कहा गया था कि सन् 1865 के बाद जंगलात की जो व्यवस्था हुई वह जनता की भलाई नहीं, ख़जाने की आमदनी को बढ़ाने की गरज

से हुई थी। बाकी रही सही स्वतन्त्रता की भेंट सन् 1911 के बाद चढ़ा दी गयी। सन् 1921 की कुजकस के गठन के बाद सब दुःख दूर नहीं हुए। लेख में कालागढ़ डिवीज़न के उदाहरण के बहाने जंगलात विभाग की नीति को उजागर किया गया था। कालागढ़ फारेस्ट डिवीज़न के अन्दर उसके उत्तरी भाग से मिले हुए 402 गाँवों के हक़-हकूक थे। इनमें 57 गाँवों के हक़ रामनगर डिवीज़न तथा दक्षिणी हिस्से पर भाबर के चार गाँवों का हक था। डिवीज़न का रकवा 377 वर्ग मील था पर इसमें हक़ सिर्फ़ 33 वर्ग मील में दिये गये थे और हर गाँव को हक़ नहीं मिले थे। सिर्फ़ 43 गाँव मकान बनाने को लकड़ी ले जा सकते थे। कालागढ़ जंगल से सिर्फ़ 402 गाँवों का ही सम्बन्ध नहीं था। सैकड़ों ऐसे गाँव थे जिन पर पिछले बन्दोबस्त में भाग्यविधाताओं की निगाह ही नहीं गयी।

आगे लिखा गया था कि इसी तरह सात ब्लाकों में लकड़ी के हक़ूक की 10,045 घन फ़ीट लकड़ी थी पर सिर्फ़ 800 घन फ़ीट लकड़ी गाँवों को दी जाती थी। लकड़ी भी ऐसे स्थान पर दी जाती थी ताकि इसका इस्तेमाल ग्रामीण न कर सकें। इसी तरह कालागढ़ में 27 हज़ार जानवरों की चराई का हक़ था, पर आते थे 13-14 हज़ार जानवर। वह भी सिर्फ़ 80 गाँवों के। जलाने की लकड़ी का हक 179 गाँवों को ही मिला था। इड़ा ब्लाक में (1935 में) फारेस्ट गार्ड ने 700 गट्ठर लकड़ी इसलिए जला दी क्योंकि हक इड़ा ब्लॉक के पास नहीं था पर लकड़ी नज़दीक में वहीं थी।

आगे कहा गया था कि 'पिछले बन्दोबस्त में कुछ ऐसे स्थान जंगलात में शामिल किये गये थे जो जंगलात के किसी काम के नहीं थे। बहुत से चौड़ तो ऐसे थे जिन पर जंगल कभी नहीं बन सकता था। अगर ये जंगल जंगलात से निकाल कर आबादी व खरक के लिए दे दिये जायँ तो कुमाऊँ भारतवर्ष का डेनमार्क बन सकता था। ...मतलब यह नहीं है कि सारा जंगल हक़-हक़ूकों के लिए ही बाँट दिया जाय। जंगल जातीय सम्पत्ति हैं। ऐसी सम्पत्ति से हर एक सरकार ऐशो इशरत की सुविधाओं को काटकर उनकी रक्षा कर सकती है लेकिन जनता की जरूरियात को कुचल कर नहीं। जंगल प्रजा के लिए हैं, न कि प्रजा ही जंगलों के लिए।'[224]

जंगल सत्याग्रह के बाद राष्ट्रीय संग्राम के जो अन्य रूप सामने आये, जैसे सविनय अवज्ञा आन्दोलन, व्यक्तिगत सत्याग्रह तथा भारत छोड़ो आन्दोलन आदि, उनमें भी जंगलात के बंगले, दफ़्तर तथा लीसा डिपो आदि संग्रामियों और ग्रामीणों के हमलों या आग लगाने के लक्ष्य रहे। क्योंकि आम लोगों की नज़रों में ये सब विदेशी-बेगाने शासन के प्रतीक थे, जिसने इनके जंगलों को इनसे छीन लिया था। जंगल सत्याग्रह के बाद भी जंगलों का दोहन तथा जंगलों से प्राप्त राजस्व (रेवेन्यू) कभी नीचे नहीं आया। विभिन्न सरकारी रपटों से यह पड़ताल की जा सकती है।[225]

6. टिहरी रियासत में जंगलात : ढंढकों का विकास

उत्तराखण्ड में कम्पनी शासन का आगमन इसके एक हिस्से में स्थानीय सामन्ती शासन के पुनरागमन से जुड़ा था। नेपाल युद्ध से पूर्व कम्पनी की शरण में गया और फिर युद्ध के समय कम्पनी को गहन सहयोग करने वाला पँवार राजकुमार सुदर्शन शाह, जिसके पिता और अविभाजित गढ़वाल के अन्तिम शासक (और कुमाऊँ में भी कुछ समय शासन करने वाले) प्रद्युम्न शाह गोरखों से युद्ध लड़ते हुए सन् 1804 में दिवंगत हुए थे, को कम्पनी ने अलकनन्दा-गंगा से उत्तर-पश्चिम, मन्दाकिनी से पश्चिम तथा दूनघाटी से उत्तर-पूर्व का हिस्सा वापस दे दिया था।

सन् 1815 के बाद जब टिहरी रियासत प्रारम्भ हुई तो प्रजा में गोरखों के कुशासन से मुक्ति का और 10-12 साल बाद अपने शासक को पुनः पा सकने का भाव था। उजड़े हुए गाँवों में भागे हुए

लोगों की वापसी हो रही थी। टिहरी रियासत पूर्ववर्ती गढ़वाल राज्य की तरह स्वायत्त न थी। यह एक प्रकार से औपनिवेशिक शासन की छत्रछाया में चलने वाली राजशाही थी। अनेक वर्षों तक सकलाना तथा रवाँई से स्वायत्तता की माँग उठती रही। सकलाना में मुआफ़ी को कायम रखा गया पर रवाँई को देर सवेर टिहरी रियासत के तहत आना पड़ा। रवाँई 1815 से 1824 तक जौनसार यानी ज़िला देहरादून के साथ था। तत्पश्चात इसे टिहरी रियासत के साथ जोड़ दिया गया।[226]

32 गाँवों की मुआफ़ी के 290 परिवारों से जो राजस्व 1830 के आसपास रु. 730 था उसे 1839 में रु. 1,400 कर दिया था। इसके विरुद्ध किसान राजा के पास गये। राजा की बात से प्रजा सन्तुष्ट न हुई और देहरादून में एजेण्ट के पास पहुँची तो मुआफीदार के लिए राजा की अधीनता अनिवार्य कर दी गयी।[227]

सुदर्शन शाह के समय में सन् 1835 में सकलाना के कमीण-सयाणों और किसानों ने मुआफ़ीदार के विरुद्ध आन्दोलन किया था और कर वृद्धि रोकने का निवेदन कम्पनी एजेण्ट से किया था। कम्पनी शासन ने निर्णय दिया था कि भविष्य में मुआफ़ीदार के विरुद्ध राजा के कार्यालय में ही शिकायतें होंगी।[228] 1836 में फिर कम्पनी ने लिखा था कि टिहरी का राजा सकलाना की प्रजा का संरक्षण करे।[229]

इसी तरह रवाँई से गोविन्द सिंह बिष्ट अधिक राजस्व वसूलने, दमन करने और राजा को चुनौती देने में तत्पर था।[230] गोविन्द सिंह ने जन समर्थन जुटाया था और कम्पनी एजेण्ट की सहानुभूति भी उसके साथ थी। एजेण्ट यंग ने अपने बन्दोबस्त में राजा का व्यवहार अन्यायपूर्ण बताया था। राजा ने यंग की भूव्यवस्था के विरुद्ध शिकायत की जो सही निकली। इस प्रकार यंग को हटाकर कुमाऊँ कमिश्नर को टिहरी रियासत हेतु कम्पनी का एजेण्ट बना दिया गया।[231] कम्पनी ने यह भी निर्णय दिया था कि मुआफ़ीदार द्वारा राजा की आज्ञा न मानने पर उसे हटाया जा सकता है।

10-15 साल तक शासन व्यवस्था से बाहर रहे राज कर्मचारी तथा सयाणा ग्रामीणों के लिए दिक्कतें करते रहे। अतः छिटपुट ढंढक होते रहे। ढंढकों के सन्तोषजनक परिणाम न निकलने पर ग्रामवासी अपने परिवार, पशुओं तथा चल सम्पत्ति को लेकर ऊँचे पहाड़ों में जाकर और राजस्व कर न देकर या अपना कष्ट राजा को बताने हेतु बच्चों सहित राजधानी टिहरी जाकर असन्तोष व्यक्त करते रहे। राजा के हस्तक्षेप से कुछ दिन स्थिति ठीक होती पर फिर दमन और ढंढक शुरू हो जाते। रियासत के रजिस्टरों में अनेक ढंढकों, राजा द्वारा हस्तक्षेप और फिर प्रजा द्वारा ढंढक न करने के प्रसंग मिलते हैं।[232]

राज परिवार तथा अन्य सम्भ्रान्त परिवारों के घरेलू या खेतीबाड़ी से जुड़े दास भागकर ब्रिटिश गढ़वाल या देहरादून ज़िलों में चले जाते थे। अनेक बार सुदर्शन शाह को इनकी वापसी के लिए एजेण्ट से आग्रह करना पड़ा था।[233] रियासत में बहुत बाद तक दासता और आदमी के विक्रय पर पूरी रोक नहीं लग सकी। रियासत के करीब ही सन् 1824 में सहारनपुर के गूजरों द्वारा कम्पनी सरकार के प्रति किये गये विद्रोह[234] से लेकर सन् 1857 के व्यापक घटनाक्रम की रियासत में अनुगूँज नहीं पहुँची। बल्कि सन् 1857 में सुदर्शन शाह ने कम्पनी और कुमाऊँ कमिश्नर रैमजे को बहुत सहयोग दिया। उसने गदर के भय से भागे फिरंगियों को टिहरी में शरण दी, नैनीताल से आया खजाना रियासत से होकर अन्यत्र गया और कम्पनी को राजा ने इस संकट के समय एक लाख रुपया नकद भी दिया।[235]

लेकिन इस बीच सन् 1851 में सकलाना की अठूर पट्टी में बदरीसिंह असवाल (1783-1868) के नेतृत्व में आन्दोलन होता रहा।[236] भवानी शाह के समय पनटौटी तथा बेगार के विरुद्ध आन्दोलन हुए। भवानी शाह ने समस्या समझने और सुलझाने की जगह दमन किया और आन्दोलनरत किसानों से भविष्य में ढंढक न करने और दण्ड देने का वचन लिया।[237] इसी तरह के मुचलके रवाँई, रामा सिराई तथा सिगंतूर आदि पट्टियों के ढंढकियों से लिखवाये गये। कुछेक ने आत्मसमर्पण किया।[238] स्वयं बदरीसिंह असवाल को 6 माह की सजा तथा एक हज़ार रुपये का जुर्माना हुआ। कमिश्नर रैमजे ने असवाल को निर्दोष पाया पर तब तक सितम्बर 1868 से पूर्व उनकी टिहरी जेल में मृत्यु हो गयी थी। विलम्बित न्याय का यह एक दुर्लभ उदाहरण था।

प्रताप शाह के काल में लछमसिंह कठैत (1853-1887) द्वारा बेगार-बर्दायश के विरुद्ध आन्दोलन किया गया। सन् 1882 में वासर पट्टी के किसान ढंढक करने टिहरी आये थे। रमोली पट्टी के किसानों ने सन् 1887 में बेगार तथा बर्दायश/विशाह (पाला बिसाऊ) का विरोध किया और घास, लकड़ी तथा सावनी कर को बन्द करने की माँग की। किसानों के द्वारा यह आवेदन एजेण्ट रौस को दिया गया था पर इसमें प्रस्तुत माँगों में से कुछ ही मानी गयीं थीं।[239] सन् 1901 में भजनसिंह संकरवाण के नेतृत्व में कड़ाकोट की जनता ने जंगल की पैमायश का विरोध किया। यह विरोध किसी भी इतिहास ग्रन्थ में चर्चा में नहीं आ पाया है।[240]

कीर्तिशाह के शासनकाल में सन् 1903-4 में कुजणी पट्टी में ढंढक हुआ था। इस ढंढक में जंगलात पहली बार एक मुद्दा बना था और कंजरवेटर केशवानन्द रतूड़ी तथा सहायकों ने देण (बर्दायश) तथा पुच्छी (गाय-भैंसों पर लिया जाने वाला अनियमित कर) लेना चाहा, जिसे देने से किसानों ने इनकार कर दिया। जब रतूड़ी के दल ने दूध तथा दही के बर्तन फोड़ने के बाद गिरफ्तारियाँ करनी चाहीं तो ग्रामीणों ने हथकड़ियाँ तोड़ कर छिपा दीं और दल के सदस्यों की पिटाई भी की। यह दल भागकर टिहरी पहुँचा और दमन तथा दण्ड की तैयारियाँ होने लगीं। कुजणी के पंचों ने घोषणा की कि जो व्यक्ति ढंढक में शामिल नहीं होगा उसे बिरादरी से अलग कर दिया जायेगा।

रानी गुलेरिया द्वारा सावधानी से हरिसिंह मियाँ को ढंढक को शान्त करने को भेजा गया पर उसे ग्रामीणों ने गिरफ़्तार कर लिया। रीजेन्सी के अन्तर्गत शासन देख रही रानी गुलेरिया ने ढंढक को गम्भीरता से लिया और अधिक प्रतिष्ठित तथा विश्वसनीय हरिकृष्ण रतूड़ी को ग्रामीणों के पास भेजा गया कि वे वार्ता हेतु टिहरी आयें। अन्ततः रियासत से पुच्छी कर हटा लिया गया और जंगलात कर्मियों को मुअत्तल किया गया।[241]

इस घटना के दो साल बाद खास पट्टी में ढंढक हुआ। सन् 1906 में मुप्पु के नेतृत्व में यह आन्दोलन ढाबरों के जंगल के बाबत हुआ था। घूमकण्डी के रणजीत, लेगवाण के जयसिंह, माग के रामचन्द्र और जगदार के पधान बद्री आदि इसमें शामिल थे। कंजरवेटर सदानन्द गैरोला को ग्रामीणों द्वारा पकड़ लिया गया। तभी जोराण की धर्मशाला में ढंढकी रामचन्द्र ने कंजरवेटर सदानन्द गैरोला की मूँछें जला दीं और माथे पर डाम रख दिया। राजा कीर्तिशाह के आने पर ही उसे तब छोड़ा गया जब किसानों की सभी माँगें मान ली गयी।[242] यह पहली बार हुआ कि स्वयं राजा को ढंढक को शान्त करने जाना पड़ा।

1906 में ही 27 दिसम्बर को चन्द्रबदनी मन्दिर के आसपास के ग्रामीणों ने स्थानीय जंगलों को आरक्षित करने के विरुद्ध आन्दोलन शुरू किया। लाठियों से लैस 200 से अधिक ग्रामीण मन्दिर के

नीचे स्थित मैदान में एकत्रित हुए, जहाँ कि जंगलात अधिकारियों के टैण्ट लगे थे। ग्रामीणों ने उनके जंगलों में किसी भी तरह के हस्तक्षेप पर आपत्ति प्रकट की। टिहरी राज के दस्तावेज़ों के अनुसार उन्होंने कंजरवेटर पर हमला किया। उसके टैण्ट को उखाड़ फेंका और बन्दूक को तोड़ दिया। पर कंजरवेटर भागने में कामयाब हुआ। ग्रामीण जन अपने जंगलों में घुसपैठ के लिए उसे ही ज़िम्मेदार मानते थे। अगले दिन राजा ने सेना के साथ अपने भाई को शान्ति व्यवस्था कायम करने के लिए भेजा। पर सफलता नहीं मिली। ग्रामीणों का आक्रोश पूर्ववत था। ब्रिटिश सरकार से फ़ौज भेजने का रियासत ने आग्रह किया, जिसे नहीं माना गया।[243] सम्भवतया राज्य की ओर से हस्तक्षेप रोक दिया गया और ग्रामीणों के जंगलात के अधिकार बने रहे।

रूपसिंह कण्डारी के नेतृत्व में सकलाना का आन्दोलन बेगार के ख़िलाफ़ कीर्ति शाह, जो अपेक्षाकृत उदार शासक माना जाता था, के समय में हुआ था। इस काल के कुजणी तथा खास पट्टी के ढंढक सीधे-सीधे नये जंगलात बन्दोबस्त के विरुद्ध थे और इनमें किसानों का निशाना सीधे सबसे बड़े अधिकारी ही थे। आक्रामकता की अधिकता और निरन्तरता इन ढंढकों में देखी जा सकती है। इसका स्पष्ट कारण जंगल, खेती और पशुपालन के संयुक्त संसार में सरकार और जंगलात विभाग का बढ़ता हुआ हस्तक्षेप था। एक ऐसे समाज, जो मूलतः खेतिहर और पशुचारक था, की सबसे महत्त्वपूर्ण और केन्द्रीय सम्पदा यानी जंगल पर किसी तरह की घुसपैठ इस समाज के लिए अस्वीकार्य थी।

सन् 1913 से 1949 तक के काल में रियासत में आन्दोलनों का दूसरा दौर प्रारम्भ हुआ। स्वाभाविक रूप से राष्ट्रीय संग्राम का असर देहरादून, ब्रिटिश गढ़वाल तथा अन्यत्र से छनकर यहाँ पहुँचने लगा था। सन् 1927-28 के बाद जब रियासत में नया जंगलात बन्दोबस्त शुरू हुआ तो सीमा निर्धारित करते समय ग्रामीण हितों की जानबूझकर अवहेलना की गयी थी।[244] ग्रामीणों के चरागाह, रास्ते ही नहीं खलिहान तथा पशुओं की छानियाँ भी जंगल की सीमा के भीतर डाल दी गयी थी। ग्रामीणों के चरान, चुगान तथा घास-लकड़ी काटने के अधिकार छीन लिए गये। वे जब सवाल करते कि हमारे जानवर कहाँ चरेंगे तो कर्मचारी उत्तर देते कि 'ढंगार में डाल दो'। रियासत स्वयं यह लाभ जंगलों का व्यापारिक दोहन करके अर्जित करने लगी थी।[245] इसके विरोध की अभिव्यक्ति रवाँई में होनी बहुत स्वाभाविक थी।

यह पहली ढंढक थी जिस पर राष्ट्रीय संग्राम का अधिक गहरा प्रभाव था। अब 'गढ़वाली' के अलावा अन्य अख़बार रियासत में आने लगे थे। ब्रिटिश कुमाऊँ तथा देहरादून से राष्ट्रीय चेतना और जनान्दोलनों का ताप रियासत में जा रहा था। राजा और कर्मचारी इस चेतना प्रवाह को समझ नहीं पाये। इसीलिए यह ढंढक पिछली तमाम ढंढकों से भिन्न सिद्ध हुई और दमन के बावजूद राजा और उसकी व्यवस्था पहली बार जनता की नज़रों से उतर गयी। जंगलों में अपने अधिकारों की रक्षा के लिए आन्दोलन हेतु स्वाभाविक रूप से एक सामूहिक स्थानीय नेतृत्व उभरा। कमरु के दयाराम, नगाणगाँव के हीरासिंह और बमुन्डी गोडर के बैजराम के नेतृत्व में आन्दोलन शुरू हुआ। इनके पास रियासत या रियासत से बाहर के समाचार राजतर के आन्दोलन समर्थक लाला रामप्रसाद के मार्फत या उनके उद्यम से पहुँचते थे। रवाँई निवासियों ने एक प्रकार से अपनी सरकार बना ली थी। राजकर्मचारी उधर आने में घबड़ाते थे। ग्रामीणों का संगठन धीरे-धीरे अधिक आक्रामक होता गया।

रवाँई-जौनपुर के ग्रामीणों ने अपनी आज़ाद पंचायत की बैठक करने के लिए यमुना घाटी में बड़कोट से नीचे चन्दा डोखरी नामक स्थान को चुना। इस जागरण और विरोध के स्वर ने थोकदारों

को आकर्षित किया। उनकी समझ थी कि इस विरोध से राजा उनको कुछ और अधिकार या रियायतें दे सकता है पर बाद में वे जासूसी करने लगे। आम रवाँईवासियों का समर्थन जंगलात के अधिकारों की प्राप्ति हेतु जारी इस मुहिम को लगातार मिलता रहा और आज भी यह प्रतिरोध स्थानीय समाज की स्मृति का अभिन्न हिस्सा है।

11 मार्च, 1930 को राजा नरेन्द्र शाह स्वास्थ्य लाभ हेतु इंग्लैण्ड गये। यह उनकी तीसरी यूरोप यात्रा थी। कुछ दिन बाद जब डिप्टी कलेक्टर तथा डी.एफ.ओ. बन्दोबस्त हेतु रवाँई पहुँचे तो किसानों ने विरोध किया और राजा को 27 मार्च, 1930 को टेलीग्राम भिजवाया कि वे आयें और न्याय करें। टिहरी दरबार के 23 जून, 1930 की कम्यूनीक के अनुसार तब ढंढकियों ने दरबार को अपना आवेदन देने के बदले हर गाँव को सूचना भेजी कि यदि वे (ग्रामीण) ढंढक में शामिल नहीं होंगे तो उनके घर लूट लिए जायेंगे और उन्हें मार दिया जायेगा।[246]

फिर राज परिवार के विश्वस्त पूर्व वजीर हरिकृष्ण रतूड़ी को रवाँई भेजा गया। आन्दोलनकारियों ने स्पष्ट कहा कि जिस तरह आज तक हम अपने जंगलों का उपयोग करते थे, उसी प्रकार आगे भी करते रहेंगे। रतूड़ी ने आश्वासन तो दिया पर वार्ता पूरी तरह सफल नहीं हुई। रतूड़ी ने कुछ सुझाव दिये और उनका कहना था कि यह ढंढक रवाँई निवासियों द्वारा नहीं कुछ स्वार्थी और भ्रष्ट (wicked persons) व्यक्तियों द्वारा आयोजित की गयी है। रतूड़ी ने कुछ ग्राम प्रधानों का नाम लिया और उनको गिरफ़्तार करना ज़रूरी बताया। इससे रवाँई में जबर्दस्त उत्तेजना फैलने लगी थी। दरअसल रतूड़ी के आगमन के साथ-साथ आन्दोलन के प्रमुख नेताओं पर राज्य के जंगलों को हानि पहुँचाने का अभियोग लगाकर डिप्टी कलैक्टर सुरेन्द्रदत्त नौटियाल तथा डी.एफ.ओ. पद्मदत्त रतूड़ी द्वारा उन्हें राजगढ़ी बुलाया गया था। 20 मई 1930 को प्रधानों की गिरफ़्तारी हेतु वारण्ट जारी हुए। चार प्रधानों-रामप्रसाद, दयाराम, रुद्र सिंह तथा जमनसिंह-को गिरफ़्तार किया गया और कारावास की सजा सुनाई गयी। अब चारों ढंढकी नेताओं को टिहरी के कारावास तक ले जाना था। अन्य कार्यकर्ता और रवाँई के निवासी इस प्रस्थान को रोकने के लिए पूरी तरह तत्पर थे। 21 मई को चाँदा डोखरी नामक स्थान पर आज़ाद पंचायत की सभा हुई।

डिप्टी कलैक्टर सुरेन्द्रदत्त नौटियाल तथा डी.एफ.ओ. पद्मदत्त रतूड़ी ने भी गिरफ़्तारों को ले जाने वाले पटवारियों और पुलिस दल के साथ जाने का निश्चय किया। 26 मई 1930 को आन्दोलन के चारों नेताओं-रामप्रसाद, दयाराम, रुद्रसिंह तथा जमन सिंह-को लेकर यह दल राजगढ़ी से टिहरी को रवाना हुआ। जनता भी साथ-साथ चल रही थी। जब यह दल डण्डियाल गाँव के पास पहुँचा तो ढंढकियों ने अपने साथियों को छुड़ाने के लिए दल पर हमला किया। ढंढकियों की सुरेन्द्रदत्त नौटियाल तथा पद्मदत्त रतूड़ी पर नज़र थी। पद्म दत्त ने रिवाल्वर चलाया, जिससे दो ढंढकी किसान मारे गये और दो घायल हुए। कुछ सूचनाओं के अनुसार नगाणगाँव के ज्ञान सिंह और दो अन्य जूनासिंह और अजीतसिंह वहीं पर मारे गये। पद्म दत्त की गलती से सुरेन्द्रदत्त नौटियाल भी घायल हुआ। न सिर्फ़ पुलिस दल बल्कि पद्म दत्त रतूड़ी भी अपने साथी एस.डी.एम. सुरेन्द्रदत्त नौटियाल को छोड़कर भाग निकला, जो ढंढकियों की गिरफ़्त में आ गया। उसे बन्दी बना लिया गया। चारों बंदियों को छुड़ाकर ढंढकी राजतर ले गये।[247]

फिर डिप्टी कलैक्टर सुरेन्द्रदत्त नौटियाल की जान बचाने के बहाने दीवान चक्रधर जुयाल रवाँई आये। कहा जाता है कि उसने राजा की अनुपस्थिति में सेना के इस्तेमाल करने हेतु संयुक्त प्रान्त के

गवर्नर से स्वीकृति ली थी। ढंढकी वार्ता तथा प्रतिरोध दोनों के लिए तैयार थे। पर शायद चक्रधर जुयाल दमन चाहता था। उसकी सोच थी कि समझौता आगे और अधिक प्रतिरोधों को निमन्त्रण दे सकता है। अन्ततः वार्ता सम्भव नहीं हुई। रियासत की ओर से दमन तथा जनता की ओर से प्रतिरोध का रास्ता चुना गया। डबराल ने लिखा है कि टिहरी की राज्य सेना के प्रमुख कर्नल सुन्दरसिंह ने जब राजा की अनुपस्थिति में गोली चलाने से इनकार किया तो जुयाल ने उसे हटाकर उत्साही नत्थूसिंह सजवाण को इस पद पर नियुक्त कर दमन के लिए रवाँई भेजा।

29 मई 1930 (17 ज्येष्ठ) के दिन सेना धरासू मार्ग से राजगढ़ी पहुँची। ग्रामीणों ने पेड़ काटकर मार्ग में डाले थे पर इससे कोई विशेष अवरोध नहीं हुआ। राजपरस्त थोकदार सेना का शराब और नृत्य से स्वागत कर रहे थे। अगले दिन 30 मई को सैनिकों ने धड़ पकड़ शुरू की। कहा जाता है कि थोकदार द्वय लाखीराम और रणजोरसिंह ने जिसको चाहा गिरफ़्तार करवाया। सैनिकों ने हर धर में लूट खसोट की। लूट का सामान आपस में बाँटा। फिर तिलाड़ी के मैदान में सभा कर रहे किसानों को घेर कर उन पर गोली चलायी।

रियासत का जलियाँवालाबाग काण्ड कहे जाने वाले इस हत्याकाण्ड में टिहरी दरबार के अनुसार चार किसान मारे गये, दो घायल हुए तथा 194 किसान गिरफ़्तार हुए। किसानों से 52 हथियार मिले। बहुत से हथियार यमुना में डाल दिये गये। जनता द्वारा सेना का स्वागत किये जाने की अफ़वाह भी फैलाई गयी।[248] पर दूसरी ओर इसे जन प्रतिरोध के रूप में मान्यता भी दी गयी।[249] सामान्यतया मृतकों की संख्या 'गढ़वाली' के अनुसार 100 से अधिक, सुन्दरलाल बहुगुणा के अनुसार 17 तथा उप्र सूचना विभाग द्वारा 200 तक बतायी जाती रही है। कुल 600 से अधिक गोलियाँ चलीं, घायलों की संख्या सैकड़ों मेंथी।[250] राजतर में लाला रामप्रसाद की दुकान को ध्वस्त कर दिया गया था।

इस हत्याकाण्ड का एक और शर्मनाक पहलू यह था कि जब घायलों को गिरफ़्तार कर राजतर लाया गया था तो गोली से घायल दो ग्रामीण कराह रहे थे। उनकी चिकित्सा से ज़्यादा अन्य ग्रामीणों की गिरफ़्तारी की चिन्ता रियासत के कारिन्दों को थी। गोलीकाण्ड का आदेश देने वाले अधिकारी की नींद में खलल पड़ रहा था। उसने सन्तरी को आदेश दिया कि इसे सदा के लिए सुला दो और ऐसा ही किया गया। पालतू पशु भी मारे गये।[251] अभियुक्तों को ब्रिटिश गढ़वाल से वकील नहीं लाने दिये गये। ग्रामीणों ने अपनी पैरवी ख़ुद की। 68 व्यक्तियों पर मुक़दमे चले पर अपराध सिद्ध नहीं हो पाये। इस कारण पद्मदत्त को कोर्ट में ही मूर्छा आ गयी थी। आठ महीने तक मुक़दमे चलते रहे। जुलाई 1931 में एक से लेकर 20 साल तक के कारावास दण्ड सुनाये गये। 15 बन्दी ढंढकी जेल में ही दिवंगत हुए। उनके देहान्त की ख़बर उनके परिवारों को नहीं दी गयी और उनके शव जेल के करीब भिलंगना नदी में फेंक दिये गये[252] जैसे कि एक दशक बाद श्रीदेव सुमन का शव फेंका गया।

स्वाभाविक था कि सरकार परस्तों[253] ने ही नहीं टिहरी के राजा नरेन्द्र शाह ने भी इस हत्याकाण्ड को सही ठहराया। जंगलात समस्या की तह तक जाने का जोख़िम नहीं उठाया गया। चक्रधर जुयाल को देहरादून और ब्रिटिश गढ़वाल तक इस काण्ड को उजागर करने वालों को दण्ड देने की खुली छूट दे दी गयी थी। उसने 'गढ़वाली' के सम्पादक को कारागार भेजने में कामयाबी पायी। इस तरह रवाँई काण्ड का समग्र सच कभी उजागर नहीं हो पाया। न तत्काल उस लड़ाकू समाज के ज़िम्मेदार लोग और न दस साल बाद प्रजामण्डल के कार्यकर्ता रवाँई काण्ड में मारे गये लोगों की प्रामाणिक

सूची बना पाये। तब राजा और दीवान को यह भान नहीं था कि 20 साल से पहले ही न सिर्फ़ सामन्तशाही बल्कि उनकी सर्वशक्तिमान हैसियत भी समाप्त हो जायेगी। टिहरी रियासत के किसानों को पुनः उठ खड़े होने में एक दशक का समय ज़रूर लगा था। यद्यपि जंगलों की सुरक्षा के प्रति आम ग्रामीणों का उत्साह कायम रहा। उस दौर में भी अपने जंगलों की आग बुझाते हुए टिहरी के नौ ग्रामीण जल गये थे।[254]

रवाँई का आन्दोलन एक प्रकार से पिछले तमाम ढंढकों से अपने स्वरूप, शैली और सांगठनिक स्तर पर भिन्न था। यह आन्दोलन न सिर्फ़ नयी जंगलात व्यवस्था के अन्तर्विरोधों के, वरन रियासत की दमनकारी नीतियों, नौकरशाही, प्रभु सेवा तथा यूरोप में घूम रहे टिहरी के राजा द्वारा बढ़ाये गये करों के ख़िलाफ़ भी था। किसानों ने रवाँई में समानान्तर सरकार बनाने तक की सोच ली थी। कुछ दिनों के लिए बनायी भी। किसानों का संगठन इस समय आक्रोश तथा आक्रामकता से भरा था। यह सबसे बड़ा तथा अन्तिम ढंढक था और इसका दमन किसानों की हत्या के साथ हुआ। इस काण्ड के बाद रियासत में कुछ समय के लिए चुप्पी जैसी छा गयी थी पर इस अन्तिम ढंढक ने प्रजामण्डल की छत्रछाया में संस्थाबद्ध तथा नियमबद्ध आधुनिक आन्दोलनों के लिए रास्ता प्रशस्त किया।[255]

सन् 1939 में प्रजामण्डल की देहरादून में स्थापना हुई और फिर यह कांग्रेस तथा भारतीय राष्ट्रीय संग्राम से प्रभावित संगठन बना तथा अखिल भारतीय देशी राज्य लोक परिषद् के सहयोग से आन्दोलन चलाने लगा। पुराने ढंढकों के बीज किसानों के समाज में मौजूद थे और प्रजामण्डल के माध्यम से उन्हें एक दशक के भीतर ही अंकुरित होने में मदद मिली। सन् 1939 से 1949 के बीच प्रजामण्डल सामान्य से व्यापक किसान आन्दोलनों में रूपान्तरित होता गया। किसान आन्दोलनों ने ही दादा दौलतराम तथा नागेन्द्र सकलानी जैसे असाधारण नेताओं के विकसित होने का वातावरण बनाया। 1946 के डांगीचौरा आन्दोलन के समय किसानों ने नरेन्द्रनगर में जो सात सूत्रीय माँगपत्र राजा को दिया था उसमें माँग संख्या चार में कहा गया था कि जंगलात के कानूनों में जनहित को ध्यान में रखते हुए संशोधन किया जाये।[256] सुसंगठन तथा शहादतों के सिलसिले ने अन्ततः टिहरी रियासत का नवजात स्वतन्त्र भारत में विलय सम्भव कराया। टिहरी रियासत और दीवान के जीवन का अन्त 1948 में साथ-साथ हुआ।

जंगलात का मामला टिहरी के किसान आन्दोलन का हिस्सा बना रहा लेकिन 1 अगस्त, 1949 को टिहरी के उत्तर प्रदेश में विलीन हो जाने के बाद भी लोकतान्त्रिक सरकार ने रियासत की जनता के जंगलात सम्बन्धी हक़-हक़ूकों को बदलना उचित नहीं समझा।[257] टिहरी रियासत अवश्य कुमाऊँ मण्डल का ज़िला बन गयी और कुछ समय तक वहाँ प्रजामण्डल का शासन भी रहा। रियासत को ज्यों का त्यों रखने के साथ सन् 1951 की जनगणना सूची के अनुसार अवश्य मवासों की सूची बनायी गयी। हरद्वार के मालदारों का प्रभाव टिहरी ज़िले में अधिकाधिक बढ़ता गया और जनता के हितों की उपेक्षा होती रही।[258] इसी कारण सुन्दरलाल बहुगुणा ने अपने एक लेख में कहा था कि टिहरी में वन नीति में मूल परिवर्तन के अलावा कोई दूसरा उपाय नहीं है।

रामचन्द्र गुहा ने टिहरी रियासत के आन्दोलनों को विद्रोह की परम्परा (rebellion as custom) के रूप में देखा है तथा ब्रिटिश कुमाऊँ के आन्दोलनों को औपनिवेशिक सत्ता के विरुद्ध विद्रोह (rebellion as confrontation) के रूप में। यह बहुत हद तक सही भी है लेकिन ब्रिटिश कुमाऊँ के आन्दोलनों के पीछे ढंढकों की परम्परा का बार-बार भान होता है ठीक वैसे ही जैसे प्रजामण्डल के आन्दोलन बाद में ढंढकों की परम्परा से विकसित होकर भी उनसे भिन्न होने लगे थे।

प्रजामण्डल आन्दोलन इस अर्थ में पुराने ढंढकों से भिन्न था कि इसमें राजा का पुराना प्रभावशाली स्थान धूमिल और ध्वस्त हो गया था।

सबसे महत्त्वपूर्ण बात यह है कि आज़ादी के बाद हुए जंगलात आन्दोलनों तथा चिपको आन्दोलन ने उन्नीसवीं सदी के पहले तीन दशकों में हुए ब्रिटिश कुमाऊँ के जंगल सत्याग्रह के साथ टिहरी रियासत के रवाँई काण्ड से प्रेरणा और ऊर्जा के सूत्र पाये थे। आज़ाद भारत में जंगलात के प्रश्न को कई कारणों से टाला जाता रहा था। एक आज़ाद देश को जिस तरह अपनी भूमि, जंगल, जल तथा अन्य संसाधनों के बारे में सोचना चाहिए था, वैसा नहीं हो सका। लेकिन तब देश का आज़ाद होना एक बहुत बड़ी घटना थी और इसने तमाम मामलों की तरह जंगलात के बारे में भी जनता को उम्मीदों से भर दिया था। तब शायद ही कोई सोचता होगा कि आज़ाद भारत का नेतृत्व जंगलों और वनवासियों के प्रति इतना लापरवाह होगा और आगामी सालों में देश के वन्य क्षेत्रों में निरन्तर आन्दोलनों का सिलसिला चल निकलेगा।

चिपको आन्दोलन का जन्म दरअसल आज़ादी के बाद जंगलात संरक्षण और प्रबन्धन की कोई जन और जंगल मुखी नीति विकसित न होने से जुड़ा है। हमने औपनिवेशिक जंगलात नीति को अधिक लूट-खसोट वाली और वन्य संसाधनों का विनाश करने वाली बना दिया था।[259]

सन्दर्भ

1. MR (Pre Mutiny Records) : Kumaun Records (KR), Backet, J.O.B.,1850, Iron and Copper Mines in the Kumaon Division; Ramachandra Guha, Unquiet Woods : 105
2. PMR : Almora, MLR, 1853-55, III : 699
3. देखें : शेखर पाठक, उत्तराखण्ड में कुली बेगार प्रथा : अध्याय चार : बेगार प्रथा का विकास, 90-122
4. PMR : Kumaun Records (KR), Six 1815,V : 87; Thirteen1818, II : 7, 25, 27; Twenty 1822, I : 1, 5-7 and 13; Twenty Two, 1822, III : 142-44; Atkinson, Three, I : 335 तथा शेखर पाठक, कुली बेगार : 93-94
5. Kumaun Records (KR), Four, 1815, III : 158
6. Kumaun Records (KR), Twenty Two, 1822, III : 49 and 55-95
7. Kumaun Records (KR), Thirty Five, 1827, III : 121-22
8. देखें–ट्रेल द्वारा दिये गये मासिक आय-व्ययक, PMR, Kumaun Records (KR), 1816-30
9. शेखर पाठक, कुली बेगार : 124; Shekhar Pathak, 1991, Begar Abolition Movements in British Kumaon, *Indian Economic and Social History Review,* 28 (3) : 261-279
10. Kumaun Records (Almora), MLR, 1853-55, Volume III : 699
11. Atkinson : III : 2 : 607; Pilgrim, WH : 150-153, app XXVII-XXX; Nainital Gazetteer : 308-309
12. Selections from the Records of GoI : 1855 : 9; Stebbing, The Forests of India, II : 292
13. Stebbing, The Forests of India, II : 302-3
14. Pearson's Report on the Deodar Forests at Jamuna and Tons Rivers, Selection from the Records of Govt. of NWP, Second Series, Vol III, No II, 1870, Allahabad
15. D.D. Tiwari, Historical and Political Notes on Kumaon : 67-68; पाठक : कुली बेगार : 99; बैकेट का बन्दोबस्त
16. Press Communique, 6 Feb 1921, Council Proceedings 1921, Volume I : 163-64; Stebbing, The Forests of India, Volume II : 497-98; GAD File 739/1920, Serial 2; Police Department File 1151/1921 : 55
17. पाठक : कुली बेगार : 99
18. पाठक : 1999, 'समय विनोद' : हिमालयी क्षेत्र का पहला हिन्दी पत्र, *पहाड़* 9-10 : 347-48
19. अअ (अलमोड़ा अख़बार) : 1 सितम्बर, 1874
20. सवि (समय विनोद) : 1 दिसम्बर, 1874
21. अअ : 1 जनवरी, 1876
22. सवि : 1 जनवरी, 1876

23. '...I cannot say much for its style, but the articles occasionally vigorous...' Statement Regarding the Native Press During 1874 in Native Papers (NWP) June-August 1875: 20-21

24. अअ : 1 फ़रवरी, 1876

25. सवि : 1 दिसम्बर, 1876

26. सवि : 1 अक्टूबर, 1876

27. सवि : 1 अप्रैल, 1877

28. सवि : 15 अप्रैल, 1877

29. अअ : 1 मई, 1878

30. अअ : 15 सितम्बर, 1878

31. अअ : 15 जून, 1878

32. अअ : 15 अप्रैल, 1877 तथा 1 अगस्त, 1879

33. अअ : 25 जून, 1883

34. अअ : 14 अप्रैल, 1884

35. अअ : 6 अक्टूबर, 1884

36. अअ : 22 फ़रवरी, 1886

37. अअ : 18 अगस्त, 1890

38. अअ : 24 मार्च तथा 12 मई, 1890

39. अअ : 15 जून, 1891

40. अअ : 11 अप्रैल, 1892

41. अअ : 18 अप्रैल 1892

42. अअ : 15 अगस्त 1892

43. अअ : 29 अगस्त 1892

44. अअ : 28 अगस्त 1893

45. अअ : 11 सितम्बर, 1893, वर्नाक्युलर प्रेस रिपोर्ट 1893 : 388। यह बताना रोचक होगा कि लगभग 100 साल बाद 1990 के बाद प्रदेश सरकार ने इसी तरह का निर्णय लिया था। इसका भी पर्याप्त विरोध हुआ था।

46. एन.डब्लू.पी. एण्ड अवध गजट, पार्ट 1, पेज 785, दिनांक 21 अक्टूबर, 1893

47. कुमाऊँ समाचार पत्रिका : 1 जनवरी 1896, वप्रेरि 1896 : 16-17

48. अअ : 28 दिसम्बर, 1895

49. अअ : 4 जनवरी, 1896

50. अअ : 26 दिसम्बर, 1896

51. पौ : 71

52. पौ : ऐपन्डिक्स II : 29

53. पौ : 66

54. अअ : 5 फ़रवरी, 1897, वप्रेरि 1897 : 95

55. अअ : 17 अप्रैल, 1897

56. अअ : 1 फ़रवरी तथा 1 अप्रैल, 1901

57. अअ : 1 जून, 1901, वप्रेरि : 432

58. अअ : 7 सितम्बर, 1901, वप्रेरि : 601-2, माँगें निम्नवत थीं :

1. जनसंख्या की वृद्धि के साथ-साथ खेती के विस्तार को महत्त्व दिया जाय 2. नयावाद हेतु आवेदनों पर सरकार गौर करे 3. हर गाँव के पास चरागाह अपरिहार्य रूप से हो 4. जंगली जानवरों से रक्षार्थ हर गाँव में 2-3 बन्दूकें हों 5. किसानों को नदी घाटियों में असिंचित (उपराऊ) को सिंचित (तलाऊ) ज़मीन में बदलने को प्रोत्साहन देना चाहिए 6. कुछ विशेष फ़सलों से लाभ हो सकता है। इस हेतु शिक्षा देने को स्कूल की व्यवस्था हो 7. डाकघर बन्द न हों 8. अमीनों द्वारा ज़मीन की पैमाइश की गड़बड़ी तथा अदला-बदली न हो। कुछ लोगों ने भ्रष्ट अमीनों की मदद से औरों की ज़मीन अपने नाम करा ली है। इसकी जाँच हो। किसानों को उनके ज़मीन सम्बन्धी दस्तावेज़ मिलने चाहिए 9. बैकेट की नापजोख विधि में संसोधन नहीं हो बल्कि उसके बाद की खेती योग्य ज़मीन की पैमाइश हो।

(यह बताना उचित होगा कि 1911 की जनगणना के अनुसार तत्कालीन कुमाऊँ में 11 नगर, 10,188 गाँव तथा 13,28,790 की जनसंख्या निवास करती थी। इसमें से 66,983 नगर में तथा 12,61,807 गाँवों में रहते थे)।

59. अअ : 15 नवम्बर, 1901 : वप्रेरि : 780
60. गस (गढ़वाल समाचार, लैन्सडौन) मई 1902 : वप्रेरि : जून 1902 : 389-90, 402, 406-8 तथा 460
61. अअ : 31 अक्टूबर, 1902, वप्रेरि : 691-2
62. Allahabad Law Journal, 1904, Volume I : 263-266; शेखर पाठक, कुली बेगार : 127-29
63. शेखर पाठक, कुली बेगार : 129; भेंटवार्ता : मोतीराम वैष्णव तथा मोहन सिंह मेहता
64. Correspondence of Curzon with Secretary of State and others, 1903, MSS Eur F. III/162, Curzon Collection, Reel-4, NAI
65. अअ : 31 दिसम्बर, 1905, वप्रेरि 1905 : 31
66. अअ : 30 अप्रैल, 1906 : वप्रेरि 1906 : 285
67. गढ़वाली, पहला अंक, 1905
68. वप्रेरि 1905 : 777
69. 31 अक्टूबर, 1906
70. 31 मार्च 1907, वप्रेरि : 500
71. गढ़वाली, अप्रैल 1907, वप्रेरि : 603-4; गढ़वाली, मई 1907, वप्रेरि : 712
72. गढ़वाली : जून 1907, वप्रेरि : 844
73. अअ : 30 नवम्बर, 1907, वप्रेरि 1908 : 1045; गढ़वाली : जुलाई 1907; कुमाऊँ कुमुद, 10 सितम्बर, 1940; शेखर पाठक, कुली बेगार : 129-30
74. आइरिस मूल के हग मैसे ह्वीलर (30 जून, 1789-27 जून, 1857) और फ्रांसिस मैटिल्डा की नौ सन्तानों में से पाँचवीं मेजर जनरल पैट्रिक ह्वीलर (2 जुलाई, 1835-17 दिसम्बर 1917) रिटायर होने के बाद अलमोड़ा में ही बस गये थे। उनके वंशजों के भारतीय परिवारों में विवाह हुए। आज उनके वंशज अलमोड़ा, जलना, भवाली तथा विदेशों में रहते हैं। भवाली निवासी बैरोनिका रे के पिता बॉबी रे की माँ लूसी ह्वीलर पैट्रिक ह्वीलर की बेटी थीं। पैट्रिक ह्वीलर का फ़ोटो जलना में एलिज़ाबेथ ह्वीलर के घर में है।
75. Pant, Forest : 44
76. अअ : 31 मार्च, 1908 : वप्रेरि : 383; 31 सितम्बर, 1908 : वप्रेरि : 56; 31 दिसम्बर, 1909, वप्रेरि : 404
77. अअ : 31 मार्च, 1909 : वप्रेरिः 276
78. गढ़वाली, मई, 1909, वप्रेरि : 512
79. गढ़वाली, वप्रेरि : 266
80. गढ़वाली, मई 1910 : 41-42
81. अअ : अगस्त 1911
82. वप्रेरि, 1912 : 329
83. वप्रेरि, 1912 : 727
84. वप्रेरि, 1912 : 886
85. गढ़वाली, जून 1912 : 57-60
86. वप्रेरि 1912 : 177-81
87. गढ़वाली, नवम्बर 1912 : 243-44
88. गढ़वाली : फ़रवरी 1914 : 416-18
89. गढ़वाली, मार्च 1914 : 438
90. अअ : 14 जुलाई, 1915
91. अअ : 21 जुलाई, 1913
92. विशाल कीर्ति, अगस्त-अक्टूबर, 1913 : 18
93. मदन नारायण बिष्ट का 17 मई, 1913 का पत्र, जी.ए.डी. फ़ाइल 398/1913, उप्रराअ
94. Council Proceedings, 1913 : 485
95. Council Proceedings, 1913 : 682
96. जुलाई 1914 : 1-2

97. अअ : 20 अक्टूबर, 1913
98. गढ़वाल समाचार : मई-जून, 1914 : 5
99. गढ़वाली : मई-जुलाई, 1914
100. गढ़वाली : मई-जुलाई, 1914 : 6-8 तथा 43-44
101. लीडर : 17, 18 तथा 20 दिसम्बर, 1914
102. Council Proceedings 1915 : 423-24
103. Council Proceedings 1915 : 22
104. Council Proceedings 1915 : 6-8
105. Council Proceedings 1915 : 434, 460-70
106. Council Proceedings 1916 : 69 D, 91, 92; 1917 : 227-29
107. गढ़वाली : 15 अप्रैल, 1916
108. अअ : 23 अक्टूबर, 1916
109. अअ : 11 दिसम्बर, 1916 तथा Council Proceedings 1917 : 148
110. J.C. Nelson, 1916, Forest Settlement Report of the Garhwal District : 10-11
111. जंगलात विभाग की फ़ाइल 11/1908 में मैकनेयर का फ़रवरी 1907 का नोट, उप्रराअ, लखनऊ
112. देखें : शेखर पाठक, कुली बेगार : 157-59
113. अलमोड़ा अख़बार : 28 जुलाई, 1913, 4 तथा 26 फ़रवरी 1914 तथा लीडर : 17, 18 तथा 20 सितम्बर, 1914
114. शेखर पाठक, कुली बेगार : 159-160
115. मुरादाबाद के ज़िला तथा सैसन्स जज का लेफ्टिनेण्ट गवर्नर यू.पी. के प्राईवेट सेक्रेटरी को 2 मार्च, 1916 का पत्र, फारेस्ट डिपार्टमेण्ट फ़ाइल 163/1916, फारेस्ट सैटलमेण्ट ग्रीवैन्सेस इन कुमाऊँ डिवीज़न, उप्रराअ
116. नेल्सन : 3-4, 13, 25
117. जी.ए.डी. फ़ाइल 398/1913 में डी.एफ.ओ. गढ़वाल का कुमाऊँ को 6 फ़रवरी, 1917 का पत्र
118. Osmaston, Working Plan for North Garhwal Forest Division 1921-22 to 1930-31, Allahabad, 1921 : 67
119. विस्तार हेतु देखें : A. E. Osmaston, Working Plan for the North Garhwal Forest Division, 1921-22 to 1930-31, Allahabad : 67-68; Report on the Administration of United Provinces of Agra and Oudh 1915-16 : 7; H.G. Champion, Observations on Some Aspects of Fires in the Chir *(Pinus Longifolli)* Forests of the West Almora Division, *The Indian Forester,* XLV, July 1919 : 353-364; अलमोड़ा अख़बार तथा गढ़वाली 1916-17 के विभिन्न अंक तथा रामचन्द्र गुहा, ब्रिटिश कुमाऊँ में वन, व्यवस्था और वनान्दोलन, *पहाड़*-2 : 119-20
120. अअ : 31 मार्च, 1908 : वप्रेरि 1908 ए : 382
121. 28 मई, 1911, वप्रेरि 1911 ए : 468
122. अअ : 26 जनवरी तथा 19 फ़रवरी, 1914
123. अअ : 11 दिसम्बर, 1916
124. देखें : शेखर पाठक, कुली बेगार : 161 तथा Shekhar Pathak and Hira Bhakuni, 1988, Rise and Growth of Kumaon Parishad, *Proceedings of Indian History Congress,* Aligarh : 797-403
125. अअ : 15 जनवरी, 1917
126. Champion, H.G., Observations on Some Aspects of Fires in the Chir (Pinus Longifolli) Forests of the West Almora Division, *The Indian Forester*, XLV, July 1919 : 353-364; Osmaston, A.E., Effects of Fires, *The Indian Forester,* Vol XLVI, March 1920 : 125-131
127. अअ : 18 मई, 1917; गैरोला के 17 तथा 18 जुलाई, 1917 के सवालों के उत्तर में यह जानकारी मिली थी :

	नैनीताल	**अलमोड़ा**	**गढ़वाल**
ज़िले का क्षेत्रफल (वर्गमील)	2721	5372	5629
जोती हुई भूमि (वर्गमील)	411	461	406
बन्द जंगल (30.6.17 को)	276	1088	596
तजवीज़ बन्द जंगल करने की	32	11	1523
सी दर्जे की सरकारी ज़मीन	2002	3867	314

28 अक्टूबर, 1918 को काउन्सिल में सी.वाई. चिन्तामणि के सवाल के जवाब में बताया गया था कि अलमोड़ा, गढ़वाल तथा नैनीताल की पहाड़ी पट्टियों का क्षेत्रफल 11,400 वर्गमील, खेती की ज़मीन 945 वर्गमील, संरक्षित वन क्षेत्र 1,705 वर्गमील था (Council Proceedings 1918 : 934-35)

128. अलमोड़ा अख़बार : 30 जुलाई, 1917

129. शक्ति, सम्पादकीय, कुमायूँ परिषद् : 15 जनवरी 1924
130. शक्ति, 23 अक्टूबर, 1918
131. बदरीदत्त पाण्डे, मैं कैसे जेल गया-3, शक्ति 3 जुलाई, 1923; शेखर पाठक, बदरीदत्त पाण्डे और उनका युग, 1982 : 7; हीरा भाकुनी, संग्रामियों के सरताज : 59-60
132. पुरुषार्थ, मई 1918; शेखर पाठक, कुली बेगार : 190-95, 209
133. शक्ति, 18 दिसम्बर, 1935
134. का.प्रो. 1918 : 665
135. का.प्रो. 1918 : 923-28
136. का.प्रो. 1918 : 934-35
137. का.प्रो. 1918 एपेंडिक्स III : 994

1913 में अलमोड़ा, गढ़वाल तथा नैनीताल ज़िले की पहाड़ी पट्टियों के लिए आत्मरक्षार्थ 336 तथा फ़सल रक्षार्थ 1260 लाइसेंस दिये गये थे। यह संख्या 1914 में 378/1169, 1915 में 332/1170, 1916 में 378/1169 तथा 1917 में 396/1107 हो गयी थी

138. शक्ति : 7, 14 तथा 28 जनवरी, 1919
139. भेंटवार्ता : भैरव दत्त धूलिया
140. शक्ति : 1 अप्रैल, 1919 तथा शक्ति : 28 अक्टूबर, 1919
141. भेंटवार्ता : प्रेमसिंह गड़िया, मोहन सिंह मेहता, भैरवदत्त धूलिया, गोविन्दप्रसाद कोटनाला, हरिकृष्ण पाण्डे, मोतीराम वैष्णव आदि
142. पुरुषार्थ : अक्टूबर 1919 : 108
143. शक्ति : 24 फ़रवरी से 30 मार्च, 1920 के अंक; भेंटवार्ता : मोहन सिंह मेहता, मुकुन्दीलाल
144. शक्ति : 6 जनवरी, 1920
145. शक्ति : 6 जनवरी, 1920, भेंटवार्ता : मुकुन्दीलाल तथा मोहन सिंह मेहता
146. शक्ति : 20 अप्रैल, 11 मई, 1 तथा 8 जून, 21 सितम्बर, 12 तथा 19 अक्टूबर, 9 तथा 30 नवम्बर, 1920; पुडिफा न. 1151/1921 : 149,181, 83, 85, 87 तथा जीएडी फ़ाइल 694/1920
147. जीएडी फ़ाइल 739/ 1920 उप्रराअ, आफिसियेटिंग कंज़रवेटर कुमाऊँ जी. बर्क का सी.सी.एफ. को 13 जुलाई 1920 का पत्र
148. शेखर पाठक, कुली बेगार : 167-68
149. पुडिफा 1151/1921 : 9, 23, 91, 117; सुधा जोशी : कुमाऊँ केसरी : 37-38 तथा शक्ति : 25 जनवरी, 1921
150. शेखर पाठक, कुली बेगार : 169-177; Shekhar Pathak, 1991, Begar Abolition Movements in British Kumaon, *Indian Economic and Social History Review,* 28 (3) : 261-279
151. पुडिफा 1151/1921 : 23, 25, 27; शक्ति : 18 जनवरी, 1921; भेंटवार्ता : मोहन सिंह मेहता, प्रेमसिंह गढ़िया, देवकीनन्दन पाण्डे तथा मंगतराम खन्तवाल
152. पुडिफा 1151/192 : 15 तथा शक्ति : 18 जनवरी, 1921
153. शेखर पाठक : कुली बेगार : 170
154. डी.ओ. सी. 21 दिनांक 28 जनवरी, 1921
155. Conf. No. 43- C1.21, dated 29 January, 1921, Police Department File No. 1151. ('I have told Dible that please remember Kumaon is but one smoking twig in a large mass and have no doubt but that government have other problems to consider more urgent but of a similar nature to Kumaon. Kumaon will be treated along with the rest and will, I hope, get a fair stream of water from our government fire engine.')
156. पत्रांक सी. 17. II. 21 दिनांक 8 फ़रवरी, 1921, उक्त फ़ाइल
157. डी.ओ.सी. 15 दिनांक 24 जनवरी, 1921
158. पुलिस डिपार्टमेण्ट फ़ाइल 1151/1921, '...The people say that the British Raj in over.'
159. शेखर पाठक : कुली बेगार : 176-84
160. पुलिस डिपार्टमेंण्ट फ़ाइल 1151/1921
161. 1 मार्च, 1921

162. 15 मार्च, 1921

163. शक्ति : 7 तथा 15 मार्च, 1921

164. देखें : शक्ति : 2, 9, 16, 23 नवम्बर; 7, 14, 21 दिसम्बर, 1920; 15, 22 जनवरी; 2 फ़रवरी; 1, 22 मार्च तथा 5 अप्रैल, 1921

165. शक्ति : 7 अगस्त, 1923

166. शक्ति : 13 मई, 1923
इसी अंक में व्यंग्य से लिखा गया था : 'कुमावनियो जंगल तुम्हारे हैं—पब्लिसिटी ब्यूरो (पर हाथ मत लगाना—सम्पादक शक्ति)'

167. Guha, Unquiet Woods : 109

168. Guha, Unquiet Woods : 109, table 5.1

169. Rushbrook Williams, India in 1921-22 : 174; India in 1922-23 : 172; India in 1923-24:165, Calcutta, Government of India

170. फारेस्ट डिपार्टमेण्ट फ़ाइल 163/1916; शक्ति के अक्टूबर 1918 से 1921 दिसम्बर तक के अंक; गढ़वाली के इस अवधि के विभिन्न अंक; जे.सी. नेल्सन : 1916, फारेस्ट सैटलमेण्ट रिपोर्ट आव द गढ़वाल डिस्ट्रिक्ट : 10-11; जंगलात विभाग की सालाना रपट, 1921-22 में सरकारी आदेश संख्या 1237-XIV-209, दिनांक 2 नवम्बर, 1922; फारेस्ट डिपार्टमेण्ट फ़ाइल 157/1921, पुलिस डिपार्टमेण्ट फ़ाइल 1151/1921; भेंटवार्ता : मोहन सिंह मेहता, मोतीराम वैष्णव, प्रेमसिंह गड़िया, हरिकृष्ण पाण्डे, देवकी नन्दन पाण्डे, मंगतराम खंतवाल, मुकुन्दीलाल आदि।

171. Guha : Unquiet Woods : 116; भेंटवार्ता : मोहन सिंह मेहता, मोतीराम वैष्णव, प्रेमसिंह गड़िया, हरिकृष्ण पाण्डे, देवकीनन्दन पाण्डे, मंगतराम खंतवाल; गढ़वाली : 13 जनवरी, 1922 में 'बाँज की महत्ता' पर लेख छपा था।

172. शक्ति : 13 अगस्त, 1927

173. APFD 1921-22 : 7-8, Guha : 115-16

174. S. B. Bhatia : W.P. for the East Almora Forest Division : 1924-25 to 1933-34, Allahabad, 1926 : 41

175. वन विभाग फ़ाइल 163/1916, उप्राअ

176. गुहा : पहाड़ 2 : 123

177. जंगलात विभाग फ़ाइल 157/1921

178. जंगलात विभाग फ़ाइल 156/1921, फारेस्ट फायर इन कुमाऊँ, उप्राअ

179. विण्ढम का मेस्टन को 26 जून, 1916 का पत्र, जंगलात विभाग फ़ाइल 163/1916

180. KFGC, पैरा 7

181. A. E. Osmaston, Working Plan for the North Garhwal Forest Division, 1921-22 to 1930-31, Allahabad : 67

182. J.C. Nelson, 1916, Forest Settlement Report of the Garhwal District : 10-11

183. नेलसन की रपट का परिशिष्ट वी.एफ.सी. तथा स्टिफ : 31-32

184. F.C. Ford- Robertson, 1936 , Our Forests : 30.31

185. गढ़वाली : 21 मई तथा 4 जून, 1921

186. कुमाऊँ फारेस्ट ग्रीवेन्सेस कमेटी, 27 अक्टूबर, 1921 : 1-14, पैरा 1-50

187. कुमाऊँ फारेस्ट ग्रीवेन्सेस कमेटी, 31

188. काउन्सिल में 28 मार्च, 1921 को बताया गया था कि सरकार को कुमाऊँ के जंगलों से 1915-16 में रु. 1,45,695, 1916-17 में रु. 2,94,968, 1917-18 में रु. 4,72,212, 1918-19 में रु. 228596 का नफा हुआ था और 1919-20 में रु. 57,339 का घाटा हुआ था (काउन्सिल प्रोसीडिंग्ज 1921 : 368)। 2 दिसम्बर, 1921 को गढ़वाल के जंगलों में आग के बाबत जोधसिंह नेगी ने सवाल पूछे (प्रोसीडिंग्ज, 1921, vi : 95-97)। काउन्सिल में 24 जनवरी, 1922 को जोधसिंह नेगी ने कुमाऊँ के जंगलों के बाबत 5 सवाल पूछे थे, जिनमें बिचला उदयपुर में दो महिलाओं द्वारा जंगलात के मामले में पटवारी के ख़िलाफ़ रिपोर्ट का प्रसंग भी था। (प्रोसीडिंग्ज, 1922, v : 57 तथा ix : 350)। 1 मार्च 1922 को नारायणदत्त छिम्बवाल ने तराई के जंगलों, नैनीताल ज़िले में जंगलात के अधिकार तथा खाम गाँवों पर सवाल पूछे थे (प्रोसीडिंग्ज, 1922, vii : 10-11)। 1921-22 में वन विभाग का एक पोस्टर में काउन्सिल के दस्तावेज़ों में मिलता है। उसका शीर्षक इस तरह था :
'The Future of Kumaon lies in its forests
Help the forest department to manage your forests'

30 जून, 1924 को काउन्सिल में ब्रजनन्दन प्रसाद मिश्र ने यह संस्तुति दी कि 1921-22 में कुमाऊँ के जंगलों में लगी आग के क्रम में गिरफ़्तार लोगों की रिहाई की जाय (प्रोसीडिंग्ज, 1924, xvi : 112-124)। इसी दिन जंगलात के विविध पक्षों पर मुकुन्दीलाल और गोविन्द बल्लभ पन्त भी बोले थे (1924, xvi : 123)।

189. कुजजस, 1960
190. यह बिना लेखक, प्रकाशक और मुद्रक के नाम के 1923 में छपा पर्चा नम्बर 285 अलमोड़ा के जुगल किशोर जोशी, सैण्ट्रल लॉज के संग्रह में देखने को मिला था।
191. चारु चन्द्र पाण्डे, छोड़ो गुलामी खिताब : 86-87
192. गढ़वाली : 21 मई तथा 18 जून, 1921; गढ़वाली ने 13 जनवरी, 1922 के अंक में बाँज की महत्ता पर लेख छापा था। तरुण कुमाऊँ (जून 1923, अंक 12 : 655-56) के लेख का शीर्षक था 'जंगलात का नया जुर्म'। शक्ति : फ़रवरी 1925 के अंक। गढ़वाली ने अपने 4 जून, 1921 के अंक में जंगलात सम्बन्धी सम्पादकीय में लिखा था :
"अफ़वा है कि सरकार प्रजा को बहुत से अधिकार जंगलों का देने का विचार कर रही है। परन्तु कुमाऊँ को इन पूरे अधिकारों को मिलने की उतनी आशा नहीं जितनी तब होती जब मि. विंढम और जोध सिंह कुमाऊँ की जंगलात कमेटी में न होते। जंगलात कमेटी में जनता के प्रतिनिधियों की आवश्यकता कुमाऊँ प्रान्त की जनता के लिए महत्त्व की है। जंगलात की सख्ती और कड़े नियमों के कारण गढ़वाल, अलमोड़ा और नैनीताल की जनता को जो कष्ट हैं, उसकी यदि एक फेहरिस्त दी जाय तो गढ़वाली के कई पृष्ठ भर जायँ। जंगलात के दुखों से जनता बहुत तंग हो गयी है। कमेटी के संगठन में सरकार ने अदूरदर्शिता दिखायी है।"
193. शक्ति : 7 अगस्त, 1923 का 'शक्ति का तीसरा बलिदान' शीर्षक सम्पादकीय :
'कुली उतार के लिए शक्ति के पहले सम्पादक बदरी दत्त जी को एक साल के लिए जेल जाना पड़ा। शक्ति के दूसरे सम्पादक देशभक्त मोहन जोशी जी को बोलने की स्वतन्त्रता के लिए जेल जाना पड़ा। आज शक्ति के तीसरे सम्पादक श्री दुर्गा दत्त जी को 'जंगलात का सत्याग्रह' शीर्षक लेखों के लिए दो साल की क़ैद और दो सौ रुपये जुर्माने की सज़ा हुई है। शक्ति के तीनों लाल—बदरी, मोहन, दुर्गा—शैतानी सरकार से सम्मानित हो चुके हैं पर 'जंगलों में सत्याग्रह करो' कहने के लिए दुर्गा दत्त जी का यह पहला बलिदान है।' शक्ति के 22 मई, 1923 (जंगलों को ले लो) तथा 29 मई 1923 (जंगलात और सत्याग्रह) के सम्पादकीय भी स्पष्ट और आक्रामक थे।
194. शक्ति : 9 दिसम्बर, 1924 का 'अलमोड़ा के जंगल' शीर्षक सम्पादकीय :
'यह सौभाग्य की बात है कि वर्तमान शासन वनों की रक्षा की ओर विशेष ध्यान देता है। परन्तु उसमें यह दोष उत्पन्न होता जाता है कि उसके कार्यकर्ता व्यापार और धनागम की ओर परिणाम से अधिक झुककर प्रजा के सुख और निर्वाह का लक्ष्य भूल सरकारी कोष में धन संचय कराना मात्र वनों की रक्षा का उद्देश्य बनाये जाने और सरकार को प्रजापालक और प्रजा प्रेमी होने की अपेक्षा धन की अधिक लोभी और व्यापार प्रेमी ठहराते जाते हैं।'
195. शक्ति : 20 फ़रवरी, 1925
196. गढ़वाली : 3 अक्टूबर, 1925
197. शक्ति : 5 मार्च, 1927
198. शक्ति : 18 फ़रवरी, 1928
199. Guha, Unquiet Woods : 122
200. कुमाऊँ कुमुद : 1 तथा 15 अगस्त, 1926; शक्ति : 3 अगस्त, 1926
201. 26 नवम्बर, 1927
202. स्वाधीन प्रजा : 8 जनवरी, 1930
203. कुमाऊँ कुमुद : 10 अप्रैल, 1931 के अंक में चन्द्र बल्लभ जोशी ने 'बाँज और जंगलों की रक्षा' लेख में विचार व्यक्त किया था कि, 'चीड़ देवदार की रक्षा चाहे न हो व बर्बादी हो भी जाय तो कोई हर्ज नहीं परन्तु बाँज, फल्याठ वगैरह की बर्बादी हम ग्रामवासियों की अधिक विपत्ति का कारण होगी। बाँज के जंगलों का प्रश्न किसी भी राजनीतिक प्रश्न से कम नहीं है।'
204. जंगलात विभाग की सालाना रपट, 1931-32
205. जी. ओ. 690/XIV- 312 (3) दिनांक 1 नवम्बर 1932
206. के.एफ.एफ.एफ.सी., 1960 : 38
207. के.एफ.एफ.एफ.सी. : 1960 : 95
208. शिव प्रसाद डबराल : 288-90 तथा रामचन्द्र गुहा : 125

209. शक्ति : 27 जनवरी, 1925

210. शक्ति : 3 फ़रवरी, 1925; तथा गढ़वाली : 3 अक्टूबर, 1925 के सम्पादकीय भी देखें।

211. 26 फ़रवरी तथा 5 मार्च, 1927

212. शक्ति : 18 फ़रवरी, 1928

213. गढ़वाली : 2 जून, 1928

214. शक्ति : 22 जून, 1929; भेंटवार्ता : मोहन सिंह मेहता

215. ब्रिटिश कुमाऊँ में जंगल सत्याग्रह 1919-21 में अधिक रहा। फिर बहुत-सारे अधिकार बहाल किये गये। पंचायतों की पुनर्स्थापना हुई। 1927 के वन एक्ट से 1930 का जंगल सत्याग्रह फैला यह कहना उचित नहीं है जैसा शिवा और बन्धोपाध्याय कहते हैं। वह राष्ट्रीय संग्राम के हिस्से की तरह था। रियासत में स्थानीय कारण ज़्यादा ज़िम्मेदार थे (Shiva, Vandana & Bandyopadhyay, Jayanta, 1987, Chipko : Rekindling India's Forest Culture, *The Ecologist,* Vol 17, No. 1, January/February : 27, 31)

216. शक्ति : 9 नवम्बर, 1930

217. Stebbing, The Forests of India, Volume IV : 234-35

218. शक्ति : 22 दिसम्बर, 1934

219. हर्षदेव ओली, शक्ति : 16 तथा 23 जून, 1934

220. कुमाऊँ कुमुद : 10 दिसम्बर, 1936

221. शक्ति : 1 जून, 1935

222. शक्ति, सम्पादकीय : 20 अप्रैल, 1940

223. कुमाऊँ कुमुद : 14 तथा 28 मार्च, 1935

224-225. पद्मादत्त सुन्दरियाल, कुमाऊँ के जंगलात, कर्मभूमि प्रवेशांक, 19 फ़रवरी, 1939

मुख्य वन उत्पाद 1899-1925

अवधि	इमारती लकड़ी (क्यूबिक फ़ीट)	जलावन (क्यूबिक फ़ीट)	कुल
1899-1900 से 1903-04	6,287,775	9,314,251	15,602,026
1904-05 से 1908-09	6,403,429	11,298,922	17,702,351
1909-10 से 1913-14	8,999,219	11,125,394	20,124,613
1914-15 से 1918-19	8,583,676	17,675,661	26,259,337
1919-20 से 1923-24	9,253,600	27,592,000	36,845,800
1924-25	11,334,000	27,672,000	39,000,000
1899 से 1925	40,961,799	104,678,228	155,534,127

Source : Stebbing, III : 656

उप वन उत्पाद 1899-1925

अवधि	उप वन उत्पाद बाँस (संख्या)	मूल्य रुपयों में	चराई तथा चारे का मूल्य रुपयों में	अन्य लघु उत्पाद मूल्य रुपयों में	लीसा मूल्य रुपयों में
1899-1900 से 1903- 04	15,202,820	1,31,883	1,58,288	1,29,984	---
1904-05 से 1908- 09	20,317,307	1,58,577	1,91,314	2,53,868	9,187
1909-10 से 1913- 14	15,822,062	1,83,151	2,38,516	3,94,224	21,392
1914-15 से 1918- 19	20,265,248	2,16,952	3,52,964	11,01,530	56,968
1919-20 से 1923- 24	19,191,479	1,74,104	4,73,608	17,18,338	53,766
1924-25	21,393,243	1,87,767	5,34,770	11,29,828	97,775

Source : Stebbing, III : 656

वन तथा वित्त 1899-1925

अवधि	आमदनी (रु.)	खर्चा (रु.)	बचत (रु.)
1899-1900 से 1903- 04	18,00,296	10,01,999	7,98,297
1904-1905 से 1908- 09	23,83,712	13,03,973	10,79,739
1909-1910 से 1913- 14	29,90,443	14,67,239	15,23,202
1914-1915 से 1918- 19	50,42,067	31,78,172	18,63,895
1919-1920 से 1923- 24	79,06,922	59,89,039	19,17,884
1924-1925	68,86,799	36,32,055	32,54,744

Source : Stebbing, III : 656-67.

226. Ajay S. Rawat, History of Garhwal : 154
227. डबराल, 6 : 149
228. एजेण्ट यंग का गवर्नर जनरल के एजेण्ट मैटकाफ को 9 अप्रैल, 1835 का पत्र, कुरि : पालिटिकल लेटर्स इस्यूड, सिरीज़-III, 1825-35, अड़तालिस
229. कुमाऊँ रिकार्ड्स, पा.ले.रि., सिरीज़-II : एक सौ पन्द्रह : I : 1821-36 : 157-64
230. कुरि : एक सौ पन्द्रह : 157-64
231. Saxena, Historical Papers Related to Kumaon : 225-28
232. डबराल, उकाइ 6 : 155
233. देवर : इंग्लिश प्री म्यूटिनी रिकार्ड्स : 461
234. R.C. Majumdar, History and Culture of Indian People, Volume 9, Part I : 441-43
235. रतूड़ी, गढ़वाल वर्णन : 174; Nartham, Guide to Mussoorrie : 79; Rizvi, Freedom Struggle in U.P., Volume 5 : 552
236. भक्त दर्शन : गढ़वाल की दिवंगत विभूतियाँ : 173
237. टिहरी राज्य अभिलेखागार/रजिस्टर दो : प्रपत्र/76 एफ 10 तथा एफ 12, डबराल : 6 : 225
238. उक्त प्रपत्र 76 एफ/14, प्रपत्र 11/3, डबराल : 6 : 225-26
239. एच.सी. रौस का 15 जुलाई, 1887 का पत्रोत्तर
240. श्याम चंद नेगी, टिहरी जनांदोलन ज़िन्दाबाद, युगवाणी : 15 दिसम्बर, 1947
241. कुजणी ढंढकियों की अर्जी, 22 मार्च, 1904, हेंवलिका 1977 : 54-58; शेखर पाठक, उकुबेप्र : 266-67
242. श्याम चंद नेगी, युगवाणी : 15 दिसम्बर, 1947; भक्त दर्शन : 188-89
243. Tehri Garhwal State Records, File Number 42è1907, Letter No. 46, quated by Ajay S.Rawat, History of Garhwal : 163-64
244. सैटलमेण्ट रिपोर्ट उत्तरकाशी : 1, उद्धृत डबराल, उकाइ 6 : 209
245. सुन्दरलाल बहुगुणा, कर्मभूमि : 26 जनवरी, 1956
246. The Indian State Reformer : 1 February, 1931
247. डबराल, उकाइ 6 : 311
248. The Indian State Reformer : 1 February, 1931
249. Popular Rising (?) Among Hill Tribes, The Indian State Reformer : 22 March, 1931
250. गढ़वाली : 28 जून, 1930; टिहरी दरबार के सेक्रेटरी का प्रतिवाद, गढ़वाली : 12 जुलाई, 1930; भैरवदत्त धूलिया, कर्मभूमि : 26 जनवरी, 1956; हिम किरीट में सुन्दरलाल बहुगुणा का लेख, उद्धृत डबराल, 6 : 312-13 तथा स्वतन्त्रता संग्राम के सैनिक, गढ़वाल मण्डल, सूचना विभाग उत्तर प्रदेश : झ। भक्तदर्शन ने रवाँई काण्ड के 6 शहीदों के नाम दिये हैं—अजीतसिंह, झूनासिंह, गौरू, नारायणसिंह, भगीरथ मिस्त्री तथा हरिराम। उन्होंने रवाँई काण्ड के 10 अन्य आन्दोलनकारियों के नाम दिये हैं, जिनमें से गुन्दरू, गुलाबसिंह, ज्वालासिंह, जमनसिंह, दिला, मदनसिंह, लुदरसिंह की टिहरी जेल में मृत्यु हुई और दयाराम, रामप्रसाद तथा हीरासिंह जेल से मुक्त होकर भी समाज सेवा करते रहे (गढ़वाल की दिवंगत विभूतियाँ : 657, 696-697)
251. सुन्दरलाल बहुगुणा, जंगलों की तबाही में हमारा सहयोग, युगवाणी : 18 दिसम्बर, 1966

252. दरअसल रवाँई काण्ड में मारे गये लोगों की सही संख्या कभी सामने नहीं आ पायी। यह रियासत और ब्रिटिश सरकार का दायित्व था, जो नहीं निभाया गया। 'गढ़वाली' के 28 जून, 1930 के अंक में 'एक रवाँई निवासी' द्वारा भेजे गये एक समाचार को रियासत के कारिन्दों ने झूठा सिद्ध करने का प्रसास किया। 'गढ़वाली' के अलावा 'हिन्दू संसार', 'अभय', 'इण्डियन स्टेट रिफार्मर' आदि में छपे अधूरे समाचारों हेतु भी चंदोला पर शक किया गया। मज़ेदार बात यह थी कि चंदोला टिहरी राजघराने के विरोधी नहीं थे पर वे दमन और जंगलात के अधिकारों के हनन के विरोधी थे तथा एक पत्रकार के रूप में समझौते के लिए तैयार न थे (देखें : शेखर पाठक, विश्वम्भर दत्त चंदोला-एक युग की याद, उत्तर प्रदेश, नवम्बर 1979)। सबसे आश्चर्य की बात यह थी कि जब चक्रधर जुयाल के वंशजों ने 1967 में अपने इस पूर्वज को याद करते हुए एक किताब निकाली तो उसमें रवाँई हत्याकाण्ड का सामान्य ज़िक्र तक नहीं था (देखें-V. Juyal, 1967, Dewan Chakra Dhar Juyal and the Tradition of his Family, Lucknow)

253. देखें : गौर्दादत्ति का नरेन्द्रवंश काव्य : 249-50, उद्धृत डबराल, उकाइ 6 : 314

254. कर्मभूमि : 19 जून, 1939.

255. विस्तार हेतु देखें—शिवप्रसाद डबराल, अजय रावत, अतुल सकलानी, गिरधर पण्डित, शेखर पाठक, नागेन्द्र नीलाम्बरम, राधेश्याम बिजलवाण, आशाराम बिजलवाण आदि के अध्ययन। रवाँई काण्ड की पूरी रचना प्रक्रिया विद्यासागर नौटियाल के उपन्यास 'यमुना के बागी बेटे' से भी समझी जा सकती है।

256. रामस्वरूप रतूड़ी, डांगीचौरा का किसान आन्दोलन, बागी टिहरी : 32-33

257. तब रियासत में लकड़ी के दाम (रुपये में) निम्न प्रकार थे :

पेड़		पेड़ों की मोटाई व व्यास				
		2' से नीचे	2'-3'	3'-4'	5'-6'	6'
देवदार	रियायती दर	2.25	3.00	3.37	4.50	5.25
	मौजूदा दर	8.00	18.00	40.00	205.00	320.00
चीड़	रियायती दर	.75	.75	.75	1.50	2.25
	मौजूदा दर	3.00	8.00	25.00	145.00	225.00

258. जंगलों की तबाही में हमारा सहयोग : युगवाणी, 18 दिसम्बर, 1966

259. इस पक्ष के विविध आयामों की पड़ताल हेतु देखें : Akhileshwar Pathak, Contested Domains

4

उत्तर-औपनिवेशिक जंगलात परिदृश्य

15 अगस्त, 1947 को पूरा उत्तराखण्ड आज़ाद नहीं हुआ। क्योंकि टिहरी रियासत को औपनिवेशिक तन्त्र समर्थित सामन्तशाही से 1948 में मुक्ति मिली और रियासत का प्रदेश में विधिवत् विलय अगस्त 1949 में पूरा हो सका। ज़िला देहरादून, जो 1947 के पश्चात् अनेक दशकों तक मेरठ मण्डल में रहा, सामाजिक-सांस्कृतिक तथा राजनीतिक रूप से शेष उत्तराखण्ड का हिस्सा था। प्रशासनिक रूप से देहरादून 1968 में उत्तराखण्ड में आया।

ऐसा सम्भव नहीं था कि 1947 के बाद देश या उत्तराखण्ड का रातोंरात कायाकल्प हो जाता। औपनिवेशिक सत्ता से आज़ाद होते ही इस उप महाद्वीप को विभाजन की त्रासदी से गुज़रना पड़ा और यह गाँधी जैसे सबसे गहरे भारतीय सहित अधिकांश आम जनगण के न चाहने पर भी हुआ था। यह देश का दुर्भाग्य था कि जब कांग्रेस, मुस्लिम लीग और अन्य साम्प्रदायिक शक्तियाँ युद्धरत थीं और अपने-अपने हिस्से का देश देख रही थीं, तब इस उपमहाद्वीप के आर-पार समग्रता से देख रहे गाँधी की दृष्टि सबकी नहीं हो सकी।

उत्तराखण्ड का समाज देश के विभाजन का प्रत्यक्ष भुक्तभोगी तो नहीं था पर विभाजन के क्षेत्रों में रह रहे प्रवासियों ने इस त्रासदी को प्रत्यक्ष झेला—विशेष रूप से पंजाब तथा पश्चिमोत्तर सीमा प्रान्त में। विभाजन की त्रासदी झेले उजड़े लोग पंजाब और बंगाल आदि से यहाँ आये और इस समाज का हिस्सा बने। उनके माध्यम से यहाँ के समाज ने त्रासदी का अप्रत्यक्ष स्पर्श पाया। अन्ततः उत्तराखण्ड में भी शेष देश और प्रदेश की तरह कांग्रेसी राज शुरू हुआ। उत्तराखण्ड के बेगार तथा जंगलात आन्दोलनों के एक प्रमुख व्यक्तित्व और 1937-39 में 'संयुक्त प्रान्त' के प्रीमियर रह चुके गोविन्द बल्लभ पन्त 'उत्तर प्रदेश' के पहले मुख्यमन्त्री बने। जातीय समीकरण सन्तुलित करने के लिए कांग्रेस में पुराने सरकारपरस्तों को स्थान देने का प्रयास शुरू हुआ।

इस समय कांग्रेसी नेतृत्व में स्वाभाविक रूप से स्वतन्त्रता सेनानी थे लेकिन पण्डित पन्त, प्रतापसिंह नेगी, बदरीदत्त पाण्डे, हरगोविन्द पन्त, मोहन सिंह मेहता, खुशीराम, महावीर त्यागी,

भक्तदर्शन, बलदेव सिंह आर्य या जगमोहन सिंह नेगी जैसे संग्रामियों के होते हुए भी 1950 से उत्तराखण्ड के सामाजिक-राजनीतिक जीवन में समाजवादी, साम्यवादी तथा सर्वोदयी विचारधाराओं को स्थान मिला। इन तीनों धाराओं का सम्बन्ध स्वतन्त्रता संग्राम तथा प्रजामण्डल आन्दोलन से था। इन्हीं से उत्तराखण्ड का प्रारम्भिक सामाजिक-राजनीतिक प्रतिपक्ष विकसित हुआ। ज्यों-ज्यों समाजवादी तथा साम्यवादी तत्त्वों के लिए पार्टी या विधानसभा से बाहर काम करना घटता गया, त्यों-त्यों यह ज़िम्मेदारी सामाजिक कार्यकर्ताओं के—प्रारम्भ में विशेष रूप से सर्वोदयी खेमे के—हिस्से आयी।

शान्त और सहनशील समाजों को अपने इस गुण की कीमत चुकानी पड़ती है और उत्तराखण्ड के साथ भी यही हुआ। उत्तराखण्ड के संग्रामी और आन्दोलनकारी अब सत्ता में थे लेकिन वे अपने ही द्वारा की जाती रही माँगों का समग्र हल नहीं निकाल सके। यही हाल पूरे प्रदेश और देश का था। सामान्य जनतान्त्रिक विकास—शिक्षा, चिकित्सा, परिवहन—से लेकर नशे, जंगल, ज़मीन या जल के जटिल प्रश्न हल नहीं हो पाये। नया प्रशासन संवेदनशील नहीं बन पाया और जनतन्त्र पूरी तरह गाँव तक नहीं पहुँच सका। औपनिवेशिक तन्त्र के 132 साला सम्पर्क से ध्वस्त सामुदायिक जीवन का क्षय बढ़ता ही गया। जो ढाँचा औपनिवेशिक शासक छोड़ गये थे, उससे बाहर निकलने का प्रयास नहीं हो सका। शायद राष्ट्रीय संग्राम का मिज़ाज ही इस तरह का था अन्यथा औपनिवेशिक मशीनरी से नवजात जनतन्त्र को पालने का काम नहीं किया जाता। कहने का यह अभिप्राय नहीं है कि कुछ नहीं बदला। बस, जितना होना चाहिए था उतना नहीं हो सका।

आज़ादी के बाद के भारत के दूरस्थ-दुर्गम इलाकों में स्थित चुप समाज विकास के राष्ट्रीय ऐजेण्डे में स्थान नहीं पा सके। बल्कि नयी नौकरशाही में पुरानी जितना सरोकार नहीं था और अनेक संग्रामी अब मन्त्री आदि के रूप में अपना कद कायम नहीं रख पा रहे थे। क्योंकि उन्होंने उसी तन्त्र को चलाना शुरू किया, जिसका वे सतत विरोध करते रहे थे। इस शुरुआत के कुछ नये पक्ष भी थे, जिनसे इनकार नहीं किया जा सकता है। ये पक्ष थे अन्ततः संविधान का निर्माण, लोकशाही का शुरू होना, आम लोगों के मन में उम्मीदों का जगना और राष्ट्र निर्माण के लिए अपनी ज़िम्मेदारी का कर्तव्य बोध महसूस करना।

कहा जाता है कि औपनिवेशिक सत्ता के अस्त होने के बाद बहुत हद तक निष्प्राण देशी सूरज का उदय हुआ। भारत का 1947 से 1950 का संक्रान्ति काल औपनिवेशिक तन्त्र की पालना के पक्ष में गया और भारतीय गणतन्त्र औपनिवेशिक कानूनों और प्रकारान्तर में उनसे जनित दृष्टि से मुक्त नहीं हो सका। सिर्फ़ विभाजन तथा गाँधी की हत्या को इसके लिए ज़िम्मेदार नहीं माना जा सकता है। लेकिन इन दो त्रासदियों ने, जो दरअसल एक ही बड़ी त्रासदी के दो पहलू थे, राष्ट्रीय पुनर्निर्माण का स्वाभाविक ताप निश्चय ही कम कर दिया था।

1. नये दौर में जंगलात

नये दौर में जंगलात सम्बन्धी पूरी तरह नया कोई कानून नहीं बना। जिस 1927 के जंगलात अधिनियम में 1878 के अधिनियम की अपहरण क्षमता कायम थी, वह आज तक चल रहा है और जो अभी 1994 से अलमारी में पड़ा है वह इसी प्रक्रिया का विस्तार भी हो सकता है।[1] इस नये विवादास्पद ड्राफ्ट में शब्दान्तर और नव शब्दावली अपनी जगह पर है पर सार पूर्ववत् है।[2] 1952 में सरकार ने नये जंगलात अधिनियम की नहीं एक 'जंगलात नीति' की घोषणा की, जो 1927 के अधिनियम के तहत थी। इसमें देश में 33 प्रतिशत और हिमालय, पश्चिमी घाट या अन्य पहाड़ी

क्षेत्रों में 66 प्रतिशत जंगलों का होना, वृक्षारोपण को बढ़ावा देना, वन महोत्सव को शुरू करना आदि जैसी अपेक्षाओं का समावेश किया गया था।[3] इस प्रकार स्वतन्त्र भारत की पहली जंगलात नीति औपनिवेशिक दृष्टि तथा प्रवृत्ति से लबालब थी। उसमें एक आज़ाद देश की अपार प्राकृतिक सम्पदा, जो उसकी संस्कृति, अर्थव्यवस्था और जीवन यापन के समस्त आधारों से जुड़ी थी, के संरक्षण तथा इस्तेमाल के बाबत पारम्परिक तरीकों को परखने और नये तथा जीवन्त रास्तों की खोज का प्रयास नहीं था। जंगलात नीति भी औद्योगिक दोहन तथा राजस्व केन्द्रित बनी रही।

आज़ादी के तुरन्त बाद सारे औपनिवेशिक संस्थानों, पद्धतियों तथा दृष्टिकोणों पर पुनर्विचार किया जा सकता था। लेकिन नया नेतृत्व इस तरह की पहल नहीं कर सका। बहाने हज़ार थे। इसलिए तमाम औपनिवेशिक कानून भारतीय जनता की पीठ पर स्थायी रूप से बैठा दिये गये। उनका रूप बदलने का प्रयास तो कभी-कभार हुआ पर उनकी मार नहीं घट पायी बल्कि अक्सर इसमें 'जनतान्त्रिक भार' भी जुड़ता रहा।

यदि 1854, जब औपनिवेशिक जंगलात नीति का बीजारोपण हुआ, में भारत की धरती के 40 प्रतिशत भाग पर जंगल थे, तो लगभग एक सदी बाद 1952 में स्वतन्त्र भारत की पहली वननीति बनते समय यह प्रतिशत 22 पर आ गया था। जितना व्यापारिक दोहन बढ़ा उतना ही वनवासियों और गिरिजनों का जीवनाधार सिमटता-सूखता गया। 1951 से 1972 के बीच 3 करोड़ 40 लाख (3.4 मिलियन) हेक्टेयर जंगल खेती के विस्तार, नव निर्मित बाँधों, सड़कों तथा उद्योगों द्वारा लील लिए गये। इस तरह हर साल 15 लाख (0.15 मिलियन) हेक्टेयर जंगल समाप्त होते रहे।[4] पेड़ लगे भी तो एकल प्रजातियों के। 1980 तक वनावरण घटकर 10 प्रतिशत पर आ गया। स्वतन्त्र भारत में वनावरण हर साल 0.4 प्रतिशत तक घटने लगा था। 1990-92 के आसपास इनसैट के अनुसार वन, गैर-वन क्षेत्र का वनावरण 13 प्रतिशत बताया गया, जो 1982 में 14.10 प्रतिशत था[5] जबकि 1952 की वननीति पहाड़ों में यह प्रतिशत 66 तथा अन्यत्र 33 चाहती थी।

इस बात पर विवाद नहीं है कि औद्योगिक-व्यापारिक दोहन से जंगल सर्वाधिक नष्ट हुए। यह भी सच है कि जनसंख्या और गरीबी ने विनाश को त्वरा दी। लेकिन जिन वनवासियों, गिरिजनों का अस्तित्व जंगलों पर निर्भर था उन्होंने सदैव इनकी रक्षा की और उपयोग भी किया। जंगलों को सिर्फ़ 'राजस्व के सतत स्रोत' या 'औद्योगिक कच्चामाल' मान लिए जाने के जो परिणाम 1947 से पहले निकले, वे बाद में भी प्रकट होने स्वाभाविक थे। इस तरह वनवासियों को पहले उनके प्राकृतिक परिवेश को नष्ट कर संसाधन विहीन बनाया गया फिर उन्हें मज़दूर या बँधुआँ मज़दूर बनने, गाँव से भागने या शेष नये जंगलों को काटकर जीवन यापन करने के लिए विवश छोड़ा गया। पर समाज में संरक्षण की जड़ें थीं और उन्हें अनेक अभिव्यक्तियों से पहचाना जा सकता है।

बताया जाता है कि अभी देश में आधा करोड़ वनवासी सिर्फ़ लकड़ी काट और बेचकर गुजारा करते हैं। पर यह नहीं बताया जाता है कि उन्हें ऐसा क्यों करना पड़ा। 1947 या 1950 या 1952, जो क्रमशः स्वतन्त्रता प्राप्ति, संविधान लागू होने और पहले आम चुनाव तथा नयी जंगलात नीति की घोषणा से जुड़े हुए साल हैं, के ही दौर में उत्तराखण्ड में अनेक स्थानों पर जंगलात सम्बन्धी असन्तोष प्रकट हुआ था। क्योंकि टिहरी रियासत में न शेष कुमाऊँ की तरह हक़-हकूक थे, न वन पंचायतें और न ही सामन्ती दौर के करों—जैसे 'राहदारी' आदि—का पूर्ण उन्मूलन हुआ था। तब जंगलात सम्बन्धी सामाजिक चेतना पूरी तरह मौजूद थी और वह तरह-तरह से प्रकट भी होती थी।[6]

1949 में टिहरी रियासत के उत्तर प्रदेश में विलीनीकरण के बाद खेती के उपकरणों हेतु वांछित लकड़ी मिलने में दिक्कत हुई और इस हेतु 6 रुपये लिए जाते रहे। इसका ज़िला टिहरी में कड़ा विरोध हुआ। अकेले घणसाली में वन उल्लंघन (offences) हेतु 330 व्यक्तियों का चालान हुआ था।[7] ग्रामीणों द्वारा किये जा रहे सामान्य खनन में वन विभाग ने हस्तक्षेप किया। दूसरी ओर खनन के ठेके दिये जाने शुरू हुए। इससे जनता को दिक्कत हुई और साथ ही विरोध का सिलसिला भी शुरू हुआ। टिहरी में जानवरों पर लिया जाने वाला कर 'राहदारी' तब प्रचलित था। टिहरी तथा देहरादून में जाड़ समुदाय से प्रति बकरी चार से आठ आना लिया जाता था। पर जाड़ समुदाय के क्षेत्र उत्तरकाशी में यह प्रचलित नहीं था।[8] स्वयं टिहरी नगर में तब लकड़ी का अकाल था।[9] जंगलात नीति में आमूल परिवर्तन की बात उठने लगी थी।[10]

टिहरी के अन्तरिम शासन में प्रजामण्डल कदाचित् वह सब नहीं कर सका जो कि वह चाहता था। इस कारण प्रजामण्डल का विरोध होता रहा। मन्त्रिमण्डल के सदस्यों का आपत्तिजनक आचरण भी इससे जुड़ा था।[11] जंगलों के बारे में प्रजामण्डल की सोच, प्रजामण्डल सरकार द्वारा जारी विज्ञापन से स्पष्ट होती थी, पर यह सोच नीति में नहीं बदल सकी।[12] इसी तरह का विज्ञापन भूमि की रक्षा तथा मिट्टी कटाव से बचाव बाबत छपा था।[13] 1951 में चीफ कंजरवेटर की अध्यक्षता में लीसे से तारपीन और रोजिन तैयार करने की योजना तैयार हुई, पर उसका कार्यान्वयन नहीं हुआ।[14] मुकुन्दीलाल ने इसे सरकार द्वारा गढ़वाल को नकारने का प्रयास बताया। तब जंगलात के उपमन्त्री (जगमोहन सिंह नेगी) गढ़वाल क्षेत्र से थे।

आज़ादी मिलने और पहले आम चुनाव के समय यानी 1947-52 के बीच ब्रिटिश कुमाऊँ वाले उत्तराखण्ड यानी ज़िला अलमोड़ा, नैनीताल तथा गढ़वाल में कुल 2,000 से अधिक वन पंचायतें थीं। टिहरी ज़िले में अभी पंचायतें नहीं बनी थीं। सोयम के जंगल-ज़मीन में पंचायती जंगल बनाये जाने की माँग होती रहती थी। कुजजास के समय (1959) कुमाऊँ मण्डल के तीन ज़िलों में कुल 2,096 वन पंचायतें थीं। इनके अन्तर्गत कुल 3,49,157 एकड़ जंगल थे और इनसे कुल रु. 3,79,128 का राजस्व प्राप्त होता था। अलमोड़ा में 1,163, गढ़वाल में 809 तथा नैनीताल में 124 वन पंचायतें थीं। नैनीताल तथा गढ़वाल ज़िले के तराई-भाबर में वन पंचायतें गठित नहीं हुई थीं और न टिहरी ज़िले में। अलमोड़ा ज़िले में पंचायती वन 155617 एकड़ में, गढ़वाल ज़िले में 1,48,536 एकड़ में और नैनीताल ज़िले में 45,004 एकड़ में थे, जिनका राजस्व क्रमशः रु. 2,29,868, रु. 75,530 तथा रु. 73,730 प्राप्त होता था। पंचायतों द्वारा जुर्माने से 1956-57 में रु. 12,262; 1957-58 में रु. 10,780 तथा 1958-59 में रु. 13,870 वसूला गया था।[15]

1952 के चुनाव में उत्तराखण्ड से विधानसभा तथा लोकसभा के लिए मुख्यतः कांग्रेस की जीत हुई थी। साथ ही दो समाजवादियों (नारायणदत्त तिवारी तथा मदनमोहन उपाध्याय) ने प्रदेश की विधानसभा में प्रवेश पाया था। टिहरी की पूर्व रानी कमलेन्दुमती शाह टिहरी गढ़वाल सीट से निर्दलीय सांसद बनी। दूसरे चुनाव तक माना जाने लगा था कि शासन चक्र में फँस जाने से कांग्रेस अपना मूल स्वरूप और जनतान्त्रिक स्वभाव भूल गयी है। सब अच्छे नेता और कार्यकर्ता शासन में फँस गये थे और संगठन खोखला पड़ गया था। अवसरवादियों ने कांग्रेस को हथिया लिया था।[16] राजसत्ता को सच्ची बात बताने वाले या गलती का कच्चा चिट्ठा खोलने वाले प्रतिनिधियों का आलाप अरण्यरोदन की तरह माना जाने लगा था।[17]

प्राकृतिक आपदाओं ने इस बीच जन प्रतिनिधियों और सामाजिक कार्यकर्ताओं को चेताया। 14 अगस्त, 1956 को टिहरी की नैलचामी,[18] लोस्तु-बडियारगढ़, ठुठसिर, कड़ाकोट, तला डाँगर आदि पट्टियों में भीषण बाढ़ आयी। तीन चौथाई खेती की ज़मीन बह गयी तथा पर्याप्त खड़ी फ़सल नष्ट हुई। दर्जनों व्यक्ति तथा सैकड़ों जानवर बह गये। सिंचाई की व्यवस्था नष्टप्राय हो गयी। माँग की जाने लगी कि अस्थिर स्थानों से ग्रामीणों को हरद्वार, देहरादून तथा ऋषिकेश के आसपास बसाया जाय। इन बाढ़ों के दुष्प्रभाव को बहुगुणित करने में जंगलों के कटान तथा भूगर्भिक हलचलों के योगदान की ओर किसी की नज़र न जा सकी।[19] प्रशासन ने इसकी व्यापक पड़ताल की थी। कुल 1,938 एकड़ ज़मीन को क्षति पहुँची थी, जिसमें से आधी को ही पुनः उपज योग्य बनाया जा सकता था। 11 व्यक्तियों और 28 मवेशियों के मरने, 6 मकानों और अनेक छानों के साथ 9 मील लम्बी सिंचाई गूल के नष्ट होने के साथ कुछ गाँवों के ख़तरे से घिरे होने का तथ्य सामने आया।[20]

कम ज़मीन वाले या भूमिहीन हरिजनों की ओर से जंगलात क्षेत्र में ज़मीन दिये जाने की माँग होने लगी।[21] टिहरी के विलीनीकरण के बाद टिहरी वन वृत बनाया तो गया पर शेष कुमाऊँ की तरह जंगलात के अधिकार यहाँ के किसानों को देने की सोच ही शुरू नहीं हुई थी। ग्रामीणों को जंगलों के कटने से पानी के स्रोतों के सूखने या सिमटने का अहसास होने लगा था।[22] 1954 से पश्चिमी अलमोड़ा वन प्रभाग में एक फर्जिया ठेकेदार द्वारा लाखों रुपये मूल्य के पेड़ कटवाकर बाहर भिजवाये गये। जिससे जनता और सरकार को 20 लाख रुपयों की आर्थिक हानि हुई। पर्यावरण की हानि इसके अतिरिक्त थी। इस हेतु एक नागरिक ने लिखा था और कुमाऊँ के अरण्यपाल से वह दो बार मिला भी, पर जंगलात विभाग चुप बना रहा।[23] तब प्रदेश के उप वनमन्त्री जगमोहन सिंह नेगी थे और जंगलों बाबत उनका लम्बा लेख छपा था।[24]

9 जुलाई, 1956 को कुमाऊँ वन समिति की नैनीताल में बैठक हुई, जिसमें 'श्रेणी एक' के वनों को 'श्रेणी दो' में डालने का प्रस्ताव रखा गया था।[25] इसी समय कुमाऊँ जमींदारी उन्मूलन तथा भूमि व्यवस्था विधेयक 1956 पारित हुआ।[26] उधर सर्वोदय कार्यकर्ता भूदान में तो जुट गये थे पर जंगलात पर उनका ध्यान अभी नहीं गया था। शायद इसीलिए 1957 के अक्टूबर महीने में आयोजित पर्वतीय प्रदेश सर्वोदय सम्मेलन में जंगल चर्चा के केन्द्र में नहीं आ सके थे।[27] 16 जनवरी 1958 को गोपेश्वर के सर्वोदय सम्मेलन में भी यही स्थिति थी।[28] कुमाऊँ वन समिति ने 12 जनवरी 1958 को हल्द्वानी में आयोजित बैठक में सिर्फ़ जंगलों के बीच भूमिहीनों को ज़मीन देने का प्रस्ताव रखा।[29] समाचार-पत्रों ने अवश्य गढ़वाल के जंगलों के कटान तथा बाघ के आतंक की ख़बर दी।[30] स्वयं प्रदेश के वन उप मन्त्री ने बाढ़ का रिश्ता जंगलों के कटान से जोड़ा था।[31]

1958 के अन्त में सभापति ज़िला कांग्रेस कमेटी अलमोड़ा तथा विधायक हरिदत्त काण्डपाल ने जंगलात के कष्टों के बाबत विधानसभा में काम रोको प्रस्ताव पेश करने की स्वीकृति माँगी थी। इसी तरह 8 दिसम्बर 1958 को रानीखेत मण्डल कांग्रेस कमेटी की आम सभा जयदत्त वैला की अध्यक्षता में हुई। इसमें जंगलात की नीति तथा जनता को उससे होने वाले कष्टों के सम्बन्ध में एक प्रस्ताव पारित हुआ। प्रस्ताव में कहा गया था कि स्टार पेपर मिल्स, सहारनपुर को मात्र एक आना प्रतिघन फ़ीट कीमत पर लाखों टन लकड़ी दी जा रही है और उस लकड़ी का उपयोग भी सन्दिग्ध लगता है।[32]

इसी तरह विधान परिषद् सदस्य प्यारेलाल गुप्त ने जंगलात पर विधान परिषद् में अनेक सवाल पूछे। उनका कहना था कि स्टार पेपर मिल्स को वक्र चीड़ मात्र एक आना प्रति घनफ़ीट दिया जा

रहा है, जबकि टालों में लकड़ी एक रुपया सात आना प्रति मन बिक रही है। उन्होंने इस लकड़ी के रामनगर, मुरादाबाद में किसी और को बेचे जाने की तथा वनाधिकारियों के इस लूट में शामिल होने की शंका प्रकट की और यह बताया कि वक्र चीड़ इतना बेकार नहीं है कि जलाने के काम न आ सके। वन मन्त्री ने और उत्तर तो नहीं दिये पर सिर्फ़ इतना कहा कि पेड़ कटान कार्य योजना के अनुसार हो रहा है। मन्त्री यह बताना नहीं भूले कि कभी-कभी ज़रूरत बढ़ जाने पर बिना छपे पेड़ भी काटे जाते हैं।[33] तत्कालीन उत्तराखण्ड में 1958 तक कार्बेट नेशनल पार्क, कण्वाश्रम सेंचुअरी तथा गोबिन्द पशुविहार नाम से तीन विशेष क्षेत्र घोषित हो चुके थे।[34] समाचार-पत्रों में कार्बेट पार्क में जंगलात विभाग द्वारा धन-जन का दुरुपयोग करने के समाचार छपे थे।[35]

1958 में स्टार पेपर मिल्स सहारनपुर, इण्डियन टर्पनटाइन एण्ड रोजिन कम्पनी तथा आई.डब्ल्यू. पी. बरेली को उत्तराखण्ड क्षेत्र से कच्चा माल दिया जा रहा था। 'पर्वतीय' ने इन्हें 'तीन महान छिद्र' बताते हुए लिखा था कि इन मिलों को एक आना प्रति घनफ़ीट लकड़ी दी जा रही है, जबकि पहाड़ों में यह दाम 3 रुपया 12 आना प्रति घनफ़ीट है। इसी तरह बाबड़ घास भी बहुत सस्ती दी जा रही है।[36] कोटद्वार का लीसा सहकारी गृह उद्योग इस समय कोटद्वार आये हुए प्रदेश के मुख्यमन्त्री सम्पूर्णानन्द से निवेदन कर रहा था कि इस सफल सहकारी उद्यम को मात्र 5,000 मन लीसा हर साल मिलता है, जिस कारण यह उद्योग कई महीने बन्द रहता है। अतः इसे कम से कम 20,000 मन लीसा पास के सिविल जंगलों में दिया जाय, जिससे ग्रामीणों का रोज़गार बढ़ सके।[37] स्वतन्त्रता के एक दशक बाद भी किसानों का जंगलात विभाग पर विश्वास नहीं जम सका था। ग्रामीणों में अभी इस विभाग का भय पूर्ववत् था और उसके प्रति आक्रोश मौजूद था।[38]

1949 में कुमाऊँ जंगलात समिति (कुजस) के सुझाव पर यह चर्चा चली थी कि 'श्रेणी दो' के दयनीय स्थिति वाले जंगलों को जंगलात विभाग के अन्तर्गत होना चाहिए। आदेश संख्या 1768/XIV-1949 दिनांक 30 जून, 1949 के अनुसार सरकार ने चौड़ी पत्ती के जंगलों को अपने हाथ में लेने का निर्णय लिया। लेकिन दिक्कतें बनी रहीं। 1953 में कुजस ने नये सुझाव दिये कि 1. जब तक 'श्रेणी एक' के जंगल पंचायती जंगल नहीं बनते या 'श्रेणी दो' में नहीं लिए जाते इनके सुप्रबन्ध तथा सुरक्षा हेतु पर्याप्त अधिकारियों-कर्मचारियों की व्यवस्था होनी चाहिए। 2. गाँव के पास के 'श्रेणी एक' जंगलों को ग्राम पंचायतों को दिया जाना चाहिए तथा 3. गाँवों से दूर स्थित 'श्रेणी एक' जंगलों—विशेष रूप से चोटी के क्षेत्रों को—'श्रेणी दो' के भीतर यानी जंगलात विभाग के सीधे नियन्त्रण में लिया जाना चाहिए तथा 'श्रेणी एक' के व्यापारिक महत्त्व के जंगल भी 'श्रेणी दो' में शामिल किये जाने चाहिए।[39]

पंचायती जंगलों के विस्तार तथा सुप्रबन्धन हेतु कोशिशें नहीं हुईं वरन इस बीच वन पंचायत अधिकारियों को हटा दिया गया। अब पंचायतों का काम ज़िला मजिस्ट्रेट, नियोजन अधिकारी, ज़िला पंचायत अधिकारी या एस.डी.एम. आदि वन पंचायत निरीक्षकों के मार्फत देखने लगे। इस हेतु नैनीताल, अलमोड़ा तथा गढ़वाल ज़िलों में मात्र आठ निरीक्षक कार्यरत थे। टिहरी ज़िले में, जहाँ वन पंचायती व्यवस्था अभी प्रारम्भ नहीं हुई थी, रियासती जंगलात मैनुअल के अनुसार ग्रामीणों के हक़ या रियायतें परिभाषित थीं।[40] पूरे कुमाऊँ मण्डल (टिहरी ज़िले सहित) में एक जंगलात मैनुअल के लागू होने की तथा टिहरी गढ़वाल में जंगलात बन्दोबस्त करने की माँग की गयी थी।[41]

जगह-जगह से शिकायतें आयीं कि ग्रामीणों को जंगल से लकड़ी तथा पत्ते-पिरूल ले जाने में दिक्कतें हो रही थीं। गाँववासी जंगल से लकड़ी, चारापत्ती लाते समय झूला, बनप्सा, रोली, डूलू, तरुड़ या गीठी आदि कन्दमूल या औषधियाँ भी ले आते थे। जी.ओ. 147 एफ/XIV दिनांक 1 मई, 1958

द्वारा जड़ी-बूटी, रोली, पीपल या फलों के दोहन का काम प्रदेश सहकारी संघ को दिया गया था, जिससे औसत ग्रामीण को दिक्कतें होने लगीं। प्रकारान्तर में इन संसाधनों को जंगल से ले जाने और इस्तेमाल करने की पूरी मनाही हो गयी थीं।[42]

1958 में उत्तराखण्ड में इमारती लकड़ी तथा कोयले के दाम बढ़ गये। नैनीताल में कोयले का दाम रु. 3.44, रानीखेत में 2.50, अलमोड़ा में 3.00, पौड़ी में 3.25 तथा लैंसडौन में 4.50 प्रतिमन किया गया। 1959 में यह तथ्य भी सामने आया कि 1949 से प्रारम्भ कुमाऊँ इण्डस्ट्रीज लि. कोठगोदाम, जो 1949 से चीड़, तार तथा 1953-54 से टार्चवुड का उत्पादन करती आ रही थी, को 1959 में जंगलात विभाग ने कच्चा माल देने से इनकार कर दिया। ज़्यादा गम्भीर बात यह थी कि जिस कच्चे माल के लिए कुमाऊँ इण्डस्ट्रीज ने 17,500 रुपये प्रस्तुत किये थे, उसे तत्कालीन मुख्य अरण्यपाल ने अपने मित्र को मात्र 12,000 रुपये में दे दिया था।[43] राज्यसभा सदस्य डॉ. सी. डी. पाण्डे ने अपने 19 अगस्त, 1959 के पत्र में मुख्य अरण्यपाल के रवैये को शरारतपूर्ण और पहाड़ी किसानों के विरुद्ध बताया। उन्होंने लिखा था कि उक्त पत्र से पता चलता है कि जंगलात विभाग के मन में पहाड़ी लोगों के प्रति मौजूद दुर्भावना कितनी गहरी है। जंगलात विभाग पर पहाड़ी लोगों का कोई विश्वास नहीं रह गया है। सरकार को अब जंगलात विभाग द्वारा की गयी शरारतों के सुधार हेतु क़दम उठाने चाहिए।[44]

इस बीच उत्तराखण्ड के गाँव और शहरों के बीच का अन्तर्विरोध सामने आया। एक ओर नगरों तथा छावनियों में इमारती लकड़ी तथा कोयला या जलावन जंगलात विभाग उपलब्ध करा रहा था। होटल, हॉस्टल तथा हलवाईयों को लकड़ी तथा कोयला दिया जा रहा था और दफ़्तरों को भी। दूसरी ओर इसका असर गाँव के पास के जंगलों में पड़ रहा था। विशेष रूप से कोयला बनाने के लिए बाँज के जंगलों के कटने का सिलसिला बढ़ गया था। इसका तीव्र विरोध हुआ। आम ग्रामीण किसान बाँज के जंगलों की चारे, ईंधन, खाद या खेती के उपकरणों हेतु उपयोगिता तथा इसकी मिट्टी को बाँधने और पानी को रोकने की क्षमता से सुपरिचित थे। बाँज और चौड़ी पत्ती वाले जंगलों के बारे में पहाड़ी किसान की समझ सदियों पुरानी पशुचारण व्यवस्था और खेती से विकसित हुई थी।

1958 के एक आदेश से शहरवासियों को भी दिक्कत होने लगी थी। इसके अनुसार इमारती लकड़ी 15 जून तक नगरों-क़स्बों में उपलब्ध रहेगी, उसके बाद ठेकेदार इसे अन्यत्र बेचने को स्वतन्त्र होंगे। इसी तरह बहुत से मुर्दाघाटों पर लकड़ी उपलब्ध नहीं हो रही थी।[45] तराई के घमतप्पा समूह को जलावन मिलने में कठिनाई हो रही थी और इस हेतु परमिट की व्यवस्था से असन्तोष जन्म ले चुका था।[46] दरअसल यह नयी नीति का परिणाम था, जिसमें किसानों और पशुचारकों के हितों के मुक़ाबले राज्य का व्यापारिक लाभ प्रमुख हो गया था। नयी नीति के अन्तर्गत 1958 से स्टार पेपर मिल्स सहारनपुर को वक्र चीड़ दो आना प्रति घनफ़ीट के हिसाब से दिया जाने लगा था।[47] लीसा तथा रेलवे स्लीपर के बाद चीड़ का यह तीसरी तरह का व्यापारिक उपयोग था।

इस समय तीन तरह के विचार इस बाबत प्रचलित थे : पहला सस्ती लकड़ी बेचने का विरोध, दूसरा रोज़गार हेतु काग़ज़ मिल की कुमाऊँ में स्थापना की चाह और तीसरा इस व्यवस्था के बन्द किये जाने की ज़रूरत क्योंकि इससे जल्दी ही स्थानीय किसानों के हित प्रभावित होंगे।

मिल के कारिन्दों ने अनेक स्थानों पर ग्रामीण महिलाओं के जंगल से घास-लकड़ी लाने में अवरोध पैदा किया। जैसे इन्होंने नये पतरौलों का स्थान ले लिया हो। इस तरह स्टार पेपर मिल को वक्र चीड़ दिये जाने का विरोध सामाजिक कारणों से भी हुआ। क्योंकि पहली बार जंगलात विभाग

के अलावा कोई दूसरा बेगाना तत्त्व स्टार पेपर मिल्स के बहाने ग्रामीण क्षेत्रों में पहुँचा था। इसका असर सामाजिक शान्ति तथा सुरक्षा पर पड़ा।

लेकिन 1947 के बाद की खेती तथा जंगलात सम्बन्धी सबसे बड़ी घटना थी तराई भाबर में विभाजन की त्रासदी झेले हुए उजड़े समूहों को बसाया जाना। इससे तराई में जंगलों का जो विनाश हुआ और बाद में ज़मीन के स्वामित्व का सन्तुलन गड़बड़ाया वह आज तक ठीक नहीं हो पाया है। तत्कालीन सरकार तथा कांग्रेसी नेतृत्व को यह भलीभाँति पता था कि उत्तराखण्ड में प्रतिव्यक्ति खेती की ज़मीन बहुत कम है और कुछ भूमिहीन यहाँ हैं। बाहरी हिमालय के अनेक बाशिन्दों के भाबर में भी गाँव थे, जहाँ वे जाड़ों में कुछ माह के लिए जाते थे। खेती और पशुपालन का काम जारी रखते थे। भोटिया समुदाय जाड़ों में अपनी भेड़-बकरियों और व्यापार सामग्री सहित भाबर-तराई में आता था। इसके साथ ही तराई-भाबर में थाड़ू तथा बोक्सा जनजातियाँ सदियों से रह रही थीं। तराई में हुए ज़मीन तथा जंगलात सम्बन्धी परिवर्तन से ग्रामीणों की दिक्कतें तो बढ़ी हीं, पर सबसे आपत्तिजनक बात उत्तराखण्ड के भूमिहीनों तथा हरिजनों को तराई में ज़मीन का न मिल पाना थी। तराई के आज के हालात के लिए उस समय की नीति बड़ी सीमा तक ज़िम्मेदार है। हालाँकि इसके लिए तत्कालीन नेतृत्व के पास भारत विभाजन का अत्यन्त वजनदार तर्क था।[48]

1950 में उत्तर प्रदेश जमींदारी उन्मूलन एक्ट तथा भूमि सुधार अधिनियम के अनुसार साढ़े तीन एकड़ से कम ज़मीन का स्वामी भूमिहीन ही था।[49] उत्तराखण्ड के तराई-भाबर क्षेत्र में जहाँ 1910 में 6,24,904 बीघा (ढाई बीघा का एक एकड़) ज़मीन पर खेती हो रही थी, वहाँ 1958-59 में 21,74,075 बीघा और 1960-61 में 24,11,687 बीघा ज़मीन पर खेती होने लगी थी।[50] इस तरह तराई-भाबर में बड़े भूपतियों तथा कम्पनियों के आगमन के साथ स्वयं सरकार ने बहुत ज़मीन घेरी थी। आरक्षित जंगल इसके अतिरिक्त थे। 1965 से पूर्व सितारगंज के सात से अधिक गाँव जेल विभाग को, कुछ गाँव राहत और पुनर्वास समिति को दिये गये थे तथा शारदा सागर, नानक सागर, हरीपुरा, बेहगुल, धौरा तथा बौर नदियों में बाँध बनने से भी ज़मीन या जंगलात को क्षति पहुँची।[51] पन्तनगर कृषि विश्वविद्यालय के लिए 16,000 (सोलह हज़ार) एकड़ ज़मीन को घेर लिया गया था।[52]

इस समय तराई-भाबर में 53,000 एकड़ ज़मीन पर अतिक्रमणकारियों ने अधिकृत कब्ज़ा किया हुआ था।[53] तराई की दो प्रमुख जनजातियों (जून 1967 से उन्हें जनजाति घोषित किया गया था)-थाड़ू तथा बोक्सा-में से थाड़ुओं को ज़मीन के विशेष अधिकार न थे। लेकिन 55 बुक्साड़ी गाँवों में रह रही बोक्सा जनजाति को ज़मीन सम्बन्धी विशेष अधिकार प्राप्त थे।[54] लेकिन उनकी ज़मीन भी हथियाई जाने या बिकने लगी थी। इस बीच बोक्साओं के 55 में से 13 गाँव कोलोनाइजेशन हेतु ले लिए गये थे।

ऐसी स्थिति में पहाड़ी क्षेत्र के अन्तर्वर्ती गाँवों के भूमिहीनों, हरिजनों, भोटिया समुदाय, वनराजियों तथा कम भूमि वालों को तराई-भाबर में ज़मीन मिलना अत्यन्त कठिन था। अन्तर्वर्ती उत्तराखण्ड का समाज अपने गाँवों के आसपास तो इजरान या जंगलात में खेती या अस्थायी खेती के प्रयास करता रहा था, लेकिन तराई-भाबर की ज़मीन उसके सपने में शामिल नहीं थी। स्वयं उत्तराखण्डी समाज के सम्पन्न या चतुर हिस्सों ने भी प्रारम्भिक दौर में सिर्फ़ देहरादून, कोटद्वार, रामनगर, हल्द्वानी तथा टनकपुर जैसी मण्डियों या इसके आसपास ही बसना शुरू किया था। तराई 1950 तक एक कठिन क्षेत्र था। खेती के लिहाज़ से बड़ी सीमा तक बेगाना और वर्जित। 1951 की जनगणनानुसार उत्तराखण्ड के देहरादून रहित शेष चार ज़िलों (अलमोड़ा, नैनीताल, गढ़वाल तथा टिहरी) में 20,524 खेतिहर मज़दूर और लगभग 2 लाख भूमिहीन किसान (1 रुपया रकम देने वाले) थे।[55]

जंगलात का मुद्दा किस तरह पक रहा था यह 1958-1959 में लिखी गयी कुमाऊँनी कवि श्यामाचरण दत्त पन्त की 'कौ सुवा काथ कौ' नामक कविता से उजागर होता है। यह कविता 1947 के बाद के भारतीय परिदृश्य पर पैनी टिप्पणी थी और जंगलात के बाबत बेवाक बात कहती थी। इस कविता में व्यंग्य के माध्यम से जंगलात का यथार्थ तथा नीति का अन्तर्विरोध प्रस्तुत किया गया था।[56]

2. कुमाऊँ जंगलात जाँच समिति (कुजजास)

दूसरे आम चुनाव के समय (1957) तक जंगलात की दिक्कतें बढ़ गयी थीं। स्थानीय प्रेस तथा राजनीतिक दलों के अलावा विधान सभा, विधान परिषद् तथा संसद में मौजूद उत्तराखण्ड के जनप्रतिनिधियों ने इस बाबत बोलना शुरू कर दिया था। उत्तराखण्ड में विकास की प्रक्रिया बहुत धीमी थी और इसके मुक़ाबले असन्तोष व्यक्त करने की गति तेज़। जंगलात सम्बन्धी कठिनाइयों के बाबत हर ओर से स्वर उठने लगे और विधान सभा में बारबार बात उठने के बाद 7 अप्रैल, 1959 को कुमाऊँ जंगलात जाँच समिति (कुजजास) का गठन किया गया।

इस समिति के अध्यक्ष उत्तरकाशी के विधायक तथा प्रदेश मंत्रीमण्डल में उपमन्त्री बलदेव सिंह आर्य थे और सदस्यों में एक एम.एल.सी. खुशाल सिंह तथा चार विधायक—नरेन्द्रसिंह भण्डारी, मोहन सिंह मेहता, लक्ष्मणदत्त भट्ट तथा नारायणदत्त तिवारी थे। तिवारी के विदेश जाने से प्रतापसिंह (प्रताप भय्या) इसके सदस्य बनाये गये, जो स्वयं समाजवादी दल के विधायक थे। कुमाऊँ के अरण्यपाल इस समिति के सचिव थे। समिति को निम्न आठ कार्य सौंपे गये थे :

1. स्थानीय निवासियों की ज़रूरतों तथा जंगलात विभाग के कार्यों के परिप्रेक्ष्य में कुमाऊँ में जंगलात नीति की समीक्षा। 2. जंगलात के हक़-हकूक और रियायतों के सम्बन्ध में कुमाऊँवासियों के संकटों की पड़ताल। 3. पहाड़ी नगरों में इमारती लकड़ी, जलावन तथा कोयले की सप्लाई तथा दामों की पड़ताल। 4. जंगलों में चराई की सुविधा का मामला। 5. जंगलों में गिरी पड़ी लकड़ी को जमा करने और ले जाने का सवाल। 6. भूमिहीनों को बसाने के लिए जंगलों को काटने का सवाल। 7. टिहरी में सार्वजनिक उपयोग हेतु इमारती लकड़ी प्राप्त करना (ग्राण्ट मंजूरी) तथा 8. कुमाऊँ के निवासियों का जंगलात के हक़-हकूकों सम्बन्धी कोई भी अन्य मसला।

23 अप्रैल, 1959 की बैठक (लखनऊ) में समिति के अध्यक्ष ने बताया कि यह समिति कुमाऊँ कमिश्नरी में जंगलात नीति की कमियों तथा कार्यान्वयन की खामियों की पड़ताल कर सरकार को इनके निवारण हेतु सुझाव देगी ताकि पर्वतवासी अपने हक़-हकूकों का उपयोग कर सकें। एक प्रश्नावली की 6 हज़ार प्रतियाँ तैयार की गयीं ताकि उन्हें भरकर कुमाऊँवासी अपनी दिक्कतें बता सकें। समिति की अन्तिम बैठक 6 दिसम्बर, 1959 को लखनऊ में हुई। समिति के सचिव पहले अरण्यपाल कैलाश चन्द्र जैन थे। तत्पश्चात् एच.सी. डे रहे और 24 जून, 1959 से प्रतुल चन्द्र चटर्जी सचिव बने और एच.सी. डे को समिति का सदस्य बनाया गया। समिति से प्रारम्भ में चार माह में रपट देने की अपेक्षा की गयी थीं, फिर इसका विस्तार 10 दिसम्बर, 1959 तक के लिए किया गया। समिति के एक सदस्य लक्ष्मणदत्त भट्ट ने 29 सितम्बर, 1959 को समिति से इस्तीफ़ा दे दिया था, जिसका कोई कारण नहीं बताया गया।[57]

समिति ने कुमाऊँ के चार ज़िलों (अलमोड़ा, नैनीताल, पौड़ी तथा टिहरी), जिनका भौगोलिक विस्तार तब 18,278 वर्ग मील (29,415 वर्ग कि.मी.) तथा जंगलात क्षेत्र 8,857 वर्गमील (14,254

वर्ग कि.मी.) था, का अध्ययन किया था। तब स्थायी खेती के अन्तर्गत 2703 वर्ग मील (4,350 वर्ग कि.मी.) ज़मीन थी, जिसे कुल क्षेत्र का 15 प्रतिशत बताया गया था। जंगलात का यह क्षेत्र कुल क्षेत्र का 49 प्रतिशत बताया गया था।[58]

कुमाऊँ का भौगोलिक, वानस्पतिक परिचय देकर जंगलात प्रबन्ध की ऐतिहासिक पृष्ठभूमि के साथ टिहरी रियासत में जंगलात के दोहन तथा प्रबन्धन के बाबत जानकारी दी गयी थी। समिति ने कुमाऊँवासियों में जंगलात विभाग के प्रति अत्यन्त असन्तोष ही नहीं शक और अविश्वास भी पाया था। बताया गया कि ग्रामीण क्षेत्रों में अभी भी जंगलात के कर्मचारियों का भय मौजूद है। समिति के सुझावों का सार इस तरह था :

1. कुमाऊँवासियों की वाज़िब तथा विशिष्ट आवश्यकताओं की पूर्ति के साथ जंगलात की व्यवस्था में संरक्षण, विकास तथा विस्तार (एक्सटैंशन) को महत्त्व मिलना चाहिए। कुमाऊँवासियों में जंगलात विभाग के प्रति मौजूद अविश्वास तथा असन्तोष को देखते हुए सरकार की ओर से यह घोषणा होनी चाहिए कि वह कुमाऊँवासियों के हक़-हक़ूकों का सम्मान और जंगलों की सुरक्षा के साथ आर्थिक विकास के अवसर प्रदान करेगी।[59]
2. जंगलात विभाग को ग्रामीणों में मौजूद अविश्वास को दूर करने के लिए प्रचारतन्त्र विकसित करना चाहिए। अधिकारियों को प्रचार का प्रशिक्षण दिया जाय और स्कूलों के पाठ्यक्रम में जंगलों के बाबत पर्याप्त जानकारी होनी चाहिए (1921 की वन समिति ने भी यह सुझाव दिया था)। ग्रामसभाओं के लिए जंगलात दिग्दर्शिका बने; क्षेत्रीय समितियों तथा ग्रामसभाओं का वृक्षारोपण हेतु परामर्श लिया जाय; किसानों के लिए—बाँज, क्वेराल, रिंगाल तथा गेन्ठी जैसे उपयोगी पेड़ों का रोपण हो; रिक्त भूमि में तत्काल वृक्षारोपण हो; चरागाहों तथा बुग्यालों की सुरक्षा हो और ये घास उत्पादन के क्षेत्र के रूप में विकसित हों; जड़ी-बूटियों की खेती के साथ संरक्षण हो; जंगलात के प्रभाग (डिविज़न) तथा राजि (रेंज) और छोटे हों; क्षेत्र विकास संगठन द्वारा वृक्षारोपण हो; फारेस्ट गार्ड की चौकी का फ़ोन द्वारा रैंजर से संपर्क हो; पर्यटन विभाग को भी जंगलात की देखरेख का काम दिया जाय; गाँव के आसपास के जंगलों को पंचायती वनों में तब्दील किया जाय और ऐसा करते समय हक़-हक़ूक तथा संवत् 80 की सीमाओं को ध्यान में रखा जाय; जहाँ पंचायती जंगल की सम्भावना न हो वह जंगल जंगलात विभाग को सौंप दिया जाय। लेकिन ये जंगल 'श्रेणी एक' में ही बने रहें ताकि इनमें हक़-हक़ूक जारी रहें। जंगलात तथा राजस्व कर्मचारियों की टीम हर ज़िले में नियुक्त की जाय, जो पंचायतों या जंगलात विभाग को इन जंगलों को देने का काम कर सकेगी। समिति ने पंचायतों की दशा को सन्तोषजनक पाया था तथा 30 जून, 1959 को पंचायतों की संख्या तथा प्राप्त राजस्व का आँकड़ा भी दिया था।[60]

   वन पंचायतों की स्थापना और विकास में ज़्यादा गहरी दिलचस्पी ली जाय। इस हेतु विशेष अधिकारी तथा हर ज़िले में वन पंचायत अधिकारी की नियुक्ति की जाय। पंचायतों द्वारा प्राप्त राजस्व का सार्वजनिक कार्यों हेतु उपयोग हो, ज़िला कार्यालयों से पंचायतों की राशि निकालने में दिक्कतें समाप्त हों, पंचायतों का चुनाव द्वारा गठन हो तथा उनमें हरिजनों का जनसंख्या अनुपात में प्रतिनिधित्व हो, टिहरी के सोयम जंगलों (इनका अभी तक पंचायत से प्रबन्ध होता था। इन्हें अन्तरिम सरकार के समय जंगलात विभाग

को दिया गया था, जो प्रबन्ध का व्यय काटकर बाकी राशि ग्राम सभाओं के खाते में देता था) को शेष कुमाऊँ की तरह ही पंचायतों के रूप में गाँवों को वापस दिया जाय। सिविल वनों को विनाश से बचाने के लिए पंचायतों के भीतर लिया जाय। सिविल तथा पंचायती जंगलात वाले गाँवों में लीसे की बिक्री से जो लगभग 80 हज़ार रु. की रायल्टी हर गाँव को मिलती थी, उसे कलेक्ट्रेट के बदले सीधे ग्राम सभाओं को दिया जाय।[61]

3. कुमाऊँ जंगलात समिति (कुजस), जो 1925 में बनायी गयी थी, कमिश्नर जिसका अध्यक्ष तथा अरण्यपाल सचिव होता था, अनेक जन प्रतिनिधि तथा सम्मानित नागरिक सदस्य होते थे और जिसकी 1941 से 1946 के बीच कोई बैठक नहीं हो सकी थी, को अलग कार्यालय देकर सक्रिय बनाया जाय और पूरे कुमाऊँ में एक ही फारेस्ट मैनुअल लागू हो क्योंकि टिहरी ज़िला अभी तक इससे वंचित था।

4. टिहरी गढ़वाल में जंगलों के सीमांकन, हक़-हक़ूकों में संशोधन हेतु या तो बन्दोबस्त हो या किसी भी विधि से समस्याओं का हल निकले। हक़-हक़ूकों तथा जनसंख्या बढ़ने से हुई दिक्कतों सम्बन्धी समस्याओं के हल के लिए अलमोड़ा, नैनीताल तथा गढ़वाल ज़िलों में विशेष अधिकारी नियुक्त हों, तीनों ज़िलों में हक़-हक़ूकों की जो इमारती लकड़ी लोगों की ज़रूरतों से बच जाती है; उसे 6 साल तक जमा कर फिर ज़रूरतमन्द ग्रामीणों को बाँटा जाय।[62] ग्रामीणों को तथा जिनके हक़-हक़ूक न हों उन्हें रियायती दाम पर इमारती लकड़ी दी जाय, बशर्ते कि इसका व्यापारिक उपयोग न हो और ग्राम प्रधान द्वारा उसकी ज़रूरत प्रमाणित हो।

   ग्रामसभा स्तर पर 5 जनप्रतिनिधियों की समिति इमारती लकड़ी के उचित वितरण हेतु बनायी जाय। पंचायत सचिव इस समिति का सचिव हो। जिस गाँव में हरिजन रहते हों वहाँ इस समिति में कम से कम एक हरिजन सदस्य अवश्य हो। इमारती लकड़ी के वितरण सम्बन्धी विवरण का सांसद, विधायक, पंचायत निरीक्षक, विकास अधिकारी, रेंजर तथा फारेस्टर द्वारा निरीक्षण हो, जंगलात विभाग हक़-हक़ूक की इमारती लकड़ी के वितरण की सीधे व्यवस्था करे। कमेटी ने यह सुझाव दिया था कि आरक्षित जंगलों में पत्थरों के खनन की स्वीकृति दी जाय। साथ ही रोपित जंगलों में भी सम्भव हकूक दिये जायँ। ग्रामीणों को जंगलों से जड़ी-बूटी, कन्द-मूल तथा फल लाने दिये जायँ। जंगलों की छँटाई (थिनिंग) की सूचना ग्रामीणों को दी जाय।[63]

5. कोयले के दाम घटाते समय रायल्टी से कमाई ध्यान में न रखी जाय। स्थानीय निवासियों से कोयले पर प्रबन्ध शुल्क न लिया जाय तथा नगरपालिकाएँ इस पर कोई चुंगी (ऑक्टराइ) न लगायें, कोयले की तस्करी को रोकने के लिए नियम बनें, जंगलात या कोई अन्य विभाग कोयले के प्रबन्ध तथा परिवहन की व्यवस्था करे, सभी पर्वतीय नगरों में कोयला न्यूनतम मूल्य पर देने की व्यवस्था हो और दूरस्थ क्षेत्रों तक सड़क आदि की व्यवस्था कर जंगलात विभाग जलावन तथा कोयले की व्यवस्था हेतु क्षेत्रों की तलाश करे। टिहरी में भी इमारती लकड़ी आदि अन्यत्र की तरह उपलब्ध हो तथा बागेश्वर, अलमोड़ा, भवाली, भिकियासेन, श्रीनगर, द्वाराहाट, टिहरी, उत्तरकाशी तथा अन्य अनेक स्थानों पर मुर्दाघाटों के लिए लकड़ी की सुनिश्चित व्यवस्था हो।[64]

6. समिति ने टिहरी में चराई पर ली जाने वाली 'राहदारी' तथा अन्य चराई करों के उन्मूलन का, टिहरी में घास के हक़-हक़ूक देने का, पूरे कुमाऊँ में जंगलों को हानि पहुँचाये बिना

छटान (लौपिंग) का, खरक तथा छानियों हेतु प्रचलित हक़ों में खलल न डालने का, रोपित जंगलों से घास इकट्ठा करने की स्वीकृति का, मौसमी रूप से तराई-भाबर में जाने वाले गोठिया या घामतप्पा समूहों के गोठ क्षेत्र को रोपण के भीतर न लेने का तथा उन्हें कोराबीम तथा घास आदि झोंपड़ी बनाने हेतु देने का सुझाव दिया गया था।

समिति ने पशुचारक भोटिया तथा जाड़ समुदाय के लिए पड़ावों की सुव्यवस्था करने, गूजरों को स्थायी रूप से बसाने, उन्हें अलग चरागाह उपलब्ध कराने तथा एक स्थान पर निश्चित अवधि तक रहने का सुझाव दिया था। टिहरी तथा तराई-भाबर में जंगलात द्वारा घास का ठेका देने से स्थानीय निवासियों को दिक्कत होती रही थी। अतः कुमाऊँ वृत की तरह सम्पूर्ण कुमाऊँ मण्डल में एक सी व्यवस्था की माँग की गयी।[65]

7. जंगलों से गिरी पड़ी लकड़ी लाने बाबत सुझाव दिया गया था कि नियन्त्रित आग से पहले ग्राम सभापति के माध्यम से ग्रामीणों को सूचित कर दिया जाय कि वे जंगलों से गिरी पड़ी जलावन ले आयें। पश्चिमी वृत यानी तराई-भाबर में इस हेतु बैलगाड़ी के इस्तेमाल की स्वीकृति दी जाय; कुमाऊँ तथा टिहरी वृतों में साल, शीशम, खैर, टुन तथा देवदार को छोड़कर अन्य प्रजातियों के सूखे पेड़ों को ग्रामीणों को प्रस्तावित ग्रामीण लकड़ी वितरण समिति के अनुमोदन से दिया जाय।

    तराई-भाबर में विभाग अपने डिपो में लकड़ी बेचने से पहले स्थानीय ग्रामीणों की ज़रूरतों को पूरा करे, वक्र चीड़ की बिक्री से पहले स्थानीय ज़रूरत को ध्यान में रखा जाय, स्थानीय निवासियों को काटी गयी टहनियाँ पहले की तरह मिलती रहें, घामतप्पाओं द्वारा जलावन ले जाने पर न प्रतिबन्ध हो और न हस्तक्षेप तथा समस्त कुमाऊँ में सूखे खड़े पेड़ों को काटने हेतु जंगल में कुल्हाड़ी ले जाने की स्वीकृति हो। पहली बार स्टार पेपर मिल्स को वक्र चीड़ की लकड़ी देने का स्पष्ट विरोध हुआ था।[66]

8. कुमाऊँ के भूमिहीनों को बसाने के अत्यन्त कठिन कार्य के वास्ते समिति ने सुझाव दिया था कि सीलिंग को लागू कर जो ज़मीन उपलब्ध होती है उसे भूमिहीनों को दिया जाय। तराई-भाबर में कुमाऊँ के भूमिहीनों को प्राथमिकता दी जाय, पहाड़ों में जहाँ भी जंगलों के बीच ज़मीन उपलब्ध हो सकती हो, वहाँ यह कार्य किया जाय। भूमिहीनों को ज़मीन के साथ अनुदान तथा ऋण दिये जायें ताकि वे बैल ख़रीद सकें और अपना पुनर्वास कर सकें। टनकपुर से हरद्वार तक खेती योग्य तथा बाढ़ मुक्त ज़मीन, जिस पर मूल्यवान जंगल नहीं हैं, भूमिहीनों में वितरित की जाय। इसमें भोटिया समुदाय को भी ज़मीन दी जाय। जाड़ समुदाय को ऋषिकेश, हरद्वार तथा चौड़ापानी के बीच; वनरावतों को घानधुरा, जहाँ उन्होंने बसने की कोशिश की है, में बसने दिया जाय। तिब्बत व्यापार में आ रही दिक्कतों के कारण भूमिहीन या अल्प भूमि वाले भोटिया समुदाय को तराई-भाबर, जहाँ आने को वे उत्सुक भी हैं, में बसाया जाय। दिये गये सुझावों को लागू करने हेतु एक कोलोनाइजेशन प्लान (बस्ती योजना) बनाया जाय।[67]

9. टिहरी में सार्वजनिक उपयोग के कार्यों हेतु शेष कुमाऊँ की तरह निःशुल्क लकड़ी उपलब्ध कराने तथा जंगलात अधिकारियों द्वारा इसकी स्वीकृति और ज़िला मजिस्ट्रेट द्वारा उपयोग प्रमाण-पत्र देने का सुझाव दिया गया था।[68]

10. समस्त कुमाऊँ के लिए पेयजल तथा सिंचाई सम्बन्धी नियमों में संशोधन की ज़रूरत बतायी गयी थी। शिड्यूल्ड डिस्ट्रिक्ट एक्ट के उठा लिए जाने के बावजूद पीने के पानी

तथा गूल-डिग्गी निर्माण बाबत नियमों में संशोधन नहीं हुआ था। सरकारी नोटिफिकेशन 700/I-617-1927 दिनांक 28 अक्टूबर 1930 के अनुसार पानी की आपूर्ति सम्बन्धी जो नियम बने थे और जो टिहरी गढ़वाल में लागू नहीं होते थे, उन्हें उठाया जाना था।[69]

11. लीसा निकालने के उपकरण स्थानीय लोगों के द्वारा बनाये जायँ और इसके लिए स्थानीय सहकारी संस्थाओं को प्राथमिकता दी जाय। लीसा निकालने की ठेकेदारी या मेट प्रथा के स्थान पर सहकारी समितियाँ काम करें; वन पंचायतों, सिविल तथा सोयम जंगलों का लीसा भी इन्हीं सहकारी समितियों को मिले। लिसुओं या लीसा मजूरों (टैपर्स) की सहकारी समिति ज़िला सहकारी संघ से सम्बद्ध होनी चाहिए, लीसा निकालने का बेहतरीन प्रशिक्षण उन्हें दिया जाय, मौजूदा सहकारी समितियाँ बनी रहें और उसमें लीसा मजूरों की संख्या बढ़े। सहकारी तौर पर लीसा प्लाण्ट लगाने की भी माँग हुई।[70]
12. जंगली जानवरों के विनाश के प्रति चिन्ता व्यक्त करते हुए सुझाव दिया गया था कि फ़सल, जान तथा माल की सुरक्षा के अलावा अनियन्त्रित शिकार बन्द हो; गैर-कानूनी शिकार तथा मछलियों को डाइनामाइट से मारने पर पाबन्दी लगे; पहाड़ों में मछली विकास के काम को जंगलात विभाग को सौंपा जाय; सहकारी समितियों को जंगलात का काम दिया जाय; कुमाऊँ में जंगलात सम्बन्धी उद्योगों की स्थापना हो; खनिज सम्पदा के दोहन हेतु भी सहकारी समितियों को प्राथमिकता दी जाय, छिलका (टॉर्चवुड) निकालने का ठेका देते समय लोगों की ज़रूरतों पर ध्यान रहे, चीड़ तार उद्योग को विकसित करने का प्रयास हो, प्रदेश सरकार जड़ी-बूटी के दोहन का एकाधिकार उत्तर प्रदेश सहकारी महासंघ फैडरेशन को देने पर पुनर्विचार करे। फैडरेशन को अपनी रानीखेत दवा फैक्ट्री की ज़रूरत भर के लिए जड़ी-बूटियों का दोहन करने दिया जाय और गढ़वाल तथा टिहरी गढ़वाल में दवा फैक्ट्रियाँ स्थापित हों।[71]
13. टिहरी की समस्त सड़कों की मरम्मत की व्यवस्था सार्वजनिक निर्माण विभाग द्वारा सम्पन्न कराने की माँग की गयी। टिहरी रियासत के विलीनीकरण तक मोटर सड़कों को छोड़ अन्य मार्गों का निर्माण और देखरेख जंगलात विभाग द्वारा होती थी। विलीनीकरण के बाद जंगलात ने यह कार्य करना छोड़ दिया। सार्वजनिक निर्माण विभाग ने भी मात्र दो तीर्थ यात्रा मार्गों-गंगोत्री तथा यमुनोत्री–का जिम्मा लिया था। अतः रियासत में सड़कों के निर्माण तथा देखरेख में 1962 तक लगातार कठिनाई रही। चीनी हमले के बाद हिमालय के विभिन्न हिस्सों की तरह उत्तराखण्ड में भी सड़क निर्माण का कार्य तेज़ी से प्रारम्भ किया गया।
14. सुझाव दिया गया था कि साठ साल से अधिक उम्र वालों, बीमार तथा अपंगों को जंगल में आग बुझाने के दायित्वों से मुक्त किया जाय। आग बुझाने में मृत्यु या घायल होने पर परिवार को पेंशन तथा तत्काल मुआवज़ा दिया जाय। जब कभी सामूहिक जुर्माना किया जाय तो उससे बीमार, अनाथ, विधवा तथा अपंग व्यक्तियों को मुक्त रखा जाय। जिन ग्रामीणों को 1911-17 के बन्दोबस्त के समय जंगलात द्वारा ली गयी नाप ज़मीन तथा बाद में सड़क निर्माण हेतु ली गयी नाप ज़मीन का मुआवज़ा नहीं मिला है, उन्हें यह शीघ्र मिले। जंगलों से घिरे स्थानों से ग्रामीणों को अन्यत्र बसाया जाय।

समिति के सामने प्रस्तुत तथ्यों और भावनाओं से पर्वतीय समाज की स्वाभाविक एकता का प्रदर्शन भी हुआ। स्टार पेपर मिल्स के विरुद्ध ग्रामीण क्षेत्रों से पहली अभिव्यक्ति तभी प्रकट हुई। यह जन प्रतिनिधियों से ज़्यादा आम जनता की भावनाएँ थीं। घामतप्पाओं की कठिनाइयों की ओर ध्यान आकर्षित किया गया तो वनराजि, भोटिया और जाड़ समुदायों की दिक्कतें प्रस्तुत की गयीं। अलमोड़ा की बैठक में टिहरी में भी शेष कुमाऊँ की तरह वन प्रबन्ध तथा हक़-हकूक दिये जाने की बात उठी थी।[72] शिकायत आयी थी कि कार्बेट नेशनल पार्क, कण्वाश्रम सेंचुरी तथा गोबिन्द पशु विहार की दशा ठीक नहीं है। जनता सिर्फ़ मांसभक्षी (कार्निवोरस) जानवरों से डरती या घृणा करती है अतः अन्य जानवरों तथा मछली पालन बाबत उसे बताया जाना चाहिए। लक्ष्मणझूला से चिल्ला, लालढांग और कोटद्वार से रामगंगा तक जंगलों के बीच खेती योग्य 20 हज़ार एकड़ क्षेत्र में भूमिहीनों को बसाया जा सकता था।[73]

कुजजास ने वास्तव में जंगलों के समग्र परिदृश्य तथा समस्त प्रश्नों को अपनी प्रशासनिक-राजनीतिक सीमाओं के भीतर गहराई से देखने की कोशिश की थी। हालाँकि जलागम प्रबन्ध, भूस्खलन, बाढ़ तथा हरित सम्पदा का पानी के संचय में योगदान जैसे आयाम नहीं छुए जा सके थे। जंगलात प्रबन्धन तथा वन पंचायतों में महिलाओं की हिस्सेदारी की माँग नहीं किया जाना किंचित् आश्चर्यजनक लगता है। जंगलों से सम्पदा की निकासी में दिक्कतें तथा उसमें भ्रष्टाचार के तथ्य भी सामने आये थे। इस समय स्टार पेपर मिल्स को वक्र चीड़ दिया जाना प्रारम्भ ही हुआ था और ठेकेदारी प्रथा अपने चरम पर थी। सबसे महत्त्वपूर्ण पक्ष था जंगल माफिया का उदय। यद्यपि तब यह अत्यन्त प्रारम्भिक अवस्था में था। यह समिति उत्तराखण्ड के अभिन्न हिस्से देहरादून के जंगलों के मामलों को नहीं देख पायी जबकि इस ज़िले के जंगल पश्चिमी वृत या टिहरी वृत के अन्तर्गत ही आते थे। अवश्य ही देहरादून तब प्रशासनिक रूप से कुमाऊँ नहीं मेरठ मण्डल का ज़िला था।

समिति की माँगें यदि गम्भीरतापूर्वक मानी जातीं तो अगले दशकों में प्रकट व्यापक जन असन्तोष तथा जंगलात आन्दोलनों के उदय को रोका जा सकता था और प्राकृतिक संसाधनों की हिफ़ाज़त के ज़्यादा कारगर तरीके जन सहयोग से निकाले जा सकते थे। जिस सरकार ने यह रपट तैयार करवाई थी, उसके द्वारा इस पर कार्यवाही न करना 1947 के बाद की भारतीय राजव्यवस्था की मुख्य विशेषताओं में से एक रही है। 1960 में सरकार चीनी आक्रमण का बहाना भी नहीं कर सकती थी। कौशिक समिति से पहले कदाचित यही रपट थी, जिसमें जनता की इतनी व्यापक हिस्सेदारी हुई थी।

कुछ तथ्यात्मक त्रुटियाँ इस रपट में भी दिखायी देती हैं, जो सामान्यतया हर सरकारी रपट में होती ही हैं। इन त्रुटियों से एक बात और उजागर होती है कि लोग चाहे सिर्फ़ अपने आसपास के क्षेत्र को जानते थे, लेकिन जानते बहुत गहराई से थे, जबकि अनेक विभागीय अधिकारी अनेक बार सामान्य जानकारियों में भी अव्वल नहीं पाये गये।[74]

सन्दर्भ

1. प्रारम्भिक विश्लेषण हेतु देखें : शेखर पाठक, प्रस्तावित वन कानून : एक समीक्षा, अमर उजाला, 28 तथा 29 दिसम्बर, 1994 तथा शेखर पाठक, नये वन कानून में नया क्या है?, नवभारत टाइम्स : 20 जनवरी, 1995। इस वन बिल पर उस समय बहुत चर्चा हुई थी। देखें : S.R. Hiramath, Sadanand Kanwalli, Sharad Kulkarni (Eds.), 1994, All About Draft Forest Bill and Forest Lands, Samaj Parivartan Samudaya, Dharwad
2. इस वन बिल पर बहुत-सी टिप्पणियाँ लिखी गयीं।

3. देखें : राष्ट्रीय वननीति 1952, पैरा 15-17, 19
4. State of India's Environment : The First Citizen's Report, 1982 : 33
5. State of India's Environment : The Second Citizen's Report, 1984-85 : 80
6. इसका एक उदाहरण 1 अगस्त, 1948 को मनाये जाने वाले जंगलात दिवस पर अलमोड़ा ज़िला बोर्ड द्वारा अख़बारों में निकाली गयी तथा स्वतन्त्र रूप से वितरित इस अपील से समझा जा सकता है :
"क्या आप कूर्मांचल प्रदेश से वास्तविक प्रेम करते हैं? क्या आपको ज्ञात नहीं यहाँ के पानी के स्रोत सूखते जा रहे हैं, लकड़ी और घास की उत्तरोत्तर कमी होती जा रही है? गाय-भैंस पालना कठिन हो चुका है और फलस्वरूप दूध लुप्त हो गया है। आपको जीवित रखने के लिए अन्न आवश्यक है। अन्न के लिए भूमि, पानी और खाद चाहिए। आपको भूमि तभी प्राप्त होगी, जब आपकी ज़मीनों का बाढ़ से बहना बन्द होगा। खाद तभी मिलेगी जब जानवरों के लिए सुन्दर घास के लिए जंगल होंगे। जीवन की यह सुन्दर चीज़ें सुन्दर जंगलों से ही प्राप्त हो सकती हैं। जंगल आपके सुरम्य कूर्मांचल को रेगिस्तान बनाने से रोकेंगे और कश्मीर के समान मनोहर बनाने में समर्थ होंगे।..."
आगे जंगलात दिवस के नारे दिये गये थे :

"पार्टी का नेता	जनता
हम अपनी ज़मीन को	बहने से रोकेंगे
हम अपने प्रान्त को	सूखने से बचायेंगे
हम अपने जानवरों को	मरने से बचायेंगे
इसके लिए क्या चाहिए	जंगल, जंगल, जंगल"

(कुमाऊँ राजपूत : 16 जुलाई, 1948 : 6); एक और लेख देखें— भक्तदर्शन, वृक्षों की रक्षा कीजिए, कर्मभूमि : 1 नवम्बर 1948
7. कुजजास 1960 : 148
8. कुजजास : 148
9. युगवाणी : 2 सितम्बर, 1948
10. युगवाणी : 31 मार्च, 1949, भेंटवार्ता : मोहन सिंह मेहता, भैरवदत्त धूलिया
11. श्यामचंद नेगी : टिहरी मन्त्रिमण्डल की जाँच हो : युगवाणी 30 जून, 1949
12. यह विज्ञापन 12 मई, 1949 के युगवाणी के अंक में प्रकाशित था और निम्न प्रकार था :
"अपने जंगलों की रक्षा करो। वनस्पति शास्त्र का सिद्धान्त है :- घने जंगलों से अवर्षण का नाश होता है, मानव सम्पत्ति में वृद्धि होती है, मनुष्य धन-धान्य सम्पन्न होता है।
जंगलों की बर्बादी से—बाढ़ों के तूफ़ान आते हैं, कृषि और समृद्धि का नाश होता है, जंगली जीव-जन्तुओं की हानि होती है आपकी असावधानी तबाही की आग लगा देती है। पेड़-पौधे, घने जंगल और कीमती पेड़ जलकर स्वाहा हो जाते हैं। एक की असावधानी से सर्वत्र उजाड़, खण्डहर और सर्वनाश देखना पड़ता है। जंगलों में लापरवाही से आग फेंकना महापाप है। इसलिए अपनी महान सम्पत्ति इन जंगलों को बचाइये, आग के गिरने पर उसी समय पानी या मिट्टी से बुझा डालिये टिहरी सरकार द्वारा प्रचारित।"
13. युगवाणी : 7 जुलाई, 1949
14. मुकुन्दीलाल का लेख : युगवाणी : 11 फ़रवरी, 1957
15. देखें : कुजजास 35-36
16. नरदेव शास्त्री : युगवाणी : 7 नवम्बर, 1956
17. मुकुन्दीलाल का लेख : युगवाणी : 11 फ़रवरी 1957
18. इस क्षेत्र में 1889, 1924 तथा 1947 में भी भीषण बाढ़ें आयी थीं
19. युगवाणी : 27 अगस्त, 1956
20. युगवाणी : 8 अक्टूबर, 1956
21. युगवाणी : 22 जून, 1958
22. कुजजास 1960 : 9
23. पी.सी. सिन्हा का पत्र : पर्वतीय साप्ताहिक : 31 अक्टूबर, 1957
24. सत्यपथ : 15 अगस्त, 1956 : 4-6
25. सत्यपथ : 15 अगस्त, 1956 :
26. सत्यपथ : 1 सितम्बर, 1956

27. सत्यपथ : 1 नवम्बर, 1957
28. सत्यपथ : 1 फ़रवरी, 1958
29. सत्यपथ : 15 जनवरी, 1958
30. सत्यपथ : 8 जून, 1957
31. सत्यपथ : 8 मार्च, 1957
32. पर्वतीय साप्ताहिक : 2 फ़रवरी, 1959
33. पर्वतीय साप्ताहिक : 5 फ़रवरी, 1959
34. कुजजास : 155
35. सत्यपथ : 15 जून, 1958
36. पर्वतीय साप्ताहिक : 1 मई, 1958
37. सत्यपथ : 15 जून, 1958
38. कुजजास : 27; भेंटवार्ता : मोहन सिंह मेहता
39. कुजजास : 32
40. कुजजास : 34
41. कुजजास : 36 तथा 39; भेंटवार्ता : मोहन सिंह मेहता तथा कप्तान नौटियाल
42. कुजजास : 41
43. देखें—डी.एफ.ओ. पश्चिमी अलमोड़ा का पत्रांक 504-11-2 (9) दिनांक 13 अगस्त, 1957; पर्वतीय : 22 अक्टूबर, 1959
44. पर्वतीय : 1 अक्टूबर, 1959
45. कुजजास : 49 तथा 51
46. कुजजास : 56
47. कुजजास : 56-57
48. यह बताया गया कि तत्कालीन चीफ कंजरवेटर देवीलाल साह ने विभाजन के बाद आये शरणार्थियों के सन्दर्भ में गोविन्द बल्लभ पन्त से तराई के जंगलों में बसासत न करने का सुझाव दिया था। फिर पेड़ न काटने का अनुरोध किया। जब उनकी कोई बात नहीं मानी गयी तो उन्होंने कहा था कि आखिरी पेड़ में मुझे लटका देना (भेंटवार्ता : चन्द्रलाल साह, श्यामलाल वर्मा)
49. बी.डी. सनवाल : रिपोर्ट ऑफ़ द तराई लैण्ड्स कमेटी 1969 : 5
50. सनवाल : 1969 : 29
51. मंगल देव विशारद, 1974, उत्तर प्रदेश भूमि व्यवस्था जाँच समिति का प्रतिवेदन : 45-46
52. सनवाल : 32-33 तथा नैनीताल समाचार 1978

    आज़ादी के बाद जब पन्त विश्वविद्यालय की स्थापना हुई तो रुद्रपुर के पास लगभग 16,000 एकड़ ज़मीन की घेराबन्दी की गयी थी। इसमें से शुरू में लगभग 4,000 एकड़ विश्वविद्यालय के विभिन्न भवन आदि निर्मित किये गये। शेष ज़मीन का उपयोग विभिन्न बीजों के उत्पादन के लिए किया जाता था। उत्तराखण्ड राज्य की स्थापना से पहले सिर्फ़ हवाई अड्डे के लिए और उधमसिंह नगर ज़िले के मुख्यालय के लिए ज़मीन ली गयी थी। राज्य बनने के बाद यह बेहतरीन खेती की ज़मीन उद्योगों के लिए ली गयी। सिडकुल द्वारा लगभग 4,000 एकड़ ज़मीन उद्योगपतियों को दी गयी। अब इस कृषि विश्वविद्यालय की खेती की ज़मीन 5,000 एकड़ के आसपास बची है।
53. सनवाल : 34
54. सनवाल : 36 इस समय तराई-भाबर का ज़मीनी तथा सामाजिक परिदृश्य निम्न प्रकार था :

खाम गाँव	711
बुक्साड़ी गाँव	55-13 = 42
हिस्सेदारी गाँव	85
ठेकेदारी गाँव	35 (पहली बार 30 साल के लिए, अधिकतम 90 साल के लिए ठेके पर दिये जा सकते थे)
मुस्ताजिरी गाँव	53
कोलोनाइजेशन गाँव	175
मुआफी गाँव	21 (2 पूरे तथा 19 आंशिक)

55. कुजजास : 58
56. "कौ सुवा काथ कौ

क्ये कुं सारंगी, निर्बुद्धि राजै काथै काथ।
हर सालै जंगलाता सेल, कटनी जंगल खेलै खेल।
सौ-सौ बरसाक सेमल साल, मलार बणि जानी वृक्ष विशाल।
वन महोत्सव नगरन में, बोट रोपिनी सड़कन में।
नैनीताल में लागनी आम, जंगल को हूँ कतले आम।
कैं राज्यपाल कैं मन्त्री छन, जो करनी वृक्षारोपण।
जंगल है गो दिल्ली शहर, बण बणि गो गोबिन्द नगर...।
हूँ दस बर्षक ढाँट स्वराज, आजिले बिलैती हूँ सब काज।''

श्यामाचरण दत्त पन्त की दूसरी कविता भी महत्त्व की है :
''बाजौं बण क्ये है ग्वे बांझ?
उ बजाणि आब कथा बजीणी?
क्वेला लिजी ले इज़्ज़त दीणि
चार सौ ऊपर बीसाबीस
मण भरि क्वैलूं की यो फीस
आग तापणौं की पड़ी कुबाण
जंगल वालन हूँ क्वैल हराण
क्या प्रबन्ध छ यो शाबास
पाणि भितर जो मांछन कै प्यास
अरहर त नी हुछीया
यो लिखमाल बुसीणा कां?''
—हमारी कविता के आँखर : 83

57. इस समिति ने आठ खण्डों तथा 65 पृष्ठों वाली विस्तृत प्रश्नावली की 6 हज़ार प्रतियाँ छपाने का निर्णय लिया। इसमें से कितनी प्रतियाँ वितरित हुईं यह तो पता नहीं चलता है पर वितरित प्रश्नावलियों में से 666 के उत्तर तथा 4 हज़ार प्रतिवेदन प्राप्त हुए थे। जंगलात के 26 अधिकारियों, 101 प्रशासनिक अधिकारियों (86 पटवारी, 5 तहसीलदार, 5 कानूनगो, 2 ज़िला मजिस्ट्रेट, 1 नियोजन अधिकारी, 1 पंचायत इंस्पेक्टर तथा 1 बी.डी.ओ.), 309 ग्रामसभापतियों, 164 सरपंचों, 5 विधायकों, 6 ज़िला परिषद् सदस्यों, 1 नगरपालिका अध्यक्ष, 1 नोटिफाइड एरिया अध्यक्ष तथा 53 अन्य ने प्रश्नोत्तर भर के दिये थे। 8 महीनों में इस समिति ने 6 बैठकें लखनऊ, 1 बरेली, 15 ज़िला नैनीताल, 34 ज़िला अलमोड़ा, 20 ज़िला गढ़वाल, 10 ज़िला टिहरी गढ़वाल तथा 10 फुटकर सहित कुल 79 बैठकें कीं। जंगलात सम्बन्धी प्रमाणों (evidences) को अनेक स्थानों से इकट्ठा किया। समिति को प्रदेश के मुख्यमन्त्री सम्पूर्णानन्द तथा देश के गृहमन्त्री गोविन्द बल्लभ पन्त तथा सांसद भक्तदर्शन से भी परामर्श मिला था। समिति ने उत्तराखण्ड में जो 79 बैठकें की उनमें से अधिकांश में ग्रामीण किसान बड़ी संख्या में उपस्थित हुए थे और उन्होंने अपनी दिक्कतों तथा अपेक्षाओं को बड़ी शिद्दत के साथ प्रस्तुत किया था। 172 पन्नों, 3 खण्डों, 14 अध्यायों तथा 29 परिशिष्टों में विभाजित यह रपट कदाचित् उत्तराखण्ड के जंगलात सम्बन्धी मामलों का सबसे विस्तृत दस्तावेज़ है। यह रपट 1960 में सरकार द्वारा प्रकाशित की गयी थी। देखें : 4, 82-84

58. कुजजास : अपेन्डिक्स 12, पेज 127 देखें। कुमाऊँ राजस्व डिवीज़न के अन्तर्गत जंगलों का वर्गीकरण निम्न प्रकार किया गया था :

अ. पुराने आरक्षित जंगल	390 वर्गमील
ब. नये आरक्षित	6788 वर्गमील
1. श्रेणी एक	1743 वर्गमील
2. श्रेणी दो	5045 वर्गमील
स. जंगलात विभाग के अन्तर्गत संरक्षित	764 वर्गमील
द. पंचायती, य. सिविल तथा र. निजी	915 वर्गमील
कुल	**15645 वर्गमील**

59. कुजजास : 27

60. 30 जून, 1959 को वन पंचायतों की संख्या तथा प्राप्त राजस्व निम्न प्रकार थे :

ज़िला	पंचायत संख्या	राजस्व रुपयों में	क्षेत्र(एकड़ में)
अलमोड़ा	1163	229868	155617
गढ़वाल	809	75530	148536
नैनीताल	124	73730	45004
कुल	**2096**	**389128**	**349157**

पंचायतों द्वारा जुर्माने से प्राप्त राशियाँ (रुपयों में) निम्न प्रकार थीं :

ज़िला	1956-57	1957-58	1958-59
अलमोड़ा	5152	4210	7361
गढ़वाल	4417	3977	4346
नैनीताल	2193	2593	2163
कुल	**12262**	**10780**	**13870**

61. कुजजास 35-36

62. ऐसी व्यवस्था एक बार जी.ओ. न. 605-एफ/XIV-240-1938 दिनांक 25 सितम्बर, 1941 द्वारा हुई थी पर तब शायद विश्वयुद्ध के कारण आदेश का पालन नहीं हुआ था।

63. कुजजास : 37-38, (उस समय हक़-हक़ूकों के अन्तर्गत कुमाऊँ वन वृत में 11,94,068 क्यूबिक फ़ीट इमारती तथा खेती के उपकरणों हेतु लकड़ी की व्यवस्था की जा रही थी। अन्य ज़रूरतों की लकड़ी इसके अतिरिक्त थी। इसके अन्तर्गत टिहरी वृत में 2,50,000 तथा तराई भाबर में 70,000 क्यूबिक फ़ीट इमारती लकड़ी उपलब्ध करायी गयी थी। कुमाऊँ वृत के हक़-हक़ूकों वाले गाँवों ने 5 लाख क्यूबिक फ़ीट लकड़ी का इस्तेमाल किया, जो हक़-हक़ूकों की कुल लकड़ी के आधे से भी कम था। पश्चिमी वृत (तराई-भाबर) के गाँवों ने इसे पूरा लिया था। तब गढ़वाल वन प्रभाग में 2,346 गाँवों को हक़-हक़ूक की लकड़ी मिलती थी, 59 गाँवों को नहीं और 141 गाँवों को हक़-हक़ूक इतनी दूर मिले थे कि ग्रामीण उसका लाभ नहीं ले सकते थे। इसी तरह अलमोड़ा वन प्रभाग में यह संख्या क्रमशः 3,987, 220 तथा 49 थी। पश्चिमी वृत में यह संख्या क्रमशः 1,585, 63 तथा 491 थी)।

64. कुजजास : 43-51, ग्रामीणों ने जगह-जगह पर बाँज के पेड़ों के कटान तथा इससे कोयला बनाने का विरोध किया था। समिति को पता चला था कि अकेले नैनीताल के हलवाई, होटलों तथा हॉस्टलों आदि को 15 हज़ार मन कोयला हर साल चाहिए। अतः समिति ने इस पर नियन्त्रण करने को कहा। बिजली के हीटरों तथा मिट्टीतेल के स्टोव तथा धूम्ररहित चूल्हों की अच्छी किस्में उपलब्ध कराने, डिपो में लकड़ी उपलब्ध रखने तथा कोयला बनाने की ज्यादे विकसित पद्धति लागू करने आदि के सुझाव दिये थे। नगरों में नगरपालिकाओं तथा अन्यत्र स्थानीय सहकारी संस्थाओं को लकड़ी तथा कोयला वितरण-विक्रय का काम सौंपने का तथा टिहरी हेतु इमारती लकड़ी उपलब्ध कराने को एक कार्यवृत की तथा टिहरी में आरामशीन स्थापित करने तथा इस हेतु परामर्श समिति बनाने का सुझाव दिया गया था। यह माँग की गयी थी कि मुर्दाघाटों पर जंगलात विभाग न सिर्फ़ विक्रय हेतु लकड़ी उपलब्ध कराये वरन् टिनसैट भी बनाये।

65. सुझावों से सदस्यों का एक आग्रह पकड़ में आता है। जहाँ समिति ने चराई और घास के हक़-हक़ूकों में पूरे कुमाऊँ में एकरूपता होने, टिहरी से 'राहदारी' हटाने तथा खरक और छानी की मौसमी व्यवस्था करने की बात की थी वहीं गोठिया, घामतप्पा या कबाड़ी ही नहीं भोटिया और जाड़ समुदाय के पक्ष में भी सुझाव दिये थे। लेकिन गद्दियों का ज़िक्र कदाचित् जान बूझकर छोड़ा था और गूजरों के बारे में अत्यन्त पूर्वाग्रह से राय व्यक्त की गयी थी। यह सच है कि गूजरों का सैकड़ों भैंसों के साथ तराई-भाबर से उच्च हिमालय के बुग्यालों तक आना जाना चाहे कठिन न था पर इससे गाँव, खेत, जंगलों और बुग्यालों के लिए दिक्कतें पैदा होती थीं। उन्हें बसाने का सुझाव ठीक था पर यह कहना ज़्यादा ही लगता था कि आधुनिक समय में इस तरह की घुम्मकड़ जातियों का अस्तित्व ही अवांछनीय है। गूजरों के पशु समूहों से खेती को होने वाली हानि के कारण टिहरी में यह सुझाव भी दिया गया कि उनकी चराई शुल्क की राशि बढ़नी चाहिए (कुजजास : 54-55, 169)।

66. कुजजास 56-57

67. कुजजास 59-60, इन सुझावों में तराई-भाबर में खेती योग्य ज़मीन की उपलब्धता और वर्तमान स्वामित्व को गहराई से जानने का जतन नहीं हुआ था। भोटिया-जाड़ तथा वनरावतों के प्रति संवेदना प्रकट हुई थी, पर थाड़ू तथा बोक्साओं की ज़मीन और जंगलों को हड़प लिए जाने की पड़ताल नहीं हो सकी थी। 1959 तक उनकी बहुत-सी ज़मीनों पर वैध-अवैध कब्ज़े शुरू हो गये थे और दूसरी ओर तराई-दून क्षेत्र में ज़मीन हेतु किसान आन्दोलन चल रहे थे। विशेष रूप से ढिमरी ब्लॉक के किसान आन्दोलन का नग्न दमन हो चुका था। जिन भूमिहीनों ने परिस्थितिवश अनेक स्थानों पर ज़मीन पर कब्ज़ा किया हुआ था और जिनके विरुद्ध जंगलात विभाग का अभियोग पत्र भी तैयार था, समिति ने उनके कब्ज़े का समर्थन करते हुए उनके प्रति संवेदना प्रकट की थी।

68. टिहरी ज़िले में इमारती लकड़ी की जो सुविधाएँ रियासती ज़माने में, यानी 1949 से पहले, दी जाती थीं उन्हें 1955 में उठा लिया गया था। इससे धर्मशालाओं तथा प्राईमरी स्कूलों की इमारतों आदि के निर्माण में दिक्कतें आयीं। अनेक स्थानों पर पुलों और ऊपरी भागीरथी तथा जमुना-टौंस घाटियों में मकान बनाने या मरम्मत हेतु भी कठिनाई हुई थी। लेकिन ग्रामीणों ने अपनी तरह से इस हक़ का उपयोग किया। हालाँकि अनेक बार उसमें उन्हें जंगलात के कर्मचारियों के भाजन का शिकार भी होना पड़ता था।

69. कुजजास : 63

70. 1903 में कुमाऊँ से 5,598 मन लीसे का उत्पादन हुआ था और 1958-59 में कुल 3,49,500 मन (2,09,000 मन सिर्फ़ कुमाऊँ वृत से; 40,000 मन सिविल तथा पंचायती जंगलों से; 97,500 मन टिहरी वन वृत से और 3,000 मन लैंसडौन प्रभाग से) लीसे का समग्र कुमाऊँ से उत्पादन हो रहा था। इससे स्थानीय तथा अन्य लोगों को रोज़गार मिलता था। रानीखेत की सिलोर पट्टी में तो लीसा टिपान के बहुत से विशेषज्ञ हो गये थे (कुजजास : 63)। कुमाऊँ का समस्त लीसा आई.टी.आर. बरेली को जाता था, जो 1942 में 20 साल के लिए पुनः हुए अनुबन्ध के अन्तर्गत था। अनेक स्थानों पर सहकारी लीसा प्लाण्ट लगाने की माँग हुई और बताया गया कि रानीखेत, मुनिकीरेती, कोटद्वार आदि में अविकसित पद्धति से कुछ प्लान्ट कार्यरत हैं। मुनिकीरेती की फैक्ट्री टिहरी की ज़िला कोआपरेटिव यूनियन की थी और ठीक से काम कर रही थी। कोटद्वार तथा रानीखेत की फैक्ट्रियाँ इण्टरमीडियरीज़ की सहकारी समितियाँ थीं। ये सफल तो थीं पर इनमें लीसा मजूरों को कोई लाभ नहीं होता था। इसलिए असली सहकारी नयी फैक्ट्रियों की स्थापना की तथा जंगलात के अन्य कामों में भी सहकारी समितियों को प्रोत्साहन और प्राथमिकता दिये जाने की माँग की गयी थी।

71. रानीखेत ड्रग फैक्ट्री अपने विभिन्न उत्पादों के साथ जमा किये हुए कच्चे माल को भी बेचा करती थी। समिति को फैक्ट्री ने वांछित जानकारी नहीं दी। उत्तर प्रदेश सहकारी महासंघ भी सामान्य बिचौलिए की तरह कच्चामाल बेचने में दिलचस्पी दिखा रहा था। सहकारी महासंघ ने दरअसल कुमाऊँ के निवासियों को निराश ही किया था।

72. कुजजास : 164-65

73. इस समिति की एक विशेषता यह भी थी कि कुमाऊँ के बेगार और जंगलात आन्दोलन के दो महत्त्वपूर्ण व्यक्तित्वों में एक मोहन सिंह मेहता (विधायक) इसके सदस्य थे और दूसरे गोबिन्द बल्लभ पन्त (केन्द्रीय गृहमन्त्री) परामर्श देने वालों में। इसके अलावा बलदेव सिंह आर्य, भक्तदर्शन और खुशाल सिंह भी स्वतन्त्रता सेनानियों में से थे। प्रताप सिंह युवा समाजवादी विधायक थे तो नरेन्द्र सिंह भण्डारी युवा कांग्रेसी विधायक।

74. इस रपट में अनेक सर्वमान्य तथ्यों को गलत दिया गया था। जैसे विष्णु गंगा को अलकनन्दा कहा गया था। नन्दाकिनी को त्रिशूल के बदले नंदादेवी से आया बताया गया था। इसी तरह पिण्डर नदी को नन्दाकोट के दक्षिण पश्चिमी ढाल के बदले नन्दादेवी तथा पूर्वी त्रिशूल से पश्चिमोत्तर बहता बताया गया था। पिण्डर तथा नन्दाकिनी का संगम त्रिशूल के पश्चिम में बताया गया था जबकि यह नदियाँ अलकनन्दा से क्रमशः कर्णप्रयाग और नन्दप्रयाग में मिलती हैं। यमुना और टौंस का संगम कालसी-डाक पत्थर के बदले मसूरी की पहाड़ियों के पीछे बताया गया था। रामगंगा को दूधातोली के स्थान पर बधानगड़ी से, काली को लिपूलेख पास के स्थान पर मीलम ग्लेशियर से जन्मा बताया गया था। देवदार के बारे में कहा गया था कि यह यहाँ का प्राकृतिक पेड़ नहीं है (कुजजास : 8, 9, 13)।

5

चिपको के प्रस्फुटन से पहले

1960 से 1970 का दशक स्थानीय इतिहास में महत्त्वपूर्ण रहा। 1958-59 से भारत-तिब्बत सीमा में अनेक बार तनाव प्रकट हुआ था, जिससे स्पष्ट भावी संकेत मिल रहे थे। हालाँकि तिब्बत पर चीनी कब्ज़े की शुरुआत अक्टूबर 1950 में चालीस हज़ार सैनिकों को तिब्बत भेजते समय ही हो गयी थी।[1] 1958 में समस्त उत्तराखण्ड को हिमाचल में मिलाकर विशाल हिमाचल बनाने का प्रस्ताव सामने आया,[2] तो इसी साल पूर्वोत्तर उत्तराखण्ड में भूकम्प ने कहर ढाया था। इससे पहले 1956 में भी अत्यधिक वर्षा से जानमाल की अपार हानि हुई थी।

1947 से 1959 तक ऋषिकेश (पशुलोक) और भिलंगना घाटी के गेंवली गाँव में रहकर और सरकारी सहयोग से ग्रामीण विकास के प्रयोग कर मीरा बहन (मैडेलीन स्लेड) वियना चली गयी थीं[3] और सरला बहन (कैथेरीन मैरी हैलेमन) ने सरकारी नहीं बल्कि स्थानीय समाज के सहयोग से 1946 में कौसानी में लक्ष्मी आश्रम की स्थापना की थी। इस क्षेत्र में कार्य करते हुए उन्हें 1942 में दो बार गिरफ़्तार किया गया था। यह संस्था बालिकाओं तथा महिलाओं की शिक्षा और ग्रामीण विकास के कार्यों में सक्रिय और सक्षम बनती गयी। 1950-1955 के बीच कुछेक सक्रिय कार्यकर्ताओं को इस संस्था ने तैयार कर दिया था।[4] 1954 में टिहरी में ठक्कर बाबा छात्रावास भवन का निर्माण शुरू हुआ और छात्रावास 1 जून 1957 से काम करने लगा। इस क्षेत्र में यह दलित विद्यार्थियों के लिए एक नयी शुरुआत थी। हरिजन सेवक संघ भी यहाँ सक्रिय था। इस तरह अस्पृश्यता निवारण, सहभोज, मन्दिर प्रवेश, भूदान यात्रा, दलित तथा स्त्री शिक्षा का कार्य साथ-साथ प्रारम्भ हुआ। अक्टूबर तथा नवम्बर 1954 में सरला बहन ने टिहरी ज़िले के अनेक स्थानों की यात्राएँ की थीं।[5]

अगले सालों में टिहरी हरिजन सेवक संघ ने क्रमशः गूँठ (मन्दिरों को समर्पित) या गयाली मुयाली (निसन्तान या वंशविहीनों) की ज़मीनें तथा सम्पत्ति आदि को दलितों को देने की माँग की। 29 नवम्बर 1956 को टिहरी नगर के बद्रीनाथ तथा केदारनाथ मन्दिरों, मार्च 1957 में उत्तरकाशी

के विश्वनाथ तथा परशुराम मन्दिरों, 29 मई, 1957 को यमुनोत्री और 7 जून, 1957 को गंगोत्री मन्दिरों में दलितों का प्रवेश कराने में सफलता मिली। जिस बूढ़ाकेदार मन्दिर में 20 अगस्त, 1956 को दलितों को प्रवेश कराते समय टोली के सदस्यों की चप्पल-जूतों से पिटाई हुई थी, उसी मन्दिर में 11 जून, 1957 को पुजारी स्वयं दलितों को ले गया था। इसी तरह 7 जून, 1957 को भैरोंघाटी के भैरों मन्दिर में दलितों का प्रवेश हो गया।[6] यह ऐसा कठिन विषय था जो टिहरी प्रजामण्डल के एजेण्डे में नहीं आ सका था।

इसी दशक के मध्य में सोहनलाल भूभिक्षुक, मानसिंह रावत, शशिप्रभा रावत, कमला नौटियाल, शेरसिंह कार्की जैसे व्यक्तित्व सर्वोदय और भूदान से जुड़े। विमला नौटियाल से विवाह के पश्चात् सुन्दरलाल बहुगुणा ने टिहरी की ज़िला कांग्रेस कमेटी को छोड़ दिया और दोनों ने मिलकर टिहरी की भिलंगना घाटी के सिल्यारा स्थान पर 'पर्वतीय नवजीवन आश्रम' में रहना शुरू किया, जिसकी स्थापना सुन्दरलाल, कामेश्वरप्रसाद बहुगुणा, धर्मानन्द नौटियाल, वीरेन्द्रदत्त सकलानी, शंकरदत्त डोभाल तथा सत्यशरण असवाल ने मिलकर की थी।[7] 1956 से ही गोपेश्वर के चण्डी प्रसाद भट्ट नौकरी में रहते हुए मानसिंह रावत तथा जयप्रकाश नारायण के प्रभाव से सामाजिक कर्म की ओर खिंच रहे थे। 15 जनवरी, 1957 से चमोली के कार्यकर्ताओं ने उत्तरी गढ़वाल में भूदान यात्रा निकाली, जिसमें मानसिंह रावत को बुलाया गया था और 30 जनवरी, 1957 को गोपेश्वर में उस दौर की कदाचित् पहली सबसे बड़ी जनसभा हुई। चण्डी प्रसाद भट्ट सितम्बर 1959 में 15 दिन के लिए भूदान अभियान में जम्मू-कश्मीर हो आये थे।[8] कुमाऊँ में सरला बहन के अलावा शान्तिलाल त्रिवेदी, शेरसिंह कार्की, दीवान सिंह, देवकी कुंजवाल और केदार सिंह कुंजवाल आदि सामाजिक कर्म से जुड़े थे।[9]

1960 में उत्तर प्रदेश के अनेक हिस्सों तथा उत्तराखण्ड में प्रान्तीय सरकार द्वारा विकसित नशाबन्दी का कार्यक्रम रुका और 1962 में तो इसे युद्ध के बहाने पूरी तरह हटा दिया गया। उत्तराखण्ड में यह कार्यक्रम आंशिक रूप से भी लागू नहीं हुआ था। इससे शराबबन्दी आन्दोलन की पृष्ठभूमि बनी।[10] 1960 में एक ओर उत्तराखण्ड में आज़ादी के बाद का पहला भूमि बन्दोबस्त प्रारम्भ हुआ और दूसरी ओर 1959 की कुमाऊँ जंगलात जाँच समिति (कुजजास) के महत्त्वपूर्ण सुझावों का अनुपालन नहीं हो सका। तीसरी ओर 24 फ़रवरी, 1960 को पिथौरागढ़, चमोली, उत्तरकाशी ज़िलों और उत्तराखण्ड मण्डल का सृजन किया गया। यह सर्वथा महत्त्वपूर्ण प्रशासनिक परिवर्तन तिब्बत में चीनी हलचल से उत्प्रेरित था।

1961 से पूर्व पूरे उत्तराखण्ड में अलमोड़ा, नैनीताल तथा देहरादून के अलावा कहीं कोई महाविद्यालय न था। 1961 में श्रीनगर में महाविद्यालय खुला। यह पौड़ी, टिहरी, चमोली, उत्तरकाशी ज़िलों का पहला महाविद्यालय था।[11] 1962 में तीसरे आम चुनाव हुए। टिहरी से मानवेन्द्र शाह निर्विरोध कांग्रेसी सांसद निर्वाचित हुए, पौड़ी से भक्तदर्शन, अलमोड़े से जंग बहादुर सिंह बिष्ट तथा नैनीताल से कृष्ण चन्द्र पन्त चुने गये।[12]

अगस्त-सितम्बर 1961 में कीर्तिनगर क्षेत्र (ज़िला टिहरी) में और अगस्त-सितम्बर 1963 में पूरे उत्तराखण्ड में बाढ़ों तथा भूस्खलनों का सिलसिला प्रकट हुआ था।[13] लेकिन सबसे बड़ी घटना सितम्बर 1962 से चीनी सैनिकों द्वारा भारतीय चौकियों पर हमलों की शुरुआत थी, जो आगे तनाव तथा अन्ततः भारत-चीन सीमा युद्ध में बदल गयी। 1962 के युद्ध ने भारतीय राज व्यवस्था को उत्तरी सीमा सम्बन्धी गलतफ़हमियों से बाहर निकाला और सीमान्तों पर सजग दृष्टिपात के लिए विवश किया था। दुर्भाग्य से इस संकट से जन्मी दृष्टि में दूसरी सैन्य पंक्ति यानी स्थानीय बाशिन्दों

की महत्ता ज़्यादा नहीं समझी गयी थी। लेकिन सरकार द्वारा नियन्त्रित विकास इस दौर में सड़कों के निर्माण, सीमान्तों में फ़ौजी पड़ावों की स्थापना तथा भारत-तिब्बत सीमा पुलिस की स्थापना आदि के रूप में प्रकट हुआ। उत्तराखण्ड के सीमान्त में तीन ज़िले पहले ही बनाये जा चुके थे। अलमोड़े से पिथौरागढ़, पौड़ी से चमोली तथा टिहरी से उत्तरकाशी ज़िले निकले और जैसा कि कहा जा चुका है, कुछ सालों के लिए इनका अलग उत्तराखण्ड मण्डल भी बनाया गया।

स्थानीय समाज ने पहला प्रतिरोध नशे के तन्त्र के ख़िलाफ़ किया। यह 1959 से शुरू हो गया था। अगले दशक में चिपको आन्दोलन में प्रमुख भूमिका निभाने वाले कार्यकर्ताओं की तैयारी की दृष्टि से भी यह आन्दोलन महत्त्वपूर्ण था। सर्वोदयी कार्यकर्ता पहली बार रचनात्मक कर्म के साथ तब प्रत्यक्ष संघर्ष में उतरे थे। भूदान कार्यक्रम से जुड़ने के बाद ज़्यादातर कार्यकर्ताओं को यह लगने लगा था कि वे समाज के ज्वलन्त मुद्दों से मुँह नहीं मोड़ सकते हैं। 1960-61 में सोहन लाल भूभिक्षुक ने, जो भूदान तथा ग्रामदान के कार्य में सक्रिय थे ही, नशाबन्दी हेतु आवेदनों के साथ हल्दूखाता (कोटद्वार) में धरना दिया और उपवास किया। उन्होंने उस साल की अनेक बस दुर्घटनाओं को शराब के साथ जोड़ कर देखा।[14] तत्पश्चात् उन्होंने पोस्टकार्ड अभियान चलाया, जिसकी शुरुआत जून 1960 में श्रीधरानन्द बहुगुणा कर चुके थे, और सरकार की आबकारी नीति का विरोध किया। जब यह बहुत प्रभावकारी नहीं हुआ तो उन्होंने कोटद्वार तथा पौड़ी में शराब की भट्टियों के आगे धरना दिया। अन्ततः लखनऊ में विधान सभा के आगे भूख हड़ताल की। सरकार तीर्थ यात्रा मार्ग में चार भट्टियों को बन्द करने को तैयार थी लेकिन तब तक आन्दोलन को लोकप्रियता नहीं मिल सकी।[15]

1. हालात : 1962 के बाद

1962 तथा 1965 के युद्धों ने उत्तराखण्ड को सर्वाधिक क्षति पहुँचायी। बहुतेरे युद्धजन्य कष्ट तो पूरे देश ने भुगते थे पर कुमाऊँनी, गढ़वाली तथा गोरखा फ़ौजों के सीमाओं पर शहीद हुए सैनिकों का बड़ा हिस्सा उत्तराखण्ड से था। चिशूल (लद्दाख) क्षेत्र में कुमाऊँ राइफल्स के सिपाही शहीद हुए थे तो नेफा (अरुणाचल) में गढ़वाल राइफल्स के। शैतान सिंह और जसवन्त सिंह तथा उनके साथियों की वीरगाथा अविस्मरणीय है।[16] प्रकारान्तर में इस युद्ध ने उत्तराखण्ड के बहुत से कार्यकर्ताओं को समग्र हिमालय को समझने की चेतना दी और द्वितीय सुरक्षा पंक्ति विकसित करने की भी।[17]

इन दो युद्धों ने शराबबन्दी आन्दोलन को अवरुद्ध किया पर तिरोहित नहीं। 1965 में टिहरी की बालगंगा घाटी में घणसाली की नयी शराब भट्टी के विरोध के साथ आन्दोलन पुनः प्रकट हुआ। विमला तथा सुन्दरलाल बहुगुणा और सहयोगियों ने इस हेतु आवश्यक तैयारियाँ की थीं। इस समय सुन्दरलाल ने व्यक्तिगत प्रतिकार के लिए विनोबा से आज्ञा माँगी। विनोबा ने अनशन की स्वीकृति नहीं दी परन्तु सबका सहयोग लेकर पिकेटिंग की स्वीकृति दे दी।[18] इसी समय पिथौरागढ़ के थल तथा अलमोड़ा के गरुड़ तथा चौखुटिया क़स्बों में शराब भट्टी खुलने का विरोध हुआ।[19] 22 मार्च, 1967 को चमोली में प्रदर्शन हुआ। घनश्याम डिमरी की अध्यक्षता में सुन्दरलाल, राघवप्रसाद द्विवेदी, प्रतापसिंह पुष्पाण, योगेश्वर प्रसाद बहुखंडी (विधायक), रामप्रसाद बहुगुणा, घनश्याम भट्ट, आलमसिंह बिष्ट, शंकरसिंह साह, चण्डी प्रसाद भट्ट तथा शोभाराम सती इस समय आयोजित सभा में बोले। घनश्याम सैलानी ने पहली बार नशा विरोधी गीत सार्वजनिक रूप से गाये। इस सभा में गोपेश्वर की श्यामा देवी तथा इन्दिरा देवी आदि महिलाएँ भी आन्दोलन के समर्थन में आयीं।[20]

सर्वोदयी कार्यकर्ता सोहनलाल भूभिक्षुक, सुन्दरलाल, चण्डी प्रसाद आदि ने स्थानीय लोगों, विद्यार्थियों तथा अध्यापकों के सहयोग से 1964 के प्रारम्भ में उत्तराखण्ड के विभिन्न क्षेत्रों की यात्रा की थी। भूभिक्षुक ने 30 जनवरी 1964 से गाँधी जन्म शताब्दी 2 अक्टूबर 1969 तक निरन्तर यात्रा करने का संकल्प लिया था।[21] इसका आंशिक असर भी हुआ। दूसरी ओर टिंचरी का फैलाव उत्तराखण्ड में इस दौर में बढ़ता ही गया।[22] 1967 में अंग्रेज़ी विरोधी आन्दोलन चला हुआ था तो पौड़ी में इस हेतु निकला जुलूस अन्ततः टिंचरी की दुकान पर धावा बोलने में कामयाब हुआ। 19 लोगों को गिरफ़्तार किया गया।[23] इससे सिद्ध हुआ था कि कैसे कोई नया आन्दोलन पुराने पर सुप्त हो गये आन्दोलन के ऊपर की राख उड़ाकर अंगारों को उजागर कर देता है।

30 जनवरी, 1968 को सुन्दरलाल बहुगुणा ने एक पत्र उत्तराखण्ड के विधायकों और नेताओं के नाम लिखकर अपील की थी कि वे क्यों पहाड़ में नशाबन्दी करें। उन्होंने लिखा था कि अभी अफीम से मुक्त चीन से हमारा मुक़ाबला है।[24] आन्दोलन का नया दौर 1 मार्च 1969 से शुरू हुआ। यह गाँधी जन्म शताब्दी का साल था। कोटद्वार में मानसिंह रावत के नेतृत्व में आन्दोलन शुरू हुआ, जिसमें स्थानीय मुकुन्दीलाल, ललिता प्रसाद नैथानी आदि का सहयोग मिला। सरला बहन, निर्मला देशपाण्डे और सुन्दरलाल सहित अनेक सर्वोदयी कार्यकर्ता यहाँ आये।[25]

सरला बहन के नेतृत्व में एक शिष्ट-मण्डल प्रदेश की पहली महिला मुख्यमन्त्री सुचेता कृपलानी से मिला। शिष्ट-मण्डल के तर्कों से मुख्यमन्त्री प्रभावित हुईं और अनेक जगह शराब की दुकानें बन्द हो गयीं। आन्दोलन चलता रहा और 1969 में गाँधी जन्म शताब्दी के समय तीन सीमान्त ज़िलों—पिथौरागढ़, चमोली तथा उत्तरकाशी—में शराबबन्दी लागू हो गयी। पौड़ी, अलमोड़ा तथा टिहरी में आन्दोलन जारी रहा। इस आन्दोलन में महिलाओं का योगदान असाधारण था। आज़ादी के बाद महिलाएँ पहली बार इसी आन्दोलन के माध्यम से सड़कों में आयीं। पौड़ी में इस आन्दोलन में टिंचरी माई ने महत्त्वपूर्ण भूमिका निभायी।[26]

मार्च 1970 में टिहरी में सत्याग्रह शुरू हुआ। 13 मार्च, 1970 को 37 महिलाएँ, कुछ बच्चे तथा 12 पुरुष कार्यकर्ता गिरफ़्तार हुए। इनमें से कुल 36 (24 महिलाएँ और बच्चों) को देहरादून जेल भेजा गया।[27] शीघ्र ही पौड़ी तथा टिहरी में शराबबन्दी लागू हो गयी। इस तरह तत्कालीन उत्तराखण्ड के 8 में से 5 ज़िले इसके अन्तर्गत आ गये। लेकिन 14 अप्रैल, 1971 को शराब के व्यापारियों की याचिका पर इलाहाबाद उच्च न्यायालय ने शराबबन्दी को गैर कानूनी बताया। प्रदेश सरकार ने सर्वोच्च न्यायालय में जाने या कानून बदलने के बदले शराब की दुकानों के नये लाइसेंस जारी कर दिये।

शराब की दुकानों के पुनः खुलने का व्यापक विरोध हुआ। विशेष रूप से टिहरी में 20 नवम्बर 1971 को विराट प्रदर्शन हुआ। अनेक गिरफ़्तारियाँ हुईं और अप्रैल 1972 में फिर पाँच ज़िलों में शराबबन्दी लागू हो गयी।[28] इस आन्दोलन में सरला बहन, मानसिंह रावत, सुन्दरलाल, विमला बहुगुणा, चण्डी प्रसाद, घनश्याम सैलानी, शान्तिलाल त्रिवेदी, राधा बहन, देवकी कुंजवाल, शेरसिंह कार्की, केदार सिंह कुंजवाल, दीवान सिंह भाकुनी आदि सहयोगियों ने सक्रिय भूमिका निभायी। एक प्रकार से इस प्रक्रिया में चिपको की आगामी टीम तैयार हो रही थी। इसके सदस्यों को जंगलात का प्रश्न समझने का मौक़ा भी मिल रहा था।

नशाबन्दी आन्दोलन की सबसे बड़ी कमज़ोरी इसका सर्वोदय के खोल में रहना थी और सबसे बड़ी विशेषता थी इसकी सामाजिकता तथा जन हिस्सेदारी। इस आन्दोलन में शराबबन्दी या शराब व्यापार के राजनीतिक-आर्थिक पक्षों का गहन विश्लेषण नहीं किया जा सका और न ही नशे के

मनोविज्ञान का। आन्दोलन को किसी और लक्ष्य से नहीं जोड़ा गया। सर्वोदयी कार्यकर्ताओं का अब तक किया गया कार्य (भूदान तथा श्रमदान) मूलतः एक अभियान था और उस समय उतार पर भी था। संस्थाओं तथा कार्यकर्ताओं के विकसित होने के नये रास्ते और इस हेतु नये विषय ढूँढ़े जा रहे थे। धीरे-धीरे शराब तथा अन्य पेयों का अवैध व्यापार व्यापक रूप से विकसित होता चला गया। कच्ची शराब बनाना पहाड़ में अनेक स्थानों पर कुटीर उद्योग की तरह विकसित हो गया और कुछ ही समय पहले शराबबन्दी आन्दोलन के केन्द्र रहे विभिन्न क्षेत्र शराब बनाने तथा बेचने के केन्द्र बन गये। लेकिन यह सिर्फ़ आन्दोलन की कमज़ोरी न थी, यह व्यवस्था द्वारा संरक्षित तथा निहित स्वार्थों द्वारा विकसित षड्‌यन्त्र के तहत हो रहा था। ये निहित स्वार्थ इसी समाज के हिस्से थे।

यह स्पष्ट था कि सर्वोदयी कार्यकर्ता और उनके प्रति संवेदनशील समाज नये आन्दोलनों की तैयारी में था और विभिन्न विषय सामने ही खड़े थे। महिलाओं की किसी आन्दोलन में हिस्सेदारी के अर्थ अब कार्यकर्ताओं की समझ में आये थे। क्योंकि इस आन्दोलन में व्यक्तिगत अनशन से सक्रिय जन हिस्सेदारी तक के सभी प्रयोग हुए थे। अतः भविष्य के लिए व्यक्तिगत नायकत्व और आमजन की हिस्सेदारी से रची गयी सामूहिकता वाले आन्दोलन की दो भिन्न धाराओं के बीज भी तैयार हुए। अप्रत्यक्ष रूप से विधान सभाओं में गये हुए समाजवादी या साम्यवादी विधायकों और कुछ कांग्रेसियों ने आन्दोलन को समर्थन दिया। तब से कभी शराब सूखे और कभी शराब सिंचित उत्तराखण्ड में नशे का प्रश्न डूबता-उतरता रहा है। यह प्रश्न अप्रांसगिक कभी नहीं बना, क्योंकि इसका समग्र समाधान कभी नहीं निकल सका।[29]

साम्यवादी नेताओं तथा कार्यकर्ताओं के अलावा 1962 में सरला बहन को उत्तराखण्ड छोड़ना पड़ा था, जिसका कारण भारत सरकार की नज़र में उनका विदेशी नागरिक होना था (अलमोड़ा में सांस्कृतिक कार्य कर रहे मोहन उप्रेती, टिहरी में राजनीतिक कार्य कर रहे विद्या सागर नौटियाल तथा पिथौरागढ़ में चिकित्सा कार्य कर रहे लौरी बेकर को भी यह त्रासदी झेलनी पड़ी थी)।[30] यह सरकारी अविश्वास की पराकाष्ठा थी। इसकी एक व्याख्या यह भी की गयी कि सरला बहन आपसी भेदभाव के कारण उत्तराखण्ड छोड़ कर जा रही हैं। जब पत्रों में यह बात आयी तो, सरला बहन ने, मधुबनी से एक पत्र लिख कर इसका खण्डन किया और कहा कि उत्तराखण्ड से 25 सालों में जो सम्बन्ध बना है, वह कभी टूटेगा नहीं।[31]

जंगलात सम्बन्धी फुटकर विरोध 1960 के बाद शुरू हो गये थे। दरअसल कुजजास से आम जनता को बहुत उम्मीदें थीं। पर सरकार इसे लगभग भुला चुकी थी। 1964 में संसद सदस्य कृष्ण चन्द्र पन्त ने प्रदेश की मुख्यमन्त्री सुचेता कृपलानी को सुझाव दिया था कि चौथी पंचवर्षीय योजना में पिछले सालों की तरह जंगल के ठेके ऐसी पार्टी को न दिये जायें जो इस सम्पत्ति का दुरुपयोग करते हैं और लाखों की सम्पदा मिट्टी के भाव जाने से रोकी जाय।[32]

1965 के प्रारम्भ में एक अत्यन्त गम्भीर तथ्य उजागर हुआ था। टिहरी के ज़िलाधिकारी गंगाराम द्वारा किये गये सर्वेक्षण के अनुसार उत्तराखण्ड के उत्तरकाशी, टिहरी तथा देहरादून ज़िलों की 4,000 लड़कियाँ देश के विभिन्न वेश्यालयों में थीं। अकेले जौनसार भाबर से 400 लड़कियाँ इस पेशे में बतायी गयी। सर्वेक्षण के अनुसार उत्तरकाशी के 65, टिहरी के 26 तथा जौनसार के 32 गाँव ऐसे थे, जहाँ से दलाल लड़कियों को भगाकर ले जाते थे। यहाँ की कुछ लड़कियों की कराँची तथा रावलपिंडी आदि के चकलेखानों में मौजूदगी के पीछे मुख्य कारण गरीबी थी। इस काम में सबसे ज़्यादा दलितों के ग्रस्त होने का तथ्य भी सामने आया था।[33]

मार्च 1965 के अन्त में उत्तराखण्ड के विधायकों की एक बैठक डॉ. कुशलानन्द गैरोला की अध्यक्षता तथा लक्ष्मणसिंह अधिकारी के संयोजकत्व में विधान परिषद् सदस्य प्यारेलाल गुप्त के दारुलसफा (लखनऊ) आवास पर हुई। पहली बार दलों से अलग यह बैठक आयोजित हुई थी। विचार-विमर्श के बाद ये सभी सदस्य मुख्यमन्त्री से मिले। उन्होंने माँग की थी कि :

1. स्टार पेपर मिल्स से दीर्घकालीन समझौता न हो; 2. पर्वतीय क्षेत्रों से काग़ज़ की लुग्दी बनाकर बाहर भेजें; 3. स्टार पेपर मिल्स द्वारा जगाधरी मिल्स को तथा कलकत्ता में की गयी लकड़ी की कथित बिक्री की जाँच हो; 4. स्टार पेपर मिल्स जो लकड़ी पहाड़ों से ले जा रहे हैं उस पर नियन्त्रण हो, गाँवों के आसपास कटान न हो तथा 5. पहाड़ की सम्पदा का सदुपयोग स्थानीय लोगों को पहाड़ी क्षेत्रों में उद्योग धन्धे स्थापित करने हेतु किया जाय।[34]

भिलंगना घाटी के देवड़, कोठार, छैनी, ज्यूदाख, लैणी तथा सौड़ गाँवों में 4 जुलाई, 1965 की बाढ़ से बहुत नुक़सान हुआ। इसमें बहुत से खेत और 2 पुल बह गये तथा जानवरों की क्षति के साथ मकान भी टूटे।[35] जून 1964 में ग्राम मोल्डा, पट्टी बड़कोट, ज़िला उत्तरकाशी के निवासी धाम सिंह से एक पेड़ काटने के जुर्म में 66 रु. यानी पेड़ की कीमत से दुगुनी राशि जुर्माने में वसूल की गयी। जुलाई 1966 में जुर्माने में 6 गुनी राशि माँगी गयी। इसका स्थानीय कार्यकर्ताओं ने विरोध किया था।[36]

1965 में राँची (बिहार) में देश के सभी प्रान्तों के वन मन्त्रियों का सम्मेलन हुआ और मुख्य संस्तुति यह थी कि वन क्षेत्रों में सहकारी समितियाँ काम करें और चौथी योजना के अन्त तक यह काम हो जाये। लेकिन ऐसा नहीं हो सका। 1966 से रवाँई की जनता ने तिलाड़ी दिवस पर इन माँगों को दोहराना शुरू किया था।[37] 1966 में भिलंगना घाटी में एक मामूली गिरे हुए पेड़ के लिए 50 रुपये लिए जा रहे थे और लकड़ी के दाम बहुत बढ़ गये थे।[38] 20 जून, 1966 को प्रधानमन्त्री इन्दिरा गाँधी, मुख्यमन्त्री सुचेता कृपलानी के साथ गढ़वाल के दौरे के बाद रानीखेत आयीं। रानीखेत के विधायक चन्द्रभानु गुप्त की अध्यक्षता में सभा हुई। श्रीमती गाँधी ने गढ़वाल तथा कुमाऊँ के पिछड़ेपन की बात की और ठोस विकास हेतु प्रयास का वचन दिया। उस समय उन्हें दिये गये प्रतिवेदनों में उनसे लकड़ी तथा लीसे की लूट-खसोट समाप्त करने का आग्रह किया गया था।

1967 के आम चुनाव में क्षेत्र से कांग्रेस के पूर्व सांसद ही चुने गये और देहरादून से कांग्रेस के सांसद यशपाल सिंह बने। 1967 के चुनाव में टिहरी से सांसद का चुनाव मानवेन्द्र शाह और विधायक का चुनाव त्रेपनसिंह (टिहरी), विनयलक्ष्मी सुमन (देवप्रयाग) तथा कृष्ण सिंह (उत्तरकाशी) लड़े। प्रजामण्डल और सामन्तशाही से जुड़े प्रतिनिधि पहले ही चुनाव से कांग्रेस में साथ-साथ थे।[39] मई 1967 में उत्तरकाशी के विधायक कृष्ण सिंह ने उत्तर प्रदेश विधान सभा में कहा था कि 1966 में मुख्यमन्त्री ने भारतीय वन अधिनियम में संशोधन करते समय यह बताया था कि जंगलात के मुनारे 150 फ़ीट पीछे हटा देंगे, पर ऐसा नहीं हो सका। दस्तूरी फ्री ग्राण्ट के पेड़ 1951 की जनगणना के अनुसार ही मिल रहे हैं, जबकि ये 1961 की जनगणना के अनुसार मिलने चाहिए। रियायती कीमत पर इमारती लकड़ी मिलनी कठिन हो गयी है। लोग पेड़ काटने को विवश हैं और तत्पश्चात् जुर्माना और बाज़ार मूल्य देने को भी। विधायक ने बताया था कि राड़ी के डांडे में फल पट्टी हेतु 700 एकड़ के प्लाट निकाले गये थे पर इनके वितरण की सुव्यवस्था नहीं हुई। ग्रामीणों ने जंगलों के भीतर अनेक जगह फलदार पेड़ लगाये थे, जिन पर अब जंगलात विभाग की नज़र थी। ऐसी भूमि किसानों

को लीज पर दी जानी चाहिए। प्रजामण्डल आन्दोलन के समय जिन्होंने जंगलों पर कब्ज़ा करके खेत बनाये थे, उन्हें यह ज़मीन लीज पर दी जाय।

विधायक ने बताया कि जाड़ समुदाय की स्थिति भारत-तिब्बत व्यापार बन्द होने के बाद दयनीय हो गयी है। उन्हें गढ़वाल के जंगलों में नहीं जाने दिया जाता। एक ओर देहरादून की हज़ारों भेड़ें गर्मियों में उत्तरकाशी तथा गढ़वाल ज़िलों में आती हैं, दूसरी ओर जाड़ों में उत्तरकाशी की भेड़ों को देहरादून तथा गढ़वाल ज़िलों में नहीं जाने दिया जाता। जंगलों की आमदनी में लोगों को हिस्सा नहीं मिलता। पेड़ों की आमदनी ठेकेदार और सरकार के बीच बँटती है। महाराष्ट्र की जैसी व्यवस्था यहाँ नहीं है। जड़ी-बूटियों को निकालने का ठेका दे दिया है पर ऐसी कोशिश नहीं होती कि जड़ी-बूटियों का संरक्षण हो और उत्पादन में वृद्धि भी। वनीकरण बिल्कुल नहीं किया गया है। विधायक ने बताया कि टिहरी राजा के समय गूजरों की कुछ भैसों को कुछ जगहों में गर्मियों में चराई की स्वीकृति दी गयी थी। लेकिन अब गूजरों की भैसों की संख्या बढ़ गयी है और उन्हें जगह-जगह चराई की स्वीकृति दिये जाने से ग्रामीणों की कठिनाई भी बढ़ती चली गयी है।[40]

मई 1967 में उत्तरकाशी के जंगलों में भयंकर आग लगी थी। जिससे पेड़ों, अन्य वनस्पतियों तथा लीसे की अपार हानि हुई। पिछले 20 साल से अपने हक़-हक़ूकों आदि की माँग कर रही जनता का प्रतिरोध आग बुझाने हेतु आगे न आने के रूप में प्रकट हुआ था।[41] यही स्थिति पौड़ी तथा अलमोड़े ज़िले में कुछ स्थानों पर हुई थी। उत्तराखण्ड में उस साल के जबर्दस्त सूखे ने आग के फैलने में बढ़ोतरी की।

विभिन्न दलों तथा विधायकों/सांसदों द्वारा लगातार जंगलात का प्रश्न अलग-अलग मंचों पर उठाया जाता रहा। भारतीय कम्युनिस्ट पार्टी (भाकपा) ने कदाचित् जंगलात का प्रश्न सबसे पहले और सबसे ज़्यादा गहराई से उठाया। 26-29 मई, 1967 को भारतीय कम्युनिस्ट पार्टी उत्तरकाशी का सालाना सम्मेलन पुरौला में हुआ, जिसमें समस्त गढ़वाल के कम्युनिस्ट कार्यकर्ता उपस्थित थे। इस सम्मेलन में माँग की गयी थी कि जंगलात के भीतर खाली पड़ी ज़मीन लीज पर काश्तकारों को बागवानी हेतु दी जाय। किसानों को रियायती कीमत पर इमारती लकड़ी दी जाय और जंगलों के ठेके बाहरी मालदारों को न देकर छोटे-छोटे लाट्स में स्थानीय समितियों को दिये जायँ। नयावाद की ज़मीन काश्तकारों को दी जाय। डिग्री कॉलेज की ज़िले में स्थापना, अस्पताल तथा डाक्टर की ज़रूरत, खाद्य समस्या के हल, मज़दूरों को समान वेतन आदि के साथ यह माँग थी कि रवाँई क्षेत्र के यमुना डिवीज़न के डी.एफ.ओ. को मसूरी से हटाकर पुरौला या बड़कोट में लाया जाना चाहिए तथा टौन्स डिवीज़न के डी.एफ.ओ. को चकरौता से ठडियार या बीच के किसी स्थान पर आना चाहिए। इस सम्मेलन में बृजेश गुप्ता, विद्यासागर नौटियाल, गोविन्द सिंह नेगी, राधाकृष्ण कुकरेती, कमलाराम नौटियाल, चन्दन सिंह राणा, सावनचन्द रमौला, रामेश्वर उनियाल जैसे कम्युनिस्ट नेता/कार्यकर्ता उपस्थित थे। सभा में यह बात आयी कि इस क्षेत्र की असली सम्पत्ति जंगल हैं और इन्हें मालदारों तथा सरकार की लूट से बचाने हेतु किसानों के प्रबन्ध में दिया जाना चाहिए।[42]

1966 से ही उत्तरकाशी की भारतीय कम्युनिस्ट पार्टी ने तिलाड़ी काण्ड के शहीदों को श्रद्धांजलि देते हुए जंगलात सम्बन्धी माँगों की पूर्ति का निवेदन किया था। 30 मई, 1967 को भी यह आयोजन किया गया।[43] पर सरकार कुछ वांछित नहीं कर पायी थी। जंगलात विभाग हर साल जंगलों की नीलामी करता रहा। 1967 में असाधारण सूखे और जंगलों में आग के बावजूद टिहरी, उत्तरकाशी, मसूरी, चकराता के जंगलों की 1967-68 की नीलामी 5 तथा 6 सितम्बर, 1967 को टाउन हाल

देहरादून में और अलमोड़ा, नैनीताल तथा तराई-भाबर के जंगलों की नीलामी नैनीताल में आयोजित की गयी।[44]

इसी माह उत्तरकाशी के विधायक कृष्णसिंह ने अपनी माँगों को दोहराते हुए विधान सभा में बताया कि ग्रामीण किसान क्यों जंगल की आग बुझाने नहीं जाते हैं। इसका अकेला कारण जंगलात विभाग द्वारा उनके प्रति असंवेदनशील होना और उनके हक़-हकूकों को छीनना है।[45] अन्य विभागों में लूट का सिलसिला जारी था। सार्वजनिक निर्माण विभाग द्वारा सड़क निर्माण में लगे मज़दूरों को ढाई रुपया तथा मेटों को 3 रुपया प्रतिदिन मज़दूरी दी जाती थी। नये अभियन्ता ने इसे क्रमशः 1 रु. 60 पैसा तथा 2 रु. 50 पैसा कर दिया था। 10 प्रतिशत कमीशन वे अलग से ठेकेदारों से खाते ही थे।[46] सार्वजनिक निर्माण विभाग के अभियन्ता का लिपिक मज़दूरों और मेटों के नाम का राशनकार्ड बनाकर इस्तेमाल करता था, जिसके ख़िलाफ़ भाकपा ने विरोध जताया था और मामला ज़िला कोर्ट से इलाहाबाद हाईकोर्ट तक गया था।[47]

इसी तरह लघु सिंचाई (नहर), कृषि या बागवानी विभाग का हाल था। 1967 में सुन्दर लाल बहुगुणा ने अपने एक लेख में जंगलों की व्यथा बहुत मार्मिकता से कही थी कि राज्य द्वारा जंगलात के हक़-हकूकों में नियन्त्रण तथा जनता द्वारा प्रतिरोध दोनों जारी हैं और इस संग्राम में तबाही जंगलों की हो रही है। जनसंख्या तथा भूमिहीनों का दबाव जंगलात पर पड़ने लगा है। राष्ट्रीय जंगलात नीति सम्बन्धी 12 मई, 1952 के दस्तावेज़ के पैरा 32 को उद्धृत करते हुए लिखा गया था कि जहाँ वन कानून, शिक्षण तथा अनुसन्धान से वनों की सुव्यवस्था बनती है वहीं वन क्षेत्रों के आसपास बसने वाली जनता का कल्याण और सद्भावना ही इस बुनियाद को टिकाने के लिए स्थिर भूमि है। जनता के सहयोग और समर्थन के बिना अच्छे ध्येय से बनी हुई वन नीति की सफलता के लिए कम अवसर हैं। उनके द्वारा रियायती मूल्य पर या निःशुल्क वनोपज प्राप्ति के अधिकार को स्वीकार करना ही पर्याप्त नहीं है, लोगों में वनों के उपयोग के प्रति दिलचस्पी पैदा करना भी आवश्यक है। 1948 से बम्बई राज्य में स्थापित वन श्रमिक सहकारी समितियों को यहाँ शुरू करने का सुझाव दिया था।[48] 1967-68 में ही मण्डल क्षेत्र में ग्रामीणों ने बाँज, चमखड़ीक, अखरोट आदि के हज़ारों हरे पेड़ों को कटते देखा।[49]

चौधरी चरण सिंह की संविद सरकार द्वारा की गयी पर्वतीय विकास परिषद् की स्थापना का विरोध उत्तराखण्ड में अनेक स्थानों और दिल्ली में भी हुआ था।[50] दिल्ली में 14-15 अक्टूबर, 1967 को हुई संगोष्ठी में, जिसका उद्घाटन केन्द्रीय मन्त्री अशोक मेहता ने किया था और जिसमें उपमन्त्री भक्तदर्शन तथा सांसद मानवेन्द्र शाह मुख्य रूप से उपस्थित थे, पारित 6 प्रस्तावों में जंगलात सम्बन्धी कोई प्रस्ताव न था।[51] पर्वतीय विकास परिषद् का विरोध करने के साथ इसमें देहरादून तथा नैनीताल की तराई को शामिल न करने को अन्यायपूर्ण बताया गया था। इससे यह उजागर होता है कि नेतृत्व किस तरह तात्कालिक हलचलों में महत्त्वपूर्ण मुद्दे भूल जाया करता था।

2. दो महत्त्वपूर्ण प्रसंग

1967 में दो और महत्त्वपूर्ण घटनाएँ हुईं। पहली थी उत्तराखण्ड के 5 समुदायों को अनुसूचित जनजाति घोषित किया जाना। पिछले अनेक सालों की कोशिश के बाद भोटिया (शौका), बनराजी, थाड़ू, बोक्सा तथा जौनसारी समुदायों को यह संवैधानिक सुविधा प्राप्त हो सकी। भोटिया समुदाय ने यह कोशिश 1947 से ही शुरू कर दी थी।[52] नेतृत्व की लापरवाही तथा कम जानकारी के कारण

रवाँई, जौनपुर या दानपुर के अति उपेक्षित समाज यह लाभ नहीं पा सके।[53] इनमें से प्रथम दो अब 2004 में ओबीसी की हैसियत पा गये हैं।[54] बागेश्वर तथा चमोली ज़िलों में फैला दाणू क्षेत्र अभी भी उपेक्षित है।

दूसरी घटना गढ़वाल मण्डल की स्थापना से जुड़ी थी।[55] इससे पहले ओसला (टौन्स घाटी, ज़िला उत्तरकाशी) से कुटी (कुटीयाँगती घाटी, ज़िला पिथौरागढ़) तथा बनबसा (तब ज़िला नैनीताल) से कोटद्वार (ज़िला पौड़ी गढ़वाल) या हर की पैड़ी (ज़िला टिहरी गढ़वाल) तक कुमाऊँ कमिश्नरी फैली थी और राष्ट्रीय संग्राम से निकले नेतृत्व में गढ़वाल कमिश्नरी की स्थापना के प्रशासनिक क़दम को समय पर और आन्दोलन से पहले उठाने की समझदारी विकसित नहीं हो सकी थी।[56] बार-बार यह समाचार छपता था कि नैनीताल ज़िले के अलावा कहीं कोई विशेष प्रगति नहीं हुई। नव स्थापित पर्वतीय विकास परिषद् से भी सिर्फ़ सड़क, बिजली और पानी की माँग की जाती थी।[57]

बाघ तथा अन्य जंगली जानवरों के आतंक की, उनके द्वारा पालतू पशुओं तथा आदमियों को मार डालने की अनेक घटनाएँ इस दशक में हुईं।[58] मार्च 1968 के प्रारम्भ में बदरीनाथ की मूर्ति चोरी हो गयी थी जिसको 2-3 दिल बाद कर्णप्रयाग में पकड़ लिया था।[59] आदिबद्री से चोरी गयी मूर्ति दिल्ली में पकड़ी गयी थी।[60] इससे यह अन्दाज़ा लगाया जा सकता है जब पुरातात्विक सम्पदा की चोरी होने लगी है तो वन सम्पदा की कितनी अधिक चोरी हो रही होगी। दूसरी ओर इसी बीच यह समाचार आया कि ऋषिकेश बद्रीनाथ मार्ग में लकड़ी की कमी के कारण मुर्दों को बिना जलाये या अध जलाया ही अलकनन्दा में फेंका जा रहा है, जिससे कुत्ते पागल हुए हैं। मिट्टी तेल के अभाव की चर्चा भी थी।[61]

उत्तराखण्ड के सर्वोदयी संगठन इस समय बहुत कम साधनों से अपना काम चला रहे थे। चमोली ज़िले में अब तक दशौली ग्राम स्वराज्य संघ की स्थापना (1964) को कुछ साल हो गये थे। इसके कार्यकर्ता पहले प्रत्यक्ष शारीरिक श्रम कर सड़क निर्माण के काम से आय अर्जित करते थे। 1965 से मल्ला नागपुर सहकारी श्रम संविदा समिति नाम से 120 सदस्यों की यह पंजीकृत संस्था थी। इसी समिति ने गोपेश्वर-मण्डल मोटर मार्ग का निर्माण किया था। सहकारी श्रम से चलने वाली यह संस्था भ्रष्टाचारमुक्त, शोषण रहित, न्याय, सद्व्यवहार और एकता के सिद्धान्त पर आधारित थी।[62] फिर वे लकड़ी के काम की ओर उन्मुख हुए थे। इन कार्यकर्ताओं को अपने परिवार का पालन भी करना होता था। सिल्यारा आश्रम व्यक्तिगत कार्यों की आमदनी तथा सीमित चन्दे से चलता था।[63] इन दोनों उदाहरणों से सामाजिक कर्म की तत्कालीन सादगी का अन्दाज़ा लगाया जा सकता है।

जून 1968 तक उत्तराखण्ड में सर्वोदय कार्यकर्ताओं ने टिहरी में 40, चमोली में 148, गढ़वाल में 12, अलमोड़ा में 40, पिथौरागढ़ में 10 यानी कुल 250 गाँवों, दो तहसीलों (जोशीमठ तथा धारचूला) तथा एक ज़िले (उत्तरकाशी) का दान कराया था। शराबबन्दी का आन्दोलन घणसाली, बादशाही थौल, लम्बगाँव (टिहरी), चन्द्रापुरी, वमोथ, चमोली (चमोली), गरुड़ तथा बमराड़ी (अलमोड़ा) और थल (पिथौरागढ़) में सफल होकर खंडोगी (टिहरी) तथा डीडीहाट (पिथौरागढ़) में चल रहा था। गोपेश्वर में मल्ला नागपुर श्रम संविदा सहकारी समिति जंगल के ठेके तथा केमर श्रमिक सहकारी समिति, सिल्यारा निर्माण के ठेकों के साथ-साथ वन कर्म से जुड़ी थी।[64]

29 अप्रैल, 1968 को शहीद मेले के अवसर पर सत्यों (सकलाना) में पूर्व विधायक राम चन्द्र उनियाल की अध्यक्षता में सभा हुई। सभा में लगभग दो हज़ार लोग उपस्थित थे। मुख्य प्रस्ताव में 1918 के जंगलात बन्दोबस्त के आधार पर फिर से मुनारे बनाने की नीति, जो सकलाना रेंज

में शुरू हो रही है, का विरोध किया गया था। क्षेत्र की जनता ने 1878 से 1947 तक जंगलात के अधिकारों के लिए कई ढण्ढक और जन-आन्दोलन किये थे। जनता ने प्रारम्भ में बन्दोबस्त, मुनारे हटाने और कुजजास की रपट को आशा भरी निगाह से देखा था। पर सकलाना रेंज में फिर किसानों को बेदखल करने के सरकारी प्रयास ने लोगों को शंकालु बना दिया था। इसी कारण नये जंगलात बन्दोबस्त की माँग के साथ सकलाना रेंज तथा टिहरी वृत में आन्दोलन चलाने का आह्वान किया गया था। एक स्मरण पत्र राज्यपाल को भेजा गया।[65] ऐसे ही पत्र चमोली, अलमोड़ा तथा नैनीताल ज़िलों से सरकार को भेजे गये थे।

उत्तरकाशी में 30 मई, 1968 को वन दिवस और ज़िला ग्रामदान समर्पण समारोह मनाने का निर्णय हुआ। पिछले सालों में भारतीय कम्युनिस्ट पार्टी यह कार्य जन सहयोग से कर रही थी। इस बार इसे सर्वोदयी तथा कांग्रेसी कार्यकर्ताओं ने भी किया। इस हेतु बड़कोट में तिलाड़ी स्मारक तथा ग्राम स्वराज्य समारोह समिति की स्थापना हुई। परिपत्र ज़िला ग्रामदान समिति के अध्यक्ष घनश्यामसिंह तथा स्मारक समिति के दो संयोजकों—बड़कोट के बुद्धिसिंह रावत तथा सुनारा के सकलचन्द रावत—की ओर से जारी किया गया था। इसमें विनोबा के प्रतिनिधि के सामने शपथ लेने की बात कही गयी थी। ग्रामदान की शर्त दोहराई गयी थी कि अपनी पैदावार का 40 वाँ भाग गाँव के पंचायती भण्डार (ग्रामकोष) में दें, जो गाँव के विकास की पूँजी बनेगी। विकासखण्ड के स्तर पर, ग्राम स्वराज्य संघ तथा वन श्रमिक सहकारी समितियों द्वारा जंगलों के ठेके व उद्योग धन्धों का काम करने की घोषणा की गयी थी। शहीद दिवस पर दलगत राजनीति से ऊपर उठकर नये युग की शुरुआत करने वाले इस समारोह को सफल बनाने की अपील की गयी थी।[66]

तिलाड़ी वन दिवस समारोह से पहले प्रकाशित एक लेख में कहा गया था कि बाज़ार की अर्थनीति ने विज्ञान को मुनाफ़े का साधन बना दिया है। ग्रामदान से विज्ञान और लोकतन्त्र के सुख जनता के हाथ में आ सकते हैं लेकिन ग्रामदान भी आर्थिक समृद्धि की गारण्टी नहीं है। ग्रामदान के बाद निर्माण का काम अनन्त काल तक चलेगा और उसके कुछ सोपान होंगे। पर उद्देश्य उसका होगा सबकी मुक्ति। इस हेतु जंगलों की व्यवस्था अपने हाथ में लेनी होगी। इस माँग का सरकार और ठेकेदारों की तरफ़ से विरोध होगा। अतः जनता को अहिंसक प्रतिकार की तैयारी करनी होगी।[67]

30 मई, 1968 को बड़कोट में रचनात्मक कार्यकर्ता देवेन्द्र कुमार गुप्ता की अध्यक्षता तथा सुन्दरलाल बहुगुणा के संयोजन में गोष्ठी हुई। आयोजन का उद्देश्य वनवासियों तथा वन रक्षकों को निकट लाकर एक-दूसरे का दृष्टिकोण समझने का अवसर देना और फिर वनों तथा वनवासियों के सुख-समृद्धि का मार्ग खोजना था। गोष्ठी में कृष्णसिंह, रामचन्द्र उनियाल, ज्ञानानन्द भट्ट, सकलचन्द रावत, दौलतराम रवाँल्टा, पतिदास, बुद्धिसिंह रावत, अतरसिंह रावत, कुन्दनसिंह, शालिग्राम, कमलाराम नौटियाल, फतेसिंह बिष्ट, दिलेराम आदि उपस्थित थे। ज़िला उद्योग अधिकारी के प्रतिनिधि तथा उप अरण्यपाल भी उपस्थित थे। बहुत तरह से और आयामों से जंगलात का मामला देखने का प्रयास हुआ था।[68] इसी दिन तिलाड़ी के शहीद स्मारक पर हज़ारों लोगों ने मौन श्रद्धांजलि अर्पित की। इसके बाद ढोल-नगाड़ों तथा तूरी-रणसिंघों से शोक की धुन बजाई गयी और सकलचन्द ने वन दिवस का घोषणा-पत्र पढ़ा, जिसे हज़ारों कण्ठों ने एक स्वर में दोहराया।[69]

वन दिवस तथा ग्रामदान कार्यक्रम का जोड़ा जाना सर्वोदयी सक्रियता का उदाहरण था और उनके कार्यक्षेत्र के फैलाव का संकेत भी। जहाँ ग्रामदान विनोबा से जुड़े होने के कारण उनकी विवशता थी, वहीं जंगलात का संघर्ष स्थानीय जनता से जुड़ने के लिए अपरिहार्य विषय था। हालाँकि

अभी वे प्रत्यक्ष जंगलात आन्दोलन चलाने में या जन भावनाओं का उपयोग करने में कामयाब नहीं रहे। प्रत्यक्ष आन्दोलन के लिए कदाचित उत्तरकाशी में अभी माहौल न था। दूसरी ओर जंगलात विभाग की जन विरोधी नीति के विरुद्ध 13 सितम्बर, 1968 से आन्दोलन करने की घोषणा सत्यों, पट्टी सकलाना टिहरी गढ़वाल में रामचन्द्र उनियाल की अध्यक्षता में आयोजित वन संघर्ष समिति की बैठक में की गयी थी। समिति ने कहा कि उसका किसी राजनीतिक दल से सम्बन्ध नहीं है और सभी विचारधाराओं के लोग इसमें आमन्त्रित हैं।[70] जंगलात आन्दोलनों में जो खुलापन निरन्तर दिखता रहा है, वह यहाँ भी था।

अक्टूबर 1968 में जब टिहरी गढ़वाल में किसान मोर्चे की स्थापना हुई तो पहली दो माँगें ज़मीन और जंगल से सम्बन्धित थी[71] और 22 अक्टूबर, 1968 को प्रदेश के राज्यपाल बी. गोपाला रेड्डी के उत्तरकाशी आगमन पर भारतीय कम्युनिस्ट पार्टी द्वारा दिये गये माँग पत्र में 1967 में बड़कोट में पारित प्रस्ताव ही प्रस्तुत किये गये थे। अधिकांश माँगें जंगलों पर केन्द्रित थीं। सोयम जंगलों के प्रबन्ध हेतु वन पंचायतों की स्थापना की माँग इसमें जोड़ी गयी थी।[72]

यद्यपि जंगलात का गहन प्रश्न शीघ्र प्रत्यक्ष आन्दोलन को जन्म नहीं दे सका लेकिन यह विषय पर्वतीय समाज और राजनीति के केन्द्र में पुनः स्थापित होने लगा था। एक ओर विभिन्न राजनीतिक दलों के नेता और कार्यकर्ता इस विषय की महत्ता और प्रासंगिकता को समझ रहे थे, दूसरी ओर सर्वोदयी कार्यकर्ता भी ग्रामदान की संकल्पना में अनुपस्थित जंगलात विषय को न सिर्फ़ जोड़ रहे थे बल्कि पहली बार उन्होंने ही जंगलात के विभिन्न पक्षों की गहरी पड़ताल करनी शुरू की थी। वन दिवस पर जारी घोषणा-पत्र स्पष्ट रूप से सर्वोदयी कार्यकर्ताओं तथा ज़मीनी राजनीतिक कार्यकर्ताओं की समझ को उजागर करता है। एक प्रकार से इस घोषणा-पत्र में भाकपा (जिसने सबसे पहले जंगलात के मुद्दे को इस ज़िले में उठाया था), कांग्रेस तथा सर्वोदयी समन्वय प्रकट हुआ था हालाँकि वे संयुक्त कार्यक्रम या आन्दोलन करने में कभी कामयाब नहीं रहे।

इस बीच प्राकृतिक आपदाएँ प्रकट होती रहीं। 15 सितम्बर, 1968 को रुद्रप्रयाग में आकस्मिक वर्षा तथा पहाड़ टूटने से 15 से अधिक लोगों की मृत्यु हो गयी। अनेक दुकानें, होटल तथा मकान आदि नष्ट हो गये। 6 बसें तथा कुछ ट्रक दब गये। गोचर तथा कलियासौड़ में भूस्खलनों से हानि हुई। उत्तराखण्ड में अनेक स्थानों पर मकान और खेत बह गये[73] जबकि तब पहाड़ों में असामान्य सूखा पड़ा हुआ था।[74]

29-31 अक्टूबर, 1968 को गोपेश्वर में सीमा क्षेत्र समन्वय समिति और कार्यकर्ता शिविर का आयोजन हुआ। इसमें 170 से अधिक रचनात्मक कार्यकर्ता उपस्थित हुए, जिनमें जयप्रकाश नारायण, अक्षय कुमार करण, ध्वजाप्रसाद राय, मनमोहन चौधरी, सोमदत्त वेदालंकार, राधाकृष्ण, देवेन्द्र कुमार गुप्त तथा ढेबर भाई आदि मुख्य थे। उत्तराखण्ड के लगभग सभी कार्यकर्ता यहाँ उपस्थित थे। सरला बहन अनुपस्थित थीं लेकिन उनके उत्तराखण्ड आगमन पर रोक के उठ जाने की सूचना शिविर में दी गयी। मानसिंह रावत 8 माह की नेपाल, सिक्किम और भूटान यात्रा के बाद यहाँ आये थे।[75]

जयप्रकाश नारायण बहुत स्पष्टता से उत्तराखण्ड के प्रश्नों पर बोले। उन्होंने अपने को बड़े राज्यों का विरोधी कहने के साथ उत्तराखण्ड के लिए अपरिहार्य स्वायत्तता की ज़रूरत बतायी थी। इस अवसर पर उन्होंने विमला बहन तथा चण्डी प्रसाद भट्ट की रचनात्मक क्षमता की विशेष प्रशंसा की थी।[76] जयप्रकाश नारायण ने बहुत गहराई से उत्तराखण्ड के मुद्दों को न सिर्फ़ समझा बल्कि उनका

बहुत विवेक सम्मत विश्लेषण भी किया। उन्होंने अनेक कार्यकर्ताओं को अत्यन्त प्रभावित किया।[77] विशेष रूप से चण्डी प्रसाद भट्ट के मानस को बनाने में जयप्रकाश नारायण की बातें और व्यक्तित्व प्रभावकारी सिद्ध हुए।[78] अब तक जंगलों के बाबत ज़्यादा बयानबाजी न करने वाले टिहरी के सांसद मानवेन्द्र शाह ने वनाधारित उद्योगों की स्थापना की बात की और पृथक राज्य पर केन्द्रित एक विकास सम्मेलन का उन्होंने क्रमशः 14 तथा 15 दिसम्बर, 1968 को दिल्ली में आयोजन किया।[79] यह निश्चय ही परिस्थितियों का दबाव था। इस तरह की सक्रियता जन प्रतिनिधियों में बिना जन दबाव के उभरनी सम्भव नहीं थी।

3 दिसम्बर, 1968 को दिल्ली के कमला मार्केट के वेश्यालयों से पुलिस द्वारा पकड़ी गयी लड़कियों में से 17 उत्तरकाशी की थीं। इससे यह उजागर हुआ कि जंगलों के हिसाब से इतना सम्पन्न उत्तरकाशी ज़िला सामाजिक विषमता और आर्थिक दीनता के कारण अपनी बेटियों के व्यवसाय में तक शामिल होने को अभिशप्त था।[80] प्राकृतिक और मानव सम्पदा की साथ-साथ लूट का यह दुर्लभ ज्ञात उदाहरण था।

इस समय टिहरी-उत्तरकाशी की प्रतिव्यक्ति औसत आमदनी 129 रु. थी। यहाँ उपलब्ध बिजली का दाम 53 पैसा प्रति यूनिट था जबकि यह दाम मैदानों में 35 पैसा था। अपनी तत्कालीन सोच के अनुसार सुन्दरलाल बहुगुणा का कहना था कि मनेरी भाली परियोजना से बनने वाली बिजली का दाम 3.25 रु. प्रति यूनिट और टिहरी बाँध की बिजली पर 3.75 रु. प्रति यूनिट खर्चा आयेगा। चौथी पंचवर्षीय योजना हेतु सुझाव देते हुए उन्होंने जंगलात के बारे में विशेष रूप से कहा था कि बिजली की ज़रूरत वन सम्पदा के दोहन, कच्चे माल को सड़कों या नदियों तक पहुँचाने तथा चिरान-कटान हेतु आधुनिकतम औजारों का इस्तेमाल वन उद्योगों के लिए आवश्यक है।

उत्तरकाशी में 83.9 तथा टिहरी में 68.6 प्रतिशत ज़मीन पर जंगल हैं। अतः इन ज़िलों के विकास का आधार यही जंगल हो सकते हैं। उन्होंने वनों के सीमांकन तथा बन्दोबस्त की ज़रूरत को बताते हुए वनों की समस्याओं को सुरक्षा तथा दोहन के साथ जोड़ा था। उन्होंने फल पट्टियों के लिए रखी ज़मीन में से भूमिहीनों का हिस्सा रखने के साथ वानिकी की शिक्षा तथा गुज़रात-महाराष्ट्र की जैसी वन श्रमिक सहकारी समितियों की स्थापना की माँग भी की। उन्होंने यह भी बताया कि कुमाऊँ और पश्चिमी वृत्त से हर साल 5 लाख 62 हज़ार तथा टिहरी उत्तरकाशी वृत्त से 1 लाख 24 हज़ार मन लीसे का दोहन किया जाता है।[81] बहुगुणा ने चौथी योजना में टिहरी ज़िले को सड़कों के मामले में नैनीताल ज़िले के समकक्ष लाने के लिए 800 कि.मी. मोटर मार्ग बनाने की ज़रूरत बतायी थी।[82]

16-17 जनवरी, 1969 को सेवाग्राम में आयोजित राष्ट्रीय सम्मेलन में सुन्दरलाल बहुगुणा ने हिमालय के जल संकट बाबत निवेदन प्रस्तुत किया। पानी के घटने और बाँज के कटने तथा शंकुधारी वनों के लगाने का अन्तःसम्बन्ध जोड़ा गया था। उन्होंने पानी को पम्प से पहुँचाने और इस हेतु लागत पर बिजली दिये जाने का आग्रह किया। केन्द्रीय सिंचाई मन्त्री के.एल. राव ने इसका समर्थन किया था।[83]

1969 के प्रारम्भ में विधान सभा के लिए मध्यावधि चुनाव में चुने गये सदस्यों ने फिर उत्तराखण्ड के प्रमुख मुद्दों को उठाना शुरू किया। जैसे कुमाऊँ विश्वविद्यालय की नैनीताल में स्थापना का विरोध; पर्वतीय किसानों तथा दलितों को भूमि देने की ज़रूरत; बागवानी, सड़कों, स्कूलों का विस्तार आदि। शिवानन्द नौटियाल ने चन्द्रभानु गुप्त के नाम पत्र में अनेक माँगों के साथ लिखा था कि पर्वतों में खेती करना प्रकृति का विरोध करना है। क्योंकि पर्वतीय क्षेत्र वनों के लिए ही प्रकृति ने बनाये हैं।

अतः वन सम्पदा पर आधारित उद्योग लगने चाहिए। लीसा, कत्था, वनौषधि, काग़ज़, रंग, हार्डबोर्ड, पेंसिल, खिलौने, पैकिंग की पेटियाँ, छड़ियाँ, माचिस, खेल सामान, टोकरियाँ आदि बनाने के कुटीर उद्योग ही यहाँ पनप सकते हैं।[84]

मार्च 1969 में उत्तरकाशी के विधायक कृष्णसिंह ने विधानसभा में कहा कि जंगलात की समस्याएँ ज्यों की त्यों हैं और किसी भी वन मन्त्री ने इस ओर ध्यान नहीं दिया। मुनारों को हटाने का कोई प्रबन्ध नहीं किया गया। वन पंचायतों की स्थापना के लिए नियम आज तक नहीं बनाये गये या बनाकर रख दिये हैं। विधायक ने जौनसारी तथा भोटिया को अनुसूचित जनजाति घोषित करने पर कहा कि जौनपुर तथा रवाँई को छोड़ दिया है, जबकि यहाँ का खान-पान तथा रीति-रिवाज जौनसार जैसा ही है।[85] पर प्रदेश सरकार में पर्वतीय वास्तविकता को समझने का विवेक नहीं था। इसका स्पष्ट संकेत 1968 में प्रदेश की संविद सरकार के मुख्यमन्त्री चरणसिंह के द्वारा यह कहे जाने से प्रकट हुआ था कि 'पहाड़ियों को पालते-पालते हम थक गये हैं'। यह वास्तव में अज्ञानता और पूर्वग्रह से भरा वक्तव्य था[86] और इससे भी ज़्यादा यह प्रदेश सरकार की उत्तराखण्ड के प्रति प्रचलित अत्यन्त संवेदनहीन दृष्टि को उजागर करता था।

इस समय तराई-भाबर में भूमि आन्दोलन चला हुआ था। नैनीताल की तराई में चल रहे किसान आन्दोलन का तर्क था कि सरकार की नीति स्थानीय भूमिहीनों को 5 एकड़ ज़मीन देने की है परन्तु व्यवहार में ऐसा नहीं हो रहा है। हज़ारों एकड़ परती ज़मीन को कानूनी (घूस द्वारा) तौर पर बाहरी लोगों द्वारा हड़पा जा रहा है। इसमें ठेकेदार, मिल-मालिक, पंजाब से आये नये किस्म के तत्त्व शामिल थे। मदद के लिए ये भाड़े के गुण्डों को साथ ला रहे थे। पी.सी. जोशी ने उस समय इस क्षेत्र का दौरा कर अपने लेख में कहा था कि तराई में करीब 20 हज़ार भूमिहीन हैं जो उत्तराखण्ड, पूर्वी तथा पश्चिमी उत्तर प्रदेश के ज़िलों के हैं। उत्तराखण्ड में 50 हज़ार भूमिहीन परिवार हैं। तराई की ज़मीन खेती योग्य है। सिर्फ़ इन्हीं 70 हज़ार भूमिहीनों को तराई की ज़मीन दी जानी चाहिए। भूमिहीन किसानों की खेत मज़दूर सभा का 1967 में गठन हुआ था और प्रतिवेदन, जुलूस, प्रदर्शन और सांकेतिक सत्याग्रह का आयोजन भी इस सभा ने किया। लेकिन भूमि चोरों द्वारा चरणसिंह तथा चन्द्रभानु गुप्त के नुमाइन्दों को पैसा दिये जाने के बाद सरकारी रुझान भूमिहीनों की तरफ़ नहीं रहा। दूसरी ओर हथियार रहित भूमिहीनों को डराने के लिए सशस्त्र रायसिखों के स्थानीय गिरोहों को बुलाया गया। पी.सी. जोशी ने पंजाबी-गैरपंजाबी के बीच सशस्त्र संघर्ष का भय जाहिर किया था।[87]

इसी तरह कोटद्वार की तराई तथा दून घाटी में भूमिहीनों को ज़मीन नहीं दी जा रही थी पर प्रभावशाली लोग जंगलात की ज़मीनों पर कब्ज़ा कर रहे थे। देहरादून ज़िले में सत्य नारायण सहकारी फार्म के मालिक ने जंगलात की 40 एकड़ ज़मीन पर कब्ज़ा कर लिया था। प्रशासन चुप था। भूमिहीन संगठन 'परती ज़मीन पर कब्ज़ा करो आन्दोलन' में इस ज़मीन को भी कब्ज़े में लेना चाहता था।[88] टिहरी में 7 जून 1970 को भारतीय कम्युनिस्ट पार्टी ने टिहरी तथा उत्तरकाशी में जंगलात के अधिकारों के लिए संघर्ष तेज़ करने की घोषणा की,[89] तो देहरादून में पार्टी ने भूमि संघर्ष तेज़ करने का आह्वान किया।[90]

इसी समय उत्तरकाशी में ज़मीन पर कब्ज़ा करने के आन्दोलन में 26 जुलाई, 1970 को कमलाराम नौटियाल, चन्दन सिंह राणा, विद्यासागर नौटियाल तथा वैशाखू मिस्त्री सहित 12 कार्यकर्ता गजणा-कठूर पट्टी में; देवीप्रसाद जोशी, मायाराम रतूड़ी सहित 17 कार्यकर्ता बाड़ागड़ी में; शेरसिंह

चौहान, गंगादास सहित 9 व्यक्ति भटवाड़ी में; 3 कार्यकर्ता रवाँई में तथा देहरादून में ब्रजेन्द्र गुप्त सहित 106 व्यक्ति गिरफ़्तार किये गये थे। आन्दोलन की माँग थी कि जंगलात के अन्दर सोयम, बंजर-परती ज़मीन गरीब तथा भूमिहीन किसानों को बागवानी तथा खेती के लिए दी जाय।[91] ज़मीन पर कब्ज़ा करने का भाकपा तथा किसान सभा का आन्दोलन पौड़ी ज़िले के भाबर क्षेत्र में भी चला।[92]

30 मई, 1969 को उत्तराखण्ड में अनेक स्थानों पर वन दिवस मनाया गया और घोषणा-पत्र दोहराया गया। 25 मई से 29 मई तक राणीचौरी में युवक शिविर का आयोजन योगेश बहुगुणा ने किया। इसमें जंगलात और नशे का प्रश्न विश्लेषित किया गया था। इससे पूर्व 22 मई, 1969 को देहरादून में हिमालय परिषद् की गोष्ठी में सरला बहन ने कहा था कि पहाड़ों में वन सम्पदा भरी है परन्तु उस पर जनता का अधिकार नहीं है। वनों का उपयोग ठेकेदार कर रहे हैं। जंगलात के अधिकार जनता को मिलने चाहिए। वन सम्पदा जनता के हाथ में होनी चाहिए।[93]

तभी पर्वतीय विकास परिषद् को स्थापना के दो साल बाद प्रशासनिक अधिकार दिये जाने की घोषणा हुई।[94] 22 जून 1969 को केदारनाथ क्षेत्र में भूकम्प आया, जिसमें एक दर्जन से ज़्यादा लोगों तथा अनेक पशुओं की मृत्यु हो गयी। अनेक वाहन दबे-बहे, सड़कें अवरुद्ध हुईं और अनेक मकान नष्ट हुए।[95] 1969 का साल अकाल का भी था। जंगलात के साथ अन्न और जल का संकट इस साल पर्वतवासियों को झेलना पड़ा था।

30 जून, 1969 को पर्वतीय विकास परिषद् की बैठक नैनीताल में हुई। इस बैठक में विधायकों ने प्रस्तावित योजनाओं को अपूर्ण बताया। जंगलात का प्रश्न यहाँ बार-बार उठा पर समाधान की कोई राह न उभरी। गोविन्द सिंह नेगी ने वन सम्पदा को धनपतियों द्वारा लूट ले जाने का ज़िक्र किया तो शिवानन्द नौटियाल ने पर्वतीय विकास परिषद् को लोगों को बहलाने हेतु दिया गया झुनझुना बताया। इससे पूर्व 17 जून 1969 को कौसानी में सरला बहन के नेतृत्व में एक शिष्ट-मण्डल जंगलात की समस्याओं और इससे जुड़े उद्योगों के बाबत उत्तर प्रदेश के मुख्य अरण्यपाल से मिला। उन्हें बताया गया कि पहाड़ी क्षेत्रों में जन असन्तोष का मुख्य कारण सरकार की जंगलात नीति है। रचनात्मक कार्य की संस्थाएँ वन श्रमिक सहकारी समितियों की स्थापना द्वारा इसका आंशिक समाधान प्रस्तुत करना चाहती हैं। प्रदेश सरकार से माँग की गयी कि : 1. वह गुजरात तथा महाराष्ट्र की सरकारों की तरह सहकारी समितियों को बिना बोली के निश्चित दर पर ठेके दे, 2. अग्रिम धनराशि जमा करने की छूट मिले और 3. वन विभाग इनकी सफलता का दायित्व ले।

मुख्य अरण्यपाल ने सहकारी समितियों में सामूहिक उत्तरदायित्व के कारण हानि होने का भय प्रकट किया। शिष्ट-मण्डल ने बताया कि ये समितियाँ गुजरात के नमूने पर रचनात्मक संस्थाओं द्वारा प्रेरित की जायेंगी और उनका मुख्य कार्यकर्ता प्रेरक संस्था का आजीवन सदस्य होगा। तब अरण्यपाल ने निश्चित दरों पर लीसा निकालने तथा वनोपजों पर आधारित छोटे उद्योगों की स्थापना हेतु कच्चा माल देने पर विचार करने का वायदा किया। मल्ला नागपुर श्रम संविदा सहकारी समिति की ओर से चलाये जाने वाले फर के जंगल के ठेके की जानकारी भी दी गयी थी।[96] इस समय टिहरी में प्रति व्यक्ति प्रतिदिन आय 23 पैसा थी, जो देश भर में सबसे कम बतायी गयी थी।

अगस्त 1969 में विधान सभा में वन विभाग के अनुदानों पर बोलते हुए देवप्रयाग के विधायक इन्द्रमणि बडोनी ने कहा कि जंगलात विभाग को ऐसी नीति अपनानी चाहिए कि ज़्यादा से ज़्यादा स्थानीय लोगों को रोज़गार मिले। ठेकेदार बहुत बेरहमी से अनछपे पेड़ भी काटते हैं। बम्बई प्रान्त की तरह वन सहकारी समितियाँ बननी चाहिए। टिहरी तथा उत्तरकाशी में जंगलात का बन्दोबस्त करने

तथा गूजरों को स्थायी रूप से अन्यत्र बसाने की माँग की गयी। बडोनी ने आँकड़े देकर बताया था कि जहाँ 1936-37 में जंगलात की आमदनी 44 लाख 35 हज़ार रुपया थी और शुद्ध मुनाफा 16 लाख 73 हज़ार रु. था, वहीं 1968-69 में शुद्ध मुनाफ़ा ही 10 करोड़ 35 लाख 99 हज़ार रु. है।[97]

15 अगस्त, 1969 को ज़िला उत्तरकाशी से भगाई गयी 25 से 30 वर्ष की उम्र वाली 30 युवतियाँ दिल्ली के जी.बी. रोड स्थित वेश्यालयों से पकड़ी गयीं। 2 से 3 साल की उम्र के 13 बच्चे इनके साथ थे। इनमें से 5 युवतियाँ गर्भवती थीं।[98] यह घटना शोषण के उस पक्ष की ओर इशारा करती थी जहाँ समाज और राजनीति की नज़र नहीं जाती थी। शादीशुदा महिलाओं को स्थानीय तथा अन्तरप्रान्तीय गिरोहों द्वारा जिस तरह वेश्यालयों में ले जाया जा रहा था, ऐसे में उनकी वन सम्पदा को लूटने से कौन बचा सकता था। लूट दरअसल जंगलों के साथ-साथ वनवासियों की भी हो रही थी।

26 नवम्बर, 1969 को विधायक बडोनी, वन उपमन्त्री कृष्णसिंह, जो उत्तरकाशी के विधायक थे, से लखनऊ में मिले। उन्होंने टिहरी तथा उत्तरकाशी में शीघ्र वन पंचायतों की स्थापना की माँग की। आश्वासन दिया गया।[99] जनवरी 1970 में देहरादून में उत्तर प्रदेश के वनमन्त्री द्वारा आयोजित टिहरी-उत्तरकाशी की जंगलात समस्याओं सम्बन्धी बैठक हुई, जिसमें उप वनमन्त्री कृष्णसिंह, सांसद मानवेन्द्र शाह, इन्द्रमणि बडोनी, प्रेमलाल वैद्य, सुन्दरलाल बहुगुणा, परिपूर्णानन्द पैन्यूली, सम्बन्धित ज़िलों के ज़िलाधिकारी तथा वनाधिकारी तथा अनेक सामाजिक कार्यकर्ता शामिल हुए।

इस बैठक में मसूरी तथा चकरौता को स्थानान्तरित जंगलात कार्यालयों को पुरौला और नौगाँव लाने, मुक़दमों को शीघ्र निपटाने, निःशुल्क इमारती लकड़ी 1961 की जनगणना के आधार पर देने, वन श्रमिक सहकारी समितियों तथा तत्काल हर ज़िले में नमूने की एक-एक समिति का गठन करने, टिहरी-उत्तरकाशी में जंगलात बन्दोबस्त किये जाने और पंचायती जंगलों, जो तब जंगलात विभाग की देखरेख में थे, को शीघ्र वन पंचायतों को सौंपे जाने की माँग की गयी। चौथी पंचवर्षीय योजना में पर्वतीय ज़िलों के जंगलों से होने वाले 404 लाख 46 हज़ार रुपये के व्यय से 68 प्रतिशत वन क्षेत्र तथा 26 मील जंगलात मोटर मार्ग वाले टिहरी गढ़वाल ज़िले में केवल 28 लाख 40 हज़ार ख़र्च होने तथा 61.8 प्रतिशत वन क्षेत्र तथा 696 मील वन मोटर मार्ग वाले नैनीताल ज़िले में 208 लाख 78 हज़ार ख़र्च होने के आँकड़े देकर इसे पक्षपातपूर्ण बताया गया था। जंगलों तथा अपने परिवेश के प्रति नयी पीढ़ी में लगाव पैदा करने हेतु तत्सम्बन्धी विषय पाठ्यक्रम में लगाने का आग्रह किया गया था।[100]

इसी बीच कुछ ज़िलाधिकारियों ने वन पंचायतों से हुई आय को वनों के संवर्द्धन में लगाने की घोषणा की। जैसे पिथौरागढ़ तथा चमोली में 1960 में ज़िला बनने के बाद से 1969 तक सिविल जंगलों से हुई समस्त आय को संवर्द्धन हेतु व्यय करने की स्वीकृति मिली। यह आदेश भी आया कि सिविल जंगलों की आय का 40 प्रतिशत ग्रामसभा, 40 प्रतिशत जंगलात विभाग और 20 प्रतिशत ज़िला परिषद् को प्राप्त होगा। ज़िलाधिकारियों ने यह परिपत्र पंचायतों को भेजा कि वे अपनी राशि का 50 प्रतिशत पंचायती जंगलों में व्यय कर सकते हैं।[101]

इसी बीच एक ओर उत्तराखण्ड के विधायक चन्द्रभानु गुप्त सरकार की 'समाजवादी' तथा 'पर्वतमुखी' नीतियों की प्रशंसा कर रहे थे, दूसरी ओर उत्तराखण्ड विश्वविद्यालय की स्थापना सम्बन्धी उनकी परस्पर विरोधी घोषणाओं का विरोध। गुप्त की सरकार गिर गयी और प्रदेश में भारतीय क्रान्ति दल की चरणसिंह के नेतृत्व वाली सरकार बन गयी। इस सरकार की रुचि पहाड़ों की समस्याओं को समझने में न थी। उत्तराखण्ड के कांग्रेसी विधायकों का लखनऊ की सरकार पर

कोई प्रभाव न था। हालाँकि सरकार के पास सीमान्त ज़िलों से सम्बन्धित विज्ञापन सामग्री थी, जिसे प्रकाशन हेतु समाचार-पत्रों को भेजा गया था।[102]

29 अप्रैल, 1970 को विधानसभा में इन्द्रमणि बडोनी ने बड़े मार्मिक शब्दों में सरकार से कहा कि हमारी जो ज़रूरत है उससे अधिक हम आपसे नहीं माँगते। हमारी माँग केवल आदमियों को ज़िन्दा रखने की है। अन्य अनेक विषयों के साथ उन्होंने जंगल का मुद्दा फिर दोहराया कि हमारे जंगल जर्मनी के जंगलों के बराबर हैं पर जर्मनी की आमदनी हमसे 40 गुना ज़्यादा है। हम यह आमदनी बढ़ा सकते हैं। टिहरी, उत्तरकाशी (पूर्व टिहरी रियासत) की जनता को आज भी जंगलात के उन अधिकारों से वंचित रखा गया है जो शेष कुमाऊँ-गढ़वाल में दिये गये हैं।[103] 20 मई से 20 जून, 1970 तक जयप्रकाश नारायण ग्राम स्वराज्य कोष संग्रह के साथ वर्तमान परिस्थितियों/समस्याओं पर बोलने हेतु टिहरी, पौड़ी, उत्तरकाशी तथा देहरादून के दौरे पर रहे।[104] उधर दिल्ली की एक सभा में प्रधानमन्त्री इन्दिरा गाँधी ने कहा कि उत्तराखण्ड की खुशहाली के लिए शीघ्र क़दम उठाया जायेगा।[105]

उसी माह विधान सभा में भाकपा के गोविन्द सिंह नेगी ने कहा कि पहाड़ों की दर्दनाक गरीबी की उपेक्षा करके हम न जंगलों का वांछित विकास कर सकते हैं और न वन सम्पदा से स्थायी लाभ उठा सकते हैं। ठेकेदारी प्रथा का अन्त, सहकारी समितियों की स्थापना, वन बन्दोबस्त, यातायात की सुविधा, उद्योग धन्धों की स्थापना, बंजर भूमि में वृक्षारोपण और बागवानी की शुरुआत तथा जंगलात विभाग के भीतर मौजूद भ्रष्टाचार को समाप्त करने की माँग की गयी।[106] जंगलात विभाग को उन्होंने सहकारी आन्दोलन का दुश्मन बताया। उन्होंने हिमालय रोजिन एण्ड टरपनटाइन फैक्ट्री रानीबाग, महेश्वर ब्रदर्स रानीबाग तथा कपूर इण्डस्ट्रीज जैसे लीसे का व्यवसाय करने वाले उद्योगों का नाम लिया, जो जंगलात विभाग से लीसा लेकर काले बाज़ार में बेचते हैं। जब खुले बाज़ार में लीसा 220 रु. प्रति क्विंटल था जंगलात विभाग 94.75 पैसा प्रति क्विंटल बेच रहा था।

उन्होंने दशौली ग्राम स्वराज्य मण्डल को लीसा देने में वन विभाग द्वारा की गयी नीचता का उदाहरण दिया था कि किस तरह से 30 मार्च, 1970 को देहरादून से गोपेश्वर को भेजे गये पत्र में 31 मार्च को 300 क्विंटल लीसे का पैसा जमा करने का निर्देश हुआ और संस्था जब तक पत्र पाती तब तक यह लीसा एक ठेकेदार को दे दिया गया।[107] नेगी ने यह भी बताया कि ग्राम सभाओं का लीसा कम रेट पर लिया जाता है। 1969-70 में वक्र चीड़ 1.20 रु. प्रति घन फ़ीट नीलाम किया गया। जबकि यही स्टार पेपर मिल्स को 40 पैसे प्रति घन फ़ीट दिया गया। बाज़ार में सौफ्ट वुड के एक पेड़ का दाम 200 रु. है लेकिन औद्योगीकरण के नाम पर स्टार पेपर मिल्स, राधा रानी ट्रस्ट, सीतापुर प्लाईवुड कम्पनी, प्रकाश ब्रदर्स तथा विमको आदि को एक पेड़ 40 रुपये में दिया जा रहा है। उन्होंने कहा कि वन विभाग जंगलों की दौलत लुटा रहा है और उसका व्यवहार ग्रामीणों के प्रति इतना शत्रुतापूर्ण है कि अब जनता जंगलों को अपना दुश्मन समझने लगी है।[108]

इसी क्रम में विधान सभा में शिवानन्द नौटियाल ने बताया कि जो लीसा 94 रु. 75 पैसे के हिसाब से दिया गया, वह 150 से 200 रु. प्रति क्विंटल तक बिका। इस तरह सरकार को 3,69,59,125 रुपये का नुक़सान हुआ। स्टार पेपर मिल्स सहारनपुर को गढ़वाल तथा कुमाऊँ से 20 साल तक लगातार लकड़ी देने का वचन दिया गया था। संविद सरकार के ज़माने में जब रामचन्द्र विकल वनमन्त्री और ओमप्रकाश उपमन्त्री थे तो हल्द्वानी के पास चीड़ का जंगल कटवाकर इस फैक्ट्री को 20 पैसे प्रति क्यूबिक फ़ीट के भाव से लकड़ी दी गयी, जो बाज़ार में 9 रु. प्रति क्यूबिक फ़ीट बेची गयी। नौटियाल ने निजी व्यापार का ज़िक्र भी किया और बताया कि रामनगर में एक

व्यापारी ने एक जंगल का ठेका 47 हज़ार रुपये में लिया और तुरन्त उसे 1 लाख 17 हज़ार में बेच दिया। समाचार-पत्रों में रपट छपी पर कार्यवाही नहीं हुई। विधायक ने भूमि संरक्षण विभाग को जंगलात विभाग की तरह ही दोषपूर्ण बताया।[109]

28 मई, 1970 को विधान सभा में इन्द्रमणि बडोनी ने वन दिवस पर बड़कोट में प्रस्तुत प्रस्ताव पढ़ा। उन्होंने दैनिक उपभोग तथा ग्रामोद्योग हेतु वनवासियों का जंगल पर पहला हक बताया। 12 करोड़ की आय जिन जंगलों से हर साल हो रही है उन पर बोलने के लिए बहुत कम समय रखने के विरोध में उन्होंने सदन से प्रतीकात्मक बहिर्गमन भी किया।[110] किस तरह उत्तराखण्ड के कतिपय विधायक अपने समाज की मनःस्थिति को उजागर कर रहे थे, इसका अन्दाज़ा उनके वक्तव्यों से प्रकट होता है।

3. 1970 की अलकनन्दा बाढ़

चिपको आन्दोलन के चमोली ज़िले में शीघ्र उभार में 1970 की अलकनन्दा बाढ़ ने निर्णायक योगदान दिया और वहाँ के कार्यकर्ताओं के सामाजिक कर्म के मिज़ाज को बदलने में भी। हिमालय की नदियों में बाढ़ों का सिलसिला नया नहीं था। लेकिन जुलाई 1970 की जैसी बाढ़ बीसवीं शताब्दी में कभी नहीं आयी थी। इसके पीछे अत्यधिक वर्षा या वर्षा का क्षेत्र विशेष में केन्द्रित होना ही न था बल्कि जंगलों का कटना भी था। भट्ट के अनुसार कुल 16,082 एकड़ क्षेत्र में जंगल कटे थे।[111] सड़क निर्माण में अपार डायनामाइट इस्तेमाल कर पहाड़ों को झीला तथा कमज़ोर बनाये जाने के साथ भूगर्भिक कारण इससे जुड़े थे। मई 1970 में अनेक जंगलों में भयंकर आग लगी थी।[112]

अलकनन्दा और उसकी सहायक नदियों में भू-स्खलन और बाढ़ का सिलसिला सदियों से चल रहा था। औपनिवेशिक दस्तावेज़ों के अनुसार 1857 में एक भूस्खलन के कारण नन्दाकिनी नदी 3 दिन तक रुकी रही और फिर इस झील के टूटने से अलकनन्दा में बाढ़ आयी। 1868 में गुदियार ताल में भूस्खलन आने से निकला पानी भी बाढ़ का कारण बना, जिससे पुल, खेत, मकान ही नहीं चमोली के 73 व्यक्ति भी बह गये। सितम्बर 1893 में गौना गाँव के पास बिरही नदी को एक विशाल भूस्खलन ने रोककर एक ताल (4 कि.मी. लम्बा और पाँच कि.मी. चौड़ा) बना दिया और 26 अगस्त, 1894 को इसका बड़ा हिस्सा टूटने से नीचे बिरही और अलकनन्दा-गंगा घाटी में हानि हुई। इसी समय पुराने श्रीनगर का बड़ा हिस्सा बह गया था और अलकनन्दा किनारे के अनेक गाँव भी। पर समय पर सर्वत्र सूचना देने से जनहानि नहीं हुई, जो उस युग के अनुसार आश्चर्यजनक था।[113]

1930 में विष्णुगंगा का पानी बद्रीनाथ में 9 मीटर ऊपर आ गया था। अनेक घर नष्ट हुए थे। इसी तरह रेणी गाँव के पास धौली तथा ऋषिगंगा के संगम से पूर्व ऋषिगंगा में 1967-68 में भूस्खलन से झील बन गयी थी। ऋषि गंगा की इस झील और गौना ताल के टूटने से 19-20 जुलाई, 1970 को अलकनन्दा में असाधारण बाढ़ आयी। बद्रीनाथ मार्ग में हनुमान चट्टी और नीती मार्ग में रेणी से 320 कि.मी. नीचे हरद्वार और पथरी तक इस बाढ़ का प्रत्यक्ष असर पड़ा। 55 मनुष्य, 142 जानवर, 6 मोटर पुल तथा 16 पैदल पुल बह गये। 3 पुल तथा 10 कि.मी. मोटर मार्ग अनुपयोगी हो गया। बाढ़ में 25 बसें, 5 टैक्सियाँ, 10 ट्रक, 101 गाँवों के 604 घर, 513.10 एकड़ खड़ी फ़सल, 47 घराट, 27 गौशालाएँ, 4 लिफ्ट सिंचाई की मशीनें भी बह गयीं। बेलाकूची क़स्बा तथा श्यामनगर (छिनका),

झाड़कुला, कणमीदाणमी, मार्छा आदि गाँव सदा के लिए नष्ट हो गये। 100 कि.मी. नीचे स्थित श्रीनगर का आई.टी.आई. भवन 6 फ़ीट ऊँचे मलबे से घिर गया। ऋषिगंगा का बरीताल, पातालगंगा का चीनाताल और 1894 से शेष गौनाताल मलबे से भर गये। गौनाताल के स्थान पर डेढ़ कि.मी. लम्बे, सात सौ मीटर चौड़े और 100 मीटर मोटे मलवे को 'प्रलय का शिलालेख' कहा गया था।[114]

उस समय की रपटों से पता चलता है कि 2 साल पहले ऋषि गंगा में रेणी से ऊपर एक झील बनी थी। इसके टूटने से रेणी तथा ढाक-तपोवन के आसपास का क्षेत्र बहा था। पाताल गंगा में मोल्टा गाँव के ऊपर 1964 में सेमकुण्डा में पहाड़ के टूटने से आधा मील लम्बी और इतनी ही चौड़ी झील बनी थी। उसके टूटने से पाताल गंगा में पानी बढ़ा। कुँवारी पर्वत में अत्यधिक वर्षा का केन्द्रित होना (पणगोला बनना) और इस पर्वत की भूगर्भिक हलचल इसका कारण था। अलकनन्दा तथा सहायक नदियों के जलग्रहण क्षेत्र के जंगलों का कटान भी इसका एक कारण था।

बाढ़-भूस्खलन से हुई क्षति बहुत ज़्यादा थी। तीर्थ यात्रा का समय होने से मृतक या लापता व्यक्तियों की ठीक संख्या पता नहीं लग सकी। 'नया ज़माना' ने मृतकों की संख्या 600 तक बतायी थी।[115] ऋषिकेश के खामरी गाँव के पास 60 लाशें बहती हुई देखी गयी थीं। इस समय मन्दाकिनी तथा पिण्डर में भी बाढ़ आयी थी। मकानों, मन्दिरों, पुलों तथा खेतों के साथ अपार सरकारी सम्पत्ति नष्ट हुई। मन्दाकिनी के अन्तर्वर्ती क्षेत्र में घर, घराट, पुल तथा सड़कें बह गयीं थीं। उस समय पीपलकोटी-बद्रीनाथ के बीच डेढ़ हज़ार से ज़्यादा तीर्थ यात्री फसे हुए थे। केन्द्रीय मन्त्री भक्तदर्शन तब सड़क मार्ग से चमोली तक और उत्तर प्रदेश के मन्त्री नारायणदत्त तिवारी हेलीकाप्टर से जोशीमठ तक आये। स्थानीय सामाजिक तथा राजनीतिक कार्यकर्ताओं ने ही जगह-जगह जा कर इस प्रलय के परिणामों को विस्तार से सरकार और समाज के सामने रखा।[116]

22 जुलाई, 1970 को काली नदी में भी बाढ़ आयी थी और पंचेश्वर में मन्दिर के प्रांगण के ऊपर तक रेत भर गयी थी।[117] दरअसल तब जौलजीबी से ऊपर काली तथा गोरी नदियों ने रौद्र रूप लिया था।[118] इसी तरह सरयू और पूर्वी रामगंगा ने भी। 12 अगस्त, 1970 को हरसिल की तेलगाड़ में बहने से 10 लोग और 13 सितम्बर, 1970 को उत्तरकाशी के गेवला में भूस्खलन से 6 लोग कालकवलित हुए थे।[119] इसी तरह 17 अगस्त, 1972 को टिहरी गढ़वाल के पिल्खी गाँव में भूस्खलन से 8 लोगों की मृत्यु हुई थी।[120] उस समय ग्रामीण क्षेत्रों के ज़्यादातर समाचार अख़बारों या आकाशवाणी तक नहीं पहुँच पाते थे क्योंकि संवाददाता एक तो बहुत कम थे और दूरस्थ-दुर्गम स्थानों की ओर उनके क़दम नहीं जाते थे।[121] सूचना विभाग से ऐसी उम्मीद न तब थी और न अब है।

इस समय दशौली ग्राम स्वराज्य मण्डल ने सर्वाधिक सक्रियता दिखायी और प्रभावित क्षेत्र के हर गाँव-परिवार तक जाने की कोशिश की।[122] तत्पश्चात् चण्डी प्रसाद भट्ट के संयोजकत्व में चमोली ज़िला राहत समिति बनी और सहायता कार्य को आगे बढ़ाया गया। इस समिति में केदार सिंह फोनिया, नन्दनसिंह सयाणा, कूर्मानन्द डिमरी, शंकरसिंह साह, सुरेन्द्रसिंह लिंगवाल तथा सैनसिंह पाल आदि सदस्य थे।[123] उत्तराखण्ड के अन्य ज़िलों के सामाजिक तथा राजनीतिक कार्यकर्ताओं ने भी सक्रियता दिखायी थी।

भूस्खलनों और बाढ़ ने हिमालय की भूगर्भिक नाज़ुकता को उजागर किया और जंगलों के कटान से इसके रिश्ते की पड़ताल भी हुई। इस साल तवाघाट (पिथौरागढ़) के ऊपर के जंगल, गैवला (उत्तरकाशी) के आसपास के चीड़ के जंगल तथा उत्तरकाशी के डुण्डा क्षेत्र में जंगलों के अलावा खेतों पर खड़े पेड़ ठेकेदार कटवा रहे थे। अलकनन्दा, पिण्डर, सरयू, रामगंगा, गोरी, नयार, जमुना, टौन्स आदि के जलग्रहण क्षेत्रों में अनेक जंगल कटे थे या कट रहे थे।

बाढ़ और भूस्खलन से प्रभावित क्षेत्रों का व्यापक सर्वे करने, पीड़ितों की मदद करने, उजड़ों को बसाने के स्थान पर जंगलात विभाग ने 8 तथा 9 सितम्बर, 1970 को गढ़वाल क्षेत्र के जंगलों की नीलामी देहरादून के टाउन हाल में और कुमाऊँ के जंगलों की नीलामी नैनीताल में आयोजित की।[124] चमोली में वन विभाग की 'जंगली' नीति पर पत्रों ने टिप्पणियाँ प्रकाशित की।[125] 3 दिसम्बर 1970 से भाकपा ने टिहरी तथा उत्तरकाशी ज़िलों में जंगलात की भूमि पर कब्ज़ा करने और जंगलात विभाग के मुनारों को हटाने के आन्दोलन की शुरुआत की। यह माँग भी की गयी थी कि टिहरी तथा उत्तरकाशी में वन पंचायतों की शीघ्र स्थापना हो और फल पट्टी सिर्फ़ भूमिहीनों या कम भूमि वाले पर्वतीय किसानों को ही दी जाय।[126]

18 अक्टूबर, 1970 को 18 दिन राष्ट्रपति शासन में रहने के बाद उत्तर प्रदेश में संयुक्त विधायक दल की सरकार त्रिभुवननारायण सिंह के नेतृत्व में बनी। उत्तर प्रदेश कांग्रेस कमेटी ने गढ़वाल कुमाऊँ के सात ज़िलों की आर्थिक, सामाजिक, प्रशासनिक समस्याओं का गहराई से अध्ययन करके इस क्षेत्र के शीघ्र विकास के सम्बन्ध में एक समिति बनायी। समिति में शुकदेव पाण्डे, एस.पी. काला, बलदेव सिंह आर्य, नारायणदत्त तिवारी तथा पी.एल. रावत थे।[127] इस समिति का फिर क्या हुआ यह पता नहीं चल सका है। कदाचित यह उन अनेक औपचारिक समितियों की तरह रही होगी, जो जन आक्रोश को कम करने के निमित्त गठित की जाती रही थीं, पर जिनके पीछे न पर्याप्त संवेदनशीलता होती थी और न समाधान का इरादा ही।

जब ज़िला चमोली में 100 एकड़ के कस्तूरी मृग प्रजनन केन्द्र की स्थापना होने और इसकी व्यवस्था भारतीय औषधि एवं होम्योपैथ अनुसन्धान संस्था द्वारा की जाने की ख़बर स्थानीय अख़बारों में आ रही थी, तभी चमोली के ज़िला मुख्यालय गोपेश्वर में 500 से अधिक ग्रामीणों ने 4 नवम्बर, 1970 को जंगलात विभाग की 'आततायी नीति' के विरुद्ध प्रदर्शन किया था। रामदयाल सिंह की अध्यक्षता में ग्रामीणों ने जंगलात विभाग द्वारा जनता के साथ किये जा रहे दुर्व्यवहार तथा अन्याय पर अपने विचार रखे। सर्व सम्मति से यह प्रस्ताव पारित हुआ :

> 'हमारे जो प्रथम श्रेणी के सिविल जंगल अब वन विभाग के अधिकार में चले गये हैं, पुनः ज़िलाधिकारी के अधिकार में दे दिये जायँ, क्योंकि वन विभाग के उच्चाधिकारी स्वार्थवश अपने निजी व्यक्तियों को जंगल का नीलाम दिलाकर वन सम्पदा का बुरी तरह अपहरण करवा रहे हैं। जंगल का कच्चामाल जैसे सोख्ता लकड़ी आदि ट्रकों में भरकर पेपर मिलों को भेज रहे हैं, जबकि यहाँ जनता लकड़ी के लिए तड़प रही है। अतः सरकार से निवेदन है कि उक्त जंगलों को वन विभाग के अधिकार से मुक्त कर ज़िलाधिकारी के अधिकार में दे दिया जाय। ताकि जनता वन विभाग की बर्बरता से मुक्ति पा सके।'[128]

प्रस्ताव पारित होने के बाद ग्रामीण जन गाजे बाजे के साथ शान्तिमय जुलूस लेकर ज़िलाधिकारी तथा उप अरण्यपाल के कार्यालय तक गये और उन्हें अपना प्रतिवेदन सौंपा।[129]

पूरे उत्तराखण्ड में वन सम्पदा की लूट और उसका विनाश अपनी पराकाष्ठा पर था। यह तथ्य प्रकाश में आया कि जिन अधिकारियों को चम्बा-मसूरी फल पट्टी में प्लाट मिले थे, वे भी जंगलों के विनाश के साथ अवैध रूप से कद्दूखाल, सुरकण्डा, ननाबासा, जारना तथा काणाताल के बन्द जंगलों में प्रवेश कर काकड़, घुरड़, भालू तथा बारहसिंगा का खुलेआम शिकार कर रहे थे। राष्ट्रीय

सम्पत्ति को बचाने की अपील करते हुए 'युगवाणी' ने लिखा था कि गढ़वाल के जंगल हमारे अमूल्य कोषागार हैं, बूचड़खाने नहीं।[130]

छोटे उद्योगों के लिए जब ज़िलाधिकारी टिहरी ने आमन्त्रण दिया तो सुझाये गये उद्योगों में अधिकांश वन सम्पदा से जुड़े थे। जैसे डिब्बे, खिलौने, खेल का सामान, आरामशीन, रेशम उत्पादन आदि।[131] यह सर्वविदित था कि उत्तराखण्ड के अनेक कुटीर उद्योग न सिर्फ़ स्थानीय ज़रूरत को पूरा करते थे बल्कि उनके माध्यम से पारम्परिक ज्ञान और तकनीक सुरक्षित थी। ये अधिकांश कुटीर उद्योग स्थानीय संसाधनों से जुड़े थे और इनमें अधिकांश जंगल के उत्पाद इस्तेमाल होते थे।

उस समय उत्तराखण्ड में पृथक राज्य को लेकर दो तरह की शक्तियाँ सक्रिय थीं। एक ओर 'पर्वतीय संकल्प' के मार्फत पी.सी. जोशी के सपने का राज्य, दूसरी ओर पूर्व राजा मानवेन्द्र शाह की उत्तराखण्ड पृथक राज्य परिषद् द्वारा अपेक्षित राज्य। बहुत से सम्मेलन इस बीच रामनगर, कोटद्वार, अलमोड़ा, देहरादून, गोचर, उत्तरकाशी, बागेश्वर और फिर दिल्ली में हुए लेकिन उत्तराखण्ड के प्रत्यक्ष शोषण—विशेष रूप से जंगलात—के प्रश्न इन सम्मेलनों में गहराई से प्रस्तुत नहीं हो सके।

अलग-अलग विचारधाराओं, दलों और गुटों के नेताओं ने कुमाऊँ-गढ़वाल के प्रश्नों को अपने-अपने अन्दाज़ में उठाया पर ये सभी अन्दाज़ या तो अपूर्ण जानकारी पर आधारित थे या भावना प्रधान थे। उत्तराखण्ड की असली पड़ताल का प्रयास नहीं हो सका था। शिवानन्द नौटियाल जैसे जानकार विधायक ने उत्तर प्रदेश की स्थायी नियोजन समिति में कहा कि प्रदेश शासन द्वारा पिछले 23 सालों में गढ़वाल के साथ अन्याय किया गया है। उन्होंने एक विस्तृत पत्र में तथ्य पेश किये तो वास्तविकता पता चली। उन्होंने 1969-70, 1970-71, तथा 1971-72 के व्यय का विवरण दिया था। जिससे स्पष्ट था कि पिथौरागढ़, अलमोड़ा तथा नैनीताल के मुक़ाबले चमोली, उत्तरकाशी, पौड़ी, टिहरी तथा देहरादून हेतु आवंटित राशि कम थी। उन्होंने आवंटन को पिछड़ेपन के आधार पर दिये जाने का आग्रह किया।[132] लेकिन उन्होंने भी सिर्फ़ अपने हिस्से का उत्तराखण्ड इसमें ढूँढ़ा था। कुमाऊँ के तीन ज़िलों के दूरस्थ-दुर्गम क्षेत्रों में पिछले बजटों में क्या गया इसे जानने का अवकाश उन्हें भी न था।

26 नवम्बर 1970 को पर्वतीय विकास परिषद् से केन्द्रीय शिक्षा राज्यमन्त्री तथा गढ़वाल के सांसद भक्तदर्शन ने त्यागपत्र दे दिया और पर्वतीय विकास परिषद् को सामर्थ्यहीन बताया।[133] असन्तोष तरह-तरह से फूट रहा था। टिहरी ज़िला कांग्रेस की 10 अप्रैल 1971 को आयोजित बैठक में खुशाल सिंह रांगड़ ने वनाधिकारियों द्वारा लीसे का कोटा ज़िले से बाहर दिये जाने को निन्दनीय बताया और माँग की कि टिहरी ज़िले के निवासियों को लीसा उद्योग हेतु कोटा देने में प्राथमिकता मिलनी चाहिए। फलपट्टी योजना की भूमि को बोली द्वारा नीलाम न करके भूमिहीनों/कमज़ोर वर्गों में बाँटने की माँग की गयी।[134]

उन्हीं दिनों पौड़ी स्थित मोहन एण्ड मोहन नामक तारपीन तथा विरोजा उद्योग को अलमोड़े से 15 दिन के अन्दर लीसा उठाने का आदेश हुआ।[135] उधर उत्तरकाशी के महासू, रुद्रेश्वर तथा कोटी मन्दिर से मूर्तियों की चोरी का मामला सामने आया।[136] 11 जून, 1971 को महासू की मुख्य मूर्ति की चोरी हुई।[137] जंगलात विभाग तथा ठेकेदारों की मिलीभगत के अनेक समाचार 'युगवाणी', 'कर्मभूमि', 'शक्ति' तथा 'पर्वतीय' में निरन्तर प्रकाशित होते रहते थे। लीसे के अनियन्त्रित दोहन के दुष्परिणाम भी प्रस्तुत किये जाते रहे थे। पुरौला रेंज के ठडुंगा जंगल में लीसा निकालने का ठेका 1969 हेतु दिया गया था पर वहाँ से लीसा 1968 से 1971 तक लगातार निकाला जाता रहा था। 'एक ओर चाँदी

के जूतों से मुँह बन्द करने वाले अधिकारी, दूसरी ओर 'धन पशुओं' को वन सम्पदा की अपार लूट करने की छूट' जैसे शीर्षकों से जन आक्रोश प्रकट हो रहा था।[138]

उत्तराखण्ड में प्रकट हो रहे आक्रोश को शान्त करने के लिए बहुत जल्दी बदल रही प्रदेश सरकार ने उपाय ढूँढ़ने शुरू किये। पहले स्थापित पर्वतीय विकास परिषद् के साथ मार्च 1971 में 25 लाख रुपये की पहली किश्त देकर (कुल पूँजी 2 करोड़ रुपये) पर्वतीय विकास निगम नाम से एक पंजीकृत कम्पनी शुरू की गयी।[139] इसके साथ ही वन विभाग ने विश्वबैंक से 10 करोड़ रुपये का ऋण प्राप्त कर प्रदेश के पहाड़ी तथा तराई क्षेत्र के जंगलों के विकास के लिए पर्वतीय वन विकास निगम की स्थापना की घोषणा की। इसके अन्तर्गत ठेकेदारों को हटाने, लीसा टिपान हेतु हर दस हज़ार पेड़ पर एक स्थानीय आदमी रखने तथा उत्पादन बढ़ाने आदि की बात की गयी थी।[140]

दूसरी ओर 1971 की वर्षा शुरू होते ही (जून 8 से 15 तक) अलकनन्दा में पुनः बाढ़ आयी और नन्दाकिनी, विरही, गरुड़ गंगा के पुल टूट गये। अकेले नन्दप्रयाग-घाट क्षेत्र में 7 ग्रामीण तथा 600 पशु काल कवलित हुए थे और 1000 हज़ार से अधिक मकान, गोशालाएँ तथा 500 एकड़ भूमि नष्ट हो गयी। अधिकांश मार्ग अवरूद्ध हो गये। श्रीनगर को फिर ख़तरा पैदा हो गया था। मन्दाकिनी घाटी में 15 गाँव धँस रहे थे। उनियारा गाँव में 5 लोग मारे गये थे। उखीमठ तहसील में मकानों के गिरने से 350 बकरियाँ मर गयीं। अभी पिछले साल के विनाश के चिन्ह पूरी अलकनन्दा घाटी में मौजूद थे।[141] जुलाई में उत्तरकाशी के मातली बगड़ में और पिथौरागढ़ की रामगंगा घाटी में बाढ़ आयी।[142] प्रदेश सरकार ने भूस्खलन, बाढ़ और इससे जनित अन्य विपदाओं के निदान हेतु न्यूनतम कार्य भी नहीं किया था। संयुक्त विधायक दल की सरकार में उत्तराखण्ड के किसी विधायक को उपमन्त्री तक का पद नहीं दिया गया था। दूरस्थ क्षेत्रों में जंगलों तथा वन्य जीवों का धड़ल्ले से विनाश हो रहा था। उत्तरकाशी ज़िले के फतेहपर्वत क्षेत्र से अनधिकृत रूप से दंदासा (अखरोट का छिलका), गुच्छियाँ (चू) तथा छेमी की लूट हो रही थी और कस्तूरा मृग मारने हेतु 200 से 260 रु. दिये जा रहे थे। एक कस्तूरे की नाभि में लगभग 5 तोला कस्तूरी निकलती थी और उसका दाम कम से कम 1000 रु. प्रति तोला तो मिल ही जाता था। असली लाभ बिचौलिए तथा कतिपय नौकरशाह ले रहे थे। इसी तरह की लूट पिण्डर, सरयू तथा पूर्वी रामगंगा की घाटी में हो रही थी।[143]

उत्तराखण्ड के सर्वोदयी तथा अन्य सामाजिक कार्यकर्ता जंगलात पर आधारित कुटीर उद्योग लगाने की कोशिश कर रहे थे। 24 जून, 1971 से उत्तरकाशी में गंगोत्री ग्राम स्वराज्य संघ की लीसा फैक्ट्री ने कार्य करना शुरू किया।[144] इसी समय दशौली ग्राम स्वराज्य मण्डल की लीसा इकाई स्थापित हुई तथा कुछ अन्य इकाइयाँ भी।[145] जैसे बेरीनाग ग्राम स्वराज्य मण्डल (उडयारी, पिथौरागढ़), कत्यूर ग्राम स्वराज्य मण्डल (गरुड़, अलमोड़ा), ताकुला ग्राम स्वराज्य मण्डल (सोमेश्वर, अलमोड़ा), पर्वतीय ग्राम स्वराज्य मण्डल (जयन्ती, अलमोड़ा), मनोरा ग्राम स्वराज्य मण्डल (रानीबाग, नैनीताल) तथा उत्तर प्रदेश गाँधी स्मारक निधि, ग्वालदम। इनमें से हरेक इकाई को खादी ग्रामोद्योग कमीशन द्वारा 36 हज़ार का ऋण, 36 हज़ार का अनुदान तथा 2 लाख की कार्यपूँजी दी गयी थी।[146]

25 जुलाई, 1971 को टिहरी में सरला बहन ज़िला सर्वोदय मण्डल द्वारा आयोजित गोष्ठी में कह रही थी कि मानव जाति का भविष्य जंगलों पर निर्भर है और वनाधारित उद्योग ही खेती पर दबाव घटा सकते हैं। वन नीति में इस तरह परिवर्तन होना चाहिए कि इस सम्पदा का लाभ जंगलों के पास रहने वाली जनता को मिल सके। उन्होंने कहा कि वन विनाश का बाढ़ों से भी सम्बन्ध है और टिहरी में नैनीताल तथा अन्य नगरों की दरों पर कोयला और इमारती लकड़ी मिलनी चाहिए।

तब पूरा उत्तराखण्ड दो अन्य विषयों और उनसे जनित जन चेतना और प्रत्यक्ष कार्यवाही से घिरा था। ये विषय उत्तराखण्ड राज्य तथा विश्वविद्यालय स्थापना से सम्बन्धित थे।

25 जुलाई, 1971 को ही देहरादून में 200 से अधिक पर्वतीय जनों ने पृथक पर्वतीय राज्य आन्दोलन के सिलसिले में एक विशेष गोष्ठी का आयोजन किया था, जिसमें जीतसिंह नेगी, दयाशंकर भट्ट, प्रतापसिंह नेगी, नारायणदत्त सुन्दरियाल, सुशीलकुमार निरंजन, राधाकृष्ण कुकरेती, जयलाल सिंह, कमलादत्त बहुगुणा, कृपालसिंह रावत सहित अनेक लोगों ने भाग लिया और श्रीदेव सुमन को श्रद्धांजलि देते हुए राज्य आन्दोलन तेज़ करने हेतु आगामी अक्टूबर में सम्मेलन करने का निर्णय लिया।[147] 24 अक्टूबर 1971 को देहरादून में उत्तराखण्ड पर्वतीय राज्य सम्मेलन हुआ,[148] जिसमें पी. सी. जोशी भी आये थे और उन्होंने उत्तराखण्ड सम्बन्धी अपना नज़रिया प्रस्तुत किया था।

26 जुलाई, 1971 से श्रीनगर, कीर्तिनगर बन्द के साथ गढ़वाल विश्वविद्यालय के लिए आन्दोलन का फैलाव हुआ। यह आन्दोलन 19-20 अगस्त को श्रीनगर में विराट सम्मेलन, संघर्ष समिति के गठन, जगह-जगह बन्द आयोजन और 29 अगस्त को पौड़ी में अनेक गिरफ़्तारियों के बाद 16 सितम्बर को 'चार गढ़वालों' (पौड़ी, टिहरी, चमोली तथा उत्तरकाशी) में पूरे तथा देहरादून में आंशिक बन्द तक पहुँचा। इस आन्दोलन में सर्वत्र जबर्दस्त हिस्सेदारी रही और आन्दोलन के नेताओं (मनमथन तथा कुंजबिहारी नेगी) को गिरफ़्तार कर रामपुर जेल भेजा गया।[149]

इन दो आन्दोलनों के बीच, जिनमें से एक उत्तराखण्ड राज्य और दूसरा गढ़वाल के लिए विश्वविद्यालय की स्थापना पर केन्द्रित था, 6 तथा 7 सितम्बर, 1971 को टिहरी वृत्त के टिहरी, उत्तरकाशी, यमुना, टौन्स तथा चकराता वन खंडों के जंगलों की 1971-72 हेतु चीड़, साल, बाँस, दोपर, अदना पैदावार की नीलामी भी देहरादून में हुई। दूसरी नीलामी नैनीताल में आयोजित हुई। इस बीच कुमाऊँ विश्वविद्यालय का आन्दोलन भी जन्म ले चुका था।

इस समय अत्यन्त छोटा सर्वोदयी समूह और अन्य सामाजिक कार्यकर्ता एक ओर टिहरी तथा गढ़वाल के शराब व्यापारियों के द्वारा शराबबन्दी के विरुद्ध जुलाई 1971 में दायर की गयी याचिका के विरोध में प्रार्थना-पत्र प्रस्तुत कर रहे थे। इस हेतु सर्वोदय कार्यकर्ता सुरेशराम भाई तथा सुन्दरलाल इलाहाबाद गये थे और उन्होंने कहा था कि नशाबन्दी का जारी रहना अत्यन्त आवश्यक है।[150] दूसरी ओर कहीं-कहीं जनता और छात्र टिंचरी पर निगाह रख रहे थे—जैसे सरस्वती इण्टर कॉलेज लम्बगाँव के छात्र, अध्यापकों ने इस तरह के काम किये।[151] इस समय पर्वतीय विकास परिषद् पर भी शराबबन्दी समाप्त करने का दबाव पड़ा था। मुख्यमन्त्री कमलापति त्रिपाठी को यह सुझाव दिया गया था कि पर्यटन हेतु यह ज़रूरी है और वे इससे सन्तुष्ट भी हो गये थे। ऐसा विभिन्न सरकारों के द्वारा आगामी दशकों में लगातार होता रहा।

उधर गोपेश्वर में इन सबसे भिन्न प्रदर्शन 22 अगस्त, 1971 को हुआ, जब गाँव-गाँव से गाजे-बाजे के साथ हज़ारों ग्रामीण गोपेश्वर आये। यह राज्य या विश्वविद्यालय हेतु नहीं वरन् शराबबन्दी, अस्पृश्यता निवारण तथा वन सम्पदा को स्थानीय उद्योगों के लिए दिये जाने की स्पष्ट माँगों के समर्थन में था। इसमें 80-80 साल की वृद्धाएँ और कन्धों और पीठ में छोटे बच्चों को बिठाकर आयीं माताएँ भी थीं। इस जुलूस का एक छोर गोपेश्वर मन्दिर पर और दूसरा मोटर सड़क के चौराहे पर था। जुलूस ज़िलाधिकारी के निवास की ओर बढ़ता गया और जनता ने अफ़सरों को प्रतिवेदन देते हुए कहा कि हमारे लखनऊ में बैठे प्रतिनिधि बेकार हो गये हैं, इसीलिए हमें अपना उद्धार करने स्वयं आना पड़ रहा है। जुलूस फिर एक आम सभा में बदल गया, जिसकी अध्यक्षता

ज़िला सर्वोदय मण्डल के अध्यक्ष चिरंजीलाल भट्ट ने की। सभा में चण्डी प्रसाद भट्ट ने ग्रामीणों का आह्वान किया कि वे हर अन्याय का अहिंसक ढंग से प्रतिकार करें। जंगीलाल शाह बन्धु, धनंजय भट्ट, मुरारीलाल, कूर्मानन्द डिमरी, श्याम सिंह राणा तथा उत्तर प्रदेश सर्वोदय मण्डल के अध्यक्ष कृष्णानन्द ने जनसमूह को सम्बोधित किया। माँग पत्र में तीन स्पष्ट बातें थीं :

1. बदरी केदार की धरती में शील, संयम और सदाचार को चौपट करने वाली शराब नहीं रहनी चाहिए। सरकार कानून में संशोधन करे और गाँधी का मज़ाक़ उड़ा कर दारु का प्रचार करने वालों को कड़ा दण्ड दे।

2. संविधान ने छुआछूत समाप्त किया है परन्तु समाज में वह ज्यों का त्यों है। बदरी-केदार मन्दिरों में भले ही शिल्पकारों का प्रवेश हो जाय पर गाँव के देवता अभी उनसे रूठे हैं। अतः यह भेदभाव समाप्त हो।

3. पहाड़ों की धरती पर खड़े चीड़, कैल, देवदार के पेड़ों और दूसरी वन सम्पदा को हमने अपने बच्चों की तरह पाला है। इनको हमसे छीना जाता है। लीसा बरेली की फैक्ट्री में और लकड़ी हरद्वार की मण्डी में चली जाती है। इन जंगलों से प्राप्त कच्चे माल पर अपनी रोजी के लिए पहला हक हमारा है। अब तक होने वाली मनमानी लूट को हम सहन नहीं करेंगे। जंगल के संसाधनों के इस्तेमाल का पहला हक हमारा है।

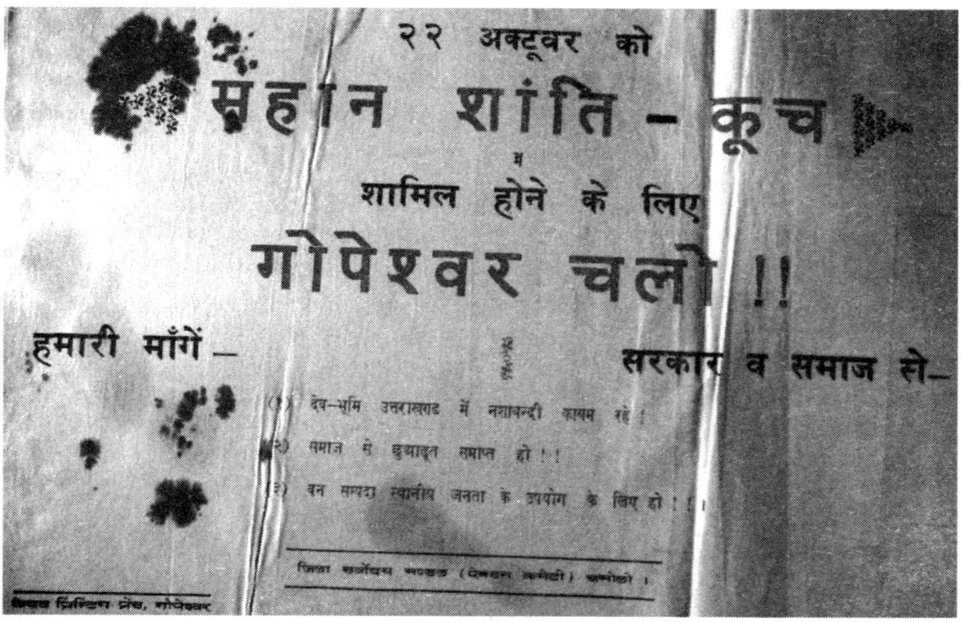

22 अक्टूबर, 1971 का पोस्टर

गोपेश्वर में ही अगले दिन सरला बहन ने महिलाओं की एक विशाल जनसभा को इन्हीं मुद्दों को लेकर सम्बोधित किया। यह गोपेश्वर में महिलाओं की उस दौर की कदाचित् पहली सभा थी, जिसमें प्रमुख मुद्दों को सबल तरीके से उठाया गया था।[152]

मुख्यमन्त्री कमलापति त्रिपाठी ने एक ओर शराबबन्दी हेतु सर्वोच्च न्यायालय में जाने की बात कही, दूसरी ओर शराब की दुकानें खुलवा दीं। इसके विरोध में 22 अक्टूबर, 1971 को गोपेश्वर में विशाल शान्ति मार्च का आयोजन हुआ और 8 नवम्बर, 1971 से सुन्दरलाल बहुगुणा टिहरी में अनिश्चितकालीन भूख हड़ताल पर बैठ गये।[153] तब श्रीदेव सुमन की माँ ने चम्बा तथा बादशाही थौल में धरना दिया था और बुद्धिसागर, विद्यासागर नौटियाल तथा विमला बहुगुणा की माँ रत्ना नौटियाल ने टिहरी नगर में।[154] पूरे उत्तराखण्ड में फिर नशाबन्दी के पक्ष में आन्दोलन खड़ा हो गया। विधायक इन्द्रमणि बडोनी, संयोजक मद्यनिषेध समिति, रामप्रवेश शास्त्री तथा मन्त्री उत्तर प्रदेश सर्वोदय मण्डल के संयोजक चण्डी प्रसाद भट्ट की ओर से लोकसभा, राज्य सभा, विधान-सभा तथा प्रदेश सरकार से निवेदन किया गया था कि नशाबन्दी पूर्ववत लागू रहे।[155]

इसी के साथ टिहरी में 80 स्त्री-पुरुष बच्चे गिरफ़्तार किये गये। भवानी भाई को 25 नवम्बर को गिरफ़्तार कर लिया गया। घनश्याम रतूड़ी तथा चण्डी प्रसाद भट्ट के नाम वारण्ट जारी था।[156] वे कुछ दिनों तक भूमिगत बने रहे और अन्ततः दोनों ही गिरफ़्तार हो गये और एक ही हथकड़ी दोनों के हाथ में लगायी गयी। इस सम्बन्ध में 5 जनवरी 1972 को इन्द्रमणि बडोनी ने विधानसभा में भाषण दिया था।[157]

प्रदेश के वनमन्त्री अजितप्रताप सिंह के नाम खुले पत्र 'कुमाऊँ-उत्तराखण्ड के जंगलों में हो रही लूट-खसोट बन्द क्यों नहीं हो रही है?' में कहा गया था कि वन विभाग के अधिकारियों ने बड़कोट के जंगलों से लीसा निकालने का ठेका पंजाब तथा दिल्ली के व्यापारियों को रायल्टी लेकर दे रखा है और यह लीसा दिल्ली तथा पंजाब जाता है। हमारे सांसद, नेता सरकार से आग्रह कर रहे हैं कि आई.टी.आर. को लीसा न देकर पर्वतीय सहकारी समितियों को दें। इसकी जाँच सी.बी.आई. द्वारा की जाय।[158]

मार्च 1972-73 में बजट माँगों पर बोलते हुए पिथौरागढ़ के विधायक हीरा सिंह बोरा ने बताया था कि पहाड़ की लकड़ी 40 पैसे प्रति घन फ़ीट के भाव से सहारनपुर के स्टार पेपर मिल्स को मिलती है जबकि यहाँ 5 रु. प्रति घन फ़ीट भी नहीं मिलती है। उन्होंने इसे रोकने का तथा पहाड़ों में ही पल्प बनाने का उद्योग शुरू करने का आग्रह किया था। बोरा ने भारत सरकार से यह आग्रह किया था कि वह केन्द्र में 'हिमालय सैल' खोलें ताकि हिमालय के मामलों पर अलग से नज़र रखी जा सके।[159] 6 मई, 1972 को प्रधानमन्त्री श्रीमती गाँधी की उपस्थिति में अलमोड़ा में एक विकास गोष्ठी हुई थी। गोष्ठी में वन विभाग के बारे में स्वयं मुख्यमन्त्री कमलापति त्रिपाठी ने कहा था :

> 'यहाँ लाखों रुपयों का लीसा प्रतिवर्ष पैदा होता है, पर इससे यहाँ के लोगों को लाभ नहीं होता है। इसकी वजह से हमारे पेड़ों को क्षति पहुँच रही है और पेड़ भी कट रहे हैं। सम्पत्ति का नुक़सान भी हो रहा है। वन विभाग के ऊपर स्वराज्य का कोई असर नहीं हुआ...दुनिया बदल गयी है, वन विभाग को भी बदलना चाहिए'।[160]

लेकिन स्वयं प्रधानमन्त्री या मुख्यमन्त्री ने तत्काल जंगलात विभाग को बदलने का कोई प्रयास नहीं किया। सरकार स्वयं तो जंगलात के बाबत बदल नहीं रही थी पर अपने एक विभाग से बदलने की अपेक्षा कर रही थी।

'युगवाणी' के एक लेख[161] में बताया गया था कि जून 1966 में श्रीमती गाँधी के उत्तराखण्ड के दौरे के समय स्टार पेपर मिल्स को 20 साल के लिए 38 हज़ार टन लकड़ी एलॉट की जा चुकी थी।

आई.टी.आर. बरेली को साढ़े चार लाख मन लीसा जाता था और जयपुर की गोलचा कम्पनी को सॉफ्ट स्टोन का एलॉटमैण्ट था परन्तु 1966 के बाद सरकारी जंगलों तथा ग्राम पंचायतों के जंगलों का 50 हज़ार क्विंटल लीसा पी.सी.एफ. लखनऊ तथा पूँजीवालों के नाम कर दिया गया। तराई-भाबर के जंगल बिरला के, मैग्नासाइट की खानें टाटा के हवाले तथा सिर्फ़ नैनीताल के तराई-भाबर क्षेत्र की कुल 50 हज़ार एकड़ ज़मीन उत्तर प्रदेश से बाहर के लोगों के नाजायज़ कब्ज़े में दे दी थी। लगभग 72 हज़ार एकड़ भूमि उत्तर प्रदेश के उच्च अधिकारियों ने अपने बाल बच्चों और रिश्तेदारों के नाम 100 से 500 एकड़ तक के फार्मों में कर दी थी।[162]

पर्वतीय परिषद् के एक निवेदन में इन्द्रमणि बडोनी, हरिसिंह, मेहरबान सिंह, शूरवीर सिंह पवार तथा गोपेश्वर कोठियाल ने राज्य स्थापना के लिए आन्दोलित होने की अपील में लिखा था :

> 'विकास के नाम पर खर्चा किये जाने वाला रुपया स्वार्थी लोगों की जेब में जा रहा है। शिक्षित युवक बेकार घूम रहे हैं। शिक्षकों के पद खाली पड़े हैं। नदी समीप बह रही है पर खेत सिंचाई के लिए तरस रहे हैं। कहीं उद्यान हैं तो यातायात की कठिनाई है। वन सम्पदा की बिचौलियों द्वारा लूट मची है, तो वन के निकटवर्ती गाँव का आदमी लकड़ी के लिए तरस रहा है। विधान सभा में विधायकों की संख्या समुद्र में पानी की बूँद के समान है। भ्रष्टाचार का चारों ओर बोलबाला है। महँगाई अलग है'।[163]

इस बीच बांगला देश मुक्ति संग्राम तथा पश्चिमी सीमा में लड़े गये युद्ध ने देश का ध्यान खींचा हुआ था। अनेक सैनिक इस युद्ध में शहीद हुए थे और दुखद सूचनाएँ उत्तराखण्ड के गाँवों में आ रही थीं। इसके बाद हुए संसदीय चुनाव में सभी कांग्रेसी उम्मीदवार जीते थे। इस बार अलमोड़ा-पिथौरागढ़ से नरेन्द्रसिंह बिष्ट, गढ़वाल से प्रतापसिंह नेगी, देहरादून से मुल्कराज सैनी, नैनीताल से कृष्णचन्द्र पन्त तथा टिहरी से परिपूर्णानन्द पैन्यूली संसद सदस्य बने थे। टिहरी से पहली बार राजपरिवार का सदस्य जीत नहीं पाया था। यह मानवेन्द्र शाह की संसदीय चुनाव में अकेली हार थी और उन्हें प्रजामण्डल के सदस्य तथा उस दौर के रियासती आन्दोलन के एक नायक परिपूर्णानन्द पैन्यूली ने पराजित किया था।[164]

15-16 अगस्त 1972 को श्रीनगर में आयोजित छात्र तथा युवाओं के सम्मेलन (जिसका कृष्णानन्द मैठाणी तथा वीरेन्द्र पैन्यूली ने आयोजन और सुन्दरलाल बहुगुणा ने उद्घाटन किया था) में सरकार द्वारा जंगलों के वरदान को अभिशाप बनाने हेतु प्रदेश सरकार की कड़ी आलोचना की गयी थी।[165] यह जंगल सम्बन्धी चेतना का कार्यकर्ताओं से युवाओं के बीच जाने का स्पष्ट संकेत था।

कुमाऊँ जंगलात जाँच समिति की रपट के सरकार को दिये जाने के 12-13 साल बाद भी उन सुझावों में से किसी महत्त्वपूर्ण या निर्णायक सुझाव का पालन नहीं किया गया था। सरकार की नीति पहाड़ों में सही विकास न स्वयं करने की थी और न ही उसकी दिलचस्पी स्थानीय संस्थाओं के सकारात्मक कार्यों में मदद करने में थी। गढ़वाल मण्डल स्थापना, विश्वविद्यालय स्थापना, या सबसे ज़्यादा पृथक उत्तराखण्ड राज्य आन्दोलन की सुगबुगाहट की वजह से कुछ कार्य बचाव में किये गये। जैसे पर्वतीय विकास परिषद्, पर्वतीय विकास निगम या बाद में विश्वविद्यालयों की स्थापना। भारत या प्रदेश सरकार की दरअसल न देश के विकास में गहन दिलचस्पी थी, न ही क्षेत्रों के। सरकारों के निरन्तर बदलने और स्थानीय विधायकों के प्रभावहीन होने के कारण उत्तराखण्ड तो जैसे उत्तर प्रदेश सरकार के एजेण्डों से ही बाहर कर दिया गया था।

इस समय उत्तराखण्ड में ग्राम स्वराज्य आन्दोलन से विकसित समूहों ने अनेक श्रम सहकारी संगठन खड़े किये थे, जिनमें प्रत्यक्ष श्रम को सम्मान देने के अलावा स्थानीय लोगों को सहकारी संगठन से जोड़ने और अपनी परिस्थिति आप बदलने का महत्त्वपूर्ण भाव भी था। प्रदेश सरकार ने न इन संस्थाओं के कार्यकलाप जानने का प्रयास किया और न इनके आवेदनों पर गौर किया। 20 मई, 1972 को जब उत्तराखण्ड के पंचायती जंगलों के लिए शिड्यूल डिस्ट्रिक्ट एक्ट 1874 के अन्तर्गत 1931 से प्रचलित नियमावली को निरस्त कर भारतीय वन एक्ट 1927 की धारा 28 के अधीन नयी नियमावली प्रकाशित की गयी तो इसे पर्वतीय जनता के प्रति विश्वासघात बताया गया। अनेक प्रतिवेदन इस समय सरकार को भेजे गये। कुमाऊँ वन पंचायत समिति रानीखेत के अध्यक्ष दौलतसिंह नेगी ने मुख्यमन्त्री तथा सम्पादकों के नाम पत्र भेजकर कहा कि पंचायतों के अधिकार छीनकर जंगलात विभाग की झोली में डाल दिये गये हैं। इस नियमावली को फिलहाल स्थगित कर एक स्वतन्त्र वन पंचायत अधिनियम बनाने का अनुरोध किया गया था।[166]

पहाड़ों के एक महत्त्वपूर्ण कच्चे माल लीसे को लेकर 1972 के अन्त में सुन्दरलाल बहुगुणा ने प्रदेश सरकार की पक्षपात तथा स्वयं को हानि पहुँचाने की नीति को उजागर किया था। बताया था कि 1967-68 में सरकारी शेयर वाली लिमिटेड आई.टी.आर. कम्पनी को 86 रु. 75 पैसा प्रति क्विंटल की दर से 1,34,621 क्विंटल लीसा दिया गया जबकि लीसे का सामान्य बाज़ार भाव 146 रु. प्रति क्विंटल था। फैक्ट्री ने अपने लाभ में से मात्र 86 पैसा प्रति क्विंटल सरकार को दिया। इस प्रकार सरकार ने लगभग 80 लाख रुपये का घाटा खाया। दूसरी ओर लीसा मज़दूरों को 20 से 30 रु. प्रति क्विंटल गढ़ान दिया जाता है। उनकी मेहनत से निकाले गये लीसे को गलाने के लिए केवल 10 रुपये की पूँजी लगाने वाले को 1971-72 में साड़े सात रुपया मुनाफा दिया गया। इस तरह आई.टी.आर. की 17 लाख 75 हज़ार हिस्सा पूँजी पर 14 लाख 16 हज़ार 265 रु. मुनाफ़ा बाँटा गया। बिरोजे के बढ़ते हुए भावों का मज़दूरों की मज़दूरी पर कोई फ़र्क नहीं पड़ा लेकिन आई.टी.आर. कम्पनी को जहाँ 1969 में केवल 4 लाख 7 हज़ार रु. का लाभ हुआ था वहीं 1971 में यह 80 लाख 94 हज़ार रु. हो गया। इस समय (1972) पहाड़ की लीसा इकाइयों को लीसा 220 रु. प्रति क्विंटल की दर से मिलता था और बरेली आई.टी.आर. को 170 रु. प्रति क्विंटल।[167]

1972 में अलमोड़ा कॉलेज छात्रसंघ के अध्यक्ष शमशेर बिष्ट चुने गये और छात्र राजनीति में एक नये युग की शुरुआत हुई।[168] 15-16 दिसम्बर, 1972 को अलमोड़ा कॉलेज के हड़तालरत छात्रों ने पर्वतीय विश्वविद्यालय की स्थापना के साथ यह माँग की कि पर्वतीय क्षेत्रों का कच्चा माल इसी क्षेत्र में इस्तेमाल हो और सिर्फ़ तैयार माल ही बाहर जाये।[169] छात्रों की ओर से प्रस्तुत यह पहली माँग थी, जिसमें विश्वविद्यालय की माँग के साथ एक अत्यन्त महत्त्वपूर्ण मुद्दे को जोड़ दिया गया था। जंगलात विभाग के झूठ को उत्तराखण्ड के सामान्य कार्यकर्ता लगातार पकड़ते रहे थे। जनवरी 1973 में अरण्यपाल टिहरी वृत्त द्वारा उस क्षेत्र में लीसा घावों की जो संख्या बतायी थी उसे ग्राम सभा ठकाड़ा, पट्टी कमलसिराईं, उत्तरकाशी के प्रधान कृपालसिंह कैएड़ा ने चुनौती दी थी कि वह एक चौथाई से भी कम दिखायी गयी है। जिसमें सरकार को 25-30 लाख रुपये का घाटा रहेगा, क्योंकि सरकारी ख़जाने में तो सिर्फ़ दिखाये गये घावों का पैसा जायेगा।[170] इस सबके दबाव से प्रदेश सरकार ने कुछ करने का भाव प्रकट किया। इस क्रम में गढ़वाल आयुक्त कुसुमलता मित्तल ने 27 दिसम्बर, 1972 को पौड़ी में एक बैठक में यह प्रस्ताव पारित कराया कि इस क्षेत्र के कच्चे माल– लीसा, बाबड़, बाँस, लकड़ी, गौंद, लघु वनस्पतियों तथा खनिज आदि उत्पादों के कम से कम 50

प्रतिशत का इस पंचवर्षीय योजना के अन्त तक उत्पादनों हेतु यहीं इस्तेमाल हो। आगामी 5 वर्षीय योजना में 75 प्रतिशत यहीं हो, पर ऐसा हो नहीं सका।[171]

17 दिसम्बर, 1972 को पृथक् उत्तराखण्ड राज्य के निर्माण हेतु टिहरी में आयोजित उत्तरांचल परिषद् के वृहद् सम्मेलन में उक्त सरकारी नीति का सन्दर्भ स्पष्टता से प्रस्तुत हुआ था। विद्यासागर नौटियाल के प्रस्ताव में प्राकृतिक सम्पदा का जानबूझ कर विनाश करने, पूँजीपतियों के लाभ के लिए दोहन करने, चीड़ के पेड़ों से क्रूर ढंग से लीसा निकालने, स्थानीय श्रम सहकारी समितियों को सहयोग न देने और जंगल के साथ-साथ ज़मीन हड़पने के लिए सरकार को ज़िम्मेदार माना गया था। उत्तराखण्ड की जनता के प्रति न्याय और प्रशासन की दृष्टि से सरकार के पस्त हो जाने का ज़िक्र करते हुए कहा गया था कि उच्च न्यायालय, महालेखाकार तथा हाईस्कूल, इण्टर शिक्षा बोर्ड इलाहाबाद में हैं, औद्योगिक मामले कानपुर और ग़ाज़ियाबाद से संचालित होते हैं तथा प्रशासन उस लखनऊ से जहाँ 52 ज़िलों के राज्य सचिवालय ने एक बड़े पागलखाने का रूप धारण कर लिया है। ज़िला प्रशासन भी नियम-कानूनों से नहीं अफ़सर की भलमनसाहत या मर्ज़ी से चल रहे हैं। इस सम्मेलन में उत्तराखण्ड के सामाजिक, सांस्कृतिक, आर्थिक, राजनीतिक तथा प्रशासनिक मामलों पर बहुत गम्भीर चर्चा हुई थी।[172]

15 दिसम्बर, 1972 को पिथौरागढ़ में छात्रों के शान्त जुलूस पर ज़िला प्रशासन ने गोली चलवा दी थी। छात्रों की माँग कॉलेज में स्टाफ तथा शिक्षण की सुव्यवस्था के अलावा पर्वतीय विश्वविद्यालय की स्थापना से जुड़ी थी। समाधान के स्थान पर दो छात्र नेताओं की गिरफ़्तारी की गयी और फिर विरोध कर रहे छात्रों पर गोली चलायी गयी। एक छात्र तथा एक नेपाली मज़दूर तो घटनास्थल पर ही मारे गये और एक नेपाली मज़दूर को पुलिस ने बाज़ार में मारा था।[173] छात्र नेताओं को अलमोड़ा जेल लाया गया (सौभाग्य से तब तक पिथौरागढ़, चमोली तथा उत्तरकाशी ज़िला मुख्यालयों पर जेल नहीं बन पाये थे), जिन्हें अलमोड़े के छात्रों ने एक असाधारण प्रदर्शन के बाद जेल से मुक्त कराया। स्थानीय इतिहास में पहली बार छात्रों पर गोली चली थी। इस समय अलमोड़ा महाविद्यालय के छात्र पहले से ही हड़ताल पर थे। उन्होंने विश्वविद्यालय स्थापना के साथ पहाड़ के कच्चे माल को बाहर ले जाने पर रोक और तैयार माल ही बाहर भेजने की माँग की थी।[174]

इस प्रकार 1970 के आसपास उत्तराखण्ड का समाज अनेक मामलों के लिए लड़ने को तत्पर हो रहा था। सरकार तथा नौकरशाही की संवेदनहीनता ने जनता के आक्रोश को धीरे-धीरे बढ़ाया। अनेक विषय एक बड़े एजेण्डे के नीचे आने की स्थिति में आ रहे थे। पहली बार यहाँ के छात्र तथा युवा शैक्षिक, सामाजिक तथा आर्थिक मामलों पर साथ-साथ सोचने लगे थे। उत्तराखण्ड की सबसे निर्णायक महिला शक्ति, जो शराबबन्दी आन्दोलन के दौर में सड़कों में आ चुकी थी, अब फिर मैदान में उतरने की तैयारी में थी। यह दशक आक्रामकता तथा रचनात्मकता दोनों से ही भरपूर होने वाला है।

सन्दर्भ

1. गोम्पतासी, रक्तसंग, फोर रिवर्स सिक्स रेंजेज, धर्मशाला 1973 : 16
2. नया ज़माना : 26 जनवरी, 1958
3. Mira Behn, The Spirit's Pilgrimage : 276-316
   यह बताना उचित होगा कि सरला बहन और मीरा बहन दो अलग तरह की प्रतिभायें थी। उन्हें एक ही श्रेणी में नहीं रखा जा सकता है। दोनों प्रतिभा सम्पन्न, भारत और हिमालय प्रेमी थीं पर अन्य मामलों में भिन्न। मीरा बहन शाही पृष्ठभूमि

से थीं तो सरला सामान्य। दोनों की बर्तानवी जड़ों में भी बहुत अन्तर था। मीरा एडमिरल की बेटी थीं तो सरला जर्मन मूल के सामान्य परिवार की बेटी। पहली लगातार गाँधी के पास रहीं तो दूसरी राजस्थान और उत्तराखण्ड में। मीरा बहन ने राजकीय सहयोग से पशुलोक आश्रम की स्थापना की तो सरला ने सभी काम स्थानीय सहयोग से किये। मीरा घोड़े (माना), पी.ए. तथा स्टेनो के साथ चलती थीं तो सरला अपना पिट्ठू ख़ुद उठाती थीं। अपना सब काम स्वयं करती थी। यही नहीं मीरा बहन टिहरी महाराजा के घोड़े, हाथी या बंगले का इस्तेमाल कर सकती थीं और सर्वोदय में उनकी रुचि नहीं थी। पर दोनों का जंगलों तथा लोगों से अगाध प्रेम था। मीरा बीथोवन संगीत की खोज में आस्ट्रिया चली गयी, सरला अन्तिम साँस तक हिमालय में रही।

(Mira Behn, The Spirit's Pilgrimage : 278, 280, 284, 298, 299, 308, 313; Sarala Behn, A Life in Two Worlds; also see Bill Aitken, Seven Sacred Rivers : 27)

4. Sarla Behn, A Life in Two Worlds : 193-204
5. Sarla Behn, A Life in Two Worlds : 229-231; हरिजन सेवक संघ, टिहरी गढ़वाल, 1954-55 की रिपोर्ट, टिहरी। इसी रपट में गुणानन्द डंगवाल 'पथिक' की 'गाँधी जी का प्यारा हरिजन' नामक मार्मिक गढ़वाली कविता छपी थी। कहा जाता है कि यह कविता 1934-35 में लिखी गयी थी और तब अनेक सवर्णों में इसकी तीव्र प्रतिक्रिया हुई थी।
6. हरिजन सेवक संघ के सदस्यों में ज़िले के सक्रिय युवा शामिल थे। इनमें वीरेन्द्र दत्त सकलानी (अध्यक्ष), सुन्दरलाल बहुगुणा (मन्त्री), बंशीलाल पुंडीर तथा इन्द्रसिंह (दोनों उपाध्यक्ष), प्रेमसिंह (संयुक्त मन्त्री), सत्यशरण असवाल (कोषाध्यक्ष) तथा पन्नालाल, शंकरदत्त डोभाल, अब्बलदास, लल्लू लुहार, खुशालसिंह, शेरसिंह, विद्यादत्त बडोनी, नारायणदत्त (सभी कार्यसमिति के सदस्य) आदि प्रमुख थे।
7. कामेश्वर प्रसाद बहुगुणा, लोकचक्षु : 31
8. फेथ इन एशियाज पुअर : 19; चण्डी प्रसाद भट्ट, 2011, पर्वत पर्वत बस्ती बस्ती, दिल्ली : 1-6
9. लक्ष्मी आश्रम से शिक्षित विमला ने विवाह के बाद सुन्दरलाल बहुगुणा के साथ, शशिप्रभा ने विवाह के बाद मानसिंह रावत के साथ, देवकी ने विवाह के बाद केदार सिंह कुंजवाल के साथ (जो सालम/जैंती में सामाजिक कार्य शुरू करने से पहले वनवासी आश्रम, मिर्जापुर; इलाहाबाद कृषि संस्थान तथा भूदान यात्रा में भागीदारी का अनुभव लेकर आये थे) और राधा भट्ट ने स्वतन्त्र रूप से सामाजिक कार्य शुरू किये। अन्य अनेक कार्यकर्ता भी इस दौर में उभर रहे थे। सिल्यारा आश्रम से वीरेन्द्र दत्त सकलानी, कामेश्वर प्रसाद बहुगुणा तथा धर्मानन्द नौटियाल आदि भी जुड़े थे। गोपेश्वर में 1959 में प्रतापसिंह (गंगोल गाँव), अनु सूया प्रसाद महन्त, शंभू प्रसाद भट्ट तथा चिरंजीलाल भट्ट आदि ने 'मल्ला नागपुर श्रम संविदा समिति' नाम की लेबर कोआपरेटिव बनायी थी। बाद में इसमें चक्रधर भट्ट भी रहे। इस समय चण्डी प्रसाद भट्ट नौकरी छोड़ने की तैयारी कर रहे थे और इस संस्था से जुड़े थे। 1960 में यह लेबर कोआपरेटिव संस्था पंजीकृत कर ली गयी। 1961 में सर्वोदय मण्डल की स्थापना हुई थी (भेंटवार्ता : सरला बहन, विमला बहुगुणा, सुन्दरलाल बहुगुणा, शशिप्रभा, मानसिंह रावत, राधा भट्ट, वीरेन्द्र दत्त सकलानी, धर्मानन्द नौटियाल तथा चण्डी प्रसाद भट्ट; देखें : Sarla Behn; A Life in Two Worlds : 193-204, 223-231; इन्हें भी देखें : सरला बहन, आत्मकथा; सरला बहन स्मृतिग्रन्थ; राधा बहन 75 साल; ऐच्छिक वनवास : 28-30, 146-50)।
10. शेखर पाठक, नशा एक षड्यन्त्र है : 9-10; Shekhar Pathak, 1985, Intoxication as a Social Evil, *EPW,* 10 August : 1360-1365
11. युगवाणी : 5 नवम्बर, 1961
12. युगवाणी : 26 जनवरी, 1962
13. युगवाणी : 8 अक्टूबर, 1961 तथा 22 सितम्बर, 1963
14. युगवाणी : 15 अक्टूबर, 1961
15. सरला देवी : व्यावहारिक वेदान्त, 1976 : 186-88; देखें : भूभिक्षुक के काग़ज़
16. कुमाऊँ राइफल्स तथा गढ़वाल राइफल्स के शौर्य के स्मारक चिशूल (लद्दाख) तथा जसवन्तगढ़ (सेला, अरुणाचल) में आज भी देखे जा सकते हैं
17. भेंटवार्ता : चण्डी प्रसाद भट्ट, सुन्दरलाल बहुगुणा तथा सरला बहन
18. योगेश चन्द्र बहुगुणा, अतीत के बिखरे पन्ने : 141-42
19. युगवाणी : 2 अप्रैल तथा 9 जुलाई, 1967, शक्ति : 5 अप्रैल, 1967; भेंटवार्ता : शेर सिंह कार्की, राधा बहन, सुन्दरलाल बहुगुणा
20. युगवाणी : 2 अप्रैल, 1967; भेंटवार्ता : बहुगुणा तथा चण्डी प्रसाद भट्ट
21. युगवाणी : 9 फ़रवरी, 1964; भेंटवार्ता : भूभिक्षुक

22. युगवाणी : 30 जुलाई, 1967, 4 फ़रवरी, 1968 तथा 12 मई, 1968
23. युगवाणी : 24 दिसम्बर, 67; इन गिरफ़्तारों में आज के प्रसिद्ध गायक नरेन्द्र नेगी भी थे (भेंटवार्ता : नरेन्द्र नेगी)।
24. युगवाणी : 4 तथा 11 फ़रवरी, 1968
25. युगवाणी : 23 मार्च, 1969
26. कमल जोशी : पहाड़ 7/8 1995 : 112-15
27. नया ज़माना : 21 मार्च, 1970
28. सरला देवी, 1976 : 189-90; योगेश चन्द्र बहुगुणा, उत्तर के शैल शिखरों से : 78-80; दिनमान : 15 अप्रैल, 1979 तथा नशा एक षड्यन्त्र है : 11
29. देखें : शेखर पाठक, 1985, नशा एक षड्यन्त्र है; Shekhar Pathak, 1985, Intoxication as a Social Evil, *EPW*, 10 August. 1360-65; गिरिजा पाण्डे, 1996, औपनिवेशिक आबकारी तथा कैलास तिवारी का अप्रकाशित शोध प्रबन्ध।
30. पन्त, ललित, लारी बेकर : सोर से समन्दर तक, *पहाड़ 16-17* : 499-503; मोहन उप्रेती, कुछ मीठी यादें कुछ तीती : 89-91; विद्यासागर नौटियाल, मोहन गाता जाये; Sarala Behn, A Life in Two Worlds : 263-64, 329-32; Elizabeth Baker, 2008 (2007), The Otherside of Laurie Baker : 127-130, DC Books, Kottayam
31. युगवाणी : 24 जनवरी, 1967
32. पर्वतीय : 3 सितम्बर, 1964
33. नया ज़माना : 20 फ़रवरी, 1965
34. पर्वतीय : 8 अप्रैल, 1965
35. नया ज़माना : 31 जुलाई, 1965
36. युगवाणी : 21 अगस्त, 1966
37. युगवाणी : 15 अक्टूबर, 1967
38. युगवाणी : 18 दिसम्बर, 1966
39. युगवाणी में विज्ञापन : 12 फ़रवरी, 1967
40. युगवाणी : 21 मई, 1967
41. युगवाणी : 11 जून, 1967
42. युगवाणी : 11 जून, 1967
43. युगवाणी : 11 जून, 1967
44. युगवाणी : 13 अगस्त, 1967, पर्वतीय : 15 अगस्त, 1967
45. युगवाणी : 1 अक्टूबर, 1967
46. युगवाणी : 15 अक्टूबर, 1967
47. नया ज़माना : 7 अक्टूबर, 1967; जनयुग : 5 नवम्बर, 1967 तथा U.P. State vs Kamla Ram Nautiyal and others on 10 September, 1968/1970 Criminal Judgement 1283, Allahabad High Court
48. युगवाणी : 15 अक्टूबर, 1967; बहुगुणा ने बताया था कि इन समितियों को बिना बोली के निश्चित दाम पर कूप का ठेका मिलता था, समिति को ठेका लेते ही लकड़ी के दाम का अंश ठेकेदारों की तरह जमा नहीं करना पड़ता था, बैंक क़र्ज देता था तथा समितियों के मार्गदर्शन हेतु वनाधिकारी मदद करते थे। आगे बहुगुणा ने लिखा था कि जंगलों की रक्षा की दृष्टि से महत्त्वपूर्ण होने के अलावा समाजवाद की दिशा में ये समितियाँ एक निश्चित क़दम हैं। ये ठेकेदारी शोषण की समाप्ति के साथ लोकतन्त्र को नौकरशाही फ़ाइलों से मुक्त कर जन पंचायतों में ले जायेंगी। रोज़गार में वृद्धि हेतु जंगलात से जुड़े उद्योग ज़रूरी हैं। उत्तर प्रदेश में जंगलों से केवल 26,782 व्यक्तियों को पूरे समय का और 89,787 को आंशिक रोज़गार मिलता है। 1960-61 की जंगलात विभाग की सालाना रपट का हवाला दिया गया था कि कुल लीसे का उत्पादन 3,77,524 मन हुआ, जिसमें से 2,60,964 मन आई.टी.आर. को, नीलामी से बिक्री 15,000 मन तथा ऋषिकेश की एक महिला को 2,940 मन तथा सहकारी क्षेत्र में काम करने वाली दो संस्थाओं को– ज़िला सहकारी संघ मुनिकीरेती 3,725 मन तथा सहकारी समिति रानीखेत को 1,000 मन–लीसा मिल पाया। यह कुल उत्पादन का 1.25 प्रतिशत था। अतः पहाड़ों में जीवन को समृद्ध बनाने के लिए उद्योगों की स्थापना के अलावा कोई दूसरा चारा नहीं है। 20 प्रकार के वनाधारित उद्योग गिनाये गये थे। पर्वतीय विकास बोर्ड की स्थापना का ज़िक्र करते हुए कहा गया था कि जीवन के आधार जंगलों की प्रबन्ध नीति में मूलभूत परिवर्तन नहीं हुए तो यह बोर्ड भी खिलौना मात्र रह जायेगा।
49. Das, J.C. and R.S. Negi, 1976, The Chipko Movement, Anthropological Survey of India. Calcutta, September

50. युगवाणी : 29 अक्टूबर, 1967
51. कर्मभूमि : 29 अक्टूबर, 1967
52. पत्र तथा कुमायूँ भोटिया पीपुल्स फेडरेशन द्वारा संविधान सभा परामर्शदात्री समिति की अल्पसंख्यक उप समिति को प्रस्तुत की गयी रिपोर्ट, 17 अप्रैल, 1947
53. अआअ के अनुभव; विभिन्न भेंटवार्ताएँ
54. उत्तराखण्ड सरकार का आदेश : 2004
55. सत्यपथ : 1 दिसम्बर, 1966
56. युगवाणी, कर्मभूमि, नया ज़माना, सरहदी आदि में अलग कमिश्नरी आन्दोलन के अनेक सन्दर्भ मिलते हैं।
57. सत्यपथ : 23 अक्टूबर, 1967
58. युगवाणी : 29 अक्टूबर तथा 10 दिसम्बर, 1967, उत्तराखण्ड के दूरस्थ दुर्गम क्षेत्रों से मूर्तियाँ चुराने की भी अनेक घटनाएँ हुईं। चमोली के कुलसारी ग्राम के लक्ष्मीनारायण मन्दिर से अनेक मूर्तियाँ चोरी हुईं (युगवाणी : 10 दिसम्बर, 1967)
59. युगवाणी : 10 मार्च, 1968
60. युगवाणी : 14 अप्रैल, 1968
61. युगवाणी : 10 दिसम्बर, 1967
62. कृष्णमूर्ति गुप्त, सहकार का एक अभिनव प्रयास, वन्यजाति, जुलाई, 1965 : 119-120
    इस लेख में वन और खनिज सम्पदा पर आधारित स्थानीय लघु उद्योगों की तरफ़ इस समिति के बढ़ने की सम्भावना व्यक्त की गयी थी।
63. यहाँ कार्यकर्ताओं को 40 रु. मासिक दिया जाता था। आश्रम की आमदनी 1964-65 में रु. 556.99, 1965-66 में 587.92 तथा 1966-67 में 687.82 थी और व्यय क्रमशः 1028.29, 1315.15 तथा 1017.34 था। आश्रम क्षेत्र के गाँवों से अन्न माँग कर विद्यार्थियों और अन्य आश्रमवासियों की ज़रूरतें पूरी करता था। युगवाणी : 5 नवम्बर, 1967; भेंटवार्ता : विमला बहुगुणा तथा वीरेन्द्र दत्त सकलानी
64. युगवाणी : 9 जून, 1968; भेंटवार्ता : सुन्दरलाल बहुगुणा, चण्डी प्रसाद भट्ट, आनन्द सिंह बिष्ट आदि।
65. युगवाणी : 19 मई, 1968
66. युगवाणी 12 मई, 1968; युगवाणी में अपील : 'हिटो भाइयो, हिटो बैणियो, 30 मई तिलाड़ी चलो!' तिलाड़ी के शहीदों की यादगार में वन दिवस और ज़िला ग्रामदान समर्पण समारोह शीर्षक से छपी थी।
67. योगेश चन्द्र बहुगुणा का लेख : युगवाणी : 19 मई, 1968
68. गोष्ठी में प्रायः निम्न बिन्दु उभरे थे : 1. जंगलों का राष्ट्रीय महत्त्व है, 2. जंगलों के निकट रहने वाली जनता के प्रत्यक्ष लाभ हेतु वन श्रमिक सहकारी समितियों की स्थापना की ज़रूरत, 3. कच्चे माल के करीब उद्योग स्थापित करने की ज़रूरत, 4. मोटर सड़कों का विस्तार हो ताकि वन सम्पदा का मूल्य बढ़ सके, 5. टिहरी वृत्त में जंगलात बन्दोबस्त हो, 6. बागवानी हेतु जंगलात के खाली तथा कंटीली झाड़ियों वाले स्थान दिये जायँ, 7. जड़ी-बूटी की खेती हेतु ज़मीन लीज पर दी जाय, 8. रियायती रमन्ने की लकड़ियाँ 1961 की जनसंख्या पर दी जाय और मकान मरम्मत या नये मकानों हेतु विशेष रियायत हो, 9. गूजरों को स्थायी रूप से बसाया जाय। उन्हें सिर्फ़ वहीं का परमिट दिया जाय, जहाँ स्थानीय मवेशियों के चरागाह न हों। गूजरों को दिये परमिटों तथा पशुओं की संख्या की सूचना ग्रामीणों को दी जाय। भेड़ों के लिए सुरक्षित चरागाहों में गूजरों को परमिट न दिया जाये, 10. वृक्षारोपण का कार्य स्थानीय पंचायत की स्वीकृति के बिना न किया जाय, 11. पंचायती वन, जंगलात विभाग से वन पंचायतों को दिये जायें, 12. जहाँ मुनारे आबादी से 150 फ़ीट पीछे हटाये जाते हैं, वहाँ चीड़ के बजाय बाँज, मोरु तथा शहतूत आदि के पेड़ लगाये जायँ, 13. लकड़ी की रियायती कीमतों में हुई वृद्धि कम की जाय, 14. उप अरण्यपाल के कार्यालय मसूरी, चकराता के बजाय ज़िले में हों तथा जंगल की नीलामी ज़िले के अन्दर हो, 15. मन्दिरों के लिए निःशुल्क लकड़ी दी जाय, 16. जंगलों के निकट रहने वालों को वन सेवा में स्थान मिले और वनाधिकारियों की प्रशिक्षण संस्थाओं में उनके लिए स्थान सुरक्षित हों, 17. जंगलात के टेलीफ़ोन का उपयोग आपातकाल में जनता को करने दिया जाय, 18. ज़िले में वन सम्बन्धी संग्रहालय हो, जहाँ पशु-पक्षी तथा लकड़ी के नमूने प्रदर्शित हों, 19. जिन गाँवों में केवल देवदार के जंगल हों, वहाँ फ्री ग्राण्ट में देवदार मिलना बन्द न हो तथा 20. वन विभाग द्वारा किसानों पर चलाये जा रहे ज़मीन सम्बन्धी मुक़दमे वापस हों (युगवाणी : 9 जून, 1968)
69. युगवाणी : 9 जून, 1968
    घोषणा-पत्र इस प्रकार था :

"सृष्टि के आदिकाल से ही वन हमारे सांस्कृतिक और आर्थिक जीवन के आधार रहे हैं। वनों की रक्षा करते हुए उनके द्वारा जीवन की मूलभूत आवश्यकताओं की पूर्ति करने और वन उपजों पर आधारित उद्योगों से रोज़गार पाने के अपने जन्मसिद्ध अधिकार की आज के पवित्र दिन पर हम घोषणा करते हैं।

समय-समय पर हिंसा और पशु बल से इन अधिकारों का अपहरण कर हमारे समृद्ध जीवन को उजाड़ने और छोटे-मोटे सुधारों व रियायतों की मृग-मरीचिका खड़ी करने के प्रयास किये गये हैं। इनसे कुछ निहित स्वार्थों को ही लाभ पहुँचा है। सरकारें आयेंगी और जायेंगी, परन्तु हमारा यह दृढ़ विश्वास है कि हमारी सुख-समृद्धि के आधार वनों और हमारे बीच के मधुर सम्बन्ध शाश्वत रहने चाहिए।

इसके लिए आवश्यक है :

1. वन सम्पदा का पहला उपयोग वनों के निकट बसने वाली जनता के सुख और समृद्धि के लिए होना चाहिए। दैनिक आवश्यकता की वस्तुओं और ग्रामोद्योग के काम में आने वाली वन-उपजों को लेने पर लगे हुए अंकुश अमानवीय हैं और वनों से प्राप्त कच्चे माल को वनों से दूर के बड़े कारखानों में भेजने की पद्धति गलत है।
2. वन उपजों की निकासी की मौजूदा ठेकेदारी प्रथा, जो वनों की तबाही, दुरुपयोग और स्थानीय जनता के शोषण व उत्पीड़न का साधन है, तुरन्त समाप्त होनी चाहिए। इसका स्थान वन श्रमिक सहकारी समितियाँ लें और उनका गठन होने तक श्रमिकों व स्थानीय जनता की प्रतिनिधि समितियों की मदद से वन-विभाग कार्य कर सकता है।
3. मौजूदा शिक्षण पद्धति में मुख्यतः वन-प्रधान क्षेत्रों में प्रारम्भ से लेकर विश्वविद्यालय स्तर तक वनस्पति और जीव-विज्ञान की शिक्षा को समुचित स्थान मिलना चाहिए, जिससे भावी पीढ़ी में वनों के प्रति ज्ञानयुक्त प्रेम पैदा हो सके।

आज के इस पवित्र दिन पर हम तिलाड़ी के वीर शहीदों का आदरपूर्वक स्मरण करते हैं और उन्हें श्रद्धांजलि अर्पित करते हैं। उनका शान्तिमय आन्दोलन और वीरता पूर्ण बलिदान हमें वन सम्पदा एवं वन सम्बन्धी मूल अधिकारों की रक्षा के लिए सतत जागरूक और तत्पर रहने की प्रेरणा देता रहे, अतः हम यह दिन वन दिवस के रूप में मनाने का संकल्प करते हैं।"

यह देखना रोचक होगा कि इसी साल के अन्त में साझा संसाधनों की त्रासदी पर केन्द्रित जी. हार्डिन का प्रसिद्ध लेख प्रकाशित हुआ था (G. Hardin, 1968, The Tragedy of Commons, Science, Volume 162, December : 1243-1248)

70. युगवाणी : 7 जुलाई, 1968
71. युगवाणी : 27 अक्टूबर, 1968
72. युगवाणी : 10 दिसम्बर, 1968
73. युगवाणी : 22 सितम्बर, 1968 तथा पर्वतीय : 19 सितम्बर, 1968
74. युगवाणी : 15 सितम्बर, 1968
75. युगवाणी : 17 नवम्बर, 1968
76. देखें : Report of the Border Area Workers Conference held on 29-31 October, 1968 at Gopeshwar Distt. Chamoli : page 64-65
77. भेंटवार्ता : भट्ट, विमला बहुगुणा तथा मान सिंह रावत
78. भेंटवार्ता : भट्ट
79. युगवाणी : 8 दिसम्बर, 1968
80. Indian Express : 4 December, 1968; युगवाणी : 12 दिसम्बर, 1968
81. युगवाणी : 29 दिसम्बर, 1968 इस समय वनों का क्षेत्र, सड़क तथा आय का ब्यौरा इस प्रकार था–

वृत्त वन	**क्षेत्र वर्ग मील**	**ज़िला**		**मोटर सड़क वन पर सड़क**	**प्रति वर्ग मील वनों से आय (रु.)**
1. कुमाऊँ	3037	नैनीताल	1094	-	2,89,62000
		अलमोड़ा	733	0.59	
		पिथौरागढ़	413		
2. पश्चिमी	1589	चमोली	228		2,91,70700
		गढ़वाल	314		
3. टिहरी वृत्त	3726	टिहरी	270	0.15	1,96,00000
		उत्तरकाशी	288		
कुल	**8352 वर्ग मील**	**सात ज़िले**	**3340 कि.मी.**		**7,77,32700**

ज़िलों के हिसाब से यह स्थिति थी–

ज़िला	वन मार्ग	वन क्षेत्र	प्रति वर्ग मील मोटर सड़क
नैनीताल	689 मील	1296 वर्ग मील	0.53
अलमोड़ा	146	818 वर्ग मील	0.18
पौड़ी	60	917 वर्ग मील	0.06
टिहरी	27 मील	1040 वर्ग मील	0.026 मील

82. युगवाणी : 19 दिसम्बर, 1968
83. युगवाणी : 26 जनवरी, 1969
84. युगवाणी : 6 अप्रैल, 1969 तथा विधान सभा की कार्यवाही 1969
85. युगवाणी : 6 अप्रैल, 1969
86. युगवाणी : 13 अप्रैल, 1969
87. नया ज़माना : 5 अप्रैल, 1969
88. नया ज़माना : 6 जून, 1970, भेंटवार्ता कुकरेती
89. नया ज़माना : 13 जून, 1970
90. नया ज़माना : 25 जुलाई, 1970
91. नया ज़माना : 1, 8 तथा 15 अगस्त, 1970
92. नया ज़माना : 1 अगस्त, 1970
93. युगवाणी : 1 जून, 1969
94. परिषद् के अध्यक्ष मुख्यमन्त्री, पदेन अध्यक्ष नियोजन मन्त्री नारायणदत्त तिवारी, श्यामलाल वर्मा तथा कृष्णलाल वैद्य उपाध्यक्ष, मुख्य कार्याधिकारी मुख्य सचिव बी.बी. लाल। आठों ज़िलों के सांसद, विधायक, विधान परिषद् सदस्य, ज़िला परिषद् अध्यक्ष तथा जहाँ ज़िला परिषद् अध्यक्ष नहीं है वहाँ ज़िलाधिकारी इसके सदस्य बनाये गये। नारायणदत्त तिवारी ने बताया कि 56 करोड़ रु. पर्वतीय परिषद् हेतु निर्धारित है और देहरादून के इसमें सम्मिलित होने से 5 करोड़ और दिये जा रहे हैं। परिषद् की स्थापना 22 अगस्त 1967 को हुई थी। पहले इसमें देहरादून ज़िला नहीं था बाद में उसे भी मिला लिया। 1960-61 में विकास हेतु 51.84 करोड़ रु. व्यय हुए। 1966 से 1969 तक इन ज़िलों में 19.33 करोड़ व्यय हुए। चौथी पंचवर्षीय योजना में 8 ज़िलों हेतु 83 करोड़ प्रस्तावित किये गये। इनमें से 62.40 करोड़ केवल पर्वतीय क्षेत्र पर व्यय होने की आशा थी (युगवाणी : 15 जून 1969)।
95. युगवाणी : 29 जून, 1969
96. युगवाणी : 13 जुलाई, 1969
97. युगवाणी : 24 अगस्त, 1969
98. युगवाणी : 20 जुलाई तथा 17 अगस्त, 1969
99. युगवाणी : 30 नवम्बर, 1969
100. युगवाणी : 1 फ़रवरी, 1970
101. युगवाणी : 8 फ़रवरी, 1970
102. उत्तर प्रदेश सूचना विभाग ने इस समय 'क्या आप जानते हैं?' शीर्षक से जो विज्ञापन अख़बारों में दिया था, उसमें बताया गया था सीमावर्ती ज़िलों पर एक दशक में 37.28 करोड़ रुपये व्यय हुए, मोटर सड़कें 394 कि.मी. से 2,069 कि.मी. हो गयी, बिजलीघरों की क्षमता 1,204 किलोवाट हो गयी, फलोत्पादकों को 18 लाख फल पौध दिये गये और 2,000 एकड़ क्षेत्र में फल पट्टियाँ दी गयीं तथा चतुर्थ पंचवर्षीय योजना में इन तीन ज़िलों के विकास पर 20 करोड़ रुपये की अतिरिक्त राशि व्यय करने का प्रस्ताव घोषित हुआ (देखें विज्ञापन अनेक स्थानीय पत्रों तथा युगवाणी : 22 फ़रवरी, 1970)। दूसरी ओर अनेक वन पंचायतों–विशेष रूप से पौड़ी ज़िले की–में लगातार घाटा होने का समाचार भी स्थानीय अख़बारों में आ रहा था (युगवाणी : 1 मार्च 1970)।
103. युगवाणी : 10 मई, 1970
104. युगवाणी : 17 मई, 1970
105. उक्त
106. युगवाणी : 14 जून, 1970
107. युगवाणी : 14 जून, 1970

108. युगवाणी : 14 जून, 1970
109. युगवाणी : 21 जून, 1970
110. नया ज़माना : 27 जून, 1970
111. चण्डी प्रसाद भट्ट, साइंस ऐज : अक्टूबर 1984 : 25
112. नया ज़माना : 6 जून, 1978, भट्ट : उक्त
113. Heim, Arnold and Gansser, August, 1939, Central Himalaya : Geological Observations of the Swiss Expedition 1936; Chandi Prasad Bhatt, The Future of Large Projects in the Himalaya : 9-10
114. ये आँकड़े कदाचित् इस विपदा का पूरा स्पर्श नहीं दे पाते हैं। उस समय जिन लोगों ने ऊपरी गंगा नहर-पथरी हरद्वार से जोशीमठ के ऊपर तक के क्षेत्र्ञ को अपनी आँखों से देखा वे ही प्राकृतिक तथा मानवीय क्षति का अन्दाज़ा लगा सकते थे। दशौली ग्राम स्वराज्य मण्डल के सदस्यों ने इस समय विस्तृत सर्वेक्षण के साथ राहत तथा सहायता का काम किया था। कुछ विधायकों ने भी क्षेत्र का भ्रमण किया। सर्वाधिक विस्तृत सर्वेक्षण करने वाले विधायक इन्द्रमणि बडोनी तथा पत्रकार राधाकृष्ण वैष्णव ने अख़बारों और सरकार को रपट भेजी थी। लोकसभा में जब ध्यानाकर्षण प्रस्ताव रखा गया तो सरकार की ओर से कहा गया कि यह कोई विशेष बात नहीं है। इस दृष्टिकोण को बडोनी ने चिन्ताजनक बताया था और कहा था कि सरकार ने कारण ढूँढ़ने और विपदा को समझने की कोशिश नहीं की है। प्रदेश सरकार के पास जब विधायक-सामाजिक कार्यकर्ता गये तो कहा गया कि प्रदेश में बाढ़ें तो आती रहती हैं। हम किस-किस की मदद करें। विस्तार हेतु देखें—युगवाणी : 26 जुलाई तथा 4 अक्टूबर, 1970; **नया ज़माना** : 25 जुलाई, 1970; योगेन्द्र बाली, बेलाकूची बह गया, दिनमान 9 अगस्त, 1970 : 28-33; चण्डी प्रसाद भट्ट, उत्तराखण्ड में बड़े जलाशयों व विद्युत परियोजनाओं का भविष्य, पहाड़ 1 : 115-131; Chandi Prasad Bhatt, The Future of Large Projects in the Himalaya : 10-15; भेंटवार्ता : इन्द्रमणि बडोनी, चण्डी प्रसाद भट्ट
115. नया ज़माना : 25 जुलाई, 1970
116. विस्तार हेतु देखें : युगवाणी : 16 अगस्त : 23 अगस्त, 30 अगस्त, 1970; दिनमान : 9 अगस्त, 1970 : 28-33
117. भेंटवार्ता : पंचेश्वर के निवासियों से, उत्तरायणी 2004
118. भेंटवार्ता : धारचूला तथा मुनस्यारी निवासियों से अस्कोट-आराकोट अभियान 1974 तथा 1984 के दौरान
119. युगवाणी : 4 अक्टूबर, 1970
120. युगवाणी : 27 अगस्त, 1972
121. 1977 में तवाघाट भूस्खलन की ख़बर लगभग 20 दिन बाद नवभारत टाइम्स में आयी। वह भी चण्डी प्रसाद भट्ट तथा उनके साथियों के उस क्षेत्र में जाने तथा साहित्यकार अज्ञेय के नवभारत टाइम्स का सम्पादक होने के कारण।
122. युगवाणी : 20 सितम्बर, 1970; सरहदी : 12 अक्टूबर, 1970; राज्यमन्त्री नरेन्द्रसिंह भण्डारी का चण्डी प्रसाद भट्ट को भेजा गया 24 जुलाई, 1971 का पत्र, जिसमें दशौली ग्राम स्वराज्य संघ द्वारा किये गये राहत कार्य की प्रशंसा की गयी थी।
123. युगवाणी : 13 सितम्बर, 1970
124. नया ज़माना : 15 अगस्त, 1970; युगवाणी : 4 अक्टूबर 1970; पर्वतीय : 15 सितम्बर, 1970
125. युगवाणी : 18 अक्टूबर, 1970
126. नया ज़माना : 29 अगस्त, 1970
127. युगवाणी : 25 अक्टूबर, 1970
128. युगवाणी : 15 नवम्बर 1970; सरहदी : 16 नवम्बर, 1970
129. युगवाणी : 15 नवम्बर, 1970
130. युगवाणी : 29 नवम्बर, 1970
131. युगवाणी : 6 सितम्बर, 1970
132. युगवाणी : 20 दिसम्बर, 1970
133. युगवाणी : 27 दिसम्बर, 1970
134. युगवाणी : 18 अप्रैल, 1971
135. युगवाणी : 23 मई, 1971
136. युगवाणी : 30 मई तथा 13 जून, 1971
137. युगवाणी : 27 जून, 1971

138. युगवाणी : 30 मई, 1971
139. इसके संचालक मण्डल में मुख्य सचिव उत्तर प्रदेश, वित्त सचिव, आयुक्त-सचिव कृषि उत्पादन, ग्राम विकास निदेशक, संयुक्त विकास आयुक्त को रखा गया था। पर्यटन, औद्योगिक विकास, फलोत्पादन-विक्रय आदि के विकास का जिम्मा भी इसे दिया गया (युगवाणी : 13 जून, 1971, शक्ति : जून, 1971)
140. युगवाणी : 13 जून, 1971
141. युगवाणी : 20 तथा 27 जून, 1971, दिनमान : 11 जुलाई, 1971 : 24-25
142. युगवाणी : 18 जुलाई, 1971
143. युगवाणी : 4 जुलाई, 1971; भेंटवार्ता : शेरसिंह कार्की
144. इसके लिए अखिल भारतीय खादी कमीशन से 2 लाख का ऋण तथा 25 हज़ार का अनुदान लिया गया था। यह प्लाण्ट प्रतिदिन 20 क्विंटल लीसे के उपयोग की क्षमता का था और वन विभाग ने इसे एक हज़ार क्विंटल लीसा दिया था (यानी 50 दिन हेतु)। वर्ष हेतु फैक्ट्री को 6 हज़ार क्विंटल लीसा चाहिए था। एक सौ किलो लीसे में से 15 किलो तारपीन तथा 75 किलो विरोजा का उत्पादन किये जाने की आशा थी (युगवाणी : 4 जुलाई, 1971)
145. अनुपम मिश्र, चिपको आन्दोलन : 23
146. अनुपम मिश्र : 23
147. युगवाणी : 15 अगस्त, 1971
148. सम्मेलन में संगठन कांग्रेस के इन्द्रमणि बडोनी, चन्द्रमोहन सिंह नेगी, भाकपा के गोविन्द सिंह नेगी, और सत्तारूढ़ कांग्रेस के कृष्णसिंह आये पर सत्तारूढ़ कांग्रेस के शिवानन्द नौटियाल तथा नरेन्द्र सिंह भण्डारी, संगठन कांग्रेस के मेहरबान सिंह, जनसंघ के शेरसिंह दाणू तथा सांसद परिपूर्णानन्द पैन्यूली नहीं आये। बडूनी ने कहा कि राज्य हमारा जन्मसिद्ध अधिकार है। मुख्य अतिथि के रूप में पी.सी. जोशी आये थे। उनकी माँग तब पूर्ण राज्य की नहीं थी। सम्मेलन में संस्कृतिकर्मी मोहन उप्रेती तथा नईमा खान भी आयी थीं (युगवाणी : 24 अक्टूबर, 1971)
149. देखें युगवाणी : 1 अगस्त, 15 अगस्त, 22 अगस्त, 29 अगस्त, 5 सितम्बर, 12 सितम्बर, 19 सितम्बर, 3 अक्टूबर, 10 अक्टूबर, 17 अक्टूबर, 24 अक्टूबर तथा 31 अक्टूबर, 1971
150. युगवाणी : 29 अगस्त, 1971
151. युगवाणी : 29 अगस्त, 1971
152. उत्तराखण्ड आब्जर्वर : 25 अक्टूबर, 1971; युगवाणी : 31 अक्टूबर, 1971; भेंटवार्ता : इन्दिरा देवी
153. उत्तराखण्ड आब्जर्वर : 25 अक्टूबर, 1971 तथा युगवाणी : 31 अक्टूबर, 1971
154. युगवाणी : 21 नवम्बर, 1971
155. युगवाणी : 21 नवम्बर, 1971
156. युगवाणी : 28 नवम्बर, 1971
157. युगवाणी : 23 जनवरी, 1972
158. चरणजीत सिंह शर्मा का पत्र, युगवाणी : 16 जनवरी, 1972
159. उत्तराखण्ड ज्योति : 28 अप्रैल, 1972
160. दिनमान : 8 अक्टूबर, 1972 : 44
161. 21 मई, 1972
162. युगवाणी : 21 मई, 1972
163. युगवाणी : 28 मई, 1972
164. भेंटवार्ता : परिपूर्णानन्द पैन्यूली
165. दिनमान : 3 सितम्बर, 1972 : 14
166. उत्तराखण्ड ज्योति, 20 अक्टूबर, 1972
167. विस्तार हेतु देखें—बहुगुणा, पहाड़ों में चलने वाले लीसा समाजवाद का नक्शा, युगवाणी : 10 दिसम्बर, 1972; भेंटवार्ता : चण्डी प्रसाद भट्ट, सुन्दरलाल बहुगुणा, आनन्द सिंह बिष्ट, घनश्याम सैलानी आदि

कुछ समय बाद योगेश बहुगुणा ने 'भूदान यज्ञ' में प्रकाशित अपने लेख में बताया था कि उत्तराखण्ड के वन अधिकारों के आन्दोलन को सर्व सेवा संघ ने अपनी कोचीन बैठक में समर्थन देकर प्रस्ताव पारित किया था। उन्होंने वन सम्पदा पर जंगलात विभाग का एकाधिकार बताया था। 51,000 वर्ग किमी वाले 8 ज़िलों में 23,889.47 वर्ग किमी जंगल वन विभाग के प्रभुत्व में और 6,393.26 वर्ग किमी पंचायती जंगलों के रूप में हैं। उन्होंने लिखा था कि उत्तराखण्ड की 5 सहकारी इकाइयों को 4 हज़ार क्विंटल लीसा प्रति इकाई की ज़रूरत थी पर उन्हें 1970-71 में 74 क्विंटल से अधिकतम 1500

क्विंटल ही मिल पाया। 3 इकाइयों को लीसा मिला ही नहीं। उत्तराखण्ड में कुल 8 इकाइयों में 35,307 क्विंटल रेजिन, 58,495 लीटर तारपीन का उत्पादन होता है। जिसका मूल्य तब रु. 11,13,961 था। कच्चे माल के अभाव में ये इकाइयाँ बन्द पड़ी हैं। राज्य सरकार जिस लीसे को इन इकाइयों को रु. 253 प्रति क्विंटल देती है वही बरेली स्थित फैक्ट्री को मात्र रु. 170 प्रति क्विंटल दिया जाता है। 1961-62 से 1967-68 के बीच बरेली फैक्ट्री को 8,70,145 क्विंटल और सहकारी समितियों को 1,12,796 क्विंटल लीसा दिया गया। नीलाम किया गया लीसा 3,58,829 क्विंटल था और कुल उत्पादन था 13,62,834 क्विंटल (भूदान यज्ञ : 12 फ़रवरी, 1973 : 307-308 तथा 319)।

नोट : पर्वतीय क्षेत्र में 1970 के आसपास खादी ग्रामोद्योग आयोग के सहयोग से 8 छोटी बिरोजा इकाइयाँ स्थापित की गयी। उक्त लेख में बहुगुणा ने दशौली ग्राम स्वराज्य संघ गोपेश्वर क्री लीसा फैक्ट्री और आई.टी.आर. की लीसा फैक्ट्री की तुलना कर दिखाया था कि दशौली ग्राम स्वराज्य संघ आई.टी.आर. के मुक़ाबले ज़्यादा सफल है और मज़दूर इसमें प्रत्यक्ष लाभ प्राप्त कर रहे हैं। उत्तर प्रदेश सरकार के मन में तब इन संस्थाओं को मदद देने के बदले थल (पिथौरागढ़) तथा पुरौला (उत्तरकाशी) में एक-एक लाख क्विंटल क्षमता के लीसा गलाने के कारखाने खोलने की योजना थी। पर ऐसा नहीं किया गया। हालाँकि बहुत बाद में चम्पावत (पिथौरागढ़) तथा तिलवाड़ा (टिहरी) में स्थापित फैक्ट्रियाँ अनेक सालों तक कुमाऊँ तथा गढ़वाल विकास मण्डल निगम के अन्तर्गत काम करती रहीं। आई.टी.आर. फैक्ट्री में एक चेयरमैन, एक सचिव के अलावा 9 सदस्य थे। ये सभी आई.ए.एस. या आई.एफ.एस. थे। इनमें कभी-कभी मुकुन्दीलाल या देवकीनन्दन पाण्डे या शराब निर्माता कर्नल मोहन जैसे अप्रत्यक्ष जनप्रतिनिधि या व्यवसायी भी शोभा के वास्ते रखे जाते थे। जबकि दशौली ग्राम स्वराज्य मण्डल में चण्डी प्रसाद भट्ट (मन्त्री), आनन्द सिंह बिष्ट (सहमन्त्री), मुरारीलाल, भवानसिंह तथा सुन्दरलाल बहुगुणा (सदस्य) और विश्वम्भर दत्त (फैक्ट्री मैनेजर) थे।

168. पहाड़ एक और ही धरातल, दिनमान, 22-28 मार्च, 1981 : 24-25 तथा 29 मार्च-4 अप्रैल, 1981 : 8-11
169. दिनमान : 31 दिसम्बर, 1972 : 25
170. युगवाणी : 7 जनवरी, 1973
171. युगवाणी : 14 जनवरी, 1973
172. युगवाणी : 24 दिसम्बर, 1972
173. उत्तराखण्ड ज्योति : 29 दिसम्बर, 1972
174. दिनमान : 31 दिसम्बर, 1972 : 24-25

6

चिपको की पहली लहर

1970 के आसपास उत्तराखण्ड में पृथक पर्वतीय राज्य आन्दोलन पुनर्जिवित हो रहा था तो विश्वविद्यालयों की स्थापना का आन्दोलन अंकुरित हो रहा था। सर्वोदयी कार्यकर्ता भूदान, ग्रामदान से आगे लोगों और विशेष रूप से श्रमिकों को संगठित करने का महत्त्वपूर्ण कार्य पिछले दशक से कर रहे थे। राजनीतिक दलों के नेता या जनप्रतिनिधि (विधायक और सांसद) के रूप में क्रमशः लखनऊ और दिल्ली गये व्यक्ति सदा की तरह लाचार थे। राजनीतिक दलों के पास पहाड़ों के बाबत न ज़रूरी दृष्टि थी और न संवेदना। दृष्टि तथा संवेदना की यह दीनता सरकारों के माध्यम से प्रकट होती रहती थी। जनप्रतिनिधियों की समझ या व्यक्तिगत ईमानदारी बेअसर थी। उत्तराखण्ड की जनसंख्यात्मक या प्रतिनिधित्व सम्बन्धी हैसियत भी नगण्य थी।

जैसा कि पिछले दो विवरणात्मक अध्यायों में स्पष्ट किया गया है कि 1950 से 1970 के बीच उत्तराखण्ड के औसत संसाधनों पर लगातार हमला हुआ, कब्ज़ा हुआ और उन्हें लूटा गया। यदि मनुष्य को लें तो वह पलायन को विवश था। कुछ और बारीकी में जाने पर चित्र और स्पष्ट हो सकता है। यदि वह बच्चा/तरुण था तो घरेलू नौकर या होटल रेस्ट्रां का बैरा, यदि युवा और स्वस्थ था तो कोई भी कार्य करने को अभिशप्त तथा मज़दूर या फ़ौज में सिपाही बनने को तत्पर था। यदि वह कर्ज या बँधुआ मज़दूरी में फँसे (जैसे विशेष रूप से जौनसार, देहरादून तथा रवाँई, उत्तरकाशी में) परिवार की लड़की या औरत थी तो इलाके से भगाई जाने और वेश्यावृत्ति को विवश। यदि प्रकृति को लें तो लूट और अति दोहन के लिए अभिशप्त। पेड़ हैं तो कटने और ले जाने; लीसा है तो जमा होने, ले जाने; जड़ी-बूटी या खनिज हैं तो खुदने और ले जाने; वन्य जीव हैं तो मारे जाने और ले जाने को अभिशप्त (कीड़ाजड़ी अभी प्रकट नहीं हुई थी) और यदि वह मनुष्य और प्रकृति के अतिरिक्त हैं जैसे मूर्ति शिल्प, गहने, स्मारक आदि तो चोरी और तस्करी को प्रतीक्षारत।

प्रकृति प्रदत्त नदियों और सरकार द्वारा बनायी सड़कों ने दो और विशेष काम किये। नदियाँ पानी और उर्वरता लिए हुए मैदानों को बहने को तो जन्मी ही थीं पर भू-स्खलन और बाढ़ द्वारा पहाड़ों को लगातार खरोचती-काटती रहती थीं। तब सड़कें चीज़ों को 'पहाड़ों में लाने' की जगह, 'पहाड़ों से ले जाने' को ज़्यादा प्रयुक्त थीं। बुग्याल और पर्वत शिखर पर्वतारोहियों/पथारोहियों के लिए 'साहस परीक्षण' या 'फतह के क्षेत्र' थे, पर आम पर्वतवासी के लिए जानवरों की चराई, कुछ जड़ी-बूटी संग्रह और लोक देवताओं की जात के साथ कुलीगीरी के।

देश की संसद में उत्तराखण्ड के चार सांसद या विधानसभा में 19 विधायक, कुछ विधान परिषद् सदस्य या राज्यसभा सदस्य, जो सत्तारूढ़ दल के ही होते थे, यदि अपने बहुत कम संवेदनशील दलों की सीमाओं का अतिक्रमण करते भी थे तो यह नक्कारखाने में तूती की तरह था। इस पर ज़्यादातर विधायकों या सांसदों का सत्तारूढ़ दल से जुड़े होने का दुर्भाग्य। इन जनप्रतिनिधियों से जन-आन्दोलनों की रचना प्रक्रिया जन्म नहीं ले सकती थी। नौकरशाही जितनी उन्मुक्त इन दूरस्थ दुर्गम इलाकों में थी उतनी राजधानी में नहीं। पहाड़ तरह-तरह के 'माल'[1] से लैस थे, अतः उस दौर में वहाँ की नौकरी 'पनिशमैन्ट', 'प्रमोशन' या 'पेंशन' के मुक़ाबले 'प्लैण्टी' या 'प्रोसपेरिटी' की प्रतीक मानी जाती थी।

पृथक राज्य, विश्वविद्यालयों या गढ़वाल मण्डल स्थापना के आन्दोलन नये नेतृत्व के लिए 'स्थान' और 'सम्मान' पैदा कर रहे थे पर इनमें आम पहाड़ी आदमी की रचनात्मक प्रतिभा और उसके संसाधनों की शक्ति का मिज़ाज जानने की क्षमता नहीं थी। गढ़वाल में विश्वविद्यालय आन्दोलन का एक छोर इस तरह के सरोकारों को स्पर्श कर सकता था लेकिन बंगलादेश के युद्ध ने इसे पूरी तरह प्रकट नहीं होने दिया। आम जनगण अभी भी अभिशप्त और असहाय था। वह राष्ट्र की सुरक्षा में तत्पर था और राज्य (सरकार) की सेवा में भी। पर उसे दोयम दर्जे का ही नागरिक माना जा रहा था। पहाड़ी आदमी के कठिन भूगोल में सरल होने और संसाधनों के बीच क्षतिग्रस्त होने का देश या प्रदेश की सरकारों और 'स्थानीय सम्भ्रान्तों' पर कोई असर न था।

यह 'सम्भ्रान्त' उत्तराखण्ड के समाज का वह हिस्सा था जो उत्तराखण्ड के क़स्बों-नगरों या देश में अन्यत्र स्थापित हो गया था और एक प्रकार से उत्तराखण्ड की लूट में या तो शामिल था या सहयोगी अथवा तटस्थ दर्शक। कभी-कभी यह वर्ग विवश होकर जन सक्रियता में शामिल हो जाता था। यह औपनिवेशिक काल के भद्रलोक की तरह ईमानदार भी न था। यह समूह उत्तराखण्ड के सामाजिक और प्राकृतिक शोषण में अधिकांश बार सरकारों या ठेकेदार पूँजीपतियों को ही सहयोग देता रहा था। उत्तराखण्ड के विभिन्न समुदायों की जो सम्पदा—जंगल, ज़मीन, चरागाह, नदी तथा ताल आदि—औपनिवेशिक सत्ता ने विभिन्न बन्दोबस्तों द्वारा ले ली थी, उसे वह जाते समय नयी देशी सरकार को दे गयी। जिसे अब इस नयी सरकार ने अपने पास स्थायी रूप से रख लिया था। यह ऐसा औपनिवेशिक कानून था जिसका पालन करना जैसे नयी जनतान्त्रिक सरकार के लिए अनिवार्य हो।

1. नयी आवाज़ : प्रस्फुटन और विकास

पर अब उत्तराखण्ड के बहुत चुप हिस्से के बोलने की बारी थी। राष्ट्रीय संग्राम और टिहरी रियासत के संघर्षों में भी यह चुप हिस्सा बहुत बार बोला था पर इस बार यह किन्हीं और नेताओं को अपनी ताकत पर खड़ा नहीं कर रहा था। ख़ुद खड़ा हो रहा था। इन दो दशकों में अतिवृष्टि, भू-स्खलन, बाढ़ तथा भूकम्प के रूप में अनेक प्राकृतिक आपदाएँ, पहाड़ी जीवन की कठिनाइयाँ बढ़ाती रही।

सूखे और अकाल के दौर भी आये। 1962, 65 तथा 71 के युद्धों में हज़ारों नौजवानों की जानें गयीं। सैकड़ों विधवाएँ तो नवविवाहिताएँ या 1-2 बच्चों की माताएँ थीं।[2] 1960 के बाद राज्य व्यवस्था की युद्ध जनित ज़रूरतों ने उत्तराखण्ड में तीन नये ज़िलों तथा इनसे बनने वाली एक कमिश्नरी की स्थापना की। दूसरी ओर तिब्बत के द्वार बन्द हो जाने से भोटिया (शौका) समुदाय द्वारा संचालित तथा नियन्त्रित भारत-तिब्बत व्यापार के साथ कैलास-मानसरोवर की तीर्थयात्रा पूरी तरह बन्द हो गयी। भोटिया समुदाय में अपनी ग्रीष्मकालीन बसासतों में जाने का उत्साह घटता गया और वे सरकार से जनजातीय आरक्षण प्राप्त करने में जुट गये, जिसके लिए कोशिश तो 1947 से ही शुरू हो गयी थी। बिना तिब्बत व्यापार के शौका समुदाय का अपनी ग्रीष्मकालीन बसासतों में जाना असम्भव तो नहीं पर कठिन ज़रूर था।[3]

राज्य व्यवस्था की जो घुसपैठ अभी सिर्फ़ जंगलों में अधिक मारक थी, विकास के तामझाम ने (विशेष रूप से 1960 के बाद) उसे छोटे क़स्बों तक ला दिया। जिन गाँवों ने सदा खेती की ज़मीन पर मकान बनाने से परहेज किया था उनके नये ज़िला, तहसील या ब्लाक मुख्यालय ज़्यादातर जगह खेती और चरागाह की बेहतरीन और दुर्लभ ज़मीन पर स्थापित किये गये। जिन सड़कों ने पहाड़वासियों को क्षेत्र के भीतर-बाहर जोड़ा, उनको बनाने की अवैज्ञानिक और पहाड़ विरोधी पद्धति ने खेती तथा जंगलों के एक महत्त्वपूर्ण हिस्से को लीलने के साथ लगातार भू-स्खलनों को जन्म दिया। पर पहली बार सड़क और वाहन से जुड़ने वाले क्षेत्रों में रहने वाले लोग तब स्वाभाविक रूप से यह सोच पाने में विफल रहे कि ये सड़कें जितना 'लायेंगी' उससे ज़्यादा 'ले जायेंगी'। पिछले दशक में यानी बीसवी सदी के अन्त में जाकर पहाड़ी समाज ने यह समझ पाने में कामयाबी पायी कि सड़कों ने पहाड़ों के बीच की दूरी अवश्य कम की पर इसके लिए न सिर्फ़ पर्याप्त पारिस्थितिक कीमत चुकानी पड़ी है बल्कि प्राकृतिक (लीसा, लड़की, खड़िया, जड़ीबूटी) तथा मानवीय (युवतियों और युवक) सम्पदा को ले जाने और पहाड़ को नष्ट करने वाले नशों (सुरा, शराब, टिंचरी आदि) तथा अपराधों को लाने में इनकी ज़्यादा मारक भूमिका रही है। पर स्वाभाविक था कि विकास की तथाकथित मुख्यधारा से कटा समाज इस कीमत पर भी अलगाव से बचने की चाह रखता था।

1950 से 1970 के दो दशकों में सरकारी रेडियो के अलावा दिल्ली-लखनऊ के दैनिक तथा उत्तराखण्ड के ज़िला मुख्यालयों के साप्ताहिक पत्र अन्य क़स्बों-गाँवों में आने लगे थे।[4] भारतीय जनतन्त्र और राजनीतिक दलों का स्पर्श ग्रामीण क्षेत्रों में 1952, 1957, 1962, 1967 या 1969 के चुनावों में हुआ। उन दिनों चुनाव पाँच साल चलते थे। हालाँकि 1967 से 1975 के बीच उत्तर प्रदेश सरकार या कम से कम मुख्यमन्त्री (लगभग 18 तथा 8 बार राष्ट्रपति शासन) जल्दी-जल्दी बदलने लगे थे।[5] लेकिन अनेक दूरस्थ दुर्गम इलाकों के लोग पूर्ण नागरिक की हैसियत नहीं पा सके थे क्योंकि उनसे वोट माँगने की ज़रूरत नहीं समझी जाती थी और अनेक बार उनके मतदान केन्द्र उनके सरकारी सस्ते गल्ले की दुकान तथा अस्पताल की तरह 20-25 कि.मी. तक दूर होते थे, जहाँ अपने घर-परिवारों और जानवरों को छोड़कर जाना सम्भव न था।[6]

उत्तराखण्ड के जनप्रतिनिधियों में से अनेक ने अपनी क्षमता भर स्थानीय सवालों को विधानसभा तथा संसद में उठाया था। लेकिन जनप्रतिनिधियों की प्रतिबद्धता तथा हैसियत का प्रश्न भी था। 1947 के बाद ज़्यादातर जनप्रतिनिधि राष्ट्रीय संग्राम या प्रजामण्डल आन्दोलन से जुड़े थे। लेकिन टिहरी के राजा मानवेन्द्र शाह, जो 1957 के बाद एक अपवाद छोड़कर लगातार उसी क्षेत्र से सांसद बने जहाँ के वह 1946 से 1949 के बीच राजा थे। उनके कुछ सहयोगी विधायक या स्थानीय नेता

प्रजामण्डल से जुड़े थे। अलमोड़ा-पिथौरागढ़ के 2 सांसदों का राष्ट्रीय संग्राम से नाता न था। 1970 तक उत्तराखण्ड से एकाध बार 1-2 समाजवादी, साम्यवादी या जनसंघी या 2-3 निर्दलीय विधायक चुने गये वर्ना देश के अन्य क्षेत्रों की तरह ज़्यादातर सत्तारूढ़ दल (कांग्रेस) के विधायक या सांसद इस क्षेत्र के जनप्रतिनिधि थे। राज्यसभा तथा विधान परिषद् के लिए अनेक बार इस क्षेत्र के लिए अजनबी सदस्यों का नामांकन होता था। पर वास्तव में वे इन क्षेत्रों में अपने दलों के प्रतिनिधि थे। निश्चय ही प्रारम्भिक सालों में एक आदर्शवाद और जन जुड़ाव मौजूद था। यह स्थिति धीरे-धीरे तिरोहित होती गयी और 1970 के बाद अलगाव बढ़ता गया।

उत्तराखण्ड में इस दौर में जनता के बीच जाने वाले कुछेक सर्वोदयी सामाजिक कार्यकर्ता थे। पौड़ी तथा नैनीताल में कुछ सामाजिक-राजनीतिक कार्यकर्ता श्रमदान तथा जन आधारित कार्य करने के लिए मशहूर रहे।[7] इन सामाजिक तथा राजनीतिक कार्यकर्ताओं का उत्तराखण्ड में सघन ताना-बाना तो न था पर वे इस क्षेत्र की समस्याओं से परिचित थे। ग्रामदान-भूदान की यात्राओं ने चाहे पहाड़ी गाँवों के सामान्य और ज़मीन के प्रश्न हल न किये हों लेकिन इनसे सामाजिक कार्यकर्ताओं के व्यक्तित्व निखरे और उनकी समझ को विस्तार मिला। भूदान की पूरी प्रक्रिया बाहर से आरोपित थी अतः उसमें उत्तराखण्ड के वे प्रश्न नहीं जुड़े थे, जिनसे अगले दशकों में स्थानीय समाज आन्दोलित होने वाला था।[8] एक अन्तर्मुखी आदर्शवाद से शुरू सर्वोदय कार्यक्रमों का कांग्रेसी या गैर-कांग्रेसी सरकार से बड़ा विरोध न था। उनमें गाँवों के जाग्रत होने और अपनी स्वायत्तता-आत्मनिर्भरता को वापस लेने की अपेक्षा और आदर्श तो था लेकिन सरकार की घुसपैठ का कारगर विरोध करने का संगठन और क्षमता न थी।

सर्वोदय विचार से जुड़े कार्य करते हुए एक दशक भी नहीं बीता था कि ये कार्यकर्ता महसूस करने लगे कि पहाड़ के मुख्य प्रश्न जंगल, ज़मीन तथा अन्य संसाधनों से जुड़े हैं और रोज़गार, पलायन, नशा या अन्य मुद्दे उक्त संसाधनों के ही घेरे में हैं। जिस दशक में विनोबा देश के विभिन्न क्षेत्रों की और उनके सहयोगी प्रदेश और उत्तराखण्ड की यात्राओं पर थे तो उनका समाज द्वारा कम सत्कार नहीं किया गया था लेकिन उससे समाधान नहीं निकल पा रहे थे। इसी दशक में उत्तराखण्ड के तराई-भाबर क्षेत्र की हज़ारों एकड़ ज़मीन पर वैध-अवैध कब्ज़े हुए और इसी तरह हज़ारों एकड़ जंगलों का दोहन हुआ। सर्वोदयी कार्य क्योंकि राष्ट्रीय तथा प्रान्तीय केन्द्रों से संचालित था इसलिए स्थानीय कार्यकर्ताओं को उसे स्थानीय परिप्रेक्ष्य देने में दिक्कतें हो रही थीं। नशे और जंगल के प्रश्नों ने कार्यकर्ताओं को मुख्य स्थानीय समस्याओं को पहचानने और इस हेतु रणनीति बनाने की चेतना दी थी। भूदान यात्राओं से ही कार्यकर्ताओं ने महिलाओं की दयनीय स्थिति, जंगल और खेती, जंगल और बाढ़-भूस्खलनों, सरकार और जंगल तथा सरकार और नशे का अन्तःसम्बन्ध समझा था।

शराबबन्दी आन्दोलन की अपनी सीमाएँ थीं और पूरी सफलता इसमें सम्भव नहीं थी लेकिन इससे कार्यकर्ताओं का स्थानीय जन शक्ति पर विश्वास बढ़ा और इसी क्रम में सक्रियता और समर्पित सामाजिक कर्म के कुछ द्वीप स्थानीय समाज को अपने आसपास नज़र आने लगे। इस आन्दोलन में महिलाओं की हिस्सेदारी ने यह उजागर किया था कि उत्तराखण्ड के आगामी आन्दोलनों के प्रभाव और परिणाम महिलाओं की हिस्सेदारी से निर्मित तथा निर्णीत होंगे। महिलाओं की हिस्सेदारी इन आन्दोलनों को गरिमा और गहराई दोनों देगी। बाद के दशकों और आन्दोलनों में महिलाओं ने न सिर्फ़ अपने अनुपस्थित पिताओं, भाइयों और पतियों या बेटों की ओर से भी लड़ना सीखा बल्कि उत्तराखण्ड आन्दोलन के समय (1994) अधिकतम अपमान सहा और शहादत दी।

उत्तराखण्ड के ग्रामीणों ने 1959 में कुमाऊँ जंगलात जाँच समिति (कुजजास) के सामने अपनी जंगलात सम्बन्धी समस्याएँ बहुत स्पष्टता तथा विस्तार से रख दी थीं। समिति ने अपनी रपट में इन भावनाओं को बेलाग प्रस्तुत किया था लेकिन इसका नीतिगत लाभ जनता को कभी नहीं मिल सका। बल्कि 1960 के बाद सड़कों ने अब तक बचे जंगलों के हिस्सों का कटान तथा ढुलान सरल कर दिया था। 1972 में 56 मिलियन (5.6 करोड़ रु.) की विश्वबैंक परियोजना के तहत 1330 कि. मी. नयी सड़कों और 16 नये पुलों का निर्माण शुरू हुआ। ये सड़कें मूलतः जंगलों के दोहन के लिए बनी थीं[9] ताकि अब तक अदोहित बाँज के जंगलों का कटान और नये चीड़ का रोपण हो सके।[10] नयी सड़कों ने लकड़ी के अलावा लीसे तथा जड़ी-बूटियों का ढुलान भी सरल कर दिया था। लीसे का उत्पादन 1974-75 में अधिकतम 4.18 लाख क्विंटल तक था। 1960-61 में 9,571 क्यूबिक मीटर देवदार, 39,502 फर तथा स्प्रूस, 5,380 कैल तथा 1,07,435 क्यूबिक मीटर चीड़ के मुक़ाबले इनका दोहन 1971-72 में क्रमशः 11,612 (देवदार), 39,766 (फर तथा स्प्रूस), 5,166 (कैल) तथा 2,00,030 (चीड़) क्यूबिक मीटर हो गया था।[11]

स्लीपर बनाने के बाद बची लकड़ी तथा वक्र चीड़ के काग़ज़ उत्पादन हेतु उपयोगी होने से इसका दोहन स्टार पेपर मिल्स द्वारा 1958 से ही शुरू हो गया था। बाद में 1 अक्टूबर, 1961 से 30 सितम्बर 1981 तक प्रदेश सरकार का 20 साल का अनुबन्ध इस मिल के साथ हुआ। इस तरह हर साल इस मिल को 15 से 20 हज़ार टन लुग्दी योग्य लकड़ी दी गयी। एक टन काग़ज़ के उत्पादन हेतु 2 टन लकड़ी की ज़रूरत होती है। इसी समय वन अनुसन्धान संस्थान (एफ.आर.आई.) ने यह पता लगाया कि चमखड़ीक से खेल का सामान तथा भरनी (वीविंग शटल) तैयार किये जा सकते हैं। लीसे का 80 प्रतिशत से अधिक हिस्सा आई.टी.आर. को दिया जा रहा था और वन विभाग की पद्धति ने अब ठेकेदारों के अलावा वन माफियाओं को जन्म दे दिया था। स्थानीय सहकारी समितियों को उनकी ज़रूरत भर की लकड़ी या अत्यन्त लघु फैक्ट्रियों हेतु लीसे का कोटा नहीं मिलता था। दशौली ग्राम स्वराज्य संघ ही नहीं अन्य सभी सर्वोदयी या गैर सर्वोदयी सहकारी प्रयोग कच्ची सामग्री के अभाव में बन्द होने के कगार पर थे बल्कि दशौली ग्राम स्वराज्य संघ के कार्यकर्ताओं को इसी कारण पिछले एक साल से उनका मासिक मेहनताना नहीं मिल सका था। कठोर मेहनत से अपनी आर्थिकी चलाने का रास्ता भी अवरुद्ध हो गया था।

चिपको का विचार भीतर ही भीतर पक रहा था। अलकनन्दा नदी की बाढ़ ने 1970 में एक प्रभावशाली उत्प्रेरक का काम किया था और बाढ़ राहत के कार्यों से जंगलों के कटान और बाढ़ का रिश्ता दशौली ग्राम स्वराज्य संघ के सदस्यों की समझ में आया। वे 1970 की अलकनन्दा, बिरही, ऋषिगंगा की बाढ़ को 1894 की बिरही और अलकनन्दा की बाढ़ से भिन्न मानने लगे। इसका कारण कार्यकर्ताओं द्वारा स्थानीय प्राकृतिक इतिहास की पड़ताल करने से जुड़ा था। यानी इन नदियों के जलागम में हुए कटान को वे भूस्खलन और बाढ़ से जोड़ सके। 4 नवम्बर, 1970 को 'जंगलात विभाग की आततायी नीति' के विरुद्ध गोपेश्वर में ऐतिहासिक प्रदर्शन हो चुका था।

लगभग एक साल बाद 22 अक्टूबर 1971 को इससे बड़ा प्रदर्शन गोपेश्वर में हुआ, जिसमें स्पष्ट कहा गया था कि 'जंगलों से प्राप्त कच्चे माल पर अपनी रोजी के लिए पहला हक हमारा है' तथा 'मनमानी लूट को अब हम सहन नहीं करेंगे'। ठेकेदारी प्रथा की समाप्ति, वनवासियों को हक देने तथा छोटी लीसा इकाइयों के साथ किये जा रहे भेदभाव को समाप्त करने की माँग की गयी थी।

इस प्रदर्शन की दो मुख्य विशेषताएँ थीं। एक- महिलाओं की अधिक हिस्सेदारी, दो- शिल्पकारों तथा सवर्णों का एक साथ सड़क पर आना। यह सर्वोदयी कार्यकर्ताओं के पिछले डेढ़ दशक के कामों की सफलता को उजागर करने वाला प्रदर्शन था। प्रदर्शन का मुख्य नारा 'वन जागे, वनवासी जागे' तब से स्थानीय समाज के दिमाग़ और होंठों से अलग नहीं हुआ है।

पर सरकार और जंगलात विभाग पर इसका असर नहीं हुआ। न तो लीसे का भाव बदला और न सहकारी संस्थाओं के लिए लीसे का कोटा बढ़ाया गया। दशौली ग्राम स्वराज्य संघ (संस्था) द्वारा स्थापित आर्थिक रचनात्मकता के दोनों विभाग-लीसा फैक्ट्री तथा काष्ठकला उद्योग—बन्द हो गये। जिन अंगू के पेड़ों को अभी तक संस्था को खेती के उपकरण बनाने के लिए दिया जाता था, अब उन्हें दिया जाना बन्द कर दिया गया। तल्ला नागपुर श्रम सहकारी समिति या दशौली ग्राम स्वराज्य संघ को 'सहजीवन' का प्रयोग कहा गया था और लगभग एक दशक तक इन दोनों संस्थाओं ने अत्यन्त कठिनाइयों के बीच सफलता प्राप्त की थी। अब 'सहमरण' की तैयारी थी।

1971-72 में बंगलादेश या पाकिस्तान सीमा में मारे जाने वाले सिपाहियों के घरों में उनकी शहादत के तार आते रहे। भारत-पाक संघर्ष में शहीद 646 सैनिकों में से 70 अकेले पिथौरागढ़ ज़िले के थे।[12] अन्य ज़िलों से भी बड़ी संख्या शहीद सैनिकों की थी। एक सुस्ती और उदासी का दौर पहाड़ों में था। गोपेश्वर के आसपास के गाँवों में परिस्थितियाँ पकती रही। आम ग्रामीणों में इस सब पर सोचने की चिन्ता थी। संस्था के कार्यकर्ता पूरे साल ज़िले से लखनऊ तक के कार्यालय खटखटाते रहे। पर कहीं असर नहीं हो रहा था। सत्ता के केन्द्रों में इस तरह की संवेदनशीलता ही नहीं थी कि जनभावना और जंगलात सम्बन्धी तथा अन्य माँगों को समझा जा सके। अप्रैल-मई 1971 में आँधी के कारण अत्यधिक लीसा निकालने से कमज़ोर पड़े चीड़ के 5,000 से अधिक पेड़ अकेले पुरौला (उत्तरकाशी) रेंज में टूट गये या जड़ से उखड़ गये और इस कारण ज़मीन का कटाव हुआ और बाढ़ आयी।[13]

अक्टूबर 1972 में चण्डी प्रसाद भट्ट लखनऊ तथा दिल्ली गये ताकि कहीं से कोई रास्ता निकल सके। वन राज्य मन्त्री से मिले पर जंगलात की नौकरशाही से पार पाना मन्त्री के बस का नहीं था।[14] ऐसा बाद में 1977-79 में भी सिद्ध हुआ था। लखनऊ में सुन्दरलाल बहुगुणा ने चण्डी प्रसाद भट्ट की मुलाक़ात कुछ पत्रकारों से कराई। यह कदाचित् भट्ट की बड़े पत्रकारों से पहली मुलाक़ात थी। समाचार-पत्रों में समाचार तो ठीक से नहीं आ सका पर 'टाइम्स ऑफ़ इण्डिया' के लखनऊ संवाददाता एस.सी. काला ने 'नेशनल हेरल्ड' के सम्पादक के नाम जो पत्र भेजा, उसमें पूरी स्थिति विस्तार से प्रस्तुत थी।[15] इससे पहले सुन्दरलाल बहुगुणा ने अपने एक विस्तृत लेख में पर्वतीय विकास के विविध पक्षों की गहन पड़ताल की थी और कहा था कि पहाड़ों का विकास जंगलात केन्द्रित होना चाहिए और इस हेतु जंगलात नीति में आमूलचूल बदलाव होना चाहिए। उन्होंने जंगलों के संरक्षण तथा इस्तेमाल की एक व्यावहारिक रूपरेखा प्रस्तुत की थी।[16]

उधर दिल्ली के साप्ताहिक 'दिनमान' ने लीसा व्यवसाय के अन्तर्विरोधों तथा दशौली ग्राम स्वराज्य संघ के पिछले 12 सालों के काम का इतिहास छापा था और लिखा था कि 'सहजीवन' के प्रयोगों के बाद अब यह संस्था 'सहमरण' की तैयारी कर रही है।[17] देश और प्रदेश की राजधानियों से लौटते हुए चण्डी प्रसाद उदास थे। उदासी के पीछे ग़ुस्सा और आक्रोश था। एक ऐसे दिये को सरकार बुझाना चाहती थी, जिसे लोग अपनी मेहनत और अपने संसाधनों से न सिर्फ़ जला रहे थे

बल्कि इस प्रकिया से अनेक जलते दिये उत्तराखण्ड में नज़र आ रहे थे। वापसी तक भट्ट यह मन बना चुके थे कि विनयशील कार्यकर्ताओं के पास विकल्प सदा मौजूद होते हैं और अब आग्रह और निवेदनों का स्थान आन्दोलन लेगा।

14 नवम्बर, 1972 को दशौली ब्लाक के सभापतियों की कच्चे माल के वितरण और स्थानीय लघु उद्योगों के साथ किये जा रहे व्यवहार के विरुद्ध एक बैठक गोपेश्वर में हुई और फिर प्रदर्शन हुआ। पूरे क्षेत्र में धीरे-धीरे सरकारी नीति की कमियाँ और दशौली ग्राम स्वराज्य संघ की दृष्टि लोगों के मन में उतर रही थी। उधर उत्तराखण्ड सर्वोदय मण्डल ने प्रदेश की जंगलात नीति में बदलाव हेतु दबाव बनाने के लिए विरोध जताने का निर्णय लिया। 11 दिसम्बर, 1972 को पुरौला तथा 12 दिसम्बर, 1972 को उत्तरकाशी में इस बाबत प्रभावशाली प्रदर्शन हुए। 15 दिसम्बर, 1972 को गोपेश्वर में प्रदर्शन होना था। किराये की एक जीप से घनश्याम सैलानी, चण्डी प्रसाद तथा सुन्दरलाल उत्तरकाशी से गोपेश्वर की ओर जा रहे थे। 13 दिसम्बर की रात वे रुद्रप्रयाग में रहे।

दो प्रदर्शनों में हिस्सेदारी के बाद तीसरे में जाने की इस यात्रा में उन तीनों की जो मनःस्थिति थी वह सैलानी की कविता में प्रकट हुई, जिसमें भाई-बहनों का आहूवान किया गया था कि वे सरकारी नीति से और ठेकेदारी प्रथा से जंगलों को बचाने के लिए उठ खड़े हों। उन जंगलों को जिनसे पूँजीपति तो धन कमाते हैं किन्तु जिनके होते हुए पहाड़ी लड़के बर्तन माँजने क्षेत्र से बाहर जाते हैं। जंगल तो सब काट रहे हैं पर लगा कोई नहीं रहा है। पहाड़ों में अगर जंगल से कारखाने लगेंगे तो भाग्य जगेंगे। इससे पहाड़ों में समाजवाद आ सकता है। कविता में आह्वान किया गया था कि पेड़ों को कटने से बचाओ।[18] 1972 में ही अलमोड़ा की विकास गोष्ठी में प्रधानमन्त्री इन्दिरा गाँधी ने कहा था कि आज़ादी के 25 साल बाद भी जंगलात विभाग और उसके अधिकारी नहीं बदले हैं।[19] यह दरअसल जंगलात समस्या से जूझ रहे हर पहाड़ी आदमी की भावना थी।

2. प्रत्यक्ष प्रतिरोध की ओर

15 दिसम्बर, 1972 को गोपेश्वर में प्रभावकारी प्रदर्शन हुआ। पुरौला और उत्तरकाशी के प्रदर्शनों के क्रम में होने के बावजूद यह कुछ भिन्न इस अर्थ में था कि इसमें इलाके के ग्रामीणों की पर्याप्त हिस्सेदारी थी। घनश्याम सैलानी की कविता से प्रदर्शन का प्रारम्भ और अन्त हुआ। इस कविता में अभी चिपको शब्द आना था। अभी उस शब्द को जन्म लेना था। ज़िला मुख्यालय नगाड़ों और नारों से गूँज उठा था। 'वन सम्पदा पर पहला हक वनवासियों का, ग्रामवासियों का', 'गाँव-गाँव की एक पुकार, पंचायत को वन अधिकार', 'वनों की रक्षा, देश की सुरक्षा', 'उत्तराखण्ड की यह ललकार, पंचायत को वन अधिकार', 'जंगलों की लूट बन्द करो', 'वनों की ठेकेदारी बन्द करो', 'वनवासियों का अधिकार, वन सम्पदा से रोज़गार' आदि मुख्य नारे थे। लगभग 3 हज़ार की जनसंख्या वाला गाँव गोपेश्वर उस दिन मीलों दूर स्थित गाँवों से आये पुरुषों, स्त्रियों तथा बच्चों से भरा था। अभी तक देवताओं के आह्वान या शादी-ब्याह पर बजने वाले ढोल नगाड़े पहली बार इस प्रदर्शन के माध्यम से ही प्रतिरोध के औजार बने। बाद में प्रदर्शन दशौली ग्राम स्वराज्य भवन में एक आम सभा में बदल गया।

सभा की अध्यक्षता पूर्व सैनिक तथा दशौली ग्राम स्वराज्य मण्डल के सहमन्त्री आनन्दसिंह बिष्ट ने की।[20] दशौली ग्राम स्वराज्य संघ के संस्थापक मन्त्री चण्डी प्रसाद ने अपनी और संस्था की कहानी के मार्फत पहाड़ों की गरीबी और गर्दिश तथा उनके समूह द्वारा ढूँढ़े गये मार्ग का

ज़िक्र किया कि कैसे वे लोग निर्माण कार्य के ठेकों से जंगलों की ठेकेदारी, जड़ी-बूटियों के दोहन और फिर लीसे से बिरोजा तथा तारपीन बनाने के काम से जुड़े। पर सरकार ने उन्हें सहयोग नहीं दिया। अन्त में उन्होंने कहा कि वे ग्राम स्वराज्य संघ के तहत जनता के आदेशों के अनुसार क्षेत्र की सेवा करते रहेंगे और वन सम्पदा पर रोज़गार पाने के पर्वतीय जनता के हकों की रक्षा के लिए सदा सक्रिय रहेंगे।[21]

इसके बाद ग्राम सभा खल्ला के प्रधान आलमसिंह बिष्ट, वैरांगणा के प्रधान श्यामसिंह राणा, वण्ड के पानसिंह, नीती घाटी के जेहलम गाँव के गोविन्द सिंह राणा, भसौली चन्द्रशिला के प्रधान रूपचन्द सिंह नेगी, दलित कार्यकर्ता बचनलाल तथा दशौली ग्राम स्वराज्य संघ के कार्यकर्ता मुरारीलाल ने जंगलात की समस्या बाबत लोगों की वेदना रखी और अंग्रेज़ी राज में जनता द्वारा किये प्रतिरोधों का ज़िक्र किया और दुःख प्रकट किया कि अंग्रेज़ी राज गया पर जंगल के कानून नहीं बदले। रूपचन्द सिंह ने बताया कि सघन जंगलों के बीच स्थित भसौली गाँव के 12 परिवारों में कोई परिवार ऐसा न था, जिसे मकान बनाने की लकड़ी प्राप्त करने के लिए जुर्माना न देना पड़ता हो। स्वतन्त्रता सेनानी तथा कांग्रेस के नेता पुरुषोत्तम बगवाड़ी ने कहा कि क्षेत्रीय विधायक और उत्तर प्रदेश के राज्य वन मन्त्री नरेन्द्र सिंह भण्डारी वन सम्पदा पर वनाधारित उद्योग खड़े करना चाहते थे पर कानूनी अड़चनें आईं।[22] बगवाड़ी की तरह बहुत से संग्रामी जन जाने-अनजाने कांग्रेसी सरकारों पर दबाव डालते थे और उनका बचाव भी करते थे। इस सभा तथा प्रदर्शन से सभी यह विचार लेकर अपने घरों को लौटे कि अब प्रतिवेदन और निवेदन के स्थान पर प्रत्यक्ष संघर्ष का समय आ गया है।[23]

जनवरी, 1973 में प्रत्यक्ष कार्यवाही हेतु तैयारी होती रही।[24] गाँवों में यह बताया जा रहा था कि किस तरह से एक ओर प्रदेश सरकार द्वारा नियुक्त उत्तराखण्ड उद्योग समिति ने वन सम्पदा पर आधारित उद्योगों की स्थापना की सिफ़ारिश की है, जिसके आधार पर लीसा इकाइयाँ खोली गयी। दूसरी ओर लीसा देना तो बन्द किया ही है, साथ ही खेती के उपकरण बनाने की चमखड़ीक की लकड़ी अब बाहर की कम्पनियों के व्यापारिक उपयोग हेतु दे दी है। उत्तराखण्ड के तीन संसद सदस्यों—नरेन्द्रसिंह बिष्ट, प्रतापसिंह नेगी तथा परिपूर्णानन्द पैन्यूली—ने राज्य सरकार का ध्यान उस भेदभाव की ओर आकृष्ट किया था जो बरेली की फैक्ट्री के मुक़ाबले पहाड़ की छोटी इकाइयों के साथ किया जाता है। वन सचिव ने ग्रामोद्योगों के प्रतिनिधियों को लखनऊ में स्पष्ट कह दिया था कि बरेली फैक्ट्री की और बात है। लेकिन सरकारी नीति की पराकाष्ठा कुमाऊँ वृत्त के अरण्यपाल के पत्रांक बी. 404/41-19 ल.कु.उ. दिनांक नैनीताल 23 जुलाई 1971 में प्रकट हुई, जिसमें ग्रामीणों द्वारा खेती के उपकरणों के लिए अंगू की लकड़ी की माँग करने पर लिखा था कि हल, लाट और जुवा बनाने के लिए अंगू की लकड़ी नहीं दी जा सकती है, ये चीज़ें चीड़ से बन सकती हैं।[25]

अंगू की लकड़ी नाम मात्र की कीमत पर इलाहाबाद की सायमण्ड कम्पनी को दी गयी थी पर उन पेड़ों के पास रहने वाले और सदियों से उनकी हिफ़ाज़त तथा सन्तुलित इस्तेमाल करने वाले गरीब किसानों को नहीं। ऊपर से पहाड़ी खेती और खेती के यन्त्रों से अपरिचित वन अधिकारी उन्हें चीड़ की लकड़ी का हल सुझा रहे थे, जो कि सम्भव ही नहीं था। चमोली के अनेक गाँवों में तैयारी जारी थी। बैठकें तथा सभाएँ हो रही थीं। प्रतिवेदन भेजे जा रहे थे और लखनऊ सचिवालय में न्यायोचित माँगों के प्रति बेरुखी बनी हुई थी। संवाद और प्रतिरोध के सभी सम्भव तरीके अपनाये जाते रहे। जनवरी 1973 में चण्डी प्रसाद स्थानीय विधायक के साथ देहरादून गये और

मुख्य अरण्यपाल को पूरा मामला समझाने का प्रयास किया और दूसरी ओर बैठकों तथा प्रदर्शनों का सिलसिला भी जारी रहा।[26]

फ़रवरी, 1973 के तीसरे सप्ताह में वनवासियों के हक़-हक़ूकों को लेकर पुनः गोपेश्वर में बैठक हुई और मार्च 1973 के पहले सप्ताह में भी। सरकार को सीधे तथा ज़िला प्रशासन के माध्यम से ज्ञापन भेजे जाते रहे। 6 तथा 24 फ़रवरी के बाद 5 मार्च को सरकार को ज्ञापन भेजे गये। 5 मार्च 1973 को हुई बैठक के बाद चण्डी प्रसाद ने उत्तर प्रदेश लघु उद्योग बोर्ड की सदस्यता से इस्तीफ़ा दे दिया। गोपेश्वर में दशौली ग्राम स्वराज्य मण्डल ने राजनीतिक दलों के समस्त स्थानीय प्रतिनिधियों से संवाद बनाये रखा था। ज़िला प्रशासन तथा प्रदेश शासन को डाक और तार से प्रतिवेदन और विरोध पत्र भेजे गये। एक असाधारण खुलापन इस प्रक्रिया में लगातार दिखायी दे रहा था।

इसी बीच 27 मार्च, 1973 को अंगू के पेड़ों के कटान के लिए इलाहाबाद की साइमण्ड कम्पनी वाले गोपेश्वर आये। यह सूचना मिलते ही चण्डी प्रसाद एक ग़ुस्से भरी उत्तेजना में कहने लगे कि 'उनसे कह दो कि हम उन्हें पेड़ नहीं काटने देंगे, जब उनके आरे पेड़ों पर चलेंगे, हम पेड़ों को अंगवाल्ठा डाल लेंगे, उन पर चिपक जायेंगे'। इस तरह पहले रोज़ की बातचीत में प्रतिरोध के तरीक़ों पर बात बहस होती रही। कुछ सदस्यों का सुझाव था कि लकड़ी से लदे ट्रकों के आगे लेट जायेंगे। कुछ और का कहना था कि 1942 के आन्दोलन की तरह लीसा-लकड़ी के डिपो में आग लगा देंगे। पर ये दोनों तरीके मान्य नहीं हुए और चिपको की तकनीक उभर के आयी। यद्यपि उक्त सम्बोधन चण्डी प्रसाद भट्ट के मुख से निकला था, लेकिन यह एक सामूहिक अभिव्यक्ति थी। इस शब्द के 'आविष्कार' के बाद सबको लगा कि यह उन सबके भाव व्यक्त कर रहा है। सैलानी के गीत में यह भाव आ ही चुका था, जो उस यात्रा में चण्डी प्रसाद भट्ट तथा घनश्याम सैलानी के बीच हुई बातचीत का स्वाभाविक परिणाम था। जैसे माँ बच्चे को बचाती है या कोई भी अपने प्रियजन को। दरअसल चिपको शब्द का जन्म और साइमण्ड कम्पनी का गोपेश्वर में आगमन एक ही दिन हुआ लेकिन चिपको आन्दोलन तो 22 अक्टूबर 1971 के गोपेश्वर प्रदर्शन के साथ जन्म ले चुका था।[27]

1 अप्रैल, 1973 को फिर संस्था में सर्वदलीय बैठक हुई (3 अप्रैल, 1973 को लखनऊ सचिवालय में पर्वतीय विकास विभाग की स्थापना की गयी। पर्वतीय विकास परिषद् की स्थापना इससे भी छह साल पहले हो गयी थी)। यह बैठक ग्राम बम्याला के बचनसिंह रावत की अध्यक्षता में हुई थी। इसमें कांग्रेस, कम्युनिस्ट, जनसंघ तथा शोषित समाज दल आदि राजनीतिक दलों के स्थानीय नेताओं के अलावा स्थानीय पत्रकार भी थे। चिपको के प्रस्ताव पारित हुए और एक संघर्ष समिति का गठन हुआ। इसी दिन साइमण्ड कम्पनी के एजेण्टों ने गोपेश्वर दग्रास्वमं के परिसर में हो रही चर्चा में बार-बार अंगू के पेड़ों का ज़िक्र होने के कारण स्थिति समझी और उन्हें आश्चर्य भी हुआ कि एक ओर यहाँ उन्हें संस्था में टिकने का स्थान दिया गया है, वहीं दूसरी ओर उनको जंगल में न घुसने देने की सघन तैयारी हो रही है।

अब प्रशासन कुछ हरकत में आया। चमोली के ज़िलाधिकारी ने प्रदेश के वन सचिव तथा मुख्य अरण्यपाल को वायरलैस से सन्देश भेजा कि 'स्थानीय इकाइयों को जंगल से कच्चा माल—लकड़ी तथा लीसा—देने में प्राथमिकता दी जाये। अंगू के दशौली ग्राम स्वराज्य संघ को दिये जाने वाले पेड़ साइमण्ड कम्पनी को दिये जाने से असन्तोष उभर रहा है। कृपया संस्था को भी अंगू के पेड़ दे दें'। दरअसल लखनऊ की सरकार तथा वहीं बैठे मुख्य अरण्यपाल से भिन्न ज़िला

प्रशासन के लिए कानून और व्यवस्था का प्रश्न जन्म ले चुका था।[28] सरकार को भावी ख़तरे के संकेत अब नज़र आने लगे। आन्दोलनकारियों को वार्ता हेतु लखनऊ बुलाया गया। चण्डी प्रसाद लखनऊ गये। 11 अप्रैल को मुख्य अरण्यपाल तथा राज्य वनमन्त्री से बातचीत हुई पर कोई हल नहीं निकला। 14 अप्रैल, 1973 को वापसी हुई।

इसी बीच 18-22 अप्रैल, 1973 को श्रीनगर (गढ़वाल) में एक विकास गोष्ठी का आयोजन हुआ। जिसका संचालन प्रदेश के मुख्य सचिव सतीश चन्द्र ने किया था। उनके साथ वन सचिव प्रकाश कृष्ण थे। कदाचित् यह गोष्ठी गढ़वाल के विभिन्न प्रतिनिधियों को यह जताने की कोशिश थी कि सरकार उनके लिए चिन्तित है। गोष्ठी में गढ़वाल के सभी प्रमुख राजनीतिक, सामाजिक कार्यकर्ता, जन प्रतिनिधि (विधायक, ब्लाक प्रमुख आदि) उपस्थित थे और प्रदेश सरकार के अनेक बड़े अधिकारी भी। परिपूर्णानन्द पैन्यूली, चण्डी प्रसाद भट्ट, विद्यासागर नौटियाल, सुन्दरलाल बहुगुणा, रामचन्द्र उनियाल, मेहरबान सिंह, इन्द्रमणि बडोनी, गोविन्द प्रसाद गैरोला, बरफ सिंह रावत, बचनसिंह, सूरतसिंह सजवाण, गोविन्द सिंह नेगी, गोविन्द सिंह रावत आदि सभी ने सबसे अधिक आक्रोश तथा असन्तोष जंगलात बाबत प्रकट किया। हालाँकि सार्वजनिक निर्माण विभाग, विद्युत आपूर्ति, अध्यापकों की समस्या, पृथक पर्वतीय राज्य, सड़क परिवहन, अस्पताल और उत्तराखण्ड विश्वविद्यालय जैसे मुद्दे भी उठाये गये पर जंगलात एक प्रकार से इस गोष्ठी के केन्द्र में रहा।

इस गोष्ठी में चण्डी प्रसाद भट्ट ने दशौली ग्राम स्वराज्य संघ का लेखा-जोखा प्रस्तुत करते हुए पूछा कि क्या उनकी जैसी संस्थाएँ जंगलात विभाग के लिए फोड़े की तरह हैं? क्या हम वनवासियों का हक छीन लिया गया है? लीसे के दो भाव करने तथा अंगू के पेड़ संस्था को न दिये जाने से मामला बहुत स्पष्ट हो चुका था। उस समय उत्तराखण्ड में पैदा होने वाले 2 लाख, 20 हज़ार क्विंटल लीसे में से मात्र 15 हज़ार क्विंटल लीसा ही स्थानीय इकाइयों को मिलता था। दोहरी ठेकेदारी पूरी तरह प्रचलित थी।[29] गोष्ठी में रामचन्द्र उनियाल ने वह पत्र भी पढ़ दिया जो अरण्यपाल कुमाऊँ की ओर से था और जिसमें कृषि यन्त्रों के लिए अंगू की लकड़ी न दिये जा सकने की सूचना और चीड़ की लकड़ी इस्तेमाल करने का सुझाव दिया गया था।

इससे जन प्रतिनिधियों और सामाजिक कार्यकर्ताओं का ग़ुस्सा तो बढ़ना ही था। यह सब सुन कर स्वयं मुख्य सचिव हैरान थे। सरकार को इस गोष्ठी से भावी आन्दोलन का संकेत मिल चुका था।[30] मुख्य सचिव ने पर्वतीय विकास पर और विचार हेतु एक उप समिति का गठन किया, जिसमें चण्डी प्रसाद भट्ट को एक मात्र गैर-सरकारी प्रतिनिधि के रूप में बुलाया गया।[31] सुझाव देकर चण्डी प्रसाद भट्ट गोपेश्वर वापस आये।

श्रीनगर की इस बैठक से भट्ट को चिपको आन्दोलन के एक सक्रिय साथी गोविन्द सिंह रावत अवश्य मिले। इसी तरह रावत को ऐसा व्यक्ति और उसका समूह मिला, जिनके साथ संघर्ष में शामिल हुआ जा सकता था।[32] चण्डी प्रसाद भट्ट गोपेश्वर पहुँचे तो पता चला कि मण्डल के पांगरवासा जंगल में अंगू के पेड़ जंगलात विभाग द्वारा छाप दिये गये थे और साइमण्ड वाले पेड़ों को काटने के लिए जाने की तैयारी कर रहे थे। यहाँ साइमण्ड के उप ठेकेदार जगदीश प्रसाद नौटियाल बनाये गये थे। अब सक्रियता का संकेन्द्रण गोपेश्वर से 13 कि.मी. दूर मण्डल में हो गया। 23 अप्रैल, 1973 की रात गोपेश्वर में ही आलमसिंह बिष्ट, आनन्द सिंह बिष्ट, मुरारीलाल, शिशुपाल सिंह कुँवर तथा संस्था के अन्य सदस्य अख़बारों पर लाल स्याही से पोस्टर लिख रहे थे–'अंगू बचाओ, साइमन भगाओ'। इन पोस्टरों को गोपेश्वर में चिपका कर वे मण्डल को गये।

उधर अलमोड़े के छात्र इस दिन चन्द्रसिंह गढ़वाली, हरकसिंह धपोला तथा पेशावर काण्ड (1930) के अन्य सिपाहियों को याद कर रहे थे। तब पेशावर के नायक और सहयोगियों का नाम सरकार को आज की तरह सुहाता न था। अलमोड़ा के स्थानीय समाज में हरकसिंह धपोला को जानने वाले बहुत कम थे। अतीत के संघर्षों का वर्तमान में उपयोग करने का यह नया उदाहरण था।[33] दस साल बाद 1983 में पेशावर काण्ड को ज़्यादा गहराई और सामाजिक हिस्सेदारी के साथ उत्तराखण्ड संघर्ष वाहिनी के सम्मेलन में याद किया गया और यहीं से एक प्रकार से नशे के विरुद्ध उत्तराखण्ड में दूसरा आन्दोलन शुरू हुआ।

24 अप्रैल, 1973 को खल्ला (मण्डल) के ग्राम प्रधान आलमसिंह बिष्ट की अध्यक्षता में स्थानीय लोगों की एक बड़ी सभा मण्डल के बस स्टेशन (गौडी) पर हुई। ऊपर तुंगनाथ और रुद्रनाथ, नीचे गोपेश्वर, पास में बहती हुई बालखिला और अमृतगंगा का कुछ नीचे संगम। दो नदियों और घने जंगल के बीच में स्थित मण्डल की इस सभा में 100 से अधिक ग्रामीण उपस्थित थे।

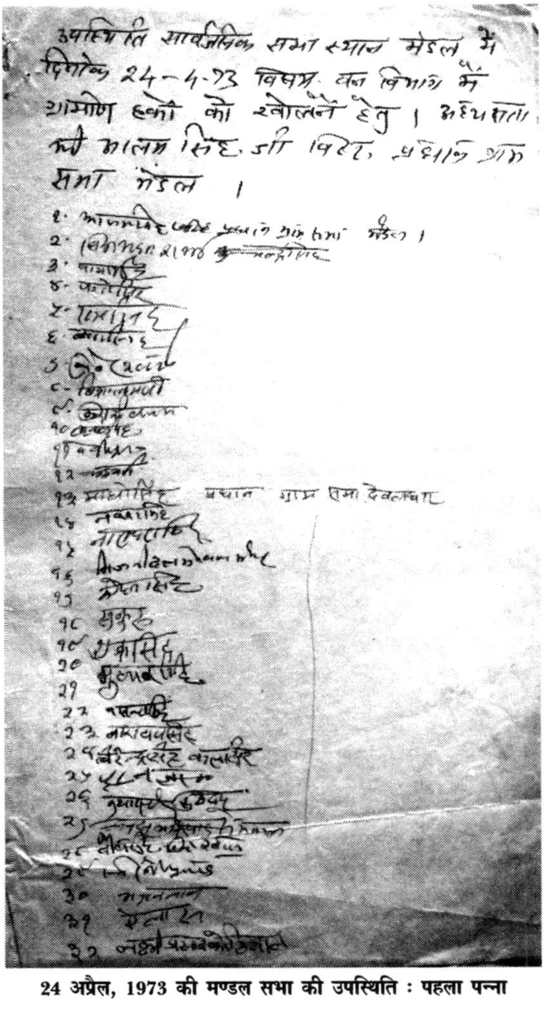
उपस्थिति सार्वजनिक सभा स्थान मंडल में दिनांक 24-4-73 विषय वन विभाग में ग्रामीण हकों को खोलने हेतु। अध्यक्षता श्री आलम सिंह जी बिष्ट, प्रधान ग्राम सभा मंडल।

24 अप्रैल, 1973 की मण्डल सभा की उपस्थिति : पहला पन्ना

इस बैठक में दशौली ग्राम स्वराज्य संघ के आनन्द सिंह बिष्ट, चण्डी प्रसाद भट्ट, सोबन सिंह, मुरारीलाल तथा अन्य कार्यकर्ताओं के अलावा पुरानी कांग्रेस के मन्त्री विजयदत्त शर्मा तथा शोषित समाज दल के अध्यक्ष बचनलाल तथा क्षेत्र के लोगों ने भाग लिया। सभा में आनन्द सिंह बिष्ट ने कहा कि पेड़ों के कटने पर मैं प्रतिरोध का प्रथम सत्याग्रही बनूँगा। मुरारीलाल तथा बचनलाल ने कहा कि हम जंगलों की रक्षार्थ पूरे क्षेत्र में छा जायेंगे और घर-घर लोगों से बात करेंगे। आलमसिंह बिष्ट ने कहा कि हमारी पीठ पर कुल्हाड़ी चले पर पेड़ों पर नहीं चलने देंगे।[34] सभा के बाद अनेक युवकों ने 'कुल्हाड़ी पहले हम पर चलेगी तभी पेड़ों पर' का संकल्प लेते हुए एक पत्र पर हस्ताक्षर किये थे।[35]

इस सार्वजनिक सभा में जो प्रस्ताव पारित हुए थे उनमें सबसे पहला था गाँव हक में खेती के यन्त्र, भवन निर्माण सामग्री तथा अन्य इमारती पेड़ प्राप्त करना। दूसरी माँग थी लघु औद्योगिक कच्चा माल स्थानीय स्तर पर मिले। तीसरा गूजरों और उनके भैंसों आदि के आगमन को रोकने या नियन्त्रित करने बाबत था। चौथा वन बन्दोवस्त कर हकों में वृद्धि करने, पाँचवाँ साइमन कम्पनी को वापस भेजने, छठा जंगलों की नीलामी बन्द कर वन श्रमिक सहकारी समितियों को काम सौंपने तथा सातवाँ लकड़ी कोयला टालों की बद्रीनाथ, जोशीमठ, चमोली तथा गोपेश्वर में स्थापना करने सम्बन्धी था।[36]

इस दिन मज़दूर पेड़ काटने जंगल में आ चुके थे। वे साइमण्ड कम्पनी के ऐजेण्टों की प्रतीक्षा में थे, जो कि गोपेश्वर में जंगलात विभाग से आदेश ले रहे थे। जंगल और ज़िला मुख्यालय के बीच मण्डल में यह सभा हो रही थी। सबको पता था कि साइमण्ड को 32 पेड़ काटने की स्वीकृति मिली है, जिसमें से 10 अंगू तथा 22 अन्य प्रजाति के हैं। अंगू के इन्हीं 10 पेड़ों में से संस्था ने 5 पेड़ माँगे थे। जंगलात विभाग ने निवेदन ठुकरा दिया था। सबको लगता था कि अब चिपको के शब्द से कर्म में बदलने का समय नज़दीक है।[37]

साइमण्ड कम्पनी वाले मण्डल पहुँचे तो इस सभा को देखकर कुछ-कुछ भयभीत हुए। उन्हें अहसास हुआ कि वे सरलता से पेड़ काट कर नहीं ले जा सकेंगे। पेड़ों का छपान होने, पेड़ों की कीमत जमा और आदेश हाथ में होने के बावजूद उन्होंने पेड़ न काटने का निर्णय लिया। पेड़ों के करीब जाकर भी साइमण्ड वाले मज़दूरों सहित लौट गये। यह बिना चिपके ही चिपको की पहली जीत थी। साइमण्ड ही नहीं जंगलात विभाग तथा प्रदेश सरकार को भी ग्रामीण शक्ति तथा संगठन का अहसास हुआ। पराजय के बाद आयी सद्‌बुद्धि के क्रम में सरकार ने आन्दोलन को सूचना भेजी कि सरकार दशौली ग्राम स्वराज्य संघ को अंगू का एक पेड़ दे देगी। अतः साइमण्ड को पेड़ काट लेने दिये जाय। आन्दोलन ने एक नहीं पाँच पेड़ लेने से भी इनकार कर दिया। वन राज्यमन्त्री का सन्देश आया कि पेड़ों की संख्या दुगुनी यानी 10 कर दी गयी है। पर दशौली ग्राम स्वराज्य संघ ने अस्वीकार कर दिया। अरण्यपाल ने दग्रास्वमं को 26 अप्रैल 1973 के पत्र में यह भी लिखा था कि 'साइमण्ड कम्पनी देश के लिए फौरिन एक्सचेंज बनाते हैं, अतः यह जनहित में है'। यह दग्रास्वसं और चिपको आन्दोलन के जीवन का निर्णायक क्षण था। यह एक संस्था और संगठन के रूपान्तरण की कहानी की शुरुआत भी थी।

यहाँ यह तथ्य लगभग हर चिपको अध्येता ने भुला दिया कि चिपको की यह पहली जीत स्वयं दशौली ग्राम स्वराज्य संघ का रूपान्तरण थी। यदि यह आन्दोलन नहीं महज संस्था की बात होती तो सरकारी उदारता से डिग जाने या सरकार के तन्त्र द्वारा डिगा दिये जा सकने की सम्भावनाएँ भी रहतीं। अब तक चिपको का विचार व्यक्तियों और संस्था से स्थानीय समाज में

जा चुका था। कार्यकर्ताओं को यह लगा कि संगठन या आन्दोलन की असली पड़ताल प्रतिवेदन और प्रतिनिधि मण्डल से नहीं प्रत्यक्ष कार्यवाही के समय प्रकट चरित्र से होती है। दशौली ग्राम स्वराज्य संघ की अपनी माँग, जो आन्दोलन के बीज की तरह थी, अब उस दृष्टि में रूपान्तरित हो चुकी थी, जिसमें आम ग्रामीणों के हक़-हक़ूकों का सम्मान अपेक्षित था और जंगल की हिफ़ाज़त भी। जंगल और मनुष्य के अस्तित्व का अन्तःसम्बन्ध इससे परिभाषित हुआ था। यह चिपको के दर्शन का प्रकट होना था और सघन रूप से खड़ा हो जाना भी।

2 मई, 1973 को दशौली ग्राम स्वराज्य संघ द्वारा गोपेश्वर में एक विकास गोष्ठी का आयोजन हुआ। यह श्रीनगर की सरकारी विकास गोष्ठी से छोटी पर सघन स्वरूप लिए थी और चिपको आन्दोलन के हिस्से के रूप में हुई थी। अगस्त्यमुनि विकास खण्ड के प्रमुख गबर सिंह जगवाण की अध्यक्षता में आयोजित इस गोष्ठी में ज़िले के राजनीतिक नेताओं, दशौली ब्लाक के सभापतियों, दशौली ग्राम स्वराज्य संघ के सदस्यों के अलावा गोविन्द सिंह रावत, सुन्दरलाल बहुगुणा तथा घनश्याम सैलानी ने भी भाग लिया। गोष्ठी में खेती, यातायात, सिंचाई, बिजली, रोज़गार जैसे मुद्दों के साथ सबसे महत्त्वपूर्ण मुद्दे के रूप में जंगलों की ही चर्चा हुई। गोष्ठी में 1. जनतन्त्र तथा ग्राम स्वराज्य के विकास के लिए मौजूदा वन नीति में आमूल चूल परिवर्तन करने, 2. ग्रामवासियों-वनवासियों को वन कर्म में प्रत्यक्ष शामिल करने, तथा 3. छोटे-छोटे उद्योगों को स्थापित कर, स्थानीय श्रमिकों की साझेदारी से तैयार माल बाहर भेजने तथा ठेकेदारी प्रथा समाप्त करने की माँग की गयी।

गोष्ठी में गाँव को इकाई मान कर योजना बनाने का आग्रह विकसित हुआ था।[38] सुन्दरलाल ने गोष्ठी में चिपको को 'प्रेम के विस्तार का एक नया क़दम' बताया और कहा कि जंगलों की रक्षा ठेकेदारों, गाँव वालों तथा अपने परिवारों से भी करनी होगी।[39] चिपको के आगामी आयामों का संकेत इस वक्तव्य में अन्तर्निहित था। बार-बार स्थानीय आत्मनिर्भरता का मामला उठा था, जो जंगलों की सुरक्षा और सदुपयोग के बिना सोचा नहीं जा सकता था।

3 मई, 1973 को जंगल सम्बन्धी गोष्ठी के निर्णयों तथा चिपको आन्दोलन का गाँवों में प्रचार करने हेतु एक पदयात्रा टोली चन्द्रापुरी की ओर रवाना हुई। इसमें सुन्दरलाल, घनश्याम सैलानी, आनन्द सिंह बिष्ट, मनवरसिंह बिष्ट (सीपीएम), दिलावरसिंह मजाठी, कुन्दन सिंह और स्वरूप सिंह शामिल थे।[40] गोविन्द सिंह रावत ने इस यात्रा में न जाकर जोशीमठ वापस लौटने और अपनी तरह से काम करने का निर्णय लिया था। भट्ट भी इस यात्रा में शामिल नहीं हो पाये थे। इधर उस दौर के पत्राचार से पता चलता है कि भट्ट इस या आगामी अक्टूबर में रामतीर्थ जन्म शताब्दी के समय होने वाली औपचारिक यात्रा के लिए तैयार न थे।[41] उनका कहना था कि जब इलाका आसन्न आन्दोलन की कगार पर हो तो ऐसी यात्राओं में कैसे निकला जा सकता है?

इस बीच टिहरी में रेजिन मेटों तथा ढुलानी ठेकेदारों की बैठक में लीसा ढुलान की हिमाचली पद्धति का विरोध किया गया। इससे 1954 से प्रचलित स्थानीय मज़दूरों द्वारा रेजिन मेटों की देखरेख में चल रही पद्धति के समाप्त हो जाने और स्थानीय रोज़गार छिन जाने का ख़तरा था।[42] 12 मई, 1973 को दग्रास्वमं ने इस आधार पर स्वीकृत 15 पेड़ों को लेने से इनकार कर दिया कि ग्रामीणों में खेती के यन्त्रों के लिए लकड़ी न मिलने बाबत शंका पैदा हो गयी है। अतः जब तक ग्रामीणों को खेती के यन्त्रों हेतु दिये जाने वाले अंगू के पेड़ों के बारे में स्पष्ट निर्देश नहीं दिये जाते हैं, संस्था पेड़ नहीं लेगी।[43]

उधर 30 मई, 1973 को बड़कोट में तिलाड़ी आन्दोलन 1930 के एक योद्धा ब्रह्मीदत्त की अध्यक्षता में जंगलों की रक्षा की शपथ तथा हक़-हकूकों की लड़ाई आगे बढ़ाने का निर्णय दोहराया गया।[44] इधर केदारनाथ वन प्रभाग के डी.एफ.ओ. का स्थानान्तरण हो गया और उस स्थान पर नये युवा अधिकारी नरेन्द्र सिंह नेगी आये। उन्हें स्थानीय लोगों की समस्याएँ समझने और सुलझाने में पारंगत मानकर भेजा गया था। मण्डल का जंगल इन्हीं के प्रभाग में था। नये अधिकारी के माध्यम से भी जंगलात विभाग ने चण्डी प्रसाद भट्ट को बुलाकर मण्डल के दस पेड़ साइमण्ड से लेकर संस्था को देने और साइमण्ड को फाटा के जंगल में पेड़ देने का अपना पुराना और विवशता में विकसित प्रस्ताव पुनः पेश किया। जब तक ग्रामीणों के वनाधिकारों का मामला स्पष्ट रूप से स्वीकार नहीं कर लिया जाता है तब तक संस्था के लिए पेड़ लेने का प्रश्न ही न था। इस मुलाक़ात से स्पष्ट हो गया था कि अब जंगलात विभाग साइमण्ड कम्पनी को फाटा के जंगल में अंगू के पेड़ देगा।

3. मण्डल से फाटा की ओर

उन्हीं दिनों गोपेश्वर से 80 कि.मी. दूर तथा केदारनाथ से 29 कि.मी. पहले मन्दाकिनी घाटी में नदी के दायीं ओर स्थित फाटा रामपुर के सामाजिक कार्यकर्ता और उखीमठ ब्लाक के कनिष्ठ प्रमुख केदार सिंह रावत गोपेश्वर आये थे। चण्डी प्रसाद भट्ट ने संस्था में उनसे बातचीत की और कहा कि जंगलात के हक़-हकूक की लड़ाई में अब उन्हें साथ देना है, क्योंकि गोपेश्वर तथा मण्डल के बाद अब लड़ाई फाटा में होने जा रही है। मंदाकिनी घाटी के संकट दरअसल गोपेश्वर तथा मण्डल के संकट से अलग नहीं थे। केदार सिंह ने कहा कि वे फाटा में भी पेड़ नहीं कटने देंगे और इस हेतु चिपको का सन्देश अपने क्षेत्र में ले जायेंगे। यह भी निश्चय हुआ कि जंगलात विभाग जिस दिन साइमण्ड कम्पनी के लिए पेड़ छापेगा, उसी दिन से वहाँ प्रत्यक्ष चिपको चलेगा। इस बार कुल्हाड़ी चलने की प्रतीक्षा नहीं होगी बल्कि कोशिश होगी कि पेड़ों का छपान ही न हो सके। केदार सिंह रावत ने इलाके में लौटकर इस बाबत चर्चा शुरू की और तैयारी भी।[45]

उधर चिपको से पूरी तरह अपरिचित और अगले कुछ महीनों में चिपको से जुड़ने वाले अलमोड़ा के छात्र एक ओर कुमाऊँ विश्वविद्यालय की स्थापना के आन्दोलन को सफल पराकाष्ठा पर पहुँचा रहे थे[46] और दूसरी ओर अलमोड़ा नगर की पानी की समस्या के समाधान के बाबत बहुत सक्रिय थे।[47] छात्रों की सक्रियता से अलमोड़ा में नागरिक संघर्ष समिति का गठन हो चुका था।[48] यही नहीं अलमोड़ा छात्र संघ के निर्णय के अनुसार उस वर्ष दीक्षान्त भाषण के लिए डॉ. कर्ण सिंह और छात्र संघ का उद्‌घाटन करने के लिए 'दिनमान' साप्ताहिक के सम्पादक रघुवीर सहाय को बुलाया गया था। ये नयी घटनाएँ थीं। कर्णसिंह ने तमाम बातों के अलावा मताधिकार की उम्र 18 साल करने की माँग का समर्थन किया था[49] और रघुवीर सहाय ने राज्य के शक्तिशाली और सत्तारूढ़ दलों के कम जनतान्त्रिक होते जाने के दौर में छात्र-युवाओं की भूमिका परिभाषित करते हुए अत्यन्त प्रभावशाली भाषण दिया था।[50]

उधर गोपेश्वर में अभी अगले चरण की तैयारी चल ही रही थी कि 19 जून, 1973 को जंगलात विभाग में मौजूद किसी शुभ चिन्तक ने संस्था में यह सूचना भेजी कि फाटा के मैखंडा जंगल में साइमण्ड कम्पनी को पेड़ दिये जा रहे हैं और दो-एक दिन में पेड़ों की छपाई होने की सम्भावना है। चण्डी प्रसाद भट्ट को उस दिन ऋषिकेश जाना था, पर इस सूचना के मिलते ही भट्ट तथा आनन्दसिंह बिष्ट फाटा के लिए रवाना हो गये। फाटा से पहले गुप्तकाशी में ही उन्हें मैखंडा जंगल में पेड़ छप

चुकने की जानकारी मिल गयी थी। दोनों सीधे सोनप्रयाग गये, जहाँ कि केदार सिंह रावत थे। एक दिन के भीतर आसपास के गाँवों में साइमण्ड कम्पनी के आने की ख़बर भेजी गयी और इस तरह 20 जून, 1973 को फाटा में चिपको की पहली बैठक हुई। वहाँ के लोगों और जंगल ने पहली बार चिपको आन्दोलन के अब तक विकसित नारे सुने।

इससे दो दिन पहले 18 जून, 1973 को चिपको आन्दोलन के रंग की पहली कूची अपने मन पर पोत चुके गोविन्द सिंह रावत मलारी के ग्रामीणों का नेतृत्व करते हुए जोशीमठ में गढ़वाल की आयुक्त कुसुमलता मित्तल तथा ज़िलाधिकारी चमोली का घिराव कर रहे थे। 1963-64 में चीनी आक्रमण के बाद सड़क तथा पड़ावों हेतु इस क्षेत्र के किसानों की जो ज़मीन सरकार ने वैध या अवैध तरीके से ले ली थी– लगभग 5,000 नाली– उसके मुआवज़े का 11 लाख रुपया भुगतान उन्हें अब तक नहीं किया गया था। 22 मई, 1973 को भी इस हेतु प्रदर्शन किया गया था।[51] इस भुगतान को जब अगले वर्ष चमोली में दिया गया, उसी दिन रेणी का ऐतिहासिक चिपको अध्याय लिखा जाने वाला था। गोविन्द सिंह रावत एक प्रकार से चिपको का पूर्वाभ्यास कर रहे थे।

20 जून के प्रदर्शन के बाद भट्ट तथा आनन्द सिंह ऋषिकेश में 23-24 जून को आयोजित हो रहे हिमालय सेवा संघ के रचनात्मक कार्यकर्ता सम्मेलन में शामिल होने चले गये। मैखंडा में पेड़ छप चुके थे और पेड़ों की कीमत जमा हो चुकी थी पर कटान का दिन तय नहीं हुआ था। अतः भट्ट तथा बिष्ट ने ऋषिकेश की बैठक में इन तथ्यों को बताने की ज़रूरत समझी। सम्मेलन के संयोजक सामाजिक कार्यकर्ता योगेश चन्द्र बहुगुणा ने चिपको आन्दोलन का विस्तृत परिचय देते हुए कहा कि इसकी दृष्टि अत्यन्त व्यापक है। अलमोड़े के गाँधीवादी तथा स्वतन्त्रता सेनानी शान्तिलाल त्रिवेदी भी इस सम्मेलन में थे और उन्होंने चिपको को चहुँ ओर से समर्थन देने की ज़रूरत बतायी थी।[52] त्रिवेदी ने वापसी के बाद अलमोड़ा में एक सर्वदलीय बैठक की थी पर अभी अलमोड़ा के सामाजिक-राजनीतिक कार्यकर्ताओं में वह संवेदना और ग्रहणशीलता नहीं थी, जो अगले साल समाजवादी कार्यकर्ता तथा छात्र प्रकट करने वाले थे।

इस सम्मेलन का उद्घाटन करने आये केन्द्रीय संचार मन्त्री हेमवतीनन्दन बहुगुणा ने चिपको को 'संकीर्ण क्षेत्रीयतावाद' से जोड़ा और आन्दोलन की आलोचना करते हुए कहा कि हिमालय पूरे देश की थाती है, केवल उत्तराखण्ड के कुछ गाँवों की नहीं। यहाँ की कीमती वन सम्पदा का उपयोग जब पूरे देश के हित में हो रहा है तब यहाँ की सम्पदा को ले जाने से रोकने हेतु 'चिपको आन्दोलन' का क्या औचित्य है? हेमवतीनन्दन बहुगुणा ने व्यंग्य करते हुए कहा कि कल यदि भिलाई वाले वहाँ बनने वाले इस्पात को रोककर 'लटको आन्दोलन' चलाएँ तो क्या होगा? यद्यपि बहुगुणा ने जंगलों को पहाड़ों का जीवन आधार भी कहा और जंगलों के बारे में एक निश्चित नीति तय किये जाने की ज़रूरत महसूस की। केन्द्रीय मन्त्री की हैसियत से वे उस समय चिपको का गहरा अर्थ नहीं समझ पाये, न ही यह कि संस्था के लिए पेड़ माँग रहे कार्यकर्ता अब वनवासियों के अधिकारों की बात कर रहे थे।[53] यह शायद पी.ए.सी. विद्रोह के बाद और आपात्काल लगने से पहले क्रमशः केन्द्रीय मन्त्री और फिर उत्तर प्रदेश में मुख्यमन्त्री के रूप में कार्य करने वाले बहुगुणा की परेशानी की अभिव्यक्ति भी हो सकती है। एक राजनेता विभिन्न विषयों पर ज़्यादातर तात्कालिकता के हिसाब से सोचता है। बाद में अपनी ही सत्ता के शिकार होने से कुछ पहले उन्होंने न सिर्फ़ चिपको का अर्थ समझा बल्कि रेणी जाँच कमेटी गठित की और जंगलात सम्बन्धी बहुत से ऐतिहासिक निर्णय लिए।

मुख्यमन्त्रियों से हर बार मौलिक सोच की अपेक्षा करना कठिनाई पैदा करता है। यह उस राजनीतिक दल का भी दायित्व था, जो अपनी सरकार को सही समय पर सही परामर्श नहीं दे पा रहा था। जब देश और यह प्रदेश अपने जंगलों के बाबत कोई दृष्टि और नीति विकसित नहीं कर सका है, गोविन्द बल्लभ पन्त के मुख्यमन्त्रित्व और कुजजास के सुझावों के बावजूद यदि यह सरकार मामला नहीं समझ सकी है और कोई नीतिगत निर्णय नहीं ले सकी है तो एकाएक बना नया मुख्यमन्त्री क्या करे? पर वह समस्या नहीं सुलझायेगा तो फिर कौन सुलझायेगा? जनतन्त्र में अन्ततः जन प्रतिनिधियों में शीर्षस्थ यानी प्रदेश के सन्दर्भ में मुख्यमन्त्री और देश के सन्दर्भ में प्रधानमन्त्री का ही यह दायित्व होता है कि वह जन-आन्दोलनों का मर्म समझे और दीवार पर बहुत स्पष्टता से लिखी इबारत को पढ़ने का जतन करे।

कई प्रान्तों में कांग्रेसी सरकारों ने जंगलात को लेकर महत्त्वपूर्ण क़दम उठाये थे। उत्तर प्रदेश में उत्तराखण्ड तथा पूर्वांचल को छोड़कर जंगल बहुत कम थे पर इन जंगलों का शेष प्रान्त और देश से एक गहन आर्थिक-पारिस्थितिक रिश्ता था। उत्तराखण्ड में जंगलों की लड़ाई बीसवीं सदी के प्रारम्भ से ही लड़ी जा रही थी। बेगार उन्मूलन आन्दोलन के अलावा जंगल सत्याग्रह ने उत्तराखण्ड को स्वतन्त्रता संग्राम से जोड़ने में गहन योगदान दिया था और उन संग्रामियों को विकसित किया था जो अगली आधी सदी तक नेतृत्व का दायित्व निभाने वाले थे। पर यह भी सच था कि जंगल सत्याग्रही और 1922 में जंगलात समस्या पर लिखने वाले पण्डित पन्त 1937-39 या आज़ादी के बाद जंगलात के प्रश्नों पर बहुत मौलिकता से नहीं सोच पाये थे। अतः कोई जन और जंगलातमुखी वन नीति विकसित नहीं हो पायी थी। नयी सरकार या मुख्यमन्त्री से सभी समाधान तुरन्त चाहने को ज़रूरत से ज़्यादा समझा जा सकता है पर आज़ादी के बाद जंगलात के सम्बन्ध में जन-आन्दोलन का ऐसा दबाव कभी नहीं रहा, जैसा अब चिपको आन्दोलन रचने वाला था।

चिपको आन्दोलन के कार्यकर्ता अब प्रदेश के मुख्यमन्त्री को अपना मन्तव्य समझाने की ज़रूरत समझने लगे। पर इस हेतु पहल कैसे हो यह समझ में नहीं आ रहा था। उत्तर प्रदेश के मुख्यमन्त्री से चिपको कार्यकर्ता संवाद के रास्ते ढूँढ़ते हुए महसूस कर रहे थे कि संवाद के लिए भी आन्दोलन का दबाव ज़रूरी है। चिपको आन्दोलन में अनेक बार जो अतिरिक्त आक्रामकता नज़र आती है, उसके पीछे सदा सत्ता की ओर से लगातार उपेक्षा भरा, अनदेखी और 'टालो और टरकाओ' वाला व्यवहार रहा। अभी प्रदेश सरकार के पसीज जाने का कारण जैसा कि बताया जा चुका है, उसका पी.ए.सी. विद्रोह से उबरना और प्रदेश में जेपी प्रेरित युवा आन्दोलन की आहट का सुनाई देना था।

ऋषिकेश में चिपको कार्यकर्ताओं को भनक लग गयी थी कि 27 जून, 1973 को साइमण्ड कम्पनी के लोगों की पेड़ काटने हेतु मैखंडा (फाटा) पहुँचने की सम्भावना है। केदारसिंह रावत को यह ख़बर मिल चुकी थी। इसी बीच 25 जून, 1973 को चण्डी प्रसाद तथा आनन्द सिंह सिल्यारा आश्रम गये ताकि सुन्दरलाल बहुगुणा से फाटा रामपुर आने का आग्रह कर सकें। यह चिपको की नयी अभिव्यक्ति में अन्य साथियों की हिस्सेदारी को ज़रूरी मानने का संकेत था। बहुगुणा ने नहर मरम्मत और रोपाई कार्य में लगे होने के कारण फाटा आ सकने में असमर्थता जताई। अगले दिन भट्ट और बिष्ट गुप्तकाशी आ गये।[54]

26 जून को ऋषिकेश गये कार्यकर्ता और केदार सिंह तथा स्थानीय लोग गुप्तकाशी पहुँचे, जहाँ गोपेश्वर से चिरंजीलाल भट्ट तथा शिशुपाल सिंह कुँवर आदि भी पहुँच गये थे। 27 जून, 1973 को दिनभर लगातार वर्षा के बावजूद लोगों ने पेड़ों के कटान के विरुद्ध प्रदर्शन किया। प्रदर्शन के बाद

फाटा में गजाधर सेमवाल की अध्यक्षता में सभा हुई, जिसमें केदार सिंह रावत, प्रतापसिंह पुष्पाण, उदयराम शर्मा, प्रयागदत्त, चण्डी प्रसाद भट्ट तथा आनन्द सिंह बिष्ट ने जंगलात और चिपको आन्दोलन के विविध आयामों को विस्तार से सामने रखा। इसी सभा में मण्डल की तरह 40 सदस्यों की संघर्ष समिति का गठन किया गया, जिसको जंगल की निगरानी करनी थी।[55] साइमण्ड प्रतिनिधि फाटा पहुँच गये थे और उन्होंने देखा कि उनकी उपस्थिति में ही पेड़ों को बचाने का चिपको प्रस्ताव पारित हुआ।

मैखंडा के सीलाखर्क जंगल के लिए तरसाली गाँव से रास्ता जाता था। अतः तरसाली के दयानन्द को यह ज़िम्मेदारी सौंपी गयी कि कोई यदि पेड़ काटने के लिए जंगल को जाये या कोई भी अजनबी उस ओर जाये तो वह शंख बजाकर सबको चेता देगा। ज़्यादातर ब्राह्मणों द्वारा पूजा पाठ में प्रयुक्त

कर्मभूमि, ५ जनवरी १९७४

२२ दिसम्बर से

चिपको आन्दोलन पुनः तेजी पर

केदारघाटी में साइमन कम्पनी वाले अंगू के पेड़ों को काटने हेतु जैसे ही जंगल में प्रवेश किया आस-पास के गांव वाले सैकड़ों की संख्या में श्री केदार सिह रावत उप प्रमुख केदारनाथ विकास खण्ड के नेतृत्व मे [illegible] के जगल में जहा कि अंगू के पेड़ छपे है बाजे गाजे सहित पेड़ों की रक्षा के लिए पहुंच गये हैं। २५ दिसम्बर को फाटा में शिवा के जंगल होते हुए सैकड़ों लो पहुंचे तथा उनर प्रदेश शासन को तत्काल वननीति में परिवर्तन के लिए चेतावनी दी गई।

स्मरण रहे कि मुख्य मन्त्री ने वननीति में परिवर्तन के लिए घोषणा के बावजूद भी अधिकारी वर्ग नें साइमन को दिए गए पेड़ों को निरस्त नहीं किए। जिससे कि जनता में भयंकर असंतोष फैला हुआ है तथा सर्वत्र वन जागे वनवासी जागे का उद्घोष चल रहा है। लोगो की मांग है कि वनों के नज [illegible] लगें। हक-हकूक में परिवर्तन किया गया।

—सम्वाददाता

कर्मभूमि, 5 जनवरी, 1974 में फाटा आन्दोलन समाचार

होने वाले इस ध्वनि यन्त्र का यह शायद आज़ादी के बाद पूजा पाठ से इतर पहला सामाजिक उपयोग था। राष्ट्रीय संग्राम के दौर में शंख बहुत बार आन्दोलनों के निमित्त बजाया गया था। ढोल-नगाड़े तथा भंकारे तो पिछले सालों से इस्तेमाल होने शुरू हो ही गये थे। 26 तथा 27 जून, 1973 को ग्रामीण आन्दोलनकारी तथा साइमण्ड कम्पनी के प्रतिनिधि रास्ते के नीचे ही रुके रहे। न कम्पनी वाले ऊपर जाने का साहस जुटा पाये और न स्थानीय जनता को प्रत्यक्ष चिपको चलाने का मौक़ा मिला। ढोल नगाड़े और भंकारे जंगल की रखवाली के साथ बजते रहे लेकिन दयानन्द को अपना शंख बजाने का मौक़ा नहीं मिला।

यद्यपि वे उस मार्ग पर नज़र रखे रहे थे, जो उनके गाँव से हो कर मैखंडा जंगल को जाता था। साइमण्ड कम्पनी के प्रतिनिधि यहाँ से भी वैसे ही वापस हुए जैसे मण्डल से। गोपेश्वर जाकर उन्होंने केदारनाथ वन प्रभाग के उप अरण्यपाल से शिकायत की और ग़ुस्सा जताया। अरण्यपाल ने कदाचित् चतुराई और धैर्य का परामर्श दिया और कहा कि मौक़ा देखकर कटान करें क्योंकि दिसम्बर 1973 के अन्तिम दिन तक यह परमिट वैध था। इस बीच जून के अन्तिम सप्ताह में प्रदेश सरकार ने लीसे के दामों की असमानता को समाप्त करने की घोषणा की। यह कदाचित् चिपको द्वारा प्रकट आक्रोश को शान्त करने का या संस्था को अंगू के 10 पेड़ देने जैसा प्रयास था। हालाँकि चिपको की अन्य माँगों पर सरकार ने अभी कुछ नहीं कहा।[56] इसी समय उत्तरकाशी के पाटा, संगराली और बग्याल गाँवों में देवदार के 131 पेड़ों के कटान के ख़िलाफ़ आन्दोलन चला, जिसमें घनश्याम सैलानी सक्रिय रहे। उन्होंने ग्रामीणों को सुसंगठित किया। इन तीन गाँवों की संयुक्त शक्ति के आगे उप अरण्यपाल ने हार मान ली और नीलामी स्थगित कर दी।[57]

जंगल के साथ ज़मीन के मामले में भी सरकार और जनता का आमना-सामना होने वाला था। यद्यपि 1960 के बाद ज़िला मुख्यालयों हेतु खेती और चरागाह की बेहतरीन ज़मीन ली गयी थी। अब हाइडिल परियोजना हेतु यह ली जा रही थी। अगस्त 1973 में उत्तरकाशी के पास स्थित तिलोथ सेरे के किसानों ने बिना मुआवज़ा दिये अपनी ज़मीन सरकार को देने से इनकार किया। यह ज़मीन मनेरी भाली-1 परियोजना के बिजलीघर के लिए ली जानी थी। स्थानीय किसानों को प्रति नाली रुपया 615 दिये जाने की सरकारी नीति जब पता चली तो इसका विरोध किया गया। 15 अगस्त, 1973 से उत्तरकाशी के जोश्याड़ा पुल को पार करने पर रोक लगा दी गयी। इस हेतु परमिट दिया जाने लगा और वहाँ पर पी.एस.सी. तैनात कर दी गयी। इससे जन सामान्य को दिक्कत हुई। दरसअल भागीरथी के उस पार जाने हेतु तब यही एकमात्र पुल था।

प्रदेश के पूर्व राज्यमन्त्री नरेन्द्र सिंह भण्डारी तथा उत्तरकाशी के विधायक कृष्णसिंह ने सरकार से बात कर यह राशि 1,500 रु. प्रति नाली करवाई लेकिन 26 अगस्त, 1973 को ज़िलाधीश ने एक नोटिस द्वारा तिलोथ गाँव के किसानों को मुआवज़ा लेने बुलाया और लिखा कि उसी दिन उनकी भूमि मनेरी-भाली जलविद्युत परियोजना के बिजलीघर हेतु ले ली जायेगी। जब किसान मुआवज़ा लेने गये तो उन्हें यह राशि 615 रु. प्रति नाली दी जाने लगी। किसानों ने इसे लेने से इनकार कर दिया और शासन ने बिना मुआवज़े के उनकी ज़मीन को जबरन अधिकृत करने की घोषणा की। ज्ञातव्य है कि इस समय प्रदेश में राष्ट्रपति शासन लगा था और नौकरशाही पर कोई लगाम नहीं थी। वर्ना 2 माह बाद धान की फ़सल कटने के बाद भी यह कार्रवाही हो सकती थी।[58]

तिलोथ के किसान और सामाजिक-राजनीतिक कार्यकर्ता 27 अगस्त, 1973 को अपनी माँगों को लेकर शान्तिपूर्ण प्रदर्शन करने को विवश थे क्योंकि बिना उन्हें वांछित मुआवज़ा दिये प्रशासन ज़मीन

का अधिग्रहण करने जा रहा था। प्रशासन के साथ पी.एस.सी. ही नहीं बुलडोजर भी था। जब धान की खड़ी फ़सल पर हिन्दुस्तान कंस्ट्रक्शन कम्पनी का बुलडोजर चलने लगा तो फ़सल की रक्षार्थ लगभग 150 स्त्रियाँ, बच्चे और बुजुर्ग लेट गये। उन पर निर्मम लाठी चार्ज हुआ और अनेक लोग घायल हुए, जिनमें बच्चों, स्त्रियों के अलावा कमलाराम नौटियाल, नेमचन्द, नागेन्द्रदत्त थपलियाल और देवीप्रसाद जोशी जैसे राजनीतिक कार्यकर्ता भी थे। उत्तरकाशी नगर के 10 कि.मी. की परिधि में धारा 144 लगा दी गयी और दो महिलाओं सहित 37 किसानों और कार्यकर्ताओं को गिरफ़्तार कर टिहरी तथा रुड़की जेल ले जाया गया।[59] इससे पहले शराबबन्दी आन्दोलन में इस तरह की गिरफ़्तारियाँ हुई थीं।

27 अगस्त के बाद फिर 14 और नागरिक गिरफ़्तार हुए, जिनमें कुन्दनसिंह रावत, हरिसिंह रावत, सुरेन्द्र दत्त भट्ट (सम्पादक 'गढ़ रैवार'), भक्तिप्रसाद उनियाल, पीताम्बर दत्त जोशी, प्रेमसिंह राणा आदि भी थे। इस सरकारी दमन का 28 अगस्त को उत्तरकाशी तथा टिहरी में पूर्ण हड़ताल द्वारा विरोध किया गया था।[60] इसी दिन भारतीय संसद में बाढ़ पर चर्चा के दौरान टिहरी के सांसद परिपूर्णानन्द पैन्यूली ने उत्तराखण्ड में हो रहे वन विनाश का बाढ़ों की बढ़ोतरी में योगदान पर वक्तव्य दिया था।[61] सितम्बर प्रथम सप्ताह में सभी गिरफ़्तारों को छोड़ दिया गया। भूमि अधिग्रहण का विचार अभी स्थगित था पर किसी मान्य समाधान को ढूँढ़ निकालने का प्रयास नहीं किया गया था।[62] दिसम्बर में तिलोथ के किसानों की भूमि का मुआवज़ा पन्द्रह सौ रु. प्रति नाली निर्धारित किया गया और मामला शान्त हो सका।[63] पर रौंदी गयी खड़ी फ़सल का कोई मुआवज़ा नहीं दिया गया।

जब पिथौरागढ़, चमोली तथा उत्तरकाशी ज़िलों की स्थापना हुई थी और 1960 के आसपास ज़िला मुख्यालय बनने लगे थे तब पिथौरागढ़, गोपेश्वर तथा उत्तरकाशी क़स्बों और पास के गाँवों की बेहतरीन सिंचित तथा चरागाहों की ज़मीन ज़िला मुख्यालयों की स्थापना हेतु ली जाने लगी। इसका विरोध भी हुआ। विशेष रूप से गोपेश्वर तथा उत्तरकाशी में। उत्तरकाशी में ज़मीन का मुआवज़ा 400 रु., फिर 615 रु. प्रति नाली तय हुआ। किसानों ने इसे लेने से इनकार कर दिया। तब सरकार ने मुआवज़े की यह राशि 750 रु. प्रति नाली कर दी पर किसान माने नहीं और अन्ततः इस राशि को 1,500 रु. किया गया। संघर्षशील नेतृत्व के कारण मामला सुलझ सका।

1973 के उत्तरार्द्ध में और भी बहुत घटनाएँ हुई थीं। गढ़वाल तथा कुमाऊँ विश्वविद्यालयों की स्थापना हुई। इस आन्दोलन से अर्जित ऊर्जा का एक हिस्सा अगले सालों में जंगलात आन्दोलन में इस्तेमाल होने वाला था। पृथक राज्य की चर्चा कुछ सम्मेलनों के ज़रिये बनी रही। लीसे का सरकार ने एक भाव कर दिया था। यानी सरकारी या गैर-सरकारी ख़रीददारों के लिए एक भाव, जो पहले नहीं था। इसे चिपको का प्रारम्भिक असर माना जा रहा था।

इस साल की बरसात में उत्तराखण्ड में फिर अनेक स्थानों पर भूस्खलन और बाढ़ ने कठिनाइयाँ बढ़ाई थीं। मन्दाकिनी घाटी की बाढ़ को स्वयं फाटा-मैखंडा में चिपको आन्दोलन में शामिल लोगों ने देखा। उखीमठ में भूस्खलन और बाढ़ से खेत बर्बाद हुए और पशु मारे गये। जटिल भूगर्भ तथा बीहड़ भूगोल के अलावा प्राकृतिक सम्पदा के विनाश का भूस्खलन और बाढ़ों से रिश्ता समझने के लिए इससे प्रत्यक्ष उदाहरण और विधि कोई और थी भी नहीं। प्राकृतिक आपदाओं को बिना भुगते ठीक से समझना सम्भव नहीं होता है। उत्तरी भारत में आयी बाढ़ ने हिमालय में जंगलों के विनाश के मैदानों पर पड़ने वाले दुष्प्रभाव को उजागर किया था। सितम्बर 1973 में चण्डी प्रसाद भट्ट ने मुख्यमन्त्री को फिर पत्र डाला कि गोपेश्वर, उत्तरकाशी और पौड़ी में ठप पड़ी लीसा इकाइयों

को पुनर्जीवित किया जाय और इन स्थानों पर ट्रांसपोर्ट चार्ज घटाया जाय। बेरोज़गारों को इसी से रोज़गार मिल सकता है।[64]

उत्तराखण्ड सर्वोदय मण्डल ने इसी बीच यह निर्णय लिया कि क्षेत्र में यात्राएँ आयोजित हों। इसमें पुराने कार्यकर्ताओं को विभिन्न गाँवों को जानने और नये कार्यकर्ताओं को जोड़ने के साथ वन सुरक्षा को व्यापक बनाने हेतु लोक शिक्षण देने तथा चिपको आन्दोलन के प्रसार का लक्ष्य रखा गया था। रामतीर्थ जन्म शताब्दी के दिन 25 अक्टूबर, 1973 को टिहरी से सुन्दरलाल बहुगुणा तथा साथियों ने उत्तराखण्ड की 120 दिन की यात्रा शुरू की। अनेक ज़िलों के दूरस्थ इलाकों से होकर यह यात्रा 22 फ़रवरी, 1974 को समाप्त हुई थी।[65]

अक्टूबर 1973 में प्रधानमन्त्री इन्दिरा गाँधी का आगमन गढ़वाल में हुआ। श्रीमती गाँधी ने कहा कि वे अपने को पहाड़ी समझती हैं। पर्वतीय विकास में धन की कठिनाई नहीं आने दी जायेगी। योजना आयोग में एक विशेष सैल बनेगा। कुमाऊँ तथा गढ़वाल दो विश्वविद्यालयों की स्थापना होगी। श्रीमती गाँधी ने अलकनन्दा-पौड़ी पेय जल योजना का शिलान्यास किया। तिलोथ काण्ड की भर्त्सना की और मनेरी-भाली तथा टिहरी बाँधों के विस्थापितों को मुआवज़ा उसी अनुपात में देने की घोषणा की, जो हिमाचल के पौंग बाँध के विस्थापितों को दिया गया।[66] श्रीमती गाँधी से चण्डी प्रसाद भट्ट, आनन्द सिंह, धनंजय भट्ट तथा योगेश बहुगुणा ने मुलाक़ात कर अपने काम की जानकारी दी। उन्होंने फाटा में कटान रोकने, सरकार की वननीति में आवश्यक सुधार तथा नया वन बन्दोबस्त करने, स्थानीय सहकारी समितियों को कच्च माल दिये जाने, नीलामी-ठेकेदारी प्रथा समाप्त करने, वनाधारित कुटीर उद्योगों को कच्चा माल, पूंजी और तकनीकी सहायता देने हेतु ज्ञापन दिया।[67]

श्रीनगर (गढ़वाल) की सभा में श्रीमती गाँधी ने जंगल, मौसम और बाढ़ के रिश्ते का ज़िक्र किया था। यह बात इससे पहले उन्होंने 1972 के स्टाकहोम के व्याख्यान में भी दोहराई थी। इस बीच लगभग 15 साल पहले वियना चली गयी मीरा बहन ने अख़बारों में लिखकर चेताया कि हिमालय में बाँज के जंगल काटकर सिर्फ़ बाढ़ हाथ लगेगी।[68]

उधर फाटा के ग्रामीणों की नज़र अपने जंगल पर थी पर प्रदेश सरकार, जो पी.ए.सी. विद्रोह जैसे गम्भीर संकट से भी घिरी थी, को दूरस्थ-दुर्गम इलाकों की ऐसी घटनाओं की न चिन्ता थी और न लखनऊ की नौकरशाही का चित्त इनसे विचलित होता था। नवम्बर 1973 में जंगलात विभाग द्वारा उत्तराखण्ड के उन जंगलों की सूची तैयार की जा चुकी थी जो अगले साल नीलाम किये जाने वाले थे। इनमें अलकनन्दा की सहायक नदियों के जलागम में पड़ने वाला रेणी का देवदार, सुरई, रागा (फर) और थुनेर का जंगल भी था, जहाँ अगले वर्ष चिपको आन्दोलन अपनी गहराई तथा ऊँचाई दोनों को बढ़ाने में कामयाब होने वाला था। दशौली ग्राम स्वराज्य संघ के सदस्यों तथा अन्य सक्रिय कार्यकर्ताओं की नज़र मैखंडा (फाटा) के जंगल (जहाँ पेड़ कटने को छप चुके थे), उत्तराखण्ड के अन्य जंगलों (जो अगले साल कटने के लिए छपने वाले थे, जिनमें रेणी का जंगल भी शामिल था), देहरादून (जहाँ जनवरी 1974 में नीलामी होने वाली थी) और लखनऊ (जहाँ हेमवती नन्दन बहुगुणा नवम्बर 1973 में नये मुख्यमन्त्री बन गये थे और जहाँ से सरकारी निर्णय होने थे) पर यानी हर तरफ़ थी। किसी एक ओर नज़र रखना पर्याप्त न था। इससे आन्दोलन की समझ और व्यापकता का अनुमान लगाया जा सकता है।

आन्दोलनकारी सोच रहे थे कि जोशीमठ क्षेत्र में कैसे बात जनता तक पहुँचाई जाय! चण्डी प्रसाद भट्ट ने गोविन्द सिंह रावत से चर्चा की। दोनों ने पेड़ों के कटान, भू-स्खलन और बाढ़ का

सम्बन्ध गहराई से समझा था। श्रीनगर की गोष्ठी के बाद दोनों का एजेण्डा मिलता-जुलता था। दोनों में अपनी जनता के साथ आगे बढ़ने की तड़प भी थी। इस क्षेत्र में साम्यवादी दल का प्रभाव था और जनसंख्या के लिहाज़ से यह जनजातीय भोटिया (तोलछा तथा मार्छा) बहुल क्षेत्र था। सर्वोदयी कार्य का स्पर्श यहाँ ज़्यादा नहीं पहुँचा था। नन्दादेवी प्राकृतिक अभयारण्य और नन्दा शिखरों में जाने का प्रवेश-द्वार रेणी के पास स्थित लाटा गाँव था। नीती तथा माणा गाँवों और इन घाटियों के अन्य गाँवों तथा दर्रों के मार्ग जोशीमठ से होकर गुज़रते थे। न सिर्फ़ फूलों की सुप्रसिद्ध घाटी बल्कि बद्रीनाथ, लोकपाल और हेमकुण्ड साहिब जैसे तीर्थ इस क्षेत्र में थे।

अक्टूबर 1973 में पहली बार अपने हाथ में हैंड माइक लिए दलीप सिंह तथा जगत सिंह कैरणी के साथ गोविन्द सिंह रावत विभिन्न गाँवों से होकर लाटा पहुँचे थे। गोविन्द सिंह ने बच्चों को ये परचे दिये, जिनमें घनश्याम सैलानी का चिपको गीत छपा था। उनसे यह वादा ले लिया था कि वे परचे को फेंकेंगे नहीं तथा गीत को याद कर लेंगे। उस दिन की सभा में गोविन्द सिंह ने जंगल, जानवर, नदी, चरागाह का ग्रामीणों से सम्बन्ध पर विस्तार से बात की थी। अगर जंगल ही नहीं रहेंगे तो फिर हम कैसे ज़िन्दा रहेंगे? मालदार हमारे जंगलों को लूट रहे हैं और सरकार की नीति उन्हें ऐसा करने देती है। अतः हमें जंगल बचाने के लिए एकजुट हो जाना चाहिए और ठेकेदारी-मालदारी प्रथा समाप्त कर देनी चाहिए।[69]

फिर 4 से 8 नवम्बर, 1973 के बीच जोशीमठ-रेणी के आसपास कुँवारी पर्वत की पश्चिमी ढलान में स्थित गाँवों की यात्रा हुई। रावत तथा चण्डी प्रसाद भट्ट के अलावा इस यात्रा में चिपको आन्दोलन के एक मौन कार्यकर्ता हयात सिंह तथा सतत सक्रिय रहने वाले तपोवन के निर्दलीय ग्राम प्रधान और ज़िला परिषद् सदस्य वासवानन्द नौटियाल तथा ढाक के ग्राम प्रधान जगत सिंह कैरणी आदि थे। कुछ अन्य नौजवान भी उनके साथ थे। दरअसल रेणी जंगल के कटान हेतु तय होने की सूचना हयात सिंह ने ही गोविन्द सिंह रावत और चण्डी प्रसाद भट्ट को दी थी। हयात सिंह इसी इलाके के तपोवन गाँव के रहने वाले थे और रेणी में उनकी ससुराल थी। वे दशौली ग्राम स्वराज्य संघ के लिए जड़ी-बूटी संग्रह का काम देखते थे और पूरे इलाके को अच्छी तरह जानते थे।

यह यात्रा ढाक, तपोवन, करछी, तुगासी, रेगड़ी, भंग्यूल तथा रेणी आदि गाँवों से गुज़री थी। अन्य गाँवों के साथ एक सभा रेणी में भी हुई थी। नंदादेवी के भीतरी क्षेत्र से आने वाली ऋषिगंगा तथा नीती से ऊँटाधूरा तक फैले दर्रों से आने वाली पश्चिमी धौली नदी के संगम के ऊपर ऋषिगंगा के दोनों ओर स्थित रेणी के ग्रामीण कुछ ही महीनों बाद चिपको आन्दोलन को उसकी अगली मंज़िल तक पहुँचाने वाले थे। रेणी तोलछा-मार्छा (भोटिया) जनजाति का स्थायी गाँव है। भोटिया जनजाति के धौली घाटी में ऊपर को अनेक गाँव हैं। ये लोग इन नदियों तथा यहाँ के भूगोल का मिज़ाज सबसे ज़्यादा अच्छी तरह जानते हैं। इन्होंने अपने अनेक बगड़ बहते हुए देखे थे। 1970 की बाढ़ की याद कार्यकर्ताओं ने यहाँ सबको दिलाई। सबको लगा था कि यदि जंगल कटे तो इस बार भी बगड़ बह जायेंगे। अगले साल रेणी जंगल को बचाने में महत्त्वपूर्ण भूमिका निभाने वाली गौरा देवी इस सभा में नहीं थी। उनका युवा पुत्र चन्द्रसिंह इसमें था और उसने इस सभा का सार अपनी माँ को बताया था।[70]

रेणी, पैंग, मुरांडा, सुभाई, तपोवन, ढाक, रिंगी, तुगासी तथा भंग्यूल आदि गाँवों से होकर इस दल के सदस्य चौथे दिन रेगड़ी और करछी गाँवों में पहुँचे। ये गाँव ढाक-तपोवन के पास जोशीमठ-रेणी-मलारी मार्ग पर हैं। 1970-71 में इन गाँवों में बहुत बर्बादी हुई थी। करछी गाँव की छोटी-सी सभा में जब चण्डी प्रसाद भट्ट ने सामने के भूस्खलन से फ़टे पहाड़ की ओर इशारा कर पूछा कि

यदि जंगल कटेंगे तो क्या भूस्खलन और बाढ़ों में बढ़ोतरी नहीं होगी? सबने हाँ में सिर हिलाया तो सभा में से एक व्यक्ति ने उठकर बताया कि ये जंगल तो कटने ही वाला है। क्योंकि गाँव वालों ने ही जंगल के छपान में मदद की थी, अतः कटान की जानकारी थी। यह बात सभा में हयात सिंह ने प्रश्न-प्रतिप्रश्न पूछ कर उभारी। बताया गया कि 2,451 पेड़ छापे जा चुके हैं और अगले महीने नीलाम हो जायेंगे। जंगलात विभाग छपान की मज़दूरी गाँव वालों को दे चुका था।[71]

चण्डी प्रसाद भट्ट ने इतना सुनकर लोगों का मन पकड़ने के लिए कहा, 'जब छपान हो ही गया है तो इस जंगल को शीघ्र आप लोग कटवा दें'। सभा ने इस सुझाव से असहमति जताई। चण्डी प्रसाद ने पूछा कि जब आपने ख़ुद ही छपान किया है तो फिर आप इसे काटने से क्यों मना कर रहे हैं? लोगों का सरल और सच्चा जवाब था कि सरकार ने छापने को कहा और हमें मज़दूरी दी। अतः हमने छाप दिया। मना कैसे करते? चण्डी प्रसाद भट्ट ने प्रति प्रश्न किया कि सरकार जंगल काटने की मज़दूरी देगी तो आप अब जंगल भी काट देंगे न? ग्रामीण जन चुप थे। उनकी सहजता के बीच से एक़दम उत्तर नहीं उठ सका। सभा में से एक बजुर्ग ने चुप्पी तोड़ी और सीधे कह दिया कि स्वयं हम जंगल नहीं काटेंगे पर यदि सरकार कटान हेतु आयेगी तो क्या होगा?

बातचीत ऐसे बिन्दु पर पहुँच गयी थी, जहाँ इसे इस यात्रा के आयोजक पहुँचाना चाहते थे। भट्ट ने कहा कि हम पेड़ों से चिपककर जंगल को कटने से बचा सकते हैं। सबसे पहली मुस्कुराहट गोविन्द सिंह रावत के चेहरे में आयी कि क्या वाकई इतना बड़ा जंगल कटने से रोका जा सकता है? क्या पेड़ों से चिपका जा सकता है उन्हें कटने से बचाने हेतु? यद्यपि सबसे पीछे बैठी महिलाएँ 'चिपको' पर मुस्कुराती रही पर सभा ने अपने जंगल की सुरक्षार्थ चिपको को स्वीकार कर लिया था।

इस तरह हर गाँव में यह बात उभर के आती थी कि जंगल कटेंगे तो खेत-बगड़ बहेंगे और भूस्खलन आयेंगे। जंगलों को कटने से बचाना ज़रूरी है और यह सिर्फ़ चिपको से हो सकता है। इस प्रकार सर्वत्र ग्रामीणों से स्नतत जाग्रत, संगठित रहने और अपनी वन सम्पदा की हिफ़ाज़त करने का आह्वान किया गया। हयात सिंह बताते थे कि हर सभा में चण्डी प्रसाद भट्ट द्वारा गोविन्द सिंह रावत की प्रशंसा की जाती थी। इसका कारण शायद यह हो सकता था कि ख़ुद भट्ट की इस क्षेत्र में अभी अधिक गहरी पैठ नहीं थी। गोविन्द वहाँ के जन नेता थे।

8 नवम्बर, 1973 को पदयात्री वापस लौटे लेकिन हयात सिंह, गोविन्द सिंह रावत तथा वासवानन्द नौटियाल इन गाँवों में लगातार आते-जाते और चिपको का प्रचार-प्रसार करते रहे। गोविन्द सिंह रावत तथा वासवानंद नौटियाल जन प्रतिनिधि भी थे इसलिए उनका दायित्व और बढ़ गया था। इस इलाके में ढाक गधेरे से ऋषिगंगा के बायें किनारे स्थित रेणी तक का जंगल काटा जाने वाला था। रेणी के जंगल में 2,451 पेड़ों का छपान हो चुका था पर योजना तो आसपास के अन्य हज़ारों पेड़ों को काटने की थी। इन सीमान्त गाँवों की यात्रा में रिंगी गाँव के आसपास डी.जी. बी.आर. के मज़दूरों द्वारा सुरई तथा देवदार के पेड़ों को काटे जाने का तथ्य भी पता चला था।[72] सड़क बनाते समय बड़े पेड़ डायनामाइट से उड़ाये गये थे।[73]

6-8 दिसम्बर, 1973 को उत्तराखण्ड के कम्युनिस्ट कार्यकर्ताओं के पहले सम्मेलन का आयोजन टिहरी नगर में हुआ, जिसमें अनेक माँगों के साथ लीसा निकालने की हिमाचली पद्धति तथा जनता को तबाह करने वाली जंगलात नीति का विरोध किया गया था। इस सम्मेलन में गोविन्द सिंह रावत ने चमोली ज़िले में चल रहे चिपको आन्दोलन तथा अगले साल चलने वाले सम्भावित संघर्ष के बाबत बताया। जंगलात के मुद्दे से पहले से ही जुड़े हुए और प्रत्यक्ष आन्दोलन से शीघ्र जुड़ने

वाले कमलाराम नौटियाल, चन्दन सिंह राणा, विद्यासागर नौटियाल तथा गोविन्द सिंह नेगी आदि इस सम्मेलन में उपस्थित थे।[74] 15 दिसम्बर, 1973 से उत्तराखण्ड मण्डल (पिथौरागढ़, चमोली, उत्तरकाशी) के 3,000 प्राथमिक शिक्षकों का आन्दोलन प्रारम्भ होने के कारण तब से ही इन तीन ज़िलों के प्राथमिक स्कूल बन्द थे। इससे सरकार द्वारा यहाँ की शिक्षा की समस्याओं को न सुलझा पाने का तथ्य प्रकट होता था।[75]

4. समाज-सरकार संवाद

उधर लखनऊ में कमलापति त्रिपाठी के स्थान पर हेमवतीनन्दन बहुगुणा मुख्यमन्त्री बनाये गये थे। पी.ए.सी. विद्रोह से पूरी तरह न उबर सके प्रदेश के सीमान्ती संवेदनशील इलाके में चल रहे आन्दोलन को नज़रअन्दाज़ करना नये मुख्यमन्त्री के लिए सम्भव न था। दूसरी ओर राष्ट्रीय स्तर पर उठने वाला असन्तोष जयप्रकाश नारायण के आन्दोलन का आधार बनने वाला था और कांग्रेस के भीतर का व्यक्तिवाद तथा अविश्वास स्वयं बहुगुणा को अपना पद छोड़ने को विवश करने वाला था। ऋषिकेश सम्मेलन में तो हेमवतीनन्दन बहुगुणा उत्साह और जानकारी के अभाव में चिपको पर संकीर्ण क्षेत्रीयता का आरोप लगा चुके थे। हालाँकि सम्मेलन की शाम जब चण्डी प्रसाद भट्ट तथा आनन्द सिंह बिष्ट ने अलकनन्दा बाढ़ से लेकर तब तक चिपको की पूरी पृष्ठभूमि बतायी तो बहुगुणा ने जंगलात के मुद्दे पर गहराई से सोचना शुरू किया। इसीलिए उन्होंने मुख्यमन्त्री की हैसियत से उच्च अधिकार प्राप्त समिति का गठन किया और 13 दिसम्बर, 1973 को लखनऊ में इसकी बैठक कराई। इसमें सुन्दरलाल बहुगुणा, चण्डी प्रसाद भट्ट, देवकीनन्दन पाण्डे और जंगीलाल शाह बन्धु को विशेष रूप से आमन्त्रित किया गया था।[76]

बैठक के प्रारम्भ में ही हेमवतीनन्दन बहुगुणा ने अधिकारियों से कहा कि वे आज पहले चण्डी प्रसाद भट्ट की बात सुनेंगे। मुख्यमन्त्री, वनमन्त्री, वन सचिव तथा अन्य अधिकारी चण्डी प्रसाद से उनके संघर्ष की कहानी, जंगलात नीति से हो रही दिक्कतें, पहाड़ों के विकास में स्थानीय संसाधन और प्रतिभा के उपयोग की ज़रूरत, वनाधारित छोटे-छोटे उद्योगों की स्थापना और विकास तथा नयी जंगलात नीति बनाने की तत्काल आवश्यकता बाबत सुनते रहे। चण्डी प्रसाद न कोई चुनौती देना चाहते थे और न ही चेतावनी पर वे किसी बिन्दु पर भी अस्पष्ट नहीं रहना चाहते थे। वे पर्वतवासियों और वनवासियों के प्रतिनिधि से ज़्यादा उन्हीं में से एक की हैसियत से बोल रहे थे।

मुख्यमन्त्री ने तत्काल एक समिति गठित कर दी और उससे तीन दिन के भीतर वन नीति का एक प्रारूप तैयार करने की अपेक्षा की। इस समिति में चण्डी प्रसाद भी सदस्य थे। जिस विभाग से मण्डल और फाटा में अपने सहयोगियों के साथ वे लड़ रहे थे, उसी विभाग के उच्च अधिकारियों से वे तीन दिन तक घिरे रहे। वे जो सुझाव देते अधिकारी उसे टाल देते। हालाँकि चण्डी प्रसाद को अपने गाँवों पर भरोसा था पर नीति का काग़ज़ लखनऊ से ही बदलना था। अतः संवाद की ज़रूरत भी वे समझते थे। लेकिन जब उन्हें लगा कि उनका हर सुझाव जंगलात के अधिकारियों के लिए महत्त्व का नहीं है तो उन्होंने समिति की सदस्यता से नाम वापस लेने का आग्रह किया। तब जाकर कहीं उनके सुझाव कार्यवाही में नोट हुए। अधिकारियों ने यह कह कर कि इस समिति की रपट लिखी जायेगी, एक खाली काग़ज़ पर उनके दस्तखत ले लिए। हस्ताक्षर करने को पुनः आने या गोपेश्वर काग़ज़ भिजवाने के बदले उन्होंने दस्तखत कर दिये।[77]

मुख्यमन्त्री हेमवतीनन्दन बहुगुणा की जंगलात सम्बन्धी दृष्टि निश्चय ही बदल रही थी पर प्रशासनिक तथा जंगलात नौकरशाही ज़रा भी बदलना नहीं चाहती थी। तब उन्हें न चिपको की सम्भावनाओं का भान था और न ही उस प्रभाव का, जो आगामी समय में स्वयं जंगलात विभाग में पड़ने वाला था। तब प्रशासन तथा जंगलात के अफ़सर, जिनके अगले दशक में देश भर से आने वाले सहयोगी नये अफ़सर चिपको के पर्यावरण शिविरों में बड़ी संख्या में पहुँचने का सिलसिला बनाने वाले थे, बहुत हिकारत से चण्डी प्रसाद की ओर देखते थे और ऐसा भाव जताते थे कि आखिर यह व्यक्ति सचिवालय में घुस कैसे गया? एक ए.पी.सी. रैंक के उच्च अधिकारी प्रकाश कृष्ण ने तो उनकी ओर अपनी पाइप का धुआँ छोड़ते हुए उनसे बैठने को कहने का न्यूनतम शिष्टाचार भी नहीं निभाया। जैसे उनके धैर्य की परीक्षा ली जा रही हो।[78]

22 दिसम्बर, 1973 को गंगोत्री-केदारनाथ के तीर्थयात्रा पैदल मार्ग पर स्थित पुराने पड़ाव (चट्टी) त्रिजुगीनारायण में बैठक हुई। इसमें त्रिजुगीनारायण, रामपुर, न्यालसू, सेरसी, बढ़ासूँ, जामू, रविग्राम, मैखण्डा तथा सोनप्रयाग आदि से ग्राम प्रधान, क्षेत्र समिति के सदस्य तथा आम ग्रामीण उपस्थित हुए। बातचीत के बाद चिपको आन्दोलन को समर्थन देने तथा उसमें प्रत्यक्ष शामिल होने के प्रस्ताव पुनः पारित हुए। 1911-17 के वन बन्दोबस्त को बदलने, खेती के यन्त्रों हेतु अंगू के पेड़ देने, वनाधारित उद्योग धन्धे चालू करने और साइमण्ड कम्पनी को दिये गये पेड़ निरस्त करने के प्रस्ताव प्रमुख थे। लेकिन सभा में स्कूल, अस्पताल तथा रोज़गार आदि के प्रश्न भी उठे थे, जिनको तब अधिक सावधानी के साथ समझा और विश्लेषित नहीं किया गया था। यहाँ इस बात के सूत्र ढूँढ़े जा सकते हैं कि चिपको सिर्फ़ पेड़ों को बचाने का आन्दोलन नहीं था, इसमें पहाड़ी समाज की अस्मिता और अस्तित्व की हिफ़ाज़त की तड़फ शुरुआत से ही थी। बाद में भी यह बात बार-बार प्रकट होती रही।

23 दिसम्बर, 1973 को चण्डी प्रसाद भट्ट गोपेश्वर पहुँचे तो केदार सिंह रावत के पत्र से साइमण्ड कम्पनी प्रतिनिधियों के पुनः फाटा पहुँचने की ख़बर मिली। जंगलात विभाग अपने नये मुख्यमन्त्री के बयानों के कारण कुछ धीमी रफ़्तार पकड़ गया था पर जिन जंगलों की नीलामी हो चुकी थी और दाम चुकाया जा चुका था उन पर पुनर्विचार नहीं किया जा रहा था। उधर दिसम्बर 1973 में साइमण्ड के दो प्रतिनिधि तथा जंगलात के अधिकारी फाटा की ओर एक नयी रणनीति लेकर गये थे। तत्काल शिशुपाल सिंह कुँवर तथा राजेन्द्र बिष्ट (खादी कमीशन के कार्यकर्ता) फाटा पहुँचे। केदार सिंह रावत तो वहाँ थे ही पर आनन्द सिंह बिष्ट इस समय सुन्दरलाल बहुगुणा के साथ थराली (पिंडरघाटी) में थे। कुँवर ने स्थिति देखकर भट्ट को भी बुला लिया। एक तरफ़ साइमण्ड प्रतिनिधियों ने गाँवों में यह कहना शुरू किया कि उन्होंने पेड़ों की कीमत सरकार को दी है। चिपको वाले शरारती हैं। उन्हें हम पैसा खिलाकर ठीक कर देंगे तो फिर ग्रामवासियों के लिए जेल ही बचेगी। दूसरी ओर आन्दोलनकारी अपनी बैठकें तथा जन सम्पर्क का कार्य करते रहे। 22 दिसम्बर से आन्दोलन तेज़ हो चुका था।[79]

ग्रामीणों ने कम्पनी के प्रतिनिधियों को भी अपनी बात रखने के लिए बुलाया। इस बैठक में साइमण्ड प्रतिनिधियों ने कहा कि हम कीमत दे चुके हैं। अतः पेड़ न काटने का सवाल ही नहीं है। उन्होंने यह धौंस दी कि देखें कौन चिपकने आता है! उन्होंने ग्रामोद्योगों को भी बेमतलब बताया। स्पष्ट था कि जंगलात विभाग ने उन्हें इस तरह के व्यवहार और वक्तव्यों हेतु तैयार किया था। उनकी बात सुनकर ग्रामीणों ने शान्तिपूर्वक असहमति जताते हुए चिपको चलाये रखने का निर्णय लिया। समस्त उपस्थित ग्रामीणों

के उठे हाथ देखकर साइमण्ड के प्रतिनिधि हताश हो गये। अब सिर्फ़ 9 दिन बचे थे। बैठक के बाद ग्रामीणों को यह सूचना मिली कि रात को 12 कि.मी. दूर गुप्तकाशी में वन विभाग द्वारा कोई फ़िल्म दिखायी जा रही है। कदाचित् यह प्रशासनिक रणनीति का हिस्सा था। तब गाँव में सिनेमा एक महत्त्वपूर्ण घटना होती थी। अक्सर सूचना विभाग इसका आयोजन करता था पर इस बार वन विभाग द्वारा करने की सूचना थी। ग्रामीण जन और कार्यकर्ता फ़िल्म देखने गये। संयोग से जो वाहन फ़िल्म लेकर आने वाला था, वह नहीं आया या शायद यह नियोजित अफ़वाह थी। सभी ग्रामीण तथा कार्यकर्ता वहीं रह गये।

अगली सुबह जब नारे लगाते हुए वे सभी लौट रहे थे तो रामपुर आकर पता चला कि साइमण्ड कम्पनी के प्रतिनिधि तथा मज़दूर जंगल की ओर जा चुके हैं। तत्काल ढोल-नगाड़े के साथ लगभग 70-80 ग्रामीण जंगल की ओर नारे लगाते हुए बढ़े। बीच में ग्रामीण जुड़ते गये। जब वे ऊपर सीला के जंगल में पहुँचे तो देखा कि अंगू के चार पेड़ काटे जा चुके थे और एक पर कुल्हाड़ी के प्रहार थे। इस कुल्हाड़ी के प्रहार वाले खड़े पेड़ पर अनसूया प्रसाद भट्ट तथा केदार सिंह रावत ने अंगवल्ठा डाली थी। पर जंगल में साइमण्ड कम्पनी के प्रतिनिधियों या मज़दूरों का कहीं अता-पता न था। वे भाग गये थे।

यहीं पर एक सभा हुई। ग्रामीण जन देर तक जंगलात की नीति बदलने और चिपको को समर्थन देने और इसको चलाये रखने के नारे लगाते रहे। हर परिवार से एक प्रौढ़ सदस्य को लेकर 24 घण्टे की पहरेदारी शुरू की गयी। कटान हेतु फिर मज़दूर नहीं आ सके और न ही कटे पेड़ों को ले जा सके। गाँव में फिर अभियान चला। 25 दिसम्बर, 1973 को रामपुर से फाटा तक (लगभग 12 कि.मी.) जुलूस निकाला गया। जुलूस आगे बढ़ता गया और लोग जुटते गये। फाटा में विशाल सभा हुई। चण्डी प्रसाद बीच में दो दिन गोपेश्वर जाकर फिर फाटा आ गये थे। 26 दिसम्बर, 1973 को साइमण्ड कम्पनी के मज़दूरों ने फिर जंगल में घुसने का असफल प्रयास किया। कम्पनी के प्रतिनिधियों ने चण्डी प्रसाद भट्ट पर भी जनता को भड़काने का आरोप लगाया था।[80] उस दिन जंगल में सरकारी रक्षक (वन विभाग के कर्मचारी) और असली रक्षक (ग्रामीण) दोनों समूह उपस्थित थे।

जंगल की पहरेदारी जारी रही और 28 दिसम्बर, 1973 को पुनः प्रदर्शन हुआ। इसमें 400 से अधिक ग्रामीण शामिल हुए थे। इस प्रदर्शन में त्रिजुगीनारायण मन्दिर का रणसिंघा आन्दोलन का अस्त्र बना। 29 दिसम्बर, 1973 को सामाजिक कार्य से जुड़ी और शराबबन्दी आन्दोलन के दौर में सक्रिय गोपेश्वर की श्यामा देवी, इन्द्रा देवी, जेठुली देवी, जयन्ती देवी तथा पार्वती देवी फाटा पहुँच गयीं और इस तरह स्थानीय ग्रामीण महिलाओं को भी बैठक में बड़ी संख्या में आने का मन बनाना पड़ा। दरअसल जंगलात के सभी कष्टों की शिकार अन्ततः महिलाएँ थीं। पर उनकी हिस्सेदारी अभी तक चिपको में आंशिक ही हो पा रही थी।

30 दिसम्बर, 1973 को इन पाँच बहनों के नेतृत्व में रामपुर में ग्रामीण महिलाओं का जुलूस निकला और श्यामा देवी की अध्यक्षता में सभा हुई और पेड़ों को न कटने देने का प्रण दोहराया गया। शिशुपाल सिंह कुँवर तथा अनसूया प्रसाद भट्ट लगातार इनके साथ थे। चमोली के ज़िलाधिकारी के आने की ख़बर थी। महिलाएँ उन्हें भी अपनी बात बताना चाहती थीं। पर वे नहीं आये। महिलाओं के नेतृत्व में निकला यह चिपको आन्दोलन का पहला जुलूस था और महिलाओं की पर्याप्त उपस्थिति वाली यह चिपको की पहली सभा थी। साइमण्ड के मज़दूर 31 दिसम्बर 1973 तक अंगू का कोई और पेड़ नहीं काट सके। इस 'आँख मिचौली' में चिपको नेतृत्व और

कार्यकर्ताओं ने अहिंसक प्रतिकार का मिज़ाज न सिर्फ़ बनाये रखा बल्कि उसे और पुष्ट किया। गोपेश्वर की महिलाएँ इस सफलता के बाद ही अपने घर वापस लौटीं।

यहाँ चिपको आन्दोलन में महिलाओं की पहली प्रत्यक्ष हिस्सेदारी नज़र आ रही है। लेकिन महिलाओं के लिए यह किसी आन्दोलन में पहली हिस्सेदारी नहीं थी। कुछ ही साल पहले शराबबन्दी आन्दोलन में उत्तराखण्ड की महिलाएँ असाधारण हिस्सेदारी कर चुकी थीं। चमोली ज़िले में यह सक्रियता इतनी अधिक थी कि वहाँ की महिलाएँ टिहरी में आन्दोलन को सघन करने के बाबत गयी और फिर गिरफ़्तारी के बाद सहारनपुर जेल जाने में भी नहीं हिचकीं। लेकिन चिपको में फाटा से महिलाओं की प्रत्यक्ष हिस्सेदारी शुरू होती है।

5. रेणी की ओर

मैखण्डा (फाटा) की जीत वैसे तो मण्डल के ही क्रम में थी लेकिन यह उससे ज़्यादा अर्थपूर्ण थी। यहाँ आन्दोलन को गहराई मिली और विस्तार भी। महिलाओं का पहला प्रत्यक्ष स्पर्श चिपको को फाटा में ही मिला था। इस बीच एक ओर उत्तर प्रदेश की नयी सरकार ने चिपको प्रतिनिधि को लखनऊ में बुलाकर उसे नयी वन नीति हेतु सुझाव देने को कहा, दूसरी ओर स्वयं उसके इलाके में कटान और छपान का काम जारी रहा। न सरकारी नीति बदली थी और न आन्दोलनरत लोग ही। यह अलग बात है कि कटान नहीं हो सका या सिर्फ़ 4 पेड़ों का कटान हुआ पर अगले साल की नीलामी के लिए छपान तो निरन्तर हो रहा था। 31 दिसम्बर, 1973 को मैखण्डा की जीत हुई और 1 जनवरी, 1974 को गोपेश्वर में पता चला कि 2 तथा 3 जनवरी, 1974 को गढ़वाल के अन्य जंगलों के साथ रेणी के जंगल की भी नीलामी होगी।

इस समय लीसा उद्योग भी उपेक्षित पड़ा था। तब उत्तराखण्ड में अलमोड़ा की 9, नैनीताल की 7, पिथौरागढ़ की 2, गढ़वाल की 2, चमोली, देहरादून तथा उत्तरकाशी की 1-1 इकाइयाँ (कुल 23) बन्द थीं।[81] 1974 के प्रारम्भ में नन्दप्रयाग के जंगलात विश्राम गृह में लगभग 1800 क्विंटल लीसे का नीलाम रु. 150-155 प्रति क्विंटल के हिसाब से हुआ लेकिन यही लीसा स्थानीय इकाइयों को रु. 180 प्रति क्विंटल के हिसाब से नीलाम किया गया। स्थानीय इकाइयों ने आग्रह किया था कि रेल या मोटर हैड तक के 15 रु. प्रति क्विटल कम करके दिया जाय। जंगलात विभाग ने 30 रु. का घाटा तो स्वीकार किया पर 15 रु. की रियायत नहीं स्वीकारी। 8 फ़रवरी, 1974 को तिलवाड़ा में एक सरकारी लीसा फैक्ट्री की स्थापना हुई पर इसी ज़िले के मुख्यालय गोपेश्वर में 28 जून, 1971 को प्रदेश के वन तथा पर्वतीय विकास मन्त्री द्वारा उद्घाटित सहकारी लीसा फैक्ट्री लीसे के अभाव में बन्द पड़ी थी।[82] उधर पिछले तीन सालों में अकेले यमुना घाटी में 15 हज़ार से अधिक चीड़ के पेड़ आँधी से गिर गये थे। न उनकी निकासी हो रही थी, न ही वे स्थानीय ग्रामीणों को दिये जा रहे थे।[83]

उत्तराखण्ड के फलोद्यानों के अन्तर्गत 1971-72 में लगभग 53,688 हेक्टर ज़मीन थी, जो कि 1953-54 में मात्र 2,400 हेक्टर थी। हालाँकि क्षेत्र के फल उत्पादकों को ज़्यादा लाभ नहीं मिल सका था और इन फलोद्यानों को विकसित करने के लिए काटे गये बाँज के जंगलों का महत्त्व नहीं समझा गया था।[84] 1973 के अन्तिम माह में गोविन्द सिंह रावत, हयात सिंह, वासवानन्द आदि जोशीमठ-रेणी के बीच के गाँवों में जाते रहे। गोविन्द सिंह ने इस समय 'आ गया है लाल निशान, लूटने वालो हो सावधान' नारे वाला 'चिपको आन्दोलन का शुभारम्भ' शीर्षक पर्चा वितरित किया था, जिसमें पर्वतीय क्षेत्र को उपनिवेश बनाये जाने तथा सम्पदा के शोषण का विरोध करने की ज़रूरत

बतायी थी। कहा गया था कि संगठित होकर लड़ करके ही वन अधिकार बहाल और वनाधारित उद्योग स्थापित हो सकते हैं।[85]

मैखण्डा (फाटा) की जीत से जनित उत्साह ने रेणी के प्रतिकार के लिए बुनियादी ऊर्जा का काम किया। उस इलाके में तो कार्य हो ही रहा था, लेकिन चण्डी प्रसाद भट्ट ने सर्वोदय समूह के निर्णय के क्रम में देहरादून जाकर अपनी बात रखना उचित समझा, जहाँ जंगलों की नीलामी होने वाली थी। चिपको आन्दोलन का पर्चा बनाकर वे अकेले देहरादून पहुँचे। उन्हें इस काम की सीमाएँ पता थीं पर इसमें चिपको के सन्देश को ज़्यादा लोगों तक पहुँचाने की सम्भावनाएँ थीं। वे व्यक्तिगत रूप से शहरों में निलामी का विरोध करने की पद्धति से सहमत नहीं थे।[86] जंगलों की नीलामी का प्रतीकात्मक विरोध नीलामी स्थल पर करने की यह शुरुआत थी, जो बाद में अनेक स्थानों पर अपनी सफल पराकाष्ठा पर पहुँची। इस पर्चे में मानव जाति की रक्षा हेतु जंगलों का विनाश रोकने, नीलामी तथा ठेकेदारी प्रथा बन्द करने, नया वन बन्दोबस्त कर स्थानीय जनों के हक़-हक़ूक बढ़ाने, सहकारी श्रम समितियाँ बनाने, कच्चे माल को बाहर न भेजने, वनवासियों को कच्चा माल, तकनीक तथा पूँजी मुहैया कराने हेतु चिपको आन्दोलन को सफल बनाने की अपील की गयी थी। इस मार्मिक पर्चे के अन्त में कहा गया था कि :

> 'यह तिलाड़ी का सन्देश है, बेलाकूची (अलकनन्दा घाटी का वह गाँव जिसे 1970 की बाढ़ पूरा बहा ले गयी थी) की बाढ़ में डूबने वालों का क्रन्दन है और जंगल की अन्धाधुन्ध कटाई से हर साल आने वाली बाढ़ों से तबाह होने वालों की पुकार है।'[87]

2 जनवरी, 1974 को जंगलात के अधिकारियों से मिलकर चण्डी प्रसाद भट्ट ने मानवीय, सामाजिक, आर्थिक और पारिस्थिकीय दृष्टिकोण से नीलामी रोकने का औचित्य सिद्ध करने का प्रयास किया पर राजस्व प्राप्ति के मुक़ाबले पारिस्थितिक चिन्ता को प्रमुखता देने का जंगलात विभाग का मानस न था। 2 जनवरी, 1974 की रात भट्ट ने देहरादून के दो छात्रों—बृ.सि. मनु निश्चिन्त तथा लक्ष्मी प्रसाद नौटियाल—के सहयोग से टाउन हाल (नीलामी स्थल) के आसपास कुछ हाथ के लिखे पोस्टर चिपका दिये। छात्रों ने पहले यह प्रस्ताव दिया था कि नीलामी में रुकावट पैदा की जाय। पर इस प्रस्ताव से भट्ट सहमत नहीं थे। अतः गोपेश्वर से आये पर्चे के आधार पर पोस्टर बनाये गये। जब ये लोग टाउन हाल के आसपास पोस्टर लगा रहे थे तो पुलिस से इनका पाला पड़ा। पोस्टर छीनकर पुलिस ने पढ़ा भी पर पहली पंक्ति 'मानव जाति के कल्याण के लिए' शीर्षक पढ़कर कदाचित् पुलिस वालों को लगा कि यह धार्मिक प्रवचन आदि का है और पोस्टर वापस कर वे चले गये।[88]

3 जनवरी, 1974 को चण्डी प्रसाद भट्ट देहरादून के टाउन हाल के प्रवेश-द्वार पर खड़े हो गये। 2 जनवरी की शाम भी कुछ ठेकेदारों और उनके मुंशियों से उन्होंने बात करने का प्रयास किया और यह भी बताया कि रेणी में चिपको आन्दोलन चलेगा। पर ठेकेदार तथा मुंशी उनकी बात का मजाक उड़ाते रहे। चण्डी प्रसाद भट्ट तथा अनेक कार्यकर्ताओं का मानस बनाने में और व्यवस्था का मिज़ाज बताने में जंगलात के अधिकारियों, मन्त्री-नेताओं और ठेकेदारों-मुंशियों की उलाहना और घमण्ड का बड़ा योगदान रहा। प्रवेश-द्वार पर वे ठेकेदार तथा मुंशियों को सिर्फ़ पोस्टर का इशारा करते। ठेकेदार-मुंशी उत्सुकता से पोस्टर पढ़ते और फिर व्यंग्यात्मक मुस्कान के साथ भीतर चले जाते। टाउन हाल के भीतर नीलामी होती रही। रेणी का जंगल 4 लाख, 71 हज़ार रुपये में नीलाम हो गया।

नीलामी की समाप्ति के बाद ठेकेदार, मुंशी तथा जंगलात के कर्मचारी-अधिकारी बाहर आ रहे थे तो चण्डी प्रसाद हाल के भीतर गये और रेणी के ठेकेदार के मुंशी से मिले। भीतर ही भीतर ग़ुस्से से भरे चण्डी प्रसाद भट्ट ने मुंशी से कहा कि अपने ठेकेदार को बता देना कि जब वे रेणी का जंगल काटने आयेंगे तो उन्हें चिपको आन्दोलन का मुक़ाबला करना पड़ेगा। चिपको शब्द इससे पहले ही ठेकेदारों के बीच पहुँच तो चुका था पर 10 अंगू के पेड़ और हज़ारों पेड़ों के जंगल को बचाना वे एक-सा नहीं मान रहे थे। यदि ठेकेदार-मुंशियों के अवचेतन में कोई भय रहा होगा तो वे उसे प्रकट नहीं कर रहे थे। लेकिन यह निश्चित था कि ठेकेदार-मुंशियों की स्मृति में उस दिन हो चुकी नीलामी और भविष्य में होने वाले कटान से ज़्यादा 'चिपको' शब्द अटका हुआ था।[89]

यह बात समझने योग्य है कि चिपको आन्दोलन के अन्तर्गत जंगलों की नीलामी के किसी भी विरोध में यह चण्डी प्रसाद भट्ट की पहली और अन्तिम हिस्सेदारी थी। इसकी प्रतीकात्मक महत्ता समझते हुए वे आन्दोलनकारियों की निरीहता को महसूस कर रहे थे, और उस उपेक्षा को भी जो आन्दोलनकारियों को समाज और सरकार की ओर से झेलनी पड़ती है। वे व्यक्तिगत रूप से इससे असहमत होकर भी सामूहिक निर्णय का सम्मान करते हुए देहरादून आये थे।[90] पर 28 नवम्बर, 1977 को नैनीताल में हुई जंगलों की नीलामी में गौर्दा के गीत और गिर्दा के हुड़के से हुए सांस्कृतिक विरोध से वे अत्यधिक प्रभावित हुए थे और उन्हें लगा था कि ये निरीह मानी जा रही आम जनता के सांस्कृतिक अस्त्र हैं और इनका उपयोग अधिक होना चाहिए।[91]

देहरादून में कुछ और न करके चण्डी प्रसाद गोपेश्वर आये। यहाँ दशौली ग्राम स्वराज्य संघ में मन्त्री शिशुपाल सिंह कुँवर, सहमन्त्री दयाल सिंह तथा चक्रधर, दान सिंह, विश्वम्भरदत्त थपलियाल, सोबनसिंह तथा हयात सिंह से बातचीत की। शहर तथा ज़िले के साथियों में रेणी नीलामी की ख़बर पहुँचायी गयी। गोपेश्वर में अनेक विचार-विमर्श हुए। फ़रवरी 1974 में फिर एक बार क्षेत्र की यात्रा गोविन्द सिंह रावत ने अपने पुराने ही अन्दाज़ में की। इस बार उनके साथ हयात सिंह, सुदर्शन कठैत, कामरेड सुदामा आदि थे। लाटा में उनकी सभा में ग्राम प्रधान जगत सिंह और महिला मंगल दल की अध्यक्षा मंगुली देवी सहित तमाम लोग उपस्थित हुए थे। लाटा में बताया गया कि अगले दिन रेणी में बड़ी सभा वहाँ के जंगल के कटान के ख़िलाफ़ होने वाली है। अगले दिन रेणी में सभा हुई।[92]

12 मार्च, 1974 को चण्डी प्रसाद भट्ट ने मुख्यमन्त्री को पत्र भेजा। ऐसा लगता था कि मुख्यमन्त्री से वार्ता, जंगलात विभाग से नयी जंगलात नीति बनाने बाबत विमर्श होने के बावजूद सरकार या जंगलात विभाग की नीति पर आंशिक प्रभाव भी नहीं पड़ा था। जोशीमठ-रेणी के इलाके में कार्यकर्ता आ-जा रहे थे। गोविन्द सिंह रावत का क्षेत्र के ग्राम सभापतियों और आम जनता से सीधा सम्पर्क था। रावत का उन सब पर प्रभाव भी पर्याप्त था। पिछले साल के अन्त में वे जोशीमठ ब्लाक के समस्त ग्राम सभापतियों की ओर से पर्चा निकाल कर बाँट भी चुके थे बल्कि अभी भी वह पर्चा लगातार जनता में बाँटा और पढ़ा जा रहा था।[93]

जनवरी तथा फ़रवरी 1974 में हर ओर तैयारी होती रही। जनता-आन्दोलनकारी, ठेकेदार, जंगलात विभाग तथा लखनऊ की सरकार अपनी-अपनी तरह से इस तैयारी में जुटे थे। सब अपनी-अपनी रणनीति बनाने में संलग्न थे पर जंगल सबकी नीति में उभयनिष्ठ था। इस बीच पर्वतीय विकास निगम ने चम्पावत (तब ज़िला पिथौरागढ़ तथा अब चम्पावत ज़िला मुख्यालय) और तिलवाड़ा (तब ज़िला चमोली, अब ज़िला रुद्रप्रयाग) में दो लीसा इकाइयाँ 15 फ़रवरी, 1974 से शुरू

कीं।[94] चमोली ज़िले के गाँवों में आन्दोलनकारियों की यह घोषणा पहुँच चुकी थी कि रेणी जंगल के कटान के विरुद्ध 15 मार्च, 1974 को जोशीमठ में प्रदर्शन होगा।

28 फ़रवरी को जोशीमठ में इस बाबत गोष्ठी आयोजित की गयी और गोविन्द सिंह रावत के नेतृत्व में एक संघर्ष समिति का गठन किया गया, जिसमें केदार सिंह रावत, आलम सिंह बिष्ट, आनन्द सिंह बिष्ट, गबर सिंह जंगवाण, रामप्रसाद डिमरी, पन्नालाल, रामचन्द्र उनियाल, मेलमदास, बचनलाल, प्यारेलाल, दुलव सिंह कुँवर आदि थे। यह भी तय हुआ कि यह संघर्ष समिति चमोली ज़िले की विभिन्न घाटियों में आन्दोलन शुरू करेगी या जारी रखेगी। मन्दाकिनी घाटी में केदार सिंह रावत तथा पिण्डर घाटी में रामचन्द्र उनियाल तथा सुदामा सिंह नेगी आदि को इसे चलाने का जिम्मा दिया गया।[95]

स्वयं सर्वोदय परिवार में 'आ गया है लाल निशान' पर्चे के कारण विवाद की शुरुआत हो चुकी थी। सर्वोदय के कुछ लोगों को इसकी भाषा से दिक्कत हुई थी। यह पर्चा साम्यवादी शैली में लिखा गया था लेकिन साम्यवादी पार्टी की ओर से नहीं बल्कि जोशीमठ ब्लाक के ग्राम सभापतियों तथा ब्लाक प्रमुख की ओर से निकला था। अनेकों को यह सर्वोदय की सीमाओं का अतिक्रमण लग रहा था। पर चण्डी प्रसाद भट्ट ने कहा कि मुख्य प्रश्न अहिंसक पद्धति से रेणी जंगल बचाने का है। सिर्फ़ शब्दावली से घबराना उचित नहीं। भट्ट को अहिंसक प्रतिकार की ही उम्मीद थी। अतः उन्होंने एक 'शान्ति सैनिक' के नाते इसमें शामिल होने का निर्णय लिया।[96] आनन्द सिंह बिष्ट तो जोशीमठ में गठित संघर्ष समिति के सदस्य बनाये ही गये थे। जोशीमठ में मण्डल तथा फाटा की प्रतिरोध तकनीक की वकालत हुई थी और ये दो सफल आदर्श यहाँ भी प्रेरक थे।

इसी बीच उत्तर प्रदेश विधान सभा के चुनाव भी 1974 के प्रारम्भ में घोषित हो गये। प्रदेश स्तर पर कांग्रेस तथा भाकपा का समझौता था पर स्थानीय स्तर पर व्यावहारिक दिक्कतें हो रही थीं। गोविन्द सिंह रावत भाकपा के सक्रिय सदस्य होने के नाते चुनाव प्रचार में कांग्रेसी उम्मीदवार का समर्थन कर रहे थे। पर रेणी जंगल के मामले में वे सत्तारूढ़ दल के कटु आलोचक थे। पार्टियों के प्रान्तीय या राष्ट्रीय मुख्यालयों में स्थानीय स्पर्श कभी पहुँच ही नहीं पाता था अथवा समझा नहीं जाता था। क्षेत्र के सभापति स्थानीय कांग्रेसी विधायक और आगामी पर्वतीय विकास मन्त्री नरेन्द्र सिंह भण्डारी से भी मिले। 12 मार्च, 1974 को चण्डी प्रसाद भट्ट के पत्र को लेकर विश्वम्भर दत्त लखनऊ गये, जहाँ आनन्द सिंह बिष्ट पहले ही प्रदेश सर्वोदय मण्डल की बैठक हेतु आये थे।

पत्र में स्पष्ट लिखा गया था कि अलकनन्दा की सहायक नदियों के जल ग्रहण क्षेत्र में स्थित फर, सुरई, देवदार तथा कांचुला के 2,500 से अधिक पेड़ों को एक साथ काट दिये जाने से वहाँ बाढ़ और भूस्खलन बढ़ेंगे। पत्र में 1970 की बाढ़ तथा ऋषिगंगा की हलचल का ज़िक्र था। पत्र में यहाँ तक लिखा गया था कि यदि पेड़ काटना ज़रूरी हो तो 100-200 पेड़ काटकर देख लिया जाय कि इससे कितना विपरीत असर पड़ रहा है। इस काम में वनविदों और भूगर्भशास्त्रियों का परामर्श लेने का आग्रह भी था। पत्र लेकर बिष्ट तथा विश्वम्भर दत्त मुख्यमन्त्री से मिले तो मुख्यमन्त्री ने आश्चर्य प्रकट किया और कहा कि यदि पहाड़ धँसकर-टूटकर नीचे आ रहा है तो पेड़ काटना बन्द होना चाहिए। यह आश्चर्यजनक था कि समस्त सूचनाओं से लैस प्रदेश के मुख्यमन्त्री इस तरह आश्चर्य प्रकट कर रहे थे। ये तथ्य 13-16 सितम्बर, 1973 को चण्डी प्रसाद भट्ट ने उन्हें तथा जंगलात के अधिकारियों को बहुत विस्तार से बता दिये थे। सबसे आश्चर्यजनक यह था कि इस सबके बावजूद मुख्यमन्त्री ने इस कटान को रोकने का कोई आदेश नहीं दिया।[97]

ऐसा लगता है कि मुख्यमन्त्री बहुगुणा पर उनकी पार्टी के मार्फत ठेकेदारों का बहुत प्रभाव था। वे जंगलात विभाग की मनःस्थिति अभी तक बदलने में कामयाब नहीं हो सके थे। ऊपर से पी.ए. सी. विद्रोह के बाद प्रदेश की शासन व्यवस्था को पटरी पर लाने का काम उनके ऊपर था। उनके सामने जे.पी. आन्दोलन के बिहार से उत्तर प्रदेश में पहुँचने की चुनौती थी। ये सभी कारण उन पर संयुक्त दबाव बनाये हुए थे।

15 मार्च, 1974 को जोशीमठ के विशाल प्रदर्शन की तैयारी हेतु संघर्ष समिति के सदस्य गाँव-गाँव घूम रहे थे। जगह-जगह इस क्षेत्र के प्राकृतिक तन्त्र, उस पर हो रही घुसपैठ, मण्डल और फाटा की फतह तथा रेणी में भी वैसा ही प्रतिरोध खड़ा करने बाबत बताया जा रहा था। विधान सभा चुनाव में ये 'मामूली स्थानीय विषय' मुद्दा नहीं बन पाये। तब पूरे बद्री-केदार क्षेत्र का एक विधायक होता था। प्रतिपक्षी दलों को भी इस मुद्दे ने प्रभावित नहीं किया था।

जब उत्तराखण्ड के नव निर्वाचित विधायक मतदाताओं का आभार प्रकट करने में ही थे तभी 15 मार्च, 1974 को सीमान्त के बड़े क़स्बे, विष्णुगंगा तथा धौली के संगम (विष्णु प्रयाग) के ऊपर स्थित जोशीमठ क़स्बे में विशाल प्रदर्शन हुआ।[98] 10-10, 15-15 कि.मी. दूर से लोग अपने गाजे-बाजे के साथ आ रहे थे। मलारी मार्ग से आने वाले समूहों में लाता के ग्रामीण पहली बार नन्दा देवी मन्दिर के वाद्य यन्त्र गाँव से बाहर लाये थे। पहली बार ये वाद्य यन्त्र नन्दादेवी के साथ उस समाज के लिए भी बज रहे थे, जिसकी वह अधिष्ठात्री देवी थी और उन जंगलों के लिए भी जो नन्दादेवी का भी घर था। सुराइठोठा, लाता, पैंग, मुरांडा, सुभाई, सूखी, रेणी, तपोवन, ढाक, करछी, रिंगी, तुगासी, रेगड़ी तथा भनग्यूल आदि के ग्रामीण 'वन जागे, वनवासी जागे', 'वण सूंघो भाग जाओ', 'अलकनन्दा की बाढ़ की पुनरावृत्ति के रोकने को पेड़ों पर चिपक जाओ', 'बदरी केदार की यही पुकार, वन नीति बदले सरकार' आदि नारे लगा रहे थे।

स्त्री-पुरुष, बच्चे तथा ज़िले के अन्य क्षेत्रों से आये कार्यकर्ता इस क़स्बे में थे। हालाँकि जोशीमठ से पीछे के पहाड़ में बुराश पूरी तरह नहीं खिला था लेकिन इस क़स्बे में बसन्त दस्तक दे रहा था और पूरा चमोली ज़िला यहाँ अपने प्रतिनिधियों के मार्फत मौजूद था। माँग पत्र स्पष्ट और पूर्ववत था। जंगल और वनवासियों को बरबाद करने वाली ठेकेदारी प्रथा का अन्त हो; कच्चे माल का निर्यात न हो; वन सम्पदा पर आधारित छोटे-छोटे उद्योग धन्धों को चलाने हेतु ग्रामीणों को कच्चा माल, पूँजी तथा तकनीकी सहायता दी जाये; वन व्यवस्था में वनवासियों को शामिल किया जाये। नया वन बन्दोबस्त हो, चीड़ के जंगलों का विनाश करने वाली हिमाचली पद्धति तुरन्त समाप्त की जाय और रेणी के जंगल का कटान समाप्त हो। कहीं कोई अस्पष्टता नहीं और कहीं कोई द्वैध नहीं।

जब यह प्रदर्शन जोशीमठ की परिक्रमा कर सर्वदलीय सभा में बदल रहा था तो एक पुलिस इंस्पेक्टर ने कह दिया कि चण्डी प्रसाद भट्ट बिना परमिट के आये हैं। हम चाहें तो उन्हें गिरफ़्तार कर सकते हैं।[99] कानून के अनुसार बात सही थी पर असली बात यह थी कि ज़िला प्रशासन कार्यकर्ताओं पर नज़र रखे हुए था। सभा में लाता के सभापति जगत सिंह, तपोवन के सभापति वासवानन्द नौटियाल, ढाक के जगत सिंह, कल्पेश्वर प्रसाद डिमरी, एडवोकेट राणा, जयन्ती प्रसाद, ज़िला कांग्रेस के अध्यक्ष और स्वतन्त्रता सेनानी पुरुषोत्तम बगवाड़ी, केदार सिंह रावत, कुशलानन्द सती, सुदामा प्रसाद, बालकृष्ण भट्ट वकील, रामप्रसाद डिमरी, रामचन्द्र उनियाल, चण्डी प्रसाद भट्ट तथा गोविन्द सिंह रावत ने विचार व्यक्त किये। सबने एक स्वर में आन्दोलन का समर्थन किया। कहीं कोई शंका या अस्पष्टता न थी।

भट्ट ने सभा में कहा कि हमने अपनी जनता से मिलने तथा बाढ़ और भूस्खलन को रोकने हेतु इस प्रतिबन्धित क्षेत्र की यात्रा की। हमने अपना कर्तव्य पूरा किया पर पुलिस ने नहीं किया। भट्ट ने यह कहा कि अगली यात्रा में वे परमिट लेकर आयेंगे और यदि परमिट नहीं मिला तो कर्तव्य कानून से ऊपर होगा और वे बिना परमिट के आयेंगे। भट्ट 16 तथा 17 मार्च, 1974 की शाम तक जोशीमठ में ही बने रहे और जंगलात विभाग, ठेकेदार तथा प्रशासन उनके जाने का इन्तज़ार कर रहे थे।

17 मार्च की शाम को भट्ट गोपेश्वर को गये और 18 मार्च को 1,800 बोरी राशन के साथ मज़दूरों का पहला दल जोशीमठ पहुँचा। 18 मार्च को ही भट्ट को फ़ोन से यह ख़बर मिल गयी थी। पर अभी सभी मज़दूरों का परमिट नहीं बना था। राशन पहुँचने पर तल्ला रेणी के कुछ घरों में उसे रख गया। बाकी राशन मोटर रोड पर रखकर तिरपाल से ढक दिया गया था।[100] उधर 21 मार्च, 1974 को भाकपा के उत्तराखण्ड के नेताओं—कमलाराम नौटियाल तथा गोविन्द सिंह नेगी—ने लखनऊ में सामुदायिक विकासमन्त्री को वन नीति में बदलाव बाबत मेमोरण्डम दिया और चेतावनी दी कि यदि ऐसा नहीं किया तो आन्दोलन छिड़ेगा।[101] स्पष्टतः गोविन्द सिंह रावत ने पार्टी स्तर पर भी अपना कार्य कर रखा था।

23 मार्च, 1974 को राजकीय महाविद्यालय गोपेश्वर के छात्रों ने एक ज्ञापन चमोली के ज़िलाधिकारी को दिया और रेणी का कटान रोकने की माँग की। ज्ञापन देने वालों में अधिकांश छात्र जोशीमठ क्षेत्र के थे। 24 मार्च को ये लगभग 60 छात्र गोपेश्वर से बस द्वारा जोशीमठ आये और उन्होंने वहाँ प्रदर्शन किया। जुलूस में गोविन्द सिंह रावत आगे-आगे चल रहे थे और नारे लगा रहे थे। 3 कि.मी. के मार्ग पर जुलूस के चलने के बाद की गयी सभा में छात्र नेता रणवीर सिंह भण्डारी ने रेणी के जंगल की नीलामी रद्द करने की माँग की और कहा कि ऐसा न होने पर युवा शक्ति प्रत्यक्ष चिपको आन्दोलन में उतरेगी। उन्होंने अरण्यपाल को बताया कि आज की स्थिति में हमारे सामने अपने और देश के लिए चिपको चलाने के अलावा कोई रास्ता नहीं है। चिपको की माँगें दोहराई गयीं। सभा में गोपेश्वर कॉलेज की छात्र परिषद् (तब छात्रसंघ न था) के अध्यक्ष रमेश डिमरी, महेश डिमरी (अब दिवंगत), सुशील डिमरी, ब्लाक प्रमुख गोविन्द सिंह रावत तथा दशौली ग्राम स्वराज्य संघ के चक्रधर तिवारी भी बोले थे।[102]

जोशीमठ में चिपको आन्दोलन शुद्ध सर्वोदयी सीमा तथा संचालन पद्धति से बाहर निकल गया था और एक प्रकार से भाकपा के गोविन्द सिंह रावत इसका नेतृत्व कर रहे थे। पुलिस प्रशासन को दलगत नेताओं की कमज़ोरियाँ और प्रतिबद्धता पता होती थी पर गोविन्द सिंह रावत इनसे बिलकुल भिन्न ज़मीनी नेता थे। गोविन्द सिंह तथा चण्डी प्रसाद की या कहा जाय कि साम्यवादी और सर्वोदयी कार्यकर्ताओं की संयुक्त शक्ति का भय प्रशासन के मन में था लेकिन ज़िला प्रशासन तथा जंगलात विभाग को यह भ्रम था कि यदि किसी तरह चण्डी प्रसाद रेणी क्षेत्र में न पहुँच पायें तो आन्दोलन बिखर सकता है। प्रशासन की योजना रेणी में भी एक खलल डालने की थी।

इस प्रकार प्रशासन ने दो चतुराई भरे काम किये। एक ओर चण्डी प्रसाद को 24 मार्च, 1974 को गढ़वाल वृत्त के अरण्यपाल चैन सिंह सौन्दाल ने पौड़ी से फ़ोन किया कि वह 26 मार्च को गोपेश्वर आ रहे हैं और उनसे मिलना चाहते हैं। भट्ट की विनम्रता ने उन्हें 26 मार्च को गोपेश्वर में ही रुकवा दिया। पर उन्होंने जोशीमठ में रावत को सन्देश भेजा कि उन्हें उनके और मज़दूरों के परमिट बाबत जानकारी दें। 25 मार्च को मज़दूरों को परमिट मिल गया। यह ख़बर अरण्यपाल को भी पता थी।

परमिट मिलते ही चण्डी प्रसाद रेणी को न चल दें, यह सोचकर अरण्यपाल एक दिन पहले यानी 25 मार्च को ही गोपेश्वर आ गये। चण्डी प्रसाद को जीप भेजकर बुलाया गया और बातें होती रही।

अरण्यपाल दशौली ग्राम स्वराज्य संघ के कामों की जानकारी लेते और भट्ट और उनके सहयोगियों की तारीफ करते। रेणी के बाबत उप अरण्यपाल ने चर्चा स्वयं छेड़ दी। भट्ट ने आन्दोलन का पक्ष रखा। उप अरण्यपाल मुरलीधर श्रीवास्तव ने सिर्फ़ कानूनी बात को लेते हुए कहा कि नीलामी की बोली हो गयी है, जमानत जमा हो गयी है। इस सबके बाद कटान स्थगित नहीं हो सकता है। चण्डी प्रसाद ने सिर्फ़ इतना कहा कि तब चिपको भी स्थगित नहीं हो सकता। उप अरण्यपाल अपने इरादे नहीं छिपा पाया और कह बैठा कि आप रेणी नहीं जायें। बस फिर हम आन्दोलन से निपट लेंगे। पर चण्डी प्रसाद ने वहाँ पहुँचना अनिवार्य बताया। बात तभी ख़त्म हो गयी और चतुर अरण्यपाल ने दशौली ग्राम स्वराज्य संघ के कार्यालय का दौरा करना चाहा। 26 मार्च की शाम 4 बजे का समय तय हो गया। संस्था में साथियों को बताया कि अरण्यपाल अगले दिन संस्था में आ रहे हैं।

दूसरी ओर 1962 के चीनी आक्रमण के बाद भारतीय सेना द्वारा इस सीमान्त में ग्रामीणों की जो ज़मीन कब्ज़े में ली गयी थी, उसका मुआवज़ा अभी तक नहीं दिया गया था। सैकड़ों ज्ञापनों, प्रतिनिधिमण्डलों और एक घिराव के बाद भी यह मामला लटका था। 14 साल बाद ज़िला प्रशासन ने इस मामले को निपटाने की तिथि 26 मार्च, 1974 तय की थी और मलारी, रेणी, लाता सहित इन गाँवों के लोग इस भुगतान हेतु चमोली आ गये थे। नीतीघाटी में और विशेष रूप से रेणी में 26 मार्च, 1974 को सिर्फ़ महिलाएँ और बच्चे-बूढ़े थे।[103] यह प्रशासनिक चतुराई का दूसरा काम था।

चतुराई का एक तीसरा काम हो रहा था और वह था गोविन्द सिंह रावत पर सरकारी जासूसों द्वारा निरन्तर नज़र रखना और उनकी गतिशीलता को प्रभावित करने का प्रयास करना। 26 मार्च 1974 की सुबह चण्डी प्रसाद भट्ट नेगवाड़, गोपेश्वर में स्थित लीसा फैक्ट्री (जो तब बन्द थी और वे उसी परिसर में रहते थे) से संस्था की ओर जा रहे थे तो पीछे से जीप में रेन्जर तथा उप अरण्यपाल आ रहे थे। बताया गया कि वे कल किसी काम से नंदप्रयाग चले गये थे। जीप भट्ट को संस्था पर छोड़ गयी। यह रेणी आन्दोलन के महत्त्वपूर्ण सूत्रधारों को अलग-अलग रखने के प्रयासों की चतुराई भरी कड़ियाँ थीं, जिन्हें बाद के वर्षों में तब जोड़ा और समझा जा सका जब चिपको आन्दोलनकारियों को आत्म समीक्षा करने का अवकाश मिला।[104]

यह दिन अत्यन्त तनाव भरा था। जोशीमठ से कोई सूचना नहीं आ रही थी। कदाचित् फ़ोन पर प्रशासन का नियन्त्रण था। अरण्यपाल सायं संस्था में आ चुके थे और चर्चा चल रही थी। कमरे के बाहर भट्ट को बुलाया गया तो उन्होंने देखा कि सड़क पर चाय की दुकान में हयात सिंह बैठे थे। वे शीघ्र सीढ़ियाँ चढ़कर संस्था के आँगन में आये। भट्ट के पास आते ही बोले कि 'सब गड़बड़ हो गया है। मज़दूर जंगल में पेड़ काटने चले गये हैं। गाँव में कोई पुरुष नहीं है। गाँव के पुरुष मुआवज़ा लेने चमोली आ गये थे। गोविन्द सिंह रावत अकेले जंगल में जाने की हिम्मत नहीं कर पा रहे हैं। प्रशासन और पुलिस उन तक सही सूचना नहीं पहुँचने दे रहे हैं। गाँव में सिर्फ़ महिलाएँ हैं। उप अरण्यपाल तथा रेंजर कल से वहीं थे। वे अभी-अभी गोपेश्वर आये हैं।'

भट्ट को स्पष्ट लगा कि उनको किस तरह अंधेरे में रखा गया था। प्रशासन तथा जंगलात विभाग ने अत्यन्त नियोजित तरीके से आन्दोलनकारियों की सरलता का दुरुपयोग करते हुए यह सब रेणी में चिपको आन्दोलन न होने देने के लिए किया था। यह सब करने वाले जंगलात के अधिकारी भीतर संस्था के कामों की तारीफ कर रहे थे और बाहर संस्था के आंगन में षड्यन्त्र स्पष्ट रूप से उजागर

हो गया था। सर्वोदयी सहनशीलता के तहत साढ़े सात बजे शाम तक यह वार्ता का दौर चलता रहा। अब रात को गोपेश्वर से कोई रेणी नहीं जा सकता था। भट्ट को परमिट अभी तक नहीं दिया गया था। 26 मार्च 1974 की शाम को परमिट मिलने की ख़बर ज़रूर मिल गयी थी।

भट्ट तथा सहयोगी जन हयात सिंह से विस्तार से स्थिति जान और समझ रहे थे कि जोशीमठ से गोविन्द सिंह रावत का फ़ोन आया कि धोखा हो गया है। प्रशासन की चतुराई काम कर गयी है और अब गोपेश्वर में अरण्यपाल का घेराव करने का विकल्प बचा है। गोविन्द सिंह रावत ने बताया कि नीती घाटी से मुआवज़ा लेने आये लोग तथा छात्र चमोली तथा गोपेश्वर में हैं। अतः घेराव सफल होगा। उन्होंने कहा कि जोशीमठ से भी लोग घेराव के लिए आ रहे हैं। यह चण्डी प्रसाद भट्ट की सर्वोदयी रणनीति में वर्जित था। उन्होंने तत्काल अरण्यपाल को सूचित किया कि आपके घेराव की तैयारी हो रही है। आप यहाँ से सुरक्षित निकल जायें। अरण्यपाल को अपने दुर्व्यवहार के बाद भट्ट से ऐसे व्यवहार की उम्मीद न थी। अपने व्यवहार से लज्जित और सम्भावित घेराव से डरे अरण्यपाल अगली सुबह गोपेश्वर से मण्डल के रास्ते भाग निकले। पर 26 मार्च, 1974 को चण्डी प्रसाद भट्ट ने मुख्यमन्त्री हेमवतीनन्दन बहुगुणा तथा वन मन्त्री अजितप्रताप सिंह को सुबह ही तार भेज दिया था कि भूस्खलन और बाढ़ की पुनरावृत्ति रोकने के लिए रेणी के जंगल का कटान तत्काल निरस्त कर दिया जाय।[105]

रेणी के जंगल को काटने की तैयारी हो चुकी थी। तत्कालीन सरकार, ज़िला प्रशासन, जंगलात विभाग के कार्यों की सिलसिलेवार समीक्षा करने से लगता है कि यह सब नियोजित तरीके से किया गया था। वर्ना यह कैसे हो सकता था कि प्रदेश का मुख्यमन्त्री तो यह कहे कि रेणी का जंगल न कटे पर उप अरण्यपाल मज़दूरों को जंगल में पहुँचाने में मदद दे। एक ओर अरण्यपाल आन्दोलन के एक प्रमुख कार्यकर्ता चण्डी प्रसाद भट्ट को रोके हुए थे। दूसरी ओर स्थानीय सी.आई.डी. गोविन्द सिंह रावत पर नज़र रखे हुए थी और नीती घाटी के किसानों को 14 साल से अटका मुआवज़ा भी उसी दिन दिया जा रहा था।

6. रेणी के जीवन का एक दिन और उसके पश्चात

26 मार्च, 1974 की सुबह 10 बजे हिमाचली मज़दूरों को जोशीमठ से रेणी के लिए बस द्वारा ले जाया जाना था। सब व्यवस्था यमुनानगर के ठेकेदार जगमोहन भल्ला के आदमी कर रहे थे। मज़दूरों की हिमाचली टोपी उतार दी गयी ताकि वे पहचाने न जायँ। बस में एक घण्टा पहले ही बिठाकर और टिनवाली खिड़कियों को बन्द कर उन्हें ले जाया गया। इस बस के पीछे जंगलात विभाग की जीप में उसके कर्मचारी लदे थे। इतनी तैयारी के बाद भी हर सावधानी बरती जा रही थी। बस तथा जीप रेणी तक नहीं ले जायी गयी। मज़दूर तथा जंगलात के लोग मुख्य रास्ते से जंगल को नहीं गये। वे गाँव की निगाह से बचकर ऋषिगंगा के किनारे-किनारे एक और रास्ते से ऊपर को चढ़ने लगे। चिपको आन्दोलन का भय मज़दूरों से ज़्यादा भल्ला के मुंशियों तथा जंगलात के कर्मचारियों के मन में था।

रेणी गाँव की एक लड़की ने मज़दूरों को ऊपर चढ़ते हुए देख लिया। पिछले नवम्बर से गाँव में हो रही नयी हलचल से वह परिचित थी और गाँव का सामुदायिक जीवन सदा की तरह कायम था। गाँव के पुरुष जब गाँव में न थे तो ये कौन अजनबी/परदेशी हैं, वह किससे कहे? वह दौड़कर महिला मंगल दल की अध्यक्षा गौरा देवी के पास गयी। परदेशियों के गाँव के जंगल की ओर आने की बात बतायी। महिला मंगल दल छोटा-सा संगठन था। चिपको की इस गाँव में हुई सभाओं में

कभी-कभी महिलाएँ भी पीछे बैठा करती थीं। स्वयं गौरा देवी किसी बैठक में नहीं जा पायी थी हालाँकि उसके बेटे ने उन्हें सब बताया था।

दोपहर लगभग 11 बजे का समय था। गाँव में भोजन बनाने का समय हो रहा था। गौरा देवी तत्काल अपने घर से निकली और फिर अनेक महिलाएँ इकट्ठा हो गयीं। किसी ने कालीन बुनना छोड़ा तो किसी ने कपड़े धोना, खाना बनाना या छोटे बच्चों को नहलाना। अपनी माताओं को दौड़ते और गम्भीर देख कर सात छोटी-छोटी बच्चियाँ भी उनके पीछे दौड़ पड़ीं। गौरा देवी के साथ 21 महिलाएँ और 7 बच्चियाँ[106] सितेल जंगल की ओर जाने वाली पगडण्डी में आ गयीं। शार्टकट से ऊपर चढ़कर वे जल्दी मज़दूरों के पास पहुँच गयी। मज़दूर खाना बना रहे थे और ठेकेदार के मुंशी तथा जंगलात के कर्मचारी दिन भर के काम की योजना। कटान और गिरान के औजार आसपास बिखरे थे।

चढ़ी हुई साँस में महिलाओं को पास देखकर मुंशी तथा जंगलात के कर्मचारी स्तब्ध रह गये। पर उन्होंने अपनी घबराहट को प्रकट नहीं होने दिया। हिमाचली मज़दूरों को भी आश्चर्य हुआ। महिलाओं ने कहा कि इस जंगल को मत काटो। यह जंगल हमारा मायका है। इससे हमें लकड़ी, घास, जड़ी-बूटी और सब्ज़ी मिलती है। इसे मत काटो। यदि यह जंगल कटा तो ये पहाड़ हमारे गाँव पर आ गिरेंगे और बाढ़ आयेगी। हमारे बगड़ (नदियों के किनारे खेती के क्षेत्र) बह जायेंगे। हमारे मायके को बर्बाद मत करो। हमारे घर को बर्बाद मत करो।

मज़दूरों के भोजन की तैयारी देखकर महिलाओं ने कहा कि अभी खाना खा लो, फिर हमारे साथ नीचे चलो। जब हमारे मर्द आ जायेंगे तब फ़ैसला होगा। ठेकेदार के कारिन्दे तथा जंगलात के कर्मचारी शराब भी पिये हुए थे। उन्होंने महिलाओं के साथ छेड़खानी की कोशिश की और काम में रुकावट डालने पर अपना ग़ुस्सा जताया। गिरफ़्तार करने का भय दिखाया। इस दल में एक बन्दूक वाला फारेस्ट गार्ड था। क्योंकि जंगल में पड़ाव के दौर में जानवरों का शिकार किया जाता था और यह इलाका कस्तूरी मृग तथा अन्य हिरनों का था। बन्दूक लेकर लड़खड़ाते हुए जो व्यक्ति महिलाओं की ओर आया, वह शराब पिये हुए था।

औरतों के मन में इस बन्दूकधारी को नियन्त्रित करने हेतु मन्थन चल ही रहा था कि गौरा देवी ने अपनी आँगड़ी के बटन खोलते हुए कहा, 'लो मारो बन्दूक और काट ले जाओ हमारा मायका!' सर्वत्र एक चुप्पी छा गयी। नीचे ऋषिगंगा बह रही थी और ऊपर नन्दादेवी की तरफ़ उठते पहाड़ खड़े थे। बीच में यह प्रतिरोध के पराकाष्ठा पर पहुँचने की चुप्पी थी। इतिहास का एक असाधारण क्षण था यह। ऐसा क्षण 13 जनवरी, 1921 को बागेश्वर में प्रकट हुआ था[107] या 23 अप्रैल, 1930 को पेशावर में।[108] लगता था जैसे गौरा देवी तथा उनके सहयोगियों के मार्फत सिर्फ़ रेणी नहीं, पूरा उत्तराखण्ड बोल रहा था बल्कि देश के सब वनवासी बोल रहे थे।

खाना खा चुके मज़दूर, शराब पिये हुए कारिन्दे और जंगलात कर्मचारी सब घबरा गये। बन्दूकधारी रेंजर को किसी कर्मचारी ने डाँट कर बिठाया और उसके हाथ से बन्दूक ले ली। मज़दूर नीचे को खिसकने लगे पर कुछ नशे में धुत बक ज़रूर रहे थे कि हम पैदल नहीं जायेंगे। उन्होंने अपने को 'ऊँची जाति का मालदार' और महिलाओं को 'नीच कौम की औरतें' सम्बोधित कर कहा कि हम पालकी में जायेंगे। इस बीच गाँव से कुछ और महिलाएँ आ गयीं और नीचे राशन की बोरियाँ ऊपर को लाते मज़दूर भी दिखे। कुछ औरतें तेज़ी से नीचे उतरी। उन्होंने मज़दूरों को रास्ते में रोका और समझाकर नीचे लौटने को कहाँ मज़दूरों ने कहा कि उनका खाना ऊपर जंगल में बन रहा है

तो औरतों ने राशन के बोरे वहीं पर रखने और खाना खा आने को कहा खाना खिलाकर इस टोली को भी नीचे उतार दिया गया।

पालकी के इन्तज़ार वाले अभी बैठे थे। कुछ औरतों ने कमर में बँधे कपड़े से पालकीनुमा बनाकर उसमें एक नशेड़ी को लिटाकर दो तरफ़ से उठाने की कोशिश की। तब तक नशा उतरने लगा था। इसी बीच मलारी की तरफ़ सेना का एक वाहन भी गया। कुछ क्षणों तक जंगलात वालों को लगा कि कहीं आन्दोलनकारी समूह जोशीमठ या गोपेश्वर से न आ गये हों। अपने अन्य साथियों और मज़दूरों को वहाँ न पाकर वे ख़ुद भी नीचे उतरने लगे। उन्होंने अपने सब्बल तथा कुल्हाड़ी आदि उठा लिए। जो ज़्यादा नशे में थे उनके औजार महिलाओं ने पकड़ लिए।

सभी नीचे को आये। पगडण्डी के मोड़ पर भूस्खलन से टूटे हिस्से को रास्ता बनाने के लिए एक सिमेण्ट के पट्टे से जोड़ा गया था। ऊपर पहाड़ था, नीचे ऋषिगंगा। नीचे जा रहे लोग जब मोड़ से आगे निकल गये तो कुछ औरतें उनके साथ चलती रहीं, पर सात औरतें यहाँ पर रुक गयीं। उन्होंने सब्बलों से सिमेन्ट के इस पट्टे को हिलाना शुरू किया और तोड़ दिया। इस तरह जंगल की सुरक्षा के पक्ष में महिलाओं ने जंगल को जाने वाले अकेले रास्ते को बन्द ही कर दिया था।

नीचे पहुँचते-पहुँचते ठेकेदार के कारिन्दों और जंगलात के कर्मचारियों को ऊपर मार्ग बन्द होने की जानकारी भी हो गयी थी। वे सब मोटर सड़क पर आ गये थे। नशा उतर गया था और बदतमीजी की गुंजाइश अब नहीं थी। मज़दूर तथा जंगलात कर्मचारी सभी भयभीत थे। 50 साल की गौरा देवी, 52 साल की मँगा देवी और अपेक्षाकृत युवा बाली देवी, रुपसा, भादी, मूसी, हरकी, मालमती, फगूणी आदि सभी सड़क पर आ गयीं। लगता था कि वे सब तब सिर्फ़ औरतें ही नहीं थीं, बल्कि वे अपने पतियों, बेटों तथा भाइयों की ओर से खड़ी मनुष्य भी थीं।

यहीं पुल के पास सड़क के किनारे 1,800 बोरी राशन पड़ा था। औरतें पगडण्डी और सड़क के मिलने की ठौर बैठ गयीं। ठेकेदार के कारिन्दे ने शाम को गौरा देवी को अलग बुलाकर डराया-धमकाया और चलते-चलते उनके मुख पर थूक भी दिया था। ठेकेदार के कारिन्दे को लगा था कि यह महिला ही इस सबके लिए ज़िम्मेदार है क्योंकि वह बन्दूक से भी भयभीत नहीं हो सकी थी। गौरा देवी ने चुपचाप यह सह लिया था। औरतें वहीं बैठी रही। बच्चे-बच्चियाँ इस बीच गाँव भी हो आये थे। कुछ महिलाएँ इस बीच और आ गयीं, कुछ गाँव चली गयी थीं पर उनका निर्णय था कि वे अभी इस पगडण्डी की शुरुआत पर बैठी रहेंगी। रातभर महिलाएँ वहीं बैठी रही और नन्दादेवी के तथा अन्य गीत गाती रहीं। गौरा देवी कहती थीं कि तब उन्होंने कोई नारे नहीं लगाये।[109] दरअसल चिपको आन्दोलन के नारे उनकी कार्यवाही बन गये थे। शब्द जब कर्म बन जाते हैं तो उन्हें उच्चारित करने की ज़रूरत नहीं रहती है।

27 मार्च, 1974 की सुबह हुई। धौली के उस पार पहाड़ के शिखर से धूप धीरे-धीरे नीचे उतर रही थी। महिलाओं ने देखा कि उनका जंगल मुस्कुरा रहा है। मुस्कान महिलाओं के चेहरों पर भी थी, लेकिन इसमें अभी गम्भीरता का पुट था। 9 बजे के करीब जोशीमठ से गोविन्द सिंह रावत तथा 10 बजे गोपेश्वर से चण्डी प्रसाद भट्ट और अन्य लोग आ गये थे।[110] वे सभी मार्क्स या लेनिन का नाम न जानने वाली तथा गाँधी या विनोबा विचार से भी लगभग अपरिचित इन महिलाओं के काम से गौरवान्वित महसूस कर रहे थे। रेणी गाँव के जमाई हयात सिंह ने चण्डी प्रसाद भट्ट तथा अन्य को महिलाओं के पास ले जाने में देरी नहीं की। महिलाओं ने सबका हाथ जोड़ कर स्वागत किया।

गौरा देवी ने आगे बढ़कर कहा कि 'हमने जो किया ठीक किया। हमें पछतावा नहीं है और न डर है। हमने आदमी को नहीं मारा। प्रेम से बात की। अब पुलिस पकड़ भी ले जाय तो चिन्ता नहीं। हमने अपना मायका बचा लिया, हमने अपने खेत और बगड़ बचा लिए।' फिर वे सबको उत्साह से उस पगडण्डी की ओर ले गयीं, जिसमें सीमेण्ट का बना पट्टा उन्होंने उखाड़ दिया था। इस बीच पूरी बातें महिलाओं ने बता दीं। पर बन्दूक तानने वाली तथा मुँह पर थूकने की बात नहीं बतायी। कदाचित् जंगलात कर्मचारियों की नौकरी चली जाने की बात उनके मन में आयी थी, क्योंकि जंगलात का एक कर्मचारी नशे में था और दूसरा नशे के साथ बन्दूक लेकर डराने आया था।[111]

इन महिलाओं ने गोविन्द सिंह रावत के साम्यवाद और राजनीतिक कर्म तथा चण्डी प्रसाद भट्ट के सर्वोदय तथा सामाजिक कर्म दोनों की लाज रखी थी और इनके 'वादों' और 'व्यक्तित्वों' के विस्तार को अपनी कार्यवाही से ढँक दिया था। शाम को उस जगह प्रदर्शन हुआ, जहाँ मज़दूर, राशन की बोरियाँ तथा भल्ला ठेकेदार के कारिन्दे विराजमान थे। हिमाचली मज़दूर अपने पहाड़ी बिरादरों को देखकर घबरा गये थे। चण्डी प्रसाद भट्ट ने उनका डर ख़त्म करना चाहा था, क्योंकि मज़दूरों को लग रहा था कि ये महिलाएँ अब मरदों से उन्हें पिटवायेंगी। मज़दूरों को बतलाया गया कि आन्दोलनकारियों की उनसे लड़ाई नहीं है। न ही उनके मालिक या जंगलात वालों के साथ है। हमें अपना जंगल बचाना था और बचा लिया है। इसलिए आपको यहाँ डरना नहीं चाहिए। बाद में मज़दूर प्रदर्शन स्थल तक आये। वक्ताओं ने तनाव को निरन्तर घटाने का प्रयास किया।

चण्डी प्रसाद भट्ट बोल ही रहे थे कि मज़दूर भी सामने आ गये। जंगल को काटने में असफल और जंगल को बचाने में सफल समूह एक साथ भट्ट को सुन रहे थे। लगता था जैसे मज़दूर कार्यकर्ता की तरह हो गये थे। दरी बिछाकर वे सभी बैठे थे। भट्ट महिलाओं द्वारा की गयी कार्रवाही की प्रशंसा के साथ इस लड़ाई को आगे ले जाने की बात कर रहे थे। गोविन्द सिंह रावत ने कहा कि वे किसी और घटना से इतने प्रसन्न नहीं हुए जितने कि कल के प्रतिरोध से। बैठक में 31 मार्च को इसी स्थान पर प्रदर्शन करने का निर्णय लिया गया। अब तक गोपेश्वर-चमोली से रेणी गाँव के अनेक मर्द भी आ गये थे। उन्हें अपनी महिलाओं के काम पर गर्व तो हो रहा था पर इस ताजा इतिहास के असाधारण पृष्ठ पर उन्हें पूरा विश्वास नहीं हो रहा था। कुछ के मन में जंगलात विभाग, पुलिस तथा ठेकेदार के कारिन्दों का भय अंकुरा रहा था पर जन उत्साह और तमाम लोगों के रेणी आ जाने के कारण यह भय तिरोहित हो रहा था।[112]

अगले चार दिन आन्दोलनकारी और मज़दूर यहीं रहे। 28 से 30 मार्च, 1974 तक अलग-अलग समूहों को जंगल की निगरानी की ज़िम्मेदारी सौंपी गयी। प्रकारान्तर में मज़दूरों तथा उनके लिए 1,800 बोरे राशन की सुरक्षा भी की जा रही थी। महिलाएँ गाँव से आती जाती रहीं। भोजन की व्यवस्था करती रहीं। रोज़ नारे लगे। बातचीत हुई और गीत गाये गये। 31 मार्च, 1974 को इस घाटी का कदाचित् सबसे बड़ा और भव्यतम प्रदर्शन हुआ। जैसे पूरी धौली घाटी रेणी की सड़क पर इकट्ठा हो गयी हो। इसमें ज़िले के अन्य क्षेत्रों से तो लोग आये ही थे, पर धौली घाटी के सभी गाँव यहाँ पहुँच चुके थे। सुराई ठूठा, लाता, रेणी, पैंग, मुरांडा, सुभाई, तपोवन, ढाक, रिंगी, करछी, तुगासी, भंग्यूल, रेगड़ी आदि के ग्रामीण ऋषिगंगा के किनारे जमा हो रहे थे। हर ओर से परम्परागत और रंग-बिरंगे कपड़े पहने आदमी, औरतें, बच्चे आ रहे थे। गाजे-बाजों के साथ कुछ समूह नन्दादेवी के गीत गा रहे थे तो कुछ समूह उन नारों को दोहरा रहे थे, जिन्हें कार्यकर्ताओं ने पिछले महीनों में गाँवों में बोया था।[113]

आज जैसे उनके विचारों की फ़सल अंकुरित हो आयी हो। जंगलात के कर्मचारी तो ज़रूर भाग गये थे पर ठेकेदार के कारिन्दे और मज़दूर यह सब देखते रहे। उन्हें 28 महिलाओं और बच्चों के पीछे खड़े समाज का अन्दाज़ा आया। उन्हें स्पष्ट लगा कि जंगलात की नीति के ख़िलाफ़ कुछ लोग नहीं, पूरा समाज लड़ रहा है। जब ग्रामीणों की सब धाराएँ इकट्ठा हो गयीं तो सभा हुई। ग्रामीणों और कार्यकर्ताओं ने अपनी-अपनी तरह से आन्दोलन को परिभाषित और प्रस्तुत करने का प्रयास किया। रेणी की इस जीत पर सभी प्रसन्न थे और अनेक वक्ताओं ने मण्डल, फाटा और रेणी के सिलसिले को समझा, उनके अन्तःसम्बन्ध को जोड़ा और आगे के बाबत तैयारी की ज़रूरत बतायी। कार्यकर्ताओं को पता था कि ये तीन सफलताएँ कम नहीं हैं पर अभी सरकारी जंगलात नीति टस से मस नहीं हुई है।[114]

हर गाँव के प्रतिनिधि ने जंगल की लड़ाई आगे बढ़ाने का आह्वान किया और रेणी के आसपास के ग्रामीणों ने बच गये जंगल पर नज़र रखने की ज़रूरत बतायी। रेणी में उपस्थित जिन लोगों को मण्डल तथा फाटा के बारे में पता न था, उन्हें वहाँ की चर्चा सुनकर आश्चर्य हुआ। सभी ने ज़्यादा समझदारी से इस संघर्ष को आगे ले जाने की ज़रूरत बतायी। कुछ वक्ताओं ने यहाँ तक कहा कि जब तक सरकार की ओर से व्यापक तथा व्यावहारिक फ़ैसले नहीं होंगे, तब तक जंगलों की सुरक्षा की गारण्टी नहीं हो सकेगी। कुछेक वक्ताओं ने इसे एक अप्रत्याशित घटना भी कहा। रेणी के प्रतिरोध ने चिपको आन्दोलन को एक स्पष्ट चेहरा और चमक साथ-साथ देने में कामयाबी पायी थी।

इस बीच चारों ओर से चिपको आन्दोलन को अपना नैतिक समर्थन देने की घोषणा होने लगी। सरकार की ओर से दो साल से ठप्प पड़ी लीसा इकाइयों को लीसा दिया गया। इससे ये इकाइयाँ चालू हो गयी। यह आन्दोलन की प्रथम सफलता थी। इससे पहले लीसे के दाम एक कर दिये गये थे।[115] 1974-75 के बजट लेखानुदान पर बोलते हुए उत्तराखण्ड के अनेक विधायकों ने बहुगुणा सरकार के सामने उत्तराखण्ड के लोगों तथा चिपको आन्दोलन की अपेक्षाएँ रखी।[116] लगातार तीन पराजयों से जंगलात विभाग उबर नहीं पा रहा था। सरकार का सोच बदले बिना जंगलात के अधिकारियों द्वारा परिवर्तन किया जाना सम्भव नहीं था। नयी सरकार ने इस मामले को महत्त्व देना तो शुरू किया पर प्रदेश स्तर पर इसको प्राथमिकता नहीं मिल पा रही थी। यह वह समय था जब भ्रष्टाचार के विरुद्ध गुजरात का नव निर्माण आन्दोलन चल चुका था और वहाँ का सन्देश जयप्रकाश नारायण बिहार में रोपने का काम कर चुके थे।[117]

अभी 31 मार्च, 1974 के प्रदर्शन को तीन दिन ही बीते थे कि बद्रीनाथ वन प्रभाग के प्रभागीय अधिकारी ने गोविन्द सिंह रावत के नाम पत्र भेजा कि उनके द्वारा आयोजित चिपको आन्दोलन के कारण सरकार के कार्य में अड़चन पैदा हो रही है तथा लॉट नम्बर 22/73-74 में अभी तक कार्य आरम्भ नहीं हो सका है और सरकार को क्षति उठानी पड़ रही है। पत्र में चिपको की प्रमुख माँगों का निम्न प्रकार उत्तर दिया गया था :

1. ठेकेदारी प्रथा की समाप्ति एकदम सम्भव नहीं है। इसके लिए विशेष अध्ययन की आवश्यकता है। सड़कों से दूर के ही जंगलों के बड़े लॉट बनाये जाते हैं। क्योंकि उनकी बिक्री छोटे लॉटों में आर्थिक दृष्टिकोण से हानिकारक है।

2. स्थानीय इकाइयों को वनोपज देने तथा वनाधारित उद्योग धन्धों के बाबत कहा गया था कि श्रीनगर की गोष्ठी के बाद स्थानीय लोगों को सहकारिता या व्यक्तिगत आधार पर रियायती दाम पर वनोपज दी जायेगी। इस हेतु वन उपयोग वृत्त का सृजन किया गया है तथा वनोपज का आवंटन लघु उद्योगों के लिए रियायती दर पर हो रहा है।
3. पेड़ों के कटान बाबत कहा गया था कि पेड़ों का काटा जाना बाढ़ और भूस्खलन का एक कारण है। पर अकेला और प्रभावशाली कारण नहीं। भूकम्प तथा आग को भी इसका कारण बताया गया था। रेणी के जंगल कटने के बाद भूमि कटाव उतना व्यापक नहीं होगा, जितना की वह बताया जा रहा है।

उक्त तर्कों के आधार पर चिपको आन्दोलन को वापस लेने और 8 अप्रैल, 1974 को बैठक आयोजित करने, उसमें आन्दोलनकारियों को बुलाने और बैठक का स्थान तय करने का निवेदन किया गया था।[118]

आन्दोलन वापस लेने का तो प्रश्न न था पर संवाद के रास्ते चिपको आन्दोलन बनाये रखना चाहता था। इस तरह 8 अप्रैल, 1974 को बैठक जंगलात विभाग द्वारा आयोजित हुई। आन्दोलनकारियों

चिपको आन्दोलन

महिलाओं द्वारा सीधी कार्यवाही

गोपेश्वर (यु.स.): रेणी जोशीमठ से आये हुए एक प्रत्यक्षदर्शी ने इस सम्वाददाता को बताया कि २६ मार्च को रेणी के जंगल की कटाई के लिए ज्यों ही ठेकेदार के मजदूरों ने कुल्हाड़ी लेकर जंगल में प्रवेश किया त्यों ही रेणी क्षेत्र की [illegible] महिलायें पेड़ों की रक्षा के लिए पेड़ों पर चिपकने हेतु अहिंसक संकल्प से जंगल में पहुँची। काफी देर तक महिलायें पेड़ों की रक्षा हेतु चिपक गई, जिसके कारण मजदूरों को बाध्य होकर अपनी कुल्हाड़ी लेकर वापस रेणी मोटर मार्ग की ओर लौटना पड़ा। इस बीच रेणी क्षेत्र के लोग सरकारी भूमि का भुगतान लेने के लिए चमोली आये हुए थे। [illegible] आन्दोलन का नेतृत्व महिलाओं ने सम्भाल लिया और [illegible] पहुँच रहे हैं।

स्मरण रहे, गत एक सप्ताह से वन विभाग के उच्चाधिकारी पेड़ों को कटवाने के लिए दल बल के साथ घूम रहे हैं।

रेणी आन्दोलन की ख़बर : युगवाणी, 4 अप्रैल, 1974

ने पाया कि बैठक में रेणी के जंगल ठेकेदार के प्रतिनिधि तथा एक स्थानीय पत्रकार भी बुलाये गये हैं (हर दौर में चाटुकार और सरकारपरस्त पत्रकार-सम्पादकों की उपस्थिति दिखायी देती है)। शायद विभाग की रणनीति दबाव से समझौते करने की थी। वनाधिकारी ने बताया कि चिपको की माँगों के बाबत क्या किया गया है। उसका आग्रह था कि यह जंगल कट जाने दें तो शेष माँगें पूरी की जायेंगी। आन्दोलनकारियों का स्पष्ट कहना था कि बाकी माँगों के बारे में जो कार्यवाही चल रही है वह चले या न चले पर रेणी के जंगल को दाँव पर नहीं लगाया जा सकता है। वनाधिकारी को यह बताया गया कि कल ही (7 अप्रैल, 1974) ऋषिगंगा के किनारे आयोजित संकल्प सभा में आन्दोलन को जारी रखने और हर हालत में रेणी के जंगल को बचाने का निर्णय लिया गया है। संकल्प सभा की एक और विशेषता थी नन्दादेवी अभयारण्य से आ रही ऋषि गंगा का जल अंजुरी में लेकर एक भी पेड़ न कटने देने की शपथ लेना।[119]

गोपेश्वर के सभी चिपको कार्यकर्ता सक्रिय बने रहे। लाल निशान ने उनके बीच मनमुटाव पैदा किया था, लेकिन आम लोगों के बीच किसी तरह का कोई मनमुटाव न था। दूसरी ओर रेणी प्रतिरोध का मिज़ाज शुरू से ही सौम्यतम था और बना भी रहा। इससे सब उत्साहित थे। गोपेश्वर से श्यामादेवी तथा इन्दिरा देवी रेणी पहुँच गयी थी। वे रामपुर-फाटा की तीन और महिलाओं के साथ गयी थीं। उनके लिए यह महिलाओं की क्षमता तथा संगठन के बढ़ते जाने का शुभ संकेत था। 9 अप्रैल को वे सभी गोपेश्वर वापस लौटे। रेणी तथा अन्य गाँवों की जनता ने अपनी ज़िम्मेदारियाँ लीं। इसके बाद ही ज़िला, उत्तराखण्ड, प्रदेश और देश को रेणी की गाथा पता चली। अप्रैल के अन्त तक अलमोड़े से देहरादून और उत्तरकाशी तक रेणी प्रसंग प्रसारित हो गया था।[120]

उधर लखनऊ में राज्य सरकार ने जंगलात के बाबत सुझाव देने वाली एक विशेषाधिकार प्राप्त समिति का गठन अप्रैल प्रारम्भ में किया। इस समिति में एक मन्त्री और पाँच विधायक थे। समिति ने चिपको को निरर्थक बता उसकी कड़ी आलोचना की थी लेकिन 1959 की कुमाऊँ जंगलात जाँच समिति की संस्तुतियों तथा चिपको की अनेक माँगों पर विचार अवश्य किया था। जैसे वृक्षारोपण में सहयोग प्राप्त करने के लिए अनापत्ति प्रमाण-पत्र ज़िलाधीश के बजाय ब्लॉक प्रमुख या विधायक से लिया जाय, बाँज आदि प्रजातियों की सुरक्षा तथा सदुपयोग के लिए ग्रामवासियों की समिति बनायी जाय; हक़-हक़ूकों को तर्क संगत बनाया जाय ताकि जिनके हक़ के जंगल अभी गाँव से दूर हैं उन्हें पास में जंगल मिले। पीडी पूर्ववत जारी रखा जाय। जहाँ पीडी नहीं दिया जाता है, वहाँ दिया जाय। पहाड़ों को बिजली रियायती दरों पर दी जाय। कुकिंग गैस तथा मिट्टी का तेल पर्याप्त मात्रा में दिया जाय। महत्त्वपूर्ण श्मशान घाटों पर विभाग द्वारा लकड़ी उपलब्ध कराई जाय। गूजरों को बसाया जाय और उनकी आवास तथा शिक्षा की व्यवस्था समाज कल्याण विभाग को सौंपी जाय, शेष उत्तराखण्ड की भाँति जनोपयोगी कार्यों हेतु टिहरी वृत्त तथा पश्चिमी वृत्त के कालागढ़ तथा लैंसडौन प्रभागों में निःशुल्क लकड़ी दी जाय। इसी तरह वन विभाग की अनेक सड़कों को पूरा करने तथा अनेक का निर्माण करने का प्रस्ताव भी था।[121]

7. रेणी आन्दोलन के बाद

रेणी आन्दोलन की सफलता के बाद सरकार और शासन में अनेक स्तरों पर जंगलात के प्रश्नों को देखा तथा समझा जाने लगा था। भल्ला ठेकेदार के मज़दूर तथा कारिन्दे रेणी में खाली बैठे थे।

जंगलात विभाग अभी अपने प्रयास में लगा था। 14 अप्रैल, 1974 को लाता में बिखौती मेला चल रहा था। ठेकेदार का मुंशी अपनी लाल ड्रेस में मेले में धूम रहा था। ग्रामीणों को शक था कि ये लोग जन सभाओं की जासूसी करते हैं। ढाक के ग्राम प्रधान जगत सिंह कैरणी ने जब मुंशी को घूमता हुआ देखा तो उससे रहा नहीं गया। वह मुंशी को गला पकड़ कर घसीटते हुए लाता के चौक तक ले गया। चौक पर मुखौटा नाच चल रहा था। गोविन्द सिंह ने यह देखा तो तुरन्त मुंशी को अलग करते हुए कहा कि हमारा इससे क्या झगड़ा। ये बेचारा तो अपना पेट पालने आया है। हमारी लड़ाई तो बड़ी है। इसे अकेली 'आंशिक हिंसा' की घटना कहा जा सकता है। इसकी कभी चर्चा नहीं हुई। पर नेतृत्व की समझदारी और आन्दोलन का रूप इससे स्पष्ट हो गया था।[122]

इसी बीच प्रदेश सरकार, वन विभाग तथा ठेकेदार भल्ला अपने-अपने तरीके से आन्दोलन को तोल रहे थे और तोड़ने के रास्ते ढूँढ़ रहे थे। एक रात भल्ला के आदमी गोविन्द सिंह रावत के धर रुपये लेकर आये। ग़ुस्से से भर उठे रावत ने उन्हें धर से बाहर निकाल दिया। अगले ही दिन रावत ने एक बड़ी जन सभा में लोगों को इस घटना की जानकारी दी और कहा कि आन्दोलन को तोड़ने की कोशिश शुरू हो गयी है। सभी ख़बरदार रहें। उन्होंने मज़दूरों से अपील की कि वे 25 अप्रैल 1974 तक हमारा गाँव खाली कर दें। आपकी रोजी का सवाल ज़रूर है पर आप अपनी ख़ातिर हमारे भविष्य पर कुल्हाड़ी मारते हो तो हम भी आपको नहीं बक्सेंगे। 25 अप्रैल तक मज़दूरों ने वास्तव में गाँव छोड़ दिया था।[123]

मुख्यमन्त्री से मिलने के लिए कुछ कार्यकर्ता 13 अप्रैल, 1974 को लखनऊ गये। पर मुख्यमन्त्री से मुलाक़ात 24 अप्रैल, 1974 को हो सकी। मुख्यमन्त्री चिपको प्रतिनिधियों से राजभवन में मिले। वे रेणी को लेकर ठेकेदार द्वारा मुआवज़ा माँगे जाने का ज़िक्र करने लगे। वन सचिव का एक दिन पूर्व एक वक्तव्य पत्रों में छपा था कि चिपको आन्दोलन अनुचित है। मुख्यमन्त्री पर कदाचित् दोनों दबाव थे। शायद इतने दिनों तक कार्यकर्ताओं से न मिलना इसी दबाव से जुड़ा था। चिपको आन्दोलन ने मुख्यमन्त्री के मन पर असर डाला था, पर जंगलात विभाग उनको अपने प्रभाव में रखना चाहता था।[124]

विशेष वन सचिव नरोत्तम प्रसाद त्रिपाठी के साथ वार्ता से पहले हेमवतीनन्दन बहुगुणा ने चण्डी प्रसाद से कहा कि उन्हें नयी वन नीति बनाने वाली समिति में इसलिए रखा गया था कि वे अपनी बात रख सकें। पर उन्होंने तो कोरे काग़ज़ पर दस्तखत कर दिये। चण्डी प्रसाद ने पूरी स्थिति बतायी। घूम फिर कर बात रेणी पर आयी। चण्डी प्रसाद ने मजबूती से कहा कि रेणी का जंगल नहीं कटेगा। यदि ग्रामीणों के तर्कों पर भरोसा नहीं है तो एक विशेष समिति से इसकी जाँच करा ली जाय। मुख्यमन्त्री ने इसे स्वीकार कर लिया। मुख्यमन्त्री को याद आया कि पिछली बार उनसे दिल्ली में एक वैज्ञानिक मिले थे, जिन्होंने जोशीमठ के धसान को रोकने का उपाय करने को कहा था। पर उन्हें नाम याद नहीं था। उन्हें ढूँढ़ने की ज़िम्मेदारी चण्डी प्रसाद ने ली। 24 अप्रैल, 1974 की बैठक के निष्कर्ष इस प्रकार थे :

1. रेणी जंगल का निरीक्षण करने के लिए शीघ्र वनस्पति, वन, भूगर्भ तथा सिंचाई विभाग के विशषज्ञों, दो विधायकों व आन्दोलन के दो नेताओं की कमेटी वहाँ जायेगी और उसकी रपट के आधार पर कटाई रोकी जायेगी। इसके अध्यक्ष दिल्ली विश्वविद्यालय के वनस्पति विज्ञान के प्रोफ़ेसर होंगे।
2. वन सम्पदा ने दोहन में वनवासियों को अवसर देने और बड़े ठेकेदारों को हटाने के लिए भविष्य में 50 प्रतिशत ठेके (कूप) 20 हज़ार तक के, 25 प्रतिशत 50 हज़ार तक के और

25 प्रतिशत 50 हज़ार रु. से ऊपर के होंगे। अगले साल कम से कम दो श्रम संविदा सहकारी समितियों को जंगल काटने के ठेके दिये जायेंगे तथा ग्राम स्वराज्य संघों द्वारा प्रेषित सभी श्रम संविदा सहकारी समितियों को लीसा निकालने के ठेके बिना होड़ के दिये जायेंगे और सरकार उन्हें पूँजी निर्माण के लिए सहायता देगी।

3. वन क्षेत्रों से बाहर चकरौता और पौड़ी के प्रभागीय कार्यालय वन क्षेत्रों में पुरौला तथा गोपेश्वर में तथा गढ़वाल के अरण्यपाल का कार्यालय देहरादून से पौड़ी 1 जुलाई, 1974 तक स्थानान्तरित कर दिये जायेंगे।
4. वन सम्पदा पर आधारित ग्रामोद्योग इकाइयों को वन विभाग लीसा तथा लकड़ी आदि उदारतापूर्वक देगा। जड़ी बूटियों की नीलामी समाप्त कर, चटाई व टोकरी बनाने के लिए रिंगाल निकालने पर लगी रोक उठा ली जायेगी, जिससे गरीब लोग अपनी रोज़ी कमा सकें।
5. वन विभाग के रेंज अधिकारी प्रतिवर्ष जुलाई तक गाँव के लोगों को उनके हक़-हकूक की लकड़ी दे देंगे और अगस्त में अपनी क्षेत्र विकास समिति के समक्ष उस वर्ष नये वन लगाने तथा वनों की नीलामी की योजना रखेंगे। समाज सेवकों को वन विभाग के कार्यालयों में जनता की सुविधाओं तथा वनों के ठेकों की, वनों की सुरक्षा की दृष्टि से देखभाल करने के लिए अवैतनिक निरीक्षक नियुक्त किया जायेगा।
6. टिहरी तथा उत्तरकाशी ज़िलों, जो पहले देशी रियासत रहे थे, की वन समस्याओं पर तीन माह में रिपोर्ट देने के लिए जन प्रतिनिधियों एवं अधिकारियों की एक समिति नियुक्त की गयी।
7. लीसा निकालने की नष्टकारी हिमाचली पद्धति अगली फ़सल से समाप्त की जायेगी और इस साल से पेड़ों की देखभाल कढ़ाई से की जायेगी।[125]

रेणी कमेटी के अध्यक्ष दिल्ली विश्वविद्यालय के जाकिर हुसैन कॉलेज में वनस्पति विज्ञान के प्राध्यापक डॉ. वीरेन्द्र कुमार बनाये गये और सदस्य के रूप में नरेन्द्र सिंह भण्डारी, गोविन्द सिंह नेगी (दोनों विधायक), चण्डी प्रसाद भट्ट तथा गोविन्द सिंह रावत (दोनों आन्दोलनकारी) के अतिरिक्त मुख्य अरण्यपाल, सिंचाई विभाग के इंजीनियर पी.एस. निगम तथा भूगर्भ विभाग के एक-एक उच्च अधिकारी थे।[126] 9 मई, 1974 को उत्तर प्रदेश के राज्यपाल ने रेणी समिति की विधिवत घोषणा की।

टिहरी तथा उत्तरकाशी की रियासती युग से चली आ रही जंगलात की समस्या के हल के लिए रामचन्द्र उनियाल की अध्यक्षता में सात सदस्यों की समिति बनायी गयी, जिसमें विधायक गोविन्द प्रसाद गैरोला तथा गोविन्द सिंह नेगी, विद्यासागर नौटियाल, सकलचन्द रावत, सुरेन्द्र दत्त भट्ट, टिहरी वृत्त के अरण्यपाल एच.सी. डे तथा सदस्य सचिव यमुना वन प्रभाग के उप अरण्यपाल सुरेश शरण रतूड़ी थे। इस कमेटी को तीन माह में अपनी रपट देनी थी।[127]

लखनऊ-दिल्ली के काम निपटाकर चण्डी प्रसाद भट्ट 28 अप्रैल, 1974 को रेणी आये। उन्हें यह अन्दाज़ा था कि रेणी के जंगल का भविष्य स्थानीय सक्रियता और संघर्ष से ही सुरक्षित रहेगा। अतः यह ज़रूरी था कि रेणी में किसी तरह का भय तथा संशय जन्म न ले। सरकार का हर पक्ष चिपको के विरुद्ध था। मुख्यमन्त्री की संवेदना और सक्रियता के बावजूद चण्डी प्रसाद भट्ट के मन में अनेक शंकाएँ उठ रही थीं। रेणी समिति को अपनी रपट 30 जून, 1974 तक देनी थी।

अभी समिति का काम शुरू नहीं हुआ था कि चण्डी प्रसाद भट्ट को वन विभाग से एक विचित्र पत्र प्राप्त हुआ। गढ़वाल वृत्त के अरण्यपाल ने उन्हें लिखा था कि ठेकेदार जगमोहन भल्ला ने 2 जनवरी, 1974 की नीलामी में रेणी के जंगल को ख़रीदा था। लेकिन उसके मज़दूर व मुंशी वहाँ चले

चिपको के कारण जंगल को काट नहीं सके। अब आपकी बात मान ली गयी है। जाँच समिति गठित कर दी गयी है। इसलिए रेणी जंगल को काट लेने दीजिए, क्योंकि कानूनी निरस्तीकरण में शासन को भारी मुआवज़ा देना पड़ेगा। ठेकेदार के अदालत में जाने की सम्भावना बनी हुई है। पाँचवी पंचवर्षीय योजना में जोशीमठ रेंज का विभागीय प्रणाली से दोहन करने का प्रावधान रखा है। उस योजना में यहाँ नीलामी नहीं होगी। अतः आपसे अनुरोध है कि आप चिपको आन्दोलन वापस लेने की घोषणा करें और ठेकेदार को जंगल काट ले जाने दें।[128]

चिपको आन्दोलन की ओर से एक संक्षिप्त पर स्पष्ट उत्तर दिया गया कि चिपको आन्दोलन वापस नहीं लिया जा सकता। हमारा विरोध न तो शासन से है और न ठेकेदार से ही। आन्दोलन का भविष्य रेणी की कटाई से जुड़ा है। यदि रेणी जाँच समिति कटाई के पक्ष में फ़ैसला देती है तो उसे भी स्वीकार नहीं करेंगे और पेड़ों को सुरक्षा देंगे।[129] दरअसल रेणी के प्रतिरोध ने चिपको आन्दोलन को एक अलग तरह की गतिशीलता से भर दिया था, साथ ही उस सरोकार से भी सम्बद्ध कर दिया था जो जंगलों के मामले को व्यापक परिप्रेक्ष्य में देखने को अपरिहार्य मानता था।

8. तीन और टहनियाँ

तब से 9 मई, 1974 को मुख्यमन्त्री द्वारा एक अन्य जाँच कमेटी की नियुक्ति के बीच उत्तराखण्ड के दो आन्दोलनों तथा एक अभियान का यहाँ पर ज़िक्र करना उचित होगा। इनमें से बदरीनाथ आन्दोलन तथा अस्कोट-आराकोट अभियान तो चिपको से सीधे जुड़े ही थे और सोंगघाटी का खनन विरोधी आन्दोलन संसाधनों की लूट के विरोध से जुड़ा था।

1. बदरीनाथ आन्दोलन

उत्तराखण्ड के चार धामों में से एक बदरीनाथ की स्थापना सदियों पूर्व जब हुई होगी इसमें उच्च हिमालय की पारिस्थितिकी जानने और वहाँ की प्रतिकूल जलवायु भुगतने वाले स्थानीय निवासियों का योगदान अवश्य रहा होगा। सदियों से देश के कोने-कोने से तीर्थयात्री यहाँ आते रहे हैं। 1973 के बाद मन्दिरों में रुचि रखने वाले बिड़ला परिवार को यह प्राचीन वैष्णव शैली में बना हुआ मन्दिर और उत्तराखण्ड की स्थानीय शैली में बना हुआ उसका 45 फ़ीट ऊँचा सिंह द्वार जीर्णोद्धार के लायक लगा। मन्दिर समिति तथा प्रभावशाली लोगों ने बिड़ला को इसकी सहमति दे दी।

1939 में उत्तर प्रदेश में बनी पहली कांग्रेस सरकार के समय बदरीनाथ मन्दिर कानून बना, जिसके अनुसार रावल को पूजा का भार सौंपा गया था और प्रबन्ध के लिए 12 सदस्यों की एक समिति बनायी गयी थी। यहाँ इसके विस्तार में न जाकर यह बताना उचित होगा कि बिड़ला परिवार यहाँ दिल्ली के बिड़ला मन्दिर की तरह निर्माण करने को उत्सुक था। लगभग 70 लाख की लागत इसमें आनी थी। इस तरह वर्तमान बद्रीनाथ मन्दिर के बाहर नया मन्दिर बनने लगा। 1974 में सामान्यतया मई प्रथम या द्वितीय सप्ताह में खुलने वाला बद्रीनाथ मन्दिर 20 अप्रैल को खोल दिया गया ताकि महाकुम्भ में आये यात्री वहाँ जा सकें। उस समय वहाँ बिड़ला परिवार को 'देवानाम् प्रिय अशोक' की भाँति मानवता की रक्षा में संलग्न बताने वाला विशाल बोर्ड लगा था।[130] चमोली ज़िले के लोगों– और विशेष रूप से चिपको आन्दोलन– ने इस घुसपैठ तथा स्थानीय स्थापत्य को नष्ट करने का विरोध किया। इस प्रकार 'बद्रीनाथ बचाओ समिति' की स्थापना हुई।

प्रदेश सरकार ने अपने वरिष्ठ मन्त्री नारायणदत्त तिवारी की अध्यक्षता में एक समिति का गठन किया, जिसे पन्द्रह दिन में अपनी राय देनी थी। उधर बद्रीनाथ बचाओ समिति ने अपनी पूर्व योजनानुसार 10 अगस्त, 1974 को बद्रीनाथ में प्रदर्शन आयोजित किया। जुलूस की अगली पंक्ति में महिलाएँ थीं और जुलूस में गोविन्द सिंह रावत, पूर्णानन्द डिमरी, सुरेन्द्र लिंगवाल, मुरारीलाल, आनन्द सिंह बिष्ट, चिरंलीलाल भट्ट, शिशुपाल सिंह कुँवर, घनश्याम भट्ट, कुँवर सिंह नेगी, सत्येन्द्र बर्तवाल, पीताम्बर दत्त तिवारी, बालकृष्ण भट्ट, चण्डी प्रसाद भट्ट तथा पुरुषोत्तम बगवाड़ी सहित अनेक सामाजिक-राजनीतिक कार्यकर्ता थे। कुछ पंडे बिड़ला भक्ति के कारण आन्दोलनकारियों को धर्मविरोधी, कम्युनिस्ट या चीन का एजेण्ट कह रहे थे। आन्दोलनकारियों के नारे थे—'बदरीनाथ कमेटी भंग करो', 'बदरीनाथ की जय', 'भारत माता की जय', 'बदरीनाथ की प्राचीनता अमर रहे' आदि।

गाजे-बाजे के साथ निकले इस जुलूस के बाद एक आम सभा गौरा देवी की अध्यक्षता में हुई। तीन स्पष्ट बातें उभर के आयीं—1. बदरीनाथ मन्दिर का जो हिस्सा तोड़ दिया गया है, उसका पुनर्निर्माण बदरीनाथ धाम की गरिमा को दृष्टि में रखकर किया जाय। 2. जीर्णोद्धार पुरातत्ववेत्ताओं, हिमालयी स्थापत्य के जानकारों और अन्य विशेषज्ञों की राय के अनुसार किया जाय तथा 3. बदरीनाथ मन्दिर कमेटी को तत्काल भंग किया जाय अन्यथा यह आन्दोलन चमोली ज़िले के गाँव-गाँव में फैलाया जायेगा।[131]

बदरीनाथ बचाओ समिति का कहना था कि उसने राजनीतिक, कानूनी तथा शिल्पशास्त्र सम्बन्धी सभी मामले ढूँढ़े हैं। समिति ने कहा कि यह क्षेत्र विनियमित है अतः नक्शे स्वीकृत कराये जाने चाहिए थे। शिल्पशास्त्र के अनुसार मन्दिर में सीमेण्ट, कंकरीट और लोहे का उपयोग वर्जित है पर इनमें से किसी का पालन नहीं हुआ। समिति का कहना था कि जीर्णोद्धार ज़रूरी होने पर यह आम नागरिकों के चन्दे से बनना उचित होता न कि एक परिवार के दान से। बाद में इस कमेटी की रपट आयी और बिड़ला परिवार को अपने हाथ खींचने पड़े।[132]

इस आन्दोलन से दो बातें स्पष्ट हुई थी। उत्तराखण्ड की प्राकृतिक ही नहीं सांस्कृतिक सम्पदा पर भी पूँजीपतियों की नज़र थी और इस हेतु वे स्थानीय समाज के कुछ हिस्सों को अपने पक्ष में करना चाहते थे। एक आन्दोलन की प्रारम्भिक जीत का इस्तेमाल किस तरह अन्य स्थानीय मामलों को सुलझाने हेतु किया गया, यह पक्ष इसमें देखा जा सकता है। बद्रीनाथ आन्दोलन की विशेषता इसका सर्वदलीय होना थी। रेणी और लाटा की महिलाएँ तभी पहली बार किसी सामाजिक प्रतिकार हेतु अपने गाँव से बाहर निकली थीं।

2. सोंगघाटी आन्दोलन

देहरादून तथा टिहरी ज़िलों के धूत्तू, सकलाना तथा सहस्राधारा क्षेत्र में फैली सोंगघाटी में अनेक सालों से चूना पत्थर का खदान हो रहा था। स्थानीय किसान इसका विरोध लम्बे समय से करते आ रहे थे। बल्कि जब कुछ खनन ठेकेदार हेंवल घाटी की ओर बढ़ने लगे थे तो वहाँ 1961 से ही खनन का विरोध हो गया था पर धूत्तू, सकलाना तथा सहस्राधारा क्षेत्र में कुछ स्थानीय असरदारों के कारण खनन चलता रहा। मई 1974 में आन्दोलन फैलने लगा। 500 स्थानीय सत्याग्रहियों ने प्रतिज्ञा-पत्र भर कर दिये। 12 मई को एक विशाल जुलूस और जनसभा का आयोजन किया गया। सोंग घाटी से चूना पत्थर ले जा रही गाड़ियों के पहिये जाम कर दिये गये।

देहरादून नगर के ट्रेड यूनियन नेता द्वारकानाथ धवन, डोईवाला के ब्लाक प्रमुख किशोरीलाल, टिहरी कांग्रेस के प्रेमदत्त डोभाल, उत्तरकाशी कांग्रेस के रामचन्द्र उनियाल, जौनपुर के ब्लाक प्रमुख सोमवारीलाल उनियाल, छात्रसंघ के अध्यक्ष हीरासिंह बिष्ट आदि ने इस आन्दोलन को समर्थन दिया। यह तथ्य सामने आया कि पहाड़ों में विस्फोट होने से किस तरह स्थानीय किसानों के पानी, जंगल और ज़मीन के हक़-हकूक खत्म हो रहे हैं। इन स्थानों में काम करने वाले मज़दूरों ने हड़ताल की और स्थानीय ग्रामीणों ने सत्याग्रह। उनकी माँग थी कि इन खानों की लीज तत्काल समाप्त की जाय। सरकार द्वारा आन्दोलनकारियों को वार्ता हेतु बुलाया गया। 5 जून को लखनऊ में वार्ता के बाद 36 दिन से चला आ रहा यह आन्दोलन समाप्त हो गया।

संघर्ष समिति की ओर से सोमवारीलाल उनियाल, मोरसिंह, शेरसिंह, दर्शनलाल, दुम्मी सिंह और खदान मालिकों की ओर से मेलाराम, सरदारीलाल, हरीचन्द, शिवनारायण सिंह नेगी तथा लक्ष्मणसिंह नेगी थे। ग्यारह सूत्रीय समझौते का स्वागत हुआ। यद्यपि सोमवारीलाल उनियाल ने चूना खदानों के राष्ट्रीयकरण की बात को हवा में उड़ा देने पर असन्तोष व्यक्त किया। समझौते के अनुसार 23 खदानों की जाँच हेतु देहरादून के ज़िला मजिस्ट्रेट की अध्यक्षता में 7 सदस्यों की समिति बनायी गयी ताकि क्षतिपूर्ति का निर्धारण हो सके और जहाँ क्षतिपूर्ति नहीं हो सकती, वहाँ खनन कार्य बन्द हो सके। चूना खान मालिक गाँवों के विकास हेतु 1 अक्टूबर, 1974 से पैतालीस पैसे प्रति टन उपकर (सेस) देंगे। खदानों को जाने वाली सड़कों को ग्रामीण निःशुल्क इस्तेमाल करेंगे। हड़ताल में शामिल मज़दूरों से बदले की कार्यवाही नहीं होगी।[133]

इस आन्दोलन में वांछित गहराई नहीं थी और बहुत मामूली माँग पूरी होने पर ही आन्दोलन उठा लिया गया। खनन के खेती, जल स्रोतों और जंगलों पर पड़ने वाले दुष्प्रभावों की जाँच का काम एजेण्डा में आने नहीं दिया गया। फिर भी चिपको से प्रेरित यह अहिंसक आन्दोलन सत्तारूढ़ दल का समर्थन प्राप्त होने से तात्कालिक लाभ प्राप्त कर सका।

3. अस्कोट-आराकोट अभियान

इस दौर की तीसरी सबसे बड़ी घटना उत्तराखण्ड के युवाओं द्वारा उत्तराखण्ड के पूर्वी कोने अस्कोट से पश्चिम कोने आराकोट तक की यात्रा का आयोजन करना था। यह इस तरह का पहला अभियान था, जिसमें कुमाऊँ तथा गढ़वाल विश्वविद्यालय के छात्रों को उत्तराखण्ड के दूरस्थ दुर्गम क्षेत्रों की सामाजिक, आर्थिक और प्राकृतिक स्थिति को गहराई से जानने का मौक़ा मिला। इस यात्रा का ऐजेण्डा लगभग सर्वोदय का एजेण्डा था। हालाँकि इस यात्रा में शामिल सभी युवा सर्वोदयी विचारधारा से प्रभावित नहीं थे। जंगलों की सुरक्षा, नशाबन्दी, महिलाओं की जागृति, युवाशक्ति का रचनात्मक उपयोग तथा विकास की पड़ताल करना इसका लक्ष्य था।

यह यात्रा उन क्षेत्रों में हुई जहाँ सामान्यतया कोई नेता, नौकरशाह-कर्मचारी या सैलानी नहीं जाते हैं। दूरस्थ गाँवों में सड़क, संचार, स्कूल, अस्पताल, खेती, पशुपालन, जंगल, स्त्री-बच्चों की दशा, पुरुषों का पलायन आदि पहाड़ी जीवन के लगभग हर अन्तर्विरोध और आयाम को इस यात्रा से समझने का मौक़ा मिला। इससे युवाओं द्वारा ग्रामीण उत्तराखण्ड को जानने-समझने का अभियान शुरू हुआ, जो आज भी किसी न किसी रूप में जारी है। यात्रा अभियानों में शामिल युवा आगामी दशकों में उत्तराखण्ड के जनान्दोलनों में महत्त्वपूर्ण भूमिका निभाते रहे। 1974-75 में तत्काल इस

यात्रा का कोई लाभ हुआ हो कि नहीं पर यात्रा में शामिल युवा स्वयं बदल गये थे। कम से कम पहाड़ों को वे किताबों से उतना नहीं जान या समझ सके थे, जितना इस यात्रा से।[134]

लगभग 800 कि.मी. की इस यात्रा की रूपरेखा सुन्दरलाल बहुगुणा की उत्तराखण्ड की 120 दिन की यात्रा के समय अलमोड़ा में 18 जनवरी, 1974 को तय हुई थी।[135] 25 मई, 1974 को अस्कोट (पिथौरागढ़) से शुरू होते समय इसमें बहुगुणा, प्रसून, शिखर, शेखर, तथा शमशेर थे। दर्जनों विद्यार्थी तथा ग्रामीण जन इस यात्रा में शामिल हुए। गोपेश्वर के भुवनेश कुमार, सिल्यारा के राजीवनयन, लखनऊ विश्वविद्यालय के हरीश जोशी, अलमोड़े के राकेश मोहन और चम्बा के विजय जरधारी यात्रा में लम्बे समय तक रहे। बीच में कुछ साथी अपनी बाकी परीक्षा देने अलमोड़ा गये और चमोली ज़िले में फिर यात्रा में शामिल हो गये। उत्तराखण्ड के पिथौरागढ़, अलमोड़ा, चमोली, टिहरी, उत्तरकाशी तथा देहरादून ज़िलों के लगभग 150 से अधिक गाँवों से होते हुए इस यात्रा में उत्तराखण्ड की सभी बड़ी नदियों को पार करना पड़ा और ऊँचे स्थानों से होकर यह यात्रा निकली। चिपको के तब तक के समस्त आन्दोलन क्षेत्रों में यह यात्रा गयी।[136]

चिपको आन्दोलन के सन्दर्भ में यह यात्रा इस अर्थ में महत्त्वपूर्ण थी कि अब तक विकसित चिपको सन्देश और सैलानी के गीत इसके मार्फत उत्तराखण्ड के दूरस्थ दुर्गम क्षेत्रों के गाँवों में पहुँचे। दूसरी ओर यात्रियों ने स्वयं जंगल का यथार्थ देखा। यात्रियों ने पाया कि जगह-जगह जंगलों का कटान और जड़ी-बूटियों की लूट जारी थी। अनेक नदियाँ स्लीपरों से भरी थीं क्योंकि स्लीपरों का बहान हो रहा था। लीसे और चीड़ की लकड़ी के सीधे मिलों को जाने का तथ्य पता चला। रोज़गार, नफ़ा, मज़दूरी या कच्चा माल स्थानीय समाज को नहीं मिल पा रहा था। उसके हिस्से भूस्खलन, बाढ़, चारे-लकड़ी का अभाव आ रहा था। उत्तराखण्ड की सामाजिक-सांस्कृतिक तथा भौगोलिक-वानस्पतिक विविधता इस यात्रा से समझी जा सकी, जो बाद में चिपको तथा अन्य आन्दोलनों का आधार बनी।[137]

इस यात्रा में युवाओं को शिशुपाल सिंह कुँवर, आनन्द सिंह बिष्ट, विमला बहुगुणा, सुन्दरलाल बहुगुणा, मुरारीलाल, आलमसिंह बिष्ट, केदार सिंह रावत, जयन्ती देवी, बिहारी लाल, कमलाराम नौटियाल, घनश्याम सैलानी, भवानी भाई, सुरेन्द्रदत्त भट्ट, सकलचन्द रावत सहित कितने ही चिपको और जंगलात आन्दोलन से जुड़े कार्यकर्ताओं से मिलने का मौक़ा मिला। यात्राओं से जन-आन्दोलन विकसित होते हैं या नहीं यह आने वाली पीढ़ियों के लिए छोड़ दिया जाय पर यात्राएँ शिरकत करने वाले को समझदार और संवेदनशील अवश्य बनाती हैं।

सन्दर्भ

1. पैसा, ज़मीन, लकड़ी, जड़ी-बूटी, औरत, किशोर, मूर्तियाँ, काष्ठ-कला के नमूने, विभिन्न गहने, चरस, अफ़ीम, कस्तूरी का बीड़ा, वन्यजीव, उच्च हिमालय में पाये जाने वाले जीवाश्म, ताम्रपत्र, मूर्ति, पुराने ग्रन्थ आदि आदि को इन 'मालों' में गिना गया है (भेंटवार्ता : गणेशदत्त जोशी)।
2. देखें : Khanka, S.S., 1988, Labour Force, Employment in Backward Economy; Bora, R.S. 1996, Himalayan Migration : A Study of the Hill Region of Uttar Pradesh
3. कुमाऊँ भोटिया पीपुल्स फेडरेशन का प्रतिवेदन : 17 अप्रैल, 1947
4. 1974 के अस्कोट-आराकोट अभियान और बाद की अनेक यात्राओं में पाया गया था कि किस तरह मुद्रित साप्ताहिक गाँव में वाचन की परम्परा का हिस्सा बन जाता है और ग्रामीण समाज किस तरह अख़बारों को सुना करता है। यह क्रम 1994 के बाद कम होता पाया गया, जब दैनिक समाचार-पत्र गाँवों में पहुँचने लगे।

5. उत्तराखण्ड ही नहीं उत्तर प्रदेश के कुशासन और अत्यन्त धीमे विकास के लिए लगातार सरकारों का बदलना या अल्पजीवी होना भी ज़िम्मेदार था। सम्पूर्णानन्द को छोड़कर किसी मुख्यमन्त्री ने अपना कार्यकाल पूरा नहीं किया था। पण्डित पन्त को अपना कार्यकाल पूरा किये बिना बल्लभभाई पटेल की मृत्यु के बाद केन्द्र सरकार में जाना पड़ा था। इस तरह पूर्वांचल, बुन्देलखण्ड आदि की तरह उत्तराखण्ड भी इस पिछड़े प्रदेश का पिछड़ा क्षेत्र बना रहा। 1946 से 2000 तक 18 मुख्यमन्त्री रहे। 8 बार राष्ट्रपति शासन लगा। उत्तर प्रदेश में 1946 से 2000 तक का यह पूरा क्रम देखना उचित होगा :

1. गोविन्द बल्लभ पन्त कांग्रेस	1 अप्रैल, 1946-25 जनवरी, 1950 (नये संविधान से पहले) तथा	
	26 जनवरी, 1950-27 दिसम्बर, 1954	4 साल 335 दिन
2. सम्पूर्णानन्द	28 अप्रैल, 1954-6 दिसम्बर, 1960	5 साल 344 दिन
3. चन्द्रभानु गुप्ता	7 दिसम्बर, 1960-1 अक्टूबर, 1963	2 साल 288 दिन
4. सुचेता कृपलानी	2 अक्टूबर, 1963-13 मार्च, 1965	2 साल 288 दिन
5. चन्द्रभानु गुप्ता	14 मार्च, 1967-2 अप्रैल, 1967	19 दिन
6. चरण सिंह भाक्रांद	2 अप्रैल, 1967-25 फ़रवरी, 1968	328 दिन
7. राष्ट्रपति शासन-1	25 फ़रवरी, 1969-26 फ़रवरी, 1969	1 साल 1 दिन
8. चन्द्रभानु गुप्ता कांग्रेस	26 फ़रवरी, 1969-17 फ़रवरी, 1970	356 दिन
9. राष्ट्रपति शासन-2	1 अक्टूबर, 1970-18 अक्टूबर, 1970	17 दिन
10. टी.एन. सिंह	18 अक्टूबर, 1970-3 अप्रैल, 1971	167 दिन
11. कमलापति त्रिपाठी	4 अप्रैल, 1971-13 जून, 1973	2 साल 69 दिन
12. राष्ट्रपति शासन-3	13 जून, 1973-8 नवम्बर, 1973	149 दिन
13. हेमवतीनन्दन बहुगुणा	8 नवम्बर, 1973-29 नवम्बर, 1975	2 साल 21 दिन
14. राष्ट्रपति शासन-4	30 नवम्बर, 75-21 जनवरी, 1976	52 दिन
15. नारायणदत्त तिवारी	21 जनवरी, 76-30 अप्रैल, 1977	1 साल 99 दिन
16. राष्ट्रपति शासन-5	30 अप्रैल, 77-23 जून, 1977	54 दिन
17. रामनरेश यादव	23 जून, 77-27 फ़रवरी, 1979	1 साल 249 दिन
18. बनारसीदास	28 फ़रवरी, 79-17 फ़रवरी, 1980	354 दिन
19. राष्ट्रपति शासन-6	17 फ़रवरी, 80-9 जून, 1980	113 दिन
20. विश्वनाथ प्रताप सिंह	9 जून, 80-18 जुलाई, 1982	2 साल 39 दिन
21. श्रीपति मिश्र	19 जुलाई, 82-2 अगस्त, 1984	2 साल 14 दिन
22. नारायणदत्त तिवारी	3 अगस्त, 84-24 सितम्बर, 1985	1 साल 52 दिन
23. बीरबहादुर सिंह	24 सितम्बर, 85-24 जून, 1988	2 साल 274 दिन
24. नारायणदत्त तिवारी	25 जून, 88-5 दिसम्बर, 1989	1 साल 163 दिन
25. मुलायमसिंह यादव जद	5 दिसम्बर, 89-24 जून, 1991	साल 201 दिन
26. कल्याण सिंह भाजपा	24 जून, 91-6 दिसम्बर, 1992	1 साल 165 दिन
27. राष्ट्रपति शासन-7	6 दिसम्बर, 92-4 दिसम्बर, 1993	363 दिन
28. मुलायमसिंह यादव	4 दिसम्बर, 93-3 जून, 1995	1 साल 181 दिन
29. मायावती बसपा	3 जून, 95-18 अक्टूबर, 1995	137 दिन
30. राष्ट्रपति शासन-8	18 अक्टूबर, 95-21 मार्च, 1997	1 साल 154 दिन
31. मायावती	21 मार्च, 97-21 सितम्बर, 1997	184 दिन
32. कल्याण सिंह	21 सितम्बर, 97-12 नवम्बर, 1999	2 साल 52 दिन
33. रामप्रकाश गुप्त	12 नवम्बर, 99-28 अक्टूबर, 2000	352 दिन

6. अस्कोट-आराकोट अभियान, 1974 तथा दिनमान, 4 अगस्त, 1974 : 24-27; पहाड़ 14-15, अस्कोट-आराकोट-अभियान अंक

7. नारायणदत्त तिवारी ने नैनीताल तथा दर्शनसिंह नेगी 'जनबल' ने चौंदकोट (पौड़ी ज़िला) में श्रमदान से सड़क निर्माण के काम का नेतृत्व किया था। भेंटवार्ता : डुंगरसिंह बिष्ट तथा मानसिंह रावत; दुर्गा प्रसाद नौटियाल, नारायणदत्त तिवारी : एक जीवनी : 45-46; सुनील नवप्रभात, 2003, सहभागिता की उत्कृष्ट मिसाल, पर्वतजन, मई-जून : 24-26

8. सरला देवी, व्यावहारिक वेदान्त एक आत्मकथा : 172-73

9. Forest Development Project UP, India, mimeo, n.d.,117-21; Guha : 139

10. B.P. Srivastava in V.P. Singh, Working Plan for the West Almora Forest Division, Kumaon Circle, 1966-67 to 1975-76, Nainital, 1967, Introduction
11. Guha, Unquiet Woods : 139-40
12. उत्तराखण्ड ज्योति : 28 अप्रैल, 1972
13. सत्यपथ : 8 सितम्बर, 1972
14. राज्यमन्त्री नरेन्द्र सिंह भण्डारी का चण्डी प्रसाद भट्ट को 13 नवम्बर, 1972 का पत्र, जिसमें सहकारी संस्थाओं को लीसे के मूल्य में रियायत देने बाबत लिखा गया था।
15. Kala, S.C., Resin Supply and Small Industries in Hills, Letter to Editor, *National Herald, Lucknow,* 9 November, 1972
16. सत्यपथ : 1, 8, 16, 23 सितम्बर तथा 1 अक्टूबर, 1972
    इस लेख के कुछ अंश निम्न प्रकार थे :
    "उत्तराखण्ड के विकास का कार्यक्रम वन केन्द्रित होना चाहिए। यह केवल यहाँ की प्रचुर वन सम्पदा की सुरक्षा के लिए स्थानीय जनता को उससे प्रत्यक्ष लाभ पहुँचाने की दृष्टि से ही आवश्यक नहीं है बल्कि सारे देश की सुख और समृद्धि के लिए भी आवश्यक है। हमारी राष्ट्रीय वन नीति के अनुसार पर्वतीय क्षेत्रों में 60 प्रतिशत (वास्तव में यह प्रतिशत 66 है) वन होने चाहिए। हिमालय क्षेत्र की नदियों पर बनने वाली बहुउद्देशीय बाँध योजनाओं की सफलता के लिए वनों का विस्तार और संरक्षण आवश्यक है। बाँधों को हिमनदों से निकलने वाली नदियों के अलावा उनकी सहायक नदियों से भी पानी मिलेगा। इन नदियों के उद्गम सघन वनों में हैं। जैसे-जैसे ये वन कटते जा रहे हैं, ये स्रोत भी पतले पड़ते जा रहे हैं। इन स्रोतों में पानी का बहाव स्थिर रखने के लिए तथा बड़ी नदियों को निरन्तर होने वाले भूस्खलन के मलवे से बचाने के लिए उनके प्रस्रवण क्षेत्रों में घने वनों का होना आवश्यक है।
    वन विकास के कार्यक्रम को सफल बनाने के लिए सबसे पहली आवश्यकता मौजूदा वन नीति में आमूलचूल परिवर्तन करने की है। मौजूदा नीति वनों से अधिकाधिक रुपया कमाने की है। इसके कारण इन क्षेत्रों में वनवासियों के बजाय ठेकेदारों का महत्त्व बढ़ जाता है। अतः ठेकेदारी प्रथा तत्काल समाप्त होनी चाहिए और उसके स्थान पर वन क्षेत्रों के निवासियों और वनों के विकास के लिए वन विभाग को उत्तरदायी बनना चाहिए।...
    रोज़गार की सर्वाधिक सम्भावनाएँ तो वनाधारित उद्योगों में हैं। आज वनों से प्राप्त कच्चे माल पर आधारित सभी उद्योग–लीसा (क्लटरबकगंज, बरेली), काग़ज़ (स्टार पेपरमिल, सहारनपुर), और लकड़ी का चिरान एवं प्लाइवुड तराई के नगरों में है। वन विशेषज्ञों की राय है कि वन सम्पदा पर आधारित उद्योग वनों के जितने अधिक निकट होंगे, उतना ही अधिक वनों की सुरक्षा हो सकेगी। लोगों का ध्यान कृषि से हटकर उद्योगों की ओर जावेगा तथा वनों की बेकार चीज़ें उद्योगों के काम में आने पर उनके लिए रोज़गार का साधन बन जावेंगी। बिखरी हुई आबादी होने के कारण बड़े उद्योग पर्वतीय क्षेत्रों में सम्भव नहीं हैं, इसलिए विभिन्न ऊँचाइयों के लिए वहाँ पर उपलब्ध कच्चे माल से छोटे उद्योगों का विकास आवश्यक है...।"
    इस लेख के अनुसार तब 1971 की जनगणनानुसार 8 ज़िलों में से आबादी का घनत्व सबसे कम उत्तरकाशी में 19 व्यक्ति प्रति वर्ग किमी और अधिकतम 189 देहरादून में था। साक्षरता सबसे कम टिहरी में 19.05 तथा अधिकतम 45 प्रतिशत देहरादून की थी। प्रति व्यक्ति औसत आय सबसे कम टिहरी तथा उत्तरकाशी की रु. 129 तथा अधिकतम रु. 488 ज़िला देहरादून की थी।
17. दिनमान : 8 अक्टूबर, 1972: 43-44 तथा 19 नवम्बर, 1972
18. कुँवर प्रसून, नवीन नौटियाल तथा भारत डोगरा, घनश्याम सैलानी–जिन्होंने कविता को आन्दोलन बनाया : 7; भेंटवार्ता : घनश्याम सैलानी, चण्डी प्रसाद भट्ट
19. द्रोणाचल प्रहरी : 1 मार्च, 1973
20. Chandi Prasad Bhatt, The Chipko Movment : Startegies, Achievements and Impacts in *The Himalayan Heritage :* 262
21. सुन्दरलाल बहुगुणा : भूदान यज्ञ : 15 जनवरी, 1973 : 245-46
22. देखें : भूदान यज्ञ : 15 जनवरी, 73 : 245-6; धर्मयुग : 23 सितम्बर, 1973
23. भेंटवार्ता : आनन्द सिंह बिष्ट तथा मुरारीलाल
24. सत्यपथ : 16 फ़रवरी, 1973
25. उक्त पत्र, दशौली ग्राम स्वराज्य मण्डल के संग्रह में
26. भेंटवार्ता : चण्डी प्रसाद भट्ट
27. यह बहुत रोचक लग सकता है कि साइमण्ड कम्पनी के आदमी दशौली ग्राम स्वराज्य मण्डल यानी संस्था के भवन में रहे थे। दरअसल उन दिनों गोपेश्वर में कोई होटल न था। अनेक आगन्तुक और अतिथि संस्था में ही रुक जाते थे। संस्था

के सदस्यों को कम्पनी के आदमियों से कोई दिक्कत न थी पर उनके लिए यह ज़रूर आश्चर्यजनक था कि उनको टिकने को स्थान भी दे रहे है और चुनौती भी (भेंटवार्ता : आनन्द सिंह बिष्ट, चण्डी प्रसाद भट्ट तथा मुरारीलाल)।

28. युगवाणी : 8 अप्रैल, 1973; अनुपम मिश्र, चिपको आन्दोलन : 27-30
29. सुन्दरलाल बहुगुणा, उत्तर प्रदेश के पर्वतीय क्षेत्रों का विकास, सत्यपथ : 8 मई, 1973
30. युगवाणी : 29 अप्रैल, 1973; अनुपम मिश्र तथा सत्येन्द्र त्रिपाठी, चिपको आन्दोलन : 10
31. अनुपम मिश्र तथा सत्येन्द्र त्रिपाठी, चिपको आन्दोलन : 10
32. भेंटवार्ता : चण्डी प्रसाद भट्ट तथा गोविन्द सिंह रावत
33. भेंटवार्ता : शमशेर बिष्ट
34. युगवाणी : 20 मई, 1973; भेंटवार्ता आनन्द सिंह बिष्ट 1997; आलमसिंह बिष्ट 1984
35. भेंटवार्ता : बचनलाल, आनन्द सिंह बिष्ट, शिशुपाल सिंह कुँवर। बाद में शोधकर्ताओं ने यहाँ तक लिख दिया था कि तब मण्डल के जंगल में महिलाएँ पेड़ों से चिपक गयी थीं (देखें Arvind Singhal and Sarah Lubjuhu, *The Chipko Environmental Movement of India* in John Downing (ed), Encyclopedia of Social Movement Media)। इसी लेख में चण्डी प्रसाद भट्ट को मार्क्सवादी और सुन्दरलाल बहुगुणा को गाँधीवादी कहा गया था। जापानी शोधकर्ता इशीजाका तथा देहरादून में रह चुकी रंगन ने भी लिखा कि मण्डल में महिलाएँ और पुरुष पेड़ों से चिपक गये (देखें Shinya Ishizaka, 2009, What has the Chipko Movement Brought About?, Working Paper 52 : 4; Haripriya Rangan, 1993 in *In Defense of Livelihood,* John Friedman and Haripriya Rangan (Ed.) : 157)
36. आलम सिंह बिष्ट का 24 अप्रैल, 1973 का परिपत्र (दग्रास्वमं संग्रह में)
37. अनुपम मिश्र, चिपको आन्दोलन : 30; आलमसिंह बिष्ट : उत्तरी ध्रुव : 9 मई, 1988; भेंटवार्ता आनन्द सिंह बिष्ट, आलम सिंह बिष्ट तथा चण्डी प्रसाद भट्ट
38. युगवाणी : 20 मई, 1973; द रमन मेगसेसे एवार्ड्स 1982-1984 : 83; इसी समय सैलानी ने अपने सुप्रसिद्ध गीत में चिपको शब्द का पहली बार प्रयोग किया (भेंटवार्ता : घनश्याम सैलानी, चण्डी प्रसाद भट्ट)
39. अनुपम मिश्र : चिपको : 31
40. भेंटवार्ता : आनन्द सिंह बिष्ट; किरन डंगवाल, चिपको आन्दोलन और नारी शक्ति : 48
41. सरला बहन को चण्डी प्रसाद भट्ट का 28 जनवरी, 1978 का पत्र
42. युगवाणी : 17 जून, 1973
43. चण्डी प्रसाद भट्ट, मन्त्री दग्रास्वमं का राज्य वन मन्त्री उप्र तथा मुख्य अरण्यपाल उप्र को 12 मई, 1973 का पत्र। 21 मई, 1973 के प्रभागीय वनाधिकारी के उस पत्र के जवाब में, जिसमें दग्रास्वमं को 25 विभिन्न प्रकार के पेड़ों को स्वीकृत किया गया था। भट्ट ने 28 मई, 1973 को अरण्यपाल को लिखा था कि साइमंड के ख़िलाफ़ सिर्फ़ संस्था नहीं, पूरे ज़िले की जनता आन्दोलन कर रही है। जनता के द्वारा ही संस्था का लोक जागरण होता है। अतः संस्था जनता से अलग नहीं जा सकती है।
44. युगवाणी : 10 जून, 1973
45. भेंटवार्ता : केदार सिंह रावत, अस्कोट-आराकोट अभियान जून, 1974
46. द्रोणाचल प्रहरी : 1 अप्रैल, 1973
47. नेशनल हेराल्ड : 11 मई, 1973; समता : 2 मई, 1973 तथा दिनमान : 20 मई, 1973
48. शक्ति : 19 अप्रैल, 1974
49. टाइम्स ऑव इण्डिया. : 2 अक्टूबर, 1973
50. शक्ति : 19 तथा 26 दिसम्बर, 1973
51. युगवाणी : 24 जून, 1973; भेंटवार्ता : गोविन्द सिंह रावत
52. सरला बहन का अरसीकेरे (मैसूर) से शान्तिलाल त्रिवेदी को 24 अक्टूबर, 1973 का पत्र। त्रिवेदी ने राष्ट्रीय संग्राम के दौर में जंगलात आन्दोलन का मिज़ाज देखा था और उसमें हिस्सेदारी की थी (भेंटवार्ता : शान्तिलाल त्रिवेदी)।
53. युगवाणी : 1 जुलाई, 1973; अनुपम मिश्र : चिपको आन्दोलन : 34; गोष्ठी के बाद बहुगुणा को डाक बंगले में भट्ट तथा आनन्द सिंह बिष्ट ने जरा विस्तार से चिपको की पूरी रचना प्रक्रिया समझाई तो वे चिपको के प्रति किंचित् विवेक सम्मत तरीके से सोचने लगे। यह उनके बाद के पत्रों से भी उजागर होता है (भेंटवार्ता : आनन्द सिंह बिष्ट)।
54. भेंटवार्ता : आनन्द सिंह बिष्ट
55. सीमान्त प्रहरी : 9 जुलाई, 1973
56. द रमन मैगसेसे अवार्ड्स : 84
57. भूदान यज्ञ : 27 अगस्त, 1973

58. कमलाराम नौटियाल, मेरा जीवन मेरा संघर्ष : 28-29
59. उक्त; भेंटवार्ता : कमलाराम नौटियाल तथा चन्दन सिंह राणा। देहरादून के 'मस्ताना मज़दूर' तथा 'नया ज़माना' ने विस्तार से इस प्रसंग में लिखा था।
60. युगवाणी : 2 सितम्बर, 1973
61. सत्यपथ : 8 सितम्बर, 1973
62. युगवाणी : 9 सितम्बर, 1973
63. युगवाणी : 13 जनवरी, 1974
64. चण्डी प्रसाद भट्ट का मुख्यमन्त्री हेमवतीनन्दन बहुगुणा को भेजा गया 4 सितम्बर, 1973 का पत्र
65. टिहरी, उत्तरकाशी, चमोली, अलमोड़ा, पिथौरागढ़, नैनीताल तथा पौड़ी गढ़वाल के 120 पड़ावों से होकर यह यात्रा सम्पन्न हुई। अनेक कार्यकर्ता इस यात्रा में शामिल हुए। इसी यात्रा में सुन्दरलाल बहुगुणा ने अलमोड़ा कॉलेज (कुमाऊँ विश्वविद्यालय) अलमोड़ा के छात्रों शेखर पाठक तथा शमशेर बिष्ट को 'शक्ति' साप्ताहिक में प्रकाशित उनके एक लेख के बहाने ढूँढ़ा। फिर अलमोड़े में कुँवर प्रसून तथा प्रताप शिखर को बुलाकर इन युवाओं की मुलाक़ात कराई और अस्कोट-आराकोट अभियान 1974 की रुपरेखा तय की। विस्तार हेतु देखें—सुन्दरलाल बहुगुणा, उत्तराखण्ड में एक सौ बीस दिन; पहाड़ 14-15
66. युगवाणी : 7 अक्टूबर, 1973
67. प्रधानमन्त्री इन्दिरा गाँधी को चण्डी प्रसाद भट्ट तथा आनन्द सिंह बिष्ट द्वारा हस्ताक्षरित पौड़ी में दिया गया 1 अक्टूबर, 1973 का पत्र
68. अनुपम मिश्र, चिपको आन्दोलन : 43-44; मीरा बहन के उत्तराखण्ड प्रवास पर देखें : Mira Behn, 1960, Spirit's Pilgrimage : 276-316
69. धन सिंह राणा, संघर्षनामा : 12-13
70. भेंटवार्ता : गौरा देवी, चन्द्र सिंह
71. दिनमान : 2 जून, 1974 : 7

    रेणी और इसके आसपास के जंगलों तथा जंगली जानवरों की चर्चा 1861 में इस क्षेत्र में यात्रा करने वाले थॉमस वेबर ने बड़ी हार्दिकता और विस्तार से की है (Thomas W. Webber, 1902, The Forests of Upper India and their Inhabitants, Edward Arnold, London : 49-64)
72. युगवाणी : 18 नवम्बर, 1973; दिनमान : 2 जून, 1974 : 7-8; अनुपम मिश्र : चिपको आन्दोलन : 45-49; भेंटवार्ता : हयात सिंह, गोविन्द सिंह रावत, चण्डी प्रसाद भट्ट आदि
73. धन सिंह राणा, संघर्षनामा : 17
74. युगवाणी : 23 दिसम्बर, 1973; भेंटवार्ता : कमलाराम नौटियाल, विद्यासागर नौटियाल, चन्दन सिंह राणा तथा गोविन्द सिंह रावत
75. दिनमान : 20 जनवरी, 1974 : 24
76. आयुक्त और सचिव प्रकाश कृष्ण का इन चार प्रतिनिधियों के नाम पत्र दिनांक 30 नवम्बर, 1973

    बहुगुणा और भट्ट के साथ जो दो और नाम थे उनमें देवकीनन्दन पाण्डे 1920-30 के जंगल सत्याग्रह के हिस्सेदारों में थे और जंगीलाल शाह 'बंधु' चमोली के राजनीतिक कार्यकर्ता थे पर जंगलात आन्दोलन से उनका सीधा सम्बन्ध न था। 1970-71 में उत्तराखण्ड में जंगलों का परिदृश्य निम्न प्रकार था :

ज़िला	**भौगोलिक क्षेत्र वर्ग कि.मी.**	**वन क्षेत्र वर्ग कि.मी.**	**प्रतिशत**
पिथौरागढ़	7243	2379.15	32.8
नैनीताल	6824	3991.08	58.5
अलमोड़ा	7004	4859.90	69.4
पौड़ी	5455	4605.20	84.5
टिहरी	4519	2695.45	59.6
चमोली	9128	5292.83	58.0
उत्तरकाशी	7816	7044.76	90.1
देहरादून	3111	1673.78	53.8
कुल	**51100**	**32542.15**	**63.33**

77. युगवाणी : 6 जनवरी, 1974; अनुपम मिश्र : 45-50; दिनमान : 15 जुलाई, 1973 : 12-14
78. भेंटवार्ता : चण्डी प्रसाद भट्ट

13 दिसम्बर, 1973 की बैठक के सुझावों पर जो नोट भेजा गया, उसमें कहा गया था कि 8 पहाड़ी ज़िलों के लिए पाँचवीं पंचवर्षीय योजना में 24.60 करोड़ रुपये लागत की भूमि संरक्षण योजना बनायी गयी है और प्रदेश के शेष 46 ज़िलों के लिए मात्र 13.40 करोड़ का प्रावधान है। पहाड़ों में लीसे की दो फैक्ट्रियाँ लगायी जा रही हैं। दो और लगायी जायेंगी। 41 औद्योगिक इकाइयों को वन विभाग काष्ठ आवंटित करेगा। लीसा विपणन की समस्या के समाधान के लिए समिति बनायी जायेगी। गढ़वाल वृत कार्यालय देहरादून से पौड़ी, बद्रीनाथ प्रभाग पौड़ी से गोपेश्वर, टौन्स वृत चकरौता से बडियार या पुरौला तथा यमुना प्रभाग मसूरी से बड़कोट स्थानान्तरित होगा। पंचायती वनों के लिए 6.50 करोड़ रुपये का परिव्यय रखा गया था।

अन्य सुझाव थे कि वन पंचायतों के लिए ब्लाक, ज़िला तथा मण्डल स्तर की परामर्शदात्री समिति बने। वन संवर्धन तथा प्रशिक्षण पाठ्य पुस्तकों में शामिल हो। भाबर में भोटिया समुदाय के पशुओं की चराई की व्यवस्था हो। लीसे के आवंटन के स्थान से रेल हैड तक के परिवहन का व्यय नहीं लिया जाय। स्थानीय लोगों को लीसा गड़ान में लगाया जाय। फल पट्टियों में भूमि आवंटित हो। बाँज के वनों को काटकर फल पट्टियाँ नहीं बनें। गूजरों की समस्या का समाधान हो। आर्य समिति की रिपोर्ट के शासन द्वारा अस्वीकृत मदों पर पुनः विचार हो। जड़ी-बूटी दोहन का उचित प्रबन्ध हो। उत्पादन-विपणन के लिए निगम बने। महाराष्ट्र की तरह वन सहकारी समितियाँ बनें। अवैध कटान रोका जाय। टिहरी में रिंगाल की नीलामी न हो क्योंकि इससे शिल्पकारों को दिक्कत हो रही है। अन्त में बताया गया कि स्टार पेपर मिल्स द्वारा अच्छे चीड़ की चोरी रोकने हेतु खैरना के पास साल्वैन्ट प्लाण्ट लगाया जा रहा है, जिससे स्टार पेपर मिल्स को दी जाने वाली लकड़ी पहले यहाँ आयेगी। इससे रेजिन निकालकर चीड़ के चिप्स स्टार पेपर मिल्स को दिये जायेंगे (13 दिसम्बर, 1973 को मुख्यमन्त्री की अध्यक्षता में हुई बैठक के सुझाव)।

79. कर्मभूमि : 5 जनवरी, 1974
80. बद्री केदार : 8 जनवरी, 1974
81. दिनमान : 14 अक्टूबर, 1973 : 40-41
82. युगवाणी : 17 फ़रवरी, 1974; भेंटवार्ता : आनन्द सिंह बिष्ट, शिशुपाल सिंह कुँवर
83. सुन्दरलाल बहुगुणा : तरुण मन : जून, 1974 : 11
84. दिनमान : 20 जनवरी, 1974 : 6-7
85. 1973 के अन्तिम माह में गोविन्द सिंह रावत के अलावा रामसिंह राणा, वचनसिंह डुंगरिया तथा जोशीमठ ब्लाक के सभी सभापतियों की ओर से जारी यह पत्र पीले काग़ज़ में लाल अक्षरों से केशव प्रिंटिंग प्रेस गोपेश्वर से छपा था। गोविन्द सिंह रावत के अनुसार इसे छापने से पहले चण्डी प्रसाद भट्ट को दिखाया गया था और इस हेतु उन्होंने सहमति दी थी। इस पर्चे के अन्त में 15 मार्च, 1974 को जोशीमठ में चिपको आन्दोलन शुरू होने की घोषणा थी (भेंटवार्ता : गोविन्द सिंह रावत)।
86. चण्डी प्रसाद भट्ट का सरला बहन को दिनांक 28 जनवरी, 1978 का पत्र।
87. दिनमान : 2 जून, 1974 : 7-8
88. दिनमान : 2 जून 1974 : 7-8; भेंटवार्ता : चण्डी प्रसाद भट्ट, लक्ष्मीप्रसाद नौटियाल, बृ.सि. मनुनिश्चिन्त। आगामी सालों में लक्ष्मी प्रसाद नौटियाल वकील और सक्रिय राजनीतिक कार्यकर्ता बने और बृ.सि. मनुनिश्चिन्त प्रखर पत्रकार। दोनों अब दिवंगत हो गये हैं। यह भी समझने की बात है कि दिसम्बर 1973 के अन्तिम सप्ताह में गोविन्द सिंह रावत द्वारा चिपको का पर्चा छापे जाने के बाद भी दग्रास्वमं ने अलग पर्चा छापा था। दोनों में मूलतः बहुत अन्तर भी न था।
89. युगवाणी : 27 फ़रवरी, 1974; भेंटवार्ता : शिशुपाल सिंह कुँवर, चण्डी प्रसाद भट्ट, लक्ष्मी प्रसाद नौटियाल, मनुनिश्चिन्त
90. सरला बहन को चण्डी प्रसाद भट्ट का 28 जनवरी, 1978 का पत्र।
91. भेंटवार्ता : चण्डी प्रसाद भट्ट
92. धन सिंह राणा, संघर्षनामा : 13-15; राणा ने चण्डी प्रसाद भट्ट के भी इस सभा में होने की बात लिखी है।
93. देखें : 15 मार्च, 1974 का 'जोशीमठ चलो' पर्चा
94. उत्तराखण्ड ज्योति : 6 फ़रवरी, 1974
95. बद्रीकेदार : 12 मार्च, 1974; युगवाणी : 10 मार्च, 1974
96. भेंटवार्ता : चण्डी प्रसाद भट्ट
97. 21 फ़रवरी, 1974 को सरला बहन ने बेलगाँव से शान्तिलाल त्रिवेदी को एक पत्र में लिखा था कि भारत में जो परिस्थिति हो रही है, वह दुनिया भर में जो चल रहा है उसी की परछाईं है। गाँधी जी ने 50-60 साल पहले जो चेतावनी दी थी वह पश्चिम के वैज्ञानिक अब दोहराने लगे हैं, लेकिन अपनी सफलता में मस्त पूँजीपति, उद्योगपति, राजनीतिज्ञ कौन सुनेगा?

12 मार्च, 1974 को सरला बहन पवनार आश्रम से अपने पत्र में शान्तिलाल त्रिवेदी को लिख रही थीं कि इस समय सारी दुनिया संकट का सामना कर रही है। अरब देशों का ब्लैक मेलिंग मानवता के ह्रास की पराकाष्ठा साबित करता है। ऊर्जा के अभाव में दुनिया को अपना मार्ग बदलना पड़ेगा या सर्वनाश को सहन करना पड़ेगा। सब जगह अमानवता का दर्शन होता है। कोई भी बच्चा ज़माने की चुनौतियाँ समझ सकता है। लेकिन बोलबाला पूँजीपतियों और राजनीतिज्ञों का है। दुनिया वास्तव में पागल है।

98. नवभारत टाइम्स : 23 मार्च, 1974; दिनमान : 2 जून, 1974 : 8; धन सिंह राणा, संघर्षनामा : 15

99. दरअसल परमिट, इनर लाइन और इसको पार करने का अधिकार औपनिवेशिक शासकों के समय से परिभाषित था, जिसे 1962 के भारत-चीन सीमा संघर्ष ने प्रासंगिक बना दिया। जिन रास्तों से भारत के तमाम तीर्थयात्री और व्यापारी विभिन्न दर्रो को पार कर तिब्बत जाते थे, अब वहाँ जाना तो वर्जित ही था, शौका समुदाय को भी अपने ग्रीष्मकालीन गाँवों में जाने के लिए परमिट प्राप्त करना होता था। हाल के वर्षों में इनर लाइन ज़रा और भीतर तो चली गयी पर सुरक्षा के नाम पर अपने देश में विभिन्न सीमान्तों में जाने पर रोक कायम है। विदेशी नागरिकों के लिए ये क्षेत्र पूरी तरह बन्द होते हैं। रेणी गाँव पुराने तिब्बत मार्ग में है। सीमान्त और जनजातीय गाँव व क्षेत्र होने से भारत सरकार ने भारतीय मानव सर्वेक्षण विभाग से भी रेणी चिपको आन्दोलन की पड़ताल कराई थी (Manisha Aryal, Axing Chipko, *Himal* Jan/Feb 1994 : 13; Das and Negi, Report on Chipko, Anthropological Survey of India)

100. धन सिंह राणा, संघर्षनामा : 15-16

101. नया ज़माना : 30 मार्च, 1974

102. युगवाणी : 24 मार्च तथा 7 अप्रैल, 1974; नवभारत टाइम्स : 23 मार्च, 1974; देवभूमि : 8 अप्रैल, 1974; भेंटवार्ता : गौरा देवी, मूंगा देवी, बाली देवी, गोविन्द सिंह रावत, हयात सिंह, चण्डी प्रसाद भट्ट आदि।

103. अनुपम मिश्र, चिपको आन्दोलन : 70-71; भेंटवार्ता : गौरा देवी, बाली देवी, गोविन्द सिंह रावत, हयात सिंह, चण्डी प्रसाद भट्ट

104. भेंटवार्ता : गौरा देवी, गोविन्द सिंह रावत, हयात सिंह, चण्डी प्रसाद भट्ट

105. भट्ट का मुख्यमन्त्री तथा वनमन्त्री के नाम भेजा गया 26 मार्च, 1974 का तार (दग्रास्वमं संग्रह)

106. गौरा देवी के साथ घट्टी देवी, भादी देवी, बिदुली देवी, डूका देवी, बाटी देवी, गौमती देवी, मूसी देवी, नौरती देवी, मालमती देवी, उमा देवी, हरकी देवी, बाली देवी, फगुणी देवी, मंता (मैता) देवी, फली देवी, चन्द्री देवी, जूठी देवी, रुप्सा देवी, चिलाड़ी देवी, इंद्री देवी ही नहीं सात बच्चियाँ—पार्वती, मेंथुली, रमोती, बाली, कल्पति, झड़ी और रुद्रा—भी थीं (चण्डी प्रसाद भट्ट, चिपको का एक पृष्ठ, पहाड़ 5/6 : 245; शेखर पाठक, एक माँ की याद में, उत्तरा, अक्टूबर-दिसम्बर 1991; धन सिंह राणा, संघर्षनामा : 20-21)

107. 13 जनवरी, 1921 हेतु देखें : शेखर पाठक, उकुबेप्र : 169-173

108. 23 अप्रैल, 1930 हेतु देखें : राहुल सांकृत्यायन, वीर चन्द्रसिंह गढ़वाली : 129-153

109. भेंटवार्ता : गौरा देवी

110. 27 मार्च, 1973 को चमोली में जोशीमठ से आने वाली बस को देख रहे भट्ट तथा हयात सिंह को बस से उतर रहे और जोशीमठ से आ रहे एक फारेस्ट गार्ड मलेथा ने गाली दी पर दूसरी बस से आने वाले वासवानन्द नौटियाल ने जन विजय की सूचना दी।

111. भेंटवार्ता : गौरा देवी, चण्डी प्रसाद भट्ट, गोविन्द सिंह रावत

112. युगवाणी : 4 अप्रैल, 1974 तथा उत्तराखण्ड आब्जर्वर : 8 अप्रैल, 1974

113. देवभूमि : 8 अप्रैल, 1974

114. युगवाणी : 14 अप्रैल, 1974; भेंटवार्ता : गौरा देवी, बाली देवी, गोविन्द सिंह रावत तथा चण्डी प्रसाद भट्ट

115. युगवाणी : 31 मार्च, 1974

116. युगवाणी : 14 अप्रैल, 1974; भेंटवार्ता : चण्डी प्रसाद भट्ट तथा गोविन्द सिंह रावत

117. सामान्य मनुष्य तो दूर शोधार्थी भी समाज या शासन में समानान्तर या साथ-साथ हो रही प्रक्रियाओं पर नज़र नहीं रख पाते हैं। रेणी की घटना के चार दिन बाद 30 मार्च, 1974 को मंगल देव विशारद ने उत्तर प्रदेश की भूमि व्यवस्था जाँच समिति का प्रतिवेदन सरकार को सौंपा था। यदि तराई भाबर की ज़मीन का वितरण भूमिहीनों तथा दलितों में किया जा सका होता तो पर्वतीय जंगलों पर दबाव कम करने के रास्ते विकसित हो सकते थे।

    इस रिपोर्ट की जरा भी चर्चा जंगल-ज़मीन सम्बन्धी अध्ययनों में नहीं हुई। इस रिपोर्ट में पर्वतीय मामलों पर अनेक बातें आयी थीं। बताया गया था कि पहाड़ी क्षेत्रों में मध्यवर्तियों के भू अधिकार कुमाऊँ तथा उत्तराखण्ड ज़मींदारी विनाश और भूमि व्यवस्था अधिनियम 1960 के अन्तर्गत समाप्त कर दिये गये। खेती के अलावा अन्य ज़मीन शासन के पास ही थी। कुमाऊँ नयावाद एक्ट 1934 को 1948 में कुमाऊँ नयावाद एण्ड वेस्टलैंड एक्ट बना दिया गया और पर्वतीय क्षेत्रों में यही

लागू हुआ (17)। ज़मीन किनको दी जाय स्पष्ट निर्देश दिये गये थे (24)। नैनीताल के कृत्रिम जलाशयों में गयी ज़मीन और जंगल का विवरण दिया गया था (45-46)। नैनीताल के तराई-भाबर क्षेत्र में ज़मींदारी उन्मूलन एक्ट तो 1950 में ही लागू हो गया था। भाबर में इसे 1969-70 में लागू किया गया। भाबर में 85 मुश्तकिल (सैटिल्ड), 418 खाम तथा 2 मुस्ताजरी गाँव थे और तराई में 429 खाम, 51 मुस्ताजरी, 2 माफी, 2 ठेकेदारी तथा 16 ज़मींदारी गाँव थे। इस समय यहाँ 65,000 एकड़ से अधिक ज़मीन अनधिकृत कब्ज़ों में थी (57-58)। खाम क्षेत्रों में 7,347 मामले ऐसे थे जिनके अधीन 14,994 एकड़ ज़मीन में शासन की नियमीकरण योजना के अनुसार शत प्रतिशत बेदखली हो जानी थी और 1,322 मामले ऐसे थे जिनमें आंशिक रूप से 3,075 एकड़ ज़मीन से कब्ज़ा हटाया जाना था। यह नीति अपनाई गयी थी कि जिनके कब्ज़े साढ़े तीन एकड़ से कम हैं उन्हें सीरदार बना दिया जाय। 10 एकड़ तक के कब्ज़ों को पट्टा दे दिया जाय। 10 एकड़ से बड़े कब्ज़ों को सख्ती से हटाया जाय। ऐसे मामले कम थे। जैसे किच्छा में 818 में से 26, बाजपुर में 45 में से 10, काशीपुर में 47 में से 10 ही मामले थे (60-61)। पहाड़ी क्षेत्रों में जंगलों का महत्त्व बताया गया था। पहाड़ी क्षेत्र का फैलाव 18,278 वर्गमील में और वन क्षेत्र 8,857 वर्गमील में बताया गया था। यहाँ अर्थव्यवस्था का आधार जंगल ही हो सकते हैं। लोगों के क्षेत्र से पलायन के बावजूद भी शेष बची जनसंख्या खेती से निर्वाह नहीं कर पाती है। जंगल पर आधारित उद्योग धन्धों से लोगों की आर्थिक स्थिति में सुधार लाया जा सकता है। पहाड़ी क्षेत्रों में फैली इस धारणा का ज़िक्र था कि वहाँ की वन सम्पदा का शोषण मैदानी क्षेत्र के धनवानों द्वारा किया जाता है। जिससे परम्परागत उद्योग नष्ट हो चुके हैं और वैज्ञानिक ढंग से उद्योगों के गठन की ओर ध्यान नहीं दिया जा रहा है (70)। कुमाऊँ नयावाद एण्ड वेस्टलैंड एक्ट 1948 से लोगों को कम और शिल्पकारों को नाममात्र की ज़मीन मिल पायी। पर अब शहीद सैनिक परिवारों, अनुसूचित जाति और जनजाति, भूमिहीन खेत मज़दूरों, भूमिहीन पूर्वसैनिकों और राजनीतिक पीड़ितों, छोटे काश्तकारों आदि को ज़मीन वरीयता क्रम में दी जाय (71)। सम्पन्न लोगों को भूमि प्रदान करने की कटु आलोचना पहाड़ के लोगों द्वारा की गयी। अतः संस्तुति की गयी कि कुमाऊँ नयावाद एण्ड वेस्टलैंड एक्ट को निरस्त न कर उसमें वांछित संसोधन कर परिस्थितियों के अनुरूप बनाया जाय। वनीकरण, भूमि संरक्षण हो, बागवानी तथा वन पंचायतों का विस्तार हो और टिहरी तथा उत्तरकाशी ज़िलों में भी उन्हें ले जाया जाय। हर ब्लाक में वन पंचायतों को देखने वाला एक सहायक विकास अधिकारी नियुक्त हो। ग्राम सेवक को वन प्रशिक्षण दिया जाय। वन पंचायतों तथा वृक्षारोपण क्षेत्रों की घेराबन्दी (फैन्सिंग) हो (72-73)। देखें : मंगल देव विशारद (अध्यक्ष), 1974, उत्तर प्रदेश भूमि व्यवस्था जाँच समिति का प्रतिवेदन 1972-74, राजस्व विभाग उत्तर प्रदेश, कुल पृष्ठ : 188

118. प्रभागीय वनाधिकारी का पत्रांक 4207/31-10-21 दिनांक 3 अप्रैल, 1974। इस पत्र की प्रतिलिपि जोशीमठ के राम सिंह राणा, जीत सिंह तथा कुन्दन सिंह को; गोपेश्वर के चण्डी प्रसाद भट्ट को तथा नारायण बगड़ के ब्लाक प्रमुख रामप्रसाद को भेजी गयी थी।

119. मिश्र, चिपको : 76-78;

'वनों की समस्या के सही निराकरण की दिशा में पहल' शीर्षक सम्पादकीय में नन्दप्रयाग के पत्र 'देवभूमि' (29 अप्रैल, 1974) ने बहुत से पक्षों की चर्चा करते हुए लिखा था :

'बड़े ठेके पहले भी होते रहे, लेकिन उस समय वनों की सघनता के कारण ह्रास अधिक नहीं देखा गया। नीलामी के बाद विभागीय कर्मचारी बड़े ठेकेदारों के हाथों की कठपुतली बनते गये। उन्हें खाना-पीना और दक्षिणा मिलती रही, जो कि रिवाज में ही शामिल था। इतने से भी वह बड़े पूँजीपति चैन से नहीं बैठे। बड़े लाभ के लिए ऊँचे से ऊँचे अधिकारियों और मन्त्रियों तक पर डोरे डालने लगे। वन पंचायतों ने अपने कामों और आवश्यकताओं के लिए पेड़ कटवाने के लिए होड़ कर दी, जिनमें वन पंचायत निरीक्षकों की भी बड़ी भूमिका रही। इन पंचायतों में नये वृक्ष लगाने की ओर ध्यान नहीं दिया गया। माल विभाग में नयाबाद के लिए बाढ़ आ गयी। जड़ी-बूटी के नाम पर पूरे क्षेत्र को खोद डाला गया और वनों में पशु-पक्षियों का बुरी तरह हनन किया जा रहा है...'

'...वन विभाग के अधिकारियों, बड़े-बड़े ठेकेदारों और सिविल जंगलों में ज़िलाधिकारियों की स्थितियाँ सुदृढ़ होती गयी। (देहरादून में पचासों लाखों रु. कीमती मकान इसके ज्वलन्त प्रमाण हैं) और भी अनेक उदाहरण और कार्य वनों के दोहन और शोषण से होते गये हैं...

'...हम चिपको आन्दोलन का समर्थन करते हैं। यह एक अहिंसक प्रतिकार है। महिलाएँ जिस प्रकार अपने वनों की रक्षा के लिए आगे आयी हैं, वह स्त्री जागरण का श्रेष्ठ उदाहरण है। सर्वोदय विचार और गाँधी-विनोबा की लीक पर राजनीति से दूर सोचने वालों की आवश्यकता है। कई लोग उनकी छोटी-छोटी कमियों को देखते हैं और बड़े कार्य भुला दिये जाते हैं, उपहास तक किया जाता है।'

120. Times of India, 17 April, 1974; National Herald : 19 April, 1974; नवभारत टाइम्स : 19 अप्रैल तथा 31 मई 1974; चण्डी प्रसाद भट्ट, 1992, चिपको का एक पृष्ठ, *पहाड़ 5-6 :* 244-248

121. दरसअल यह समिति शासनादेश संख्या 2382/14-2/14 दिनांक 29 अप्रैल, 1974 द्वारा बनायी गयी थी। इस कमेटी के

अध्यक्ष पर्वतीय विकास परिषद् के उपाध्यक्ष नरेन्द्र सिंह भण्डारी थे और विधायक इन्द्रलाल, शिवानन्द नौटियाल, गोविन्द प्रसाद गैरोला, भगवतीचरण निर्मोही तथा भरत सिंह इसके सदस्य थे। अधिकारियों में आयुक्त/सचिव, वन कृष्ण चन्द्र जोशी, विशेष वन सचिव, नरोत्तमप्रसाद त्रिपाठी, मुख्य अरण्यपाल वी.एन. सिंह, अरण्यपाल टिहरी एच.सी.डे तथा अरण्यपाल कुमाऊँ वृत्त डी.पी. जोशी ने इस समिति की बैठक में भाग लिया। बैठक 29-30 मार्च तथा 5 अप्रैल, 1974 को हुई थी। चिपको आन्दोलन द्वारा उठाये प्रश्नों के अलावा इसमें मुख्यतः 1959 की कुमाऊँ जंगलात जाँच समिति के अस्वीकृत प्रस्तावों पर पुनर्विचार किया गया था और अनेक प्रस्ताव मान लिए गये थे। विस्तार हेतु देखें : कुमाऊँ जंगलात जाँच समिति की अस्वीकृत संस्तुतियों पर शासन के निर्णयों की समीक्षा के लिए नरेन्द्र सिंह भण्डारी की अध्यक्षता में गठित समिति की रपट भाग 1 : पेज 6 तथा भाग 2 : पेज 2 (दग्रास्वमं के संग्रह में)

122. धन सिंह राणा, संघर्षनामा : 16-17
123. धन सिंह राणा, संघर्षनामा : 18-19
124. देखें : हेमवतीनन्दन बहुगुणा का चण्डी प्रसाद भट्ट से पत्राचार, दग्रास्वमं
125. सुन्दरलाल बहुगुणा, तरुण मन, जून 1974 : 11-12; देवभूमि, 6 मई, 1974; युगवाणी, 12 मई, 1974; दिनमान, 2 जून 1974 : 7-8
126. अनुपम मिश्र : 81-83
127. युगवाणी, 19 मई, 1974
128. देखें : दशौली ग्राम स्वराज्य मण्डल का पत्राचार
129. अनुपम मिश्र, चिपको आन्दोलन : 83-84
130. दिनमान, 9 जून, 1974 : में प्रकाशित रिपोर्ट में यह पोस्टर भी छपा था, जिसमें एक ओर बड़े अक्षरों में 'जय बद्री विशाल' के नीचे बिड़ला मन्दिर जैसा मन्दिर बना था, जिसकी पृष्ठभूमि में हिमालय के शिखर थे। उसके नीचे लिखा था कि मुख्य मन्दिर की ऊँचाई 70 फ़ीट होंगी। दूसरी ओर लिखा था :
    जयश्री चैरिटी ट्रस्ट श्री बद्रीनाथ जीर्णोद्धार समिति
    श्री बद्रीनाथ मन्दिर जो...
    मानवतावादी समाज का पोषक... विश्वव्यापी आर्य हिन्दू धर्म का संवर्धक है।
    उसी प्राचीनतम मन्दिर का नवीनतम रूप द्वितीय–
    'श्री बद्रीनाथ मन्दिर'
    बिरला परिवार द्वारा निर्मित हो रहा है।
    बिरला परिवार देवानाम् प्रिय अशोक
    की भाँति मानवता की रक्षा एवं सनातन हिन्दू धर्म के संवर्धन में संलग्न है।
    श्री बद्रीनाथ का यह मन्दिर सन् 1976 तक पूर्ण हो जायेगा ऐसी आशा है।
    चेयरमैन   नागरिक परिषद्
    जयश्री चैरिटी ट्रस्ट   श्री बद्रीनाथ
    श्री बद्रीनाथ जीर्णोद्धार समिति
131. दिनमान, 8 सितम्बर, 1974 : 11 तथा 12
132. विस्तार हेतु देखें : नया ज़माना, 6 जुलाई, 1974; दिनमान, 9 जून, 1974 : 8-10, 8 सितम्बर, 1974 : 11 तथा 12 अक्टूबर, 1975 : 24-25; भेंटवार्ता : गोविन्द सिंह रावत, गौरा देवी, चण्डी प्रसाद भट्ट तथा पुरुषोत्तम बगवाड़ी
133. युगवाणी : 26 मई, 2 तथा 9 जून, 1974
134. विस्तार हेतु देखें : शेखर पाठक, मुसीबतों के पहाड़, *दिनमान,* 4 अगस्त, 1974 : 24-27; पहाड़ 14-15, अस्कोट-आराकोट अंक के विभिन्न लेख
135. कुँवर प्रसून, उत्तराखण्ड की यात्रा, *तरुणमन,* मार्च-अप्रैल 1974
136. देखें : पहाड़ 14-15, अस्कोट-आराकोट अंक;
    शिन्या इशिजाका ने यात्रा का समय अक्टूबर-नवम्बर 1974 बताने की गलती की है (Shinya Ishizaka, Re-evaluating the Chipko (Forest Protection) Movement in India, *The South Asianist,* Vol. 2, No. 1 : 12) तो लिंकैनबाक ने इसे आराकोट से अस्कोट बताने की (Antje Linkenbach, 2007, Forest Futures : 81)
137. दिनमान, 4 अगस्त, 1974 : 26; नवभारत टाइम्स, 17 जुलाई, 1974; सेवाग्राम कृषि साप्ताहिक, 22 जुलाई, 1974; भेंटवार्ता : सुन्दरलाल बहुगुणा, प्रताप शिखर, कुँवर प्रसून, शमशेर बिष्ट, विजय जरधारी आदि।

7

दूसरी लहर : उत्तरकाशी से अलमोड़ा

रेणी की जीत का पूरे उत्तराखण्ड में प्रत्यक्ष और मनोवैज्ञानिक असर हुआ था। यह जनता की जीत थी। यह सर्वोदय और भाकपा की जीत भी थी। लेकिन यह न सर्वोदय की पुरानी सीमा का आन्दोलन था और न भाकपा की प्रचलित परम्परा का। नारे कोई हों पर लोग आन्दोलन को अपने मिज़ाज तथा समझ के अनुसार विकसित करते हैं। नशाबन्दी आन्दोलन में महिलाएँ प्रभावशाली पर पिछली पंक्ति की शक्ति थीं। रेणी के बाद वे कुछ आगे आ गयी थीं। सर्वोदयी तथा अन्य सामाजिक कार्यकर्ता अब स्थान विशेष में अर्जित उपलब्धियों को पूरे उत्तराखण्ड में ले जाना चाहते थे। आगामी नीलामियों का प्रतिकार करने की और फिर प्रत्यक्ष चिपको चलाने की रणनीति बन रही थी। अलमोड़ा तथा उत्तरकाशी में जंगलात आन्दोलन की सुगबुगाहट शुरू हो गयी थी। अलमोड़ा में इसका प्रारम्भ छात्र समूह तथा समाजवादियों आदि ने किया तो उत्तरकाशी में भाकपा ने।

30 मई, 1974 को तिलाड़ी (बड़कोट, उत्तरकाशी) सम्मेलन में ज़िले के सभी राजनीतिक दलों के प्रतिनिधियों के अलावा सामुदायिक विकास मन्त्री बल्देवसिंह आर्य उपस्थित थे। इस समय आई.टी.आई. की स्थापना के लिए जोधसिंह रवॉल्टा ने आमरण अनशन कर रखा था। यहाँ दोहराया गया सर्वाधिक महत्त्वपूर्ण प्रस्ताव जंगलात सम्बन्धी था। माँग की गयी थी कि यमुना तथा टौन्स के उप अरण्यपाल इसी क्षेत्र में स्थानान्तरित हों, जनसंख्या वृद्धि के आधार पर लकड़ी के रमन्ने दिये जायें, जंगलात का बन्दोबस्त शीघ्र हो, टिहरी-उत्तरकाशी के निजी वनों का पी.एल.ए. में जमा धन ग्राम सभाओं को दिया जाय। आबादी के पास जंगलों के बीच के पेड़ रहित क्षेत्र फलोत्पादन हेतु लीज पर दिये जायँ और बाँज आदि के जंगलों को फलों के उद्यान के रूप में परिवर्तित किया जाय। मुनारों को 150 गज दूर हटाया जाय, गूजर परिवारों को स्थायी रूप से बसाया जाय, जंगलात विभाग आरा मशीन वालों को पेटियाँ बनाने हेतु रियायती दर पर लकड़ी दे तथा जंगलों की नीलामी के छोटे-छोटे लॉट हो,[1] आदि। इनमें से अनेक माँगें आन्दोलन के प्रतिनिधि लखनऊ में मुख्यमन्त्री को

सौंप चुके थे। इससे ज़्यादे विस्तृत प्रस्ताव उत्तरकाशी की भारतीय कम्युनिस्ट पार्टी अनेक साल पहले पारित कर चुकी थी। सर्वोदय सम्मेलनों में इस तरह के प्रस्ताव पारित हो चुके थे। स्थानीय कांग्रेस के ये प्रस्ताव औपचारिक थे। पर्वतीय जंगलों और उनकी भूमिका की कम समझ होने के कारण बाँज के जंगल काट कर बगीचे लगाने का (रिक्त ज़मीन पर अवश्य लगाये जा सकते थे) अत्यन्त अनिष्टकारी प्रस्ताव पारित किया गया था। रेणी आन्दोलन का असर प्रस्तावों के पुनः दोहराये जाने में देखा जा सकता है।

इसी बीच यह ख़बर आयी कि रामनगर वन प्रभाग के सभी रेंजों में वन सम्पदा का अवैध व्यापार ज़ोरों से चला हुआ है। बिना छपे पेड़ सस्ते मूल्य पर ठेकेदारों को बेचने से जंगल और सरकार को नुक़सान हो रहा है। कोटा, देचौरी, फतेहपुर, जसपुर व मलानी रेंजों से ऐसे उदाहरण प्रस्तुत किये गये थे। आरोप लगाया गया था कि ठेकेदार तथा जंगलात अधिकारियों की मिलीभगत से छपान भी गलत ढंग से हो रहा है।[2]

रेणी आन्दोलन के बाद अपनी-अपनी जंगलात सम्बन्धी स्थानीय दिक्कतों को उजागर करने का मौक़ा विभिन्न क्षेत्रों को मिला। पर उत्तरकाशी तथा कुमाऊँ में जंगलात के आन्दोलन कुछ भिन्न प्रकार की गहराई के साथ जन्म लेने वाले थे। कहा जा चुका है कि उत्तरकाशी में यह आन्दोलन भाकपा द्वारा नियन्त्रित और पार्टी काडर द्वारा संचालित था और कुमाऊँ में छात्रों तथा समाजवादी विचार और संगठनों से जुड़े लोगों द्वारा विकसित किया जा रहा था। रेणी के प्रतिकार ने यहाँ असाधारण प्रेरणा का काम किया था तो अस्कोट-आराकोट अभियान ने युवाओं के मन में उत्तराखण्ड के दूरस्थ-दुर्गम इलाकों का यथार्थ रख दिया था। इस आन्दोलन के ज़्यादा फैलने की सम्भावना थी, क्योंकि इसमें पार्टी लाइन से अलग वह स्वायत्तता मौजूद थी, जो किसी आन्दोलन के उछाल लेने के लिए आवश्यक होती है।

1. उत्तरकाशी में जंगलात आन्दोलन

भाकपा 1967 से ही जंगलात का मुद्दा उठा रही थी। भाकपा के उत्तराखण्ड से चुने गये एक मात्र विधायक (गोविन्द सिंह नेगी) लगातार विधान सभा में इस मुद्दे को रख रहे थे। 1974 में जंगलात आन्दोलन को प्रत्यक्ष तौर पर चलाने की तैयारी हुई। इस क्रम में 28 मार्च को उत्तरकाशी, 30 मार्च को बड़कोट तथा 31 मार्च, 1974 को पुरौला में सभाएँ आयोजित की गयीं और कमलाराम नौटियाल तथा चन्दन सिंह राणा (मन्त्री भाकपा) की ओर से एक परिपत्र जारी किया गया था। यह सप्ताह रेणी आन्दोलन की जीत और वहाँ निरन्तर हो रहे सभा-प्रदर्शनों का था, जहाँ भाकपा के ब्लाक प्रमुख गोविन्द सिंह रावत सक्रिय थे। इससे पहले कमलाराम नौटियाल तथा गोविन्द सिंह नेगी 21 मार्च, 1974 को लखनऊ में जन विरोधी जंगलात नीति के सम्बन्ध में एक प्रतिवेदन मन्त्री बल्देवसिंह आर्य को दे आये थे।[3]

जुलाई 1974 में भाकपा उत्तरकाशी ने 25 लाख रु. में बिके वयाली के जंगल में प्रत्यक्ष कार्यवाही का निर्णय लिया। यह जंगल मैसर्स उत्तराखण्ड कम्पनी (बत्रा) तथा मैसर्स कीर्ति प्रसाद दिगम्बर प्रसाद ने नीलामी में लिया था। 'घेरा डालो, डेरा डालो' नीति के तहत उत्तरकाशी के भाकपा के सदस्य 24 जुलाई को उत्तरकाशी से कनेसेण, डांग, लदाड़ी, बोंगा तथा मुस्टिकसौड़ होकर शाम को मानपुर पहुँचे, जहाँ सभा का आयोजन हुआ था। 25 जुलाई, 1974 को श्रीदेव सुमन के शहादत दिवस पर सभी सत्याग्रही पीठ में पिट्ठू और हाथ में लाल झण्डा लेकर गीत और नारों के साथ किशनपुर होते हुए वयाली के जंगल को रवाना हुए। 'वयाली का जंगल हमारा है', 'आ गया है लाल निशान, वन सम्पदा के लुटेरो सावधान',

'वन सम्पदा हमारी है, पूँजीपतियों की जागीर नहीं', 'पहाड़ों की लूट बन्द हो, पहाड़ों में कारखाने हों', 'जल शक्ति से बिजली बनाओ', 'जनशक्ति से उद्योग चलाओ', 'गरीबी को मिटाने का एक ही साधन, सस्ता कपड़ा, सस्ता राशन', 'इन्कलाब ज़िन्दाबाद', 'कम्युनिस्ट पार्टी ज़िन्दाबाद' तथा 'दुनिया के मज़दूरो एक हो' नारों के साथ सभी कार्यकर्ता 10 दिन पहले प्रस्तुत 9 सूत्रीय माँगों को दोहरा रहे थे। इस टोली में कमलाराम नौटियाल, चन्दन सिंह राणा, पीताम्बर जोशी, नागेन्द्र दत्त थपलियाल, लक्ष्मी प्रसाद नौटियाल, रोशनलाल, गोपालसिंह गुसाईं, बचनसिंह गुसाईं, हरिसिंह, नरेन्द्र बुटोला, लक्ष्मीनारायण तथा विद्या सिंह आदि[4] के साथ कुछ महिलाओं की भी महत्त्वपूर्ण भूमिका रही।

उत्तरकाशी से लगभग 24 कि.मी. दूर, भागीरथी नदी के बायीं ओर, 7 से 9 हज़ार फ़ीट की ऊँचाई में और 15-20 वर्ग कि.मी. में फैला वयाली का डांडा रई और मुरेण्डा (फर) का जंगल है। यहाँ से इन्द्रावती नदी जन्म लेती है। पास में किशनपुर तथा मानपुर गाँव हैं। 2 साल के लिए 25 लाख रु. में बेचा गया यह जंगल अत्यन्त रमणीक तथा आकर्षक था। इसके पास ही 5-6 कि.मी. दूर जंगलात विभाग के लौगिंग प्रभाग का कार्य कुछ सालों से चल रहा था। 25 जुलाई से 15 अगस्त, 1974 तक कार्यकर्ता इस जंगल में रहे। उन्होंने पाया कि बिना छपे पेड़ काटे गये हैं। अनेक कटे हुए पेड़ों पर बाद में हथौड़े का निशान लगाया जा रहा था। डुण्डा, मुखेम, बाड़ाहाट, भटवाड़ी तथा धरासू रेंज के जंगलात कर्मचारी वयाली के जंगल में मालदारों की मदद के लिए पहुँचे थे।

जंगल में मज़दूरों की दशा गुलामों की तरह पायी गयी थी। उन्हें 2, 4 या 6 सौ रु. देकर लाया गया था और वे सड़ा खाना खाने को विवश थे। अनेक मज़दूरों की रीढ़ की हड्डी पर घाव थे और 1,050 फ़ीट रास्ते पर स्लीपर ढुलान की मज़दूरी मात्र 19 पैसा मिलती थी। 11-11 साल के लड़के-लड़कियों से काम लेने के साथ मज़दूरों से 16-16 घण्टे काम कराया जा रहा था। कार्यकर्ताओं ने पाया कि मज़दूरों की लड़कियों को वासना का शिकार बनाया जा रहा था। ऐसे ही एक मामले में टौन्स डिवीज़न के ठेकेदार रामप्रसाद को रंगे हाथों पकड़ा गया था। मालदारों के एजेण्ट, सहायक एजेण्ट, मुंशी, चौकीदार, मज़दूर सप्लायर, ठेकेदार, गोदामी ठेकेदार आदि का सुसंगठित गिरोह बना हुआ था।

कमलाराम नौटियाल ने अगस्त 1974 में पार्टी, सरकार और प्रेस को भेजी रपट में कहा था कि जंगलों के कटान, ज़्यादा लीसा छपान के कारण पेड़ों के गिरने से भू-स्खलन बढ़ा है, पानी के स्रोत घटे हैं और बाढ़ आने लगी है। इससे नीचे घाटी में खेती की ज़मीन नष्ट हो रही है। जंगली जानवरों का वैध-अवैध शिकार अधिक होने लगा है। बड़ी संख्या में बिना छपे पेड़ों को काटा गया है। सैकड़ों मज़दूरों की झोंपड़ियाँ बनाने तथा उनके जलावन में लकड़ी इस्तेमाल हुई और हो रही है।

कार्यकर्ताओं के इतने दिन जंगल में रहने और उनके बराबरी के व्यवहार का सबसे पहला असर मज़दूरों पर पड़ा। मज़दूर उनके करीब आये और उनमें एका आया। अपने आर्थिक और शारीरिक शोषण को समझने और इन कार्यकर्ताओं का सहयोग पाने के बाद उन्होंने हड़ताल कर दी। अनेक गढ़वाली, हिमाचली, नेपाली और मैदानी मज़दूर काम छोड़कर चले गये पर अधिकांश नेपाली मज़दूर जंगल के भीतर बने रहे। बहुत से मज़दूर सालों से ऐसी ही परिस्थितियों में काम करते आ रहे थे और उन्हें तुरन्त किसी परिवर्तन की उम्मीद नहीं थी। पर कार्यकर्ताओं के प्रति उनके मन में निश्चय ही सद्भाव पैदा हुआ।[5]

मुख्यमन्त्री द्वारा समस्या को सुलझाने का आश्वासन मिलने पर 15 अगस्त, 1974 को भाकपा कार्यकर्ता वयाली जंगल से लौट आये और आन्दोलन स्थगित कर दिया।[6] विशेष वन सचिव नरोत्तम

प्रसाद त्रिपाठी के साथ वयाली के जंगल तथा मज़दूरों के कल्याण के बाबत 28 तथा 29 अगस्त 1974 को वार्ता हुई। बिना आज्ञा तथा बेईमानी से पेड़ काटने पर ठेकेदार को ब्लैक लिस्ट करने तथा माल जब्त करने का आश्वासन दिया गया। मज़दूरी की दरों तथा मज़दूरों को दिये जाने वाली अन्य सुविधाओं को स्पष्ट करने तथा 31 अगस्त तक पुराना हिसाब चुकाकर फिर हर माह मज़दूरी दी जाने का आश्वासन दिया गया। शासनादेश 6591/14-2/1974 दिनांक 3 सितम्बर, 1974 के अनुसार सहायक अरण्यपाल की अध्यक्षता में गठित समिति, जिसके सदस्य रामचन्द्र उनियाल तथा कमलाराम नौटियाल भी बनाये गये थे, द्वारा सितम्बर 1974 के प्रथम सप्ताह से जाँच कार्य शुरू किया गया। जाँच में भाकपा के लक्ष्मीनारायण, रोशनलाल, नगेन्द्रदत्त थपलियाल, शूरवीर सिंह तथा कांग्रेस के नत्थासिंह कश्यप, सुरेन्द्र दत्त भट्ट तथा ठेकेदार के प्रतिनिधि मोहनलाल शामिल थे।

3-4 अक्टूबर, 1974 को उत्तरकाशी में उत्तरकाशी के जंगलों का नीलाम था। सुन्दरलाल बहुगुणा चाहते थे कि कोई अपना झण्डा न लाये पर भाकपा इस हेतु तैयार न थी। बहुगुणा हनुमान मन्दिर में उपवास में बैठ गये और यह उपवास उन्होंने 17 अक्टूबर को मुख्यमन्त्री के आश्वासन पर तोड़ा। भाकपा ने 4 तथा 9 अक्टूबर 1974 को उत्तरकाशी में जोरदार प्रदर्शन किया और टिहरी तथा उत्तरकाशी के जंगलों की नीलामी रोकने में कामयाबी पायी। घनश्याम सैलानी प्रदर्शन में शामिल हुए।[7] तब यमुना और टौन्स वन प्रभाग के जंगलों की नीलामी की तैयारी हो रही थी। नीलामी रद्द करने की माँग करते हुए कमलाराम नौटियाल, विद्यासागर नौटियाल, चन्दन सिंह राणा, नागेन्द्रदत्त थपलियाल, वीरेन्द्रपाल सिंह तथा भूपेन्द्र सिंह गिरफ़्तार हुए। 14 अक्टूबर को एक और आम सभा हुई, जिसमें मुख्य वक्ता विधायक गोविन्दसिंह नेगी ने माँग की कि अवैध कटान और लीसा गड़ान की जाँच हो, दोषी ठेकेदारों को दण्ड दिया जाय, वयाली आन्दोलन के वायदे वन सचिव पूरा करें, मज़दूरों की न्यूनतम मज़दूरी तय हो, ठेकेदारी प्रथा समाप्त और सहकारी प्रथा शुरू हो। जुलूस में शामिल लोगों में से शान्ति अग्रवाल, दलीराम, दलेब, रोशनलाल, इन्द्रसिंह, इन्द्रदेव, कुन्दनसिंह, सुन्दरसिंह, कल्याणसिंह, अमरसिंह तथा रामचन्द्र सिंह के साथ विधायक गोविन्द सिंह ने गिरफ़्तारी दी।[8]

लेकिन जनप्रतिनिधियों को भ्रमित करने में जंगलात विभाग कामयाब रहा। हालाँकि अनेक गलत कटे पेड़, गलत छपान तथा मानपुर तथा किशनपुर ग्रामसभा के जंगल से पेड़ कटने के मामले सामने आये पर कम्युनिस्ट तथा कांग्रेस दलों के प्रतिनिधियों में गहरी सहमति न थी। इनमें कुछेक सदस्य पेड़ों को ठीक से पहचानते न थे। इस प्रकार जंगलात आन्दोलन हेतु पर्याप्त तैयारी नहीं की गयी थी। चन्दन सिंह राणा ज़्यादा जानकार थे और जंगलात की समस्या की गहराई में जाना चाहते थे। उन्होंने टिहरी-उत्तरकाशी के लिए बनी समिति से अपेक्षा की थी कि वह काग़ज़ों तक सीमित नहीं रहेगी बल्कि भण्डारस्यूँ, राड़ीडांडा, कमलसिराई, कलाप, धनारी, बाड़ाहाट तथा वयाली जंगलों में प्रत्यक्ष जाकर वस्तुस्थिति देखेगी।[9] लेकिन ऐसा नहीं हो सका। भाकपा ने मामला सरकार को याद दिलाकर 22 तथा 23 नवम्बर 1974 को कोटबंगला (उत्तरकाशी) में होने वाली जंगलों की नीलामी स्थगित करने का आग्रह किया।[10]

हालाँकि भाकपा ने वयाली आन्दोलन की जोरदार तैयारी की थी पर जाँच कमेटी में कांग्रेसी सदस्यों के आने से सम्भावित परिणाम नहीं निकल सके। आन्दोलन से सरकार ज़्यादा परेशान नहीं हुई। उसने एक ओर टिहरी तथा उत्तरकाशी ज़िलों की जंगलात समस्याओं के अध्ययन हेतु

रामचन्द्र उनियाल की अध्यक्षता तथा गोविन्दप्रसाद नौटियाल, गोविन्द सिंह नेगी, सकलचन्द रावत, सुरेन्द्रदत्त भट्ट, विद्यासागर नौटियाल की सदस्यता में कमेटी बनायी। दूसरी ओर जंगलों की नीलामी घोषित कर दी।

उधर जंगल से बाहर भी जंगलात विभाग के कारनामे उजागर हो रहे थे। 16 जुलाई, 1974 को उत्तरकाशी और डुण्डा के बीच ट्रक न. 9132 यू.एस.के. 20 बोरे दंदासा (अखरोट की खाल) के साथ पकड़ा गया था और लगभग 1 माह पहले 13 जून, 1974 को उत्तरकाशी के उप प्रभागीय अधिकारी ने धरासू के पास लीसे से भरा ट्रक यू.ए.के. 4050 पकड़ा था, जिसमें 300 टिन लीसा चोरी करके ले जाया जा रहा था।[11] ये उस वन सम्पदा की चोरी और लूट के संकेत देने वाले उदाहरण थे, जो सामान्य लकड़ी (टिम्बर) से इतर जंगलों से मिलती थी। इस तरह की चोरी कभी-कभार पकड़ में आती थी।

जंगलात जैसे अत्यन्त महत्त्व के विषय पर पार्टी आधारित आन्दोलन ज़्यादा फैल नहीं सकते थे। जोशीमठ में गोविन्द सिंह रावत ने अपनी सक्रिय हिस्सेदारी के बावजूद इसे पार्टी आन्दोलन नहीं बनाया था। उत्तरकाशी में जाँच कमेटी में कांग्रेस और भाकपा के कार्यकर्ता साथ रहे लेकिन जंगलात विभाग तथा ठेकेदार के मुक़ाबले वे प्रभावशाली नहीं हो सके। कभी लगता था जैसे जंगलात का मुद्दा पीछे और मज़दूरों का मुद्दा आगे हो गया है। जंगलात जैसे विषय को पार्टी आधार पर देखना उचित नहीं था। टिहरी-उत्तरकाशी के लिए कमेटी बनाने और उसमें भाकपा के सदस्य होने से वयाली का आन्दोलन जारी नहीं रह सका और सबसे बड़ी दिक्कत वहाँ ज़्यादातर कार्यकर्ताओं का उत्तरकाशी केन्द्रित होना था। मानपुर-किशनपुर तथा अन्य गाँवों की जनता की और व्यापक तथा सतत हिस्सेदारी वयाली को भी रेणी या कम से कम फाटा जैसा बना सकती थी।

चिपको साहित्य में वयाली आन्दोलन के सन्दर्भ में कुछ चर्चा भाकपा कार्यकर्ताओं की होती है पर महिलाओं और विद्यार्थियों का योगदान सामने नहीं आ सका। 1974 के जुलूसों में किशनपुर की चूमादेवी तथा उनकी साथिनों ने लाल झण्डा और बैनर हाथ में पकड़ कर जुलूसों और धरनों में हिस्सेदारी की थी। उन्होंने वयाली के जंगल से उत्तरकाशी शहर के बीच सन्देश वाहक का कार्य किया और जंगल में जाने वाले जंगलात के कर्मचारियों, ठेकेदार के कारिन्दों और पुलिस की सूचना कार्यकर्ताओं को दी। ये महिलाएँ उत्तरकाशी के भूमि आन्दोलन में सक्रिय थी।[12] इसी तरह की भूमिका स्थानीय विद्यार्थियों ने निभायी।

29 तथा 30 अगस्त, 1974 को उत्तरकाशी में रामचन्द्र उनियाल तथा कमलाराम नौटियाल से विशेष वन सचिव नरोत्तम प्रसाद त्रिपाठी की उत्तरकाशी की वन समस्याओं—खासतौर से भाकपा द्वारा चलाये जा रहे आन्दोलन के मुद्दों—पर विस्तृत बातचीत हुई। अतिरिक्त मुख्य अरण्यपाल (गढ़वाल) एच.सी. डे तथा उप अरण्यपाल उत्तरकाशी के.एन. सिंह इस बैठक में उपस्थित थे। पहले ही दिन ठेकेदारों के प्रतिनिधि बत्रा तथा मांगलिक से भी विशेष वन समिति ने बात की।

इस बातचीत में उत्तरकाशी के जंगलों का छोटे लाट बनाकर उत्तरकाशी में ही नीलाम करके मज़दूरों के लिए मज़दूरी का उचित ढाँचा बनाने, प्रतिमाह हिसाब देने, घायल मज़दूरों को मुआवज़ा देने, मज़दूरों के बच्चों की शिक्षा हेतु ठेकेदार द्वारा अध्यापक रखकर अस्थायी स्कूल चलाने, मज़दूरों को ठीक राशन उपलब्ध कराने, ठेकेदारों द्वारा जंगल में मशीनों का उपयोग न करने देने, स्थानीय मज़दूरों को प्राथमिकता देने, छपान ठीक से करने, नये पेड़ों का रोपण करने, हिमाचली पद्धति से लीसा दोहन बन्द करने, मोबाइल पल्पिंग यूनिट लगवाने, स्कूल-कॉलेज के पाठ्यक्रमों में वन विज्ञान पढ़ाने, गिरे पड़े ऐसे पेड़ों, जो बिक्री के लायक न हों, को न्यूनतम दाम पर ग्रामीणों को देने जैसे

निर्णय लिए गये। यद्यपि ये सब लागू नहीं हो सके। अनेक मुद्दे वयाली कमेटी तथा रामचन्द्र उनियाल कमेटी के लिए छोड़ दिये गये।[13]

4 जून, 1974 को पर्वतीय विकास परिषद् की बैठक लखनऊ में मुख्यमन्त्री हेमवतीनन्दन बहुगुणा की अध्यक्षता में हुई। बातचीत में ज़्यादातर प्रतिनिधि अपने-अपने ज़िलों या चुनाव क्षेत्रों में सिमट गये। 'पिछड़े' ज़िलों को 'विकसित' ज़िलों के समकक्ष लाने की बात हुई। जंगल का मुद्दा शायद इसलिए केन्द्र में नहीं रहा क्योंकि इस बीच जंगल सम्बन्धी कम से कम तीन समितियाँ सरकार ने बना दी थीं।[14] किसी मामले को लटकाने के लिए यह सरकारी पद्धति कारगर सिद्ध होनी ही थी।

2. कुमाऊँ में शुरुआत

कुमाऊँ में जंगलात सम्बन्धी आक्रोश 1959 की कुजजास की बैठकों में सर्वत्र प्रकट हुआ था। स्थानीय पत्र तथा विधान सभा तथा विधान परिषद् सदस्य भी इसे उठाते रहे। 1972 में जब स्टार पेपर मिल्स के अलावा विमको दियासलाई कारखाने को 6 हज़ार चीड़ के पेड़ बीना नीलामी के अत्यन्त कम मूल्य पर दिये गये तो इसका विरोध किया गया। यह बात सामने आयी कि स्टार पेपर मिल्स पर्वतीय जंगलों की लूट के बदले शासक दल को धन और अन्य तरीकों से मदद करती है। अब विमको से समझौता हो रहा है।[15] बिपिन त्रिपाठी, जो वन आन्दोलन से जननेता के रूप में उभरे, ने अपने साप्ताहिक पत्र 'द्रोणाचल प्रहरी' में 1972 से स्टार पेपर मिल द्वारा कुमाऊँ से वक्र चीड़ की लूट बाबत लिखना शुरू किया था और फिर यह सिलसिला आपातकाल में उनके गिरफ़्तार होने तक चलता रहा।[16]

'द्रोणाचल प्रहरी' ने लगातार सेठ वजोरिया द्वारा स्थापित स्टार पेपर मिल्स, सहारनपुर के ख़िलाफ़ लिखा और तमाम तथ्यों के साथ यह उजागर किया था कि 13-14 जनवरी, 1973 को उत्तरायणी मेले के मौक़े पर बागेश्वर में स्टार पेपर मिल्स द्वारा आयोजित नेत्र शिविर का उद्घाटन करने को कोई नेता तैयार नहीं हुआ। अतः इसका उद्घाटन कुमाऊँ के अरण्यपाल ने किया।[17] 'द्रोणाचल प्रहरी' के विभिन्न अंकों में प्रकाशित लेखों[18] के विरुद्ध स्टार पेपर मिल्स लि. सहारनपुर के चीफ कामर्शियल मैनेजर (एफ) ने अपने पत्रांक एफ.एच.ओ./79/ए.डी.वी.टी./39 दिनांक 1 जनवरी, 1974 द्वारा भारतीय प्रेस काउन्सिल से शिकायत की।

प्रेस काउन्सिल ने 2 अप्रैल, 1974 को रेग्यूलेशन 5 (1) प्रेस काउन्सिल (प्रोसीड्यूर एण्ड इन्क्वायरी) रेग्यूलेशन 1971 के अन्तर्गत 'द्रोणाचल प्रहरी' के सम्पादक को नोटिस भेजा। प्रेस काउन्सिल को लिखे शिकायती पत्र में कहा गया था कि स्टार पेपर मिल को 1961 से 1981 तक 20 साल के लिए 32,000 टन कटे-गिरे (चुन्डै मुन्डै), छँटाई वाले वन्य उत्पाद तथा वक्र चीड़ (slash, thinnings and twisted pine wood as raw material) काग़ज़ बनाने के लिए कच्चे माल के रूप में लीज पर दिया गया था। इस कच्चे माल को जंगलात विभाग हर साल कुमाऊँ वृत्त में देता है। यह प्रचारित किया गया था कि इस सामग्री का इस मिल द्वारा ले जाये जाने से पहले कोई उपयोग नहीं होता था और सरकार को इसे जलाने में धनराशि व्यय करनी पड़ती थी। पर वास्तविकता यह थी कि पारिस्थितिकी के अनुसार यह सब खाद बन नवजात पेड़ों को विकसित करता था और ग्रामीण समाज भी इसका अनेक प्रकार से उपयोग करता था। तत्कालीन मुख्यमन्त्री पण्डित पन्त के सुझाव पर स्टार पेपर मिल्स ने स्वीडन में वक्र चीड़ पर प्रयोग करवाये। फिर मिल का विस्तार किया और दस्तकारी तथा लपेटने हेतु प्रयुक्त काग़ज़ (craft तथा wrapping paper) का उत्पादन शुरू

किया। मिल ने विदेशी मुद्रा बचाने के साथ करोड़ों रुपया सरकार को बिक्रीकर, एक्साइज ड्यूटी या आयकर के रूप में दिया।

बताया गया कि स्टार पेपर मिल्स पिछड़े पहाड़ी इलाकों में हर साल 50 लाख रुपये खर्च करती है। वहाँ स्टाफ, मज़दूर और परिवहन उसी इलाके का है। फिर भी अकसर स्टार पेपर मिल्स से पहाड़ों में फैक्ट्री स्थापना की माँग की जाती है, जो आर्थिक, तकनीकी तथा वित्तीय दृष्टि से व्यावहारिक नहीं है। प्रबन्धक कहते रहे कि यदि कोई उद्यमी इस पर कोई परियोजना बनाता तो कच्चे माल को ले जाना बन्द किया जा सकता था, पर कोई उद्यमी सामने आया नहीं। स्थानीय समाचार-पत्रों की प्रशंसा के साथ कहा गया था कि 'द्रोणाचल प्रहरी' की माँग पूरी नहीं की गयी, अतः इसने विरोध में लिखा। स्पष्टीकरण भेजा तो नहीं छापा गया, उल्टे सोशलिस्ट पार्टी के सम्मेलन में मिल के विरुद्ध प्रस्ताव पारित किया। अन्त में 'द्रोणाचल प्रहरी' पर ब्लैकमेलिंग का आरोप लगाते कहा गया था कि स्टार पेपर मिल्स प्रेस काउन्सिल या सम्पादक से बातचीत के लिए तैयार है।[19] वैसे 'द्रोणाचल प्रहरी' ने अनेक बार जंगल तथा जंगलात विषय पर लिखा था। जैसे 1 मार्च, 1973 तथा 15 जनवरी, 1975 के अंकों में। अन्य स्थानीय पत्र भी स्टार पेपर मिल्स के विरुद्ध लिखते रहे थे।[20]

इससे पूर्व मिल के प्रबन्धक डी.सी. जैन ने पत्रांक FHQ/82-C/Advt 225 दिनांक 16 अगस्त 1973 में बिपिन त्रिपाठी को लिखा था कि उनके द्वारा लगाये गये आरोप सही नहीं हैं। एक ज़िम्मेदार सम्पादक होने के नाते वे उन ब्लैकमेल करने वाले तत्त्वों के साथ नहीं जायेंगे, जिन्होंने उन्हें गलत सूचना दी है। रामनगर में 2 या 3 सितम्बर, 1973 को मुलाक़ात का आग्रह उनसे किया गया था। त्रिपाठी ने उत्तर में लिखा था कि वे जो समाचार प्रकाशित करते हैं वे अधिकतम जानकारी के आधार पर जनहित में प्रकाशित होते हैं। समाचार जाँचकर निःस्वार्थ भावना से प्रकाशित होते हैं। उन्हें अपनी पत्रकारिता पर पूर्ण विश्वास है तथा इसमें जनहित प्रमुख है। अतः ब्लैकमेल का प्रश्न नहीं उठता है। यदि स्टार पेपर मिल्स को शंका है तो वह उचित कार्यवाही को स्वतन्त्र है। सबसे अन्त में श्रमजीवी पत्रकार होने के नाते मुलाक़ात हेतु समय निकाल पाने में असमर्थता व्यक्त की गयी थी।[21]

प्रेस परिषद् ने जाँच हेतु पहले 18 मई, फिर 19 जुलाई और अन्त में 26 जुलाई, 1974 की तिथि तय की। त्रिपाठी ने 2 अप्रैल, 1974 के पत्र का जवाब प्रेस परिषद् को देते हुए लिखा था कि स्टार पेपर मिल्स की शिकायत गलत है। जो उन्होंने छापा था वह उनकी जानकारी में सही है। क्योंकि स्टार पेपर मिल्स अपने प्रतिवाद को 'द्रोणाचल प्रहरी' में छापने के लिए रुपये देने को तैयार थे इसलिए पत्र में उसे नहीं छापा गया। मिल्स की शिकायत का उद्देश्य एक छोटे पत्र के ईमानदार सम्पादक को परेशान करना है। 1 जून से 15 जुलाई, 1973 तक के अंकों की शिकायतें 6 माह हो जाने के कारण अवधि से बाहर हैं। अतः इन पर विचार नहीं होना चाहिए। फिर भी सम्पादक ने इनका उत्तर दिया था। पत्र में अनेक प्रमाण प्रकाशित आरोपों बाबत दिये गये थे। विधायकों के पत्र, विधानसभा में दिये गये भाषणों तथा स्थानीय पत्रों का हवाला दिया था। सबसे अन्त में सम्पादक ने लिखा था कि अफ़सरशाही, पूँजीशाही तथा मन्त्रीशाही के त्रिगुट ने जो लूट पहाड़ों में मचा रखी है उसका भंडाफोड़ करना हमारा तथा पत्रिका का कर्तव्य है।[22]

मिल द्वारा अख़बारों को लेख के रूप में विज्ञापन भेजे जाते थे। ऐसा ही एक लेख 'स्टार पेपर मिल क्या सेवा करता है' हल्द्वानी से प्रकाशित 'ख़बर संसार' में छपा था।[23] इस विज्ञापन के अन्त में कहा गया था कि द्वाराहाट के एक अख़बार द्वारा स्टार तथा जंगलात पर लगाये गये आरोप निराधार हैं।[24]

कुमाऊँ में चिपको आन्दोलन चल चुकने के बाद स्टार पेपर मिल्स ने अलमोड़ा महाविद्यालय के छात्र संघ भवन हेतु अपने एजेण्टों के मार्फत धन देकर तथा कुमाऊँ में कापियाँ मुफ़्त बाँटने का ऐलान कर अपना विरोध घटाने का प्रयास किया, पर वह असरदार नहीं हो पाया। आन्दोलनकारियों का तर्क था कि सेठ वजोरिया उत्तराखण्ड में 2 लाख कापियाँ बाँटना चाहता है जबकि उत्तराखण्ड में 1-5 तक की उम्र के 6 लाख, 6-8 तक की उम्र के डेढ़ लाख, 9 से 12 तक की उम्र के 1 लाख बच्चे हैं। फिर कॉलेज तथा दीक्षा विद्यालय हैं। तब क्या कुछ पन्ने हरेक को दिये जायेंगे?[25] एक स्थानीय पत्र ने 'स्टार पेपर मिल का देखो खेल' शीर्षक लेख में लिखा था कि पूँजीपतियों का यश कमाने का तरीका इससे अधिक क्या हो सकता है।[26]

24-25 नवम्बर, 1973 को द्वाराहाट में आयोजित सोशलिस्ट पार्टी के कुमाऊँ मण्डलीय प्रतिनिधि सम्मेलन में जो अनेक प्रस्ताव पारित किये गये थे उनमें स्टार पेपर मिल्स का लाइसेन्स रद्द करने तथा उसके पहाड़ों में कार्यरत अधिकारियों की जाँच की माँग शामिल थी। इस सम्मेलन में 'द्रोणाचल प्रहरी' के सम्पादक को स्टार पेपर मिल्स द्वारा दी गयी धमकी की भी भर्त्सना की गयी थी।[27]

तब तक स्टार पेपर मिल्स के शाब्दिक विरोध के अलावा कुमाऊँ में स्वतन्त्र जंगलात आन्दोलन नहीं उभर सका था। लेकिन अब नये जंगलात आन्दोलन का केन्द्र अलमोड़ा बनने जा रहा था। 20-21 अगस्त, 1974 को वन बचाओ आन्दोलन को गति देने के लिए उत्तराखण्ड के कार्यकर्ताओं की एक बैठक गरुड़ में हुई। इसमें यह बात उभर कर आयी कि हिमालय और उत्तराखण्ड की मुख्य सम्पदा जंगल है। अतः यहाँ की विकास योजनाएँ जंगल केन्द्रित होनी चाहिए। क्षेत्र और देश के विकास के लिए जंगलों की हिफ़ाज़त ज़रूरी है। जंगलों की सुरक्षा को देश की सीमाओं की सुरक्षा के समान महत्त्व दिया जाना चाहिए।[28]

3. पर्वतीय वन बचाओ संघर्ष समिति

4 सितम्बर, 1974 को अलमोड़ा में 'पर्वतीय वन बचाओ संघर्ष समिति कुमाऊँ क्षेत्र' का जन्म हुआ। गोष्ठी की अध्यक्षता द्वाराहाट (ज़िला अलमोड़ा) के ब्लाक प्रमुख गोविन्द सिंह ने की। बैठक में जंगलात की लूट से राजकीय कोष की क्षति, भूमि कटाव, जलवायु सम्बन्धी कठिनाइयाँ और बेरोज़गारी के बढ़ने की चर्चा करते हुए यह तय हुआ कि सरकार तत्काल पहाड़ी जंगलों का विनाश बन्द कराये। यह माँग की गयी कि यदि कहीं तकनीकी दृष्टि से जंगल का कटान-छटान ज़रूरी हो तो स्टार पेपर मिल्स, विमको आदि को सीधे जंगल न देकर पर्वतीय विकास निगम द्वारा पल्प फैक्ट्री यहाँ लगायी जाय, दोहरी नीति बन्द हो, पर्वतीय सम्पदा से विविध उत्पादनों की इकाइयाँ यही खुलें। संघर्ष समिति के सदस्यों को कुमाऊँ में अन्य क्षेत्रों का दौरा करने का सुझाव दिया गया था।

समिति की बैठक में 23 से 25 सितम्बर, 1974 तक शैलेहाल, नैनीताल में हो रही जंगलों की नीलामी का विरोध करने हेतु जाने का निश्चय हुआ।[29] इसी समय 'युगवाणी' में स्वामी मनमथन गढ़वाल विश्वविद्यालय में 'हिमालयन इकोलॉजी का महत्त्व' लेख में लिख रहे थे कि विभिन्न इको सिस्टमों पर ही मनुष्य जाति निर्भर है। मनुष्य ने अपने स्वार्थों के लिए बहुत से इको सिस्टमों को नष्ट कर दिया है। हिमालय में वन तथा खनिज का भण्डार है, यहाँ से नदियाँ निकलती हैं अतः अपेक्षित इकोलॉजी के सिद्धान्तों का व्यावहारिक उपयोग भूमि संरक्षण, बाढ़ नियन्त्रण, वन रोपण, जंगली जन्तु रक्षा, वातावरण के प्रदूषण को रोकने तथा कृषि उत्पादन में वृद्धि हेतु किया जाना चाहिए।[30]

पर्वतीय वन बचाओ संघर्ष समिति के सदस्यों की संख्या बढ़ती रही। इसमें धर्मानन्द पाण्डे, शान्तिलाल त्रिवेदी, नित्यानन्द तिवारी, वशीर अहमद अंसारी, हरिनन्दन जोशी, नारायणसिंह भैसोड़ा, गोपालदत्त पाण्डे, जीवनलाल चौधरी, कृष्णसिंह फर्स्वाण के नाम जुड़े। प्रारम्भ में इसमें तीन-चार समाजवादी कार्यकर्ताओं तथा दो छात्रों, जो अस्कोट-आराकोट-अभियान से लौटे थे, को ही रखा था। फिर अन्य पार्टियों के कुछ नेता तथा कुछ ठेकेदार इसमें आये। 23 सितम्बर से पहले समिति की अलमोड़ा में 3 बैठकें हुई।

नैनीताल जाने की तैयारी के साथ एक पर्चे 'पर्वतीय वन बचाओ संघर्ष समिति की स्थापना क्यों' में स्थापना के दिन उभरे मुद्दे प्रस्तुत किये गये थे। सबसे अन्त में '23, 24, 25 सितम्बर, 1974 को पर्वतीय जंगलों की विगत 30 वर्षों से चल रही लूट की प्रतीक नीलामी को रोकने तथा पर्वतीय वन सम्पदा से इस क्षेत्र में उद्योग स्थापित करवाने की माँग का इजहार करवाने के लिए नैनीताल चलो' लिखा गया था।[31] इससे पहले 30 तथा 31 अगस्त को कोटद्वार में जंगलों की नीलामी थी। वहाँ सुरेन्द्रदत्त भट्ट तथा योगेशचन्द्र बहुगुणा गये। मानसिंह रावत के सुझाव पर कि यहाँ साथ देने वाले कम हैं इसलिए प्रदर्शन करना हास्यास्पद होगा, सिर्फ़ सेमवाल प्रिंटिंग प्रेस से पर्चा छाप कर बाँटा गया।[32]

गरुड़ में हुई 20-21 अगस्त 1974 की बैठक के अनुसार सुन्दरलाल बहुगुणा, चण्डी प्रसाद भट्ट, घनश्याम सैलानी, धूम सिंह नेगी, धर्मानन्द नौटियाल, दलीप सिंह तथा सुरेन्द्रदत्त भट्ट 2 सितम्बर, 1974 को देहरादून में मिले। सामूहिक निर्णय के कारण असहमति के बावजूद चण्डी प्रसाद भट्ट नीलामी के विरोध में शामिल हुए थे।[33] इसी दिन इनके द्वारा ठेकेदारों तथा अन्य लोगों में पर्चे बाँटे गये। अगले दिन प्रदर्शन की तैयारी की गयी। शाम को झण्डा गुरुद्वारा के चौराहे पर सभा का आयोजन हुआ, जिसमें इनके अलावा अवधबिहारी पन्त भी बोले। 3 सितम्बर, 1974 की सुबह प्रातः 5 बजे से 7 बजे तक टाउन हाल व मुख्य-मुख्य स्थानों पर पोस्टर चिपकाये गये। सुबह साढ़े नौ बजे सभी कार्यकर्ता जुलूस बनाकर टाउन हाल तक आये। टाउन हाल गेट पर 11 बजे से खड़े रहकर मूक प्रदर्शन किया। ठेकेदारों तथा अधिकारियों को असहज तो लगा पर वे इसके प्रभावशाली होने की आशा नहीं करते थे। भीतर हाल में नीलामी स्थगित होने के बदले जंगल महँगे बिक रहे थे। ठेकेदारों को प्रदर्शनकारियों द्वारा कहा गया कि अब मुलाक़ात जंगल में होगी। ठेकेदारों ने जंगलात के अधिकारियों से पूछा कि चिपको चला तो उनकी सुरक्षा कैसे होगी? अधिकारी स्पष्ट उत्तर नहीं दे पाये।[34]

इसी शाम घण्टाघर में आम सभा हुई। इसमें छात्र नेता तथा सार्वजनिक कार्यकर्ता उपस्थित हुए। उन्होंने चिपको आन्दोलन के समर्थन में भाषण दिये।[35] सरकार ने यह निर्णय ले लिया था कि 3, 4, 5 अक्टूबर को उत्तरकाशी, 9-10 अक्टूबर 1974 को टिहरी तथा 14 अक्टूबर को चकराता के जंगलों की नीलामी देहरादून में होगी।[36] अतः 4 सितम्बर को 2000 पर्चे और छपवाये गये और 5 सितम्बर, 1974 को पूरा कार्यक्रम बनाया गया। जो पर्चा माँगपत्र के रूप में छपाया गया उसमें 5 साल के लिए कटान रोकने और नया रोपण करने, ठेकेदारी प्रथा समाप्त करने, वन मज़दूरों की न्यूनतम मज़दूरी तय करने (जैसे चीरान 10 रु. प्रति स्लीपर, ढुलान 60 पैसा प्रति चौकी तथा लीसा गढ़ान 45 रु. प्रति कुन्तल), वनाधारित उद्योग लगाने और जंगल का प्रबन्ध ग्राम, विकास क्षेत्र या ज़िला स्तर की जनप्रतिनिधि पंचायती संस्थाओं को सौंपने, नया जंगलात बन्दोबस्त करने, स्कूलों के पाठ्यक्रमों में वनविज्ञान को शामिल करने, हिमाचली लीसा पद्धति समाप्त करने जैसे सभी प्रमुख मुद्दे शामिल थे।[37]

पर्चे के अन्त में सभी से नीलामी के अवसर पर 'मौन प्रदर्शन' में शामिल होने के आग्रह के साथ घनश्याम सैलानी की 'जंगलू बचा' कविता की 7 पंक्तियाँ थीं। यह पर्चा उत्तराखण्ड वन बचाओ अभियान के लिए गोपाल सिंह रावत, ग्राम ज्यूंदासू, जुना पट्टी, टिहरी गढ़वाल की मदद से छपा था। इसी के साथ 'वनों की नीलामी से पूर्व एक बार ज़रा सोच लीजिए' पर्चे में कहा गया था कि जंगलों के कटान से पहाड़ों में भू-स्खलन और मैदानों में बाढ़ें आ रही हैं। उत्तराखण्ड में चिपको आन्दोलन द्वारा वननीति में आमूल-चूल परिवर्तन का अभियान छेड़ दिया गया है। इसे सफल बनाने को जनता तैयार हो रही है। उधर टिहरी उत्तरकाशी वन समस्या समिति ने 6 सितम्बर से 26 सितम्बर, 1974 तक दोनों ज़िलों में भ्रमण का कार्यक्रम बनाया।[38]

नैनीताल में जंगलों की नीलामी से कुछ समय पूर्व अलमोड़ा महाविद्यालय के छात्रों का एक पत्र 'पहाड़ के वनों को कौन नंगा कर रहा है' छपा था, जिसमें उन्होंने राजनीतिक पार्टियों की आलोचना करते हुए लिखा था कि वे यहाँ अनुपस्थित पूँजीपतियों का विरोध तो करते हैं। साथ ही उन्हें मदद भी देते हैं। उनसे चन्दा लेते हैं। गलत काम कर रहे स्थानीय व्यापारियों और ठेकेदारों का समर्थन इस तर्क पर करते हैं कि ये स्थानीय हैं। पत्र में पहाड़ रूपी माँ को नंगा होने से बचाने के लिए जंगलों की लूट समाप्त करने तथा स्टार पेपर मिल्स से हुआ समझौता रद्द करने की माँग की गयी थी।[39]

22 सितम्बर, 1974 की शाम और 23 की सुबह तक जंगलात आन्दोलन के अनेक साथी नैनीताल पहुँच गये थे। नैनीताल इन सबके लिए बेगाना शहर था। स्थानीय समर्थकों का अभाव था। कुछ सर्वोदय कार्यकर्ता भी नैनीताल पहुँचे थे। 23 सितम्बर, 1974 की सुबह सुन्दरलाल बहुगुणा, घनश्याम सैलानी, गोपालदत्त भट्ट तथा गोपालदत्त पाण्डे सहित कुछे सर्वोदयी कार्यकर्ताओं ने मुँह पर पट्टी बाँध कर मौन जुलूस निकाला और शैले हॉल के गेट पर खड़े हो गये। 'पर्वतीय वन बचाओ संघर्ष समिति' के सदस्य तल्लीताल से नारे लगाते हुए शैले हॉल के गेट पर पहुँचे। सदस्य पहली बार जंगलों की नीलामी देख रहे थे और नैनीताल में प्रदर्शन का यह पहला मौक़ा था।

ठेकेदारों की हिकारत भरी नज़र और जंगलात के अधिकारियों पर किसी तरह का असर न होते देखकर समिति के नौ सदस्य नीलामी स्थल शैले हॉल में नारे लगाते हुए घुस गये। मंच पर चढ़कर उन्होंने ठेकेदारों से अपील की कि वे भी पहाड़ों में हो रहे जंगलात के विनाश को रोकें और नीलामी में जंगलों की बोलियाँ न बोलें। समिति के सदस्यों ने अपना माँग पत्र पढ़ा और बाँटा। शैले हॉल के भीतर हड़कम्प मच गयी। पहली बार इस तरह के प्रतिरोध से सामना होने के कारण जंगलात विभाग के अधिकारी-कर्मचारी तथा ठेकेदार स्तब्ध थे। नैनीताल में जंगलों की नीलामी के इतिहास में यह पहली घटना थी। आन्दोलनकारियों की कार्यवाही आक्रामकता से भरी थी, लेकिन उपयोग वे अपने भाषणों तथा पर्चे का ही करते रहे। शैले हॉल में घुसने के बाद मंच पर कब्ज़ा कर अपनी बात रखने वाले सभी नौ सदस्य अलमोड़ा से आये थे।[40]

नीलामी स्थगन के बाद वन ठेकेदार संघ द्वारा आन्दोलन से सुरक्षा तथा जंगलों का आवंटन बड़ी कम्पनियाँ को न करने की माँग का पत्र जंगलात के अधिकारियों को दिया गया। शाम को एक सभा हुई, जिसमें सुन्दरलाल बहुगुणा, घनश्याम सैलानी, गोपालदत्त भट्ट, शमशेर बिष्ट, बिपिन त्रिपाठी, जसवन्तसिंह बिष्ट, पूरनसिंह मेहरा, हरीशचन्द्र सिंह रावत आदि ने नैनीताल की जनता के सामने वन बचाओ तथा चिपको के मुद्दे रखे। प्रताप भैया, श्यामलाल वर्मा, देवसिंह मेर आदि कुछ स्थानीय नेता तथा पत्रकार ब्रह्मानन्द बडोला भी सभा में बोले। तब नन्दा देवी के मेले के कारण नैनीताल में ग्रामीणों की पर्याप्त संख्या थी।[41]

कुछ पत्रों ने तब यह ख़बर छापी थी कि स्टार पेपर मिल्स के मालिकों के घर तथा देशभर के दफ़्तरों में छापा मारकर 25 सितम्बर, 1974 को आयकर विभाग के 125 लोगों ने तलाशी ली तथा लॉकर शील किये। बजोरिया की गिरफ़्तारी के लिए खोज हो रही है। लाखों रुपये का काला धन मिलने की सम्भावना है।[42]

पूरे वन तथा चिपको आन्दोलन में यह पहला मौक़ा था जब प्रत्यक्ष कार्यवाही से जंगलों की नीलामी स्थगित हुई थी। नीलामी का विरोध करने सर्वोदयी कार्यकर्ताओं के अलावा अलमोड़े से कुमाऊँ वन बचाओ संघर्ष समिति के सदस्य आये थे। यद्यपि दोनों समूह अहिंसक आन्दोलन तथा सत्याग्रह के समर्थक थे। पर पर्वतीय वन बचाओ संघर्ष समिति मौन प्रदर्शन के लिए सहमत न थी और उसने शैले हॉल में घुसकर विनम्रतापूर्वक नीलामी स्थगित करने का निर्णय लिया। यद्यपि यह कार्य पूर्व नियोजित नहीं था और तात्कालिक स्थिति के आधार पर निर्णय लिया गया था। इसका पर्वतीय वन बचाओ संघर्ष समिति तथा चिपको कार्यकर्ताओं पर सकारात्मक असर पड़ा।

नैनीताल से वापसी के बाद पर्वतीय वन बचाओ संघर्ष समिति तथा सर्वोदयी कार्यकर्ताओं ने जन सम्पर्क तथा सभाओं-बैठकों का आयोजन किया। 28 सितम्बर, 1974 को रानीखेत की बैठक में भावी कार्यक्रम हेतु विस्तृत विचार-विमर्श हुआ।[43] उधर अक्टूबर 1974 में सरकार द्वारा स्थापित रेणी समिति ने क्षेत्र का पहला दौरा किया[44] तो 5 अक्टूबर, 1974 को टिहरी में क्षेत्र के सामाजिक-राजनीतिक कार्यकर्ताओं की ठक्कर बापा छात्रावास में बैठक की घोषणा हुई।[45] इस तरह जंगलात आन्दोलन का एक झीला झाला अखिल उत्तराखण्डी रूप विकसित हो रहा था।

पत्रों में जंगलों की नीलामी के पुनः 28-29 अक्टूबर, 1974 को नैनीताल में होने के समाचार आने पर नीलामी के विरोध की तैयारी ज़्यादा व्यापक तरीके से होने लगी। इस बीच पर्वतीय वन बचाओ संघर्ष समिति के सदस्यों ने अलमोड़ा, नैनीताल तथा पिथौरागढ़ ज़िलों के कुछ स्थानों पर जन सम्पर्क के साथ गोष्ठियाँ आयोजित कीं। 14-15 अक्टूबर, 1974 को समिति की बैठक अलमोड़ा में हुई। इसमें यह तय हुआ कि समिति के कार्यों हेतु नया चन्दा तब ही लिया जाय जब पुराना समाप्त हो जाय। 14 अक्टूबर को खुले अधिवेशन के बाद पर्वतीय वन बचाओ संघर्ष समिति की कार्यकारिणी की बैठक महत्त्वपूर्ण रही। इसमें यह मत स्पष्ट होकर आया कि :

> ''सरकार विगत 20 वर्षों से बार-बार चेतावनी तथा निवेदनों के बाद भी पर्वतीय वनों के शोषण, दोहन की एकाधिकारवादी पद्धति तथा मनमानी लूट को रोक पाने में बिल्कुल असमर्थ रही है। फलस्वरूप तेज़ी से भूमि कटाव और वन दोहन के कारण पहाड़ नंगे होते जा रहे हैं और वायु मण्डलीय प्रदूषण, भूमि कटाव और रोज़गार सम्बन्धी ख़तरे पहाड़ के लोगों के लिए पैदा हो गये हैं। पहाड़ की खेती और पशुचारण पर ही नहीं इसका सीधा असर राष्ट्र के मैदानी भागों पर भी पड़ा है। भीषण बाढ़, जलवायु सन्तुलन बिगड़ने और जलस्रोतों के समाप्त होने के ख़तरे पैदा हो गये हैं।''

कार्यकारिणी ने पर्वतीय वन बचाओ संघर्ष समिति की माँगें पुनः परिभाषित कीं :

1. स्टार पेपर मिल्स सहारनपुर, विम्को माचिस फैक्ट्री बरेली, टरपनटाइन फैक्ट्री बरेली, प्लाइवुड फैक्ट्री सीतापुर आदि एकाधिकारवादी संस्थाओं को दी गयीं विशेष रियायतें अविलम्ब समाप्त की जायें।

2. इन उद्योगों को सहकारी क्षेत्र में पहाड़ों में ही स्थापित किया जाय। वन सम्पदा पर आधारित समस्त उद्योगों के दोहन के कार्य का अविलम्ब राष्ट्रीयकरण किया जाय तथा दोहन के बाद निकलने वाले कच्चे माल से सम्भावित उद्योगों को सहकारी क्षेत्र में पर्वतीय लोगों के प्रत्येक स्तर पर रोज़गार सम्बन्धी अधिकारों को पूर्ण रूप से आरक्षित रखते हुए अविलम्ब स्थापित किया जाय।
3. जंगलों के दोहन के अनुपात में वनीकरण नगण्य हुआ है। अतः सरकार इस क्षेत्र में वनीकरण के वृहद् कार्यक्रम को प्रारम्भ करे।
4. जंगलों के दोहन तथा वनीकरण के परिपालन हेतु जन प्रतिनिधियों, सामाजिक कार्यकर्ताओं तथा पर्वतीय वन बचाओ संघर्ष समिति के सदस्यों की पूर्ण अधिकार प्राप्त समिति का गठन किया जाय ताकि जनता तथ्यों से परिचित हो सके और हिस्सेदारी भी कर सके।
5. वन मज़दूरों का शोषण बन्द हो, उनकी सेवा शर्तों तथा मज़दूरी में सुधार हो। खाली मज़दूरों को तत्काल वन।करण में रोज़गार दिया जाय।
6. ग्रामवासियों को दिये गये पुराने हक़-हकूकों पर पुनः विचार कर उनमें वर्तमान परिस्थितियों और जनसंख्या के अनुसार वृद्धि की जाय और अनुचित प्रयोगों पर प्रतिबन्ध लगाया जाय।
7. ईंधन की ज़रूरत को धीरे-धीरे घटाकर विद्युत तथा गैस आपूर्ति की जाय।
8. वन विभाग के जन विरोधी नियम समाप्त किये जायँ तथा कुमाऊँ जंगलात जाँच समिति (कुजजास, 1959) के सुझाव लागू हों।

पर्वतीय वन बचाओ संघर्ष समिति ने कार्यक्रम निर्धारित किये। ज़िला तथा ब्लॉक स्तर पर संघर्ष समितियों का गठन तथा सदस्यों की भर्ती, जंगलों की सुरक्षा और पेड़ों का रोपण, शपथ पत्र बनाना, नीलामी को रोकना, जहाँ कटान चल रहा हो प्रत्यक्ष पेड़ों पर चिपक कर उन्हें बचाना और जनता को प्रेरित करना। स्पष्ट घोषित किया गया था कि यदि माँगें नहीं मानी गयीं तो जनता से सरकार को राजस्व न देने का और प्रशासनिक व्यवस्था ठप्प करने का आग्रह किया जायेगा।[46]

22 अक्टूबर, 1974 को मुख्यमन्त्री हेमवतीनन्दन बहुगुणा के अलमोड़ा आने पर पर्वतीय वन बचाओ संघर्ष समिति के सदस्यों ने उनसे मुलाक़ात का निर्णय लिया और ज़िलाधिकारी को 12 सदस्यीय प्रतिनिधिमण्डल की सूची दी। मुख्यमन्त्री ने अपनी सभाओं में वर्तमान जंगलात नीति को कैन्सर पीड़ित बताया।[47] यद्यपि पर्वतीय वन बचाओ संघर्ष समिति के सदस्यों की मुख्यमन्त्री से विस्तृत वार्ता समयाभाव से नहीं हो सकी पर समिति द्वारा एक मुद्रित माँग पत्र मुख्यमन्त्री को दिया गया, जिसमें समिति और चिपको आन्दोलन की माँगें प्रस्तुत की गयी थीं।[48]

इसी समय 'कुमाऊँ युवक एवं छात्र संगठन' तथा 'ग्रामोत्थान छात्र संगठन' के एक पर्चे 'पर्वतीय वनों पर शोषण : सेठ बजोरिया और सरकार को चेतावनी' में पर्वतीय जनता का आह्वान करते हुए कहा गया था कि 'नदियाँ हैं, पर पीने का पानी नहीं। जंगल हैं पर मकान बनाने या जलाने को लकड़ी का अभाव है। ग्रामीणों को 13 रु. क्विंटल या 24 रु. का एक तख्ता लेना पड़ रहा है, पर स्टार पेपर मिल को 3.50 पैसा क्विंटल लकड़ी मिल रही है।' 1981 तक चलने वाले अनुबन्ध के तत्काल समाप्त किये जाने की माँग की गयी थी।

आगे कहा गया था कि हमारे बड़े भाई बन्दूक थामे सीमाओं में हैं और छोटे भाई बड़े-बड़े शहरों में बर्तन मल रहे हैं। हमारी बेटियाँ ख़रीदी-बेची जा रही हैं। हमारे युवकों को रोज़गार नहीं मिल रहा है और युवाओं

की शक्ति पहाड़ों की उन्नति में नहीं लग पा रही है। गरीबी और शोषण का अन्त होना चाहिए। सबसे अन्त में कहा गया था कि स्टार पेपर मिल्स के विरुद्ध यह आन्दोलन दरअसल पर्वतीय शोषण के विरुद्ध है।[49]

यह पत्र ग्रामीण उत्तराखण्ड का यथार्थ प्रस्तुत कर रहा था। इससे अलमोड़ा की छात्र राजनीति के मिज़ाज का अन्दाज़ लगाया जा सकता है। यह चिपको आन्दोलन की सिर्फ़ जंगल केन्द्रित प्रारम्भिक शब्दावली से कतिपय भिन्न विचार प्रस्तुत करता था।

4. अगली नीलामी

पर्वतीय वन बचाओ संघर्ष समिति ने '28 अक्टूबर को नैनीताल चलो' का आह्वान किया। इस हेतु 22 अक्टूबर, 1974 को अलमोड़े में बैठक आयोजित की गयी।[50] नैनीताल में नीलामी विरोध की रणनीति के साथ आगामी कार्यक्रमों पर विचार किया गया। मुख्यमन्त्री द्वारा अपने अलमोड़ा आगमन के समय समिति को पर्याप्त समय न दिये जाने पर असन्तोष जताया गया। ग्राम प्रधानों तथा महिला और युवक मंगल दलों तक जंगलात का मामला ले जाने का सुझाव दिया गया क्योंकि इनका जंगल से सीधा रिश्ता है। 27 अक्टूबर की शाम तथा 28 अक्टूबर, 1974 की सुबह पर्वतीय वन बचाओ संघर्ष समिति के सदस्य नैनीताल पहुँच गये। प्रशासन ने इस बार ज़्यादा तैयारी की थी ताकि नीलामी में कोई खलल न पड़े।

28 अक्टूबर, 1974 को सुबह लगभग साढ़े नौ बजे तल्लीताल स्थित गाँधी की प्रतिमा से जुलूस प्रारम्भ हुआ और नारे लगाता हुआ मल्लीताल स्थित शैले हाल की तरफ़ चला। इस बार ज़्यादा जोश था और पिछले एक माह में विकसित नारे दोहराये जा रहे थे, 'अगर नहीं नीलाम रुकेगा, जंगलों में तूफ़ान मचेगा', 'अगर नहीं नीलाम रुकेगा, यूपी भी बिहार बनेगा', 'पहाड़ों का शोषण बन्द हो' आदि। जब 24 सदस्यों का जुलूस शैले हाल पहुँच रहा था तो नीलामी चल रही थी। सैकड़ों की संख्या में बन्दूकधारी तथा लाठीधारी पुलिस वहाँ मौजूद थी। ऐसी तैयारी पहली बार हुई थी। आँसू गैस और पानी के टैंक वहाँ पहुँचाये गये थे। आन्दोलनकारियों ने शान्तिपूर्ण तरीके से शैले हाल में घुसने का प्रयास किया। पर सावधान प्रशासन ने उन्हें रोक दिया। आन्दोलनकारियों का गला पकड़ने का प्रयास हुआ और कुछेक पर लाठियाँ पड़ीं। इस पर भी आन्दोलनकारी वहाँ रुके रहे तो परगनाधीश के आदेश पर आन्दोलनकारियों को पुलिस घेरे में ले लिया गया। एक-एक आन्दोलनकारी को 10-10 पुलिस पकड़ कर ले गयी।

लगभग 12 बजे 18 आन्दोलनकारियों को गिरफ़्तार कर मल्लीताल थाने में ले जाया गया। यह समाचार शीघ्र नैनीताल तथा अलमोड़ा शहर के अलावा तीनों ज़िलों के विभिन्न स्थानों में फैल गया। नैनीताल के डी.एस.बी. कॉलेज तथा सी.आर.एस.टी. इण्टर कॉलेज के छात्रों का विशाल जुलूस नैनीताल थाने के बाहर आन्दोलनकारियों के समर्थन में आ गया। छात्रसंघ अध्यक्ष महेन्द्र सिंह पाल के नेतृत्व में यह जुलूस शैलेहाल की ओर गया और नीलामी स्थगित हो गयी।[51] उधर पिथौरागढ़ के छात्रों ने इस गिरफ़्तारी पर महाविद्यालय बन्द किया, जुलूस निकाला और सभा की। अलमोड़ा में संघर्ष समिति के सदस्यों तथा छात्रों के नेतृत्व में हज़ारों लोगों ने मालरोड स्थित जंगलात विभाग का दफ़्तर घेर लिया। तीन दिन तक इस दफ़्तर में ताला लगा रहा हालाँकि नीलामी के स्थगन की ख़बर से जंगलात दफ़्तर का घेराव उठा लिया गया और एक बड़े प्रदर्शन और सभा का आयोजन अलमोड़े में हुआ।[52]

29 अक्टूबर, 1974 को नैनीताल में पुनः आन्दोलनकारी शैले हाल गये। यहाँ पर ठेकेदार, उनके प्रतिनिधि तथा जंगलात के अधिकारी आये थे पर नीलामी स्थगित थी। आन्दोलनकारियों ने फिर अपनी बात कही कि यदि नीलामी हो भी जाती है तो पेड़ नहीं कटने देंगे। इसी दिन मुख्यमन्त्री का यह आदेश प्राप्त हुआ कि जब तक आन्दोलनकारियों से बात नहीं हो जाती तब तक नीलामी न की जाय। आन्दोलन के दबाव को महसूस कर मुख्यमन्त्री ने 11 नवम्बर, 1974 को विभिन्न आन्दोलनकारियों को वार्ता हेतु लखनऊ बुलाया।[53] मुख्यमन्त्री का वार्ता हेतु निमन्त्रण आने के साथ पत्रों में यह समाचार आया कि सरकार ने स्टार पेपर मिल्स को दी जाने वाली लकड़ी के दाम में बढ़ोतरी कर दी है। 1969 से लागू की गयी यह बढ़ोतरी 50 प्रतिशत बतायी गयी थी। 1972 के बाद दरों हेतु पुनरीक्षण एक समिति को सौंपा गया था। साथ ही यह घोषणा हुई कि विम्को को दिये जाने वाले तीन हज़ार चीड़ के पेड़ों को अब नहीं दिया जायेगा।[54]

दरअसल मुख्यमन्त्री ने उत्तराखण्ड की जंगलात सम्बन्धी समस्याओं के बाबत कुमाऊँ के दौरे के बाद 25 अक्टूबर, 1974 को लखनऊ में वित्तमन्त्री नारायणदत्त तिवारी, सामुदायिक विकास मन्त्री बल्देवसिंह आर्य, वन मन्त्री अजितप्रताप सिंह तथा वरिष्ठ अधिकारियों से बातचीत की थी। निर्णय लिया गया था कि 50 प्रतिशत लाट 20 हज़ार रु. के नीचे के, 25 प्रतिशत 20 से 50 हज़ार और शेष 25 प्रतिशत 50 हज़ार से एक लाख रु. के बीच के होंगे, वन श्रम सहकारी समितियों को बिना नीलामी में बोली बोले लकड़ी की लाटें तथा लीसा टिपान के ठेके दिये जायेंगे। पहाड़ी ज़िलों में गठित सलाहकार समितियों को जंगलों में हो रहे कटान, चिरान, लीसा टिपान, वृक्षारोपण आदि कार्यों के निरीक्षण का अधिकार होगा। ये समितियाँ अनियमितताएँ सामने लायेंगी। समितियों को नये सिरे से भी गठित किया जा रहा था।

लीसा टिपान हेतु 10 इंच से बढ़ाकर 12 इंच व्यास वाले चीड़ के पेड़ लिए जायेंगे और घाव अधिक गहरा नहीं किया जाये । टिहरी, उत्तरकाशी, चमोली, चकरौता में लागू लीसा टिपान की हिमाचली पद्धति शीघ्र समाप्त कर दी जायेगी, स्थानीय इकाइयों को 4 हज़ार क्विंटल तक लीसा हर साल दिया जायेगा। नयी इकाइयाँ यदि सम्भव हुआ तो पर्वतीय विकास निगम द्वारा चम्पावत तथा तिलवाड़ा में स्थापित की जा रही लीसा ईकाईयों के चालू होने पर स्थगित कर दी जायेगी। लीसे का मूल्य साल के शुरू में तय किया जायेगा। फिर बढ़ोतरी नहीं होगी। गत वर्ष 14 रु. प्रति क्विंटल मूल्य साल समाप्त होने पर बढ़ाया गया था। लीसे के व्यापार का राष्ट्रीयकरण करने और इस हेतु शीघ्र एक अधिनियम बनाने का निर्णय हुआ ताकि लीसा चोरी रुक जाय।[55]

श्मशान घाटों पर जंगलात विभाग लकड़ी की व्यवस्था करेगा। हक़-हक़ूकों को गाँवों के पास उपलब्ध कराया जायेगा। यह बताया गया कि लगभग 33 हज़ार घन मीटर स्वीकृत हक़ों में से हर साल मात्र 20 हज़ार घन मीटर लकड़ी का उपयोग होता है। तय हुआ कि शेष 13 हज़ार घन मीटर में से कम से कम 50 प्रतिशत उन गाँव वालों को रियायत के रूप में दिया जायेगा, जिन्हें अभी हक़ नहीं मिले हैं या दूर मिले हैं। चमोली, पिथौरागढ़ तथा उत्तरकाशी में फलों को पैक करने हेतु आस-पास से चीड़ की लकड़ी रियायत पर देने का मामला विचाराधीन था। विम्को को तब तक चीड़ की लकड़ी नहीं दी जायेगी जब तक वह पहाड़ों में दियासलाई की तिल्लियाँ (match splints) बनाने की इकाई नहीं लगायेगा।[56]

यह तथ्य सामने आया कि विम्को को इस साल 6 हज़ार स्वीकृत पेड़ों में से 3 हज़ार दिये जा चुके हैं। बाकी का आवंटन फिलहाल स्थगित किया गया था। स्टार पेपर मिल्स को लकड़ी की सप्लाई

बन्द करना काग़ज़ के वर्तमान संकट के दौर में देश-प्रदेश के अहित में मानते हुए यह विचार किया जा रहा था कि साल्वेंट एक्सट्रेक्सन प्लांट पहाड़ों में लगाया जा सकता है कि नहीं। लकड़ी की दरें 1 अक्टूबर 1969 से 50 प्रतिशत बढ़ा दी गयी थी। 1972 को पुनरीक्षण का साल घोषित किया गया था। चिपको आन्दोलन बाबत कुछ न कहते हुए यह स्पष्टीकरण दिया गया था कि जंगलात विभाग सालाना बढ़त का ही कटान करता है। सालाना कटान को बढ़े हुए भण्डार (growing stock) का 1-2 प्रतिशत बताया गया था।

वृक्षारोपण को महत्त्व देते हुए वादा किया गया था कि पहाड़ी ज़िलों में सिविल-सोयम जंगलों (जो 6400 हेक्टेयर में है) में 40 हज़ार हेक्टेयर क्षेत्र पर पंचम पंचवर्षीय योजना में वृक्षारोपण किया जायेगा। दीवालबन्दी कर चरागाह विकसित किया जायेगा। वन भूमि की दशा सुधारने बाबत टिहरी-उत्तरकाशी की समिति की रपट के बाद निर्णय लिया जायेगा। ग्राम सभाओं को उनकी वन सम्पदा से प्राप्त धन सार्वजनिक कार्य हेतु दिया जायेगा। कस्तूरा तथा मोनाल जैसे संरक्षित जीवों को न मारा जाये। मारने वालों को सजा तथा पकड़ने वालों को इनाम दिया जायेगा।[57] लेकिन इन निर्णयों की सूचना कहीं दी नहीं गयी जबकि नैनीताल में नीलामी स्थगित कराने आये पर्वतीय वन बचाओ संघर्ष समिति के सदस्यों पर इनका सकारात्मक असर पड़ सकता था।

11 नवम्बर, 1974 को लखनऊ में पर्वतीय वन बचाओ संघर्ष समिति के सदस्यों से वन मन्त्री अजितप्रताप सिंह की बातचीत हुई। वन मन्त्री ने समिति के सदस्यों को जागृति पैदा करने के लिए धन्यवाद दिया और शासन को सहयोग देने की अपील की। स्टार पेपर मिल्स, वनोद्योगों की स्थापना, हक़-हकूक की लकड़ी, वृक्षारोपण, वन मज़दूरों के लिए न्यूनतम तय मज़दूरी बाबत मुख्यमन्त्री की 25 अक्टूबर की बैठक में लिए गये निर्णय ही दोहराये गये। सदस्यों ने 1959 की आर्य कमेटी (कुजजास) की संस्तुतियों तथा पारित प्रस्तावों के बाबत पूछा और ज़िला परामर्शदात्री समितियों में पर्वतीय वन बचाओ संघर्ष समिति के सदस्यों को लिए जाने की माँग की। एक सदस्य ने पिथौरागढ़ वन प्रभाग के लाट न. 56/74-75, जो कोट अमोरी पंचायत में था, में छापे गये पेड़ों के बारे में शिकायत की। वहाँ अनियमितता बरती गयी थी। जो पेड़ सूखे दिखाये गये थे, वे सब हरे थे।[58]

13, 18 तथा 19 नवम्बर को सुन्दरलाल बहुगुणा के साथ शमशेर बिष्ट, लक्ष्मीचन्द्र जोशी, मोहन तिवारी, केदार सिंह कुंजवाल, गोपालदत्त पाण्डे (5 कुमाऊँ से), धूम सिंह नेगी, मान सिंह रावत, आनन्द सिंह बिष्ट, पीताम्बर तिवारी, सूरत सिंह, सुरेन्द्र दत्त भट्ट, कृपालसिंह कैयेड़ा (8 गढ़वाल से) मुख्यमन्त्री, मुख्य सचिव, वन मन्त्री तथा विशेष वन सचिव से मिले। बातचीत में पर्वतीय विकास परिषद् के अध्यक्ष नरेन्द्रसिंह भण्डारी, टिहरी के विधायक गोविन्दसिंह नेगी, मुख्य अरण्यपाल तथा प्रबन्ध निदेशक पर्वतीय विकास निगम आदि उपस्थित थे। इस बैठक में तय हुआ था कि :

1. टिहरी, उत्तरकाशी तथा देहरादून ज़िले की चकरौता तहसील में जंगलात विभाग ने संरक्षण नहीं व्यापार के दृष्टिकोण से काम किया है। पुनर्उत्पादन पर ध्यान नहीं दिया गया है। जिसकी जाँच हेतु एम.एस. स्वामीनाथन की अध्यक्षता और वीरेन्द्र कुमार, के.पी. तेजवानी तथा आई.जी. फारेस्ट की सदस्यता में समिति बनायी जाय। एक माह में कमेटी रपट देगी और सुन्दरलाल बहुगुणा से परामर्श लिया जायेगा।
2. उक्त क्षेत्रों में लीसा टिपान तथा लकड़ी कटान की जाँच के.एम. तिवारी, अरण्यपाल अनुसन्धान और विकास करेंगे। बहुगुणा तथा उनके साथी उन्हें सहयोग देंगे।

3. पी.सी. पाण्डे, वन संरक्षक (पर्वतीय) से कहा गया कि वे बहुगुणा तथा साथियों के साथ कार्य योजनाओं की छानबीन करेंगे और संरक्षण-संवर्द्धन हेतु सुझाव देंगे। उन उप तथा लघु जल ग्रहण क्षेत्रों (सब तथा माइक्रो कैचमैन्ट्स) की पहचान करेंगे, जो नाज़ुक हैं। रपट के बाद निर्णय लिया जायेगा कि किन क्षेत्रों में कटान रोका जाय।
4. गुजरात-महाराष्ट्र की तर्ज पर वन श्रमिक सहकारी समितियों के गठन बाबत डिप्टी रजिस्ट्रार सहकारिता (श्रम संविदा) वी.एन. डंगवाल की अध्यक्षता में कमेटी बनायी गयी, जिसमें डी.एफ.ओ. केदारनाथ, एन.एस. नेगी तथा सामाजिक कार्यकर्ता धूम सिंह नेगी सदस्य थे। इस समिति से तीन माह में रपट देने को कहा गया था।
5. छोटी-छोटी पल्पिंग इकाइयों की स्थापना हेतु एफ.आर.आई. की पेपर टैक्नोलाजी शाखा की देखरेख में और पेपर टैक्नोलाजी इन्स्टीट्यूट सहारनपुर के प्रिंसिपल, डी.एफ.ओ.(सर्वे), प्रबन्ध निदेशक पर्वतीय विकास निगम, सामाजिक कार्यकर्ता चण्डी प्रसाद भट्ट तथा खादी कमीशन के काग़ज़ विशेषज्ञ की सदस्यता में बनी समिति इन इकाइयों की व्यावहारिकता (फीजीबिलीटी) की पड़ताल कर शीघ्र रपट देगी।
6. जंगलात के मज़दूरों की न्यूनतम मज़दूरी बाबत प्रस्तुत हो चुकी उनियाल कमेटी की रपट की सिफ़ारिशें शीघ्र लागू हों। न्यूनतम मज़दूरी के साथ मज़दूर को चोट लगने या उसके मर जाने पर हर्जाने की व्यवस्था भी हो।
7. पौड़ी, चमोली, टिहरी, उत्तरकाशी की ज़िला सलाहकार समितियाँ सक्रिय नहीं हैं। उन्हें समाप्त कर ज़िला परिषद् की जंगलात सम्बन्धी उप समितियाँ बना दी जाय। ज़िला परिषद् अध्यक्ष इसके अध्यक्ष तथा डी.एफ.ओ. सचिव हों। यह सुझाव बहुगुणा और उनके साथियों का था पर नरेन्द्रसिंह भण्डारी तथा गोविन्द सिंह नेगी इससे सहमत न थे। उनका कहना था कि वर्तमान कमेटियों के अनुभव के आधार पर उनका पुनर्गठन किया जाय।
8. हिमाचली पद्धति से लीसा टिपान बन्द होगा। जब तक जाँच नहीं हो जाती, लीसे की निकासी रुकी रहेगी। लीसे की चोरी रोकने के लिए (विशेष रूप से कुमाऊँ क्षेत्र में) तथा लीसे के व्यापार का राष्ट्रीयकरण करने हेतु एक अध्यादेश पारित किया जायेगा।
9. ठेकेदारों को नाजायज़ कटान पर कूप रेट का चौगुना जुर्माना किया जाता है, जबकि टिहरी जंगलात मैनुअल के अनुसार गाँव वालों पर नाजायज़ कटान पर 10 से 12 गुना जुर्माना किया जाता है। ठेकेदारों पर जुर्माना कठोर बनाया जायेगा।
10. पर्वतीय विकास निगम द्वारा स्थापित की जा रही चम्पावत तथा तिलवाड़ा की लीसा इकाइयों को दियासलाई तथा काग़ज़ की इकाइयों में बदलने के प्रश्न पर विचार किया जायेगा।
11. लाटों की बिक्री के नियमों में संशोधन कर मज़दूरों के साथ न्याय संगत व्यवहार करने; लट्ठों का लुढ़कान न करने तथा लकड़ी के गिरान, चिरान, ढुलान में खेतों-नहरों की क्षति होने पर मुआवज़े देने का प्राविधान रखा जाय।
12. पहाड़ों के स्कूल-कॉलेजों के आस-पास छात्र-अध्यापकों की मदद से स्कूल वन विकसित हों तथा उनमें रोज़मर्रा की ज़रूरत के पेड़ लगाये जायँ। जैसे भीमल, खड़िक, डायकन, बाँज, रिंगाल इत्यादि। वन विभाग दीवालबन्दी तथा पौध उपलब्ध कराने में मदद करेगा।
13. गूजरों का एक स्थान पर पुनर्वास किया जाय।

14. कृपालसिंह कैयेड़ा ने पुरौला में अवैध रूप से काटे गये पेड़ों की पड़ताल करने हेतु जो कार्य किया उसकी मुख्यमन्त्री ने प्रशंसा की। प्रशंसा पत्र शासन द्वारा उनके गाँव में जाकर भेंट करने और नकद पुरस्कार देने का निर्णय हुआ (यह सम्मान शीघ्र दे भी दिया गया)।[59]
15. वन मन्त्री का यह विचार था कि जो निर्णय पहाड़ी क्षेत्रों के लिए लिए जाते हैं, उन्हें मैदानों के वनों में भी लागू किया जायेगा।[60]

उधर अलमोड़ा में 27 दिसम्बर, 1974 को पर्वतीय वन बचाओ संघर्ष समिति की 11 नवम्बर, 1974 को वन मन्त्री से हुई वार्ता के बाबत बैठक हुई। वन विभाग के विशेष सचिव द्वारा भेजे गये मिनिट्स पर आश्चर्य और असन्तोष व्यक्त किया गया। स्टार पेपर मिल्स द्वारा अलमोड़ा कॉलेज को दिये 11 हज़ार रु. के चन्दे को आन्दोलन को कमज़ोर करने का प्रयास मानते हुए इसे लौटाने के लिए शमशेर बिष्ट तथा चन्द्रशेखर भट्ट द्वारा किये गये आमरण अनशन की सराहना की गयी और जंगलात सम्बन्धी एक बृहद् सम्मेलन करने का निर्णय लिया गया।[61] इसी बीच प्रत्यक्ष आन्दोलन की कोशिशें भी होती रहीं। चमोली ज़िले की नन्दाकिनी घाटी के कणौल-सुतौल गाँवों में ठेकेदार भोटिया बन्धुओं द्वारा काटा जाने वाला जंगल स्थानीय जनता ने नहीं कटने दिया।[62] इससे जंगलात आन्दोलन के धीरे-धीरे विभिन्न क्षेत्रों में हो रहे असर का अन्दाज़ आता था।

इस तरह नवम्बर, 1974 में उत्तर प्रदेश शासन ने आन्दोलनकारियों से न सिर्फ़ व्यापक वार्ताएँ कीं बल्कि उनके ज़्यादातर सुझावों को मानने की घोषणा की। स्वामीनाथन रिपोर्ट के बाद सरकार ने वननीति में परिवर्तन की घोषणा करते हुए कहा था कि वनों के व्यापारिक दोहन के बजाय वनों के संरक्षण, विकास और दोहन के बीच सन्तुलन कायम किया जायेगा। इस समय सरकार की चिन्ता में गहराई और रचनात्मक परिवर्तन के आसार सुन्दरलाल बहुगुणा तक को दिखायी देने लगे थे।[63] उन्होंने लखनऊ में घोषणा की कि वन सुरक्षा आन्दोलन जारी रहेगा और इसमें राजनीतिक पक्षों की घुसपैठ नहीं होने दी जायेगी। उन्होंने यह भी कहा कि अब वे मुख्यतः अपनी शक्ति महिलाओं, छात्रों और श्रमिकों को जाग्रत कर जंगलों की चोरी रोकने और जंगल लगाने के कार्य में लगायेंगे। ठेकेदारी प्रथा के तत्काल उन्मूलन को उन्होंने अपना उद्देश्य बताया।[64] लेकिन सरकार की ओर से अभी प्रस्ताव ही आये थे। इनका कार्यान्वयन होना बाँकी था। इस समय अधिकांश आन्दोलनकारी वन निगम स्थापना के सरकारी प्रस्ताव को ठेकेदारी का विकल्प समझ रहे थे।

दूसरी ओर आम आन्दोलनकारी अपना काम करते रहे। 13 जनवरी, 1975 को पर्वतीय वन बचाओ संघर्ष समिति के सदस्यों ने उत्तरायणी मेले के मौक़े पर बागेश्वर में विशाल सभा का आयोजन किया। फिर अनेक स्थानों पर आम सभाएँ आयोजित कीं। स्टार पेपर मिल्स द्वारा द्वाराहाट क्षेत्र में अवैध काटे गये चीड़ के पेड़ों की पड़ताल के लिए छात्रों का एक दल उस क्षेत्र में गाँव-गाँव गया। 21 जनवरी, 1975 को उत्तराखण्ड स्त्री जागरण टोली 75 दिन की पदयात्रा में उत्तरकाशी से रवाना हुई, जो बाद में टिहरी-चमोली के बाद अलमोड़ा-पिथौरागढ़ ज़िलों के अनेक स्थानों में गयी।[65]

उत्तरायणी के मेले से लौट कर पर्वतीय वन बचाओ संघर्ष समिति के सदस्य रानीखेत, द्वाराहाट, हल्द्वानी, रामनगर तथा पिथौरागढ़ आदि अनेक स्थानों पर गये और उन्होंने सिर्फ़ जंगलों के ही नहीं उत्तराखण्ड के सामाजिक, आर्थिक, राजनीतिक और प्रशासनिक अन्तर्विरोधों को बहुत विस्तार से लोगों के सामने रखा। वर्तमान आन्दोलन के अलावा अस्कोट-आराकोट अभियान 1974 के अनुभव इन सभाओं में लगातार दोहराये जाते रहे।[66] रामनगर में समिति के सदस्यों के भाषण सुनकर वहाँ

के छात्रों ने आम सभा में घोषणा की कि वे अब रामनगर में 'बाजोरिया वालीबाल टूर्नामेण्ट' नहीं होने देंगे।[67]

अलमोड़ा में गठित 'ग्रामोत्थान छात्र संगठन' के सदस्यों ने अलमोड़ा ज़िले के ग्रामीण क्षेत्रों में व्यापक यात्राओं में जगह-जगह सभाएँ की। इन सभाओं में उत्तराखण्ड की वर्तमान स्थिति का विश्लेषण करने के साथ जंगल और खनिज सम्पदा की लूट का विशेष ज़िक्र होता था। युवकों और ग्रामीणों के सुसंगठित होने की आवश्यकता बतायी जाती थी और ज़रूरत पड़ने पर अपने जंगलों को कटान से बचाने के लिए प्रत्यक्ष आन्दोलन का आह्वाहन किया जाता था। शमेशर बिष्ट के नेतृत्व में गये इस दल में चन्द्रशेखर भट्ट, गोविन्दसिंह भण्डारी, सोबनसिंह नगरकोटी, हरीशचन्द्र पन्त, बालम जनोटी आदि थे। ये सभी अलमोड़ा महाविद्यालय के छात्र थे और आने वाले वर्षों में इनमें से अधिकांश महत्त्वपूर्ण भूमिका निभाने वाले थे। जैसा कि हर यात्रा अभियान में होता है, जितना जनता को इन युवाओं ने जगाया उससे ज़्यादा जाग्रत होकर वे युवक स्वयं लौटे।[68] इन यात्रियों में एक बालम जनोटी की 'द्रोणाचल प्रहरी' में छपी डायरी का यह अंश द्रष्टव्य है :

> 'पर्वतीय जनता आज तक 'पहाड़ी' ही परिभाषित की जाती रही। पर्वतीय विकास काग़ज़ों में होता रहा। पर्वतीय विनाश कार्य रूप में। पूँजीपतियों की पूँजी दिन दूनी रात चौगुनी, गरीब जनता मिटती रहेगी। कुमाऊँनी वनों का पूरा सफाया, जलाने को लकड़ी नहीं। जिसका जूता उसी के सर। वन लगाओ भाषणों में, वन कटाओ जंगलों में। वन बचाओ, जेल जाओ। बेरोज़गारों को तड़पने दो, काम नहीं आश्वासन दो। पत्रकारों पर मुक़दमा चालू, जनता में कर्फ़्यू लागू।... जनता समझ जायेगी, समझ नहीं सकती। आन्दोलन होंगे, कुचल दिये जायेंगे। लकड़ियों के ट्रक पहाड़ों से चले। पी.ए.सी. के ट्रक पहाड़ों की ओर। आन्दोलनकारी जेल ठूँसे जायेंगे। गद्दारों को लाखों का अनुदान, विरोध करने वालों को जेल में राशन...'[69]

जनवरी 1975 में 'ग्रामोत्थान छात्र संगठन' के सदस्यों तथा बिपिन त्रिपाठी, जसवन्त सिंह बिष्ट, पुष्करसिंह मनराल आदि ने हल्द्वानी तथा रामनगर में अनेक जनसभाएँ आयोजित की।[70] अप्रैल 1975 में 'ग्रामोत्थान छात्र संगठन' तथा कुछ अन्य युवकों ने मिलकर 'पर्वतीय युवा मोर्चा' नामक संगठन बना दिया था। इसके सदस्यों ने भी जंगलात तथा अन्य मुद्दों को लेकर अलमोड़ा तथा पिथौरागढ़ ज़िलों में अनेक यात्राएँ आयोजित की।[71] इसके अनेक सदस्यों ने बाद में अलमोड़ा कॉलेज छात्र संघ, चिपको आन्दोलन तथा उत्तराखण्ड संघर्ष वाहिनी में महत्त्वपूर्ण भूमिका निभायी।

पर्वतीय वन बचाओ संघर्ष समिति के संयोजक बिपिन त्रिपाठी ने अलमोड़ा, नैनीताल ज़िलों के अनेक वन क्षेत्रों का विवरण देते हुए अतिरिक्त मुख्य अरण्यपाल को लिखा था कि किस तरह स्टार पेपर मिल्स द्वारा बिना छपे पेड़ काट लिए जाते हैं और वक्र चीड़ के अलावा भी पेड़ कटते हैं।[72] उसका उत्तर देते हुए अतिरिक्त मुख्य अरण्यपाल डी. पी. जोशी ने 1974-75 में स्टार पेपर मिल्स को आवंटित पेड़ों का पूर्ण विवरण दिया और लिखा कि उन्हें किसी एजेन्सी से जाँच पर आपत्ति नहीं है। पर अन्तिम आदेश शासन से ही होंगे। इसी पत्र में जोशी ने लिखा था कि त्रिपाठी की यह धारणा कि स्टार पेपर मिल्स को केवल पैचदार या वक्र पेड़ दिये जाते हैं, सही नहीं है। उन्होंने लिखा था कि स्टार को सीधे पेड़ों के जंगलों से भी 30 सेमी. से नीचे की थिनिंग तथा झापामुण्डी शर्तों के अनुसार दिये जाते हैं।[73]

डी.पी. जोशी ने 11 नवम्बर, 1974 की लखनऊ मीटिंग में स्टार पेपर मिल्स की शिकायत पर्वतीय वन बचाओ संघर्ष समिति के सदस्यों द्वारा किये जाने के बाद ही बिपिन त्रिपाठी से विस्तृत विवरण माँगा था ताकि इसकी जाँच हो सके और प्रभागीय वनाधिकारी अलमोड़ा को लिखा कि जब तक जाँच नहीं हो जाती कटान स्थगित रखा जाय।[74] इस कार्यवाही को अनेक पत्रों ने स्टार पेपर मिल्स द्वारा कटान बन्द होना समझा जबकि स्थिति यह न थी। साल के मध्य में मिल को दी गयी लकड़ी के स्थगन की ख़बरें छपी थी।[75]

त्रिपाठी ने बाद में अतिरिक्त मुख्य अरण्यपाल को गलत छपान और कटान के मामले बताये और उनकी उपस्थिति में ऐसे मामले पकड़े भी गये। इसी तरह के मामले उत्तरकाशी में कृपालसिंह कैयेड़ा, अलमोड़ा में रामसिंह कालाकोटी, चम्पावत में लक्ष्मीलाल वर्मा और टिहरी में परिपूर्णानन्द पैन्यूली बता चुके थे।[76] इस बीच स्टार पेपर मिल्स द्वारा संस्थाओं को चन्दा और स्कूलों में कापी और वजीफा देने, खेलों का आयोजन कराने या स्थानीय पत्रों को विज्ञापन देने जैसे कार्य होते रहे। इनमें सबसे चर्चित 11 हज़ार रुपये की वह राशि बनी जो एक विधान परिषद् सदस्य के मार्फत अलमोड़ा महाविद्यालय के छात्रसंघ को दी गयी थी। इसका अलमोड़ा महाविद्यालय, नगर और अन्य अनेक स्थानों पर विरोध हुआ था।[77]

1975 के प्रारम्भ में ही 'पर्वतीय वन राष्ट्र की सम्पत्ति है' शीर्षक अपील में भूमि संरक्षण वन प्रभाग रानीखेत के प्रभागीय वनाधिकारी ने चिपको की चिंगारी को शुभ लक्षण बताते हुए यह लिखा कि यह आन्दोलन केवल सुरक्षित वनों के प्रबन्ध तक है, जहाँ कटान वैज्ञानिक ढंग से होता है। हमें चिन्ता सिविल तथा सोयम की करनी चाहिए, जिनकी दुर्दशा किसी से छिपी नहीं है...।'[78] इससे वन विनाश का दोष जनता पर लगाने के प्रयास का पता चलता है। लेकिन 1974 के उत्तरार्द्ध में सरकारी रुझान का अन्दाज़ा चमोली के स्थानीय विधायक और पर्वतीय विकास बोर्ड के उपाध्यक्ष के लेख से लगता है, जिसमें उन्होंने लिखा कि :

> 'चिपको एक भावना का प्रतीक बन गया है, जो अपने अधिकार प्राप्त करने के स्थानीय लोगों के संकल्प से सम्बद्ध है। इस भावना का निरादर कोई भी जनसत्ता मूलक सरकार नहीं कर सकती। लेकिन यह भावना अगर अनियन्त्रित रूप से आगे बढ़ती गयी तो यह भी एक सच्चाई है कि कालान्तर में प्रत्येक ग्रामवासी अपने समीपी इलाके की सम्पदाओं को निजी मिल्कियत समझने लगेगा।... इस प्रकार राष्ट्रीय हित, राष्ट्रीय भावना और राष्ट्रीयता सबकी जड़ों पर एक ख़तरनाक व्याघात होता जायेगा।'

लेख में आगे लिखा गया था :

> 'वन विभाग की नीति एक राष्ट्रीय नीति रही है और राष्ट्रीय नीति में इस बात का स्पष्ट उल्लेख है कि स्थानीय लोगों की आवश्यकताओं को सर्वोपरि प्राथमिकता मिलनी चाहिए। वन विभाग इस नीति से कभी विरक्त नहीं हुआ लेकिन वृक्ष की जिस प्रजाति से बेशकीमती चीज़ें तैयार होती हैं, उसे अगर जुए तथा हलनासी की आवश्यकता की पूर्ति के लिए स्थानीय जनता को हक़-हकूक के रूप में दिया जाय तो यह उचित न होगा। साइमण्ड कम्पनी को इसी उद्देश्य को लेकर कुछ पेड़ गोपेश्वर के आसपास बेचे गये थे।'

सबसे अन्त में कहा गया था :

'चिपको आन्दोलन का कोई ठोस जन उपयोगी आधार नहीं है। असली उद्देश्य क्या है, यह जानने का प्रयास तो किया है लेकिन फिलहाल इसमें मुझे काफ़ी सच्चाई दिखलायी पड़ती है कि आन्दोलन के सृजेताओं का मन्तव्य केवल मन लुभावनी बातें कहकर असन्तोष तथा गलतफ़हमियों का अम्बार पैदा करना है...आज ऐसे आन्दोलनों से वनवानिकी विशारद अपमानित हो रहे हैं, उनका मनोबल गिर रहा है। इससे राष्ट्र का लाभ नहीं होगा।'[79]

'अमर उजाला' के इसी विशेषांक में पर्वतीय वन बचाओ संघर्ष समिति के एक सदस्य का छोटा-सा लेख 'अब पेड़ नहीं, हम कटेंगे' भी छपा था। जिसका अन्तिम हिस्सा यों था :

'हमारा ज़िन्दा और स्वस्थ रहना पेड़ों के स्वस्थ और ज़िन्दा रहने के साथ जुड़ा है। पेड़ रहेंगे तो पहाड़ रहेगा, देश रहेगा। पेड़ रहेंगे तो स्थानीय परिवेश में उत्तराखण्ड में लघु उद्योगों की शृंखला प्रारम्भ की जा सकेगी। पेड़ रहेंगे तो अलकनन्दा एवं अन्य नदियों में प्रलयंकारी बाढ़ें नहीं आयेंगी।....पेड़ों के ख़िलाफ़ होना अपने अस्तित्व को झुठलाने की कोशिश है। पेड़ों का विनाश देश के सामान्य आदमी का विनाश है।'

'अब हर पेड़ को नये भारत का नवयुवक समझना होगा। उत्तराखण्ड का हर पेड़ सीमान्त में रक्षा पर खड़े सिपाही के बराबर है। उत्तराखण्ड का हर पेड़ मैदानों में बर्तन मल रहे लड़कों के बराबर है। उत्तराखण्ड का हर पेड़ अध्ययन कर रहे पहाड़ी छात्र-छात्राओं के बराबर है। उत्तराखण्ड का हर पेड़ माँ-बहनों के बराबर है। हर पेड़ हमारी ज़िन्दगी का, प्रदेश और देश की ज़िन्दगी का पर्याय है। आज उत्तराखण्ड के युवकों को कहना होगा कि अब पेड़ नहीं कटेंगे, हम कटेंगे, क्योंकि युवक और पेड़ पर्याय हैं।'[80]

विभिन्न समितियों की रपट आने के साथ कुछ सकारात्मक निर्णय भी हो रहे थे। जैसे जंगलात मज़दूरों को अब (12 फ़ीट x 10 इंच x 5 इंच) स्लीपर बनाने के लिए 3 रु. की जगह 6 रु., नाली का काम करने वाले कुशल मज़दूर को आठ रुपया तथा अकुशल को 6 रु. प्रतिदिन तथा ढुलान का प्रति चौकी 25 पैसे के स्थान पर 50 पैसे देना तय हुआ। लीसा निकासी की न्यूनतम मज़दूरी 45 रु. प्रति क्विंटल तय हुई। ये अभी तक 20 से 30 रु. के बीच थी। रियायती दर पर राशन पूर्ववत् दिया जाना तय हुआ। उस समय यह अनुमान लगाया जा रहा था कि इससे असंगठित क्षेत्र के एक लाख मज़दूरों को लाभ होगा।[81]

लेकिन सरकार के भीतर क्या पक रहा था इसका अन्दाज़ा तब आया जब एक ओर वन निगम की स्थापना की घोषणा हुई[82] और दूसरी ओर विशेष वन सचिव का वक्तव्य आया कि स्टार पेपर मिल्स को वक्र चीड़ का आवंटन समाप्त नहीं हो सकता क्योंकि सरकार के कानूनी सलाहकार का यह मत था। यह तब पता चला जब सरकार का कोई निर्णय न आने से चिन्तित पर्वतीय वन बचाओ संघर्ष समिति (पवबसस) के सदस्य लखनऊ गये और विशेष वन सचिव से मिले कि 11 नवम्बर, 1974 के मुख्यमन्त्री तथा वन मन्त्री के आश्वासनों का क्या हुआ। सदस्यों को उनके प्रश्नों का सन्तोषजनक उत्तर नहीं मिला।

पर्वतीय वन बचाओ संघर्ष समिति के सदस्य उत्तरायणी मेले और उसके बाद विभिन्न क्षेत्रों का दौरा कर जनता तक अपनी बात ले जाते रहे। सरकार की ओर से सुस्ती बनी रही। 13 मार्च, 1975 को लखनऊ में विशेष वन सचिव से आन्दोलनकारियों के प्रतिनिधि बिपिन त्रिपाठी तथा शमशेर बिष्ट ने ग़ुस्सा जताते हुए कहा कि सरकार बैंकों का राष्ट्रीयकरण और प्रीवी पर्स का खात्मा जैसे युगान्तकारी काम तो कर सकती है पर इतने गम्भीर मामलों में पकड़े गये स्टार पेपर मिल्स की लीज ख़त्म नहीं कर सकती। उन्होंने स्पष्ट रूप से यह कहा कि सरकार अब उन्हें भड़का रही है।[83] इससे पहले पवबसस के अध्यक्ष ने प्रदेश सरकार द्वारा घोषित नयी वन नीति को आन्दोलन तोड़ने का प्रयास बताया और कहा था कि यदि सरकार की नीति ढुलमुल ही रही तो 'गाड़ी रोको, सम्पदा उतारो अभियान' चालू किया जायेगा।[84]

12 अप्रैल, 1975 को रेणी चिपको आन्दोलन की पहली वर्षगाँठ वन मेले के रूप में मनायी गयी। सैकड़ों स्त्री-पुरुष गाजे-बाजे के साथ ऋषिगंगा के तट पर आये, जिसके पास ही एक साल पहले सितेल के जंगल में चिपको आन्दोलन चलाया गया था। बदरीनाथ मन्दिर कमेटी भंग करने, नीती घाटी में बिजली पहुँचाने तथा वनाधारित उद्योगों की स्थापना की माँग की गयी। लाता की मंगसीरी देवी, रेणी की गौरा देवी और तपोवन की रुक्मणी देवी के अलावा वासवानन्द नौटियाल, गोविन्दसिंह रावत, जगत सिंह, सुदर्शन कठैत तथा चण्डी प्रसाद भट्ट के भाषण इस मौक़े पर हुए।[85]

दूसरी ओर सरकार से वार्ता का क्रम भी विभिन्न कमेटियों के माध्यम से जारी रहा। 27-28 अप्रैल, 1975 को घणसाली (टिहरी) में आन्दोलनकारियों की बातचीत आर.के. पाटिल, कार्यकारी उपाध्यक्ष भूमि व्यवस्था जाँच समिति उत्तर प्रदेश तथा वन सचिव के साथ हुई। आन्दोलन के पाँच प्रतिनिधि थे—सुन्दरलाल बहुगुणा, चण्डी प्रसाद भट्ट, सुरेन्द्र दत्त भट्ट, कृपाल सिंह कैयेड़ा तथा धूम सिंह नेगी।

इस बैठक में बताया गया कि 1. गूजरों को देहरादून, सहारनपुर तथा लैंसडौन डिवीज़न के मैदानी क्षेत्रों में स्थायी तौर पर बसाने का प्रयास किया जा रहा है। अगले साल से काफ़ी गूजर पहाड़ों में आने से रोक दिये जायेंगे। इस साल के लिए तय है कि पूरी बालगंगा घाटी तथा भिलंगना घाटी के दायें तट पर नीचे से रीह तक गूजरों को चरान-चुगान हेतु नहीं आने दिया जायेगा। 2. हिमाचल प्रदेश के गद्दियों के उत्तरकाशी में आने से स्थानीय लोगों को दिक्कत हो रही है, अतः उन्हें इस क्षेत्र में आने का परमिट नहीं दिया जायेगा। 3. लीसे का आवंटन श्रम सहकारी समितियों को किया जाना तय हुआ। लीसा टिपान की हिमाचली पद्धति को रोकने और लीसा गढ़ान में लगे मज़दूरों को प्रशिक्षण देने का प्रस्ताव आया। 4. जहाँ रचनात्मक कार्य की प्रेरक संस्था न हो, वहाँ वन निगम सहकारी समितियों को गठित करे और जो सहकारी समितियाँ मौजूद हैं उनको काम में लगायें। 5. चमोली ज़िले में पंचायती तथा सिविल जंगलों से चमखड़िक सस्ते में बेचा गया था। गोपेश्वर शहर को लकड़ी मुहैया कराने के लिए बाँज के कटान पर प्रतिबन्ध शिथिल करने से इसका दुरुपयोग हो रहा है। साफ्टवुड देने की प्रक्रिया का विकेन्द्रीकरण किया जाना चाहिए। 6. नदियों के जलग्रहण क्षेत्रों में कटान रोकने बाबत बातचीत हुई। डी.एफ.ओ. के स्तर का अधिकारी पहाड़ों में अतिरिक्त ज़िलाधीश (नियोजन) के पद पर नियुक्त किया जाय। 7. जनता के साथ निरन्तर सम्पर्क रखने और उसकी आवश्यकताएँ देखने की ज़रूरत है। समय पर लकड़ी न मिलने या पीडी मिलने में कठिनाई के कारण ही अवैध कटान होता है। बताया गया कि मुख्य मन्त्री के साथ अप्रैल 1974 में हुई बातचीत के दौरान लिए निर्णयों का पालन नहीं किया जा रहा है। 8. टिहरी वन प्रभाग में जिन समितियों को रायल्टी पर जड़ी-बूटी तथा दंदासा (जंगली अखरोट की खाल) निकालने का काम दिया है वे यह

काम कस्तूरा को मारने के लिए कुख्यात ठेकेदारों के मार्फत करा रहे हैं। इसकी शीघ्र जाँच हो।[86]

टिहरी के सांसद परिपूर्णानन्द पैन्यूली ने अपने 22 अप्रैल 1975 के पत्र में वन मन्त्री अजितप्रताप सिंह को लिखा कि गत वर्ष यह तय होने के बावजूद कि गूजरों की 3000 भैंसों के बुग्यालों में जाने पर पाबन्दी लगेगी और उन्हें देहरादून ज़िले में बसाया जायेगा, कुछ किया नहीं गया। अप्रैल दूसरे सप्ताह में पता चला कि परमिट दे दिये गये हैं और गूजर भैंसों सहित गन्तव्य स्थानों को चले गये हैं। लेकिन टिहरी ज़िले हेतु गूजरों को परमिट नहीं मिले हैं। उन्हें ऋषिकेश-लैंसडौन डिवीजन में कहीं स्थायी रूप से बसाने की व्यवस्था है। 82 परिवारों के इस समूह के प्रतिनिधियों से मिलकर पैन्यूली ने यह पत्र लिखा।

अप्रैल 1975 में यमुना तथा टौंस घाटियों में गूजरों के प्रवेश पर लगा प्रतिबन्ध निरस्त कर दिया गया। सांसद रामचन्द्र विकल तथा कृषि मन्त्री ने ऊपर से तथा उत्तरकाशी के कांग्रेस जनों और बल्देवसिंह आर्य ने नीचे से इस हेतु दबाव डाला था।[87] लेकिन टिहरी में भिलंगना तथा बालगंगा घाटी में मंजेटी-क्वीणी, जान्दरा सौड़ और हेलसी भौंट चरागाहों में (भिलंगना के दायें तट पर नीचे से रीह तक) गूजरों को चरान-चुगान की स्वीकृति नहीं दी गयी। जिन हिस्सों में गूजर जायेंगे उनके साथ जंगलात के कर्मचारी भी जायेंगे और कोई नुक़सान होने पर ग्रामीणों को तत्काल मुआवज़ा देंगे। अगले साल गूजरों को नीचे ही बसाने का प्रयास करने का आश्वासन दिया गया।[88]

गूजरों और गद्दियों का प्रश्न सुन्दरलाल बहुगुणा ने कार्यकारी उपाध्यक्ष उ.प्र. भूमि व्यवस्था समिति को लिखे अपने 1 जुलाई, 1975 के पत्र में उठाया था। बहुगुणा बहुत असाधारण गति से अधिकारियों, मन्त्रियों, सहयोगियों को पत्र और अख़बारों को वक्तव्य, पत्र और लेख भेजते रहते थे। हड़बड़ी में कभी-कभी उनकी त्रुटियाँ पकड़ में आ जाती थीं। उत्तरकाशी के मातली गाँव में आयी बाढ़ के बाबत बहुगुणा ने तत्काल मुख्यमन्त्री को पत्र (22 मई, 1975) लिखा कि इसके लिए वन विभाग उत्तरदायी है। गढ़वाल के अतिरिक्त मुख्य अरण्यपाल ने अपने 26 अक्टूबर के पत्र में बताया कि भूगर्भशास्त्रियों ने 1971 के भूस्खलन का कारण भूगर्भीय बताया है और इसका जंगलों के कटान से कोई सम्बन्ध नहीं है। साथ ही मातली क्षेत्र में 15 साल के लिए कटान रोकने की घोषणा हुई और भूक्षरण रोकने के प्रयासों को बढ़ाने की भी। इनमें से कई माँगें लखनऊ में मुख्यमन्त्री और वनमन्त्री से की जा चुकी थीं। इस समिति में सर्वोदयी कार्यकर्ताओं के अलावा कोई नहीं था। सबसे ज़्यादा दिक्कत की बात यह थी कि सुझावों का संग्रह और परिस्थितियों का सर्वे हुआ लेकिन कोई निर्णय नहीं लिया गया।

12 अप्रैल 1975 को रेणी की सालगिरह से लौटने के बाद जून 1975 में गोपेश्वर में आन्दोलन चला। जैसा कि पहले बताया जा चुका है कि 1960 के बाद गोपेश्वर गाँव को नयी परिस्थितियों में ज़िला मुख्यालय बनना पड़ा था। इस क्रम में उसे अपनी खेती की ज़मीन और चरागाह तो खोने ही पड़े, फिर बचे-खुचे जंगलों पर दबाव बढ़ने लगा। सरकारी बंगलों के छोटे बगीचों में बेलों आदि को चढ़ाने हेतु अधिकारीगण पास के बाँज के जंगल से टहनियाँ, डगालें, कटवा/तुड़वा कर मँगाते। यह गोपेश्वर का पंचायती जंगल था, जिसे ग्रामीणों ने विपरीत परिस्थितियों में बचाया था। निवेदन तत्पश्चात विरोध करने पर भी टहनियाँ काट कर ले जायी जाती रहीं।

3 जून 1975 को चिपको आन्दोलन की सक्रिय कार्यकर्त्ता श्यामा देवी तथा इन्दिरा देवी ऊपर सरकारी कालोनी में गयीं और उन्होंने अधिकारियों की पत्नियों से बाँज के पेड़ों को बर्बाद न करने का निवेदन किया। अफ़सरों की पत्नियों ने उनसे बुरा बर्ताव किया। इस घटना के बाद गोपेश्वर गाँव

की लगभग 100 महिलाएँ ऊपर कालोनी में गयीं और चोरी-छिपे उनके जंगल से काटकर बगियाँ में लगायी टहनियों तथा लकड़ियों को उखाड़ कर नीचे गोपेश्वर मन्दिर में ले आयीं। हालाँकि अभी आपातकाल लगने में कुछ दिन थे। एक अधिकारी गाँव में आकर महिलाओं को डाँठता-धमकाता रहा पर महिलाओं ने चोरी से ले जायी गयी टहनियों को वापस देने से इनकार कर दिया।

5 जून, 1975 को गोपेश्वर ने अपने बाँज के जंगलों को अधिकारियों-कर्मचारियों से बचाने के लिए विशाल जुलूस निकाला और सभा की। तनाव बढ़ा। चमोली के ज़िलाधिकारी सही स्थिति जानने के लिए अपनी पत्नी के साथ मन्दिर आये और फिर उन्होंने सभी अधिकारियों की ओर से गाँव की औरतों से माफी माँगी और फिर जंगल से चोरी न होने देने का वायदा किया।[89] इस तरह गोपेश्वर की 'बाँज बनी' बच सकी और आज अपनी जगह पर कायम है।[90]

इसी बीच विभिन्न जंगलों में अवैध कटान के समाचार स्थानीय प्रेस में निरन्तर प्रकाशित हुए। अनेक स्थानों से चिपको आन्दोलन, पर्वतीय वन बचाओ संघर्ष समिति के कार्यकलापों तथा सरकार को दिये आवेदनों की सूचनाएँ आती रही।[91] उधर जून में टिहरी में चिपको आन्दोलन की एक उपलब्धि के रूप में टिहरी वन प्रभाग के सभी रेंजों में श्रमिक शिविरों का आयोजन किया गया।[92] 25 से 28 अप्रैल, 1975 के बीच दिल्ली में हुई पहाड़ी क्षेत्रों के विकास सम्बन्धी गोष्ठी में आन्तरिक उपनिवेशवाद के बने रहने के ज़िक्र के साथ जंगलों के कटान और इसके दुष्परिणामों की पर्याप्त चर्चा हुई। इस गोष्ठी में मुख्यमन्त्री, केन्द्रीय मन्त्री तथा राज्य के प्रशासनिक अधिकारी, उपकुलपति, प्राध्यापक आदि थे। हालाँकि हिमालय सेवा संघ के उपाध्यक्ष ए.डी. मोदी ने पहाड़ी क्षेत्रों के विकास के दृष्टिकोण पर पर्चा पढ़ा पर गोष्ठी में सामाजिक कार्यकर्ता और आन्दोलनकारी ज़्यादा न थे। चिपको आन्दोलन के माध्यम से प्रकट बेचैनी और सन्देश यह गोष्ठी नहीं पकड़ पायी थी।[93]

अलमोड़ा के छात्रों ने जागेश्वर मन्दिर से पौण राजा की अष्टधातु की आदमकद मूर्ति के चोरी हो जाने पर आन्दोलन किया था। 3 अप्रैल, 1975 को इसके मिल जाने का समाचार आया तो अलमोड़ा के छात्रों ने 'उत्तराखण्ड की मूर्ति' नामक टिप्पणी में अपनी भावना व्यक्त की।[94] अलमोड़े में जन संघर्ष समिति ने, जिसमें पवबसस के अनेक सक्रिय सदस्य भी थे, 10 जून 1975 को 34 सूत्रीय एक विस्तृत माँग पत्र सरकार को भेजा, जिसमें से लगभग 20 मुद्दे जंगल, ज़मीन, खनिज तथा अन्य संसाधनों से सम्बन्धित थे। यह कदाचित आपातकाल लागू होने से पहले उत्तराखण्ड के किसी क्षेत्र से प्रस्तुत विस्तृत माँग पत्र था। साथ ही स्थानीय विषयों को लेकर उत्तराखण्ड में प्रतिपक्ष की राजनीति खड़ी करने की मंशा भी स्पष्ट रूप से इसके पीछे थी।[95]

5. आपातकाल का लागू होना

25 जून 1975 को भारत देश में आपातकाल का लागू होना इस जनतन्त्र की कमज़ोरियों को उजागर करने वाली अत्यन्त त्रासद घटना थी। उत्तराखण्ड के चिपको तथा वन बचाओ आन्दोलन पर इसका नकारात्मक असर रहा। आपातकाल में नौकरशाही ताकतवर होती गयी। हेमवतीनन्दन बहुगुणा के मुख्यमन्त्री न रहने के बाद सरकार में जो संवेदना चिपको के लिए बची थी, वह जाती रही। प्रेस पर सरकारी नियन्त्रण के कारण स्थानीय अख़बार रातों रात बदल गये। प्रतिपक्ष के अधिकांश राजनीतिक कार्यकर्ता गिरफ़्तार कर लिए गये।

पर्वतीय वन बचाओ संघर्ष समिति के संयोजक बिपिन त्रिपाठी ने जब अपने पत्र 'द्रोणाचल प्रहरी' में पाँच लाइन का समाचार छापा कि 'अलमोड़ा में भी गिरफ़्तारियाँ : अलमोड़ा 30 जून :

आज यहाँ आपातृकालीन स्थिति के अन्तर्गत ज़िले के अधिकांश विपक्षी नेता गिरफ़्तार कर लिए गये। इससे पूर्व विपक्षी नेताओं द्वारा क्षेत्रीय समस्याओं को लेकर आमसभा और जुलूस का आयोजन किया जाना था', तो प्रेस की कुड़की और सम्पादक के रूप में उनकी गिरफ़्तारी हुई।[96] यह पत्र अपनी सीमाओं के भीतर निरन्तर जन पक्ष में बोलता रहा और इसी की कीमत उसे आपातृकाल शुरू होते ही चुकानी पड़ी।

आपातृकाल के लागू होने के बाद देश और प्रदेश की सरकार की प्राथमिकताएँ एक़दम बदल गयीं। अब आन्दोलन की भाषा सुनने को सरकार तैयार न थी। अनेक नेता तथा कार्यकर्ता, जो प्रतिपक्ष की राजनीति से जुड़े थे, गिरफ़्तार कर लिए गये। उत्तराखण्ड का सर्वोदय परिवार आपातृकाल के विरोध में नहीं आ सका। लेकिन वह आन्दोलनकारी जयप्रकाश नारायण तथा आपातृकाल को 'अनुशासन पर्व' कहने वाले विनोबा भावे के खेमों में तो बँट ही गया था। इस सबका असर उत्तराखण्ड के चिपको आन्दोलन पर सीधे तौर पर पड़ा। सरकारी तौर पर कुछ चीज़ें होती रही। समाज की ओर से प्रतिरोध का स्वर एक़दम तिरोहित हो गया सा लगता था।

1975 में वन निगम की स्थापना हुई पर ठेकेदारी प्रथा बनी रही। वन निगम उत्तर प्रदेश वन विभाग के अधिकारियों और कुछ नयी नियुक्तियों के साथ शुरू हुआ था। सूखे पेड़ों को काटने और कटवाने का जिम्मा इस विभाग को दिया गया था।[97] इसी साल प्रदेश में अन्य निगमों की स्थापना हुई थी। अगस्त 1975 में आन्दोलन की एक माँग आंशिक रूप से मानी गयी। सरकार ने वन मज़दूरों के लिए 12 फ़ीट × 10 इंच × 5 इंच के स्लीपरों के चिरान हेतु 6 रु. (चीड़) तथा 7.50 रु. (देवदार) प्रति स्लीपर मज़दूरी तय की। श्रमिक समितियों को मिलने वाले 15 प्रतिशत कमीशन में से 5 प्रतिशत मज़दूरों को दिये जाने से उन्हें 6 रु. के स्थान पर 6.30 तथा 7.50 के स्थान पर 7.87 रु. मिलेगा। ढुलान 50 पैसे प्रति चौकी, नाली मिस्त्री को 8.50 रु. प्रतिदिन तथा अन्य मज़दूरों को 6 रु. प्रतिदिन देना तय हुआ। मज़दूरों के लिए राशन की दरें इस तरह तय थीं—आटा 3 किग्रा., चावल, दाल, गुड़, नमक, तम्बाकू 2-2 किग्रा. प्रति रु., घी 3 रु. प्रति किग्रा., तेल 2.50 रु. प्रति किग्रा.।

पर्वतीय नवजीवन मण्डल सिल्यारा के सहयोग से मज़दूरों को प्रशिक्षण देने के लिए 1 सितम्बर 1975 को चम्याला, 4 को देवलिंग, 5 को पालाकुराला, 6 को मुसालगाँव, 7 को किशनपुर, 8 को गंगोरी, 9 को खरादी, 10 को रामासिराई तथा पुरौला में शिविर आयोजित हुए। मज़दूरों से वन निगम कर्मियों तथा सामाजिक कार्यकर्ताओं से मिलने को कहा गया, जहाँ वे वन श्रमिक सहकारी समितियों, ग्राम सभा या पंजीकृत संस्थाओं की प्रेरणा से या सीधे ही वन निगम को अपना नाम लिखा सकते थे।

प्रत्येक मज़दूर को पास बुक और पंजीकरण कार्ड देने का और खाली समय में उनके लिए प्रौढ़ शिक्षा की कक्षाएँ लगाने का प्रस्ताव था।[98] मज़दूरों को सुविधा दिये जाने के क्रम में माह के पहले सप्ताह में लिखित हिसाब, राशन की कीमत और अग्रिम राशि के समायोजन का ब्योरा लिखा होगा, दुर्घटना होने पर वनाधिकारी की राय पर मालदार को अपने खर्चे से चिकित्सा करानी होगी और उस अवधि में आंशिक मज़दूरी देनी होगी; मालदार एक कम्पाउंडर तथा छोटे अस्पताल की, हैजा-चेचक के टीके लगाने तथा मज़दूरों के बच्चों के लिए स्कूल की व्यवस्था भी करेगा।

लेकिन मज़दूरों की बढ़ी हुई राशि उनियाल समिति (जो कि इसके लिए प्रदेश सरकार ने नियुक्त की थी) द्वारा संस्तुत राशि से कम थी। इस परिवर्तन को एक़दम कम नहीं कहा जा सकता था। उनियाल समिति की संस्तुतियों को लागू करने हेतु सरकार पर कहीं से दबाव नहीं पड़ा। यह

प्रकारान्तर में आपातकाल का असर रहा होगा। वन आन्दोलनकारियों ने इसे अब उतना अधिक महत्त्व नहीं दिया, जितना दिया जाना चाहिए था।[99] वन सचिव को सुन्दरलाल ने 24 अगस्त, 1975 के पत्र में लिखा था कि वन निगम पहाड़ी क्षेत्र में काम करने में संकोच न करे। टिहरी गढ़वाल, पश्चिमी तथा कुमाऊँ वृत्तों के 1-1 प्रभाग में निगम द्वारा वन सम्पदा के दोहन का कार्य शुरू किया जा सकता है। इन वन प्रभागों को नीलामी की सूची से अलग रखना व्यावहारिक क़दम होगा।

उत्तरकाशी तथा नरेन्द्रनगर में 8, 9, 10 सितम्बर, 1975 को टिहरी-उत्तरकाशी वन वृत्तों की छोटे-छोटे लाटों की नीलामी हुई। हालाँकि वन ठेकेदारों ने थैलियों के बल पर अड़ंगा डालने का प्रयास किया।[100] सिविल तथा सोयम वनों की सुरक्षा और प्रबन्धन हेतु, टिहरी, उत्तरकाशी, मसूरी तथा चकराता के प्रभागों को मिलाकर एक सोयम वन प्रभाग स्थापित किया गया और सहायक अरण्यपाल का दफ़्तर उत्तरकाशी में खोला गया।[101] 27 सितम्बर, 1975 को भाकपा द्वारा आयोजित जोशीमठ की सभा में वन उद्योगों के राष्ट्रीयकरण तथा दवा, काग़ज़ और लकड़ी उद्योग खोलने की माँग 20 सूत्रीय कार्यक्रम को सफल बनाने के हेतु आयोजित सभा में हुई।[102] अक्टूबर 1975 में वन सचिव स्वयं टिहरी आये ताकि बालगंगा घाटी की श्रमिक संविदा समिति को सहकारी बैंक से मदद मिल सके। सुन्दरलाल बहुगुणा के 18 अक्टूबर, 1975 के पत्र के अनुसार वन सचिव ने यमुना प्रभाग के विटोली जंगल में देवदार के गेलों के लुढ़कान की जाँच करवाई।[103]

सितम्बर-अक्टूबर 1975 में सर्वोदयी कार्यकर्ताओं—योगेशचन्द्र बहुगुणा, घनश्याम सैलानी, गंगाप्रसाद तथा भोलादत्त जोशी—ने शराबबन्दी, जंगल की सुरक्षा तथा स्त्री शक्ति जागरण हेतु देहरादून से ऋषिकेश के बीच यात्रा की। इस क्षेत्र की जनता को सैलानी के गीतों को मुग्ध होकर सुनने का अवसर मिला।[104] अक्टूबर 1975 में कुमाऊँ के छात्रों ने अलमोड़ा से गोपेश्वर तक और श्रीनगर, पौखाल तथा लम्बगाँव के छात्रों ने श्रीनगर से आराकोट-शिमला तक की यात्रा अस्कोट-आराकोट अभियान के तहत की। अलमोड़ा-नैनीताल तथा श्रीनगर के छात्रों की इस मण्डली में वामपन्थी रुझान के अनेक सक्रिय युवक थे। पहले भी वे 'पर्वतीय युवा मोर्चा' की यात्राओं में जाते रहे थे और अगले साल हवालबाग में वृक्षारोपण-दीवाल बन्दी का बेहतरीन काम उन्हें करना था।[105]

11-12 जनवरी, 1976 को अलमोड़ा में रचनात्मक तथा राजनीतिक कार्यकर्ताओं, वन श्रमिकों, युवाओं तथा बुद्धिजीवियों की एक विचार गोष्ठी हुई। इसका आयोजन 'पर्वतीय युवा मोर्चा' ने किया था। चण्डी प्रसाद भट्ट की उपस्थिति तथा मज़दूर शोबन सिंह की अध्यक्षता में आयोजित इस गोष्ठी में मुख्यतः अलमोड़े का वह छात्र वर्ग था, जिसने पहले 'ग्रामीण छात्र संगठन' फिर 'पर्वतीय युवा मोर्चा' के रूप में संगठित होकर वन आन्दोलन को समर्थन दिया था, साथ ही ग्रामीण क्षेत्रों की यात्राएँ कर छात्रों की जनान्दोलनों में भूमिका को तय किया था। इनमें श्रमिक शोबन सिंह, शमशेर बिष्ट, शोबनसिंह नगरकोटी, पूरन तिवारी, प्रदीप टम्टा, चन्द्रशेखर भट्ट, मोहन सिंह, जगत सिंह रौतेला, गोबिन्दसिंह भण्डारी, मोहन जोशी, चन्द्रसिंह कार्की तथा देवेन्द्र आदि थे।

गोष्ठी में जंगलात पर गम्भीर चर्चा हुई और यह राय विकसित हुई कि उत्तराखण्ड के जंगलों के संवर्द्धन और सन्तुलित दोहन से ही लोगों की ज़रूरतें पूरी तथा पर्यावरण की रक्षा की जा सकती है। वन कर्म वन श्रमिक सहकारी समितियों के माध्यम से होना चाहिए ताकि जंगलों की रक्षा और शोषित मज़दूरों का उत्थान हो सके। सरकार से आग्रह किया गया कि वह जून 1976 तक ठेकेदारी समाप्त करने की घोषणा करे। शमशेर बिष्ट के संयोजकत्व में उत्तराखण्ड में वन श्रमिक सहकारी समितियों के विकास हेतु एक उत्तराखण्ड स्तरीय समिति बनाने का निर्णय लिया गया।[106]

फ़रवरी 1976 में दशौली ग्राम स्वराज्य मण्डल की पहल पर कार्यकर्ताओं, शिक्षकों, छात्र-छात्राओं के सहयोग से मद्यनिषेध अभियान चलाया गया, जिसका समापन 12 फ़रवरी, 1976 को हुआ। यात्राएँ, जुलूस तथा सांस्कृतिक कार्यक्रमों से नशे के विरुद्ध चेतना बनाने का प्रयास हुआ। इस कार्य में चण्डी प्रसाद भट्ट, गंगोत्री गर्ब्याल, घनश्याम भट्ट, सुरेन्द्र सिंह लिंगवाल, कूर्मानन्द डिमरी, मुरारी लाल आदि सक्रिय थे।[107] 7 दिसम्बर 1975 से 7 मार्च, 1976 के बीच बालगंगा घाटी के 5 गाँवों में 112 मज़दूरों ने केमर, वासर तथा गोनगड़ श्रम संविदा सहकारी समितियों के माध्यम से उ.प्र. वन निगम के सहयोग से चीड़ के स्लीपर बनाने का कार्य किया।

चिपको आन्दोलन की स्थानीय रोज़गार की माँग को सरकार द्वारा 19 नवम्बर, 1974 को रामचन्द्र उनियाल समिति की रपट के आधार पर माना गया और अगस्त 1975 से लागू किया।[108] इस प्रकार पर्वतीय नव जीवन मण्डल द्वारा प्रेरित केमर, वासर तथा गोनगड़ और फिर हेंवलघाटी संविदा सहकारी समितियों ने अपने ही घर पर 80 मज़दूरों को लीसा निकालने का रोज़गार दिया। अलमोड़ा में चिमतोला, गुरना, सिलंगी तथा मनाण में 4 वन श्रमिक सहकारी समितियों की स्थापना की गयी, जिनमें क्रमशः 35, 40, 50 तथा 38 सदस्य थे। चारों समितियों में मज़दूर के रूप में एक-एक स्नातक भी कार्यरत था। 1976 में वन निगम ने 114 मज़दूरों को लीसा निकालने का कार्य दिया था।[109] 25-27 दिसम्बर, 1975 को चिपको कार्यकर्ता चण्डी प्रसाद भट्ट, बाग सिंह, कृपालसिंह कैयेड़ा, धूम सिंह नेगी तथा शमशेर बिष्ट आदि विनोबा भावे से मिले थे। भावे से श्रम संविदा सहकारी समितियाँ (श्रससस) बनाने की बात पर चर्चा हुई और इसी यात्रा में गुजरात की श्रसस समितियों का अध्ययन किया गया था।[110]

लेखों और प्रतिवेदनों के माध्यम से चिपको के आगामी आयाम प्रकट होते रहे थे। हिमालय की सम्पदाओं पर टिप्पणी करते हुए सुन्दरलाल बहुगुणा ने लिखा था कि 'खनिज सम्पदा के दोहन से प्राकृतिक सौन्दर्य नष्ट न हो और स्थानीय लोगों का जीवन अस्तव्यस्त न हो, बल्कि सम्पन्न हो इसके लिए पहले से ही एक निश्चित नीति निर्धारित होनी चाहिए कि धरती की ऊपरी सतह के साथ कोई छेड़-छाड़ न हो तथा जिन गाँवों में कृषि, पशुपालन मूलक मौजूदा अर्थव्यवस्था इसके फलस्वरूप उजड़े, वहाँ के लोगों को इस कार्य में पूर्ण रोज़गार दिया जाय। यह तब ही सम्भव है जब कि खनिज सम्पदा का दोहन निजी क्षेत्र में कतई न हो। इस कार्य को सरकार स्वयं करे और प्रबन्ध में प्रभावित लोगों को शामिल करे।'[111]

चण्डी प्रसाद भट्ट लिख रहे थे कि 'वनीकरण और वन संवर्द्धन के अनुकूल पूरे देश में माहौल बन रहा है। जिन-आन्दोलनों ने सरकार और जनता का ध्यान वनों की ओर आकर्षित किया है, उनमें 'चिपको' आन्दोलन का निःसन्देह एक प्रमुख स्थान है। अब यह आवश्यक हो गया है कि वनीकरण और वनों की रक्षा का दायित्व सरकार ही नहीं जनता भी सँभाले। इसके लिए सब तरफ़ रचनात्मक प्रयास किये जाने चाहिए।'[112] कोटद्वार में रह रहे बनारसी दास चतुर्वेदी ने लिखा था कि उत्तराखण्ड में वनों की रक्षा से देश की सुरक्षा है।[113]

दरअसल चिरान का सबसे बड़ा सहकारी काम बालगंगा घाटी की तीन श्रम संविदा सहकारी समितियों (श्रससस) ने 22 अप्रैल, 1976 से शुरू किया। प्रारम्भ में इस कार्य में 59 चीरानी पहुँचे। यहाँ उत्तर प्रदेश वन निगम द्वारा चीड़ के लगभग 50 हज़ार स्लीपर निकालने थे। इन समितियों ने नवम्बर 1975 से अप्रैल 1976 तक बालगंगा घाटी में चीड़ के लौटों में चीरान, कटान व ढुलान का कार्य सफलतापूर्वक किया था। क्योंकि ठेकेदारी व्यवस्था में स्थानीय लोगों को रोज़गार देने में उपेक्षा

की जाती थी इसलिए कश्मीर, हिमाचल तथा नेपाल के मज़दूर लाये जाते थे। 1976 में उत्तराखण्ड में मात्र 30 प्रतिशत स्थानीय मज़दूर वन कार्य से जुड़े थे।[114]

अप्रैल 1976 से सरला बहन से परामर्श के बाद धूम सिंह नेगी ने श्रमिक सहकारी समितियों के लिए काम करने का निश्चय किया। वन मज़दूरों के बीच ज़िला उत्तरकाशी में स्थित मुराच के जंगल में रहते हुए उन्हें लगा था कि वन निगम में जो लोग वन विभाग से आये हैं, उनका मानस नया नहीं है, बल्कि मालदारों के जो एजेण्ट और मुंशी वन निगम में आये हैं वे मज़दूरों के प्रति सहानुभूति रखते हैं। लौगिंग आफ़ीसर ने वहाँ का सारा गिरान, चिरान, ढुलान, तार सफान, नाली बहान का कार्य द्वारिकाप्रसाद उनियाल की टौन्स समिति को दे दिया था। इस तरह स्थानीय असली श्रम संविदा समितियों को चलाना कठिन था। उत्तर प्रदेश वन निगम के प्रबन्ध निदेशक जब इस क्षेत्र में आये तो उनियाल उन पर हावी रहे। उनियाल ने नेपाली, हिमाचली तथा गढ़वाली ठेकेदारों को यह कह कर संगठित कर रखा था कि वे वन निगम के डायरेक्टर हैं।[115]

3 मार्च, 1976 को मुख्यमन्त्री नारायणदत्त तिवारी ने गोविन्द बल्लभ पन्त कृषि तथा औद्योगिक विश्वविद्यालय के टिहरी ज़िले में स्थित नवनिर्मित राणीचौरी पर्वतीय परिसर का उद्घाटन किया।[116] इसी माह पूर्व विधायक इन्द्रमणि बडोनी ने मुख्यमन्त्री तथा वन राज्य मन्त्री नरेन्द्र सिंह भण्डारी से औद्योगिक तथा जंगलात नीति बदलने का निवेदन किया ताकि खेती की ज़मीन का विस्तार न हो और पेड़ लगाने की भावना जाग्रत हो।[117] इसी समय पर्वतीय विकास निगम भंग कर गढ़वाल तथा कुमाऊँ मण्डलों के लिए दो निगम बनाने की घोषणा हुई।[118]

30 मई, 1976 को तिलाड़ी दिवस मनाया गया। इस बार इसमें सर्वोदयी तथा कांग्रेसी कार्यकर्ता ही उपस्थित हुए।[119] जून 1976 के पहले पखवाड़े में हेमवतीनन्दन बहुगुणा ने वन विनाश से हो रहे रेगिस्तान के विस्तार की सर्वत्र चर्चा की। हालाँकि वे 20 सूत्रीय कार्यक्रम पर बोल रहे थे पर लगातार स्थानीय मुद्दे भी उठा रहे थे। उन्होंने वनाधारित उद्योग, पर्यटन, बागवानी को प्राथमिकता देने की बात तो कही, पर बाँज के पेड़ों को काटकर सेव लगाना अनुचित बताया।[120] घणसाली में सुन्दरलाल ने हेमवतीनन्दन बहुगुणा के स्वागत में कहा कि हिमालय उनका आभारी है, क्योंकि उनके मुख्यमन्त्रित्व काल में जंगलों की सुरक्षा की दृढ़ नीति विकसित हुई। उधर चमोली में श्रम सहकारी समितियाँ तो कार्यरत थीं ही, लीसे तथा लकड़ी की उपलब्धता इधर बढ़ी। संस्था ने चमखड़िक के स्वीकृत पेड़ लौटा दिये थे। हालाँकि संस्था के सदस्य पेड़ों को देखने गये थे। जब लगा कि पेड़ों को काटकर सड़क तक लाने में अन्य पेड़ों तथा वनस्पतियों को नुक़सान होगा तो संस्था ने आवंटन निरस्त करने हेतु आवेदन कर दिया।

दशौली ग्राम स्वराज्य मण्डल ने वृक्षारोपण का कार्य 1974 से ही शुरू कर दिया था, 1975 में इसे और विस्तार दिया गया जब लगभग 9 हज़ार पौधे रोपे गये। 1 जून, 1976 को मल्ला नागपुर सहकारी समिति तथा टंगसा ग्राम स्वराज्य संघ के सहयोग से 8000 से अधिक पौधे लगाये गये। मई-जून 1978 में वृक्षारोपण का सबसे बड़ा अभियान जोशीमठ में हुआ, जब उसे धँसने से बचाने के लिए तमाम संस्थाओं, प्राइमरी पाठशाला से कॉलेजों-विश्वविद्यालयों तक के छात्रों, पर्वतीय युवा मोर्चा के सदस्यों के सहयोग से 1,10,000 गढ्डे खोदने और 2100 मीटर लम्बी दीवालबन्दी करने का काम हुआ। 180 युवकों (युवा निर्माण समिति गोपेश्वर, दशौली ग्राम स्वराज्य मण्डल, पर्वतीय युवा मोर्चा) तथा जोशीमठ इण्टर कॉलेज के 80 छात्रों ने इसमें सक्रिय भाग लिया। वन विभाग का सहयोग मिला। संस्था ने अपने खर्चे से भी 6000 पेड़ लगाये।[121]

टिहरी में सुन्दरलाल और सहयोगियों की प्रेरणा से वृक्षारोपण कार्य हुआ तो अलमोड़े में अगस्त 1976 में कोसी घाटी में कटारमल के नीचे वृक्षारोपण हेतु पूरे एक माह का शिविर लगाया गया। इस शिविर में सुन्दरलाल और चण्डी प्रसाद दोनों का आगमन हुआ था। शमशेर बिष्ट के संयोजन में हुए इस कार्य में चन्द्रसिंह, ललित पन्त, हरीश जोशी, गोविन्द सिंह भण्डारी, जगत रौतेला, प्रदीप टम्टा, मोहन चन्द्र पाण्डे, दीवान राम, नारायणदत्त भट्ट, षष्टीदत्त जोशी आदि सक्रिय थे। चीड़ क्षेत्र में रोपण करने के बावजूद इस टोली ने बाँज के समर्थन में पोस्टर निकाला था, जो जगह-जगह चिपकाया गया था।[122]

वृक्षारोपण अभियान के अन्तिम दिन 21 अगस्त, 1976 को पूरा दल एक ट्रक में अलमोड़ा शहर आया। तत्पश्चात जुलूस निकाला गया, जिसमें वन सम्पदा के शोषण तथा स्टार पेपर मिल के ख़िलाफ़ नारे लगे और अन्त में सभा का आयोजन हुआ। यह आपातकाल में चिपको कार्यकर्ताओं द्वारा आयोजित अकेली सार्वजनिक सभा थी और उत्साह में की गयी थी। ज़िलाधिकारी मुकुल सनवाल के रचनात्मक रुझान से किसी की गिरफ़्तारी नहीं हुई।

आपात्काल ने चिपको का रूप बदल दिया था। चमोली, अलमोड़ा, टिहरी, उत्तरकाशी में अनेक स्थानों पर जंगलात विभाग तथा अनेक स्थानों पर संस्थाओं द्वारा वृक्षारोपण किया गया। 15 अक्टूबर, 1976 को चिपको आन्दोलन जाँच समिति की रपट सरकार को सौंपी गयी। प्रारम्भ में 30 जून, 1974 को ही यह रपट दी जानी थी, जबकि इसकी स्थापना 9 मई, 1974 को हुई थी। बाद में इसकी अवधि 31 अक्टूबर, 1976 तक बढ़ाई गयी। समिति ने प्रचलित वानिकी के दृष्टिकोण से रेणी के जंगल (दशौली सात, कम्पार्टमेंट नं. 8 तथा 9) में हुए छपान में कोई त्रुटि नहीं पायी थी। लेकिन कटान के बाद पेड़ों को गिराने तथा लुढ़काने से भूमि की क्षति होने तथा भूस्खलन का बढ़ना अवश्यम्भावी माना गया था। साथ ही 1970 में ऋषि गंगा तथा विरही गंगा के बीच अतिवृष्टि के कारण आयी अलकनन्दा की बाढ़ तथा अन्य प्रकार की क्षति को ध्यान में रखते हुए वनों की सुरक्षा को अनिवार्य समझा गया था। उपरोक्त तथ्यों के आधार पर समिति ने सुझाव दिया कि 15 अक्टूबर, 1976 से 15 अक्टूबर 1986 तक रेणी जंगल (यानी दशौली सात, कम्पार्टमेण्ट 8 तथा 9 के 1973-74 में छपे 2451 पेड़) में व्यापारिक कटान स्थगित रखा जाये। इसके पश्चात स्थिति का पुनरावलोकन कर तदनुसार निर्णय लिया जाय।

समिति को लगा कि रेणी जंगल की सुरक्षा के सन्दर्भ में नन्दाकिनी के जलागम क्षेत्र और विशेष रूप से नन्दाकिनी तथा ऋषि गंगा के बीच के अधिक ऊँचाई वाले अस्थिर क्षेत्र पर विचार करने की ज़रूरत है। 1 जुलाई, 1976 को ऊपरी नन्दाकिनी घाटी में (घाट से ऊपर) अपार क्षति हुई थी। इसी तरह विरही गंगा का निजमुल्ला से ऊपर का क्षेत्र तथा गरुड़ गंगा, पाताल गंगा, कर्मनाशा, ढाक गधेरा, रिंगी गधेरा तथा ऋषिगंगा का जलागम भी अत्यन्त अस्थिर क्षेत्र था, जहाँ लगातार अतिवृष्टि तथा भूस्खलन होता रहा था। अतः कटान के अतिरिक्त क्षेत्र को आग तथा चराई से बचाने की ज़रूरत महसूस की गयी थी।

समिति ने इस क्षेत्र को भी आगामी 10 साल के लिए व्यापारिक तथा औद्योगिक दोहन के लिए बन्द रखने के साथ इसे अनियन्त्रित चुगान तथा आग से बचाने का सुझाव दिया था। समिति ने यह विचार दिया कि अस्थिर क्षेत्रों में 10 हज़ार फ़ीट से नीचे खाली स्थानों पर वनीकरण किया जाय और ऊँचाई वाले चरागाह क्षेत्रों में उपयुक्त प्रजाति के घास इत्यादि के बीज की बुवाई या रोपण किया जाय।[123]

25-26 जुलाई, 1976 को उत्तरकाशी में वृक्षारोपण का विशाल शिविर लगा। कमलाराम नौटियाल, घनश्यामसिंह भण्डारी तथा घनश्याम सैलानी आदि इसमें सक्रिय रहे।[124] सुन्दरलाल बहुगुणा ने 'चीड़ के पेड़ों का करुण क्रन्दन' नाम से अपील तैयार की, जिसमें उन्होंने शुकदेव पाण्डे, बनारसीदास चतुर्वेदी, मुकुन्दी लाल, चिदानन्द, दलीप मथाई, विष्णुदत्त उनियाल, उषा पटेल, बिपिन त्रिपाठी, सरला देवी, शमशेर बिष्ट आदि के हस्ताक्षर कराकर इसे अख़बारों में प्रकाशित कराया और पर्चे के रूप में वितरित किया था,[125] जो अंग्रेज़ी में 'The Swan Song of the Chir Pine Trees' शीर्षक से छपा था।[126] कृष्णमुरारी कमेटी ने चीड़ के पेड़ों पर लाखों अवैध घाव देखकर इसे 'वनों के साथ बलात्कार' की संज्ञा दी थी और चीड़ के जंगलों को पाँच साल के लिए विश्राम देने की सिफ़ारिश की थी।[127] स्थानीय पत्रों में सम्पादकीय या विशिष्ट लेखों के रूप में जंगलात पर बहुत कुछ लिखा गया।[128] 1976 में आपातकाल का लाभ लेते हुए टौन्स वन प्रभाग (ज़िला उत्तरकाशी) में चमखड़िक के 173 पेड़ अवैध रूप से काटे गये। ग्रामीणों की शिकायत के बावजूद अपराधी के बदले शिकायत कर्ता को सजा हुई।[129]

स्वामीनाथन कमेटी ने भी वनों की हिफ़ाज़त के सुझाव दिये थे। इनमें से कुछ लागू हुए। इस तरह 1977 में बहुत से निर्णय हुए। 6 अगस्त, 1976 को मुराच के जंगल में कटान हेतु गये श्रमिकों ने वृक्षारोपण किया। यह प्रतीकात्मक चाहे था पर इसके निहितार्थ महत्त्वपूर्ण थे। यह पहली बार हो रहा था कि पेड़ काटने गये श्रमिक पेड़ लगाने में भी जुटे थे।[130] तब अपने भाषण में नेपाली श्रमिकों को सम्बोधित करते हुए बहुगुणा ने हिमालय क्षेत्र की एकता और वन सुरक्षा का महत्त्व समझाया और इसके लिए यात्राओं को ज़रूरी बताया। 4 दिसम्बर, 1976 को देहरादून में उत्तर प्रदेश तथा हिमाचल के मन्त्रियों तथा अधिकारियों की एक महत्त्वपूर्ण बैठक हुई, जिसमें हिमाचल तथा उत्तर प्रदेश की भेड़-बकरियों को चराई हेतु एक-दूसरे के क्षेत्र में ले जाने पर सहमति हुई और इन निर्णयों को 5 साल तक लागू रखने तथा 1982 में इस पर पुनर्विचार करने का निर्णय लिया। घुमन्तू गूजरों को स्थायी रूप से बसाने पर भी बात हुई।[131]

आपातकालीन शक्तियों का इस्तेमाल करते हुए उत्तराखण्ड में अनेक अपराधी गिरफ़्तार किये गये। उत्तरकाशी ज़िले के टौन्स प्रभाग में खेलकूद तथा शटल बनाने हेतु चोरी से चमखड़िक के ढाई लाख रुपये मूल्य के 115 पेड़ काटने वाले नारायण सिंह, मेरठ में वेश्यावृत्ति के अड्डे चलाने वाले महेशानन्द तथा रामसिंह और शराब का धंधा करने वाले महेन्द्रसिंह को रासुका के अन्तर्गत गिरफ़्तार किया गया। ऐसा हर ज़िले में नहीं हुआ। धरपकड़ों से उजागर हुआ कि लकड़ी कटान, लड़कियों को भगाने तथा नशे के धन्धे साथ-साथ हो रहे थे।[132]

दिसम्बर 1976 में श्रमिक समितियों को चिपको आन्दोलन की एक उपलब्धि के रूप में प्रस्तुत किया जा रहा था तो जंगलों की नीलामी के विज्ञापनों में पहली बार सहकारी समितियों के लिए अलग से सूचना छप रही थी।[133] नीलामी स्थल उत्तरकाशी से नरेन्द्रनगर स्थानान्तरित किया गया था। श्रमिकों के वन निगम के साथ सीधे काम करने से सर्वोदयी कार्यकर्ता प्रसन्न थे और सरकार द्वारा वन नीति में किये गये परिवर्तनों को वे मांगलिक मानने लगे थे।[134] यही नहीं 1977 की होली को टिहरी की बालगंगा और भिलंगना घाटियों में वन श्रमिकों के मुक्ति पर्व के रूप में मनाया गया। 150 श्रमिकों की सभा में सुन्दरलाल बहुगुणा ने इसे श्रमिकों द्वारा समाजवाद लाना बताया। सैलानी ने कहा कि श्रमिकों को अपनी कमाई व्यसनों और कुरीतियों में नहीं गँवानी है।[135] इन वक्तव्यों से तमाम कार्यकलापों में कुछ जल्दबाजी होने का अन्दाज़ भी आता था। इसी अंक में टिहरी की पट्टी

लस्या के पाला कुराली गाँव की एक श्रमिक विधवा का विवरण छपा था, जिसका वन श्रमिक पति उत्तरकाशी ज़िले के क्यारीनगुम गाड़ जंगल में मालदार श्यामलाल बत्रा एण्ड कम्पनी के स्लीपर ढोते हुए जनवरी 1977 में दिवंगत हो गया। परिवार के सदस्यों तथा वन विभाग की उपस्थिति बिना उसे दफना दिया गया था। विधवा को अपने पति की हत्या का शक था।

इस साल की एक और महत्त्वपूर्ण घटना थी रिखुण्ड, गैरगड़ जंगल में स्थानीय मज़दूरों की शक्ति जगाने के लिए 25 मार्च, 1977 से 4 अप्रैल, 1977 तक सुन्दरलाल बहुगुणा द्वारा उपवास किया जाना। यह उनकी ज़िन्दगी का तीसरा सार्वजनिक उपवास था। 4 अप्रैल 1977 को श्रमिकों ने संकल्प लिया कि वे गैरगड़ जंगल में स्लीपर बनाने का काम 30 जून, 1977 तक सम्पन्न कर देंगे, जिससे श्रमिकों को सीधे रोज़गार देकर शोषण मुक्त करने वाली यह प्रथम योजना सफल हो सके। श्रमिकों ने अपने संकल्प में कहा था कि अपने घर के निकट नियमित रोज़गार पाना हमारा जन्मसिद्ध अधिकार है और वन प्रधान क्षेत्रों में यह वन सम्पदा के दोहन से ही मिल सकता है। श्रमिकों ने माँग की थी कि वन सम्पदा के दोहन की कार्य योजनाएँ इस तरह बनायी जायें, जिससे निकट के ग्रामीणों को साल भर रोज़गार मिलता रहे और दूर से श्रमिक न लाये जाये। समाजवाद पर कलंक ठेकेदारी प्रथा और सब प्रकार के बिचौलियों के शोषण को अविलम्ब समाप्त किया जाए। श्रमिकों से अपील की गयी कि वे ठेकेदारी प्रथा के अन्तर्गत काम करना बन्द कर दें और सरकार से माँग की गयी कि वन निगम के लाभ में श्रमिकों को भागीदार बनाया जाय।

उपवास समाप्ति पर बहुगुणा ने एक लम्बा व्याख्यान दिया, जो बाद में 'पर्वतीय नवजीवन के अग्रदूत वन श्रमिक' शीर्षक से छपा। उन्होंने कहा था कि जिस तरह बिना धनुष बाण के रामचन्द्र जी का कोई मतलब नहीं है, उसी तरह बिना अस्त्रों के श्रमिकों का। धनुष बाण, आरा, कुल्हाड़ी और स्लीपर ढोने की गद्दियों से सजकर आने से ही गरीबी और बेरोज़गारी के राक्षस का वध होगा। उन्होंने अपने भाषण में वर्तमान समाज को लँगड़ा कहा, क्योंकि इसमें स्त्री का स्थान ही नहीं है। बहिनों द्वारा नदी में छलाँग लगाने के अनेक उदाहरण दिये। महिलाओं को नकार कर कोई समाज खड़ा नहीं रह सकता। उन्होंने बताया कि पुराना समाज श्रमिकों को भेड़-बकरी मानता था और ठेकेदार उन्हें पालसी (गड़रिया) की तरह हाँकता था। जबकि उत्पादक श्रम करने वाला सर्वश्रेष्ठ मनुष्य है।

आगे उन्होंने कहा कि भगवान ने मैदानों में खेती के लिए लम्बे-चौड़े खेत दिये हैं तो पहाड़ों में जंगल देकर कह दिया कि तुम्हारी खेतीबाड़ी यही है। यहाँ की अनाज की खेती तो अनिश्चित है। वर्षा तथा भगवान की कृपा पर निर्भर है। गेहूँ की मामूली फ़सल देख कर उन्होंने कहा कि जंगल की खेती सूखने वाली नहीं है। इससे हमें फ़सल और रोज़गार मिलता रहेगा। उन्होंने जंगल के वर्तमान शैतानी इन्तजाम को बदलने की ज़रूरत बतायी और कहा कि दिल्ली-लखनऊ में हुकूमत बदलेगी लेकिन गाँवों में रामराज्य लाने का काम तो ग्रामीणों को करना है। हरिजनों की सुध लेना भी ज़रूरी है।[136]

चिपको आन्दोलन ने अपनी अनेक माँगों में उत्तराखण्ड में यत्र-तत्र 5 साल के लिए कटान पर रोक लगाने की माँग की थी, जबकि चिपको आन्दोलन समिति ने 10 साल की अवधि सुझाई थी और रेणी जंगल या ऋषिगंगा के इस तरफ़ के जलागम के अलावा कुँवारी पर्वत की धौली-अलकनन्दा, नन्दाकिनी की ढाल तक कटान रोकने का सुझाव दिया था। लेकिन जब अप्रैल 1977 में इस समिति के सुझाव माने गये तो यह आश्चर्यजनक था कि 1,200 वर्ग कि.मी. क्षेत्र में 10 साल के लिए कटान पर रोक लगायी गयी और अन्य 13,000 हेक्टेयर में भी कटान को रोका गया।

1977 के अन्त में जंगलात विभाग द्वारा चिपको आन्दोलन के परामर्श से अलकनन्दा के जलागम में 161 वर्ग कि.मी. और 1978 में 64 वर्ग कि.मी. क्षेत्र को संरक्षित किया गया।[137] एक रोचक तथ्य और उजागर होता है कि आपात्काल में अक्टूबर 1976 में यह रपट मुख्यमन्त्री नारायणदत्त तिवारी को भेजी गयी पर उन्होंने इस पर निर्णय नहीं लिया। प्रेस और जनप्रतिनिधियों को इसकी जानकारी नहीं थी। आपातूकाल के समाप्त होने के बाद नये प्रधानमन्त्री मोरारजी देसाई की दिलचस्पी से इस समिति के सुझावों पर निर्णय लिया गया।[138] यह वन दोहन के इतिहास में सरकार द्वारा लिया गया असाधारण निर्णय था। इससे छपे या छपने वाले जंगलों को बचाने, मिट्टी के जाने की गति को नियन्त्रित करने का मौक़ा तो मिला ही, लेकिन सबसे महत्त्वपूर्ण बात थी सामान्य जनता द्वारा अपने सामान्य सामाजिक-राजनीतिक कार्यकर्ताओं के नेतृत्व में इस बड़ी सफलता को पाना।

इसी उत्साह में जून 1976 में गोपेश्वर तथा अलमोड़े के 21 छात्र चण्डी प्रसाद भट्ट, शिशुपालसिंह कुँवर तथा सच्चिदानन्द भारती के नेतृत्व में सघन वनीकरण का प्रचार तथा प्रत्यक्ष श्रम कार्य करने गये। इस दल ने पहले मई माह में जोशीमठ में वनीकरण, दीवालबन्दी, गढ्डे खोदने तथा क्यारियाँ बनाने का कार्य किया।[139] बाद में जुलाई-अगस्त 1977 में गौनाताल के आसपास मजनू रोपण का अभियान चला, जिसमें सामाजिक कार्यकर्ताओं, ग्रामीणों तथा छात्रों ने हिस्सेदारी की। चिपको आन्दोलन के पास इस समय उपलब्धि और उत्साह दोनों था और इसे इस क्षेत्र के गाँवों-पाणा, इराणी, मनौरा, झिंजी, दुरमी, पगना, गौना, बेरा, अंडुग, निजमुल्ला, सैंजी तथा गाड़ी—तक ले जाना चिपको के तत्कालीन मिज़ाज में अपरिहार्य भी था।[140]

टिहरी की हेंवलघाटी में चीड़ के घायल पेड़ों पर गीली मिट्टी का लेप तथा टाट पट्टी बाँधी जा रही थी। ज़िला प्रशासन का सहयोग मिल रहा था। चमोली के युवक तुंगनाथ तथा अनसूया पर्वतों के बीच धोर्तीधार में पेड़ लगा रहे थे और इधर अलमोड़ा के अनेक स्थानों पर वहाँ के स्थानीय युवक इसी तरह के कार्यकलापों में सक्रिय थे।[141]

इस प्रकार 1977 के मध्य तक चिपको आन्दोलन से जनित दबाव ने जंगलात नीति में अनेक व्यापक परिवर्तन कराने में सफलता प्राप्त की। वन निगम की स्थापना, ठेकेदारी प्रथा का बड़ी सीमा तक अन्त, श्रम संविदा समितियों की स्थापना, नाज़ुक जलागम क्षेत्रों में कटान पर 10 साल तक के लिए रोक, सरकारी कमेटियों में चिपको नेताओं तथा कार्यकर्ताओं का लिया जाना आदि जैसी उपलब्धियाँ द्रष्टव्य थी। वृक्षारोपण तथा महिला मंगल दलों के गठन के काम भी हुए थे। चिपको की राष्ट्रीय तथा अन्तरराष्ट्रीय चर्चा होने लगी थी। मीडिया के लिए चिपको प्रारम्भ से ही अत्यन्त आकर्षक रहा। इन चार सालों में चिपको के अनेक कार्यकर्ता अब नेता बन गये थे और कुछ उन्हें पर्यावरणविद् या दार्शनिक भी बनाने की तैयारी में थे। यह एक प्रकार से चिपको के पहले चरण की पराकाष्ठा का साल था।

लेकिन इसी साल—1977—चिपको का दूसरा चरण भी प्रारम्भ हुआ। यह ज़्यादा आक्रामक और ज़्यादा हिस्सेदारी वाला था। जो दरार चिपको के भीतर अभी चिन्ही जा सकनी सम्भव नहीं थी, वह दूसरे दौर में अपने आप ही प्रकट हो गयी। दूसरे चरण की शुरुआत आपातूकाल के अवसान तथा देश में पहली बार गैर-कांग्रेसी और प्रदेश में गैर-कांग्रेसी और गैर-संविद सरकार के आगमन के साथ हुई। एक प्रकार से अभी तक प्रतिपक्ष की यह राजनीति चिपको आन्दोलन की तात्कालिक माँगों

तथा विकास की दृष्टि की समर्थक थी, पर राज्य व्यवस्था का संचालन करने की शक्ति और अवसर पाते ही इसका व्यवहार ही नहीं चरित्र भी बदला हुआ मिला और इस तरह चिपको आन्दोलन का दूसरा दौर प्रारम्भ हुआ।

सन्दर्भ

1. युगवाणी : 2 जून, 1974
2. टाईगर साप्ताहिक, रामनगर 13 मई, 1974
3. नया ज़माना : 30 मार्च, 1974
4. कमलाराम नौटियाल, गोविन्द सिंह नेगी तथा चन्दन सिंह राणा की ओर से 16 जुलाई, 1974 को जारी परिपत्र तथा पर्वतवाणी : 30 जुलाई, 1974; ख़बर संसार : 6 अगस्त, 1974; नया ज़माना : 17 अगस्त, 1974; कमलाराम नौटियाल, 2009, मेरा जीवन मेरा संघर्ष : 34-37
5. भेंटवार्ता : चन्दन सिंह राणा
6. कमलाराम नौटियाल, 2009, मेरा जीवन मेरा संघर्ष : 34-41; भेंटवार्ता : चन्दन सिंह राणा
7. घनश्याम सैलानी का श्रीनगर से चण्डी प्रसाद भट्ट को मास्को भेजा गया 22 अक्टूबर, 1974 का पत्र
8. कर्मभूमि : 19 अक्टूबर, 1974
9. युगवाणी : 23 जून, 1974; देखें : वयाली जंगल में अनधिकृत कटान की पड़ताल हेतु नियुक्त समिति का प्रतिवेदन : 17 सितम्बर, 1974
10. भाकपा ज़िला मन्त्री चन्दन सिंह राणा का मुख्यमन्त्री, उत्तर प्रदेश को भेजा गया 22 नवम्बर, 1974 का पत्र
11. पर्वतवाणी : 30 जुलाई, 1974
12. भेंटवार्ता : कमलाराम नौटियाल तथा चन्दन सिंह राणा; पर यह तथ्य कमलाराम नौटियाल के संस्मरणों में आने से रह गया है।
13. 29-30 अगस्त, 1974 को आयोजित उत्तरकाशी बातचीत का विवरण। उत्तर प्रदेश शासन पत्रांक 6591/14-2/1974 दिनांक 3 सितम्बर, 1974
14. युगवाणी : 16 जून, 1974
15. शक्ति : 21 जून, 1972, 9 अप्रैल, 1974; ब्लिट्ज : 19 जनवरी, 1974
16. द्रोणाचल प्रहरी : 1 जून, 1973, 2 अप्रैल, 1974
17. द्रोणाचल प्रहरी : 1 तथा 15 जून, 1 तथा 15 जुलाई, 1973 के अंक
18. द्रोणाचल प्रहरी : 1 तथा 16 अगस्त तथा 1 दिसम्बर, 1973
19. विस्तार हेतु देखें : स्टार पेपर मिल्स के चीफ़ कामर्शियल मैनेजर (एफ) डी.सी.जैन का पत्रांक एफ.एच.क्यू./79/कम्प्लेन्ट/1226 दिनांक 20 मार्च, 1974 तथा पत्रांक एफ.एच.क्यू./79/एडीवीटी/39 दिनांक 1 जनवरी, 1974
20. लोक भूमि : 10 जुलाई, 1974
21. बिपिन त्रिपाठी का 29 अगस्त, 1973 का पत्र
22. 25 अप्रैल, 1974 का पत्र
23. ख़बर संसार : 15 अगस्त, 1973

    इसमें बताया गया था कि 1937 में स्थापित यह मिल भावड़ घास पर आधारित थी। 1954-55 में पण्डित पन्त ने वक्र चीड़, थिनिंग तथा स्लेश-ठेकेदार द्वारा जंगल में छोड़ी गयी लकड़ी/छाल– आदि को उपयोग करने का सुझाव दिया तो स्टार पेपर मिल्स ने 4 करोड़ रु. का नया प्लाण्ट लगाया। इस लेख में अख़बारों में स्टार पेपर मिल्स पर लगे आरोपों का जवाब देने का प्रयास किया गया था। अन्त में कुमाऊँ को हुए लाभों तथा स्टार पेपर मिल्स द्वारा पिछले तीन सालों में सरकार को दिये करों का वर्णन था, जिनका तीन साल का जोड़ रु. 7,17,94,000 था :

साल	म्युनिसिपलटैक्स	रायल्टी/एक्साइज ड्यूटी	रेलवे फ्रेट	सेल टैक्स	कस्टम	योग (रु.)
1	1348000	15956000	8036000	3678000	484000	29442000
2	850000	10847000	1553000	2394000	386000	19630000
3	1045000	1946000	5942000	3184000	605000	22722000

बताया गया था कि मिल्स ने 10 हज़ार मज़दूरों को सीधा तथा अन्य हज़ारों लोगों को अप्रत्यक्ष रोज़गार दिया है और पिछले तीन सालों में विजयपुर (अलमोड़ा) कृषि विद्यालय को 4 हज़ार; एम.बी. इण्टर कॉलेज रामनगर को 2,500; गिरिजा देवी कमेटी को 1,000; महात्मा गाँधी शिक्षा संस्थान चनौदा (अलमोड़ा) को 5,000; स्पोर्ट स्टेडियम अलमोड़ा को 3,000; नेत्र चिकित्सालय अलमोड़ा को 3,000; अलमोड़ा क्लब को 2,000 रु. दिये तथा इस साल से 8 छात्रवृत्तियाँ भी मिल्स ने देनी शुरू की हैं। अन्त में सूचना थी कि स्टार पेपर मिल्स को कुमाऊँ क्षेत्र से 20-25 हज़ार टन लकड़ी सालाना मिलती है जबकि खपत एक लाख टन सालाना से ज़्यादा है। अतः उत्तर प्रदेश के अन्य क्षेत्रों, हिमाचल, मध्य प्रदेश तथा अन्य जगहों से लकड़ी लानी पड़ती है।

24. ख़बर संसार : 15 अगस्त, 1973
25. शक्ति : 28 जून, 1974; स्वाधीन प्रजा : 6 अगस्त, 1974; भेंटवार्ता : शमशेर बिष्ट, बिपिन त्रिपाठी
26. शक्ति : 28 जून, 1974
27. 24-25 नवम्बर, 1973 को द्वाराहाट में आयोजित सोशलिस्ट पार्टी के प्रतिनिधि सम्मेलन में पारित प्रस्ताव। सम्मेलन का उद्घाटन प्रताप भैय्या ने और अध्यक्षता स्याल्दे (ज़िला अलमोड़ा) के ब्लाक प्रमुख जसवन्त सिंह बिष्ट ने की थी।
28. दिनमान : 6 अक्टूबर, 1974 : 24; इस बैठक में हरिदत्त पाठक, सदन मिश्र, जगत सिंह पांगती, दीवानसिंह, केदार सिंह कुंजवाल, देबकी कुन्जवाल, सुन्दरलाल बहुगुणा, विश्वेश्वर प्रसाद जोशी, मानसिंह रावत, आनन्द सिंह बिष्ट, राघव प्रसाद द्विवेदी, चण्डी प्रसाद भट्ट आदि थे। ये सभी मूलतः सर्वोदयी कार्यकर्ता थे। उनमें से आनन्द सिंह बिष्ट तथा चण्डी प्रसाद भट्ट चिपको आन्दोलन से प्रत्यक्ष जुड़े थे। चिपको आन्दोलन की गोपेश्वर, मण्डल, फाटा तथा रेणी अभिव्यक्तियों के बाद यह बैठक आयोजित की गयी थी। इसमें अन्य सामाजिक या राजनीतिक कार्यकर्ता नहीं थे।
29. इस समिति के अध्यक्ष जसवन्त सिंह बिष्ट, मन्त्री गोविन्दलाल वर्मा, संयोजक बिपिन त्रिपाठी, प्रचार मन्त्री शेखर पाठक, कोषाध्यक्ष गोविन्द सिंह अधिकारी बनाये गये थे। 31 सदस्यों की समिति में शमशेर बिष्ट, शेरसिंह धौनी, जैतसिंह किरौला, कुँवर सिंह ठेकेदार, पूरनप्रकाश करगेती, मोहन सिंह कपकोटी, आनन्द सिंह पटवाल, लक्ष्मी प्रसाद वर्मा, हरीशचन्द्र सिंह रावत, नारायण रामदास, हरदयाल सिंह मन्त्री पर्वतीय कान्ट्रैक्टर वेलफेयर एसोसियेसन आदि सहित 18 सदस्यों के अलावा 13 स्थान नैनीताल तथा पिथौरागढ़ के लिए छोड़े गये थे। फिर इसमें रानीखेत नवयुवक संघ के महेश पाण्डे तथा एडवोकेट बचीसिंह रावत का नाम भी जुड़ा। देखें : कार्यवाही पंजिका, पर्वतीय वन बचाओ संघर्ष समिति, जो अब स्व. बिपिन त्रिपाठी के संग्रह में उपलब्ध है; लोकालय : 7 सितम्बर, 1974; स्वाधीन प्रजा : 17 सितम्बर, 1974; साप्ताहिक तरुण हिन्द : 15 सितम्बर, 1974
30. युगवाणी : 8 सितम्बर, 1974
31. कार्यवाही पंजिका, पर्वतीय वन बचाओ संघर्ष समिति तथा फ़ाइल
32. दिनमान, 6 अक्टूबर, 1974 : 24-25
33. चण्डी प्रसाद भट्ट का सरला बहन को दिनांक 28 जनवरी, 1978 का पत्र
34. दिनमान : 6 अक्टूबर, 1974 : 24-25
35. युगवाणी : 29 सितम्बर, 1974; दिनमान : 6 अक्टूबर, 1974 : 24-25; नया ज़माना : 7 सितम्बर, 1974
36. उत्तराखण्ड वन बचाओ अभियान कार्यालय, देहरादून से 4 सितम्बर, 1974 को सुरेन्द्र दत्त भट्ट द्वारा अन्य मित्रों को लिखा गया पत्र। इस समय 'चिपको का सन्देश' नाम से छपे पर्चे में, जो 20-21 अगस्त, 1974 को गरुड़ में उत्तराखण्ड के रचनात्मक कार्यकर्ताओं और सर्वोदय सेवकों ने जंगल के विनाश से हुई परिस्थिति पर विचार करने के बाद तैयार हुआ था, जनता से आगे आने का निवेदन किया गया था।
37. देखें : 4 सितम्बर, 1974 का पर्चा
38. युगवाणी : 1 सितम्बर, 1974
39. पर्वतीय : 1 सितम्बर, 1974
40. नौ युवक थे : बिपिन त्रिपाठी, जसवन्तसिंह बिष्ट, गोविन्दलाल वर्मा, शेखर पाठक, शमशेर बिष्ट, हरीशचन्द्र सिंह रावत, घनश्याम दत्त ममगयी, षष्टीदत्त भट्ट तथा पूरनसिंह मेहरा। इनमें से पहले तीन समाजवादी, दो छात्र तथा अन्तिम चार कांग्रेस से जुड़े थे। जसवन्तसिंह बिष्ट तथा हरीशचन्द्र सिंह रावत क्रमशः स्याल्दे तथा भिकियासैण के ब्लाक प्रमुख भी थे। मनीषा आर्याल ने इनकी संख्या 18 कर सबको विद्यार्थी बताया (*Himal*, Jan/Feb 1994 : 13)। दरअसल 18 युवाओं की गिरफ़्तारी अगली नीलामी के समय 28 अक्टूबर, 1974 को हुई।
41. पर्वतीय : 24 तथा 25 सितम्बर, 1974; शक्ति : 27 सितम्बर, 1974; द्रोणाचल प्रहरी : 6 अक्टूबर, 74; उत्तरायण : 28 सितम्बर 1974; कुंजरासन : 25 सितम्बर, 1974; युगवाणी : 29 सितम्बर, 1974; स्वाधीन प्रजा : 1 अक्टूबर, 1974। शक्ति का मुखपृष्ठ शीर्षक था– 'दस युवकों ने वनों की नीलामी स्थगित कराई'; उत्तरायण का मुखपृष्ठ शीर्षक था 'शाबास मित्रो, सारा उत्तरांचल तुम्हारे साथ है'; दिनमान की रपट का शीर्षक था 'सारे उत्तराखण्ड में आन्दोलन के अंकुर', दिनमान :

6 अक्टूबर, 1974 : 24-26; द्रोणाचल प्रहरी का शीर्षक था– 'पर्वतीय वनों, खनिज सम्पदा की लूट व शोषण ख़त्म करने हेतु करो या मरो का आह्वान'।

42. पर्वतीय : 26 सितम्बर, 1974, 7 अक्टूबर, 1974; अमर उजाला : 8 अक्टूबर, 1974

43. द्रोणाचल प्रहरी : 6 अगस्त, 1974

44. अनुपम मिश्र, चिपको : 86

45. युगवाणी : 29 सितम्बर, 1974

46. कार्यवाही पंजिका, पर्वतीय वन बचाओ संघर्ष समिति, अलमोड़ा, 1974-75
यह एक संयोग था कि 14 तथा 15 अक्टूबर 1974 को ही विज्ञान भवन दिल्ली में केन्द्रीय वानिकी बोर्ड की चौदहवीं बैठक हो रही थी। इसमें उत्तर प्रदेश के वन मन्त्री अजितप्रताप सिंह, वन सचिव के.सी. जोशी तथा मुख्य अरण्यपाल जी.एन. सिंह गये थे। इस बैठक में 1968 से प्रस्तुत विषय जल ग्रहण क्षेत्रों में मिट्टी संरक्षण और 1973 से प्रस्तुत पहाड़ी क्षेत्र की परिभाषा जैसे मुद्दों पर बात हुई। हिमाचल के वन मन्त्री ने बताया कि यमुना के हिमाचल में स्थित जलागम क्षेत्र से एक काग़ज़ के कारखाने के लिए पर्याप्त कच्चामाल नहीं मिलेगा। यदि उत्तर प्रदेश में स्थित यमुना के जलागम को भी लिया जाय तो यह कारखाना आर्थिक रूप से सक्षम होगा। राष्ट्रीय वन नीति में संशोधन की ज़रूरत महसूस की गयी। जैसे यह नीति निजी तथा खेती क्षेत्र में भी लागू हो, बिना नया पेड़ रोपित किये कोई पेड़ न कटे, खेती और जंगल में सामंजस्य हो ताकि जंगलों में खेती का विस्तार रुके। इस तरह वृक्षारोपण के वास्ते जंगलात और उद्योगों में सामंजस्य हो, सड़क, नहर, रेलमार्ग और बाँधों के अगल-बगल सघन वृक्षारोपण हो, वनवासियों-जनजातियों के हितों का पूरा ध्यान रखा जाय और लोगों की वन सुरक्षा प्रबन्ध तथा विकास में सक्रिय भागीदारी हो। हिमाचल के मुख्यमन्त्री का हिमालयी जंगलों को बचाने का प्रस्ताव आया था। जंगलात को समवर्ती सूची में लाने का प्रस्ताव भी प्रस्तुत हुआ। चिपको की प्रत्यक्ष चर्चा नहीं हुई थी, न ही उत्तर प्रदेश के वनमन्त्री का कोई वक्तव्य कार्यवाही में मिलता है लेकिन चिपको के द्वारा उठाई गयी कुछ माँगें यहाँ भी थीं हालाँकि उनको देखने का नजरिया ऊपर से था। देखें : Proceeding of the 14th Meeting of the Central Board of Forestry held at Vigyan Bhavan, New Delhi, 14-15 October, 1974

47. शक्ति : 25 अक्टूबर, 1974

48. समिति का 22 अक्टूबर, 1974 का ज्ञापन

49. देखें : पर्चा, शमशेर बिष्ट के संग्रह में

50. अमर उजाला : 25 अक्टूबर, 1974

51. शक्ति : 1 नवम्बर, 1974; कुंजराशन : 30 अक्टूबर, 1974; द्रोणाचल प्रहरी : 1 नवम्बर, 1974
गिरफ़्तार होने वालों में 1. शमशेर बिष्ट 2. शेर सिंह धौनी, 3. षष्टीदत्त भट्ट, 4. बिपिन त्रिपाठी, 5. देवीदत्त पाण्डे, 6. खड़क सिंह बोरा, 7. पूरन शर्मा, 8. घनश्याम दत्त ममगाई (सदस्य ज़िला परिषद्, अलमोड़ा) 9. जसवन्तसिंह बिष्ट, 10. गोविन्दलाल वर्मा, 11. गोपालदत्त पाण्डे (सामाजिक कार्यकर्ता), 12. देवेन्द्र सनवाल, 13. हरीशचन्द्र सिंह रावत, 14. रमेशलाल साह, 15. लक्ष्मी चन्द्र जोशी, 16. दीवान मटियानी, 17. दीपक बेरी तथा 18. बालमसिंह जनोटी। इन 18 में मात्र खड़क सिंह (एडवोकेट) नैनीताल से थे। बाकी सभी अलमोड़ा से आये पर्वतीय वन बचाओ संघर्ष समिति के सदस्य थे।

52. सन्दर्भ उक्त तथा स्वाधीन प्रजा : 5 नवम्बर 1974

53. नरोत्तम प्रसाद त्रिपाठी, विशेष वन सचिव का कार्यालय ज्ञापन 7879/14.2.1974 दिनांक 30 अक्टूबर, 1974, इसमें शमशेर बिष्ट, हरीशचन्द्र सिंह रावत, बिपिन त्रिपाठी, शेरसिंह धौनी, वाई.सी. काण्डपाल, एल.सी. जोशी, असर्फी लाल आदि थे।

54. पर्वतीय : 29 अक्टूबर, 1974

55. पर्वतीय क्षेत्र के लिए नयी वननीति : 25 अक्टूबर, 1974 की बैठक के निर्णयों का सारांश

56. उक्त

57. उक्त

58. 11 नवम्बर 1974 के वनमन्त्री तथा अलमोड़ा से आये पर्वतीय वन बचाओ संघर्ष समिति के सदस्यों व अन्य कार्यकर्ताओं से हुई उनकी बातचीत के मिनिट्स। वन मन्त्री से बातचीत करने बिपिन त्रिपाठी, हरीश रावत, जसवन्तसिंह बिष्ट, लक्ष्मीप्रसाद वर्मा, दलीपसिंह बिष्ट, चमनसिंह अधिकारी, हरीश जोशी, केदार सिंह कुन्जवाल, गोपालदत्त पाण्डे, रमा पन्त, असर्फीलाल गये थे। बैठक में प्रशासन की ओर से आयुक्त तथा जंगलात विभाग की ओर से वन सचिव के.सी. जोशी, मुख्य अरण्यपाल जी.एन. सिंह तथा विशेष सचिव वन एन.पी. त्रिपाठी उपस्थित थे।

59. युगवाणी : 8 दिसम्बर 1974

60. 13, 18 तथा 19 नवम्बर 1974 को सुन्दरलाल बहुगुणा तथा साथियों से हुई वन मन्त्री की बातचीत के मिनिट्स, वन विभाग उत्तर प्रदेश; युगवाणी : 17 नवम्बर 1974।

दरअसल 1974 के अन्त तक समाचार-पत्रों में सुन्दरलाल बहुगुणा चिपको के मुख्य व्यक्ति बन गये थे। इसका एक कारण चण्डी प्रसाद भट्ट का प्रवास में जाना था और दूसरा चिपको के कार्यकर्ताओं में नाम की भूख का न होना। प्रदेश के मन्त्री नरेन्द्र सिंह भण्डारी ने लिख दिया कि बहुगुणा के नेतृत्व में समूचे पर्वतीय क्षेत्र में चिपको चलाने का प्रयास हो रहा है (अमर उजाला दीपावली विशेषांक 1974 : 11)। शक्ति ने बहुगुणा को चिपको प्रणेता कहा (20 सितम्बर, 1974) तो युगवाणी ने उन्हें चिपको का जनक बताया (9 नवम्बर 1975 तथा 23 जनवरी 1977)। अमर उजाला ने भाकपा की महत्त्वपूर्ण भूमिका की चर्चा के बावजूद बहुगुणा को चिपको का जनक कहा (8 सितम्बर, 1974)। युगवाणी ने चण्डी प्रसाद भट्ट को चिपको का प्रेरक बताया (19 जून, 1977)। पर यह प्रचार सर्वोदय हलकों में भी था। गाँधी शान्ति प्रतिष्ठान के एक प्रकाशन में कहा गया था कि सुन्दरलाल बहुगुणा के नेतृत्व में सर्वोदयी कार्यकर्ताओं ने सातों पर्वतीय ज़िलों में चिपको आन्दोलन को फैला दिया है (People's Action, November 1974 : 35-36, GPF, New Delhi)। इन ख़बरों में सर्वोदय की मूल टीम की चर्चा न थी और महिलाओं तथा युवाओं का ही नहीं चमोली के सर्वोदयी तथा भाकपा कार्यकर्ताओं तथा अलमोड़ा के युवाओं का भी ज़िक्र न था। इस तरह गोपेश्वर, मण्डल, फाटा के आन्दोलन तथा नैनीताल की सफल नीलामी विरोध में शामिल साथियों के मन में एक गाँठ जन्मी जो कभी खुल नहीं सकी। दुष्प्रचार अन्ततः न आन्दोलन को आगे ले जाता है और न कार्यकर्ताओं या नेताओं को।

61. पर्वतीय वन बचाओ संघर्ष समिति की कार्यवाही पंजिका 1974-75
62. भेंटवार्ता : सुदर्शन कठैत
63. सुन्दरलाल बहुगुणा, कटान जारी है, दिनमान, 13 अप्रैल, 1975 : 8-9
64. युगवाणी : 17 नवम्बर, 1974
65. दिनमान : 13 अप्रैल, 1975 : पेज 9
66. द्रोणाचल प्रहरी : 1 फ़रवरी, 1975
67. द्रोणाचल प्रहरी : 1 फ़रवरी, 1974; स्वाधीन प्रजा : 14 फ़रवरी, 1975
68. द्रोणाचल प्रहरी : 15 फ़रवरी, 1975, पर्वतीय : 1 फ़रवरी, 1975; भेंटवार्ता : शमेशर बिष्ट, बी.आर. भट्ट, गोविन्दसिंह भण्डारी, सोबन सिंह नगरकोटी, बालम जनोटी
69. द्रोणाचल प्रहरी : 1 फ़रवरी, 1975
70. पर्वतीय : 8 फ़रवरी, 1975
71. द्रोणाचल प्रहरी : 1 जुलाई, 1975
72. बिपिन त्रिपाठी का अतिरिक्त मुख्य अरण्यपाल को 25 नवम्बर, 1974 का पत्र
73. देखें अतिरिक्त मुख्य अरण्यपाल डी.पी. जोशी का बिपिन त्रिपाठी को 19 दिसम्बर, 1974 का पत्र
74. अतिरिक्त मुख्य अरण्यपाल का बिपिन त्रिपाठी को पत्र 18 नवम्बर, 1974 का पत्र
75. उत्तराखण्ड ज्योति : 12 मई, 1974
76. युगवाणी : 8 दिसम्बर, 1974; द्रोणाचल प्रहरी : 1 तथा 15 जनवरी, 1975; शक्ति : 20 अगस्त, 1974
77. देखें : द्रोणाचल प्रहरी : 1 जनवरी, 1975; स्वाधीन प्रजा : 7 जनवरी, 1975
78. द्रोणाचल प्रहरी : 15 फ़रवरी, 1975
79. नरेन्द्र सिंह भण्डारी : चिपको आन्दोलन एक समीक्षा : अमर उजाला, दीपावली विशेषांक 1974 : 11-12
80. शेखर चे, अब पेड़ नहीं हम कटेंगे, अमर उजाला, दीपावली विशेषांक 1974 : 49
81. युगवाणी : गणतन्त्र विशेषांक : 1975
82. जनवरी 1975 में जब उत्तर प्रदेश के वन सचिव ने सुन्दरलाल बहुगुणा तथा चण्डी प्रसाद भट्ट से वन निगम के संचालक मण्डल का सदस्य बनने का आग्रह किया तो बहुगुणा ने लिखा था कि 'अधिक से अधिक समय जनता के बीच जनजागरण के लिए बिताने की दृष्टि से वे सदस्यता स्वीकार नहीं कर सकते थे', पर उन्होंने यह लिखा कि 'यदि उत्तर प्रदेश वन निगम कि दिशा मेरे द्वारा प्रस्तुत विचारों की दिशा में हो तो मैं उसकी सफलता के लिए सदस्य न होते हुए भी काम करूँगा' (बहुगुणा का वन सचिव को 31 जनवरी, 1975 का पत्र)।
83. पर्वतीय दैनिक : 15 मार्च, 1975

    विभिन्न प्रतिपक्षी राजनीतिक दलों के लोग वन आन्दोलन के कारण अपने को कम महत्त्व का महसूस करने लगे थे। वे न स्थानीय स्तर पर वन आन्दोलन में शामिल हो पा रहे थे और न राष्ट्रीय स्तर पर जे.पी. आन्दोलन में। लेकिन 3 फ़रवरी 1975 को अलमोड़े के समाजवादी, जनसंघी, लोक दल के सदस्य तथा कुछ युवक नेताओं ने जे.पी. आन्दोलन के समर्थन में एक संघर्ष समिति का गठन किया और कहा कि स्थानीय ज्वलन्त समस्याओं को लेकर आन्दोलन किया जायेगा। इस

समिति में सोबन सिंह जीना तथा गोबिन्द सिंह बिष्ट (जनसंघ), शेरसिंह धौनी तथा मोहन सिंह कपकोटी (लोकदल), मोतीराम जोशी (संगठन कांग्रेस) तथा छात्रनेता रमेशचन्द्र साह आदि थे (स्वाधीन प्रजा : 24 फ़रवरी, 1975)

84. पर्वतीय : 10 मार्च, 1975

85. युगवाणी : 20 अप्रैल, 1975, वासवानन्द नौटियाल तथा गोविन्द सिंह रावत की ओर से मार्च 1975 में निकाले गये पर्चे में भी वनों की सुरक्षा और हक़-हकूकों की बात साथ-साथ थी।

86. विस्तार हेतु देखें : सुन्दरलाल बहुगुणा व उनके सहयोगियों के साथ दिनांक 27 तथा 28 अप्रैल, 1975 को घणसाली में आर.के. पाटिल, कार्यकारी उपाध्यक्ष भूमि व्यवस्था जाँच समिति, उत्तर प्रदेश तथा वन सचिव के साथ हुई बातचीत के मिनिट्स।

87. विधायक गोविन्द सिंह नेगी का सुन्दरलाल बहुगुणा को 25 अप्रैल, 1975 का पत्र

88. वन सचिव न.प्र. त्रिपाठी का 'टिहरी वन प्रभाग की जनता से अपील', 28 अप्रैल, 1975 को घनसाली से लिखित

89. भेंटवार्ता : चण्डी प्रसाद भट्ट तथा इन्दिरा देवी; अनुपम मिश्र : 88-90

90. गोपेश्वर गाँव का पंचायती वन उत्तराखण्ड के किसी भी ज़िला मुख्यालय में स्थित अकेला पंचायती वन है। यह जंगल तो पुराना रहा होगा और इसका विस्तार वर्तमान गोपेश्वर-मण्डल मोटर मार्ग से ऊपर तक था। 1919 में इसे विधिवत पंचायती जंगल बनाया गया और इसका प्रबन्धन वन पंचायती नियमों के अनुसार होने लगा। 100 हेक्टेयर में फैला यह जंगल आज भी शान से खड़ा है और चिपको की सामुदायिक चेतना बनाने में इसका अप्रतिम योगदान रहा है।

91. युगवाणी : 4 मई, 1975

92. युगवाणी : 6 जुलाई, 1975

93. दिनमान : 11 मई, 1975 : 13-14

94. दिनमान : 18 मई 1975 : 4

'पौण राजा की मूर्ति को देश में ही खोज निकाला जाना खुशी की बात है। पर आज ज़रूरत है उत्तराखण्ड की टुकड़ा-टुकड़ा कर चुराई जा रही विशाल जीवन्त मूर्ति की चोरी रोकने की। वनों के अन्तहीन कटान, खनिज सम्पदा का अपार शोषण, नवयुवक व नवयुवतियों के पलायन के रूप में जो मूर्तियाँ बाहर जा रही हैं, या ले जाई जा रही हैं या यहीं टूट रही हैं, उन्हें यहीं रखना होगा और टूटने से बचाना होगा। मूर्तियों का अपना महत्त्व है पर जीवित मूर्तियों का और भी अधिक महत्त्व है। न मालूम अपने शोषण को महसूसने की चेतना पूरे उत्तराखण्ड में कब तक फैलेगी पर इतना निश्चित है कि चेतना फैलेगी और फैल रही है। एक सीमा से आगे शोषण, अव्यवस्था और आदमी को आदमी न समझने की गलती असहनीय हो जाती है। उत्तराखण्ड में उठ रही चिंगारियों से यह साफ लगता है।'

95. देखें : जन संघर्ष समिति अलमोड़ा का 10 जून, 1975 का माँग पत्र।

96. द्रोणाचल प्रहरी : 1 जुलाई, 1975 तथा भेंटवार्ता : बिपिन त्रिपाठी

97. 1974 में वन निगम की स्थापना के उद्देश्य थे : सरकार द्वारा सौंपे गये पकड़ों का निस्तारण, वन सम्पदा को दोहन; वन विज्ञान सम्बन्धी परियोजनाएँ तैयार करना; वन तथा वन उत्पाद से सम्बन्धित अनुसन्धान कार्य चलाना और राज्य सरकार को वनविज्ञान सम्बन्धी तकनीकी परामर्श देना; ऐसे वनों का प्रवन्ध, अनुरक्षण तथा विकास करना जो राज्य सरकार द्वारा उसे दिये गये हों तथा ऐसे कामों का निर्वहन करना जो राज्य सरकार समय समय पर देती हैं। पर निगम ने कटान और वितरण के अलावा कोई काम नहीं किया। दरअसल सरकार ने ही इन उद्देश्यों को प्राथमिकता नहीं दी।

98. उत्तर प्रदेश सरकार का शासनादेश 5971/14/2/228 दिनांक 23 अगस्त, 1975; दिनमान 18-24 जनवरी, 1976

उनियाल समिति ने निम्न प्रकार अपने सुझाव दिये थे :

उनियाल समिति की संस्तुतियाँ

चिरान प्रति मानक स्लीपर	ठेकेदारों द्वारा 1 अगस्त 1975 से दी जाने वाली मज़दूरी	उनियाल समिति की संस्तुति	सरकार द्वारा अगस्त 1975 से लागू दरें
1. चीड़	3.00 रु.	8.00	6.00
2. देवदार	4.00 रु.	10.00	7.50
ढुलान प्रतिचौकी (200 क़दम)	25 पैसा	65 पैसा	50 पैसा
नालीमिस्त्री की मज़दूरी प्रतिदिन	6.00 रु.	8.50	8.50
नालीमज़दूर की मज़दूरी प्रतिदिन	4.00 रु	6.50	6.00

99. दिनमान, 18-24 जनवरी, 1975 : 9-10
100. नया ज़माना : 20 सितम्बर, 1975
101. नया ज़माना : 20 तथा 27 सितम्बर, 1975
102. नया ज़माना : 11 अक्टूबर, 1975
103. सुन्दरलाल बहुगुणा का वन सचिव को 18 अक्टूबर, 1975 का तथा वन सचिव का 24 अक्टूबर,, 1975 का उत्तर।
104. युगवाणी : 5 अक्टूबर, 1975
105. देखें पर्वतीय : 22 अक्टूबर, 1976, युगवाणी : 26 अक्टूबर, 1976, इस दल में चन्द्र शेखर भट्ट, षष्टीदत्त जोशी, गोविन्दसिंह भण्डारी, प्रदीप टम्टा, शोबनसिंह नगरकोटी, पूरन तिवारी, राजेन्द्र बिष्ट (अलमोड़ा कॉलेज), विनोद पाण्डे, निर्मल जोशी (डी.एस.बी. कॉलेज, नैनीताल) तथा अनिल रस्तोगी (कानपुर वि.वि.) थे। दूसरी टोली में श्रीनगर के वरिष्ठ छात्रों बी. पी. नौटियाल, रवीन्द्र नेगी, बृजलाल बिष्ट, राजपाल सजवाण और एक प्राध्यापक प्रभात उप्रेती के अलावा पौखाल इण्टर कॉलेज के 6 छात्रों और अध्यापक रमेश गैरोला तथा राजीवनयन, किशोर काशीराम तथा सुन्दरलाल बहुगुणा थे (युगवाणी : 19 तथा 26 अक्टूबर, 1975)। बहुगुणा ने आराकोट से हिमाचल के कुछ हिस्सों की भी यात्रा की और वन संरक्षण पर ज़ोर दिया (युगवाणी : 9 नवम्बर 1975)। विस्तार के लिए देखें : पहाड़ का अस्कोट-आराकोट अंक
106. दिनमान : 1-7 फ़रवरी, 1976; मुक्ति संघर्ष : 8 फ़रवरी, 1976
107. युगवाणी : 7 मार्च, 1976
108. दिनमान : 18-24 जनवरी, 1976 : 9-10
109. दिनमान : 28 मार्च-3 अप्रैल, 1976 : 7-8
110. शक्ति : 2 जनवरी, 1976
111. दिनमान : 7-13 नवम्बर, 1976 : 4

सुन्दरलाल बहुगुणा ने इस बीच 'दिनमान' में 'दूध और शराब' (22-28 फ़रवरी, 1976 : 12-14), हिमालय का आजीवन सदस्य (21-27 मार्च, 1976 : 6), श्री गंगाराम (4-10 अप्रैल, 1976 : 26) तथा भादू (13-19 जून, 1976 : 13) जैसे शब्द चित्र लिखे थे। ये सभी उत्तराखण्ड के जीवन की किसी न किसी वास्तविकता को उजागर करते थे।

112. दिनमान : 27 फ़रवरी - 5 मार्च, 1977 : 11
113. युगवाणी : 8 फ़रवरी, 1976
114. नवभारत टाइम्स : 28 मार्च, 1976। केमर ग्राम स्वराज्य सहकारी समिति के सदस्य चन्द्र सिंह ने 67 क्विंटल लीसा निकालकर 8 माह में 3,685 रु. अर्जित कर कीर्तिमान बनाया। मुख्यमन्त्री नारायणदत्त तिवारी द्वारा उन्हें पुरस्कृत किया गया था। पर्वतीय नव जीवन मण्डल सिल्यारा की 5 श्रमिक सहकारी समितियों ने पिछले 8 माह में एक लाख रुपये का रोज़गार दिया। यह समितियाँ मज़दूरों को सरकारी रेट 45 रु. प्रतिदिन के बदले 55 रु. दे रही थी। टिहरी वन प्रभाग में लीसा टिपान के अलावा वन निगम के माध्यम से केमर, गोनगड़ और वासर श्रम संविदा समितियों के 112 मज़दूरों ने 8000 स्लीपरों के चीरान का कार्य सम्पन्न किया और 55 हज़ार रु. की मज़दूरी 2 माह में कमाई ।
115. मुराच जंगल से धूम सिंह नेगी द्वारा चण्डी प्रसाद भट्ट को 28 जून, 1976 को लिखा पत्र
116. युगवाणी : 7 मार्च, 1976
117. युगवाणी : 28 मार्च, 1976
118. युगवाणी : 28 मार्च, 1976
119. युगवाणी : 6 जून, 1976
120. युगवाणी : 20 जून, 1976
121. दिनमान, 27 जून-3 जुलाई, 1976 : 24-27 तथा दिनमान, 18-24 जुलाई, 1976 : 4
122. सुन्दरलाल बहुगुणा, जाग जाग जाग ज्वान, दिनमान : 5-11 सितम्बर, 1976 : 7-8
123. युगवाणी : 24 अक्टूबर, 1976। चिपको आन्दोलन जाँच समिति की रपट 15 अक्टूबर 1976; अप्रैल 1977 में यह सार्वजनिक हुई, अनुपम मिश्र, चिपको : 94-100 में संकलित।

हेमवतीनन्दन बहुगुणा के वायदे के अनुसार इस समिति का गठन किया गया था। इसके अध्यक्ष डॉ. वीरेन्द्र कुमार (जाकिर हुसैन कॉलेज, दिल्ली में वनस्पति विज्ञान के प्राध्यापक) थे तथा आठ सदस्य थे। भाकपा विधायक गोविन्दसिंह नेगी, चण्डी प्रसाद भट्ट, गोविन्दसिंह रावत, अतिरिक्त मुख्य अरण्यपाल (वन प्रबन्धक) नैनीताल, पी.एस. निगम, अधीक्षण अभियन्ता, सिचाई विभाग; निदेशक भूतत्व तथा खनिकर्म उत्तर प्रदेश तथा सदस्य सचिव अरण्यपाल गढ़वाल वृत्त।

समिति की पहली बैठक 27 तथा 28 मई, 1974 को जोशीमठ में हुई और रेणी के जंगल का निरीक्षण करने के साथ

ग्रामवासियों से विचार-विमर्श हुआ। ग्राम प्रधानों और स्थानीय सामाजिक कार्यकर्ताओं के साक्ष्य लिए गये। ऋषिगंगा तथा विरही गंगा के जल ग्रहण क्षेत्रों को विभाजित करने वाली शृंखला का विस्तृत अध्ययन करने हेतु वीरेन्द्र कुमार की अध्यक्षता में एक उपसमिति बनी, जिसके सदस्य निदेशक भूतत्व तथा खनिकर्म उत्तर प्रदेश, निदेशक भूमि संरक्षण देहरादून, चण्डी प्रसाद भट्ट तथा गोविन्द सिंह रावत थे।

समिति का कार्यकाल पहले 30 जून, 1974 तक था। इसे 20.7.74 से 31.7.74 तक, 11.4.75 से 30.6.76 तथा 7.8.76 से 31.10.76 तक बढ़ाया गया। समिति की दूसरी बैठक 10.10.1974 को जोशीमठ में हुई पर क्षेत्रीय परीक्षण की उपसमिति की रपट प्रस्तुत नहीं हो सकी थी। इस बैठक में गैर-सरकारी सदस्य उपस्थित न थे। आश्चर्य है कि 1975 में समिति की कोई बैठक ही नहीं हुई। बल्कि दो साल बाद 12-14 अक्टूबर को उप समिति द्वारा निरीक्षण तथा 15.10.1976 को बैठक निर्धारित हुई। 12 से 14 अक्टूबर, 1976 तक वीरेन्द्र कुमार, चण्डी प्रसाद भट्ट तथा गोविन्द सिंह रावत ने प्रभागीय वनाधिकारी बद्रीनाथ वन प्रभाग को साथ लेकर गरुड़ गंगा के उत्तर तथा रेणी के बीच, पातालगंगा का जलागम (दशौली पाँच- 20, 21, 22 तथा 23), जोशीमठ के ऊपर का क्षेत्र (जोशीमठ 2 ए दशौली, 14, 15, 16, 17, 18, 19, 20), पातालगंगा तथा ढाक गधेरे से ऊपर का क्षेत्र (कुवारी, डेलीसेरा, दशौली क-21, मसाण गैठा, जैताल, तगन्या, लकूड़ी, ध्यालीसेरा, तथा खामा) और रेणी जंगल (दशौली सात-कम्पार्टमेंट 8 तथा 9) का निरीक्षण किया। पर्वत शृंखला के ऊपर यानी कुँवारी पर्वत में वन रेखा से ऊपर अत्यधिक अस्थिरता और ताज़े भूस्खलनों को पाया गया। इसी तरह पाताल गंगा और गरुड़ गंगा के ऊपरी क्षेत्रों की स्थिति थी। यानी सम्पूर्ण कुँवारी पर्वत, जो गरुड़ गंगा से आंशिक रूप से ऋषि गंगा तक धौली-अलकनन्दा में बायीं ओर से मिलने वाली नदियों का जल ग्रहण क्षेत्र है, भूगर्भिक तथा भौमिकीय हलचलों से ग्रस्त पाया गया।

15 अक्टूबर, 1976 को समिति की अन्तिम बैठक में अरण्यपाल गढ़वाल वृत्त ने भी भाग लिया और रेणी जंगल के 1,06,298 पेड़ों (156 प्रति हेक्टेयर) में से छापे गये 2,451 (प्रति हेक्टेयर 39) का छपान वानिकी दृष्टिकोण से सही पाया गया, लेकिन ढुलान और लुढ़कान से बहुत अधिक क्षति की सभावना प्रकट की गयी थी (युगवाणी : 4 जुलाई, 1976)।

124. युगवाणी : 1 अगस्त, 1976
125. दिनमान : 5-11 जून 1977 : 45; World Wild Life & India : 3rd Quarter 1977, News Letter 22 : 4
126. सुन्दरलाल बहुगुणा, चीड़ के वनों का कैन्सर, युगवाणी : 13 मार्च, 1977
127. दिनमान : 5 से 11 जून, 1977 : 45
128. सुन्दरलाल बहुगुणा, मुकन्दीलाल तथा बनारसीदास चतुर्वेदी के लेख (देखें, सत्यपथ : 23 जून, 1976, 7 मार्च, 1977)
129. Bharat Dogra, Forests and People : 32
130. युगवाणी : 15 अगस्त, 1976
131. युगवाणी : 12 दिसम्बर, 1976
132. युगवाणी : 12 दिसम्बर, 1976
133. युगवाणी : 26 दिसम्बर, 1976, धूम सिंह नेगी का लेख, युगवाणी 6 तथा 20 फ़रवरी, 1977 तथा प्रभागीय वनाधिकारी उत्तरकाशी वन प्रभाग के फर तथा देवदार के लौट के 4-7 जनवरी, 1977 को टाउन हॉल, नरेन्द्रनगर में नीलामी होने सम्बन्धी सूचना
134. युगवाणी : 6 मार्च, 1977
135. युगवाणी : 20 मार्च, 1977
136. विस्तार हेतु देखें—वन श्रमिक, पर्वतीय जनजीवन मण्डल, सिल्यारा, टिहरी गढ़वाल 1977; इसके प्रारम्भ में स्वामी चिदानन्द का सन्देश था और परिशिष्ट में श्रमिकों की न्यूनतम मज़दूरी दरें दी गयी थीं। मुखपृष्ठ में सामूहिक संकल्प और अस्त्र पूजा करते हुए बहुगुणा तथा श्रमिकों का फ़ोटो भी छपा था; धूम सिंह नेगी की मासिक डायरी : अप्रैल, 1977
137. नवभारत टाइम्स : 9 अगस्त, 1977; दिनमान, 14-20 अगस्त, 1977 : 28-29; Mae Handes Esterline, Faith in Asia's Poor : 29-30; भेंटवार्ता : गोविन्द सिंह रावत, चण्डी प्रसाद भट्ट, वीरेन्द्र कुमार
138. इण्डियन एक्सप्रेस : 6 अगस्त, 1977
139. युगवाणी : 4 जुलाई, 1976
140. विस्तार हेतु देखें—दिनमान, 14-20 अगस्त, 1977 : 30-32
141. दिनमान, 3-9 जुलाई, 1977 : 14

8

आपातकाल के बाद तीसरी लहर

आपातकाल के लागू होने से इसके उठने तक के 18 महीनों (25 जून 1975-दिसम्बर 1976) में चिपको आन्दोलन में एकदम ठहराव तो न था, लेकिन रेणी के बाद रेणी की तरह का प्रत्यक्ष प्रतिरोध प्रकट नहीं हुआ। इस बीच सरकार द्वारा बनायी गयी जंगलात सम्बन्धी तमाम समितियाँ अपनी तरह से कार्य करती रहीं। हेमवतीनन्दन बहुगुणा को मुख्यमन्त्री पद से हटाये जाने और नारायणदत्त तिवारी के मुख्यमन्त्री बनने के बाद भी इन समितियों के कुछ परिणाम आते रहे। अपने मुख्यमन्त्रित्व के उत्तरार्ध में हेमवतीनन्दन बहुगुणा ने जंगलात तथा पर्वतीय विकास के प्रश्नों को गहराई से समझने का जतन किया था। तब जंगलात सम्बन्धी समितियों के सुझावों का तत्काल कार्यान्वयन किया गया। जंगलात के सन्दर्भ में एक और महत्त्वपूर्ण बात थी एक वनाधिकारी एन.पी. त्रिपाठी को प्रदेश का वन सचिव बनाया जाना। कदाचित् वे प्रदेश के पहले, शायद अब तक के अन्तिम वन सचिव थे, जो मूलतः वनाधिकारी थे। वर्ना इस पद को सिर्फ़ आई.ए.एस. नौकरशाह ही सुशोभित करते रहे हैं।

आपातकाल के दौरान चुप अनेक सर्वोदयी कार्यकर्ताओं का रुझान विनोबा के मुक़ाबले जयप्रकाश नारायण (जे.पी.) की ओर ज़्यादा था। आपातकाल समाप्त होने और जनता पार्टी की लोकसभा तथा विधान सभा चुनावों में जीत के साथ उत्तराखण्ड के सामाजिक कार्यकर्ताओं में से अधिकांश का रुझान जे.पी. ही नहीं जनता पार्टी की ओर भी था। यह रुझान अपेक्षाओं भरा था—पर्वतीय विकास तथा जंगलात के सन्दर्भ में। लेकिन जिस तरह केन्द्रीय सरकार जे.पी. के विचारों तथा हिमालय सम्बन्धी समझदारी का प्रतिनिधित्व नहीं करती थी, उसी तरह उत्तर प्रदेश सरकार भी। इसी दौर में चिपको आन्दोलन और राज्य व्यवस्था की टकराहट ज़्यादा तेज़ हुई और चिपको आन्दोलन अन्य क्षेत्रों में फैला। चिपको की विभिन्न टहनियों का मूल मिज़ाज एक सा होने के बावजूद उनमें अपनी-अपनी तरह का नेतृत्व, क्षमता तथा क्षेत्रगत अन्तर भी था। यह सामाजिक आधार और हिस्सेदारी से जुड़ा हुआ था।

1. उत्तराखण्ड संघर्ष वाहिनी का जन्म

इस दौर की एक महत्त्वपूर्ण घटना थी 25 मई, 1977 को उत्तराखण्ड संघर्ष वाहिनी का गठन। कुमाऊँ क्षेत्र में सक्रिय युवाओं-छात्रों का संगठन 'पर्वतीय युवा मोर्चा'; चमोली ज़िले में सक्रिय 'युवा निर्माण समिति' तथा पूरे उत्तराखण्ड में कार्यरत 'उत्तराखण्ड सर्वोदय मण्डल' के संयुक्त तत्वावधान में उत्तराखण्ड के समग्र विकास के कार्यक्रमों को नया आधार, दिशा, स्वरूप तथा गति देने के लिए उत्तराखण्ड संघर्ष वाहिनी का गठन हुआ। इन समूहों की कुछ बैठकें पहले हो चुकी थीं। स्पष्ट ही उत्तराखण्ड संघर्ष वाहिनी नाम पर छात्र युवा संघर्ष वाहिनी का असर था। यह तय किया गया था कि वाहिनी के कार्यकर्ता सत्ता, सरकार तथा दलगत राजनीति से तटस्थ रहकर शान्तिपूर्ण तथा अहिंसक मर्यादाओं के प्रति वचनबद्ध रहते हुए कार्य करेंगे। गाँवों का दौरा करने और जगह-जगह पर स्थानीय संगठन बनाने का निर्णय हुआ।

उत्तराखण्ड संघर्ष वाहिनी के संस्थापकों में चण्डी प्रसाद भट्ट, शमशेर बिष्ट, आनन्द सिंह बिष्ट, बिपिन त्रिपाठी, योगेश बहुगुणा, कुँवर प्रसून, प्रदीप टम्टा, सच्चिदानन्द भारती आदि थे और इन सभी का चिपको सहित विभिन्न आन्दोलनों तथा सामाजिक कर्म से सीधा सम्बन्ध था।[1] अनेक साथी इस रचना प्रक्रिया की पृष्ठभूमि में थे। 25 मई, 1977 की स्थापना गोष्ठी के आनन्द सिंह बिष्ट द्वारा 1 जून 1977 को भेजे गये विवरण में कहा गया था :

> "...42 लाख की जनसंख्या वाले उत्तराखण्ड का वर्षों से निरन्तर शोषण और प्रतिभा का पलायन होता रहा है। आज़ादी के तीन दशकों के बाद भी लोग शोषण के ख़िलाफ़ तथा समग्र विकास के लिए आवाज़ें उठाने में हैं पर ठोस एवं कारगर रूप से कोई ऐसा कार्यक्रम नहीं बन पाया है जिससे पहाड़ों के विकास को सही दिशा दी जा सके। विभिन्न राजनीतिक दलों ने भी पहाड़ों की समस्याओं को उठाया पर वे अपने दलगत तथा निजी स्वार्थों में इतने जकड़ गये थे कि पर्वतीय जन का विकास तो क्या वे उनके पीड़ित हृदयों को जोड़ पाने में भी समर्थ नहीं हो पाए और पहाड़ों के विकास का मापदण्ड मात्र सड़कों का निर्माण, स्कूलों का खुलना, फ़ौज में भर्ती या कच्चे माल का निरन्तर दोहन मान लिया गया।"

तीन दशकों के निराशापूर्ण विकास को ध्यान में रखकर आनन्द सिंह बिष्ट के संयोजकत्व में आयोजित विकास संगोष्ठी में गहन विचार-विमर्श के बाद उत्तराखण्ड संघर्ष वाहिनी का विधिवत गठन किया गया था। ग्यारह सदस्यों की कार्यकारिणी बनायी गयी, जिसमें योगेश बहुगुणा, कुँवर प्रसून, शमशेर बिष्ट, चण्डी प्रसाद भट्ट, पूरन तिवारी, सच्चिदानन्द भारती, रमेश गैरोला 'पहाड़ी', आनन्द सिंह बिष्ट, घनश्याम सैलानी, सदन प्रसाद मिश्र तथा अश्वनी कुमार पन्त थे। लोक शिक्षण तथा प्रचार हेतु आनन्द सिंह बिष्ट तथा रमेश गैरोला 'पहाड़ी' (चमोली), सच्चिदानन्द भारती (गढ़वाल), कुँवर प्रसून (टिहरी), घनश्याम सैलानी (उत्तरकाशी), योगेश बहुगुणा (देहरादून), चन्द्रशेखर भट्ट (अलमोड़ा), देवसिंह कार्की (पिथौरागढ़) तथा प्रदीप टम्टा (नैनीताल) ज़िलेवार सदस्य चुने गये।

सर्वसम्मति से तय हुआ कि उत्तराखण्ड संघर्ष वाहिनी के सदस्य दलगत राजनीति का उपयोग किसी भी स्थिति में संघर्ष के लिए नहीं करेंगे। वाहिनी का प्रत्येक सदस्य उत्तराखण्ड की सेवा एक निष्पक्ष एवं समर्पित सेवक के रूप में करेगा। पुस्तिका तैयार करने का काम योगेश बहुगुणा, शमशेर बिष्ट, चण्डी प्रसाद भट्ट, आनन्द सिंह और कुँवर प्रसून को सौंपा गया तो प्रकाशन तथा वाहिनी के

कार्यक्रमों को लागू करने हेतु चण्डी प्रसाद भट्ट, बिपिन त्रिपाठी तथा शमशेर बिष्ट की सदस्यता वाली समिति बनायी गयी।[2] सुन्दरलाल बहुगुणा तथा अन्य कुछेक सर्वोदयी कार्यकर्ता इस बैठक में उपस्थित नहीं थे। उन्होंने बाद में अपने एक पत्र में अपने को न बुलाये जाने की शिकायत की थी।[3]

लेकिन अगले साल सुन्दरलाल बहुगुणा ने 14 मई, 1978 को गोमुख जाकर अपना जीवन हिमालय के पर्यावरण की रक्षा तथा प्रकृति और मनुष्य के बीच प्रेम मूलक सम्बन्धों की स्थापना के लिए समर्पित करने का संकल्प लिया। उन्होंने घोषणा की कि वे प्रकृति विनाश के प्रतिरोध में अपनी सारी शक्ति लगा देंगे।[4] यह उनका व्यक्तिगत निर्णय था जबकि अभी अदवाणी का आन्दोलन चला हुआ था और बडियारगढ़ का चलने वाला था। इस तरह सर्वोदय परिवार की सामूहिकता को विस्तार देने और व्यक्तिवाद के उभरने की घटनाएँ इस साल साथ-साथ हुई।

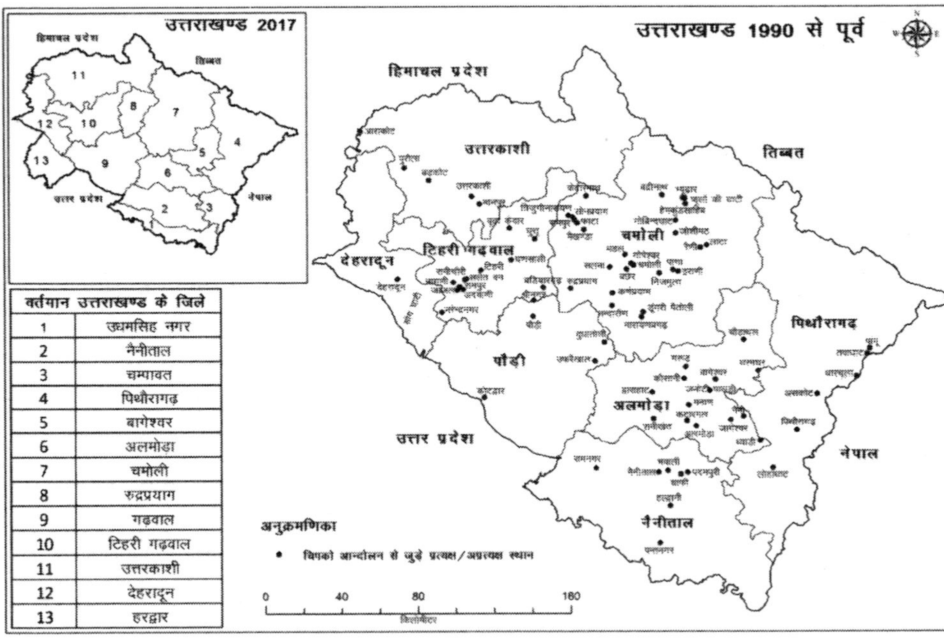

चिपको आन्दोलन से जुड़े प्रत्यक्ष तथा अप्रत्यक्ष स्थान

5 जून, 1977 को पर्यावरण दिवस भिलंगना घाटी (टिहरी), धोर्तीधार (पांगरवाला) चमोली, सिलंगी (अलमोड़ा) और नैनीताल में मनाया गया। भिलंगना घाटी में जलस्रोतों के सूखने, भूस्खलनों के बढ़ने तथा जंगलों के कटान पर सुन्दरलाल बहुगुणा ने चिन्ता व्यक्त की। श्रमदान द्वारा टूटी नहर ठीक की गयी। धोर्तीधार में वृक्षारोपण हेतु गढ्डे बनाने के बाद जुलूस निकला और सभा हुई। चण्डी प्रसाद भट्ट, आनंदसिंह बिष्ट, शिशुपाल सिंह कुँवर, रमेश गैरोला 'पहाड़ी', आलमसिंह बिष्ट आदि सब वहाँ पहुँचे थे। इसी दिन सिलंगी की गोष्ठी में जंगल और खेती के अन्तःसम्बन्धों पर चर्चा हुई और नैनीताल में पर्यावरण और विकास पर केन्द्रित गोष्ठी हुई।[5]

जुलाई 1977 के तीसरे सप्ताह में जब उत्तराखण्ड में अनेक सामाजिक कार्यकर्ता, युवक और छात्र दशौली ग्राम स्वराज्य मण्डल द्वारा आयोजित 'मजनूं रोपण अभियान' में पहुँचे तो लगातार तीन

दिन की वर्षा ने उन्हें 1970 की बाढ़ तथा 1893-94 के भूस्खलन और बाढ़ की कहानी याद दिला दी। 1977 में उनके सामने गौना ताल न था। मलवे और पत्थरों का एक विस्तृत फैलाव था, जिसे अनुपम मिश्र ने 'प्रलय का शिलालेख' कहा था।[6]

अलमोड़े में पर्वतीय युवा मोर्चा के युवाओं द्वारा मनाण क्षेत्र की एक विधवा भागुली देवी को पटवारी द्वारा पीटे जाने के बाद स्थानीय श्रमिक समिति के मुख्य कार्यकर्ता चन्द्रशेखर भट्ट के सहयोग से सोमेश्वर अस्पताल में भर्ती कराया गया, जहाँ से वह 15 मई 1977 को ग़ायब हो गयी थीं। श्रमिक सहकारी समिति मनाण को अपने 2 साल के कार्यकाल में ऐसे 4 मामले पता चले थे। बदनामी के डर से अनेक घर-परिवार अपनी बहू-बेटियों के ग़ायब हो जाने पर खामोश हो जाते थे पर इस बार समिति के सदस्यों ने वास्तविकता जानने के लिए इलाके में कार्य किया।[7] उधर 30 मई, 1977 को गजा (टिहरी) के पास गोतार्स के जंगल में बड़े उत्साह से वन दिवस मनाया गया।

6 जून, 1977 से अनिश्चितकालीन भूख हड़ताल आरम्भ हुई। कहा गया कि यदि महिला और उसकी बच्ची का पता नहीं लगाया गया तो जनता चुनाव बहिष्कार करेगी तथा आपात्काल में अनेक अनियमितताएँ करने वाले स्थानीय पटवारी के कार्यों की जाँच नहीं की गयी। 9 जून, 1977 को मनाण में विशाल जुलूस निकला, जिसमें लगभग 3000 महिलाओं की उपस्थिति थी। यह क्षेत्र के लिए असाधारण घटना थी। इस मामले को लेकर मनाण में बनी जन संघर्ष समिति ने इस मौक़े पर पर्चा भी निकाला था। विधान सभा चुनाव में इसका असर देख कर प्रशासन सक्रिय हुआ। प्रशासन झुका और कुछ माँगें मानी गयीं।[8]

दरअसल 'पर्वतीय युवा मोर्चे' को पहली बार जंगल के प्रश्न के साथ स्थानीय सामाजिक-प्रशासनिक प्रश्नों को समझने का मौक़ा मिला और कदाचित् संगठन को लगा कि सिर्फ़ लकड़ी और लीसे की श्रम सहकारी समिति के काम से क्षेत्र और जनता का भला नहीं हो सकता। इस तरह ये श्रम सहकारी समितियाँ इन युवाओं के लिए सिर्फ़ श्रम करने और कराने में ही नहीं, अपने ग्रामीण समाज को और गहराई से समझ सकने में भी मददगार बनीं।

इसी बीच उत्तर प्रदेश विधान सभा का चुनाव हो गया और सरकार बन गयी। जब उत्तराखण्ड से एक विधायक को मन्त्री तथा दूसरे को उप मन्त्री बनाया गया तो विरोध जताया गया। विशेष रूप से सोबनसिंह जीना को मन्त्री न बनाये जाने का पर्याप्त विरोध हुआ और 8 अप्रैल को अलमोड़ा बन्द का आयोजन हुआ। तत्पश्चात् जीना मन्त्री बनाये गये।[9] वन आन्दोलन के एक सक्रिय कार्यकर्ता बिपिन त्रिपाठी आपात्काल के 18 माह समाप्त हो जाने पर भी जेल में थे और वे 22 माह के बाद मुक्त हुए थे। वोट की राजनीति ने उन्हें महत्त्व देना तो अलग स्मरण तक नहीं किया। इससे जनता पार्टी का चरित्र पूरी तरह सामने आ गया था।

आपात्काल के बाद जंगलों के शोषण का पहला प्रतिकार हेंवलघाटी (टिहरी) में शुरू हुआ। यह घाटी गंगा की सहायक हेंवल नदी का क्षेत्र था और काणाताल के स्रोत से नदी के गंगा में संगम शिवपुरी तक इसका विस्तार था। हरद्वार-ऋषिकेश से टिहरी-उत्तरकाशी होकर गंगोत्री को जाने वाला मार्ग इस घाटी से गुज़रता था। 1949 तक टिहरी रियासत का हिस्सा रहे इस क्षेत्र में श्रीदेव सुमन, जीत जरधारी, गोपेश्वर कोठियाल जैसी प्रतिभाओं का जन्म हुआ था। यह क्षेत्र ब्रिटिश गढ़वाल तथा देहरादून ज़िले से जुड़ा होने के कारण उस चेतना का स्पर्श पाता रहा, जो औपनिवेशिक युग में वहाँ जन्म ले रही थी। चिपको आन्दोलन के बाद बीज बचाओ अभियान को यहीं अंकुरित होने का मौक़ा मिलने वाला था।

दरअसल इस घाटी में खनन विरोधी चेतना 1962-63 में ही प्रकट हो गयी थी[10] और अगले अनेक वर्षों तक यह घाटी रचनात्मक कार्य और आन्दोलनों की दृष्टि से महत्त्वपूर्ण बनी रही। 30 मई 1977 को वन दिवस के दिन हेंवलघाटी की जनता जाजल में इकट्ठा होकर वहाँ से ढोल तथा शंख बजाते हुए 12 कि.मी. दूर स्थित सकलाना राजि के गोतार्स जंगल को रवाना हुई। गोतार्स पहुँचते-पहुँचते अन्य अनेक ग्रामीण इस जुलूस में शामिल हो गये। गोतार्स जंगल की सभा में तिलाड़ी के शहीदों को याद किया गया और फिर लीसा निकालने से घायल चीड़ के पेड़ों में गीली मिट्टी और टाँट लगाये गये। यह पेड़ों/जंगलों के प्रति लोगों का चिपको आन्दोलन से प्रेरित प्रेम था।[11] वर्ना सामान्यता चीड़ के पेड़ों के प्रति इस तरह का मोह स्थानीय जनता में कभी नहीं रहा और न बाद में दिखायी दिया। औपनिवेशिक काल में चीड़ के पेड़ों को औपनिवेशिक सत्ता की सम्पदा के रूप में हिकारत की दृष्टि से देखा जाता था और लीसा दोहन के क्षेत्र तथा चीड़ के जंगल अक्सर आग के लपेटे में आते थे।

सभा में जंगलों की महत्ता, सुरक्षा और प्रबन्ध पर बात हुई और कुजणी पट्टी (हेंवलघाटी) की जनता की ओर से एक प्रस्ताव पारित हुआ। इसे सिल्यारा स्थित सुन्दरलाल बहुगुणा, प्रदेश के वन सचिव, प्रभागीय वनाधिकारी तथा ज़िलाधिकारी टिहरी को भेजा गया। निवेदन किया गया था कि लीसा निकालने के कारण चीड़ के पेड़ सूखने और उखड़ने लगे हैं। अतः यह दोहन बन्द हो, निर्मम दोहन की जाँच हो ताकि जंगलों की सुरक्षा हो सके। ठेकेदारी प्रथा बन्द करने और जब तक ठोस विकल्प खड़ा नहीं होता वन निगम से दोहन कराने का आग्रह किया गया था।[12] इस आयोजन का तत्काल असर नहीं हुआ। हाँ 15-17 जून, 1977 को धरमघर में हुई सर्वोदयी कार्यकर्ताओं की बैठक में मरहम पट्टी अभियान की सराहना हुई।[13]

27 जून 1977 को जाजल में सभा हुई और 'हेंवलघाटी वन सुरक्षा समिति' का गठन किया गया और मरहम पट्टी अभियान को आन्दोलन के रूप में चलाने का निर्णय हुआ। सुन्दरलाल बहुगुणा ने सभा में स्थानीय जनता तथा कार्यकर्ताओं से नयी दृष्टि मिलने की बात कही। हेंवलघाटी वन सुरक्षा समिति ने यह बात पूरी घाटी में फैलाई। समिति के सदस्यों ने भराड़ी तथा जोड़ी टांडा जंगल में चीड़ के पेड़ों का सर्वेक्षण किया। यहाँ चीड़ के घायल पेड़ पर्याप्त संख्या में थे। 25 जुलाई, 1977 को सुमन शहादत दिवस पर सकलाना राजि के मौण बीट के भराड़ी जंगल में जाने का निश्चय किया। इस क्षेत्र को लोहिताल भी कहा जाता है। इस अवसर पर परचा छाप कर जनता, सामान्य प्रशासन तथा जंगलात विभाग को आमन्त्रित किया गया। आन्दोलनकारियों ने तय किया था कि वे चीड़ के घायल पेड़ों की मरहम-पट्टी करने के साथ लीसा निकालने हेतु लगी पत्तियों तथा कसोरों (कूपों) को उखाड़ेंगे ताकि लीसा दोहन का काम पूरी तरह ठप्प हो जाय।[14]

25 जुलाई, 1977 को प्रातः नौ बजे ढोल, नगाड़े और शंख के साथ लगातार वर्षा के बीच जाजल से जुलूस प्रारम्भ हुआ। आन्दोलनकारियों के हाथों में तरह-तरह की तख्तियाँ थी– 'वृक्ष से जल, जल से अन्न, अन्न से प्राण', 'जंगल हमारे प्राण हैं, हम प्राणों की रक्षा करेंगे', 'ठेकेदारी प्रथा समाप्त हो', 'वनों की सुरक्षा, देश की रक्षा' आदि। जुलूस भण्डार गाँव, काकड़ासारी, पाली, कोटी, स्वीकर और कुड़ी गाँवों में पहुँचा। यहाँ सबसे पहले 'खड़ा उट्ठा भाई बन्दौ' गीत सामूहिक स्वर में गाया गया और फिर 'ढोल नगाणा, रण भंकौरा, लीक जंगल जुला' आदि गीत गाये गये। लगभग ढाई सौ ग्रामीण, जिनमें शायद सबसे बुजुर्ग कोटि के 78 साल के रघुनाथ सिंह थे, छाता ओढ़े इन गीतों को दोहरा रहे थे। पहली बार महिलाएँ इस क्षेत्र के प्रदर्शन में देखी गयीं। वे खेती

के लिहाज़ से सर्वाधिक व्यस्त समय में और सतत वर्षा के बीच जंगल में पहुँची थीं। आन्दोलनकारी भाषण, गीत, बातचीत तथा पेड़ों की हालात का सर्वे करते हुए लगभग 4 घण्टे तक जंगल में रहे। वहाँ घावों की नापजोख कर मरहम-पट्टी की गयी। लीसा जमा करने हेतु लगी पत्तियाँ उखाड़ी गयीं और कसोरे निकाल कर अलग रख दिये। आन्दोलनकारियों ने पाया कि चीड़ के पेड़ों पर किये गये घाव 3 से 6 इंच गहरे 4 से 9 इंच चौड़े तथा 6 फ़ीट तक लम्बे हैं, जो सामान्य प्रचलित नियमों की अवहेलना ही नहीं, बल्कि आँधी में जंगल के अधिकांश पेड़ों को गिराने की तैयारी थी।[15] इसी दिन सुन्दरलाल बहुगुणा ने वन और वनवासियों के बीच 'हेंवलिका' के पहले अंक का विमोचन किया।[16] 25 जुलाई, 1977 को ही दिल्ली में केन्द्रीय पेट्रोलियम और रसायन मन्त्री हेमवतीनन्दन बहुगुणा ने पहाड़ी क्षेत्र में रियायती मूल्य पर गैस देने की घोषणा की थी। मुख्यमन्त्री की हैसियत से उनके चेतन अवचेतन में चिपको का जो प्रभाव था यह उसी का परिणाम था[17] जबकि राज्य सरकार दमन में जुटी थी।

पुनः एक बैठक हुई, जिसमें महिलाओं का आह्वान किया गया कि जंगल बचाने में उनकी भूमिका सर्वाधिक निर्णायक और दिशादायक होगी। बैठक में तीस युवकों ने संकल्प व्यक्त किया कि वे सभी लीसा दोहन तथा हरे पेड़ों की कटाई बन्द होने तक जंगल बचाने के आन्दोलन के प्रति समर्पित हैं। धूम सिंह नेगी, कुँवर प्रसून, प्रताप शिखर, विजय जरधारी तथा सुन्दरलाल बहुगुणा आदि प्रमुख कार्यकर्ताओं के नेतृत्व में हेंवलघाटी के चीड़ के जंगलों– गोतार्स, लोहिताल (भराड़ी) और उदखंडा (जोड़ी टांडा)– को तीन कार्य क्षेत्रों में बाँटकर तीन टोलियाँ बनायी गयी। निर्णय लिया गया कि क्षेत्र में सत्याग्रह करने और आन्दोलन को आगे बढ़ाने के लिए हर घर से एक मुट्ठी अनाज इकट्ठा किया जायेगा।

साथ ही यह माँग की गयी कि विधायकों तथा निष्पक्ष व्यक्तियों की जाँच कमेटी घायल जंगलों की दशा देखकर सुझाव दे। अगस्त-सितम्बर में होने वाली जंगलों की नीलामियाँ स्थगित की जायँ, वृक्षारोपण का काम व्यापक तरीके से शुरू हो और स्थानीय प्रजातियों को महत्त्व दिया जाय। ठेकेदारी प्रथा तुरन्त और पूरी तरह समाप्त हो। हेंवलघाटी वन सुरक्षा समिति को ग्राम स्वराज्य समिति बना दिया गया। गोतार्स, भराड़ी तथा जोड़ी टांडा के जंगलों में चले अभियान में घसियारों, लकड़हारों तथा चरवाहों ने भी भाग लिया। जोड़ी टांडा में ठेकेदारों ने अपने नेपाली मज़दूरों को भड़काने का प्रयास किया लेकिन 31 जुलाई, 1977 को पिपलेथ के ग्रामीणों ने शान्तिपूर्ण प्रदर्शन कर इस तनाव को ख़त्म किया।[18]

31 जुलाई, 1977 को ठेकेदारों की शिकायत पर नरेन्द्रनगर थाने की पुलिस जाजल पहुँची। तभी मालूम पड़ा कि ठेकेदारों ने प्रमुख आन्दोलनकारियों पर मुक़दमा दायर किया है तथा अशान्ति फैलाने, मज़दूरों की झोंपड़ियों को जलाने और जंगलात की सम्पदा को नुक़सान पहुँचाने के मामले दर्ज कराये हैं। 4 अगस्त, 1977 को थानेदार पुलिस दल के साथ गोतार्स के जंगल में गया। आन्दोलन का संचालन जाजल तथा जोड़ी टांडा के पशुचारकों की छानियों से हो रहा था। जंगलात विभाग द्वारा पशुचारकों को परेशान करने के कारण फिर रणनीति बदली गयी। इस बीच आन्दोलन जोड़ी टांडा से बनाली तक और गोतार्स से गजा धार अकरिया तक फैलने लगा। जंगलात विभाग तथा ठेकेदार विचलित होने लगे। 'जन लहर' तथा 'लपराल' सहित कुछ समाचार-पत्रों के माध्यम से निहित स्वार्थों द्वारा आन्दोलन के विरुद्ध दुष्प्रचार किया जाने लगा। दूसरी ओर घनश्याम सैलानी

तथा जीवानन्द श्रीयाल ने इस आन्दोलन के लिए क्रमशः 4 तथा 31 जुलाई, 1977 को गीत लिखकर दिये थे।[19]

9 अगस्त को टिहरी वृत्त के अरण्यपाल गोतार्स के जंगल का निरीक्षण करने पहुँचे। उन्होंने अपनी आँखों से सब देखा। घटनास्थल पर उपस्थित रेंजर ने अरण्यपाल को यह तथ्य बताया कि गत अनेक सालों से इस जंगल में अवैध घावों की संख्या तो बढ़ी ही है, वैध घाव भी अनियमित और गहरे हैं।[20] बताया गया कि शिकायत के बाद ठेकेदारों को जुर्माना किया गया। अरण्यपाल ने रेंजर को निलम्बित कर ठेकेदार का पट्टा निरस्त किया और मज़दूरों को जंगल से जाने का आदेश दिया। लीसा जब्त करके ठेकेदार पर मुकदमा चलाने की सोची गयी पर अन्त में रेंजर को बलि का बकरा बनाया गया। अरण्यपाल, जो वैज्ञानिक वन प्रबन्ध तथा एक भी घाव अनियमित न होने बाबत कहते थे, ने अपने को बचा लिया और पेड़ों की हालत देखकर लीसा निकालने का काम बन्द करने का मौखिक आदेश दिया।[21]

जब हेंवलघाटी में चीड़ के पेड़ों की सुरक्षा का आन्दोलन चला ही था और आगामी अक्टूबर में जंगलों की विभिन्न स्थानों पर होने वाली नीलामी का ऐलान हो गया था तभी 14-15 अगस्त, 1977 की रात को सतत वर्षा के बाद हुए भूस्खलन से पिथौरागढ़ ज़िले की नेपाल सीमा पर काली और धौली के संगम से दायें ऊपर स्थित तवाघाट (खेला के आसपास) के गाँवों में भूस्खलन से 32 सैनिकों (18 एस.एस.बी., 4 आई.टी.बी.पी. तथा 10 सेना और तिब्बती टूटू बटालियन)[22] तथा 13 ग्रामीणों की मृत्यु हो गयी। 200 से अधिक जानवर मारे गये। खड़ी फ़सल सहित खेती की ज़मीन बह गयी तथा अनेक मकान ध्वस्त हो गये। बहुत दिनों तक यह समाचार ही नहीं आया।[23]

जब उत्तराखण्ड संघर्ष वाहिनी के चण्डी प्रसाद भट्ट, शमशेर बिष्ट तथा केदार सिंह कुंजवाल सहित कुछ कार्यकर्ता 24 अगस्त को वहाँ पहुँचे और उन्होंने अपनी आँखों से तवाघाट, खेला, गर्गुवा, स्याकुरी, जुम्मा, पलपला, कौलिया आदि गाँव देखे तो दुर्घटना का त्रासद विस्तार पता चला। उनके द्वारा पिथौरागढ़, अलमोड़ा तथा नैनीताल में आयोजित सभाओं से कुमाऊँ में यह समाचार फैला और उनकी रपट के आधार पर 'नवभारत टाइम्स' तथा स्थानीय अख़बारों के माध्यम से त्रासदी का विस्तृत विवरण सामने आया।[24] फिर सुन्दरलाल बहुगुणा क्षेत्र में आये। उन्होंने भी विस्तार से लिखा। तत्पश्चात् कुमाऊँ विश्वविद्यालय के अध्यापकों तथा छात्रों की टोली क्षेत्र में राहत कार्य और सर्वेक्षण के लिए गयी।[25]

उत्तराखण्ड संघर्ष वाहिनी ने स्थानीय लोगों को संगठित करने, भूस्खलन का भूगर्भिक हलचलों तथा जंगलों से रिश्ता समझने और प्रभावित परिवारों को तराई-भाबर में ज़मीन दिलाने का आन्दोलन छेड़ा और 'भूस्खलन संघर्ष समिति' का गठन किया। स्थानीय वरिष्ठ नागरिक खड़क सिंह इसके अध्यक्ष बने। इस तरह 15 सितम्बर, 1977 से संघर्ष शुरू हुआ। इस दिन क्षेत्र के ग्रामीणों ने तवाघाट-ऐलागाड़ से धारचूला के लिए जुलूस निकाला, जिसमें वृद्ध और बच्चे भी शामिल थे। वे नारे लगा रहे थे : 'सीमा पर हम रहते हैं, पत्थरों से दब कर मरते हैं', 'हमें ज़मीन दो या गोली से मार दो'।

तेज़ बारिश में जब 32 कि.मी. दूर धारचूला में यह जुलूस पहुँचा तो स्थानीय जनता भी उसमें शामिल हो गयी। तहसील मुख्यालय में यह जुलूस एक विशाल सभा में बदल गया। सभा की अध्यक्षता ब्लाक प्रमुख जवाहरसिंह नबियाल ने की और ग्रामीणों तथा उत्तराखण्ड संघर्ष वाहिनी के कार्यकर्ताओं ने अपनी बातें विस्तार से रखीं। ग्रामीणों ने कहा कि गाँव में दबकर मरने के बदले

हमने यहाँ अधिकारों के लिए लड़ने की ठानी है। एक पूर्व सैनिक ने कहा कि हम युद्ध क्षेत्र में मरते हैं और घर में भी। इतनी तबाही के बावजूद जन प्रतिनिधियों के क्षेत्र में न आने पर आक्रोश था।[26]

इसी दिन से वयोवृद्ध वनसिंह, प्रतापसिंह, कल्याणसिंह तथा उत्तराखण्ड संघर्ष वाहिनी के शमशेर बिष्ट भूख हड़ताल पर बैठे। लगभग 38 दिन तक सक्रियता से आन्दोलन चलता रहा। अन्य स्थानों के साथी आन्दोलन को सहयोग देने आते रहे। 23 अक्टूबर, 1977 को जब ज़िलाधिकारी ने यह सूचना दी कि प्रदेश सरकार ने प्रभावित परिवारों को तराई में बसाने का निर्णय लिया है और तीन माह के भीतर ज़मीन दे दी जायेगी तो भूख हड़ताल पर बैठे प्रेमराम, कल्याणराम, देवराम तथा धरमराम को परगनाधिकारी ने रस पिलाकर उठाया। इसके बाद एक विशाल सभा खड़क सिंह की अध्यक्षता में हुई और शमशेर बिष्ट ने विस्तार से सरकारी निर्णय का ब्योरा दिया और कहा कि यदि इस अवधि में सरकार ने अपना निर्णय लागू नहीं किया तो पुनः संघर्ष होगा।[27]

यह एक महत्त्वपूर्ण जीत थी क्योंकि इससे पहले या बाद में स्थानीय विस्थापित किसानों को कभी ज़मीन नहीं मिली थी। दशकों से भूस्खलनग्रस्त गर्ब्यांग तथा दर गाँव के निवासियों और काफलीगैर में अलमोड़ा मैग्नेसाइट फैक्ट्री और खनन से विस्थापित ग्रामीणों को भी ज़मीन इस आन्दोलन से जनित दबाव से मिली। आज इन पर्वतवासियों को सितारगंज सम्पूर्णानन्द जेल शिविर के करीब (सिद्ध गर्ब्यांग तथा कल्याणपुर में) बसा हुआ देखा जा सकता है।

जिस तरह 1970 की अलकनन्दा बाढ़ चिपको आन्दोलन के जन्म में एक उत्प्रेरक का काम कर गयी, उसी तरह तवाघाट की आपदा ने अक्टूबर 1977 में होने वाली जंगल की नीलामियों के विरुद्ध माहौल को सक्रियता से भर दिया। तवाघाट से लौटते हुए पिथौरागढ़, अलमोड़ा, नैनीताल तथा गोपेश्वर में हुई सभाओं में जब तवाघाट की त्रासदी का आँखों देखा हाल और प्रशासन, नयी सरकार और जन प्रतिनिधियों की उदासीनता का चित्र रखा गया तो सर्वत्र नीलामियों का विरोध करने की चेतना विकसित होती चली गयी। एक ओर सरकार ने चिपको आन्दोलन समिति के सुझावों को मानते हुए अलकनन्दा तथा उसकी सहायक नदियों के जल ग्रहण क्षेत्रों में 10 साल के लिए कटान पर रोक लगायी, दूसरी ओर तवाघाट त्रासदी ने जंगलों के कटान के दुष्परिणाम कैसे दुर्घटनाओं का घनत्व बढ़ाते हैं, यह सत्य उजागर किया था।[28] फिर भी जंगलात विभाग ने कुमाऊँ के जंगलों को 6-8 अक्टूबर, 1977 को नैनीताल में, टिहरी वृत्त के जंगलों को 13 अक्टूबर, 1977 को नरेन्द्रनगर में तथा देहरादून के जंगलों को 17-18 अक्टूबर, 1977 को देहरादून में नीलाम करने की ठानी थी।

2. नैनीताल में फिर जंगलों की नीलामी

6 अक्टूबर, 1977 को शरद ऋतु की चमकती सुबह को नैनी झील के ऊपरी कोने में फ्लैट्स के पास स्थित रिंक हॉल में जंगलों की नीलामी होनी थी। शहर में धारा 144 लगी थी, क्योंकि उत्तराखण्ड संघर्ष वाहिनी ने विरोध का ऐलान किया था। वाहिनी ने 'वन और हम' पर्चे में मार्क्स और ऐंजेल्स को उद्धृत करते हुए लिखा था कि किस तरह मैसोपोटामिया, यूनान तथा भारत सहित एशिया के अनेक देशों में जंगलों को नष्ट करके उन समाजों ने अपने आपको तबाह किया। पर्चे में उत्तराखण्ड के जंगलों के विनाश के लिए सरकार, अधिकारियों तथा उन राजनीतिज्ञों को ज़िम्मेदार बताया गया था, जिनका झुकाव इन जंगलों से करोड़ों रुपये कमाने वाले सेठों की तरफ़ रहा है। पर्चे के अन्त में कहा गया था कि यदि नीलामी हो भी गयी तब जंगलों के अन्दर जाकर कटान रोकेंगे और अपने को कटने को प्रस्तुत करेंगे।[29]

नैनीताल के नागरिकों के साथ प्रशासन, ठेकेदारों तथा जंगलात विभाग के लोगों ने सुबह देखा कि शहर में जगह-जगह हाथ के लिखे पोस्टर लगे थे, जिनमें जंगलों की नीलामी न करने का आग्रह था, नीलामी करने पर ग़ुस्सा था और इस हेतु संघर्ष करने का आह्वान था। 'जंगलों की लूट बन्द करो', 'पहाड़ों का शोषण बन्द करो', 'अब पेड़ नहीं हम कटेंगे', 'वन जागे, वनवासी जागे' तथा चिपको आन्दोलन के अन्य नारे नैनीताल में जगह-जगह लगे थे। ठेकेदारों तथा अधिकारियों में पोस्टरों को देख कर कानाफूसी हो रही थी कि पोस्टरों से आगे शायद कुछ नहीं होगा। सबके दिमाग़ में आपातकाल के माहौल का असर था और अक्टूबर 1974 के बाद ऐसी स्थिति बीच के सालों में नहीं आयी थी।

10 बजे नीलामी शुरू हुई और लगभग 10.30-11 बजे तल्लीताल डाँठ पर छात्र, नवयुवकों, उत्तराखण्ड संघर्ष वाहिनी तथा कांग्रेसी कार्यकर्ताओं का एक छोटा-सा लगभग 15-20 लोगों का जुलूस नारों के साथ मल्लीताल को चला। इस जुलूस को माल रोड में लोग उसी व्यंग्य भाव से देख रहे थे जैसे 1974 में इन्हीं दिनों शैलेहाल को गये 10 सदस्यों के जुलूस को। मालरोड पार कर मल्लीताल रिक्शा स्टैण्ड से जुलूस रिंक हॉल की ओर मुड़ा।

रिंक हॉल के भीतर-बाहर कुल लगभग 600 लोग थे। यह भारी संख्या ठेकेदार, जंगलात के कर्मचारी-अधिकारी तथा पुलिस वालों से मिल कर बनी थी। बाहर भी पुलिस की बड़ी संख्या थी। नारे लगाता हुआ जुलूस रिंक हॉल के द्वार तक पहुँच गया था। कुछ आन्दोलनकारी वहाँ पहले से पहुँचे हुए थे। पर प्रतिवेदन देने से पहले ही पुलिस द्वारा उन्हें रोक दिया गया। पुलिस ने उत्तराखण्ड संघर्ष वाहिनी के पूरन तिवारी, हरीश करायत, प्रदीप टम्टा, निर्मल जोशी, विनोद पाण्डे, महेन्द्र बिष्ट, शोबन सिंह, नगर कांग्रेस के सचिव विश्वम्भर नाथ साह 'सखा', कांग्रेस कार्यकर्ता विजय पन्त तथा कुमाऊँ विश्वविद्यालय के अध्यापक शेखर पाठक सहित कुल 10 प्रदर्शनकारियों को गिरफ़्तार कर लिया।[30]

गिरफ़्तारी का शहर में एकदम असर हुआ। आम नागरिकों तथा छात्रों के लगभग 1000 की संख्या के इस जुलूस ने बहुत समझदारी से दो भागों में बँट कर एक ओर मल्लीताल थाने को और दूसरी ओर पास में स्थित रिंक हॉल को घेर लिया। यह अप्रत्याशित था पर असहज नहीं। आगामी 28 नवम्बर को फिर ऐसा ही कार्य करके स्थानीय नागरिक और छात्र अपनी दिलचस्पी और प्रतिबद्धता सिद्ध करने वाले थे। रिंक हॉल को घेरे समूह के बीच में से राजीव लोचन साह, राजा बहुगुणा तथा महेन्द्र मटियानी आदि ने हॉल के भीतर घुसने में सफलता पायी। उन्होंने जंगलात विभाग के अधिकारियों तथा ठेकेदारों को अपनी बात बतायी और बाहर मौजूद जन-समूह और उसके ग़ुस्से का हवाला दिया।[31]

थाने तथा रिंक हॉल के भीतर नारे ज्यों-ज्यों तेज़ होते जा रहे थे, जंगलात विभाग तथा ठेकेदारों की दिक्कत बढ़ती जा रही थी। शीघ्र 10 गिरफ़्तार युवाओं को थाने से मुक्त किया गया और नीलामी अनिश्चित काल के लिए स्थगित कर दी गयी। गिरफ़्तारी की ख़बर नैनीताल से शीघ्र अलमोड़ा पहुँची। वहाँ उसी दिन शाम को विशाल आम सभा हुई, जिसमें शमशेर बिष्ट, बालम जनोटी, गणेशदत्त जोशी, जगदम्बा प्रसाद आदि ने बताया कि जो लोग अब मन्त्री बन गये हैं, कुछ ही साल पहले उन्होंने स्वयं जंगलों का कटान रोकने की माँग की थी। आपातकाल से पहले के 34 सूत्रीय कार्यक्रम में जंगलों के अधिकार सम्बन्धी अनेक, कटान रोकने तथा स्टार पेपर मिल से समझौता समाप्त करने बाबत एक-एक सूत्र था। सभा में कहा गया कि यदि नैनीताल में गिरफ़्तार युवक नहीं छोड़े जाते और नीलामी स्थगित नहीं होती है तो अगले दिन अलमोड़े के युवकों का एक

जत्था नैनीताल जाकर प्रदर्शन करेगा। सभा के बीच नैनीताल में गिरफ़्तार युवकों को छोड़े जाने तथा नीलामी स्थगित होने की सूचना मिल गयी। 6 अक्टूबर की शाम को आन्दोलनकारियों ने नैनीताल के रामलीला मैदान में सभा की और स्थानीय नागरिकों को अपना मन्तव्य और रणनीति समझाने का प्रयास किया।[32]

भीतर ही भीतर चिपको आन्दोलन में तनाव तथा अविश्वास उभर रहे थे। ऐसा सरला बहन द्वारा सुन्दरलाल बहुगुणा तथा चण्डी प्रसाद भट्ट को लिखे पत्रों से पता चलता है। ऐसा लगता है कि मई, 1977 में उत्तराखण्ड संघर्ष वाहिनी के जन्म और सितम्बर 1977 में चले तवाघाट आन्दोलन के बाद यह सिलसिला बढ़ता चला गया था। यह गलत अनुमान लगाया जाता रहा कि यह तनाव 28 नवम्बर 1977 के नैनीताल आन्दोलन के बाद हुआ पर सरला बहन के पत्रों से लगता है कि यह पहले अंकुरित हो चुका था और आपात्काल में भी बना रहा।[33]

उधर 11-12 अक्टूबर, 1977 को जयप्रकाश नारायण के जन्म दिन पर दशौली ग्राम स्वराज्य संघ, मल्ला नागपुर सहकारी संविदा समिति, उत्तराखण्ड संघर्ष वाहिनी तथा टंगसा ग्राम स्वराज्य मण्डल ने टंगसा गाँव (ज़िला चमोली) में एक शिविर रखा। इसमें कार्यकर्ता, ग्रामीण जन तथा छात्र समुदाय आया। जंगलों के सुप्रबन्धन तथा छोटे-छोटे उद्योग धन्धों पर लम्बी बातचीत चली। ऊर्जा के प्रश्न के साथ ज़िला मुख्यालय से मात्र 2-4 कि.मी. की दूरी पर स्थित गाँवों में बिजली न होने का सन्दर्भ आया।

बातचीत में यह विचार उभरा कि ग्रामीण क्यों नहीं ख़ुद बिजली बनाएँ। यह घराटों को बिजली घरों में बदलने का यानी 'बिजली सत्याग्रह' के विचार का जन्म था। इस तरह पीताम्बर तिवारी तथा आनन्द सिंह बिष्ट ने अलकनन्दा/बालखिला की छोटी-सी सहायक गोविन्दी नदी पर दिल्ली के एक युवा और समाजोन्मुख अभियन्ता योगेश कुमार के सहयोग से बिजली बनाने का काम शुरू किया। टंगसा के आस-पास के 13 बिजलीविहीन गाँवों को प्रकाशमान करने का काम चिपको आन्दोलन का एक नया पक्ष था। लेकिन गोष्ठी में नैनीताल में हो रही जंगलों की नीलामी को युवाओं द्वारा स्थगित किये जाने और अगली नीलामी का विरोध करने की बात कोई नहीं भूला था, बल्कि इसे पूरा समर्थन दिया गया था।[34]

13 अक्टूबर, 1977 को टिहरी वृत्त के जंगलों की नीलामी नरेन्द्रनगर टाउन हॉल में होनी थी। हेंवलघाटी के आन्दोलनकारियों ने ज़िलाधिकारी, नीलाम अधिकारी और टिहरी वृत्त के अरण्यपाल देवी प्रसाद गुप्ता को प्रार्थना पत्र दिया, जिसमें बताया गया था कि हेंवल नदी के जलागम में खड़े जंगलों को काटने से भूस्खलन और बाढ़ का ख़तरा बढ़ेगा, नदी का प्रवाह अस्थिर होगा और ग्रामीण जन चारे तथा ईंधन से वंचित होंगे। अतः जंगलों की नीलामी की बोली न बोली जाय। पर इतने शान्त निवेदन को अधिकारी कैसे सुनते! नीलामी शुरू हो गयी। अदवाणी तथा सलेत के जंगलों की बोली के लिए ठेकेदार खड़े हो गये। तभी टाउन हॉल के एक कोने से आवाज़ गरजी :

> '...हम हेंवलघाटी के लोग ठेकेदारों को आगाह कर देना चाहते हैं कि वे वहाँ के जंगलों की बोली न बोलें। हम लोग चिपको आन्दोलन चलाकर अपने जंगल नहीं कटने देंगे।'

कुछ ठेकेदार सहमे। उदखण्डा के सबसे बड़े लौट की बोली नहीं लगी। अदवाणी तथा सलेत के जंगल नीलाम हो गये। वन सुरक्षा समिति ने 18 अक्टूबर, 1977 को जाजल में आम सभा का आयोजन किया और यह मत व्यक्त किया कि मुख्यमन्त्री तथा वनमन्त्री से अनुरोध करके नीलामी

निरस्त कराई जाय। मात्र 60 हज़ार में बिके इन दो जंगलों की नीलामी पर सरकार से पुनर्विचार की अपेक्षा की गयी, पर सरकार पर इसका कुछ असर नहीं हुआ। नियमानुसार 40 दिन बाद ठेकेदारों को जंगल काटने की स्वीकृति मिल गयी।

जनता को डराने के लिए जंगलात विभाग ने यह अफ़वाह फैलाई कि यदि वह चिपको आन्दोलन का साथ देगी तो उसे जंगल से मुफ़्त में मिलने वाली घास, पत्ती तथा लकड़ी दी जानी बन्द कर दी जायेगी। फ्री ग्रांट और पी.डी. पर मिलने वाली इमारती लकड़ी नहीं दी जायेगी। ठेकेदारों और उनके मुंशियों की ओर से 'सरकार', 'पुलिस', 'जेल', 'मुक़दमे' जैसे शब्द जनता का मनोबल तोड़ने के लिए लगातार इस्तेमाल किये जाने लगे। कार्यकर्ता अपनी तैयारी में थे। वे गाँव-गाँव जाते और जंगल की व्यथा बताते। जंगल, मिट्टी, पानी का आपसी सम्बन्ध तो सब जानते ही थे पर जंगल कटान का नाम सुनते ही इस सम्बन्ध के टूटने का ख़तरा उनके ऊपर मँडराने लगता।[35]

अक्टूबर के अन्तिम सप्ताह में जब प्रदेश के वनमन्त्री श्रीचन्द अलमोड़ा, ग्वालदम, बदरीनाथ, गोपेश्वर, श्रीनगर, टिहरी, उत्तरकाशी तथा पुरौला होते हुए देहरादून तक का दौरा कर रहे थे तो उन्होंने सर्वत्र चिपको आन्दोलन को धोखा और जनता को गुमराह करने वाला बताया। उनका रुझान पूर्व वनमन्त्री नरेन्द्रसिंह भण्डारी की तरह नहीं था, बल्कि ज़्यादा कठोर और कुतर्क भरा था। दरअसल दोनों ही मन्त्री जनता का नहीं, अपनी सरकार का प्रतिनिधित्व कर रहे थे।[36] पर भण्डारी में समझदारी तथा जन-आन्दोलन को समझने का गुण था।

20 नवम्बर, 1977 को दिल्ली में आयोजित विश्व शाकाहारी कांग्रेस में आये सेंट बार्बे बेकर[37] से सुन्दरलाल बहुगुणा की मुलाक़ात हुई। चिपको आन्दोलन के बारे में जानकर वे 22-26 नवम्बर के बीच उत्तराखण्ड आये। उन्होंने देहरादून, ऋषिकेश, श्रीनगर तथा टिहरी की यात्रा की। टिहरी पहुँचने से पूर्व उन्होंने चीड़ के पेड़ से चिपककर अपना फ़ोटो खिंचवाया।[38] जब अपने चुने हुए जन प्रतिनिधि अपने साथ नहीं आ रहे थे तो उस समय एक प्रतिष्ठित परदेशी वन मित्र के चिपको के समर्थन में दिये गये वक्तव्य वांछित माने जा सकते थे।

अक्टूबर तथा नवम्बर 1977 की जंगलों की नीलामियों के बीच 'शक्ति' ने अपने एक लेख 'पहाड़ों में श्रम, खनिज और वन की लूट बन्द करो' में पहले ठेकेदारों तथा अब वन निगम द्वारा किये जा रहे वनों के शोषण; चनौदा-खीराकोट, छातीखेत, जखेड़ा आदि जगहों पर हो रहे खनन के बीच निरीह पहाड़ी आदमी की स्थिति का वर्णन किया था।[39] उधर नैनीताल में 28-30 नवम्बर, 1977 को पुनः जंगलों की नीलामी की जाने की घोषणा हुई। नैनीताल में 6 अक्टूबर 1977 को नीलामी स्थगित होने के बाद कोटद्वार (जहाँ कुछ तोड़फोड़ हुई)[40] तथा नरेन्द्रनगर में नीलामी स्थगित हुई थी। पर प्रदेश सरकार नीलामी स्थगित न कराने और बहुगुणा सरकार के निर्णय के विपरीत बड़े लौटों में नीलामी कराने हेतु मन बना चुकी थी।

28-30 नवम्बर, 1977 की नीलामी हेतु नैनीताल में की गयी तैयारी डरा देने वाली थी। 18 माह के आपात्काल में इस शहर में ऐसी स्थिति कभी नहीं आयी थी। बुजुर्ग लोग बताते थे कि सन् 1942 में भी नैनीताल में ऐसा नहीं हुआ था। एक हज़ार के लगभग पुलिस, पी.ए.सी, होमगार्ड, फारेस्ट गार्ड और प्रान्तीय रक्षक दल के कर्मचारी नैनीताल लाये गये थे। ऐसे में शरद से शिशिर की ओर जाती ऋतु में गरमाहट स्वाभाविक थी। यह बताया गया था कि नीलामी के विरोध की अपरिहार्य सम्भावना देखते हुए ज़िलाधिकारी ने प्रदेश सरकार को यह आग्रह किया था कि या तो नीलामी का

स्थान बदला जाय या नैनीताल में नीलामी 25 दिसम्बर, 1977 के बाद की जाय, जब शिक्षा संस्थाएँ बन्द हो जाती हैं। पर सरकार और वन मन्त्री ने नैनीताल में और 28-30 नवम्बर, 1977 को ही नीलामी करने का निश्चय किया। 26 नवम्बर को कुछ आन्दोलनकारियों ने पुनः नीलामी स्थगित करने के लिए अनुरोध किया पर वन मन्त्री ने बातचीत करने से इनकार कर दिया। उल्टे उन्होंने कहा कि चिपको आन्दोलन जनता और वन विभाग को गुमराह कर रहा है।

नैनीताल में धारा 144 तो लगी ही थी। 27 नवम्बर को माल रोड तथा ठण्डी सड़क पर पुलिस/पीएसी का फ्लैग मार्च हुआ। 27 की शाम कुछ आन्दोलनकारियों के नाम वारण्ट जारी कर उन्हें गिरफ़्तार करने के प्रयास हुए। नैनीताल क्लब परिसर में स्थित नीलामी स्थल (शैले हॉल) के आगे आम सड़क पर बल्लियाँ लगा करके अवरोध खड़े किये गये। वहाँ पर बड़ी संख्या में पुलिस-पीएसी तैनात थी। शहर में पुलिस-पी.ए.सी. लगभग हर तरफ़ गश्त लगा रही थी। नैनीताल क्लब के चारों ओर और विशेष रूप से शैले हॉल पर बन्दूकधारी पी.ए.सी. सिपाहियों का कड़ा पहरा था। 27 नवम्बर, 1977 की शाम तक सैकड़ों ठेकेदार नैनीताल में आ चुके थे। ज़िला प्रशासन, वन विभाग तथा ठेकेदारों को इस बार के इन्तजाम से कदाचित् सन्तोष था पर उनके अवचेतन में एक भय भी था।

आन्दोलनकारियों में कुछ स्थानीय छात्र, अध्यापक, पत्रकार तथा राजनीतिक कार्यकर्ता थे तथा कुछ के अलमोड़ा से आने की सम्भावना थी। पुलिस की बड़ी संख्या तल्लीताल बस अड्डे पर निरन्तर मौजूद थी ताकि बाहर से आने वालों पर कड़ी नज़र रखी जा सके। नैनीताल के आन्दोलनकारी गिरफ़्तारी से लगातार बचते हुए तैयारी कर रहे थे। 26 नवम्बर, 1977 से ही वे भूमिगत हो गये और उस और अगली रात वे अलग-अलग जगहों पर रहे। कुछ ने छात्रों के हॉस्टिल में शरण ली तथा कुछ ने मित्रों के घरों में। आन्दोलनकारी 27 नवम्बर, 1977 की शाम को ज़्यादा बेचैन थे और लाचारी महसूस कर रहे थे कि पिछली बार की तरह कल वे नीलामी का सफल विरोध नहीं कर पायेंगे। कभी उन्हें शंका होती थी कि वे प्रतीकात्मक विरोध, जिसकी वे तैयारी कर रहे थे, भी कर पायेंगे या नहीं! दमन की कोशिशों तथा अभिव्यक्ति को प्रतिबन्धित करने से उन्हें ग़ुस्सा तथा रंज दोनों था।

27 नवम्बर, 1977 की रात आते-आते आन्दोलनकारियों को अपने सांस्कृतिक हथियारों का ख्याल आया और अपनी परम्परा से कुछ प्रभावशाली प्रतीक या प्रसंगों को ढूँढ़ने की कोशिश हुई। इस क्रम में जंगल सत्याग्रह के समय 1926 में उत्तराखण्ड के प्रसिद्ध कवि गौरी दत्त पाण्डे 'गौर्दा' की लिखी 'वृक्षन को विलाप'[41] कविता का स्मरण संस्कृतिकर्मी गिरीश तिवारी 'गिर्दा' और उनके साथियों को आया। पेड़ों की ओर से कही गयी इस कविता की शुरुआत यों थी :

'बुलै नि सकना तुमन अघ्याड़ी, लागिंयाँ भें जन्में मुख माल।
जागा है हम हलकी नि सकना, स्वर्ग टुका में जाड़ पाताल'।

(पेड़ आदमी से कह रहे हैं– कि तुम्हारे सामने बोल नहीं सकते। मुँह पर जन्म से 'माल' (जानवरों के मुँह पर लगाया जाने वाला जाल) लगा रहता है। अपनी जगह से हम हिल नहीं सकते। हमारे सिर अगर आकाश में हैं तो जड़ें पाताल में...)

आन्दोलनकारियों के बीच परामर्श हुआ और गिर्दा ने इस गीत के साथ दो नयी पंक्तियाँ जोड़ दी। वे भी पेड़ों की ओर से थीं :

'आज हिमाल तुमन कैं धत्यूछ, जागौ जागौ हो मेरा लाल।
नी करि दी हालौ हमरी नीलामी, नी करण दियो हमरो हलाल।'

(आज हिमालय तुम्हें जगाता है कि जागो जागो मेरे लाल! कि मत होने दो मेरा नीलाम और मत होने दो मेरा हलाल!)

अगली सुबह प्रयुक्त किया जाने वाला अस्त्र मिल गया था। ये आश्चर्य तथा राहत से भरे क्षण थे। आन्दोलनकारियों को लगा कि लड़ाई के असली हथियार अपनी परम्परा से ही मिलते हैं और उन्हें विस्मृति के गर्भ से ढूँढ़ना पड़ता है। रात में ही गौर्दा का संग्रह मँगाया गया और प्रसिद्ध पर्वतीय वाद्य यन्त्र 'हुड़के' की व्यवस्था की गयी और एक-दो बार गाने का अभ्यास भी किया गया। पर इसके बावजूद एक रचनात्मक तनाव अगली दोपहर तक बना रहा।[42]

3. अट्ठाइस नवम्बर उन्नीस सौ सतहत्तर

28 नवम्बर, 1977 की सुबह हुई। चुप सी नैनी झील में नगर झाँक रहा था और आसमान भी। इस प्रतिबिम्ब में न दमन की प्रक्रिया दिखती थी और न इसके विरोध में विकसित हो रहा प्रतिकार ही। प्राकृतिक मौसम के लिहाज़ से साफ़-सुथरा दिन था। अपने-अपने स्थानों पर सब जगे। जंगलात विभाग, ठेकेदार, प्रशासन, नगर के नागरिक और आन्दोलनकारी। प्रशासन आत्मविश्वास से लबालब भरा था क्योंकि शहर में आन्दोलनकारियों के हाथ से लिखे कोई पोस्टर कहीं नहीं लगे थे। आन्दोलनकारियों के दो समूहों की आपस में मुलाक़ात नहीं हो पायी थी और 28 नवम्बर, 1977 की सुबह तक यह पता भी न था कि अलमोड़ा या अन्यत्र से कोई पहुँचा कि नहीं।

नैनीताल के बच्चे सुबह 8.30 बजे के बाद ही अपने स्कूलों को जाने लगे थे। 9.30 के बाद दफ़्तरों वाले जाने लगे थे। दुकानदार अपने-अपने प्रतिष्ठानों की ओर बढ़े। मुट्ठी भर भूमिगत आन्दोलनकारियों के लिए इस तरह खुलेआम आना कठिन था। वे अपने विरोध को दर्ज करने से पहले गिरफ़्तार नहीं होना चाहते थे। लगभग 8.30 बजे मल्लीताल में मित्रों के घरों या हॉस्टल में रात को रहे साथी एक दो-एक दो करके ब्रुकहिल के नाले से सचिवालय, फिर टेलीफ़ोन एक्सचेंज से नीचे बड़े नाले से होकर रॉयल होटल के पिछवाड़े पहुँचने में कामयाब हुए। इस मौसम में इस नाले में पानी कम रहता था।

सुबह 9.30 बजे के आसपास ठेकेदारों का शैले हॉल की ओर आना शुरू हो गया था। यह मार्ग आज सामान्य आवागमन के लिए बन्द था। इसलिए ठेकेदारों को अपने अलावा सिर्फ़ पुलिस दिखायी दे रही थी। वे समूह में जा रहे थे पर वन आन्दोलनकारी धारा 144 का पालन करते हुए 1-1, 2-2 करके रॉयल होटल की दीवाल फाँदकर शैले हॉल के गेट के नीचे और सेवन ओक्स भवन (अब इसमें नैनीताल बैंक का मुख्य कार्यालय है) से कुछ आगे लगी हुई बल्लियों के अवरोध तक पहुँचने में कामयाब हुए। कुछ ठेकेदारों की नज़रें उनसे मिली, पर शायद ठेकेदारों को विश्वास नहीं हुआ। पुलिस किसी को रुकने नहीं दे रही थी।

ठेकेदार आ ही रहे थे कि गिरीश तिवारी 'गिर्दा' ने 'आज हिमाल तुमन कैं धत्यूछ जागौ जागौ हो मेरा लाल' गाना शुरू किया। वे स्वयं हुड़का बजा रहे थे। अन्य साथी उत्तराखण्ड संघर्ष वाहिनी के विनोद पाण्डे, राजा बहुगुणा, षष्टीदत्त भट्ट, जनता पार्टी के महेन्द्र मटियानी, शोध छात्र दिवान मटियानी, 'नैनीताल समाचार' सम्पादक राजीवलोचन साह तथा विश्वविद्यालय के अध्यापक शेखर पाठक गीत को दोहरा रहे थे। मनौरा के एक मज़दूर जसराम ने जैसे ही इन्हें गाते हुए देखा, वह

अपने काम में न जाकर इस समूह में शामिल हो गये। वे सभी गाते हुए शैले हॉल की ओर बढ़ने लगे। वे जाते हुए ठेकेदारों से कह रहे थे :

'पहाड़ की मिट्टी को नीलाम न होने दो, पेड़ नहीं रहेंगे तो पहाड़ नहीं रहेगा'।

उपहास सा करते ठेकेदारों पर जब इसका असर न होता तो आन्दोलनकारी कहते :

'जंगल यहाँ नीलाम हो भी जायेंगे तो क्या? हम जंगलों में जाकर पेड़ों की रक्षा करेंगे। वहाँ तुम्हारी रक्षा पुलिस नहीं करेगी'।

गीत और हुड़के की जुगलबन्दी जारी रही।

'..हमन उज्याड़ी फिरि के करला, पछिल तुमारो मन पछताल
आपुण भलो जो अघिल सूं चाछा, पालों सैंतों करों समाल...
जसी पीड़ तुमन कैं हुंछ, उसै हमारा हूनी हवाल
फरक हमन तुमन में युतुकें छ, हम जड़ मूक बिना मुखवाल...'

(हमें उजाड़ कर आगे क्या करोगे? बाद में तुम्हारा मन पछताने लगेगा। यदि अपना भला चाहते हो तो पाल पोश कर हमारी हिफ़ाज़त करो...जैसी पीड़ा तुम्हें होती है, वैसी ही हमें भी होती है। तुममें और हममें फ़र्क़ सिर्फ़ यही है कि हम चुप हैं और बोल नहीं सकते हैं।...)

बीच-बीच में उभर रहे नारे इस जुगलबन्दी को और प्रभावशाली बनाते थे। लगभग एक घण्टे तक प्रतिरोध की यह सांस्कृतिक रंगत इस अत्यन्त दमनकारी माहौल पर छायी रही। गीत सुनते हुए अनेक ठेकेदार भी अपने को प्रभावित पा रहे थे। आन्दोलनकरियों के समूह में लोगों की संख्या बढ़ रही थी।[43] आन्दोलनकारी अत्यन्त तल्लीन होकर गा रहे थे। कहीं बहुत भीतर से यह आवाज़ आ रही थी। गिरीश तिवारी गिर्दा गाने और हुड़का बजाने के साथ बीच-बीच में गीत का अनुवाद सुना रहे थे। कभी अतिरिक्त टिप्पणी कर रहे थे। यह गिरीश तिवारी गिर्दा के रूपान्तरण का दिन भी था क्योंकि प्रत्यक्ष जन-आन्दोलन में उनका आगमन इसी दिन हुआ।

उधर तल्लीताल बस अड्डे से नगर कांग्रेस सचिव विश्वम्भरनाथ साह 'सखा' के नेतृत्व में एक जुलूस मल्लीताल को आने की कोशिश करने लगा। इसमें उत्तराखण्ड संघर्ष वाहिनी के निर्मल जोशी, प्रदीप टम्टा, महेन्द्र बिष्ट, प्रकाश फुलोरिया, जीवनसिंह तथा श्रमिक नेता हरीशचन्द्र चन्दोला थे। उन्हें वहीं पर रोक कर पुलिस ठेले में ठूँस दिया गया। वे नारे लगा रहे थे : 'वन नीति बदले', 'स्टार पेपर मिल से समझौता रद्द हो' तथा 'पहाड़ों की लूट बन्द करो' आदि-आदि। उन्हें गिरफ़्तार कर ठेले से भवाली के रास्ते हल्द्वानी ले जाया गया। शायद पहले पुलिस का उन्हें कहीं भवाली-लोहाघाट मार्ग के जंगल में छोड़ने का इरादा था पर फिर वे भवाली से हल्द्वानी को ले जाये गये।[44] इस तरह ये सात आन्दोलनकारी पहले ही गिरफ़्तार कर लिए गये थे।

शैले हॉल के आगे मार्ग में किये गये अवरोध पर पेड़ों की ओर से उन्हें नीलाम न करने का विनम्र निवेदन कर रहे आन्दोलनकारियों के साथ लोगों को जुड़ते देख पुलिस द्वारा उनसे कहा गया कि वे तत्काल हट जायें। आन्दोलनकारियों ने जंगलात के बड़े अधिकारियों को बुलाकर उन्हें अपना ज्ञापन दिया। पर हटे नहीं। उनसे पुनः कहा गया कि हट जायें। इस बीच समूह में कुछ और साथी शामिल हो गये। गौर्दा का गीत एक खास तरह की करुणा और सद्भाव पैदा कर रहा था। इसलिए पुलिस ने अब तक डण्डे नहीं चलाये और न ज्यादती की। लेकिन इससे प्रशासन की दिक्कत बढ़ रही थी। हालाँकि इस गीत से नीलामी रुकने की उन्हें कोई उम्मीद न थी। पुलिस के लिए यह कठिन समय था क्योंकि यह समूह गिरफ़्तार करने लायक नहीं लगता था।

कुछ समय बाद आन्दोलनकारियों को उनकी गिरफ़्तारी की सूचना दी गयी। उन्हें पुलिस के घेरे में ले लिया गया। पुलिस में आन्दोलन के प्रति संवेदनशील लोग थे। पर उन्हें अपना काम करना था। आन्दोलनकारी गाते हुए लेकिन अत्यन्त धीमी गति से मल्लीताल के बड़ा बाज़ार की ओर चलने लगे। बड़ा बाज़ार के मकानों से स्थानीय निवासी इस समूह को पुलिस के घेरे के बीच गाता हुआ देख रहे थे। गौर्दा की पंक्तियाँ करुणा तथा उदासी के साथ कहीं न कहीं आक्रोश भी कुछ लोगों के मन में जन्मा रही थीं। गिरफ़्तारी की घोषणा के बाद से गीत के बीच-बीच में नारे ज़्यादा लगने लगे और तब हुड़का चुप रहने लगा था। 'तानाशाही नहीं चली थी, नहीं चलेगी', 'पेड़ नहीं हम कटेंगे', 'हमला चाहे जैसा होगा, हाथ हमारा नहीं उठेगा' जैसे नारे लग रहे थे। नारे दोहराने वालों की संख्या बढ़ रही थी।

लगभग एक घण्टे का समय गिरफ़्तारी की घोषणा के बाद से मल्लीताल रिक्शा स्टेण्ड के पास गोविन्द बल्लभ पन्त प्रतिमा तक पहुँचने में लगा और 'वृक्षन को विलाप' के माध्यम से पेड़ों और पहाड़ी जनता की पीड़ा को प्रस्तुत किया जाता रहा। मल्लीताल स्टेट बैंक और पण्डित पन्त प्रतिमा के बीच गीत के साथ चांचरी नृत्य शुरू हो गया और हिस्सेदारों की संख्या भी बढ़ गयी। पुलिस ने अब कुछ सख्ती दिखायी और आन्दोलनकारियों से पी.एस.सी. ट्रक में चढ़ने को कहा गया। बल्कि अब यह प्रबन्धन पी.एस.सी के हाथ में आ गया। तब तक यहाँ पर हज़ार से ऊपर लोग जमा हो गये थे।

इसी बीच राजकीय इण्टर कॉलेज के छात्र तल्लीताल से जुलूस की शक्ल में मल्लीताल पहुँच गये। इनमें से कुछ छात्र अपने घरों को भी चले गये। सी.आर.एस.टी. इण्टर कॉलेज के कुछ बच्चे, कदाचित् हाफ टाइम में या कक्षा छोड़कर, यहाँ पर आ गये थे। मल्लीताल रिक्शा स्टेण्ड इस कॉलेज के बहुत करीब था। इसी बीच सी.आर.एस.टी. इण्टर कॉलेज की घण्टी किसी छात्र ने बजा दी। इस तरह सभी छात्र यहाँ पर आ गये। पुलिस के लिए दिक्कत बढ़ने लगी थी। राजकीय इण्टर कॉलेज तथा सी.आर.एस.टी. इण्टर कॉलेज के छात्रों के बालमनों पर गीत का गहरा असर हुआ। आन्दोलनकारियों को गिरफ्तार कर ले जाये जाने के बाद मल्लीताल में आन्दोलन की कमान इन्ही छात्रों ने सँभाली।[45]

आन्दोलनकारियों के यह कहने पर कि वे तल्लीताल तक पैदल जायेंगे कुछ देर उन्हें धकियाने तथा छीना-झपटी का दौर चला। तत्पश्चात् पुलिस-पी.एस.सी ने जबरन एक-एक कर आन्दोलनकारियों को ठेले में डालना शुरू किया। जसराम, षष्टीदत्त जोशी, गोविन्द सिंह, षष्टीदत्त भट्ट, विजय पन्त, नैन सिंह, राजा बहुगुणा, विनोद पाण्डे, राजीवलोचन साह, महेन्द्र मटियानी, गिरीश तिवारी, शेखर पाठक, जसवन्त नेगी और दीवान मटियानी को ठेलों पर चढ़ाया गया। गिरीश तिवारी का पहले कालर पकड़ा गया फिर उन्हें हाथ-पैर पकड़कर ठेले में डाला गया तो दीवान मटियानी को सड़क पर रगड़ा और घसीटा गया।

पी.ए.सी. के इस क्रूर व्यवहार से उपस्थित छात्रों तथा नागरिकों पर तीव्र प्रतिक्रिया हुई। दर्जनों छात्र पहले पुलिस ट्रक के आगे खड़े हो गये, फिर लेट गये और तब तक अड़े रहे जब तक ट्रक में चढ़ाये गये आन्दोलनकारियों ने उनसे हटने का अनुरोध नहीं किया। आन्दोलनकारियों को हल्द्वानी ले जाया गया। रास्ते में उन्हें मल-मूत्र त्यागने की अनुमति नहीं दी गयी। हल्द्वानी हवालात में 7 आन्दोलनकारी पहले और फिर ये 14 भी पहुँचाये गये।[46]

नैनीताल में तल्लीताल तथा मल्लीताल से 21 आन्दोलनकारियों की गिरफ़्तारी तथा बिना गन्तव्य बताये उन्हें शहर से बाहर ले जाये जाने पर जनाक्रोश तीव्र हो गया। इस बीच अलमोड़ा से

युवा नेता और उत्तराखण्ड संघर्ष वाहिनी के प्रमुख कार्यकर्ता शमशेर बिष्ट और उनके साथी चन्द्रशेखर भट्ट और कपिलेश भोज नैनीताल पहुँच गये थे। मल्लीताल में पुलिस ने उन्हें प्रदर्शन के स्वरूप पर विचार करने का अवसर नहीं दिया। जन समुदाय से कुछ कहने के इरादे से शमशेर बिष्ट मल्लीताल रिक्शा स्टेण्ड के पास पेशाबघर की छत पर चढ़ गये। उन्होंने वहाँ से कहा कि हमें हर हालत में शान्तिपूर्वक प्रदर्शन करना है और उत्तेजना से बचना है।

इससे पहले कि वे आगे कुछ कह पाते पुलिस पेशाबघर के ऊपर चढ़ गयी और उन्हें घेर लिया गया। तत्पश्चात् छात्र-नवयुवकों ने पुलिस को घेरने का प्रयास किया। तब तक और पुलिस आ गयी और पी.ए.सी. का एक ट्रक भी। शमशेर बिष्ट छात्रों को आन्दोलन के अहिंसक और शान्तिपूर्ण होने की अनिवार्यता बता रहे थे तो उन्हें गिरफ़्तार करने वाले पी.एस.सी. अधिकारी के शब्द थे : 'अहिंसा के बच्चे चल तुझे अब हम अहिंसा सिखाते हैं'।[47]

कुछ देर बाद शमशेर बिष्ट को गिरफ़्तार कर मल्लीताल के हवालात में डाल दिया गया। कुछ अन्य साथियों को भी पुलिस ने गिरफ़्तार कर लिया। पुलिस ने सी.आर.एस.टी. इण्टर कॉलेज के छात्रों पर पानी फेंका। उनका उत्तेजित होना स्वाभाविक था। शमशेर बिष्ट तथा अन्य आन्दोलनकारियों की गिरफ़्तारी के बाद छात्रों तथा जनसमूह पर नियन्त्रण रखने वाला कोई न रहा। पुलिस-पी.ए.सी. तथा प्रशासन शान्ति व्यवस्था कायम करने और उपस्थित लोगों को नियन्त्रित करने के बदले मिलकर उन्हें उत्तेजित कर रहे थे।[48]

इसी बीच डी.एस.बी. कॉलेज के छात्र तथा अन्य छात्र शैले हॉल की तरफ़ जाने लगे तो पी.ए.सी. ने लाठी चार्ज किया। छात्रसंघ अध्यक्ष भगीरथ लाल शैले हॉल के बाहर छात्र समुदाय से अपने लौटने की प्रतीक्षा का अनुरोध करके अधिकारियों से मिलने गये तो पी.ए.सी. के जवानों ने उन्हें घसीटा और उनके ऊपर पानी डाल दिया। तब उपस्थित छात्र और जन समुदाय शान्त नहीं रह सके। पुलिस दल एक ओर तथा छात्र और जन समुदाय दूसरी ओर। गुत्थम गुत्था और हाथापाई शुरू हो गयी। 10 सिपाही तथा 20 छात्र-नागरिक घायल हो गये। आँसू गैंस के गोले लगातार दागे गये। हवा में गोलियाँ चलायी गयीं और उद्यान विभाग का एक चपरासी दया कृष्ण गम्भीर रूप से घायल हो गया। दोतरफ़ा पथराव चलता रहा। जन समुदाय पर पुलिस की तरफ़ से फिर आँसू गैस के गोले चले और गोली चलाकर छात्रों और जनसमूह को खदेड़ा जाना शुरू हुआ।

इसी समय पुलिस-पी.ए.सी. से घिरे नैनीताल क्लब के 'सनी साइड' भवन में आग लग गयी। ज़िलाधिकारी जब वहाँ पहुँचे तो आग बहुत तेज़ हो गयी थी और पी.ए.सी. का दल भाग चुका था। 26 चक्र गोली चालान, आँसू गैस और लाठियाँ के निरन्तर वार सहते हुए पी.ए.सी.-पुलिस से घिरे नैनीताल क्लब तक कौन जा सका यह स्पष्ट नहीं हुआ। ज़िला प्रशासन ने कहा कि कुछ तत्त्वों ने नैनीताल क्लब में पीछे से घुसकर आग लगायी जबकि प्रत्यक्षदर्शी कहते हैं कि वहाँ 26 नवम्बर से ही बन्दूकधारी पुलिस-पी.ए.सी. तैनात थी।

अनेक नैनीतालवासी यह मानते रहे हैं कि आग नैनीताल क्लब परिसर के भीतर से ही लगी अथवा लगायी गयी। नैनीताल क्लब परिसर में आग लग जाने पर भी जंगलों की नीलामी जारी थी और पानी आग पर नहीं छात्रों पर फेंका जा रहा था। ज़िलाधिकारी दोपहर तक फ्लैट्स में क्रिकेट खेलते रहे थे। आग से 'साईप्रेस कॉटेज', 'बिलियर्ड रूम' तथा 'शैले कॉटेज' भी जल गये। प्रत्यक्षदर्शियों ने बताया कि इन चारों भवनों में एक साथ नहीं, अलग-अलग आग लगी थी। इससे

भी आग को नियोजित तरीके से लगाया हुआ माना जा रहा था। आग बुझाने का कोई प्रयास नहीं हुआ।[49]

इतना बड़ा काण्ड हो जाने के बाद 2 बजे के करीब नीलामी स्थगित किये जाने की घोषणा हुई। तब तक नैनीताल ज़िले के सभी तथा पिथौरागढ़ के 14 लाट नीलाम हो चुके थे। उस दिन पी.ए. सी. और पुलिस ने आन्दोलनकारियों के अलावा जन साधारण से भी ग़ैरज़िम्मेदाराना और क्रूरतापूर्ण व्यवहार किया। दुकानों और घरों के भीतर घुसकर ज्यादतियाँ की। पुरुषों को पीटा गया और औरतों के साथ अभद्र व्यवहार किया गया। आगजनी की घटना की सबने निन्दा की। नैनीताल क्लब की दो करोड़ रुपये की सम्पत्ति के नष्ट हो जाने का अनुमान लगाया गया। औपनिवेशिक स्थापत्य के इस नायाब नमूने की कीमत रुपयों में लगाना कदाचित सम्भव न था। इस घटना के बाद भी प्रदेश सरकार ने न नीलामी बाबत कुछ कहा और न ही वन नीति स्पष्ट की।[50]

उधर 28 नवम्बर की देर रात को हल्द्वानी हवालात से आन्दोलनकारी छोड़े गये। उनके द्वारा सत्याग्रह किया गया कि उन्हें जैसे नैनीताल से गिरफ़्तार कर लाया गया था, वैसे ही नैनीताल पहुँचाया जाय। पर पुलिस रात में उन्हें नैनीताल छोड़ने को तैयार न थी। नैनीताल के बाबत हल्द्वानी में तमाम अफ़वाहें फैली हुई थीं। अगली सुबह आन्दोलनकारी नैनीताल पहुँचे। 29 नवम्बर की शाम को शमशेर बिष्ट की अध्यक्षता में एक विशाल सभा नैनीताल में हुई। चिपको आन्दोलन तथा वन बचाओ में रुचि न लेने वाला नगर एकाएक आन्दोलन के प्रति संवेदनशील हो गया था और सभा में बड़ी संख्या में स्थानीय लोग आये। दमन चक्र ने पूरे शहर को एक कर दिया था।

सभा में अग्निकाण्ड की भर्त्सना की गयी और अग्निकाण्ड को सरकार की अदूरदर्शिता तथा ज़िद्दीपन से हुआ बताया गया। वन मन्त्री के त्याग पत्र की माँग की गयी। नैनीताल बार एसोसिएशन का प्रस्ताव पढ़ा गया जिसमें वन आन्दोलन का समर्थन और अप्रिय घटनाओं की निन्दा की गयी थी और जाँच की माँग भी। सभा को विश्वम्भरनाथ साह 'सखा', चन्द्रशेखर भट्ट, निर्मल जोशी, महेन्द्र मटियानी, भगीरथ लाल आदि ने सम्बोधित किया।[51] सबने एक स्वर में हिंसा, आगजनी और दमन का विरोध तथा वन आन्दोलन का समर्थन किया। इसी दिन शाम को ज़िलाधिकारी ने आन्दोलनकारियों, छात्रों और वरिष्ठ नागरिकों की एक बैठक बुलाई। उन्होंने आन्दोलनकारियों की सराहना की और उनकी भावना तत्काल सरकार तक पहुँचाने का आश्वासन दिया।[52]

नैनीताल के 'पर्वतीय' ने नैनीताल अग्निकाण्ड के लिए राजहठ तथा प्रशासनिक असफलता को ज़िम्मेदार माना और जले हुए नैनीताल क्लब को देखने लोगों के जाने की ख़बर को शीर्षक दिया : 'आदर्श प्रशासन की भष्मी दर्शनार्थ लोगों का ताँता'। पत्र ने सरकार, प्रशासन, वन विभाग तथा गुप्तचर विभाग की सख्त आलोचना की।[53] अगले दिन के सम्पादकीय में पत्र द्वारा नैनीताल काण्ड को अदूरदर्शी वन नीति से जोड़ा गया था। सम्पादकीय में लिखा गया था कि स्टार पेपर मिल्स को पहले 20 पैसे अब 75 पैसे प्रति क्विंटल की दर से 1 लाख मीट्रिक टन लकड़ी प्रतिवर्ष दी जा रही है, जिससे दो करोड़ रुपया प्रतिवर्ष की आर्थिक हानि समाज और सरकार को होती है। वन विनाश अलग से है। दूसरी ओर आम लोग 9.50 रु. प्रति क्विंटल लकड़ी ख़रीद रहे हैं।[54] 'स्वाधीन प्रजा' ने अपने सम्पादकीय में शोषण के विरुद्ध आवाज़ उठाने का औचित्य माना और वन नीति में बदलाव की माँग की।[55]

'उत्तरायण' ने 'देखना है जोर कितना बाजुए कातिल में है' शीर्षक लम्बे आलेख में वन आन्दोलन का पक्ष लेकर सरकार, प्रशासन, वन विभाग और वनमन्त्री सहित पूरी व्यवस्था को कठघरे में खड़ा किया था।[56] 'शक्ति' ने 28 नवम्बर, 1977 का दिन समस्त उत्तराखण्डवासियों के

लिए अविस्मरणीय बताया, जब उत्तराखण्ड संघर्ष वाहिनी तथा पर्वतीय वन बचाओ संघर्ष समिति के सदस्यों ने वनों की नीलामी का विरोध किया तो उन्हें गिरफ़्तारी, मारपीट, लाठी, गोली का सामना करना पड़ा। सम्पादकीय में बेलाकूची की बाढ़ तथा तवाघाट भूस्खलन का ज़िक्र था। लिखा था कि शासन को तत्काल अपनी जंगलात नीति बदलनी चाहिए तथा कोई आन्दोलन लाठी गोली से नहीं दबाया जा सकता।[57]

संघर्ष वाहिनी के मुखपत्र 'अनिकेत' ने 'पहाड़ों के साथ खिलवाड़ अब सहन नहीं' शीर्षक सम्पादकीय में उत्तराखण्ड के वर्तमान हालात की समीक्षा करते हुए लिखा था कि 28 नवम्बर, 1977 को नैनीताल में जंगलों की नीलामी रुकवाने के स्थानीय लोगों के प्रयास से उत्पन्न स्थिति को सरकार मजाक न समझे। यह शुरुआत है उस न्याय को पाने की, जिसे वर्षों से विनम्रतापूर्वक माँगा गया और जो नहीं मिला। जंगल पर्वतवासियों के जीवन-मरण से जुड़े हैं। जंगलों को सम्पूर्ण मानवता का रक्षक प्रदेश शासन न भी माने, ये पर्वतवासियों के अस्तित्व के रक्षक हैं और इनका सौदा पहाड़ी समाज किसी कीमत पर करने को तैयार नहीं है। इसीलिए वह लड़ रहा है।[58]

डरे हुए वन मन्त्री ने 10 दिन बाद यह कहा कि जंगल की नीलामी का निर्णय मन्त्रिमण्डल द्वारा लिया गया था। उन्होंने उत्तराखण्ड संघर्ष वाहिनी से वार्ता हेतु सहमति दी।[59] 28 नवम्बर के काण्ड—गोलीबारी, लाठी चार्ज और आगजनी-की जाँच जब उच्चाधिकारी द्वारा किये जाने की घोषणा हुई तो हर तरफ़ से यह माँग आयी कि पूरे मामले की न्यायिक जाँच होनी चाहिए। स्वयं आन्दोलनकारियों ने यह माँग की थी।[60] नैनीताल में हुई प्रशासन जनित हिंसा, लाठी चार्ज, गिरफ़्तारी तथा आगजनी की निन्दा करते हुए चिपको आन्दोलन के समर्थन में 30 नवम्बर, 1977 को अलमोड़ा, पिथौरागढ़ तथा गोपेश्वर में अनेक सभाएँ हुईं। सर्वत्र यह माँग की गयी कि जंगलों की नीलामी तत्काल समाप्त हो। 1 दिसम्बर, 1977 को गिरीश तिवारी 'गिर्दा' की अध्यक्षता में नैनीताल में पुनः वन बचाओ आन्दोलनकारियों की आवश्यक बैठक हुई जिसमें निम्न प्रस्ताव पारित हुए :

1. वन बचाओ आन्दोलन का मुख्य उद्देश्य उत्तराखण्ड की वन सम्पदा, खनिज सम्पदा तथा अन्य कच्चे माल की लूट को समाप्त करने के लिए निरन्तर पूर्णतया अहिंसक और शान्तिपूर्ण आन्दोलन करना है। उत्तराखण्ड संघर्ष वाहिनी विशुद्ध रूप से एक सामाजिक, सांस्कृतिक एवं पर्वतीय वन, खनिज सम्पदा के शोषण को पूर्ण अहिंसात्मक तरीके से समाप्त करने वाला आन्दोलन है। अतः भविष्य के आन्दोलन भी उत्तराखण्ड संघर्ष वाहिनी के दिशा निर्देशन में चलाये जायेंगे।
2. वन बचाओ आन्दोलन में पर्वतीय अंचल के विभिन्न क्षेत्रों से जो कार्यकर्ता, युवक एवं छात्र 27-28 नवम्बर को नैनीताल आये हैं वे सभी सरकार, प्रशासन तथा वन विभाग की हठधर्मिता की भर्त्सना करते हैं। शान्तिपूर्ण प्रदर्शन के विरुद्ध जो दमन, हिंसा, गिरफ़्तारियाँ और आगजनी हुई, उसे शर्मनाक बताते हुए क्षोभ प्रकट करते हैं तथा इस पूरे घटनाक्रम की उच्च स्तरीय निष्पक्ष न्यायिक जाँच करने की माँग करते हैं ताकि वास्तविकता शीघ्र सामने आ जाये
3. विभिन्न राजनीतिक दलों के कतिपय नेता, ठेकेदार तथा सत्तारूढ़ दल के नेता जिस तरह दुष्प्रचार और भ्रम फैला रहे हैं और नीचतापूर्ण लांछन वन बचाओ आन्दोलन पर लगा रहे हैं, उसकी हम सभी भर्त्सना करते हैं और उत्तराखण्ड की जनता को ऐसे तत्त्वों से सावधान रहने को सचेत करते हैं।[61]

2 दिसम्बर, 1977 को अलमोड़ा के गाँधी चौक की विशाल सभा में शमशेर बिष्ट ने नैनीताल काण्ड को विस्तार से प्रस्तुत किया। तत्पश्चात् नीलाम्बर जोशी, गिरधर पण्डित, बहादुरसिंह धपोला, षष्टीदत्त ने विचार और विश्लेषण सामने रखा। गिरीश तिवारी 'गिर्दा' तथा साथियों ने गौर्दा के गीत को, जिसे गाते हुए नैनीताल में युवकों की गिरफ़्तारी हुई थी, सभा के प्रारम्भ में गाया।[62] उत्तराखण्ड में सर्वत्र इस काण्ड की भर्त्सना की गयी और सरकार तथा विशेष रूप से वन मन्त्री को इसका दोषी माना गया था। तत्काल न्यायिक जाँच की माँग की गयी।[63]

3 दिसम्बर, 1977 को उत्तराखण्ड संघर्ष वाहिनी ने 'वनवासी' की ओर से जारी 'वनवासी सरकार बहादुर से कहते हैं' पर्चे में कहा था कि 28 नवम्बर, 1977 की नीलामी यदि स्थगित नहीं हुई है तो तत्काल हो और सरकार नैनीताल काण्ड से सबक सीखे। पर्चे में कहा गया था कि हेंवलघाटी, चाफी, भवाली, धौलादेवी आदि में जो कटान हो रहा है, वह वैज्ञानिक नहीं है और इसका अधिक संगठित विरोध किया जायेगा।

28 नवम्बर, 1977 को, जिस दिन नैनीताल काण्ड हुआ, हिमालय सेवा संघ, दिल्ली में वृक्ष मानव बार्वे बेकर अपनी उत्तराखण्ड यात्रा के संस्मरण सुनाते हुए कह रहे थे कि वन सुरक्षा का मामला हिमालय का सर्वाधिक महत्त्व का मसला है। इसी सभा में केन्द्रीय मन्त्री हेमवती नन्दन बहुगुणा ने स्पष्ट कहा कि उत्तराखण्ड के जंगलों का 10-15 साल तक व्यापारिक कटान रोके जाने का औचित्य है। लेकिन इस काम में लगे उत्तराखण्ड के लोगों को इसी दोपहर अपना सांस्कृतिक विरोध प्रकट नहीं करने दिया गया।[64] नीलामी के आयोजन और विरोध के बीच नवम्बर 1977 के तीसरे-चौथे सप्ताह में पौड़ी गढ़वाल ज़िले की गंगा सलाण, डबरालस्यू, अजमेर, उदयपुर तथा ढांगू पट्टियों में नरभक्षी बाघिन ने भारी आतंक मचाया हुआ था। एक दर्जन से अधिक बच्चों को बाघिन खा चुकी थी। जंगलात विभाग यहाँ-वहाँ जंगलों की नीलामियाँ कराने में तो लगा था, पर नरभक्षी को पकड़ने में नहीं।[65]

चिपको आन्दोलन के दो प्रमुख कार्यकर्ताओं ने नैनीताल काण्ड पर शीघ्र अपनी प्रतिक्रिया व्यक्त की। सुन्दरलाल बहुगुणा ने इस काण्ड पर दुःख व्यक्त किया और कहा कि वन बचाओ आन्दोलन अपने प्रारम्भिक काल से ही शान्तिपूर्ण और अहिंसात्मक रहा है।[66] पर वास्तविकता जानने का प्रयास नहीं किया। वरिष्ठतम कार्यकर्ता के नाते वे स्वयं नैनीताल और अलमोड़ा आकर वास्तविकता जान सकते थे। इससे जो आग्रह पैदा हुआ वह भारत डोगरा की किताब में व्यक्त हो गया, जब उन्होंने लिखा कि नैनीताल की नीलामी में हिंसा हुई, लाठी और गोली चली और नैनीताल क्लब भवन में आग लग गयी। आगे उन्होंने लिखा कि एक और प्रदर्शन नरेन्द्रनगर में शान्तिपूर्ण तरीके से नीलामी हाल को कब्ज़े में करने में कामयाब रहा। डोगरा यह पता करना भूल गये कि हिंसा किसने की? आन्दोलन ने या शासन ने?? नैनीताल के प्रदर्शन में तो दर्जन भर युवक 1926 में लोककवि गौर्दा के लिखे गीत को गा रहे थे। स्वयं पड़ताल करने न जा सकने से वे प्रशासन या निहित स्वार्थों द्वारा प्रायोजित अग्निकाण्ड की असलियत तथा शान्तिपूर्ण सांस्कृतिक प्रदर्शन का मर्म और मन्तव्य नहीं समझ सके।[67] इसी तरह की टिप्पणी पांडुरंग हेगड़े की थी कि नैनीताल में एक अलग विचारधारा का प्रभुत्व हो गया था। हेगड़े ने यहाँ तक लिख दिया कि वामपन्थी युवा मुक़ाबले में विश्वास करते थे।[68] जबकि ये वही युवक थे जिनके साथ बहुगुणा 1974 की नीलामी में थे[69] और 1977 में जिन्होंने अहिंसा का सांस्कृतिक स्वरूप प्रस्तुत

किया था। दूसरी ओर दिल्ली में रह कर भी सिर्फ़ गिर्दा द्वारा गाये गये गौर्दा के गीत से प्रधानमन्त्री मोरारजी देसाई मामला समझ गये।[70]

उधर चण्डी प्रसाद भट्ट ने प्रधानमन्त्री, गृहमन्त्री और मुख्यमन्त्री सहित वरिष्ठ नेताओं को तार भेज कर आन्दोलनकारियों को रिहा करने और वन तथा वनवासियों को तबाह करने वाली वननीति बदलने की माँग की। उन्होंने कहा कि वनों की सुरक्षा के प्रश्न को स्वयं सरकार, वैज्ञानिक और विशेषज्ञ समर्थन दे रहे हैं फिर शान्तिपूर्वक प्रतिकार कर रहे आन्दोलनकारियों पर बल प्रयोग किस के हित में किया जा रहा है। क्या होते जा रहे हैं ये ख़ुद को गाँधी का निकटस्थ

पहाड़ों की तबाही रोकने के लिये

चिपको आन्दोलन जारी रहेगा

उत्तराखण्ड गंगा, यमुना, अलकनन्दा, काली, गौरी तथा उनकी सहायक नदियों का उद्गम-स्थल है। इन नदियों पर भारत के बहुत बडे भूभाग का जीवन निर्वाह आधारित है। इनसे अनेक नहरें निकाली गई हैं। अनेक नदियों पर बांध बनाये जा चुके हैं और कुछ योजनायें बन रही हैं। इन नहरों और बांधों की सुरक्षा तथा जलाशयों की जीवन-वृद्धि के लिये यह अत्यन्त आवश्यक है कि नदी नालों में बहने वाली मिट्टी के कटाव व बहाव की मात्रा में कमी हो। इससे दूसरी ओर उस क्षेत्र की भी सुरक्षा होगी, जहां यह हो रहा है। जिससे उत्पादन बढ़ेगा और बाढ़, भूस्खलन और उससे उत्पन्न क्षतिपूर्ति, बिस्थापन आदि की समस्यायें सामने नहीं आयेंगी।

अलकनन्दा, पिण्डर, निगोल, गगास, कोसी, सरयू, रामगंगा, धौली, गौरी, काली, गोमती, भिलंगना, भगीरथी, यमनुा, टौंस तथा उसकी सहायक नदियों में बहने वाली साद की मात्रा बढ़ती जा रही है। इससे यह स्पष्ट अनुमान लगाया जा सकता है कि यदि इस मिट्टी को रोकने में अति प्राथमिकता के आधार पर ठोस कार्यवाही न की गई तो उसके अत्यन्त भयंकर परिणाम अधिक दूर नहीं है। जलाशय चन्द वर्षों में ही भर कर समाप्त हो जायेगें, नहरें मिट्टी से पट जायेंगी, बाढ़ के भयंकर दुष्परिणामों को भोगना पड़ेगा।

साद से लगातार बहने वाले पानी में प्रर्याप्त सीमा तक योगदान ढाल तथा वनस्पति विहीन भूमि में अनियंत्रित ढंग से बहने वाले नदी-नालों का है। भूमि का ढाल तथा आरोध शून्य बहाव नदी नालों के वेग में ज्यामितीय वृद्धि करता है जिसके फल-स्वरूप पानी की साद को ले जाने की क्षमता कई गुना बढ़ जाती है।

नदियों के प्रस्रवण क्षेत्रों में वन प्रबन्ध का मुख्य उद्देश्य वहां स्थित वनों की पूर्ण उपयोगी मिट्टी को बचाने, पानी के स्रोत्रों को सतत् बनाये रखने तथा उस क्षेत्र की जलवायु को सन्तुलित रखना, होना चाहिए। इन उद्देश्यों की पूर्ति के लिए सभी उद्देश्य गौण हैं।

इसलिये उत्तराखण्ड संघर्ष वाहिनी उत्तराखण्ड से निकलने वाली नदियों के जलागम क्षेत्रों तथा भूस्खलन और भूक्षरण से प्रभावित क्षेत्रों में पेड़ों का कटान तत्काल बन्द चाहती है। यदि इस पर तत्काल रोक नहीं लगाई गई तो उत्तराखण्ड संघर्ष वाहिनी इसके लिये बनों में चिपको आन्दोलन चलाती रहेगी।

वाहिनी वन नीति में परिवर्तन चाहती है जिससे कि बनों और उसके निकट रहने वाले ग्राम वासियों का, बिना बातावरण को नुकसान पहुंचाये, आर्थिक विकास हो। इसके लिये बन कर्म से रोजगार देने के लिये ठेकेदारी प्रथा को तत्काल समाप्त कर बन श्रमिक सहकारी समितियों, पंचायती संगठनों, एवं स्वयं सेवी संस्थाओं के माध्यम से बन क्षेत्रों के निकट बन-उपज पर आधारित उद्योगों की स्थापना एवं वृक्ष विहीन भूमि में पेड़ों की खेती का विस्तार कर घास, चारापती और ईंधन की समस्या का हल करना होगा। साथ ही बन क्षेत्र के लोगों के हक हकूकों का सही मूल्यांकन भी चाहती है। बन और बनवासियों के बीच सन्तुलन बनाये रखने के लिये उनका आर्थिक विकास भी आवश्यक है। इन उद्देश्यों की रक्षा हेतु बनवासियों की जीवन दशा का ध्यान रखना परम आवश्यक है।

उत्तराखण्ड संघर्ष वाहिनी, गोपेश्वर द्वारा प्रसारित

पूनार मुद्रक, ११७, नजीराबाद, लखनऊ

नैनीताल काण्ड के बाद उत्तराखण्ड संघर्ष वाहिनी का पोस्टर

उत्तराधिकारी मानने वाले? जंगल नीलाम हो जाये तो भी हम ठेकेदारों को पेड़ नहीं काटने देंगे। असली मोर्चा तो वहीं है। अब जंगल कटवाने के लिए तथा ठेकेदारों की मदद के लिए सरकार सेना भेजे या पुलिस। चिपको आन्दोलन एक संकल्प के रूप में ही सामने आया है। सीधी कार्यवाही का समय आया तो हमारे संकल्प की परीक्षा हो जायेगी।[71]

चण्डी प्रसाद भट्ट तत्काल नैनीताल आये और उन्होंने आन्दोलनकारियों को उनके द्वारा किये गये शान्तिपूर्ण प्रतिरोध के लिए बधाई दी और नैनीताल के प्रतिरोध से जनित ऊर्जा को उत्तराखण्ड के आम समाज में ले जाने का सुझाव दिया। गिरीश तिवारी 'गिर्दा' के मुख से हुड़के के साथ 'आज हिमाल तुमन कै धत्यूंछ, जागो जागो हो म्यारा लाल...' सुनकर वे द्रवित हो गये और उन्होंने इस सन्देश को पूरे उत्तराखण्ड में ले जाने का परामर्श दिया।[72]

अलमोड़ा में वन आन्दोलन से राजनीतिक लाभ की कोशिश का विरोध किया गया और गोपेश्वर से उत्तराखण्ड संघर्ष वाहिनी का बयान आया कि चिपको आन्दोलन को तेज़ किया जायेगा।[73] इस प्रकार ग्रामीण अभियान की पहली किश्त में दिसम्बर 1977 में नैनीताल, अलमोड़ा, पिथौरागढ़ तथा चमोली के अनेक क़स्बों-नगरों में और फिर 1978 के प्रारम्भ में उत्तराखण्ड में अनेक स्थानों पर उत्तराखण्ड संघर्ष वाहिनी का समूह गया। इस दल में हुड़का लिए हुए गिरीश तिवारी 'गिर्दा' थे। उनका एक संस्कृतिकर्मी से आन्दोलनकारी बनना 28 नवम्बर, 1977 को ही हुआ था। तब से वे निरन्तर जनान्दोलनों में सक्रिय रहे।

15 दिसम्बर, 1977 से अलमोड़े ज़िले के द्वाराहाट नगर के पास स्थित चाँचरीधार जंगल में, जहाँ उत्तर प्रदेश वन निगम द्वारा ठेकेदार को कटान का ठेका दिया गया था, चिपको आन्दोलन प्रारम्भ किये जाने की घोषणा हुई।[74] आपातृकाल के बाद जब छात्रसंघों के चुनाव हुए तो अलमोड़ा महाविद्यालय के छात्र संघ के अध्यक्ष पूरन तिवारी तथा सचिव बालम जनोटी चुने गये। दोनों वन आन्दोलन से जुड़े आक्रामक तथा आदर्शवादी युवा थे। उन्होंने छात्रसंघ की ओर से जंगलों का कटान न रुकने पर सीधी कार्यवाही की घोषणा की।[75]

4. चीड़ और साल के बीच अदवाणी का प्रतिरोध

उधर टिहरी ज़िले के शिवपुरी रेंज में अदवाणी के जंगल में सुन्दरलाल सकलानी नामक ठेकेदार, जिसने 95 हज़ार रुपये में 671 पेड़ों के कटान का ठेका लिया था, के मज़दूर कटान की तैयारी कर रहे थे। ठेकेदार के कारिन्दों ने अदवाणी ग्राम सभा की महिलाओं को डराया था कि अपने आदमियों को समझा देना कि वे पेड़ों पर न चिपकें, वर्ना ठेकेदार उनकी पीठ पर आरा चलवा देगा। ठेकेदार को पता नहीं था कि स्वयं महिलाएँ इस बार जंगल बचाने आकर अप्रत्याशित इतिहास रचने वाली हैं।

ऋषिकेश-टिहरी मार्ग से जाजल से कटने वाले जाजल-गजा मोटर मार्ग के ऊपर तथा नीचे जाजल से लगभग 5-6 कि.मी. दूर हेंवल नदी के बायें जलागम में स्थित अदवाणी के पहाड़ में चीड़ और साल का मिश्रित जंगल है। 4 दिसम्बर, 1977 को इसी जंगल में चिपको शिविर शुरू हुआ था। प्रार्थना, उपवास और समूह चर्चाओं द्वारा जन शिक्षण का कार्यक्रम चलने लगा। 8 दिसम्बर, 1977 को अदवाणी तथा आसपास के गाँवों की महिलाओं ने चीड़ के उन पेड़ों पर रक्षा बन्धन किया, जो ठेकेदारों के हाथों से कटने के लिए अंकित हो गये थे। धूमसिंह नेगी का 5 दिन का उपवास इसी दिन समाप्त हुआ। छात्र युवा संघर्ष वाहिनी के सदस्य कुँवर प्रसून तथा प्रताप शिखर संघर्ष की तैयारी में जुटे थे। जीवानन्द श्रीयाल ने अपनी नयी रचना इस दिन जन समुदाय को सुनायी, जिसका भाव

था कि हमने बचपन से इस (पेड़) की बयार से जीवन पाया है, आग लगने से इसे बचाया है। अब तुम्ही बताओ कि यह (पेड़) हमारा है या लुकारों (दूसरों) का?[76]

ढोल-नगाड़े लेकर आये ग्रामीणों तथा महिलाओं द्वारा रक्षा के नये प्रतीक के प्रयोग के साथ धूम सिंह नेगी ने उपवास समाप्त किया।[77] चीड़ के घायल पेड़ों की मरहम-पट्टी के अभियान में शामिल होने के बाद यह स्थानीय महिलाओं की दूसरी सबसे बड़ी कार्यवाही थी। 13 दिसम्बर, 1977 से अदवाणी जंगल में श्रीमद्‌भागवत कथा कार्यक्रम प्रारम्भ हुआ। कथावाचन के साथं लोक शिक्षण का कार्य होता रहा। जैसे जंगल से जुड़ी अपनी आवश्यकताओं पर संयम रखने तथा हरी लकड़ियाँ न काटने और उनका व्यापार न करने की चर्चा का चलना। 20 दिसम्बर, 1977 को कथा कार्यक्रम के समापन के मौक़े पर माध्यमिक विद्यालय गजा तथा माध्यमिक विद्यालय जाजल के छात्र-छात्राओं के साथ बड़ी संख्या में ग्रामीण पुरुष, महिलाएँ तथा बच्चे आये।

इस समय अदवाणी की बचनी देवी तथा झाबरी देवी, रामपुर की सुदेशा देवी तथा बेरनी की सौंपा देवी ने एक प्रकार से महिलाओं और आन्दोलन की ओर से साथ-साथ बोलते हुए कहा कि पेड़ों के बिना उनका न अस्तित्व है और न पहचान। न खेती है और न पानी। यदि पेड़ों को काटने का अनिष्ट किया गया तो वे अपने को कटने को प्रस्तुत करेंगी। महिलाओं ने बताया कि 8-10 मील तक रोज़ घास तथा लकड़ी के लिए जाना पड़ता है। ढंगार से गिरकर जान गँवानी पड़ती है। क्या विज्ञान के इस युग में हमारे कष्ट बढ़ते जायेंगे? क्या हमारे वोट से बनी सरकार हमारी बात सुनेगी?

इन महिला कार्यकर्ताओं में गजब की ऊर्जा और संवेदना थी। सुदेशा देवी तो पहले ही हेंवलघाटी आन्दोलन की टीम की कर्मठ सदस्य बन चुकी थीं। आन्दोलन ने बचनी देवी, सौंपा देवी और झाबरी देवी को स्वायत्त व्यक्तित्व देकर उन्हें निखार दिया था। बचनी देवी ने अपने ग्राम प्रधान पति, जो ठेकेदार का समर्थक तथा दोस्त था, बख़्तावर सिंह के ख़िलाफ़ मोर्चा खोलकर असाधारण साहस का परिचय दिया था। 1980 में डूँगरी-पैन्तोली में गाँव की महिलाएँ अपने पुरुषों के ख़िलाफ़ गोलबन्द हो रही थीं हालाँकि कुछ पुरुष भी महिलाओं के द्वारा उठाये गये मुद्दों के समर्थक थे। पर अदवाणी में एक पत्नी द्वारा अपने पति के ख़िलाफ़ सार्वजनिक मोर्चा लेना प्रतिरोध का एक दुर्लभ उदाहरण था। बाद में बचनी देवी ने बताया कि उनके सामने कोई और रास्ता न था पर उनके पति ने उन्हें घर से नहीं निकाला बल्कि उनके काम को उचित मानकर चुप्पी साध ली। बचनी देवी ने यह भी बताया कि उनके गाँव की झाबरी देवी, मूली देवी और जौमा देवी सदा उनके साथ रहीं।[78] सभा में सबसे छोटे जगदम्बा प्रसाद से 80 साल के रघुनाथ सिंह तक सभी उम्र के महिला-पुरुष थे। हेंवलघाटी के युवाओं ने इस अवसर पर जंगलात सम्बन्धी अधिकार पत्र जारी किया।[79]

इस अधिकार पत्र में पहली बार जंगल के उपकारों सम्बन्धी नारा प्रकाशित हुआ। यह नारा एक प्रकार से उस दर्शन का प्रकटीकरण ही था, जो औपनिवेशिक काल में बार-बार प्रकट हुआ था। हेंवलघाटी की महिलाओं और युवाओं के बीच से यह नारा अभिव्यक्त हुआ पर इसकी निमित्त बनी कुँवर प्रसून और उनकी टीम। मिट्टी, पानी और हवा को जंगल का बुनियादी उत्पाद कहा गया था। इसीलिए जंगल से हवा, पानी, मिट्टी, खाद और रोज़गार पाने का अधिकार प्राकृतिक और जन्म सिद्ध बताया गया था।[80]

हेंवलघाटी में लड़ाई का दूसरा मोर्चा अदवाणी से लगभग 15 कि.मी. दूर सलेत के जंगल में था। वहाँ के ठेकेदार ने आन्दोलन को अदवाणी में केन्द्रित समझा। इसका वह लाभ उठाना चाहता था। रात के अंधेरे में सलेत का ठेकेदार कश्मीरी मज़दूरों को लेकर जंगल में पहुँचा। इस जंगल के बीच में

इसी नाम का एक छोटा-सा गाँव था। कुछ दिन पहले ठेकेदार उस गाँव में कमरों की ढूँढ़ में गया था। ग्रामीणों ने उसे बता दिया था कि जंगल को काटने वाले को रहने की जगह क्या, धारे का पानी भी नहीं मिलेगा। ठेकेदार ने इसी कारण 22 दिसम्बर की रात में ग्रामीणों की नज़रों से बचते हुए मज़दूरों को जंगल पहुँचाया। लेकिन जंगल काटने का काम आवाज़ रहित नहीं हो सकता था। पेड़ काटने की आवाज़ें सबसे पहले ग्वालों ने सुनीं और उन्होंने गाँव में ख़बर पहुँचा दी। इस आसन्न संकट से सभी परिचित थे।

अगले दिन 24 दिसम्बर, 1977 को ग्रामीणों का जुलूस जंगल में पहुँचा। ठेकेदार शीघ्र नरेन्द्रनगर थाने में गया और कश्मीरी मज़दूर जुलूस के साथ जाजल को चले। जाजल पहुँचकर कश्मीरी मज़दूरों ने आम सभा में जनमत का आदर करते हुए बताया कि वे जंगल काटने नहीं जायेंगे। अगले दिन वे ऋषिकेश को चले गये। उधर 24 दिसम्बर, 1977 को ही उत्तराखण्ड संघर्ष वाहिनी की भवाली (नैनीताल) में सभा हुई। पेड़ों के कटान पर रोक लगने की माँग के साथ स्थानीय स्तर पर हो रहे कटान को रोक दिया गया। दो ट्रकों में लदी लकड़ियों को उतार कर भवाली के थानाध्यक्ष को सौंप दिया। उधर द्वाराहाट में कटान स्थगित हो गया था।[81] उत्तराखण्ड संघर्ष वाहिनी ने चॉफी, मटियाल तथा पदमपुरी (ज़िला नैनीताल) में सभाएँ की[82] तो जागेश्वर रेंज (अलमोड़ा) में वाहिनी द्वारा संचालित वन श्रमिक सहकारी समिति सिलंगी के साथी बहादुर सिंह ने एक ठेकेदार द्वारा कटवाई गयी अवैध लकड़ी पकड़वाई।[83]

ठेकेदार की रपट पर नरेन्द्रनगर थाने की पुलिस को कुछ तो करना ही था। 26 दिसम्बर को पुलिस आन्दोलनकारियों के ख़िलाफ़ शान्ति भंग के नोटिस लेकर पहुँची पर आरोपों को प्रमाणित नहीं कर सकी। इस तरह गिरफ़्तारी नहीं हुई। 27 दिसम्बर, 1977 को प्रभागीय वनाधिकारी आन्दोलनकारियों से मिलने अदवाणी पहुँचे। पिछले लगभग दो सप्ताह से जंगलात विभाग, ठेकेदार तथा उनके कुछ चाटुकारों ने ग्रामीणों की एकता तोड़ने के लगातार प्रयास किये थे। ग्राम प्रधानों तथा गाँव के अन्य प्रभावशाली लोगों के बीच आन्दोलन के बाबत अफ़वाह फैलाई जा रही थी। लेकिन हेंवलघाटी वन सुरक्षा समिति अपने 'चिपको समाचार बुलेटिन' द्वारा एक ओर स्थानीय जनता को, दूसरी ओर उत्तराखण्ड में अन्यत्र आन्दोलनरत सहयोगियों को इसकी सूचना देती थी। उत्तराखण्ड के अनेक स्थानीय समाचार-पत्र इस बुलेटिन के विवरण प्रकाशित करते रहे थे।

2 जनवरी, 1978 को प्रभागीय वनाधिकारी फिर अदवाणी के आन्दोलन स्थल पर पहुँचे। आन्दोलनकारियों ने आम सभा का आयोजन किया था ताकि अधिकारी और जनता मिल बैठकर वनविज्ञान के सैद्धान्तिक और व्यावहारिक पक्ष को समझने का प्रयास करें। जब छात्र-युवाओं का एक जुलूस जलती लालटेनें लेकर खाड़ी से अदवाणी पहुँच रहा था, ठीक उसी समय वनाधिकारी (आनन्दमोहन राय) जीप से उतर रहे थे। छात्र-युवाओं ने उन्हें मार्ग दिखाया। दिन के उजाले में ग्रामीणों की जली लालटेनों के पीछे वनाधिकारी का आना एक नाटक का दृश्य लग सकता था और इसके साथ जुड़ी प्रतीक कथा पढ़ी जा सकती थी। आन्दोलन स्थल पर ठीक उस समय नारे लग रहे थे :

'क्या हैं जंगल के उपकार, मिट्टी, पानी और बयार।
मिट्टी, पानी और बयार, ज़िन्दा रहने के आधार।
आज हिमालय जागेगा, क्रूर कुल्हाड़ा भागेगा।'

ये नारे पहली बार जनता के बीच गूँजे थे और आन्दोलनकारियों के मन में पिछले कुछ महीनों से पक और बन रहे थे।[84] वनाधिकारी ने दोपहर को जलती लालटेनों का कारण पूछना चाहा तो छात्र-युवकों ने गम्भीरतापूर्वक उत्तर दिया कि जन विमुख वन विज्ञान को मार्ग पर लाने के लिए यह किया गया है। अदवाणी की बचनी देवी की अध्यक्षता में सभा शुरू हुई। ग्रामीणों ने जंगल और ज़मीन से जुड़े अपने-अपने अनुभव सुनाये। उनकी बातों में तथ्य थे, दर्शन था और प्रतिरोध के बीज भी :

> '...मिट्टी ज़्यादा बह रही है। उपजाऊपन घट रहा है। पानी के सोते सूख रहे हैं। जलाने के लिए लकड़ी पर्याप्त नहीं मिल रही है। खेती पर भी जंगलों की विपदा का असर पड़ रहा है। कटान वाले एक-एक छिलका तक जंगल से उठा ले जाते हैं। इस कारण ग्रामीणों को कभी-कभी हरी टहनियाँ काटनी पड़ती हैं। जब चूल्हे में डालने को लकड़ी और पेट में डालने को अन्न नहीं होगा तो फिर लोग आन्दोलन नहीं तो और क्या करेंगे?'[85]

महिलाएँ अपने आप से, वन विभाग से और ठेकदार से सवाल कर रही थीं। किसी के पास इन सवालों का जवाब न था। दरअसल ग्रामीणों की सहनशीलता का सामन्ती तथा औपनिवेशिक ज़माने से निरन्तर दुरुपयोग किया जा रहा था। जनतन्त्र भी इसमें पीछे नहीं रहना चाहता था। सभा में जंगलात के प्रश्न को व्यापक स्तर पर विश्लेषित किया गया और बताया गया कि किस तरह खेती, पशुचारण, पानी, जलावन, चारा तथा जड़ी-बूटी इसी जंगल से उन्हें मिलती रही है।

इधर यह सभा हो रही थी और उधर वनाधिकारी शायद अदवाणी भी नहीं पहुँचे थे कि सलेत के ठेकेदार ने रानीपोखरी से नये मज़दूर लाकर जंगल में पहुँचा दिये और झाड़ियों में उनके छिपने की व्यवस्था कर दी। जब मौक़ा मिलता वे पेड़ गिराते और छिप जाते। आन्दोलन ने ठेकेदार और मज़दूरों को छापामार कटान के लिए विवश कर दिया था। जंगल का भूगोल ग्रामीणों के लिए ज़्यादा सुपरिचित था। अतः उन्हें छका पाना ठेकेदार तथा उसके मज़दूरों के लिए सम्भव न था।

तीसरे दिन यानी 7 जनवरी, 1978 को ग्रामीण जन ढोल-नगाड़ों के साथ सलेत के जंगल में पेड़ों से चिपकने के इरादे से निकल पड़े। मज़दूर छिप गये थे। जंगल में सभा हुई। घसियारी बहिनों ने चौकसी की ज़िम्मेदारी कुछ पुरुषों के साथ अपने ऊपर ली। जुलूस के वापस जाते ही मज़दूर अपने हथियारों के साथ पेड़ों को काटने को प्रकट हुए। उन्हें पता नहीं था कि अब जंगल का पहरा किया जा रहा है। चौकसी हेतु नियुक्त दोनों ग्रामीणों का मज़दूरों से सामना हो गया। धूम सिंह नेगी अकेले प्रतिरोध करते रहे और हुकम सिंह सूचना देने गाँव पहुँचे। धूम सिंह अकेले निर्भय होकर कटान में अवरोध डालते रहे। मज़दूरों ने यह कह कर हथियार डाल दिये कि वे पेड़ काटने आये हैं, आदमी काटने नहीं। जब गाँव के लोग फिर जंगल को जाने लगे थे तो मज़दूर जंगल छोड़कर नीचे बाज़ार को उतर रहे थे।[86]

सलेत के जंगल में चल रहे प्रतिरोध की सूचना अदवाणी आन्दोलन स्थल पर और वहाँ से पास के गाँवों में पहुँच गयी थी। वन विभाग और पुलिस इससे वाक़िफ़ थी। 8 जनवरी, 1978 को हेंवलघाटी के प्रत्येक गाँव ने रात आठ बजे एक साथ थालियाँ बजाकर अपनी एकजुटता और वृक्ष चेतना का प्रदर्शन किया।[87] 12 जनवरी, 1978 को जाजल में महिलाओं का सम्मेलन हुआ। हेंवलघाटी की महिलाओं के अलावा कवि-संग्रामी श्रीराम शर्मा की पत्नी रमा शर्मा के नेतृत्व में देहरादून तथा टिहरी से कुछ महिलाएँ आन्दोलन को समर्थन देने आयी थीं। क्षेत्र के विधायक इन्द्रमणि बडोनी ने

आन्दोलन के समर्थन में अपना लिखित वक्तव्य भेजा था। उत्तराखण्ड के कुछ और स्थानों से चिपको आन्दोलन के समर्थन में वक्तव्य और पत्र आ रहे थे। अलमोड़ा तथा नैनीताल के साथियों ने भी इस बाबत वक्तव्य दिये और पत्र भेजे थे।

अब तक असफल प्रतिपक्ष यानी ठेकेदार तथा जंगलात विभाग कोई न कोई रास्ता ढूँढ़ने में लगे थे। अदवाणी के ठेकेदार सुन्दरलाल सकलानी ने उसी गाँव के तीन व्यक्तियों को शराब पिलाकर और ऊँची मज़दूरी का प्रलोभन देकर जंगलात वालों की मदद से कटान हेतु तैयार कर लिया। पूर्व नियोजित कार्यक्रम के अनुसार नरेन्द्रनगर का थानेदार अपने दलबल के साथ 17 जनवरी, 1978 को अदवाणी के जंगल में पहुँचा। इसी समय तीन स्थानीय मज़दूरों के साथ ठेकेदार भी। पुलिस के संरक्षण में पेड़ काटने का श्रीगणेश हुआ।

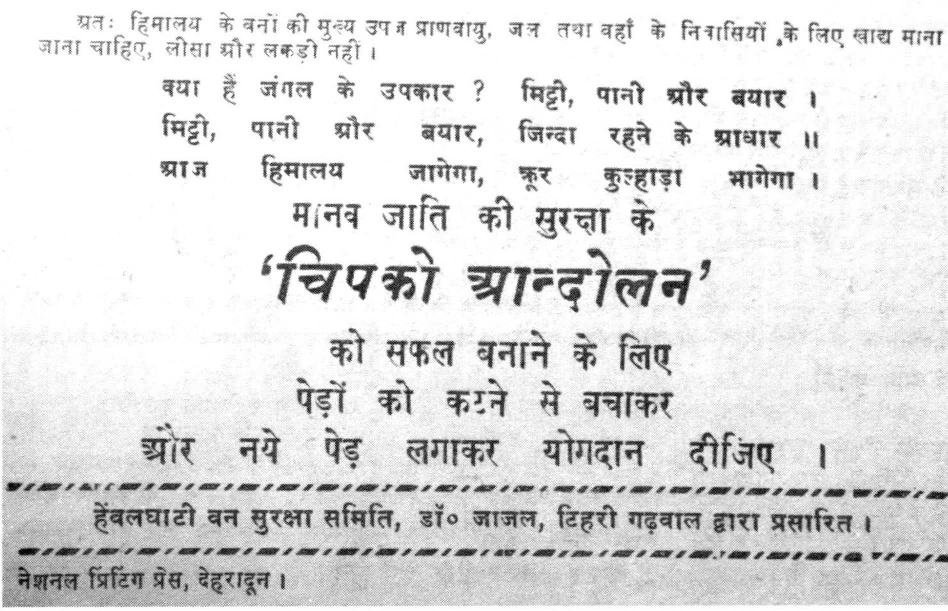

जनवरी 1978 में अदवाणी चिपको के नारे

वे गुड़ का स्वाद चख भी नहीं सके थे कि 'आज हिमालय जागेगा, क्रूर कुल्हाड़ा भागेगा' नारे लगाते हुए 3 सत्याग्रही–रामराज बडोनी, दयाल सिंह भण्डारी तथा कुँवर प्रसून–वहाँ पहुँच गये। कुल्हाड़ियाँ उठीं और आन्दोलनकारी पेड़ों से लिपटे। पुलिस, सी.आई.डी. तथा जंगलात के लोग सत्याग्रहियों का असफल होना अवश्यंभावी मान रहे होंगे। तीनों मज़दूर और तीनों आन्दोलनकारी इसी घाटी के थे। इन तीनों मज़दूरों में से एक पिछले ही दिन आन्दोलन के स्थल पर था। ठेकेदार ने रामराज बडोनी, दयाल सिंह भण्डारी और कुँवर प्रसून को पकड़ कर पेड़ से बाँधना चाहा। आन्दोलनकारी प्रत्यक्ष प्रतिरोध करने के साथ नारे लगा रहे थे।[88] 'काटो' और 'चिपको' का यह संघर्ष आगे कुछ और रूप लेता इतने में ही अदवाणी की महिलाओं का जुलूस नारे लगाता हुआ इस स्थान पर पहुँच गया। उन्होंने पेड़ कटवाने तथा काटने वालों को ललकारा। अब तक बारह पेड़ कट चुके थे। अब कोई सम्भावना नहीं थी। कुछ देर से ही सही पर पराजित तीनों मज़दूर (जोत

सिंह, गोकुल सिंह और चन्दन सिंह) अपने गाँव को तथा जंगलात के कर्मचारी, पुलिस थानेदार और सिपाही जाजल को गये। अदवाणी का बालक कुँवरसिंह जंगल बचाने वालों में था जबकि उसका पिता जोतसिंह काटने वालों में। कुँवरसिंह ने अपना विरोध घर में भोजन करने से इनकार करके प्रकट किया। पिता के पश्चाताप् के बाद उसने भोजन किया।[89] बचनीदेवी का लड़का गिरवीरसिंह जंगल बचाने वालों में था।

26 जनवरी, 1978 को अधिकार दिवस के रूप में मनाया गया। बेमुण्ड तथा धार अकरिया पट्टी के कुछ गाँवों में भी यह आयोजन हुआ। हेंवलघाटी में अदवाणी, सलेत, पिपलेथ, रामपुर, अटाली, पाली, कुड़ी, टिपली, स्वीर, कोटी तथा जाजल में कई युवकों और छात्रों ने इस दिन उपवास रखा। सार्वजनिक रास्तों तथा पानी की डिग्गियों की सफाई की। प्रार्थना की। पिपलेथ गाँव में सुबह ध्वजारोहण के बाद जंगलों के अधिकार का घोषणा-पत्र पढ़ा गया। इस दिन रात को 8 बजे पूरी घाटी में थालियाँ फिर बजाई गयीं। यह एक प्रकार से 'जागते रहो' और 'जगे हैं' की सूचनाओं का आदान-प्रदान था।

28 जनवरी, 1978 को मल्ली खाड़ी से जाजल तक 'भाज भाज रे भाज' जुलूस निकला। जुलूस के आगे सलेत के रणवीर सिंह 'ठेकेदारी की प्रथा' का प्रतीक पुतला लेकर चल रहे थे। हर गाँव से आये 2-2, 3-3 युवकों के हाथ में एक-एक खाली कनस्तर था। सभी 'भाज रे भाज' के नारे के साथ बीच-बीच में 'हट हट हट' की आवाज़ दे रहे थे। जाजल में यह जुलूस एक सभा में बदल गया। इसी दिन एक नया नारा लगा : 'जनता का आदेश सुनो तुम, बदलो जंगल का कानून'।[90] इस अवसर पर हेंवलघाटी में वन सुरक्षा समिति द्वारा निकाले गये पर्चे के अन्त में नये नारे थे : 'गाँव-गाँव में बजती थाली, पीट रहे है लड़के ताली, ठेकेदारों से वन हो खाली, हरी भरी हो डाली-डाली'।

30 जनवरी, 1978 को गाँधी बलिदान दिवस मनाया गया। इस दिन यह बात आन्दोलन स्थल पर पहुँच गयी थी कि जंगल कटवाने तथा आन्दोलनकारियों को गिरफ़्तार करवाने के लिए पी.ए.सी. पहुँचने वाली है। 31 जनवरी को दो ट्रक पी.ए.सी. तथा हेंवल नदी की ओर से 15 नेपाली मज़दूर हेंवलघाटी की ओर आये। बेमुण्डा तथा खाड़ी में सशस्त्र पुलिस के तम्बू लगने लगे। अदवाणी मार्ग में क्याटा तक शाम को पी.ए.सी. ने ग्रामीणों को डराने के लिए परेड की। अब आन्दोलनकारियों का सामना एक ठेकेदार तथा कुछ जंगलात के कर्मचारी और मज़दूरों से नहीं, बेगाने सशस्त्र सिपाहियों से था।

1 फ़रवरी, 1978 को जाजल स्कूल जाते बच्चे पी.एस.सी. के टैण्टों के पास नारे लगा रहे थे : 'आज हिमालय जागेगा, क्रूर कुल्हाड़ा भागेगा', 'आज हिमालय की ललकार, वन पर गाँवों का अधिकार'। छात्रों का जुलूस 'वीरों की यह बात है भाई, कायर का नहीं काम रे' गीत गाता हुआ जाजल की ओर चल रहा था। रामपुर, पिपलेथ, कठ्या गाँव के युवक अदवाणी जंगल की ओर जा रहे थे। वहाँ अदवाणी, गैंड, गैडी आदि आसपास के गाँवों की महिलाएँ-बच्चे सुबह से जमा थे। आरे-कुल्हाड़े लिए 15 नेपाली मज़दूर धूप सेंक रहे थे और जंगलात कर्मचारियों से घिरे ठेकेदार परेशान थे। किशोर वर्ग ठेकेदारों को चिढ़ा रहा था कि क्या बिना पुलिस के नहीं कटवा सकते पेड़? एक महिला को अपने ससुराल जाना था तो उसकी सहेलियों ने उसे विदा करते हुए आश्वासन दिया कि वह फ़िक्र न करे। वे सभी मिलकर पेड़ नहीं कटने देंगे।[91]

कुछ देर में पी.ए.सी. जवानों से लदे दो ट्रक, परगनाधिकारी तथा प्रभागीय वनाधिकारी की जीपों के पीछे-पीछे आने लगे। ये सभी शिवपुरी राजि के अन्तर्गत आने वाले अदवाणी जंगल में रुके। यहाँ ठेकेदार, नेपाली मज़दूर तथा आन्दोलनकारी उनकी प्रतीक्षा में थे। आन्दोलनकारियों के लगाये नारे

लगातार गूँज रहे थे। हौंठों में आदेश लिए अधिकारी और हाथों में बन्दूक तथा लाठी लिए पी.ए.सी. के सिपाही सड़क पर थे। हेंवलघाटी की जनता इन्हें कौतूहल से देख रही थी। यह पी.ए.सी. का इस जंगल में पहला आगमन था। यहाँ पर ठेकेदार ने वनाधिकारी से इशारों में बात की, परगनाधिकारी की ओर देखा और आरे कुल्हाड़े लिए मज़दूर, ठेकेदार तथा जंगलात के कर्मचारी साथ-साथ चलने लगे। पुलिस, पी.ए.सी. तथा परगनाधिकारी भी संयुक्त रूप से सड़क पर उतरे।

छपे पेड़ों पर तीन-चार महिलाएँ बच्चों के साथ खड़ी थीं। किसी पेड़ पर युवक ही युवक थे। नेपाली मज़दूर आरा-कुल्हाड़ी लेकर किसी पेड़ पर पहुँचते तो उन्हें सुनाई देता 'पेड़ों पर हथियार उठेंगे, हम भी उनके साथ कटेंगे' और फिर पेड़ों को घेरे में लेते ग्रामीण सामने दिखते। जंगलात के अधिकारी ठेकेदार से कटान शुरू करने को कहते। ठेकेदार मज़दूरों को आदेश देता पर मज़दूर झुँझलाकर इतना ही कहते, 'कहाँ और कैसे काटें?' लगभग दो घण्टे तक यह प्रतिकार चलता रहा। एक भी पेड़ नहीं कट सका। 'पुलिस हमारा भाई है, उससे नहीं लड़ाई है' जैसा नारा भी लगा। पश्चिमी उत्तर प्रदेश के रहने वाले दो-तीन पी.ए.सी. वाले आपस में बात कर रहे थे कि बात तो यह लोग ठीक कर रहे हैं। पेड़ तो बचने ही चाहिए।[92]

इसी बीच किसी सरकारी सन्देश के कारण परगनाधिकारी ने पुलिस, पी.ए.सी. को वापसी का आदेश दिया। अगले दिन जाजल, खाड़ी, बेमुंडा से पी.ए.सी. के तम्बू उखड़ गये और मज़दूर भी चले गये। शायद पी.ए.सी. डराने भर को लायी गयी थी। उधर सलेत के जंगल में चौकसी रखी गयी। ग्रामीणों ने बारियाँ (निगरानी हेतु क्रमिक ज़िम्मेदारी) लगा रखी थी ताकि काटने वालों के जंगल जाने से पहले बचाने वाले वहाँ सुसंगठित रूप से पहुँच जाय।[93]

जब पुलिस, प्रशासन और जंगलात विभाग संयुक्त रूप से प्रत्यक्ष जाकर अदवाणी के जंगल को काटने में सफल नहीं हो सके तो नरेन्द्रनगर के कार्यकारी मजिस्ट्रेट द्वारा, नरेन्द्रनगर के थानाध्यक्ष की 17 जनवरी, 1978 की आख्या के आधार पर, आन्दोलनकारियों को नोटिस भेजा गया। रामराज बडोनी, कुँवर प्रसून, धूम सिंह नेगी, दयाल सिंह तथा जीवानन्द श्रीयाल के नाम 1 फ़रवरी, 1978 को जारी 111 दण्ड प्रक्रिया संहिता के अन्तर्गत जारी यह नोटिस 4 फ़रवरी को आन्दोलनकारियों को मिला। इसमें यह आरोप लगाया गया था कि लॉट संख्या 40/सी. 77-78 अदवाणी कम्पार्ट 4 शिवपुरी राजि में, जहाँ सुन्दरलाल सकलानी पुत्र तोताराम को 45000 रु. में चीड़ तथा साल के 671 पेड़ों को काटने का ठेका दिया गया है, 17 जनवरी, 1978 को उन्होंने पेड़ों पर चिपक कर कटान नहीं करने दिया और वे पूरे क्षेत्र में कटान के विरोध का प्रचार करते रहे। ठेकेदार के मज़दूरों और आन्दोलनकारियों के बीच रंजिश बढ़ने से शान्ति भंग हो सकती है। अतः पाँचों आन्दोलनकारियों को 6 फ़रवरी, 1978 को न्यायालय में आकर एक हज़ार रुपये का व्यक्तिगत बचननामा लेने को कहा गया था।[94] आन्दोलनकारियों ने कुछ समय तक भूमिगत रहने का प्रयास किया और जंगलों की रखवाली भी करते रहे।

उधर 5 फ़रवरी, 1978 को कुँवर प्रसून तथा सहयोगियों के साथ हाथापाई की ख़बर से अलमोड़ा में चौधानपाटा में विशाल सभा शमशेर बिष्ट की अध्यक्षता में हुई। इस सभा में पूरन तिवारी, गणेशदत्त जोशी, नीलाम्बर जोशी, गिरीश तिवारी 'गिर्दा', हरीश जोशी आदि भी बोले। उत्तराखण्ड संघर्ष वाहिनी ने चिपको आन्दोलन के दमन की भर्त्सना करते हुए कहा कि पर्वतीय युवकों को वनों से रोज़गार पाने का जन्म सिद्ध अधिकार है।[95] यह समझने लायक पक्ष है कि आन्दोलन रत लोग कहीं और कभी वनों से रोज़गार पाने की बात कहना नहीं भूलते थे।

पाँचों आन्दोलनकारियों ने 6 फ़रवरी, 1978 को मजिस्ट्रेट के नाम अपने पत्र में लिखा कि उन्होंने अदवाणी के जंगल में पेड़ों से चिपक कर उन्हें बचाया। यदि पेड़ों की रक्षा करना अपराध है तो वे अपना अपराध स्वीकार करते हैं और इसके लिए सजा भुगतने के लिए तैयार हैं। शान्ति भंग होने के अन्देशे को निराधार बताया गया, क्योंकि शान्तिमय अहिंसात्मक आन्दोलनों में शान्ति भंग नहीं होती है। आश्वासन दिया गया कि वे किसी भी हाल में शान्ति भंग नहीं होने देंगे। कुछ पेशियों के बाद 11 अप्रैल, 1978 को ये मामले वापस कर दिये गये थे।[96] सशस्त्र पहरे में जब पेड़ नहीं कट सके तो गढ़वाल के अरण्यपाल की अध्यक्षता में सरकार ने दोनों जंगलों के बाबत एक जाँच समिति नियुक्त की। समिति के कार्य शुरू करने से पहले 9 फ़रवरी, 1978 को टिहरी वृत्त के वनों की नीलामी नरेन्द्रनगर में शुरू कर दी गयी।

8 फ़रवरी 1978 की शाम को हेंवलघाटी की जनता ने ढोल, नगाड़े, थालियों और नारों की गूँज के साथ जंगलों की नीलामी का विरोध करने के लिए नीलामी कक्ष के बाहर डेरा डाल लिया। पुलिस प्रशासन ने आन्दोलनकारियों के साथ अत्यन्त क्रूरता का व्यवहार किया जबकि वे शान्ति और संयम से विरोध जाहिर कर रहे थे। 9 फ़रवरी, 1978 की सुबह महिलाओं का दल जब नरेन्द्रनगर टाउन हाल (नीलामी कक्ष) के बाहर पहुँचा तो भीतर नीलामी हो रही थी और चिपको आन्दोलनकारी गेट पर संघर्ष कर रहे थे। हेंवलघाटी की महिलाओं तथा देहरादून से आये युवकों (डी.एन. भटकोटी के नेतृत्व में आये इस समूह में योगेश शर्मा, भोलादत्त ममगयी, जोशी, महावीर तथा आलोक उपाध्याय थे) तथा उत्तरकाशी से आये सुरेन्द्रदत्त भट्ट तथा साथियों का संयुक्त दबाव फाटक पर पड़ा तो वह खुल गया। महिलाएँ मंच पर पहुँच गयीं और नीलामी स्थगित हो गयी।

महिलाओं की हिस्सेदारी से स्थगित यह पहली नीलामी थी। नैनीताल तथा देहरादून में नीलामी स्थगित करने महिलाएँ नहीं आ पायी थीं। अरण्यपाल सहित वनाधिकारियों ने कुर्सियाँ खाली कीं, जिन पर महिलाएँ बैठ गयीं। ठेकेदार अपने थैले पकड़ कर भागने लगे। नीलामी कक्ष चिपको के नारों से गूँजने लगा। वे सभी नारे यहाँ लगातार दोहराये जाते रहे जो आन्दोलन के दौर में विकसित हुए थे और जो उनकी चेतना तथा विचार को अभिव्यक्त करते थे। टिहरी वृत्त के हरे वनों की नीलामी अनिश्चित काल के लिए स्थगित रखने की घोषणा होने तक नीलामी कक्ष से बाहर न जाने का संकल्प दोहरा रहे आन्दोलनकारियों को आधी रात में गिरफ़्तार किया गया, जब वे सोने की तैयारी कर रहे थे।

नरेन्द्रनगर के लोगों ने आन्दोलनकारियों के लिए चाय, भोजन तथा बिस्तर की व्यवस्था की। 9 फ़रवरी, 1978 की रात बारह बजे 23 (9 महिलाएँ तथा 14 पुरुष) आन्दोलनकारी गिरफ़्तारी का विरोध करने लगे। वे ज़मीन पर लेट गये। एक आन्दोलनकारी को घसीटकर सीढ़ियों से नीचे उतारा गया। कुछ पुलिस अधिकारी शराब पिये हुए थे। तीन घण्टे तक नरेन्द्रनगर थाने के बाहर ट्रक में ठूँसे रखने के बाद सुबह पौने पाँच बजे उन्हें टिहरी जेल पहुँचाया गया। जेल में 10 फ़रवरी, 1978 को कुँवर प्रसून ने तथा 11 को प्रताप शिखर तथा जगदम्बा कोठियाल ने उपवास रखा। जेल के भीतर की अमानवीय व्यवस्था को सुधारने हेतु आन्दोलनकारियों ने टिहरी के ज़िला कारागार अधिकारी को एक विस्तृत पत्र लिखा।[97]

हेंवलघाटी के आन्दोलन पर जब 'नैनीताल समाचार'[98] पाक्षिक ने विवरण छापा तो सरला बहन ने अपने एक पत्र में लिखा था :

> 'इस दर्मियान गाँव में घूमने पर मालूम हुआ कि बहनें दृढ़ हैं, हालाँकि नीलामी का विरोध करने के लिए ये दूर नरेन्द्रनगर तक जाकर गिरफ़्तार होना फिजूल

समझती हैं। तथापि ये दृढ़ हैं कि ये ठेकेदारों को अपने स्थानीय वनों में घुसने नहीं देंगी। एक-एक बहिन एक-एक पेड़ पर चिपककर कुल्हाड़ी की मार को सहने को तैयार है। लेकिन उनके ज़िन्दा रहकर ये एक भी पेड़ को कटने नहीं देंगी।'[99]

यह तथ्य उजागर हुआ कि 22 जनवरी, 1978 को लखनऊ में वन मन्त्री द्वारा उत्तराखण्ड के सांसदों, विधायकों तथा अधिकारियों की जंगलात सम्बन्धी बैठक आयोजित की गयी थी, जिसमें चार विधायकों—गोविन्दसिंह नेगी (टिहरी), भरत सिंह (लैंसडौन), गोविन्दसिंह मेहरा (रानीखेत) तथा प्रतापसिंह पुष्पाण (चमोली)—की एक समिति बनायी गयी थी और तय हुआ था कि यह नव गठित समिति जब अपनी रपट देगी तब नयी वन कटान नीति के अनुसार जंगलों के काम होंगे। लेकिन इस फ़ैसले को उलटकर टिहरी तथा गढ़वाल वन वृत्त के कैल और देवदार के जंगलों को 9-11 फ़रवरी 1978 को नरेन्द्रनगर में नीलाम करने का निर्णय लिया गया। 'नरेन्द्रनगर चलो' के आह्वान के साथ हिमालय बचाओ समिति ने देहरादून से 'वनों के नीलाम बन्द करो' तथा 'एकाधिकार समाप्त करो' शीर्षक से प्रकाशित पोस्टर बाँटे लेकिन प्रत्यक्ष नीलामी का विरोध करने कोई नरेन्द्रनगर नहीं गया।

23 फ़रवरी 1978 को सत्याग्रहियों को बिना शर्त जेल से रिहा किया गया लेकिन इससे पहले जंगल नीलाम हो चुके थे।[100] स्पष्ट था कि आन्दोलन की दूसरी पंक्ति नहीं बन सकी थी। सुन्दरलाल बहुगुणा, जो हरियाणा में अपनी प्राकृतिक चिकित्सा करा रहे थे, ने रिहाई पर आन्दोलनकारियों के नाम बधाई पत्र भेजा।[101] बीमारी के बीच वे दिल्ली में हिमालय क्लब की स्वर्ण जयन्ती पर अपने भाषण में फ़रवरी 1978 में महिलाओं द्वारा चीड़ के पेड़ों पर राखी बाँधने की चर्चा कर चुके थे।[102]

30 मई, 1978 को हेंवलघाटी की जनता ने अपने सक्रिय आन्दोलनकारियों की उपस्थिति में हेंवलघाटी के चिपको आन्दोलन की पहली सालगिरह मनायी और जलस्रोतों की रक्षा, वृक्षारोपण, लैंटाना को उखाड़ फेंकने, वन विनाश रोकने, भूस्खलन नियन्त्रित करने तथा पेयजल संकट दूर करने के निर्णय लिए। हेंवलघाटी में जन्मे नारों को सुन्दरलाल बहुगुणा ने आन्दोलन का नहीं महिलाओं का[103] जबकि धूम सिंह नेगी तथा सहयोगियों द्वारा वन दिवस (30 मई) तथा पर्यावरण दिवस (5 जून) को मनाने हेतु निकाले गये पर्चे में इसे पूरे समाज और आन्दोलन का नारा बताया था।[104]

भारत डोगरा ने मार्च 1978 में हेंवलघाटी से वापस जाने के बाद लिखे अपने लेख में एक मार्मिक प्रसंग का ज़िक्र किया था। जब रामपुर की सुदेशा देवी से पूछा गया कि परिवार और गाँवों में लोग महिलाओं का जेल जाना अच्छा नहीं मानते हैं, फिर उन्होंने जेल जाने का निर्णय क्यों लिया? सुदेशा देवी का सीधा पर अत्यन्त सटीक उत्तर था कि जेल का जीवन ख़राब है पर जेल से बाहर क्या कम दिक्कतें हैं! घास-लकड़ी के लिए मीलों दूर जाना पड़ता है। कभी-कभी पूरा दिन इसी में निकल जाता है। घास-लकड़ी इकट्ठा करते-करते बहू-बेटियाँ गिरती-मरती हैं। इसे बदलने को जेल जाना ही होगा।[105] महिलाएँ भी जंगलात के संघर्ष का औचित्य बहुत आत्म विश्वास के साथ प्रस्तुत करती थीं। साथ ही वे यह बताती थीं कि जंगल तो उनके संघर्ष का एक महत्त्वपूर्ण हिस्सा भर है।

हेंवलघाटी में चिपको आन्दोलन की स्थिति पर जब धूम सिंह नेगी ने सरला बहन को पत्र लिखा और बताया कि आन्दोलन के साथ कानूनी मसले जुड़ गये हैं, तो सरला बहन ने अपने पोस्टकार्ड में धूम सिंह नेगी को लिखा कि 'कानूनी मामले बहुत लम्बे चलते हैं और सब लोगों के नहीं रहने से उन्हें एक बहाना मिल जाता है। अपनी शक्ति तथा जनता की सही श्रद्धा से आप जितना काम उठा सकते हैं, उतना ही काम उठाना अच्छा है। अपनी शक्ति से ज़्यादा उठाना अच्छा नहीं है'।[106]

विधायक इन्द्रमणि बडोनी ने अपने एक पत्र में प्रदेश के वन सचिव को लिखा था कि सहकारी समितियों को दोहन का काम दिया जाय न कि ठेकेदारों को। लीसा टिपान की हिमाचली पद्धति रोकी जाय। बड़े-बड़े ठेकेदारों तथा कम्पनियों के हित में जंगलात विभाग काम न करे। अदवाणी तथा उदखण्डा में जो चिपको आन्दोलन चला है, उसकी माँगों पर तत्काल विचार हो। बडोनी ने ग़ुस्सा प्रकट किया था कि प्रशासन तथा जंगलात विभाग ने जाँच कमेटी का वादा करके भी वहाँ पुलिस-पी.ए.सी. भेजी।[107]

5. हल्द्वानी : दमन का अगला चरण

इसी बीच उत्तराखण्ड संघर्ष वाहिनी के कार्यकर्ताओं ने दिसम्बर 1977 से फ़रवरी 1978 के बीच लगातार उत्तराखण्ड के अनेक स्थानों के दौरे किये। जंगलों, हक़-हक़ूकों, वर्तमान वननीति, चिपको आन्दोलन, 1970 की अलकनन्दा बाढ़ से 1977 के तवाघाट भूस्खलन तक हर बात को जनता तक पहुँचाने और यह बताने का प्रयास हुआ कि बिना आम लोगों द्वारा जंगलात के अधिकारों की लड़ाई में शामिल हुए इस सवाल का हल कठिन है।

बागेश्वर के उत्तरायणी मेले में उत्तराखण्ड संघर्ष वाहिनी के सदस्यों ने हुड़का जुलूस के साथ गौर्दा का गीत गाया और एक जनसभा में विस्तार से अपनी बातें रखी।[108] दूसरी ओर चुने हुए जन प्रतिनिधियों में जंगलात के मुद्दे पर किस तरह चिपको के दबाव से जनित दिलचस्पी बढ़ रही थी वह 22 जनवरी, 1978 को विधान सभा लखनऊ में आयोजित जंगलात सम्बन्धी गोष्ठी में स्पष्ट हुआ जब 18 में से 17 विधायक उपस्थित थे। हालाँकि चार में से दो संसद सदस्य और आठ में से मात्र दो विधान परिषद् सदस्य उपस्थित थे।[109]

तत्पश्चात उत्तराखण्ड संघर्ष वाहिनी के कार्यकर्ता रामनगर, हल्द्वानी, टनकपुर, अलमोड़ा, पिथौरागढ़, गंगोलीहाट, बागेश्वर, चौखुटिया, कर्णप्रयाग, गोपेश्वर, रुद्रप्रयाग से जोशीमठ तक व्यापक लोक शिक्षण के कार्य में लगातार जाते रहे थे। फ़रवरी, 1978 में वे सभी विभिन्न नदियों के किनारे मजनूं के पेड़ों को लगाने के अभियान में जुटे थे। एक ओर चण्डी प्रसाद भट्ट, दयाल सिंह भण्डारी, शमशेर बिष्ट, सच्चिदानन्द भारती आदि थे तो दूसरी ओर पत्रकार राजीव लोचन साह और संस्कृति कर्मी गिरीश तिवारी 'गिर्दा' और तीसरी ओर अलमोड़ा, नैनीताल, गोपेश्वर आदि के तमाम छात्र। यह नीलामियाँ स्थगित कराने से अलग जंगलों के पक्ष में किया गया अभियान था। इससे शहरी तथा क़स्बाई छात्रों को उत्तराखण्ड की ग्रामीण वास्तविकता को ज़्यादा जानने का मौक़ा मिला। यह अभियान भाबर से भोटांतिक क्षेत्र तक फैला था।[110]

उधर प्रदेश सरकार ने नैनीताल काण्ड की न्यायिक जाँच के बदले मौजूदा प्रशासन से ही जाँच कराने की ठानी। सरकार ने आग में घी डालने वाला एक और निर्णय लिया। फ़रवरी 1978 के प्रारम्भ में डी.एस.बी. कॉलेज (कुमाऊँ विश्वविद्यालय) के दस छात्रों के नाम नैनीताल क्लब अग्निकाण्ड के सन्दर्भ में वारण्ट जारी किये गये थे। यह कार्य जाड़ों के अवकाश में तब किया गया, जब छात्र अपने घरों में या नैनीताल से बाहर थे। 6 फ़रवरी, 1978 को डी.एस.बी. छात्रसंघ अध्यक्ष भगीरथलाल को उनके पिता के रामनगर स्थित फार्म से गिरफ़्तार और सी.जी.एम. के समक्ष हल्द्वानी में पेश कर जेल भेज दिया गया। फिर उमेश तिवारी, निर्मल उप्रेती, रामसिंह बिष्ट और सतीश कुमार को गिरफ़्तार किया गया। कुछ अन्य, जिनमें तराई के सिख छात्र भी थे, भूमिगत हो गये।[111]

उत्तराखण्ड के पहाड़ी क्षेत्र के डिग्री कॉलेज जाड़ों में बन्द रहते हैं पर तराई-भाबर में स्थित कॉलेज संक्षिप्त अवकाश के बाद खुल जाते हैं। प्रशासन को यह आशा थी कि जाड़ों के अवकाश के कारण

पहाड़ी क्षेत्र के कॉलेजों तथा नगर-क़स्बों में किसी तरह की प्रतिक्रिया नहीं होगी और भाबर-तराई तक इसका असर नहीं जायेगा। उक्त गिरफ़्तारियों की सर्वत्र और समाज के सभी तबकों में तीव्र प्रतिक्रिया हुई। हल्द्वानी, रामनगर तथा काशीपुर में तो 7 तथा 8 फ़रवरी को ही हड़ताल हो गयी थी।

10 फ़रवरी, 1978 को जाड़ों के अवकाश के बाद कॉलेज खुल गये। अलमोड़ा में 10 फ़रवरी को अलमोड़ा इण्टर कॉलेज के छात्रों ने कक्षाओं का बहिष्कार कर जुलूस निकाला और उत्तराखण्ड संघर्ष वाहिनी के जगत रौतेला के नेतृत्व में जुलूस कचहरी गया और वहाँ आम सभा की गयी। परगनाधिकारी को ज्ञापन दिया गया कि गिरफ़्तार छात्रों को तत्काल छोड़ा जाय। 11 फ़रवरी को द्वाराहाट इण्टर कॉलेज के छात्रों ने हड़ताल की और फिर उत्तराखण्ड संघर्ष वाहिनी के बिपिन त्रिपाठी, पूरन तिवारी, प्रदीप टम्टा, राजा बहुगुणा के नेतृत्व में जुलूस निकला और सभा हुई। बागेश्वर डिग्री कॉलेज के छात्रों ने दो दिन की हड़ताल की।[112]

16 फ़रवरी, 1978 को गिरफ़्तारियों के विरोध में हल्द्वानी में विशाल प्रदर्शन करने का निश्चय किया गया। पहाड़ी क्षेत्र के कॉलेजों के छात्र नेताओं का जमाव भी हल्द्वानी में था। जाड़ों में न सिर्फ़ कुमाऊँ का बड़ा हिस्सा हल्द्वानी आता है, बल्कि नैनीताल का ज़िला मुख्यालय भी हल्द्वानी में होता है। छात्रों के अलावा आम नागरिक, वकील तथा पत्रकारों ने विरोध प्रदर्शन में रुचि ली थी। अतः यह सिर्फ़ छात्रों का नहीं बल्कि पूरी तरह सार्वजनिक प्रदर्शन था। आयोजन तथा नेतृत्व अवश्य छात्रों का था।

सुबह रामनगर से ट्रकों में आ रहे छात्रों को हल्द्वानी में प्रवेश करते ही गिरफ़्तार किया गया। छात्रों तथा ट्रक ड्राइवरों को पीटा गया। तत्पश्चात् उन्हें थाने में बन्द कर दिया गया। हल्द्वानी के छात्र समुदाय को तत्काल यह जानकारी नहीं मिल सकी। वे पूर्व निर्धारित कार्यक्रम के अनुसार छात्र नेताओं की तत्काल बिना शर्त रिहाई, नैनीताल काण्ड की न्यायिक जाँच और जंगलों के बाबत सही नीति बनाने की माँग करते हुए अपना जुलूस कॉलेज से मुख्य मार्ग होकर थाने की ओर ले गये। मुख्य माँग एक प्रकार से छात्रों की तत्काल रिहाई की ही थी। जब जुलूस हल्द्वानी बस अड्डे के पास स्थित थाने के सामने पहुँचा तो पी.ए.सी. द्वारा चारों ओर से घेरा डाल कर छात्राओं, छात्रों, बच्चों, नागरिकों तथा राह चलते लोगों और दफ़्तर जाते कर्मचारियों को लाठियों से निर्ममतापूर्वक पीटा गया। यही नहीं दुकानों, घरों, दफ़्तरों, होटलों यहाँ तक कि अदालत परिसर में जाकर छात्र-छात्राओं तथा आम नागरिकों पर लाठी प्रहार किया गया।

जुलूस के आगे चल रही छात्राओं पर न सिर्फ़ लाठी चालान हुआ बल्कि उनके कपड़े फाड़े गये और इधर-उधर बचाव में छात्राओं के भागने पर लाठी चार्ज किया गया। पी.ए.सी. ने ज़िला सहकारी बैंक, पंजाब-सिंध बैंक तथा रोडवेज स्टेशन में घुसकर कर्मचारियों और नागरिकों के साथ अभद्र व्यवहार किया। शहर में धारा 144 लगने की घोषणा तब की गयी जब जुलूस थाने के सामने पहुँच गया था। पी.ए.सी. ने जुलूस की अग्रिम पंक्तियों को घेरे में लेकर छात्रों को दबोचना और छात्राओं पर लाठी चलाना शुरू किया। जुलूस के नारे गुंजायमान थे : 'जेल के ताले टूटेंगे, हमारे साथी छूटेंगे'। वन मन्त्री तथा सरकार के विरोध में भी नारे लग रहे थे।

शान्तिपूर्ण जुलूस का ऐसा आतंकपूर्ण दमन स्थानीय स्मृति में अंकित न था। कुछ बुजुर्गों का कहना था कि सन् 1942 में विदेशी सरकार ने भी ऐसा व्यवहार नहीं किया था और तीस साल के कांग्रेसी राज में ऐसा नहीं हुआ।[113] रामनगर से आये 15 छात्रों सहित कुल 53 छात्र-नवयुवकों तथा वकीलों को धारा 124, 147, 149, 323, 332 तथा 307 के अन्तर्गत गिरफ़्तार कर बरेली जेल भेज

दिया गया। गिरफ़्तार छात्रों में हल्द्वानी, रामनगर, नैनीताल तथा लखनऊ के छात्र थे और उन्हें इतनी बुरी तरह पीटा गया था कि उनमें से अनेक पुलिस ट्रकों पर स्वयं नहीं चढ़ सके।[114]

ऐसा नहीं था कि 16 फ़रवरी, 1978 को प्रदर्शन सिर्फ़ हल्द्वानी में ही हुआ हो। उसी दिन रुद्रपुर कॉलेज के छात्र संघ के आह्वान पर वहाँ एक विशाल प्रदर्शन हुआ था। 'जनता सरकार सौतेला व्यवहार बन्द करो', 'रिहा अगर ना छात्र हुए, खून बहेगा सड़कों पर' तथा 'सत्ता हमारी अन्धी हैं, नेता हमारे बन्दी हैं' जैसे नारे लग रहे थे। जनसभा, जिसमें आम नागरिक शामिल हुए, में कहा गया कि यदि छात्रों की रिहाई तत्काल नहीं की गयी तो वे सभी गिरफ़्तारी देंगे। वन मन्त्री के इस्तीफ़े की माँग की गयी।[115] अलमोड़ा में विशाल सभा का आयोजन हुआ, जिसमें छात्रों की रिहाई तथा नैनीताल काण्ड की न्यायिक जाँच के अलावा यह घोषणा की गयी कि जब तक वन नीति नहीं बदलेगी आन्दोलन जारी रहेगा। रामनगर में ऐतिहासिक ट्रेक्टर जुलूस निकाला गया। शहरी और ग्रामीण जनता तथा सैकड़ों छात्रों के इस जुलूस में 50 से अधिक ट्रेक्टरों की हिस्सेदारी हुई थी।[116]

16 फ़रवरी को नैनीताल, टनकपुर, पिथौरागढ़, बागेश्वर, रानीखेत आदि में जुलूस निकाले गये और आम सभाएँ हुईं। सर्वत्र छात्रों की रिहाई, नैनीताल काण्ड की न्यायिक जाँच तथा वन नीति बदलने के साथ वन मन्त्री के इस्तीफ़े की माँग की गयी। सत्ताच्युत कांग्रेस के नेताओं और कार्यकर्ताओं का इन प्रदर्शनों में रुचि लेना स्वाभाविक था लेकिन सर्वत्र ये प्रदर्शन पूरी तरह छात्रों के आयोजन थे और आम नागरिक तथा अन्य राजनीतिक दलों के लोग इनमें हिस्सेदारी कर रहे थे। कहीं इनमें जंगलात की नीति बदलने की या नैनीताल क्लब काण्ड की जाँच की या वन मन्त्री के इस्तीफ़े की माँग होती लेकिन छात्रों की रिहाई की माँग सर्वत्र बहुत सबल तरीके से की गयी।[117] कुमाऊँ की अनेक जगहों पर 16 फ़रवरी को हुए प्रदर्शनों और सभाओं, दूसरे शहरों की उस दिन की हलचलें, दमन या गिरफ़्तारियों की ख़बरें अगले दिन के अख़बारों से पूरे उत्तराखण्ड में पता चलीं और फिर लगातार यह क्रम चलता रहा।[118]

छात्रों की 6 फ़रवरी की गिरफ़्तारी और 16 फ़रवरी के हल्द्वानी दमनकाण्ड की पूरे उत्तराखण्ड में स्वाभाविक और तीव्र प्रतिक्रिया हुई। सर्वत्र गिरफ़्तारियों और हल्द्वानी काण्ड की भर्त्सना की गयी। हल्द्वानी में तो पूरा शहर इस घटना के विरोध में खड़ा हो गया था। हल्द्वानी वकील संघ ने लाठी चार्ज की न्यायिक जाँच तथा दोषी अधिकारियों को दण्डित किये जाने की माँग करते हुए अनिश्चित काल के लिए अदालतों के बहिष्कार की घोषणा की। हल्द्वानी के बैंक कर्मचारी यूनियन ने निहत्थी जनता पर लाठी चालान तथा बैंकों में घुसकर कर्मचारियों को पीटने की घटना को अमानुषिक बताते हुए एक प्रस्ताव में प्रदेश तथा केन्द्र सरकार से माँग की कि नैनीताल जनपद की पुलिस, पी.ए.सी. तथा प्रशासन द्वारा की गयी इस बर्बर कार्यवाही की न्यायिक जाँच की जाय तथा इन काण्डों (नैनीताल तथा हल्द्वानी) से सम्बन्धित अधिकारियों को तुरन्त अन्यत्र स्थानान्तरित किया जाय, ताकि जाँच में किसी तरह का गतिरोध न आये।[119]

क्योंकि नैनीताल तथा हल्द्वानी में हुआ दमन वन मन्त्री के दुराग्रह से जुड़ा था और 16 फ़रवरी को वन मन्त्री स्वयं हल्द्वानी में थे। अतः उन्हें मन्त्रिमण्डल तथा जनता पार्टी से निकाले जाने की माँग भी की गयी। उत्तर प्रदेश माध्यमिक शिक्षक संघ ने जाँच की माँग की तथा नगरपालिका कर्मचारियों के संगठन ने भी। जनता पार्टी के 8 माह के शासनकाल में नैनीताल जनपद में दो बार गोली (टनकपुर तथा नैनीताल) तथा चार बार लाठी चार्ज हो चुका था और 13 अप्रैल, 1978 के पन्तनगर हत्याकाण्ड की स्थितियाँ धीरे-धीरे पक रही थीं।

16 फ़रवरी के प्रदर्शन के दमन की ख़बरें बहुत प्रभावकारी सिद्ध हुई। इसकी प्रतिक्रिया तथा प्रतिवाद सर्वत्र प्रकट हुआ। 17 फ़रवरी 1978 को रामनगर, टनकपुर, अलमोड़ा, रानीखेत, गोपेश्वर तथा बागेश्वर में सभाएँ हुईं।[120] इसी दिन हिमालयन क्लब की स्वर्ण जयन्ती समारोह में प्रधानमन्त्री मोरारजी देसाई हिमालय को अनादि काल से मौजूद प्रेरणा स्रोत बता रहे थे।[121] 18 फ़रवरी को रामनगर तथा बागेश्वर बन्द रहे। 21 फ़रवरी को ग्रामीण क्षेत्रों सहित हल्द्वानी बन्द रहा।[122] अलमोड़ा में 19 फ़रवरी को विशालतम जन सभा का आयोजन हुआ और इसी में 24 फ़रवरी, 1978 को उत्तराखण्ड बन्द का आह्वान किया गया। सबसे रोमांचक पहलू यह था कि अलमोड़ा की इस सभा में भूमिगत छात्र नेताओं (पूरन तिवारी और बालम जनोटी) ने भी भाषण दिये।[123]

जन हिस्सेदारी तथा जन आक्रोश के कारण उत्तराखण्ड संघर्ष वाहिनी ने और भी सक्रियता से आन्दोलन चलाने की घोषणा की और सरकार पर यह आरोप लगाया कि वह हमारे पेड़ काट कर ले जा रही है और हमारे युवकों को गिरफ़्तार कर जेल में डाल रही है। साढ़े तीन घण्टे तक चली इस सभा में बिपिन त्रिपाठी, गोविन्दलाल वर्मा, शमशेर बिष्ट, शंकरदत्त पाण्डे, गुंसाई सिंह रावत, जगदम्बाप्रसाद जोशी, हरीश अग्रवाल, गणेशदत्त जोशी, चन्द्रशेखर भट्ट, जगत रौतेला, शंभुनाथ वर्मा आदि बोले थे।[124]

21 फ़रवरी, 1978 को खड़ी बाज़ार, रानीखेत में एक आम सभा हुई, जिसमें बिपिन त्रिपाठी, शमशेर बिष्ट एवं जगदीश कपिल ने विचार व्यक्त किये। उन्होंने आन्दोलन और सरकारी नीति का विश्लेषण कर प्रतिरोध से ही समाधान तक पहुँचने का तर्क भी दिया।[125] गोपेश्वर, कोटद्वार तथा देहरादून में छात्रों द्वारा उत्तराखण्ड के विभिन्न स्थानों पर किये जा रहे दमन का विरोध हुआ और गिरफ़्तार छात्रों और नागरिकों को तत्काल रिहा करने की माँग की गयी। वरिष्ठ नागरिकों तथा वकीलों ने यहाँ तक कहा कि अगर नैनीताल काण्ड की न्यायिक जाँच हो जाती और तथ्य सामने आ जाते तो हल्द्वानी काण्ड नहीं हुआ होता।[126]

24 फ़रवरी, 1978 को उत्तराखण्ड का पहला ऐतिहासिक और समग्र बन्द हुआ। इससे पहले कभी भी पूरा उत्तराखण्ड एक साथ बन्द नहीं हुआ था।[127] विश्वविद्यालयों की स्थापना के आन्दोलनों के समय अवश्य पूरे गढ़वाल या कुमाऊँ क्षेत्र अलग-अलग बन्द हुए थे। जंगलात आन्दोलन के दमन के मुद्दे ने पूरे उत्तराखण्ड को पहली बार एक कर दिया था। यह अभूतपूर्व बन्द था और कुमाऊँ तथा गढ़वाल के गाँव-क़स्बों-शहरों तक इसका फैलाव था। दून-तराई-भाबर से धारचूला, जोशीमठ और उत्तरकाशी तक सर्वत्र इसमें हिस्सेदारी थी और इसका व्यापक असर हुआ था। इस तरह के विरोध की अभिव्यक्ति 1994 में उत्तराखण्ड आन्दोलन में हो सकी। पर 1994 में बहुत कम लोगों को 24 फ़रवरी, 1978 के पहले, असाधारण और सफल बन्द की याद थी, जिसकी जड़ पर चिपको आन्दोलन था।

6 फ़रवरी, 1978 को कुमाऊँ विश्वविद्यालय के डी.एस.बी. कॉलेज, नैनीताल के छात्रों और 9 फ़रवरी को नरेन्द्रनगर में जंगलों की नीलामी का विरोध कर रहे आन्दोलनकारियों की गिरफ़्तारी तथा 16 फ़रवरी को हल्द्वानी में की गयी 53 गिरफ़्तारियों ने जैसे पूरे उत्तराखण्ड को एक कर दिया था। 'नैनीताल समाचार' ने इस पूरी प्रक्रिया को 'उत्तराखण्ड में एक गैर-राजनीतिक शक्ति के उदय' के रूप में देखा था।[128] इस तरह के उदाहरण बाद में 1994-95 में उत्तराखण्ड आन्दोलन के समय प्रकट हुए थे।

बन्द के बाद उत्तराखण्ड संघर्ष वाहिनी के शमशेर बिष्ट तथा राजा बहुगुणा ने उत्तराखण्ड का व्यापक दौरा किया। देहरादून तथा ऋषिकेश के प्रदर्शनों में हज़ारों छात्र और नागरिक शामिल हुए। पिथौरागढ़, लोहाघाट, टनकपुर, बागेश्वर, जागेश्वर, रानीखेत, चौखुटिया, अलमोड़ा, नैनीताल,

हल्द्वानी, रुद्रपुर, काशीपुर, कोटद्वार, लैंसडौन, रुद्रप्रयाग, कर्णप्रयाग, गोपेश्वर, टिहरी, उत्तरकाशी, ऋषिकेश ही नहीं भवाली, मुक्तेश्वर, गंगोलीहाट, बेरीनाग, सोमेश्वर, द्वाराहाट, भिकियासैण, गरुड़-बैजनाथ, दोगड्डा, गदरपुर, किच्छा, लालकुआँ, पन्तनगर, बाजपुर आदि जगहों में बन्द के साथ जुलूस निकले और सभाएँ हुईं। राजनीतिक दल छात्रों के पीछे थे। कुछ जगहों पर बन्द विरोधी छुटपुट प्रयास हुए, पर वे असफल रहे।[129]

बरेली की केन्द्रीय जेल में बन्दी छात्रों, वकीलों तथा नागरिकों में 13 साल के छात्र राजेन्द्र सिंह मेहता से 71 साल के किसान दर्शन सिंह तक थे। गिरफ़्तारों में नैनीताल, हल्द्वानी, रामनगर, अलमोड़ा, बागेश्वर और लखनऊ के छात्रों के अलावा वकील, मज़दूर, दुकानदार, ड्राइवर तथा कंडक्टर भी थे। बरेली जेल में स्थित छात्र नेताओं—बालमसिंह जनोटी (अलमोड़ा कॉलेज), निर्मल जोशी (लखनऊ विश्वविद्यालय), शेरसिंह नौलिया (डी.एस.बी. कॉलेज), अरविन्द चौधरी (रामनगर), रणजीतसिंह मर्तोलिया (बागेश्वर), पूर्व छात्र नेता तथा एडवोकेट महेन्द्र सिंह पाल आदि— का कहना था कि हम जमानत पर नहीं, बिना शर्त तथा ससम्मान जेल से बाहर आयेंगे। हल्द्वानी की उप जेल में क़ैद भगीरथ लाल ने कहा कि छात्रों ने कुमाऊँ-गढ़वाल के बीच की दीवारें गिरा दी हैं। अब छात्र इस शक्ति को बनाये रखेंगे और बिना शर्त रिहा होंगे।[130]

उत्तराखण्ड के छात्रों की संयुक्त संघर्ष समिति के प्रवक्ता तथा अलमोड़ा कॉलेज छात्र संघ के अध्यक्ष पूरन तिवारी भूमिगत रहकर आन्दोलन का संचालन कर रहे थे। उनके नाम तीन ज़िलों में गिरफ़्तारी का वारण्ट था। उन्होंने एक पर्चे में कहा था कि सरकार ने नैनीताल काण्ड की न्यायिक जाँच अपने कुकृत्यों को छिपाने के लिए नहीं कराई और नैनीताल काण्ड की आड़ में निर्दोष छात्र-छात्राओं का दमन और गिरफ़्तारियाँ कीं। हमने सरकार से अपने साथियों को रिहा करने का निवेदन किया तो सरकार ने 16 फ़रवरी का हल्द्वानी काण्ड आयोजित करके इसका जवाब दिया। शान्तिपूर्ण तरीके से हम जो कर सकते थे, हमने किया। उत्तराखण्ड बन्द सबसे बड़ा शान्तिपूर्ण प्रजातान्त्रिक विरोध था, पर सरकार ने इसे भी नहीं समझा। अब हम ग्रामीण क्षेत्रों में आन्दोलन करेंगे और क़स्बों में नयी तैयारी करेंगे।[131]

उत्तराखण्ड संघर्ष वाहिनी के संयोजक शमशेर बिष्ट ने कहा कि जो लोग कल तक (आपातकाल के दौरान) हमारे साथ थे, आज कुर्सी पर विराजमान होते ही हमें प्रतिद्वन्द्वी मान रहे हैं। यदि दमन जारी रहा, छात्रों को रिहा नहीं किया गया, नैनीताल, हल्द्वानी काण्डों की न्यायिक जाँच नहीं की गयी और संसाधनों के शोषण की नीतियाँ नहीं बदली तो उत्तराखण्ड की जनता नये ढंग से और भी अधिक व्यापक आन्दोलन चलाने को विवश होगी।[132] 6 मार्च, 1978 को उत्तराखण्ड में जगह-जगह प्रदर्शन तथा सभाएँ हुईं और यह क्रम निरन्तर चलता रहा।

उत्तराखण्ड स्तर पर बनी 'संयुक्त छात्र संघर्ष समिति' इस समय अस्तित्व में आयी और 16 फ़रवरी, 1978 के बाद का छात्र आन्दोलन इसी ने संचालित किया। यद्यपि इसमें भिन्न-भिन्न किस्म के छात्र नेता थे और इनमें से अनेकों की रुचि कॉलेज परिसरों से बाहर न थी। लेकिन छात्रों की गिरफ़्तारी ने उन सबको सक्रिय रहने और कुछ सीमा तक सामाजिक प्रश्नों की ओर उन्मुख होने को विवश किया था। अनेक छात्र नेता चिपको तथा पर्वतीय वन बचाओ संघर्ष समिति तथा उत्तराखण्ड संघर्ष वाहिनी से सक्रिय रूप से जुड़े थे। दरअसल निर्णायक नेतृत्व में जंगलात आन्दोलन से जुड़े छात्र ही थे। इनके कारण छात्र आन्दोलन में जंगलों से जुड़े आन्दोलन की अनुगूँज ही नहीं, असलियत भी मौजूद थी।[133]

10 मार्च, 1978 को उत्तराखण्ड संयुक्त छात्र संघर्ष समिति ने नैनीताल, जहाँ 16 फ़रवरी से धारा 144 लगी थी, में प्रदर्शन किया। पूरन तिवारी तथा वेद उनियाल के नेतृत्व में यह जुलूस ज़िलाधिकारी के पास गया और गिरफ़्तार छात्रों को छोड़ने हेतु ज़िलाधिकारी का घेराव किया। बाद में ये सभी छात्र गिरफ़्तार हो गये। 11 मार्च को नैनीताल के सभी इण्टर कॉलेजों के छात्रों ने प्रदर्शन में भाग लिया, जिसका नेतृत्व अशोक डालाकोटी तथा भारतरत्न सती कर रहे थे। बाद में अधिकांश छात्र रिहा हो गये। लेकिन निर्मल जोशी तथा बालम जनोटी ने जमानत पर रिहा होने से इनकार कर दिया।

जंगलात आन्दोलन से जुड़े छात्र इस समय अनेक मोर्चों पर संघर्षरत थे। अलमोड़ा कॉलेज छात्र संघ के पदाधिकारी– पूरन तिवारी तथा बालम जनोटी– वन आन्दोलन से बहुत सक्रिय रूप से जुड़े होने के साथ क्रमशः श्रम सहकारी समितियों और अलमोड़ा मैगनेसाइट मज़दूर संगठन से जुड़े थे। इसी तरह प्रदीप टम्टा, निर्मल जोशी, सच्चिदानन्द भारती आदि पिछले तीन-चार साल से वन आन्दोलन से जुड़े थे और वृक्षारोपण-दीवालबन्दी से लेकर जंगलों की नीलामियों के विरोध में भी पीछे न थे।

15 मार्च, 1978 को प्रदेश सरकार ने बाकायदा छात्रों की बिना शर्त रिहाई की घोषणा की। सरकार द्वारा पिछले 4 माह में पर्वतीय समाज में बनाये घावों में मरहम लगाने का दिखावा शुरू हुआ। वन आन्दोलन से जुड़े छात्र समूह ने कॉलेज परिसर और परिसर से बाहर दोनों मोर्चे सँभाले थे। छात्रों की रिहाई के बाद आम छात्र अपने घर-परिसर वापस लौट गये। बाद में पूरन तिवारी तथा बालम जनोटी भी ससम्मान रिहा हो गये। उन्होंने ही नैनीताल जेल में निरीक्षण के समय एक एस.डी.एम. को बन्धक बना दिया था और उसे तब मुक्त किया जब जेल के आम कैदियों के लिए कुछ रियायतें घोषित हुईं।[134] अलमोड़ा कॉलेज छात्रसंघ के नये अध्यक्ष जगत रौतेला और महासचिव दीवान धपोला चुने गये। ये दोनों भी वनान्दोलन से जुड़े थे। इसलिए छात्र आन्दोलन तथा वन आन्दोलन में अलमोड़ा और अलमोड़ा कॉलेज के छात्रों की हिस्सेदारी में एक निरन्तरता बनी रही। जनवरी 1979 में अलमोड़ा कॉलेज के छात्र नेताओं की गिरफ़्तारी ने आन्दोलन को नयी ऊर्जा दी।

इस साल चिपको आन्दोलन के अनेक रूपों के प्रकट होने के साथ नये आयाम भी इससे जुड़ते गये। जैसे चिपको के नये नारों का जन्म। विद्यार्थियों की अधिकतम हिस्सेदारी। या जर्मन विद्वान क्रिस्टोफ रीगर द्वारा चिपको का स्वागत और नेपाल में भी इसके चलाये जाने की ज़रूरत महसूस करना।[135] या एक संवाद समिति द्वारा यह समाचार देना कि चिपको के एशिया के अन्य हिस्सों में फैलने की सम्भावना है। विशेष रूप से वहाँ, जहाँ कटान बहुत हो रहा है और रेगिस्तानीकरण बढ़ रहा है।[136] इसी तरह युवा कार्यकर्ता चन्द्रशेखर भट्ट द्वारा लीसा उद्योग के बरअक्स उपेक्षित वन श्रमिकों को देखना। उस समय उनका एक खोजपूर्ण लेख प्रकाशित हुआ था, जिससे यह उजागर होता है कि सामाजिक आन्दोलन कैसे अपने हिस्सेदारों में अन्वेषी दृष्टि विकसित करते हैं।[137]

सन्दर्भ

1. युगवाणी : 5 जून, 1977
2. कार्यालय मल्ला नागपुर सहकारी संविदा समिति, गोपेश्वर से 1 जून, 1977 को आनन्द सिंह बिष्ट द्वारा भेजी गयी कार्यवाही।

   योगेश बहुगुणा ने गोपेश्वर से वापस लौटते ही शमशेर बिष्ट को अपने 28 मई, 1977 के पत्र में लिखा था कि वे किसी ऐसे संगठन में सक्रिय नहीं रह पायेंगे जिसके सेवक राजनीतिक महत्त्वाकांक्षा और उससे उत्पन्न दलबन्दी के झमेले में पड़

जायें। आज की अति केन्द्रित और हिंसक व्यवस्था में कोई भी जन-आन्दोलन तभी व्यावहारिक और जनव्यापी बन सकता है जबकि उसकी व्यूह रचना शान्तिपूर्ण तथा अहिंसक साधनों से हो। इसलिए वाहिनी के सदस्यों के लिए संस्कारिता की यह सीमा अपरिहार्य है। बहुगुणा ने यह भी लिखा वे वाहिनी का दस्तावेज़ बना रहे हैं।

3. सुन्दरलाल बहुगुणा का चण्डी प्रसाद भट्ट को 20 अक्टूबर, 1977 का पत्र
4. नव जीवन आश्रम से 20 मई, 1978 को सुन्दरलाल बहुगुणा द्वारा जारी हस्तलिखित पत्र। मार्च 1977 में 'चीड़ के पेड़ों का कैंसर रोकिये' आलेख वे 'स्वतन्त्र भारत' (30 मार्च, 1977) तथा अनेक पत्रों में भेज चुके थे। प्रदेश सरकार ने अनेक सुझावों को माना भी था (देखें—टिहरी वृत्त के अरण्यपाल का बहुगुणा को भेजा गया दिनांक 3 जुलाई, 1977 का पत्र)।
5. युगवाणी : 19 तथा 26 जून, 1977; पर्वतीय : 6 तथा 7 जून, 1977
6. दिनमान, 14-20 अगस्त, 1977 : 30-32
   इस समय दशौली ग्राम स्वराज्य मण्डल ने मजनू : हिमालय को जोड़ने का सूत्र तथा उत्तराखण्ड संघर्ष वाहिनी ने हिमालय का क्षरण और वन विज्ञान नाम से दो गम्भीर पर्चे प्रकाशित-वितरित किये थे। इन पर्चों में वनों की हिफ़ाज़त तथा इस्तेमाल के सन्तुलन को बनाये रखने की बात विस्तार से समझाई गयी थी और सरकारी वन विज्ञान को चुनौती दी गयी थी। तीसरा पर्चा उत्तराखण्ड के बौखलाते नदी, नालों को बाँधने के लिए मजनू का सघन रोपण कीजिए पर्चे में उत्तराखण्ड संघर्ष वाहिनी के मजनू रोपण अभियान में शामिल होने का आह्वान करते हुए कहा गया था कि मजनू मिट्टी को रोकता है। स्वयं तेज़ गति से बढ़ता है। इससे टोकरियाँ और खेल का सामान बनता है। इससे ईंधन भी मिलता है।
7. दिनमान : 14-20 अगस्त, 1977 : 9 तथा 11
8. दिनमान : 14-20 अगस्त, 1977
   तस्करी और अनैतिक व्यापार से जुड़ा ऐसा ही गोदाम्बरी काण्ड कोटद्वार में सामने आया था, जहाँ 28 मई, 1977 को स्थानीय मोटर मज़दूर संघ के कर्मचारी बचन सिंह की पत्नी गोदाम्बरी देवी का अपहरण एक पुलिस सिपाही द्वारा किया गया था। इसके साथ ही स्थानीय राजकीय अस्पताल की एक नर्स निशा द्वारा अस्पताल परिसर में स्थित अपने निवास में स्थानीय लड़कियों को अनैतिक व्यापार में फँसाने की घटना प्रकाश में आयी थी। 19 जून, 1977 से इस बाबत कोटद्वार में विरोध प्रकट किया जाने लगा। पहली सभा संग्रामी-पत्रकार हरिराम मिश्र 'चंचल' की अध्यक्षता में हुई।
9. युगवाणी : 10 जुलाई, 1977
10. भेंटवार्ता : कुँवर प्रसून
11. धूम सिंह नेगी, चीड़ बनाम पर्वतीय अर्थव्यवस्था, नैनीताल समाचार : 1 अक्टूबर, 1977
12. धूम सिंह नेगी : हेंवलिका 1980-81 : 28-29 तथा वन दिवस 1977 का प्रस्ताव
13. 25 जुलाई, 1977 को जारी 'लोहिताल चलो' पर्चा, कुँवर प्रसून संग्रह
14. उक्त
15. उक्त
16. भेंटवार्ता : धूम सिंह नेगी
17. नवभारत टाइम्स : 26 जुलाई, 1977 तथा युगवाणी : 31 जुलाई, 1977; भेंटवार्ता : हेमवतीनन्दन बहुगुणा
18. भेंटवार्ता : कुँवर प्रसून
19. घनश्याम सैलानी की कविता पहाड़ बचावा इस प्रकार थी :

   उठा चला सब जाजल मा, कुजणी पट्टी का आंचल मा।
   उठा चला सब जाजल मा, हेंवलघाटी का आँचल मा।...

   हाल बुरा गोतार्स, भराड़ी, उदखंडा का जंगल मा।
   लिस्सा कालुन कुलैं सुखैल्यन, ज्यान नि रै बक्कल मा। ?
   भारी गैरा घाव बधैल्यन, डाला बुट्टन पल अन जल मा। ?
   उठा चला सब जाजल मा, कुजणी पट्टी का आंचल मा।...

   पिढ़यों बिटिन छल प्राण हमारा, जंगल जीवन मंगल मा।
   घास पा पात छन वस्तु जथा भी, जीवन अन्न तथा फल मा। ?
   पाणिन ही सब प्राणि बच्यां छन, जंगल जो जगजीवन मा।
   जंगल ही छन जीवन दाता, रक्षा कर्न छ हर पल मा।

उठा चला सब जाजल मा, रक्षा मंगल दंगल मा।
उठा चला सब जाजल मा, कुजणी पट्टी का आंचल मा।
(यह गीत 31 जुलाई, 1977 को जाजल में वितरित हुआ था)

देखें: जीवानन्द श्रीयाल कृत जागरण गीत
''जंगलू काटि काटि खाड़ा पड़िगे,
डोखरी पूंगड़ि कुड़ा बाड़ा बगीगो।
घणा-घणा जंगल अब छांटा पड़ीगे,
हिमालैका कै कैदारी कांठा रड़ीगे।।
लीसा का घौ लैगि गैरा डाला रोंणाछ,
छिल्का तौंका उतरि उजाला होणाछ।
चीड़-कुलैं डाल्यों कु दुख दर्द मिटावा,
माटा व पाणि की मरमपट्टी लगावा।
जंगल का रुड़कान सी अब धरती छिलीगे,
गेल्यों का धमकाना सी हिमाली हिलीगे
लेंगड़ू, कुल्यड़ू, चलू सफा धुलीगे,
कन्द-मूल-फल वणगोजा टिलीगो।
उद्योग का बाना काटाई बण खड़की,
पाड़ौ खोदि खोदिक बणाईं सी सड़की।
पिछाड़ी विटीन डांडा डुंकूर रड़की,
मलबा सी बरबाद ह्वैन सारी खिड़की,
वर्षा, फुटी, सड़की टुटी, बगी सी खाला,
माटु बगी, बाट लागि कै नदी नाला।
गाडु को घटुड़ि बगी डांडु मरवाड़ी,
नाज की डोखीर बगी घट घट्वाड़ी
हिमालै की धरती अब धसकण लैगी
खड़ा पहाड़ बरखा मा सी खसकणलैगे
खड़ा उठा भाई बैण्यों बचावा पहाड़,
भयंकर औज लैगी देश मा बाढ़।
डाल्यों काटि काटिक खाड़ा पड़ीगे,
नाटा खणी-खणी कुड़ा-बाड़ा बगीगे''
भेंटवार्ता : घनश्याम सैलानी : 4 जुलाई, 1977

20. सुन्दरलाल बहुगुणा, हेंवलघाटी में चीड़ के पेड़ों का क्रन्दन, अमर उजाला : 31 अगस्त, 1977
21. शक्ति : 26 अगस्त, 1977; हेंवलघाटी ग्राम स्वराज्य समिति का 9 अगस्त, 1977 का पत्र; सुन्दरलाल बहुगुणा का शेखर पाठक को जाजल से 10 अगस्त, 1977 को लिखा गया पत्र। बहुगुणा ने अपने पत्र में चीड़ को सोने का अंडा देने वाली मुर्गी और लीसे को सबसे बड़ा सोने का अंडा कहा था। अरण्यपाल के मौखिक आदेश पर बहुगुणा ने लिखा था कि लीसे की चिपक बहुत तेज़ है, इसमें प्रशासन, राजनीति और लखनऊ तक जकड़े हुए हैं। इसलिए हम मोर्चे पर डटे हुए हैं। यहाँ का मसला तय हो गया तो आगे बढ़ेंगे।
22. दलाई लामा के साथ आये चुनिन्दा तिब्बतियों से बनी यह प्रशिक्षित सेना चकरौता छावनी में थी पर अन्यत्र ले जाई जाती रही थी। यह ठीक से पता नहीं चल सका कि 14-15 अगस्त, 1977 को इस सेना के कितने जवान तवाघाट में थे।
23. नैनीताल समाचार, 15 सितम्बर, 1977
24. नवभारत टाइम्स, 1 सितम्बर, 1977
25. देखें—नवभारत टाइम्स, 1 सितम्बर, 1977; दिनमान 9-15 अक्टूबर, 1977 : 24-26; स्वाधीन प्रजा : 30 अगस्त, 1977 तथा रविवार, 30 अक्टूबर-5 नवम्बर, 1977 : 24-25; कुमाऊँ विश्वविद्यालय की तवाघाट रपट 1977
तवाघाट प्रसंग में संघर्ष वाहिनी तथा सर्वोदय के रुख में एक फ़र्क़ था। सरला बहन के विभिन्न पत्रों में यह प्रसंग बार-बार आया है। उन्हें सही सूचना नहीं मिल पा रही थी। देखें भट्ट का तवाघाट बाबत सरला बहन को 23 अगस्त, 1977 का पत्र

26. नैनीताल समाचार, 15 सितम्बर, 1977 : 7
27. उत्तराखण्ड संघर्ष वाहिनी का 12 सितम्बर, 1977 का आह्वान पर्चा 'पहाड़ टूट रहा है'; दिनमान, 9-15 अक्टूबर, 1977 : 24-26; नैनीताल समाचार : 15 सितम्बर, 1977 तथा कुमाऊँ विश्वविद्यालय की तवाघाट रपट 1977
28. लेकिन तवाघाट प्रसंग सर्वोदय खेमे में विवाद का विषय बना। सरला बहन के चण्डी प्रसाद भट्ट को लिखे 18 सितम्बर 1977 तथा 15 जनवरी, 1978 के पत्रों में तवाधाट आन्दोलन की गलत सूचनाओं के आधार पर आलोचना की थी। सरला बहन ने अपने 18 सितम्बर तथा 10 अक्टूबर, 1977 के पत्रों में यह प्रसंग उठाया था तथा चण्डी प्रसाद भट्ट ने अपने पत्रों में इसका विस्तृत जवाब दिया था। सरला बहन को बाद तक भी यह नहीं बताया गया कि इस आन्दोलन ने ग्रामीण समाज को आत्मसम्मान ही नहीं भाबर में ज़मीन भी दिलाने में कामयाबी पायी थी।
29. 'वन और हम', उत्तराखण्ड संघर्ष वाहिनी का पर्चा, अक्टूबर 1977
30. उत्तरायण : 15-21 अक्टूबर, 1977
31. नैनीताल समाचार, 15 अक्टूबर, 1977 : 8; दिनमान, 23-29 अक्टूबर, 1977 : 22
32. दिनमान, 23-29 अक्टूबर, 1977 : 22; पर्वतीय, 7 तथा 8 अक्टूबर, 1977; भेंटवार्ता : राजीव लोचन साह, विश्वम्भरनाथ साह 'सखा', विनोद पाण्डे आदि
33. सरला बहन के सुन्दरलाल बहुगुणा तथा चण्डीप्रसाद भट्ट को 10 अक्टूबर, 1977 को लिखे पत्र (देखें : परिशिष्ट)
34. अनुपम मिश्र, बिजली सत्याग्रह, दिनमान 13-19 नवम्बर, 1977 : 26-28; भेंटवार्ता : पीताम्बर तिवारी, आनन्द सिंह बिष्ट तथा चण्डी प्रसाद भट्ट। बाद में टंगसा में बिजली बनाने के साथ पानी को सीधे ऊर्जा के रूप में इस्तेमाल कर लकड़ी चीरान, आटा पिसाई, तेल की पिराई तथा मशाला कूटने का काम भी किया जाता रहा। ग्रामीणों द्वारा बिजली बनाने को अपराध मान शासन ने इन गाँवों तक तार पहुँचाये। तब भी आन्दोलनकारियों द्वारा बनायी गयी बिजली रास्ते में लकड़ी के खम्भों में अनेक वर्षों तक जलती रही और बताती रही कि मानवीय उद्यम क्या कुछ कर सकता है।
35. हेंवलिका : 1980-81 : 30-31
36. देखें- युगवाणी : 27 नवम्बर, 1977 में कुँवर प्रसून का पत्र
37. रिचर्ड बर्बे बेकर (9 अक्टूबर 1889-9 जून 1982) ब्रिटेन में जन्मे, कनाडा में शिक्षित और वहीं दिवंगत तथा अफ्रीका तथा अन्यत्र कार्यरत वनविद् थे। वे केन्या में वन संरक्षक रहे, जहाँ उन्हें 'बाबा व्या मिटी' पुकारा जाने लगा था। 1922 में उन्होंने 'म्यन आव द ट्रीज' की स्थापना की। 'ग्रीन ग्लोरी' उनकी दुनिया के जंगलों पर लिखी प्रसिद्ध किताब है। 'पृथ्वी घोषणापत्र' भी उन्होंने लिखा। वे चिपको से प्रभावित हुए और 88 साल की उम्र में यहाँ आये।
38. युगवाणी : 27 नवम्बर, 1977
39. शक्ति : 11 नवम्बर, 1977
40. सत्यपथ : 1 नवम्बर, 1977
41. यह कविता दरअसल पेड़ की ओर से थी और तत्कालीन या सर्वकालीन उत्तराखण्ड का जंगलों सम्बन्धी स्वर थी। 1926 में यह जंगलात सत्याग्रह के प्रभाव में लिखी गयी थी पर 1977 में यह प्रतिरोध का एक सांस्कृतिक उपकरण बन गयी। गौर्दा से गिर्दा तक यह सांस्कृतिक प्रवाह मूलतः सामाजिक प्रतिरोध का प्रवाह भी था।
42. राजीवलोचन साह, किस्सा गौर्दा, गिर्दा और हुड़के का, नैनीताल समाचार : 15 दिसम्बर, 1977; भेंटवार्ता : गिरीश तिवारी गिर्दा, राजीवलोचन साह, महेन्द्र मटियानी
43. भेंटवार्ता : गिर्दा, राजीवलोचन साह, महेन्द्र मटियानी
44. भेंटवार्ता : निर्मल जोशी, प्रदीप टम्टा, महेन्द्र बिष्ट, प्रकाश फुलोरिया, जीवनसिंह
45. नैनीताल समाचार : 15 दिसम्बर, 1977, दिनमान : 18-24 दिसम्बर, 1977 : 26-28
46. नैनीताल समाचार : 15 दिसम्बर, 1977; भेंटवार्ता : शरदचन्द्र अवस्थी, जसराम, षष्टीदत्त जोशी, गोविन्दसिंह, षष्टीदत्त भट्ट, राजेश्वर बहुगुणा, विनोद पाण्डे, राजीवलोचन साह, महेन्द्र मटियानी, गिरीश तिवारी और दीवान मटियानी
47. नैनीताल समाचार : 15 दिसम्बर, 1977; भेंटवार्ता : शमशेर बिष्ट तथा कपिलेश भोज
48. भेंटवार्ता : शरदचन्द्र अवस्थी, शमशेर बिष्ट तथा कपिलेश भोज
49. नैनीताल समाचार : 15 दिसम्बर, 1977; हिन्दुस्तान टाइम्स : 24 दिसम्बर, 1977; दिनमान : 18-24 दिसम्बर, 1977, 26-28; पर्वतीय : 29 नवम्बर, 1977
50. नैनीताल समाचार : 15 दिसम्बर, 1977; हिन्दुस्तान टाइम्स : 24 दिसम्बर, 1977; दिनमान : 18-24 दिसम्बर, 1977, 26-28; पर्वतीय : 29 नवम्बर, 1977; स्वतन्त्र भारत : 12 दिसम्बर, 1977; सर्वोदय जगत : दिसम्बर, 1977 : 7-8 तथा भेंटवार्ता : विभिन्न आन्दोलनकारियों से।

51. पर्वतीय : 30 नवम्बर, 1977; भेंटवार्ता : शमशेर बिष्ट, विश्वम्भरनाथ साह 'सखा', चन्द्र शेखर भट्ट, निर्मल जोशी, महेन्द्र मटियानी, भगीरथ लाल

52. चिपको पर लिखने वाले नैनीताल जाकर सच्चाई का पता लगाने के बदले सुनी सुनाई बातों के आधार पर निष्कर्ष निकालने लगे। ऐसा ही निष्कर्ष अप्पिको आन्दोलन के प्रमुख कार्यकर्ता पांडुरंग हेगडे ने निकाला जब उन्होंने लिखा कि नैनीताल में चिपको आन्दोलन को एक अलग तरह की विचारधारा ने अपने कब्ज़े में ले लिया। उन्होंने बिना पड़ताल किये ही यह लिख दिया कि वामपन्थी युवा सिर्फ़ मुक़ाबले के लिए तैयार होते हैं और शहरी परिवेश ने उन्हें अलग तरह की प्रतिक्रिया देने को विवश किया था (Pandurang Hegde, 1988, Chipko and Appiko : How the People Save the Trees, Quaker Peace and Service, London : 19-20)। जबकि नीलामी का विरोध तो 1974 से ही शान्तिपूर्ण पर आक्रामक तरीके से हो रहा था और इसी तरह का मुक़ाबला नरेन्द्रनगर नीलामी के विरोध के समय किया गया था। नैनीताल का प्रतिरोध गीत के माध्यम से प्रकट हुआ था और गीत गा रहे समूह को गिरफ़्तार कर हल्द्वानी थाने भेजा गया था।

53. पर्वतीय : 2 दिसम्बर, 1977

54. पर्वतीय : 3 दिसम्बर, 1977

55. स्वाधीन प्रजा : 6 दिसम्बर, 1977

56. उत्तरायण : 3-9 दिसम्बर, 1977

57. शक्ति : 9 दिसम्बर, 1977

58. अनिकेत : 6 दिसम्बर, 1977

59. पर्वतीय : 10 दिसम्बर, 1977; भेंटवार्ता : श्रीचंद

60. पर्वतीय : 3 दिसम्बर, 1977

61. पर्वतीय : 2 दिसम्बर, 1977

62. स्वाधीन प्रजा : 6 दिसम्बर, 1977

63. नवभारत टाइम्स, 5 दिसम्बर, 1977; अमर उजाला, 4 दिसम्बर, 1977; उत्तर उजाला, 29 तथा 30 नवम्बर, 1977; शक्ति, 2 दिसम्बर, 1977

64. दिनमान, 18-24 दिसम्बर, 1977; नैनीताल समाचार, 1 जनवरी, 1878 : 1, 7 तथा 9

65. नया ज़माना, 3 दिसम्बर, 1977

66. पर्वतीय, 3 दिसम्बर, 1977

67. 'Violence also erupted at an auction in Nainital, where the demonstators were lathi-charged and even fired upon, and in the melee that ensued the Nainital Club bulding was set on fire. At another protest demonstration at Narendra Nagar in 1977, the processionists while remaining wholly peaceful entered the auction hall and finally 'captured' it.' Bharat Dogra, Forests and People : 53

68. Pandurang Hegde, Chipko and Appiko : 19-20. "...When the movement reached Nainital, a different kind of ideology took over...The left wing radical young people believed in confrontation..."

69. सुन्दरलाल बहुगुणा ने अपने 18 नवम्बर 1974 के पत्र में चण्डी प्रसाद भट्ट—शायद तब वे मास्को गये हुए थे-को लिखा था कि ''नैनीताल, उत्तरकाशी, टिहरी और देहरादून में जंगलों की नीलामी स्थगित हुई। उत्तरकाशी में मेरा 15 दिन का उपवास चला। 13 दिसम्बर को वार्ता होगी। कुमाऊँ में अब आन्दोलन पूरी तरह फैल गया है। इसमें अस्कोट-आराकोट वाले दोनों युवकों ने खूब काम किया। हमारे साथी लीसा और उसे गलाने के लिए लकड़ी की ही माँग करते रह गये, परन्तु वहाँ की जनता की मुख्य माँग तो स्टार पेपर मिल और विमको माचिस कम्पनी की लीज रद्द करने की है। दुबारा की नीलामी में नैनीताल में 18 गिरफ़्तारियाँ हुईं और उन्हें आठ घण्टे बाद छोड़ा'

70. नैनीताल समाचार, 1 जनवरी, 1978
मोरारजी देसाई ने हिमालय सेवा संघ की संगोष्ठी में अपने सम्बोधन की शुरुआत में कहा कि गौर्दा के इस गीत ने हर बात कह दी है। इसके बाद कुछ और कहने की ज़रूरत नहीं है (यह गीत आमन्त्रित आन्दोलनकारियों ने गिर्दा के नेतृत्व में मंच पर हुड़का बजा कर गाया था)। दूसरी ओर नैनीताल की घटना के बाद हिमालय सेवा संघ ने अपने प्रतिवेदन में चिपको आन्दोलन का ज़िक्र करने से इनकार कर दिया (बी.एन. जुयाल का 24 जनवरी 1978 का पत्र चण्डी प्रसाद भट्ट के नाम)। मोरारजी देसाई की संवेदनशीलता और समझदारी उस सन्देश से भी प्रकट होती है जो उन्होंने तब भेजा था : 'पहाड़ों में जिस तरह से बहिनों ने शराबबन्दी के लिए कष्ट उठाया था, सत्याग्रह किया था, वह मैं कभी नहीं भूल सकता हूं। निर्भयता के बगैर जीवन कभी समृद्ध नहीं बनता। पहाड़ में रहने वाले भाई-बहिन आम तौर से डरते नहीं, लेकिन

पढ़े-लिखे लोगों से डरते हैं। उनसे भी नहीं डरना चाहिए। निर्भयता ही पहाड़ की नैसर्गिक देन है। उसे जीवन में उतारने से कई कष्ट मिट सकते हैं' (सुन्दरलाल बहुगुणा, हेंवलघाटी ने चीड़ के पेड़ों का क्रन्दन सुना, अमर उजाला, 31 अगस्त, 1977 में उद्धृत)

71. दिनमान, 18-24 दिसम्बर, 1977 : 28
72. भेंटवार्ता : चण्डी प्रसाद भट्ट; चण्डी प्रसाद भट्ट, 2015, 1977 के बहाने गिर्दा की याद, पहाड़ 19 : 27-30
73. नवभारत टाइम्स, 5 दिसम्बर, 1977
74. पर्वतीय, 14 दिसम्बर, 1974
75. अमर उजाला, 15 दिसम्बर, 1977; भेंटवार्ता : पूरन तिवारी तथा बालम जनौटी
76. जीवानन्द श्रीयाल की कविता हेतु देखें :
मुंड नि खोलू उठ : 46-47
77. उत्तर उजाला, 13 दिसम्बर, 1977; सुन्दरलाल बहुगुणा, शताब्दी सन्देश, 1 जनवरी, 1978 : 9-10
78. भेंटवार्ता : बचनी देवी
79. उत्तर उजाला, 13 दिसम्बर, 1977; देखें अधिकार पत्र 20 दिसम्बर, 1977
80. वन सुरक्षा समिति का 4 जनवरी 1978 का पर्चा; भेंटवार्ता : कुँवर प्रसून, विजय जरधारी, धूम सिंह नेगी, सुदेशा देवी तथा सुन्दरलाल बहुगुणा
81. नैनीताल समाचार, 1 जनवरी, 1978 : 5 तथा 15 मार्च, 1978 : 5
82. नैनीताल समाचार, 15 जनवरी, 1978 : 4
83. नैनीताल समाचार, 15 जनवरी, 1978 : 5
84. कुँवर प्रसून, चिपको : 45;
यह बताना उचित होगा कि वन्दना शिवा ने इन नारों तथा 'इको फेमिनिज्म' का जन्म अदवाणी में 1977 के किसी दिन बताया था (Vandana Shiva, Staying Alive : 76-77)। पर तब तक ये नारे नहीं जन्मे थे। यदि ये नारे तब तक जन्म ले लिए होते तो सुन्दरलाल बहुगुणा अवश्य इनकी चर्चा 21-22 दिसम्बर, 1977 को दिल्ली में आयोजित राष्ट्रीय परिसंवाद 'वन और हम' में प्रस्तुत अपने आलेख 'हिमालय विनाश से विकास की दिशा' में करते। नारों पर सन्तुलित टिप्पणी हेतु देखें जयन्ता बंद्योपाध्याय (Chipko Movement : Of Floated Myths and Flouted Realities, *EPW*, 10 April, 1999 : 880-81)
85. कुँवर प्रसून, चिपको : 46
86. भेंटवार्ता : धूम सिंह नेगी; कुँवर प्रसून, चिपको : 47; Jayanta Bandyopadhyay, 1999, Chipko : Of Floated Myths and Flouted Realities, *EPW*, 10 April : 882
87. हेंवलघाटी वन सुरक्षा समिति, जाजल का 4 जनवरी, 1978 का परिपत्र
88. नैनीताल समाचार, 1 फ़रवरी, 1978 : 7
89. भेंटवार्ता : कुँवर प्रसून तथा धूम सिंह नेगी
90. चिपको आन्दोलन समाचार, 29 जनवरी, 1978
91. भेंटवार्ता : कुँवर प्रसून
92. भेंटवार्ता : धूम सिंह
93. चिपको समाचार, 2 फ़रवरी, 1978; भेंटवार्ता : कुँवर प्रसून, प्रताप शिखर तथा धूम सिंह नेगी
94. देखें—कोर्ट नोटिस, प्रसून के संग्रह में
95. स्वाधीन प्रजा, 7 फ़रवरी, 1978
96. देखें—आन्दोलनकारियों का प्रतिवेदन। इसी तरह का नोटिस 3 मार्च, 1978 को कार्यकारी मजिस्ट्रेट नरेन्द्रनगर ने प्रताप शिखर, कुँवर प्रसून, धूम सिंह नेगी, दयाल सिंह पुत्र हरिसिंह, दयाल सिंह पुत्र मूर्तिसिंह तथा भवानी दत्त के नाम भेजा था, जिसमें लॉट न. 24/77-78 उदखंडा कम्पार्ट 4 फकोट वीट सकलाना राजि में ठेकेदार जगत सिंह को 24 दिसम्बर, 1977 को इनके द्वारा धमकाने, कटान न करने देने का आरोप था। जिसका आधार भी थानाध्यक्ष नरेन्द्रनगर की रपट थी, जिसमें धारा 504, 406 तथा 427 लगायी गयी थी। देखें—मजिस्ट्रेट का 3 मार्च, 1978 का नोटिस और आन्दोलनकारियों का 6 मार्च, 1978 का उत्तर।
97. हेंवलिका, 1980-81 : 36-37; हेंवलघाटी वन सुरक्षा समिति का परिपत्र; दैनिक हिन्दुस्तान, 12 फ़रवरी, 1978 तथा ज़िला कारागार अधिकारी, टिहरी को भेजा गया 11 फ़रवरी, 1978 का पत्र। गिरफ़्तार निम्न हुए थे :

1. गौरीदेवी (65 साल) 2. निम्मीदेवी 3. पारीदेवी 4. श्यामादेवी (पिपलेथ) 5. पिंगलादेवी 6. ज्ञानदेई देवी 7. मुस्सीदेवी 8. सुदेशा देवी (रामपुर) 9. जानकीदेवी (पौड़ी) 10. सोबनसिंह 11. गिरवीर सिंह (रामपुर) 12. दयाल सिंह (पाली) 13. आलोक उपाध्याय (देहरादून) 14. रामराज बडोनी (साबली) 15. विजय जरधारी 16. जगदम्बा कोठियाल (14 साल, स्वीर) 17. उपेन्द्रदत्त (कैड़ा) 18. हुकुमसिंह 19. दयाल सिंह 20. बचनसिंह 21. धूम सिंह नेगी (पिपलेथ) 22. प्रताप शिखर (कोटी) 23. कुँवर प्रसून (कुड़ी)।

98. नैनीताल समाचार, 1 फ़रवरी, 1978
99. सरला बहन का नैनीताल समाचार के सम्पादक राजीव लोचन साह को 19 फ़रवरी, 1978 का धरमघर से लिखा गया पत्र।
100. रविवार साप्ताहिक, मार्च 1978 के अंक
101. आन्दोलनकारियों के नाम पत्र : 17 फ़रवरी, 1978
102. पेट्रियट, दिल्ली : 20 फ़रवरी, 1978
103. नव भारत टाइम्स, 5 मार्च, 1978
104. वन तथा पर्यावरण दिवस 1978 के मौक़े पर हेंवलघाटी चिपको आन्दोलन द्वारा निकाले गये पर्चे
105. इण्डियन एक्सप्रेस, 31 मार्च, 1978; भेंटवार्ता : सुदेशा देवी तथा कुँवर प्रसून
106. धूम सिंह नेगी का सरला बहन को 4 अप्रैल, 1978 का पत्र और सरला बहन का धूम सिंह नेगी को 14 अप्रैल, 1978 का पोस्टकार्ड
107. इन्द्रमणि बडोनी का प्रदेश के वन सचिव को 7 अप्रैल, 1978 का पत्र
108. नैनीताल समाचार, 1 फ़रवरी, 1978
109. सत्यपथ, 1 अप्रैल, 1978
110. नैनीताल समाचार, 15 फ़रवरी, 1978 : 3
111. नैनीताल समाचार, 15 फ़रवरी, 1978
112. स्वाधीन प्रजा, 14 फ़रवरी, 1978
113. भेंटवार्ता : पदमादत्त पन्त; उत्तर उजाला, 17 फ़रवरी, 1978
114. उत्तर उजाला, 17 फ़रवरी 1978; दिनमान, 5-11 मार्च, 1978 : 20; अमर उजाला, 17 फ़रवरी, 1978; नैनीताल समाचार, 1 मार्च, 1978; भेंटवार्ता : महेन्द्र सिंह पाल
115. उत्तर उजाला, 17 फ़रवरी, 1978
116. उत्तर उजाला, 17 फ़रवरी, 1978
117. उत्तर उजाला, 17 फ़रवरी, 1978 तथा अमर उजाला : 17 फ़रवरी, 1978
118. दिनमान, 5-11 मार्च, 1978 : 20; भेंटवार्ता : पूरन तिवारी, निर्मल जोशी, बालम जनोटी आदि
119. इस समय सामाजिक कार्यकर्ता गोपालदत्त पाण्डे की लिखी तल्ख टिप्पणी बहुल समाज की भावनाएँ प्रकट करती थी (नैनीताल समाचार, 1 मार्च, 1978 : 9) :

''जब श्री श्रीचन्द वन मन्त्री बने तो प्रसन्नता हुई कि चौधरी (चरण सिंह) साहब के चेले हैं और वनों के बीच से निकले हैं तो वनों की समस्याओं को समझेंगे...मेरी यह भी अपेक्षा थी कि वन मन्त्री कई वर्षों से चल रहे वन आन्दोलन को ठीक ढंग से समझने की कोशिश करेंगे...सभी प्रकार के लोगों को इकट्ठा कर एक वन नीति बनाने का प्रयास करेंगे और उसके मुताबिक आचरण करेंगे। पर उन्होंने ऐसा न कर कुछ ठेकेदारों के बीच देहरादून में घोषणा की कि जंगल कटते ही रहेंगे। जंगल वन मन्त्री के अपने नहीं हैं और न सरकार समझे कि उसके हैं। जंगलों के विनाश का जो ख़तरा मानव अस्तित्व के लिए है, उसके अनुसार तो जंगल विश्व पर्यावरण की सम्पत्ति बन गये हैं। ऐसे में यह मामला बड़ा पेचीदा है और इसे बड़ी बुद्धिमानी से सुलझाने की ज़रूरत है।...

...क्या वन मन्त्री बन जाने से निर्दोष छात्र-छात्राओं व महिलाओं पर डण्डे व गोली बरसाने का अधिकार प्राप्त हो जाता है? यह राजशाही नहीं है और न तानाशाही ही। यह लोकतन्त्र है। लोक की उपेक्षा करके तन्त्र का कोई मतलब नहीं। ...क्या जंगल में पी.ए.सी. खड़ी करके आप उस मूक पेड़ को कटवायेंगे? मैं समझता हूँ आज से पच्चीस साल बाद लोग इस बात पर हँसेंगे कि एक ऐसा भी वन मन्त्री हुआ था जो पी.ए.सी. खड़ी करके पेड़ कटवाता था और उन पेड़ों को बचाने वाले छात्र-छात्राओं व महिलाओं को गिरफ़्तार करता था!

...क्या हिमालय के वन केवल सरकार के प्रशासनिक मामले की ही बात है? सारे देश को जहाँ से पानी प्राप्त होता है, बाढ़ों का नियन्त्रण होता है और बाँधों में गाद भर जाने का सवाल है, वहाँ के वनों के मामले दूर लखनऊ में बैठे कर्मचारियों व वन मन्त्री के भरोसे छोड़ देना कहाँ तक वाजिब है? देहरादून में गलत घोषणा करके वन मन्त्री ने यह आग स्वयं लगायी

है। जिसे बुझाने में स्वयं उन्हें पहल करनी चाहिए और विज्ञजनों की मदद लेनी चाहिए। 16 फ़रवरी को हल्द्वानी में पुलिस ने जो किया वह अमानुषिकता की हद थी, जिसे मैंने अपनी आँखों से देखा...।'' इसी तरह का दो टूक लेख गोपालदत्त पाण्डे ने नैनीताल समाचार के 15 अप्रैल 1978 के अंक में लिखा था।

120. उत्तर उजाला, 18 फ़रवरी, 1978
121. उत्तर उजाला, 18 फ़रवरी, 1978; टाइम्स ऑव इण्डिया, 18 फ़रवरी, 1978
122. उत्तर उजाला, 19, 22 तथा 27 फ़रवरी, 1978
123. नैनीताल समाचार, 1 मार्च, 1978
124. उत्तर उजाला, 20 फ़रवरी, 1978
125. उत्तर उजाला, 22 फ़रवरी, 1978
126. उत्तर उजाला, 27 फ़रवरी, 1978 में प्रकाशित एडवोकेट नेत्र बल्लभ बल्यूटिया का पत्र
127. चण्डी प्रसाद भट्ट का सरला बहन को 27 फ़रवरी 1978 के पत्र का अंश : '24 फ़रवरी 1978 को उत्तराखण्ड बन्द हुआ। मैं शाति व्यवस्था बनाने पूरे जनपद में घूमा। छात्रों ने शान्तिपूर्वक प्रदर्शन और सभाएँ कीं। अभी छात्र जेल में हैं। मैं कल से उन्हें मिलने की सोच रहा हूँ। मेरा इन सबसे सम्बन्ध जुड़ा है। मेरा मानना है कि जिन परिस्थितियों में छात्रों को जेलों में ठूँसा गया था, सरासर अन्याय है। मैंने टिहरी और नैनीताल में गिरफ़्तार छात्रों की रिहाई के लिए मुख्यमन्त्री को तार भी भेजा है। हमारे विधायक ने भी पहल की है।'
128. नैनीताल समाचार, 1 मार्च, 1978
129. अमर उजाला, 25 फ़रवरी, 1978; नवभारत टाइम्स, 26 फ़रवरी, 1978; दिनमान, 19-25 मार्च, 1978 : 23
130. अमर उजाला, 25 फ़रवरी, 1978;
131. पूरन तिवारी द्वारा जारी पर्चा तथा भेंटवार्ता : तिवारी तथा जनोटी
132. दिनमान, 19-25 मार्च, 1978 : 23
133. देखें : 28 फ़रवरी, 1978 का संयुक्त छात्र संघर्ष समिति का परिपत्र, जिसमें कार्यकारिणी के सदस्यों के रूप में बालम जनोटी, पूरन तिवारी, सतपाल सिंह (काशीपुर), शेरसिंह नौलिया, प्रदीप टम्टा (नैनीताल), रणजीत सिंह (बागेश्वर), राकेश छावड़ा, विजय पुरी (रुद्रपुर), हरदेवसिंह (काशीपुर), हेमन्तसिंह, विक्रमसिंह (हल्द्वानी), निर्मल जोशी (लखनऊ), भारत सती (रामनगर), मातबर सिंह, सच्चिदानन्द भारती (गोपेश्वर), वेद उनियाल (देहरादून), महेन्द्र बिष्ट (नैनीताल पालिटैकनिक) के नाम थे। बाद के पर्चों में जगत सिंह रौतेला (अलमोड़ा), कुन्दन कफलिया (पिथौरागढ़), विवेक खंडूरी (देहरादून), योगेश खण्डूरी (श्रीनगर), सुरेन्द्र पालनी (बागेश्वर), रमेश नौटियाल (अगस्त्यमुनि) तथा धर्मानन्द तिवारी (हल्द्वानी) के नाम भी जुड़ गये थे (देखें : नैनीताल समाचार, 1 दिसम्बर, 1978 : 1 तथा 11)
134. भेंटवार्ता : बालम जनोटी तथा पूरन तिवारी; नैनीताल समाचार, 1 तथा 15 अप्रैल 1979; पूरन तिवारी तथा बालम जनोटी का सम्पादक के नाम पत्र भी देखें (नैनीताल समाचार, 15 अप्रैल 1979 : 8)
135. नैनीताल समाचार, 15 अप्रैल, 1978 : 5
136. नैनीताल समाचार, 15 जुलाई, 1978 : 5
137. युगवाणी, 10 जुलाई, 1977; नैनीताल समाचार, 1 जून, 1978 : 9 तथा 11

9

चौथी लहर : दमन और प्रतिकार

नैनीताल काण्ड के बाद दमन तथा प्रतिकार का सिलसिला चलता रहा। हल्द्वानी काण्ड ने उत्तराखण्ड स्तर की एकता खड़ी कर दी। यद्यपि इस समय मुख्य स्वर छात्रों की रिहाई का था पर आन्दोलन का संचालन वन चेतना से जुड़े छात्र नेता कर रहे थे। इसी दौर में चिपको आन्दोलन की अनेक अभिव्यक्तियाँ प्रकट हो रही थीं।

दिसम्बर 1977 से दो और स्थानों पर चिपको आन्दोलन विकसित होने लगा था। पहला स्थान चमोली ज़िले का दूरस्थ पर सुप्रसिद्ध फूलों की घाटी में स्थित गाँव भ्यूँढार और दूसरा अलमोड़े के प्रसिद्ध क़स्बे द्वाराहाट के पास स्थित चाँचरीधार का जंगल चिपको आन्दोलन के नये संघर्ष स्थल बनने जा रहे थे। पहला आन्दोलन सामान्य ग्रामीणों ने चलाया और बाद में गोपेश्वर से आन्दोलनकारी वहाँ पहुँचे पर दूसरे आन्दोलन की घोषणा उत्तराखण्ड संघर्ष वाहिनी ने नैनीताल काण्ड (28 नवम्बर, 1977) के तत्काल बाद की और फिर जनता को गोलबन्द किया था। अदवाणी के जंगल में चिपको आन्दोलन चलने के साथ 9 फ़रवरी, 1978 को 23 आन्दोलनकारियों ने नरेन्द्र नगर में आयोजित नीलामी का विरोध करते हुए गिरफ़्तारी दे दी थी।

1. भ्यूँढार : फूलों की घाटी में पेड़ों का कटान

दिसम्बर 1977 में उत्तराखण्ड की प्रसिद्ध फूलों की घाटी में स्थित भ्यूँढार (चमोली) के ग्रामीणों ने जाड़ों के लिए भ्यूँढार से नीचे के गाँव पुलना को लौटते समय ही तय कर लिया था कि वर्षों से बद्रीनाथ क़स्बे तथा मन्दिर की कोयले तथा लकड़ी की ज़रूरतों के लिए कट रहे अपने बाँज, बुरांश तथा चौड़ी पत्ती के जंगल को वे अब नहीं कटने देंगे। उनकी अपनी ज़रूरतों के दबाव के अलावा रेणी के प्रतिरोध ने ग्रामीणों को प्रेरित किया था। कई सालों से उनका जंगल कट रहा था। लगभग

हर साल 800-900 पेड़ तो वैध तरीके से और सैकड़ों अवैध तरीके से कट रहे थे। गाँव वालों की चेतावनी के बावजूद 1978-79 में 645 पेड़ काटने के लिए छापे गये। इससे ग्रामीणों को प्रत्यक्ष प्रतिरोध करने को विवश होना पड़ा।[1]

2 जुलाई, 1931 को जब प्रसिद्ध पर्वतारोही फ्रेंक स्माईथ गमसाली गाँव से भ्यूँढार दर्रा होकर इस घाटी में उतरे तो यहाँ के सौन्दर्य से अभिभूत हो गये थे। स्थानीय निवासियों के सुपरिचित क्षेत्र को उन्होंने 'फूलों की घाटी' का नाम दिया। उन्होंने यहाँ के फूलों का संग्रह किया और इस पर एक किताब लिखी तो यह घाटी अन्तरराष्ट्रीय चर्चा में आ गयी। स्थानीय लोग सदियों से इस घाटी, पुष्पावती नदी, लोकपाल तथा लक्ष्मण मन्दिर से न सिर्फ़ परिचित थे बल्कि वे यहाँ पशुचारण तथा जातों में निरन्तर जाते थे। 1936 में ब्रिटेन की प्रकृति प्रेमी महिला मैरी के यहाँ गिर कर दिवंगत हो जाने से यह घाटी पुष्प, वनस्पति तथा हिमालयी वन्यता के प्रेमियों के लिए भी तीर्थ हो गयी थी।[2]

दूसरी ओर दसवें सिख गुरु गोविन्द सिंह के दशम ग्रन्थ में उनकी पूर्व तपस्थली (सप्त पर्वत तथा बर्फ़ के ताल) को ढूँढ़ने के क्रम में 1936 में लोकपाल के साथ हेमकुण्ड साहिब की यात्रा शुरू हुई। तब से यहाँ गुरुद्वारा बनना शुरू हुआ और सिख तीर्थयात्री आने लगे। इस तरह आसपास के जंगलों, जिन पर पहले सिर्फ़ भ्यूँढार और सलना गाँवों (जो मूलतः एक ही गाँव है) की निर्भरता थी, पर दबाव बढ़ने लगा। हेमकुण्ड और फूलों की घाटी के लिए तीर्थयात्रियों और पर्यटकों की बढ़ती संख्या ने संकट को बढ़ा दिया था। जंगलात विभाग ने अपनी कार्य योजनानुसार इन सालों में बद्रीनाथ मन्दिर हेतु लकड़ी-कोयले की व्यवस्था भी इन जंगलों से चलायी थी।

यह बताना उचित होगा कि चमोली ज़िले के जोशीमठ क़स्बे से आगे बद्रीनाथ मार्ग में 24 कि.मी. पर पाण्डुकेश्वर यानी वर्तमान गोविन्द घाट में भ्यूँढार गंगा (पुष्पावती) का संगम विष्णुगंगा से होता है। लगभग 18 कि.मी. लम्बी यह घाटी गोविन्द घाट से भ्यूँढार गल और दर्रे तक फैली है। भ्यूँढार गंगा और हेमकुण्ड से आ रही लोकपाल नामक धारा निकलकर पुष्पावती या भ्यूँढार गंगा बनाते हैं। घाटी के दोनों ओर खड़े पहाड़ों में चौड़ी पत्ती प्रजातियों—कांचुला (मैपल), भोजपत्र (बर्च), बुरांश, बाँज, तिलौज, कपासी, मलबरी, पौपलस, शहतूत आदि— का जंगल है। बद्रीनाथ क़स्बे तथा मन्दिर में हर साल 3 से 5 हज़ार क्विंटल लकड़ी जलती थी। इस साल यानी 1978-79 में यहाँ से 10 हेक्टेयर में फैले 645 पेड़ कटने थे। पिछले 35-40 साल से जंगलात विभाग द्वारा जोशीमठ-बद्रीनाथ के जंगलों से बद्रीनाथ के लिए लकड़ी उपलब्ध कराई जा रही थी। पुलना-भ्यूँढार के जंगल सन् 1965 से कटने शुरू हुए थे।[3]

दिसम्बर 1977 में ग्रामीणों ने परगनाधिकारी तथा ज़िलाधिकारी को पत्र भेजे कि इस साल यहाँ साल तोक (जंगल चट्टी) के जंगल में कटान न किया जाय। लेकिन सिर्फ़ आवेदनों से कौन मानता? अतः 4 जनवरी, 1978 को कटान को जा रहे मज़दूरों को रोकने का प्रयास हुआ। 5 जनवरी, 1978 से भ्यूँढार के ग्रामीणों ने प्रत्यक्ष आन्दोलन छेड़ दिया। पुलना तथा भ्यूँढार लगभग 50 राजपूत चौहान परिवारों के गाँव हैं। छोटी-सी खेती और पशुचारण के अलावा फूलों की घाटी से विकसित पर्यटन और लक्ष्मण मन्दिर, हेमकुण्ड तथा हेमकुण्ड साहिब गुरुद्वारा की तीर्थ यात्रा से जनित छोटी-मोटी दुकानदारी, चाय नाश्ते की दुकानें, कुली या घोड़े का काम और गाइडगिरी यहाँ के ग्रामीण करने लगे थे।[4]

फ्रेंक स्माईथ के आगमन और गुरुद्वारे की स्थापना के बाद चाहे इन ग्रामीणों को लाभ बहुत हुए हों, पर अपने चरागाह तथा जंगलों को खोने का सिलसिला शुरू हो गया था। उनकी फूलों की घाटी अब सिर्फ़ उन्हीं की न थी। बाद में उनकी घाटी को राष्ट्रीय पार्क बना दिया गया। पहले घघरिया

से जरा ऊपर, बाद में घघरिया के पास तक पार्क क्षेत्र घोषित किया जाने वाला था। और तो और उनका वन पंचायत क्षेत्र पार्क के अन्तर्गत लिया जाने वाला था। गुरुद्वारे वालों ने भी उनके बहुत जंगल काटे। उस ऊँचाई पर जंगलों पर पड़े इस अपरिहार्य दबाव को वैकल्पिक व्यवस्था के बिना कम नहीं किया जा सकता था। हत्ता जड़ी आदि जड़ी-बूटियों की लूट भी होती रही। कभी कोई पकड़ा गया तो नेपाली मज़दूर। असली लुटेरा लगातार सुरक्षित तथा पृष्ठभूमि में ही रहा।

उस समय ग्राम प्रधान मंगल सिंह तथा उप प्रधान अवतार सिंह थे तथा महिला मंगल दल की अध्यक्षा कुन्ती देवी (जिनका जनवरी 1996 में देहान्त हुआ) तथा सचिव गैंणी देवी थीं। गाँव की कुछ बेटियों और बहुओं ने ज्ञान गंगा (प्रौढ़ शिक्षा) अभियान में कुछ पढ़ना-लिखना सीखा था।[5] 1960 के आसपास तक घधरिया का जंगल वन पंचायत का था। तब से जंगलात विभाग ने इसे अपना कहना शुरू किया। गाँव वाले आज कहते हैं कि रेंजर तथा पटवारी ने मिलकर उनके जंगल का नक्शा गुम कर दिया था।[6] 5 जनवरी, 1978 को कुन्ती देवी के नेतृत्व में कौशल्या देवी, शरादी देवी, लखमा देवी (अब स्व.), गैणी देवी, कल्पी देवी, सोणी देवी, गीता देवी पत्नी राजेश्वर सिंह, मकुली देवी, गीता देवी पत्नी जगदीश सिंह, पवित्रा देवी, अन्य अनेक लड़कियाँ और बच्चे तथा अनेक पुरुष (कुल 25-26 लोग) पुलना से भ्यूँढार की जंगल चट्टी (साल तोक) जंगल (6 कि.मी.) में पहुँचे। तब बाँज के जंगल में लगभग 46 सेमी. बर्फ़ पड़ी थी।

मज़दूरों के पीछे ही ग्रामीण पहुँचे थे और सोच रहे थे कि अगले दिन कटान के समय वे पहुँच जायेंगे। अगले दिन 6 जनवरी, 1978 को बाँज के 16 पेड़ काटे जा चुके थे। इस पर ग्रामीणों ने ग़ुस्सा जताया। पेड़ काट रहे लामबगड़ के मज़दूरों से उन्होंने आग्रह किया कि कृपा कर हमारा जंगल न काटें। मज़दूरों ने कहा कि उन्हें सरकार ने यहाँ भेजा है और बद्रीनाथ मन्दिर में इस्तेमाल के लिए यह पेड़ काटे जा रहे हैं। मज़दूरों और उनके मुंशी ने 'सरकार' और 'बद्रीनाथ' पर ज़ोर दिया, ताकि ग्रामीण महिलाएँ दबाव में आ सकें और मान जायें। लेकिन महिलाओं को हर हालत में अपने जंगल का कटान बन्द करवाना था। इस हेतु वे सरकार तथा बद्रीनाथ के प्रत्यक्ष और अप्रत्यक्ष दबाव से भयभीत होने को तैयार न थीं।[7]

महिलाओं ने कहा कि यदि वे कटान बन्द नहीं करते हैं तो उनके हथियार छीन लिए जायेंगे। महिलाओं ने हथियार लूटने का इरादा कर ही लिया था। मज़दूरों ने जब नहीं माना तो महिलाओं ने उनके कुल्हाड़े और बड़्याठ छीन लिए (बाद तक ये हथियार महिला मंगल दल के पास रहे)। मज़दूर जंगल से तत्काल वापस नहीं गये। भ्यूँढार में भी महिलाओं ने पुरुषों की उपस्थिति के बावजूद रेणी की ऐतिहासिक घटना को दुहराया था। 'हमारी बहू-बेटियाँ घास-लकड़ियाँ, जड़ी-बूटियाँ, फूल-पत्ते कहाँ से लायेंगी?' यह प्रश्न तथा भाव महिलाओं के मन में बहुत स्पष्ट रूप से विराजमान था।[8] यह सामान्य आशा थी कि हथियार छीने जाने के बाद मज़दूर चले जायेंगे लेकिन इसके बावजूद वे उस दिन वहाँ बने रहे। 7 जनवरी, 1978 को भ्यूँढार आन्दोलन की ख़बर दशौली ग्राम स्वराज्य संघ, गोपेश्वर में पहुँची।

चण्डी प्रसाद भट्ट अपने सहयोगियों के साथ अगले ही दिन यानी 8 जनवरी, 1978 को गाँव में पहुँचे। उन्होंने 8 तथा 9 जनवरी 1978 को जंगल चट्टी (जहाँ कटान रोका गया था), भ्यूँढार तथा पुलना में ग्रामीणों की संघर्ष कथा सुनी, परिस्थिति को समझा और अपनी बात कही। उन्होंने ग्रामीणों को सम्बोधित करते हुए बताया कि उत्तराखण्ड में जंगल की लड़ाई कहाँ-कहाँ और किस-किस तरह चल रही है।[9] भट्ट के लिए यह जंगलों के संरक्षण तथा अधिकार को बनाये रखने के पहाड़ी ग्रामीणों के विशिष्ट गुण को समझने का मौक़ा था और ग्रामीणों के लिए एक मशहूर हो चुके

कार्यकर्ता का उनके यहाँ आना सम्मान की बात थी। हालाँकि जंगल को ग्रामीणों ने अपनी समझ और संगठन क्षमता से बचाया था लेकिन चिपको और वन आन्दोलन के लिए यह एक और सफलता का क़दम बन गया। मज़दूर अगले दिन वहाँ से चले गये। इसके बाद इस जंगल का कटान करने कोई मज़दूर नहीं आये।

2. चाँचरीधार : दूनागिरि द्वार और गगास जलागम

अलमोड़ा ज़िले में हल्द्वानी-कर्णप्रयाग मार्ग पर स्थित पुराने क़स्बे द्वाराहाट के पास गगास नदी के जलागम में चाँचरीधार का जंगल है। यहाँ पर स्टार पेपर मिल्स तथा जंगलात विभाग द्वारा की जा रही अनियमिताएँ 1971 से लगातार 'द्रोणाचल प्रहरी' उजागर कर रहा था। बाद में पर्वतीय वन बचाओ संघर्ष समिति में यहाँ के कार्यकर्ता तथा सम्पादक बिपिन त्रिपाठी महत्त्वपूर्ण भूमिका निभाने लगे थे। दिसम्बर 1977 में नैनीताल काण्ड के बाद चाँचरीधार में चिपको आन्दोलन चलाने की घोषणा हुई थी। इससे पहले बिपिन त्रिपाठी ने बिना छपे या सामान्य चीड़ के पेड़ों के कटे होने के उदाहरण जंगलात अधिकारियों को दिये थे, जो निरीक्षण करने पर सही पाये गये। 7 दिसम्बर, 1977 को नैनीताल से अनेक स्थानों से होकर जोशीमठ जा रही चिपको टोली के सदस्यों (चण्डी प्रसाद भट्ट, शमशेर बिष्ट, गिरीश तिवारी 'गिर्दा', राजा बहुगुणा, निर्मल जोशी, प्रदीप टम्टा, विनोद पाण्डे, षष्टीदत्त जोशी आदि) ने स्थानीय लोगों (विशेषकर बिपिन त्रिपाठी तथा त्रिलोकसिंह रौतेला आदि) से परामर्श कर चाँचरीधार के जंगल को बचाने का निर्णय लिया। यह जंगल साल में मात्र एक बार एक माह के लिए जनता के लिए खुलता था।

द्वाराहाट से बिन्ता होकर सोमेश्वर या दूनागिरी मन्दिर को जाने वाली सड़क में द्वाराहाट से 3 कि.मी. आगे मुख्य सड़क से नीचे (यहाँ को जंगलात की सड़क बनी है) चाँचरीधार का चीड़ का जंगल स्थित है। यहाँ जंगलात विभाग की नर्सरी है। यह जंगल रामगंगा (पश्चिमी) की सहायक नदी गगास के जलागम में है। दरअसल गगास घाटी के बगवाली पोखर के आसपास की ग्राम सभाओं के पास यह जंगल स्थित है। 1977 में वन आन्दोलन की दूसरी लहर उठी। जंगल की नीलामियों का फिर विरोध होने लगा। उत्तराखण्ड संघर्ष वाहिनी की स्थापना हुई और स्थानीय नेता बिपिन त्रिपाठी 22 माह जेल में रहने के बाद वापस आये तो चाँचरीधार का मामला गरमाने लगा। उत्तराखण्ड संघर्ष वाहिनी तथा पर्वतीय वन बचाओ संघर्ष समिति के कार्यकर्ताओं ने स्थानीय वन मज़दूर त्रिलोकसिंह रौतेला के साथ जंगल का सर्वे कर अनियमितताएँ पता कीं और फिर जंगल में ही आन्दोलन का शिविर स्थापित करने का निश्चय हुआ। चाँचरीधार के जंगल में चीड़ के 6 हज़ार पेड़ों का छपान हुआ था। कश्मीरीलाल अग्रवाल के नाम यह ठेका था।

उधर गोपेश्वर की सभी संस्थाओं ने दिसम्बर 1977 में मल्ला नागपुर सहकारी समिति में आयोजित बैठक में निर्णय लिया कि वन नीति में परिवर्तन न होने के कारण काष्ठोपकरण पर आधारित उद्योगों के लिए मिलने वाले 1977-78 के कच्चे माल का उपयोग नहीं करेंगे। इस पर आपत्ति 'अनिकेत' सम्पादक रमेश पहाड़ी द्वारा की गयी थी। उनका तर्क था कि यदि हक़-हकूकों को छोड़ दिया जायेगा तो फिर ग्रामीण जन चिपको आन्दोलन से जुड़ेंगे ही क्यों।[10] पर आनन्द सिंह बिष्ट, चण्डी प्रसाद भट्ट तथा शमशेर बिष्ट आदि ने बदली हुई परिस्थितियों में खेती के यन्त्रों हेतु कटान के विरोध का समर्थन किया। फिर सर्वसम्मत निर्णय हुआ।[11]

चाँचरीधार के सन्दर्भ में पहले जंगलात विभाग तथा ज़िला प्रशासन से कटान न करने का आग्रह किया गया। जिसका कोई असर नहीं हुआ, न ही जंगलात या प्रशासन से कोई उत्तर आया। तत्पश्चात् समय पर ठेकेदार के मुंशी तथा मज़दूर जंगल में आ गये। सामान्यतया कटान हेतु आने में किसी ठेकेदार द्वारा देरी नहीं की जाती है। ग्रामीणों ने ठेकेदार, मुंशी तथा अन्य मज़दूरों से जंगल न काटने का आग्रह किया और फिर चेतावनी दी, लेकिन उनके शब्दों का सार्थक असर नहीं हुआ।[12]

दिसम्बर 1977 के अन्त में त्रिलोकसिंह रौतेला की अध्यक्षता में संघर्ष समिति बनायी गयी। समिति के सदस्यों तथा अलमोड़ा, नैनीताल, पिथौरागढ़ तथा चमोली ज़िले से आये कार्यकर्ताओं के साथ आसपास के गाँवों में जाने से पहले स्थानीय कार्यकर्ताओं ने द्वाराहाट की जनता के सम्मुख यह मुद्दा रखा। ग्रामीणों को अनेक सालों से चारे तथा जलावन की दिक्कतें ज़्यादा होने लगी थीं। घास-लकड़ी के लिए बहू-बेटियों को दूर-दूर जाना पड़ता था। स्थानीय मुर्दाघाट में लकड़ी की किल्लत थी। लकड़ी इकट्ठा करने में बहुत समय लग जाता था। मकान निर्माण या मरम्मत हेतु चीड़ (जो चाँचरीधार जंगल की मुख्य प्रजाति है) की लकड़ी कठिनाई से तथा बहुत महँगी मिल रही थी। द्वाराहाट से दूनागिरी मन्दिर के मार्ग में या तो आरक्षित जंगल थे या भूतपूर्व सैनिकों को दिये गये प्लाट थे। इस तरह यहाँ पंचायती जंगलों पर बहुत दबाव था।

संघर्ष समिति बनने के बाद जब गाँवों में लोक शिक्षण तथा जंगल का अध्ययन करने समिति के सदस्य गये तो यह तथ्य उजागर हुआ कि ठेकेदार अनुपस्थित था, पर उसने किटकनदार (उप ठेकेदार) एक स्थानीय व्यक्ति को बनाया था। मज़दूर आसपास के गाँवों के थे और उस मुंशी को इस जंगल के कटान के लिए नियुक्त किया गया था, जिसकी द्वाराहाट के आसपास के गाँवों में रिश्तेदारी थी ताकि वह इन सम्पर्कों से आन्दोलन को तोड़ सके। लेकिन संघर्ष समिति भी तैयारी में थी।

गाँवों में सभा करके स्थिति बताने के बाद 8 जनवरी, 1978 को द्वाराहाट में एक बड़ी सभा हुई, जिसमें ग्रामीणों, ग्राम प्रधानों, उत्तराखण्ड संघर्ष वाहिनी तथा पर्वतीय वन बचाओ संघर्ष समिति के सदस्यों ने जंगल का मुद्दा, नीलामी स्थगन और चाँचरीधार में कटान का तात्कालिक सवाल सामने रखा। सर्वसम्मति यह बनी कि बिना प्रत्यक्ष आन्दोलन के न जंगलात विभाग बात मानेगा और न ठेकेदार। अतः जंगल में ही आन्दोलन प्रारम्भ होना चाहिए और समस्त ग्रामवासियों का यह दायित्व होगा कि वे आन्दोलन स्थल पर नियमित तथा बारी-बारी से जाने, मज़दूरों तथा मुंशी से बात करने और कटान न होने देने की कोशिश करेंगे। इस हेतु चन्दा तथा राशन आदि की व्यवस्था करेंगे। स्त्री-पुरुष, बूढ़े, बच्चे सभी जंगल में जायेंगे और ढोल, नगाड़ों तथा तुरी जैसे लोक वाद्यों का उपयोग किया जायेगा।[13]

इस तरह 15 जनवरी, 1978 को द्वाराहाट से ढोल-नगाड़ों और तुरी के घोष के साथ जुलूस शुरू हुआ। इसमें बागेश्वर के उत्तरायणी मेले में जंगलात के प्रश्नों को जनता के सामने रखकर वापस लौटे आन्दोलनकारी भी थे। ज्यों-ज्यों जुलूस आगे बढ़ा, ग्रामीण समुदाय इसमें शामिल होता गया। 'जंगलों की रक्षा, हमारी रक्षा', 'जंगलों की रक्षा, खेती की रक्षा', 'जंगलों पर पहला हक़, ग्रामवासियों का, ग्रामवासियों का', 'ठेकेदारी प्रथा बन्द करो', 'जंगलों की लूट बन्द करो' तथा 'चिपको आन्दोलन ज़िन्दाबाद' जैसे नारे लग रहे थे। लेकिन तब जंगल में मज़दूर नहीं थे और न ही कटान शुरू हुआ था। 17 जनवरी, 1978 को मज़दूर कुल्हाड़े और आरे लेकर जंगल में पहुँच गये। 19 जनवरी को जैसे ही कटान शुरू हुआ तो ग्रामीण तथा चिपको कार्यकर्ता जंगल में पहुँच गये और मज़दूरों द्वारा

कटान रोकने का अनुरोध न मानने पर उन्होंने आरे तथा कुल्हाड़े छीन लिए। कटान रोक दिया गया। अब बारी-बारी से जंगल पर निगाह रखी जाने लगी।[14]

28 जनवरी को फिर जुलूस जंगल में पहुँचा तो पाया कि 4 आरे चल रहे थे और 80 स्थानीय, पिथौरागढ़ तथा नेपाल के मज़दूर वहाँ मौजूद थे। आन्दोलनकारियों के निवेदन पर मज़दूरों ने काम रोक दिया। चिपको की टीम ने उनसे यह आग्रह किया कि 10 फ़रवरी तक काम बन्द रखें ताकि वे गौनाताल तथा अलकनन्दा के किनारे मजनू रोपण का अभियान पूरा कर आ जायें। लेकिन इस बात को मानना मज़दूरों के लिए सम्भव न था। ठेकेदार के मुंशी सक्रिय हो गये। 3 फ़रवरी से कटान फिर शुरू हो गया। अब चाँचरीधार जंगल ही आन्दोलन का स्थल बना और यहाँ 4 फ़रवरी, 1978 को सभा हुई। द्वाराहाट के स्थानीय इण्टर कॉलेजों तथा पॉलीटैक्नीक के छात्रों; दैरी, विजयपुर, मल्ली मिरई, सलना, बसेड़ा आदि गाँवों से रोज़ जत्थे जंगल जाते और आन्दोलन स्थल पर नियमित सभा आयोजित होती। महिलाएँ इस बीच गिरी, पड़ी, सूखी लकड़ियाँ इकट्ठी करती और अन्य स्थानों से आये कार्यकर्ता वहाँ के हाल बताते।[15]

इस समय के मुख्य गाने थे 'ठ्याकदारों तुम ठ्याक झन लिया, ख्वार फुटाला धुर' तथा 'आज हिमाल तुमन कैं धत्यूछ'। स्थानीय गाँवों से पार्वती देवी (मल्ली मिरई), लछिमा देवी, पार्वती देवी तथा जीवन्ती देवी (विजयपुर) के नेतृत्व में रोज़ महिलाओं के दल चाँचरीधार पहुँच रहे थे। चिपको तथा वन बचाओ संघर्ष समिति के अनेक कार्यकर्ता मजनू अभियान से पहले और लौटने के बाद चाँचरीधार आये और रहे। इनमें चण्डी प्रसाद भट्ट, शमशेर बिष्ट, गिरीश तिवारी, राजीवलोचन साह, सुदर्शन कठैत, रमेश पहाड़ी, बहादुरसिंह धपोला, चन्द्रशेखर भट्ट, राजा बहुगुणा, प्रदीप टम्टा, कपिलेश भोज, दानसिंह नेगी, जगत रौतेला, अलमोड़ा छात्र संघ के अनेक पदाधिकारी और कुछ पत्रकार प्रमुख थे।

आन्दोलन के कुशल संचालन और निरन्तरता को बनाये रखने में बिपिन त्रिपाठी तथा त्रिलोकसिंह रौतेला के अलावा जिन दो युवाओं ने महत्त्वपूर्ण भूमिका निभायी, वे थे नारायणदत्त भट्ट (एन.डी. गुरु) तथा शिवसिंह नयाल। नारायणदत्त भट्ट ने उत्तराखण्ड युवा मोर्चा के कटारमल में आयोजित वृक्षारोपण अभियान में सक्रिय हिस्सेदारी की थी तो नयाल एक स्थानीय पत्र के ग्राहक बनाने हेतु द्वाराहाट आये थे। ये दोनों युवक आन्दोलन में पूरी तरह रम गये। वे आसपास के गाँवों में अन्य कार्यकर्ताओं के साथ लोक शिक्षण तथा समर्थन जुटाने जाते रहे और आन्दोलन की सफलता के बाद ही जंगल से बाहर निकले। मज़दूरों ने अपनी रोटी का तर्क देकर कटे 16 पेड़ों के गिल्टे बनाने का काम जारी रखा और आन्दोलनकारियों द्वारा अपेक्षित नये पेड़ों को न काटने की बात मानी।

ठेकेदार के मुंशी द्वाराहाट तथा आसपास के गाँवों में आन्दोलनकारियों के ख़िलाफ़ अफ़वाहें फैलाते परन्तु अगले दिन लोग और ज़्यादा संख्या में जंगल में पहुँचते। जब हफ़्तों तक कटान सम्भव नहीं हुआ तो ठेकेदार ने डराने-धमकाने के प्रयोजन से दो ट्रकों में कुछ 'बलिष्ठों' को जंगल में भेजा। वे सरिया और खुकुरी लेकर आये थे। इरादा उनका कदाचित् हमले का नहीं भयभीत करने का था पर इसका उल्टा असर हुआ। एक तो उस दिन महिलाएँ और युवा बहुत बड़ी संख्या में उपस्थित थे, दूसरे अन्य ज़िलों के कार्यकर्ता भी पहुँचे थे। अनेक महिलाओं को उस दिन आन्दोलनकारियों को सम्बोधित करते हुए देखा गया। युवकों ने भी उन्हें चुनौती दी। इस तरह मुंशी तथा 'बलिष्ठों' को चुपचाप भागना पड़ा।[16]

रात में छुपकर कटान हो चुके पेड़ों की संख्या गिनी तो पता चला यह 15-20 के बीच थी। एक बार फिर मज़दूरों के द्वारा यह प्रयास कराया गया कि कटान शुरू हो जाय तो आन्दोलनकारियों ने समस्त आरे, कुल्हाड़ी तथा अन्य हथियार छीन कर आन्दोलन स्थल पर रख दिये। हथियार विहीन मज़दूरों के लिए जंगलात विभाग से अभी कोई पैगाम नहीं आया था। 14 फ़रवरी, 1978 को द्वाराहाट में फिर विशाल सभा हुई, जिसमें नैनीताल काण्ड के बाद छात्रों की हो रही गिरफ़्तारियों के बाबत जनता को बताया गया और यह कि कैसे कार्यकर्ताओं ने अलकनन्दा और सहायक नदियों के किनारे मजनू की कलमों का रोपण किया है। गोपेश्वर से आये कार्यकर्ताओं ने भ्यूँढार घाटी में जंगलों का कटान रोकने में स्थानीय ग्रामीणों की सफलता की कहानी बयान की। अगले दिन यानी 15 फ़रवरी को द्वाराहाट से जुलूस लेकर चाँचरीधार जाने का आह्वान किया गया।[17]

लगभग डेढ़ हज़ार ग्रामीणों, छात्रों और उत्तराखण्ड के अनेक स्थानों से आये कार्यकर्ताओं का जुलूस ढोल-नगाड़ों और रणसिंघों के उद्घोष, नारों और गीतों के साथ द्वाराहाट के हितचिन्तक मैदान से चाँचरीधार को चला। बसन्त के स्वागत में खड़ा जंगल उस दिन काटने वालों और बचाने वालों से घिरा था। भाषण, गीत तथा चर्चा चलती रही। कार्यकर्ताओं ने मज़दूरों को जब गीत सुनाये तो उनमें से अनेक गद्‌गद्‌ हो गये। उत्साह और आत्मीयता में कुछ नेपाली मज़दूरों ने नेपाल (डोटी) में ऐसे ही जंगल बचाने की बात कह डाली और आरा न चलाने की घोषणा की।[18]

चिपको के अधिकांश कार्यकर्ता, उत्तराखण्ड संघर्ष वाहिनी, दशौली ग्राम स्वराज्य संघ तथा पर्वतीय वन बचाओ संघर्ष समिति के सदस्य चाँचरीधार में थे। ठेकेदार ने हथियार नहीं डाले। 23 फ़रवरी को फिर मज़दूरों और महिलाओं में झड़प हुई। 24 फ़रवरी को अखिल उत्तराखण्ड स्तर पर पहला और व्यापक बन्द आयोजित हुआ था। इसका असर सर्वत्र की तरह द्वाराहाट में भी था, लेकिन ठेकेदार ने उत्साह नहीं छोड़ा था। 26 फ़रवरी को ठेकेदार के दर्जन भर 'बलिष्ठ' दादा जंगल में दो ट्रकों तथा हथियारों के साथ आये। संघर्ष होते-होते टला। कार्यकर्ताओं के धैर्य तथा महिलाओं की उपस्थिति ने संघर्ष को टाल दिया लेकिन ठेकेदार और मुंशी उस दिन अपनी पराजय स्वीकार करने को विवश हुए।

जुलूस निकला, सभा हुई और निर्णय के बाद घोषणा हुई कि जनता की आज्ञा के बिना ठेकेदार, मुंशी, मज़दूर, प्रशासन का आदमी चाँचरीधार के जंगल में नहीं घुस सकेगा। दूसरी घोषणा स्थानीय ग्रामीणों के लिए हुई कि गिरी पड़ी लकड़ी और कटे हुए पेड़ों को ग्रामीण अपने घरेलू उपयोग के लिए ले जा सकते हैं। अगले 8-10 दिन तक आसपास के गाँवों के लोग आन्दोलन में शिरकत के साथ वापसी में अपने उपयोग के लिए लकड़ियाँ ले जाते रहे। इस बीच 150-200 तक महिलाएँ रोज आन्दोलन स्थल पर आती रहीं।

यह प्रक्रिया 8 मार्च, 1978 को तब समाप्त हुई जब उत्तर प्रदेश वन निगम के प्रबन्ध निदेशक और कुमाऊँ के अरण्यपाल तथा स्थानीय जनता और उत्तराखण्ड संघर्ष वाहिनी के कार्यकर्ताओं के बीच वार्ता के बाद घोषणा हुई कि अब पेड़ नहीं कटेंगे। 57 दिन तक चला यह आन्दोलन, जिसके अन्तिम 22 दिन बहुत अधिक सक्रियता तथा तनाव से भरे थे, अन्ततः चीड़ के 6 हज़ार पेड़ों का कटान रोकने में सफल रहा।[19] कटे हुए पेड़ स्थानीय जनता के घरों तथा विभाण्डेश्वर के मुर्दाघाट के उपयोग के लिए देने की माँग भी मान ली गयी। बाद में इस हेतु विभाण्डेश्वर के राम मन्दिर में 10 अप्रैल, 1978 की बैठक में इस लकड़ी को मुर्दाघाट हेतु प्राप्त करने और वितरण का काम ग्राम प्रधान को सौपा गया।[20]

इसी समय गोपेश्वर से यह समाचार आया कि चमोली ज़िले की मन्दाकिनी नदी की सहायक मदमहेश्वर गंगा (जो मदमहेश्वर के ऊपर से आकर कालीमठ से नीचे मन्दाकिनी से मिलती है) तथा

नन्दाकिनी की सहायक झारगाड़ के जलागम में क्रमशः फर (रागा) तथा चीड़ के लगभग 5 हज़ार पेड़ों का नीलाम स्थानीय ग्रामीणों तथा चिपको कार्यकर्ताओं के नोटिस के बाद जंगलात विभाग द्वारा निरस्त कर दिया गया था।[21] ये दोनों असाधारण रूप से संवेदनशील घाटियाँ थीं। आगामी वर्षों में भी इन घाटियों में आपदाएँ आती रही।[22] इन दोनों घाटियों में प्रत्यक्ष आन्दोलन की ज़रूरत ही नहीं पड़ी। 16 फ़रवरी, 1978 को चमोली के दमारगढ़ में भी चिपको आन्दोलनकारियों ने छपान रोक दिया था।[23]

3. संस्कृति और संघर्ष

1978 की होलियाँ में संस्कृतिकर्मियों, उत्तराखण्ड संघर्ष वाहिनी तथा वन आन्दोलन के कार्यकर्ताओं ने 20 से 25 मार्च के बीच नैनीताल, भवाली, देवीधूरा, लोहाघाट, चम्पावत, पिथौरागढ़, डीडीहाट, बेरीनाग, गंगोलीहाट, बाड़ेछीना, अलमोड़ा, मनाण, रणमण, सोमेश्वर, द्वाराहाट आदि कई स्थानों की सांस्कृतिक यात्रा की। यह एक ओर होली उत्सव में शामिल होना था और दूसरी ओर उसे नया अर्थ देना भी। 'कालो किसनियाँ चैन ल्हिनै गयो रे', 'बुरुंशी का फूलों को कुम कुम मारो' सहित अनेक गीत तथा होली की आशीष 'हो हो होलक रे' लोगों की ज़बान पर थे।[24] जंगल की लड़ाई अभी गाँवों तथा क़स्बों में साथ-साथ चली हुई थी। चिपको कार्यकर्ता नीलामी स्थगित कराने, कटान रोकने तथा वृक्षारोपण का काम साथ-साथ कर रहे थे। तीन-तीन मोर्चों पर पूरे उत्तराखण्ड में संघर्ष और रचना का काम चला हुआ था।

8 अप्रैल, 1978 को जब रेणी चिपको आन्दोलन की चौथी सालगिरह वहाँ मनाई गयी तो कार्यकर्ताओं के चेहरों पर जीत की विनम्रता थी और उनके भीतर भविष्य में इस्तेमाल होने वाला उत्साह था। रेणी, पेंग, मुरण्डा, लाता, तपोवन, ढाक, रिंगी, रेगड़ी, मंग्यूर, भविष्य बदरी तथा भ्यूँढार आदि गाँवों से आये स्त्री-पुरुषों, बच्चों के अलावा जोशीमठ, गोपेश्वर तथा अन्य क़स्बों से भी कार्यकर्ता आये थे। इस दिन प्रख्यात कवि तथा 'दिनमान' के सम्पादक रघुवीर सहाय यहाँ पहुँचे थे। ज़िले के चिपको कार्यकर्ता चण्डी प्रसाद भट्ट, गोविन्दसिंह रावत, वासवानन्द नौटियाल, जगत सिंह, हयात सिंह, आनन्द सिंह बिष्ट, रमेश पहाड़ी, आलमसिंह बिष्ट, गौरा देवी, बाली देवी तथा उनके समस्त साथी वहाँ उपस्थित थे।

यह सभा एक आन्दोलन की सभा के मुक़ाबले एक उत्सव की छटा लिए थी। सीमान्त के ग्रामीण पारम्परिक पोशाकों में यहाँ पहुँचे थे। पर वे अकेले नहीं आये थे। उनके ढोल, नगाड़े और झॉंझ उनके साथ थे। वे नाचते, गाते और नारे लगाते हुए आये थे। ऋषिगंगा और उसके दोनों ओर खड़े पहाड़ ही नहीं रेणी का बचाया गया जंगल भी इस उत्सव के स्वर सुन रहा था। पिछले तीन जनमवार इस तरह नहीं मनाये गये थे, क्योंकि ग्रामीणों द्वारा जंगलों को बचाये जाने के बावजूद अभी सरकार का कोई निर्णय नहीं आया था। लेकिन 1977 के अन्त में जब प्रदेश सरकार का यह निर्णय आया कि न सिर्फ़ रेणी के 2,451 पेड़ बल्कि अलकनन्दा और उसकी सहायक नदियों के जलागम के 1,200 वर्ग कि.मी. नाज़ुक क्षेत्र में अगले 10 साल तक पेड़ नहीं कटेंगे, तो उपलब्धियों की समीक्षा और आगे की रणनीति तय करने की ज़रूरत स्वाभाविक थी।

गौरा देवी ने रेणी आन्दोलन के 4 साल बाद भी यही कहा कि उन्होंने अपना मायका बचा लिया है। लेकिन और बहुत मायके हैं, जिन्हें बचाया जाना है। सभी चाहते थे कि जंगलात की नीति अपने मूल चरित्र में बदले। नाज़ुक क्षेत्रों में जंगलात का विनाश तत्काल रुके। ग्रामीणों के हक़-हकूक कायम रहें, खाली स्थानों में वृक्षारोपण करने, वनाधारित उद्योग धन्धों को सहकारी आधार पर चलाने तथा ठेकेदारी प्रथा को असली अर्थों में समाप्त करने की बात अनेक वक्ताओं ने दोहराई।[25]

रेणी समारोह में अब तक की उपलब्धियों पर सन्तोष था लेकिन सरकारी जंगलात नीति के न बदलने तथा सरकार द्वारा चिपको के समर्थन में सड़कों पर आये छात्रों का दमन प्रमुख प्रश्न बन कर उठा था। भ्यूँढार, चाँचरीधार, मदमहेश्वर, नन्दाकिनी क्षेत्रों में आन्दोलन करके जंगलों के कटान पर मिली सफलता पर सन्तोष अस्वाभाविक न था पर सरकारी जंगलात नीति पर इस सबका गहन असर न हो पाने की सबको चिन्ता थी। सभा में हेमवतीनन्दन बहुगुणा के ज़माने में जंगलों के बाबत जो अत्यन्त सकारात्मक निर्णय और नीतिगत फ़ैसले हुए थे उन्हें ताक पर रखने पर असन्तोष व्यक्त किया गया।[26]

सभा में यह माँग उठी कि नन्दा देवी ग्लेशियर में पड़े अमेरिकी खुफिया परमाणु संयन्त्र सम्बन्धी काण्ड की तुरन्त जाँच होनी चाहिए। क्योंकि अलकनन्दा/गंगा के जल के प्रदूषित होने पर लाखों देशवासियों के लिए ख़तरा हो सकता था। कार्यकर्ताओं ने कहा कि वे इस परमाणु संयन्त्र को ढूँढ़ निकालने में सरकार का सहयोग करेंगे।[27] रघुवीर सहाय ने चिपको आन्दोलन की ऊर्जा को सुरक्षित रखने और उसका रचनात्मक उपयोग करने की ज़रूरत बतायी। उन्होंने जंगल बचाने और बनाने को जीवन बचाने और बनाने जैसा बताया और कहा कि इस जीवन का विस्तार गंगा-यमुना के मैदान के आगे तक जाता है। यह जीवन सिर्फ़ मनुष्यों का ही नहीं है, इसमें जीव-जन्तु, पेड़-वनस्पतियाँ और पक्षी-जलजीव शामिल हैं। उन्होंने यह भी कहा कि साधारण मनुष्य कैसे असाधारण कार्य करते हैं, यह चिपको आन्दोलन ने कर दिखाया है।

तवाघाट भूस्खलन के बाद उत्तराखण्ड संघर्ष वाहिनी ने स्थानीय ग्रामीणों को सक्रियता से तराई-भाबर में ज़मीन पाने हेतु संगठित किया और उसमें सफलता मिली। 28 नवम्बर, 1977 को नैनीताल में हुए दमन, हिंसा और गिरफ़्तारियों के बाद वन आन्दोलन नये चरण में प्रवेश कर गया था। उत्तराखण्ड संघर्ष वाहिनी के सर्वोदयी संस्थापकों के लिए कठिनाइयाँ बढ़ी थीं और उपलब्धियाँ भी। क्योंकि नैनीताल क्लब काण्ड के बाद न सिर्फ़ चिपको में सामाजिक हिस्सेदारी वरन जंगलों के बाबत सोचने और चिन्तित होने वालों की संख्या बढ़ गयी थी। नवम्बर 1977 से अप्रैल 1978 तक अनेक उपलब्धियाँ अवश्य सामने थीं लेकिन कोई नीतिगत सकारात्मक परिणाम सामने नहीं आया था।

सर्वोदयी खेमे में भीतर ही भीतर मतभेद और अविश्वास का सिलसिला आपात्काल के बाद शुरू हो गया था। यह प्रवृत्ति इधर और बढ़ गयी थी। स्वभाव से सर्वोदयी कार्यकर्ता विवादास्पद सार्वजनिक वक्तव्य नहीं देते थे, पर 1978 तक अनेकों को चिपको में दो धाराएँ दिखने लगी थीं। इस द्वैध को विकसित करने में सर्वोदय के कतिपय प्रान्तीय और राष्ट्रीय कार्यकर्ताओं का योगदान भी माना जाता है, जो चिपको आन्दोलन के सर्वोदय की तथाकथित सीमा से बाहर निकलने से असहमत थे। इस पक्ष का एक स्वतन्त्र विश्लेषण किया जाना चाहिए।

कभी इन धाराओं को चण्डी प्रसाद बनाम सुन्दरलाल के रूप में देखा जाता था और कभी नीलामी का विरोध करने वाले बनाम सीधे जंगलों को बचाने वालों के रूप में देखा जाने लगा था। हालाँकि दोनों धाराओं ने दोनों तरह के काम किये थे। चिपको की चर्चा राष्ट्रीय और अन्तरराष्ट्रीय मीडिया में एकाएक बढ़ने लगी थी और इस चर्चा में अपने आपको या अपने साथियों को जोड़ने की कमज़ोरी प्रकट होने वाली थी। राजनीतिक पार्टियों के लिए चिपको ने चुनौती खड़ी कर दी थी, अपने गैर-राजनीतिक मिज़ाज के बावजूद। अतः नियोजित दुष्प्रचार शुरू हो गया था।

इस दुर्भाग्यपूर्ण स्थिति को कदाचित् एक सीमा तक सरला बहन ने समझा था। वे स्वयं आन्दोलन में प्रत्यक्ष कहीं न थीं और न उसकी जटिलताओं से पूरी तरह से सुपरिचित थीं, पर सर्वोदय

के दोनों खेमे तथा सभी कार्यकर्ता उनका सम्मान करते थे। इस समय वे कौसानी के लक्ष्मी आश्रम को छोड़ धरमघर (पिथौरागढ़) में एक प्रकार से एकाकी जीवन बिता रही थीं और कुछ किताबों को लिखने की तैयारी में जुटी थीं। उन्होंने 12-13 मार्च, 1978 को धरमघर में उत्तराखण्ड के सर्वोदयी कार्यकर्ताओं की बैठक आयोजित कराई। बैठक में चिपको के वर्तमान स्वरूप की चर्चा हुई। यहाँ चिपको की दूसरी धारा के कुछ प्रतिनिधि थे, जो पूरे हिमालय को एक जलागम मानकर एक ही बार में जंगलात की नीति में समग्र परिवर्तन की अपेक्षा करते थे और जब तक ऐसा न हो हर तरह का (विशेष रूप से व्यापारिक) दोहन स्थगित करने की माँग करते थे। नीलामियों का विरोध इस धारा ने किया और जंगल में प्रत्यक्ष आन्दोलन भी—विशेष रूप से हेंवलघाटी में।

आन्दोलन की पहली धारा के लोग यहाँ न थे। यह धारा मूलतः चमोली ज़िले में केन्द्रित थी, जहाँ से चिपको का विचार और कार्यवाही सबसे पहले और प्रत्यक्ष रूप में प्रकट हुई। अब इसमें अलमोड़ा-नैनीताल तथा अन्य स्थानों के युवा उत्तराखण्ड संघर्ष वाहिनी की स्थापना के बाद जुड़ गये थे। आन्दोलनकारी अस्थिर जलागमों में कटान रोकने के साथ भूस्खलन नियन्त्रित करने वाली प्रजातियों का रोपण पिछले 3 साल से उन इलाकों में कर रहे थे, जहाँ इसकी ज़रूरत थी। मजनू रोपण अभियान इसी कार्यक्रम का हिस्सा था। अब तक ये लोग 70 हज़ार पौधों का रोपण कर चुके थे। साथ ही यह धारा छोटे-छोटे वनाधारित उद्योग धन्धों को स्थानीय पहल और सहकारिता के मूल सैद्धान्तिक आधार पर विकसित कर जंगलात के सबसे घातक पहलू (ठेकेदारी प्रथा) का विकल्प प्रस्तुत करना चाहती थी। इस धारा में प्रत्यक्ष व्यावहारिकता का पुट अनेक अनुभवों से अर्जित था। उत्तराखण्ड संघर्ष वाहिनी की पूरी टीम तथा उत्तराखण्ड के अनेक युवा और छात्र-छात्रायें इस धारा से जुड़ चुकी थीं।

पर कुछ व्यक्तियों के मनमुटाव या महत्त्वाकांक्षा को छोड़ इन दो धाराओं में कोई गहन फ़र्क़ नहीं था।[28] बहुत से कार्यकलापों और विचारों की उभयनिष्ठता थी, लेबल का अन्तर था। लेकिन अब जंगलात का आन्दोलन ग्रामदान तथा भूदान की तरह सिर्फ़ सर्वोदयी कार्यकर्ताओं का न था। इसमें अब तक अन्य सामाजिक तथा कतिपय राजनीतिक शक्तियाँ आ चुकी थीं—विशेष रूप से महिलाएँ, युवा और छात्र। उत्तराखण्ड संघर्ष वाहिनी की स्थापना ने एक प्रकार से सर्वोदयी परिवार की दरार को चाहे नज़र आने वाला न बनाया हो पर नैनीताल काण्ड और उसके बाद के कार्यक्रमों में मौजूद आक्रामकता तथा राजसत्ता से टकराने की कोशिश से अनेक सर्वोदयी अपने को जोड़ नहीं पा रहे थे। लेकिन सरला बहन की पहल से हुई इस बैठक में संघर्ष, समन्वय और सहयोग वाली पहली धारा के सृजनात्मक और समन्वयात्मक कार्य पद्धति की प्रशंसा उनकी अनुपस्थिति में अवश्य हुई। यह निर्णय लिया गया कि फिलहाल व्यापक जन-आन्दोलन न उठाकर, कटान के सम्भावित क्षेत्रों में महिलाओं के संगठन बनाकर संरक्षण का प्रयत्न होना चाहिए। लेकिन अब तक जंगलात के प्रतिरोधों को गैर-सर्वोदयी या आम ग्रामीणों द्वारा चलाये जाने की संम्भावनाएँ स्पष्ट रूप से सामने आ गयी थीं।[29] अनेक जगह ग्रामीणजन न किसी आन्दोलन के आने का इन्तज़ार कर रहे थे और न किसी नेता या कार्यकर्ता का।

चिपको को जन-आन्दोलन की तरह उसकी स्वाभाविक परिणति तक ले जाना अपरिहार्य था क्योंकि इसमें छात्र-युवा और महिलाएँ ही नहीं पर्याप्त संख्या में अन्य ग्रामीण भी शामिल हो गये थे। अतः इस आन्दोलन की स्वाभाविक परिणति इसकी माँगों का मान लिया जाना था, जो सर्वोदयी कार्यकर्ताओं, भाकपा तथा कांग्रेस के अनेक नेताओं द्वारा समय-समय पर और विशेष रूप से 1967 के बाद उठाई जाती रही थी। ये माँगें बड़ी सीमा तक 1959 कमेटी की सिफ़ारिशों के अनुरूप थीं।

चिपको आन्दोलन के उदय के साथ सरकार पर दबाव बढ़ा। आपातकाल के बाद जंगलों को बचाने और लगाने के प्रत्यक्ष अभियानों में तेज़ी आयी। इसने इस प्रक्रिया को ज़्यादा त्वरित किया।

4. पन्तनगर हत्याकाण्ड और तीन आपदाएँ

इसी बीच नैनीताल की तराई (पन्तनगर) में स्थित गोविन्द बल्लभ पन्त कृषि तथा औद्योगिक विश्वविद्यालय में मज़दूरों और विश्वविद्यालय प्रशासन के बीच चल रहा छुट-पुट संघर्ष 13 अप्रैल 1978 को मज़दूरों के शान्तिपूर्ण प्रदर्शन पर 208 चक्र गोली चालान में दर्जनों मज़दूरों के मारे जाने और सैकड़ों के घायल होने के रूप में सामने आया। इस हत्याकाण्ड ने सत्ता का हिंसक रूप सामने रखा। इससे विह्वल अनेक चिपको कार्यकर्ता मज़दूरों और छात्रों की ख़बर लेने पन्तनगर गये और वहाँ की असलियत शेष समाज के आगे पत्र-पत्रिकाओं, सभाओं और प्रतिवेदनों के माध्यम से उजागर की। यहाँ इस प्रसंग के विस्तार में जाने की गुंजायश नहीं है। 16,100 एकड़ में फैले इस विश्वविद्यालय के आठ हज़ार मज़दूरों के संगठित होने का परिणाम विश्वविद्यालय प्रशासन, सरकार तथा तराई के बड़े किसान समझते थे। अतः उनकी चेतना को कुन्द करने के लिए एक प्रकार का संयुक्त मोर्चा सरकार, विश्वविद्यालय प्रशासन और बड़े फार्मरों तथा उनके हितैषी जनप्रतिनिधियों का बनता चला गया। 1977 में मज़दूर कर्मचारियों के संगठन को पंजीकरण मिला।[30]

28 नवम्बर, 1977 को इस संगठन ने अपना पहला माँग पत्र प्रस्तुत किया था। 22-23 जनवरी, 1978 को विश्वविद्यालयमें मज़दूरों द्वारा आम हड़ताल किये जाने के बाद उत्तर प्रदेश सरकार ने सेवा अधिनियम के अन्तर्गत विश्वविद्यालय में सभा और जुलूस आयोजन पर प्रतिबन्ध लगा दिया और पी.ए.सी. को शान्ति स्थापना का आधार मानकर उसके सिपाहियों की संख्या बढ़ाई। 28 जनवरी 1978 को 91 मज़दूरों को सप्ताह भर के नोटिस पर निकाल दिया गया। धारा 144 के बावजूद डेड़ हज़ार मज़दूरों ने गिरफ़्तारी दी और जमानत से रिहाई के बाद 28 मार्च को इन्हें विश्वविद्यालय से चले जाने का आदेश मिला। 18 मार्च, 1978 से ही अन्तरराष्ट्रीय अतिथि गृह में पी.ए.सी. पहरा दे रही थी। 23 मार्च से मज़दूरों ने प्रत्यक्ष प्रतिरोध शुरू किया जो 11 अप्रैल को शान्तिपूर्ण हड़ताल में बदल गया और 13 अप्रैल के प्रदर्शन के समय इसे निर्ममता से कुचल दिया गया।[31]

राजनीति के लोग पन्तनगर हत्याकाण्ड की व्याख्या अपनी सुविधा के अनुसार करते रहे थे। मज़दूरों की चिन्ता किसी को न थीं। अन्य अनेकों के अलावा तब प्रतिपक्ष की नेता श्रीमती इन्दिरा गाँधी इस हत्याकाण्ड की टोह लेने आयी थी। उन्हें भी वापस जाओ के नारे सुनने पड़े। पन्तनगर विश्वविद्यालय का दुर्भाग्य यह था कि इतने बड़े तामझाम वाले अमेरिकी मदद से बने, हरित क्रान्ति के वाहक विश्वविद्यालय में खेती का असली काम करने वाले अधिकांश मज़दूर अस्थायी, तदर्थ, न्यूनतम वेतन प्राप्त तथा अत्यन्त असंगठित थे। 15-20 साल से काम कर रहे मज़दूर दैनिक वेतन पर थे और विश्वविद्यालय की भूमि में झोंपड़ियों में रहने को अभिशप्त भी।

पन्तनगर हत्याकाण्ड दरअसल सिर्फ़ विश्वविद्यालय या इसके मज़दूरों की त्रासदी नहीं थी बल्कि तराई में आदमी और ज़मीन के अप्राकृतिक तथा असहज बना दिये गये रिश्तों की अनिवार्य परिणति थी और इस हत्याकाण्ड का असर अप्रत्यक्ष रूप से वे उन मज़दूरों पर भी पड़ा जो विश्वविद्यालय से बाहर तराई के बड़े फार्मों में खट रहे थे। विश्वविद्यालय के मज़दूरों का संगठन और उनकी जागृति या सफलता आसपास के मज़दूरों में फैल सकती थी। अतः इस चेतना को दफनाने और परिस्थितिवश अपनी ही जनता से कटे हुए मज़दूरों के दमन करने का इससे सुरक्षित कोई और स्थान हो नहीं सकता था।[32]

पन्तनगर विश्वविद्यालय में मज़दूर अहिंसक आन्दोलन कर रहे थे। यह उनका स्वाभाविक गुण था। अभी वे संगठित हो ही रहे थे। यह असली अर्थों में आन्दोलन बन ही नहीं पाया था। इसे पूरब-पश्चिम की लड़ाई कहा गया। क्योंकि विश्वविद्यालय के नियन्ता-प्रशासक पश्चिमी उत्तर प्रदेश से तथा मज़दूर पहाड़ों तथा पूर्वी उत्तर प्रदेश से सम्बन्ध रखते थे। लेकिन वास्तविकता यह थी कि पन्तनगर में मज़दूरों पर गोली चालान करने वाले बन्दूकधारी किसानों के ही बेटे थे। पन्तनगर हत्याकाण्ड ने उत्तर प्रदेश में दूसरी आज़ादी की असलियत बयान कर दी थी।[33]

इस हत्याकाण्ड ने चिपको तथा उत्तराखण्ड संघर्ष वाहिनी के कार्यकर्ताओं को अपने आन्दोलनों की सीमाओं और सम्भावनाओं की पड़ताल करने का मौक़ा दिया। क्योंकि यदि उत्तराखण्ड में जंगलों का स्वामित्व कुछ बड़े लोगों का होता तो उनकी लड़ाई और ज़्यादा जटिल होती। इस तरह टिकाऊ आन्दोलनों की रचना प्रक्रिया पर बात-बहस चलने लगी। पर संघर्ष वाहिनी के वरिष्ठ सदस्यों ने इसमें सार्वजनिक रूप से अधिक रुचि नहीं दिखायी।

चिपको आन्दोलन ने कार्यकर्ताओं को अपने क्षेत्रों में नये प्रयोग करने के मौक़े दिये थे। इस तरह का अभिनव प्रयोग अलमोड़ा में किया गया। यह प्रयोग छात्र नेतृत्व द्वारा किया जा रहा था। अलमोड़ा कॉलेज छात्रसंघ, जिसके अध्यक्ष पूरन तिवारी और महासचिव बालम जनौटी चिपको के सक्रिय सहयोगी थे, ने जून 1978 में छात्र संघ का उद्‌घाटन चतुर्थ श्रेणी के कर्मचारी नन्हेलाल वाल्मीकि के हाथों कराया। मुख्य अतिथि अवकाश प्राप्त न्यायाधीश कान्तानाथ गुप्ता थे। यह एक नयी बात थी और अनेकों के लिए अपचनीय तथा आपत्तिजनक भी।[34] पर यह आयोजन विद्यार्थी नेताओं के भिन्न मानस की अभिव्यक्ति था।

दूसरी ओर 1978 में तीन बड़ी प्राकृतिक आपदाओं ने न सिर्फ़ चिपको कार्यकर्ताओं को बल्कि उत्तराखण्ड के आम निवासियों को झकझोर दिया। जून में कोसी तथा गोमती (अलमोड़ा) घाटियों में बाढ़, जुलाई में तवाघाट में पुनः भूस्खलन तथा जुलाई-अगस्त में उत्तरकाशी में भागीरथी में बाढ़ की घटनाएँ हुई। इनके पीछे चराई, जंगल कटान जैसे कारण थे, तो अतिवर्षा और भूगर्भिक कारण भी। इन सबको समझना समाज के लिए ज़रूरी था और स्वयं चिपको आन्दोलन के लिए भी। चिपको के अधिकांश कार्यकर्ताओं में अपने समाज तथा परिवेश को समझने की ललक बहुत गहरी थी और इस हेतु वे उत्तराखण्ड से बाहर हिमालय तथा देश में अन्यत्र अध्ययन यात्राओं में जाते रहे थे।[35]

पहली ही वर्षा में 19 जून की रात तथा 20 जून, 1978 की सुबह अलमोड़ा ज़िले की कोसी घाटी में बाढ़ आयी। काटली गाँव से मनाण तक के लगभग 24 कि.मी. क्षेत्र में भयानक तबाही मच गयी। साबुत उखड़े पेड़, लकड़ी के बड़े-बड़े गिल्टे कोसी में बह रहे थे। इनसे अनेक जगह बाँध जैसे आकार बन गये थे। जिनके टूटने से नदी ज़्यादा तेज़ हो गयी और मट्ठ से लेकर गुरड़ा तक के खेत, पनचक्की, गूल, सड़क सब बहा ले गयी। अनेक जानवर बह गये। बाढ़ के कारण टाना गाँव के पान सिंह की मृत्यु हुई।

गरुड़ घाटी में गोमती ने इसी तरह का कहर ढाया था। वहाँ भी खेत, मकान, गूल तथा सड़कें टूट गयीं। दरअसल कौसानी से आगे पिननाथ और बुड़ पिननाथ, जिसके आसपास से कोसी, गोमती तथा गगास नदियाँ जन्म लेती हैं, में लगातार जंगल का कटान होता रहा था। इस इलाके के जंगलों से अनेक वर्षों से स्टार पेपर मिल्स के लिए चीड़ तथा सेना और शहरों के लिए बाँज कटता रहा था। स्थानीय ज़रूरतें इसके अतिरिक्त थीं। कोसी तथा गोमती घाटियों में बाढ़ के समय इस जलागम में पिननाथ वीट के कम्पार्टमेंट न. 10 में सुरई के पेड़ों का छपान चल रहा था।[36] बाद के सालों में

लक्ष्मी आश्रम के कार्यकर्ताओं ने महिलाओं को संगठित करके कोसी घाटी के बाँज के जंगलों का अभियान सफलतापूर्वक चलाया, जो आज भी चल रहा है।[37]

तवाघाट में जुलाई तथा अगस्त 1978 में लगातार भूस्खलन हुए। उधर दारमा घाटी में दर, काली घाटी में गर्ब्यांग के खेत-पहाड़ निरन्तर धँस, कट और बह रहे थे। काली नदी की बाढ़ उत्तराखण्ड का समाज उस तरह महसूस नहीं कर पाता था, जैसे मध्यवर्ती क्षेत्र में बहने वाली नदियों (विशेष रूप से भागीरथी तथा अलकनन्दा) की बाढ़ को। भारत-तिब्बत व्यापार तथा कैलास मानसरोवर की यात्रा के बन्द हो जाने के कारण काली-गोरी नदियों के आन्तरिक क्षेत्र का हाल बाहर नहीं आ पाता था। इस साल पुनः पंचेश्वर मन्दिर के प्रांगण तक काली नदी का जलस्तर बढ़ गया था। तवाघाट में 3 लोगों की मृत्यु हुई थी।

इसी बीच 4 अगस्त, 1978 को गोपेश्वर में 'डाल्यों का दगड़्या' का जन्म हुआ। इसकी प्रारम्भिक बैठक का संयोजन सच्चिदानन्द भारती तथा अध्यक्षता मातबरसिंह नेगी ने की थी। इस बैठक में 25 छात्र-छात्राएँ थीं। यह एक प्रकार से चिपको की युवा टहनी थी। ये सभी संस्कारित, संवेदनशील तथा संघर्षरत नौजवान थे। यह समूह स्थानीय कॉलेज के अलावा दशौली ग्राम स्वराज्य संघ तथा उत्तराखण्ड संघर्ष वाहिनी के साथ सक्रिय था।[38]

उधर उत्तराखण्ड संघर्ष वाहिनी के कार्यकर्ताओं ने कोसी तथा काली-धौली और ऐलागाड़ नदी घाटियों का सर्वेक्षण कर पता किया था कि 500 हेक्टर ज़मीन, 150 पनचक्कियाँ तथा कुछ दुकानें नष्ट हो गयी थीं। चार आदमी तथा दर्जनों जानवर काल कवलित हो गये थे। भूस्खलन, बहने-दबने की तो दर्जनों घटनाएँ हुईं। तवाघाट के कौलिया, पलपला, जुम्मा गाँव फिर भूस्खलन से घिर गये थे।[39]

लेकिन सबसे ज़्यादा चेतावनी से भरी थी भागीरथी की बाढ़। ऊपरी भागीरथी घाटी में बाढ़ों का इतिहास वहाँ की यात्रा के समय पढ़ा जा सकता है। 6 अगस्त, 1978 को भागीरथी के दायें जलागम से आने वाली एक छोटी-सी कनोड़िया गाड़ के ऊपरी जलागम में भूगर्भिक तथा वर्षा के मिले-जुले कारणों से गैरारीधार की चट्टानें टूटने से एक ताल बन गया था। इसके बाबत सिर्फ़ वहाँ रहने वाले घुमन्तू गूजर जानते थे। फिर वह ताल टूटा और अपने साथ मलवे का इतना बड़ा भण्डार ले गया कि नीचे जाकर इसने भागीरथी नदी को ही रोक दिया। 14 घण्टों तक इस बाँध के कारण भागीरथी नदी रुक गयी और लगभग 35 मीटर ऊँची और पौने 2 कि.मी. लम्बी झील बन गयी। पर भागीरथी का वेग कम प्रचण्ड नहीं था। 6-7 अगस्त को इस झील की निकासी का प्रयास हुआ और इसका तल 5 मीटर नीचे लाने में सफलता मिली।

एक और प्राकृतिक घटना हुई, जिसकी तब गूजरों को भी जानकारी न थी। कनोडिया गाड़ को एक विशाल भूस्खलन ने कनोडिया बाई गेरा के पास पाँच दिन तक रोके रखा। जिसके कारण कनोडिया गाड़ पर 30 मीटर ऊँची, 45 मीटर चौड़ी और 3 कि.मी. लम्बी झील बन गयी। यह झील पहली बार 10 अगस्त की शाम 7.15 बजे और दूसरी बार 11 अगस्त, 1978 की प्रातः एक बजे टूटी। दूसरी बार टूटने से पूरी भागीरथी घाटी में भयंकर तबाही हुई। इसके बाद कनोडिया गाड़ की झील सिमटकर 8 मीटर ऊँची, 30 मीटर चौड़ी और 200 मीटर लम्बी रह गयी।[40]

बाढ़-भूस्खलन की घटनाएँ इस साल टौन्स, यमुना, भिलंगना, मन्दाकिनी से सरयू-रामगंगा, गोरी तथा काली घाटियों तक सर्वत्र घटीं। अनेक जगह अतिवृष्टि से तबाही हुई।[41] भूकम्प भी इसका एक कारण था। कीर्तिनगर, कड़ाकोट क्षेत्र में अत्यधिक तबाही हुई। राजस्थान में इस बार अतिवृष्टि हुई और पूरे उत्तरी भारत में बाढ़ का सिलसिला बना रहा।[42] इन तमाम प्राकृतिक विपदाओं से चिपको

कार्यकर्ताओं को हिमालय की प्रकृति के जंगलों से इतर घटकों तथा कारकों को समझने का मौक़ा मिला। विशेषकर उच्च हिमालय में गलों (ग्लेशियरों) की गतिशीलता तथा भूगर्भिक हलचलों की किसी प्राकृतिक आपदा में निर्णायक भूमिका का तथ्य सामने आया। इससे कार्यकर्ताओं को पहाड़ और मैदान की बाढ़ों का फ़र्क़ समझ में आया और यह तथ्य भी कि किस तरह हिमालय की हिफ़ाज़त पूरे उत्तरी भारत से जुड़ी है। चिपको कार्यकर्ता लगभग हर नदी घाटी के प्रभावित क्षेत्रों और गाँवों तक लगातार तीन माह तक जाते रहे और वहाँ की वास्तविकता बाहर लाने में कामयाब रहे।[43]

हिमालय की भूगर्भिक तथा भौगोलिक हलचलों को समझने में 1970, 1977 तथा 1978 की बाढ़ों, भूस्खलनों तथा इस दशक के अन्य दर्जनों भूस्खलनों ने चिपको कार्यकर्ताओं की मदद की। बाद में 1991 तथा 1999 के भूकम्पों ने और 2010 तथा 2013 के भूस्खलनों और बाढ़ ने इसके अन्य आयामों की तरफ़ नज़र डालने का दबाव दिया। हिमालयी प्रकृति तथा पर्यावरण के न दिखने वाले पक्ष इन दुर्घटनाओं से समझ में आये। दरअसल उत्तराखण्ड की टौन्स-यमुना और काली-गोरी नदियाँ उत्तराखण्ड के क्रमशः पश्चिमी तथा पूर्वी छोरों में बहती हैं। ये नदियाँ उच्च हिमालय या उसके पार के गलों से निकलती हैं। इनके ऊपरी जलागम भूगर्भिक रूप से बहुत जटिल क्षेत्रों में फैले हैं। पहाड़ों के भीतर भूकम्प छिपे हैं तो बाहर भूस्खलन प्रकट हैं। इन नदियों के जलागमों या घाटियों में क्या हो रहा है, इसकी ख़बर भुक्तभोगियों से बाहर बहुत कम जाती थी। गयी भी तो तहसील या ज़िला प्रशासन तक। लेकिन भागीरथी, अलकनन्दा, इनकी अन्य सहायक नदियाँ और रामगंगा तथा सरयू क्योंकि ज़्यादातर बसासतों के बीच से बहती हैं, अतः इनकी हलचल से स्थानीय समाज ज़्यादा परिचित होता है। तीर्थ यात्रा मार्गों के अगल-बगल बहती नदियाँ अपने सुन्दर या रौद्र रूप से यात्रारत लोगों को ऊपरी जलागमों का हाल बता देती हैं।

इन दुर्गम क्षेत्रों में यात्रा के कारण विभिन्न चिपको कार्यकर्ताओं को पहली बार उत्तराखण्ड के भौगोलिक विस्तार के साथ उसकी जटिलता को जानने-समझने का मौक़ा मिला। अनेक ने तवाघाट या उत्तरकाशी को पहली बार देखा, अनेक को कोसी तथा काली अथवा भागीरथी का फ़र्क़ समझ में आया। भौगोलिक तथा भूगर्भिक परिस्थितियों का अन्तःसम्बन्ध स्पष्टता से उजागर हुआ। क्योंकि बाढ़ का असर हरद्वार, रामनगर तथा टनकपुर तक महसूस किया गया, इसलिए बाढ़ को लेकर चिन्ता अन्य क्षेत्रों में भी प्रकट होने लगी। भागीरथी तथा उसकी सहायक कनोडिया गाड़ के जलागम के बारे में राष्ट्रीय मीडिया में पर्याप्त समाचार तथा लेख छपे थे। इससे लोक शिक्षण तो हुआ ही सरकारी चिन्ता भी प्रकट हुई।[44] दूसरी ओर तवाघाट आन्दोलन की आक्रामकता ने सर्वोदय परिवार में खलबली मचा दी थी। अब यह खलबली उत्तराखण्ड से बाहर चली गयी थी। सितम्बर 1978 में चण्डी प्रसाद भट्ट को उत्तर प्रदेश सर्वोदय मण्डल की कार्य समिति ने क्षेत्रीय मन्त्री पद से मुक्त कर दिया था। इस पद पर उन्हें बिना उनकी सहमति के नियुक्त किया गया था और बिना उनसे पूछे ही हटा दिया था। अब इस पद पर योगेश बहुगुणा की नियुक्ति की गयी थी।[45]

उत्तराखण्ड की अनेक नदियों में भूस्खलन और बाढ़ के बाद जब पूरा उत्तरी भारत बाढ़ग्रस्त था और उत्तराखण्ड में सामाजिक कार्यकर्ता भागीरथी, भिलंगना, कोसी, गोमती या काली, धौली घाटियों में राहत के काम में जुटे थे तो सरकार ने गढ़वाल मण्डल के जंगलों की नीलामी 22 सितम्बर, 1978 को नरेन्द्रनगर में करने की घोषणा की। प्रदेश के मुख्यमन्त्री के उत्तरकाशी और पिछले साल तवाघाट आगमन के समय चिपको कार्यकर्ताओं ने उनसे हरे पेड़ों का कटान निरस्त करने का आग्रह किया था। उत्तरकाशी में तो विभिन्न पार्टियों—विशेष रूप से भाकपा—ने यह आग्रह अनेक बार दोहराया

था। यद्यपि वन निगम द्वारा सूखे पेड़ों का कटान चला हुआ था। लेकिन निगम के कटान को तब ठेकेदारों के कटान के मुक़ाबले ठीक मानने का भ्रम कायम था। अनेक लोग यह तथ्य भूल जाते थे कि वन निगम ख़ुद छोटे ठेकेदारों से काम कराता था और जंगलात विभाग के ही कर्मचारियों तथा अधिकारियों द्वारा संचालित था।

नरेन्द्रनगर में नीलामियों का पिछली बार का जैसा आक्रामक विरोध नहीं हो सका। 11 सितम्बर, 1978 को विनोबा जयन्ती के दिन उत्तरकाशी से यात्रा प्रारम्भ करने वाले कार्यकर्ता नरेन्द्रनगर में 22 सितम्बर को पहुँचे और उसी दिन उन्होंने एक मौन जुलूस निकाल कर नीलामियों का विरोध किया। 23 से 26 सितम्बर, 1978 तक सुन्दरलाल बहुगुणा यहाँ उपवास में बैठे।[46] दरअसल प्रशासन द्वारा नरेन्द्रनगर में नीलामी की सुनिश्चित तैयारी की गयी थी। यहाँ नागरिकों से ज़्यादा पुलिस मौजूद थी और नीलामी स्थल को अभेद्य किले का रूप दे दिया गया था। कदाचित् सामान्य प्रशासन तथा जंगलात विभाग ने 28 नवम्बर, 1977 को नैनीताल में हुई जंगलों की नीलामी से यह सीखा था। राजकीय कर्मचारियों वाले इस नगर से स्थानीय समर्थन की उम्मीद कभी नहीं रही, पर इस बार हेंवलघाटी से भी अधिक संख्या में कार्यकर्ता और ग्रामीण नहीं आ सके थे।

कार्यकर्ताओं ने यह घोषणा अवश्य की थी कि जहाँ-जहाँ जंगल काटने के लिए ठेकेदार जायेंगे, वहाँ-वहाँ चिपको आन्दोलन चलाया जायेगा। समाचार-पत्रों में नीलामी के विरोध के इस प्रसंग की चर्चा नहीं के बराबर रही। 'दैनिक हिन्दुस्तान', जिसमें सुन्दरलाल बहुगुणा पिछले तीन दशक से अधिक समय से समाचार और लेख भेज रहे थे और 'नवभारत टाइम्स', जिसके सम्पादक प्रकृति प्रेमी कवि अज्ञेय थे, में भी यह समाचार नहीं आया। यह आश्चर्यजनक था और इस पर ख़ुद बहुगुणा चकित थे।[47]

यद्यपि टिहरी में कार्यकर्ताओं ने 22 सितम्बर, 1978 को शोक दिवस के रूप में मनाया था। लेकिन नीलामियाँ सिर्फ़ प्रत्यक्ष हस्तक्षेप या सरकार की राजनीतिक इच्छा से स्थगित होती रही थीं। बल्कि हस्तक्षेप ही ज़्यादा कारगर साबित होता था। इस नीलामी में लोहिताल के जंगल, जहाँ गोविन्द बल्लभ पन्त विश्वविद्यालय के पर्वतीय परिसर का निर्माण होना था, में 9,697 हरे पेड़ों की कटान हेतु नीलामी हो चुकी थी। इन पेड़ों में से लगभग 2,400 पेड़ बाँज के थे। अन्य पेड़ों में ज़्यादा चौड़ी पत्ती वाली प्रजातियों के थे, जो चारे, ईंधन, इमारती लकड़ी के अलावा ज़मीन तथा जल के संरक्षण में मदद देने वाले थे। जैसे बुरांश, काफल आदि।

एक ओर चिपको आन्दोलन के प्रभाव से 1975 में सरकार ने बाँज के पेड़ों को संरक्षित घोषित कर इनके कटान को पूरी तरह रोक दिया था। दूसरी ओर बाँज के जंगलों के कटान हेतु नीलामी हो रही थी। नीलामी में कटान हेतु स्वीकृत 9,697 पेड़ दरअसल राणीचौरी से गजा की ओर विस्तृत पहाड़ी पर थे और इनका कटना खेती, पेयजल, ईंधन और चारे को प्रभावित करने वाला था। कुछ स्थानीय कार्यकर्ता, जो इस विश्वविद्यालय के उद्घाटन के समय राणीचौरी में मौजूद थे, इस परिसर से पेड़ों की खेती जैसे विचार के प्रत्यक्ष कार्यान्वयन की उम्मीद करते थे। पर इसकी शुरुआत ही जंगल कटान से होने की सम्भावना होने से वे सभी चिन्तित थे। इस तरह 1978 के अन्त और 1979 के शुरू में चिपको आन्दोलन को एक और स्थान पर अभिव्यक्त होने का मौक़ा मिला, जो कि हेंवल नदी के जलागम का हिस्सा था।

टिहरी ज़िले में राणीचौरी के पास 3 मार्च, 1976 को पन्त विश्वविद्यालय के पर्वतीय परिसर की स्थापना हुई थी और विश्वविद्यालय के अनुरूप परिसर बनने लगा था। दरअसल हरित क्रान्ति

के संवाहक इस विश्वविद्यालय का पहाड़ी क्षेत्रों की खेती या बागवानी बाबत कोई बड़ा योगदान न था। 1970-72 में गढ़वाल विश्वविद्यालय की स्थापना के आन्दोलन के समय बार-बार यह तर्क दिया जाता था कि पन्त विश्वविद्यालय क्योंकि कुमाऊँ में है अतः नया विश्वविद्यालय गढ़वाल में स्थापित किया जाय। फिर जब कुमाऊँ और गढ़वाल विश्वविद्यालयों की स्थापना हो गयी तो पर्वतीय परिसर को राणीचौरी में स्थापित करने से स्वयं पन्त विश्वविद्यालय पहाड़ी खेती को नकारने के और प्रदेश सरकार गढ़वाल में पन्तनगर जैसा विश्वविद्यालय स्थापित न करने के आरोप से मुक्त हो सकती थी।

राणीचौरी में पन्त विश्वविद्यालय की शाखा 1976 से कार्य करने लगी थी, लेकिन परिसर निर्माण का कार्य बाद में शुरू हुआ। इस हेतु बाँज, काफल, चीड़, बुरांश आदि के सघन जंगल वाले लोहिताल में सैकड़ों एकड़ ज़मीन अधिगृहीत की गयी। यह जंगल इस पहाड़ के दोनों ओर के पनढालों के आसपास के गाँवों का सहारा था। घास-चारा, ईंधन तथा इमारती लकड़ी तो इस जंगल से मिलती ही थी, पहाड़ी से नीचे के जल स्रोतों का भी चौड़ी पत्ती की प्रजाति के इस सघन वन से रिश्ता था।

जब नरेन्द्रनगर में नीलामी बिना किसी अवरोध के सम्पन्न हो गयी और नये कटान में राणीचौरी-लोहीथल के 9,697 पेड़ कटान की सूची में आ गये तो फिर आन्दोलन शुरू हुआ। एक ओर साबली, राणीचौरी आदि के निवासियों ने सरकार, वन विभाग को आवेदन तथा चेतावनी भेजी, दूसरी ओर चिपको कार्यकर्ताओं ने प्रदेश के वन सचिव तथा केन्द्रीय कृषि सचिव को आवेदन भेजे। साथ ही साबली गाँव के निवासियों तथा विशेष रूप से महिला मंगल दल के सदस्यों ने इन पेड़ों को बचाने का प्रत्यक्ष आन्दोलन शुरू कर दिया।

योगेश बहुगुणा, रामराज बडोनी तथा गंगाप्रसाद बहुगुणा ने महिलाओं को संगठित करने में महत्त्वपूर्ण भूमिका निभायी। आसपास के गाँवों से लोहिताल के जंगल तक की यात्रा आयोजित की गयी। एक ओर साबली महिला मंगल दल तथा सुन्दरलाल बहुगुणा द्वारा कृषि सचिव एम. एस. स्वामीनाथन तथा प्रदेश के वन सचिव नरोत्तम प्रसाद त्रिपाठी को भेजे गये पत्रों पर ऊपर से शीघ्र कार्यवाही शुरू हुई, दूसरी ओर साबली महिला मंगल दल के सदस्यों (पुष्पादेवी बहुगुणा, लीला देवी आदि) तथा स्थानीय ग्रामीणों और सामाजिक कार्यकर्ताओं ने 11 अक्टूबर, 1978 को साबली गाँव से जंगल तक जुलूस निकाल कर ज़मीनी काम शुरू किया। गीतों और नारों के साथ जुलूस जंगल में पहुँचा। जुलूस में टिहरी, चंबा तथा हेंवलघाटी से आये कार्यकर्ता उपस्थित थे। लगभग 200 महिलाओं ने अनेक पेड़ों पर प्रतीक रूप में राखी बाँधी तथा विश्वविद्यालय के अधिकारियों को भी पेड़ों को न काटने बाबत तथा पेड़ों के बीच ही परिसर विकसित करने के सुझाव के साथ प्रतिवेदन दिया।[48] जंगल में हुई सभा में महिलाओं तथा स्थानीय सामाजिक कार्यकर्ताओं ने कटान होने की स्थिति में चिपको आन्दोलन चलाने की घोषणा की। इस प्रकार पत्राचार तथा प्रत्यक्ष आन्दोलन की चेतावनी का शीघ्र असर हुआ और सरकारी तौर पर इस कटान पर रोक लग गयी और 9,697 पेड़ काटे जाने से बच गये।[49]

अक्टूबर-नवम्बर 1978 में चिपको कार्यकर्ताओं द्वारा प्रदेश सरकार तथा भारत सरकार को भेजे गये पत्रों में लगातार यह सूचना दी जाती रही कि उत्तराखण्ड के किस इलाके में कटान या लुढ़कान से भूस्खलन बढ़ा। कहाँ नहर या सड़क या मकानों को क्षति हुई और कहाँ खेत बहे। पत्रों में यह भी बताया गया कि इसके बावजूद कटान तथा हरे पेड़ों की छपाई निरन्तर हो रही थी। दूसरी ओर ग्रामीणों के हक़-हकूकों में खलल डाला जा रहा था। चीड़ के टूटे-गिरे पेड़ों का निकास भी ग्रामीणों को नहीं करने दिया जा रहा था।[50]

नवम्बर-दिसम्बर 1978 से नये संघर्षों की शुरुआत होने लगी। इनमें से ज़्यादातर में वन निगम से सीधा संघर्ष था। लोहिताल (राणीचौरी) की सफलता से यह शुरुआत हुई थी, जहाँ प्रतिवेदनों, एक-दो प्रदर्शनों तथा चेतावनियों से ही काम चल गया। नवम्बर 1978 के अन्त से टिहरी ज़िले की भिलंगना घाटी की केमर तथा वासर पट्टियों की सीमा पर स्थित अमरसार-कांगड़ जंगल में ग्रामीणों ने चिपको चलाया। देश के प्रधानमन्त्री मोरारजी देसाई, वित्तमन्त्री पटेल तथा कृषि मन्त्री सुरजीतसिंह बरनाला ने उत्तर प्रदेश सरकार को कटान न करने बाबत पत्र लिखे थे। उत्तर प्रदेश सरकार इन पत्रों से प्रभावित होने को तैयार न थी।

वन निगम एक ओर यह कह रहा था कि कटान बन्द कर दिया गया है लेकिन भीतर ही भीतर नयी ब्यूह रचना कर कम प्रचलित मार्गों से मज़दूरों को जंगल में पहुँचाकर कटान कराया जा रहा था। ग्रामीणों के विरोध के बावजूद धारगाँव कांगड के जंगलों में वन निगम ने स्थानीय ठेकेदार के माध्यम से मज़दूरों को प्राप्त कर 1 दिसम्बर 1978 से कटान शुरू कर दिया और वे 10 पेड़ काटने में कामयाब भी हो गये थे। राजकीय इण्टर कॉलेज चमियाला के छात्र-अध्यापकों को धूम सिंह नेगी और प्रताप शिखर प्रेरित करने में कामयाब रहे और इन सबने मिलकर कटान रोका। धूम सिंह नेगी तथा प्रताप शिखर जंगल में ही डेरा डाले रहे थे। 2 दिसम्बर, 1978 को करणगाँव, केपार्स, माजरा, धारकोट और लस्याव गाँव के लोग ढोल-नगाड़ों के साथ जंगल पहुँचे। इस तरह कटान नहीं हो सका।

6 दिसम्बर, 1978 को वासर पट्टी के ग्रामीणों के अतिरिक्त केमर के कांगड़, इन्द्रवाण गाँव और चमियाला की जनता ढोल-नगाड़ों के साथ जंगल में पहुँची। सुन्दरलाल बहुगुणा ने कहा कि सरकार इस साल की तबाही से नहीं चेत रही है। प्रधानमन्त्री तथा वित्तमन्त्री को प्रदेश सरकार झूठी सूचना देती है कि सिर्फ़ सूखे पेड़ काटे जा रहे हैं। धूम सिंह नेगी 5 दिन के उपवास पर थे और 1 दिसम्बर से चला उनका उपवास एक मज़दूर के हाथ से दूध पीकर समाप्त हुआ। धूम सिंह ने यह कहा कि कटान का नहीं वृक्षारोपण का रोज़गार मिलना चाहिए। श्रमिक नेता दलीपसिंह तथा सत्येश्वरप्रसाद के आक्रोश और प्रेरणा से भरे सम्बोधन के बाद मज़दूरों ने अपनी कुल्हाड़ियाँ और आरे कार्यकर्ताओं के आगे डाल दिये और केमर-वासर वन सुरक्षा समिति बनायी।[51] 19 दिसम्बर, 1978 को कटान की व्यूह रचना को ग्रामीणों ने फिर असफल कर दिया था।[52] इससे पहले 8 दिसम्बर 1978 को नेलचामी पट्टी के तोणखंड गाँव के निवासियों ने सड़क के मलवे को रोके हुए पेड़ों के कटान को रोकने की माँग के साथ आन्दोलन शुरू किया।[53]

5. बडियारगढ़ में विद्रोही स्वर

उधर 24 दिसम्बर, 1978 को बडियारगढ़ की जनता ने घद्दी घण्डियाल में क्षेत्र के जंगलों को कटान से बचाने का संकल्प लिया। 1948 के नागेन्द्र सकलानी के नेतृत्व में हुए रियासती आन्दोलन के ठीक 30 साल बाद घद्दी घण्डियाल में उसी ऐतिहासिक स्थान पर स्थानीय गाँवों की जनता इकट्ठा हुई थी। बडियार के ग्राम प्रधान गोविन्दसिंह पंवार की अध्यक्षता में सभा हुई। ग्रामीणों ने बताया कि जंगल के कटान से उनके खेतों, चरागाह और जलस्रोतों के लिए ख़तरा पैदा हो गया है। दो साल पहले वन विभाग द्वारा किये गये कटान और लुढ़कान से कोट तथा धड़गी गधेरों में बाढ़ आयी थी और ग्राम ढालढुंग में दो परिवार तबाह हो गये थे। ग्रामीणों ने हिमाचली मज़दूरों से निवेदन किया था कि वे नरसंहार के समान इस घृणित रोज़गार को अपने सिर न लें और अपने घर वापस जायें और वन निगम द्वारा कटान के लिए तैयार चीड़ के 3,000 पेड़ों को न कटने देने का संकल्प लिया।

इस मौक़े पर सुन्दरलाल बहुगुणा, कुँवर प्रसून तथा विजय जरधारी वहाँ थे और उन्होंने आन्दोलन की प्रारम्भिक रूपरेखा सामने रखी।[54]

दिसम्बर 1978 के पहले सप्ताह में वन निगम ने टिहरी से 45 कि.मी. दूर अमरसार के जंगलों में कटान शुरू कर दिया था। ग्रामीणों को ख़बर होने तक 160 पेड़ काटे जा चुके थे। वन निगम तथा उसके सहयोगियों की अब यह कोशिश रहने लगी थी कि कटान हो ज़रूर। जब पास के गाँवों (कांगड़ और इंडवान) में ख़बर गयी तो ग्रामीणों ने ऐलान किया कि वे हरे पेड़ नहीं कटने देंगे और पेड़ों पर चिपक जायेंगे। ग्रामीणों का समूह जब जंगल में पहुँचा तो मज़दूरों ने आरे-कुल्हाड़े छोड़ दिये और एक दीवार बनाने के काम में जुट गये। बाद में पुनः कटान शुरू हुआ और ग्रामीणों ने इसे रोका।[55]

घद्दी घण्डियाल में ग्रामीणों को बताया गया कि बडियारगढ़ के मालगड्डी जंगल में चीड़ के 2365 पेड़ छप चुके हैं और वन निगम के मज़दूर उन्हें काटने कभी भी आ सकते हैं। ग्रामीणों को याद था कि 1978 की बरसात में बडियारगढ़ के समीप ढालढुंग गाँव में पाँच आदमी भू-स्खलन तथा ज़मीन धँसने से दब गये थे। कोट गधेरे में भूस्खलन और बाढ़ से अनेक खेत समाप्त हो गये थे और पनचक्कियाँ बह गयी थीं। धौडंगी गाँव के लोग 2 दिन तक अपने घरों से बाहर पंचायती भवन में डेरा डालने को विवश हुए। इस गाँव के ऊपर पहाड़ में दरार पड़ गयी थी। पिछली बरसात में बडियारगढ़ क्षेत्र में जो बर्बादी हुई थी वह सिर्फ़ अतिवृष्टि से नहीं जुड़ी थी बल्कि स्थानीय जंगलों में कटान, लुढ़कान का काम निरन्तर होने से इसमें वृद्धि हुई थी।

25 दिसम्बर 1978 के प्रदर्शन और सभा का क्षेत्र में असर हुआ था। क्षेत्र में पहली दफा लगने वाले चिपको के नारे–विशेष रूप से 'आज हिमालय जागेगा, क्रूर कुल्हाड़ा भागेगा'– बच्चों ने कण्ठस्थ कर लिए थे। साथ ही वन निगम के 150 कटानी और चिरानी जंगल में उतारे जा चुके थे। वन निगम के कर्मचारी तथा उनके कुछ स्थानीय सहयोगी आसपास के गाँवों में चिपको आन्दोलन से ख़बरदार रहने को कह रहे थे। उन्हें डराया जा रहा था कि चिपकने वालों को पेड़ के साथ ही काटा जायेगा अथवा जेल की हवा खानी पड़ेगी। मालगड्डी गाँव, जिस पर कटान वाले जंगल का नाम है, के लोगों को निगम वालों ने पानी का हौज बना देने का प्रलोभन दिया और घद्दी घण्डियाल के प्राइवेट हाईस्कूल को कुछ अनुदान देने की बात शुरू की। अपनी कोशिश में वन निगम उन गाँवों में सामाजिक तोड़फोड़ में कामयाब हुआ, जहाँ अभी चिपको कार्यकर्ता नहीं जा पाये थे। यहाँ प्रताप शिखर तथा उसके साथ गये तीन विद्यार्थियों को डराया गया पर वे पेड़ बचाने में कामयाब हुए। फिर मधु बहुगुणा आश्रम के बच्चों के साथ जंगल में पहुँच गयी।[56] इस तरह मालगड्डी गाँव के 10-12 परिवार चिपको के ख़िलाफ़ तैयार किये गये। गाँव वालों को कटान के पक्ष में दिया गया तर्क था कि इन पेड़ों से उनके गाँव में छाया हो जाती है, इसलिए वे उन्हें कटवाना चाहते हैं।[57]

3 जनवरी, 1979 को मालगड्डी में पेड़ों का कटान प्रारम्भ हुआ। जंगल की चौकसी के लिए गये दल ने कटान रुकवा दिया। मज़दूर बिना प्रतिरोध के अपने डेरों पर लौट आये। यद्यपि उन्हें इस बात की हिदायत दी गयी थी कि वे मामूली अवरोधों का सामना करें। 4 जनवरी, 1979 को निगम ने मज़दूरों को सुबह सात बजे ही जंगल में उतार दिया और यह क्रम फिर अनेक दिनों तक जारी रहा। लोगों के इकट्ठा होकर जंगल में पहुँचने तक मज़दूरों ने कुछ पेड़ काट डाले थे। कार्यकर्ताओं और ग्रामीणों ने जंगल में जल्दी पहुँचना शुरू किया। ग्रामीणों को लालच और भय से तोड़ने का प्रयास जारी रहा लेकिन इसके साथ चिपको आन्दोलन का विस्तार होता गया। ग्रामीण इसका अर्थ पहली

सभा के मुक़ाबले ज़्यादा ठीक से समझने लगे। इसका यह परिणाम हुआ कि अब मामला मालगड्डी जंगल या गाँव का न होकर पूरी बडियारगढ़ पट्टी का बनने लगा।[58]

उस समय पट्टी बडियारगढ़ में 10 ग्राम सभाएँ और लगभग 40 गाँव थे। इन सभी गाँवों में जंगल सुरक्षा की बात गयी। ये बातें अब तक सार्वजनिक रूप से सामने नहीं आयी थीं। महिलाओं में जंगल की चर्चा थी। काटने वालों और बचाने वालों का फ़र्क़ स्पष्ट होने के साथ उनका रुझान आन्दोलन की तरफ़ बढ़ा। जंगल से लकड़ी इकट्ठा करने हेतु जाने आने में चिपको की चर्चा होती थी। जिन गाँवों में संघर्ष समिति के सदस्य जा चुके थे वहाँ महिलाओं को ज़्यादा जानकारी रहने लगी थी। जंगल बचाने का अर्थ ऐसा न था कि पुरुष न समझते हों। लेकिन महिलाएँ उसका अर्थ ज़्यादा गहराई से जानती थीं।

चिपको कार्यकर्ता कुँवर प्रसून, प्रताप शिखर, धूम सिंह नेगी, विजय जरधारी, कुँवर सिंह भण्डारी आदि के साथ स्थानीय स्वरूपसिंह, रायसिंह आदि तथा टिहरी से आये हुए राजीवनयन बहुगुणा सहित कुछ छात्र बडियारगढ़ के गाँव-गाँव, घर-घर तक फैल गये। जैसे ही जंगल से निकलने का मौक़ा मिलता, कार्यकर्ताओं का समूह गले में हारमोनियम और होठों में गीत और नारे लेकर गाँवों में निकल पड़ता। 'धर्म की लड़ाई छिड़ीगे, जंगल बचूण, कवलांदि डाली कू पराण छाती से चिपकूण' (धर्म की लड़ाई छिड़ गयी, जंगल बचायें, सुकुमार पेड़ का प्राण अपनी छाती से चिपका कर बचायें)। महिलाएँ और बच्चे उत्सुकता से इन गानों को सुनते और फिर गाते। जल्दी ही बच्चों को नारे तथा महिलाओं को गीतों के बोल पूरी तरह याद हो गये थे। कार्यकर्ता मनुष्य से जंगल के रिश्ते को अपनी तरह समझाते और हर परिवार से रोटी प्राप्त करते। वे हक़-हकूक की बात समझाते और महिलाएँ जंगल बचाने का अर्थ ज़्यादा गहराई से समझतीं। इस प्रक्रिया के दो परिणाम रहे। कार्यकर्ताओं को अपनी रोटी के लिए चूल्हा नहीं जलाना पड़ा और महिलाओं ने जंगल की लड़ाई में प्रत्यक्ष शामिल होने का निर्णय लिया।[59]

सुन्दरलाल बहुगुणा, जो 26 दिसम्बर, 1978 को बडियारगढ़ से चले गये थे, 8 जनवरी, 1979 को पुनः यहाँ लौटे। कार्यकर्ताओं के इस बीच के काम तथा वन निगम द्वारा जबरन कटान की जानकारी उन्हें मिली। न पूरी तरह कटान रुक रहा था और न हो रहा था। इस बीच स्थानीय ग्रामीण ों और विशेष रूप से महिलाओं की सक्रियता बढ़ी थी। बडियार, तुषकंडी, कौलियाधार, चोपड़ा, डांडा आदि गाँवों के लोग बच्चों सहित आये। स्थानीय हाईस्कूल के छात्र प्रत्यक्ष-अप्रत्यक्ष आन्दोलन में शामिल हो गये थे और कुछ अध्यापकों का रुझान आन्दोलन की तरफ़ था। 5 जनवरी, 1979 को बालगंगा घाटी के चम्याला-केमर, कर्ण गाँव, केपार्स और तस्याल गाँव के ग्रामीणों ने धारगाँव देवीधार में देवी भागवत की कथा के पूर्ण होने पर प्रतिज्ञा की कि वे केमर-वासर पट्टियों की सीमा पर स्थित देवीधार जंगल की रक्षा करेंगे। न पेड़ कटने देंगे, न लकड़ी बाहर जाने देंगे और चिपको आन्दोलन जारी रखेंगे। संकल्प लिया गया कि बाँज के पंचायती जंगलों तथा घास, लकड़ी, पानी बढ़ाने वाले पेड़ों की रक्षा करेंगे। गाँव में शराब, जुए का प्रचलन नहीं होने देंगे।[60]

9 जनवरी, 1979 को अपने 53 वें जन्मदिवस पर सुन्दरलाल बहुगुणा ने जनशक्ति जगाने, कटान रोकने तथा सरकारी व्यापारिक जंगलात नीति को बदलने के उद्देश्य से अनिश्चितकालीन भूख हड़ताल शुरू की। निगम के कर्मचारियों की दिक्कतें बढ़ रही थीं। इस कारण अनेक बार वे उत्तेजक हरकतें करने लगे थे। जैसे 6 जनवरी को निगम का एक मुंशी दो कार्यकर्ताओं को, जो कटान में अवरोध डाल रहे थे, पेड़ से बाँधने को उतावला हो गया। 10 जनवरी को एक रेंजर मज़दूरों को

कटान हेतु प्रेरित कर रहा था। जब मज़दूरों ने आरा चलाया तो विजय जरधारी ने पेड़ पर चिपकना चाहा। इस क्रम में उनका पैजामा फट गया और आरे के दाँत उनकी जाँघों में चुभ गये। मज़दूरों ने तत्काल आरा रोक दिया और कहा कि वे पेड़ काटने आये हैं आदमी काटने नहीं। कार्यकर्ताओं ने नारे लगाये– 'पेड़ों पर कट जायेंगे, अपने पेड़ बचायेंगे'।[61]

10 जनवरी को एक बालक नरेन्द्र रेंजर के सामने ही कटान को रोकता रहा। जिस पेड़ पर कुल्हाड़ा चलता वह वहाँ पहुँच जाता। इससे मज़दूरों की कुल्हाड़ियाँ थमीं। उस दिन रेंजर सुन्दरलाल बहुगुणा के पास यह शिकायत लेकर आया था कि आन्दोलन के कार्यकर्ता बच्चों को टाफियाँ देकर जंगल में ले आते हैं और फिर हमारे लिए आफत करते हैं। बहुगुणा ने रेंजर को सुझाया कि क्यों नहीं वे भी टॉफियाँ देकर उन्हें अपनी ओर कर लेते हैं। इस बीच विमला बहुगुणा, नन्दादेवी मैठाणी, सुलोचना देवी, शकुन्तला रावत आदि ने गाँवों में सम्पर्क किया और आन्दोलन में आने को तत्पर अनेक महिलाओं को सक्रिय होने का मौक़ा मिला। विशेष रूप से सुलोचना देवी और अन्य महिलाओं ने आन्दोलन में प्रत्यक्ष हिस्सेदारी शुरू की।

अब मज़दूरों के लिए कटान करना कठिन होता गया। हालाँकि वे अब भी कटान के प्रयास कर रहे थे। स्थानीय हिस्सेदारी बढ़ती देख तथा अन्य क्षेत्रों के कार्यकर्ताओं के बडियारगढ़ आने से और शायद भूख हड़ताल को 14 दिन हो जाने से प्रशासन की चिन्ता बढ़ी। 20 जनवरी तक घट्टी घंडियाल स्कूल में पुलिस तथा जंगलात विभाग का कब्ज़ा हो गया था। 22 जनवरी, 1979 की सुबह भूख हड़ताल के 14वें दिन बहुगुणा को गिरफ़्तार कर लिया गया। उन्होंने भूख हड़ताल जारी रखी।[62] आन्दोलन जारी रहा। 26 जनवरी को वीरेन्द्रदत्त सकलानी की अध्यक्षता में टिहरी में एक सार्वजनिक सभा का आयोजन हुआ, जिसमें सरकारी नीति के प्रति ग़ुस्सा जताते हुए एक प्रस्ताव में बहुगुणा की गिरफ़्तारी पर गहरा असन्तोष और उनकी भूख हड़ताल पर चिन्ता व्यक्त की गयी। उन्हें बिना शर्त छोड़ने तथा बडियारगढ़ और भरदारीगाड़ में कटान निरस्त करने की माँग की गयी। इससे पहले 24 जनवरी, 1979 को टिहरी में युवाओं ने एक जुलूस निकालकर बहुगुणा की रिहाई की माँग की।[63]

टिहरी में विरोध की सम्भावना देखकर 27 जनवरी को बहुगुणा को देहरादून जेल ले जाया गया, जहाँ उनकी भूख हड़ताल जारी रही। 30 जनवरी, 1979 को भूख हड़ताल को 22 दिन हो गये। 30 जनवरी को चण्डी प्रसाद भट्ट उनसे मिलने देहरादून जेल गये। बहुगुणा उस समय मौन धारण किये हुए थे। भट्ट ने उन्हें प्रभागीय वनाधिकारी केदारनाथ वन प्रभाग को लिखा अपना तथा रमेश पहाड़ी का 25 जनवरी, 1979 का पत्र दिखाया, जिसमें धनपुर रेंज के 11 कम्पार्टमेंट संख्या 8 (अ), 8 (ब), 8 (स) तथा 5 के कटान-छपान को रोकने की माँग की गयी थी और चेतावनी दी थी कि यदि इन लौटों का छपान शुरू होगा तो लोगों को बाध्य होकर छपान रोकने हेतु चिपको आन्दोलन चलाना पड़ेगा। मौन बहुगुणा ने इस आवेदन की प्रति के पीछे यह लिखा :

> 'इस महान कार्य के लिए आपकी, हमारी शक्ति कम थी, इसलिए भगवान ने हमारी शक्ति बढ़ाने के लिए देश को जगाने के लिए इस वर्ष अभूतपूर्व बाढ़ भेजी। उससे जो वातावरण बना है वह पुनः नहीं बनेगा। किसी न किसी बहाने यदि कहीं कटान जारी रहा तो वैज्ञानिक दोहन के नाम पर जो दुश्चक्र बना हुआ है और जिसके पीछे व्यापारी भ्रष्ट कर्मचारी और राजनीतिज्ञों की संगठित शक्ति है, उसे हम कभी नहीं तोड़ पायेंगे। फिर इन्तज़ार का समय नहीं है। मिट्टी जा

रही है। हिमालय के वनों का प्रबन्ध संरक्षण वन (प्रोटेक्शन फॉरेन्ट) के रूप में किया जाये। यानी जल और मृदा संरक्षण की दृष्टि से व्यापारिक वनों के रूप में इनका कटान बन्द हो। जहाँ इस समय वन कट रहे हैं और आन्दोलन चल रहे हैं, वहाँ कटाई-चिराई आज की तारीख से बन्द हो। आरे-कुल्हाड़े वालों को वापस बुलाकर कटी हुई लकड़ी स्थानीय उपयोग के लिए दी जाये, जिससे भविष्य में स्थानीय उपयोग हेतु हरे पेड़ न काटने पड़ें। वृक्षारोपण, फल, चारा, ईंधन, खाद तथा रेशा के पेड़ लगाकर सारा काम जनशक्ति और जन अभिक्रम से हो।'

बहुगुणा ने भट्ट को दिल्ली वालों की घुमाव-फिराव की और बाद के वायदों की वार्ता में न फँसने को कहा था और यह भी कि वे नित्य प्रार्थना में भट्ट का स्मरण करते हैं। 'मेरे स्वप्नों को आप पूरा करेंगे। आप मेरे नेता हैं और मेरी यह सेवा आपकी शक्ति बढ़ाने के लिए है।' इस तरह अर्से बाद मिल रहे साथियों के बीच संवाद न हो सका। संयुक्त रणनीति नहीं बन सकी और मतभेद तथा विभाजन की मानसिकता गहराती गयी।

31 जनवरी को अख़बारों में देहरादून से भेजे गये समाचार आ गये। इनमें भूख हड़ताल के 22 दिन हो जाने की खूब चर्चा थी।[64] उधर बडियारगढ़ में, जहाँ 25 दिसम्बर से कार्यकर्ता और ग्रामीण जंगल बचाने में जुटे थे, जनवरी 1979 में आन्दोलन में स्थानीय हिस्सेदारी बढ़ गयी थी और बहुगुणा की भूख हड़ताल के बाद और तेज़ी आ गयी थी। उसकी चर्चा तब अख़बारों में बहुत कम थी या आन्दोलन की सफलता के बाद ही छपी। लेकिन कार्यकर्ताओं ने बडियार में आन्दोलन को निरन्तरता देने तथा स्थानीय हिस्सेदारी बढ़ाने के लिए बडियारगढ़ के जंगल में ही 26 जनवरी से श्रीमद्‌भागवत कथा का शुभारम्भ कराया।[65] क्षेमानन्द शास्त्री ने कथा का शुभारम्भ करते हुए कहा कि चिपको आन्दोलन जड़ चेतन में ईश्वर की सत्ता के दर्शन करने का आन्दोलन है। यह एक आध्यात्मिक आन्दोलन है, लेकिन यह आन्दोलन हमारे अस्तित्व से भी जुड़ा है। हमारी खेती, जानवरों, चूल्हे और पानी से जुड़ा है। कथा 8 के बदले 11 दिन तक चली। कथा के कारण दूरस्थ क्षेत्रों के ग्रामीण भी जंगल में आ रहे थे। कथा के साथ आन्दोलन की स्थिति तथा आगे की रणनीति पर बात बहस होती रही। जितने दिन कथा चली, गाँव-गाँव से लोगों का आगमन होता रहा और जंगल के कटान को रोकने में सफलता मिली। बडियार, कौलियाधार, चोपड़ा, डांडा तथा तुषकंडी गाँव सबसे सक्रिय रहे। मालगड्डी गाँव के कुछ लोग विरोध में थे। प्रशासन शान्ति प्रिय आन्दोलनकारियों के विरुद्ध नोटिस जारी करने लगा था। पटवारी तथा कानूनगो ने कथा सुनने जाते हुए एक जुलूस को रोकने तथा कार्यकर्ताओं के नाम जारी नोटिस हस्ताक्षर देकर लेने हेतु विवश करने की कोशिश की। 28 जनवरी, 1979 को नारायणसिंह जयाड़ा की अध्यक्षता में उच्च माध्यमिक विद्यालय घट्टी घण्डियाल की प्रबन्ध समिति की बैठक हुई, जिसमें सर्वसम्मति से वन निगम को मौखिक रूप से किराये पर दिये स्कूल के कमरे खाली कराने का निर्णय लेकर खाली करा दिया। इसमें विद्यालय के प्रबन्धक माहताब सिंह का भी योगदान रहा।[66] जंगल में कुँवर प्रसून, विजय जरधारी, घनश्याम सैलानी, धूम सिंह नेगी आदि तो थे ही, धरमघर (पिथौरागढ़) से दीक्षा बहन तथा कुछ अन्य कार्यकर्ता भी पहुँच गये थे।[67]

18 जनवरी तक कटान करने वाले श्रमिकों के साथ निरन्तर छापामार सत्याग्रह के बावजूद इस जंगल में 600 पेड़ कट चुके थे। महिलाओं के आन्दोलन में शामिल होने के बाद मज़दूरों ने अपने आरे-कुल्हाड़े पूरी तरह छोड़ दिये। 18 जनवरी, 1979 के बाद कोई पेड़ नहीं कटा। 20 जनवरी, 1979 को बडियारगढ़ वन सुरक्षा समिति ने वन निगम के प्रबन्धक को टिहरी तथा अरण्यपाल को

देहरादून में मालगड्डी के आन्दोलन स्थल से पत्र भेजा, जिसमें स्पष्ट कहा गया था कि यह आन्दोलन सिर्फ़ कटान रोकने के लिए नहीं पूरी वन नीति बदलने के लिए है। अतः माँग की गयी थी कि कटान-चिरान तुरन्त बन्द करके कटी लकड़ी 10 ग्राम सभाओं में बाँट दी जाय।[68]

26 जनवरी, 1979 को बडियारगढ़ के समस्त ग्राम प्रधानों की ओर से प्रदेश के मुख्यमन्त्री, आयुक्त गढ़वाल, ज़िलाधिकारी टिहरी तथा एस.डी.एम. कीर्तिनगर को स्थानीय राजस्व अधिकारियों और कर्मचारियों द्वारा ग्रामीणों तथा चिपको कार्यकर्ताओं को आतंकित किये जाने बाबत एक आक्रोश भरा पत्र लिखा गया, जिसमें 28 जनवरी तक हस्ताक्षर होते गये और तत्पश्चात् इसे भेजा गया। जब वन निगम ने कटे पेड़ों पर चिरान शुरू किया तो ग्रामीणों ने कहा कि वे निगम को एक छिलका भी नहीं ले जाने देंगे, क्योंकि वन विभाग ने ग्रामीणों को पिछले 5 साल से पी.डी. की लकड़ी से वंचित रखा है। ग्रामीण नेताओं का कहना था कि कटे हुए पेड़ों से स्थानीय ज़रूरतें पूरी होंगी।

उधर जयप्रकाश नारायण तथा केन्द्रीय वित्त मन्त्री एच.एम. पटेल के दबाव से उत्तर प्रदेश सरकार ने 31 जनवरी, 1979 को बडियारगढ़, भरदारीगाड़ तथा अमरसार-कांगड़ के जंगलों में हरे पेड़ों के कटान पर पाबन्दी की घोषणा की। लेकिन मुख्य दबाव तो आन्दोलन ने ही पैदा किया था। निगम ने कटानी मज़दूर तो जंगल से हटा दिये पर चिरानी वहीं रखे। लेकिन चिरान नहीं होने दिया गया। दो माह तक बिना काम के जंगल में बिठाये मज़दूरों को जब निगम द्वारा भगाया जाने लगा तो ग्रामीणों ने विरोध किया और निगम को विवश होकर 17 फ़रवरी, 1979 को रु. 12.60 पैसे प्रतिदिन के हिसाब से मज़दूरों को मज़दूरी देनी पड़ी। तभी वे जंगल से बाहर गये।[69]

अप्रैल 1979 में जब प्रदेश सरकार ने कुछ क्षेत्रों में कटान पर रोक लगायी तो चण्डी प्रसाद भट्ट ने मुख्यमन्त्री को तार और पत्र से बताया कि नाज़ुक क्षेत्रों में कटान बन्द होना तो उचित है पर वर्षों से चले आ रहे वनाधिकारों से ग्रामीणों को वंचित करना असन्तोष को जन्म देगा। चिपको आन्दोलन में स्थानीय लोगों के हित के लिए वन नीति बनाने की माँग की गयी थी, पर नयी नीति द्वारा लकड़ी-ईंधन के उनके परम्परागत अधिकार पर ही कुठाराघात किया गया है। भट्ट ने यह चेतावनी दी थी कि यदि लोगों को उनके वनाधिकार नहीं लौटाये गये तो आगामी मई दिवस से आन्दोलन शुरू होगा।[70]

बडियारगढ़ आन्दोलन के बीच ही 1979 के गणतन्त्र की पूर्व सन्ध्या पर राष्ट्र के नाम सन्देश में राष्ट्रपति ने हिमालय के जंगलों की कटाई पर चिन्ता और ग्रामीणों द्वारा जंगलों को बचाने (चिपको आन्दोलन) पर प्रसन्नता प्रकट की थी। आन्दोलनकारियों ने इसी आधार पर 29 फ़रवरी, 1979 को राष्ट्रपति के नाम पत्र में अपने सत्याग्रह का ज़िक्र करते हुए राष्ट्रपति की भावनाओं के लिए आभार व्यक्त किया और कटान रोकने के साथ नयी वन नीति बनाने का आग्रह भी।[71]

बडियारगढ़ आन्दोलन की एक असाधारण उपलब्धि स्थानीय महिलाओं का खुलकर संघर्ष में आना थी। स्वरूपसिंह, रायसिंह, विशालमणि, क्षेमानन्द शास्त्री जैसे कार्यकर्ता विकसित हुए। क्षेमानन्द पुराने प्रजामण्डली कार्यकर्ता थे, लेकिन दशकों के बाद वे किसी बड़े सामाजिक सरोकार में शामिल हुए। लेकिन सुलोचनादेवी, शाकादेवी, कालीदेवी और पंचमीदेवी जैसी महिलाएँ आन्दोलन के दौर में उभर के आयीं। इसी तरह बच्चे न सिर्फ़ सक्रियता से आन्दोलन में शामिल हुए बल्कि पुलिस तथा जंगलात विभाग के स्कूल भवन में घुसने के विरोध में उन्होंने हड़ताल तक की। इस जागरूकता की पराकाष्ठा तब सामने आयी जब 18 जनवरी, 1979 को बडियारगढ़ के आन्दोलनकारियों ने एक

पदयात्रा शुरू की। इसमें सुलोचना, शाकादेवी, काली देवी, पंचमीदेवी जैसी महिला आन्दोलनकारी, स्वरूपसिंह, विशालमणि, बेतालसिंह, प्रेमसिंह और स्कूल में पढ़ रही कु. शमा (कक्षा 9) तथा सुरेशचन्द्र (कक्षा 5) भी गये थे। यह टोली अपने यहाँ जंगल बचाने के बाद नैलचामी के गाँवों से होकर 20 फ़रवरी, 1979 को बालगंगा घाटी में पहुँच ग्रामीणों को आन्दोलन की जानकारी देती रही। नैलचामी, जहाँ अनेक ठेकेदार रहते थे, में टोली के पहुँचने से हलचल मच गयी। गाँव में जंगलात के ठेकेदारों को सम्बोधित करते हुए कहा गया कि जंगलों का व्यापारिक दोहन बन्द हो जाने के बाद अब हम पेड़ों की खेती करेंगे।[72]

यह पक्ष समझे जाने योग्य है कि कटान के समय ही आने के कारण यहाँ गहरा सामाजिक सुसंगठन का काम नहीं हो सका और न चिपको कार्यकर्ता बाद में इस क्षेत्र से सम्पर्क ही कायम रख सके। आन्दोलन के अन्त तक कुल छपे 2,365 पेड़ों में से लगभग 600 पेड़ वन निगम द्वारा काटे जा चुके थे।

6. अलमोड़ा से रंगोड़ी-ध्याड़ी

उधर अलमोड़ा तथा नैनीताल में लगभग एक साल बाद फिर छात्रों की गिरफ़्तारी शुरू हो गयी। 22 जनवरी, 1979 को अलमोड़ा कॉलेज छात्रसंघ के पूर्व अध्यक्ष पूरन तिवारी तथा 28 जनवरी 1979 को पूर्व महासचिव बालम जनोटी को गिरफ़्तार कर हल्द्वानी जेल भेज दिया गया। ये गिरफ़्तारियाँ गणतन्त्र दिवस की पूर्व सन्ध्या पर चिपको आन्दोलन की राष्ट्रपति द्वारा प्रशंसा किये जाने तथा हिमालय में जंगलों के विनाश पर चिन्ता प्रकट किये जाने के पूर्व और पश्चात् की गयी। इसके शीघ्र बाद उत्तराखण्ड संघर्ष वाहिनी के संयोजक शमशेर बिष्ट तथा छात्र षष्टीदत्त जोशी और हरीश करायत को गिरफ़्तार किया गया। गिरफ़्तार छात्रों की बिना शर्त रिहाई की माँग करने पर 26 जनवरी, 1979 को अलमोड़ा शहर में धारा 144 लगा कर 10 और छात्रों-नागरिकों को गिरफ़्तार कर जेल भेज दिया, जिनमें दिनेश भट्ट, ललित चौधरी, नवीन काण्डपाल, प्रदीप टम्टा, कौशल पन्त, कलाकार मूर्ति, बसंत खनी, रमेश जोशी, उमेश जोशी तथा पूरन चन्द्र तिवारी (झिरौली) गिरफ़्तार कर लिए गये।[73]

दिसम्बर 1978 से अलमोड़े ज़िले के दो स्थानों (जनोटी-पालड़ी तथा रंगोड़ी-ध्याड़ी) पर वन निगम के कटान के विरुद्ध आन्दोलन की तैयारी होने लगी थी। दोनों स्थानों पर अलमोड़ा कॉलेज के पूर्व और वर्तमान छात्र नेताओं और छात्रों ने लोगों को संगठित किया था। जनोटी-पालड़ी में संगठित होने की प्रेरणा अलमोड़ा मैगनेसाइट के मज़दूरों ने भी दी थी, तो ध्याड़ी में वाहिनी के पूर्ववर्ती संगठन 'छात्र युवा मोर्चो' के समय बनी श्रमिक समन्वय संघर्ष समिति ने यह कार्य किया था। दोनों जगह मुख्यतः चीड़ का जंगल था। यद्यपि जनोटी पालड़ी में कुछ बाँज का और ध्याड़ी में नीचे को साल का जंगल भी शुरू हो जाता था। दोनों जगह काम कर रहे ज़्यादातर मज़दूर हिमाचल के थे और कटान तथा चिरान यानी पेड़ों को काटने और फिर उनको तराश कर गिल्डे बनाने का काम साथ चलाने की तैयारी थी।

दिसम्बर 1978 में जनोटी-पालड़ी तथा ध्याड़ी में कुछ बैठकें हुईं। हालाँकि इन बैठकों में गाँव के चुनिन्दा लोग ही थे। कटान क्षेत्र, कटान के दुष्परिणाम, ठेकेदारी प्रथा द्वारा हो रही लूट आदि के बाबत बातें हुईं। उत्तरायणी मेले से पहले और पश्चात् सभाओं के आयोजन का सिलसिला जारी रहा। जनोटी-पालड़ी की सभा में अलमोड़ा से गये बालमसिंह जनोटी, पूरन चन्द्र तिवारी तथा निर्मल जोशी आदि थे तो ध्याड़ी-मकड़ाऊँ की सभा में षष्टीदत्त जोशी, गिरीश तिवारी 'गिर्दा', प्रदीप टम्टा गये थे। कुछ दोनों जगह गये। मोहन सिंह तो ध्याड़ी क्षेत्र में 1976 से ही कार्यरत थे।

26 जनवरी, 1979 को आन्दोलनकारियों ने अलमोड़ा कलक्टरेट में तिरंगा फहराने से पहले काला झण्डा फहरा दिया।[74] इसके पश्चात हुई छात्र नेताओं की गिरफ़्तारी ने जनोटी-पालड़ी तथा रंगोड़ी-ध्याड़ी के आन्दोलनों को अवरुद्ध तो नहीं किया, पर कुछ समय के लिए इनमें छात्रों की हिस्सेदारी घटा अवश्य दी। छात्रों के दमन की प्रक्रिया अन्ततः उक्त दोनों आन्दोलनों के गाँवों में पहुँची। पुलिस-पी.ए.सी. का सबसे ज़्यादा आतंक जनोटी-पालड़ी और रंगोड़ी-ध्याड़ी में रहा। उत्तर प्रदेश सरकार–कदाचित् स्थानीय मन्त्रियों के कारण–वन आन्दोलनों को सिर्फ़ छात्र आन्दोलन मानकर कुचलने का निर्णय लिए हुए थी। लेकिन जनोटी-पालड़ी तथा रंगोड़ी-ध्याड़ी में ग्रामीण प्रतिरोध ने नया रूप लिया और दोनों स्थानों पर ग्रामीणों ने गोलबन्द हो कर पुलिस और पी.ए.सी. का सफलतापूर्वक सामना किया।

अलमोड़ा-पिथौरागढ़ मोटर मार्ग में स्थित गाँव ध्याड़ी के रंगोड़ीकोट जंगल, जो सरयू की सहायक नदी पनार के जलागम में स्थित था, में वन निगम द्वारा किये जा रहे कटान हेतु हिमाचली मज़दूर जनवरी 1979 में आ गये थे। स्थानीय ग्रामीणों ने इस हेतु अपने विरोध पत्र जंगलात विभाग, ज़िला प्रशासन तथा प्रदेश के मुख्यमन्त्री को पहले से ही भेज दिये थे। उन पर कोई कार्यवाही नहीं हुई। पत्रों का उत्तर भी नहीं मिला। जनवरी 1979 के अन्त में जब छात्र नेताओं की गिरफ़्तारी की चर्चा थी तो मज़दूरों ने कटान हेतु जंगल में जाना चाहा। ग्रामीणों ने विरोध किया और कटान नहीं हो सका। प्रारम्भ में मज़दूरों पर कटान हेतु वन निगम द्वारा दबाव नहीं डाला जा रहा था। दूसरी ओर स्थानीय लोग कटान के विरोध में अधिक आने लगे थे। जब कटान शुरू हुआ तो ग्रामीण जन कटान स्थल पर जाकर कहने लगे कि पहले हमें काटो, फिर पेड़ काटना। इस तरह हिमाचली मज़दूर कुल्हाड़ी चलाना रोक लेते थे।[75]

क्षेत्र के अन्तर्वर्ती गाँवों में लगातार बैठकें हो रही थीं। 1 फ़रवरी, 1979 को भौरकनेला में प्रेम बल्लभ की अध्यक्षता में बैठक हुई। इसमें खड़क सिंह खनी के साथ गंगालाल साह (नैनी), चन्दन खनी (तड़खेत), भोपालसिह खनी (टुनागाड़-बजेला), हरसिंह खनी (चनकीला) आदि के साथ भौरकनेला के विभिन्न ग्रामीण आये थे। 4 फ़रवरी 1979 को नैनी में जुलूस निकालने का निर्णय लिया गया। ताकि सरकार को यह चेतावनी दी जा सके कि यदि गिरफ़्तार साथियों को नहीं छोड़ा गया तो ग्रामीण क्षेत्रों में सत्याग्रह होगा। ऐसा ही निर्णय मल्ली नैनी तथा सिलंगी में हुआ। हरड़ा में भी एक सभा हुई।[76] इस क्षेत्र में इस तरह की ये पहली सभाएँ थीं। 10 फ़रवरी, 1979 को मोहन सिंह, घुरसिंह और धन सिंह के नाम वारण्ट जारी हुआ और पटवारी-पेशकार के साथ पुलिस के सिपाही इलाके में आ गये।[77]

13 फ़रवरी, 1979 को अलमोड़ा से संघर्ष वाहिनी के कार्यकर्ताओं के साथ शमशेर बिष्ट ध्याड़ी पहुँचे और बद्रीसिंह की अध्यक्षता में एक आम सभा हुई। गल्ली ग्राम सभा के सभापति जगत सिंह ने कहा कि आन्दोलन को निर्णायक बिन्दु तक ले जाया जाय। हमारी लड़ाई वन निगम से नहीं पूरी व्यवस्था से है। हम अपना भविष्य अच्छा चाहते हैं। इसीलिए यह आन्दोलन चल रहा है। जंगलों को बचाने की बात किसी एक की नहीं है। इसीलिए लोग जुड़ रहे हैं। फिर इस सभा ने जुलूस का रूप ले लिया। यह जुलूस लगभग 10 किमी दूर पपोली के जंगल में पहुँचा। 'पेड़ न काटो तब तक, उद्योग न लगाओ जब तक', 'कच्चामाल हमारा है' तथा 'जंगल हैं तो पानी है, जंगल हैं तो खेती है' जैसे नारे लग रहे थे। यहाँ मज़दूरों ने अगले दिन यानी 14 फ़रवरी से कटान रोकने की बात कही।

यहाँ पता चला कि ज़िला मण्डी (हिमाचल) के झिंझाली गाँव के मस्तराम तथा शंकरदास और ज़िला शिमला के शंकरसिंह तथा उनके साथी 6 जंगलों में कटान में असफल होने के बाद यहाँ आये थे। इन सभी 6 स्थानों—अदवाणी, बडियारगढ़, घणसाली, धारगाँव, जीड़िया और पालड़ीछीना—पर चिपको आन्दोलन चला हुआ था। मज़दूरों ने बताया कि वे आन्दोलन के पक्ष में हैं और उन्हें आन्दोलनकारियों से कोई शिकायत नहीं है। जनता ने उन्हें तंग नहीं किया। वन निगम उन्हें रु. 500 अग्रिम देकर लाया है। हिसाब चुकता हो तो हम चले जायेंगे। उन्होंने निगम को बता दिया है कि अब वे पेड़ नहीं काटेंगे।[78]

13 फ़रवरी की रात पी.ए.सी. का एक ट्रक ध्याड़ी पहुँचा और दहशत फैलाने का प्रयास हुआ। 14 फ़रवरी को बन्दूकधारियों की उपस्थिति में पेड़ कटने लगे। दोपहर 12 बजे ग्रामीणों का जुलूस भैसोड़ी के जंगल के कम्पार्टमैण्ट 9 में पहुँचा, जहाँ कि कटान हो रहा था। कटे पेड़ के एक ओर पी.ए.सी. के सिपाही बन्दूक लिए खड़े थे और दूसरी ओर छाती खोलकर लेटा त्रिलोकसिंह कह रहा था कि लो पेड़ काटने से पहले मुझे गोली मारो। इस तरह तहसीलदार की उपस्थिति में कटान बन्द हो गया। शाम को गीत गाते हुए ध्याड़ी लौटकर यह जुलूस एक सभा में बदल गया। इस सभा को शमशेर बिष्ट जब सम्बोधित कर रहे थे तो अलमोड़ा से अखिल भारतीय विद्यार्थी परिषद् तथा कुमाऊँ उत्थान संगठन के सदस्यों का दल आया। माइक लेकर आयी इस सरकार समर्थक टोली को सुनने से लोगों ने इनकार कर दिया।[79]

15 फ़रवरी, 1979 को जब मोहन सिंह ध्याड़ी पहुँचे तो रंगोड़ीकोट के उस तरफ़ की ढलान में कटान शुरू होने की सूचना उन्हें मिली। वे तत्काल अपने दो सहयोगियों के साथ कटान स्थल पर पहुँचे। सचमुच मज़दूर कुल्हाड़ों से पेड़ों को काट रहे थे और कटे हुए पेड़ों को आरे से चीर कर स्लीपर बना रहे थे। तुरन्त ही एक साथी घुरसिंह पेड़ से चिपक गया और कुल्हाड़ा चलना बन्द हो गया। मोहन सिंह उस कटे पेड़ के साथ लेट गया, जिस पर आरा चल रहा था। उसने मज़दूरों से कहा कि उसके हाथ-पाँव भी पेड़ की तरह छील दो। इस तरह आरा चलना बन्द हो गया। मज़दूरों ने कटान-चिरान यह कहते हुए रोक दिया कि वे आदमी को काटने की मज़दूरी करने नहीं आये हैं। लेकिन इस बार निगम ने कुछ तैयारी की थी और स्थानीय पटवारी तथा कानूनगो को सूचना दी गयी थी कि यदि कोई कटान में खलल डाले तो राजस्व विभाग यह सुनिश्चित करे कि कटान हो सके और इस कार्य में कोई अवरोध न हो।

दरअसल मोहन सिंह, धुरसिंह तथा एक अन्य साथी जैसे ही ध्याड़ी से जंगल को गये थे, उनके पीछे पटवारी, कानूनगो तथा दो चपरासी भी आ गये थे। पटवारी की सत्ता गाँवों में थी और उसका भय वहाँ रहता था। उस समय कटान तो रुक गया था पर राजस्व विभाग की इरादे से आयी इस टीम ने मोहन सिंह को गिरफ़्तार कर लिया और उसे सीधे अलमोड़ा ले जाना चाहते थे। तब ऐसा अनुमान लगाया गया था कि प्रदेश शासन ने सख़्ती के आदेश दिये थे, क्योंकि ऐसी सख़्ती बडियारगढ़ में भी की जा रही थी[80] (अध्ययनकर्ताओं ने अभी तक ध्याड़ी, जनोटी-पालड़ी, बडियारगढ़ तथा अदवानी के दमन को एक साथ नहीं देखा है)।

मोहन सिंह को जब जंगल से लाकर ध्याड़ी से बस द्वारा अलमोड़ा ले जाने की तैयारी हो रही थी तो उसके साथियों ने गाँव में सूचना दे दी थी और सभी ध्याड़ी में इकट्ठा हो गये थे। ग्रामीणों ने मोहन सिंह को न ले जाने देने का निर्णय किया था। मोहन सिंह के यह कहने पर कि वे लोग कटान रोकने का काम जारी रखें और राजस्व विभाग को अपना काम करने दें, उन्हें जाने दिया

गया। मोहन सिंह की यह पहली गिरफ़्तारी थी और उन्हें थाने और जेल के भीतर की वास्तविकता से परिचय न था। उन्हें धारा 107, 115 तथा 151 के अन्तर्गत गिरफ़्तार किया गया था। मोहन सिंह की गिरफ़्तारी के बाद ध्याड़ी आन्दोलन में तेज़ी आयी। पूरे क्षेत्र के ग्रामीण स्वतः संगठित हुए। गल्ली के जिगरसिंह, भैटाबोली के त्रिलोकसिंह, भैसाड़ी के बची सिंह तथा जगत सिंह और तल्ली भैसाड़ी के गोविन्दसिंह आदि ने ग्रामीणों को संगठित कर जंगल का कटान नहीं होने दिया। ग्रामीणों ने ध्याड़ी और मकड़ाऊ के बीच निरन्तर जुलूस निकाले, धरने दिये और घिराव किये। एक ओर कटान रोका, दूसरी ओर कटी हुई लकड़ी की निकासी रोकी।

25 फ़रवरी, 1979 को ध्याड़ी के जुलूस में पहली बार बड़ी संख्या में महिलाएँ आयीं। इस दिन रंगोड़ीकोट, आरा सलपड़, भैसाड़ी, सिरौला, रौल, गल्ली, कफल्ली, चमतोला, बेलग, ध्याड़ी से लेकर बसोली और भनोली के दर्जनों गाँवों की जनता जमा हो गयी थी। बीच में अलमोड़ा तथा नैनीताल के साथी लगातार आते रहे[81] और वे गाँव तथा शहर के आन्दोलनों का समन्वय और संचालन करते रहे। यह सामाजिक ऊर्जा का आदान-प्रदान भी था।

पहली बार महिलाएँ यहाँ आन्दोलन में नज़र आयीं। भैसाड़ी की एक बुजुर्ग महिला बहुत सक्रिय रही और उनकी प्रेरणा से अनेक और महिलाएँ—लड़कियाँ जुलूस में आयीं। 'वन नहीं हम कटेंगे', 'पेड़ न काटो तब तक, उद्योग न लगाओ जब तक', 'पेड़ बचाओ, पहाड़ बचाओ', 'मोहन सिंह को रिहा करो', 'हमारा दमन बन्द करो' जैसे नारे तथा 'बोट में बस्यूँ मेर पहाड़' तथा 'आज हिमाल तुमन कैं धत्यूछ' आदि गीत गाये गये। नैनीताल के नाव मज़दूर गोविन्द सिंह ने नैनीताल से आकर वहाँ का हाल ध्याड़ी में और यहाँ का हाल अलमोड़ा तथा नैनीताल में बताने का काम किया।[82]

27 फ़रवरी को अलमोड़ा-पिथौरागढ़ मार्ग में यातायात रोका गया और 28 फ़रवरी को वन निगम के अधिकारियों का घिराव कर कटान नहीं कर पा रहे हिमाचली मज़दूरों को उनकी रोकी गयी मज़दूरी दिलाने में आन्दोलनकारी कामयाब रहे। 1 मार्च 1979 को ध्याड़ी के शेरीराम की अध्यक्षता में एक सभा में सरकार को चेतावनी दी गयी कि यदि 6 मार्च तक वन आन्दोलन से सम्बन्धित सभी कार्यकर्ताओं को नहीं छोड़ा गया तो सात मार्च को अलमोड़ा-पिथौरागढ़ मार्ग शान्तिपूर्ण तरीकों से अनिश्चितकाल के लिए बन्द कर दिया जायेगा। सभा में पुलिस, पी.ए.सी. तथा राजस्व विभाग के आतंक को समाप्त करने, लुटेरी जंगलात नीति बदलने तथा ग्रामवासियों के हक़-हकूक सही ढंग से निर्धारित करने की माँग दोहराई गयी और यह कहा गया कि वन सम्पदा पर पहला अधिकार वनवासियों का है।

3 मार्च, 1979 को ही संघर्ष वाहिनी के नैनी, जागेश्वर तथा दन्या क्षेत्र के कार्यकर्ताओं ने न सिर्फ़ अलमोड़ा-पिथौरागढ़ मार्ग में दन्या नामक क़स्बे में अवरोध खड़ा कर दिया बल्कि अलमोड़ा के मुन्सिफ मजिस्ट्रेट, जो अपनी कार में न्यायालय के कार्य से पिथौरागढ़ जा रहे थे, को भी गिरफ़्त में ले लिया। यह प्रशासन को सीधी चुनौती थी। दन्या में उस दौर की सबसे बड़ी सभा हुई और खड़कसिंह खनी, षष्टीदत्त भट्ट, बसन्त खनी, गणेश भट्ट आदि ने वन आन्दोलन, वन नीति, सरकारी दमन बाबत विस्तार से बताया। इस दबाव से उसी दिन मोहन सिंह को परगनाधिकारी बारामण्डल ने छोड़ दिया लेकिन आन्दोलनकारियों ने मुन्सिफ मजिस्ट्रेट को सम्मान के साथ तब तक अपने साथ रखा जब तक मोहन सिंह दन्या नहीं आ गये। ध्याड़ी से तुरन्त पी.ए.सी. वापस बुला ली गयी। मोहन सिंह के आने के बाद आन्दोलन का ज़्यादा सक्रिय दौर आया।

संघर्ष वाहिनी ने ऐलान किया था कि जब तक चिपको आन्दोलन के समस्त कार्यकर्ताओं और छात्रों को रिहा नहीं किया जाता और कटान बन्द नहीं होता, आन्दोलन जारी रहेगा। 7 मार्च, 1979 को ध्याड़ी में फिर यातायात बन्द कर दिया गया, जिससे कोई वाहन न पिथौरागढ़ पहुँचे और न अलमोड़ा। 8 मार्च को वापस बुला ली गयी पी.ए.सी. को फिर ध्याड़ी क्षेत्र में भेजकर दन्या से मकड़ाऊ तक पी.ए.सी. का पहरा शुरू हो गया। मोहन सिंह तथा साथियों की गिरफ़्तारी की फिर तैयारी शुरू हुई। इस बीच कटान, चिरान या लदान नहीं हो सका, इसलिए यातायात में अवरोध नहीं किया गया।[83]

मोहन सिंह तथा साथियों ने इस बीच ग्रामीणों को सुसंगठित करने का प्रयास किया था। अलमोड़ा-नैनीताल से निरन्तर कार्यकर्ता आ-जा रहे थे। अनेक कार्यकर्ता जनोटी-पालड़ी की ख़बरें लेकर आ रहे थे। ध्याड़ी तथा दन्या के इण्टर कॉलेजों के छात्रों और ग्रामीण महिलाओं ने मोहन सिंह तथा अन्य कार्यकर्ताओं और छात्रों की रिहाई के लिए हुए यातायात बन्द के आयोजनों में सक्रिय भूमिका निभायी थी। ध्याड़ी, मकड़ाऊ, गल्ली, भैसाड़ी, भैंटाबोली तथा तल्ली भैसाड़ी आदि के जो कार्यकर्ता उभरे थे (जैसे जिगरसिंह, त्रिलोकसिंह, बचीसिंह, जगत सिंह तथा गोविन्द सिंह) वे निरन्तर सक्रिय रहे। खड़क सिंह खनी, षष्टीदत्त भट्ट, बसन्त खनी आदि लगातार क्षेत्र में घूमते रहे। नैनीताल से गोविन्दसिंह नाववाला, गिरीश तिवारी 'गिर्दा', अलमोड़ा से षष्टीदत्त जोशी, तथा अलमोड़ा कॉलेज छात्रसंघ के पदाधिकारी दीवान धपोला तथा जगत रौतेला लगातार इस क्षेत्र में आते रहे।[84]

इसी बीच मोहन सिंह, जिनकी गिरफ़्तारी की तैयारी चल रही थी, का विवाह भनोली के मदनसिंह सिजवाली की बेटी तुलसी देवी से तय हुआ और विवाह की तिथि 10 मई 1979 निश्चित हुई। अप्रैल में अनेक बार पुलिस ने ध्याड़ी, विभिन्न गाँवों तथा रगोड़ीकोट के जंगल में छापा मारा। गाँव वालों को डराया-धमकाया। लेकिन वे मोहन सिंह को गिरफ़्तार नहीं कर सके। ऐसी ही स्थिति जनोटी पालड़ी में थी, जहाँ अब बालमसिंह जनोटी तथा हरीश करायत गाँव में भूमिगत थे और लोगों को संगठित कर रहे थे।

7 मई, 1979 को जब मोहन सिंह अपने घर में लिपाई कर रहे थे, तो ध्याड़ी इण्टर कॉलेज के अध्यापकों ने तत्काल उन्हें सूचना दी कि एक ट्रक में पी.ए.सी. के सिपाही आ गये हैं और उनकी गिरफ़्तारी के लिए पैदल गाँव में आ रहे हैं। मोहन सिंह लिपाई छोड़कर शीघ्र गाँव के पीछे के जंगल को भागे और ऊपर जंगल से पुलिस कार्यवाही देखते रहे। पी.ए.सी. ने उनके घर की कुड़की की। हालाँकि घर अभी उनके पिता का था और नियमानुसार पुलिस को यह नहीं करना चाहिए था। घर से विभिन्न बर्तन, बड़ा तौला, पराद, गगरी, मोहन सिंह का बक्सा आदि बाहर निकाला गया। उपस्थित ग्रामीणों को पुलिस ने डराया-धमकाया और मोहन सिंह का पता न बताने पर 'पेट फाड़ने' और 'गोली से भून देने' का भय दिखाया। कुछ शंका से पी.ए.सी. गाँव के पीछे के जंगल की ओर जाने लगी। मोहन सिंह यह सब देख रहे थे। वे पपोली के जंगल में और भीतर चले गये और बाद में वहाँ से बसोली को उतरे। मोहन सिंह को न पाकर पुलिस गाली गलौज करती हुई और कुड़की में निकाले बर्तन-बक्से लेकर मोटर सड़क को उतर गयी।

7 मई की शाम को मोहन सिंह घर वापस पहुँचे तो पिता नाराज और डरे हुए थे। गाँव वाले भी चिन्तित थे कि 10 मई, 1979 को विवाह कैसे होगा? यदि पी.ए.सी. आ गयी तो क्या होगा या क्या ऐसे में बारात जानी चाहिए? आसपास के गाँवों के कार्यकर्ता और रिश्तेदार आगे की रणनीति तय करने के लिए 8 मई को मोहन सिंह के यहाँ इकट्ठा हुए। सभी की राय थी कि बारात तो 10

मई को जायेगी ही लेकिन इस हेतु तैयारी करनी होगी। इलाके की सभी लायसेन्स वाली बन्दूकें और बड़ूयाठ-दरातियाँ इकट्ठा करने का निर्णय हुआ। अब जंगल को बचाने के साथ आत्म सम्मान का प्रश्न भी जुड़ चुका था। इस तरह 18 बन्दूकों और दर्जनों बड़ूयाठों (बड़ी दराँती) के साथ बारात गयी और 11 मई को निर्विघ्न वापस लौटी। यदि 10 या 11 मई को वहाँ पुलिस या पी.ए.सी. आ गयी होती तो बहुत बड़ा हादसा हो सकता था।[85]

शादी के बाद गिरफ़्तारी का ख़तरा बना रहा और सप्ताह भर के भीतर ही मोहन सिंह ट्रक से छिपकर अलमोड़ा में उत्तराखण्ड संघर्ष वाहिनी के संयोजक शमशेर बिष्ट के पास परामर्श हेतु पहुँचने में सफल हुए। उन्हें बताया गया कि उत्तराखण्ड संघर्ष वाहिनी ने तय किया है कि जो भूमिगत हैं वे आत्मसमर्पण कर देंगे। जिससे तनाव का दौर समाप्त हो सके। मोहन सिंह ने कहा कि पुलिस उसको उसके कार्य क्षेत्र में नहीं पकड़ सकती है। संयोजक का कहना था कि प्रदेश के मन्त्री, जो उत्तराखण्ड से चुने गये हैं, दमन करना चाहते हैं। अनेक छात्र नेता जेल में बन्द हैं। यदि सभी बन्द हो गये तो दिक्कतें बढ़ेंगी। मोहन सिंह ने तर्क दिया कि जनोटी-पालड़ी में बालमसिंह भूमिगत हैं और कटान के विरुद्ध आन्दोलन चला रहे हैं। जब तक वह काम कर रहे हैं, तब तक मैं भी करूँगा। मोहन सिंह को बताया गया कि बालमसिंह कांग्रेस (आई) से जुड़े हैं और संघर्ष वाहिनी अपना निर्णय ले चुकी है।[86]

इस तरह 31 मई, 1979 को मोहन सिंह ने अलमोड़ा के मुख्य न्यायिक मजिस्ट्रेट की अदालत में आत्म समर्पण हेतु प्रार्थना पत्र दिया और इसी दौरान जब वे अदालत के भीतर बैठे थे और कोर्ट फीस के टिकटों का इन्तज़ार कर रहे थे, तो डेढ़ बजे दोपहर पुलिस के कुछ सिपाही अदालत के भीतर घुसे और उन्हें पकड़कर थाने ले गये। अनेक वकीलों ने मोहन सिंह को ले जाते हुए देखा और मुख्य न्यायिक मजिस्ट्रेट को भी इसकी जानकारी थी। मोहन सिंह को गिरफ़्तार कर लेने के उपरान्त जेल न भेजकर रात को अलमोड़ा के हवालात में बन्द रखा। रात को 10-11 बजे के बीच उनको थाने के पीछे के कमरे में ले जाया गया, जहाँ थानेदार वर्मा तथा 5-6 सिपाही थे।

मोहन सिंह को खूब पीटा गया और रोने पर मुँह बन्द कर दिया गया। मोहन सिंह से कहा जाने लगा कि 13 अप्रैल की घटना उसी ने कराई (अलमोड़ा के डी.एम. से छात्रों की लोधिया में भिड़न्त)। मोहन सिंह ने जब यह कहा कि वह 13 अप्रैल को अलमोड़ा में नहीं था तो पुलिस ने उसके बाल नोचते हुए गालों तथा कमर में डण्डे से मारना शुरू किया। फिर ईंट मँगाकर दाहिने पैर के घुटनों और जाँघों में फँसाकर कहा गया कि वह डकैत है और उसी की सज़ा उसे दी जा रही है। फिर उस पर डण्डे मारे गये। थानेदार वर्मा ने कहा कि 'उसे उत्तराखण्ड के कुत्तों द्वारा चलाये जा रहे आन्दोलन का दमन करने भेजा गया है'। मोहन सिंह को इतना पीटा गया कि वह बेहोश हो गया और सिपाहियों ने उसे फिर हवालात में डाल दिया।[87] पूरे चिपको आन्दोलन में इस तरह की यातना का कोई और उदाहरण सामने नहीं आता है और चिपको के उपलब्ध इतिहासों में इसका ज़िक्र नहीं है।

1 जून, 1979 को 11 बजे जब अदालत चलने को कहा गया तो मोहन सिंह चल नहीं सका। उसे धमकाया गया कि कल रात की मारपीट का ज़िक्र कहीं न करे। उसका झोला, दो-चार कपड़े, लगभग 500 रु. नकद तथा डायरी आदि भी गुम कर दी गयी। अगले 35 दिन जेल की यातना में काटने के बाद मोहन सिंह 6 जुलाई, 1979 को अलमोड़ा जेल से मुक्त हुआ।[88] पर ध्याड़ी में मोहन सिंह की अनुपस्थिति में आन्दोलन चलता रहा और उस दौर में अलमोड़ा, नैनीताल, नैनी, जागेश्वर, द्वाराहाट आदि स्थानों से अनेक कार्यकर्ता ध्याड़ी गये। वहाँ अनेक बार जुलूस निकाले गये तथा सभाएँ आयोजित हुईं।

22 तथा 29 जनवरी, 1979 को गिरफ़्तार अलमोड़ा के छात्र नेता तथा संघर्ष वाहिनी के कार्यकर्ता 3 फ़रवरी, 1979 को जेल से रिहा हो चुके थे। लेकिन बालम जनोटी (जिन्हें बागेश्वर से गिरफ़्तार किया गया था) तथा पूरन तिवारी (जिन्हें अलमोड़े से गिरफ़्तार किया गया था) को नहीं छोड़ा गया। उन पर संगीन धाराएँ लगायी गयी थीं। 26 जनवरी, 1979 को जो 10 छात्र काला झण्डा दिखाने तथा गिरफ़्तारियों का विरोध करने के कारण गिरफ़्तार किये गये थे उन्हें 23 फ़रवरी को छोड़ा गया। 16 फ़रवरी, 1979 को दीवान धपोला, षष्टीदत्त जोशी तथा देवीदत्त पाण्डे (आई.टी.आई. वाले) को तब गिरफ़्तार किया गया, जब वे कॉलेज से बाज़ार की ओर 'हमारे साथी छूटेंगे, जेल के ताले टूटेंगे' तथा 'प्रशासन की तानाशाही नहीं चलेगी' जैसे नारे लगा कर जा रहे थे। नगर में धारा 144 तो 25 जनवरी 1979 को ही लगा दी थी। 26 जनवरी, 1979 की दोपहर रामजे इण्टर कॉलेज के छात्रों ने जुलूस निकाला। इस समय दीवान धपोला तथा अन्य छात्रों को थाने ले जाया जा रहा था। आरोप सही न पाकर 9 मार्च, 1979 को दीवान धपोला को जेल से रिहा किया गया।[89]

उत्तराखण्ड संयुक्त छात्र संघर्ष समिति की बैठक 27 फ़रवरी, 1979 को अलमोड़ा में हुई। उत्तराखण्ड से बाहर के अतुल कुमार अनजान और सी.बी. सिंह जैसे छात्र नेता इस बैठक में आये थे। दमन तथा गिरफ़्तारियों का इस बैठक में विरोध किया गया। 17 मार्च, 1979 को डी.ए.वी. कॉलेज देहरादून में सम्मेलन हुआ। इस सम्मेलन में तय हुआ कि तमाम माँगों के लिए 11 अप्रैल, 1979 को उत्तराखण्ड बन्द का आयोजन होगा। इस बीच हल्द्वानी जेल से नैनीताल जेल आ चुके पूरन तिवारी तथा बालम जनोटी ने 21 मार्च, 1979 को ए.डी.एम.-ई नैनीताल के.पी. सिंह, जेल अधीक्षक तथा जेल के डॉक्टर को जेल के भीतर क़ैद कर लिया। इन सबको तभी छोड़ा गया, जब उन्होंने उस दस्तावेज़ में हस्ताक्षर किये, जिसमें माँग की गयी थी कि 16 फ़रवरी, 1978 को हल्द्वानी में थोपे मुक़दमे वापस लिए जायँ, रिहाई की घोषणा के बावजूद क़ैद में रखे जा रहे 32 छात्रों को रिहा किया जाय, वननीति बदलने की कार्यवाही तुरन्त हो तथा मनमानी धाराएँ लगा कर जेल में ठूँसे सामान्य कैदियों के मामलों की जाँच हो।[90]

11 अप्रैल 1979 को पुनः उत्तराखण्ड बन्द हुआ। इसे भी जनता का वैसा ही समर्थन मिला जैसा 24 फ़रवरी 1978 के बन्द को। ग्रामीण क्षेत्रों में असाधारण समर्थन मिला। परिणामस्वरूप 13 अप्रैल 1979 को पूरन तिवारी तथा बालम जनोटी को जेल से रिहा कर दिया गया। एस.डी.एम. नैनीताल ने पुलिस को यह आदेश दिया था कि इन दोनों आन्दोलनकारियों को अलमोड़ा टौल वारियर तक छोड़ा जाय। लगभग साढ़े 12 बजे लोधिया के पास पहुँचने पर दोनों छात्र नेताओं से उतरने को कहा गया। लेकिन बालम जनोटी ने कहा कि उनको बागेश्वर से गिरफ़्तार किया गया है, अतः उन्हें बागेश्वर छोड़ा जाय। उन्होंने नारे लगाने शुरू किये। खैरना से उनके साथ अनेक छात्र आ गये थे और लोधिया में स्वागतार्थ 60-70 छात्र उपस्थित थे। नारों की आवाज़ से सब उधर को आये जहाँ वे खड़े थे। तब तक कुछ और लोग अलमोड़े से आ गये थे।

इस बीच अलमोड़ा के ज़िलाधिकारी सुभाष विसारिया की भवाली मार्ग में जा रही गाड़ी यहाँ पर पहुँची और छात्रों ने नारों के साथ ज़िलाधिकारी की गाड़ी घेर ली। कुछ छात्र बोनट पर चढ़ गये। गाड़ी का दरवाज़ा खोलकर अध्यक्ष जगत रौतेला बात कर ही रहे थे कि उनके हाथ को झटका देकर ज़िलाधिकारी का ड्राइवर गाड़ी को भवाली की तरफ़ भगा ले जाने में सफल हुआ। जगत के हाथ में चोट आयी और बोनट में बैठा छात्र गिर गया। गिरफ़्तारी से छूटे छात्र नेताओं को पहुँचाने आये पुलिस के सिपाही ज़िलाधिकारी की मदद को आये। प्रतिक्रिया में छात्रों द्वारा पुलिस वालों की

पिस्तौलें छीन ली गयीं और उनसे गोलियाँ निकाल दी गयीं।[91] छात्रों ने पी.ए.सी. की दो गाड़ियाँ भी हाईजैक कर लीं।

घायल जगत रौतेला तथा कुछ अन्य छात्रों को अलमोड़ा अस्पताल में भर्ती कराया गया। पी.ए.सी. के कुछ सिपाही भी घायल हुए। इसके बाद पुलिस ने अलमोड़ा शहर के निवासियों पर कहर ढाया। जहाँ जो मिला उसे पीटा गया और जन सामान्य पर लाठियाँ चलायी गयीं। दीवान धपोला, जगदम्बा प्रसाद जोशी, नवीन बंजारा, गिरधर पण्डित सहित दर्जनों लोग घायल हुए। पुलिस सबसे सक्रियता से छूटे हुए छात्र नेताओं की खोज कर रही थी। पूरन तिवारी तथा बालम जनोटी दोनों बढ़ी हुई दाढ़ी और बालों के साथ छूटे थे, अतः उनकी खोज में दो सिक्खों को पकड़ लिया गया और बाद में बड़ी मुश्किल से उनको छोड़ा गया।[92]

तत्पश्चात् पुलिस-छात्र संघर्ष अलमोड़ा कॉलेज परिसर में पहुँचा। संस्थाध्यक्ष द्वारा बिना स्वीकृति के पुलिस के परिसर के भीतर आने पर आपत्ति की गयी तो पुलिस ने अपनी गलती मानी और कहा कि उसे कानूनी प्रक्रिया पूरी करनी होगी। इसके लिए छात्रों से थाने आने का आग्रह किया गया। लेकिन जब छात्र नेता थाने गये तो उन्हें गिरफ़्तार कर लिया गया। 16 अप्रैल को सचिव दीवान धपोला को तब गिरफ़्तार किया गया, जब उन्होंने अगले दिन 17 अप्रैल को छात्रसंघ की सभा करने का ऐलान किया। 18 अप्रैल, 1979 को पूरन तिवारी, प्रकाश तिवारी, षष्टीदत्त जोशी तथा 23 अप्रैल को 23 अन्य छात्र पुलिस द्वारा गिरफ़्तार किये गये। अनेकों के घरों की कुड़की की गयी। लगभग सभी पर 147, 149, 332, 342, 353 तथा 392 आदि धाराएँ लगी थीं। 4 मई, 1979 को पूरन तिवारी तथा प्रकाश तिवारी को सैसन जज ने बेल देने से इनकार कर दिया। विश्वविद्यालय की परीक्षाओं का समय करीब था और इस संघर्ष-दमन को डेढ़ साल होने जा रहे थे। 12 जुलाई, 1979 को इलाहाबाद उच्च न्यायालय से जमानत मनजूर हुई और कुल 36 छात्र रिहा हुए।[93]

लेकिन छात्र आन्दोलनकारियों तथा पुलिस प्रशासन के बीच झड़पें अभी जारी थीं। विशेष रूप से वे छात्र नेता, जो चिपको आन्दोलन से सीधे जुड़े थे, लगातार दमन और गिरफ़्तारी के ख़तरे झेल रहे थे। अब सरकार के अलावा प्रदेश में शासन कर रही पार्टियों से जुड़े छात्र नेताओं के माध्यम से दुष्प्रचार जारी रखा गया, क्योंकि वन आन्दोलन ने पर्वतीय विकास मन्त्री सोबनसिंह जीना तथा वन मन्त्री श्रीचन्द को सीधी चुनौती दी थी। जीना क्योंकि वन आन्दोलन के समर्थक रहे थे, इसलिए नयी सरकार से युवाओं का जल्दी मोहभंग हो गया। चिपको से सम्बद्ध अनेक छात्र नेता नयी आज़ादी से बदलाव की व्यर्थ आशा किये हुए थे। सत्तारूढ़ शक्तियों को उत्तराखण्ड संघर्ष वाहिनी से घृणा बहुल विरोध इसलिए था कि इससे जुड़े युवाओं ने उत्तराखण्ड स्तर पर छात्र संगठन बनाने और आन्दोलन करने में सफलता पायी थी और अलमोड़ा कॉलेज छात्रसंघ पर लगातार इनकी जीत होती रही थी। अन्त में दुष्प्रचार का कार्य किया गया।[94]

7. अलमोड़ा से जनौटी-पालड़ी

उधर जनौटी-पालड़ी का ग्रामीण संघर्ष जारी था। जनौटी-पालड़ी गाँव ताकुला होकर अलमोड़े से बागेश्वर जाने वाले मोटर मार्ग में अलमोड़ा मैगनेसाइट की फैक्ट्री के ऊपर और खान के करीब स्थित है। इसके उत्तरी ढलान में देवलधार स्टेट है, जहाँ उन्नीसवीं सदी के अन्तिम दशकों में विवेकानन्द आये थे। पालड़ीछीना तक मोटर मार्ग है, जो आगे बागेश्वर वाले मुख्य मार्ग से जुड़ा है। जनोटी-पालड़ी और करायत-पालड़ी गाँव पालड़ीछीना से पश्चिम में और जोशी पालड़ी पूर्व में

है। ऊपर जनोटी-पालड़ी का माई थान और लेटी का चीड़ का जंगल है। यह सरयू (काली-शारदा) के जलागम क्षेत्र में स्थित है।

वन निगम ने 1977 के अन्त में चाँचरीधार, ध्याड़ी के अलावा जनोटी-पालड़ी के लेटी जंगल में चीड़ के पेड़ों का कटान तय किया था। दरअसल पालड़ीछीना, नैनी, जनोटी-पालड़ी, आगर, गिरेछीना तथा खरै आदि गाँवों के 7 वर्ग कि.मी. क्षेत्र में चीड़ के पेड़ छापे गये थे और कटान हेतु मज़दूरों के आने की तैयारियाँ हो रही थीं। खनन और फैक्ट्री के कारण झिरौली तथा मटेला के 150 परिवारों को पहले ही उठना पड़ा था। उन्हें सितारगंज में बसाने की बात तय की गयी थी। 1977 के तवाघाट आन्दोलन के बाद उन्हें घोषित ढाई एकड़ के बदले एक एकड़ ज़मीन मिल सकी। जनोटी-पालड़ी आदि गाँवों के निवासियों को अलमोड़ा मैग्नेसाइट की फैक्ट्री में 1973 के बाद तथा खान में 1970 के आसपास से नौकरियाँ मिली थीं। मैग्नेसाइट फैक्ट्री के प्रदूषण को आंशिक रूप से नियन्त्रित करने का काम यही जंगल करता था।

वन निगम ने नीलामियाँ न होने के कारण यहाँ सीधे कटान का निर्णय लिया और निगम के कर्मचारी जनोटी-पालड़ी आये। 1978 के अन्त में हिमाचली मज़दूर यहाँ लाये गये। बालमसिंह जनोटी, हरीश करायत तथा अन्य अनेक छात्र नेताओं ने ग्रामीणों का सहयोग लेकर गाँवों में शिक्षण-संगठन का काम किया। बालम, हरीश तथा पूरन चन्द्र तिवारी (पीसीटी) इसी गाँव के थे और मैग्नेसाइट की मज़दूर यूनियन से भी जुड़े थे। धीरे-धीरे पूरे इलाके के ग्रामीणों पर उनकी बातों का असर हुआ। लगभग 200 मज़दूर इस जंगल में कटान-चिरान हेतु उतारे गये थे और कुल्हाड़ों और आरों के साथ आये मज़दूरों ने जंगल में आते ही छप्पर तथा गोदाम बना लिए थे और 10 दिसम्बर, 1978 से पेड़ों का कटान शुरू हो गया।

विभिन्न गाँवों में अनेक छोटी-छोटी सभाओं के बाद सबसे पहले 19 दिसम्बर 1978 को वन निगम के ऐजेण्ट जगदीश चन्द्र को तुरन्त कटान बन्द करने की चेतावनी दी गयी थी। उस दिन तो कटान बन्द रहा पर इस अप्रत्याशित विरोध और आन्दोलन के बढ़ने की सम्भावना के कारण ठेकेदार ने चतुराई की और एक साथ 190 मज़दूरों और कुल्हाड़ों की व्यवस्था कर तेज़ी से कटान शुरू कर दिया। जंगल के किसी एक ओर नहीं बल्कि हर तरफ़ कटान शुरू कर दिया ताकि आन्दोलन के वास्तव में प्रकट होने से पहले कटान का काम हो जाये। अन्य काम फिर होता रहेगा। उसे इतनी जल्दी प्रतिरोध के बढ़ने की उम्मीद नहीं थी।

जनवरी-फ़रवरी 1979 में प्रतिरोध बढ़ता गया। कटान कभी रुक जाता था और कभी मौक़ा लगते ही शुरू हो जाता था। सबसे महत्त्वपूर्ण जुलूस 4 जनवरी, 1978 को निकला। लगभग 250 ग्रामीणों का यह जुलूस पालड़ीछीना से लेटी जंगल की ओर गया। जुलूस में बूढ़े, बच्चे, महिलाएँ-पुरुष सब थे। महिलाओं की संख्या काफ़ी थी। वे दराँती-ज्यौड़े के साथ आयी थीं। सबसे बुजुर्ग महिला 80 साल की थी। छोटे हैण्ड माइक से मुख्य नारे लगाये जा रहे थे। सबसे आगे महिलाएँ थीं। नारों में एक नयापन और अनगढ़ता थी। 'आरी रमट छोड़ दो, जंगल कटान छोड़ दो', 'हमारा जंगल हमें दो', 'जंगल से जाओ', 'आरा कुल्हाड़ी जमा करो', 'जंगल कटान बन्द करो', 'जंगल को यदि काट ल्होगे, लकड़ी सुतर कहाँ मिलेगा' आदि-आदि नारे बिल्कुल अलग तथा मौलिक किस्म के थे।[95] जिनसे लगता था कि यहाँ संघर्ष वाहिनी के कार्यकर्ता पर्याप्त और सघन कार्य नहीं कर पाये थे।[96]

संघर्ष वाहिनी के कार्यकर्ताओं तथा मैगनेसाइट के मज़दूर नेताओं के साथ बालमसिंह जनौटी जंगल में पहुँचे। वे लोग हुड़के की थाप पर गौर्दा-गिर्दा का गाना गा रहे थे और पहाड़ों के शोषण

को बन्द करने सम्बन्धी नारे लगा रहे थे। आन्दोलनकारियों द्वारा जंगल में मज़दूरों को समझाया गया कि इन पेड़ों के कटने से कितनी ख्यानत होगी। यहाँ पेड़ बचाने की बात तो थी पर चिपकने की बात उतनी नहीं थी। मज़दूर और निगम के लोग सोचते थे कि यहाँ के ग्रामीण भी पेड़ों से चिपकेंगे। लेकिन ग्रामीण यहाँ पेड़ों से चिपके नहीं बल्कि उन्होंने तुरन्त आरे और कुल्हाड़े अपने कब्ज़े में कर लिए। ऐसा अनेक स्थानों पर हो चुका था।

लेटीधूरा की इस सभा को निर्मल जोशी, षष्टीदत्त भट्ट तथा बालमसिंह जनोटी ने सम्बोधित किया। सभा में जंगलों और जंगलात आन्दोलन के बहुत से आयाम प्रस्तुत किये गये। सरकार की शोषणकारी तथा जन और जंगल विरोधी नीति के प्रति आक्रोश व्यक्त किया गया। सभा में यह भी कहा गया कि जंगल जनता का है अतः कटान की लकड़ी पर जनता का हक है। जंगल या काट दिये गये पेड़ों की सुरक्षा की ज़िम्मेदारी ग्रामीणों की है। सभा में महिलाओं ने बताया कि पिछले 10 साल से जनता को हक़-हक़ूक की लकड़ी नहीं दी गयी है।[97]

इस जंगल में काम कर रहे 190 मज़दूरों में से 104 मज़दूर हिमाचल प्रदेश से और 60 मज़दूर गुमदेश (वर्तमान चम्पावत ज़िला) से लाये गये थे। कोई स्थानीय यानी आसपास के गाँवों का मज़दूर यहाँ कार्यरत नहीं था। इन मज़दूरों के ऊपर तीन ठेकेदार (प्यारे लाल, धन सिंह और धनीराम) थे। इन तीनों ने मज़दूरों के न भागने की गारण्टी दी थी और इस हेतु उन्हें मज़दूरों के वेतन का 15 प्रतिशत दिया जाता था। यह एक प्रकार की बँधुआ मज़दूरी ही थी। 5 जनवरी, 1979 को आसपास के गाँवों में सभाएँ हुईं और हर जगह आन्दोलन में हिस्सेदारी करने का निर्णय लिया गया।[98] जल्दी ही मज़दूर भी आन्दोलनकारियों के समर्थक हो गये।

अब पुलिस के सहयोग से नये मज़दूर पुनः जंगल में लाये गये और कटान शुरू हुआ। पहले की तरह ही ग्रामीणों का जुलूस लेटी के जंगल में गया। इस बार नारों के साथ हुड़का बज रहा था और शेरसिंह बिष्ट 'अनपढ़' के लिखे गीत 'ठ्याकदारो तुम ठ्याक जन ल्हिया ख्वार फुटाला धुर' के साथ चाँचरी चल रही थी। महिलाओं की संख्या अब और ज़्यादा हो गयी थी। कांती देवी, बचुली देवी, लक्ष्मी देवी, भागुली देवी, बसन्ती देवी आदि अधिक सक्रिय थी। बालम जनोटी, हरीश करायत, पूरनसिंह नेगी, नारायणसिंह रौतेला, केशरसिंह, रामसिंह आदि तो आन्दोलन का संचालन तथा संगठन कर ही रहे थे। बच्चों की संख्या बहुत थी। मज़दूरों, पुलिस और निगम वालों को ज़्यादा भय महिलाओं और बच्चों से था। क्योंकि बच्चे प्रतिरोध के तरीकों के रूप में कुछ भी अप्रत्याशित कर सकते थे। जैसे बिच्छू घास या पत्थरों का उपयोग। हेंवलघाटी में खनन ठेकेदार को बच्चों ने खुजली लगा दी और महज इस कारण से वह दुबारा गाँव आने का साहस नहीं कर सका था। ग्रामीण प्रतिरोध में कुछ भी नया प्रकट हो सकता था। ये दैनन्दिन प्रतिरोध की स्वाभाविक अभिव्यक्तियाँ थी।

छात्र आन्दोलन के कारण संघर्ष वाहिनी तथा जंगलात आन्दोलन से जुड़े युवा शुरू में जनोटी-पालड़ी क्षेत्र में नहीं आ सके। बालमसिंह तथा हरीश करायत के वहाँ आने पर सक्रियता बढ़ती थी लेकिन उनके नाम गिरफ़्तारी का वारण्ट होने के कारण वे खुलकर संगठन का काम नहीं कर सकते थे। बालम जनोटी को 16 फ़रवरी, 1978 को हल्द्वानी में गिरफ़्तार कर बरेली तथा फतेहगढ़ जेल भेजा गया। जनोटी-पालड़ी में चिपको आन्दोलन के आधार बालम जनोटी और हरीश करायत थे। अभी दोनों अलमोड़ा कॉलेज के विद्यार्थी और छात्र नेता थे। दोनों छात्र तथा श्रमिक आन्दोलनों में सक्रिय थे।

उत्तराखण्ड संघर्ष वाहिनी के अनेक कार्यकर्ता यहाँ लगातार आ रहे थे। परन्तु वाहिनी के शीर्षस्थ कार्यकर्ता बालम जनोटी को कांग्रेस समर्थक होने के कारण शक की निगाह से देखते थे। स्वयं वाहिनी के प्रमुख कार्यकर्ता जनोटी-पालड़ी आन्दोलन को अधिक समय नहीं दे सके, क्योंकि इस समय सर्वाधिक दमन का दौर चला हुआ था और दमन का विरोध एक व्यापक छात्र आन्दोलन का रूप ले चुका था। पर बालमसिंह इस छात्र आन्दोलन के प्रमुख नेता थे। जन-आन्दोलनों में शिरकत कर रहे कार्यकर्ता या नेता सिर्फ़ किसी और सामाजिक या राजनीतिक संगठन से जुड़े होने के कारण नकारे नहीं जा सकते हैं। वे किसी और आन्दोलनकारी की तरह ही मान्य होने चाहिए। बालमसिंह तो कांग्रेस का शासन आ जाने के बाद भी जेल में रहे, ठीक वैसे ही जैसे प्रदेश में सत्ता परिवर्तन के बाद बिपिन त्रिपाठी।

13 अप्रैल, 1979 को गेठिया काण्ड के बाद बालम जनोटी अलमोड़ा मैगनेसाइट तथा उसके पास स्थित अपने गाँव चले गये। उनका तर्क था कि वहाँ जन जमाव तथा जन हिस्सेदारी ज़्यादा थी। ठोस सहयोग था और 'नगरीय चरित्र' नहीं था।[99] स्थानीय पी.ए.सी. वहाँ भेजी गयी पर कुछ कर नहीं पायी। फिर प्रदेश शासन द्वारा मेरठ से पी.ए.सी. की विशेष टुकड़ी जनोटी-पालड़ी गाँव में भेजी गयी। इस टुकड़ी के साथ एक डी.वाई.एस.पी. बालमसिंह को गिरफ़्तार करने के उद्देश्य से लाया गया था। यह टुकड़ी 15-20 दिन तक गाँव का घेरा डाले रही। मुख्य लक्ष्य बाहर से ग्रामीणों को डराना पर अन्ततः बालमसिंह तथा सहयोगियों को गिरफ़्तार करना था। यहाँ मैगनेसाइट खान तथा फैक्ट्री में प्रशिक्षित कैडर था। इनमें पूर्व सैनिक थे। अतः वे पुलिस-पी.ए.सी. के कामों से परिचित थे। उनका प्रतिवाद जानते थे। पुलिस ने अनेक बार गाँव में आँसू गैस छोड़ी। यह कार्य मात्र डराने के लिए किया गया था। पी.ए.सी. के सिपाही दिन भर गाँव और जंगल में घूमते रहते थे।[100] अनेक बार यह ग्रामीण क्षेत्र में किसी छापामार युद्ध का दृश्य लगता था।

एक दिन पी.ए.सी. वाले मैगनेसाइट में कार्यरत मज़दूर मदनसिंह को जबरन पकड़ कर अलमोड़ा ले गये। उसे डरा-धमका कर वे यह जानकारी पाने में कामयाब हुए कि बालम जनोटी रात में केशर सिंह के यहाँ आता है। इस प्रकार अगले दिन शाम को पी.ए.सी. के दो ट्रक गाँव के पास पहुँचे और वहाँ से सिपाही चुपचाप गाँव में आ गये। केशरसिंह के घर को उन्होंने घेर लिया और दरवाज़ा खोलकर घर में घुस गये। पर वहाँ केशरसिंह और उसकी पत्नी ही थे। बालमसिंह वहाँ नहीं थे। तब वे केशरसिंह को पकड़ कर ले जाने लगे ताकि और जानकारी उगलवा सकें। उनकी पत्नी ने विरोध किया और केशरसिंह को पकड़ लिया। इस तरह खींचातानी चल रही थी और 3-4 सिपाही मिलकर केशरसिंह को खींचकर ले जाने का प्रयास करने लगे। उसकी पत्नी लगातार चिल्ला रही थी और अकेले विरोध कर रही थी।

इस भय और दहशत के बीच कांति देवी तथा बचुली देवी हाथ में बड़ूयाठ (खुकरी) लेकर केशरसिंह के आँगन में आयीं और उन्होंने बड़ूयाठ उठाकर डी.वाई.एस.पी. तथा सिपाहियों को ललकारा कि केशरसिंह को छोड़ दो वर्ना उन पर बड़ूयाठ चला देंगे। पी.ए.सी. के सिपाही तथा डी.वाई.एस.पी. भयभीत तो हुए, पर उन्होंने महिलाओं को यह कह कर डराना चाहा कि वे गोली चला देंगे। दोनों महिलाओं ने फिर उन्हें चुनौती दी कि दम है तो मारो गोली! महिलाओं को डरता न देख कर सिपाहियों ने केशरसिंह को छोड़ दिया और भागना शुरू किया।[101] पी.ए.सी. के सिपाहियों ने जाते-जाते खेतों में दिवानसिंह को पकड़ लिया। पर वे भाग निकलने में कामयाब हो गये।

फिर पाँच सिपाहियों ने अध्यापक रामसिंह जनौटी को पकड़ लिया और उन्हें खींचते हुए ले गये। बरसात (अगस्त) का मौसम था। मडुवे के खेत गीले हो रहे थे। कपिल (पुलिस अधिकारी) ने रामसिंह की कमर पकड़ी, औरों ने हाथ-पैर पकड़े थे। एक खेत से दूसरे खेत में जाने में दो सिपाही ऊपर ही रह गये और दो नीचे गिर गये। इस समय रामसिंह ने कपिल को धक्का दिया और भाग निकलने में कामयाब हुए। कपिल रामसिंह के पीछे दौड़ा पर उसे पकड़ नहीं पाया। इस बीच गाँव के लोग जमा हो गये जो ज़रूरत पड़ने पर पथराव के लिए तैयार थे। पी.ए.सी. ने हवाई फायर की। उनके कुछ कारतूस कहीं गिर गये, जिन्हें ढूँढ़ने वे आगामी अनेक रातों में यहाँ आते रहे। लेकिन फिर गिरफ़्तारी या दमन हेतु नहीं आये।[102] इस तरह पी.ए.सी. के बन्दूकधारी न गाँव की एकता तोड़ सके और न आन्दोलन का दमन कर सके।

इसके बाद भी बालमसिंह भूमिगत बने रहे। 5 जून, 1979 को जब काफलीगैर में अलमोड़ा मैगनेसाइट का सातवाँ स्थापना दिवस समारोह हो रहा था तो इस कार्यक्रम में बी.डी. पाण्डे, मुरली मनोहर जोशी तथा विधायक पूरन चन्द्र आये थे। सादी वर्दी में पुलिस के सिपाही वहाँ थे। निश्चय ही पुलिस विशिष्ट अतिथियों की सुरक्षा के बहाने बालम की गिरफ़्तारी के लिए आयी थी। पर वे वहाँ नहीं थे। पुलिस की उपस्थिति पर मज़दूरों को आपत्ति थी। मज़दूरों तथा पुलिस में झड़प हुई। पुलिस द्वारा हवाई फायर की गयी। इस कारण शेष कार्यक्रम नहीं हुए।[103] जनोटी-पालड़ी में दमन बाद तक जारी रहा। केन्द्र में श्रीमती गाँधी तथा उत्तर प्रदेश में विश्वनाथ प्रताप सिंह के सत्तारूढ़ होने के बाद कच्चे माल की निकासी को रोकते हुए 11 मई, 1980 को बालम फिर गिरफ़्तार हुए। उस समय वे 8 माह जेल में रहे। उन पर 34 मामले लगाये गये थे।[104]

9 अप्रैल, 1979 के 12 बजे से 10 अप्रैल, 1979 के 12 बजे तक उत्तराखण्ड संघर्ष वाहिनी ने कच्चे माल को ले जा रहे वाहनों को रोकने का आह्वान किया था और दर्जनों जगह सांकेतिक प्रदर्शन में लकड़ी और लीसे से लदे ट्रकों को रोका गया। इस आह्वान में स्टार पेपर मिल्स से समझौता समाप्त करने की मुख्य माँग थी।[105] बताया जा चुका है 11 अप्रैल, 1979 को दूसरा सफल उत्तराखण्ड बन्द हुआ। प्रदेश सरकार ने जंगलों के कटान पर जो अस्थायी रोक लगायी थी, उसे 26 अप्रैल, 1979 को उठा लिया गया। इस पर चिपको कार्यकर्ताओं ने चिन्ता जताई। हरे पेड़ों की तत्काल कटाई रोकने की माँग की गयी। सुन्दरलाल बहुगुणा ने यह माँग की कि बाढ़ों से रक्षा के त्वरित कार्यक्रमों में हिमालय में खड़े हरे पेड़ों की कटाई तब तक रोकनी चाहिए, जब तक कि यहाँ 60 प्रतिशत जंगल न हो जायें।[106]

दशौली ग्राम स्वराज्य संघ तथा उत्तराखण्ड संघर्ष वाहिनी ने कटान रोकने की माँग के साथ वृक्षारोपण और दीवालबन्दी को एक जन हिस्सेदारी वाले अभियान की तरह चलाया और इस हेतु सरकार पर दबाव बनाने का प्रयास किया।[107] चमोली ज़िले में चिपको का प्रभाव गहरा था। विशेष रूप से रेणी चिपको समिति की रपट के सुझावों के लागू होने पर वहाँ प्रभागीय वनाधिकारी आन्दोलनकारियों से पूछ रहे थे कि धनपुर तथा ऊखीमठ के जंगलों में चीड़ तथा फर के पेड़ों का छपान होना है और यदि इन क्षेत्रों में भूक्षरण की सम्भावना हो या कटान पर कोई आपत्ति हो तो 30 जनवरी, 1979 तक विभाग को सूचित किया जाय। जिसके उत्तर में आन्दोलनकारियों ने क्षेत्र भ्रमण कर धनपुर रेंज के कम्पार्टमेंट 8 अ, ब, स में कटान पर आपत्ति की तथा ऊखीमठ के फर के जंगल के कटान पर आपत्ति नहीं की।[108]

इसी तरह मई 1979 में प्रभागीय वनाधिकारी बद्रीनाथ वन प्रभाग ने आन्दोलनकारियों से बधाणगढ़ी, देवसारी तथा चिडंगा वनों, जो पूर्वी पिण्डर राजि में पड़ते थे, में छपान के बाबत राय तथा आपत्ति भेजने को कहा था। इसके बाद विभाग ने जोशीमठ राजि तथा पूर्वी पिण्डर राजि के क्रमशः जोशीमठ, मलारी और कैलघाटी के भूलगैर के कैल तथा साइप्रस के पेड़ों के छपान बाबत लिखा था। आन्दोलनकारियों ने इन जंगलों का छपान-कटान न करने का आग्रह किया था, जिसे मान लिया गया।[109]

लेकिन सरकारी स्तर पर चिपको आन्दोलन को छकाने का प्रयास जारी था। प्रदेश सरकार ने चिपको आन्दोलन का दमन किसी न किसी रूप में जारी रखा था। पूरे उत्तराखण्ड में इस समय छात्र आन्दोलन अपनी पराकाष्ठा पर था। अदवाणी, बडियारगढ़, जनोटी-पालड़ी तथा रंगोड़ी-ध्याड़ी में पुलिस तथा पी.ए.सी. ने अप्रत्याशित दमन किया था और यह सरकार की नीति के तहत था। कभी केन्द्र सरकार से पड़ने वाले दबाव के कारण जंगलात विभाग एक जबरिया उदारता प्रकट करता था तो दूसरी ओर दुष्प्रचार का अभियान जारी रहता था।

1979 के मार्च से जून के बीच राजधानियों के पत्रकारों को जंगल दिखाने, चिपको को बदनाम करने तथा विभिन्न संस्थाओं द्वारा संगोष्ठियाँ आयोजित करने के प्रयास जंगलात विभाग द्वारा किये गये। यद्यपि फ़रवरी 1979 में प्रदेश सरकार ने हरे पेड़ों के कटान पर रोक लगा दी थी लेकिन यह रोक सिर्फ़ व्यापारिक कटान पर ही नहीं गाँव वालों के हक़-हक़ूक तथा पी.डी. की लकड़ी पर भी लगायी गयी थी। इससे जन असन्तोष के जन्म लेने की सम्भावना थी। इस रोक को ठेकेदारों तथा उनके ग्रामीण समर्थकों ने चिपको के ख़िलाफ़ दुष्प्रचार में इस्तेमाल किया। दरअसल सुन्दरलाल बहुगुणा की हिमालय के वनों को 'संरक्षण वन' बनाने की हाल ही में की गयी माँग की ऐसी व्याख्या की सम्भावना इसलिए थी क्योंकि वे अनेक बार हक़-हक़ूकों पर इतना जोर नहीं दे रहे थे। हालाँकि चिपको आन्दोलन सदैव न सिर्फ़ हक़-हक़ूकों को अतिशय ज़रूरी और सम्मान की दृष्टि से देखता रहा था बल्कि उत्तराखण्ड के पिछले जंगलात आन्दोलनों में भी ये मुद्दे लगातार केन्द्र में थे। बहुगुणा हक़-हक़ूकों पर रोक की वकालत नहीं करते थे पर वे जंगल पर ग़ैर-ज़रूरी दबाव बनाने के विरोधी थे।

21 मार्च, 1979 को विश्व वन दिवस के अवसर पर आकाशवाणी का दिल्ली केन्द्र चिपको आन्दोलन पर एक वार्ता प्रसारित करना चाहता था। इस हेतु पत्रकार चित्रा नारायण का 7 से 10 मार्च, 1979 के बीच गढ़वाल मण्डल में दौरा आयोजित हुआ। वन विभाग तथा निगम ने उनकी विशेष आव भगत की। घणसाली में तो ठेकेदारों, उनके आदमियों, वन विभाग तथा वन निगम के कर्मचारियों तथा मज़दूरों ने इस पत्रकार के स्वागत में ढोल-नगाड़ों के साथ प्रदर्शन किया। उनके हाथों में हरे झण्डे थे और एक काला झण्डा भी था। कुँवर प्रसून ने लिखा है कि काला झण्डा सुन्दरलाल बहुगुणा के विरोध में तथा हरे झण्डे आकाशवाणी संवाददाता के स्वागत में थे। अनेक जगह लोगों ने 'सेवा में आकाशवाणी महोदय' वाले पत्र संवाददाता को दिये। वन दिवस के दिन अंग्रेज़ी में प्रसारित यह वार्ता दरअसल वन विभाग, वन निगम तथा ठेकेदारों का दृष्टिकोण रखती थी। किसी चिपको कार्यकर्ता से मिलने का जोखिम पत्रकार द्वारा नहीं उठाया गया था।[110]

प्रदेश सरकार ने प्रेस और पत्रकारों का उपयोग अपने प्रचार हेतु करने के लिए उनसे सहयोग की प्रक्रिया शुरू की। इसके लिए 6 से 11 अप्रैल, 1979 के बीच लखनऊ-दिल्ली के पत्रकार उत्तराखण्ड के छोटे-बड़े क़स्बों में घुमाये गये। वन विभाग की जीपों में पत्रकार देहरादून, ऋषिकेश,

टिहरी, उत्तरकाशी, पुरौला आदि स्थानों में गये। फिर वी.जी. वर्गीज की यात्रा हुई। उन्होंने सामुदायिक वानिकी पर भाषण दिये और वैज्ञानिक कटान का अर्थ जनता को समझाया। हर सरकार अपनी तरह पत्रकारिता तथा पत्रकारों का उपयोग करती रही है। गनीमत सिर्फ़ यही थी कि तब इलेक्ट्रानिक मीडिया का उदय नहीं हुआ था।

14 से 16 अप्रैल, 1979 के बीच सोसायटी फॉर डेवलपिंग ग्रामदान्स के सहयोग से मुनिकीरेती में जंगलात विभाग ने एक संगोष्ठी का आयोजन किया। इसमें हिमालय सेवा संघ और गाँधी शान्ति प्रतिष्ठान के पदाधिकारी भी बुलाये गये थे। इस संगोष्ठी के समाचार तथा पत्रकारों के उत्तराखण्ड अनुभव उस सप्ताह लगातार पत्रों में छपते रहे। चिपको कार्यकर्ता मुनिकीरेती संगोष्ठी में नहीं गये। लेकिन सरकार का अरचनात्मक रुख तब स्पष्ट हो गया था जब मार्च 1979 में चौधरी चरणसिंह ने सुन्दरलाल बहुगुणा से कहा कि उनसे किसी प्रकार की वार्ता नहीं हो सकती, क्योंकि उन्होंने श्रीचन्द (प्रदेश के तत्कालीन वन मन्त्री) का विरोध किया था। लेकिन केन्द्र सरकार में मोरारजी देसाई, पटेल या बरनाला आदि चिपको के प्रति संवेदनशील थे। अतः प्रदेश सरकार पर एक संक्षिप्त दबाव रहता था।

एक ओर प्रदेश का जंगलात विभाग हरे पेड़ों का कटान बन्द कर लोगों के हक़-हकूक बन्द करने लगा और दूसरी ओर सैकड़ों नेपाली मज़दूरों को भिलंगना के अगल-बगल के जंगलों में कटान हेतु ले जाया गया। साथ ही प्रदेश के उप मुख्यमन्त्री रामनरेश यादव ने 26 अप्रैल, 1979 को बहुगुणा को वार्ता हेतु देहरादून बुलाया। रामनरेश यादव के साथ प्रदेश के उप वन मन्त्री मोहिउद्दीन मौजूद थे। दो घण्टे तक यह वार्ता हुई। बहुगुणा 15 से 25 साल तक कटान पर रोक लगाने के और यादव वैज्ञानिक कटान को जारी रखने के तर्क पर अड़े रहे। आश्चर्यजनक यह था कि पूरे उत्तराखण्ड से चिपको आन्दोलन का कोई और प्रतिनिधि इस वार्ता में नहीं बुलाया गया।

1974 के बाद हेमवतीनन्दन बहुगुणा ने जब जंगलात के प्रश्न पर समाज और सरकार का संवाद शुरू किया तो उन्होंने कभी उत्तराखण्ड के समस्त आन्दोलनकारियों के साथ एक साथ बात नहीं की। बल्कि टिहरी-उत्तरकाशी देहरादून का एक, चमोली-गढ़वाल का दूसरा तथा कुमाऊँ का तीसरा ग्रुप बनाया। इस चतुराई भरी प्रक्रिया में जंगलात के मुद्दों को एक समग्र सामूहिकता में नहीं रखा गया। इन समितियों में कांग्रेसी या प्रतिपक्षी राजनीतिक दलों के लोग होते थे, जिनकी रुचि चिपको आन्दोलन की बुनियादी माँगों में नहीं थी। इस समय तक अनेक गैर-सरकारी संस्थाएँ अनुदान वाले खेल में फँसने लगी थीं। सोसायटी फार डेवलपिंग ग्रामदान्स या अन्य गाँधीवादी संस्थाएँ कभी सरला बहन को अपने आयोजनों में बुला लेती थीं। उस दौर में एक सरकारी प्रवक्ता ने हिमालय सेवा संघ के अध्यक्ष करण भाई को, जिन्हें कुँवर प्रसून ने 'उत्तराखण्ड के आन्दोलनों और सरकार के बीच दलाली करने वाला' कहा था, वन विशेषज्ञ का खिताब दिया था। यह एक प्रकार से चिपको के असली कार्यकर्ताओं को अलग-थलग रखने और उनकी बुनियादी माँगों को लगातार टालने की कोशिश थी।[111]

ग्रामदान विकास परिषद् (सोसायटी फार डेवलपिंग ग्रामदान्स) तथा जंगलात विभाग द्वारा आयोजित मुनिकीरेती संगोष्ठी ने संवेदनशील जलागम क्षेत्रों को छोड़कर सब जगह हरे पेड़ों की कटाई जारी रखने का सुझाव दिया। चिपको आन्दोलन ने इसका तत्काल विरोध किया। अप्रैल 1979 के तीसरे सप्ताह में एक पर्चे 'हरे पेड़ों का व्यापारिक दोहन तुरन्त बन्द हो-चिपको आन्दोलन जारी रहेगा' में जंगलात विभाग तथा ग्रामदान विकास परिषद् की सिफ़ारिशों से असहमति जताते हुए देश की

बाढ़ से सुरक्षा के लिए हिमालय से निकलने वाली नदियों के पर्वतीय जलागमों में व्यापारिक प्रयोजन हेतु कटान 10 से 15 साल तक बन्द करने की माँग दोहराई गयी। स्थानीय जनता के उपयोग के लिए निःशुल्क व रियायती कीमत पर लकड़ी प्राप्त करने का अधिकार वन सुरक्षा के कार्यक्रमों का आवश्यक अंग बताया गया था।[112]

पिछले 100 साल की व्यापारिक नीति से उजड़ी हुई पर्वतीय अर्थव्यवस्था की पुनर्रचना के लिए यह आवश्यक बताया गया था कि हिमालय के जंगलों का प्रबन्ध जल और मृदा संरक्षण की दृष्टि से हो। शंकुधारी एकल प्रजाति के स्थान पर मिश्रित जंगल लगाये जायें और युद्ध स्तर पर जनशक्ति और जन अभिक्रम से खाद्य, चारा, ईंधन, उर्वरक और रेशा प्रजाति के पेड़ों का रोपण हो या जहाँ सम्भव हो प्राकृतिक ढंग से जंगलों को उगने और विकसित होने दिया जाय। इस पर्चे में हिमाचल में 30 साल के लिए कटान बन्द करने बाबत हुई घोषणा का स्वागत किया गया था।[113] पर्चे में चमोली तथा अलमोड़ा-नैनीताल के सर्वोदयी तथा गैर-सर्वोदयी कार्यकर्ताओं के नाम न थे। ऐसा लगता है कि एक विभाजन पीछे-पीछे विकसित हो रहा था। सामने आपत्तियाँ प्रकट नहीं हो रही थीं। सर्वोदयी खेमे में आपसी विभाजन से चिपको आन्दोलन विभाजित होने लगा था। विभाजन कितना चिपको आन्दोलन के संगठन की कमज़ोरियों के कारण था और कितना व्यवस्था जनित दुष्प्रचार के कारण यह बाद के अध्यायों में देखने की कोशिश होगी।

इसी समय भावनाओं से भरा एक और पर्चा निकला था, जिसमें कहा गया था कि सरकार ने फिर जंगलों की नीलामी घोषित कर दी है। यह पहाड़ों की मिट्टी की नीलामी है। धरती माँ का चीरहरण हो रहा है। अतः अपने गाँवों में कटने वाले पेड़ों को बचाकर तथा नये पेड़ लगाकर चिपको आन्दोलन को सफल बनाएँ। यह पर्चा ज़िला सर्वोदय मण्डल टिहरी तथा उसके उत्तरकाशी ज़िले में स्थित केन्द्रों (गंगोरी तथा पुरौला) द्वारा प्रसारित था। इस पर्चे में पूरी तरह सुन्दरलाल बहुगुणा का दृष्टिकोण उजागर होता था। तब तक बहुगुणा का चमोली तथा अलमोड़ा-नैनीताल के चिपको कार्यकर्ताओं से संवाद ढीला या बन्द हो गया था, ऐसा सरला बहन के पत्रों से उजागर होता है।[114] क्योंकि अभी भी सरला बहन वन आन्दोलनकारियों के सभी खेमों में उभयनिष्ठ इस अर्थ में थीं कि उन्हें सभी खुलेपन से पत्र लिखते थे। दूसरी ओर आन्दोलनकारियों का लोगों के बीच जाने के स्थान पर अब दिल्ली-लखनऊ को पत्राचार बढ़ गया था। समाचार-पत्रों में वक्तव्य तथा चिपको के पक्ष-विपक्ष में लेख खूब आने लगे थे। बहुत से लेख अनुपस्थित पत्रकारों द्वारा लिखे गये या चिपको के किसी एक क्षेत्र या व्यक्तित्व पर केन्द्रित होते थे।[115]

8. चिपको : अनेक अभिव्यक्तियाँ

इस बीच स्थानीय इतिहास की दृष्टि से महत्त्वपूर्ण एक घटना और हुई। यह थी उत्तराखण्ड के मुद्दों को राजनीतिक रूप से उठाने वाले और पृथक् राज्य की स्थापना हेतु संकल्पबद्ध उत्तराखण्ड क्रान्ति दल का जन्म। 25-26 जुलाई, 1979 को मसूरी में आयोजित पहले क्षेत्रीय दल के स्थापना सम्मेलन के आयोजकों में द्वारिका प्रसाद उनियाल प्रमुख थे। वे राजनीतिक रूप से बहुत महत्त्वाकांक्षी थे और विधान सभा का चुनाव लड़ चुके थे। गढ़वाल तथा हिमाचल दोनों क्षेत्रों में सक्रिय उनियाल शिमला से 'हिमाचल टाइम्स' का सम्पादन-प्रकाशन करते थे। इस संगोष्ठी में इन्द्रमणि बडोनी, जसवन्त सिंह बिष्ट या बिपिन त्रिपाठी जैसे उत्तराखण्ड क्रान्ति दल के भविष्य के कोई नेता उपस्थित नहीं थे।

उत्तराखण्ड संघर्ष वाहिनी के कुछ सदस्यों से उनियाल ने सम्पर्क साधा था। वे अभी आन्दोलन में अत्यन्त सक्रिय थे। उनियाल को बताया गया कि प्रो. देवीदत्त पन्त हाल में ही कुमाऊँ विश्वविद्यालय के कुलपति पद से मुक्त हुए हैं और उन्हें इस सम्मेलन में बुलाना उचित होगा। पन्त संवेदनशील वैज्ञानिक होने के साथ उत्तराखण्ड के विकास और पर्यावरण के मुद्दों पर गम्भीरता से सोचते थे पर मसूरी सम्मेलन में वे सिर्फ़ उत्सुकतावश गये थे। सम्मेलन में किसी अन्य निर्विवाद और प्रतिष्ठित व्यक्ति के न होने से इस नव स्थापित क्षेत्रीय राजनीतिक दल का कार्यवाहक अध्यक्ष का पद न चाहते हुए भी उन्हें स्वीकार करना पड़ा।[116]

मई 1977 में स्थापित उत्तराखण्ड संघर्ष वाहिनी के बाद यह दूसरा क्षेत्रीय संगठन था, जिसका चिपको आन्दोलन के दौर में जन्म हुआ था। उत्तराखण्ड संघर्ष वाहिनी से भिन्न उत्तराखण्ड क्रान्ति दल एक शुद्ध राजनीतिक दल के रूप में जन्मा था और बाद के सालों में उसने अपनी ऐतिहासिक भूमिका निभायी। जन समर्थन भी मिला पर नेतृत्व की कमज़ोरी और अस्पष्टता ने इस दल को राज्य स्थापना के बाद हाशिये पर डाल दिया।[117]

इसी बीच पहले टिहरी की नैलचामी पट्टी के तोणखंड गाँव में 29 जुलाई तथा 1 अगस्त, 1979 की बारिश में गाँव के खेत, गूल तथा हौज सब नष्ट हो गये थे। तवाघाट में 14-15 अगस्त, 1979 को फिर भूस्खलन आया। 15 से अधिक लोग मारे गये। शमशेर बिष्ट आन्दोलन के बीच से ही साथियों के साथ तवाघाट को निकल पड़े। बड़ी मुश्किल से उन्हें धारचूला का परमिट मिला और फिर वहाँ से तवाघाट का। अपनी विस्तृत रपट में उन्होंने सवाल उठाया था कि तस्करों को परमिट मिल जाता है पर सामाजिक कार्यकर्ताओं को नहीं।[118] इस साल पर्वतीय क्षेत्र में आपदा में मरने वालों की संख्या 102 से अधिक बतायी गयी थी।[119]

21-22 सितम्बर तथा 4-5 अक्टूबर 1979 को टिहरी वन प्रभाग के अलकनन्दा वन राजि के भरदारीगाड़ के जंगलों का निरीक्षण करके धूम सिंह नेगी ने बताया था कि यह अति ढाल वाला जंगल है तथा पेड़ छोटे हैं। जंगल में 'रीख का सेरा' में भरदार के पशुचारकों के मौसमी डेरे हैं। जंगल कटने की ख़बर से ग्रामीण चिन्तित थे। नीचे कोटली गाँव था, जहाँ सिंचाई भरदारीगाड़ से होती है। कटान वाला जंगल भरदारीगाड़ के बायें किनारे रौठिया गाँव की पीठ पर था। जंगल कटने पर रेड़े से यहाँ की सिंचित खेती नष्ट हो सकती थी। 1978 में ऐसे ही कटान से नैलचामी के तोखखण्ड गाँव की 15 एकड़ ज़मीन बह गयी थी। भरदारीगाड़ का जंगल दो साल लगातार कटा। तीसरे साल फिर हरे पेड़ों की कटाई हो रही थी। 1 फ़रवरी, 1979 के आदेश में सरकार ने भरदारीगाड़ में एक साल तक छपान, कटान तथा नीलामी पर पाबन्दी लगायी थी, लेकिन 6 माह में ही यह पाबन्दी उठा ली गयी थी।[120]

5 अक्टूबर, 1979 को सरला बहन ने हिमालय सेवा संघ के मार्फत एक ज्ञापन राष्ट्रपति को भेजा था। 'वर्तमान विश्वव्यापी संकट' शीर्षक इस ज्ञापन में हिमालय में बाढ़-भूस्खलनों से खेती के नष्ट होने की चर्चा के साथ वनों के महत्त्व का वर्णन था। कटान के अलावा मोटर मार्गों के निर्माण, बिजली लाइनें बिछाने तथा भीमकाय बाँधों के बनने से क्योंकि जंगलों के विनाश की प्रक्रिया निरन्तर बढ़ती गयी है, अतः ऐसी वननीति की ज़रूरत बतायी गयी थी जिसमें मिश्रित जंगलों का निर्माण हो तथा औद्योगिक कटान रुके। सरला बहन को यह उम्मीद थी कि उस साल के चुनाव में जो उम्मीदवार पर्यावरण संरक्षण सम्बन्धी नीति के पक्ष में होंगे उन्हें जनता अपना वोट देगी।[121]

9 अक्टूबर 1979 को टिहरी की ढुंगमंडार पट्टी के लासी गाँव में वन सुरक्षा समिति का गठन किया गया। समिति के 25 सदस्यों में 3 महिलाएँ थीं। संयोजक रणवीरसिंह सजवाण बनाए गये। सुन्दरलाल बहुगुणा ने उपवास शुरू किया। लासी के जंगल में कटान होना था। समिति ने जंगल का मुआयना कर अपना प्रतिवदेन डी.एफ.ओ., ज़िलाधिकारी तथा अरण्यपाल को भेजा, जिसमें जंगल के ढलान पर स्थित होने, आसपास के 12 गाँवों की घास-लकड़ी की पूर्ति इस जंगल से होने की बात के साथ कटान से भूस्खलन होने की सम्भावना बतायी गयी थी। 10 अक्टूबर को आरों-कुल्हाड़ों के साथ बत्रा नामक ठेकेदार के 300 मज़दूर जंगल से 6 कि.मी. नीचे घाटी में पहुँच गये थे। गाँव में सर्व सम्मति से निर्णय हुआ कि यह जंगल नहीं कटने दिया जायेगा। गाँव के खच्चर वालों ने निर्णय लिया कि वे मालदारों का कोई सामान नहीं ढोयेंगे। कटान शुरू हो गया तो ग्रामीण जुलूस लेकर घौण्टी गये। 'क्या हैं जंगल के उपकार, मिट्टी, पानी और बयार' तथा 'आज हिमालय जागेगा, क्रूर कुल्हाड़ा भागेगा' नारों के साथ जब यह जुलूस जंगल में पहुँचा तो मज़दूरों ने कटान तो रोक दिया लेकिन वे वहाँ से गये नहीं। कटान रुका रहा। 12 नवम्बर, 1979 को घौण्टी में भिलंगना और बालगंगा घाटियों (ढुंगमंडार पट्टी) के 300 से अधिक ग्रामीणों ने जंगल कटान के विरुद्ध जबर्दस्त प्रदर्शन किया। उस दिन एक नया नारा लगा 'पेड़ गिराने वालो सोचो, धरती माँ की खाल न नोचो'। जंगलात विभाग द्वारा डराया भी गया पर ग्रामीणों पर कोई असर नहीं हुआ।[122]

19 नवम्बर, 1979 को मज़दूर घौण्टी से ऊपर की ओर से जंगल में घुसने लगे। लासी के ग्रामीण इस दिन ढोल, नगाड़ों के साथ एकत्रित हुए और जुलूस के साथ फिर जंगल में गये। मज़दूरों को भागना पड़ा। निगम तथा जंगलात विभाग के कर्मचारियों ने ग्रामीणों के ख़िलाफ़ यह रपट अतिरिक्त ज़िलाधिकारी टिहरी को भेजी कि ग्रामीणों ने उन पर पत्थर फेंके और जान से मारने की धमकी दी। 5 सितम्बर को जब टिहरी वृत्त के अरण्यपाल परगनाधिकारी के साथ आये तो 165 ग्रामीणों का जुलूस शिविर स्थल पर पहुँचा। ग्रामीणों ने अरण्यपाल को जंगल दिखाया कि किस तरह तीखी ढलान पर पेड़ छापे गये हैं।

अरण्यपाल ने कहा कि ढलान के पेड़ छोड़कर समतल भूमि पर खड़े पेड़ काटने दिये जायें। वन सुरक्षा समिति के संयोजक रणवीरसिंह ने कहा कि वे समतल भूमि के पेड़ों को भी नहीं काटने देंगे क्योंकि ये पेड़ भविष्य में काश्तकारों के काम आयेंगे। समिति के कार्यकर्ताओं ने अगले दिन चिपको शिविर से चलकर 12 गाँवों की यात्रा की और ऐलान किया कि जब तक 300 मज़दूर वापस नहीं चले जाते, वे जंगल की चौकीदारी करेंगे। 9 दिसम्बर से श्रीमद्‌भागवत कथा का आयोजन कराया गया। 17 दिसम्बर को कथा के पूरे होने तक मज़दूर घौण्टी से जा चुके थे।[123]

वन आन्दोलन के प्रति सरकार का नजरिया अलग-अलग इलाकों में अलग-अलग किस्म का था। अलमोड़ा-नैनीताल में 1978-79 में जबर्दस्त दमन का दौर चला। साथ ही सक्रियता और संगठित आन्दोलन के बल पर चाँचरीधार, भैसोड़ी-ध्याड़ी और जनोटी-पालड़ी में सफलताएँ भी मिलीं। छात्रों की गतिशीलता 1978 के उत्तरार्द्ध में सबसे ज़्यादा रही और 1979 में भी बड़ी सीमा तक बनी रही। चमोली ज़िले, जहाँ चिपको ने प्रारम्भिक सफलताएँ प्राप्त की थीं और रेणी चिपको आन्दोलन के सुझावों को मानकर अलकनन्दा जलागम के 1200 वर्ग कि.मी. क्षेत्र में जंगलों का कटान रुकना असाधारण सरकारी निर्णय माना जा सकता था, के कार्यकर्ताओं से जंगलात विभाग कटान से पहले उनकी राय पूछने लगा था कि फला जंगल का छपान होना है और उन्हें आपत्ति है तो बतायें अथवा सुझाव दें।

दशौली ग्राम स्वराज्य संघ ने चिपको आन्दोलन की बुनियादी माँगों को पूर्ववत् रखा और वृक्षारोपण, दीवालबन्दी-वनीकरण का काम फैलाया। यहाँ जंगलात विभाग से ग्रामीणों अथवा आन्दोलनकारियों की सीधी टकराहट बद्रीनाथ तथा केदारनाथ वन प्रभाग में इसलिए नहीं हो पा रही थी क्योंकि जनदबाव से विवश हो कर विभाग ने अपना आचरण बदलना शुरू कर दिया था। स्थानीय विधायकों का आन्दोलन को समर्थन प्राप्त था। 12 अगस्त, 1979 को परसारी (जोशीमठ) में चिपको आन्दोलन चला और तत्काल पेड़ों का छपान बन्द कर दिया गया और 645 पेड़ों को कटने से बचा लिया गया।[124]

टिहरी तथा उत्तरकाशी ज़िलों में अब चिपको आन्दोलन सर्वोदयी कार्यकर्ताओं द्वारा संचालित था। भारतीय कम्युनिस्ट पार्टी अब पहले की तरह सक्रिय न थी। टिहरी ज़िले में अदवाणी से बडियारगढ़ तक आन्दोलन विकसित और सफल हुआ था। इन दोनों जगहों पर भूख हड़ताल का उपयोग अपनी माँगों को मनवाने तथा भागवत कथा का आयोजन लोगों को गोलबन्द करने के लिए किया गया था। प्रदेश सरकार का हेमवतीनन्दन बहुगुणा के मुख्यमन्त्रित्व काल में जिस तरह का रुझान आन्दोलन की तरफ़ था, 1978-80 में वह पूरी तरह बदल गया। चिपको कार्यकर्ता लगातार सरकार से वार्ता करते रहे थे और शासन के लोग सिर्फ़ वन विभाग की आलोचना करते थे, जैसे कि वन विभाग उनकी व्यवस्था से स्वायत्त कोई संस्था या विभाग हो। जबकि जंगलात विभाग उसी व्यवस्था का हिस्सा था।[125]

हेंवल नदी के उद्‌गम क्षेत्र में स्थित खुरेत गाँव में जनवरी 1980 के प्रारम्भ से चले जल सत्याग्रह को 25 जनवरी को तब सफलता मिली, जब गढ़वाल जल निगम के अधिशासी अभियन्ता ने 6 साल से जल कष्ट से पीड़ित इस गाँव में तीन माह के भीतर पानी पहुँचा देने का आश्वासन दिया। इस तरह लोक राज्य दिवस के रूप में गणतन्त्र दिवस को मनाया गया।[126] दरअसल खुरेत गाँव की संघर्ष गाथा के विस्तार में जाने की ज़रूरत है। हेंवल नदी का यह उद्‌गम क्षेत्र है। बाँज, बुरांश, काफल तथा चीड़ का मिश्रित जंगल यहाँ था। चीड़ का कटान अनेक सालों से हो रहा था। पिछले कुछ सालों में यहाँ का पानी चम्बा-मसूरी फल पट्टी योजना के विभिन्न स्वामियों के घरों तथा 35 गाँवों को पम्प करके दिया जाने लगा था। यह योजना 1975 से चल रही थी। इससे खुरेत गाँव को पानी मिलना कम हो गया और कभी-कभी पानी बन्द भी हो जाता था। एक ओर पीने के पानी का यहाँ अभाव था तो दूसरी ओर दो वर्ष पूर्व के जंगल कटान से हेंवल घाटी में भूस्खलन हुआ और बाढ़ से पनचक्की और पुल बह गये थे।[127]

दिसम्बर 1979 में चिपको कार्यकर्ता इस क्षेत्र में पहुँचे। गाँव में चिपको के गीत और नारे गूँजने लगे तथा नियमित प्रभातफेरियाँ निकलने लगी। खुरेत तथा पुजाल्डी के ग्रामीण जन चिपको कार्यकर्ताओं से तो आन्दोलन की प्रशंसा करते पर स्वयं इसमें शामिल होने से कतराते। वे पिछले सालों में जंगल कटान से हुई क्षति की चर्चा करते और विरोध के मौक़े पर गुम हो जाते। कार्यकर्ता अभी ग्रामीणों का अन्तस नहीं पकड़ सके थे। दरअसल उनकी मुख्य समस्या पानी थी। जंगल का क्रम उसके बाद था। इसे कार्यकर्ता एक माह बाद समझ सके।[128]

गाँव के युवक-छात्रों में ज़रूर आक्रोश नज़र आ रहा था। जंगलात का पतरौल गाँवों में घूमकर डराने के प्रयास में लगा था। पर अब आन्दोलन की चिन्गारी फैलने वाली थी। 22 दिसम्बर 1979 को विश्वेसरदत्त सकलानी, सुन्दरलाल बहुगुणा तथा चतरसिंह नकोटी के नेतृत्व में सकलाना, पुजाल्डी तथा खुरेत के छात्र-युवकों का जुलूस खुरेत के जंगल की ओर रवाना हुआ। गाँवों से होकर नारे

लगाता हुआ यह जुलूस 3-4 कि.मी. ऊपर कटान स्थल पर पहुँचा, जहाँ पेड़ों से चिपकने का सत्याग्रह तत्काल शुरू हो गया। मज़दूरों ने कुल्हाड़ियाँ छोड़ दीं और बैठ गये। मज़दूरों के मेट ने कुछ रौब ज़माना चाहा लेकिन छात्र-युवक मेट सहित सभी मज़दूरों को ठेकेदार के मुंशी के पास ले गये। जल संस्थान के पम्प ऑपरेटर ने अपने संक्षिप्त स्वार्थ के कारण भंगल्याणा स्थित पम्प की इमारत का एक हिस्सा ठेकेदार को दिया हुआ था। मुंशी के साथ पतरौल था। दोनों नशे में थे। पतरौल ने रुक कर कहा कि जंगल मेरा है, तुम यहाँ कैसे घुस आये? छात्र-युवक उस कमरे में घुस गये। पतरौल ने देखा कि पीछे चिपको कार्यकर्ता हैं। तब पतरौल भयभीत हुआ और जल संस्थान के ऑपरेटर ने क्षमा माँगी। लेकिन अगले दिन पतरौल तथा जल संस्थान का ऑपरेटर पुलिस चौकी में रपट लिखाने गये। 23 दिसम्बर को पुलिस तथा रेंज अधिकारी आ गये, क्योंकि रपट में चिपको कार्यकर्ताओं पर अनेक आरोप लगाये गये थे।[129]

24 दिसम्बर, 1979 को बहुगुणा दिल्ली को चले गये। धूम सिंह तथा साहबसिंह हेंवलघाटी की ओर और कुँवर प्रसून, विजय जरधारी तथा प्रताप शिखर सुरकण्डा की ओर निकले। रात को खुरेत गाँव में उन्होंने हर परिवार से एक-एक रोटी जमा करके खायी। अगले दिन खिचड़ी के लिए एक-एक मुट्ठी दाल, चावल जमा हुआ और रामप्रसाद नामक युवक ने खिचड़ी बनायी। गाँव की महिलाओं को भोजन की इस विधि ने आकर्षित किया और उन्होंने कहा कि सबका खाना वे बना देंगी। पर कार्यकर्ता कहते कि इसके पीछे उनके विचार हैं। कार्यकर्ता गाँववासियों को किसी न किसी तरह संवाद के घेरे में लाना चाहते थे। उनके खड़े हुए बिना किसी तरह का प्रतिकार नहीं हो सकता था।

2-3 दिन की बातचीत के बाद 27 दिसम्बर को खुरेत निवासियों की एक आम बैठक हुई। इस बैठक में यह स्पष्ट हो सका कि ग्रामीणों की पहली दिक्कत पानी है। जंगल दूसरे क्रम में है। कार्यकर्ता इसे समझ गये और उन्होंने तय किया कि अपने अधिकारों को पाने के लिए अब वे संगठित होकर संघर्ष करेंगे। सर्व सम्मति से 'वन एवं जल सुरक्षा समिति' का गठन हुआ। बलवीरसिंह नेगी इसके संयोजक चुने गये। निर्णय लिया गया कि यदि प्रशासन 15 जनवरी 1980 तक गाँव में पानी पहुँचाने की कार्यवाही नहीं करता है तो वे सत्याग्रह कर पम्प में पानी जाना रोक देंगे।

28 दिसम्बर, 1979 को ग्रामीणों का जुलूस नारे लगाता हुआ काणाताल की ओर चला। इसमें 75 साल के अवकाश प्राप्त अध्यापक पूर्णानन्द भट्ट से लेकर 5 साल तक के बच्चे शामिल थे। उस दिन के जुलूस का पहला नारा नया था :

'यह कैसी इन्साफी है, जल में मछली प्यासी है'

दूसरा नारा था :

'अब ना कोई पेड़ कटेगा, नहीं लुटेगा पानी
जब तक प्यासा गाँव रहेगा, देंगे हम कुरबानी'

ये नारे पिछले दिन की बैठक के बाद ग्रामीणों की प्राथमिकता समझ कर कुँवर प्रसून तथा साथियों ने रचे थे। यह क्रम चलता रहा। लेकिन महिलाओं की हिस्सेदारी इस विरोध में नहीं हो पा रही थी। यद्यपि खुरेत के ऊपर की पहाड़ी की बर्फ़, जो नये साल के साथ पड़ गयी थी, अब कुछ पिघली थी, पर कड़ाके की सर्दी थी। 5 जनवरी, 1980 को जब विजय जरधारी खुरेत पहुँचे तो ग्रामीणों को आश्चर्य हुआ। वे सोचते थे कि इतनी ठण्ड में वोट माँगने वाले नहीं आये तो कार्यकर्ता क्या आयेंगे। 6 जनवरी, 1980 की सभा में तय हुआ कि अधिकारियों-कर्मचारियों के चुनाव कार्य में व्यस्त होने से सत्याग्रह की तिथि 26 जनवरी करनी चाहिए। सर्वसम्मति से यह सूचना सम्बन्धित

विभागों को भी भेजी गयी। 8-10 जनवरी को टिहरी में कार्यकर्ताओं की बैठक तय हुई। प्रताप शिखर, कुँवर प्रसून तथा साहबसिंह गाँव में ही थे। 6 जनवरी को चारों कखवाड़ी आ गये। अगले दिन ये लोग चम्बा होकर टिहरी पहुँचे। रेडियो से 1980 के लोक सभा चुनाव में कांग्रेस (आई) की जीत के समाचार आ रहे थे।

13 जनवरी को यह टोली वापस खुरेत पहुँची। सुन्दरलाल बहुगुणा भी वापस आ गये थे। 15 जनवरी, 1980 को आम सभा हुई और अगले दिन जुलूस का निर्णय हुआ। 16 जनवरी की प्रातः पंचायती चौक में ग्रामवासी इकट्ठा हुए और जुलूस की शक्ल में जंगल होते हुए काणाताल, रौंसलीखाल की ओर बढ़े। रौंसलीखाल में आम सभा के बाद जुलूस विसर्जित हो गया। इस सभा में सबने जंगल और पानी तथा जंगल और खेती के अन्तःसम्बन्धों को बार-बार दोहराया और महसूस किया कि संगठित ग्रामीण शक्ति ही इसे कायम रख सकती है। रौंसलीखाल से ग्रामीण जन तथा कार्यकर्ता दल बनाकर गाँवों में वन सुरक्षा तथा जल सत्याग्रह की बात कहते हुए गये। 18 जनवरी की सुबह बहुगुणा फिर दिल्ली को चले गये। बाँकी लोग अपना-अपना काम करते रहे।

आन्दोलन में हिस्सेदारी बढ़े, इस उद्देश्य से साहबसिंह तथा मनमोहन सकलाना क्षेत्र में गये और सत्यों में एक आम सभा हुई। धूम सिंह नेगी पुजाल्डी के ग्रामीणों से सम्पर्क कर रहे थे और कुँवर प्रसून ने खुरेत की महिलाओं में बात और विचार ले जाने की कोशिश की। इस सबका सुपरिणाम निकला। सकलाना के अन्य गाँवों में भी सक्रियता आयी और खुरेत में 21 जनवरी, 1980 को सरजू देवी की अध्यक्षता में महिलाओं का सम्मेलन हुआ। एक युवती रंजना ने महिलाओं को संगठित कर आन्दोलन को बढ़ाने का संकल्प लिया। सनगाँव, सौड़, जड़ीपानी तथा चम्बा की जनता ने आन्दोलन का पूर्ण समर्थन किया।[130]

23 जनवरी, 1980 को सैकड़ों स्त्री-पुरुष, बच्चे जुलूस बनाकर पम्प हाउस की ओर गये। महिलाएँ नारा लगा रही थीं : 'यह कैसी इंसाफी है, जल में मछली प्यासी है'। महिलाओं के हाथों में कनस्तरों के टिन से बने पतनाले थे। भंगल्याणा (पम्प हाउस) पहुँचकर महिलाओं ने पानी का बहाव गाँव की ओर मोड़ दिया और पम्प की ओर पानी रोक दिया। यह जल सत्याग्रह का पूर्वाभ्यास था। 25 जनवरी 1980 को जब जल सत्याग्रह की तैयारी हो रही थी और गिरफ़्तारी के लिए नाम दिये जा रहे थे तो अभियन्ता ने गाँव में आकर सूचना दी कि तीन माह के भीतर गाँव में पानी दे दिया जायेगा।

ग्रामीण जन तथा आन्दोलनकारी अभी विश्वास करने को तैयार न थे। चर्चा के बाद तय हुआ कि वायदे की प्रतीक्षा की जा सकती है। ग्रामीणों ने तीन माह के लिए आन्दोलन को सिर्फ़ स्थगित किया। पर सत्याग्रहियों की सूची अग्रिम रूप से बना दी गयी थी और पहला नाम प्रजामण्डल के सत्याग्रही और पूर्व अध्यापक पूर्णानन्द भट्ट का था और फिर युवकों, महिलाओं और बच्चों के नाम थे।[131] वन एवं जल सुरक्षा समिति तथा महिला समिति ने निर्णय लिया कि अब तक काटे गये पेड़ों को चीरने दिया जायेगा। लेकिन नदी के रास्ते स्लीपर नहीं बहाये जायेंगे। कोई नया पेड़ नहीं काटा जायेगा। इस हेतु बहेड़ा, नागणी तथा जड़धार के ग्रामीणों ने प्रशासन को लिखित चेतावनी दी थी।[132] तीन नहीं पर चार माह बाद गाँव में पानी वास्तव में पहुँच गया और जंगल का कटान भी रुका। यह चिपको आन्दोलन का ऐसा रूप था, जिसमें जंगलात तथा पानी का प्रश्न एक़दम जुड़ा हुआ था। यह कहना ज़्यादा उचित होगा कि पानी केन्द्र में था।

9. डूँगरी पैन्तोली : महिला बनाम पुरुष और बाँज बनाम आलू

1980 में पिंडर नदी के दायें पहाड़ में स्थित डूँगरी-पैन्तोली गाँव में चिपको आन्दोलन द्वारा एक नया रूप लेने से पहले पिंडर नदी के बायीं ओर के क्षेत्र में चीड़ के पेड़ों का कटान रोकने में सफलता मिली। पिंडर घाटी के थराली राजि में बधाणगढ़ी वनखण्ड में चिडंगा और जोला गाँवों के बीच कल्याणी गाँव के ऊपर दो हज़ार से ज़्यादा चीड़ के पेड़ कटान हेतु नीलाम किये गये। ये तीनों गाँव वर्षों पहले हुए कटान के बाद भूस्खलन के संकट से घिर गये थे और हर बरसात में ग्रामीणों की दिक्कतें बढ़ती जाती थीं। 23 नवम्बर, 1979 को कल्याणी के ग्रामीणों ने इसका विरोध किया। इसके बाद दशौली ग्राम स्वराज्य संघ, उत्तराखण्ड संघर्ष वाहिनी, बधाण जन कल्याण समिति और पिण्डर ग्राम स्वराज्य मण्डल ने इस क्षेत्र का निरीक्षण किया और वनाधिकारियों से नीलामी स्थगित करने का आग्रह किया। जोला गाँव के शंकरलाल आर्य, कल्याणी के दामोदर जोशी, बचीराम तथा खीमसिंह गड़िया आदि ने घर-घर जाकर चिपको का प्रचार किया। उक्त संस्थाओं तथा संगठनों ने ग्रामीणों को सहयोग दिया।[133] जंगलात विभाग तथा ज़िला प्रशासन ने ग्रामीणों के साथ समझौता किया और ज़िलाधिकारी ने चण्डी प्रसाद भट्ट से इस समझौते की पुष्टि चाही।[134]

चमोली ज़िले में 1980 की शुरुआत एक प्रकार से डूँगरी-पैन्तोली के चिपको आन्दोलन से हुई। सबसे महत्त्वपूर्ण पक्ष यह था कि यह गाँव न तो सर्वोदयी कार्यकर्ताओं का कार्य क्षेत्र रहा और न कम्युनिस्ट कार्यकर्ताओं का। चमोली ज़िले की पिण्डर घाटी में नारायण बगड़ से 10 कि.मी. की चढ़ाई पर डूँगरी तथा पैन्तोली गाँव स्थित हैं। इन्हें संयुक्त गाँव कहा जा सकता है। लगभग 6,000 फ़ीट की ऊँचाई पर पैन्तोली (ऊपर) तथा डूँगरी (नीचे) गाँवों के बीच पलसारी का चौड़ी पत्ती की प्रजातियों (विशेष रूप से बाँज) वाला जंगल है। गाँव के ऊपर ग्वेदोली का शिखर है। बीच में कुश गधेरा बहता है। गधेरे के पार लव कुश पर्वत है, जिसके नीचे लव कुश मन्दिर, सीता कुण्ड तथा वाल्मीकि आश्रम माने जाते हैं।

सदियों पुरानी परम्परा ने इन स्थानों के आसपास सघन 'पवित्र जंगल' विकसित करने में योगदान दिया था। ग्वेदोली और लव कुश पर्वत के उस तरफ़ नन्दाकिनी का जलागम है और इस तरफ़ पिंडर नदी का। घाट के लिए यहाँ से पुराना पैदल रास्ता जाता है। विकास योजना के अन्तर्गत 1979 में पैन्तोली गाँव के पलसारी वन क्षेत्र में 62 एकड़ का आलू फार्म स्थापित करने की योजना उद्यान विभाग ने बनवाई। ग्रामीणों द्वारा सिविल जंगल की भूमि दी गयीं और उन्हें यह बताया गया कि वृक्ष विहीन भूमि में ही खेत बनाकर आलू लगाये जायेंगे। लेकिन जब जंगल के पेड़ एक किनारे से काटे जाने लगे तो एक जागरूक बुजुर्ग बचीराम सती ने पेड़ काटकर आलू फार्म बनने देने का विरोध करने की ठानी।[135]

यद्यपि ग्रामीण जन इस फार्म के बनने से गाँव में मोटर मार्ग आने की सम्भावना देखते थे और स्वयं ग्राम प्रधान आलू फार्म और बाँज के जंगल के कटान का पक्षधर था। दरअसल लगभग 1,500 की जनसंख्या वाले डूँगरी-पैन्तोली के ग्रामीणों को 1978 में आलू फार्म के झमेले में फँसाया जाना शुरू हुआ था। इसके लिए पहले जंगल की 20 एकड़, फिर 50, अन्ततः 62 एकड़ ज़मीन देना ग्राम सभा से स्वीकार कराया गया। लेकिन ग्रामीण महिलाएँ तब स्तब्ध रह गयीं जब फार्म की दीवारबन्दी करने वाले ठेकेदार ने सवा एकड़ वन क्षेत्र की दीवालबन्दी कर बाँज के पेड़ों का कटान शुरू कर दिया।

गाँव की महिलाएँ कटान का विरोध करने के लिए 2 जनवरी, 1980 को बन रहे फार्म में गयीं और ठेकेदार से कहा कि हमारे जंगल को इस तरह न घेरो और न काटो। यह हमारे दैनिक जीवन का आधार है। हमें बहुत-सी चीज़ें इस जंगल से मिलती हैं। ठेकेदार और उद्यान विभाग ने गाँव के अनेक पुरुषों को अपने पक्ष में किया हुआ था। अतः उनसे औरतों के आग्रह को कोई महत्त्व दिये जाने की उम्मीद नहीं थी।

जब महिलाओं ने यह कहा कि यदि ठेकेदार जबर्दस्ती उनका जंगल घेरेगा तो वे दीवार तोड़ देंगी। इस पर ठेकेदार बिफर गया और उसने महिलाओं को धमकी दी कि 'ज़्यादा हो हल्ला करने पर वह उनके ब्लाउज और पेटीकोट उतार देगा'। महिलाएँ डरीं पर इस भय ने उन्हें संगठित कर दिया।[136] 6 फ़रवरी, 1980 को केन्द्रीय मन्त्री हेमवतीनन्दन बहुगुणा कर्णप्रयाग में थे। गाँव की पूरी स्थिति तथा 5 जनवरी, 1980 का प्रतिवेदन लेकर बचीराम सती कर्णप्रयाग पहुँचे। जब वे हेमवतीनन्दन बहुगुणा को अपना हाथ का लिखा आवेदन यह कहते हुए दे रहे थे कि 'हमारे गाँव में चिपको चल गया है', तो बहुगुणा ने सामने खड़े पत्रकार तथा उत्तराखण्ड संघर्ष वाहिनी के कार्यकर्ता रमेश पहाड़ी को वह काग़ज़ दिया कि ये हैं चिपको वाले और सती से कहा कि इनको भी बताओ क्या हालत है उस गाँव की।

रमेश पहाड़ी पहली बार यह बात सुन रहे थे। उन्होंने कहा कि वे गाँव जाकर ही स्थिति बता सकते हैं। रमेश पहाड़ी अगले ही दिन किशन बिष्ट को साथ लेकर 7 फ़रवरी, 1980 को डूँगरी-पैन्तोली गये और 8 फ़रवरी की शाम वहाँ की वस्तुस्थिति जान समझ कर वापस आये। उन्हें वहाँ जाकर गाँव की दुर्गमता का पता चला। 1947 में आसपास के गाँवों के सहयोग से स्थापित मिडिल स्कूल का अभी तक उच्चीकरण नहीं हुआ था। मिडिल स्कूल का भवन जीर्ण था। पहाड़ी ने देखा कि आलू फार्म में लगभग 100 मज़दूर काम कर रहे थे और उद्यान विभाग ने ग्रामीणों को धोखे में रखकर जंगल कटान शुरू किया था।

रमेश पहाड़ी के गाँव में पहुँचने से महिलाओं को एक मनोवैज्ञानिक समर्थन मिला और महिलाओं की एक समिति बनायी गयी। इसकी अध्यक्ष मथुरा देवी, उपाध्यक्ष पार्वती देवी, सचिव गायत्री देवी तथा कोषाध्यक्ष मालती देवी चुनी गयी। देवकी देवी की अध्यक्षता में हुई इस बैठक में नौ महिलाएँ कार्यकारिणी हेतु चुनी गयीं। गाँव की सभी महिलाएँ इस समिति की सदस्य मानी गयीं और निश्चय किया गया कि अब वे सब मिल कर पेड़ों का कटान रोकेंगी। उत्तराखण्ड संघर्ष वाहिनी की ओर से रमेश पहाड़ी ने ग्राम प्रधान श्यामसिंह को दिये पत्र में इस कार्य की सराहना की और ठेकेदार, अधिकारियों तथा कर्मचारियों द्वारा किसी तरह के उत्पीड़न का विरोध करने में सहयोग देने का आश्वासन दिया।[137] लेकिन तब रमेश पहाड़ी को, जो उस गाँव में जाने वाले पहले चिपको कार्यकर्ता थे, यह पता नहीं था कि ग्राम प्रधान श्यामसिंह ही पेड़ कटान तथा आलू फार्म की स्थापना का सबसे बड़ा समर्थक है।

पहाड़ी ने वहाँ से लौटने के बाद न सिर्फ़ अपने द्वारा सम्पादित साप्ताहिक उत्तराखण्ड संघर्ष वाहिनी के मुख पत्र 'अनिकेत' में समाचार दिया वरन सांसद हेमवतीनन्दन बहुगुणा, ज़िलाधिकारी तथा ज़िला उद्यान अधिकारी को प्रतिवेदन भेजा और इससे पहले चण्डी प्रसाद भट्ट और किसान सभा के गंगाधर नौटियाल को सूचित किया। पहाड़ी ने अपने पत्र में बताया कि इस तथा आसपास के जंगल पर गाँव के 2,000 जानवर निर्भर हैं। इससे पहले 25 एकड़ ज़मीन पशुपालन विभाग ने ली है तथा स्कूल को 300 नाली ज़मीन दी गयी है। उन्होंने लिखा था कि वहाँ की महिलाओं ने यह मूलभूत

प्रश्न उठाया है क्योंकि खेती और पशुपालन से महिलाएँ सीधी जुड़ी हैं, अतः उनकी राय ली जानी चाहिए थी। पत्र के अन्त में कहा गया था कि ग्रामीण हितों की रक्षा नहीं की गयी तो उत्तराखण्ड संघर्ष वाहिनी तथा रचनात्मक कार्यकर्ता आन्दोलन करेंगे।[138] इससे पहले रमेश पहाड़ी ने आलू फार्म के प्रभारी को पत्र डाला कि शासन के स्तर पर निर्णय होने से पहले पेड़ों का कटान कदापि न हो।[139]

18 फ़रवरी, 1980 को चण्डी प्रसाद भट्ट तथा रमेश पहाड़ी डूँगरी-पैन्तोली गाँव में पहुँचे तो उन्होंने पाया कि नेपाली मज़दूर कटान कर रहे थे और महिलाएँ प्रतिरोध। गाँव के ज़्यादातर पुरुष तटस्थ थे। भट्ट ने महिलाओं की सभा में कहा कि यह कृत्य गाँव के ख़िलाफ़, पानी और मिट्टी के ख़िलाफ़ तो है ही, सरकारी नीति के ख़िलाफ़ भी है। क्योंकि स्वयं प्रदेश सरकार बाँज के पेड़ों का कटान प्रतिबन्धित कर चुकी है। झाड़ियों के नाम पर सैकड़ों बाँज के पेड़ों का कटान अलग से किया गया था। भट्ट ने महिलाओं से कहा कि पेड़ों के कटान के विरुद्ध उनके सौम्यतम् अहिंसक प्रतिकार में चिपको कार्यकर्ता उनके साथ हैं।

गाँव से जंगल तक चले जुलूस में उस दिन नारे लग रहे थे : 'जंगल हमारा है, जंगल हमारा है' तथा 'कौली पौली डाली काटण छ्वाड़ दया, छ्वाड़ दया' तथा 'चिपको आन्दोलन ज़िन्दाबाद'। कटान स्थल पर हुई सभा में महिलाओं ने माँग की कि ज़िलाधिकारी स्वयं इस स्थल का निरीक्षण करें। महिलाओं ने पेड़ न कटने देने के लिए निरन्तर पहरेदारी का निर्णय लिया और 24 फ़रवरी 1980 तक यदि प्रशासन द्वारा कोई सकारात्मक कार्यवाही नहीं हुई तो 24 फ़रवरी, 1980 को प्रदर्शन किया जायेगा। रमेश पहाड़ी ने उत्तराखण्ड संघर्ष वाहिनी की ओर से हर सम्भव मदद देने की घोषणा की और जंगलों को विनष्ट करने वाले अधिकारियों और जन प्रतिनिधियों के विरुद्ध सख़्त कार्यवाही की माँग की।[140]

चण्डी प्रसाद भट्ट तथा रमेश पहाड़ी 19 फ़रवरी, 1980 को गोपेश्वर आये और अगले दिन उन्होंने ज़िलाधिकारी को पत्र लिखकर बताया कि वे आलू फार्म में बाँज के पेड़ों के निर्मम कटान को देख कर स्तब्ध रह गये। यदि महिलाएँ अपनी बुद्धिमता से इसका विरोध न करतीं तो कब का यह जंगल कट गया होता।[141] चण्डी प्रसाद भट्ट ने पत्र में स्पष्ट लिखा कि वे और रमेश पहाड़ी अगले दिन पुनः डूँगरी-पैन्तोली जा रहे हैं। यदि ज़िलाधिकारी कोई उपयुक्त समाधान नहीं ढूँढ़ सके तो उन्हें तथा उनके साथियों को जंगल की रक्षार्थ सौम्यतम् अहिंसक प्रतिकार करना पड़ेगा। क्योंकि पेड़ों और महिलाओं की पुकार को एक शान्ति सैनिक के नाते मुखर करना उनका दायित्व है।[142]

20 फ़रवरी, 1980 को भट्ट तथा पहाड़ी पुनः डूँगरी-पैन्तोली गाँव को रवाना हुए, क्योंकि उन्हें गाँव में यह गंध महसूस हो गयी थी कि महिलाओं के लिए दिक्कतें खड़ी की जायेंगी और कटान जारी रहने की सम्भावना थी। इसी बीच 18 फ़रवरी, 1980 को ग्राम प्रधान श्यामसिंह ने चण्डी प्रसाद भट्ट को पत्र लिखा कि वे उनके गाँव न आयें लेकिन उन्हें यह पत्र सप्ताह भर बाद गोपेश्वर लौटकर मिला था।[143]

20 फ़रवरी, 1980 को भट्ट तथा पहाड़ी ने डूँगरी-पैन्तोली पहुँच कर 21 तथा 22 फ़रवरी, 1980 को भट्ट ने डूँगरी, पैन्तोली तथा कटान स्थल पर सभा की ताकि घोषित तिथि 24 फ़रवरी, 1980 को प्रत्यक्ष आन्दोलन किया जा सके। इस बीच 23 फ़रवरी को ज़िलाधिकारी के निर्देश पर कर्णप्रयाग के परगनाधिकारी समस्या का हल ढूँढ़ने गाँव आये। उनके साथ ज़िला उद्यान अधिकारी हरीशचन्द्र भट्ट थे। उद्यान अधिकारी ने बताया कि फार्म ग्रामीणों की सहमति से शुरू हुआ था। अब ग्रामवासियों

की सहमति से कोई मध्यमार्ग ढूँढ़ा जायेगा। चण्डी प्रसाद भट्ट तथा रमेश पहाड़ी ने चिपको का पक्ष रखा और महिलाओं की जागृति तथा निर्णय की सराहना की।

अब तक लगभग 180-200 ग्रामीण इकट्ठे हो गये थे। लोगों ने अपनी बात कही, जो प्रारम्भ में सिर्फ़ जंगल पर केन्द्रित थी। फिर उन्होंने अस्पताल, हाईस्कूल तथा सड़क की माँग रखी। पीने के पानी तथा बिजली की दिक्कत बतायी। परगनाधिकारी ने यह आश्वासन दिया कि वे सभी माँगें शासन तक पहुँचायेंगे। उन्होंने व्यक्तिगत रूप से यह कहा कि आलू फार्म के लिए घेरे गये जंगल का आधा भाग ग्रामीणों की काश्तकारी हेतु छोड़ा जाना चाहिए ताकि पशुपालन में उनके लिए दिक्कतें न बढ़ें। उन्होंने कहा कि जंगल नहीं कटना चाहिए। ग्रामीण अभियन्त्रण के ठेकेदार द्वारा महिलाओं से अभद्रता किये जाने की जाँच कराने का आश्वासन दिया गया। ग्रामीणों ने पेड़ रहित क्षेत्र के 30-32 एकड़ में आलू फार्म बनाने की सहमति दी, लेकिन यह चेतावनी दी कि यदि एक भी पेड़ काटा गया और शेष जंगल गाँव को नहीं सौंपा गया तो चिपको आन्दोलन शुरू कर देंगे।[144]

इसी बीच बन रहे आलू फार्म की झोंपड़ी में 23 तथा 24 फ़रवरी, 1980 को आग लगी। इसकी एक व्याख्या की गयी कि महिलाओं तथा चिपको आन्दोलन पर आरोप लगाने के लिए यह कार्य किया गया था।[145] आगजनी की व्याख्या ज़िला प्रशासन ने अपनी तरह से करनी चाही और आन्दोलनकारियों पर दोष मढ़ना चाहा, जिसका तीखा प्रतिवाद किया गया। इस हेतु चण्डी प्रसाद भट्ट तथा रमेश पहाड़ी ने ज़िलाधिकारी से आगजनी की वरिष्ठ अधिकारी से जाँच कराने की माँग की और कहा कि 23 फ़रवरी, 1980 को परगनाधिकारी तथा ज़िला उद्यान अधिकारी के वापस जाते समय ग्रामीणों ने उनकी जय जयकार के नारे लगाये थे, क्योंकि अधिकारियों ने समाधान की राह सुझाने का प्रयास किया था। दोनों चिपको आन्दोलनकारियों ने सौम्यतम प्रतिकार को लांछित करने के इस षड्यन्त्र में असामाजिक तथा अनिष्टकारी तत्त्वों के होने की सम्भावना प्रकट की।[146]

25 फ़रवरी, 1980 को ज़िलाधिकारी की अध्यक्षता में डूँगरी-पैन्तोली के बाबत बैठक हुई और गठित उच्च स्तरीय जाँच समिति में उप निदेशक उद्यान, पौड़ी; प्रभागीय वनाधिकारी, बद्रीनाथ वन प्रभाग; अतिरिक्त ज़िलाधिकारी (विकास); ज़िला उद्यान अधिकारी, कर्णप्रयाग के परगनाधिकारी तथा चिपको आन्दोलन तथा उत्तराखण्ड संघर्ष वाहिनी के प्रतिनिधि के रूप में चण्डी प्रसाद भट्ट थे। 9 मार्च 1980 को यह समिति मौक़े पर गयी। नारायण बगड़ के बी.डी.ओ., उद्यान निरीक्षक, क्षेत्रीय कानूनगो तथा पटवारी, प्रति उप विद्यालय निरीक्षक जयवीर रावत तथा उत्तराखण्ड संघर्ष वाहिनी के कार्यकर्ता तथा पत्रकार रमेश पहाड़ी के अलावा ग्राम सभा जाख तथा डूँगरी-पैन्तोली के प्रधान और लगभग 300 ग्रामीण वहाँ उपस्थित थे। इनमें महिलाएँ बड़ी संख्या में उपस्थित थीं और अपनी बात कहने में नहीं झिझक रही थीं। विचार-विमर्श के बाद सर्वसम्मत निर्णय लिए गये।[147]

इस तरह डूँगरी-पैन्तोली में कटान बन्द हुआ। यद्यपि डूँगरी-पैन्तोली का मामला स्त्री-पुरुष टकराव के रूप में देखा गया था लेकिन पुरुषों में भी जंगल के कटान का विरोध करने वाले थे। बल्कि महिलाओं का रैबार नेता-पत्रकारों तक एक पुरुष (बचीराम सती) ही ले गये थे। उन्होंने ही महिलाओं के मन में इस जंगल की सुरक्षा का अर्थ डाला था। इसी तरह महिलाओं की सड़क, स्कूल, अस्पताल में पुरुषों से कम रुचि नहीं थी। वे इन्हें चाहती थी।[148] उनकी लड़ाई जितनी जंगल को बचाने की थी, उतनी ही नये साधनों को पाने की भी। महिलाओं की अपेक्षा थी कि गाँव के मामलों में उनसे भी पूछा जाय।[149]

डूँगरी-पैन्तोली की महिलाओं और पुरुषों के बीच आयी कटुता की चर्चा होती है। इसका भान फ़रवरी-मार्च 1980 में ग्रामीण महिलाओं, पुरुषों तथा कार्यकर्ताओं को था। इस हेतु कार्यकर्ताओं ने तभी चिन्ता व्यक्त की थी कि पुरुष वर्ग महिलाओं को उत्पीड़ित कर सकता है। अतः तनाव रहित वातावरण बनाने का प्रयास होना चाहिए। पूर्ववर्ती वनाधिकारी ने पेड़ों के कटान की स्वीकृति दी थी। वर्तमान उपेक्षा का महिलाओं ने प्रतिकार किया।[150] प्रशासन ने गाँव में तनाव रहित वातावरण बनाने के लिए चिपको आन्दोलन तथा भट्ट की महत्त्वपूर्ण भूमिका को स्वीकार किया था।[151]

डूँगरी-पैन्तोली के आन्दोलन में अक्सर महिला बनाम पुरुष या बाँज बनाम आलू की शब्दावली प्रयुक्त की जाती रही है। वास्तविकता यह थी महिलाओं ही नहीं पुरुषों से भी ग्राम प्रधान ने कोई परामर्श नहीं किया था। महिलाएँ स्थायी फ़सल (बाँज का जंगल) के मुक़ाबले सालाना फ़सल (आलू) को महत्त्व देने को तैयार नहीं थीं। हाई स्कूल, सड़क तथा अस्पताल की चाह उनमें पुरुषों से अधिक इसलिए थी क्योंकि कक्षा आठ के बाद लड़कियाँ स्कूल पढ़ नहीं पाती थीं। जिस तरह का सन्तुलन वे गाँव में चाहती थीं, वह पुरुषों की सोच में आना सम्भव न था। फिर वे पुरुष गाँव के हों या प्रशासन की विभिन्न शाखाओं के।[152]

डूँगरी-पैन्तोली आन्दोलन में चिपको या संघर्ष वाहिनी के कार्यकर्ता प्रतिरोध के शुरू होने के बाद इस गाँव में गये थे। भ्यूँढार तथा डूँगरी-पैन्तोली के स्वतन्त्र आन्दोलनों से वाहिनी की टीम अपनी सक्रियता तथा संवेदनशीलता के कारण समय पर जुड़ गयी। इन दोनों आन्दोलनों के पीछे आर्थिकी और पारिस्थितिकी दोनों कारक स्पष्ट दिखायी देते हैं। संरक्षण की तमाम स्थानीय परम्पराओं के पीछे संसाधन के आगामी इस्तेमाल का तर्क जुड़ा होता है। यहाँ मण्डल, फाटा, या रेणी से भिन्न परिदृश्य था। पर महिलाओं का स्वर यहाँ भी अलग नहीं था।[153]

इस तरह 1980 के प्रारम्भिक महीनों तक चिपको अपनी कुछ और टहनियों को लहराने में सफल हुआ। प्रकारान्तर में डूँगरी-पैन्तोली की महिलाओं के माध्यम से उनका पूरा गाँव बोल रहा था। चिपको आन्दोलन की इस विशेषता को ज़्यादा गम्भीरता और समग्रता से समझने का प्रयास नहीं हुआ।

सन्दर्भ

1. भेंटवार्ता : नन्दा सिंह, कौशल्या देवी; Esterlin, Faith in Asia's Poor : 31
2. विस्तार हेतु देखें : Frank Smythe, The Valley of Flowers
3. दिनमान, 2-8 अप्रैल, 1978 : 11
4. भेंटवार्ता : नन्दा सिंह
5. भेंटवार्ता : शरादीदेवी
6. उत्तराखण्ड आब्ज़र्वर : 16 अक्टूबर, 1978; भेंटवार्ता : नन्दा सिंह, बचन सिंह
7. भेंटवार्ता : नन्दा सिंह, बचन सिंह तथा शरादीदेवी
8. पर्वतीय, 17 जनवरी, 1978; दिनमान, 5-11 मार्च, 1978 : 21 तथा 2-8 अप्रैल, 1978, भेंटवार्ता : नन्दा सिंह, बचन सिंह, भ्यूँढार। पर्वतारोही फ्रेंक स्माईथ के आगमन तथा गुरुद्वारा की स्थापना से यह धाटी विश्वविख्यात हो गयी। सिक्खों के 10 वें गुरु श्री गोविन्द सिंह ने अपनी आत्मकथात्मक कृति 'विचित्र नाटक' में हेमकुण्ड पर्वत की कल्पना निम्न प्रकार की थी :

   ''अब मैं अपनी कथा बखानो, तप साधत जिह बिधि मुहि आनो।
   हेम कुंट पर्वत है जहाँ, सपत श्रिंग सोभित है तहाँ।
   सपत श्रिंग तिह नामु कहावा, पंडु राज जह जोगु कमावा।
   तह हम अधिक तपसिआ साधी, महाकाल कालिका अराधी।
   इस बिधि करत तपिसआ भयो, द्वै ते रूप ह्वै गयो।''

गुरु के पूर्व जन्म के इस स्वप्न स्थान को, जो स्थानीय लोगों का सुपरिचित लोकपाल है, 1930-32 में सिख तीर्थयात्री मदन सिंह तथा सोहन सिंह ने पहचाना और इस तरह लक्ष्मण से जुड़े तीर्थ लोकपाल के पास हेम कुंड साहिब की स्थापना हुई।

9. दिनमान, 2-8 अप्रैल, 1978 : 11; भेंटवार्ता : नन्दा सिंह, अवतार सिंह, सत्येश्वरी देवी, चण्डी प्रसाद भट्ट
10. भेंटवार्ता : रमेश पहाड़ी
11. चण्डी प्रसाद भट्ट ने सरला बहन को 28 जनवरी, 1978 के पत्र में लिखा था, "सभी संस्थाओं ने दिसम्बर 1977 में निर्णय लिया कि वन नीति में परिवर्तन न होने के कारण काष्ठोपकरण पर आधारित उद्योगों के लिए मिलने वाले कच्चे माल का 1977-78 का उपयोग नहीं करेंगे। ...सभी संस्थाएँ एक मत हैं। ...हम लोग इस प्रकार के कार्यक्रमों का कम प्रचार करते हैं। हमारी पद्धति में कोई अन्तर नहीं आया है। सावधानीपूर्वक छोटे से क्षेत्र में अपनी शक्ति भर कार्य कर रहे हैं। 1977 में जब नरेन्द्रनगर-कोटद्वार-नैनीताल-देहरादून और गोचर में जंगलों की नीलामी हुई तो इस पद्धति से हमने कहीं भी प्रदर्शन या अनशन या अन्य किसी भी कार्यक्रम में भाग नहीं लिया। जब यह सब कुछ हुआ, जगह-जगह जब इसके साथ चिपको आन्दोलन का नाम जुड़ा तो अवश्य ही 'चिपको' आन्दोलन की मूल बात को समझाने के लिए उसके सौम्यतम स्वरूप की जानकारी देने के लिए गये, जो आज भी शायद कुछ लोगों को नागवार लग रहा है।"
12. दिनमान, 2-8 अप्रैल, 1978 : 11; भेंटवार्ता : बिपिन त्रिपाठी, त्रिलोकसिंह
13. भेंटवार्ता : बिपिन त्रिपाठी, त्रिलोकसिंह, शिव नयाल, गिर्दा
14. उक्त
15. भेंटवार्ता : बिपिन त्रिपाठी
16. भेंटवार्ता : बिपिन त्रिपाठी, पार्वती देवी, जीवन्ती देवी

    जब ठेकेदार के मुंशी ने महिलाओं को सम्बोधित कर 'औरतो तुम्हारी मौ लग जायेगी, कोर्ट कचहरी जाना पड़ेगा' आदि कहा तो, उपस्थित महिलाओं में से एक ने खड़े होकर नाटकीय अन्दाज़ में कहा 'मन्त्री! नाचने वाले को बुलाओ' (यह स्थानीय रामलीला में प्रस्तुत रावण के दरबार के दृश्य की नये सन्दर्भ में प्रस्तुति थी) तो पूरा जन समुदाय हँस पड़ा। दरअसल इशारा आन्दोलनकारियों को मंच पर बुलाने से था। इसी तरह जब मुंशी ने महिलाओं को डराना चाहा तो एक महिला ने उससे कहा, 'अरे तू अन खाता है कि माट बुकाता है! पहाड़ का मैस होकर जंगल कटवाता है! (तुम अन्न खाते हो कि मिट्टी? पहाड़ के वासी हो कर जंगल काट रहे हो!)'
17. देखें 'पहाड़ों की तबाही रोकने को चिपको आन्दोलन जारी रहेगा' उत्तराखण्ड संघर्ष वाहिनी, गोपेश्वर द्वारा जनवरी 1978 में प्रकाशित, प्रचारित पर्चा, जो 15 फ़रवरी 1978 को चाँचरीधार चलो पर्चे के रूप में भी बँटा था।
18. उत्तर उजाला, 18 फ़रवरी, 1978
19. नैनीताल समाचार, 15 मार्च, 1978 : 5
20. उत्तर उजाला, 9 मार्च, 1978, 3 अप्रैल 1978; नैनीताल समाचार, 15 मार्च, 1978; हिन्दुस्तान टाइम्स, 16 अप्रैल, 1978; बिपिन त्रिपाठी, उत्तराखण्ड में चिपको आन्दोलन की एक और सफलता, उत्तरायण, 18-24 मार्च, 1978 : 5

    ग्राम सभा रणा के 10 अप्रैल, 1978 को लिए गये निर्णय के अनुसार स्थानीय समाज द्वारा मृतकों के दाह-संस्कार में इस लकड़ी का प्रयोग हुआ (स्वाधीन प्रजा, 23 मई, 1978, भेंटवार्ता : बिपिन त्रिपाठी, त्रिलोकसिंह, एन.डी. गुरु, चण्डी प्रसाद भट्ट, रमेश पहाड़ी, 'गिर्दा', चन्द्रशेखर भट्ट, सुदर्शन कठैत, शिव नयाल, डी.पी. जोशी आदि)।

    उत्तराखण्ड संघर्ष वाहिनी ने 'आज हिमालय जागा है, बन्द हो शोषण नारा है' पर्चे में 15 फ़रवरी, 1978 को चाँचरीधार चलने का आह्वान किया था और लिखा था कि स्टार पेपर मिल्स को कौड़ी के भाव बेचे गये इस जंगल के कटान का असर सीधे भौरा, डढोली, धरमगाँव, मिरई, कुन्थाड़ी, सलना, बसेरा, असगाती, दैरी, बिजयपुर, घगलोड़ी, धनखल सहित अनेक गाँवों में होगा। यहाँ बहू-बेटियों को घास के लिए मीलों दूर जाना पड़ता है। इस कटान का गगास नदी पर भी असर पड़ेगा। उत्तराखण्ड संघर्ष वाहिनी का पुराना पर्चा भी तब पुनर्मुद्रित होकर बँटा था, जो इस प्रकार था :

    'हम चाहते हैं...

    1. सबसे पहले पहाड़ का संरक्षण, फिर विकास।

    2. लकड़ी वही काम में लायी जाये जो गिरी, पड़ी, सूखी या धरती के लिए बेकार हो।

    3. पर्वतीय वन और खन सम्पदा का फायदा सबसे पहले वनवासियों को मिले—ईंधन से उद्योग तक। हक़-हक़ूकों पर पुनर्विचार किया जाय और उनका अधिकार स्पष्ट निर्धारित किया जाय।

    4. हमारे पेड़ पूँजीपतियों (स्टार पेपर मिल्स, विम्को आदि) की जेबें भरने के काम न लायें जायँ।

    5. जहाँ पर पेड़ कटान ख़तरनाक है, जैसे सीधे खड़े पहाड़, कमज़ोर ढलान, गाड़-गधेरों के अगल-बगल, जलस्रोतों के आसपास, पहाड़ों की धार आदि स्थानों पर पेड़ बिल्कुल न काटे जाय।

    - उत्तराखण्ड संघर्ष वाहिनी'

चिपको के दबाव से तब उत्तर प्रदेश सरकार की गढ़वाल वन समिति से शिवानन्द नौटियाल (गढ़वाल के विधायक तथा उत्तर प्रदेश जनता पार्टी के महामन्त्री) ने और कुमाऊँ वन समिति से चौधरी गोविन्दसिंह तथा रामदत्त जोशी (दोनों विधायक) ने त्यागपत्र दिया। हेमवतीनन्दन बहुगुणा ने कटान पर दीर्घकालीन रोक लगाने की माँग की थी (उत्तरायण, 18-24 मार्च, 1978)।

21. नैनीताल समाचार, 1 मार्च, 1978 : 5
22. यों तो हिमालय/उत्तराखण्ड की अधिकांश नदियाँ अत्यन्त संवेदनशील इलाके से बहती हैं। वहाँ का भूगर्भ, भूगोल, बदलते मौसम, अतिवर्षण और इनसे जनित आपदा इन नदियों के प्रवाह और मिज़ाज को प्रभावित करते रहे हैं। इसके साथ ही सड़कों को बनाने की अवैज्ञानिक तथा 'खोदो और लुड़काओ विधि' के साथ विस्फोटकों का अत्यधिक इस्तेमाल और बाँध/टनैल निर्माण का मलवा भी आपदा में इजाफ़ा करते रहे हैं। अलकनन्दा और उसकी सहायक नदियाँ अतिरिक्त रूप से संवेदनशील हैं। अलकनन्दा की सहायक मन्दाकिनी (कालगंगा और मदमहेश्वर गंगा) का भी प्राकृतिक आपदाओं का इतिहास रहा है, जिन्हें अनेक बार प्रकट होने का मौक़ा मिला। 1894, 1970, 2010 तथा 2013 की आपदाएँ स्थानीय समाज की स्मृति में बनी रहेंगी। यह याद रखना होगा कि 2013 की आपदा में मानवजनित कारकों ने सर्वाधिक विनाशक भूमिका निभायी।
23. उत्तर उजाला, 3 अप्रैल, 1978, भेंटवार्ता : आनन्द सिंह बिष्ट, चण्डी प्रसाद भट्ट, रमेश पहाड़ी
24. उत्तर उजाला, 29 मार्च, 1978; इस होली अभियान में गिरीश तिवारी (हुड़का सहित), शमशेर बिष्ट, बिपिन त्रिपाठी, राजीव लोचन साह, जगत रौतेला, निर्मल जोशी, प्रदीप टम्टा, षष्टीदत्त जोशी, चन्द्रशेखर भट्ट, राजा बहुगुणा, विनोद पाण्डे, प्रकाश फुलोरिया, महेन्द्र सिंह बिष्ट आदि अनेक कार्यकर्ता गये थे और हर स्थान पर सैकड़ों स्थानीय लोग होली, अन्य गीतों तथा 'हो हो होलक रे' में शामिल होते थे। होली का यह सांस्कृतिक सदुपयोग अत्यन्त प्रभावशाली था।
25. दिनमान, 23-29 अप्रैल, 1978 : 21-22, दिनमान के इस अंक के मुखपृष्ठ पर गौरा देवी का फ़ोटो प्रकाशित हुआ था; भेंटवार्ता : गौरा देवी, चण्डी प्रसाद भट्ट, रमेश पहाड़ी
26. दिनमान, 23-29 अप्रैल, 1978 : 21-21; भेंटवार्ता : गोविन्दसिंह रावत
27. नवभारत टाइम्स, 14 अप्रैल, 1978, इस काण्ड के विस्तार हेतु देखें– दिनमान, 23-29 अप्रैल, 1978 : 18-19, 29-31 तथा M.S. Kohli, Kenneth Conboy, 2003, Spies in the Himalayas : Secret Missions and Perilous Climbs
28. सरला बहन का दिनांक 11 अप्रैल, 1980 पत्र धूम सिंह नेगी को
29. दिनमान, 23-29 अप्रैल, 1978 : 21
30. नैनीताल समाचार, 1 मई, 1978 तथा 15 मई, 1978
31. नैनीताल समाचार, 1 मई, 1978 तथा 15 मई, 1978; दिनमान, 30 अप्रैल-6 मई, 1978 : 20-23 तथा 29 अप्रैल-5 मई, 1979 : 12-14
32. नैनीताल समाचार, 1 मई, 1978 तथा 15 मई, 1978; दिनमान, 30 अप्रैल- 6 मई, 1978 : 20-23 तथा 29 अप्रैल-5 मई, 1979 : 12-14 तथा पन्तनगर के मज़दूरों से 14 तथा 15 अप्रैल, 1978 को भेंटवार्ता
33. दिनमान, 29 अप्रैल-5 मई, 1979 : 12-14; उत्तर उजाला, 14 तथा 15 अप्रैल, 1978
34. नैनीताल समाचार, 15 जून, 1978
35. अस्कोट-आराकोट अभियान, कश्मीर-कोहिमा अभियान, गंगा तथा ब्रह्मपुत्र अभियान, गोदावरी अध्ययन अभियान तथा कश्मीर-लद्दाख अभियान आदि इनमें प्रमुख हैं।
36. नैनीताल समाचार, 1 जुलाई, 1978 तथा 15 जुलाई, 1978; भेंटवार्ता : राधा बहन
37. भेंटवार्ता : राधाबहन तथा बसन्ती बहन
38. भेंटवार्ता : सच्चिदानन्द भारती
39. दिनमान, 16-22 जुलाई, 1978 : 12-13; भेंटवार्ता : शमशेर सिंह बिष्ट
40. चंडी प्रसाद भट्ट, हिमालय की चेतावनी, दिनमान, 17-23 सितम्बर 1978 : 26-27
41. युगवाणी, 3 सितम्बर, 1978
42. दिनमान, 17-23 सितम्बर, 1978, 27-28; शेखर पाठक, पहाड़ टूट रहा है, दिनमान, 1-7 अक्टूबर, 1978 : 28-30
43. गोविन्द पन्त राजू, मैं कहता आँखन की देखी, नैनीताल समाचार, 1 सितम्बर, 1978; दिनमान, 17-23 सितम्बर 1978 : 26-27 तथा 1-7 अक्टूबर, 1978 : 28-30
    प्रभावित क्षेत्र में जाने वालों में जंगलात आन्दोलन से जुड़े कमला राम नौटियाल, सुन्दरलाल बहुगुणा, चण्डी प्रसाद भट्ट, घनश्याम सैलानी, शमशेर बिष्ट, गिरीश तिवारी, पलाश विश्वास, उमा भट्ट, इन्द्रमणि बडोनी, प्रभात उप्रेती सहित दर्जनों लोग थे।

44. 1978 में चिपको से जुड़े समूहों/व्यक्तियों ने दो और महत्त्वपूर्ण कार्य किये।

टिहरी में चिपको के प्रमुख कार्यकर्ता कुँवर प्रसून ने उत्तर प्रदेश छात्र युवा संघर्ष वाहिनी के संयोजक के नाते शिक्षा पद्धति में बदलाव की पहली शर्त के रूप में पब्लिक स्कूलों के खात्मे हेतु चेतना बनाने के उद्देश्य से 'दून मार्च' का आयोजन किया था। प्रदेश के दो बड़े स्कूलों के बीच चली यह यात्रा 5 जून, 1978 को लखनऊ के काल्विन ताल्लुकेदार कॉलेज के फाटक से शुरू हुई। उत्तर प्रदेश के लगभग 40 नगरों, क़स्बों, गाँवों में अपनी बात कहते हुए इस दल ने 591 कि.मी. की दूरी 26 दिन में तय कर 30 जून को देहरादून में यात्रा समाप्त की, जहाँ दून स्कूल के गेट पर सभा का आयोजन हुआ। इस मार्च में 9 ज़िलों में 36 सभाएँ आयोजित हुईं और शुरू से अन्त तक प्रदेश के 19 ज़िलों के 68 लोग शामिल हुए। कुँवर प्रसून के शब्दों में यात्रा की सबसे बड़ी असफलता महिलाओं तक इसकी पहुँच न होना और सबसे बड़ी सफलता साधारण आदमी को शिक्षा जैसे मुद्दे के आयामों का स्पर्श देना थी (भेंटवार्ता : कुँवर प्रसून) लेकिन यह प्रतीक यात्रा थी। इसका कोई सीधा असर समाज में पड़ सकना सम्भव न था।

दूसरा प्रसंग उत्तराखण्ड संघर्ष वाहिनी द्वारा मराठी के लेखक अनिल बर्वे के नाटक 'थैंक्यू मिस्टर ग्लाड' का मंचन करना था। यह नाटक जेल में बन्द एक क्रान्तिकारी के जीवन और विचारों के माध्यम से व्यवस्था का चरित्र उजागर करता है। लेकिन इस नाटक के मंचन से उत्तराखण्ड संघर्ष वाहिनी के विचारों की वाम दिशा का अन्दाज़ा आता था। 22 से 26 नवम्बर, 1978 तक अलमोड़े के बाद द्वाराहाट तथा एक दो अन्य स्थानों पर भी इसका मंचन हुआ। लेकिन दर्शकों को यह नाटक इस अर्थ में प्रभावित नहीं कर सका क्योंकि इसके माध्यम से स्थानीय लोगों को महत्त्वपूर्ण लगने वाले मुद्दे उजागर नहीं हो सके। व्यवस्था और क्रांतिकारिता की बात आम लोग उस तरह नहीं समझ सकते थे, जिस तरह कि प्रस्तुतकर्ता महसूस कर रहे थे। उस मौक़े पर प्रकाशित एक पर्चे के अन्त में कहा गया था कि आदमी का इतिहास सिर्फ़ जीत से नहीं समर्पित पराजय से शुरू हुआ है।

उक्त दो प्रसंग चिपको आन्दोलन से जुड़े युवाओं के चिपको से इतर रुझानों को प्रकट करते हैं। अतः उनके लिए चिपको का प्रश्न सिर्फ़ पेड़ का प्रश्न न था। यह सामाजिक, आर्थिक, राजनीतिक तथा शैक्षिक व्यवस्था से अधिक गहन रूप से जुड़ा हुआ मामला था। इन दो प्रसंगों में समाजवादी जे.पी. का तथा मार्क्सवादी/वामपन्थी प्रभाव भी पकड़ा जा सकता है (भेंटवार्ता : गिर्दा, बिपिन त्रिपाठी, कुँवर प्रसून, पूरन तिवारी आदि)।

45. विनय भाई, मन्त्री उ.प्र. सर्वोदय मण्डल को चण्डी प्रसाद भट्ट का 26 सितम्बर, 1978 का पत्र

46. सुन्दरलाल बहुगुणा का बनारसीदास चतुर्वेदी को नरेन्द्र नगर से 25 सितम्बर, 1978 को भेजा गया पत्र

47. उक्त पत्र

48. भारत डोगरा, 58-59; योगेश चन्द्र बहुगुणा, अतीत के विखरे पन्ने : 18

ग्रामीणों और कार्यकर्ताओं का जुलूस लोहिताल जंगल में एक आम सभा में बदल गया। संयोग से उस दिन मृदा वैज्ञानिक डॉ. बी.पी. घिल्डियाल भी यहाँ आये थे और वे भी बोले और उन्होंने कहा कि जब तक किसानों को पता नहीं होगा तब तक विकास कार्यक्रमों का कोई मूल्य नहीं है। रामराज ने जंगल का ईंधन, चारे और पानी से रिश्ता उजागर करते हुए कहा कि विश्वविद्यालय हमें शिक्षित करने आया है या हमारे अस्तित्व पर हमला करने? गंगाप्रसाद ने कहा कि माँ बहिनें हमें ताना मारती हैं कि जंगल का विनाश करने इस पन्तनगर को यहाँ क्यों खोला? उन्होंने यह भी बताया कि फक्वा का जल स्रोत इसी जंगल से निकलता है, जिसका पानी एक ज़माने में टिहरी शासकों की रसोई में जाता था। साबली के वयोवृद्ध भूतपूर्व प्रधान मुसद्दीलाल ने कहा कि दादा परदादा के ज़माने से उनके पशु यहाँ 6 माह के लिए आते थे और वे यहाँ से पत्तियाँ साल भर ले जाते थे। कुँवर प्रसून ने कहा कि यदि यहाँ पन्तनगर की तरह इन्द्रपुरी बसती है तो वह हमें नहीं चाहिए। बच्चीराम कौसवाल ने कहा कि चम्बा-मसूरी फलपट्टी के लिए टॉप के जंगल कटे और नीचे गाँवों के सारे खेत उजड़ गये। नाले का पानी ग़ायब हो गया। सुन्दरलाल बहुगुणा ने कहा कि वे विज्ञान को जन सामान्य के पास ले जा रहे हैं और कसाई बन गये मनुष्य से कह रहे हैं कि धरती के साथ पुराने माँ के सम्बन्ध में लौटें (11 अक्टूबर, 1978 की लोहिताल सभा का धूम सिंह नेगी द्वारा प्रसारित विवरण)

49. महिला मंगल दल साबली का वन सचिव उत्तर प्रदेश तथा कृषि सविच भारत सरकार के नाम 1 अक्टूबर 1978 के प्रतिवेदन; सुन्दरलाल बहुगुणा का कृषि सचिव भारत सरकार को 22 सितम्बर, 1978 का पत्र; उत्तर प्रदेश के वन सचिव का महिला मंगल दल साबली तथा सुन्दरलाल बहुगुणा को 6 नवम्बर, 1978 के पत्र, जिसमें कटान के निरस्त होने की सूचना थी। इस परिसर से स्थानीय जनता का लगाव नहीं हो पाया क्योंकि इसकी शुरुआत ही बाँज के जंगल के कटान से हुई। भेंटवार्ता : गंगाप्रसाद बहुगुणा, पुष्पादेवी बहुगुणा, लीला देवी, योगेश बहुगुणा, रामराज, कुँवर प्रसून आदि।

50. वन सचिव नरोत्तम प्रसाद त्रिपाठी के नाम सुन्दरलाल बहुगुणा के 11 नवम्बर, 1978 तथा 25 नवम्बर, 1978 के पत्र; चण्डी प्रसाद भट्ट द्वारा भारत सरकार के कृषि सचिव को 18 सितम्बर, 1978 तथा उत्तर प्रदेश वन सचिव को 27 सितम्बर, 1978

के पत्र तथा उत्तराखण्ड संघर्ष वाहिनी की ओर से प्रधानमन्त्री और मुख्यमन्त्री को 16 सितम्बर, 1978 को उत्तरकाशी तथा तवाघाट से लौटने के बाद भेजे गये पत्र।

51. इस समिति के अध्यक्ष दलीपसिंह, सचिव सूरतसिंह, उपाध्यक्ष सत्येश्वरप्रसाद, कोषाध्यक्ष कलमसिंह तथा गबरसिंह, सदानन्द, बचनसिंह, बागसिंह, सूरतसिंह आदि इसके सदस्य बने। युगवाणी, 17 दिसम्बर, 1978
52. युगवाणी, 31 दिसम्बर, 1978
53. धूम सिंह नेगी का पत्र, नैनीताल समाचार, 15 नवम्बर, 1979 : 8
54. युगवाणी, 31 दिसम्बर, 1978; भेंटवार्ता : सुन्दरलाल बहुगुणा, कुँवर प्रसून, विजय जरधारी
55. रविवार, 18 मार्च, 1979; भेंटवार्ता : सुन्दरलाल बहुगुणा, कुँवर प्रसून, विजय जरधारी
56. Bharat Dogra, Forests and People : 60
57. भेंटवार्ता : क्षेमानन्द शास्त्री
58. रविवार, 18 मार्च, 1979 : 17-18
59. रविवार, 18 मार्च, 1979 : 17-18; भेंटवार्ता : कुँवर प्रसून, धूम सिंह नेगी
60. 5 जनवरी, 1979 को हस्ताक्षरित प्रतिज्ञा पत्र; भेंटवार्ता : सुलोचना देवी
61. भेंटवार्ता : कुँवर प्रसून, धूम सिंह नेगी, विजय जरधारी, क्षेमानन्द शास्त्री
62. योगेश बहुगुणा नरेन्द्रनगर में सुन्दरलाल बहुगुणा द्वारा साल के शुरू में किये गये अनशन के समय ही अपना असन्तोष प्रकट कर चुके थे, जब उन्होंने लिखा था कि, 'उपवास कोई सार्वजनिक कर्मकाण्ड नहीं है। वह जीवन की गहन और सहज स्फुरणा है। ...अनशन से किसी का हृदय परिवर्तन हो गया हो यह भी देखने में नहीं आया। ...उत्तराखण्ड में जनशक्ति को आलोड़ित करने वाली पद्धतियों की तलाश होनी आवश्यक है। तब तक शायद अनशनों का सिलसिला रुक नहीं सकेगा।' (योगेश चन्द्र बहुगुणा, अनशनों की राजनीति, नैनीताल समाचार, 1 मार्च, 1978 : 7)
63. युगवाणी, 28 जनवरी, 1979
64. देखें : 31 जनवरी तथा 1 फ़रवरी, 1979 के विभिन्न पत्र। सुन्दरलाल बहुगुणा ने, यह बताया गया था, देहरादून के सी.जे.एम. से कहा था कि उनके शरीर पर कोई एलोपैथिक दवा का प्रयोग न किया जाय। गढ़वाली लड़कियों द्वारा उन्हें रामायण सुनाये जाने का समाचार था। एस.एम. सिंह नामक पत्रकार को बहुगुणा ने कहा था कि वे चाहते हैं कि हिमालय के वन संरक्षित (प्रोटैक्सन फारेस्ट) घोषित हों और कटान तब तक बन्द हो जब तक कि बांछित हरित आवरण विकसित नहीं हो जाता। इसके स्थान पर वृक्षारोपण के जन अभियान (मास प्लाण्टेशन) को महत्त्व दिया जाय। खाद्य, चारा, ईंधन, खाद या रेशा देने वाली प्रजातियाँ लगायी जायँ। उन्होंने वन विभाग से भी यह अपील की कि तत्काल बडियारगढ़, भरदारीगाड़ तथा अमरसार के जंगलों में कटान बन्द करें। वन निगम को वन विकास निगम बनाएँ। जेल में गढ़वाल के आयुक्त तथा देहरादून की ज़िलाधिकारी बहुगुणा से भूख हड़ताल तोड़ने का आग्रह करने गये।
65. जनान्दोलन के बीच कथा के आयोजन तथा जंगल कटान में स्थानीय लोगों के शामिल होने के कारण ही शायद हेगन बर्न्ट (Hagen Berndt) ने यह लिखा था कि बडियारगढ़ में चिपको को पर्याप्त समर्थन प्राप्त नहीं था (Hagen Berndt, 1987:72 reffered by Antje Linkenbach, Forest Futures : 66-67)। यह स्थिति कुछ स्थानों पर थी लेकिन भगवत कथा का आयोजन अदवाणी तथा बडियारगढ़ के अलावा चिपको आन्दोलन में कहीं और नहीं किया गया।
66. Bharat Dogra, Forests and People : 61
67. युगवाणी, 11 फ़रवरी, 1979; प्रताप शिखर, नयी वन नीति का गर्भपात कराने का प्रयास, नैनीताल समाचार, 15 मई, 1979 : 5
68. संयोजक रायसिंह पँवार, विशालमणि तथा गोविन्दराम आदि द्वारा हस्ताक्षरित 20 जनवरी, 1979 का पत्र
69. देखें—नवभारत टाइम्स, 31 जनवरी तथा 1 फ़रवरी 1979; रविवार, 18 मार्च 1979; Ramachandra Guha, Sociology of Chipko in *Himalayan Heritage* (Ed. Raha) : 301-317; Guha, Unquiet Woods : 166-172; Thomas Weber : Hugging the Himalaya : 55-56; भेंटवार्ता : सुलोचना देवी, क्षेमानन्द शास्त्री, कुँवर प्रसून, धूम सिंह नेगी

    सुन्दरलाल बहुगुणा अपने होमवर्क में सफल रहे। प्रदेश सरकार पर उन्होंने दबाव बनाने में कामयाबी पायी। भूख हड़ताल तोड़ने के लिए उनको वी.जी. वर्गीज (गाँधी शान्ति प्रतिष्ठान, दिल्ली), एम.एस. स्वामीनाथन तथा सुरजीतसिंह बरनाला आदि साथ-साथ पत्र लिख रहे थे (बहुगुणा को वर्गीज का 27 जनवरी 1979 का, एम.एस. स्वामीनाथन का 19 जनवरी, 1979 का और बरनाला का 1 फ़रवरी, 1979 का पत्र)। जो कार्यकर्ता आन्दोलन क्षेत्र में प्रत्यक्ष न थे, वे भी अपनी भूमिका निभाने में पीछे न थे। 29 जनवरी, 1979 के दैनिक हिन्दुस्तान में टिहरी वृत्त के अरण्यपाल डी.पी. गुप्ता का यह कथन छपा कि बडियारगढ़ क्षेत्र में वन निगम आधुनिक प्रणाली से स्थानीय श्रमिकों द्वारा गिरे पड़े और पुराने पेड़ों को काट रहा है और वन सम्पदा की सुरक्षा को ध्यान में रख रहा है। यह कटान निर्विवाद बताया गया था तथा जनता से चिपको आन्दोलन का विरोध करने की अपील की गयी थी। इसका बहुत सटीक जवाब उत्तरकाशी से चिपको के एक और कार्यकर्ता सुरेन्द्रदत्त

भट्ट, जो बडियारगढ़ में आन्दोलन के समय आते रहे थे, ने यह बताते हुए दिया कि मालगड्डी जंगल बहुत ढालदार और चट्टानी है। पूरे क्षेत्र में यही जंगल बचा है। वहाँ पुराने नहीं, नये हरे पेड़ काटे जा रहे हैं। कटान चिरान में स्थानीय तो दूर प्रदेश का भी कोई मज़दूर नहीं है। सुरेन्द्रदत्त भट्ट ने अरण्यपाल से जंगल में आकर स्वयं स्थिति देखने का आग्रह किया ताकि वे देख सकें कि आधुनिक प्रणाली में कैसे नये और हरे पेड़ों का कटान और लुढ़कान किया गया है। तटस्थ वन वैज्ञानिकों तथा वनस्पति और भूरक्षण के मान्य तथा तटस्थ विशेषज्ञों से बडियारगढ़ जंगल की जाँच कराई जाय और यदि यह गलत साबित होता है तो अरण्यपाल के विरुद्ध कार्यवाही की जाय (युगवाणी, 11 फ़रवरी, 1979, सम्पादक के नाम पत्र में सुरेन्द्रदत्त भट्ट)।

70. हिन्दुस्तान, 17 अप्रैल, 1979
71. युगवाणी, 11 फ़रवरी, 1979, बडियारगढ़ वन सुरक्षा एवं श्रीमद्भागवत पुराण समिति बडियार के अध्यक्ष स्वरूपसिंह तथा संयोजक रायसिंह का राष्ट्रपति के नाम 29 जनवरी, 1979 का पत्र
72. युगवाणी, 25 फ़रवरी, 1979
73. शक्ति : 17 फ़रवरी, 1979; छात्र संघ अध्यक्ष जगत रौतेला और महासचिव दीवान धपोला द्वारा वितरित 1 फ़रवरी, 1979 के पर्चे 'न्यौता संघर्ष का' के अन्त में दुष्यन्त कुमार की ये पंक्तियाँ छापी गयी थीं :
   सिर्फ़ हंगामा खड़ा करना मेरा मकसद नहीं
   मेरी कोशिश है कि ये सूरत बदलनी चाहिए।
74. खड़क सिंह खनी, सूरज को तो उगना ही था : 62
75. भेंटवार्ता : मोहन सिंह, धुरसिंह
76. खड़क सिंह खनी, सूरज को तो उगना ही था : 62-63
77. नैनीताल समाचार, 1 मार्च, 1979 : 4-5
78. भेंटवार्ता : मोहन सिंह
79. नैनीताल समाचार, 1 मार्च, 1979 : 4-5
80. भेंटवार्ता : मोहन सिंह, कुँवर प्रसून, सुलोचना देवी, बालमसिंह; खड़क सिंह खनी : सूरज को तो उगना ही था : 63
81. खड़क सिंह खनी : सूरज को तो उगना ही था : 136-37
82. भेंटवार्ता : गोविन्दसिंह नाववाला
83. स्वाधीन प्रजा, 13 मार्च, 1979; भेंटवार्ता : नरसिंह, माधोसिह आदि; कुछ स्थानीय कांग्रेसियों ने आन्दोलन का विरोध किया था पर वे बाद में आन्दोलन को मिले जन समर्थन के कारण चुप हो गये
84. भेंटवार्ता : गोविन्दसिंह नाववाला, गिर्दा', षष्टीदत्त जोशी, खड़क सिंह खनी, षष्टीदत्त भट्ट, दीवान धपोला, मोहन सिंह तथा जगत रौतेला
85. खड़क सिंह खनी : सूरज को तो उगना ही था : 139-40; भेंटवार्ता : मोहन सिंह
86. भेंटवार्ता : शमशेर बिष्ट, बालम जनोटी तथा मोहन सिंह
87. भेंटवार्ता : मोहन सिंह
88. मोहन सिंह का मुख्य न्यायिक मजिस्ट्रेट अलमोड़ा को दिया गया 2 जून, 1979 का पत्र; अलमोड़ा नागरिक मंच द्वारा 9 जून, 1979 को निकाला गया 'न्यायपालिका का अपमान' पर्चा; भेंटवार्ता : मोहन सिंह, शमशेर बिष्ट
89. फ़ौजदारी मुक़दमा संख्या 38, सन् 1979, सरकार बनाम दीवानसिंह में मुन्सिफ एवं न्यायिक मजिस्ट्रेट अलमोड़ा जे.सी.एस. रावत का 7 मार्च, 1979 का आदेश
90. आन्दोलनकारियों द्वारा नैनीताल जेल की अपनी कोठरी में बन्द कर लिए ए.डी.एम.-इ, नैनीताल की अध्यक्षता में आयोजित बैठक में 21 मार्च, 1979 को पारित प्रस्ताव; नैनीताल समाचार, 1 अप्रैल, 1979 : 1
   हल्द्वानी जेल से पूरन तिवारी तथा नैनीताल जेल से पूरन तिवारी तथा बालम जनोटी द्वारा लिखे गये पत्र उनकी मनःस्थिति तथा चेतना को उजागर करते हैं। वहाँ वे सामान्य कैदियों की दशा देखकर बहुत बेचैन हुए और इस हेतु उन्होंने प्रतिरोध शुरू किया, जिसकी पराकाष्ठा प्रशासनिक अधिकारियों को जेल में बन्दी बनाने में हुई (नैनीताल समाचार, 15 फ़रवरी, 1979: 8, 1 अप्रैल, 1979 : 1 तथा 15 अप्रैल, 1979 : 8)
91. मिसलीनियस क्रिमिनल अर्जी न. 35 ऑफ़ 1979 (ए) पूरन चन्द्र तिवारी, प्रकाश तिवारी बनाम राज्य; सैसन जज जी.एल. शुक्ला का 4 मई, 1979 का आदेश; भेंटवार्ता : पूरन तिवारी, बालम जनोटी
92. भेंटवार्ता : पूरन तिवारी, बालम जनोटी, दीवान धपोला
93. सैसन जज, अलमोड़ा का आदेश : 4 मई, 1979; छात्र संघ महासचिव दीवान धपोला की 1978-79 की पंजिका; भेंटवार्ता : पूरन तिवारी, बालम जनोटी, दीवान धपोला, जगत रौतेला

94. इस बीच अलमोड़ा में अप्रैल 1979 में चिपको आन्दोलनकारियों के विरुद्ध पर्चे वितरित किये गये। इसी तरह का दुष्प्रचार टिहरी में भी किया गया था।

95. भेंटवार्ता : कांति देवी तथा बचूली देवी

96. भेंटवार्ता : हरीश करायत, बालम जनोटी तथा निर्मल जोशी

97. नैनीताल समाचार, 15 जनवरी, 1979 : 1 तथा 11

98. नैनीताल समाचार, 15 जनवरी, 1979 : 1 तथा 11

99. भेंटवार्ता : बालम जनोटी।

100. भेंटवार्ता : बालम जनोटी, कांति देवी, रामसिंह, केशर सिंह, नन्दाबल्लभ जोशी

101. कांति देवी के शब्द 'मैल कौ छोड़ता है तो छोड़ वर्ना सिर झाड़ दूँगी। बड़्याठ दिखै बेर कौ मैलि। वीले मैके डराया। कौछ मारु फैर? मैल कौ मारि सकछै मार...फिरि उँ भाजि गयी' (मैंने कहा छोड़ता है तो छोड़ वर्ना सिर काट दूंगी। बड़्याठ दिखाकर कहा मैंने। उसने भी मुझे डराया। कहा कि तुम पर गोली चला दूँगा। मैंने कहा कि दम है तो चलाओं। फिर वे भग गये)। भेंटवार्ता : कांति देवी तथा बचुली देवी।

102. भेंटवार्ता : कांति देवी, रामसिंह, केशरसिंह, नन्दाबल्लभ जोशी

103. स्वाधीन प्रजा, 12 जून, 1979

104. भेंटवार्ता : बालम जनोटी

105. तब 'सुनले ए जालिम सरकार, जन जंगल की दावेदार' पर्चे में यह अपील की गयी थी।

106. सुन्दरलाल बहुगुणा का एम.एस. स्वामीनाथन को गंगोत्री से 29 अप्रैल, 1979 को लिखा गया पत्र।

107. उत्तर प्रदेश के वन सचिव को शमशेर बिष्ट का 12 फ़रवरी, 1979 का पत्र तथा चण्डी प्रसाद भट्ट का उत्तर प्रदेश के वन सचिव को 15 फ़रवरी, 1979 का पत्र; भेंटवार्ता : चण्डी प्रसाद भट्ट तथा शमशेर बिष्ट

108. देखें : प्रभागीय वनाधिकारी, केदारनाथ वन प्रभाग का प्रतापसिंह पुष्पाण, चण्डी प्रसाद भट्ट, रमेश पहाड़ी तथा लीलानन्द को लिखा पत्रांक 59-शि/41-5 (अ) दिनांक 6 जनवरी, 1979 और भट्ट तथा पहाड़ी का वनाधिकारी को लिखा 25 जनवरी, 1979 का पत्र।

109. प्रभागीय वनाधिकारी बद्रीनाथ वन प्रभाग का 4455/41-5, दिनांक 1 मई, 1979 का प्रतापसिंह पुष्पाण, चण्डी प्रसाद भट्ट, आनन्द सिंह, रमेश पहाड़ी, अनसूया प्रसाद भट्ट तथा रामचन्द्र उनियाल को लिखा पत्र

110. कुँवर प्रसून, रविवार, 24 जून, 1979 : 9; भेंटवार्ता : धूम सिंह नेगी, कुँवर प्रसून

111. कुँवर प्रसून, रविवार, 24 जून, 1979 : 9-10; भेंटवार्ता : घनश्याम सैलानी, पहाड़ी तथा कुँवर प्रसून

112. देखें—'हरे पेड़ों का व्यापारिक दोहन तुरन्त बन्द हो- चिपको आन्दोलन जारी रहेगा' पर्चा

113. यह पर्चा सुन्दरलाल बहुगुणा, सुरेन्द दत्त भट्ट, योगेश बहुगुणा, घनश्याम सैलानी, दलीपसिंह, सदन मिश्र, दीक्षा बिष्ट, धूम सिंह, प्रताप शिखर, विजय जरधारी, कुँवर प्रसून तथा भारतसिंह रावत द्वारा हस्ताक्षरित था।

114. सरला बहिन का सुन्दरलाल बहुगुणा को लिखा गया 10 अक्टूबर, 1977 का पत्र

115. सुन्दरलाल बहुगुणा ने सितम्बर 1979 में हेमवतीनन्दन बहुगुणा को पत्र लिखा, जिसे उन्होंने अपने 19 सितम्बर, 1979 के पत्र के साथ प्रदेश के मुख्यमन्त्री बनारसीदास को भी भेजा और यह आग्रह किया कि वे तवाघाट तथा अन्य स्थानों पर हुई भूस्खलन की घटनाओं की भूगर्भशास्त्रियों तथा विशेषज्ञों से जाँच कराएँ और सलाह लें। इसी तरह 22 अक्टूबर तथा 1 नवम्बर, 1979 को बहुगुणा ने नये वन सचिव त्रिलोकीनाथ धर को जंगलात के अनेक पक्षों, लीसा निकालने की पद्धति तथा कस्तूरा मृग बाबत पत्र लिखे थे, जिनका उत्तर त्रिलोकीनाथ धर ने अपने पत्रांक 8678/14-2/1979 दिनांक 12 नवम्बर, 1979 में यह बताते हुए दिया था कि लीसे के घाव गहरे न हों इसके आदेश दे दिये गये हैं तथा कस्तूरा मृग बाबत मुख्य वन जन्तु प्रतिपालक को आदेश दिया गया है कि वे समुचित व्यवस्था करें।

116. भेंटवार्ता : डी डी पन्त, 1997

117. विस्तार से देखें : Articles and books by Pradeep Kumar, Uttarakhand Movement : Construction of a Regional Identity; Zakir Hussain, Uttarakhand Movement : The Politics of Identity and Frustation; P.C. Joshi, Uttarakhand : Issues and Challenges; P.C. Joshi, 2000, Upsurge in Uttarakhand and the Himalayan Region, *Mainstream,* January 29; Shekhar Pathak, Beyond An Autonomous State : Background and Preliminary Analysis of Uttarakhand Movement; B.K. Joshi, Statehood and Beyond; Anup Kumar, The Making of a Small State; उप्रेती, प्रभात, 2000, संघर्षमय उत्तराखण्ड

118. शमशेर बिष्ट, और तवाघाट फिर टूट गया, नैनीताल समाचार, 1 सितम्बर, 1979 : 1-3

119. धूम सिंह नेगी द्वारा लिखा गया पत्र, नैनीताल समाचार, 15 नवम्बर, 1979 : 8

120. धूम सिंह नेगी द्वारा 10 अक्टूबर 1979 को लिखे 'भरदारीगाड़ के वनों का विनाश, भूक्षरण-भूस्खलन का ख़तरा' नोट से

121. सरला बहन, वर्तमान विश्वव्यापी संकट, 5 अक्टूबर, 1979

यद्यपि चुनावों पर अभी पर्यावरण का असर होना सम्भव न था लेकिन उन्होंने यह स्पष्ट लिखा था कि आर्थिक दृष्टि से बाढ़-भूस्खलन की दुर्घटनाओं से होने वाली हानि विकास के प्रकट आर्थिक लाभों से तथा वनों से होने वाले राजस्व से कम नहीं है और यह हानि बढ़ती रहेगी।

122. युगवाणी, 18 नवम्बर, 1979

123. कुँवरसिंह सजवाण, हेंवलिका 1981 : 42

124. अनिकेत, 13 नवम्बर, 1979

चण्डी प्रसाद ने तब अपने एक लेख में चिपको की तब तक की चमोली ज़िले की चिपको अभिव्यक्तियों की चर्चा करते हुए लिखा था कि, 'पहाड़ों की जलवायु बदल रही है। मिट्टी बह रही है। पानी के स्रोत कम होते जा रहे हैं। ग्रामीणों की दैनिक उपयोग की चीज़ों के लिए मीलों दूर जाना पड़ रहा है। ग्रामों में परम्परागत उद्योगों में भी उनके लिए कोई गुंजाइश नहीं रह गयी है। बिगड़ते पारिस्थितिकीय साम्य ने पहले पर्वतवासी को ही अपनी चपेट में लिया है, जिसके कारण उसका अस्तित्व डगमगा रहा है।' इस लेख में चिपको की तमाम माँगों के साथ स्पष्ट कहा गया था कि, 'वन क्षेत्रों के अन्तर्गत वन सम्पदा पर आधारित छोटे छोटे उद्योग स्थापित होने चाहिए, जो कि जंगलों में कार्यरत श्रमिकों, उद्योगों में कार्य करने वाले कार्यकर्ताओं और गाँवों की सहभागीदारी पर स्थापित हो। इसके लिए पूँजी, तकनिकी सहायता और कच्चामाल साल भर के लिए दिया जाना आवश्यक है। इसके लिए यह भी ज़रूरी है कि कोई वन उत्पादन तब तक बाहर न भेजा जाय जब तक स्थानीय आवश्यकता की पूर्ति नहीं हो जाती है।' छह मुख्य मुद्दों को प्रस्तुत करने के साथ उन्होंने लिखा था कि, 'ये मुद्दे सरल लग रहे हैं। कभी-कभी राहतों की घोषणाएँ भी होती हैं, परन्तु व्यवस्था इस सबको सरल तरीके से स्वीकार नहीं करेगी, क्योंकि वह निहित स्वार्थों से जुड़ी है। उनके हितों की सुरक्षा के लिए प्रतिबन्ध लगाती है। पर्वत का नागरिक व्यक्ति इसको समझता नहीं है। उसे अपने अस्तित्व रक्षा और पूर्ण शोषण को रोकने के लिए सतत आमने-सामने खड़े हो कर चिपको आन्दोलन चलाना होगा।' (1979, अस्तित्व के लिए चिपको आन्दोलन, नैनीताल समाचार, 15 अगस्त : 8-9)

125. 17 दिसम्बर, 1979 को सुन्दरलाल लखनऊ में मुख्य अरण्यपाल से मिले थे। उसी दिन शाम को उन्होंने पत्रकारों से बातचीत की थी। उनके साक्षात्कार पर आधारित जो समाचार 'नार्दर्न इण्डिया पत्रिका' (18 दिसम्बर, 1979) में छपा था, उसमें उन्होंने कहा था कि पर्वतीय क्षेत्र में नियुक्त वनाधिकारी ठेकेदारों के निजी चाकरों की तरह व्यवहार करते हैं और सरकारी आदेशों की अवहेलना कर जंगलों के कटान में ठेकेदारों को सहायता पहुँचाते हैं। इसी तरह वन विनाश से भूक्षरण तथा भूस्खलन में वृद्धि होने और महिलाओं द्वारा चिपको आन्दोलन चलाकर ठेकेदारों के काम में बाधा डालने की बात कही गयी थी। बहुगुणा के पत्र को जंगलात के अधिकारियों ने गम्भीरता से लिया। इसके उत्तर में प्रदेश के मुख्य अरण्यपाल ब्र.ना. चतुर्वेदी ने सुन्दरलाल बहुगुणा को अपने पत्रांक पी. 902/16-59 दिनांक 19/24 दिसम्बर, 1979 में लिखा था कि पूरे उत्तराखण्ड में तब 7,100 वर्ग कि.मी. सिविल तथा सोयम जंगल क्षेत्र था और 2,500 वर्ग कि.मी. पंचायती तथा नगरपालिका क्षेत्र में। सरकारी आरक्षित जंगल 24,000 वर्ग कि.मी. में फैला था। सिविल सोयम दरअसल नाम मात्र का वन क्षेत्र था और सर्वाधिक दबाव इस पर था। पत्र में यह भी लिखा गया था कि पुरानी योजनानुसार यमुना, उत्तरकाशी तथा चकरौता वन प्रभागों से 74,000 घन मीटर गोल प्रकाष्ठ का पातन निर्धारित था, जो वर्तमान कार्य योजना में घटाकर 48,000 घन मीटर कर दिया गया था। मुख्य अरण्यपाल ने यह सुझाव दिया था कि चिपको को सिविल सोयम में चलाने की ज़रूरत है जबकि चिपको आन्दोलन की जनशक्ति वन विभाग द्वारा आरक्षित वनों में किये जा रहे वैज्ञानिक पातन के विरुद्ध लगायी जा रही है। पत्र में भूक्षरण तथा क्षेत्रीय संवेदनशीलता का भूगर्भ विज्ञान से सम्बन्ध जोड़ा गया था। सबसे अन्त में वन अधिकारियों को ठेकेदारों का चाकर कहने में आपत्ति की गयी थी।

126. अनिकेत, 19 फ़रवरी, 1980

127. अनिकेत, 19 फ़रवरी, 1980

128. भेंटवार्ता : कुँवर प्रसून

129. विजय जरधारी, हेंवलिका 1980-81 : 38-39; भेंटवार्ता : कुँवर प्रसून, विजय जरधारी तथा विश्वेसरदत्त सकलानी

130. विजय जरधारी, हेंवलिका 1980-81 : 39-40; भेंटवार्ता : विजय जरधारी, कुँवर प्रसून, प्रताप शिखर, रंजना प्रसून

131. विजय जरधारी, हेंवलिका 1980-81 : 39-40

132. अनिकेत, 19 जनवरी, 1980

133. अनिकेत, 1 जनवरी, 1980

134. भट्ट के नाम चमोली के ज़िलाधिकारी का पत्रांक 2597 दिनांक 30 जनवरी, 1980
135. अनिकेत, 5 फ़रवरी, 1980
136. अनिकेत, 12 फ़रवरी, 1980, भेंटवार्ता : गायत्री देवी
137. अनिकेत, 12 फ़रवरी, 1980; भेंटवार्ता : पहाड़ी तथा गायत्री देवी
138. रमेश पहाड़ी का 11 फ़रवरी, 1980 का पत्र
139. आलू फार्म प्रभारी के नाम रमेश पहाड़ी का 9 फ़रवरी, 1980 का पत्र
140. अनिकेत, 19 फ़रवरी, 1980; भेंटवार्ता : गायत्री देवी, शाम्भवी देवी, महेशानन्द सती, चण्डी प्रसाद भट्ट, रमेश पहाड़ी
141. बीना अग्रवाल ने अपने विख्यात अध्ययन में अदवाणी के चिपको नारों को डूँगरी-पैन्तोली के आन्दोलन से जोड़ दिया। यहाँ सरल पर कम आकर्षक नारे लगे थे, जिनका ऊपर ज़िक्र किया गया है। देखें : Bina Agrawal, A Field of One's Own : 37
142. चण्डी प्रसाद भट्ट का ज़िलाधिकारी रजत कुमार को लिखा गया 20 फ़रवरी 1980 का पत्र; भेंटवार्ता : चण्डी प्रसाद भट्ट तथा रमेश पहाड़ी
143. ग्राम प्रधान श्यामसिंह का चण्डी प्रसाद भट्ट को 18 फ़रवरी, 1980 का पत्र, द.ग्रा.स्व.म. के संग्रह में। पत्र इस प्रकार था : 'आपको सूचित किया जाता है कि आप मेरी अनुपस्थिति में मेरी ग्राम सभा में आकर हमारी महिलाओं के बीच ऐसी क्रान्ति पैदा कर गये हैं कि जिससे हमारा गाँव पतन की ओर डाल गये हैं और साथ ही साथ सरकार के कार्य में अवैधानिक रूप से बिना गाँव की आज्ञा के बाधा डाल गये हैं। जबकि आपने पुरुष वर्ग को सहायता देने के बजाय गुमराह किया है। यह भी आपने बड़ा अन्याय किया। इसलिए आपको नोटिस द्वारा सूचित किया जाता है कि अगर इस प्रकार आप अवैधानिक रूप से गाँव में आये तो आपके प्रति बुरा व्यवहार तथा उचित शासकीय कार्यवाही की जायेगी'।
144. अनिकेत, 26 फ़रवरी, 1980; भेंटवार्ता : चण्डी प्रसाद भट्ट, रमेश पहाड़ी, साम्भवी देवी, गायत्री देवी
145. 25 फ़रवरी, 1980 को ज़िलाधिकारी की अध्यक्षता में हुई बैठक की कार्यवाही का विवरण
146. ज़िलाधिकारी को चण्डी प्रसाद भट्ट तथा रमेश पहाड़ी का 26 फ़रवरी, 1980 का पत्र; भेंटवार्ता : चण्डी प्रसाद भट्ट, रमेश पहाड़ी
147. चनर राम (ए.डी.एम.), बच्चीराम डिमरी (उपनिदेशक उद्यान), हरीश चन्द्र भट्ट (ए.डी.एम), ज़िला उद्यान अधिकारी तथा चण्डी प्रसाद भट्ट द्वारा 9 मार्च 1980 को हस्ताक्षरित निर्णय; अनिकेत : 11 मार्च, 1980; भेंटवार्ता : चण्डी प्रसाद भट्ट, रमेश पहाड़ी, साम्भवी देवी, गायत्री देवी, गोपीराम सत्यार्थी तथा महेशानन्द सती आदि।

    विचार-विमर्श के बाद निर्णय लिए गये कि : 1. खोलीखान रास्ते के नीचे की 2 एकड़ ज़मीन पेड़ों वाली, उबड़-खाबड़ तथा मुर्दाघाट के पास होने से उद्यान से बाहर की गयी। 2. खोलीखान के ऊपर उद्यान हेतु ली गयी ज़मीन में अधिक ढाल पर तथा गधेरे के अगल-बगल के पेड़ नहीं काटे जायेंगे। 3. खेतों के निर्माण में जो पेड़ आयेंगे, उनमें से 90 प्रतिशत को किसी हालत में नहीं काटा जायेगा और शेष 10 प्रतिशत को यदि काटा जाना ज़रूरी हुआ तो वन विभाग द्वारा मूल्यांकन करके काटा जायेगा। 4. चण्डी प्रसाद भट्ट ने बताया कि ज़िला पशुधन अधिकारी के अनुसार मेढ़ा केन्द्र के लिए 10 एकड़ ज़मीन चाहिए थी। जबकि गाँव वालों से 25 एकड़ ज़मीन ली गयी है और फार्म भी अभी तक नहीं खुला है। इसमें से शेष 15 एकड़ ज़मीन उद्यान विभाग को दी जाय। जूनियर हाईस्कूल के पास 10 एकड़ (300 नाली) ज़मीन भी उद्यान से लगी है। इसमें पेड़ नहीं हैं। इस ज़मीन को भी उद्यान हेतु ज़मीन कम होने की स्थितियों में लिया जा सकता है। 5. उद्यान हेतु ली गयी ज़मीन की पैमायश न की जाने पर भी आपत्ति की गयी। पुनः ज़मीन की पैमायश की माँग की गयी। 6. ग्रामीणों ने उद्यान का कार्य, जो 19 फ़रवरी, 1980 से रूका था, को प्रारम्भ करने की सहमति दी और अपनी सड़क, हाईस्कूल, अस्पताल तथा साँड़ केन्द्र स्थापना की माँग दोहराई।
148. सूमी कृष्ण चौहान, डूँगरी वीमेन डेयर, हिन्दुस्तान टाइम्स : 1 अगस्त, 1980; भेंटवार्ता : गायत्री देवी, रमेश पहाड़ी
149. पहले औरतों से पूछो, दिनमान, 30 मार्च-5 अप्रेल, 1980 : 8-9
150. चण्डी प्रसाद भट्ट द्वारा अतिरिक्त ज़िला मजिस्ट्रेट को लिखा 14 मार्च, 1980 का पत्र।
151. अतिरिक्त ज़िला मजिस्ट्रेट का चण्डी प्रसाद भट्ट को पत्रांक 209 दिनांक 24 मार्च, 1980 तथा ज़िलाधिकारी चमोली का चण्डी प्रसाद भट्ट को पत्रांक 310 दिनांक 2 अप्रैल, 1980।
152. चण्डी प्रसाद भट्ट, पैन्तोली के जंगल में बाँज के पेड़ों का कटान रुका, *हिमालय निवासी तथा निसर्ग,* अप्रैल 1980 : 1-3
153. Satyendra Tripathi, Indian Express, 30 March, 1980

10

वन अधिनियम 1980 के बाद

पिछले अध्याय में किंचित् विस्तार से बताया गया है कि 1980 के प्रारम्भिक महीनों तक कितनी विविधता भरी और गहरी सक्रियता पूरे उत्तराखण्ड में मौजूद थी। 28 नवम्बर, 1977 के नैनीताल प्रतिरोध के बाद जिस प्रकार का दमन उत्तर प्रदेश की दूसरी आज़ादी की बयार लाने का दावा करने वाली सरकार कर रही थी, वह उत्तराखण्ड की जनता, केन्द्रीय नेतृत्व और स्वयं जयप्रकाश नारायण के लिए अप्रत्याशित था। चिपको आन्दोलन ने शायद जनता दल सरकार के एक या कुछ पक्ष उजागर किये हों, पर ऐसे अन्य अनेक पक्ष थे, जहाँ उसकी फ़िसलन प्राणलेवा बनी और 1980 तक जयप्रकाश नारायण द्वारा रोपित पर आपात्काल के दमन और ज्यादतियों से सिंचित 'जनता पौंध' सूखने के कगार पर आ गयी।

1. जंगलात आन्दोलनों की निरन्तरता

1978-79 के सालों में न सिर्फ़ भ्यूंढार, चाँचरीधार, बडियारगढ़, जनोटी-पालड़ी, रंगोड़ी-ध्याड़ी और फिर पिंडर घाटी के चिडंगा-जोला गाँवों और डूँगरी-पैन्तोली (1980 के प्रारम्भिक महीनों में) जैसे स्थानों पर चिपको आन्दोलन के कितने ही रूप प्रकट और विकसित हुए, बल्कि पन्तनगर जैसा हत्याकाण्ड हुआ और प्राकृतिक आपदाओं ने अपने अनेक रौद्र रूप दिखाये थे। विशेष रूप से भागीरथी और कोसी-गोमती की बाढ़ ने। नैनीताल और नरेन्द्रनगर की नीलामियों के विरोध और बडियारगढ़, जनोटी-पालड़ी तथा रंगोड़ी-ध्याड़ी के प्रत्यक्ष प्रतिरोधों के दमन के दौर में चिपको आन्दोलन को व्यापक समर्थन मिला और जिन सामाजिक वर्गों तक चिपको का स्पर्श और प्रभाव नहीं पहुँचा था, वहाँ तक यह गया।

भ्यूंढार तथा डूँगरी-पैन्तोली ने पूरी तरह अपनी स्थानीय ज़रूरतों और अन्तर्विरोधों से जन्मे प्रतिरोध विकसित किये तो बडियारगढ़, जनोटी-पालड़ी और रंगोड़ी-ध्याड़ी में आन्दोलनकारियों की

प्रशासन या कि राजसत्ता से सीधी टकराहट हुई। जनोटी-पालड़ी और रंगोड़ी-ध्याड़ी में पुलिस तथा पी.ए.सी. जिस तरह आन्दोलनकारियों और ग्रामीणों का दमन करने गयी थी, उससे ऐसा आभास होता था जैसे अलमोड़ा के अन्तर्वर्ती क्षेत्रों में एक छापामार युद्ध चल रहा हो। बालम जनोटी या मोहन सिंह जैसे कार्यकर्ता परिस्थितियों के अनुरूप ग्रामीण प्रतिरोध विकसित कर रहे थे। ये दोनों तथा इनके साथी आक्रामक सत्याग्रही थे। राज्य दमन के लिए आन्दोलनकारियों की कार्यवाहियों के मुक़ाबले पर्वतीय विकास मन्त्री तथा वन मन्त्री या उनके माध्यम से उनकी सरकार के पूर्वग्रह ज़्यादा ज़िम्मेदार थे। पन्तनगर हत्याकाण्ड जनता दल शासन का कम समझदारी वाला दमनकारी रूप सामने रखता था।

1978 की आपदाओं और विशेष रूप से भागीरथी की बाढ़ ने न सिर्फ़ 1970 की अलकनन्दा बाढ़ या 1977 की तवाघाट दुर्घटना को दोहरा दिया था बल्कि कनौडिया गाड़ द्वारा वैसा ही व्यवहार किया गया था जैसा 1970 में बिरही नदी द्वारा। फ़र्क़ इतना था कि बिरही नदी में टूटने के लिए 1894 से शेष गौनाताल मौजूद था जबकि कनौडिया गाड़ में, फिर भागीरथी में एक अस्थायी ताल (डबराणी) टूटने के निमित्त इसी समय बना था। इस आपदा ने सड़कों को बनाने की अति विनाशकारी विधि, जंगलों के कटान और हिमालयी नदियों के कुछ सालों में व्यवहार बदलने की प्रवृत्ति की सच्चाई को सामने रख दिया था। अभी 1991 का भूकम्प एक दशक दूर था। आपदा से समाज और सरकार दोनों के सीखने के लिए अनेक पाठ निकलते हैं। उत्तरकाशी-भागीरथी की आपदा से समाज तो किंचित् सीख रहा था पर सरकार सीखने को कदाचित तैयार नहीं थी। बल्कि जनता दल की सरकार पूर्ववर्ती कांग्रेसी सरकारों से कम संवेदनशील और अधिक दमनकारी सिद्ध हुई। देश और प्रदेश में दूसरी आज़ादी का स्वाद शायद सबसे पहले उत्तराखण्ड के समाज ने चखा।

1980 में जनता सरकार की केन्द्र और कुछ प्रान्तों में पराजय के बाद स्थिति सामान्य होने लगी। प्रदेश में लगातार अस्थिर सरकारों और राष्ट्रपति शासन के कारण सम्पूर्ण सुशासन तो दूर, गम्भीर प्रशासनिक प्रश्नों की तरफ़ भी ध्यान नहीं दिया जा रहा था।[1] आपातकाल लगाने वाली कांग्रेसी सरकार का तीन साल के भीतर सत्ता में लौट आना जहाँ जनता दल के उदय से जुड़ी आशाओं का ध्वस्त होना था, वहीं चिपको आन्दोलन के सन्दर्भ में बाहरी रूप से अपेक्षाकृत राहत भरे पर वास्तव में कठिन समय की शुरुआत थी। यह जंगलात समस्या के समाधान बाबत उतना न था जितना दमन और दहशत का माहौल कम करने से जुड़ा था। सरकार की नयी घोषणाओं से चिपको आन्दोलन के द्वारा उठाये गये कुछ प्रश्नों का निदान करने का प्रयास हुआ पर अनेक प्रश्न अनुत्तरित ही रहे। जैसा कि ज़िक्र आ चुका है केन्द्र सरकार का ज़्यादा सरोकार अब पर्यावरण के प्रश्नों से हो गया था। वह ग्रामीणों तथा वनवासियों के वनाधिकारों के प्रति अपेक्षाकृत कम गम्भीर थी।

1980 के बाद चिपको आन्दोलन की रचना प्रक्रिया को देखना बहुत रोचक इसलिए होगा कि नये दशक में अनेक स्थानों पर चिपको आन्दोलन चलता रहा। 1980 के वन संरक्षण अधिनियम का लागू होना, स्टार पेपर मिल्स से हुए अनुबन्ध को प्रदेश सरकार द्वारा नवीनीकृत न करना तथा 1,000 मीटर से अधिक ऊँचे स्थानों में आगामी 15 सालों तक हरे पेड़ों की कटाई पर रोक लगना बहुत बड़े निर्णय थे। प्रत्यक्ष ठेकेदारी प्रथा पहले ही बन्द की जा चुकी थी। इस प्रकार चिपको आन्दोलन की बहुत-सी माँगें मान ली गयी थीं। इन सबने मिलकर स्थिति में बहुत बड़ा परिवर्तन किया था। कुछ जगहों पर स्थानीय समस्या सुलझ जाने से वहाँ पर चिपको आन्दोलन का अगला क्रम ठहर-सा गया। ग्रामीणों ने वहाँ पर चिपको आन्दोलन के दिशा-निर्देश में वृक्षारोपण आदि का

कार्य शुरू किया। कुछ स्थानों पर प्रत्यक्ष आन्दोलन चलते रहे। हेंवल घाटी और डूँगरी-पैन्तोली में 1980 के पहले 2-3 महीनों तक आन्दोलन का दौर चलता रहा। कुछ और स्थानों पर तो इसके बाद के सालों में आन्दोलन चले। जैसे बछेर, नन्दीसैण आदि में।

कुछ अध्ययनकर्ताओं ने 1980 से पहले ही चिपको आन्दोलन में 'पारिस्थितिकी' और 'आर्थिकी' का विभाजन करना शुरू कर दिया था और वन्दना शिवा ने अदवाणी के आन्दोलन में इसे ढूँढ़ा था।[2] पर तब भी अनेक जगह प्रत्यक्ष आन्दोलन चला हुआ था। कुछ स्थानों पर युवाओं ने वन श्रमिक सहकारी संघ बनाने का प्रयास किया था। 1980 के वन संरक्षण अधिनियम के लागू होने के बावजूद चिपको आन्दोलन का अपनी मूल माँगों वाला आन्दोलन चला हुआ था।

इस दौर में जंगलात सम्बन्धी राष्ट्रीय और प्रान्तीय नीतियाँ घोषित हुईं और कानून बने। कुछ असाधारण निर्णय लागू हुए। राष्ट्रीय-अन्तरराष्ट्रीय स्तर पर चिपको की चर्चा के साथ दुनिया 1972 की स्टाकहोम चेतना से 1992 की रियोडीजनेरिओ चेतना की तरफ़ बढ़ रही थी। 1980 के बाद केन्द्र सरकार द्वारा वनाधिकारों को सम्मान देने के साथ इस दशक में चिपको का विचार भारत के कुछ प्रान्तों और विदेशों में गया और कुछ विद्वानों और आन्दोलनकारियों ने पहले चिपको के रूप में अठारवीं सदी के खेजड़ी आन्दोलन को देखना शुरू कर दिया था।[3] अधिकांश चिपको कार्यकर्ताओं और आन्दोलनकारियों ने सुन्दरलाल बहुगुणा तथा कुछ अन्य के लेखों से पहली बार इस बाबत जानना शुरू किया था कि किस तरह 1730 में जोधपुर की विश्नोई महिलाओं ने अमृता देवी के नेतृत्व में स्थानीय महाराजा के आदेश के विरुद्ध संघर्ष किया, जीवन दिया और खेजड़ी के पेड़ बचा लिए।[4] वन्दना शिवा ने भी इस इतिहास को प्रस्तुत करना शुरू किया था क्योंकि उन्हें चिपको को विशुद्ध स्त्री संघर्ष सिद्ध करने के लिए इससे सूत्र मिल सकते थे।

1980 से प्रारम्भ दशक में चर्चा बढ़ने के साथ चिपको आन्दोलन प्रेस और मीडिया में स्थान पाने से आगे पुरस्कारों और सार्वजनिक अभिनन्दनों के लायक समझा जाने लगा। अनेक लोग नाटकीय अन्दाज़ में पेड़ों से चिपकने की फ़ोटो खींचने तथा खिचवाने लगे। पुरस्कारों ने दोधारी तलवार की तरह दोनों ओर असर डाला। समाज की तरफ़ इससे चिपको की चर्चा और स्मृति का क्षितिज विस्तृत हुआ और आन्दोलन की तरफ़ इसने आत्म सन्तोष, सामूहिक गौरव के साथ आत्मघाती आपसी असन्तोष को जन्म दिया।[5]

1984 में 'नशा नहीं रोज़गार दो आन्दोलन' के जन्म तक चिपको आन्दोलन के सर्वाधिक महत्त्वपूर्ण घटक उत्तराखण्ड संघर्ष वाहिनी में अनेक सदस्यों तथा कुछ प्रमुख कार्यकर्ताओं के 'कम आपसी संवाद' और 'अधिक बाहरी राजनीतिक सक्रियता' के साथ मनमुटाव तथा विभाजन की प्रक्रिया शुरू हो गयी थी। यह निष्क्रियता व्यक्तिगत नहीं संस्थागत स्तर पर थी। इस दशक के मध्य में उत्तराखण्ड का समाज एक बार फिर नशे के तन्त्र के ख़िलाफ़ उठ खड़ा हुआ और इसका नेतृत्व उत्तराखण्ड संघर्ष वाहिनी ने किया। अनेक सामाजिक संगठनों तथा राजनीतिक दलों का आंशिक सहयोग इसे मिला। उत्तराखण्ड संघर्ष वाहिनी का सर्वोदयी कहा जा सकने वाला हिस्सा इस आन्दोलन से कटा रहा और यह आन्दोलन कुमाऊँ के अलमोड़ा तथा नैनीताल ज़िलों में सघनतम रूप से फैलने के बावजूद अन्यत्र नहीं ले जाया जा सका, जबकि नशे का आंतक हर तरफ़ एक जैसा ही था।

नशे के विरुद्ध उत्तराखण्ड का यह आज़ादी के बाद का दूसरा आन्दोलन पहले सर्वोदयी आन्दोलन से इस अर्थ में भिन्न था कि यह जंगलात के अनसुलझे मुद्दों के साथ नशे का प्रश्न जोड़

रहा था। चण्डी प्रसाद भट्ट, योगेश बहुगुणा, घनश्याम सैलानी, कुँवर प्रसून, सदन मिश्र, जो 1977 में उत्तराखण्ड संघर्ष वाहिनी का हिस्सा बने थे या बनाये गये थे, अब अलग दिशाओं में जाने लगे थे। लेकिन चण्डी प्रसाद भट्ट और साथियों का 'नशा नहीं रोज़गार दो आन्दोलन' में नहीं आना एक प्रकार से उत्तराखण्ड संघर्ष वाहिनी के विभाजन की दूसरी दरार थी। पर यह सम्पूर्ण कारण नहीं था। पहली दरार 1982 के आसपास तब पड़नी शुरू हो गयी थी जब इण्डियन पीपुल्स फ्रण्ट (आइ.पी.एफ.) से उत्तराखण्ड संघर्ष वाहिनी के कुछ लोग जुड़ने लगे थे।[6] संघर्ष वाहिनी का केन्द्रीय नेतृत्व इस सन्दर्भ में अपने चुने हुए कार्यकर्ताओं तथा वरिष्ठ सहयोगियों के बीच बात बहस नहीं कर सका था। बहस हुई तो उसमें सबकी हिस्सेदारी नहीं हो सकी।

उत्तराखण्ड संघर्ष वाहिनी के अलमोड़ा-नैनीताल केन्द्रित धड़े ने 'नशा नहीं रोज़गार दो आन्दोलन' के दौर में अपने सुधारवादी और क्रान्तिकारी संयुक्त रुझान को बनाये रखा पर इस द्वैध का अधिक समय तक चलना सम्भव नहीं था। कुछ ही समय बाद उत्तराखण्ड संघर्ष वाहिनी का विभाजन हो गया, जिस पर आगे चर्चा होगी। अब चिपको आन्दोलन की तीन धाराओं का अलग-अलग प्रवाह दिखायी देने लगा था।

2. तीन असाधारण निर्णय

भारतीय राजनीति में 1980 का साल चाहे इन्दिरा गाँधी की वापसी का और उ.प्र. में विश्वनाथ प्रताप सिंह की कांग्रेसी सरकार बनने का था लेकिन उत्तराखण्ड के और विशेष रूप से जंगलात आन्दोलन के सन्दर्भ में इस साल तीन महत्त्वपूर्ण निर्णय हुए थे :

1. अखिल भारतीय स्तर पर वन संरक्षण अधिनियम 1980 का लागू होना।
2. स्टार पेपर मिल्स से 1961 में हुए बीस साला करार का नवीनीकृत न होना और
3. 1000 मीटर से ऊपर स्थित जंगलों में अगले 15 साल तक हरे पेड़ों के कटान पर रोक लगना (आदेश 1981 में आया)।

इन तीनों निर्णयों से सरकारी जंगलात नीति पर चिपको का प्रभाव दिखता था। पहला निर्णय, जो अधिनियम के रूप में संसद में स्वीकृत हुआ था, अखिल भारतीय महत्त्व का था। इसके लागू होने से किसी वन क्षेत्र को गैर वन उद्देश्यों के लिए इस्तेमाल नहीं किया जा सकता था। कहीं यदि ऐसा किया जाना है तो केन्द्र सरकार की अनुमति अनिवार्य थी। पर इस एक्ट द्वारा विकसित केन्द्रीयता स्थानीय समुदायों के लिए कुछ सन्दर्भों में संकट पैदा करेगी, तब यह नहीं सोचा गया था। दूसरा निर्णय उत्तर प्रदेश सरकार द्वारा लिया गया था पर उत्तराखण्ड के आर्थिक, सामाजिक और पारिस्थितिक इतिहास की दृष्टि से महत्त्वपूर्ण था। इसके अनुसार 20 साल से अत्यन्त कम दामों में कच्चा माल प्राप्त कर रहे कारखाने को अब यह मिलना बन्द हो गया। यह लम्बे समय से चली आ रही माँग तथा जन-आन्दोलन का आंशिक सम्मान था। तीसरा निर्णय 1,000 मीटर से ऊपर हरे पेड़ों के कटान पर रोक लगाना चिपको आन्दोलन की महत्त्वपूर्ण जीत थी।[7] इससे पहले रेणी जाँच कमेटी द्वारा अलकनन्दा के जलागम के बड़े हिस्से (1,200 वर्ग कि.मी.) में कटान पर रोक लगा दी थी। अब देश में विकसित हो रही पर्यावरण चेतना तथा चिपको आन्दोलन के आगामी मिज़ाज की परख होनी थी।

इन तीनों निर्णयों के पीछे किसानों-वनवासियों के वनाधिकारों को सम्मान देने के मुक़ाबले पर्यावरणीय प्रश्न अधिक मुखर थे, हालाँकि चिपको के दबाव से ये निर्णय लिए गये थे। यह कहा जा

सकता है कि शासन ने चिपको के दबाव से पर्यावरण के प्रश्नों को ले लिया। इसका अन्दाज़ा कौल समिति की रपट से भी आता है, जिसमें पर्यावरण से सम्बन्धित अनेक सुझाव दिये गये थे।[8] अकेले स्टाकहोम सम्मेलन का प्रभाव इस हेतु पर्याप्त न था। लेकिन किसानों-वनवासियों के प्रति शासन की संवेदना नहीं बढ़ी। उसने चिपको में सिर्फ़ 'जंगलों की हिफ़ाज़त' की पारिस्थितिकी मात्र को पढ़ा 'जंगलों के अधिकार' के व्यापक अर्थशास्त्र और समाजशास्त्र को नहीं।[9]

उत्तराखण्ड में छात्रों के विरुद्ध चल रहे मुक़दमे 1980 में वापस ले लिए गये और ज़्यादातर छात्र अपनी कक्षाओं में लौट गये। लेकिन चिपको के मूल कार्यकर्ता अपनी मूल संस्थाओं और स्थानों पर अपनी-अपनी तरह से कार्यरत रहे। चमोली के कार्यकर्ताओं ने प्रदेश सरकार की कथनी और करनी का अन्तर उजागर करते हुए बताना शुरू किया था कि उत्तराखण्ड के वनाधारित सहकारी उद्योगों पर सरकार ने एक प्रकार से रोक लगा दी है। लीसे पर आधारित उद्योग लगभग ठप थे। स्वयं दशौली ग्राम स्वराज्य मण्डल को तारपीन फैक्ट्री के लिए हर साल 3,000 हज़ार क्विंटल लीसा मिलता था, जिसे 1980 में घटाकर 1,000 क्विंटल कर दिया गया था। इसी प्रकार एक वार्निश उद्योग को 200 क्विंटल लीसा देने की स्वीकृति थी पर जब उद्योग खड़ा हुआ तो लीसे का आबंटन बन्द कर दिया गया। जबकि आई.टी.आर. बरेली तथा मैदानों में स्थित कुछ अन्य पुरानी तथा नयी फैक्ट्रियों को लीसा दिया जाता रहा।[10]

कुछ इसी तरह का अनुभव अलमोड़े ज़िले में चार श्रम संविदा सहकारी समितियों (श्र.स.स.स.) को चलाने वाले युवाओं को हुआ, जिन्होंने उच्च शिक्षा प्राप्त कर यह काम शुरू किया था। हर क़दम पर उन्हें दिक्कतों का सामना करना पड़ा। ऊपर से कच्चे माल (लीसे) को इकट्ठा करने का काम भी सिमटाया जाने लगा।[11] इन युवाओं को लगा कि बेईमानी के बिना श्र.स.स.स. को चलाना असम्भव है और एक अपवाद सहकारी समिति को छोड़, जो घाटे में अवश्य थी, सभी बन्द होने को विवश हुईं।

पी.डी.[12] के नाम पर उत्तराखण्ड के अनेक क्षेत्रों से पेड़ों को काटने और बेचने की होड़ का ज़िक्र अनेक बार हुआ और पी.डी. के पेड़ों को अन्यत्र बेचकर कुछ तत्व पर्याप्त लाभ कमा रहे थे। चमोली ज़िले में इस तरह का धन्धा घाट, थराली, नारायण बगड़ और ऊखीमठ क्षेत्रों में, अलमोड़ा में भैसियाछाना, कपकोट तथा पिथौरागढ़ ज़िले में चम्पावत आदि में यह चला हुआ था। तराई-भाबर क्षेत्र में जंगलों की लूट जारी थी। कुछ निहित स्वार्थ और ठेकेदार वन विभाग के साथ मिलकर यह कार्य कर रहे थे। ज़िला तथा जंगलात प्रशासन इन कारनामों को रोकने का कोई सुसंगठित प्रयास नहीं कर रहे थे। अनेक स्थानों पर पंचायत के जंगलों से पेड़ों का कटान हुआ था।[13] वन अधिनियम 1980 का प्रारूप न जनता में बहस हेतु आया और न कार्यकर्ताओं में। संसद में उसको गहराई से जाने बिना पारित किया गया था। अतः उसके तात्कालिक दुष्परिणाम धीरे-धीरे सामने आये। एक प्रकार से इस अधिनियम को चिपको के प्रतिपक्ष में इस्तेमाल करने का प्रयास शासन द्वारा निरन्तर होता रहा तथा राजनीतिक दल इसमें तत्पर रहे।

1980 में स्टार पेपर मिल्स से उ.प्र. सरकार के समझौते के नवीनीकृत न होने को अनेक राजनीतिक कार्यकर्ताओं—विशेष रूप से कांग्रेस और अन्य राजनीतिक पार्टियों से जुड़े हुए—ने सम्पूर्ण उपलब्धि बता कर वन आन्दोलनों से छुटकारा पा लेने की गलतफ़हमी पाली। जबकि यह चिपको आन्दोलन की मात्र एक माँग थी। इस समय चिपको आन्दोलन के लिए अपनी उन माँगों की तरफ़ लौटने का मौक़ा था, जो जंगलात के संसाधनों से स्थानीय युवाओं के रोज़गार पाने के अधिकार से जुड़े थे। चिपको के प्रमुख कार्यकर्ता इस कोशिश में लगे थे।

साथ ही चिपको को उसका विस्तार देने वाले कार्यकर्ता लगातार सक्रिय थे। सुन्दर लाल और चंडी प्रसाद सरकार और नौकरशाही को निरन्तर पत्र भेज रहे थे। यद्यपि दोनों के अपने-अपने दृष्टिकोण विकसित हो चुके थे। उनमें अब स्पष्ट अन्तर दिखने लगा था। बहुगुणा अपनी अब तक की समझ को छोड़कर एक दार्शनिक की तरह चिपको को देखने और विश्लेषित करने लगे थे। चण्डी प्रसाद चिपको आन्दोलन की पुरानी भूमि पर खड़े थे पर चिपको की नयी व्याख्या की इस चुनौती ने उनको आन्दोलन के नये नजरिये को पूरी तरह विकसित नहीं करने दिया। वैसे भी अलकनन्दा और भागीरथी की घाटियों के चिपको आन्दोलन अब संवादहीनता में थे। एक-दूसरे से सीखना और एक-दूसरे का पूरक बनना पहले ही छूट गया था। अब चिपको आन्दोलन के भीतर प्रतिद्वन्द्विता का प्रारम्भिक रूप विकसित हो रहा था।

संघर्ष वाहिनी में उभरी पहली और दूसरी दरार ने पहले वाहिनी को और फिर चिपको आन्दोलन को कुछ समय के लिए ठहराव में ला दिया। पर फिर संघर्ष वाहिनी 'नशा नहीं रोज़गार दो आन्दोलन' में/से ऊर्जा व्यय और ऊर्जा अर्जन करने लगी। दग्रास्वमं अपने पुराने सीमित कामों में लौट आया। पर्यावरण शिविर उसकी सीमा बन गये लेकिन संस्था की पुरानी सीमाओं में लौट आने के साथ वे सब काम समाप्तप्राय थे, जिन्हें संस्था ने अनेक सालों में विकसित और विनियमित किया था।

अनेक स्थानों पर 1975 में स्थापित वन निगम द्वारा कटान किया जा रहा था तथा मिट्टी को क्षति पहुँचाने वाली प्रजातियों जैसे यूकेलिप्टस और बाँज क्षेत्र में चीड़ का रोपण हो रहा था। सुन्दरलाल बहुगुणा ने विज्ञान व तकनीकी विभाग के सचिव को एक पत्र में यह माँग की कि वे विभिन्न विशेषज्ञों की एक समिति बनाएँ, जो जंगलों के वैज्ञानिक प्रबन्ध को परिभाषित करे। इससे पर्वतवासियों, वनवासियों तथा पूरे देश को लाभ होगा।[14] चण्डी प्रसाद भट्ट चिपको को पर्यावरण की अति तथा अव्यावहारिक आदर्शवाद से बचाने की चिन्ता में थे। वे वृक्षारोपण, जंगलों का संरक्षण तथा छोटे-छोटे कुटीर उद्योगों के समर्थक थे। यद्यपि दशौली ग्राम स्वराज्य मण्डल का अपना लकड़ी तथा जड़ी-बूटियों का काम बन्द हो चुका था। लीसा आवश्यकता का मात्र एक तिहाई या एक चौथाई मिल रहा था। यानी चिपको आन्दोलन पूरे समाधान देने में अभी कामयाब नहीं हो सका था। इसलिए चिपको का अख़बारी रूप उन्हें चिन्ता में डाले था। दशौली ग्राम स्वराज्य मण्डल जो कर रहा था, उसे वे पहाड़ों के लिए आदर्श मानते थे। उसे वे विस्तार देना चाहते थे पर संस्था द्वारा स्थापित छोटे से आदर्श को जीवित रखना लगभग मुश्किल हो गया था। बल्कि कुछ कार्यकर्ता तो इसे नामुमकिन मानने लगे थे।[15] दशौली ग्राम स्वराज्य मण्डल द्वारा किया जा रहा कृषि उपकरणों को बनाने, लीसा कारखाने के संचालन तथा जड़ी-बूटियों के विपणन का कार्य समाप्त हो जाने से संस्था के कार्यकर्ताओं को न्यूनतम पारिश्रमिक दिया जाना बन्द हो गया था।[116]

3. दूधातोली में चिपको

1980 में जब पौड़ी ज़िले के दूधातोली क्षेत्र के उफरैंखाल नामक स्थान पर उस क्षेत्र का पहला पर्यावरण शिविर लगा तो अनेकों के लिए यह आश्चर्य था। क्योंकि पौड़ी ज़िले में चिपको की दस्तक तब तक सुनाई नहीं दी थी। यद्यपि 1979 में दूधातोली क्षेत्र, जहाँ से दोनों नयार (पूर्वी तथा पश्चिमी), आटागाड़, विनोद (बीनू) तथा पश्चिमी रामगंगा जैसी नदियाँ जन्म लेती हैं, में थलीसैंण राजि के ब्लाक नं. 4 के कम्पाट 8 से 16 तक का कटान सफलता पूर्वक रोका गया था। इसमें लगभग 70

हज़ार पेड़ कटने थे। इस क्षेत्र में कार्यकर्ताओं ने गाँव-गाँव जाकर ग्रामीणों को कटान के परिणाम बताये तथा उत्तराखण्ड में अन्यत्र हो रहे आन्दोलनों का परिचय दिया।

गोपेश्वर में चिपको का संस्कार और ताप पाये हुए सच्चिदानन्द भारती इस सक्रियता के केन्द्र में थे। उन्होंने गाँवों में बात ले जाने के साथ विभिन्न चिपको आन्दोलनकारियों, जंगलात विभाग, प्रेस तथा जन प्रतिनिधियों से पत्राचार किया। इसका असर हुआ। प्रदेश के वन सचिव जगदीश चन्द्र पन्त तक यह काग़ज़ पहुँचा और उन्होंने इस कटान की जाँच पड़ताल के आदेश दे दिये। 12 सितम्बर, 1980 को डीएफओ डी.एस. तोमर तथा लौगिंग अधिकारी डी.वी.एस. रावत सरकार की ओर से और सच्चिदानन्द भारती, दयाल सिंह कंडारी (पोखरी चौथान), धरमसिंह तथा सरस्वती देवी (महिला मंगल दल, दैड़ा) दूधातोली क्षेत्र की ओर से दैड़ा बिन्सर डाक बंगले में हुई बैठक में गये।[17]

इस तरह 8 से 14 कम्पाट में कटान एक समझौते के तहत रुक गया लेकिन कम्पाट 15 तथा 16 में 'वैज्ञानिक कटान' हेतु सहमति दी गयी। कार्यकर्ताओं ने तभी यह घोषणा की कि यदि शेष कम्पाटों में कटान होगा तो वे प्रत्यक्ष चिपको आन्दोलन चलायेंगे।[18] दरअसल 'डाल्यूँ का दगड्या' की यह पहली उपलब्धि थी। उफरैंखाल में 24-26 जुलाई, 1980 को आयोजित पर्यावरण तथा वन संरक्षण शिविर में चण्डी प्रसाद, सुन्दरलाल, शमशेर बिष्ट, राजा बहुगुणा आदि सहित अनेक कार्यकर्ता गये थे। शिविर में दशौली ग्राम स्वराज्य मण्डल, उत्तराखण्ड संघर्ष वाहिनी तथा डाल्यों का दगड्या के सदस्य ही मुख्य रूप से थे। शिविर में शमशेर बिष्ट ने स्पष्ट रूप से कहा कि अपने को वोट की राजनीति से दूर रखकर हमें समाज और संसाधनों की हिफ़ाज़त का काम करना है।[19] शिविर के अगले क्रम में दूधातोली क्षेत्र की 15 दिवसीय अध्ययन यात्रा की गयी। इस सबकी परिणति 1981-82 में दूधातोली लोक विकास संस्थान की स्थापना में हुई।[20]

इस शिविर में चिपको टीम की भीतर ही भीतर निर्मित हो रही और भविष्य में स्पष्ट रूप से प्रकट होने वाली तीनों धाराओं के शीर्षस्थ कार्यकर्ता एक साथ उपस्थित थे। पर वे उस मुद्दे पर बात नहीं कर सके थे जो उत्तराखण्ड क्षेत्र और स्वयं चिपको आन्दोलन के सामने थी। यानी चिपको की बुनियादी माँगों के लिए फिर एक और आन्दोलन को विकसित करना। 1980 का वन अधिनियम, स्टार पेपर मिल्स को कच्चा माल दिया जाना बन्द करना और 1,000 मीटर से ऊँचे स्थानों पर हरे पेड़ों के कटान पर रोक जैसे ऐतिहासिक निर्णयों के बावजूद ग्रामीणों-किसानों के जीवन से जंगलों को संरक्षण और आर्थिकी दोनों को महत्ता देते हुए जोड़ने का काम नहीं हो पाया था। इसे रचनात्मक जन-आन्दोलन ही कर सकता था। दशौली ग्राम स्वराज्य मण्डल ने इसका 'एडहाक माडल' विकसित कर दिया था, जिसे टिहरी और अलमोड़ा की चिपको टीमों ने उपयोगी और दोहराने लायक माना था।[21] इस मॉडल को निखार दिया जा सकता था। यह चिपको आन्दोलन की अत्यन्त बुनियादी माँग थी।

उत्तराखण्ड संघर्ष वाहिनी ने अपने पूर्ववर्ती रूपों या संघटकों (दशौली ग्राम स्वराज्य मण्डल, ग्रामीण छात्र संगठन, युवा निर्माण समिति तथा पर्वतीय युवा मोर्चा) के द्वारा पेड़ों को प्रत्यक्ष बचाने के आयोजनों के साथ पेड़ों को लगाने के अभियान 1975 से ही शुरू कर दिये थे। शिविरों के माध्यम से विभिन्न गाँवों के निवासियों, छात्र-अध्यापकों, कार्यकर्ताओं और कई बार सरकारी कर्मचारियों-अधिकारियों को आपस में मिलने-बैठने-बात करने और वृक्षारोपण तथा दीवालबन्दी का प्रत्यक्ष मौक़ा मिलता था। अपनी दिक्कतों को जानने-विश्लेषित करने की गहन शिक्षा इन शिविरों से मिलती थी। दरअसल इस कार्यक्रम के केन्द्र में वृक्षारोपण और विचार दोनों मौजूद थे। जोशीमठ, गौनाताल, पप्ड़याणा, गरुड़ गंगा आदि

क्षेत्रों में वृक्षारोपण कार्यक्रम असाधारण हिस्सेदारी वाला था। इन शिविरों से युवाओं को अपने क्षेत्र के पारिस्थितिक यथार्थ को समझने का मौक़ा मिला तथा उनमें यह समझ विकसित हुई कि हर गड़बड़ी प्राकृतिक नहीं है, उसमें उनका व्यक्तिगत या सामूहिक योगदान है। अनेक युवाओं को इन शिविरों से पिछले स्थानीय जन-आन्दोलनों की जानकारी भी हुई।[22]

27 जनवरी से 1 फ़रवरी, 1980 के बीच पाँखी गाँव में और फिर जून 1980 में बेमरू-स्यून, डुमक-कलगोट जैसे दूरस्थ दुर्गम गाँवों में शिविर हुए। इन शिविरों से ग्रामीण समस्याओं को समझने तथा उनके निदान के सम्मानजनक रास्ते निकालने के प्रयासों के मौक़े मिलते थे। सबसे महत्त्वपूर्ण बात थी इन शिविरों से हर किसी का शिक्षित होकर लौटना। इन्हीं शिविरों से उत्तराखण्ड की ग्रामीण महिलाओं ने सार्वजनिक रूप से अपनी बात रखना सीखा। इन शिविरों ने महिलाओं की ताकत का भान स्वयं महिलाओं को और शेष समाज को दिया। साथ ही महिलाओं को अपने ग्रामीण संसाधनों के बाबत निर्णय लेने में उनका अपना तर्क सम्मत स्थान दिया।

1975 में पर्यावरण शिविरों के माध्यम से वृक्षारोपण और दीवालबन्दी आदि की जो रचनात्मक प्रक्रिया शुरू हुई, इसमें बाद में क्षेत्रीय और राष्ट्रीय प्रश्नों पर भी विस्तार से बातें होने लगीं। अब तक उत्तराखण्ड संघर्ष वाहिनी तथा 'डाल्यूँ का दगड़्या' संगठनों का जन्म हो चुका था। इस प्रकार दशौली ग्राम स्वराज्य मण्डल, उत्तराखण्ड संघर्ष वाहिनी, तमाम महिला मंगल दलों और 'डाल्यूँ का दगड़्या' के सदस्य; कुमाऊँ तथा गढ़वाल विश्वविद्यालयों तथा कॉलेजों के छात्रों के अलावा अन्य संगठनों-संस्थानों के लोग इन शिविरों में भाग लेते थे।[23] शिविरों के इस दौर में हुए वृक्षारोपण को अत्यन्त सफल माना गया था। प्राथमिकता फलदार और चारा प्रजाति के पेड़ों को दी गयी थी।

इसी कारण बाद के वर्षों में वे सब गाँव फल और चारे से सम्पन्न हो गये, जहाँ शिविर लगे थे या शिविरों की प्रेरणा से वृक्षारोपण और दीवारबन्दी हुई थी। जंगल और खेती के बीच की दीवारबन्दी सर्वाधिक महत्त्वपूर्ण थी। जैसी दीवारबन्दी डुमक-कलगोट, बेमरू, उरगम आदि जगहों में हुई, इससे पालतू पशु उस वन्य क्षेत्र में नहीं जा सकते थे, जहाँ पौध बढ़ने के लिए छोड़ी थी और जंगली जानवर खेती को नुक़सान पहुँचाने में सफल नहीं हो पाते थे। दशौली ग्राम स्वराज्य मण्डल तथा संघर्ष वाहिनी वनीकरण, कटान रोकने तथा पर्यावरण शिविरों में इस तरह सक्रिय थे कि फ़रवरी 1980 में डूँगरी-पैन्तोली में आलू फार्म के निर्माण के लिए कट रहे बाँज के पेड़ों को बचाने वाली महिलाओं को समर्थन देने हेतु जाने से तत्काल पहले चण्डी प्रसाद भट्ट तथा रमेश पहाड़ी बेमरू के शिविर में थे।[24]

उत्तराखण्ड संघर्ष वाहिनी ने वन आन्दोलन को और विस्तार देने के उद्देश्य से विचार-विमर्श शुरू किये। 18 मार्च, 1980 को अलमोड़ा में आयोजित बैठक में उत्तराखण्ड की आर्थिक-सामाजिक परिस्थितियों का विश्लेषण करते हुए वन, खन और मानवीय शोषण करने वाले निहित स्वार्थों तथा दलों द्वारा जनता को गुमराह करने की प्रवृत्तियों पर व्यापक चर्चा हुई। बैठक में सरकार द्वारा किये जा रहे आन्दोलनकारियों के दमन, उत्तराखण्ड के प्राकृतिक संसाधनों के शोषण का विरोध किया गया। खनन (अलमोड़ा मैग्नेसाइट, मैग्नेसाइट एण्ड मिनरल्स, हिमालयन मैग्नेसाइट आदि), बाँध (विष्णुप्रयाग तथा टिहरी) तथा भूस्खलन से प्रभावित क्षेत्रों के निवासियों को तराई में ज़मीन देने की और तराई में हड़पी गयी ज़मीन का इस हेतु उपयोग करने की माँग की गयी। खनिज सम्पदा के नियन्त्रित और आम लोगों के हित में दोहन करने तथा लीसे के व्यक्तिगत पट्टे देने के स्थान पर इसका आवंटन सहकारी समितियों को करने की माँग की गयी। उत्तराखण्ड में परिवहन व्यवस्था सुधारने, मेडिकल

तथा इंजीनियरिंग कॉलेज खोलने, लोक सेवा आयोग के परीक्षा केन्द्र स्थापित करने और बस भाड़े में रियायत किये जाने की माँग के साथ सर्वाधिक महत्त्वूपर्ण प्रस्ताव जंगलों से सम्बन्धित था।[25]

जंगलों से सम्बन्धित प्रस्ताव में कहा गया था कि लम्बे समय से चले आ रहे जन-आन्दोलन तथा जन भावनाओं की स्पष्ट अभिव्यक्ति के बाद भी सरकार ने उत्तराखण्ड में वन सम्पदा की खुली लूट जारी रखी है। जंगलों की सुरक्षा का दायित्व स्थानीय निवासी निभाते हैं, अतः उनके सन्तुलित दोहन का अधिकार और लाभ ग्रामीणों को दिया जाय। हक़-हक़ूकों को वर्तमान परिस्थितियों के अनुसार निर्धारित किया जाय और वनाधारित छोटे-छोटे कुटीर उद्योग प्रारम्भ हों ताकि जन पलायन पर कुछ नियन्त्रण हो सके। 1981 में समाप्त होने वाला स्टार पेपर मिल्स का समझौता तत्काल समाप्त किया जाय[26] (जो कि समाप्त हो चुका था पर सार्वजनिक आदेश अभी आन्दोलनकारियों ने नहीं देखा था)। 1980 लोकसभा और विधान सभा के चुनावों का साल रहा। प्रशासन का दमनकारी रूप भी इसी बीच प्रकट हुआ।

9 मई, 1980 को अलमोड़ा ज़िले के कफल्टा गाँव में दलितों की एक बारात को रोके जाने के बाद 15 लोग मारे गये थे। डोला पालकी जैसे आन्दोलन और संविधान प्रदत्त सुरक्षा मिलने के बाद भी कभी-कभी अपमानजनक घटनाएँ होती रही थीं। पर इस तरह की हिंसक घटनाओं के उदाहरण नहीं मिलते हैं। संघर्ष वाहिनी के अनेक कार्यकर्ता इन गाँवों में सबसे पहले पहुँचने वालों में थे। उन्होंने बहुत स्पष्टता से इस हत्याकाण्ड की भर्त्सना करते हुए जाँच की माँग की थी और उन कारणों को तलाशने का आग्रह किया था जो आज़ादी के तीन दशक बाद भी इस तरह के हत्याकाण्डों को सम्भव बनाते हैं।[27] 23 जून, 1980 को ज्ञानसू (उत्तरकाशी) में एक भूस्खलन में 50 से अधिक लोग मारे गये थे।[28]

दूसरी ओर चिपको के प्रत्यक्ष आन्दोलन चलते रहे थे। खुरेत, डूँगरी-पैन्तोली के सफल आन्दोलनों के बाद फ़रवरी-मार्च 1981 में त्रिजुगीनारायण में चिपको आन्दोलन को सफलता मिली।[29] यहाँ चौड़ी पत्ती प्रजाति के जंगलों का कटान होना था। फाटा आन्दोलन के समय का काम यहाँ फला और बिना प्रत्यक्ष प्रतिरोध के कटान रुक गया। चमोली ज़िले में लगभग हर छपान और कटान से पहले चिपको कार्यकर्ताओं और जन प्रतिनिधियों से पूछा जा रहा था और बाकायदा उनके परामर्श माने जा रहे थे। लेकिन जहाँ वन निगम चतुराई दिखाने की कोशिश करता वहाँ आन्दोलन की पकड़ में आ जाता। जैसे अक्टूबर 1982 में जब खल्ला और कोटेश्वर में वन निगम ने न काटने की घोषणा के बावजूद 300 युवा हरे पेड़ काटने का प्रयास किया तो चिपको कार्यकर्ताओं को सूचना मिल गयी और उन्होंने इसका विरोध किया। निगम 9 हरे पेड़ों को काट सका और अन्ततः सरकार ने यह कटान स्थगित कर दिया।[30]

1980-81 में चिपको की दो धाराएँ ज़्यादा स्पष्टता से नज़र आने लगीं। अभी तक चिपको की माँगों में समानता थी। 1970 के आसपास से जन्मा माँग पत्र निखरते-निखरते 1975-76 में निम्न प्रकार बना था :

1. वन नीति का मुख्य उद्देश्य मिट्टी और जल-स्रोतों का समान संरक्षण होना चाहिए। इसे ध्यान में रखते हुए हिमालय में जल ग्रहण क्षेत्रों, भू स्खलन और भूक्षरण से प्रभावित क्षेत्रों का पता लगा कर उनमें पेड़ों का व्यावसायिक कटान पूरी तरह बन्द किया जाय।
2. वनों का सर्वेक्षण किया जाय और लोगों की न्यूनतम आवश्यकताओं तथा जनसंख्या के आधार पर हक़-हक़ूकों का पुनर्निर्धारण किया जाय।

3. बंजर वन क्षेत्र को हरा भरा बनाने के लिए युद्ध स्तर पर वनीकरण कार्यक्रम संचालित हों और इसमें स्थानीय लोगों की भागीदारी को प्रोत्साहन मिले। लोगों को वृक्ष खेती की ओर बढ़ाने के प्रयास हों।
4. वन कर्म में हर प्रकार की ठेकेदारी प्रथा समाप्त हो और ग्रामीण कार्यकारी शक्ति को वन कार्य की प्रत्येक विधा से जोड़ने के लिए ग्रामीण समितियाँ गठित कर इन कार्यक्रमों से ग्राम तथा वन पंचायतों को जोड़ा जाय।
5. वनाधारित कुटीर उद्योग वन क्षेत्रों में स्थापित कर उन्हें कच्चा माल, वित्तीय और तकनीकी मार्गदर्शन उपलब्ध कराया जाय।
6. स्थानीय पारिस्थितिकी और आवश्यकता पर आधारित प्रजातियों को प्रमुखता से रोपा जाय। जैसे फल, खाद, ईंधन, उर्वरक और रेशा आदि देने वाले पेड़। वर्तमान वानिकी में जल्दी उगने वाली वाणिज्यिक प्रजातियों के अन्धाधुन्ध रोपण की प्रवृत्ति को बदला जाय। वनीकरण में उन स्थानीय प्रजातियों को प्रमुखता दी जाय, जो पानी का संरक्षण करें और मिट्टी को बनाने और अपनी जगह कायम रखने में मदद करें।

उक्त माँग पत्र कमोबेश सर्वत्र दोहराया गया। भारतीय कम्युनिस्ट पार्टी के माँग पत्र में भी लगभग यही बातें थीं। 1977 के अन्त में उत्तराखण्ड संघर्ष वाहिनी ने 'वृक्षन को विलाप' पर्चे में इस माँग को और सार रूप दिया था :

> 'हम चाहते हैं कि 1. सबसे पहले पहाड़ का संरक्षण, फिर विकास, 2. लकड़ी वही काम में लाई जाये जो गिरी पड़ी, झड़ी, सूखी या धरती के लिए बेकार हो, 3. पर्वतीय वन और खन सम्पदा का फायदा सबसे पहले वनवासियों को मिले— ईंधन से अन्य उपयोग तक। हक़-हक़ूकों पर ईमानदारी से पुनर्विचार किया जाय और उनका अधिकार स्पष्ट निर्धारित कर दिया जाय, 4. हमारे पेड़ पूँजीपतियों (स्टार पेपर मिल्स, विम्को आदि) की जेबें भरने के काम न लाये जायें, 5. जहाँ पर पेड़ काटना ख़तरनाक है, जैसे सीधे खड़े पहाड़, कमज़ोर ढलान, गाड़-गधेरों के अगल-बगल, स्रोतों के आसपास, पहाड़ों की धार आदि स्थानों पर, पेड़ बिलकुल न काटे जाँय'।[31]

सुन्दरलाल बहुगुणा ने 1980 में चिपको को अपरम्परागत, अल्पजीवी, विनाशकारी अर्थव्यवस्था के ख़िलाफ़ स्थायी अर्थव्यवस्था (इकोलॉजी) का सशक्त आन्दोलन कहना शुरू कर दिया था। उन्होंने हरे पेड़ों की कटाई को 10 से 25 साल तक के लिए रोकना जारी रखने की माँग की। वे पाँच 'एफ' की शब्दावली शुरू कर चुके थे। यानी फल, खाद, ईंधन, चारा और रेशा प्रजातियाँ लगायी जायें और एकल प्रजाति रोपण बन्द हो। उत्तराखण्ड के वनों की प्रचलित प्रणाली इन्हीं ज़रूरतों पर आधारित थी। उन्होंने 20 वीं सदी के प्रारम्भ से चली आ रही माँग को दोहराया कि वानिकी का उद्देश्य खेती को पुष्ट करना होना चाहिए। चिपको को वे हिमालय के लोगों की ही नहीं, सारी मनुष्य जाति की समस्याओं का उत्तर मानने लगे थे।[32] पर ये सब सूत्र चिपको में शुरू से ही थे और चिपको के अनेक समूह अपने-अपने क्षेत्रों में वृक्षारोपण करते रहे थे।

उक्त पुस्तिका में बहुगुणा ने लिखा था कि चिपको आन्दोलन को इस समय ठेकेदारों, उद्योगपतियों और उनको शह देने वाली राजनीतिक और प्रशासनिक शक्तियों के संगठित विरोध का मुक़ाबला करना पड़ रहा है। जंगलों के व्यापारिक प्रबन्ध के पक्ष को पुष्ट करने के लिए उनके

पास तुरन्त आर्थिक लाभ देने का आकर्षक नारा और आन्दोलन का दमन करने के लिए 'कानून की तलवार' है। बहुगुणा ने लिखा था कि चिन्तन के क्षेत्र में बुद्धिजीवी और वैज्ञानिक इस नतीजे पर पहुँच गये हैं कि 'राजनीति का युग समाप्त और ईकोलॉजी का युग शुरू हो गया है'। अतः भावी जन-आन्दोलनों की प्रेरणा का स्रोत ईकोलॉजी होगी।[33]

चिपको की 1,000 मीटर से ऊपर हरे पेड़ों के कटान पर रोक लगाने की माँग 1980 के अन्त में उत्तराखण्ड के कुछ विधायकों ने भी दोहरा दी थी। यह माँग भी की कि लीसा टिपान से क्षति ग्रस्त पेड़ों को विश्राम दिया जाय, चीड़ वनों में चौड़ी पत्ती वाले चारा, ईंधन देने वाले पेड़ लगाये जायें और पहाड़ों की हरियाली को पुनः लौटाने के लिए युद्धस्तर पर फल, चारा, ईंधन, जैविक खाद और रेशा प्रजाति के पेड़ जन अभिक्रम से लगाये जायें और त्रिमुखी वन खेती को प्रोत्साहन दिया जाय। वन निगम सहित जंगलात विभाग के अन्तर्गत काम करने वाली सभी इकाइयों का एकीकरण कर इन्हें वृक्षारोपण कार्य में लगाया जाय।[34]

विधायकों ने बिना पड़ताल के चिपको आन्दोलन की माँगें दोहरा दी थीं। सुन्दरलाल बहुगुणा ने उ.प्र. के वन सचिव को निगम द्वारा किये जा रहे लुढ़कान से हो रही क्षति का ज़िक्र किया, तो लुढ़कान बन्द करने के आदेश दिये गये। विशेष रूप से तौंणखण्ड गाँव (टिहरी) की रपट को देखते हुए वन सचिव ने बहुगुणा को लिखा कि उस गाँव में लुढ़कान नहीं हुआ है, न ही भूस्खलन। सा.नि.वि. की गाँव के ऊपर बन रही सड़क से मलवा आकर जंगलात की नाली और नैलचामी गाँव के खेत और पानी के हौज तोड़ गया है।[35]

त्रिमुखी वन खेती की तब राष्ट्रीय स्तर पर चर्चा होने लगी थी। परती विकास बोर्ड आदि संस्थाएँ तथा कमला चौधरी जैसे लोग इसकी चर्चा कर रहे थे। रचनात्मक प्रतिभा वाले कुछ प्रशासकों ने भी इस समय इस सम्बन्ध में लेख लिखे थे।[36] एक ओर 1980 के वन संरक्षण अधिनियम ने जैसे जंगलों के कटान की प्रक्रिया को जटिल और विलम्बित कर दिया था वैसे ही 1,000 मीटर से ऊपर हरे पेड़ों के कटान पर रोक ने दूसरा बड़ा योगदान इस प्रक्रिया में जोड़ दिया था।

लेकिन पूरी वन नीति बदलने, 1927 के वन अधिनियम के स्थान पर जन और जंगलातमुखी और रचनात्मक अधिनियम लाने तथा उत्तराखण्ड के सन्दर्भ में वन पंचायतों को पुनर्परिभाषित करने और फैलाने के साथ जंगल के उत्पादों को छोटे सहकारी/निजी कुटीर उद्योगों से जोड़ने के काम अभी होने थे। एक प्रकार से उत्तराखण्ड के सन्दर्भ में जंगलात का असली और व्यापक ऐजेण्डा अभी कार्यान्वित होना था। वन अधिनियम 1980 ने जंगल या जंगलात की ज़मीन को गैर वन उद्देश्यों के लिए प्रयुक्त न करने की जो नीति बनायी थी उसने जंगलों के कुटीर उद्योग और लघु आर्थिकी से जुड़े पक्षों पर भी प्रभाव डाला। लेकिन उत्तराखण्ड में यहाँ की प्रभावशाली वन पंचायत परम्परा तथा नव स्थापित वन निगम चिपको के उस आर्थिक एजेण्डे को चिपको कार्यकर्ताओं के बीच बात कर, इसका नीतिगत रूप विकसित कर प्रत्यक्ष रूप से कार्यान्वित कर सकते थे, बशर्ते कि इस सामाजिक इच्छा के साथ इतनी ही दृढ़ राजनीतिक और प्रशासनिक इच्छा जुड़े।

गोविन्दसिंह रावत ने उसी समय से वन निगम में ठेकेदारी प्रथा का दूसरा प्रच्छन्न रूप देखना शुरू कर दिया था।[37] वन निगम ने अपने व्यापक एजेण्डे में से मात्र छोटे ठेकेदारों के माध्यम से कटान और वितरण का काम ही आगामी सालों में किया।[38] बल्कि अब तक करता आ रहा है। बाकी कोई काम अपने स्थापना लक्ष्य के अनुरूप वन निगम नहीं कर पाया।

4. स्वागत, सम्मान और संशय

स्वागत

1980 तक चिपको आन्दोलन की चर्चा मीडिया, शोध और अकादमिक हलकों में अधिक होने लगी थी। विदेशी पत्रकार और शोधकर्ता इसे जानने को उत्सुक थे। सरकार से संवाद और अनेक घोषणाओं द्वारा चिपको की कतिपय माँगों को मानने के कारण स्थानीय जनता के उन हिस्सों में भी आशा का संचार गया, जो अभी तक चिपको आन्दोलन में दिलचस्पी नहीं ले रहे थे या सीधे हिस्सेदार नहीं थे। उत्तराखण्ड के शहराती वर्गों में रसोई गैस की उपलब्धता को चिपको से जुड़ा जानकर आन्दोलन के प्रति एक संवेदना उपजी थी। राजनीतिक दलों के नेताओं और कार्यकर्ताओं में 1,000 मीटर से ऊपर हरे पेड़ों की कटाई पर पूरी रोक लगाये जाने से चिपको के प्रति भ्रम मिश्रित प्रशंसा प्रकट हो रही थी। यानी इस उपलब्धि पर सन्तोष तो था पर इसके चिपको जनित चेतना से लागू होने से वे शंकित होते थे। इसका श्रेय या बाद में दोष चिपको आन्दोलन को ही दिया गया। अनेक राजनीतिक कार्यकर्ता अक्सर यह भूल जाते थे कि उनके दलों के सांसदों और विधायकों ने इस अधिनियम को पारित किया था।

चिपको की टहनियाँ अपने-अपने क्षेत्रों में रोपने के प्रयास होने लगे। 1981-82 में हिमाचल, राजस्थान और 1983 में कर्नाटक तथा बिहार आदि में इस तरह के प्रयास हुए। हालाँकि सामाजिक आन्दोलनों को किसी और जगह दोहराना या उनकी सफल रोपाई करना एक मुश्किल काम है। प्रेरणा और प्रोत्साहन ज़रूर काम कर सकते हैं यदि इनके साथ सामाजिक परिस्थितियाँ, पारिस्थितिक समझ और प्रतिबद्धता जुड़ी हो। हिमाचल और कर्नाटक में उसने अपने क्षेत्रीय रूप लिए। हिमाचल में इसका अंकुरण कश्मीर-कोहिमा यात्रा के समय सुन्दरलाल बहुगुणा के 5 मई, 1981 को कश्मीर से चम्बा ज़िले के लंगेरा गाँव में पहुँचने पर हुआ, जब यात्रा से हिमाचल के कुछ साथी जुड़े तथा कुलभूषण उपमन्यु, दयाशील आदि सक्रिय कार्यकर्ता बने। ईंधन, चारा; चीड़ तथा सफेदा के जबरन वृक्षारोपण; जंगल की आग और ठेकेदारी प्रथा आदि ऐसे आयाम थे, जिनकी तरफ़ ग्रामीण हिमाचल देख रहा था। इस तरह चीड़ तथा सफेदा उखाड़ने और चौड़ी पत्ती वाली प्रजातियों को लगाने का काम शुरू हुआ।[39]

कर्नाटक में इसे 'अप्पिको' नाम दिया गया, जहाँ यह सितम्बर 1983 से चला। हरे पेड़ों की कटाई रोकने के साथ इसने युक्लिपटस आदि व्यापारिक प्रजातियों के एकल रोपण के ख़िलाफ़ चेतना बनायी।[40] अप्पिको ने पश्चिमी घाट की पारिस्थितिकी सम्बन्धी चेतना विकसित की, जिसमें केरल शास्त्र साहित्य परिषद् ने अपनी तरह से योगदान दिया था। यूरोप में पहले स्विटजरलैंड (1984), फिर स्वीडन (1987) में चिपको दार्शनिक और फैशन के अन्दाज़ में गया। अमेरिका में चिपको आन्दोलन पूर्वी छोर पर पहले पहुँचा, जहाँ न्यूयार्क शहर ने अप्रैल 29 को चिपको दिवस घोषित किया।[41]

कैलीफ़ोर्नियाँ में कुछ स्थानों पर प्राचीन जंगलों/पेड़ों की हिफ़ाज़त से इसे जोड़ा गया। कुछ बाद में चिपको आन्दोलन ने जापान, मलेशिया, फिलीपाइन्स, इण्डोनेशिया और थाइलैण्ड में चल रहे स्थानीय तृणमूल आन्दोलनों को, जिनमें से अधिकांश पर्यावरण संरक्षण और वन निर्भर तथा उपेक्षित समुदायों की प्राकृतिक सम्पदाओं पर अधिकार की रक्षा से जुड़े थे, प्रभावित और प्रेरित किया।[42] चिपको की प्रेरणा एक असम्भव सी लगने वाली प्रक्रिया की तरह सब पर असर करती थी। जब दूरस्थ हिमालय के ग्रामीणों के प्रतिरोध को इस तरह सामने रखा जाता था कि वे पेड़ के स्थान

पर अपने को कटने को प्रस्तुत करने का जोखिम उठा सके, तो इसका असर कहीं भी आम लोगों, महिलाओं, युवाओं पर बहुगुणित होता था।

भारत की तत्कालीन प्रधानमन्त्री इन्दिरा गाँधी, जिन्होंने अनेक बार कुमाऊँ, गढ़वाल, हिमाचल तथा कश्मीर आदि के दौरों के समय अपने को 'हिमालय की बेटी' कहा था, ने 1980 में पुनः सत्तारूढ़ होने के बाद 1,000 मीटर से ऊँचे स्थानों में हरे पेड़ों की कटाई पर पूरी रोक लगा दी। इससे चीड़ जैसी तेज़ी से फैलने वाली और अन्य मिश्रित जंगलों में घुसपैठ करने वाली प्रजाति को भी सुरक्षा मिल गयी। संसद और विधान सभाओं के माध्यम से इस पर देश की सहमति ले ली गयी थी। इस निर्णय को इन्दिरा गाँधी द्वारा चिपको आन्दोलन को मान्यता देने की तरह लिया गया था। जब उनसे पूछा गया कि वे कैसे इस आन्दोलन को देखती हैं तो उन्होंने कहा था कि जहाँ तक पेड़ों (जंगलों) की सुरक्षा का प्रश्न है चिपको का योगदान अप्रतिम और सर्वदा स्वागत योग्य है। जब उनसे पूछा गया कि यह आन्दोलन पेड़ों की सामान्य कटाई रोकने के अलावा बहुत-सी और बातें कहता है तो उनका उत्तर था कि आर्थिकी और रोज़गार के सवाल एक पिछड़े क्षेत्र, जो प्राकृतिक संसाधनों के लिहाज़ से सम्पन्न भी है, में उठने लाजमी हैं।[43] इसका अभिप्राय था कि उन्होंने किसी भी और राजनेता से अधिक चिपको के निहितार्थ समझे थे। उनके 1980 में पुनरागमन के बाद प्रदेश सरकार भी उदारता दिखाती रही। पर वनविज्ञान तथा जंगलात विभाग को चिपको की बुनियादी माँगों के अनुरूप काम करने का मनोविज्ञान वे नहीं दे सकीं।

1980 का वन संरक्षण अधिनियम यद्यपि 1927 के औपनिवेशिक वन कानून में एक नया पर महत्त्वपूर्ण परिच्छेद जोड़ता था। 1952 या 1988 की वन नीतियों, जो नीति निर्देश की तरह थीं, से भिन्न यह एक अधिनियम था और तत्काल देश में लागू हो गया था। जहाँ यह संवैधानिक रूप से सीधे लागू नहीं हो सकता था, जैसे जम्मू-कश्मीर में, वहाँ भी इसे लागू करने के सुझाव/प्रस्ताव पेश किये जाने लगे थे। 1972 के स्टाकहोम सम्मेलन में श्रीमती गाँधी ने गरीबी को सबसे बड़ा पर्यावरण प्रदूषक बताया था।[44] तब तक चिपको की कोई प्रत्यक्ष अभिव्यक्ति प्रकट नहीं हुई थी पर 1970 की अलकनन्दा बाढ़ के बाद पर्वतीय जीवन और पारिस्थितिकी में जंगलों की केन्द्रीयता को समझने-विश्लेषित करने की रचना प्रक्रिया शुरू हो चुकी थी।

सरकार द्वारा की गयी घोषणाओं और वन अधिनियम के लागू होने के बाद सुन्दरलाल बहुगुणा और चण्डी प्रसाद भट्ट दोनों अपनी-अपनी तरह से उत्साहित थे। आखिर चिपको की बहुत-सी माँगें मान ली गयी थी। भट्ट के मन में स्थानीय स्तर पर काम करने बाबत कुछ शंकाएँ थीं। पर बहुगुणा अपनी पिछली वन दृष्टि से शायद हटना चाहते थे। इसी उत्साह में वे उत्तराखण्ड या अपने पुराने कर्मक्षेत्र से पूरे हिमालय में चिपको सन्देश को फैलाने निकल पड़े। अपने पिछले दृष्टिकोण से कुछ हट कर वे एक प्रचारक का रूप लेने लगे थे। इस तरह कश्मीर-कोहिमा यात्रा 1981 में शुरू हुई और किश्तों में 1983 तक चलती रही।[45]

यह सम्पूर्ण हिमालय को एक साथ देखने का प्रयास था। यद्यपि कुछ विशेषज्ञ इस तरह का विचार रख चुके थे।[46] कार्यकर्ताओं के स्तर पर चिपको आन्दोलन के द्वारा यह कार्य किया जाता रहा था। सर्वोदय आन्दोलन के दौर में ये कार्यकर्ता हिमालय के विभिन्न क्षेत्रों की यात्राएँ करके अपनी समझ विकसित और व्यापक करते रहे थे।[47] दशौली ग्राम स्वराज्य मण्डल, लक्ष्मी आश्रम तथा नवजीवन आश्रम ने विभिन्न महिलाओं तथा महिला मंगल दल के सदस्यों को बहुत से हिमालयी क्षेत्रों और प्रान्तों की यात्राएँ कराई थीं।

यद्यपि पूरे हिमालय के जंगलों पर दबाव था[48] पर अनेक सघन तथा सम्पन्न जंगल अपनी दुर्गमता के कारण बचे हुए थे। पूर्वी नेपाल, भूटान और अरुणाचल में जंगलों की स्थिति तब अपेक्षाकृत अच्छी थी। नेपाल और भूटान में जंगल संरक्षण और प्रबन्धन की अपनी समृद्ध परम्पराएँ थीं। कश्मीर अपनी अलग तरह की मनःस्थिति में था। अतः सिर्फ़ हिमाचल में चिपको का सन्देश पहले से ही सक्रिय कुछ कार्यकर्ताओं द्वारा पकड़ा जा सका। अन्यत्र इस यात्रा का उस तरह का असर नहीं हो सका। पर इस यात्रा से चिपको की चर्चा बढ़ी। चिपको पदयात्रियों ने एक व्यापक हिमालयी नजरिया विकसित किया। तमाम यात्राओं के माध्यम से हिमालय को जानने का क्रम चिपको आन्दोलन का एक बड़ा योगदान था। कश्मीर-कोहिमा यात्रा उसकी एक महत्त्वपूर्ण कड़ी थी।[49] इसके बाद बहुगुणा ने हिमालय नीति विकसित करने की माँग की थी और बाद में हिमालय बचाओ आन्दोलन चलाया था।

सम्मानों का सिलसिला

1981 में सुन्दरलाल बहुगुणा को भारत का चौथा महत्त्वपूर्ण नागरिक सम्मान (पद्मश्री) दिये जाने की घोषणा हुई। स्वाभाविक ही इसे चिपको आन्दोलन का राष्ट्रीय सम्मान माना गया। क्योंकि अन्य अनेक पुरस्कारों की तरह पद्म सम्मान संस्थाओं/संगठनों या आन्दोलनों को नहीं उनसे जुड़े व्यक्तियों को दिये जाते हैं। अतः बहुगुणा के सहयोगियों में इस बाबत गहरी बहस हुई। यह सुझाव दिया गया कि इस पुरस्कार को नहीं लिया जाना चाहिए। बहुगुणा व्यक्तिगत रूप से इसे लेना चाहते थे। यह उनका अधिकार भी था। बहुगुणा ने तब एक विस्तृत वक्तव्य प्रेस को जारी किया कि वे क्यों इसे अस्वीकार कर रहे हैं। वक्तव्य भारत के राष्ट्रपति के नाम पत्र के रूप में था। इसमें हिमालय के जंगलों की सुरक्षा को महत्त्वपूर्ण मानते हुए इसके संरक्षण के लिए समाज और सरकार से राष्ट्रपति के माध्यम से अपील की गयी थी। यह बताया गया कि सरला बहन ने स्वयं इस सम्मान को लेने से न सिर्फ़ मना किया बल्कि इसे 'नपुंसकता का प्रमाण पत्र' भी कहा था। पर सबसे अधिक आपत्ति कुँवर प्रसून तथा प्रताप शिखर जैसे आदर्शवादी युवा सहयोगियों की ओर से थी, जो राजसत्ता की ओर से दिये जाने वाले सम्मान के पक्षधर न थे।[50]

1982 में चण्डी प्रसाद भट्ट को एशिया के बड़े सम्मान रमन मैगेसैसे पुरस्कार दिये जाने की घोषणा हुई। यह पुरस्कार उन्हें चिपको आन्दोलन के संगठन और नेतृत्व के लिए दिया गया था।[51] दशौली ग्राम स्वराज्य मण्डल तथा संघर्ष वाहिनी के सहयोगियों की सहमति से इसे स्वीकारा गया। यह प्रतिष्ठित अन्तरराष्ट्रीय सम्मान अनेक रचनात्मक और नये काम करने वाले भारतीय तथा एशियाई लोगों को मिल चुका था।[52] कुछ लोगों के विचार थे कि यह सम्मान संस्था को मिलना चाहिए था न कि व्यक्ति को।

1981-82 में भट्ट चमोली ज़िले में बहने वाली तथा बद्रीनाथ की तरफ़ से आने वाली विष्णुगंगा पर जोशीमठ और लाम बगड़ के बीच बनाये जाने वाली विष्णुप्रयाग परियोजना के ख़िलाफ़ चिपको के विज्ञान सम्मत तर्क प्रस्तुत कर रहे थे।[53] उनके द्वारा प्रस्तुत तथ्यों और तर्कों से सन्तुष्ट होकर हेमवतीनन्दन बहुगुणा ने भी इस परियोजना के विरोध में एक पत्र प्रधानमन्त्री श्रीमती गाँधी को लिखा था।[54] विष्णुप्रयाग परियोजना की चिपको के इतिहास में बहुत कम चर्चा हुई है जबकि यह अकेली परियोजना थी, जिसे विज्ञान सम्मत चुनौती दिये जाने के बाद भारत सरकार ने रोक दिया था और

यह रोक अगले एक दशक तक लगी रही। जब खुले बाज़ार की अर्थव्यवस्था और निजीकरण का दौर देश में शुरू हुआ और जल विद्युत परियोजनाओं को निजी हाथों में दिया जाने लगा था, तब यह परियोजना फिर शुरू हुई।[55]

1982 में ही नन्दादेवी राष्ट्रीय अभयारण्य तथा फूलों की घाटी राष्ट्रीय अभयारण्य की स्थापना हुई। भारत सरकार की नयी नीति के तहत स्थापित इन राष्ट्रीय अभयारण्यों ने दोनों ही क्षेत्रों में असन्तोष को जन्म दिया और इनकी स्थापना से पूर्व चिपको आन्दोलनकारियों या स्थानीय लोगों से या उनके प्रतिनिधियों से कोई विचार-विमर्श नहीं हुआ। इन दोनों ही क्षेत्रों में स्थानीय ग्रामीणों के चराई, चारे, जलावन तथा दार (टिम्बर) के अधिकार सदियों से चले आ रहे थे। अभयारण्य बनाने के बाद इन अधिकारों को ताक पर रख दिया गया था और इस तरह 'छीनो झपटो आन्दोलन' का जन्म हुआ।

इस बीच पंजाब में उग्रवाद को नियन्त्रित करने के क्रम में 'ऑपरेसन ब्लू स्टार' के बाद विकसित सिख विरोध और असन्तोष की परिणति प्रधानमन्त्री इन्दिरा गाँधी की 31 अक्टूबर, 1984 को की गयी हत्या में हुई। शर्मनाक यह रहा कि उनके सिख सुरक्षा सैनिक इस हत्या में शामिल थे। इस साल उत्तराखण्ड में 'नशा नहीं रोज़गार दो आन्दोलन' अपनी अधिकतम आक्रामकता में प्रकट हो रहा था और दूसरा अस्कोट-आराकोट अभियान जंगलात और नशे के मुद्दों को ग्रामीण क्षेत्रों में ले जा रहा था। यह अभियान कुछ अन्य मार्गों में भी आयोजित किया गया था। इस बार अभियान में 1974 की तुलना में अधिक हिस्सेदारी थी। महिलाएँ भी शामिल हुईं और अधिक मार्गों से गुज़रने के अलावा मुख्य मार्ग को अधिक अन्तर्वर्ती क्षेत्रों में ले जाया गया था।[56]

उधर गोपेश्वर ज़िला मुख्यालय के करीब स्थित बछेर गाँव की महिलाओं ने 1984-85 में वन निगम द्वारा किये जा रहे सूखे पेड़ों का कटान इस तर्क पर रोक दिया कि लुढ़कान से भूस्खलन का ख़तरा और बढ़ जायेगा। महिलाओं ने पत्राचार और चेतावनी के बाद जंगल में प्रत्यक्ष जाने और वन निगम कर्मियों को पूरी स्थिति बताने का निर्णय लिया।[57] इस तरह कलावती देवी तथा राधादेवी रावत के नेतृत्व में बड़ी संख्या में महिलाओं के जंगल में जाने पर 1,000 से अधिक चीड़ के पेड़ों का कटान रोक दिया गया।[58] मुकुल शर्मा ने चिपको के गाँवों में यात्रा के समय पाया था कि कैसे बछेर की महिलाओं ने जंगलात विभाग और पुलिस की धमकियों के बावजूद संघर्ष जारी रखा, जंगल में आग बुझाने वे जाती रहीं और उन्होंने फलदार पेड़ों का रोपण किया। इससे जंगल बचा, चारा अधिक मिला और तीस साल पुरानी वन पंचायत में 1988 में पहली बार कोई महिला सरपंच बनी।[59]

1986 में जब दशौली ग्राम स्वराज्य मण्डल को इन्दिरा प्रियदर्शनी वृक्षमित्र पुरस्कार के लिए चुना गया तो संस्था ने तर्क दिया और पुरस्कार दाताओं से आग्रह किया कि यह पुरस्कार महिला मंगल दलों को मिलना चाहिए और उनका सार्वजनिक अभिनन्दन ही सर्वाधिक उचित होगा। इस तरह चिपको आन्दोलन और दशौली ग्राम स्वराज्य मण्डल से जुड़े 30 महिला मंगल दलों को उनके अध्यक्षों के माध्यम से इन्दिरा प्रियदर्शनी वृक्षमित्र पुरस्कार प्रधानमन्त्री राजीव गाँधी के हाथों दिये गये।[60] गौरादेवी सहित 30 महिला मंगल दल अध्यक्ष दिल्ली गयीं, जहाँ दिल्ली विश्वविद्यालय के कुलपति प्रो. मुनीस रजा ने भी महिलाओं तथा चिपको कार्यकर्ताओं का सार्वजनिक अभिनन्दन यह कह कर किया कि मिट्टी और दरख्तों को बचाने वालों को देश सलाम करता है। तब यह सवाल उठा कि टिहरी और अलमोड़ा में चिपको की विभिन्न अभिव्यक्तियों में महिलाओं की भूमिका को नज़रअन्दाज़ किया गया है। उनको पुरस्कृत करने से चिपको की समग्रता प्रकट होती और सम्मान का कद बढ़ता। इसी साल चण्डी प्रसाद भट्ट लोहाघाट जैसे सुन्दर स्थान पर जबरन बन रही सीमेण्ट

फैक्ट्री के विरोध की प्रेरणा बने, जब उन्होंने वन पंचायत सम्मेलन में हिस्सेदारी के बाद आसपास के ग्रामीणों के बीच सीमेंट फैक्ट्री के दुष्परिणामों को बताया। इसका सुफल एक स्थानीय आन्दोलन के रूप में सामने आया।[61]

1986 में चण्डी प्रसाद भट्ट पद्मश्री से और सुन्दरलाल बहुगुणा जमुनालाल बजाज पुरस्कार से सम्मानित हुए। 1987 में चिपको आन्दोलन को राइट लाइवलीहुड पुरस्कार मिला, जो सुन्दरलाल बहुगुणा, चण्डी प्रसाद भट्ट, घनश्याम सैलानी तथा धूम सिंह नेगी को संयुक्त रूप से दिया गया था।[62] पहली बार चिपको आन्दोलन को उससे जुड़े चार महत्त्वपूर्ण कार्यकर्ताओं के माध्यम से पुरस्कृत किया गया था। सम्मान लेने बहुगुणा स्टाकहोम गये और उनके साथ सर्वोदयी विचारक इन्दु टिकेकर गयीं। बहुगुणा का व्याख्यान चिपको के उनके अपने दर्शन पर अधिक और आन्दोलन की विविधता और आयामों पर कम था।[64]

इसके बाद बहुगुणा और भट्ट को अन्य छोटे-बड़े अनेक सम्मानों के साथ सरकारी तथा गैर-सरकारी कमेटियों में लिया जाने लगा, देश-विदेश से व्याख्यान हेतु आमन्त्रित किया जाने लगा। यह स्वाभाविक था और इसे वे स्वीकार करते रहे। देश-विदेश के अनेक महत्त्वपूर्ण लोग गोपेश्वर, टिहरी या कभी-कभी अलमोड़ा की यात्रा चिपको की भूमि और उसमें शामिल समाज को जानने हेतु करते रहते थे। एम.एस. स्वामीनाथन, माधव गाडगिल, वीरेन्द्र कुमार, अनुपम मिश्र, रघुवीर सहाय, अनिल अग्रवाल आदि कितने ही महत्त्वपूर्ण लोग उत्तराखण्ड तथा चिपको क्षेत्रों में आते रहे। इनमें से अनेक लोगों ने दशौली ग्राम स्वराज्य मण्डल द्वारा किये गये या किये जा रहे वृक्षारोपण को देखा। महिला मंगल तथा युवक मंगल दलों के सहयोग से किये गये वृक्षारोपण का सफलता प्रतिशत 60 से 80 या और अधिक पाया गया। अन्य अध्ययनकर्ताओं ने भी इसका ज़िक्र किया।[64]

राष्ट्रीय तथा अन्तरराष्ट्रीय पुरस्कारों तथा सम्मानों ने चिपको को निरन्तर चर्चा में बनाये रखा। इससे एक ओर प्रान्त और देश का अधिक ध्यान चिपको के आयामों को जानने की तरफ़ गया। इसकी अधिक चर्चा होने लगी। चिपको पर लेख ही नहीं लिखे गये बल्कि शोधकार्य होने लगे। दूसरी तरफ़ विभिन्न चिपको समूहों, नेताओं, कार्यकर्ताओं तथा शुभचिन्तकों में एक अघोषित अनबन और अन्ततः असन्तोष पैदा होता रहा। और तो और इन्दिरा प्रियदर्शनी वृक्षमित्र पर्यावरण पुरस्कार लेकर जब महिलाएँ अपने गाँव लौटीं तो वैसा उत्साह नहीं देखा गया जो आन्दोलनों या शिविरों के दौर में प्रकट होता था। यह सामान्य मानवीय कमज़ोरी कही जा सकती है और चिपको आन्दोलन में शामिल लोग आखिर सामान्य मनुष्य थे। पर इसका असली कारण विभाजन और अविश्वास था।

अनेक कार्यकर्ता इसे आन्दोलन के मुक़ाबले व्यक्तियों के सम्मान के रूप में देख रहे थे और ज़्यादातर पुरस्कार व्यक्तियों को ही मिले थे। ये पुरस्कार प्रारम्भ में प्रतिद्वन्द्विता से अधिक गलतफ़हमियों को जन्म दे रहे थे।[65] यों हर बार ये आन्दोलन से जुड़े व्यक्तियों को दिये जा रहे थे क्योंकि पुरस्कारों की परिपाटी व्यक्तियों को सम्मानित करने की अधिक रही है। धीरे-धीरे ये व्यक्तिगत होने लगे। आन्दोलन पृष्ठभूमि में जाने लगा। 21वीं सदी में चण्डी प्रसाद भट्ट को पद्मभूषण (2005) तथा सुन्दरलाल बहुगुणा को पद्मविभूषण (2009) दिये गये।[66] विजय जरधारी को इन्दिरा गाँधी पर्यावरण पुरस्कार (2009), सच्चिदानन्द भारती को मध्य प्रदेश का गाँधी पर्यावरण सम्मान (2012) तो चण्डी प्रसाद भट्ट को अन्तरराष्ट्रीय गाँधी पुरस्कार (2013) दिये गये। यह मुख्यतः चिपको के काम का ही परिणाम था।

यह आश्चर्यजनक है कि चिपको आन्दोलन की तीसरी धारा, जो तब तक पहली धारा का ही हिस्सा मानी जाती थी और उत्तराखण्ड संघर्ष वाहिनी की सह संस्थापक थी, कभी पुरस्कृत नहीं हुई और संघर्षशीलता के साथ पहले अतिरिक्त आक्रामकता और फिर चुनाव की राजनीति में घुसने ने उसका सामाजिक स्वरूप पीछे और राजनीतिक रूप आगे रख दिया। राजनीतिक दलों को सम्मानित करने की परिपाटी नहीं है। या यह कहा जाय कि सिर्फ़ जनता ही उन्हें सम्मानित कर सकती है। पर सम्मानों के इस दशक (1980-90) के बीच में संघर्ष वाहिनी 'नशा नहीं रोज़गार दो आन्दोलन' को चला रही थी। सर्वोदय के जो कार्यकर्ता अब तक चिपको आन्दोलन के नेता या पर्यावरणविद् के रूप में मान्य और पुरस्कृत हो गये थे, वे 'नशा नहीं रोज़गार दो आन्दोलन' में अनुपस्थित थे।

शायद उनके लिए अब यह विषय (नशा) उतना मौजू नहीं रह गया था या संघर्ष वाहिनी के महत्त्वपूर्ण सदस्यों की संवादहीनता ने इस तरह की स्थिति को विकसित कर दिया था, जहाँ चिपको आन्दोलन के एक हिस्से और समाज के लिए महत्त्वपूर्ण मुद्दा आन्दोलन के ही दूसरे हिस्से के लिए कम महत्त्व का हो गया। इसमें आश्चर्य और उलाहना का विषय यह था कि स्वयं चिपको की पहली और दूसरी धाराओं से जुड़े सदस्यों ने आज़ादी के बाद उत्तराखण्ड के पहले सामाजिक आन्दोलन यानी नशाबन्दी आन्दोलन का नेतृत्व किया था। बहुत-सारे लोग संघर्ष वाहिनी के भीतर हो रहा विभाजन नहीं देख पा रहे थे। 1984 के एक आलोचनात्मक लेख में जब मंगलेश डबराल चिपको के सन्दर्भ में दस साल पीछे देखने की ज़रूरत बता रहे थे तो वे भी इसकी अन्तर्धाराओं को नहीं समझ पाये[67] पर उनके लेख की प्रतिक्रिया में योगेश बहुगुणा द्वारा सम्पादक के नाम भेजे गये छोटे से पत्र से पता चलता है कि सर्वोदय के अलग-अलग खेमों में क्या चिंतन चल रहा था।[68]

तीन धाराएँ और अनेक संशय

सम्मानों और पुरस्कारों के साथ और बाद 1985-86 में चिपको आन्दोलन की कम से कम तीन स्पष्ट धाराएँ दिखायी देती हैं। अन्तरराष्ट्रीय मंचों पर यह विभाजन तब प्रकट हुआ जब नैरोबी में आयोजित संयुक्त राष्ट्र के यू.एन.डी.पी. द्वारा आयोजित ऊर्जा सम्मेलन में बहुगुणा और भट्ट एक साथ नहीं थे। इस तरह अनेक संशय तेज़ी से विकसित होते गये। बहुत-सारी उपलब्धियों, चर्चा और प्रत्यक्ष आन्दोलन के अभाव ने विखण्डन की प्रक्रिया को त्वरित किया। संघर्ष वाहिनी के सर्वोदयी और वामपन्थी समूहों में संवादहीनता और अस्पष्ट सम्बन्धों ने इस विभाजन में योगदान दिया।

स्पष्ट दिखायी देने वाली तीन धाराओं में पहली धारा अब चमोली ज़िले में सिमट गयी थी। गोविन्दसिंह रावत द्वारा 'छीनो झपटो आन्दोलन' चलाने के कारण यह धारा उस सक्रियता से रहित थी, जिसे रेणी तथा अन्य गाँवों और गोविन्दसिंह रावत और गौरादेवी तथा साथियों से जनित सामाजिक ऊर्जा कहा जा सकता है। विष्णुप्रयाग परियोजना पर स्पष्ट दृष्टिकोण रखने के कारण दशौली ग्राम स्वराज्य मण्डल और जोशीमठ-रेणी की चिपको टीम में स्पष्ट मतभेद थे। विष्णुप्रयाग परियोजना बाबत गोविन्दसिंह की दृष्टि पार्टी की ही दृष्टि थी। भारतीय कम्युनिस्ट पार्टी और मार्क्सवादी कम्युनिस्ट पार्टी टिहरी बाँध का भी समर्थन कर रहे थे। बाँध विरोधी दृष्टिकोण के कारण भाकपा के पुराने सदस्य और विधायक रहे विद्यासागर नौटियाल को पार्टी से निष्कासित कर दिया गया था।

दूसरी ओर दग्रास्वमं के समस्त कार्यकर्ता, तमाम महिला मंगल दल, डाल्यू का दगड़्या के सहयोगी तथा चण्डी प्रसाद भट्ट की मुख्य टीम लगातार सक्रिय थी। वे अभी भी वृक्षारोपण, दीवालबन्दी के साथ पर्यावरण शिविर और प्रत्यक्ष आन्दोलन का काम जारी रखे हुए थे। पर जंगल से जुड़े रोज़गार

देने वाले काम धीरे-धीरे उनके एजेण्डे और आँखों से धूमिल होते गये। यही पक्ष था जिसको वे तमाम विपरीत परिस्थितियों, सरकारी नीतियों और चिपको आन्दोलन के अपने अन्तर्विरोधों के कारण आगे नहीं बढ़ा पा रहे थे।

चिपको की दूसरी धारा टिहरी ज़िले में चुप्पी की मनःस्थिति में थी। सुन्दरलाल बहुगुणा टिहरी बाँध विरोधी आन्दोलन में सक्रियता से शामिल होने से पहले लगातार जंगलात आन्दोलन में सक्रिय थे। उन्हें पर्यावरणविद् या विचारक के रूप में देखा जाने लगा था।[69] कश्मीर-कोहिमा यात्रा की मीडिया में पर्याप्त चर्चा रही। बीबीसी की फ़िल्म ने भी उनको चर्चित किया पर अपनी पुरानी टीम के स्तर पर वे अकेले होते जा रहे थे।

पुरस्कारों और कश्मीर-कोहिमा यात्रा के दौर में कुँवर प्रसून तथा प्रताप शिखर या विजय जरधारी जैसे कर्मठ और युवा कार्यकर्ताओं ने अपने को अन्तर्द्वन्द्व से घिरा पाया। जब ये युवा मार्गदर्शन तथा फिर लोगों के बीच जाने बाबत बहुगुणा से आग्रह कर रहे थे, तो वे कश्मीर-कोहिमा यात्रा में निकल गये।[70] इन युवाओं के सामने आन्दोलन चलाने और/या कोई नयी संस्था खोलने का विकल्प था। उन्हें अपनी रोजी रोटी की चिन्ता होनी स्वाभाविक थी क्योंकि अब उनके ऊपर अपने परिवारों की ज़िम्मेदारी भी थी। प्रधानाचार्य का पद छोड़कर सामाजिक कार्य में आये धूम सिंह नेगी इसी मनःस्थिति में थे और घनश्याम सैलानी भी। ये सभी बहुगुणा की गतिशीलता में बहुत अधिक शामिल न थे। हालाँकि धूम सिंह नेगी कश्मीर-कोहिमा यात्रा में शामिल हुए थे। कुछ सालों बाद यह समूह कुछ समय के लिए टिहरी बाँध विरोधी आन्दोलन में दिखायी दिया। जल्दी ही ये टिहरी आन्दोलन से अलग हो गये। हालाँकि हेंवल घाटी की टीम सक्रिय और जुझारू बनी रही और उसकी सक्रियता किसी न किसी रूप में सामने आती रही। कुछ समय बाद प्रताप शिखर और विजय जरधारी द्वारा उत्तराखण्ड जन जागृति संस्थान की स्थापना के बाद यह समूह दो हिस्सों में बँट गया। मित्रता कायम रही और मिलजुल कर काम किये जाते रहे।[71] कुछ सालों बाद विजय इस संस्था से अलग हो गये और स्वतन्त्र रूप से बीज बचाओ का काम करने लगे।

चिपको की पहली धारा का हिस्सा रही उत्तराखण्ड संघर्ष वाहिनी 1984-85 के 'नशा नहीं रोज़गार दो आन्दोलन' के साथ अलग होती गयी। हालाँकि भीतर ही भीतर यह विभाजन 1982 में संघर्ष वाहिनी के एक धड़े द्वारा अपने उद्देश्यों के विपरीत इण्डियन पीपुल्स फ्रण्ट में शिरकत करने के साथ शुरू हो गया था।[72] 23-24 अप्रैल, 1983 का वाहिनी का अलमोड़ा सम्मेलन उसकी बदलती दिशा का संकेत था। अब इसमें चण्डी प्रसाद भट्ट तथा गोपेश्वर के साथी अनुपस्थित थे। योगेश बहुगुणा, सदन मिश्र, घनश्याम सैलानी ही नहीं कुँवर प्रसून भी उत्तराखण्ड संघर्ष वाहिनी में अधिक सक्रिय नहीं रहे। कुछ समय बाद आनन्द सिंह बिष्ट ने गोपेश्वर में एक अलग संस्था (जाखेश्वर शिक्षण संस्थान) की स्थापना की और दशौली ग्राम स्वराज्य मण्डल से उनका सम्बन्ध कट गया। आनन्द सिंह दशौली ग्राम स्वराज्य मण्डल और संघर्ष वाहिनी के संस्थापकों में थे।

उत्तराखण्ड संघर्ष वाहिनी अभी भी अलमोड़ा, नैनीताल, पिथौरागढ़ के साथ चमोली तथा पौड़ी ज़िलों में सक्रिय थी। इसमें युवाओं का जबर्दस्त वर्चस्व था। अत्यन्त आदर्शवादी और आक्रामक इन युवाओं में राजनीतिक अस्पष्टता थी और उनमें से कुछ को सामाजिक तथा राजनीतिक कर्म के बीच की महीन रेखा के अन्तर का महत्त्व ठीक से पता नहीं था। उनमें अभी सर्वोदयी-गाँधीवादी, लोहिया-जयप्रकाश प्रभावित समाजवादी और मार्क्स-लेनिनवादी यानी गाँधीवादी-समाजवादी-वामपन्थी विचारों का मिलाजुला रूप प्रभावशील था। कभी एनजीओ के रूप में एक संस्थान खोलने से लेकर

कभी सशस्त्र क्रान्ति तक के विचार इस समूह में आते रहे। दलगत और चुनाव की राजनीति न करने के मुख्य प्रस्थान बिन्दु वाहिनी के जन्म से जुड़े थे, जिन पर उनका युवा हिस्सा कायम नहीं रह सका।

उस दौर में संघर्ष वाहिनी के समर्थक पूरे उत्तराखण्ड में अच्छी संख्या में थे। लोगों को वाहिनी कार्यकर्ताओं के लड़ाकू और कर्मठ होने का विश्वास था। संघर्ष वाहिनी से लोगों की अपेक्षाएँ थीं। 'चुनाव की राजनीति' और 'चुनाव की राजनीति नहीं' तथा उत्तराखण्ड के तमाम मुद्दे और राज्य स्थापना जैसे विषयों पर वह समय पर निर्णय नहीं ले पायी। वास्तव में समय पर वह अपने दो चेहरों में से एक का चयन नहीं कर पायी। यदि संघर्ष वाहिनी विभाजित हुए बिना ही राजनीतिक शक्ति बनने का कार्य करती, वह अर्थवान बनी रहती। यद्यपि इसका सर्वोदयी हिस्सा अलग हो जाता। पर शेष वाहिनी में चुनाव के कारण विभाजन और चुनाव विरोधी धड़े का चुनाव में उतरना इस संगठन को नीचे ले आया। फिर वह आत्मसंकट से कभी उबर नहीं सकी।

सर्वोदयी कार्यकर्ताओं के संघर्ष वाहिनी से तटस्थ रुख लेने के बाद इसके शेष हिस्से में 1882-85 के दौर में जबर्दस्त अन्तर्द्वन्द्व चला। 1982 से आइपीएफ से जुड़ाव शुरू हो गया था। आइपीएफ के नवम्बर 1984 में कलकत्ता में हुए स्थापना सम्मेलन में उत्तराखण्ड संघर्ष वाहिनी की हिस्सेदारी से इसके नये रुझान का अन्दाज़ आ गया था।[73] स्पष्ट ही वह खुली वामपन्थी राजनीति के रास्ते में जा रही थी। कुछ समय बाद जब भाकपा-माले (लिबरेशन) पार्टी बनी तो यह एक और भारतीय संसदीय वाम दल का जन्म था। अतः चुनाव की राजनीति इसका स्वाभाविक हिस्सा था, जिस कारण उत्तराखण्ड संघर्ष वाहिनी अभी तक उत्तराखण्ड में उसके बाद जन्मे उत्तराखण्ड क्रान्ति दल से भिन्न थी। अब क्षेत्रीय स्तर पर उसका सामना उत्तराखण्ड क्रान्ति दल से होने जा रहा था। उत्तराखण्ड क्रान्ति दल को प्रकारान्तर में सर्वोदयी कार्यकर्ताओं तथा उत्तराखण्ड संघर्ष वाहिनी द्वारा विकसित उत्तराखण्डी चेतना का लाभ मिलता रहा। संघर्ष वाहिनी के कुछ अत्यन्त महत्त्वपूर्ण नेताओं/कार्यकर्ताओं ने बाद में उत्तराखण्ड क्रान्ति दल में शामिल हो उसे आधार देने में योगदान दिया था।

इस समय संघर्ष वाहिनी में जबर्दस्त आन्तरिक बहस और प्रदेश सरकार से आबकारी नीति बाबत वार्ता का दौर चला हुआ था। 'नशा नहीं रोज़गार दो आन्दोलन' अपना एक साल पूरा करने जा रहा था और शेष संघर्ष वाहिनी की एकता कायम थी। 1982 से वाहिनी आइपीएफ से जुड़ने लगी। 1984 में वह इसका सदस्य संगठन बनी। कुछ समय बाद वाहिनी के एक धड़े ने आइपीएफ और भाकपा-माले (लिबरेशन) का हिस्सा बनना स्वीकार किया और इस तरह 1986 में वाहिनी का विभाजन हो गया। 1988 में उत्तराखण्ड राज्य हेतु संघर्ष की घोषणा की गयी थी। शेष बची उत्तराखण्ड संघर्ष वाहिनी को अपने मन्तव्य, मिज़ाज और मनःस्थिति का विश्लेषण करने को मजबूर होना पड़ा। 1989 में उत्तराखण्ड जन परिषद् के युवाओं के मिलने पर यह उत्तराखण्ड जन संघर्ष वाहिनी बन गयी। पर अब तक बहुत देर हो चुकी थी। आने वाले सालों में विभाजन का सिलसिला बढ़ता गया।

1985 में बिपिन त्रिपाठी के साथ प्रताप बिष्ट सहित अनेक युवा उत्तराखण्ड क्रान्ति दल में चले गये। स्वयं जसवन्त सिंह बिष्ट उत्तराखण्ड क्रान्ति दल से समाजवादी पार्टी में गये। प्रदीप टम्टा कुछ असमंजस और कुछ मन्थन के दौर से गुज़रे। वे वैचारिक रूप से डा. अम्बेडकर से प्रभावित होने के बावजूद 1996 के आसपास कांग्रेस में गये। आगामी चुनावों में पूरन तिवारी या शमशेर बिष्ट को भी उतरना पड़ा, जब 'नये भारत में नया उत्तराखण्ड' नारे के साथ वे संसदीय राजनीति में आ गये। 1991 में उत्तराखण्ड संघर्ष वाहिनी का नया अवतार उलोवा (उत्तराखण्ड लोक वाहिनी) के रूप में प्रकट हुआ।

उत्तराखण्ड क्रान्ति दल और उत्तराखण्ड संघर्ष वाहिनी में कभी समझदारी भरा और टिकाऊ चुनाव समझौता नहीं हो सका। बीसवीं सदी के अन्तिम दशक में उत्तराखण्ड संघर्ष वाहिनी में साथ रहे और विकसित हुए मित्र चुनावी उम्मीदवारों के रूप में एक-दूसरे के प्रतिद्वन्द्वी हो गये। चुनाव के दौर में आरोप-प्रत्यारोप बहुत व्यक्तिगत स्तर के होने लगे। इस विभाजन का लाभ हर बार दो-तीन राष्ट्रीय दलों (विशेष रूप से कांग्रेस तथा भाजपा) ने उठाया।

मतभेद और विभाजन के बावजूद नशा नहीं रोज़गार दो आन्दोलन के बाद भी प्रतिरोधों का सिलसिला जारी रहा। 1986 में वन संरक्षण और पहाड़ी क्षेत्रों के पर्यावरण की चिन्ता के नाम पर भारत सरकार के निर्णय के क्रम में उत्तर प्रदेश सरकार ने अपने 11 दिसम्बर, 1986 के आदेशानुसार बकरी तथा भेड़ पालन हेतु ऋण वितरण पर रोक लगा दी थी तथा यह आदेश दिया था कि सिर्फ़ खूँटी पर खिलाई जाने वाली प्रजातियों को ही विकसित किया जाय।[74] यह योजना आयोग जैसे सर्वोच्च संस्थान की पहाड़ों सम्बन्धी कम समझदारी का संकेत था। इसके विरोध में चण्डी प्रसाद भट्ट ने बहुत मजबूती से अपने तर्क रखे और कहा कि पर्यावरण के संरक्षण का यह तरीका नहीं हो सकता है।[75] बाद में 11 सदस्यों वाली हनुमन्ता राव कमेटी ने भेड़ बकरियों को पर्यावरण का दोस्त माना और सरकार ने आदेश वापस ले लिया।[76]

इसी तरह खीराकोट तथा चौड़ाथल में खनन के ख़िलाफ़ जबर्दस्त आन्दोलन हुआ और लोहाघाट में 1985-86 में सीमेंट फैक्ट्री की स्थापना के। फ़रवरी 1985 से भिकियासैण ब्लाक (ज़िला अलमोड़ा) के गगास नदी (पूर्वी रामगंगा की सहायक) के जलागम में स्थित 65 गाँवों की जनता ने जैनल से रामगंगा के पानी को लिफ्ट कर लाने हेतु आन्दोलन शुरू किया। जहाँ खीराकोट तथा चौड़ाथल में स्थानीय महिलाओं की विशेष पहल से शुरू आन्दोलन को लक्ष्मी आश्रम का पूरा समर्थन मिला, वहीं लोहाघाट के आन्दोलन की प्रेरणा तब चण्डी प्रसाद भट्ट बने जब वे वन पंचायत सम्मेलन में वहाँ गये थे। भिकियासैण के आन्दोलन को संघर्ष वाहिनी के प्रताप बिष्ट जन सुरक्षा समिति के बैनर तले नेतृत्व दे रहे थे।[77]

5. टिहरी बाँध विरोधी आन्दोलन

जिस तरह उत्तराखण्ड संघर्ष वाहिनी द्वारा चलाया गया 'नशा नहीं रोज़गार दो आन्दोलन' चिपको आन्दोलन का विस्तार था, वैसे ही टिहरी बाँध विरोधी संघर्ष उसकी एक और कड़ी थी। यह नशे, जंगलात, खनन, सांस्कृतिक घुसपैठ से आगे नदियों के प्रति दृष्टिकोण के प्रश्न के साथ विकास के आरोपित मॉडल को चुनौती देने की कोशिश थी।

टिहरी बाँध का इतिहास किसी से छिपा नहीं है। शुरू से ही विवादों के घेरे में आ गये इस बाँध का टिहरी नगरवासियों और भागीरथी-भिलंगना घाटी के ग्रामीणों ने विरोध विस्थापन तथा खेती की अति उपजाऊ ज़मीन के डूबने के भय से किया था। धीरे-धीरे पर्यावरण के विभिन्न मामलों के साथ भागीरथी और भिलंगना के प्रवाह के अवरुद्ध होने को स्थानीय समाज विश्लेषित करने लगा। कुछ स्वतन्त्र वैज्ञानिकों ने भूकम्प, वन और जैव विविधता विनाश के आलोक में इसका विरोध किया तो अनेक सामाजिक-सांस्कृतिक कार्यकर्ताओं ने इसे सामाजिक-सांस्कृतिक क्षय की शुरुआत के रूप में देखा।

टिहरी के प्रबुद्ध लोगों ने 1978 में टिहरी बाँध विरोधी संघर्ष समिति का गठन किया। तब उत्तराखण्ड में अधिकांश स्थानों पर चिपको आन्दोलन चला हुआ था। अनेक स्थानों पर दमन हो रहा

था और गिरफ़्तारियाँ भी। टिहरी बाँध विरोधी संघर्ष समिति ने टिहरी बाँध के ख़िलाफ़ सामाजिक, सांस्कृतिक, आर्थिक और पारिस्थितिक बिन्दुओं को और अधिक बारीकी से ढूँढ़ना शुरू किया। पर्याप्त खोजबीन और जाँच-पड़ताल के बाद संघर्ष समिति ने भारत के सर्वोच्च न्यायालय में जाने का मन बनाया। समिति जन-आन्दोलन के साथ देश की न्याय व्यवस्था का उपयोग करना चाहती थी।

समिति के संस्थापक अध्यक्ष वीरेन्द्रदत्त सकलानी पुराने प्रजामण्डली और सामाजिक कार्यों में गहरी रुचि वाले वकील थे। न सिर्फ़ स्वायत्तचेता थे बल्कि हर प्रकार से नागरिक स्वतन्त्रता का सम्मान करते थे। टिहरी बाँध उन्हें क्षेत्र के लोगों के जीवन में एक बहुआयामी घुसपैठ की तरह लगता था।[78] वे इसे भावना और तर्क दोनों आधारों पर क्षेत्र के ही नहीं देश और दुनिया के सन्दर्भ में भी विनाश का प्रतीक मानते थे।[79] नवम्बर 1986 में मिखाइल गोर्बाचोव के भारत आगमन के समय सोवियत सहयोग हेतु समझौता हुआ था। पर सोवियत विशेषज्ञों ने तभी अनेक शंकाएँ उठाईं। मुख्य सोवियत अभियन्ता एलेक्जैण्डर फिंक ने टिहरी बाँध के डिजायन को अपर्याप्त कहा—विशेष रूप से भूकम्पीयता के सन्दर्भ में। स्थानीय स्तर पर जलवायु परिवर्तन और भूस्खलनों की सम्भावना बतायी।[80] स्वयं कैग ने नयी टिहरी, जहाँ टिहरी शहर के विस्थापितों को बसाया जाना था, को स्थिर तथा सुरक्षित मानने से इनकार किया था।[81]

1981-83 की कश्मीर-कोहिमा यात्रा से लौटकर बहुगुणा का रुझान इस संघर्ष की तरफ़ गया। दोनों नदियों के संगम पर स्थित टिहरी नगर और भागीरथी-भिलंगना की उर्वर घाटियों और इस समाज से विमला और सुन्दरलाल का गहरा लगाव था। पहली घाटी में उनके गाँव और ससुराल थे और दूसरी घाटी में नवजीवन आश्रम। टिहरी में ठक्कर बापा छात्रावास था और 1815 में स्थापित इस नगर का इतिहास भी। वे इस संघर्ष में शामिल हो गये। उन्होंने अपनी प्रतिभा के अनुरूप बाँध के उन सभी पक्षों को राष्ट्रीय तथा अन्तरराष्ट्रीय स्तर पर प्रचारित किया, जो विवादास्पद थे, जिनसे लोगों का अपरिचय था और जिनको सर्वोच्च न्यायालय में चुनौती दी गयी थी।

यह सच है कि उन्होंने मनेरी भाली परियोजना के पहले चरण की बड़ी प्रशंसा की थी और बाक़ायदा उस पर धर्मयुग में लेख लिखा था।[82] तब तमाम अन्य लोगों की तरह वे नाज़ुक हिमालय में इन परियोजनाओं पर शंकित नहीं थे। 1982 में जब चिपको की पहली धारा ने विष्णुप्रयाग परियोजना को सफल चुनौती दी तो उन्होंने अधिक दिलचस्पी नहीं दिखायी। इसी तरह 'नशा नहीं रोज़गार दो आन्दोलन' में वे कहीं न थे जबकि यह विषय उनके जीवन के पहले बड़े आन्दोलन और पहली भूख हड़ताल से जुड़ा था। कश्मीर-कोहिमा यात्रा में नशा, नदी या बाँध केन्द्रीय विषय नहीं बन पाये थे। बाद में कुछ शुभचिन्तकों के परामर्श से 'हिमालय बचाओ आन्दोलन' में उनके द्वारा कुछ विषय जोड़े गये।

अधिक प्रतिष्ठित बहुगुणा 1990 के आसपास टिहरी बाँध विरोधी आन्दोलन में आये और तब प्रत्यक्ष चिपको आन्दोलन चमोली ज़िले के अलावा कहीं और नहीं था। बहुगुणा टिहरी बाँध तथा पर्यावरण के मुद्दों पर पहले से लिख रहे थे।[83] उन्हें सहयोग मिला। भागीरथी और भिलंगना घाटियों के हज़ारों लोगों ने आन्दोलन में हिस्सेदारी की। क्षेत्र से बाहर के शुभचिन्तक आये। भिलंगना घाटी के आन्दोलनकारियों को ले जा रही एक बस के पलट जाने से दर्जनों ग्रामीण मारे गये। इसने आन्दोलन की प्रारम्भिक गति को कम कर दिया। फिर बहुगुणा ने मौन ले लिया और भूख हड़ताल शुरू कर दी। 1995 में उन्होंने 45 दिन की भूख हड़ताल की और प्रधानमन्त्री नरसिम्हा राव के आग्रह पर इसे समाप्त किया।

आन्दोलन चलता रहा। टिहरी के भागीरथी पुल के पास स्थित 'गंगा हिमालय कुटीर' से आन्दोलन का संचालन होता रहा। विभिन्न सरकारों या सरकारों द्वारा बिठाई गयी कमेटियों ने इस मामले को लगातार लटकाये रखा। वीरेन्द्रदत्त सकलानी की मृत्यु के बाद आन्दोलन का पूरा संचालन बहुगुणा करने लगे और आन्दोलन व्यक्ति केन्द्रित होने लगा। जुलाई 2000 में विश्व हिन्दू परिषद् के अशोक सिंघल उनके साथ आये और गंगा की अविरलता बाबत समर्थन की बात कह गये पर फिर वे कभी साथ नहीं दिखे।[84] इस कारण अनेक सहयोगी बहुगुणा से नाराज हुए। 2001 में गाँधी समाधि पर 74 दिन की भूख हड़ताल वे तब तोड़ने को तैयार हुए जब प्रधानमन्त्री देवागौडा ने उन्हें आश्वासन दिया।

टिहरी बाँध विरोधी आन्दोलन से धीरे-धीरे सहयोगी-साथी सिमटते चले गये। संघर्ष लम्बा खिच रहा था और सफलता की सम्भावना घटती जा रही थी। इस आन्दोलन में चिपको की पहली और तीसरी धाराएँ समर्थन के बावजूद प्रत्यक्ष उपस्थित नहीं थीं। भूख हड़ताल से चिन्तित कई पुराने साथी टिहरी गये पर आन्दोलन में स्थायी शिरकत सम्भव नहीं हुई। टिहरी आन्दोलन की ओर से इस तरह का प्रयास नहीं हुआ। समाज के बँटे होने के बावजूद समर्थकों की कमी नहीं थी। बहुगुणा सदा की तरह व्यक्तिगत नायकत्व की पद्धति अपनाये हुए थे। निहित स्वार्थ और बाँध समर्थक सामाजिक और राजनीतिक कार्यकर्ता अपनी जगह और अपनी तरह सक्रिय थे। उनके द्वारा दुष्प्रचार भी किया जा रहा था। कुछ समय के लिए राधा बहन, विद्यासागर नौटियाल या मेधा पाटकर समर्थन में आयीं और अलमोड़ा नैनीताल के साथी भी, पर बाद में हेंवलघाटी के कर्मठ साथी ही सिमट गये।[85] सुन्दरलाल बहुगुणा और विमला बहुगुणा प्रतीक रूप में गंगा हिमालय कुटीर पर बैठे रहे। पर यह अब सिर्फ़ टिहरी नगर और दोनों घाटियों के डूबने का इन्तज़ार था।[86]

टिहरी बाँध विरोधी संघर्ष दार्शनिक रूप से चाहे उपभोक्तावाद तथा संसाधनों के अनियन्त्रित दोहन वाली विकास पद्धति के ख़िलाफ़ था पर प्रत्यक्षतः यह एक साथ भारत सरकार, प्रदेश सरकार, सरकारी विज्ञान, 'विकास' के भ्रम और नयी आर्थिक नीति को चुनौती देने की कोशिश थी।[87] बहुगुणा ने विकास से पहले जीवित रहने के अधिकार की बात की थी।[88] अब तक संसाधनों की लूट सरकार करती थी, अब कराने वाली थी। यानी कारपोरेट शक्तियों का आगमन उत्तराखण्ड में होने वाला था। टिहरी बाँध परियोजना यद्यपि सार्वजनिक क्षेत्र की थी पर जेपी तथा कण्टीनेण्टल जैसी कम्पनियों का आगमन इसी समय हुआ। जेपी कम्पनी जल्दी ही अन्य नदियों की नियन्ता बनने वाली थी।

टिहरी बाँध विरोधी संघर्ष समिति देश और दुनिया से तो सद्भावना पाती रही, अनेक राष्ट्रीय अख़बारों ने इस आन्दोलन के प्रभाव में सम्पादकीय लिखे,[89] पर यह आश्चर्यजनक है कि इतने महत्त्वपूर्ण आन्दोलन का मात्र ज़िक्र भी विश्व बाँध आयोग की रपट में नहीं आया।[90] जिन दो नदियों के संगम पर यह बाँध बन रहा था उस शहर तथा दोनों जलागमों का समाज पहले से ही बड़ी सीमा तक विभाजित था और स्थानीय निहित स्वार्थ सुसंगठित थे। इन जलागमों के समाज की मनःस्थिति और सांगठनिक मजबूती नर्मदा घाटी के किसानों और वनवासियों की तरह नहीं थी, जिन्हें पता था कि अपनी ज़मीन और जड़ों से हटने का मतलब पहले विस्थापित होना और फिर नष्ट हो जाना या फिर बहुत अधिक दयनीय सामाजिक स्थिति को प्राप्त होना था। नर्मदा घाटी के लोग नष्ट नहीं होना चाहते थे और अब तक लड़ रहे हैं। उत्तराखण्ड में पिछली डेढ़ सदी की पलायन की प्रक्रिया ने अपनी ज़मीन से कटने के मनोविज्ञान को एक सीमा तक उचित मान लिया था। अतः सबसे बेहतरीन ज़मीन को बचाने की लड़ाई वे शुरू ही नहीं कर सके। सुन्दरलाल बहुगुणा और मेधा पाटकर के फ़र्क़ को समझना भी ज़रूरी है पर अभी इस आयाम की तरफ़ जाना उचित नहीं होगा।[91]

टिहरी में बाँध बनने और विद्युत उत्पादन के बाद डूब क्षेत्र के पास समस्याएँ झेल रहे ग्रामीणों के संकट बढ़ गये हैं और वे किसी को नहीं दिखायी देते हैं। बाद में टिहरी बाँध विरोधी संघर्ष समिति न विस्थापितों के मुद्दों को और न अब शेष बचे स्थानीय समाज की दिक्कतों को प्रभावशाली तरीके से उठा सकी।[92] आज टिहरी से गये विस्थापित और यहाँ शेष गाँवों में रह गये लोग आवाज़ विहीन हैं। उनका मुर्दाघाट टिहरी बाँध के पानी की सतह के अनुसार बदलता रहता है। उनके स्कूल, कॉलेज, बाज़ार और ज़िला मुख्यालय दूर हो गये हैं। नाव की सुविधा उन्हें सिर्फ़ आपात्काल (बीमारी या मृत्यु आदि) में मिलती है। अनेक गाँवों के खेत-खलिहान ही नहीं, मकान भी दरारग्रस्त हैं, धँस रहे हैं या भूस्खलन ग्रस्त होने लगे हैं। ग्रामीणों को फ़सलों पर कीड़े लगने की शिकायत है जिससे खेती ढंग से नहीं हो पा रही है। इन गाँवों की समग्र गतिशीलता टिहरी झील से अति प्रभावित हुई। भागीरथी के बांयें और भिलंगना के दायें तट के गाँव जैसे 'कालापानी' हो गये हों।[93]

टिहरी बाँध विरोधी संघर्ष समिति की हार, समिति के बिखराव और अत्यन्त व्यक्ति केन्द्रित आन्दोलन की पराजय बहुमुखी है। इस समाज पर 1991 या 1999 के भूकम्प, 1978 या बाद की बाढ़ों का असर नहीं हुआ। सरकार की उपेक्षा तो अपनी जगह थी पर समाज की निष्क्रियता इस पराजय से जुड़ गयी थी। इस पराजय ने जैसे इस क्षेत्र में किसी भी तरह के प्रतिकार को रोक दिया हो। इससे यह बात सत्य सिद्ध हुई कि जो समाज बड़ी लड़ाई हारता है, वह छोटी लड़ाई जीतना भी नहीं सीखता है।

यह सच है कि सभी राजनीतिक दल बाँध के समर्थक थे और क्षेत्रीय उत्तराखण्ड क्रान्ति दल इसका मुखर विरोधी नहीं था। उत्तराखण्ड संघर्ष वाहिनी स्पष्ट रूप से बाँध के विरोध में थी पर न टिहरी बाँध विरोधी संघर्ष समिति ने वाहिनी या अन्य स्थानीय समूहों को जोड़ने का प्रयास किया और न वाहिनी ने अपनी तरफ़ से कोई सचेत प्रयास किया। उत्तराखण्ड संघर्ष वाहिनी स्वयं अपने आत्मसंघर्ष में संलग्न थी क्योंकि उसके अस्तित्व को चुनौती मिली हुई थी। टिहरी बाँध विरोधी संघर्ष समिति का सरकार से कभी कोई समझदारी भरा और टिकाऊ समझौता नहीं हो सका। बाँध निर्माण के बाद की स्थिति को लेकर कोई विचार विकसित नहीं किया जा सका। यह बताना उचित होगा कि टिहरी के डूबते समय बहुगुणा ने न सिर्फ़ ग्लेशियरों के सिमटने की बल्कि जलावन और चारे की बात भी की। वे एक सुविचारित हिमालय नीति की माँग करते रहे। तब उन्होंने यह कहा था कि जो लोग धारा के विरुद्ध चलते हैं उनकी मजाक उड़ाई जाती है, उन्हें नकारा जाता है, अपमानित किया जाता है और अलगाव में रखा जाता है।[94]

जिस तरह उत्तराखण्ड संघर्ष वाहिनी ने जंगलों के साथ नशे के प्रश्न को जोड़ा था, वैसे ही टिहरी बाँध विरोधी संघर्ष समिति ने जंगलों की सुरक्षा से आगे बड़े बाँधों के निर्माण को चुनौती दी। वाहिनी में जहाँ सामूहिकता का वर्चस्व था, वहीं टिहरी बाँध विरोधी संघर्ष अन्तिम सालों में व्यक्तिगत नायकत्व का शिकार हुआ। दूसरी ओर 1990 के बाद की सरकारों का मिज़ाज उन सरकारों से भिन्न था, जिनमें शिकायत सुनने, संवाद करने या सीमित संवेदनशीलता प्रकट करने का गुण मौजूद होता था। नयी आर्थिक नीति ने नये और शक्तिशाली सामाजिक आन्दोलनों को बड़ी सीमा तक नियन्त्रित कर दिया था और व्यवस्था या सरकार अब अधिक निर्मम हो गयी थी। ऐसा हिमालय में अन्यत्र भी देखा जा सकता है।[95] नर्मदा आन्दोलन के साथ और अधिक दमनकारी व्यवहार व्यवस्था की ओर से हो रहा था, जबकि वहाँ आन्दोलन प्रचण्ड था और अभी बना हुआ है।[96]

6. एक साथ लेकिन एक नहीं

1994 में जब उत्तराखण्ड बीसवीं सदी के अपने अन्तिम, सबसे अधिक हिस्सेदारी वाले, शहादतों से भरे और राज्य स्थापना के लिए संकल्पबद्ध आन्दोलन में शामिल होने के लिए तैयार हो गया था तो विभाजित चिपको आन्दोलन की कतारें इस आन्दोलन में अपना योगदान दे रही थीं। अस्वस्थता के बावजूद बहुगुणा ने वक्तव्य दिये थे तो भट्ट खटीमा, मसूरी और मुजफ़्फ़रनगर के हत्याकाण्डों के बाद पूरी तरह आन्दोलन में सक्रिय रहे और उत्तराखण्ड संघर्ष वाहिनी आकण्ठ आन्दोलन में डूबी थी।[97] पर उनकी हिस्सेदारी के निहितार्थ अलग-अलग थे। अब तक राष्ट्रीय दल, जो 1990 के आसपास तक उत्तर प्रदेश के विभाजन के लिए तैयार नहीं थे, मैदान में कूद गये थे। 1996 से 2002 के बीच उत्तराखण्ड क्रान्ति दल और उत्तराखण्ड संघर्ष वाहिनी द्वारा चुनाव बहिष्कार के कारण भाजपा और कांग्रेस चुनाव में लाभ लेती रही। उत्तराखण्ड क्रान्ति दल और उत्तराखण्ड संघर्ष वाहिनी द्वारा 1994 के जन-आन्दोलन की ऊर्जा को भविष्य हेतु संचित न रख पाना स्थानीय इतिहास की विडम्बना रही।

एक राजनीतिक दल के रूप में सुस्पष्ट तथा सुसंगठित न हो पाना जहाँ उत्तराखण्ड क्रान्ति दल की त्रासदी रही, वहीं एक राजनीतिक दल के रूप में उत्तराखण्ड संघर्ष वाहिनी का उदय तब हुआ जब वह एक सामाजिक संगठन या आन्दोलन के रूप में अपने अपेक्षाकृत कम सक्रिय दौर में पहुँच गयी थी। वाहिनी का विभाजन इस अर्थ में उत्तराखण्ड के लिए दुर्भाग्यपूर्ण रहा कि बाद में उसके दोनों धड़े चुनाव की राजनीति में आ गये थे। यह अलग बात है कि दोनों में से किसी भी धड़े के नेताओं ने नीचे से उगना नहीं सीखा। यानी चुनाव की राजनीति में ग्राम प्रधान के स्तर पर चुनाव लड़ने-लड़ाने की बाबत नहीं सोचा। वे सिर्फ़ विधान सभा और संसद के लिए ही चुनाव लड़ते और हारते रहे।

एक और बिन्दु की तरफ़ इशारा करना उचित होगा कि उत्तराखण्ड संघर्ष वाहिनी के चुनावी राजनीति में आने के बाद उत्तराखण्ड का विश्वसनीय और सुसंगठित सामाजिक प्रतिपक्ष बड़ी सीमा तक संकुचित हो गया। यह एक सामाजिक आन्दोलन का कमज़ोर और विभाजित होना था। अब उत्तराखण्ड के बुनियादी मुद्दों को लेकर कभी-कभार पुराने आन्दोलनकारी वक्तव्य देते हैं बस, जिसे सुनना नये राज्य के नियन्ताओं के लिए ज़रूरी नहीं है। लेकिन यह 21वीं सदी का सच है, जिसकी तरफ़ फिलहाल जाना सम्भव नहीं है। यह कहा जा सकता है कि समाज अपनी ज़रूरत के अनुसार बोलने के माध्यम या संगठन ईजाद कर लेता है।

इस तरह 1985-95 के बीच अपनी तरह की सक्रियता के बावजूद चिपको आन्दोलन की विभिन्न शाखाएँ एक आत्मसंशय में दिखायी देती हैं। चिपको आन्दोलन के विश्लेषकों ने अपने सतहीपन के बावजूद अपना काम जारी रखा। तथ्यों की तोड़-मरोड़ की। चिपको आन्दोलनकारियों को भी चिपको के बारे में पढ़कर आश्चर्य होता था और वे एक-दूसरे से इस बाबत पूछते थे कि क्या ऐसा हुआ?

लेकिन चिपको के अधिकांश सदस्यों, कार्यकर्ताओं और नेताओं में सार्वजनिक मुद्दों और कार्यों में लगाने हेतु निजी और सामूहिक ऊर्जा बाद में भी बनी रही और तरह-तरह से प्रकट होती रही। यह सच है कि यह ऊर्जा एक बड़े सामाजिक आन्दोलन या आन्दोलनों के बदले व्यक्तिगत महत्त्वाकांक्षा में लगने जा रही थी या सीमित सामाजिक या राजनीतिक संगठनों में व्यय होने वाली थी। यह परिदृश्य चिपको आन्दोलन की शेष ऊर्जा का अन्दाज़ा तो देता था पर उसके आम जन गण के लिए इस्तेमाल होने की गारण्टी नहीं देता था। फिर भी किस तरह चिपको की टहनियाँ तरह-तरह की रचनात्मकता को विकसित करती रहीं, उसे अन्तिम अध्याय में बताने का प्रयास होगा।

इस अध्याय को समाप्त करने से पहले यह बताना उचित होगा कि 1980 से 1990 का दशक अनेक सफलताओं, चिपको के राष्ट्रीय तथा वैश्विक स्वागत, देश-विदेश में सम्मान से भरा हुआ था। इसी दशक में चिपको आन्दोलन में जो अदृश्य दरार थी, वह बहुत स्पष्ट रूप से दिखायी देने लगी। पहले चिपको की दो धाराएँ दिखने लगीं और फिर तीन। लेकिन सबसे दुखद विभाजन उत्तराखण्ड संघर्ष वाहिनी का हुआ। पहले एक सामाजिक आन्दोलन के रूप में और फिर एक राजनीतिक संगठन के रूप में।

इस तरह इस दशक में एक संशय तथा अविश्वास ने कार्यकर्ताओं, नेताओं और आम समर्थकों को अपने घेरे में ले लिया। यह बिना किसी समानान्तर सामाजिक आन्दोलन की उपस्थिति के हुआ। 1994 के जन-आन्दोलन ने चिपको आन्दोलन की तमाम शाखाओं और उप शाखाओं को जबर्दस्त तरीके से उद्वेलित और सक्रिय किया पर एक नहीं किया। इस विडम्बना की तरफ़ विद्वानों और शोधकर्ताओं का ध्यान अभी जाना है।

सन्दर्भ

1. अस्थिर तथा अल्पजीवी सरकारों सम्बन्धी विस्तार के लिए अध्याय 6 का सन्दर्भ 5 देखें।
2. Vandana Shiva and Jayanto Bandyopadhyay, 1986, Chipko-India's Civilizational Response to the Forest Crisis, Intach, New Delhi : 11; Maria Mies and Vandana Shiva, 1993, Eco Feminism : 247; Vandana Shiva, 1988, Stying Alive : 76-77
3. R.S. Bishnoi, 1987, Conservation as Creedo, Jugal Kishore, Dehradun; O.P. Dwivedi, 1997, Dharmic Ecology in India's Environmental Policies, Programmes and Stewardship : 17
4. Vandana Shiva, Stying Alive : 67; The Chipko Message, 1987, Richard St. Barbe Baker : 7, S.L. Bahuguna : 10, Indu Tikekar : 23, Chipko Information Centre, Silyara, Tehri
5. घनश्याम सैलानी से भेंट। सैलानी के एक पत्र में भी यह तल्खी प्रकट होती है– "...मृदु और लचीला ही टिकता है। जो लचीला और मृदु नहीं वह टूट जाता है। आज़ादी के पचास साल बाद जंगल, जल और ज़मीन पर स्थानीय नियन्त्रण के लिए इस समय कई प्रकार के निचले स्तर पर चलने वाले आन्दोलन अपनी आवाज़ उठा रहे हैं। नीतिगत परिवर्तनों की माँग के साथ परियोजनाओं के विरुद्ध जन विरोध जगाने का तरीका भी अपना रहे हैं। लेकिन जब तक आर्थिक और सामाजिक प्राथमिकताओं को नये सिरे से व्यवस्थित नहीं किया जायेगा, तब तक जल, जंगल और ज़मीन की लड़ाई सफल नहीं होगी। ...आज सर्वत्र विकृति आ गयी है। राजनीति के अलावा सामाजिक क्षेत्र में भी। आप लोगों ने चिपको के द्वारा पर्यावरण चेतना जगाई। काम करने की अपेक्षा लोग पर्यावरण शब्द पर इतना टूट पड़े कि जगह-जगह 'विद' हो गये। कोई 'सिद्ध' है तो कहीं 'गिद्ध' है। लेकिन छोटा बनने के लिए कोई तैयार नहीं। ...जब आदमी छोटा होता है तब सबसे बड़ा काम होता है"। सैलानी द्वारा चण्डी प्रसाद भट्ट को 15 जून, 1997 को 'साहित्य संस्कृति, लोक चेतना केन्द्र' के पैड पर लिखे इस पत्र में ऊपर अपनी कविता की ये पंक्तियाँ भी डाली थीं–"हरा भरा जंगल बचावा, नयी डाली नया बण लगावा। जीवन रखणक तैं छन तीन, जंगल, पाणी और ज़मीन।"
6. खड़क सिंह खनी, सूरज को तो उगना ही था : 101, 108-9 तथा 178
7. चीड़ (पाइनस रौक्सबर्गी) हिमालय की ही वृक्ष प्रजाति है। चिपको आन्दोलन की माँग के क्रम में आदेश संख्या 1913/1-81 दिनांक 18 मार्च, 1981 द्वारा 1,000 मीटर से ऊपर हरे पेड़ों की कटाई पर रोक लगा दी गयी थी। आगामी सालों में चीड़ निर्द्वन्द्व फैलता रहा। सर्वोच्च न्यायालय के 12 दिसम्बर, 1996 के आदेश (रिट संख्या 202/95 टीएन गौडावर्मन वनाम भारत संघ) ने भी कटान पर रोक लगा दी। हालाँकि 20 जनवरी, 1998 के स्पष्टीकरण में 1,000 मीटर से ऊपर स्थानीय जनता के हक़-हक़ूकों को बनाये रखा गया। यह रोक अभी जारी है। अब 20 साल के चक्र में चीड़ का कटान होना चाहिए, जो ग्रामीणों को मकान बनाने हेतु दिया जा सकता है (See : Study on the Impact of Ban on Green Felling of Chir Pine (Pinus roxburghii Sarg.), Report Submitted by Manoj Chandran, 2012, Uttarakhand Forest Department)
8. कौल समिति के सुझावों हेतु देखें सचिव वन, उत्तर प्रदेश के पत्रांक 6241/14-2-124/82
9. Akhileshwar Pathak, Contested Domains : The State, Peasants and Forests in Contemporary India : 48-52

10. अनिकेत, 1 अप्रैल, 1980; भेंटवार्ता : शिशुपाल सिंह कुँवर, घनश्याम सैलानी आदि
11. भेंटवार्ता : चन्द्रशेखर भट्ट, मोहन सिंह
12. पी.डी. यानी पैटी डिमाण्ड्स : वन विभाग द्वारा संरक्षित वनों से ग्रामीणों को दी जानी वाली लकड़ी
13. अनिकेत, 1 अप्रैल, 1980; भेंटवार्ता मोहन सिंह, खड़क सिंह, पूरन तिवारी, कुँवर प्रसून
14. बहुगुणा का सचिव विज्ञान तथा तकनीकी विभाग, एम.जी.के. मेनन को 12 अप्रैल, 1980 का पत्र
15. भेंटवार्ता : शिशुपाल सिंह कुँवर
16. रमन मैगेसेसे पुरस्कार की राशि इस संकट में काम आयी।
17. सच्चिदानन्द भारती के संग्रह में मौजूद 12 सितम्बर, 1980 का विवरण
18. सच्चिदानन्द भारती का चण्डी प्रसाद भट्ट तथा सुन्दरलाल बहुगुणा के नाम 13 जून, 1980 के पत्र; भेंटवार्ता : सच्चिदानन्द भारती; सत्यपथ, 17 फ़रवरी, 1993
19. सच्चिदानंद भारती के संग्रह में मौजूद 12 सितम्बर, 1980 का विवरण
20. भेंटवार्ता : सच्चिदानंद भारती, चण्डी प्रसाद भट्ट तथा शमशेर बिष्ट
21. धूम सिंह नेगी टिहरी में और चन्द्रसिंह कार्की चमतोला में सहकारी वन समितियों पर काम करने लगे थे। सिलंगी में चन्द्रसिंह कार्की, मनान में चन्द्रशेखर भट्ट, चमतोला में मोहन सिंह तथा गुरना में सोबनसिंह नागरकोटी संविदा सहकारी समिति बना चुके थे (भेंटवार्ता : धूम सिंह नेगी और चन्द्रसिंह कार्की का 20 मई, 1997 का पत्र)
22. अनुपम मिश्र तथा गोपा जोशी के विवरण
23. Mark Shephard, North India's Tree Huggers : 34-35; Gopa Joshi, Afforestation of Deforested Himalaya : 34-43
24. अनुपम मिश्र, गरुड़ गंगा फॉरेस्ट कंजरवेशन कैम्प्स : 66
25. उ.सं.वा. की 18 मार्च, 1980 की कार्यवाही, वाहिनी के कार्यकारिणी के सदस्य पूरन तिवारी द्वारा प्रसारित
26. उ.सं.वा. की 18 मार्च, 1980 की कार्यवाही, वाहिनी के कार्यकारिणी के सदस्य पूरन तिवारी द्वारा प्रसारित। इस बैठक में उ.सं.वा. के संचालन हेतु 7 सदस्यों की तदर्थ कार्यकारिणी का गठन भी किया गया था। जिसमें शमशेर बिष्ट, चन्द्रशेखर भट्ट, पूरन तिवारी, सच्चिदानन्द भारती, खड़क सिंह खनी, पुष्पा जोशी तथा जोगाराम थे
27. देखें : शेखर पाठक, श्याम प्रसाद लुहार की बारात, *दिनमान,* 1-7 जून, 1980 : 22-25; नैनीताल समाचार, 15 मई-14 जून, 1980 : 1, 4 तथा 8
28. नैनीताल समाचार, 1 जुलाई, 1980 : 1
29. Ramesh Pahari, Hugging the Himalaya : 21
30. Bhatt, The Chipko Movement in *Hugging the Himalaya :* 16
31. 'वृक्षन को विलाप', दिसम्बर 1977; इस पर्चे के बाहरी आवरण पर तूफ़ान से गिरे चीड़ के पेड़ों का सिलसिला था और नीचे धरमवीर परमार की एक कविता थी :

    'पेड़
    जड़ तू नहीं
    मैं था
    तू कट के जाता रहा
    मैं खड़ा देखता रहा'

    इस पर्चे में 'आज हिमाल', 'हपूरा बाजाणी धुरा' तथा 'बोट में बसूँ म्यार पहाड़' तीन चिपको गीत भी छपे थे।
32. सुन्दरलाल बहुगुणा, चिपको, 1980 : 8-9
33. उक्त : पृष्ठ 11-12
34. नरेन्द्रसिंह भण्डारी, विधायक पौड़ी; कुँवरसिंह नेगी, विधायक बद्रीकेदार; शिवानन्द नौटियाल, विधायक कर्णप्रयाग का उत्तर प्रदेश के मुख्यमन्त्री को 24 नवम्बर 1980 का पत्र
35. वन सचिव एन.पी. त्रिपाठी का सुन्दरलाल बहुगुणा को पत्रांक 1614 दि. 16 मई, 1980
36. Mukul Sanwal, 1988, Community Forestry : Policy Issues, Institutional Arrangements and Beurocratic Reorientations in *Ambio,* Vol. 17, No. 5 : 342-46; Mukul Sanwal, 1989, What we Know About Mountain Development : Common Property, Investment Prioreties and Institutional Arrangements, *Mountain Research and Development,* Volume 9 No. 1, Boulder, Colorado; N.C. Saxena, Towards Sustainable Forestry in the UP Hills; N.C. Saxena, 1995, Forests, People and Profit : New Equations for Sustainability; उत्तर प्रदेश का वन अंक (लखनऊ) जुलाई 1977 : 17-27

37. भेंटवार्ता : गोविन्दसिंह रावत
38. वन निगम अधिनियम 1975
39. अश्विनि छत्रे, 1996, भटियात वन आन्दोलन : 14-26, 36-42
40. Pandurang Hegde, 1988, Chipko and Appiko : How the People Save the Trees : 29-37
यह बताया जाना उचित होगा कि चिपको से प्रेरित-प्रभावित होने वालों की समझ हिमालय या उत्तराखण्ड के बारे में गहरी और स्पष्ट नहीं हो पाती थीं। हेगड़े के लेख से इसे समझा जा सकता है : "The Seventh Plan document calls for a halt in building extensive road network in hills. This is a great relief. Himalayan region is based on 'money order economy' as people working in plains send money order to their families. So the need is to strengthen postal service and communication system" (Pandurang Hegde, 1987, What's Wrong with Hill Area Development, Yojna, January 1-15:11). दरअसल मनीआर्डर दूरस्थ दुर्गम इलाकों तक पहुँच जाते थे। सड़कें विज्ञान सम्मत तरीके से बननी थीं पर उन्हें रोक कर आवागमन विकसित नहीं किया जा सकता था।
41. Hall, 1994; Sya Kedzior, 2006, A Political Ecology of the Chipko Movement, Unpublished theses submitted for the Master's Degree and deposited in the University of Kentucky
42. Hall, 1994
43. Amit Mitra, 1993, Chipko : An Unfinished Mission in *Down to Earth*, 30 April
44. Indira Gandhi, 1982, Address to the UN Conference on Human Environmrnt 'Man and His World' on 14 June, 1972 in Peoples and Problems : 60-67
45. Pandurang Ummayya and J. Bandyopadhyay, 1983, The Trans-Himalayan Chipko Foot March, *The Ecologist,* Vol. 13, No. 5 : 179-183; हरीश जोशी, 1983 तथा 1986, हिमालय को ज़्यादा जानते हुए, पहाड़ 1 : 252-58 तथा *पहाड़ 2 :* 194-97; धूम सिंह नेगी, 2008, नेपाल से गुज़रते हुए, *पहाड़ 14-15 :* 92-96
46. Erik Eckholm, 1976, Losing Ground : Environmental Stress and World Food Prospects; Ives and Misserli, 1989, The Himalayan Dilemma
47. मानसिंह रावत, सुन्दरलाल बहुगुणा, सरला बहन, चण्डी प्रसाद भट्ट, राधा बहन, शमशेर बिष्ट या कुँवर प्रसून आदि निरन्तर यात्राएँ करते रहे हैं।
48. Erik Eckholm, 1976, Losing Ground; Sri Madhava Ashish, 1998, Relating to Reality; S.L. Shah, 1981, Ecological Degradation and Future Agriculture in the Himalayas
49. Pandurang Ummayya and J. Bandyopadhyay, 1983, The Trans-Himalayan Chipko Foot March, *The Ecologist,* Vol. 13, No. 5 : 179-183
50. भेंटवार्ता : कुवर प्रसून तथा प्रताप शिखर
51. मैगेसेसे फाउण्डेशन का प्रेस रिलीज : 4 अगस्त, 1982
52. भारत में यह सम्मान इला भट्ट, एम.एस. स्वामीनाथन, लक्ष्मीचन्द्र जैन, अरुण शौरी, बाबा आम्टे, एम.सी. मेहता, एस.के. सेठी, दीप जोशी आदि बहुत-सी प्रतिभाओं को मिला है।
53. Sunil Sethi, Vishnu Prayag Project : Blue Print for Disaster, *India Today,* 30 Novemeber, 1983 : 42-43, New Delhi; Chandi Prasad Bhatt, N. Juyal, M. Kunwar, 1985, Vishnu Prayag Project : A Risky Venture in Higher Himalaya, in J.S. Singh (Ed.), *Environmental Regeneration in Himalaya :* Concepts and Stratagies, Nainital : 410-418; Chandi Prasad Bhatt, 1997, Future of Large Projects in the Himalaya, Nainital
54. भट्ट, 1983, उत्तराखण्ड में बड़े जलाशयों व विद्युत परियोजनाओं का भविष्य, पहाड़ 1 : 115-131
55. Sethi, Vishnu Prayag Project : Blue Print for Disaster, *India Today*, 30 Novemeber, 1983 : 42-43
56. अआअ पहाड़ 14-15 : 107-166
57. महिला मंगल दल, बछेर का वन संरक्षक गढ़वाल को बम्याला की खड़ी पहाड़ी में कटान रोकने बाबत 29 जनवरी, 1985 का पत्र तथा महिला मंगल दल, बछेर का वन संरक्षक गढ़वाल को बछेर में कटान रोकने बाबत 19 अप्रैल 1985 का पत्र
58. भेंटवार्ता : कलावती देवी तथा राधा देवी रावत; Mukul, Villages of Chipko Movement, *EPW,* 10 April, 1993 : 617 and 619; Hindustan Times, Dehradun 6 March, 2013
59. Mukul, Villages of Chipko Movement, *EPW,* 10 April 1993 : 617-621
60. भेंटवार्ता : गौरादेवी तथा बौणीदेवी तथा अन्य
61. नवभारत टाइम्स : 14 मार्च, 1986; जनसत्ता : 6 दिसम्बर, 1986; नैनीताल समाचार, 15 नवम्बर, 1986 : 1, 6 तथा 7
62. वन्दना शिवा के 'चिपको परिवार के सब सदस्यों' को लिखे 3 फ़रवरी, 88 के पत्र से पता चलता है कि राइट लाइवली अवार्ड चिपको को सामूहिक रूप से मिला है। 1984 से ही चिपको के लिए दो नामिनेशन आये थे। एक चण्डी प्रसाद भट्ट

तथा दूसरा सुन्दर लाल बहुगुणा के नाम। अप्रैल 1987 में वन्दना शिवा से पूछा गया कि अगर चिपको को अवार्ड दिया जाय तो किसको दिया जाय तो उनका जवाब था कि व्यक्तिगत अवार्ड से चिपको की असलियत खो जायेगी। इसलिए सामूहिक रूप से मिलना चाहिए। जब अक्टूबर 1987 में शिवा से पूछा गया कि अवार्ड लेने किसे बुलाया जाय तो उन्होंने बहुगुणा और पांडुरंग का नाम दिया 'क्योंकि अपिको से चिपको एक नेसनल आन्दोलन बन गया'। चिपको आन्दोलन के सम्पर्क व्यक्ति के रूप में भी शिवा का नाम तथा देहरादून का पता था।

शिवा के 4 मई, 1987 के राइट लाइवली अवार्ड के शोध निदेशक पॉल एकिन्स को लिखे पत्र में उनकी चिन्ता और आग्रह दोनों झलकते हैं। वे आन्दोलन की विविधता और गहराई तो बताती हैं और चिपको की बहु केन्द्रीयता का ज़िक्र करती हैं पर बहुगुणा और भट्ट के अलावा वे सिर्फ़ धूम सिंह नेगी और धनश्याम रतूड़ी का नाम सुझाती हैं। उनको गौरा देवी या सुदेशा देवी जैसी महिलाओं या कुँवर प्रसून और शमशेर बिष्ट जैसे युवाओं का नाम नहीं सूझा।

63. व्याख्यान देखें।

64. Madhav Gadgil, Green Brigade, *Economic Times,* 20 January, 1994; Gopa Joshi, September 1982, The Chipko Movement and Women, PUCL Bulletin, Delhi; M.M. Kimothi and N. Juyal, 1996, Environmental Impact Assessment of a few Selected Watersheds of the Chamoli District (Central Himalaya) using Remote Sensed Data in *International Journal of Remote Sensing,* Vol 17, Issue 7, May : 1391-1405

65. आनन्द सिंह बिष्ट ने यह बात कह भी दी थी (Antje Linkenbach, Forest Futures : 78)

66. बहुगुणा के विरोधियों (टिहरी बाँध के सन्दर्भ में) ने 'सिल्यारा के सन्त का असली चेहरा' में उन्हें विकास विरोधी तो बताया ही, यह भी लिखा कि टिहरी बाँध का विरोध वे नोबल पुरस्कार प्राप्त करने के लिए कर रहे हैं (*Himal,* Jan/Feb 1994)

67. जनसत्ता : 16 मार्च, 1984

68. योगेशचन्द्र बहुगुणा, चिपको में टकराव, सम्पादक के नाम पत्र, जनसत्ता : 28 मार्च, 1984

    उन्होंने लिखा था :

    "अब वक़्त आया है कि बहु प्रचारित इस आन्दोलन के अन्तर्विरोधों, कमज़ोरियों और ताकतों का समाज वैज्ञानिक अध्ययन पेश किया जाये। इस आन्दोलन में जो दरार पड़ी है उसका कारण शुद्धतावाद और उपयोगितावाद के बीच का सैद्धांतिक टकराव मानकर चलना घटनाओं को सरल करके देखना है। इस आन्दोलन के फूट के बीज दो नेताओं की आकांक्षाओं की टकराहट के गर्भ से उत्पन्न हुए हैं। सभी जानते हैं कि चण्डी प्रसाद भट्ट को सार्वजनिक जीवन में लाने और दशौली ग्राम स्वराज्य मण्डल की स्थापना के पीछे सुन्दरलाल बहुगुणा की अहम भूमिका रही है। इतना ही नहीं श्री भट्ट को साथी कार्यकर्ता श्री बहुगुणा के मार्फत ही जाना करते थे। भट्ट के कार्यों के प्रचार-प्रसार में सुन्दरलाल ने कोई कसर नहीं रखी। पर जब श्री भट्ट को रूस जाने का सुयोग मिला और श्री बहुगुणा चिपको की माँगों को लेकर उत्तरकाशी में अनशन पर बैठ गये तो लगाम इनके हाथ में आ गयी। यहाँ से दरार पड़नी शुरू हुई जो फैलती ही गयी। इस हद तक फैली कि सुन्दरलाल का नियोजित विरोध करना भट्ट ने अपने कार्यक्रम का हिस्सा ही बना लिया। दोनों लोगों ने अपनी-अपनी कार्य शैलियाँ तय कर डालीं। बस यहीं से टकराव शुरू हुआ।" पर यह आंशिक रूप से ही सच था। टकराव अधिक गहरा था और कारण अनेक थे। सरला बहन के पत्रों में झाँक कर इस बाबत अधिक सही समझ बन सकती है।

69. जैक आइव्ज ने उन्हें ज़्यादा सन्तुलित सम्बोधन 'चिपको दूत' (चिपको मैसेन्जर) दिया तो कैथरीन गोल्डस्मिथ ने उन्हें 'सौम्य योद्धा' (जैन्टल क्रूसेडर) कहा (Jack Ives, Himalayan Dilemma : XXIV; Katherine Goldsmith, 1997, Sundar Bahuguna : A Gentle Warrior, *Resergence,* Issue 181, March-April)

70. *Himal,* Jan/Feb 1994 : 22-23

71. भेंटवार्ता : सुदेशा देवी, कुँवर प्रसून, प्रताप शिखर, विजय जरधारी तथा धूम सिंह नेगी

72. खड़क सिंह खनी, सूरज को तो उगना ही था : 101

73. खड़क सिंह खनी, सूरज को तो उगना ही था : 108-10, 178-183

    इसी साल (1984) भोपाल में यूनियन कारबाइड कारखाने से ज़हरीली गैस (मिक) रिसने से 4000 अधिक लोग मारे गये और हज़ारों घायल और अपाहिज हो गये थे।

74. विष्णु नागर, भेड़-बकरियों ने सरकार को पानी पिलाया, नवभारत टाइम्स : 11 जुलाई, 1987; योजना आयोग की रपट

75. चण्डी प्रसाद भट्ट का भारत सरकार के ग्रामीण विकास सचिव तथा कृषि सचिव को भेजा गया पत्रांक 8573/38-6-86 दिनांक 23 दिसम्बर, 1986 तथा जी.आई.-276/38 मा. सेल दिनांक 11 दिसम्बर, 1986; जनसत्ता सम्पादकीय– बकरी बलि का बकरा : 27 जून, 1987

76. नवभारत टाइम्स : 11 जुलाई, 1987; जनसत्ता : 17 अगस्त, 1987 तथा जनसत्ता : 1 मार्च, 1990

77. अमर उजाला : 8 जनवरी 1988 तथा जन सुरक्षा समिति का स्मरण पत्र

78. भेंटवार्ता : वीरेन्द्र दत्त सकलानी; Tehri Bandh Virodhi Sangharsh Samiti and others vs The State of UP and others, Judges K.N. Singh and Kuldip Singh, Supreme Court, 1990 in Dutta, Ritwick (Ed.), 2002, *Environmental Activist's Handbook, II* : 586-589, Mumbai/Delhi

उच्च न्यायालय के नये निर्णय का पैरा देखें : "...it is directed that before allotting any hydel project, be it small, medium or large, there should first be a detail Environmental Impact Assessment and scientific study of all the major and miner river basins in the state of Uttarakhand, where these projects are to be allotted and only after a detail study has been made and the reparian rights of the settlements which are on the banks of these rivers taken care of, that any steps be made for giving these hydel projects to either State or private developers." Judgement of Uttarakhand High Court, 15 July, 2011 on 18 (1 PIL and 17 Writ) petitions developers Vs State of Uttarakhand related with hydro-projects, CJ Barin Ghosh and J. Sudhanshu Dhulia, 36 pages, Nainital.

निम्न भी देखें : दिनमान, 13-19 नवम्बर, 1977; Kumar, Virendra, 1987, Report on the Environmental Sensitivity of Dhauli Ganga River Catchment Area, Zakir Hussain College, Delhi (Kumaon University Report on Tawaghat Calamity of 1977 is in the appendix); Kimothi, M.M., Juyal, Navin and Bhatt, Omprakash, 2003, Landslide Induced Floods in the Upper Alaknanda Basin (Report Prepared for Ministry of Agriculture, GoI), SAC (ISRO), PRL Ahmedabad and DGSM, Gopeshwar

79. भेंटवार्ता : वीरेन्द्रदत्त सकलानी; सकलानी न सिर्फ़ प्रत्यक्ष और कानूनी संघर्ष कर रहे थे बल्कि अख़बारों में आने वाले झूठ का भी वे लगातार खण्डन कर रहे थे। देखें सम्पादक के नाम पत्र, Letters to Times of India by V.D. Saklani : 22 August, 10 October and 13 November, 1987

80. Times of India : 6 October, 1987

81. Times of India : 26 August, 1989

82. बहुगुणा, धर्मयुग : सितम्बर, 1977

83. बहुगुणा, हर तरह से घाटे का सौदा है टिहरी बाँध, जनसत्ता : 1 सितम्बर, 1987 तथा प्रकृति हमसे बदला लेकर रहेगी, दैनिक हिन्दुस्तान : 30 अक्टूबर, 1987

84. Mukul Sharma, Green and Safron : 108-145; Mukul Sharma, Passages from Nature to Nationalism, *EPW,* 21-27 February 2009; Mawdsley, E. (2005) The Abuse of Religion and Ecology : The Vishva Hindu Parishad and Tehri Dam, *Worldviews : Environment, Culture, Religion,* 8 (2), pp. 1-24

85. 'लेकिन क्या किया जाये? सुन्दरलाल जी इस आन्दोलन को ऐसी स्थिति में ले आये हैं कि कुछ होना मुश्किल जान पड़ता है। तीन साल पहले तक यदि सही रणनीति अपनाई जाती तो इस बाँध को रोका जा सकता था। वे इसे युद्धभूमि में बैठकर जीतना चाहते हैं, किन्तु ऐसा नहीं हो सकता। जनता के पास तो जाना ही होगा। जनता उनके पास नहीं आयेगी', कुँवर प्रसून के शेखर पाठक को लिखे 25 मई, 1997 के पत्र का अंश

86. Manisha Aryal, Dams : The Vocabulary of Protest, *Himal,* July-August 1995 : 11-21; Shekhar Pathak, 2005, Tehri Dam : Submersion of a Town, Not of an Idea, *EPW*, 13 August; Ishizaka, Shinya, 2006, The Anti Tehri Dam Movement as a New Social Movement and Gandhism, *Journal of the Japanese Association for South Asian Studies,* No. 18, October, Tokyo : 76-95.; Ishizaka, Shinya, 2009, What has the Chipko Movement Brought About?, Working Paper 52

87. Bandyopadhyay, Jayanta, 1995, From Environmental Conflicts to Sustainable Mountain Transformation : Ecological Action in the Garhwal Himalaya : 276

88. सुन्दरलाल बहुगुणा, 1995, विकास से पहले जीवित रहने का अधिकार, जनसत्ता, 6 नवम्बर; बहुगुणा की आखिरी वसीयत, भागीरथी की पुकार, जून-जुलाई, 1995, दिल्ली

89. Times of India, Rethink on Tehri, 23 November, 1988; जनसत्ता, रूसियों को तो सुनेगी सरकार, 16 नवम्बर, 1988

90. Dams and Development (The Report of the World Commission on Dams), 2000, Earthscan, London

91. Usha Rai, 1996, Lack of Local Support Cause of Tehri Agitation's failure, *Indian Express,* 15 May

92. 2014 में क्षेत्रीय भ्रमण में ग्रामीणों से मुलाक़ात के आधार पर

93. 2013-14 के क्षेत्रीय भ्रमण के आधार पर

एक छोटे से उदाहरण से भागीरथी और भिलंगना के दोआबे या विशेष रूप से प्रताप नगर, जाखणीधार और डुण्डा ब्लाक के ग्रामीणों (कुल डेढ़ से दो लाख की आबादी) को किस तरह अलग-थलग कर दिया गया है यह समझा जा सकता है। इस क्षेत्र को शेष ज़िले तथा क्षेत्र से जोड़ने के लिए 2006 में आई.आई.टी. रुड़की के परामर्श से टिहरी झील के भागीरथी वाले हिस्से में डोबरा चांठी पुल का 90 करोड़ की लागत से कार्य शुरू हुआ। एक पीलर बन कर काम रुक गया अब पुनरीक्षित लागत अनुमानित 400 करोड़ बतायी जाती है। 2015 तक इस पुल पर कुल व्यय 125 करोड़ हो चुका है। 2006

में इसका स्पान 396 मीटर तथा पहुँच सेतु 136 मीटर लम्बा था और इसे 2008 में पूरा हो जाना था। पुनर्वास निदेशालय के अनुरोध पर 4-5 माह बाद ही आई.आई.टी. रुड़की ने इसके स्पान को 440 मीटर और पहुँच सेतु दायीं ओर 260 मीटर तथा बाई ओर 60 मीटर कर दिया। 2008 में बजट बढ़ा कर रु. 228.53 करोड़ कर दिया गया। आई.आई.टी. रुड़की ने 2010 में पुनः जाँच कराने की बात कही। 2012 में आई.आई.टी. खड़गपुर को विभिन्न परीक्षणों का काम सौंपा गया। इस बीच बी.के. गुप्ता एण्ड एसोसिएट्स को 129 करोड़ रुपये का भुगतान कर दिया गया। 2006 से 2015 के बीच 144 करोड़ खर्च हो चुका है। पुल कब बनेगा पता नहीं। घोटाले की वास्तविकता भी कभी पता चलेगी कि नहीं? सामान्य पाठक के लिए यह बताना उचित होगा कि प्रताप नगर से टिहरी 50 किमी दूर था और अब नया ज़िला मुख्यालय नयी टिहरी 128 किमी दूर हो गया है (देखें : डोबरा चांठी पुल बनाओ संघर्ष समिति, प्रताप नगर, टिहरी का प्रतिवेदन, 2015)।

94. Interview with Sunderlal Bahuguna, My Fight is to Save the Himalayas, *Frontline,* August 14-27, 2004

95. Shripad Dharmadhikary, 2008, Mountains of Concreate : Dam Building in the Himalayas, International Rivers, California

96. देखें : नर्मदा पर रमेश बिल्लौरे, अरुन्धती राय की पुस्तकें

97. Interview with Sunderlal Bahuguna, *Indian Express,* 17 October, 1994. '...for a long time now, the local aspirations of the people of Garhwal have been sacrificed for so called national interests. For centuries they have been neglected or insulted but not any more. The seeds of revolt are sown the tide of Uttarakhand movement can not be stoped.'

दमन के ख़िलाफ़ 1994 के अन्तिम तथा 1995 के प्रारम्भिक महीनों में चण्डी प्रसाद भट्ट, शमशेर बिष्ट, राधा बहन, राजीव बोरा तथा कमला पन्त आदि देश के विभिन्न स्थानों में बोलने के लिए गये थे।

11

चिपको : एक पड़ताल
(नेतृत्व, संगठन तथा हिस्सेदारी)

पिछले चालीस सालों में पत्रकारिता से शोध पुस्तकों तथा फ़िल्मों तक में चिपको के नेतृत्व, संगठन तथा आन्दोलन में हुई जन हिस्सेदारी को अत्यन्त नाटकीय अन्दाज़ में प्रस्तुत किया जाता रहा है। तथ्यों को छिपाने या खण्डित करने का क्रम जब एक बार सामने आ जाय तो वह शब्दों और स्मृति में ज़्यादा बना रहता है। अधिकांश शोधकर्ताओं ने न उत्तराखण्ड के भूगोल और जनान्दोलनों की परम्परा से सुपरिचित होने की और न चिपको आन्दोलन के वास्तविक प्रवाह को जानने की कोशिश की। फिर वही बातें हर बार सामने आती रहीं, जो चिपको की वास्तविक समग्रता को प्रस्तुत नहीं करतीं।[1]

चिपको के नेतृत्व की वैचारिक पृष्ठभूमि क्या थी? बल्कि यह कहना चाहिए कि चिपको की अलग-अलग धाराओं की पृष्ठभूमियाँ क्या थीं? उनका वैचारिक विकास किस तरह हुआ और कौन से तत्व उनके मन्तव्य और मिज़ाज को निर्मित कर रहे थे। उनका किस तरह की देश, काल और परिस्थिति से सामना हुआ था? उनकी सामाजिक पृष्ठभूमि उनको कैसे प्रभावित कर रही थी और बदलती परिस्थितियों से वे कैसे बदल रहे थे। वे तत्कालीन परिस्थितियों से ऐसा क्या सीख रहे थे जो उन्हें उनकी पिछली पीढ़ी से अलग करता था और उनकी उस समझदारी का क्रमिक विकास कैसे हुआ, जो उन्हें सामाजिक आन्दोलन में शामिल होने को प्रेरित करती थी? उनकी नेतृत्व क्षमता का क्या उनके परिवारों और उनकी सामाजिक-आर्थिक पृष्ठभूमि से किसी तरह का सम्बन्ध था?

चिपको आन्दोलन का संगठन किस तरह का था? क्या वह एक अखिल उत्तराखण्डीय ढाँचा था या उसे आन्दोलन के क्षेत्र विशेषों में स्थानीय परिस्थितियों के अनुरूप विकसित होने का मौक़ा मिल रहा था? देश में मौजूद विविध संगठनों के प्रकारों से भिन्न तो यह प्रक्रिया नहीं थी? पहले से जिन संगठनों या संस्थाओं से चिपको कार्यकर्ता या नेतृत्व जुड़ा था, क्या उनका असर तो इन पर

नहीं था? था तो कितना था?? सामाजिक संस्थाओं और राजनीतिक दलों में किस तरह का अन्तर सामने आता था जब वे चिपको आन्दोलन में हिस्सेदारी करते थे?

इसी तरह इस आन्दोलन में जन हिस्सेदारी का स्वरूप क्या था? क्या उत्तराखण्ड के अलग क्षेत्रों में जन हिस्सेदारी का स्वरूप अलग-अलग था। क्या चमोली, टिहरी, उत्तरकाशी या अलमोड़ा-नैनीताल में इसमें भिन्नता थी? या इनमें मूल साम्यता थी? हिस्सेदारी का एक और महत्त्वपूर्ण पक्ष सावधानी से पड़ताल की माँग करता है कि महिलाओं और छात्र-युवाओं की भूमिका किस अर्थ में अन्य आन्दोलनों से भिन्न थी। क्या यह हिस्सेदारी अन्य सामाजिक-राजनीतिक बेचैनियों की अभिव्यक्ति थी। चिपको आन्दोलन के हिस्सेदारों की रचनात्मकता के आयामों को देखना भी बहुत रोचक होगा।

अध्याय के चौथे हिस्से में चिपको आन्दोलन के कुछ कार्यकर्ताओ पर संक्षेप में नज़र डालने का प्रयास होगा ताकि उनके बचपन, शिक्षा, सचेत बनने तथा चिपको से जुड़ने की प्रक्रिया समझ में आ सकेगी। चिपको आन्दोलन के सबसे सक्रिय दौर यानी 1974 से 1980 के बीच में वे उम्र के किस पड़ाव पर थे यह भी जानने का प्रयास होगा। इन सभी पक्षों को इस अध्याय में किंचित् विस्तार से देखने का प्रयास किया जा रहा है।

इन पक्षों की तरफ़ जाने से पहले यह कहना उचित होगा कि चिपको मूलतः किसानों का आन्दोलन था। जैसे कि शताब्दी की शुरुआत में जंगल सत्याग्रह। अहिंसक और हिस्सेदारी वाला। चिपको में जंगल सत्याग्रह के दौर में की गयी आगजनी भी नहीं थी। अतः यह असाधारण अहिंसक प्रतिरोध था। यह असली अर्थों में जंगल सत्याग्रह था। यह भी समझने योग्य है कि जंगल सत्याग्रह तथा बेगार आन्दोलन ने इस क्षेत्र को भारतीय स्वतन्त्रता संग्राम से जोड़ा तो चिपको ने देश में आधुनिक पर्यावरण आन्दोलन की शुरुआत की। संरक्षण तथा सदुपयोग इसके परस्पर जुड़े आयाम थे। कई अध्ययनकर्ता चिपको के किसान आन्दोलन होने और संरक्षण से जुड़े होने को परस्पर विरोध की तरह देखते हैं। इसी तरह अनेक शोधार्थी इसके आर्थिक और पारिस्थितिक पक्षों के गहन अन्तःसम्बंधों को नहीं समझ सके हैं। कुछ तो इससे आगे जाकर इसे सिर्फ़ महिलाओं का, या सिर्फ़ युवकों का आन्दोलन मानने का मनमानापन भी प्रकट करते रहे हैं। क्योंकि चिपको में गहराई थी, इसलिए ये सब उसकी पहचान के विविध हिस्से थे।

सर्वोदयी, समाजवादी और साम्यवादी विचारों के बीच स्थानीय अन्तर्विरोधों से लहराये इस आन्दोलन की जड़ें इसी मिट्टी तथा समाज में थीं। इस समाज की किसानी सबसे अधिक जंगलों पर निर्भर थी। घास, लकड़ी-जलावन, दार, खाद, पानी, रेशा, जड़ी-बूटी तथा खाद्य आदि किसान को ये जंगल देते थे। स्वाभाविक रूप से पहाड़ी किसान बहुत कम ज़मीन का मालिक था पर उसके पास साझा संसाधन (पनघट, गोचर, इजर, वन पंचायत, जंगल आदि) थे। इसलिए वह पशुचारक-पशुपालक, कुटीर उद्योगी, व्यवसायी भी था और कभी-कभी मौसमी प्रवास में जाता था। औपनिवेशिक काल में ही उसका नौकरीपेशा बनना शुरू हुआ था। पर इससे जंगलों की केन्द्रीयता में कोई फ़र्क़ नहीं आया। इसके सबसे बड़े उदाहरण दिये जा चुके हैं। प्रथम विश्व युद्ध के अन्तिम दौर में किसी सैन्य शिविर में एक घायल पहाड़ी सिपाही के पास ब्रिटिश सम्राट गये तो उसने यही कहा था कि 'मैं यहाँ साम्राज्य की सुरक्षार्थ लड़ रहा हूँ और मेरे लोगों को बेगार और जंगलात के कष्टों से सताया जा रहा है'। दूसरा उदाहरण, जंगल सत्याग्रह के समय एक आन्दोलनकारी ने कहा था कि 'जंगलात प्रधानतः, गौणतः और सर्वतः हमारी आर्थिक उन्नति के आधार हैं'। तीसरा उदाहरण रेणी

की महिलाओं द्वारा जंगल को अपना मायका कहा जाना है। चौथा उदाहरण अदवाणी का है जहाँ मिट्टी, पानी और बयार को जंगलों की मुख्य देन कहा गया था।

1. नेतृत्व : बहुक्षेत्रीय और बहुव्यक्तित्व वाला

आज सामान्यतया प्रकाशित पुस्तकों और लेखों के आधार पर चिपको आन्दोलन के नेतृत्व में संस्था के स्तर पर दशौली ग्राम स्वराज्य मण्डल, सर्वोदय मण्डल उत्तराखण्ड, पर्वतीय नवजीवन मण्डल, पर्वतीय बन बचाओ संघर्ष समिति, भाकपा, उत्तराखण्ड संघर्ष वाहिनी, स्थानीय महिला मंगल दलों या छात्र समूहों और स्थानीय ग्रामीणों या जन सामान्य आदि का ज़िक्र आता है। कभी-कभी स्थानीय सर्वोदयी या सहकारी संस्थाओं का भी। व्यक्तियों के स्तर पर इसमें चण्डी प्रसाद भट्ट, सुन्दरलाल बहुगुणा, गौरा देवी या कभी कभार धूम सिंह नेगी और शमशेर बिष्ट की चर्चा होती है। कभी सहयोगी तथा सहयात्री की तरह और कभी सर्वोदय की दो या चिपको आन्दोलन की तीन धाराओं की तरह। कभी 'व्यावहारिक', 'गहन पारिस्थितिकीय' तथा 'पर्यावरण की राजनीति ही नहीं राजनीति का पर्यावरण बदलने की ज़रूरत' के तीन पक्षों के प्रतिनिधियों की तरह। व्यक्तियों के स्तर पर दूसरी पंक्ति में घनश्याम सैलानी, गोविन्द सिंह रावत, कुँवर प्रसून या प्रताप शिखर आदि की चर्चा होती है। फिर कभी कभार श्यामा देवी, आलमसिंह बिष्ट, सुदेशा देवी, बिपिन त्रिपाठी, विमला बहुगुणा, पूरन तिवारी, विजय जरधारी या 'गिर्दा' आदि का ज़िक्र आता है। फिर भी चिपको आन्दोलन के अनेक महत्त्वपूर्ण चेहरे सामने नहीं आ पाते हैं। न चिपको आन्दोलन की बुनियादी सामूहिकता ही प्रकट हो पाती है।

छात्र-युवाओं तथा अलमोड़ा-नैनीताल, चमोली तथा अन्यत्र उत्तराखण्ड संघर्ष वाहिनी के तहत संगठित युवाओं की बहुत कम चर्चा प्रकाशित साहित्य में होती है। चिपको को सिर्फ़ महिलाओं का आन्दोलन बताने वाले कुछ ही नामों में सिमट जाते हैं।[2] महिलाओं में गौरा देवी के अलावा दूसरा कोई महिला नाम मुश्किल से चर्चा में आता है। अध्ययनकर्ता श्यामादेवी, सुदेशा देवी, विमला बहुगुणा जैसे महत्त्वपूर्ण नामों को भी भूल जाते हैं। महिलाओं की हिस्सेदारी का फलक कितना व्यापक था यह पिछले अध्यायों में देखा जा चुका है।

अनेक बार राष्ट्रीय राजनीतिक दलों के कार्यकर्ताओं द्वारा वनान्दोलन में हिस्सेदारी करना बहुत अधिक याद नहीं रखा गया है। टिहरी-उत्तरकाशी तथा चमोली ज़िलों में साम्यवादी कार्यकर्ताओं (भाकपा), अलमोड़ा के समाजवादियों तथा कुछ स्थानों पर कांग्रेसियों द्वारा चिपको आन्दोलन में की गयी हिस्सेदारी अधिक गहरी पड़ताल चाहती है। जब ज़्यादातर राजनीतिक दल अपने कार्यकर्ताओं को स्वतन्त्र रूप से सोचने का बहुत कम मौक़ा देते हों और स्वयं कार्यकर्ताओं में पार्टी नेतृत्व की तानाशाही न सही एकाधिकार सहने की लाचार प्रवृत्ति पायी जाती हो तब कुछ राजनीतिक कार्यकर्ताओं का चिपको आन्दोलन के पक्ष में निकलना कहीं न कहीं जन दबाव और उनकी समझदारी से जुड़ा हुआ था। इससे उनके भीतर जनता की धड़कन पकड़ने की संवेदनशीलता के कुछ न कुछ बचे होने का संकेत मिलता है। या इसे जन दबाव का सकारात्मक परिणाम कहा जा सकता है कि जन-आन्दोलन कैसे सोये हुए या गैर-ज़िम्मेदार हो रहे राजनीतिक दलों या प्रतिनिधियों को सावधान ही नहीं करते बल्कि उन्हें स्पष्ट निर्णय लेने को विवश करते हैं।

जैसा कि अध्याय चार तथा पाँच में बहुत विस्तार से बताया गया है कि 1947 के बाद स्वतन्त्र भारत की सरकार ने जंगलात के प्रश्न को गम्भीरता से लेने में कितनी देरी की और किस तरह आज़ादी

मिलने के बारह साल बाद अप्रैल 1959 में कुमाऊँ जंगलात जाँच समिति (कुजजास) की स्थापना हुई। इस समिति के सुझाव अत्यन्त महत्त्वपूर्ण थे और उत्तराखण्ड राज्य के औचित्य के सम्बन्ध में मन्त्रि मण्डलीय कौशिक समिति (1994) बनने से पहले सरकार द्वारा स्थापित यही एकमात्र ऐसी समिति थी, जिसमें अधिकतम पर्वतीय लोगों तक पहुँचने का प्रयास हुआ था। इस समिति के सुझावों के लागू न हो पाने से जनता में निराशा फैलने लगी थी। एक ओर तराई-भाबर के जंगलों के कुछ हिस्से बसासतों तथा खेती में बदलने लगे थे, दूसरी ओर पर्वतों में स्थित किसानों के जंगलात सम्बन्धी अधिकार जस के तस बने रहे, बल्कि घटने लगे थे। तराई की ज़मीन का बहुत बड़ा हिस्सा प्रभावशालियों के स्वामित्व में आ चुका था।[3] किसान आन्दोलनों का निर्मम दमन हो चुका था।[4]

ऐसी स्थिति में जनता में फैल रही निराशा तथा उभर रहे आक्रोश को एक आन्दोलन में बदलने की प्रक्रिया को बड़ी सीमा तक 1962 के भारत-चीन युद्ध ने स्थगित किया। यह क्रम जवाहरलाल नेहरू के देहान्त के बाद लालबहादुर शास्त्री युग में हुए 1965 के भारत-पाकिस्तान युद्ध तक चलता रहा। कहा जा सकता है कि भारत-चीन तथा भारत-पाक युद्धों ने कुजजास की सिफ़ारिशों को लागू न करने का बहाना पैदा किया और स्वयं सरकार के लिए इनको लागू न करने का तर्क गढ़ दिया। क्षेत्रीय स्तर पर जन समस्याओं को टालने और राज करने का यह दूसरा मौक़ा था। पहला मौक़ा विभाजन की त्रासदी से जुड़ा था। युद्ध किस तरह घोषित रूप से लोक कल्याणकारी राज्य को जन हित के मामलों को पीछे करने या टालने का मौक़ा देता है, यह 1962 तथा 1965 के युद्धों से सिद्ध हो गया था। ऊपर से उत्तराखण्ड स्वयं एक सैन्य प्रतिभाओं वाला क्षेत्र था अतः यहाँ हर बार युद्ध का दुगना त्रासद दुष्प्रभाव झेलना होता था।

यद्यपि नशे के विरुद्ध आन्दोलन की प्रक्रिया इस बीच शुरू हो चुकी थी। क्योंकि नशाबन्दी की घोषित नीति प्रदेश सरकार लागू नहीं कर पा रही थी और इस हेतु भी प्रान्तीय सरकार के पास युद्ध जनित 'राष्ट्रीय संकट' का बहाना था। बाद में अनेक सालों बाद जब नशाबन्दी बाबत कुछ निर्णय हुए तो उसमें बहाना गाँधी जन्म शताब्दी या प्रदेश की पहली महिला मुख्यमन्त्री पर उत्तराखण्ड के नशाबन्दी आन्दोलन के असर का रहा।[5] दुर्भाग्य से नशे के दुष्प्रभावों, नशे से रची गयी समानान्तर आर्थिक व्यवस्था, इस अर्थव्यवस्था और राजनीति का सम्बन्ध, अपराधों की रचना प्रक्रिया, सामाजिक सुरक्षा तथा शिक्षा-स्वास्थ्य जैसे पक्षों को नज़रअन्दाज़ किया गया था या उन्हें पूरी गम्भीरता से समझा नहीं गया था।[6]

1947 के बाद राष्ट्रीय संग्राम का मुख्य संगठन रही कांग्रेस अब एक राजनीतिक दल के रूप में भारत देश और संघीय ढाँचे के अन्तर्गत उसके विभिन्न प्रान्तों में सत्ता सँभालने जा रही थी। संविधान लागू होने के बाद 1952 में पहला आम चुनाव हुआ। किसी संग्रामी संगठन के सत्तारूढ़ दल में बदलने की ऐतिहासिक भूमिका हर उपनिवेश के आज़ाद होते समय अपरिहार्य होती है। विडम्बना यह थी कि संग्रामी प्रवृत्ति को किसी सत्तारूढ़ दल की तरह कांग्रेस के लिए भी बचाये रखना कठिन हुआ। भारत देश की दोहरी विडम्बना औपनिवेशिक ढाँचे को निर्णायक स्तर पर ध्वस्त नहीं किया जाना थी। नये संविधान द्वारा औपनिवेशिक ढाँचे को भी बड़ी सीमा तक संचालित करना शुरू किया गया। अन्य तमाम पक्षों की तरह जंगलात तथा प्राकृतिक संसाधनों को नयी रचनात्मक नज़र से न देख पाना इसी विडम्बना का हिस्सा था। इस तरह किसान, वनवासी, पशुचारक, आदिवासी, मछुआरे-केवट और असंगठित क्षेत्र के कामगार उम्मीदों के बावजूद हाशिये पर ही बने रहे।

अनेक सालों तक एक आवश्यक जनतान्त्रिक प्रतिपक्ष न देश में था और न प्रदेश में। दिल्ली में जवाहरलाल नेहरू देश की बेहतरीन प्रतिभाओं को साथ लेने की कोशिश ज़रूर कर रहे थे। प्रान्तों में अभी इसकी ज़रूरत नहीं समझी गयी थी पर इन प्रतिभाओं ने अभी ज़मीन-जंगल, अन्य प्राकृतिक संसाधनों, महिला, दलित और आदिवासी जैसे मुद्दों पर गहन दृष्टि अर्जित नहीं की थी। कोशिशें ज़रूर हो रही थीं। लेकिन बहुत धीमे धीमे। जिन दलितों-आदिवासियों के लिए आरक्षण का ऐतिहासिक आधार सर्वमान्य हुआ था, उनके हुनरों (लोक ज्ञान, विज्ञान और तकनीक) की हिफ़ाज़त का पक्ष गाँधी या अम्बेडकर की नज़रों से ओझल तो नहीं हुआ होगा पर लगता है कि इसे अपरिहार्यता की तरह नहीं देखा गया।

1952 के पहले चुनाव में देशभर से गैर-कांग्रेसी जनप्रतिनिधि भी छाँटे गये थे। तत्कालीन उत्तराखण्ड से उत्तर प्रदेश विधान सभा हेतु दो युवा समाजवादियों, जो स्वतन्त्रता सेनानी भी थे (नारायणदत्त तिवारी तथा मदनमोहन उपाध्याय), का चुना जाना महत्त्वपूर्ण था। इस चुनाव में समाजवादियों तथा साम्यवादियों का संयुक्त मत प्रतिशत तत्कालीन कुमाऊँ में कांग्रेस के मत प्रतिशत से अधिक था।[7] 1957 में भारतीय जनसंघ आम चुनाव में उतर चुका था हालाँकि 1962 के चुनाव में वह फिर पीछे हो गया। दिलचस्प बात यह थी कि इन चुनावों में कांग्रेस का घोषणापत्र राष्ट्रीय संग्राम और राष्ट्रीय पुनर्निर्माण पर केन्द्रित होता था। समाजवादी तथा साम्यवादी दल समता, भूमि सुधार, खेती और उद्योगों के समवेत विकास की बात करते थे। जनसंघ हिन्दू राष्ट्रवाद में पगा था। किसी ने भी तत्कालीन कुमाऊँ (उत्तराखण्ड) के बच्चों-महिलाओं, ज़मीन, जंगल, जल, उद्योग, सड़क, संचार, स्वास्थ्य, रोज़गार जैसे मुद्दों को नहीं या बहुत कम छुआ था।

इस तरह उत्तराखण्ड की स्थानीय समस्याएँ जैसे—शिक्षा, ऊर्जा, सिंचाई, भूमि सुधार, ज़मीन, जंगलात, जंगलात बन्दोबस्त, रोज़गार, दलितों, जनजातियों, बच्चों और महिलाओं के मुद्दे-चुनाव घोषणापत्रों में स्थान नहीं पा सकीं। एक कमज़ोर से क्षेत्रीय राजनीतिक दल के जन्म के लिए स्थानीय समाज को तीन दशक का इन्तज़ार करना था। भाकपा के महासचिव पी.सी. जोशी ज़रूर उत्तराखण्ड की स्थिति और ज़रूरतों का प्रखर विश्लेषण करते थे पर उनके विचार को मानने वाला दल (भारतीय कम्युनिस्ट पार्टी) तराई-भाबर-दून क्षेत्र या टिहरी ज़िले में ही सक्रिय था।

इस दौर में जिन मुद्दों पर कांग्रेसी सरकार की नज़र नहीं जा रही थी उन्हें उठाने का काम विधानसभा में कुछ प्रतिपक्षी विधायकों ने और बाहर सर्वोदयी कार्यकर्ताओं ने किया। यह सबल राजनीतिक प्रतिपक्ष तो नहीं था पर पहाड़ी जीवन के मुद्दे इन कार्यकर्ताओं द्वारा उठाये जाते रहे। पर सर्वोदय का विचार ऊपर से आया था और भूदान आन्दोलन भूमि समस्या के असली समाधान यानी कि व्यापक भूमि सुधारों के बदले तेलंगाना-तेभागा जैसे साम्यवादी आन्दोलनों के प्रतिपक्ष में खड़ा हो रहा था। पर उत्तराखण्ड में सर्वोदयी कार्यकर्ताओं में ऊपर से आ रही प्रेरणा के साथ स्थानीय दृश्य देख सकने की क्षमता थी। यही क्षमता उनके आगामी कामों का आधार बनी। यह क्षमता नहीं होती तो पिछली आधी सदी से चल रही उनकी सक्रियता कायम नहीं रहती। किसी संस्था या सामाजिक रूप से सक्रिय व्यक्ति की ऊर्जा और उसके संचयन का राज उसकी कर्मठता और वैचारिक प्रतिबद्धता से जुड़ा होता है। यह अतिरिक्त समझदारी और संवेदनशीलता की माँग भी करती है।

धीरे-धीरे इस प्रक्रिया से उत्तराखण्ड के प्रारम्भिक स्वातन्त्र्योत्तर सामाजिक आन्दोलन विकसित हुए। एक प्रकार से यह उत्तराखण्ड में गैर-दलीय (गैर-राजनीतिक नहीं) प्रतिपक्ष के जन्म लेने का संकेत था, जो फिर निरन्तर विकसित होता गया। यह प्रक्रिया अपनी पराकाष्ठा पर चिपको आन्दोलन

के दौर में पहुँची और उत्तराखण्ड आन्दोलन के समय इसका दूसरा उफान आया। इसी के उत्तरार्द्ध में इसका उतार शुरू हुआ, जो अभी दो राष्ट्रीय दलों के राजनीतिक पंक में इस क्षेत्र के फँस जाने पर अटका है। इसी कारण कहता हूँ कि सामाजिक आन्दोलनों की रचना प्रक्रिया अत्यन्त जटिल होती है और उसे गणित या ज्यामिती के सिद्धान्तों से समझना और भी कठिन है।

नशाबन्दी आन्दोलन के शीर्ष में जहाँ सरला बहन थीं, वहीं पहली पंक्ति में सोहनलाल भूभिक्षुक, सुन्दरलाल, मानसिंह रावत, चण्डी प्रसाद, राधा बहन, विमला बहुगुणा, शान्तिलाल त्रिवेदी, घनश्याम सैलानी, शेरसिंह कार्की आदि थे। दूसरी पंक्ति में अन्य अनेक थे। जैसे—योगेश बहुगुणा, श्यामा देवी, दीवानसिंह भाकूनी, भवानी भाई, सुरेन्द्रदत्त भट्ट, सदन मिश्र आदि। आन्दोलन के दौर में हर क्षेत्र में नये कार्यकर्ता और स्थानीय नेता विकसित हुए। पौड़ी में टिंचरी माई का उदय इसी समय हुआ। इन नेताओं-कार्यकर्ताओं ने ही इस आन्दोलन की निरन्तरता को बाद के आन्दोलनों से जोड़ने में भूमिका निभायी। यह एक प्रकार से सामाजिक ऊर्जा के मशाल के हस्तान्तरण की तरह था।

जैसा कि पहले कहा गया था प्रति व्यक्ति बहुत कम ज़मीन वाले उत्तराखण्ड में बहुत कम लोग मैदानी उत्तर प्रदेश के जमींदारों के समकक्ष थे और दान देने लायक ज़मीन अपवाद लोगों के पास ही थी। ऊपर से 1959 में कूजा (कुमाऊँ उत्तराखण्ड ज़मींदारी उन्मूलन एक्ट) लागू हो गया था। ग्राम दान, तहसील दान और ज़िला दान किये जाने के बावजूद यहाँ भू-दान आन्दोलन जड़ें नहीं जमा सका पर इस काम में जुटे कार्यकर्ता अनुभव सम्पन्न होकर उत्तराखण्ड के असली विषयों का स्पर्श पा सके और धीरे-धीरे वे असली मुद्दों को पकड़ने में कामयाब हुए। इनमें सबसे पहला नशे का तन्त्र था। फिर ज़मीन, जंगल, पानी, शिक्षा, चिकित्सा, परिवहन, रोज़गार और महिला अधिकार जैसे मुद्दे सामने आये। दलितों तथा जनजातियों के मुद्दे इनके साथ थे।

चिपको आन्दोलन में सरला बहन उस अर्थ में शीर्ष पर नहीं थी, जिस अर्थ में नशाबन्दी आन्दोलन में। पर उनकी कद्र सभी करते थे। वे सभी के बीच उभयनिष्ठ थीं और सभी उनसे सलाह लेते थे।[8] जैसाकि एक बार उन्होंने राधा बहन को लिखा था कि 'वे अपने को न आशावादी मानती थी और न निराशावादी। वे अपने को वास्तविकतावादी कहती थी'।[9] सर्वोदय के जो वरिष्ठ कार्यकर्ता अन्य तमाम रचनात्मक कार्यों के साथ जंगलों के बाबत समझ बना रहे थे तथा स्वयं जंगलात के संसाधनों पर केन्द्रित कार्यों में लगे थे, वे चिपको आन्दोलन के नेतृत्व की पहली पंक्ति के रूप में उभरे थे। ये सभी सर्वोदयी कार्यकलापों—भूदान यात्राओं, दलितों के मन्दिर प्रवेश हेतु हुए अभियानों तथा नशाबन्दी आन्दोलन आदि—से जुड़े थे। उत्तराखण्ड से बाहर जाकर देश के अन्य हिस्सों की वस्तुस्थिति से वे अपने को परिचित कराते रहे थे। यात्राओं के माध्यम से क्षेत्र, देश या हिमालयी प्रान्तों को जानने का क्रम तभी शुरू हो चुका था।[10]

दशौली ग्राम स्वराज्य संघ ने लकड़ी, लीसे तथा जड़ी-बूटी आधारित रोज़गार देने वाले कार्यकलाप अत्यन्त देरी से तब शुरू किये थे, जब मोटर सड़क बनाकर रोजी प्राप्त करना और सहकारी संस्था चलाना सम्भव नहीं हो पा रहा था। जब जंगलात विभाग द्वारा संस्था को मिलने वाली मामूली सुविधा को इलाहाबाद की खेल सामग्री बनाने वाली साइमण्ड कम्पनी को देने की शुरुआत हुई तो चिपको आन्दोलन के शुरुआती आक्रोश का जन्म हुआ। यह स्पष्ट रूप से 'वनाधिकार' का मामला था। 'वनाधिकार' का स्पष्ट अर्थ था संरक्षण और सदुपयोग। इसके पीछे दुबकी हुई 'पारिस्थितिकी' हो सकती है पर प्रत्यक्ष नहीं। इसे जंगलात विभाग द्वारा स्थानीय संसाधनों में उद्यमियों तथा युवाओं

को, जो स्वयं के शारीरिक श्रम के साथ उद्यमिता विकास कर स्थानीय स्तर पर रोज़गार पैदा करना चाहते थे, न्यूनतम सहयोग न देने के उदाहरण के रूप में देखा जाना चाहिए।

जंगलात विभाग ने वीभिंग सटल तथा खेती के यन्त्र बनाने हेतु दशौली ग्राम स्वराज्य मण्डल को दी जाने वाली अंगू की लकड़ी खेल सामग्री बनाने वाली कम्पनी को दे दी थी। संस्था को विभाग ने परामर्श दिया कि चीड़ की लकड़ी का हल बनाओ। उस संवेदनहीन निर्णय से संस्था के कार्यकर्ताओं और स्थानीय लोगों का आश्चर्य जल्दी ही आक्रोश का कारण बना। अगले चरण में यह आक्रोश अपने वनाधिकारों की हिफ़ाज़त तथा सरकारी अवहेलना के विरुद्ध एक ऐतिहासिक प्रतिरोध और दर्शन में रूपान्तरित हुआ।

अगर जंगलात विभाग ने दशौली ग्राम स्वराज्य मण्डल को उक्त लकड़ी का दिया जाना जारी रखा होता तो क्या सिर्फ़ अलकनन्दा की बाढ़ से जनित चेतना से यह आन्दोलन जन्म ले सकता था? संस्था द्वारा किया जा रहा लकड़ी, लीसे तथा जड़ी-बूटी का काम बड़े उद्योग की तरह नहीं था। अनेक सहकारी ही नहीं सर्वोदयी संस्थाएँ इस तरह का काम कर रही थीं। दशौली ग्राम स्वराज्य मण्डल के कार्यकर्ता अपनी रोजी इस काम से निकालकर अन्य समाजोपयोगी कार्य करते थे। ऐसा करते हुए संस्था नशे के विरुद्ध बहुत बड़े आन्दोलन में हिस्सेदारी कर चुकी थी और उससे पहले भूदान के विभिन्न कार्यकलापों में लगातार शामिल थी। अंगू के पेड़ों के प्रसंग ने स्वयं दशौली ग्राम स्वराज्य मण्डल का रूपान्तरण कर दिया। 1973 में जब उसे अधिकतम पेड़ दिये जाने का प्रस्ताव आया तो संस्था आगे निकल चुकी थी। यह प्रसंग एक उत्प्रेरक बना।

इस तरह व्यक्तिगत रूप से चण्डी प्रसाद भट्ट, आनन्द सिंह बिष्ट, केदार सिंह रावत, आलमसिंह बिष्ट, श्यामा देवी, शिशुपाल सिंह कुँवर, मुरारीलाल, चिरंजीलाल भट्ट आदि को चिपको के प्रारम्भिक नेतृत्व की पहचान मिली। क्योंकि सुन्दरलाल बहुगुणा तथा घनश्याम सैलानी भूदान तथा नशाबन्दी आन्दोलन के दौर से ही गोपेश्वर (ज़िला चमोली) के कार्यकर्ताओं तथा जनता की सक्रियता को देख-परख चुके थे, इस संस्था से जुड़े थे, अतः वे इस सिलसिले के हिस्सा थे।[11] इन सबके साथ सरला बहन उभयनिष्ठ थीं। सर्वोदय का अखिल उत्तराखण्डीय परिवार दरअसल भूदान आन्दोलन के दौर में जन्मा था और नशाबन्दी आन्दोलन के समय विकसित हुआ था। निश्चय ही भारत-चीन युद्ध ने इस प्रक्रिया को और आगे बढ़ाया था।

1972-73 में जब गोपेश्वर से मण्डल और मण्डल से रामपुर फाटा को आन्दोलन का प्रभाव जाने लगा तो अनेक नये कार्यकर्ताओं को इसमें शामिल होने और फिर स्थानीय नेतृत्व के रूप में उभरने का मौक़ा मिला। शुरू से ही आन्दोलन की इन अभिव्यक्तियों में ग्रामीण समाज से औरत-मर्द दोनों की हिस्सेदारी रही, पर नेतृत्व में महिलाओं को आने का मौक़ा नहीं मिला। अलमोड़ा में सरला बहन या राधा भट्ट या टिहरी में विमला बहुगुणा आदि जिस तरह परिष्कृत नेतृत्व देने लगे थे ऐसी स्थिति अभी चमोली ज़िले में न थी, बावजूद इसके कि दशौली ग्राम स्वराज्य मण्डल की स्थापना के इतिहास में श्यामा देवी का अत्यन्त महत्त्वपूर्ण स्थान था।[12] गोपेश्वर का यह महिला समूह राष्ट्रीय संग्राम या संस्थागत प्रशिक्षण संस्कार की अनुभवहीनता के बावजूद पहले नशाबन्दी आन्दोलन में सक्रिय रहा और फिर चमोली ज़िले की विभिन्न चिपको अभिव्यक्तियों में।

1974 में जब रेणी प्रतिरोध सामने आया तो महिलाओं के योगदान का एक स्वतन्त्र अध्याय शुरू हुआ। बताया जा चुका है कि फाटा में महिलाओं की प्रत्यक्ष हिस्सेदारी आन्दोलन में हो चुकी थी। गौरा देवी और उनकी सहयोगी टीम के सदस्य एक ऐतिहासिक सफलता के बाद चिपको के विचार

को एक और आधार देने के साथ ग्रामीण महिलाओं के स्थानीय नेतृत्व में उभरने का वातावरण बना सकने में सफल रहे। गौरा देवी का नाम 26 मार्च, 1974 के बाद प्रत्यक्ष प्रतिरोध के अलावा चिपको आन्दोलन के मन्तव्य और मिज़ाज में महिलाओं की महत् भूमिका का प्रतीक बन गया। यह गौर करने लायक है कि चिपको के पुरुष कार्यकर्ताओं के विपरीत महिलाओं को ग्रामीण जीवन के दैनन्दिन कार्य पूर्ववत् निपटाने होते थे। उन्हें अपनी गरीबी से लड़ना था तो अनेक बार स्वयं के महिला या कभी विधवा होने की विडम्बना से भी।

छात्र-युवाओं ने चिपको आन्दोलन में महत्त्वपूर्ण भूमिका निभायी। जो छात्र गोपेश्वर और मण्डल की अभिव्यक्तियों का स्पर्श पा सके थे वे फाटा-रामपुर तथा रेणी की घटनाओं तक आन्दोलन के हिस्सेदार हो चुके थे। 26 मार्च, 1974 से पहले के जितने प्रदर्शन गोपेश्वर तथा जोशीमठ या रेणी में हुए उनमें स्थानीय छात्र-युवाओं की सक्रिय भूमिका थी। अभी यह सक्रियता ज़िला चमोली तक सीमित थी पर अन्य स्थानों पर छात्र-युवा अलग-अलग कारणों से अपनी भूमिकाओं की पड़ताल कर रहे थे। शीघ्र ही वे निर्णायक भूमिका निभाने वाले थे। विश्वविद्यालय स्थापना के उपक्षेत्रीय आन्दोलनों की सीमाओं को अब युवा लाँघ रहे थे।

छात्र युवाओं की यह भूमिका 1974 के उत्तरार्ध में एक नये रूप में तब सामने आयी जब पहला अस्कोट-आराकोट अभियान आयोजित हुआ और फिर नैनीताल, नरेन्द्रनगर या देहरादून में आयोजित जंगल की नीलामियों का सशक्त विरोध हुआ। यह बुलन्द अभिव्यक्ति इन क़स्बों की ही देन न थी, इसके तार गाँवों से जुड़े थे। तब से यह क्रम सुस्ती के दौरों के बावजूद चलता रहा। इस बड़ी सामूहिकता में शामिल छात्र-युवाओं ने आगामी सालों में स्वतन्त्र रूप से अनेक प्रतिरोधों को संचालित किया और सामाजिक तथा रचनात्मक कर्म के नये रूपों का आविष्कार किया।

1973-74 में चमोली तथा उत्तरकाशी ज़िलों में साम्यवादी (भाकपा) कार्यकर्ता बहुत सक्रिय रूप से जंगलात आन्दोलन से जुड़े। जोशीमठ के गोविन्दसिंह रावत तथा उत्तरकाशी के कमलाराम नौटियाल और चन्दन सिंह राणा आदि इस काम में महत्त्वपूर्ण भूमिका निभा रहे थे। उत्तर प्रदेश विधान सभा के भीतर गोविन्द सिंह नेगी जैसे भाकपा विधायक बहुत मुखर थे। ये सभी भाकपा के नेता/कार्यकर्ता होने के साथ-साथ जनप्रतिनिधि भी थे। जैसे गोविन्दसिंह रावत जोशीमठ के ब्लाक प्रमुख थे तो कमलाराम नौटियाल उत्तरकाशी नगरपालिका के अध्यक्ष। दोनों ने क्रमशः धौली घाटी में सेना द्वारा ली गयी स्थानीय समाज की ज़मीन के मुआवज़े न दिये जाने तथा शासन द्वारा भागीरथी घाटी में मनेरी-भाली परियोजना के बिजलीघर के निर्माण के लिए बेहतरीन खेती की ज़मीन लिए जाने के विरोध में आन्दोलन किये थे।

गोविन्दसिंह रावत तथा कमलाराम नौटियाल या चन्दन सिंह राणा आदि ऐसे स्थानीय जन नेताओं के रूप में विकसित हो रहे थे, जो पार्टी आदेशों के साथ जन आदेशों को भी पकड़ लेते थे। वे जितना ऊपर से आ रहे पार्टी आदेश या अपने वाम विचारों से संचालित थे, उतना ही समाज में दिखायी दे रहे अन्तर्विरोधों तथा आक्रोश से। उनका तरीका सर्वोदयी कार्यकर्ताओं से भिन्न था। इनके नारों में ताजगी नहीं थी पर दृष्टि में संकुचित क्षेत्रीयता भी न थी। संकुचित क्षेत्रीयता सर्वोदयी कार्यकर्ताओं में भी नहीं थी, और वे अपना अखिल उत्तराखण्डी सर्वोदय मण्डल बना चुकने के साथ प्रान्तीय/राष्ट्रीय संस्थाओं/व्यक्तित्वों से जुड़े थे। भाकपा में पार्टी लाइन का दबाव था, जो आपात्काल के समय प्रत्यक्ष रूप से प्रकट हो गया था। इन लोगों ने अपनी पार्टी की राष्ट्रीय स्तर पर कांग्रेस से

चल रही मित्रता के बावजूद प्रान्त की कांग्रेसी सरकार को बार-बार कठघरे में खड़ा किया था। पर इस कार्यकलाप की सीमाएँ ज़रूर थीं।

अलमोड़ा में जसवन्त सिंह बिष्ट, बिपिन त्रिपाठी तथा शमशेर बिष्ट जैसे कार्यकर्ता धीरे-धीरे सक्रिय नेताओं में बदल रहे थे। जसवन्त सिंह और बिपिन त्रिपाठी समाजवादी विचारों से प्रभावित थे। जसवन्त सिंह मुम्बई और ग्वालियर में मज़दूर और ट्रेड यूनियन कार्यकर्ता रहे थे और गाँव लौटकर लोगों को संगठित करने और ख़ुद जनप्रतिनिधि बनने में कामयाब रहे थे। इस समय वे गाँव से विकसित होकर शहर (अलमोड़ा) तक प्रभाव पैदा कर रहे थे। वे पहले ब्लॉक प्रमुख रहे और बाद में उत्तराखण्ड क्रान्ति दल के पहले विधायक बने। बिपिन त्रिपाठी समाजवादी युवजन सभा से जुड़े थे। वे पहले 'युवजन मशाल' और फिर 'द्रोणाचल प्रहरी' नाम से पत्र निकाल रहे थे। 1974 में अलमोड़ा में वन आन्दोलन को विकसित करने में उनकी सक्रियता सबसे ऊपर थी। 'द्रोणाचल प्रहरी' स्थानीय समस्याओं को उठाते हुए जंगलात विभाग और औद्योगिक घरानों को चुनौती दे रहा था। बिपिन त्रिपाठी समाजवादी दल की सीमाएँ जानते थे और यह संस्कार उन्हें कांग्रेसी-समाजवादी स्वतन्त्रता सेनानी तथा प्रदेश की पहली विधान सभा हेतु विधायक चुने गये मदनमोहन उपाध्याय से मिले थे। फिर लोहिया उन्हें प्रभावित करते रहे।

शमशेर बिष्ट अलमोड़ा कॉलेज छात्रसंघ के अध्यक्ष के रूप में 1972 में ही अपने को लीक से हटकर सिद्ध कर चुके थे। उन्होंने एक ओर छात्र-युवाओं को सामाजिक संघर्ष के लिए तैयार किया और दूसरी ओर अस्कोट-आराकोट अभियान 1974 से अर्जित अनुभवों से उत्तराखण्ड का समग्र चित्र समझना शुरू किया। उन पर वामपन्थी और सर्वोदयी दोनों तरह के विचारों का असर था पर उनका रास्ता स्थानीय संघर्षों से विकसित होना था। उनके साथी अलमोड़ा कॉलेज के छात्रसंघ की सक्रियता को शहर और क्षेत्र के प्रश्नों से निरन्तर जोड़ने में कामयाब रहे। यह समझना बहुत रोचक रहेगा कि जंगलात तथा अन्य मुद्दों ने उक्त सभी व्यक्तियों में जिस तरह की समझ और संवेदनशीलता विकसित की वह सत्तारूढ़ दलों में 'बहुत कम' पायी जाती है और प्रतिपक्षी दलों में 'कम'। फिर भी स्थानीय स्तर पर विभिन्न दलों के नेता चिपको और वन आन्दोलन में शामिल हुए। कुछेक बार उनके दलों के मुक़ाबले समाज का उन पर ज़्यादा दबाव पाया गया। सामाजिक आन्दोलनों को समझने का यह पक्ष ज़्यादा गम्भीरता से कभी देखा नहीं गया।

इस तरह चिपको आन्दोलन के पहले चरण में, जो लगभग 1975 में आपातकाल के लगने तक ले जाया जा सकता है, एक मिला-जुला नेतृत्व उभरा। चमोली तथा उत्तरकाशी ज़िलों में और एक सीमा तक टिहरी ज़िले में भी सर्वोदयी तथा साम्यवादी कार्यकर्ताओं ने तथा अलमोड़ा में समाजवादी तथा वामपन्थी रुझान के नौजवानों ने अपनी स्वायत्तता के साथ साझा संघर्ष विकसित करने का प्रयास किया और यही स्वरूप नेतृत्व का रहा। प्रारम्भ में प्रत्यक्ष प्रतिरोध चमोली ज़िले में और फिर उत्तरकाशी में प्रकट हुए। अलमोड़ा, टिहरी, नैनीताल या देहरादून में जंगलों की नीलामियों के ख़िलाफ़ एकबद्धता दिखी। पर नीलामियों का विरोध सिर्फ़ कोई शहराती-क़स्बाती परिघटना नहीं थी। इनके संचालक चिपको की ग्रामीण चेतना और उससे जनित प्रेरणा से अनुप्राणित थे।

नेतृत्व के केन्द्र में दशौली ग्राम स्वराज्य मण्डल स्पष्ट रूप से था और चण्डी प्रसाद भट्ट की महत्त्वपूर्ण भूमिका के बावजूद नेतृत्व की सामूहिकता स्पष्ट थी, जिसको विकसित करने में स्वयं भट्ट की भूमिका महत्त्व की थी। चमोली ज़िले में सर्वोदयी-साम्यवादी कार्यकर्ताओं की समझ एक साझे संघर्ष को विकसित करने और व्यापक समाज को इससे जोड़ने में कामयाब रही। टिहरी-उत्तरकाशी

में यह नहीं हो सका पर एक के संघर्ष की ऊर्जा दूसरे के संघर्ष को प्रकाश दे रही थी। अलमोड़ा के नौजवान समाजवादी-वामपन्थी विचारधारा के साथ चमोली ज़िले में एक-एक कर हो रही प्रतिरोध की घटनाओं से प्रेरित-प्रभावित थे। यद्यपि चमोली की घटनाओं का विस्तार तब अलमोड़ा तक सीधा नहीं पहुँच पा रहा था। समाचार-पत्रों में छोटे से समाचार चिपको आन्दोलन को लेकर प्रकाशित होते थे। साप्ताहिक 'दिनमान' में कुछ विस्तार मिला करता था। युवाओं की संवेदनशीलता इन समाचारों से खाद-पानी पा रही थी।

नेतृत्व में जो आत्मविश्वास था वह भिन्न विचारधाराओं को मानने वाले कार्यकर्ताओं-नेताओं के परस्पर विश्वास से जुड़ा था। एक-दूसरे की समझ से सीखने तथा विश्लेषण करने की समझदारी सभी की चेतना में इजाफ़ा कर रही थी। यह बहुत रोचक लग सकता है कि अनेक कार्यकर्ता-नेता एक-दूसरे को प्रत्यक्ष नहीं जानते थे। अधिकांश ने चण्डी प्रसाद भट्ट या गौरादेवी को नहीं देखा था। टिहरी तथा अलमोड़ा के कुछ नौजवान ज़रूर अलग-अलग स्थानों के सक्रिय लोगों से अस्कोट-आराकोट अभियान के कारण परिचित थे पर प्रारम्भ में उनका भी अनेक कार्यकर्ताओं/नेताओं से प्रत्यक्ष परिचय न था। पर अभी यह अन्तरंगता नहीं थी, जो मानस बदल सके।

अस्कोट-आराकोट अभियान 1974 के यात्रियों से चण्डी प्रसाद भट्ट की मुलाक़ात नहीं हुई थी, बल्कि भट्ट इन नौजवानों को किंचित् शंका से देखते थे।[13] कदाचित वे नौजवानों में अपने से ज़्यादा आक्रामकता और स्पष्टता देखना चाहते थे। वे शहरों में नीलामी विरोध के मुक़ाबले जंगलों में प्रत्यक्ष चिपको के समर्थक थे पर सर्वसम्मति के कारण उन्हें नीलामी विरोध को स्वीकार करना पड़ा। सुन्दरलाल बहुगुणा अपनी यात्राओं के कारण नौजवानों के सम्पर्क में थे पर नौजवानों को बहुगुणा अपने से अलग तथा कभी-कभी दूर लगते थे।[14] यह बात कई बार कुँवर प्रसून और प्रताप शिखर भी महसूस करते थे। चण्डी प्रसाद भट्ट और अलमोड़ा-नैनीताल के नौजवानों की ज़्यादा गहरी मुलाक़ात और अन्तरंगता उत्तराखण्ड संघर्ष वाहिनी की स्थापना और उससे भी अधिक 28 नवम्बर 1977 के नैनीताल काण्ड के बाद हुई, जब दमन का विरोध करते हुए भट्ट न सिर्फ़ नैनीताल आये बल्कि गौर्दा का गीत, गिर्दा का हुड़का तथा अनेक युवाओं को लेकर उत्तराखण्ड के अनेक स्थानों के दौरे में निकले।

उनके सामने निश्चय ही चिपको के विचार के साथ उन युवाओं पर विश्वास व्यक्त करने की चुनौती थी, जिन्होंने अपनी तरह से पेड़ और आदमी का अन्तःसम्बंध परिभाषित किया था, पर शासन जिन पर हिंसक होने का मनगढ़न्त आरोप लगा सकता था। उस जबर्दस्त संकट की घड़ी में, जो चिपको आन्दोलन की ही नहीं इसमें शरीक तमाम युवाओं की भी थी, चण्डी प्रसाद भट्ट का सरकार और शासन के विरुद्ध अत्यन्त कठोर वक्तव्य देना और तमाम मनाहियों के बावजूद स्वयं इन युवाओं के पास आना न सिर्फ़ एक बड़ी समझदारी थी बल्कि उनकी स्पष्ट निर्णय लेने की क्षमता को उजागर करती थी। इस निर्णय ने न सिर्फ़ सरकार को बल्कि आन्दोलन के कुछ सहयोगियों को भी 28 नवम्बर, 1977 की घटना की मनमानी व्याख्या करने से रोका। यह संघर्ष वाहिनी तथा चिपको आन्दोलन के अस्तित्व का सवाल भी था।

कार्यकर्ताओं के आपसी विश्वास से दरअसल चिपको आन्दोलन का आत्मविश्वास न सिर्फ़ विकसित हुआ बल्कि टिका रहा। अस्कोट-आराकोट अभियान की 1974 की पहली यात्रा के बाद नौजवानों ने 1975, 76, 77, 78 में लगातार यात्राएँ कीं। अलमोड़ा से श्रीनगर, नैनीताल से गोपेश्वर, श्रीनगर से पिथौरागढ़ और शिमला तक की यात्राएँ हुईं। इनमें प्रभात उप्रेती, भगवती नौटियाल, प्रदीप टम्टा, पूरन तिवारी, निर्मल जोशी, जगत रौतेला, विनोद पाण्डे आदि कितने ही युवाओं ने शिरकत की

थी। छात्र-नौजवानों में अपने समाज से पहले अपने आप को समझने की तमीज विकसित हो रही थी। ये यात्राएँ इन नौजवानों को संस्कारित करने और चिपको को विस्तार देने वाली भी। आगामी सालों में ये नौजवान संगठन और संघर्ष की सीमाओं के बावजूद अत्यन्त रचनात्मक, संवेदनशील और सक्रिय बने रहे और अधिकांश आज भी हैं।

उत्तराखण्ड में अन्यत्र प्रत्यक्ष चिपको आन्दोलन की लहरों के फैलने से पहले ही सरकार से वार्ता का क्रम शुरू हो गया था और इसी बीच आपातकाल के लागू होने से आन्दोलन का पहला उभार बीच में ही ठहर गया था। आपातकाल लागू न होने की स्थिति में चिपको को अपने प्रारम्भिक आत्म संघर्ष और आन्दोलन की समझ तथा संगठन के साथ नेतृत्व की व्यापकता और जन प्रतिबद्धता को विकसित करने के ज़्यादा मौक़े मिलते। निश्चय ही चुनौतियाँ भी मिलती पर उनसे निपटे बिना अगले चरण में प्रवेश सम्भव नहीं होता। आपातकाल के कारण ऐसा लगा जैसे सामाजिक संघर्ष की एक बड़ी अभिव्यक्ति एकाएक कम से कम दो साल के लिए स्थगित हो गयी हो। आश्चर्य यह है कि दो साल बाद टीम और निखर कर सामने आयी और अधिक आक्रामकता से सरकार से टकराई। लेकिन दो साल की चुप्पी ने जो सामाजिक ऊर्जा लील ली थी, उसका अन्दाज़ा आन्दोलनकारियों को नहीं आया।

आपातकाल में चिपको आन्दोलन की कम सक्रियता क़ाबिले गौर है। हर आपातकाल में अच्छा या बुरा काम सिर्फ़ सत्ता करती अथवा कराती है। एक तो सर्वोदय परिवार में ही विनोबा और जे. पी. का विभाजन अखिल भारतीय स्तर पर स्पष्ट था। दूसरे उत्तराखण्ड में गुजरात और बिहार के मुद्दे अधिक असरदार नहीं हो पा रहे थे। यह सिर्फ़ 'अनुशासन पर्व' के पुरोधा और 'सम्पूर्ण क्रान्ति के असफल होने वाले नायक' का ही फ़र्क़ नहीं था। इसमें उत्तराखण्ड के सामाजिक और सर्वोदयी कार्यकर्ताओं की स्वायत्तता और सीमाओं की अभिव्यक्ति हो गयी थी। वे सामाजिक मुद्दों की हद पार करने को तैयार न थे। सरकार की ओर से जंगलात का मुद्दा पृष्ठभूमि में चला गया था और उत्तराखण्ड के प्रवासी पुत्र (हेमवतीनन्दन बहुगुणा) के स्थान पर नैनीताल ज़िले के विधायक तथा पुराने समाजवादी (नारायणदत्त तिवारी) के मुख्यमन्त्री बनते ही जंगलात सम्बन्धी चिपको जनित सरकारी सक्रियता एक हद तक ठहर गयी थी। प्रशासन तथा जंगलात विभाग की अकड़ कुछ कम हुई थी, पर सरकारी नीति के स्तर पर उतनी नहीं जितनी स्थानीय स्तर पर। वह भी लगातार बनते सामाजिक दबावों से।

आपातकाल में गिरफ़्तारियाँ ज़्यादातर राजनीतिक कार्यकर्ताओं की हुई पर चिपको तथा वन बचाओ आन्दोलन से सक्रिय रूप से जुड़े बिपिन त्रिपाठी आपातकाल में सर्वाधिक लम्बी अवधि तक जेल में (22 माह) रहे। उनकी गिरफ़्तारी एक पत्रकार के रूप में हुई थी। शायद सरकार उन्हें समाजवादी राजनीतिक कार्यकर्ता भी मानती रही हो। लेकिन 'द्रोणाचल प्रहरी' में प्रकाशित जो समाचार गिरफ़्तारी का कारण बना वह जंगलात आन्दोलन से इस अर्थ में जुड़ा था कि जयप्रकाश नारायण द्वारा संचालित आन्दोलन से जुड़ने के लिए अन्ततः स्थानीय प्रतिपक्षी नेताओं ने स्थानीय मुद्दों पर केन्द्रित माँगपत्र प्रस्तुत किया था, जिसमें जंगलात एक विषय था। इस माँग पत्र को प्रशासन को दिये जाने से पहले प्रदर्शन और सभा का आयोजन होना था।[15]

1975 में अलमोड़े के 'ग्रामीण छात्र संगठन' द्वारा कटारमल में किये गये वृक्षारोपण के बाद अलमोड़ा में निकाला गया जुलूस शायद उस दौर की अकेली ऐसी घटना थी, जिसे सार्वजनिक प्रदर्शन कहा जा सकता है। पर यह न आपातकाल का प्रतिकार था, न किसी चिपको कार्यकर्ता की

गिरफ़्तारी का विरोध। निश्चय ही यह प्रदर्शन पेड़ों तथा चिपको आन्दोलन से जनित चेतना के पक्ष में था। आपातूकाल को चुनौती देने की हैसियत तब उत्तराखण्ड के किसी सामाजिक संगठन या सामाजिक आन्दोलन की नहीं थी।[16]

आपातूकाल के उठाये जाने और जनता दल की सरकार के केन्द्र तथा कुछ प्रान्तों में सत्तारूढ़ होने के बाद चिपको आन्दोलन की दूसरी और ज़्यादा आक्रामक लहर का जन्म और विकास हुआ। इस दौर में टिहरी तथा अलमोड़ा ज़िलों में आन्दोलन फैला और देहरादून, नरेन्द्रनगर तथा नैनीताल में जंगलों की नीलामियों का विरोध हुआ। इस समय स्वयं चमोली ज़िले के अनेक स्थानों पर चिपको आन्दोलन से प्रेरित-प्रभावित पर स्वतन्त्र जंगलात आन्दोलनों का विकास हुआ, जिसने स्थानीय स्तर पर नेतृत्व को विकसित होने का मौक़ा दिया। इससे यह सिद्ध हुआ कि जंगल किस तरह स्थानीय समाज के चेतन-अवचेतन में विराजते हैं और उनके वास्तविक जीवन के केन्द्र में हैं। स्थानीय समाज उनकी सुरक्षा के लिए किसी का इन्तज़ार नहीं करता है।

छात्रों ने 1972-73 से विश्वविद्यालयों की स्थापना के आन्दोलन के बहाने सामाजिक तथा शैक्षिक मुद्दों को जानना शुरू किया था। 1974 तथा उसके बाद ग्रामीण क्षेत्रों की यात्राओं ने छात्र युवाओं के सामाजिक तथा मानसिक क्षितिज को विस्तार दिया। चिपको आन्दोलन के स्पर्श ने उसे गहराई दी। बाद में सर्वोदयी कार्यकर्ताओं और छात्र-युवाओं ने मिलकर उत्तराखण्ड संघर्ष वाहिनी जैसे संगठन को जन्म दिया। कुछ क्षेत्रों में सर्वोदयी संगठनों में युवाओं का प्रवेश हुआ। जे.पी. प्रेरित छात्र युवा संघर्ष वाहिनी से भी कुछ नौजवान जुड़े थे। पर आपातूकाल में उनको मुखर होने का मौक़ा नहीं मिला। सामान्यतया यह माना जाता है कि उत्तराखण्ड में आपातूकाल लागू होने के बाद कुछ राजनीतिक कार्यकर्ताओं तथा कुछ वास्तविक असामाजिक तत्त्वों की गिरफ़्तारी हुई थी। पर बाद में बहुत-सी ज्यादतियाँ उजागर हुई।[17]

इसी दौर में चिपको के हर प्रतिरोध में नये ग्रामीण युवाओं, शहरी-क़स्बाती छात्रों तथा ग्रामीण महिलाओं को अधिक हिस्सेदारी करने और उभरने का मौक़ा मिला। कुछ राजनीतिक कार्यकर्ता जंगलात आन्दोलन के महत्त्वपूर्ण कार्यकर्ताओं और नेताओं के रूप में विकसित हो रहे थे। कुछेक बार वे अपने राजनीतिक दलों की लाइन से हट रहे थे। वे जंगलों को अलग से नहीं देख रहे थे, जो कि प्रारम्भ में उनकी समस्या थी। अब वे अपने समाज तथा समकालीन राजनीतिक-आर्थिकी के साथ जोड़ कर जंगलों को देख रहे थे। एक सकारात्मक जनतान्त्रिक बदलाव का सपना उनके मन में अंकुरित हो रहा था। युवाओं के मन में अपने समाज के लिए सपने देखने का दुर्लभ गुण पैदा करना चिपको आन्दोलन का अन्यतम् पर किसी अध्येता को न दिखायी दे सका योगदान माना जाना चाहिए।

छात्र-युवाओं के बीच चिपको आन्दोलन के स्पर्श और प्रभाव के जाने से इसका रूप झीला झाला पर अविरल उत्तराखण्डीय होने लगा था– विशेष रूप से नैनीताल क्लब काण्ड के बाद हुए दमन से यह स्थिति विकसित हुई थी। उत्तराखण्डीय सामाजिक चेतना की शुरुआत सर्वोदय आन्दोलन के साथ हो चुकी थी और अस्कोट-आराकोट अभियान ने इसे युवाओं में रोप दिया था। यह शहरी छात्रों द्वारा ग्रामीण उत्तराखण्ड को जानने की ही नहीं बल्कि ग्रामीण क्षेत्रों के शहरों-क़स्बों में अध्ययनरत छात्रों द्वारा शहर तथा गाँव दोनों ओर के प्रतिरोधों में शामिल होने की शुरुआत थी।

इसी दौर में चिपको आन्दोलन की चर्चा अन्तरराष्ट्रीय स्तर पर होने लगी थी और ज़्यादा गहराई और विस्तार से चिपको को जानने की कोशिश के बिना ही पत्रकार तथा विशेषज्ञ इसके बारे में लिखने लगे थे। इस प्रक्रिया ने नेतृत्व के हिस्से के रूप में पहचाने जाने की आकांक्षा और

ललक अनेक कार्यकर्ताओं के मन में भर दी। तभी चिपको आन्दोलन को एक ओर 'पारिस्थितिकी' या 'आर्थिकी' या 'महिला पारिस्थितिकी', दूसरी ओर 'गहन पारिस्थितिकी' तथा 'व्यावहारिक पारिस्थितिकी' का कृत्रिम विभाजन करने वाली शब्दावली का शिकार होना पड़ा। यही नहीं चिपको की एक शाखा के प्रवक्ता और प्रतीक के रूप में चण्डी प्रसाद भट्ट और दूसरे के सुन्दरलाल बहुगुणा को प्रस्तुत किया जाने लगा। पुरस्कारों, प्रचार के मोह और व्यक्तिवादिता ने इस विभाजन को और तेज़ कर दिया और यह कुछ कार्यकर्ताओं के बीच मनमुटाव तक पहुँच गया था।[18]

रामचन्द्र गुहा ने इन्हें अलकनन्दा तथा भागीरथी घाटियों की चिपको धाराएँ कहा पर पहली बार उन्होंने न सिर्फ़ स्थानीय जंगलात आन्दोलन का विस्तृत परिचय दिया बल्कि चिपको के सन्दर्भ में उत्तराखण्ड संघर्ष वाहिनी की चर्चा की।[19] अनुपम मिश्र जैसे संवेदनशील पत्रकार चिपको के पहले लेखक बने और छोटी-सी पुस्तक में चिपको आन्दोलन की तब तक प्रकट धाराओं तथा प्रतिरोध की शैलियों और अभिव्यक्तियों का वर्णन करने में कामयाब रहे।[20] पर यह उनके द्वारा एक संवेदनशील पत्रकार के रूप में ऐसे आन्दोलन का सर्वेक्षण था, जो उनके सामने अभी हो रहा था। उसकी अनेक अभिव्यक्तियाँ अभी प्रकट थीं, कुछ निकट भविष्य में होने वाली थीं। लेकिन फिर अधिकांश अध्येताओं के लिए पूरे उत्तराखण्ड में दर्जनों जगह चिपको के जो प्रतिरोध हुए, जिनमें से अनेक इन दो तत्कालीन धाराओं से अलग और स्वायत्त भी थे, वे सब पृष्ठभूमि में चले गये।[21] उनको जानने का प्रयास बहुत कम हुआ।

जैसे बाद के सालों में नर्मदा आन्दोलन और इधर के सालों में अन्ना आन्दोलन से जुड़ने की नाटकीय होड़ समाज में दिखायी दी थी वैसे ही तब चिपको से जुड़ने की थी। इनमें से अनेक सरलीकरण प्रेमी और एक पक्षीय हो गये थे, तो कुछ ने गहरी जाँच-पड़ताल का जतन किया। अनिल अग्रवाल अगर चमोली में आन्दोलन की पहली अभिव्यक्ति के तुरन्त बाद पहुँचे और उन्हें वहाँ 'गाँधी की छाया जंगलों को बचाती' दिखी[22] तो कुछ साल बाद वन्दना शिवा और जयन्ता बन्द्योपाध्याय ने टिहरी के चिपको आन्दोलन को विश्व पारिस्थितिक संकट के 'सभ्यतागत भारतीय जवाब' के रूप में देखा।[23] अनिल अग्रवाल के उस आगमन के समय चिपको की कोई और घटनाएँ नहीं हुई थीं जबकि वन्दना और जयन्ता के लिखते समय चिपको की अधिकांश अभिव्यक्तियाँ प्रकट हो चुकी थीं या हो रहीं थीं। जब अनिल अग्रवाल देश के पर्यावरण की पहली रपट (1982) निकाल रहे थे तो उन तक चिपको की अनेक अभिव्यक्तियों की चर्चा नहीं पहुँच सकी।[24] पर उन्होंने चिपको की गहन पड़ताल करनी नहीं छोड़ी।[25]

एक झूठ या गलत सूचना किस तरह अकादमिक दुनिया में उद्धृत होती चली जाती है, यह इससे समझ में आता है।[26] कहा जा सकता है कि जहाँ ऊपर से चिपको आन्दोलन के कुछ नाम बाहर की दुनिया को नज़र आते हैं वहीं नेतृत्व की दूसरी और तीसरी पंक्तियों तथा महत्त्वपूर्ण कार्यकर्ताओं की ठीक से कभी खोज और पड़ताल नहीं हो सकी। भीतरी तौर पर सुन्दरलाल बहुगुणा को रेणी आने का या चण्डी प्रसाद भट्ट को अदवाणी जाने का अवसर नहीं मिला। इसी दौर में चमोली में गोविन्दसिंह रावत या उत्तरकाशी में कमलाराम नौटियाल तथा चन्दन सिंह राणा आदि भी चिपको/जंगलात आन्दोलन के प्रमुख लोगों में गिने जाने लगे थे, पर वे एक-दूसरे के कार्य क्षेत्र में जाने का मौक़ा नहीं पा सके। जंगलात का जीवन्त मुद्दा उनको जोड़ता था।

कुमाऊँ में विभिन्न छात्र नेताओं के साथ शमशेर बिष्ट, बिपिन त्रिपाठी या जसवन्तसिंह बिष्ट आदि जनता में पहचाने जाने लगे। तत्पश्चात् अलमोड़ा कॉलेज के छात्र नेताओं और विद्यार्थियों ने

अनेक सालों तक आन्दोलन की मशाल जलाये रखी। चमोली और टिहरी में सच्चिदानन्द भारती, कुँवर प्रसून, प्रताप शिखर, विजय जरधारी आदि सक्रिय छात्रों के रूप में विकसित हुए और शीघ्र ही पूर्णकालिक कार्यकर्ता बन गये। सच्चिदानन्द भारती ने बाद के सालों में दूधातोली के समाज को सुसंगठित कर जल और जंगल संरक्षण का महत्त्वपूर्ण काम किया; वहीं कुँवर प्रसून, प्रताप शिखर, विजय जड़धारी तथा धूम सिंह नेगी आदि ने चिपको की विभिन्न अभिव्यक्तियों में सक्रिय नेतृत्व के साथ 'बीज बचाओ अभियान' को विकसित किया। वे टिहरी बाँध विरोधी आन्दोलन में लम्बे समय तक सक्रिय रहे और खनन विरोधी अभियान में भी।

दुर्भाग्य से चिपको आन्दोलन में गौरा देवी के अलावा किसी महिला नेत्री की चर्चा नहीं या कम होती है। लेकिन वास्तविकता यह है कि रेणी के अलावा चाँचरीधार, डूँगरी-पैन्तोली, भ्यूंढार, जनोटी-पालड़ी, रंगोड़ी-ध्याड़ी, अदवाणी तथा हेंवलघाटी के विभिन्न स्थान, बडियारगढ़, दूधातोली, बछेर तथा नन्दासैण आदि सभी आन्दोलित जगहों पर महिलाओं ने असाधारण साहस और सुसंगठित क्षमता से लैस होकर आन्दोलन में हिस्सेदारी की थी। उन्हें प्रतिरोध का एकदम भिन्न और मौलिक तरीका ईजाद करना पड़ा। यह लड़ना एक प्रकार से नया मुहावरा गढ़ना था। यही नहीं 'बद्रीनाथ आन्दोलन' तथा नरेन्द्रनगर की जंगल नीलामी के विरोध में महिलाओं का यह योगदान देखा जा सकता है। अनेक स्थानों पर ये अभिव्यक्तियाँ महिलाओं तथा उनके छोटे स्थानीय संगठनों की मौलिकता को उजागर करती हैं और चिपको की मुख्य धाराओं से उनके या चिपको की मुख्य धाराओं के उनसे अपरिचित होने के सत्य को सामने रखती हैं।

अनेक जगह महिलाओं को अपने ही ग्राम समाज के कुछ हिस्सों से, अपने परिवार; यहाँ तक कि अपने पति (अदवाणी की बचनी देवी) या ग्राम प्रधान (अदवाणी, डूँगरी-पैन्तोली) या ग्राम प्रधान सहित अधिकांश पुरुषों (डूँगरी-पैन्तोली) से भी लड़ना पड़ा था। दूसरी ओर जंगलात के कर्मचारियों, पटवारियों, पुलिस (अदवाणी, जनोटी-पालड़ी तथा रंगोड़ी-ध्याड़ी में तो बन्दूकधारी कुख्यात पी.ए. सी. भेजी गयी थी) तथा ठेकेदार के गुंडों (चाँचरीधार, डूँगरी-पैन्तोली, जनोटी-पालड़ी, रंगोड़ी-ध्याड़ी, अदवाणी तथा बडियारगढ़ आदि) से भी दो हाथ करने पड़े। ऊपर से उनको अपने परिवार (बच्चे और वृद्ध) और पशु भी देखने थे। इन स्थानों पर इन्हीं महिलाओं का नेतृत्व था। पर इनके नाम और काम की चर्चा या तो नहीं हो सकी या बहुत कम हुई। इस तरफ़ 'इको फेमिनिज्म' के जानकार भी नहीं झाँक सके। गौरा देवी तथा साथियों का नाम यदि भाकपा तथा दशौली ग्राम स्वराज्य मण्डल द्वारा अग्रसारित नहीं होता तो उनकी उतनी चर्चा नहीं होती, जितनी बाद में हुई। यद्यपि रेणी एक अलग और अपवाद प्रसंग बन गया था और इसे नकारना सम्भव नहीं था। गौरा देवी तथा सहयोगी तो न सिर्फ़ निरन्तर सक्रिय रहे बल्कि बिड़ला परिवार के विरुद्ध चल रहे 'बद्रीनाथ आन्दोलन' में प्रत्यक्ष योगदान देते रहे।

चिपको का कोई एक अकेला सर्वमान्य नेता विकसित न हो सका। यह सम्भव नहीं था। सर्वोदय और छात्र आन्दोलन ने एक रचनात्मक सामूहिकता विकसित की थी, जिसको अनेक बार व्यक्तिवादी महत्त्वाकांक्षा ने क्षति पहुँचाई। बाद के सालों में सर्वोदय में अनेक समूह बन गये। भूदान आन्दोलन के दौर में विकसित हुई सर्वोदयी एकता चिपको आन्दोलन के उत्तरार्ध में बिखरने लगी। कार्यकर्ता अलग-अलग दिशाओं की ओर जाने लगे। निष्क्रिय चाहे कोई न हुआ हो पर सामूहिक ऊर्जा का ताप कम होने लगा। अपने-अपने अजनवी सब तरफ़ हो गये।

सर्वोदय के भूदान परिवार से सोहनलाल भूभिक्षुक सर्वधर्म समभाव के दर्शन के प्रचार-प्रसार हेतु एक मठ स्थापित कर उरलीकांचन (पुणे) चले गये। मानसिंह रावत, सरला बहन, शेरसिंह कार्की या योगेश बहुगुणा अलग-थलग पड़ गये। सबको जोड़ने का काम घनश्याम सैलानी जैसे संस्कृतिकर्मी नहीं कर सके। न बहुत बाद में ऐसा करने में गिरीश तिवारी 'गिर्दा' सफल हो सके। सर्वोदय आन्दोलन के विभाजन के बाद इसी तरह उत्तराखण्ड संघर्ष वाहिनी के विभाजन की प्रक्रिया रही। वाहिनी को चिपको आन्दोलन का आविष्कार कहा जा सकता है। उसका विकास आन्दोलन के साथ हुआ पर उसका विभाजन नेतृत्व की अस्पष्टता तथा कतिपय सदस्यों की महत्त्वाकांक्षा से जुड़ा था।

चिपको नेतृत्व में आपसी मदभेदों का सिलसिला और बिखराव की प्रक्रिया सबसे कम चमोली ज़िले के कार्यकर्ताओं तथा दशौली ग्राम स्वराज्य मण्डल में दिखायी देती है पर रचनात्मक निरन्तरता के बावजूद विभाजन और मनमुटाव वहाँ भी रोका नहीं जा सका। इसी तरह रेणी के समाज में दरार नज़र आती थी। टिहरी में तो मनमुटाव बाद में और ज़्यादा हो गया। टिहरी बाँध आन्दोलन से जिस तरह हेंवलघाटी के कार्यकर्ता अलग हुए, वह आज तक ठीक से समझ में नहीं आ सका है। जंगलों के अधिकार तथा संरक्षण के बाबत उनके विचारों में बुनियादी अन्तर नहीं आया। पर यह विचार समानता आपसी विभाजन रोकने में कारगर नहीं हो सकी।[27]

अलमोड़ा-नैनीताल तथा गोपेश्वर में केन्द्रित उत्तराखण्ड संघर्ष वाहिनी में बहुत बाद में और बहुत से कारणों से विभाजन शुरू हुआ और इसके पीछे चिपको आन्दोलन से इतर कारण देखे जाने योग्य हैं। चिपको आन्दोलन में की गयी हिस्सेदारी वोट की राजनीति के सन्दर्भ में स्वतः ही किसी शक्ति में नहीं बदल सकती थी। वाहिनी का अपने लक्ष्य से भटकना मुख्यतः इस विभाजन का कारण रहा। भविष्य में कोई अध्येता शायद वाहिनी के विकास और विखण्डन के साथ योगदान का ज़्यादा गहरा और गम्भीर विश्लेषण कर सकेगा लेकिन फिलहाल इतना कहा जा सकता है कि किसी खास दौर में विकसित जन-आन्दोलन को एकाएक राजनीतिक आन्दोलन में नहीं बदला जा सकता है। जन-आन्दोलन को राजनीतिक संगठन में बदलना और मुश्किल काम है। किसी सामाजिक या पारिस्थितिक आन्दोलन की ऊर्जा को अक्षुण्ण रखने की कोई सफल तकनीक अभी तक विकसित नहीं हुई है। या शायद यह सम्भव नहीं है। कदाचित इस ऊर्जा को यदि व्यक्तियों में खर्च न करके समाज और संगठन में किया जाता तो इसका बड़ा हिस्सा उपयोग में आ सकता था। पर इसकी कोई विश्वसनीय विधि विकसित नहीं हो सकी। यह देश के बहुत से और सामाजिक आन्दोलनों में देखा जा सकता है।

ऐसा 1994-95 में उत्तराखण्ड आन्दोलन के समय भी हुआ, जब उत्तराखण्ड क्रान्ति दल या संयुक्त संघर्ष समिति को यह लगा कि इस आन्दोलन में प्रवाहमान ऊर्जा उनके संगठन और क्षेत्रीय राजनीति के काम आयेगी। उसे उन्होंने बह जाने दिया। बाद में इस ऊर्जा की अनुपस्थिति को उन राष्ट्रीय राजनीतिक दलों ने बारी-बारी से अपने सत्तारूढ़ होने में इस्तेमाल करने में कामयाबी पायी, जो प्रारम्भ में न सिर्फ़ उत्तराखण्ड राज्य स्थापना के विरोध में थे, दमन में हिस्सेदार थे, बल्कि जिनके ख़िलाफ़ ही यह आन्दोलन शुरू हुआ था। उत्तराखण्ड क्रान्ति दल न जन-आन्दोलनों से जुड़ा रह सका और न ही सही अर्थों में जन राजनीति ही विकसित कर सका। ज्यों-ज्यों सामाजिक ऊर्जा सिमटती गयी यह दल बिखरता गया। उत्तराखण्ड में क्षेत्रीय राजनीतिक सपने के ध्वस्त होने का यह सबसे बड़ा और त्रासद उदाहरण है।

चिपको आन्दोलन में भाग लेने वाले उत्तराखण्ड क्रान्ति दल के कतिपय सदस्यों ने एक बार 'पेड़ काटो' आन्दोलन भी चलाया था, जबकि उनको यह स्मरण करने की समझ नहीं रही कि जिस

वन संरक्षण अधिनियम 1980 के कारण उन्हें उत्तराखण्ड के विकास कार्यों में रोक लगती महसूस होती थी, वह पूरे देश में लागू था। उत्तराखण्ड से अधिक और सघन जंगलों तथा वनवासियों वाले क्षेत्र इस देश में अन्यत्र थे। इस हेतु कानूनी और प्रशासनिक लड़ाई की ज़रूरत थी, जिसे समझा नहीं जा सका। न ही सत्ता की चतुराई ही समझी जा सकी। वे यह सवाल नहीं पूछ सके कि क्यों खनन तथा बाँध निर्माण में यह अधिनियम आड़े नहीं आ रहा है? बिपिन त्रिपाठी ने एक बार कह दिया था कि यह 'पेड़ काटो अभियान' तो सिर्फ़ डराने भर के लिए था और वोट की राजनीति को प्रभावित होने से बचाने के लिए भी।[28] फिर वे संरक्षित क्षेत्र के बारे में नहीं बोल सके। इसी तरह का चतुराई भरा और अस्पष्ट उत्तर इन्द्रमणि बडोनी ने दिया था।[29]

दूसरी ओर उत्तराखण्ड संघर्ष वाहिनी जैसे संगठन को अपने स्पष्ट घोषणा-पत्र[30] और उद्देश्यों के बावजूद एक निर्विवाद एकता के साथ खड़ा नहीं रखा जा सका। एकाएक जब इस संगठन ने पहले अपने को बिना गहन आपसी विचार-विमर्श के इण्डियन पीपुल्स फ्रण्ट से जोड़ा और फिर चुनाव के तन्त्र में प्रवेश किया तो विचार और सांगठनिक वजन के बावजूद उसे अपने को बनाये रखने का कौशल नज़र नहीं आया। उत्तराखण्ड संघर्ष वाहिनी जब जन-आन्दोलन के रूप में विकसित हो रही थी, तो उसमें अति वामपन्थी और अति सर्वोदयी विचारों और कार्यकर्ताओं में समन्वय और समझौता सम्भव था पर उसके एकाएक राजनीतिक संगठन में बदलने के बाद 'अतियों' का अन्तर्विरोध सामने आया। कुछ उसे उत्तराखण्ड की क्षेत्रीय सामाजिक शक्ति बनाना चाहते थे और कुछ संसदीय वामपन्थ की एक और सम्भावनाशील धारा का हिस्सा। इस तरह विभाजन अपरिहार्य था।

उधर 1984 में 'नशा नहीं रोज़गार दो आन्दोलन' के समय उत्तराखण्ड संघर्ष वाहिनी का चमोली, पौड़ी तथा टिहरी वाला हिस्सा साथ नहीं दिखा। क्योंकि वे 1977 में उत्तराखण्ड संघर्ष वाहिनी में चुनाव या राजनीति केन्द्रित लक्ष्य के लिए शामिल नहीं हुए थे। अब तक वाहिनी का राजनीतिक रुझान प्रकट हो चुका था। उच्च नेतृत्व के स्तर पर संवाद का न होना आश्चर्यजनक लगता है। ईमानदार संवाद से गलतफहमियाँ ख़त्म होती हैं और एक-दूसरे के मनों में झाँकने का मौक़ा मिलता है। सामाजिक आन्दोलनकारी की हैसियत से संवाद में पारदर्शी नहीं रहना पूर्वग्रह या कम समझदारी को उजागर करता है।

धीरे-धीरे वाहिनी के वाम हिस्से ने इसके सर्वोदयी हिस्से को दबोच लिया। फिर एक वाम हिस्से ने दूसरे को। पर सर्वोदयी मिज़ाज पूरा का पूरा कभी तिरोहित नहीं हो सका। पहले गोपेश्वर, फिर टिहरी के साथी वाहिनी से अलग होते चले गये। अलमोड़े-नैनीताल वाला हिस्सा अति क्रान्तिकारिता का शिकार हुआ और फिर अति जटिल तरीके से विभाजित हो गया। एक हिस्सा उत्तराखण्ड संघर्ष वाहिनी बना रहा, दूसरा हिस्सा भाकपा-माले (लिबरेशन) हो गया। तीसरा और चौथा छोटा हिस्सा क्रमशः उत्तराखण्ड क्रान्ति दल और कांग्रेस में गया। यह बीसवीं सदी के अन्तिम दो दशकों का दौर था। कुछ समय के लिए उत्तराखण्ड जन संघर्ष वाहिनी भी बनी। यह नाम एक मामूली क्षमता के नये संगठन उत्तराखण्ड जन परिषद् के वाहिनी में विलय के बाद किया गया था।[31] बाद में फिर एक और विभाजन हुआ, जिससे उत्तराखण्ड परिवर्तन पार्टी बनी और वाहिनी ने नया नाम उत्तराखण्ड लोक वाहिनी ग्रहण किया। पर यह कहानी 21वीं सदी की है, जिसमें फिलहाल जाना सम्भव नहीं है।

दुर्भाग्य से विभाजनों के समय उत्तराखण्ड संघर्ष वाहिनी की विभिन्न नेतृत्वकारी ताकतें (व्यक्ति और समूह) अपनी ज़मीन से विकसित क्षमताओं के बदले ऊपर से आ रहे विचारों और निर्देशों

से संचालित होती रहीं। ऐसे में न एक विश्वसनीय आन्दोलन चलाने की स्थिति थी और न एक राजनीतिक संगठन बनाने की। यह भी नेताओं तथा कार्यकर्ताओं द्वारा भुला दिया गया कि विभाजन के बाद किसी विचार को न सही पर संगठन को तो शून्य से ही शुरू करना पड़ता है। समाज की ओर से किया जाने वाला अविश्वास एक नया और अप्रत्याशित ख़तरा होता है, जिसके दूरगामी आयाम प्रारम्भ में समझने मुश्किल होते हैं।

आपसी मतभेदों तथा विभाजन का सिलसिला चिपको नेतृत्व में सबसे कम चमोली में था पर देर-सवेर वहाँ भी प्रकट हो गया। आनंदसिंह बिष्ट ने बाद में अपनी गल्तियों का एहसास होते ही गलतफ़हमियों को घटाने की कोशिश की[32] पर तब तक दरार अधिक गहरी हो गयी थी। भाकपा के गोविन्दसिंह रावत चमोली ज़िले में चिपको के एक दशक पूरा होने से पहले ही मतभेद महसूस करने लगे। जबकि वे चिपको कमेटी के दो गैर-सरकारी और सक्रिय सदस्यों में से एक थे। यह मतभेद बाद में और ज़्यादा हो गया। फिर उन्होंने 'छीनो-झपटो' नाम से आन्दोलन चलाया जो मूलतः 1982 में स्थापित नन्दादेवी राष्ट्रीय पार्क की इन गाँवों में घुसपैठ या इस पार्क द्वारा ग्रामीणों के अधिकार छीनने के ख़िलाफ़ था। पर यह आन्दोलन स्थानीय हिस्सेदारी के बावजूद उतना विकसित नहीं हो पाया, जितनी सम्भावना थी। यह बात उजागर हुई कि पार्क का विरोध हो रहा था पर विष्णु प्रयाग परियोजना का नहीं। बाद में रेणी के जंगल में कटान हुआ और चिपको की सर्वाधिक सभाओं के गवाह के रूप में मौजूद ऋषिगंगा के किनारे स्थित मैदान में एक जल विद्युत परियोजना का कब्ज़ा हो गया। नदी पर तो कब्ज़ा पहले ही कर लिया गया था। रेणी और आसपास के गाँवों के संरक्षण और विकास का कोई रचनात्मक प्रयास नहीं हो सका।

उधर टिहरी में बाँध विरोधी आन्दोलन में वयोवृद्ध वीरेन्द्रदत्त सकलानी के बाद जब सुन्दरलाल बहुगुणा का आगमन हुआ तो प्रारम्भ में सक्रिय हिस्सेदारी रही। धीरे-धीरे आन्दोलन का रूप व्यक्तिवादी होता गया। पहले कुँवर प्रसून, भवानी भाई, धूम सिंह नेगी तथा प्रताप शिखर उससे अलग हुए फिर राधा बहन और विद्यासागर नौटियाल पीछे होते गये। जबकि विद्यासागर नौटियाल को टिहरी के बाँध विरोधी आन्दोलन में हिस्सेदारी के कारण भाकपा से निष्कासित कर दिया गया था, क्योंकि प्रारम्भ में यह रूस समर्थित परियोजना थी। व्यक्तिगत आमरण अनशन किस तरह किसी आन्दोलन को खड़ा नहीं कर पाते हैं, यह इसका भी उदाहरण बना।

बाँध विरोधी आन्दोलन से जिस तरह हेंवलघाटी के कार्यकर्ता अलग हुए, वह समझ में नहीं आ सका है। अब जब घनश्याम सैलानी, कुँवर प्रसून, भवानी भाई तथा प्रताप शिखर दिवंगत हो गये हैं, तो ये कारण उजागर हो सकने कठिन होंगे। घूमसिंह नेगी अवश्य अपने संस्मरणों में इन्हें बता सकते हैं। यह भी कहा जाता है कि टिहरी बाँध विरोधी आन्दोलन में विमला बहुगुणा की ऊर्जा का अपव्यय हुआ और उनका वह अत्यन्त महत्त्वपूर्ण काम रुक गया, जो वे दशकों से कर रही थीं।[33]

अति प्रचार, फ़िल्मों, विदेश यात्रा, शोध और सार्वजनिक अखिल भारतीय और अन्तरराष्ट्रीय पुरस्कारों ने चिपको आन्दोलन को व्यक्तियों, ज़िलों या घाटियों के रूप में प्रस्तुत करना शुरू किया। इसी दौर में पेड़ों से चिपकने के गैर आन्दोलनी फ़ोटो छपने का क्रम शुरू हुआ और सुन्दरलाल बहुगुणा ही नहीं बर्वे बेकर जैसे वृक्षमित्र भी नकली फ़ोटो खिंचवाने से नहीं बच सके। इन सालों में अनेक फ़िल्म निर्माता उत्तराखण्ड में घूम रहे थे और बी.बी.सी. वाले पीछे नहीं थे। उन्होंने पहले

नायक (भट्ट) के मना करने पर दूसरे नायक (बहुगुणा) पर केन्द्रित फ़िल्म बना दी।[34] इसी तरह पुस्तकों तथा शोध पत्रों का सिलसिला चल पड़ा और जो आन्दोलन या नेतृत्व का रूप नहीं था, वह प्रस्तुत होने लगा। आन्दोलन या नेतृत्व का वास्तविकता से भिन्न रूप दुनिया के ही नहीं उसमें हिस्सेदारी करने वालों के सामने भी आया।[35]

1984 में 'नशा नहीं रोज़गार दो आन्दोलन' में सर्वोदय की विभिन्न धाराओं ने शामिल होने से परहेज किया। इस आन्दोलन का नेतृत्व कर रही उत्तराखण्ड संघर्ष वाहिनी अभी चुनाव की राजनीति में नहीं उतरी थी और यह उत्तराखण्ड स्तर का एक बड़ा संगठन बन चुका था। फिर भी इसके अन्य संघटकों का इससे अलग रहना जनता के मन में बहुत से सवाल पैदा करता रहा। इसका स्पष्ट कारण था। बहुगुणा 1977 से ही इस समूह से अलग हो चुके थे। वे संघर्ष वाहिनी से जुड़े न थे। भट्ट 1982 के बाद वाहिनी से कटने लगे थे, जिसका एक कारण वाहिनी के कतिपय सदस्यों का चुनाव की राजनीति या ऐसे दलों/संगठनों से जुड़ना था, जो दलीय राजनीति में दिलचस्पी रखते थे। राधा बहन अवश्य नशा विरोधी आन्दोलन से जुड़ी पर एक सीमा तक। इसी तरह टिहरी बाँध विरोधी आन्दोलन में अन्य आन्दोलनकारियों की शिरकत नहीं रही या बहुत कम रही।[36] यह संवादहीनता का संकेत था और महत्त्वाकांक्षा का भी।

इस तरह 1984-85 में चिपको आन्दोलन में तीन और कभी-कभी चार धाराएँ दिखायी देने लगीं। एक गोपेश्वर की धारा, दूसरी टिहरी की धारा और तीसरी अलमोड़ा की धारा। चौथी धारा उन सबकी थी तो इन तीन धाराओं से अलग-थलग पड़ गये थे। अगर व्यक्तियों में जायें तो प्रतीक रूप में पहली चण्डी प्रसाद भट्ट की धारा, दूसरी सुन्दरलाल बहुगुणा और तीसरी शमशेर बिष्ट की। चौथी धारा में कुछ सर्वोदयी, कुछ साम्यवादी तथा कुछ आम आन्दोलनकारी थे। जैसे गोविन्दसिंह रावत, कमलाराम नौटियाल या बालम जनौटी आदि।

इस तरह हम देखते हैं कि चिपको आन्दोलन का नेतृत्व न सिर्फ़ बहुक्षेत्रीय था बल्कि अनेक व्यक्तित्व इसका संचालन कर रहे थे। इन अनेक व्यक्तित्वों को पूरी तरह सामने लाने का न कभी मौक़ा आया और न किसी ने इस तरह का प्रयास किया। न इन सब कार्यकर्ताओं में लगातार सघन संवाद रहा और न ही क्षेत्रीय भ्रमण के रूप में किसी तरह का आदान-प्रदान हो पाया। इन सभी में रचनात्मकता और प्रयोगशीलता थी पर एक व्यापक एकता का आधार न था। इसलिए इन धाराओं के न सूखने के बावजूद आन्दोलन की हरियाली कम हुई और जंगलात का व्यापक प्रश्न न सरकार के स्तर पर हल हो सका और न समाज के स्तर पर।

2. संगठन

चिपको आन्दोलन का संगठन इसके नेतृत्व की तरह ही बहुपर्ती था। प्रारम्भिक सालों में अनेक बार यह अखिल उत्तराखण्डी लगता था, जब अलग-अलग स्थानों पर आन्दोलनरत समूह न सिर्फ़ सम्पर्क में थे बल्कि एक-दूसरे के प्रति संवेदनशील थे। मोबाइल तथा ई-मेल से पहले के ज़माने में चिपको ने किस तरह अपना नेटवर्क तथा निरन्तर सम्पर्क कायम रखा, यह समझने लायक पक्ष है। चिपको आन्दोलन से जुड़े अनेक लोग अनेक राष्ट्रीय पत्रों में निरन्तर लिखते थे। इस बहाने वे अपनी बात सामने रखते थे।

'अनिकेत' तथा 'नैनीताल समाचार' आन्दोलन के मुख पत्र बने। साथ ही 'पर्वतीय', 'दिनमान', 'युगवाणी', 'सत्यपथ', 'शक्ति', 'सीमान्त प्रहरी', 'कर्मभूमि' आदि पत्रों ने चिपको को निरन्तर स्थान दिया और इसे क्षेत्रीय तथा राष्ट्रीय चर्चा में रखा। विभाजन के बाद उत्तराखण्ड संघर्ष वाहिनी ने

‘जंगल के दावेदार’ नामक पाक्षिक पत्र शुरू किया। दशौली ग्राम स्वराज्य मण्डल, पर्वतीय नवजीवन मण्डल तथा उत्तराखण्ड संघर्ष वाहिनी के परिपत्र और पुस्तिकाएँ तत्कालीन मन्तव्य और घटनाक्रम सामने रखती हैं। धूम सिंह नेगी ने ‘चिपको बुलेटिन’ द्वारा टिहरी-उत्तरकाशी के चिपको आन्दोलन के घटनाक्रम को उत्तराखण्ड और उत्तराखण्ड से बाहर के साथियों को निरन्तर प्रेषित कर अतिरिक्त योगदान दिया। विभाजन के बाद अपने हिस्से के चिपको की ही चर्चा की जाने लगी। जैसे ही सिल्यारा का चिपको सूचना केन्द्र (Chipko Information Centre) स्थापित हुआ, दशौली ग्राम स्वराज्य मण्डल ने भी अंग्रेज़ी में साहित्य प्रकाशित करना शुरू किया।

प्रारम्भ में सर्वोदय के उत्तराखण्ड और उत्तर प्रदेश व्यापी संगठन ने नशाबन्दी आन्दोलन को आधार दिया था। इस आन्दोलन में अनेक नये क्षेत्रों तक सर्वोदय कर्म का विस्तार गया, जहाँ भूदान के दौर में जाना सम्भव नहीं हो सका था। नशाबन्दी आन्दोलन ने पहली बार एक जन हिस्सेदारी वाले कार्यक्रम का रूप लिया था। भूदान में विनम्रता से माँगना ही ज़्यादा अनिवार्य था जबकि नशाबन्दी आन्दोलन में लड़ करके बिगड़ी व्यवस्था ठीक करने का आग्रह झलकता था। इसके शीर्ष पर उस समय सन् 1942 की कर्मठ संग्रामी रही सरला बहन थीं। नीचे दूसरी पंक्ति में विकसित होते हुए कार्यकर्ता थे, जो चिपको आन्दोलन के दौर में खिले और चमके।

चिपको आन्दोलन के वास्तविक जन्म से पहले सर्वोदय के अनेक कार्यकर्ता अपने-अपने क्षेत्रों में श्रम और सहकारिता पर आधारित संस्थाओं को स्थापित कर रहे थे। इन्हें ‘ग्राम स्वराज्य संघ’ नाम दिया गया था। 1962 में भारत-चीन सीमा संघर्ष के बाद जयप्रकाश नारायण द्वारा स्थापित हिमालय सेवा संघ से जुड़कर बहुत से सर्वोदय कार्यकर्ता ‘शान्ति सैनिक’ की तरह भी कार्यरत थे। सहकारिता पर आधारित संस्थाओं के माध्यम से स्थानीय समाज और संसाधनों को अधिक रचनात्मक नज़र से देखा जा रहा था। 1970 की अलकनन्दा की बाढ़ ने जहाँ दशौली ग्राम स्वराज्य संघ को अपने कठिन क्षेत्र की ज़्यादा गहरी समझ दी, वहीं राहत तथा अध्ययनकार्य में शामिल होने से संस्था अधिक कर्मठ और प्रयोगशील बनी।[37]

इस प्रकार चिपको आन्दोलन के प्रारम्भिक सालों में दशौली ग्राम स्वराज्य संघ न सिर्फ़ चमोली ज़िले में बल्कि अन्यत्र भी चिपको आन्दोलन की मातृ संस्था की तरह था। महिला मंगल दल अभी प्रारम्भिक अवस्था में थे। विभिन्न विचारधाराओं के सामाजिक-राजनीतिक कार्यकर्ता दशौली ग्राम स्वराज्य मण्डल की छतरी तले आने में संकोच नहीं करते थे। टिहरी-उत्तरकाशी ज़िले के विपरीत चमोली ज़िले में भाकपा और सर्वोदयी कार्यकर्ताओं के बीच संयुक्त संघर्ष की समझ अधिक विकसित हो सकी थी। इसमें कार्यकर्ताओं और विशेष रूप से चण्डी प्रसाद भट्ट और गोविन्दसिंह रावत का महत्त्वपूर्ण योगदान था। जबकि सुन्दरलाल बहुगुणा या सैलानी इसी तरह टिहरी और उत्तरकाशी में बहुत सक्रिय भाकपा कार्यकर्ताओं और नेताओं को अपने साथ नहीं ले सके या उनके साथ नहीं जा सके। भाकपा और सर्वोदय कार्यकर्ताओं में एक-दूसरे के प्रति जन्मजात पूर्वाग्रह था। दुर्भाग्य यह था कि भाकपा कांग्रेस का ही नहीं आपात्काल तक का समर्थन कर सकती थी पर आन्दोलनरत सर्वोदय कार्यकर्ताओं का नहीं। यही बात सर्वोदयी कार्यकर्ताओं के बारे में कही जा सकती है, जो स्थानीय साम्यवादी कार्यकर्ताओं की ईमानदारी जानने के बावजूद उनके द्वारा विकसित आन्दोलनों से नहीं जुड़ सके। अलमोड़ा, नैनीताल या जाजल के युवाओं की तरह भाकपा के सदस्य आक्रामक थे पर पूरी तरह अहिंसक भी।

दशौली ग्राम स्वराज्य मण्डल को गैर-सर्वोदयी साथियों के सहयोग से संयुक्त संघर्ष विकसित करने में कोई आपत्ति नहीं थी। इसलिए इस संस्था के द्वारा विकसित आन्दोलन में गोविन्द सिंह रावत को शामिल होने में दिक्कत नहीं हुई। यद्यपि बाद के वर्षों में मतभेद उभरे और 'छीनो और झपटो आन्दोलन' ने जन्म लिया। इसी तरह बहुगुणा द्वारा खोजे गये अलमोड़ा के नौजवान, 1974 की यात्रा के समय भट्ट द्वारा बिलकुल महत्त्व न दिये जाने के बावजूद जल्दी ही उनके ज़्यादा करीब आ गये। बल्कि इस करीबी से उत्तराखण्ड संघर्ष वाहिनी का जन्म हुआ। यह अलग बात है कि वाहिनी की रचना प्रक्रिया को इसकी प्रारम्भिक घोषणा के अनुरूप बनाये नहीं रखा जा सका। इस तरह वाहिनी का विभाजन अपरिहार्य बना।

कहा जा चुका है कि टिहरी-उत्तरकाशी के सर्वोदयी भाकपा के साथ उस घनिष्ठता से संयुक्त संघर्ष विकसित नहीं कर सके, जिस घनिष्ठता से चमोली के। इसी कारण चण्डी प्रसाद भट्ट पर 'लाल' हो जाने का आरोप उत्तर प्रदेश सर्वोदय परिवार के कतिपय लोगों ने लगाया था।[38] करण भाई तथा निर्मला देशपाण्डे ने चण्डी प्रसाद भट्ट से व्यक्तिगत रूप से यह बात कह भी दी थी।[39] ख़ुद भट्ट इस आरोप से आहत थे। दूसरी ओर इस आरोप ने भट्ट के प्रति कई सर्वोदयी कार्यकर्ताओं को शंकित कर दिया था। 1978 में भट्ट को प्रदेश सर्वोदय मण्डल के क्षेत्रीय मन्त्री पद से हटाया गया। यही नहीं हिमालय सेवा संघ ने अपनी एक संगोष्ठी तथा पत्रिका में चिपको आन्दोलन का ज़िक्र करने से इनकार किया।[40] स्वयं भट्ट का शक पुराने सहयोगियों पर बढ़ता रहा और उनका भट्ट पर। उत्तराखण्ड संघर्ष वाहिनी की स्थापना ने इस शक को कुछ और बढ़ाया तो बाद में वाहिनी के रास्ता बदल लेने से यह शक पराकाष्ठा पर पहुँच गया।

शायद इसी कारण चण्डी प्रसाद भट्ट के मन में कुछ सर्वोदयी सहयोगियों और कुछ युवा साथियों के प्रति एक अविश्वास की गाँठ बाद तक बनी रही। 1974 में अपनी पहली चिपको पुस्तिका में बहुगुणा ने भट्ट को 'चिपको का मुख्य संचालक' कहा था। तब उन्हें गोविन्दसिंह रावत का नाम लेने में दिक्कत न थी। बाद में वह ऐसा कहने या लिखने से कतराने लगे थे।[41] बल्कि उन्होंने 'आर्थिक' और 'पारिस्थितिक' की गैर ज़रूरी बहस को जन्म दिया।[42] इसी तरह उन्हें राइट लाइवलीहुड सम्मान ग्रहण करने हेतु भट्ट, सैलानी या धूम सिंह नेगी को छोड़ इन्दु टिकेकर को ले जाने या वन्दना शिवा से जुड़ने में कोई दिक्कत नहीं हुई।[43]

टिहरी में– विशेष रूप से हेंवलघाटी में-कुछ सर्वोदयी/समाजवादी (जयप्रकाश नारायण से अधिक प्रभावित) रुझान के नौजवानों को चिपको आन्दोलन के दौर में उभरने और मुखर होने का मौक़ा मिला। वे अपने सार्वजनिक जीवन की शुरुआत अस्कोट-आराकोट अभियान 1974 के साथ कर चुके थे। बाद में खनन विरोधी तथा टिहरी बाँध विरोधी आन्दोलन में सक्रिय रहे। आपातकाल तथा उसके बाद वे छात्र युवा संघर्ष वाहिनी से जुड़े। इस टीम के एक सक्रिय सदस्य कुँवर प्रसून उत्तराखण्ड संघर्ष वाहिनी के संस्थापक सदस्यों में थे। यह टोली हेंवलघाटी तथा बडियारगढ़ की चिपको अभिव्यक्तियों का आधार थी।

अलमोड़ा तथा नैनीताल में पहले छात्र-नौजवानों के समूह (ग्रामीण छात्र संगठन तथा पर्वतीय युवा मोर्चा आदि) और बाद में उत्तराखण्ड संघर्ष वाहिनी के रूप में युवा नेतृत्व उभरा, जिसने अनेक सालों तक 'पढ़ाई के साथ लड़ाई' का सिलसिला जारी रखा। लेकिन जंगलात आन्दोलन के प्रारम्भ में 'कुमाऊँ वन बचाओ संघर्ष समिति' के बैनर तले ही नीलामियों का विरोध किया गया। इस समिति में विभिन्न विचारधाराओं के राजनीतिक कार्यकर्ताओं के साथ छात्र-नौजवान भी थे। इसकी स्थापना

में समाजवादी कार्यकर्ता बिपिन त्रिपाठी सर्वप्रथम थे। आपात्काल के लागू होने तक यह संगठन अस्तित्व में रहा। आपात्काल के बाद जंगलात आन्दोलन उत्तराखण्ड संघर्ष वाहिनी के बैनर तले ही चला या 1978-80 में कुछ समय तक उत्तराखण्ड स्तर की छात्र संघर्ष समिति के।

'कुमाऊँ वन बचाओ संघर्ष समिति' को विकसित और छात्र-नौजवानों तथा राजनीतिक कार्यकर्ताओं को जंगलात के मुद्दे पर गोलबन्द करने में बिपिन त्रिपाठी की अहम भूमिका रही। समाजवादी युवजन सभा से उत्तराखण्ड क्रान्ति दल में वे उत्तराखण्ड संघर्ष वाहिनी से होकर आये थे। पर वे जन-आन्दोलनों से विकसित होकर गये थे। दरअसल वे जनान्दोलनों से जन राजनीति में उतरना चाहते थे। उतरे भी। ब्लाक प्रमुख बने और बाद में विधायक। उत्तराखण्ड क्रान्ति दल के अध्यक्ष रहे। पर यह संगठन (उत्तराखण्ड क्रान्ति दल) न ठीक से दल बन सका, न अखिल उत्तराखण्डीय रूप ले सका और न किसी तरह के परिवर्तन का वाहक बन सका, जबकि आम जनता इससे लगातार उम्मीदें पाले रही।

उस दौर के आन्दोलन, रचनात्मक कार्य (वृक्षारोपण, दीवालबन्दी या ग्रामीण यात्राएँ) और प्रतिवेदन देने या प्रतिनिधि मण्डल में जाने जैसे काम उत्तराखण्ड संघर्ष वाहिनी के नाम से किये गये थे। कुछ समय तक दशौली ग्राम स्वराज्य मण्डल या अन्य संगठन तथा संस्थाएँ जैसे उत्तराखण्ड संघर्ष वाहिनी के भीतर समा गयी। रमेश पहाड़ी द्वारा सम्पादित 1977 में ही जन्मा 'अनिकेत' बकायदा 'उत्तराखण्ड संघर्ष वाहिनी का मुखपत्र' घोषित किया गया था।

नैनीताल, चाँचरीधार, जनोटी-पालड़ी या रंगोड़ी-ध्याड़ी आदि में चिपको आन्दोलन 1977 से उत्तराखण्ड संघर्ष वाहिनी के नेतृत्व में चलाया गया था तथा भ्यूँढार और डूँगरी-पैन्तोली में वाहिनी ने उसको समर्थन दिया था। इसी तरह वृक्षारोपण का काम वाहिनी के ही तहत हुआ था। यहाँ वाहिनी के प्रतीक और प्रतिनिधि चण्डी प्रसाद भट्ट, रमेश पहाड़ी, शमशेर बिष्ट या बिपिन त्रिपाठी थे। सरकार और शासन से सबसे बड़ी टकराहट इन्हीं स्थानों पर हुई। दमन और आतंक इन स्थानों पर हेंवलघाटी या बडियारगढ़ के आन्दोलनों से बहुत आगे निकल गया था। दोनों जगह दमन का यह सतत चक्र जनता पार्टी की सरकार के दौर में हुआ। इस समय पर्वतीय विकास मन्त्री तथा वन मन्त्री उत्तराखण्ड से चुने गये विधायक थे और जनता ने उन्हें उम्मीदों के साथ विधान सभा में भेजा था। पर्वतीय विकास मन्त्री शोबन सिंह जीना तो जंगलात विषय के जानकार और ग्रामीणों के हक़-हक़ूकों के समर्थक समझे जाते थे।

उत्तरकाशी में भारतीय कम्युनिस्ट पार्टी ने स्वतन्त्र रूप से जंगलात आन्दोलन चलाया लेकिन उसकी दूसरी लहर वहाँ जन्म नहीं ले सकी। वहाँ भाकपा ने अवश्य ज़मीन का आन्दोलन चलाया था और अन्ततः मुआवज़े की राशि के बढ़ने से समझौता हो गया।[44] यद्यपि खड़ी फ़सल रौंदी गयी थी और पर्याप्त दमन हुआ था। आपात्काल ने उत्तरकाशी के आन्दोलन को क्षति पहुँचाई क्योंकि आन्दोलनकारियों की पार्टी भाकपा ने न सिर्फ़ कांग्रेस का बल्कि आपात्काल का भी समर्थन किया था। ऐसे में किसी और स्वायत्त आन्दोलन को चलाना भाकपा के लिए असम्भव था।

रेणी के प्रतिरोध के बाद महिला मंगल दलों का योगदान सामने आने लगा। अनेक स्थानों पर महिला मंगल दल बहुत सक्रिय थे। अदवाणी, बडियारगढ़, भ्यूँडार, बछेर, डूँगरी-पैन्तोली में बकायदा महिला मंगल दल बन चुके थे और उनकी सक्रियता बाद तक बनी रही। दशौली ग्राम स्वराज्य मण्डल द्वारा लगातार संचालित पर्यावरण शिविरों में आज भी महिलाओं की सक्रिय हिस्सेदारी होती है। अनुभवों का आदान-प्रदान तथा नयी स्थितियों का विश्लेषण होता है। यह क्रम लम्बे समय तक

हेंवलघाटी में रहा। अभी भी है। चाँचरीधार, रंगोड़ी-ध्याड़ी या जनोटी-पालड़ी में महिला मंगल दल उस तरह सक्रिय न थे जैसे कि चमोली में। संघर्ष के समय इन स्थानों पर महिलाओं की बढ़ती सक्रियता ने महिला नेतृत्व और संगठन को उभारा लेकिन वह स्थायी रूप नहीं ले सका।

इस तरह चिपको आन्दोलन का संगठन एक झीला-झाला उत्तराखण्डीय रूप लेने के साथ कुछ ज़िलों और स्थानों में 'सक्रिय स्थानीय टीम' द्वारा संचालित था। इन टीमों में विचारों तथा कार्य-शैली की विविधता थी। संस्कृतिकर्मी इन टीमों में महत्त्वपूर्ण भूमिका निभा रहे थे और महिलाएँ भी। उस समय बाहरी तौर पर चिपको के संगठन में कोई विभाजन नज़र नहीं आता था। सभी अपने-अपने स्थान पर आन्दोलनरत थे। एक-दूसरे के सम्पर्क में थे। हेंवलघाटी के जंगल में कुँवर प्रसून के साथ ठेकेदार की ज्यादती की प्रतिक्रिया सीधे अलमोड़ा में हुई और वहाँ जंगलात विभाग का दफ़्तर पूरी तरह घेर लिया गया।

घनश्याम सैलानी उत्तरकाशी, टिहरी या चमोली में नज़र आते थे तो जीवानन्द श्रियाल टिहरी में आन्दोलन हेतु कविता रच रहे थे। गिरीश तिवारी 'गिर्दा' नैनीताल से निकल उत्तराखण्ड के अनेक स्थानों पर पहले चण्डी प्रसाद भट्ट और शमशेर बिष्ट के साथ और बाद में नैनीताल-अलमोड़ा के साथियों के साथ चाँचरीधार, जनोटी-पालड़ी या रंगोड़ी-ध्याड़ी तक जा रहे थे। प्रतिरोध की सघनता उन सालों में लगातार और स्पष्ट प्रकट होती रही। नैनीताल में चिपको आन्दोलन के प्रभाव में कुमाऊँनी कवि शेरसिंह बिष्ट 'अनपढ़' ने बिल्कुल भिन्न तरह की कविता लिख कर आन्दोलनकारियों को दी थी, जो आन्दोलन में लगातार गायी गयी। जन-आन्दोलन द्वारा किसी रचनाकार को झकझोर सकने का यह उदाहरण था।

इस दौर में चिपको के वरिष्ठ लोगों, जिन्हें चिपको का नेता माना जाने लगा था, में अप्रकट मतभेद जन्म ले चुके थे। पर सामान्य कार्यकर्ताओं का एक अखिल उत्तराखण्डी तानाबाना विकसित हो चुका था, जो भविष्य के विभाजनों के बाद भी बना रहा।[45] इसका सबसे प्रभावशाली रूप 1994 के आन्दोलन में दिखा, जब चिपको की तमाम शाखायें न सिर्फ़ इसमें शिरकत कर रही थीं, राज्य दमन का विरोध कर रही थीं या कुँवर प्रसून की तरह पृथक् राज्य के औचित्य पर सवाल कर रही थी। सवर्ण प्रभाव, दलितों के प्रति पूर्वाग्रह और कल के उत्तराखण्ड का सम्पूर्ण एजेण्डा बनाने की बात दरअसल सबसे अधिक ये ही लोग कर रहे थे।[46]

उत्तराखण्ड के ज़िला मुख्यालय किस तरह छोटे क़स्बों और गाँवों से इस दौर में सघन रूप से जुड़े थे इसका उदाहरण प्रत्यक्ष आन्दोलन के अलावा अध्ययन यात्राओं और आपदा प्रभावित इलाकों के दौरों से प्रकट होता था। पर चिपको आन्दोलन के संगठन का स्वरूप राजनीतिक दलों या साम्प्रदायिक संगठनों की तरह कैडरग्रस्त नहीं था। सर्वोदयी संस्थाएँ या उत्तराखण्ड संघर्ष वाहिनी उस अर्थ में गैर-राजनीतिक थी कि इन संस्थाओं/संगठनों के सदस्य चुनावों में भाग नहीं लेते थे। जब उत्तराखण्ड संघर्ष वाहिनी ने चुनावों में भाग लेना शुरू किया तो न यह संगठन पहले की तरह रहा और न इसको बनाने वाली संस्थाओं/संगठनों का आपसी रिश्ता ही। व्यक्तिगत सम्बन्ध अवश्य बने रहे और आज तक हैं। लेकिन चुनाव में वाहिनी के भाग लेने से पहले संगठन की प्रक्रिया आन्दोलन के अनुपात में थी।

आन्दोलन के दौर में संगठन का एक ज़्यादा लचीला और सक्रिय जनतान्त्रिक ढाँचा उभर आता था और उतार के दौर में यह धुँधलाता था और कभी-कभी ओझल हो जाता था। चिपको आन्दोलन रूप बदलता रहा पर अदृश्य या एक़दम चुप और गुम कभी नहीं रहा। अनेक अध्ययनकर्ता 'नशा

नहीं रोज़गार दो आन्दोलन' या टिहरी बाँध विरोधी आन्दोलन/हिमालय बचाओ आन्दोलन का चिपको आन्दोलन से और इसी तरह उत्तराखण्ड राज्य आन्दोलन का इन सभी से जैविक रिश्ता समझ सके हैं[47] पर वे जंगलात का ज़मीन और पानी से तथा समाज का शिक्षा, संस्कृति तथा सुशासन से अन्तःसम्बन्ध उस स्पष्टता से नहीं समझ सके, जिस स्पष्टता से वह चिपको के भूगोल में कायम है।

इसलिए रचनात्मकता के अनेक आयाम विकसित होते चले गये। जैसे वन सहकारी समितियों की स्थापना का प्रयोग चिपको आन्दोलन से जुड़े साथियों ने ही किया। स्वयं बहुगुणा और भट्ट का इसमें असाधारण योगदान रहा। हालाँकि जंगलात विभाग की कम समझदारी और भ्रष्टाचार ने उन्हें सफल नहीं होने दिया। पानी के संरक्षण की बात चिपको में प्रारम्भ से ही उठती रही। चमोली में 'बिजली सत्याग्रह' का सफल प्रयोग हो चुका था। दूधातोली लोक विकास संस्थान के कार्यकलाप जंगलात और पानी के संरक्षण से संयुक्त रूप से जुड़े रहे हैं। संस्कृति का मामला चिपको ने तब पहचान के मुद्दे की तरह उठाया जब बिड़ला परिवार बद्रीनाथ मन्दिर का अपनी शैली में पुनर्निर्माण करना चाहता था। बल्कि शुरुआत कर चुका था। पहले विष्णुप्रयाग परियोजना और फिर टिहरी बाँध का विरोध चिपको आन्दोलन से जुड़ा था।

इसी तरह नशे के विरुद्ध दूसरा व्यापक 'नशा नहीं रोज़गार दो आन्दोलन' उत्तराखण्ड संघर्ष वाहिनी के नेतृत्व में हुआ। सुशासन तथा विकेन्द्रीकरण की बात चिपको समूह लगातार करते रहे। हेंवलघाटी के साथियों ने दोहरी शिक्षा नीति का प्रखर विरोध किया था।[48] इन संगठनों ने अप-संस्कृति के ख़िलाफ़ सतत मोर्चा लिया, जो बाद तक जारी रहा।[49] उत्तराखण्ड संघर्ष वाहिनी ने अपनी कमज़ोरी के दौर में भी सुशासन, विकेन्द्रीकरण, 73वें-74वें सविधान संशोधन तथा ग्राम गणराज्य की बहस तथा ज़रूरत को मजबूती से सामने रखा था।[50]

इस प्रकार संगठन (स्थानीय, ज़िला और उत्तराखण्ड स्तर पर) को संचालित करने की प्रक्रिया सरल थी। जनता से प्राप्त संसाधनों से तमाम काम चलते थे। अनेक कार्यकर्ता अपनी संस्थाओं से मामूली पारिश्रमिक पाते थे। छात्र-नौजवान अपने मामूली साधनों से ही आन्दोलन के आधार जुटाते थे। चन्दा जुटाने-खाने/या एन.जी.ओ. के दौर की जैसी प्रवृत्ति और सम्पन्नता न थी। पैक करके आया भोजन सदा कल्पनातीत रहा जो बाद में एन.जी.ओ. के कार्यक्रमों में आम बात हो गयी थी। अभियानों में भोजन और निवास का जिम्मा जनता का होता था। अनेक बार के.एम.ओ., जी.एम.ओ. की बसों में कार्यकर्ताओं/नेताओं को न्यूनतम राशि में यात्रा की सुविधा मिल जाती थी।

दशौली ग्राम स्वराज्य मण्डल के पास चण्डी प्रसाद भट्ट को मिली मैगेसेसे पुरस्कार की राशि जमा हो जाने से कुछ छोटे-मोटे कार्यों में इससे मदद मिलने लगी। इसी तरह का उपयोग सुन्दरलाल बहुगुणा ने बाद में पुरस्कारों की राशि का किया।[51] पर आमतौर पर एक स्थान से दूसरे स्थान पर जाने वाले कार्यकर्ता को भेजने का खर्चा अन्य साथी उठाते थे। ज़्यादातर सर्वोदयी या स्वयंसेवी संस्थाएँ अब लगभग सिमट गयी हैं। कुछ तो मृतप्राय ही हैं। अब बड़ी फंडिंग के एन.जी.ओ. सर्वोदयी या स्वैच्छिक संस्थाओं का बने रहना मुश्किल कर चुके हैं। लेकिन देर-सबेर समाज महसूस करने लगता है कि एन.जी.ओ. किसी उचित लड़ाई को आगे नहीं ले जा सकते हैं। वे यदि कर्मठ और ईमानदार हों तो कुछ अच्छे कार्यक्रमों का सफल कार्यान्वयन कर सकते हैं।

चिपको आन्दोलन के दौर के ज़्यादातर पोस्टर हाथ के बने और आटे की लेई से चिपकाए होते थे। बाद में कुछ शुभचिन्तकों के सहयोग से पर्चे और पोस्टर छपने लगे। अक्सर उसमें प्रेस लाइन के साथ सहयोगी का नाम होता था। कपड़े के बैनर रेणी आन्दोलन के समय दिखायी देने लगे थे।

ये स्थानीय स्तर पर बने होते थे और इनमें एक लोक अनगढ़ता होती थी। महिला मंगल दल, युवक मंगल दल, छात्र-नौजवानों के संगठन या 'डाल्यों का दगड़्या' जैसे संगठन आन्दोलन को ग्रामीण आधार से जोड़ते थे और आम लोगों में इन संगठनों को मदद देने का स्वाभाविक सोच था।

सर्वोदयी कार्यकर्ता, कामरेड तथा छात्र-नौजवान अत्यन्त कम साधनों से संघर्ष का रास्ता बनाने का प्रयास करते थे। कुछ का गुजारा पत्रकारिता से होता था। सुन्दरलाल बहुगुणा प्रारम्भ से ही तथा बाद में चण्डी प्रसाद भट्ट निरन्तर समाचार-पत्रों में लिखते थे। बिपिन त्रिपाठी, रमेश पहाड़ी तथा राजीव लोचन साह तो कर्मठ स्थानीय पत्रकार थे ही। कुँवर प्रसून एक पत्रकार के रूप में राष्ट्रीय स्तर पर प्रतिष्ठित थे।[52] योगेश बहुगुणा ने तब एक पत्र निकाला था और आज वे 'लोकगंगा' का सम्पादन कर रहे हैं। प्रताप शिखर गढ़वाली तथा हिन्दी में निरन्तर लिखते रहे। बाद में शमशेर बिष्ट तथा पूरन तिवारी को भी पत्रकार की भूमिका निभानी पड़ी। 1982 से 1985 तक 'जंगल के दावेदार' का प्रकाशन तथा सम्पादन उन्होंने किया था। ये सभी विभिन्न राष्ट्रीय पत्रों में भी लिखते थे। ये पक्ष ऐसे हैं जिन्हें शोधकर्ता-विश्लेषक कभी ठीक से पकड़ नहीं पाये।

3. हिस्सेदारी

जनता की हिस्सेदारी के हिसाब से चिपको आन्दोलन विशिष्ट रहा। यह 1994-95 के उत्तराखण्ड आन्दोलन की तरह नहीं था, जब समाज का बहुत बड़ा हिस्सा सड़कों में आ गया था। यह भावना प्रधानता दरअसल ओबीसी आरक्षण; खटीमा, मसूरी तथा मुज़फ़्फ़रनगर हत्या और बलात्कार काण्ड ने एक़दम बढ़ा दी थी। दलितों के प्रति पूर्वग्रह समाज के कतिपय हिस्सों में देखे गये। इसी अनुपात में आन्दोलन में विवेक सम्मतता तथा गहन विश्लेषण घटता चला गया था। चिपको आन्दोलन ने अपनी बहस और विश्लेषण की प्रक्रिया को कभी नहीं छोड़ा। यह प्रवृत्ति चमोली, टिहरी तथा अलमोड़ा-नैनीताल सर्वत्र लगातार दिखायी देती रही। इसलिए चिपको आन्दोलन अपनी गम्भीरता और गरिमा में बीसवी सदी के पहले दो दशकों में हुए कुली बेगार या जंगलात आन्दोलन की ज़्यादा याद दिलाता है।[53]

1960 के बाद ज़िला मुख्यालय बन जाने के बावजूद गोपेश्वर की ग्रामीणता कायम रही। प्रारम्भ से ही चिपको आन्दोलन को एक ग्रामीण आधार मिला। प्रत्यक्ष आन्दोलन के स्थान तो गाँवों और जंगलों में होते थे। मण्डल, फाटा और रेणी प्रतिरोध के प्रारम्भिक स्थान थे। गोपेश्वर में जो छात्र चिपको आन्दोलन से जुड़े उनमें सभी ग्रामीण पृष्ठभूमि के थे। चिपको की एक और शाखा विकसित करने वाले सच्चिदानन्द भारती, पेड़ों के रोपण तथा संरक्षण का 'मैती अभियान' चलाने वाले कल्याण सिंह रावत या हार्क की स्थापना कर आर्थिक आत्मनिर्भरता का महत्त्वपूर्ण काम करने वाले महेन्द्र कुँवर या छात्र राजनीति से उत्तराखण्ड संघर्ष वाहिनी होकर कांग्रेस के विधायक/संसद सदस्य बनने वाले प्रदीप टम्टा गोपेश्वर में अध्ययनरत होने की अवधि में ही चिपको आन्दोलन की ओर आकर्षित हुए थे तो कुँवर प्रसून या प्रताप शिखर आदि का टिहरी में पढ़ाई के समय यह रिश्ता बना था। इसी तरह 1974 की अलमोड़ा की वन बचाओ कार्यवाहियों से पूरन तिवारी, बालम जनोटी तथा उनके साथी प्रेरित हुए थे और तीन-चार साल बाद यह टीम चिपको आन्दोलन का सक्रिय आधार बन गयी थी।

जब मण्डल, फाटा और रेणी में आन्दोलन प्रकट हुआ तो गोपेश्वर केन्द्र में रहा। यह ज़िले का ही नहीं चिपको का भी मुख्यालय बन गया था। रेणी आन्दोलन के समय तक ज़िले के बाहर

के कार्यकर्ता और पत्रकार चमोली पहुँचने लगे थे। एक प्रकार से चिपको आन्दोलन के विभिन्न स्थानों को जाने का रास्ता दशौली ग्राम स्वराज्य मण्डल के कारण गोपेश्वर होकर ही जाता था। बाद में जाजल, टिहरी और उत्तरकाशी के साथ अलमोड़ा में चिपको आन्दोलन की यही प्रक्रिया रही। अलमोड़ा के अधिकांश लड़ाकू छात्र नेता ग्रामीण पृष्ठभूमि के थे और उस दौर में वे ग्रामीण क्षेत्रों की जनता को आन्दोलन में हिस्सेदारी हेतु तैयार करते रहे। अलमोड़ा शहर में पढ़ रहे छात्र नेताओं से ग्रामीण क्षेत्रों या क़स्बों में कार्यरत कार्यकर्ताओं/नेताओं का निरन्तर सम्पर्क था। इनमें प्रमुख बिपिन त्रिपाठी अभी अपने राजनीतिक-सार्वजनिक जीवन के प्रारम्भिक काल में थे। जंगलात आन्दोलन में हिस्सेदारी तथा आपातकाल में गिरफ़्तारी ने उनका रूपान्तरण कर दिया था। पर उनमें एक लड़ाकूपन छात्र जीवन से ही था। बहुत बड़े ग्रामीण क्षेत्र (द्वाराहाट) में उनकी पहचान थी, जिसे उन्होंने अपनी असमय मृत्यु तक बनाये रखा। इसी तरह मोहन सिंह, खड़क सिंह खनी या हरीश करायत थे।

अलमोड़े और नैनीताल के छात्र-नौजवानों को वामपन्थी विचार के स्वप्न और गाँधीवादी सर्वोदयी विचार के यथार्थ से भिड़ना था। अतः लम्बे समय तक उनमें अनिर्णय की स्थिति बनी रही। कुछ शिक्षकों और कुछ अन्य सम्पर्कों के कारण वे वाम विचारों की ओर स्वाभाविक रूप से आकर्षित होते थे। पर अपने आसपास की लड़ाई में सर्वोदयी-समाजवादियों-साम्यवादियों को पाकर वे उनसे मुँह नहीं मोड़ पाते थे। एक समय उनमें से कुछ उत्साह और आदर्शवाद के प्रभाव में सशस्त्र क्रान्ति के विचार की ओर भी आकर्षित हुए। इसका खुलासा कुछ सदस्यों ने 21वीं सदी में किया।[54] पर इस विचार पर टिकने के लिए ज़रूरी सामाजिक-आर्थिक अन्तर्विरोध उत्तराखण्ड में नहीं थे। जल्दी ही उन्हें वास्तविकता का भान हो गया और बाद में तो उनमें से अनेक चुनावी या दलीय राजनीति में आ गये।

टिहरी तथा उत्तरकाशी में वामपन्थ और सर्वोदय का द्वन्द्व अवश्य था लेकिन 1973-74 के आसपास जयप्रकाश नारायण के भारतीय राजनीति में फिर उभर आने से हेंवलघाटी के युवाओं पर उनके विचारों का असर बढ़ता रहा। वे जे.पी. में अपने समय का गाँधी देखते थे।[55] कुछ साल तक यह विचार तथा छात्र युवा संघर्ष वाहिनी का संगठन प्रभावशाली बना रहा। जनता दल के कार्यकलापों ने यह सपना ध्वस्त कर दिया। पर जयप्रकाश नारायण ने उत्तराखण्ड में आज़ादी के बाद की दो-तीन पीढ़ियों को प्रभावित किया। 1956 में वे चण्डी प्रसाद भट्ट आदि को प्रभावित कर रहे थे तो 1974 में कुँवर प्रसून तथा साथियों को और बीच के दौर में जसवन्त सिंह बिष्ट या बिपिन त्रिपाठी को। इसमें राष्ट्रीय संग्राम का दौर नहीं जोड़ा जा रहा है।

तब छात्रसंघों की राजनीति में दलीय हस्तक्षेप ज़्यादा न था। एक खास तरह की स्वायत्तता और मौलिकता छात्र नेतृत्व में सर्वत्र दिखती थी। चिपको से पहले विश्वविद्यालयों (गढ़वाल तथा कुमाऊँ) की स्थापना के आन्दोलन में छात्र-नौजवान सक्रिय रहे। शिक्षा के मुद्दे ने उन्हें अन्य सामाजिक तथा राजनीतिक मुद्दों की तरफ़ मोड़ा और अपने समाज से जोड़ा। हेंवलघाटी के युवाओं द्वारा खनन का विरोध या अलमोड़े के छात्रों का पानी की समस्या तथा पुरातात्विक थात की चोरी आदि के मामले में आगे आना इसका संकेत था।[56] पर अखिल उत्तराखण्डी छात्र संघर्ष और संगठन चिपको आन्दोलन के दमन के दौर में 1978-79 में ही सामने आ सका। कुमाऊँ तथा गढ़वाल विश्वविद्यालयों के आन्दोलनों ने छात्रों को एक प्रकार से सीमित उप क्षेत्रीय सपना दिया था,[57] जिसे चिपको आन्दोलन ने अखिल उत्तराखण्डी रूप देने में कामयाबी पायी। इस तरह उत्तराखण्ड की उप क्षेत्रीयता के विचार को तोड़ने में चिपको आन्दोलन की महत्त्वपूर्ण भूमिका रही।

विभिन्न अध्ययन यात्राओं तथा वृक्षारोपण अभियानों ने छात्रों की चेतना को गहराया और अपने समाज तथा प्राकृतिक परिवेश की समझ उनमें विकसित की। छात्र-नौजवानों पर 1970 के बाद की दुनिया तथा देश में हो रहे परिवर्तनों का असर था। प्रदेश में अस्थिर सरकारों की सीमाओं तथा केन्द्र में आपातूकाल से पहले गुजरात-बिहार के आन्दोलनों के स्वाभाविक असर का छात्र-नौजवानों ने आंकलन किया था और इसे अपने ऊपर पाया था।[58]

चिपको आन्दोलन में सामाजिक-हिस्सेदारी बढ़ाने में संस्कृतिकर्मियों का महत्त्वपूर्ण योगदान रहा। धीरे-धीरे कुछ संस्कृतिकर्मी चिपको आन्दोलन के पक्षधर बने। घनश्याम सैलानी पूरे उत्तराखण्ड में और विशेष रूप से उत्तरकाशी, टिहरी और चमोली में शराबबन्दी आन्दोलन के समय से ही सक्रिय थे। वे एक सामाजिक कार्यकर्ता भी थे। अतः वे उत्तराखण्ड के बुनियादी मुद्दों को जानते थे। इसी बीच टिहरी में जीवानंद श्रियाल चिपको आन्दोलन के पक्षधर बने और उन्होंने अनेक कविताएँ आन्दोलन के पक्ष में लिखीं। वे प्रत्यक्ष आन्दोलन में भी शामिल रहे।

नैनीताल में गिरीश तिवारी 'गिर्दा' प्रारम्भ से ही जनसरोकारों वाले रचनाकार थे। चिपको से उनका पहला स्पर्श 1974 के सितम्बर माह में नैनीताल में जंगलों की नीलामी के पहले सफल विरोध के समय हुआ था। चिपको के समर्थक बनकर भी वे आन्दोलन से नहीं जुड़ सके। आपातूकाल में यह कठिन था। हालाँकि तब उन्होंने 'नगाड़े ख़ामोश हैं' तथा 'अँधेर नगरी' जैसे नाटक प्रस्तुत किये, जिसे सांस्कृतिक प्रतिरोध कहा जा सकता है। लेकिन 1977 में उन्हें आन्दोलन में प्रत्यक्ष हिस्सेदारी का मौक़ा 28 नवम्बर को मिला जब उन्होंने गौर्दा के गीत और अपने हुड़के को चिपको की शहराती अभिव्यक्ति से जोड़ा और आन्दोलन की एक कठिन घड़ी में सांस्कृतिक प्रतिकार के वैकल्पिक रास्ते का आविष्कार किया। बाद में प्रतिकार के प्रतीक बने नरेन्द्रसिंह नेगी या 'पेड़' जैसी कविता लिखने वाले लीलाधर जगूड़ी के मनोविज्ञान पर चिपको चेतना का असर देखा जा सकता है। नेत्रसिंह रावत, धीरेन्द्र अस्थाना, मंगलेश डबराल, वीरेन डंगवाल या नवीन जोशी जैसे रचनाकार इन आन्दोलनों में अपनी आवाज़ अनुभव करते थे।[59]

इसी तरह अनेक पत्रकार चिपको को समझने की कोशिश में इसके प्रारम्भिक क्षेत्रों में आकर समाचार-पत्रों में लिखने लगे। चिपको आन्दोलन की रचना प्रक्रिया सामने आने के साथ इससे जंगलात सहित उत्तराखण्ड के विभिन्न मुद्दे सामने आये। एस.सी. काला (टाइम्स आव इण्डिया, लखनऊ), अनिल अग्रवाल (न्यू साइंटिस्ट/इण्डियन एक्सप्रेस); अनुपम मिश्र, नेत्रसिंह रावत तथा रघुवीर सहाय (दिनमान), वन्दना शिवा-जयन्ता बन्धोपाध्याय (ईपीडब्ल्यू) और कुमार प्रशान्त (धर्मयुग) चिपको को राष्ट्रीय स्तर की चर्चा में ले गये। बाद में तो पत्रकार-लेखकों और विज्ञानियों/समाजविज्ञानियों में जैसे चिपको आन्दोलन पर लिखने की होड़ लग गयी।[60] पर्यावरण, विकास, महिला मुद्दों और हिमालय सम्बन्धी लेखों तथा किताबों में चिपको की लगातार चर्चा होती रही।

समाचार माध्यमों में चिपको की चर्चा के बढ़ने से नैनीताल, देहरादून, श्रीनगर आदि स्थानों के छात्र-नौजवानों में चिपको के प्रति रुझान बढ़ा। उनमें से अनेक अध्ययन यात्राओं में गये और जंगलों की नीलामी का विरोध करने लगे। अनेक छात्र-नौजवान इस हिस्सेदारी से आगे बढ़े। उनका अनेक स्थानों पर ठेकेदारों के कारिन्दों, जंगलात तथा ज़िला प्रशासन के अधिकारियों तथा पुलिस से सामना हुआ तो अनेक जगह सीधे ठेकेदारों, मन्त्रियों या बड़े प्रशासनिक अधिकारियों से। इसी क्रम में चिपको आन्दोलन में छात्र-नौजवानों की हिस्सेदारी बढ़ने लगी। देहरादून, नरेन्द्रनगर, अलमोड़ा, नैनीताल या हल्द्वानी में विशेष रूप से 1977 के बाद जहाँ भी छात्र-नौजवानों और सामान्य नागरिकों

का पुलिस-प्रशासन से सामना हुआ, वहाँ न सिर्फ़ चिपको आन्दोलन में जन हिस्सेदारी बढ़ी बल्कि चिपको के प्रति संवेदनशील नज़र रखने वालों की संख्या में इजाफ़ा हुआ।

1977 के अन्तिम और 1978 के प्रारम्भिक महीनों में नैनीताल काण्ड में आरोपित छात्रों की गिरफ़्तारी के बाद हल्द्वानी में किये गये शर्मनाक दमन का उदाहरण फिर 1994 के उत्तराखण्ड आन्दोलन में ही मिलता है पर इसकी व्यापक प्रतिक्रिया हुई। हालाँकि तब तक मामला चिपको और जंगलात से अधिक विद्यार्थियों और नागरिकों की गिरफ़्तारियों और दमन से जुड़ गया था लेकिन कहीं न कहीं चिपको का सन्देश इन तमाम गिरफ़्तार लोगों और उनके माध्यम से व्यापक समाज तक गया। नैनीताल काण्ड के बाद अनेक छात्रों को झूठे मामलों में फँसा कर उनका कैरियर चौपट करने की साजिश हुई। इसका प्रतिकार हुआ पर कुछ छात्रों को अपने प्रतिकार की कीमत चुकानी पड़ी।[61] ऐसा हर सामाजिक आन्दोलन में होता रहा है, यद्यपि ऐसे मामलों को समाज जल्दी विस्मृत कर देता है।

ग्रामीणों के बीच काम कर रहे देश-प्रान्त की राजनीतिक, आर्थिक तथा सामाजिक हालात से परिचित कार्यकर्ता यह जानते थे कि अधिकांश ग्रामीण जंगलों की सुरक्षा हेतु, अपनी पारम्परिक जीवन पद्धति की रोज़ की ज़रूरतों के कारण आगे आ रहे थे। यह आर्थिकी और पारिस्थितिकी दोनों का संयुक्त दबाव था। आम ग्रामीणों की समझ में जंगलों की हिफ़ाज़त और अति सन्तुलित उपयोग से ही आर्थिकी और पारिस्थितिकी का सन्तुलन कायम रखा जा सकता था। अनेक ग्रामीण सरकार और शासन के मुक़ाबले ठेकेदार और जंगल के मज़दूरों को अपने प्रतिपक्ष में महसूस करते थे लेकिन चिपको की मूल समझ के कारण धीरे-धीरे ग्रामीणों के बीच यह समझदारी विकसित होती गयी कि ठेकेदार तथा मज़दूर दरअसल सरकारी नीति तथा निर्णय के तहत हुई नीलामी के बाद उनके जंगलों में पहुँचते हैं।[62]

इस अध्ययन के दौर में अनेक बार ग्रामीणों और ग्रामीण आन्दोलनकारियों से मुलाक़ात में इस समझ को बढ़ते हुए देखा गया।[63] चिपको आन्दोलन ने सर्वत्र मज़दूरों की स्थिति, उनके दैनिक वेतन, भोजन-निवास की व्यवस्था तथा उनके बच्चों की शिक्षा तथा चिकित्सा बाबत लगातार संघर्ष किया था। अनेक स्थानों पर, जंगलों के बीच जहाँ कटान हो रहा था, मज़दूरों को बदलते हुए पाया गया। वे जरा-सा प्रतिकार में हथियार डाल देते थे। या यह कहते थे कि 'वे आदमी काटने की मज़दूरी नहीं करते हैं' या 'वे पेड़ काटने आये हैं आदमी काटने नहीं'। या कुछेक जगह वे वृक्षारोपण में जुट गये थे।

प्रारम्भ में स्वयं गोपेश्वर, मण्डल या फाटा में कम लोग चिपको के पक्ष में आये। शायद इसे समाज का नहीं सिर्फ़ संस्था (दशौली ग्राम स्वराज्य मण्डल) द्वारा किया जा रहा प्रतिकार समझा गया हो। शायद शुरू में इसे संस्था का स्वार्थ भी समझा गया हो। पर जल्दी ही स्थानीय समाज ने चिपको का मर्म समझा और उसकी हिस्सेदारी आन्दोलन में न सिर्फ़ बढ़ी बल्कि गहरी होती चली गयी। एक स्थान के ग्रामीण दूसरी जगह आन्दोलन के समर्थन में जाने लगे। रेणी में प्रत्यक्ष प्रतिरोध के समय 26 मार्च, 1974 को महिलाएँ ही सामने थीं और उसका कारण था, क्योंकि तमाम पुरुष गाँव से बाहर थे। पर इससे पहले और पश्चात् के प्रदर्शनों में बड़ी संख्या में ज़िले के विभिन्न इलाकों के लोग शामिल थे। धीरे-धीरे आसपास के गाँवों के अलावा चमोली ज़िले के अन्य हिस्सों के कार्यकर्ता/आन्दोलनकारी रेणी आये। कुछ और समय बाद उत्तराखण्ड के अन्य ज़िलों तथा उत्तराखण्ड से बाहर के चिपको समर्थक यहाँ आने लगे। जैसे अनिल अग्रवाल, अनुपम मिश्र, नेत्रसिंह रावत तथा

रघुवीर सहाय आदि। बाद में एम.एस. स्वामीनाथन, माधव गाडगिल, वेबर, वन्दना शिवा, जयन्ता बन्द्योपाध्याय या रामचन्द्र गुहा भी चिपको के विभिन्न क्षेत्रों में आये।

इसी तरह की प्रक्रिया टिहरी तथा अलमोड़े में हुई पर यह दूसरे चरण में ही सम्भव हुआ क्योंकि इन ज़िलों की चिपको अभिव्यक्तियाँ आपात्काल के बाद प्रकट हुईं। जिस तरह की हिस्सेदारी गाँवों में सम्भव थी, वह शहरों में नहीं हो सकती थी। शहरों-क़स्बों में मुख्यतः नीलामी स्थगित करने या किसी और तरह से चिपको के पक्ष तथा सरकार के विरोध में आन्दोलन के किसी रूप को प्रकट करने के प्रयास ही हो सकते थे। जबकि गाँवों या चिपको के प्रत्यक्ष आन्दोलन के स्थानों में छात्रों या युवाओं को भिन्न अनुभव होते थे और नये पाठ सीखने का मौक़ा मिलता था। यह एक अलग किस्म की प्रत्यक्ष हिस्सेदारी थी। छात्र-नौजवानों को अपने समाज को समझने का अवसर ग्रामीण क्षेत्रों में जाने से मिला। इस प्रक्रिया ने उत्तराखण्ड के समाज को अगले कुछेक दशकों तक निरन्तर संघर्ष और रचना में सक्रिय रहने वाले आन्दोलनकारियों/कार्यकर्ताओं को दिया, उन्हें विकसित किया। आज भी वे इस समाज के अगुवा हैं।

यह स्पष्ट रूप से उत्तराखण्ड में नागरिक समाज बनने और विकसित होने की आधुनिक प्रक्रिया भी थी। क्योंकि इस आन्दोलन में शामिल दिमाग़ जंगलों के साथ अपरिहार्य तथा अप्रत्यक्ष रूप से जुड़े हर मुद्दे की तरफ़ देख रहे थे। जैसे ज़मीन और पानी, रोज़गार और उद्योग, पलायन और प्रवास, संसाधनों के सदुपयोग या शिक्षा और स्वास्थ्य के मामले। अनेक कार्यकर्ता महिलाओं, बच्चों, दलितों तथा जनजातियों के बारे में ज़्यादा गहराई से सोचने लगे। यह चिपको आन्दोलन से जनित ऐसा दबाव था, जो इस समाज के हर पक्ष पर नज़र डाल गहरी पड़ताल चाहता था।

चिपको आन्दोलन में उत्तराखण्ड राज्य स्थापना के आन्दोलन के अन्तिम चरण (1994-95) की जैसी हिस्सेदारी न थी। उत्तराखण्ड आन्दोलन में यह हिस्सेदारी भावना प्रधान थी, इसमें दो राय नहीं है। चिपको में भी भावनाएँ थीं, पर निश्चय ही उसमें तर्क और विवेक का अधिक इस्तेमाल था। चिपको में अधिक गहरा जनतन्त्र था और अपनी तरह का अनूठा विकेन्द्रीयकरण भी। चिपको आन्दोलन में सिर्फ़ वे ही लोग नहीं आये जो जंगलात के मुद्दे के विविध पक्षों को जानते-समझते थे या जानने-समझने लगे थे बल्कि वे लोग भी आये जो न सिर्फ़ पर्यावरण की राजनीति को जानते थे बल्कि राजनीति और अर्थनीति के पर्यावरण में बदलाव चाहते थे। शहराती-क़स्बाती समाज के कुछ हिस्से इसके प्रति संवेदनशील होते हुए प्रत्यक्ष हिस्सेदारी से कतराते थे। देहरादून, नैनीताल तथा नरेन्द्रनगर में जंगलों की नीलामी का विरोध शुरू में स्थानीय लोगों ने नहीं बल्कि अन्य क़स्बों/गाँवों से आये हुए चिपको आन्दोलन के समर्थकों ने किया था। इस तरह चिपको आन्दोलन में समर्पित लोगों के छोटे से तानेबाने ने सामाजिक सक्रियता को बहुगुणित कर दिया।[64]

नवम्बर 1977 के नैनीताल काण्ड के बाद उत्तराखण्ड के अधिकांश क़स्बों-नगरों तक चिपको आन्दोलन का समर्थन प्रकट होता गया और आन्दोलन ऐसे क्षेत्रों में भी गया, जहाँ अन्तर्विरोध तो थे पर सामाजिक संगठन और प्रारम्भिक चेतना का काम नहीं हुआ था। इसलिए यह समर्थन राज्य व्यवस्था से आक्रामकता से टकराने में काम आया, दमन का प्रतिकार कर सका पर इसे कायम नहीं रखा जा सका। धीरे-धीरे यह कम होता चला गया पर उतार के दौर में भी स्थानीय समाज जंगलात के संरक्षण, सदुपयोग और संघर्ष का रिश्ता ज़रूरी मानता रहा।

अनेक पत्रकार, शोधकर्ता तथा नौकरशाही के लोग चिपको आन्दोलन में जन हिस्सेदारी को कभी ठीक से नहीं समझ पाये। ज़िला मुख्यालय या प्रदेश की राजधानी में बैठे प्रशासक तब तक किसी स्थिति को सामान्य मानते रहे हैं जब तक कानून व्यवस्था में अवरोध की नौबत न आ जाय।

यह बात औपनिवेशिक युग से सामने आती रही है कि सरकार के गुप्तचर तथा पुलिस विभाग किसी आन्दोलन में जन हिस्सेदारी के मिज़ाज को नहीं समझ पाते थे। यही समूह प्रशासकों, मन्त्रियों तथा नेताओं को सूचित करता था। इसीलिए चुनाव के बाद अपनी जनता से कटने को विवश राजनेता अपने समाज की धड़कन सुनने और समझने समय पर नहीं आ पाते थे।

शोधकर्ता सतही आकलन करें तो सही बात इतिहास में दर्ज होने से और सामने आने से रह जाती हैं। एक अमेरिकी शोधकर्ता 1972 से 1979 के बीच चिपको आन्दोलन में 12 बड़े प्रदर्शन तथा अनेक छोटे-मोटे विरोध ही ढूँढ़ सके और ये सब उन्हें उत्तराखण्ड के चार ज़िलों के 175 गाँवों में नज़र आये। इन सब विरोध प्रदर्शनों में 23,000 लोगों ने हिस्सेदारी की।[65] इसे किस तरह का शोध या सांख्यिकी कहा जाय? रेणी में ही 1973-74 में दर्जनों प्रदर्शन हुए थे।[66] 1974-75 तथा 1977-80 में चिपको अभिव्यक्तियों में हज़ारों हज़ार की संख्या में लोगों ने हिस्सेदारी की थी। 1978 तथा 1979 में उत्तराखण्ड बन्द के समय दर्जनों नगरों-क़स्बों में जो लोग सामने आये उनकी कुल संख्या हज़ारों से बहुत आगे निकल गयी थी। ये प्रदर्शन 1994 के उत्तराखण्ड आन्दोलन से पहले अकेले और उत्तराखण्ड स्तर पर हुए विरोध प्रदर्शन थे। इतिहास में पहला और दूसरा ऐतिहासिक 'उत्तराखण्ड बन्द' चिपको आन्दोलन के दमन के दौर में हुआ था। दूसरी तरफ़ एक विदेशी अख़बार के अनुसार वन्दना शिवा ने हज़ारों महिलाओं का नेतृत्व पेड़ों से चिपकने में किया था।[67] यह दूसरी पराकाष्ठा थी। यानी कुछ शोधकर्ता या पत्रकार आन्दोलन को उसके समग्र मिज़ाज और आकार में नहीं देख पा रहे थे और कुछ 'अध्ययनकर्ता' को 'आन्दोलनकारी' बताकर शोध ग्रन्थों या पत्रकारिता में स्थापित कर रहे थे।[68]

अन्त में आन्दोलन में बच्चों या हाईस्कूल-इण्टर के विद्यार्थियों की हिस्सेदारी का ज़रूर ज़िक्र किया जाना चाहिए। चिपको आन्दोलन में महिलाओं और युवाओं की ऐतिहासिक हिस्सेदारी ने इसे असली अर्थो में एक सामाजिक आन्दोलन का रूप दिया। पर यदि समाज का ग़ुस्सा और प्रतिकार भाव बच्चों तक नहीं पहुँचता है तो इसका यह अर्थ लगाया जाना चाहिए कि आन्दोलन के बुनियादी मुद्दों को पूरा समाज आत्मसात नहीं कर सका है। यह चिपको आन्दोलन के अनछुए पक्षों में है।

बच्चों तक प्रतिरोध का स्पर्श जाना चिपको का महत्त्वपूर्ण आयाम है। ये बच्चे फाटा, रेणी, गोपेश्वर, जोशीमठ, अलमोड़ा, नैनीताल, हेंवलघाटी, भ्यूँढार, नरेन्द्रनगर, चाँचरीधार, जनोटी-पालड़ी, डूँगरी-पैन्तोली या रंगोड़ी-ध्याड़ी के विभिन्न स्थानों में अपनी भूमिका निभा जाते थे। अपरिचितों, प्रशासन-पुलिस, जंगलात विभाग के कर्मचारियों, ठेकेदार के कारिन्दों पर नज़र रखना, पोस्टर बनाना तथा कोरस-गीत-नारों में वे सबसे अधिक शामिल थे। नैनीताल में चिपको कार्यकर्ताओं की गिरफ़्तारी के बाद कमान राजकीय इण्टर कॉलेज तथा चेतराम साह ठुलघरिया इण्टर कॉलेज के छात्रों ने सँभाली थी। अलमोड़ा में स्थानीय अलमोड़ा इण्टर कॉलेज तथा राजकीय इण्टर कॉलेज के छात्र हर बार आन्दोलन में उतरे। 1972 में पिथौरागढ़ से गिरफ़्तार कर अलमोड़ा जेल में क़ैद छात्रों को छुड़ाने में इस 'बानर सेना' की भूमिका रही थी।

गोपेश्वर, जाजल, नैनीताल या अलमोड़ा के इण्टर कॉलेजों के छात्र या जोशीमठ, बडियारगढ़, जनोटी-पालड़ी या रंगोड़ी-ध्याड़ी के बच्चे कभी स्थानीय आन्दोलनों से बेगाना नहीं रहे। उन्होंने कुछ स्थानों पर ठेकेदार के आदमियों को खुजली के बीज लगा कर भागने को मजबूर कर दिया था। रेणी और लाटा में गोविन्दसिंह रावत द्वारा दिये पर्चे में छपा घनश्याम सैलानी का गीत बच्चों ने याद कर लिया था[69] और रेणी में अजनबियों के गाँव में घुसने की सूचना छोटी लड़की ने ही गौरा देवी तक पहुँचाई।

बच्चों की यह हिस्सेदारी न सिर्फ़ उनके मां-बाप या भाई-बहिनों द्वारा जारी लड़ाई को सम्मान देना बल्कि उचित मुद्दों हेतु चल रहे एक आन्दोलन को समर्थन देना भी था। इस मनोविज्ञान का असर हज़ारों बाल दिमाग़ों पर पड़ा और उसकी अभिव्यक्ति 1994 के आन्दोलन के समय भी हुई।

4. कुछ चिपको कार्यकर्ताओं और नेताओं पर एक नज़र

चिपको आन्दोलन के लगभग 60 से अधिक प्रमुख कार्यकर्ताओं तथा नेताओं की पारिवारिक पृष्ठभूमि, शिक्षा, किन परिस्थितियों में उनके व्यक्तित्व बने और अन्ततः उनकी रचनात्मकता किस तरह व्यक्त हुई यह सब जानना आन्दोलन को समझने के लिए उपयोगी होगा। इससे आन्दोलन के नेतृत्व और कार्यकर्ताओं की एक अलग ही छवि सामने आती है, जिससे बहुत-सारे लोग सुपरिचित नहीं हैं। इससे ग्रामीण प्रतिभाओं की विविधता, चिपको के नेतृत्व और कार्यकर्ताओं की पर्तों का पता चलता है। यह बताना रोचक होगा कि चिपको के ये कार्यकर्ता और नेता जाति, धर्म और सम्प्रदाय के मनोविज्ञान से बाहर निकल चुके थे। कुछ आन्दोलन के दौर में निखरते चले गये। सभी सादगी प्रिय, व्यसन मुक्त, समता समर्थक रहे हैं। महिलाओं और दलितों के अलावा वन श्रमिकों के प्रति उनमें गहरा सम्मान भाव मिलता है। विभिन्न विचारधाराओं (गाँधीवादी, सर्वोदयी, समाजवादी या साम्यवादी) से प्रभावित आन्दोलनकारी मानते थे कि जन हिस्सेदारी वाला आन्दोलन ही अहिंसक और टिकाऊ हो सकता है। चिपको की हर अभिव्यक्ति में यह तत्त्व प्रकट हुआ।

एक बड़े आन्दोलन, जो बाद में तीन धाराओं में बहता रहा और जिसकी अनेक रचनात्मक उपधाराएँ लगातार प्रवाहमान हैं, की निरन्तरता और उसके बदलते मिज़ाज को इन व्यक्तित्वों के माध्यम से समझा जा सकेगा। स्वयं ये व्यक्तित्व चिपको आन्दोलन की रचना प्रक्रिया और विकास यात्रा में शामिल होते हुए बदलते और निखरते गये। सामूहिकता और व्यक्तिवाद का द्वन्द्व कैसे प्रकट होता रहा और आन्दोलन कैसे उससे निपटता रहा और अनेक बार उसका रूप कैसे बदला यह भी समझने का प्रयास किया गया है।

चिपको आन्दोलन के सभी कार्यकर्ता तथा नेता साधारण परिवारों से निकले थे। उनकी शिक्षा सामान्य स्कूलों में हुई थी। अधिकांश महिलाएँ निरक्षर ज़रूर थीं पर उनकी अपने परिवेश की समझ गहरी थी। क्योंकि मुख्यतः संस्थाओं, संगठनों और राजनीतिक दलों के लोगों ने इसमें शिरकत की थी तो बड़ी सीमा तक सर्वोदयी सामाजिक कार्यकर्ताओं; अपेक्षाकृत वाममार्गी और आक्रामक विद्यार्थियों और निरक्षर पर सुसंगठित होना सीख चुकी महिलाओं ने इस आन्दोलन का आधार निर्मित किया था। बाँकी समाज की हिस्सेदारी चतुर्दिक थी। ये कार्यकर्ता अनेक प्रकार की रचनात्मकता से लैस थे।

सुन्दरलाल बहुगुणा, क्षेमानन्द शास्त्री और विद्यासागर नौटियाल टिहरी रियासत में प्रजामण्डल आन्दोलन की अन्तिम सालों की सक्रियता में शामिल थे। बहुगुणा जंगलात कर्मचारी के बेटे थे और उच्च शिक्षा प्राप्त करने लाहौर जा सके थे, जहाँ से आकर वे टिहरी में काम करने लगे। श्रीदेव सुमन से प्रेरित बहुगुणा टिहरी को अपनी कर्मस्थली बनाना चाहते थे। इसी बीच देश आज़ाद हो गया और टिहरी रियासत का उत्तर प्रदेश में विलीनीकरण। बहुगुणा अब कांग्रेस के ज़िला सचिव हो गये और यह क्रम चलता रहा। विमला नौटियाल से उनका विवाह इस शर्त पर हो सका था कि वे राजनीति छोड़ देंगे और एक अति पिछड़े क्षेत्र में सामाजिक-शैक्षिक कार्यों में जुट जायेंगे।[70]

विमला नौटियाल टिहरी के ही एक और परिवार की बेटी और सरला बहिन द्वारा स्थापित लक्ष्मी आश्रम की पहली स्नातिकाओं में थीं। गहरे सामाजिक सरोकारों वाली विमला के एक भाई बुद्धि

सागर प्रजामण्डली थे तो दूसरे भाई विद्यासागर प्रखर साम्यवादी कार्यकर्ता और प्रभावशाली लेखक। विद्यासागर काशी हिन्दू विश्वविद्यालय के छात्रनेता रहे और बाद में उत्तर प्रदेश विधान सभा के सदस्य भी। टिहरी बाँध पर पार्टी दृष्टिकोण को उन्होंने अस्वीकार कर दिया था। विचार भिन्नता के बावजूद इन सबने इस समाज की अपनी-अपनी तरह से सेवा की। यह एक परिवार का असाधारण योगदान था।

सुन्दरलाल बहुगुणा और साथियों ने 1956 में भिलंगना की सहायक बालगंगा नदी की घाटी के सिल्यारा स्थान पर पर्वतीय नवजीवन आश्रम की स्थापना की थी।[71] लक्ष्मी आश्रम के बाद यह उत्तराखण्ड में दूसरा प्रयोग था और पूर्व टिहरी रियासत में यह इस तरह की पहली संस्था थी। मामूली जन संसाधनों से चलने वाले इस आश्रम में बालिका और दलित शिक्षा के सफल प्रयोग किये गये। इससे पहले और बाद में दलितों के मन्दिर प्रवेश बाबत ये कार्यकर्ता सक्रिय रहे।

भूदान में तो सभी कार्यकर्ताओं ने ऊपर से आरोपित एक लक्ष्य के लिए संघर्ष किया था। लेकिन अब वे साक्षात् महसूस करने लगे थे कि पहाड़ों की समस्या पिछड़ेपन, अशिक्षा, नशा, बेरोज़गारी, अस्पृश्यता, दलितों और महिलाओं के प्रति पारम्परिक और सामन्ती दृष्टिकोण का बने रहना आदि हैं। शराबबन्दी आन्दोलन से स्थानीय आन्दोलनों का सिलसिला चला, जो बीसवीं शताब्दी के अन्त तक चलता रहा। फिर ज़मीन और जंगल जैसे संसाधनों पर अन्य कार्यकर्ताओं की तरह बहुगुणा दम्पति की नज़र गयी। बहुगुणा उत्तराखण्ड की सर्वोदय टीम में जंगलों के श्रेष्ठ जानकार और विश्लेषक थे और यात्राओं के माध्यम से उत्तराखण्ड और हिमालय को जानने में प्रयासरत भी।[72] वे चिपको आन्दोलन के सन्देश वाहक्[73] या प्रचारक ही बने रहते या अपना दृष्टिकोण नहीं बदलते तो चिपको का विभाजन रुक सकता था।

पर 1978 के बाद अपने पिछले बीस सालों के अनुभवों और निष्कर्षों को छोड़ उन्होंने एक बेगानी शब्दावली का इस्तेमाल शुरू किया। यह दोहराना उचित होगा कि चिपको के जन्म से पहले से ही वे जंगलात के मुद्दों पर बेबाकी से लिख रहे थे। पर चिपको आन्दोलन के विकसित होने के दौर में उनकी यह महत्त्वाकांक्षा चिपको आन्दोलन में विभाजन का कारण बनी। कुछ विश्लेषकों के अनुसार यह आस्था और अध्यात्म की ओर मुड़ जाना जैसा था। उनकी भूख हड़तालों या उपवासों को भी अत्यन्त व्यक्तिवादी अभिव्यक्ति माना गया। फिर वे टिहरी बाँध विरोधी आन्दोलन में शामिल हुए। यह आन्दोलन ठीक वैसे ही चिपको का विस्तार था जैसे 'नशा नहीं रोज़गार दो आन्दोलन'। उनको सन्त या दार्शनिक समझा जाने लगा।[74] यह एक सामाजिक आन्दोलन में पहली व्यक्तिवादी घटना थी। सामाजिक आन्दोलन से स्थानीय लोगों की समस्याएँ सुलझाने के बदले वैश्विक स्थितियों के विश्लेषण की ओर जाना अनेक सहयोगियों को विचलन लगा। अगर वे चिपको के सन्देश वाहक ही बने रहते तो जोड़ने का काम ज़्यादा होता। व्यक्तिगत रूप से किसी को भी मोह सकने वाले तथा लिखने और बोलने में माहिर बहुगुणा उत्तराखण्ड सर्वोदय परिवार की एकता कायम नहीं रख सके। अन्तरराष्ट्रीय स्तर पर उनको मान्यता मिली पर स्थानीय मान्यता सिमटने के पीछे चिपको का बिखराव ही कारण था।

विमला बहुगुणा नशाबन्दी के बाद वनान्दोलन से जुड़ी रही। वे सरला बहन की सबसे पहली शिष्या कही जा सकती हैं। कितनी ही ग्रामीण यात्राओं का उन्होंने नेतृत्व किया था। नवजीवन आश्रम में उन्होंने शिक्षा, खेती तथा दलित प्रश्नों को नये आलोक में देखा। बडियारगढ़ आन्दोलन में वे लगातार सक्रिय रहीं और फिर टिहरी आन्दोलन में जैसे उन्होंने अपने को झौंक ही दिया। वे छाया की तरह आन्दोलन और बहुगुणा के साथ जुटी रहीं। पर आश्रम में शुरू किये गये काम ठप हो गये।

चण्डी प्रसाद भट्ट गोपेश्वर गाँव में जन्मे थे। जब वे एक साल के थे तो सिर से पिता गंगाराम का साया उठ गया। माँ महेशी देवी और दीदी गोविन्दी अब परिवार में थे। विधवा माँ ने उनकी पढ़ाई जारी रखने का प्रयास किया। पर गरीब सरोला परिवार का यह बालक विपरीत परिस्थितियों में आगे नहीं पढ़ सका। अप्रैल 1955 में वे पहली बार तीर्थयात्रा सीजन में जी.एम.ओ.यू. (स्थानीय परिवहन संस्था) के बुकिंग बाबू बने। कुछ समय शिक्षक रहे। 1956 में उनको जी.एम.ओ.यू. के बुकिंग बाबू की स्थायी नौकरी मिल गयी। इसी साल उन्होंने पीपलकोटी में पहली बार जयप्रकाश नारायण को सुना और अपने को प्रभावित पाया। 1957 में वे मानसिंह रावत के साथ भूदान यात्रा में गये। रावत ऐसे परिवार से आये थे जिनकी दो बसें चलती थीं। यह बात भट्ट को प्रभावित करती थी कि लोग अपना सब कुछ छोड़कर सामाजिक कार्य कर रहे हैं। 'गाँव की धरती गाँव का राज, गाँव गाँव में हो स्वराज' के नारे लगाते-सुनते वे बदल रहे थे।

जल्दी ही भट्ट नौकरी से मुक्त होकर पूर्णकालिक कार्यकर्ता बन गये। चिरंजीलाल भट्ट तथा शम्भू प्रसाद जैसे सहयोगियों के साथ उन्होंने लेबर कोआपरेटिव की स्थापना की, जिसे 'मल्ला नागपुर श्रम संविदा समिति' नाम दिया गया। 1959 में वे कश्मीर की यात्रा में गये। 1960 में उनकी सुन्दरलाल बहुगुणा से पहली मुलाक़ात हुई और इसी साल बनारस में उनका सम्पर्क सर्वोदय की बड़ी दुनिया से हुआ। उधर गोपेश्वर में श्रम संविदा समिति से मुरारीलाल, आनन्द सिंह बिष्ट और बलीराम जैसे साथी जुड़े।

सर्वोदय कार्यकर्ता की हैसियत से वे उत्तराखण्ड और अन्यत्र सक्रिय थे पर गोपेश्वर में वे श्रम संविदा समिति चला रहे थे, जिसके सदस्य कठिन मेहनत से जीविकोपार्जन करते थे। यह उत्तराखण्ड का पहला ऐसा श्रमिक संगठन था, जो सदस्यों के श्रम से उनकी आजीविका और संस्था दोनों को चलाने लगा था। 1964 में उन्होंने साथियों के सहयोग से दशौली ग्राम स्वराज्य संघ की स्थापना की, जो 1980 में दशौली ग्राम स्वराज्य मण्डल बना। भट्ट को दशौली ग्राम स्वराज्य संघ तथा चिपको आन्दोलन की प्रारम्भिक टीम को विकसित करने का श्रेय जाता है, जिसमें अगली आधी सदी में सबसे कम बिखराव आया। 1970 की अलकनन्दा बाढ़ ने इन सबको झकझोरा और नये आलोक में अपने क्षेत्र तथा उत्तराखण्ड को समझने का दबाव दिया। भट्ट को अनेक बार सर्वोदयी सहयोगियों द्वारा शक की नज़र से देखा गया क्योंकि किसी जन-आन्दोलन को विकसित करने का उनका तरीका सर्वथा भिन्न था। वे पहले ऐसे सर्वोदयी कार्यकर्ता थे, जो सर्वोदयी आन्दोलन तथा व्यापक सामाजिक आन्दोलन में फ़र्क़ समझने में कामयाब हुए। 1977 में वे उत्तराखण्ड संघर्ष वाहिनी के संस्थापक सदस्य थे।

उन्होंने एक ओर युवाओं और महिलाओं को चिपको आन्दोलन से जोड़ा और दूसरी ओर एक सामाजिक-आर्थिक और पारिस्थितिक आन्दोलन के रूप में चिपको को खुलापन और विस्तार दिया ताकि अन्य सामाजिक-राजनीतिक वर्ग भी उसमें हिस्सेदारी कर सकें। इसी समझदारी के कारण वे गोविन्दसिंह रावत और भाकपा को आन्दोलन से जोड़ सके। वे यह मानते थे कि कोई सामाजिक आन्दोलन सभी सामाजिक वर्गों की हिस्सेदारी से ही विकसित हो सकता है। वे चिपको को पेड़ बचाने से पहले अपने आपको यानी मनुष्य को बचाने का आन्दोलन कहते रहे। इसीलिए शायद रामचन्द्र गुहा ने उन्हें आम आदमी या साधारण आदमी का पर्यावरणविद् कहा होगा।[75] यह सूत्र ढूँढ़ा जाना चाहिए कि प्रचारक तथा प्रभावी वक्ता न होने के बावजूद उन्होंने भवानी प्रसाद मिश्र, अनुपम मिश्र, अनिल अग्रवाल, रघुवीर सहाय, रामचन्द्र गुहा, माधव गाडगिल, एमएस स्वामीनाथन, वीरेन्द्र कुमार,

मोस्टाफ टोल्बा या माधव आशीष जैसे व्यक्तियों को किस कारण प्रभावित किया?[76] इसके बावजूद चिपको को विभाजित होने से वे क्यों नहीं रोक सके?

वे कुछ महत्त्वपूर्ण कमेटियों के सदस्य रहे और कुछ रिपोर्टों में अपनी असहमति का नोट लगाने से नहीं चूके।[77] उन्होंने स्पष्ट लिखा था कि वनवासियों को वनों की व्यवस्था में प्रमुख स्थान दिया जाना चाहिए। स्थानीय संस्थाओं का सम्मान ही नहीं वन व्यवस्था में उनकी हिस्सेदारी होनी चाहिए। इसी के साथ उन्होंने एफ.टी.आई. का समर्थन किया।[78] लोगों को जंगल सौंपने की स्पष्ट राय वे बाद तक प्रकट करते रहे।[79] चुपचाप हिमालय तथा देश के दूरस्थ क्षेत्रों में सतत यात्रा करने वाला भी उन जैसा कोई और नज़र नहीं आता है। उनकी कुछ भविष्यवाणियाँ पूरी तरह सच निकलीं[80] और यह समझ उनकी गहरी विज्ञानसम्मतता से जुड़ी थीं। चिपको आन्दोलन के मतभेदों, बहुगुणा की दृष्टि भिन्नता तथा संघर्ष वाहिनी के विभाजन और विचलन ने उन्हें कमज़ोर किया। इससे चिपको का मूल एजेण्डा विकसित नहीं हो सका।

कवि घनश्याम सैलानी बचपन से ही अत्यन्त प्रयोगशील थे। उन्होंने पहली बार एक दलित परिवार में सत्यनारायण की कथा वाचन करने पर मार खाई थी। वहीं से उनमें नयी दृष्टि विकसित हुई और वे सर्वोदयी कार्यकर्ता बने। ढोल और गीत उनके हथियार थे, जिन्हें टिहरी में एक और संस्कृतिकर्मी गुणानन्द डंगवाल 'पथिक' उनसे पहले इस्तेमाल कर चुके थे। उन्होंने गंगोरी ग्राम स्वराज मण्डल की स्थापना की, पर संस्थाओं को चलाने में वे कभी पारंगत नहीं हो पाये। वे बहुगुणा और भट्ट दोनों के करीबी रहे। नशाबन्दी आन्दोलन में वे और चण्डी प्रसाद भट्ट एक साथ गिरफ़्तार हुए और एक ही हथकड़ी दोनों को लगायी गयी। सैलानी असाधारण रूप से सहज व्यक्ति थे और चिपको आन्दोलन के विभाजन तथा सर्वोदय की खेमेबन्दी से उनको हार्दिक वेदना थी।[81] वे स्पष्टवादी थे और अपनी भावना को कभी नहीं छिपाते थे।[82]

सैलानी सिर्फ़ चिपको के कवि गायक ही नहीं थे। चिपको की उनकी दृष्टि बहुगुणा की तरह बदली नहीं बल्कि वे जंगलों की हिफ़ाज़त के साथ उनसे युवाओं के लिए विकेन्द्रीकृत रोज़गार की कल्पना करते थे। विनोबा तथा जेपी के खेमों में बँटे सर्वोदय परिवार में धीरे से ही सही उन्होंने आपात्काल का विरोध किया। यही नहीं उन्होंने अयोध्या आन्दोलन के समय भी यह कहा कि राम ने जहाँ राज्य ही छोड़ दिया, वहाँ मन्दिर किस काम का? उनकी कविताएँ 'दारू के दैत्य' या निरीह पशुओं की बलि के ख़िलाफ़ थीं तो स्थानीय सामाजिक सांस्कृतिक जीवन के उन सूत्रों की पक्षधर, जिनमें समता तथा स्वावलम्बन की ऊर्जा थी। उन्होंने लिखा कि टिहरी बाँध हमें सिर्फ़ डुबायेगा और पहाड़ी अनाजों की पौष्टिकता का गुणगान करना वे कभी नहीं भूले। वे भावुक पर तर्कशील थे। कवि उन्हें भावुक बनाता था और आन्दोलनकारी तर्कशील। उनका यहाँ तक मानना था कि जब कोई सामाजिक आन्दोलन हमें बड़ा (समझदार) नहीं बनाता है तो हम (नेता तथा कार्यकर्ता) उसे (आन्दोलन को) छोटा बनाने लगते हैं।[83] यह चिपको पर ही नहीं उत्तराखण्ड के तमाम आन्दोलनों पर सही और तल्ख टिप्पणी थी।

गोविन्दसिंह रावत पश्चिमी धौली घाटी के कोसा गाँव के एक गरीब परिवार से निकले थे। वे चार साल के थे तो माँ का निधन हो गया। उम्र के दसवें साल में वे स्कूल जा सके और आठवीं कक्षा पास करने के बाद पिता ने कहा कि स्कूल जाना है तो घर छोड़ो और धर का काम करना है तो स्कूल छोड़ो। पिता के तिब्बत जाने पर वे घर से भाग कर पौड़ी चले गये। अत्यन्त कठिनाइयों में उन्होंने अपनी पढ़ाई जारी रखी। वे भारतीय कम्युनिस्ट पार्टी के साथ जुड़े और जन प्रतिनिधि के रूप

में ब्लाक प्रमुख बने। चिपको आन्दोलन की प्रारम्भिक टीम के वे बहुत महत्त्वपूर्ण सदस्य बने और रेणी आन्दोलन के रचनाकारों में वे चण्डी प्रसाद भट्ट, वासवानन्द नौटियाल या हयात सिंह से अधिक महत्त्वपूर्ण थे। वे न सिर्फ़ 1962 के बाद स्थानीय समाज से सड़क निर्माण के समय ली गयी ज़मीन के लम्बित मुआवज़े के भुगतान के मामले को आन्दोलन का विषय बनाने में कामयाब हुए, बल्कि बिड़ला परिवार द्वारा बद्रीनाथ मन्दिर के पुनर्निर्माण के ख़िलाफ़ हुए आन्दोलन के हिस्सेदार बने।

गोविन्द चिपको आन्दोलन के दबाव से बनी रेणी जाँच कमेटी के सदस्य थे और बाद में नन्दादेवी राष्ट्रीय अभयारण्य बन जाने पर स्थानीय ग्रामीणों के अधिकारों में हस्तक्षेप के ख़िलाफ़ उन्होंने 'छीनो झपटो आन्दोलन' चलाया था। जल्दी ही उन्हें लगा कि वन निगम नया मालदार-ठेकेदार बन गया है।[84] भारतीय कम्युनिस्ट पार्टी के सदस्य होने के नाते उनकी सामाजिक स्वायत्तता नियन्त्रित होती रही। बाद में इसी कारण वे चिपको आन्दोलन में धूमिल होते चले गये पर अपनी घाटी के निर्विवाद लड़ाकू बने रहे। विष्णु प्रयाग परियोजना के बारे में उनकी वही राय थी जो उनकी पार्टी की थी पर जो शेष चिपको आन्दोलन की न थी।[85] इस बाँध परियोजना को स्वीकार कर पार्क का विरोध क्षेत्रीय सन्दर्भ में तार्किक नहीं बन पाया। 1997 में उन्हें अपनी गलती का एहसास हुआ।[86] तब तक बहुत पानी बह गया था। उनका लड़ाकूपन और जन प्रतिबद्धता अद्वितीय किस्म की थी और यदि उनकी रचनात्मक स्वायत्तता पर पार्टी की रोक नहीं होती तो वे और बेहतरीन सामाजिक योद्धा के रूप में विकसित होते।

चिपको के इतिहास में रमेश पहाड़ी की चर्चा एक पत्रकार के रूप में होती है। जबकि उनका प्रत्यक्ष आन्दोलनकारी रूप भी महत्त्वपूर्ण है। वे गढ़वाल में पैदा हुए पर उन्हें बचपन से महाराष्ट्र में रहना पड़ा। नागपुर में उन पर साम्यवादी विचारों का प्रभाव पड़ा। 1970 के बाद जब वे गोपेश्वर लौटे तो उन्होंने 'उत्तराखण्ड आब्जर्वर' पत्र में काम करना शुरू किया। यही वह समय था जब गोपेश्वर में चिपको आन्दोलन की रचना प्रक्रिया शुरू हो चुकी थी। वे चिपको पर लिखने वाले सबसे पहले पत्रकारों में थे और जल्दी ही आन्दोलन के कार्यकर्ता बन गये। आपातूकाल में उन्होंने किस तरह पुलिस की ज्यादतियों का विरोध किया उसकी अन्यत्र चर्चा की गयी है।

धीरे-धीरे वे चिपको आन्दोलन से घनिष्ठ होते गये और 1977 में उत्तराखण्ड संघर्ष वाहिनी के संस्थापक सदस्य बने। इसी साल उन्होंने 'अनिकेत' साप्ताहिक का सम्पादन शुरू किया, जो अभी तक नियमित प्रकाशित हो रहा है। 'अनिकेत' को उन्होंने उत्तराखण्ड संघर्ष वाहिनी का मुखपत्र बनाया और चिपको का सहयोगी। अपनी तरह से आन्दोलन विकसित कर रही डूँगरी-पैन्तोली की महिलाओं के बीच जाने वाले वे पहले पत्रकार और चिपको के पहले प्रतिनिधि थे। फिर चण्डी प्रसाद भट्ट को वहाँ ले गये। दग्रास्वमं के पर्यावरण शिविरों के वे मुख्य कर्ताधर्ता रहे हैं।

पत्रकार उमेश डोभाल की हत्या के समय वे मजबूती से खड़े होने वालों में थे और माफिया ने उन्हें चेताया था। वे निडर डटे रहे। जब उत्तराखण्ड आन्दोलन के दमन के दौर में कई जगह कर्फ्यू लगाया गया तो अक्टूबर 1994 में वे और चण्डी प्रसाद भट्ट कर्फ्यू तोड़ते हुए गोपेश्वर से उखीमठ गये थे। बाद में जब संस्था ने लोक सूचना तथा सहायता केन्द्र स्थापित कर लोक सूचना का काम शुरू किया तो वे इस कार्यक्रम के प्रमुख बने। 1996 से 1999 के बीच उन्होंने 'धरती पर उतरो' नामक लोक सूचना सम्बन्धी पत्रिका के 36 अंक सम्पादित किये।[87] उसके बाद भी लगातार सार्वजनिक विषयों पर लिखते रहे।[88]

कमलाराम नौटियाल भारतीय कम्युनिस्ट पार्टी के कार्यकर्ता, नेता और जन प्रतिनिधि थे। स्थानीय मामलों पर वे हर बार पार्टी ऐलान का इन्तज़ार करने को तैयार न थे। इसीलिए मनेरी भाली परियोजना-1 के बिजलीघर हेतु ली गयी ज़मीन के मुआवज़े के आन्दोलन और फिर वयाली के जंगलात आन्दोलन में उनकी महत्त्वपूर्ण भूमिका रही लेकिन बाद में वे जंगल के मामलों की पड़ताल करने वाली एक सरकारी समिति के सदस्य बना दिये गये और वयाली आन्दोलन ठहर गया। 1978 की भागीरथी बाढ़ के समय प्रभावितों के बीच जाने वाले वे पहले व्यक्तियों में थे पर अपनी पार्टी को पारिस्थितिक मामलों पर वे प्रभावित नहीं कर सके। इसलिए टिहरी बाँध के बारे में वे विद्यासागर नौटियाल का जैसा कठिन निर्णय नहीं ले सके।

कमलाराम उत्तरकाशी के एक सामान्य गाँव भेटियारा से निकले थे और देहरादून से उच्च और वकालत की शिक्षा प्राप्त कर आजन्म उत्तरकाशी में सक्रिय रहे। वे नगरपालिका के अध्यक्ष रहे और कुछेक बार संसदीय चुनावों में उन्होंने प्रतिद्वन्द्वी उम्मीदवारों को गम्भीर चुनौती दी। दरअसल कुछेक बार उन्हें चन्द्रसिंह गढ़वाली से अधिक मत मिले, जिन्होंने पौड़ी-चमोली संसदीय क्षेत्र से कांग्रेसी उम्मीदवार, स्वतन्त्रता संग्रामी तथा 'कर्मभूमि' के संस्थापकों में एक भक्तदर्शन को चुनौती दी थी।[89] कमलाराम ने संस्कृतिकर्म को प्रोत्साहन दिया और उत्तरकाशी में रामलीला का मंचन शुरू करवाया। चन्द्रसिंह राही जैसे गायक कलाकार उनसे प्रेरित हुए थे।

आनन्द सिंह बिष्ट गोपेश्वर में स्थापित मल्ला नागपुर श्रम संविदा समिति तथा फिर दशौली ग्राम स्वराज्य संघ के संस्थापक तथा सक्रिय सदस्य थे। चिपको आन्दोलन के नेतृत्व में शामिल शायद वे अकेले पूर्व सैनिक थे। चिपको की प्रारम्भिक टीम के वे अत्यन्त सक्रिय कार्यकर्ता थे और आन्दोलन के अनेक प्रतिनिधि मण्डलों के सदस्य भी। उत्तराखण्ड संघर्ष वाहिनी के वे संस्थापक सदस्य थे पर अगले सालों में चिपको तथा सर्वोदय परिवार में विभाजन के वे भी शिकार हुए। उनको हुई कुछ गलतफ़हमियों के कारण दशौली ग्राम स्वराज्य संघ की चिपको टीम में मतभेद उभर आये। जल्दी ही उन्हें सही बात पता चली पर स्थिति सामान्य नहीं हो पायी। उनके अनेक पत्र उनकी बेचैनी को उजागर करते हैं।[90] फिर उन्होंने जाखेश्वर शिक्षण संस्थान की स्थापना की और अपनी तरह से सक्रिय रहे। वे तीन बार ग्राम प्रधान रहे, अपने गाँव में लघु जल विद्युत योजना तथा सगर में कुटीर उद्योग लगाने में भी कामयाब रहे।

चिपको आन्दोलन की तीसरी धारा के प्रतीक और प्रतिनिधि माने जाने वाले शमशेर बिष्ट उन युवाओं में प्रथम थे, जो न सिर्फ़ छात्र संघों में नयी संस्कृति के पैरोकार बने बल्कि जिन्होंने विद्यार्थियों को सामाजिक आन्दोलनों से जोड़ा। वे ग्रामीण छात्र संगठन, पर्वतीय युवा मोर्चा और उत्तराखण्ड संघर्ष वाहिनी के संस्थापकों तथा सक्रिय सदस्यों में थे। बाद में 1984-85 से उन्होंने उत्तराखण्ड संघर्ष वाहिनी का नेतृत्व किया और उसके विभाजन तथा एक राजनीतिक दल में बदलने के दबावों के वे वाहक बने। पर वाहिनी का यह रूपान्तरण टिकाऊ सिद्ध नहीं हुआ। यहीं से वाहिनी का एक सामाजिक शक्ति के रूप में उतार शुरू हुआ।

1972 में जब वे 92 प्रतिशत से अधिक मतों से छात्रसंघ के अध्यक्ष चुने गये तो यह छात्र राजनीति में नयी शुरुआत थी। उन्होंने चुनाव में सिर्फ़ एक मुहर बनायी गयी थी, जो विद्यार्थियों की कापी के पन्ने के कोने पर लगा दी जाती थी। बाकी उन्होंने अपने वक्तव्य और सम्बोधनों से विद्यार्थियों को अपना मुरीद बनाया। उन्हें कांग्रेस, कम्युनिस्ट तथा अन्य पार्टियों से उनमें शामिल होने का निमन्त्रण मिला पर वे जन संघर्षों में जुटे रहे। जवाहरलाल नेहरू विश्वविद्यालय में शोध कार्य हेतु प्रवेश लेने के

बावजूद वे वापस लौट आये ताकि स्थानीय स्तर पर काम कर सकें। उत्तराखण्ड संघर्ष वाहिनी को वे न विभाजित होने से रोक सके और न ही उसे एक राजनीतिक दल के रूप में प्रतिष्ठित करा सके। पर यह सिर्फ़ उनकी असफलता नहीं थी। सक्रिय सामाजिक संगठन का रूपान्तरण एकाएक एक सफल राजनीतिक दल में होना अनिवार्य नहीं है। अनेक लोग यह मानते हैं कि चुनाव की राजनीति के लिए जिस राजनीतिक चतुरता की ज़रूरत होती है वह उनमें पर्याप्त नहीं थी।

जंगलों की नीलामियों के सफल स्थगन में लगातार शामिल होने के साथ वे वृक्षारोपण अभियानों में हिस्सेदारी करते रहे। उत्तराखण्ड संघर्ष वाहिनी के प्रमुख कार्यकर्ता/नेता रहते हुए उन्होंने 1977 के तवाघाट भूस्खलन के बाद विस्थापितों को ज़मीन दिये जाने बाबत सफल आन्दोलन का नेतृत्व किया था। यह पहली घटना थी जब जन-आन्दोलन के दम पर आपदा पीड़ितों को ज़मीन इतनी जल्दी मिल पायी। पत्रकार उमेश डोभाल हत्याकाण्ड के समय भय से भरे पौड़ी नगर में उन्होंने शराब माफिया को चुनौती दी थी। 'नशा नहीं रोज़गार दो आन्दोलन' में उत्तराखण्ड संघर्ष वाहिनी को लगातार सक्रिय बनाये रखा था।

उत्तराखण्ड आन्दोलन में तो वे लगातार सक्रियतम लोगों में बने रहे। उनकी ऊर्जा का बड़ा हिस्सा लोगों और आन्दोलनों को आपस में जोड़ने में व्यय हुआ। इसीलिए वे लगातार सामाजिक और राजनीतिक कार्यकर्ताओं के लिए आकर्षक और मूल्यवान बने रहे। राज्य बनने के बाद गैरसैण में राजधानी स्थापित करने, नदी बचाओ, बड़े बाँधों और भ्रष्टाचार विरोधी आन्दोलनों में वे सक्रिय रहे और आज भी जनता के पक्ष में कहीं कुछ हो रहा हो तो वे उसमें शिरकत करते हैं। हालाँकि अब उत्तराखण्ड लोक वाहिनी अपने पूर्ववर्ती उत्तराखण्ड संघर्ष वाहिनी की तरह एक व्यवस्थित और व्यापक संगठन नहीं रहा।

यह देखना अपने आप में रोचक है कि उनके साथ संघर्ष वाहिनी में ही नहीं सामाजिक संघर्षों में शामिल अनेक साथी आज कम से कम 5 राजनीतिक दलों में महत्त्वपूर्ण स्थानों पर हैं और अनेक लोग अलग तरह के रचनात्मक कार्यों में लगे हुए हैं। अपनी स्पष्टवादिता और आम लोगों की पक्षधरता के कारण वे आज भी सामाजिक, राजनीतिक और सांस्कृतिक कर्मियों के लिए आदर्श बने हुए हैं। क्षेत्रीय संगठन के प्रमुख के रूप में वे संकुचित क्षेत्रीयता के शिकार नहीं हुए और सामाजिक कार्यकर्ता रहते हुए उन्होंने राजनीतिक प्रश्नों की अवहेलना नहीं की।

चिपको आन्दोलन की सबसे महत्त्वपूर्ण महिला गौरा देवी लाता गाँव में जन्मी थीं, जो नन्दादेवी अभयारण्य के मार्ग का अन्तिम गाँव है। 12 साल की उम्र में रेणी गाँव के नैनसिंह तथा हीरादेवी के बेटे मेहरबान सिंह से उनका विवाह हुआ। पशुपालन, ऊनी कारोबार और संक्षिप्त-सी खेती वाला रेणी भोटिया (तोल्छा-मार्छा) लोगों का बारोमासी (साल भर आबाद रहने वाला) गाँव था। भारत-तिब्बत व्यापार के खुले होने के कारण दूरस्थ होने के बावजूद रेणी मुख्य धारा से कटा नहीं था और तिजारत का कुछ न कुछ लाभ इसे मिलता था।

जब गौरा देवी 22 साल की थीं और बेटा चन्द्रसिंह लगभग ढाई साल का, तब उनके पति का देहान्त हो गया। जनजातीय समाज में भी विधवा को अनेक विडम्बनाओं में जीना पड़ता है। गौरा देवी ने अनेक संकट झेले। हल जोतने के लिए किसी की खुशामद से लेकर नन्हे बेटे और बूढ़े सास-ससुर की देख-रेख तक उन्हें अनेक कटु अनुभवों से गुज़रना पड़ा। फिर सास-ससुर चल बसे। उन्होंने बेटे चन्द्र सिंह को अपने पैरों पर खड़ा होने लायक बना दिया। इस समय तक तिब्बत व्यापार बन्द हो चुका था। जोशीमठ से आगे सड़क आ गयी थी। स्थानीय अर्थव्यवस्था का

पारम्परिक तानाबाना ध्वस्त हो गया था। चन्द्रसिंह ने खेती, ऊनी कारोबार, मज़दूरी और छोटी-मोटी ठेकेदारी के जरिये अपना जीवन संघर्ष जारी रखा। इसी बीच गौरा देवी की बहू आ गयी और फिर नाती-पोते हो गये। परिवार से बाहर गाँव के कामों में शिरकत का मौक़ा जब मिला उसे उन्होंने निभाया। बाद में वे महिला मंगल दल की अध्यक्षा बनीं। 26 मार्च, 1974 के चिपको प्रतिरोध की वे प्रतीक बन गयीं। पर वे चिपको आन्दोलन की माँ नहीं, बेटी थीं।

बाद के सालों में चमोली ज़िले में चिपको आन्दोलन दो धाराओं में बँट गया। विष्णुप्रयाग परियोजना का गोविन्दसिंह रावत द्वारा समर्थन किया गया और चण्डी प्रसाद भट्ट द्वारा विरोध। उधर रेणी का जंगल तो बच गया पर नन्दादेवी पार्क गाँवों तक आ गया। इस समय सबसे अधिक दिक्कत महिला मंगल दलों के लिए हुई। जून 1980 में गाँव इस तरह दो शिविरों में बँट गया था कि कुछ लोग गाँव छोड़ने की सोचने लगे थे, ऐसा तब गौरा देवी ने बताया था। पारिवारिक या सामाजिक उत्सव सम्बन्धी निमन्त्रण रोक दिये गये। पर जायें कहाँ ये सवाल उनके सामने था।[91] 1984 में अस्कोट-आराकोट अभियान के समय स्थिति किंचित् ठीक हो गयी लगती थी।[92]

गौरा देवी अपने जीवन के अन्तिम वर्षों में गुर्दे और पेशाब की बीमारी से परेशान रहीं। पक्षाघात भी हुआ। पर किसी से उन्हें मदद नहीं मिली या बहुत कम मिली। यद्यपि चण्डी प्रसाद भट्ट ख़बर मिलते ही गौरादेवी की मृत्यु के दो सप्ताह पहले उनसे मिलने जोशीमठ गये थे, जहाँ तब गौरादेवी का इलाज चल रहा था। पर पिछले 8-9 साल से गोपेश्वर-रेणी सम्बन्ध कई कारणों से ठहर से गये थे। 4 जुलाई, 1991 की सुबह तपोवन में गौरादेवी की मृत्यु हुई। इसी तरह की स्थिति चिपको आन्दोलन के पुराने कार्यकर्ता केदार सिंह रावत तथा चिरंजीलाल भट्ट की 1976 में असमय मृत्यु के बाद उनके परिवारों की हुई थी। सुदेशा देवी तथा घनश्याम सैलानी को कम कष्ट नहीं झेलना पड़ा। किसी को आन्दोलनों में शामिल होने का मूल्य तो नहीं दिया जा सकता था पर साथियों की ज़िम्मेदारी का काम चिपको संगठन का था। जब वह ख़ुद फैला और गहराया नहीं, मजबूत तथा एक नहीं रह सका, तब ऐसी मानवीय स्थितियों से निपटने का तरीका कैसे विकसित होता?

गौरा का सिर्फ़ 10 साल का वैवाहिक जीवन और 44 साल लम्बा वैधव्य रहा! एक पहाड़ी विधवा के सारे संकट उन्हें झेलने पड़े पर इन्हीं संकटों ने उनके भीतर निर्णय लेने की क्षमता विकसित की। वे गाँव के कामों में दिलचस्पी रखने वाली बुजुर्ग महिलाओं में थीं। नेतृत्व का नैसर्गिक गुण उनमें था, जो कठिन परिस्थितियों में निखरता गया। अतः 26 मार्च 1974 को जो उन्होंने किया वह बहुत सहज प्रक्रिया थी। यही नहीं वे बद्रीनाथ बचाओ अभियान में सक्रिय रहीं थीं और पर्यावरण शिविरों में भी लगातार शिरकत करती रहीं।

गौरादेवी की सभी सहयोगी बहिनें कमोवेश उन जैसी ही थीं। कुछ उनकी तरह विधवा भी थीं। अधिकांश के मायके आसपास के गाँवों में थे। भारत-तिब्बत व्यापार, पशु चारण, कुटीर उद्योगों और मौसमी प्रवास से उनका अपरिहार्य सम्बन्ध था। शिक्षा उनकी पीढ़ी को तो नहीं मिल सकी पर सामुदायिकता उनके जीवन का आधार थी। इन बहिनों ने इससे पहले किसी सामाजिक प्रतिकार में हिस्सेदारी नहीं की थी। लेकिन भोटिया समुदाय में महिलाओं की स्थिति उत्तराखण्ड के औसत सवर्ण परिवारों की महिलाओं से श्रम साध्य जीवन के बावजूद अच्छी थी।

मुरारीलाल गोपेश्वर के एक दलित परिवार में पैदा हुए थे। पहले मल्ला नागपुर श्रम संविदा समिति और फिर दशौली ग्राम स्वराज्य संघ के सदस्य की हैसियत से वे सदैव सक्रिय रहे। इन संस्थाओं के सुसंगठन और कार्यों ने जहाँ उन्हें बदल दिया, वहीं दशौली ग्राम स्वराज्य संघ को एक

ज़मीनी कार्यकर्ता मिले, जो आधी शताब्दी बाद भी न थके हैं और न निष्क्रिय। वे बचपन से ही चण्डी प्रसाद भट्ट के मित्र थे। उनके बीच जो बाल सुलभ मित्रता थी, वह बाद में उनके संयुक्त संस्थानिक तथा रचनात्मक कार्यों से अधिक प्रगाढ़ होती गयी।[93] यह मित्रता आज भी महकती हुई मौजूद है। भट्ट, शिशुपाल कुँवर तथा मुरारीलाल के बीच इस समाज का सवर्ण-शिल्पकार द्वन्द्व कभी नहीं आया जैसे बूढ़ाकेदार के भरपुरू नागवान, बलबीर सिंह राणा और धर्मानन्द नौटियाल के बीच। इन दो जगहों पर सर्वोदय आन्दोलन ने जैसे शत प्रतिशत जीत हासिल कर ली थी।

जितना संस्था और आन्दोलन ने उन्हें बनाया, उतना ही उन्होंने सामाजिक योगदान भी दिया। उन्होंने अपने और आसपास के गाँवों के बच्चों को शिक्षित किया, गाँव को हराभरा किया और चिपको आन्दोलन या दशौली ग्राम स्वराज्य संघ की समस्त अभिव्यक्तियों में एक सक्रिय कार्यकर्ता के रूप में काम किया।[94] गोपेश्वर के नीचे अपने गाँव पप्ट्याणा में उनके द्वारा तमाम ग्रामीणों के सहयोग से भूस्खलन क्षेत्र में विकसित बाँज-बुरांश का जंगल उनकी सृजनात्मकता का प्रतीक है। अपने मित्र चण्डी प्रसाद भट्ट की तरह वे इस उम्र में भी सक्रिय, सचेत और सृजनशील बने हुए हैं।

शिशुपाल सिंह कुँवर दशौली ग्राम स्वराज्य संघ के स्तम्भों में हैं। वे सबसे अधिक समय तक इस संस्था के मन्त्री रहे और उनको चिपको का सबसे मूक कार्यकर्ता कहा जा सकता है। लकड़ी और लीसे का काम एक दौर में वे देखते रहे थे। वे तमाम कार्यकर्ताओं के साथ चण्डी प्रसाद भट्ट, सहयोगियों और स्थानीय समाज के अत्यन्त विश्वासपात्र बने रहे। 1970 की अलकनन्दा बाढ़ से 1999 के भूकम्प तक राहत और पुनर्वास के कार्यों में उन्हें जुटे रहना पड़ा और उसके बाद सूचना के अधिकार अभियान और पर्यावरण शिविरों तक उनका योगदान नज़र आ सकता है।

वे सक्रिय ही नहीं सावधान और संवेदनशील कार्यकर्ता रहे हैं। ग्रामीणों के बीच सहजता से संवाद कायम करना उनका अनूठा गुण है। धनश्याम सैलानी, मुरारीलाल की तरह वे जनान्दोलनों और पर्यावरण शिविरों में गीत-संगीत पक्ष को भी देखते रहे हैं। यह कहा जाना चाहिए कि दशौली ग्राम स्वराज्य मण्डल के तमाम कार्यों का अत्यन्त लगन और प्रतिबद्धता से निर्वाह करके उन्होंने चण्डी प्रसाद भट्ट को उत्तराखण्ड और देश में अन्यत्र अभियानों में जाने को मुक्त कर दिया। इसीलिए आज 50 साल बाद भी दशौली ग्राम स्वराज्य मण्डल का सर्वोदय परिसर सक्रिय स्थान बना हुआ है।

धूम सिंह नेगी जाजल के पास पिपलेथ नामक एक छोटे से गाँव से निकले कार्यकर्ता हैं। एक शिक्षक की नौकरी छोड़कर वे आन्दोलन में आये। पारिवारिक ज़िम्मेदारियों के बीच उन्होंने सुन्दरलाल बहुगुणा से प्रेरित होकर यह निर्णय लिया था। फिर वे चिपको से टिहरी बाँध विरोधी आन्दोलन तक लगातार सक्रिय रहे। चिपको आन्दोलन के दौर में जिन्हें वास्तव में पेड़ से चिपकना पड़ा उनमें वे अकेले ही थे। उससे पहले एक ही उदाहरण मिलता है जब फाटा के जंगल में अधकटे अंगू के पेड़ पर केदार सिंह रावत और अनसूया प्रसाद भट्ट चिपको प्रदर्शन करते हुए देखे गये।[95] धूम सिंह उस दौर में वन श्रमिकों के बीच काफ़ी सक्रिय रहे क्योंकि चिपको की बुनियादी धारणा के अनुरूप वे जंगलात सम्बन्धी काम और श्रम को समझना चाहते थे। 1981-83 की कश्मीर कोहिमा यात्रा के एक बड़े हिस्से में वे शामिल हुए थे।[96] बाद में वे कटाल्डी के खनन विरोधी आन्दोलन और टिहरी बाँध विरोधी आन्दोलन में सक्रिय रहे। टिहरी आन्दोलन के बीच से वे चुपचाप आ गये। उनकी सादगी, स्पष्टवादिता और विनम्रता औसत सर्वोदय कार्यकर्ताओं से अधिक रही है। बीज बचाओ आन्दोलन में वे सहयोग देते रहे। आज भी उनकी सक्रियता और संवेदनशीलता कायम है।

कुँवर प्रसून और प्रताप शिखर जहाँ अस्कोट-आराकोट अभियान की पहली टीम के सदस्य थे, वहीं वे छात्र युवा संघर्ष वाहिनी से जुड़े थे। टिहरी कॉलेज में अध्ययन और ठक्कर बापा छात्रावास में निवास के दौर में वे दोनों सुन्दरलाल बहुगुणा और सर्वोदय विचार के सम्पर्क में आये। दूसरी ओर जयप्रकाश नारायण ने उन्हें प्रभावित किया था। दोनों ने अपने नामों से जाति सूचक शब्द छात्र जीवन में ही हटा दिये थे। दोनों लेखन में सिद्धहस्त थे। प्रताप शिखर ने जहाँ गढ़वाली भाषा में लिखा तो कुँवर प्रसून एक पत्रकार के रूप में निखरते और ख्यातिप्राप्त होते गये।

इन दोनों के बिना टिहरी की ही नहीं चिपको की उत्तराखण्ड टीम अधूरी थी। हेंवलघाटी के तो वे आन्दोलनकुमार थे। उनके आगे धूम सिंह नेगी या सुदेशादेवी थीं तो पीछे विजय जरधारी, रामराज बडोनी और अन्य युवजन। हेंवलघाटी के अधिकांश चिपको नारे उनकी प्रतिभा की उपज थे। उनको समाज संस्कृति की समझ और चिन्ता थी। चिपको आन्दोलन के उतार और फिर टिहरी बाँध विरोधी संघर्ष के दौर में उन्हें पहली बार अपने बारे में सोचना पड़ा। क्योंकि अब उनके परिवार थे। इस समय प्रताप शिखर और विजय जरधारी के संस्था खोलने के प्रस्ताव पर प्रसून तथा धूम सिंह ने सहमति नहीं दी। पर वे हेंवलघाटी में संयुक्त कार्यक्रम करते रहे। स्वायत्त बने रहने का आदर्शवाद और संस्था में बँधने का द्वन्द्व बहुत दिनों तक चलता रहा। व्यावहारिकता के तकाजे ने प्रताप शिखर और विजय जरधारी को 1983 में उत्तराखण्ड जन जागृति संस्थान की स्थापना करने को विवश किया। विजय 1989 में संस्थान से अलग हो गये और प्रसून के साथ बीज बचाओ आन्दोलन को विकसित करते रहे।[97]

प्रसून की स्पष्टवादिता सुप्रसिद्ध रही है। वह अकेले थे जिन्होंने पत्रकार उमेश डोभाल के ख़िलाफ़ लेख लिखा था कि वह स्वयं पियक्कड़ था, अतः अपनी हत्या के लिए ज़िम्मेदार था। इसी तरह उत्तराखण्ड राज्य के प्रतिपक्ष में लिखने का साहस उन्होंने किया। वह दलित प्रश्नों पर बेवाक तरीके से लिखते रहे। वह सुन्दरलाल बहुगुणा, चण्डी प्रसाद भट्ट या शमशेर बिष्ट से बहस कर सकते थे। उनके जुझारूपन में एक ज़िद्दीपन सदा मौजूद रहा। बीज बचाओ अभियान के और विस्तार के लिए उन्होंने विजय जरधारी के साथ आराकोट से अस्कोट तक की अनेक किस्तों में यात्रा कर बीजों का अध्ययन और संग्रहण किया। अस्कोट-आराकोट अभियान 2004 में वह शामिल हुए और तब अनेक सन्दर्भों में नयी राय रखने लगे थे।[98]

विजय जरधारी अस्कोट-आराकोट अभियान 1974 के हिस्सेदार रहे। फिर उनका विकास भी प्रसून और शिखर की तरह हुआ। चिपको के बाद टिहरी बाँध विरोधी संघर्ष में वे सक्रिय रहे। बीज बचाओ आन्दोलन के वे आधार हैं। अत्यन्त गरीब पारिवारिक पृष्ठभूमि से निकलकर उन्होंने सामाजिक आन्दोलनों में शिरकत करने का साहस किया। वे अभी थके नहीं हैं, पहाड़ के बीजों को सुरक्षा दे रहे है और हेंवलघाटी को आवाज़ दिये हुए हैं। 'हेंवलिका' स्मारिका इन सबका सामूहिक स्वर था और सबके योगदान से इसका प्रकाशन होता था। शायद तीन ही अंक इसके निकल पाये थे। चिपको आन्दोलन के दौर में धूम सिंह नेगी ने 'चिपको बुलेटिन' निकालकर सबको सही सूचना देने का अभिनव प्रयोग किया था।

दरअसल धूमसिंह नेगी, कुँवर प्रसून, सुदेशादेवी, प्रताप शिखर और विजय जरधारी तथा अन्य कुछ महिलाएँ और युवा हेंवलघाटी की सुसंगठित टीम के सदस्य थे, जो पिछले 4 दशक से अधिक समय से लगातार सक्रिय हैं और न सिर्फ़ इस घाटी बल्कि टिहरी तथा उत्तराखण्ड के आन्दोलनों को ऊर्जा देते रहे हैं। अगर बारीकी से देखा जाय तो सुन्दरलाल बहुगुणा की यही टीम टिहरी के चिपको

आन्दोलनों का मुख्य स्वर, अभियन्ता और आधार थी। बहुगुणा ने एक पत्र में लिखा था कि वे हेंवलघाटी के कार्यकर्ताओं के आदेश की प्रतीक्षा करते हैं।[99]

गिरीश तिवारी गिर्दा तथा राजीव लोचन साह का चिपको से सम्पर्क और सम्बन्ध 1977 में बना। इसी साल अगस्त में 'नैनीताल समाचार' का जन्म हुआ जो अन्य अनेक प्रतिभाओं को जोड़ने वाला मंच बना। कोसी के किनारे स्थित ज्योली गाँव (अलमोड़ा) में जन्मे गिर्दा हाईस्कूल पास कर घर से भाग गये। विविध जीवनानुभवों के बाद वे 1967 में गीत और नाटक प्रभाग में कलाकार बने। 10 साल बाद इसी नैनीताल में वे दमन और दहशत के बीच गौर्दा का गीत लेकर नीलामियों के ख़िलाफ़ आन्दोलनकारियों के साथ खड़े और गिरफ़्तार हुए। फिर वे न सिर्फ़ चिपको आन्दोलन के बल्कि आगामी हर आन्दोलन के सांस्कृतिक स्वर बने। वे कवि, नाटककार और संगीतकार के अलावा फ़िल्मों में रोल अदा करते रहे। लोक के विशेषज्ञ के रूप में भी उन्हें भुलाया नहीं जा सकता है।

नैनीताल में जन्मे और साहित्य में रुचि रखने वाले राजीव लोचन साह सम्पादक-पत्रकार के साथ आन्दोलनकारी के रूप में सतत सक्रिय रहे और बाद में उत्तराखण्ड संघर्ष वाहिनी तथा उत्तराखण्ड लोक वाहिनी के विभाजन के गवाह बने। पर उन्होंने अपनी पत्रकारिता की स्वायत्तता को सदैव बचाये रखा। स्वयं की सक्रियता के दौर में भी उन्होंने 'नैनीताल समाचार' को स्वतन्त्र बनाये रखा। आपदा, कफल्टा काण्ड, पन्त नगर हत्याकाण्ड, नशा नहीं रोज़गार दो या उत्तराखण्ड आन्दोलन के समय 'नैनीताल समाचार' की टीम का काम ऐतिहासिक रहा।

अलमोड़ा-नैनीताल की चिपको टीम के अधिकांश सदस्य छात्र राजनीति से विकसित हुए थे। इन सभी की पृष्ठभूमि ग्रामीण रही। पूरन तिवारी, प्रदीप टम्टा, बालम जनौटी, जगत रौतेला, दीवान धपोला, चन्द्रशेखर भट्ट, षष्टीदत्त जोशी, पूरन चन्द्र तिवारी (पीसीटी), राजा बहुगुणा, निर्मल जोशी, विनोद पाण्डे, महेन्द्र बिष्ट, प्रकाश फुलोरिया आदि उस समय विश्वविद्यालय या नैनीताल पालीटैक्नीक के छात्र थे, जब चिपको आन्दोलन की प्रारम्भिक अभिव्यक्तियाँ प्रकट होने लगी थीं या 1974 में नैनीताल में जंगलों की नीलामी स्थगित करने में सफलता मिली थी। कुमाऊँ में चिपको की पहली सार्वजनिक अभिव्यक्ति का गहरा असर इन युवाओं के मनों पर था। इनमें पहले 5 अलमोड़ा कॉलेज छात्रसंघ के अध्यक्ष या सचिव रहे थे।

1974 के अस्कोट-आराकोट अभियान का युवाओं पर असर था। दरअसल इस यात्रा ने इनमें उत्साह और उत्सुकता दोनों भरी थी।[100] इसलिए उन्होंने ख़ुद 1975 से 1978 तक लगातार ग्रामीण क्षेत्रों की अध्ययन यात्राएँ की थीं। यात्राओं से उन्होंने ग्रामीण उत्तराखण्ड को इसके विविध रूपों में जाना। छात्रसंघों द्वारा परिसर से बाहर के विषयों में रुचि लेने और फिर उसे सामाजिक ज़िम्मेदारी के स्तर तक ले आने की शुरुआत इन युवाओं ने की। आपात्काल के समाप्त होने तक ये सभी युवा विश्वविद्यालय परिसरों में आ चुके थे। आन्दोलन में सीधी शिरकत न करने वाले पर आन्दोलन से गहराई से जुड़े प्रभात उप्रेती या भगवती नौटियाल जैसे युवा इन यात्राओं में थे, जो शिक्षक हो चुकने के बाद भी सक्रियता से भरपूर रहे।

अलमोड़ा-नैनीताल से चिपको आन्दोलन में शामिल हुए तीन युवाओं को अलग से देखना उचित होगा। ये हैं पूरन तिवारी, प्रदीप टम्टा और राजा बहुगुणा। सामान्य परिवारों से निकले ये युवा बाद में और परिपक्व होकर अनेक ज़िम्मेदारियाँ सँभालने में कामयाब रहे। 1990 के बाद इन युवाओं के विकास को या इनके द्वारा सामाजिक-राजनीतिक कर्म की दिशा के चयन को देखना रोचक होगा।

नैनीताल समाचार

मूल्य : ५० पैसे
वार्षिक : १० रुपया
यह अंक : ७५ पैसे

विशेष 'वन आन्दोलन' अंक चित्रों सहित

वर्ष १ अंक ६ बृहस्पतिवार १५ दिसम्बर १९७७/३० गते मार्ग शीर्ष संवत् २०३४

नैनीताल कांड

'नीं करि दी हालों हमरी निलामी नीं करि दी हालों हमरो हलाल'

जंगल फिर नीलाम नहीं

(शेष मध्यवर्ती पृष्ठों पर)

'नैनीताल समाचार' का वन अंक : 15 दिसम्बर, 1977

शमशेर बिष्ट के बाद पूरन तिवारी और प्रदीप टम्टा अलमोड़ा कॉलेज छात्र संघ में सक्रिय थे और उन्हें क्रमशः अलमोड़ा कॉलेज छात्र संघ का अध्यक्ष चुना गया था। वे परिसर की छात्र राजनीति को सामाजिक सरोकारों से लैस करने में कामयाब रहे। तिवारी तथा टम्टा दोनों सरकारी कर्मचारियों

के बेटे थे। दोनों उत्तराखण्ड संघर्ष वाहिनी के संस्थापक और प्रमुख पदाधिकारी, चिपको के बाद 'नशा नहीं रोज़गार दो आन्दोलन' के प्रमुख नेता तथा तवाघाट और कोटखर्रा के भूमि आन्दोलनों से लेकर शराब और भूमाफियाओं के ख़िलाफ़ लोगों को संगठित करने और ख़ुद उसमें महत्त्वपूर्ण हिस्सेदारी करने में पीछे नहीं रहे। ये दोनों कुछ अन्य के साथ संघर्ष वाहिनी को स्पष्ट वाम दिशा में ले जाना चाहते थे।

आगामी सालों में पूरन तिवारी तथा प्रदीप टम्टा उत्तराखण्ड संघर्ष वाहिनी के महत्त्वपूर्ण नेताओं के रूप में विकसित हुए। सामान्यतया यह माना जाता था कि वाहिनी के प्रारम्भिक सालों में चण्डी प्रसाद भट्ट और शमशेर बिष्ट के बाद पूरन और प्रदीप ही सर्वाधिक प्रभावशाली थे। दरअसल उनकी आक्रामकता ने एक ओर बिपिन त्रिपाठी के वाहिनी से बाहर जाने में योगदान दिया, दूसरी ओर अपने अतिवादी रुख से सर्वोदयी खेमे को शंकित कर दिया और तीसरी ओर 'नशा नहीं रोज़गार दो आन्दोलन' के दौर में उत्तराखण्ड क्रान्ति दल को चुनौती दे डाली। कर्मठता और महत्त्वाकांक्षा का समन्वय इन दोनों में था पर सबको साथ लेने का गुण वे विकसित नहीं कर पाये।

फिर उत्तराखण्ड संघर्ष वाहिनी के राजनीतिक दल बन जाने और विभाजन के बाद के ठहराव से उन्होंने अपने को खिन्न ही नहीं असामान्य और असहज स्थिति में पाया। इस तरह उनकी महत्त्वाकांक्षा उन्हें क्रमशः कांग्रेस के विधायक और सांसद तथा उत्तराखण्ड परिवर्तन पार्टी के संस्थापक अध्यक्ष तक ले गयी। उनकी ऊर्जा का बहुत-सा हिस्सा आरोप-प्रत्यारोप में अपव्यय हुआ। एक समय के बाद शमशेर बिष्ट इन दोनों को न तो कोई ज़िम्मेदारी दे सके और न ये सभी वाहिनी के अगले विभाजन को रोक सके।

जहाँ पूरन तिवारी ने 'जंगल के दावेदार' का सम्पादन किया वहीं प्रदीप टम्टा पूरे समूह में सबसे अधिक पढ़ाकू माने जाते थे। उनके विचारवान बनने के पीछे यह एक बड़ा कारण था। अपने सामाजिक से राजनीतिक क्षेत्र में जाने के संक्रान्ति काल में प्रदीप कुछ समय गिरि अध्ययन संस्थान, लखनऊ में शोधकर्ता रहे। फिर वे अम्बेडकर के विचारों के प्रभाव में आये। 1998 में वे कांग्रेस में आये और 2002 में विधायक तथा 2009 में संसद सदस्य चुने गये। 2016 में वे राज्यसभा के सदस्य बने। कांग्रेसी जनप्रतिनिधियों में वे शायद अकेले और पहले थे, जिन्होंने गैरसैण में राजधानी की स्थापना, तराई की भूमि की लूट बन्द करने; खनन, नशे और बाँधों के बारे में अपनी ही सरकार से लड़ाई लड़ी। सामान्यतया प्रतिपक्ष के नेता या प्रतिनिधि भी कभी इस तरह की भूमिका निभाते हुए नहीं देखे जाते। बिपिन त्रिपाठी तक इसमें किंचित् चूक गये थे। कम्युनिस्ट पार्टियों के ईमानदार और कर्मठ सदस्य अपनी पार्टियों के गलत निर्णयों की मुखालफत नहीं कर पाते थे।

यही काम पूरन तिवारी ने पहले उत्तराखण्ड संघर्ष वाहिनी, फिर उत्तराखण्ड जन संघर्ष वाहिनी के माध्यम से किया और अब उत्तराखण्ड परिवर्तन पार्टी के माध्यम से कर रहे हैं। प्रदीप तथा पूरन दोनों ने दमन, जेल यात्रा और अतिशय आन्दोलन वाले साल साथ बिताये। आज वे परस्पर विरोधी राजनीतिक धाराओं का प्रतिनिधित्व करते हैं।

राजा बहुगुणा प्रारम्भ में युवक कांग्रेस से जुड़े थे। 1977 में नैनीताल में जंगलों की निलामी के विरोध ने उन्हें रूपान्तरित कर दिया। पोस्ट ऑफिस में कार्यरत पिता के पुत्र राजा बहुगुणा जल्दी ही उत्तराखण्ड संघर्ष वाहिनी के प्रमुख कार्यकर्ता बन गये। उनका रुझान वाहिनी के कुछेक युवाओं की तरह सर्वोदय से अधिक वाम विचारों की तरफ़ था। वे उत्तराखण्ड संघर्ष वाहिनी को सामाजिक

आन्दोलनों के ध्वजवाहक संगठन से एक वामपन्थी संसदीय राजनीतिक संगठन में बदलना चाहते थे। वे संघर्ष वाहिनी के पहले विभाजन में मुख्य भूमिका निभाने वालों में थे। पहले इण्डियन पीपुल्स फ्रन्ट और फिर सीपीआई-एमएल (लिबरेशन) की स्थापना प्रक्रिया में वे वाहिनी के कुछ और सदस्यों के साथ शामिल थे।[101] जल्दी ही वे सीपीआई-एमएल (लिबरेशन) के मुख्य नेता बन गये और संसदीय चुनावों में उम्मीदवार बनाये गये।

जन संघर्षों में सक्रिय हिस्सेदारी के बावजूद चुनावी राजनीति में राजा बहुगुणा की पार्टी प्रभाव नहीं बना पायी। संघर्ष वाहिनी के विभाजन के निहितार्थों को वे तत्काल नहीं समझ सके। अन्य अनेक साथियों की तरह वे भूल गये कि सामाजिक संगठन और जन-आन्दोलन को एकाएक राजनीतिक दल में नहीं बदला जा सकता और न ही जन-आन्दोलन में हिस्सेदार समाज आन्दोलन के नेताओं के चुनाव उम्मीदवार बनने पर अपने आप वोट बैंक बन जाता है।

उत्तराखण्ड संघर्ष वाहिनी में विभाजन प्रदीप टम्टा और पूरन तिवारी से अधिक वाम विचारों वाले नये संगठन (इण्डियन पीपल्स फ्रण्ट) और वाहिनी में मौजूद उसके शुभचिन्तकों द्वारा शुरू किया गया। इस समय ये दोनों एक ओर और राजा बहुगुणा और उनके समर्थक दूसरी ओर थे। कहा जा चुका है कि विभाजन के समय (1982-86) वाहिनी की पिछले कुछ सालों में बनी ऊर्जा की विरासत का आधा हिस्सा मिल जाने की दोनों समूहों को उम्मीद थी। लेकिन दोनों समूहों को शून्य से शुरू करना पड़ा। आज ये दोनों समूह हाशिये पर न सही पर निर्णायक राजनीतिक शक्ति नहीं बन सके हैं। पहले विभाजन के बाद से वाहिनी को अनेक झटके झेलने पड़े हैं। आज यदि उत्तराखण्ड लोक वाहिनी को शेष उत्तराखण्ड संघर्ष वाहिनी कहा जाय तो वह भी अपने सामाजिक और राजनीतिक स्वरूप में से किसी एक को चुनने के द्वन्द्व से बाहर नहीं निकल सकी है।

बिपिन त्रिपाठी उत्तराखण्ड के विविध आन्दोलनों के सक्रिय कार्यकर्ता होने के साथ एक राजनीतिक नेता के तौर पर विकसित होते चले गये। समाजवादी कार्यकर्ता और पत्रकार के रूप में राजनीतिक जीवन शुरू करने वाले बिपिन कुमाऊँ क्षेत्र में जंगलात आन्दोलन के मुख्य कार्यकर्ता बने। उन्होंने अपने पत्र में जंगलात की ज्यादतियों का सप्रमाण प्रकाशन शुरू किया। 1974 में 'पर्वतीय वन बचाओ संघर्ष समिति' की स्थापना कुछ राजनीतिक कार्यकर्ताओं और छात्र-युवाओं के साथ की। कुमाऊँ में चिपको आन्दोलन का आधार यही समिति बनी। सितम्बर 1974 में नैनीताल में जंगलों की नीलामी को स्थगित कराने में यह समिति कामयाब रही। यह उत्तराखण्ड के किसी भी शहर में चिपको सम्बन्धी महत्त्वपूर्ण घटना बन गयी।

द्वाराहाट के एक शिक्षक दम्पति के बेटे बिपिन ने जंगलात के प्रश्न को समय पर समझा और यह उनके सामाजिक-राजनीतिक जीवन को बदलने वाला सिद्ध हुआ। आपातकाल में 22 महीने जेल में रह उन्होंने राजनीतिक कार्यकर्ताओं बल्कि देश को भी समझना शुरू किया था। उनमें आदर्शवादिता और व्यावहारिकता का अदभुत तालमेल था। अपने स्वाभाविक राजनीतिक स्थान जनता पार्टी को छोड़कर वे संघर्ष वाहिनी के संस्थापक सदस्य बने। उनका ग्रामीण आधार था और लोगों के लिए कुछ करने की इच्छा उनमें थी।[102]

उत्तराखण्ड संघर्ष वाहिनी में उनको व्यावहारिकता का अभाव दिखा। अपने से युवाओं और कम अनुभवी कार्यकर्ताओं द्वारा शंकित नज़र से देखे जाने पर एक बार उन्होंने सशस्त्र संघर्ष के दस्तावेज़ पर हस्ताक्षर किये थे। कुछ समय बाद उन्हें अपने लिए चुनाव की राजनीति की

अनिवार्यता महसूस होने लगी। उन्हें लगा कि इसी माध्यम से वे जन समस्याओं का समाधान निकाल सकेंगे। वे वाहिनी से उत्तराखण्ड क्रान्ति दल में चले गये, जिसे एक अधिक कर्मठ नेता का इन्तज़ार था। वे तमाम प्रश्नों के समाधान के लिए उत्तराखण्ड राज्य की स्थापना और उसके लिए संघर्ष को अनिवार्य मानने लगे।

चाँचरीधार चिपको आन्दोलन के एक महत्त्वपूर्ण स्तम्भ होने के बावजूद उन्हें उत्तराखण्ड क्रान्ति दल की ओर से तब पेड़ काटो आन्दोलन का नेतृत्व करना पड़ा, जब 1980 के वन अधिनियम के कारण सड़क निर्माण के अनेक कार्य रुक गये थे। ख़ुद उसे वे प्रतीकात्मक कहते थे पर वोट की राजनीति के तर्क पर उसके समर्थन में जाते थे। हालाँकि उन्होंने उत्तराखण्ड क्रान्ति दल को बड़ी सीमा तक सुसंगठित करने में सफलता पायी, पर वे उसे स्पष्ट दिशा नहीं दे पाये। दुर्भाग्य से 1994 के उत्तराखण्ड आन्दोलन के समय वे अपनी प्रतिभा का अपेक्षित इस्तेमाल नहीं कर पाये।

1996 से 2002 तक उत्तराखण्ड क्रान्ति दल ने चुनावी राजनीति का क्षेत्र कांग्रेस और भारतीय जनता पार्टी के लिए छोड़ दिया था और जब 2000 में राज्य बनने के बाद 2002 में पहले चुनाव हुए तो उत्तराखण्ड क्रान्ति दल को 70 में से मात्र 4 स्थान मिले, जिनमें वे स्वयं भी थे। बिपिन त्रिपाठी विधायक बनने के बाद भी लड़ाकू बने रहे और इस हेतु अक्सर वे अपने 'समाजवादी तथा चिपको संस्कारों' का ज़िक्र करते थे।[103] उनकी असमय मृत्यु ने न उनके दल को पूर्ववर्ती रूप में बचे और बने रहने दिया और न उस विचार को जिसे पल्लवित करने के लिए वे इस दल में गये थे।

बालम जनोटी अलमोड़ा के दूरस्थ गाँव से निकले युवक थे। 1974 की अस्कोट-आराकोट यात्रा के समय वे अलमोड़ा में बी.टी.सी. कर रहे थे। शमशेर बिष्ट से इस यात्रा का वर्णन सुनकर वे सामाजिक बदलाव के कार्यों में शामिल हो गये। वे अलमोड़ा कॉलेज छात्र संघ के तब महासचिव बने, जब पूरन तिवारी अध्यक्ष। यह लड़ाकू जोड़ी सर्वाधिक आक्रामक सामाजिक-राजनीतिक जुगलबन्दी के लिए प्रख्यात हुई। कभी जेल के बाहर, कभी जेल के भीतर और कभी भूमिगत होकर वे सरकार-प्रशासन से जूझते रहे। उन दिनों उत्तराखण्ड के कुछ हिस्सों में एक छापामार लड़ाई का भान होता था।[104]

बालम झिरौली स्थित अलमोड़ा मैगनेसाइट के मज़दूर आन्दोलन से जुड़े। उन्हें 'प्रच्छन्न कांग्रेसी' कहा जाता था लेकिन निश्चय ही वे अधिक स्वायत्त और साहसी व्यक्ति थे। बाद में वे अलमोड़ा में स्थापित हुए। उन्होंने कुछ समय 'तराण' नामक पत्र निकाला। नगरपालिका अलमोड़ा के अध्यक्ष बने। कुछ चुनाव लड़े और 'कुमाऊँ राज्य' की बात भी की।[105] फिर एकाएक एक दिन वे अपने गाँव चले गये। असमय ही उनकी मृत्यु हो गयी। बालम को अलमोड़ा शहर भी नहीं बदल सका। उनकी ग्रामीण 'लटैक' आजन्म बनी रही और अपनी आक्रामकता के भीतर वे रचनात्मकता और संवेदना छिपाये हुए थे। बहुत से लोगों को आज विश्वास नहीं होता है कि बहुत समय तक भूमिगत, फिर जेल में रहने वाला यह व्यक्ति कविता लिखता था और फ़ोटो भी खींचता था।[106]

योगेश बहुगुणा उत्तराखण्ड के उन सर्वोदयी कार्यकर्ताओं में रहे जो बहुत विवेक सम्मत तरीके से विभिन्न विषयों पर सोचते थे। उन्होंने अनेक बार सर्वोदयी नेतृत्व से असहमतियाँ प्रकट की थीं और आन्दोलन के तरीकों के बारे में भिन्न राय दी थी। रानीचौरी के चिपको आन्दोलन में वे सक्रिय रहे और संघर्ष वाहिनी के संस्थापकों में थे। संगठन के स्वरूप, भूख हड़ताल तथा चिपको की अकेली पारिस्थितिक व्याख्या पर वे अलग तरीके से सोचते थे। भूख हड़ताल पर उनकी असहमति का ज़िक्र हो चुका है। अपने एक पत्र में उन्होंने लिखा था कि चिपको को किसी परिणाम पर पहुँचना हो तो

पहले आम सहमति के मुद्दों पर ही जोर देना पड़ेगा। पारिस्थितिक के साथ आर्थिक और प्रबन्धकीय पक्ष देखने होंगे।[107] उनमें एक प्रकार का आदर्शवाद भी दिखायी देता है।

उत्तराखण्ड संघर्ष वाहिनी के सक्रिय ग्रामीण कार्यकर्ता और रंगोड़ी-ध्याड़ी चिपको आन्दोलन के मुख्य आधार मोहन सिंह मूलतः छात्र युवा कार्यकर्ताओं के सम्पर्क से निकले थे। अलमोड़ा-पिथौरागढ़ मार्ग में ध्याड़ी के पास चमतोला गाँव में बिशनसिंह और तारादेवी के घर साधारण परिवार में जन्मे मोहन की प्रारम्भिक शिक्षा गाँव में ही हुई। फिर पर्वतीय युवा मार्चा के दौर में अलमोड़ा के छात्र समूह के सम्पर्क में आये। यही सम्पर्क उनके चिपको आन्दोलन से और उत्तराखण्ड संघर्ष वाहिनी से जुड़ने का सूत्र बना। 1977-78 में उन्होंने रंगोड़ी-ध्याड़ी में चिपको आन्दोलन चलाया और जबर्दस्त दमन के बीच विचलित नहीं हुए। उनका विवाह आन्दोलन के बीच हुआ और उत्तराखण्ड संघर्ष वाहिनी की तत्कालीन नीति के कारण उन्हें गिरफ़्तारी देनी पड़ी और बहुत दिनों तक जेल की यातना सही। वे उस दौर में दुर्लभ गैर-विद्यार्थी आन्दोलनकारी के रूप में जेल में रहे। पर मोहन सिंह के समाज ने अपने विरोध के जरिये उनको मुक्त करा लिया।

युवाओं की बड़ी टीम उन्होंने ध्याड़ी, दन्या, धौलादेवी क्षेत्र में विकसित कर ली थी। सबसे अधिक समय तक चलने वाली वन श्रमिक समिति उनके क्षेत्र चमतोला में थी। पर फिर जंगलात आन्दोलन के उतार के बाद इस टीम को उभरने और सक्रिय होने का मौक़ा 1984 के नशा नहीं रोज़गार आन्दोलन के समय मिला। संघर्ष वाहिनी के विभाजन के साथ यह सक्रियता सिमटने लगी।

सुदर्शन कठैत चिपको की प्रारम्भिक अभिव्यक्तियों के हिस्सेदार थे। रेणी, चाँचरीधार आन्दोलन के साथ वृक्षारोपण अभियानों में उनकी हिस्सेदारी रही। बाद के समय में वे एक साथ गैर-सरकारी संगठन का संचालन और विभिन्न राजनीतिक पार्टियों में विचरण करते रहे। पर कार्यकर्ता से नेता के रूप में विकसित होने का मौक़ा उन्हें चिपको आन्दोलन ने ही दिया। अनेक चुनावों को लड़ने तथा विभिन्न राजनीतिक दलों में रहने का अनुभव उन्होंने लिया। एक प्रकार से बड़ी सीमा तक संघर्ष वाहिनी के कार्यकर्ताओं की सी मनःस्थिति उनकी भी रही।

चिपको के अन्य हिस्सेदारों में षष्टीदत्त भट्ट जागेश्वर मन्दिर के पुजारी थे। कहते थे कि चिपको आन्दोलन से नहीं जुड़ते तो पूजा करते और दक्षिणा वसूलते बस। चिपको ने हमें ज़िम्मेदार मनुष्य बनाया।[108] नीलामियाँ स्थगित करने में सक्रिय महेन्द्र मटियानी कुमाउंनी भाषा के कवि और बाद में 'जन जागर' नामक पत्र के संस्थापक-सम्पादक रहे। दीवान मटियानी तब इलाहाबाद विश्वविद्यालय में शोधछात्र थे। कपिलेश भोज छात्र थे और एक रचनाकार के रूप में विकसित हो रहे थे। बाद में वे साहित्यकार, सम्पादक और शोधार्थी के रूप में प्रतिष्ठित हुए।

जसवन्त सिंह बिष्ट प्रारम्भ में औद्योगिक मज़दूर नेता, फिर समाजवादी कार्यकर्ता और ब्लाक प्रमुख, तत्पश्चात उक्रांद के विधायक तथा अध्यक्ष रहे। नशा नहीं रोज़गार दो आन्दोलन में वे जुटे रहे और विधान सभा में बार-बार बोले पर बाद में उक्रांद की आन्तरिक राजनीति ने उन्हें बाहर कर दिया। वे समाजवादी दल में जाकर चुपचाप अस्त हो गये। इसी तरह चन्दन सिंह राणा बम्बई से लौटकर ग्रामीण कामरेड बने और अनेक सालों तक भाकपा के ज़िला सचिव रहे। कमलाराम नौटियाल से उन्होंने हर संघर्ष में कन्धा मिलाया। विश्वम्भरनाथ शाह 'सखा' कांग्रेस के बाद कम्युनिस्ट पार्टी में रहे। वे चित्रकार, फ़िल्म निर्देशक और अल्पना विशेषज्ञ भी हैं। जसवन्त सिंह बिष्ट की तरह जंगल निलामी के विरोध में पूरनसिंह मेहरा तथा हरीश रावत 1974 में सक्रिय थे। इसी से उनकी नयी

पहचान बनी पर आपातकाल के बाद वे जंगलात आन्दोलन में उपस्थित नहीं रहे। बाद के सालों में मेहरा विधायक और रावत मन्त्री और मुख्यमन्त्री बने। इस पैरा में वर्णित अनेक व्यक्ति नैनीताल में नीलामी विरोध में साथ थे। फिर इनमें से कुछ प्रत्यक्ष आन्दोलन में नहीं आये।

दयाल भण्डारी मजनू रोपण अभियान में सक्रिय रहे। वे कवि, चित्रकार, फ़ोटोकार भी थे। हरीश करायत अलमोड़ा मैगनेसाइट की ट्रेड यूनियन में रहे तो खड़क सिंह खनी आन्दोलन के बाद दुकानदारी और पत्रकारिता में भी रमे। उन्होंने शुरू में कुछ उपन्यास लिखे। देहान्त से पहले उन्होंने अपनी आत्मकथा लिखी। चन्द्र सिंह कार्की शिक्षक बने तो चन्द्रशेखर भट्ट ने राजनीतिक कार्य के साथ ग्रामीण आत्मनिर्भरता के अनेक प्रयोग किये और अभी भी कर रहे हैं। राजीवनयन बहुगुणा पत्रकार-टिप्पणीकार बने। इसी तरह महेन्द्र बिष्ट ने मैच बाक्स उद्योग और निर्मल जोशी ने प्रेस खोली। बाद में वकालत की। विनोद पाण्डे वन और जीवों के जानकार के रूप में विकसित हुए। त्रिलोक सिंह रौतेला, जो चाँचरीधार आन्दोलन में सक्रिय रहे, ने उत्तराखण्ड में चकबन्दी पर एक पुस्तिका लिखी।[109] शिव नयाल संस्कृतिकर्मी के रूप में विकसित हुए और कहते हैं कि चिपको ने 'बाबूगिरी या पलटण में फिट हो जाने से बचा लिया'।[110] चिपको आन्दोलन के उतार और संघर्ष वाहिनी के विभाजन ने बहुत से कार्यकर्ताओं को अधर में लटका दिया। अनेको ने नये रास्ते खोजे, जिनकी चर्चा अन्यत्र की गयी है। अनेक विधायक चिपको के प्रति संवेदनशील थे पर जिन चारों ने चिपको तथा अन्य आन्दोलनों को जबर्दस्त समर्थन दिया वे थे इन्द्रमणि बडोनी, गोविन्द सिंह नेगी, प्रतापसिंह पुष्पाण और जसवन्त सिंह बिष्ट। संसद सदस्य के साथ मुख्य मन्त्री और केन्द्रीय मन्त्री के रूप में हेमवतीनन्दन बहुगुणा का योगदान भी कम नहीं था।

गौरा देवी के बाद एक नज़र चिपको आन्दोलन की अन्य महिला कार्यकर्ताओं पर डाली जा रही है। इनमें सुदेशा देवी एक अत्यन्त महत्त्वपूर्ण नाम है। सुदेशा को अविभाजित पंजाब में पैदा होने का सौभाग्य मिला, जहाँ उनके पिता कार्यरत थे। पिता को विभाजन के समय लौटना पड़ा। एक खुलापन और प्रारम्भिक शिक्षा उन्हें मिली, जो चिपको आन्दोलन के तमाम कार्यकर्ताओं में उन्हें अलग पहचान देती है। चिपको आन्दोलन की किसी और महिला कार्यकर्ता से वे कम प्रबुद्ध नहीं थीं। उनका सा साहस अनेक पुरुष कार्यकर्ताओं में नहीं था।[111]

नरेन्द्रनगर की जंगल नीलामी का विरोध करते समय वे अपने साथियों के साथ गिरफ़्तार हुईं। हवालात के बाद उन्हें अनेक दिनों तक अपने साथियों के साथ जेल में रहना पड़ा। जेल से लौटने पर उन्होंने कहा कि हमारे जीवन में इतनी अधिक कठिनाइयाँ हैं कि जेल के बाहर भी एक जेल ही है। अतः जेल के भीतर जाने से अधिक फ़र्क़ नहीं पड़ता है। इस तरह का स्पष्ट वक्तव्य 1994 के उत्तराखण्ड आन्दोलन के समय भी दुर्लभ बना रहा जबकि शहादतों का सिलसिला चला था और बलात्कार हुए थे।

उनके साथ हेंवलघाटी के संघर्षों में सक्रियता से शामिल सौपा देवी या बचनी देवी आन्दोलन के दौर में ही विकसित हुई थीं। फिर सुदेशा, बचनी देवी और सौपा देवी ने नेतृत्वकारी भूमिका निभायी। पर मूली देवी, जौमा देवी और झाबरी देवी का योगदान भी महत्त्व का है। बचनी देवी ने अपने प्रभावशाली पति, जो ग्राम प्रधान के साथ ठेकेदार समर्थक थे, से टक्कर ली और सौपा देवी ने गाँव के तमाम ठेकेदार समर्थकों से। बचनी देवी अपने पति की दूसरी पत्नी थी। इस तरह उन्होंने अपना अस्तित्व ही दाँव पर लगा दिया था। पर उनके पति उनके काम को स्वीकृति दे सके। दलित झाबरी देवी की लड़ाई अधिक जटिल और कठिन थीं। उन्हें परिवार और समाज से साथ-साथ लड़ना

था। ये सामान्य महिलाएँ उस क्षेत्र से थी, जहाँ 1949 तक सामन्ती शासन था और आज भी पुरुष वर्चस्व समाप्त नहीं हुआ है। चिपको आन्दोलन के दौर में उनके व्यक्तित्व विकसित हुए।

इसी तरह भ्यूँढार की कुन्ती देवी, बल्पी देवी, कौशल्या देवी, गैणी देवी, गीता देवी, पवित्रा देवी, लखमा देवी, शरादी देवी तथा सौणी देवी; जनोटी-पालड़ी की कान्ती देवी, बचुली देवी, बसन्ती देवी, लक्ष्मी देवी; डूँगरी-पैन्तोली की गायत्री देवी, पार्वती देवी, मथुरा देवी तथा मालती देवी; चाँचरीधार-द्वाराहाट की जीवन्ती देवी, पार्वती देवी तथा लछिमा देवी; बडियारगड़ की सुलोचना देवी, नन्दी देवी, साम्भवी देवी आदि सामान्य परिवारों की अत्यन्त समझदार और साहसी महिलाएँ थीं। इनमें से अधिकांश ने पहली बार किसी आन्दोलन में भाग लिया था और ये पूरी तरह से ग्रामीण समाज की प्रतिनिधि थीं। कौसानी से जाकर बडियारगढ़ चिपको तथा टिहरी बाँध विरोधी आन्दोलन में भाग लेने वाली दीक्षा बिष्ट भी सामान्य पर सम्पन्न परिवार की बेटी थीं।

बाद के सालों (1984-90) में साहस, समझ और सुसंगठन का परिचय देने वाली बछेर की कलावती देवी तथा राधादेवी रावत;[112] मालई (नन्दीसैंण) महिला मंगल दल की अध्यक्ष शान्तादेवी;[113] उर्गम की बौणी देवी या जान्दरिया (उफरैखाल) की बसन्ती देवी तथा अन्य महिला मंगल दलों ने अपने पूर्ववर्तियों की तरह ही संवेदना और साहस का परिचय दिया था। कलावती देवी तथा बौणी देवी अभी भी सक्रिय हैं और ग्रामीण, स्थानीय तथा अन्यत्र आयोजित शिविरों और सम्मेलनों में निरन्तर भाग लेती हैं। 1988 में इन महिलाओं ने मण्डल में वन निगम के कटान के विरुद्ध आन्दोलन किया था।[114]

राधा बहन तथा उनकी सहयोगी बसन्ती बहन ने एक भिन्न तरह की भूमिका निभायी। वे आन्दोलनों में इस तरह शिरकत करती रहीं कि लोग आगे दिखें और वे पीछे। यह पहले नशाबन्दी आन्दोलन में उन्होंने सरला बहन के नेतृत्व में किया और फिर खनन विरोधी आन्दोलनों, कोसी के जलागम के गाँवों के बाँज के जंगलों को बचाने के अभियान तथा नदी बचाओ अभियान में भी। राधा बहन ने नशा नहीं रोज़गार दो आन्दोलन में अन्य सर्वोदयी कार्यकर्ताओं के विपरीत शिरकत की जबकि वे संघर्ष वाहिनी से संगठनात्मक रूप से नहीं जुड़ीं थीं। राधा बहन टिहरी बाँध विरोधी संघर्ष में भी गयीं थीं। उन्होंने स्थानीय तथा राष्ट्रीय अभियानों से साथ-साथ सम्बन्ध बनाये रखा। कमला पन्त नशा नहीं रोज़गार दो आन्दोलन से निकली कार्यकर्ताओं में सतत सक्रिय मानी जा सकती हैं। पर वे और उनके सहयोगी महिला मंच को सम्भावनाओं के बावजूद आगे नहीं ले जा सके हैं। वे निष्क्रिय भी कभी नहीं रहे। इस अध्ययन में इसके विस्तार में जाना सम्भव नहीं है।

अन्य अनेक महिलाएँ बाद में पर्यावरण शिविरों तथा सम्मेलनों में जाती रहीं। पर सामान्यतया इनमें से अधिकांश महिलाओं को अपने गाँव से बाहर निकलने का मौक़ा नहीं मिला था। 1996-98 की अवधि में जब मैं विधिवत भेंटवार्ता करने गया था, इनमें से अनेक को अपनी इस महत्त्वपूर्ण भूमिका का अन्दाज़ा ही न था। उनको किंचित् आश्चर्य हुआ कि उनकी भूमिका को याद किया जा रहा है। उन्हें चिपको आन्दोलन और 1994 के उत्तराखण्ड आन्दोलन में हिस्सेदारी के फ़र्क़ का बोध था। कुछ महिलाओं ने कहा भी कि उत्तराखण्ड आन्दोलन में सभी जा रहे थे पर चिपको के समय आन्दोलन में जाना वास्तव में कठिन और साहस भरा था। अधिकांश महिलाओं ने कहा कि उनसे कोई पहली बार इस तरह की बातचीत करने आया है। जबकि रेणी की महिलाएँ आगन्तुकों से परेशान थीं, क्योंकि हर कोई उनसे एक से सवाल पूछता था।[115] पत्रकार या विशेषज्ञ

चुनिन्दा जगहों पर गये और बहुत कम लोगों से मिले। अनेक बार बिना मिले ही चिपको और उसमें हिस्सेदारी करने वालों पर लिखा गया। इस कारण सामान्य कार्यकर्ताओं और महिलाओं का मानस और अन्तस समग्रता में नहीं पकड़ा जा सका।

सन्दर्भ

1. चिपको पर सबसे रोचक बहस 'सेमिनार' के अंकों में हुई जब जे. बन्द्योपाध्याय तथा वन्दना शिवा का बहुत जगह और बहुत तरह से छपा या छपने वाला लेख सेमिनार (फ़रवरी 1987) में छपा। रामचन्द्र गुहा ने वनान्दोलनों के इतिहास के साथ चिपको का प्रारम्भिक इतिहास प्रस्तुत करते हुए अपने तर्क दिये (सेमिनार, जून 1987)। इस पर बन्द्योपाध्याय तथा शिवा ने और लम्बा प्रतिवाद अन्त में यह लिखते हुए भेजा कि 'वो कहते काग़ज़ की लेखी, हम कहते आँखन की देखी' (सेमिनार, अगस्त 1987)। अधूरी आँखन देखी के जवाब में गुहा ने अधिक तर्क सम्मत टिप्पणी भेजी (सेमिनार, नवम्बर 1987) पर बन्द्योपाध्याय तथा शिवा ने अपनी सीमाओं तथा पूर्वग्रह को स्वीकार नहीं किया। इधर के सालों में बन्द्योपाध्याय ने अपने चिपको सम्बन्धी लेखों में बहुत से संशोधन किये हैं।
2. वन्दना शिवा ने उन प्रमुख महिलाओं के नाम गिनाये हैं जिन्होंने चिपको प्रतिरोध को सम्भव बनाया। ये थीं : मीरा बहन, सरला बहन, विमला बहन, हिमा देवी, गौरी देवी, गंगा देवी, बचनी देवी, इतवारी देवी, चामुना देवी (Vandana Shiva, 1988 : 68)। वे गौरा देवी तो दूर बचनी देवी के साथी सुदेशा देवी, सौपा देवी, मूली देवी, जौमा देवी और झाबरी देवी का ज़िक्र तक नहीं करती हैं।
3. शास्त्री कमेटी, सनवाल कमेटी रपटें
4. गिरीश तिवारी तथा शेखर पाठक, 1978, आज का पहाड़; पलाश विश्वास, कब तक सहती रहेगी तराई?, नैनीताल समाचार, 15 जनवरी, 1978 : 6-7, 9; 1 जनवरी, 1979 : 3, 11; 1 फ़रवरी, 1979 : 6; 15 मार्च 1979 : 6; 1 अप्रैल, 1979 : 8
5. शेखर पाठक, 1985, नशा एक षड्यन्त्र है : 11; Shekhar Pathak, 1985, Intoxication as a Social Evil, *EPW*, 10 August : 1362
6. Shekhar Pathak, 1985, Intoxication as a Social Evil, *EPW*, 10 August : 1362
7. प्रकाश पाठक, जनप्रतिनिधित्व और राजनीतिक दल, *पहाड़ 16-17* : 554-55
8. देखें : सरला बहिन को और उनके द्वारा सुन्दरलाल बहुगुणा, चण्डी प्रसाद भट्ट तथा धूम सिंह नेगी को लिखे पत्र (परिशिष्ट में)
9. सरला बहन का राधा बहन को 27 जुलाई, 1968 को लिखा पत्र, तुम्हारी ही बहिनजी (सरला बहिनजी के पत्र) : 101-102
10. इस क्रम में मानसिंह रावत की भूटान यात्रा, चण्डी प्रसाद भट्ट की कश्मीर और बनारस यात्रा, सुन्दरलाल बहुगुणा की उत्तराखण्ड यात्रा, सरला बहिन की दक्षिण भारत यात्रा तथा राधाबहन और विमला बहुगुणा की क्षेत्रीय यात्राओं को देखा जा सकता है।
11. सुन्दरलाल बहुगुणा, भूदान यज्ञ : 15 जनवरी, 1973 : 245-46
12. रमेश पहाड़ी, दशौली ग्राम स्वराज्य मण्डल
13. भेंटवार्ता : चण्डी प्रसाद भट्ट
14. भेंटवार्ता : शमशेर बिष्ट
15. द्रोणाचल प्रहरी : 1 जुलाई, 1975
16. देखें : बिपिन त्रिपाठी की जेल डायरी, नैनीताल समाचार : 1 जून, 15 जून, 1 जुलाई, 15 जुलाई, 1978
17. जैसे जबरन नसबन्दी यानी परिवार नियोजन के बहुत मामले सामने आये। दुकानदारों से सामान लेकर पुलिस द्वारा उसका दाम न देने, ड्राइवरों से वसूली, सामान्य जनहित के मुद्दों को उठाने वालों से बदसलूकी हुई। इसी तरह पुलिस ने बड़कोट में सर्वोदय कार्यकर्ता सुरेन्द्र दत्त भट्ट को अफीम सम्बन्धी मामले में जबरन फँसाया था।
18. सामान्यतया यह माना जाने लगा था कि अनिल अग्रवाल या अनुपम मिश्र चिपको के चमोली केन्द्रित हिस्से को तथा शिवा बन्द्योपाध्याय, भारत डोगरा और पांडुरंग हेगड़े टिहरी केन्द्रित हिस्से को केन्द्र में रखते थे। इसको जेराल्ड बैरीमैन ने भी समझ लिया था कि चिपको के विदेशी विवरण 'बहुगुणा ग्रुप' पर ही सूचना और विश्लेषण के लिए निर्भर थे (Gerald D. Berreman, 1987, Chipko : A Movement to Save the Himalayan Environment and People, typed ms)
19. Ramachandra Guha, 1983, Forestry in British and Post British India : A Historical Analysis, *EPW*, 29 October and 5-12 November; Guha, Unquiet Woods, Chapter 7
20. अनुपम मिश्र, चिपको आन्दोलन
21. Vandana Shiva, Jayanto Bandyopadhyay, 1986, Chipko-India's Civilisational Response to the Forest Crisis; Thomas Weber, 1988, Hugging the Himalaya; Maria Mies and Vandana Shiva, 1993, Ecofeminism :

246-250; Pandurang Hegde, 1988, आदि अध्ययनों में चिपको की अन्य और एकदम स्वायत्त अभिव्यक्तियों का ज़िक्र तक नहीं है।

22. Anil Agrawal, 1975, 'Ghandhis' Ghost Saves the Himalayan Trees, New Scientist, 67 : 386-87
23. Vandana Shiva, Jayanto Bandyopadhyay, 1986, Chipko-India's Civilisational Response to the Forest Crisis
24. State of India's Environment : The First Citizen's Report, 1982 : 42-43; State of India's Environment : The Second Citizen's Report, 1984-85, Comments : XII-XIII
25. Anil Agrawal and Sunita Narayan, 1990, Community Forestry by the Chipko Movement in Chamoli (Uttar Pradesh) : 36-45 in *Strategies for the Involvement of the Landless and Women in Afforestation : Five Case Studies from India A Technical Co-operation Report,* ILO, Geneva
26. वन्दना शिवा और जयन्ता बन्द्योपाध्याय (10) ने चिपको के 'आर्थिक' से 'पारिस्थितिक' हो जाने को मई 1977 में बताया जबकि इन नारों के रचनाकार कुँवर प्रसून इनका पहले पहल प्रयोग 2 जनवरी, 1978 को बताते हैं (कुँवर प्रसून, चिपको : 45)। अर्थशास्त्री की हैसियत से चिपको पर लिखने वाले डी.डी. तिवारी भी चिपको के कितने ही तथ्यों से सुपरिचित नहीं होने से चिपको के आर्थिक और पर्यावरणीय पक्षों की सुस्पष्ट व्याख्या नहीं कर सके (देखें : D.D. Tiwari, The Chipko : The Dialectics of Economics and Environment, *Dialectic Anthropology* 20, No. 2 : 133-165)
27. सरला बहन का धूम सिंह नेगी को 5 फ़रवरी, 1977 को लिखे पत्र का अंश : 'मैं स्वभाव और आदत से शिक्षिका हूँ–आन्दोलनकारी या प्रचारक नहीं हूँ। तथा सुन्दरलाल जी के सत्याग्रह के तकनीक को समझने में अक्सर मुझे बहुत कठिनाई होती है। और जो आपका तरीका है–अभी तक-वह मुझे उचित लगा। आप व्यापक तौर पर इसमें श्रद्धा और आध्यात्मिक भावना लाने की कोशिश कर रहे हैं–वह अच्छी बात है'
28. भेंटवार्ता : बिपिन त्रिपाठी
29. भेंटवार्ता : इन्द्रमणि बडोनी
30. देखें : उत्तराखण्ड संघर्ष वाहिनी का 1977 का घोषणा-पत्र
31. Anup Kumar, The Making of a Small State : 112-123; Zakir Hussain, Uttarakhand Movement :135-162
32. आनन्दसिंह बिष्ट का चण्डी प्रसाद भट्ट को 22 अप्रैल, 1976 का पत्र
33. Bill Atkin, Seven Rivers : 58; भेंटवार्ता : घनश्याम सैलानी
34. Richard Teylor's (Producer BBC) letter to Chandi Prasad Bhatt dated 5 June, 1978
35. इसका नया उदाहरण जॉर्ज अल्फ्रेड जेम्स की किताब है (George Alfred James, 2013, Ecology is Permanent Economy)
36. शेखर पाठक, नशा एक षड्यन्त्र है तथा Shekhar Pathak, Intoxicaion as a Social Evil, *EPW,* 10 August, 1985 : 1365
37. सरहदी : 12 अक्टूबर, 1970
38. भेंटवार्ता : आनन्द सिंह बिष्ट
39. भेंटवार्ता : चण्डी प्रसाद भट्ट तथा शमशेर बिष्ट
40. वी.एन. जुयाल का चण्डी प्रसाद भट्ट को 24 जनवरी, 1978 का पत्र
41. सुन्दरलाल बहुगुणा, 1974, चिपको आन्दोलन, गढ़वाल सभा, सहारनपुर : 3
42. Sundarlal Bahuguna, 1987, The Chipko : A People's Movement in Raha, *The Himalayan Heritage :* 242-43
43. भेंटवार्ता : घनश्याम सैलानी, कुँवर प्रसून तथा शमशेर बिष्ट
44. कमलाराम नौटियाल, मेरा जीवन मेरा संघर्ष : 28-30
45. Routledge, P. (1993). Terrains of Resistance : Nonviolent Social Movements and the Contestation of Place in India
46. Anup Kumar, The Making of a Small State : 12-16
47. देखें : G.D. Berreman, 1985, Chipko : Non Violent Direct Action to Save the Himalayas, in *South Asian Bulletin 5 (2)* : 8-13; Martin J. Haig, 1987, Understanding Chipko : The Himalayan Peoples Movement for Forest Conservation, 10 July, *International Journal of Environmental Studies :* 1-27; Haripriya Rangan, Rewriting *Chipko* into Himalayan History
48. भेंटवार्ता : कुँवर प्रसून
49. भेंटवार्ता : धूम सिंह नेगी, चन्द्रसिंह राही तथा कमलाराम नौटियाल
50. भेंटवार्ता : शमशेर बिष्ट, पूरन तिवारी तथा राजीवलोचन साह; विविध पर्चे और पुस्तिकाएँ

51. देखें : सुन्दरलाल बहुगुणा का विभिन्न साथियों को राइट लाइवलीहुड तथा जमुनालाल बजाज पुरस्कार राशि के उपयोग बाबत दिनांक 12 दिसम्बर, 1992 का पत्र

52. कुँवर प्रसून को 14 मार्च, 1982 के रविवार में बँधुवा मज़दूरों पर प्रकाशित उनके लेख के लिए जून 1983 में प्रतिष्ठित 'समता पुरस्कार' दिया गया था। नवभारत टाइम्स, दिनमान, रविवार के बाद उन्होंने युगवाणी में नियमित रूप से लिखा।

53. चिपको तथा फ्रांसिस्को 'चीको' मैन्डे के नेतृत्व में ब्राजील के जंगलात आन्दोलन की तुलना हेतु देखें : Ramachandra Guha, 2000, Environmentalism A Global History : 115-124

54. भेंटवार्ता : शमशेर बिष्ट; शमशेर बिष्ट, गिर्दा राजनीतिक व्यक्ति था, पहाड़ 19 : 82-83

55. भेंटवार्ता : कुँवर प्रसून

56. दिनमान, 6 मई, 1973 : 28 तथा 20 मई, 1973 : 29-30

57. दिनमान, 3 अक्टूबर, 1971 : 24-25; 3 सितम्बर, 1972 : 14; 15 अप्रैल, 1973 : 21-22 तथा 1 जुलाई, 1973 : 13-14

58. भेंटवार्ता : प्रताप शिखर, शमशेर बिष्ट, कुँवर प्रसून आदि

59. भेंटवार्ता : वीरेन डंगवाल; उत्तराखण्डी जीवन पर लिखा गया कथा साहित्य सावधानी से एक सहयोगी ऐतिहासिक स्रोत के रूप में इस्तेमाल किया जा सकता है। धीरेन्द्र अस्थाना (समय एक शब्द भर नहीं है), बटरोही (थोकदार किसी की नहीं सुनता), सुभाष पन्त (पहाड़ चोर); विद्यासागर नौटियाल (यमुना के बागी बेटे), नवीन जोशी (दावानल), आनन्द बल्लभ उप्रेती (उत्तराखण्ड आन्दोलन में गधों की भूमिका), त्रेपनसिंह चौहान (यमुना तथा ब्वारी) से सामाजिक आन्दोलनों; मनोहरश्याम जोशी (कसप), रमेशचन्द्र शाह (गोबर गणेश) से कस्बाती परिदृश्य; हिमांशु जोशी (कगार की आग तथा सुराज), क्षितिज शर्मा (उकाव), गोपाल उपाध्याय (एक टुकड़ा इतिहास) तथा पंकज बिष्ट (उस चिड़िया का नाम) आदि से जाति व्यवस्था तथा महिला स्थिति सहित ग्रामीण यथार्थ की विभिन्न पर्तों तथा उत्तराखण्ड के जीवन के अनेक पक्षों को पकड़ा जा सकता है। स्वयं चंडी प्रसाद भट्ट ने सामाजिक कार्य तथा चिपको के अनुभवों पर एक उपन्यास 'प्रतिकार के अंकुर' लिखा था। चिपको के सन्दर्भ में धीरेन्द्र अस्थाना (समय एक शब्द भर नहीं है), नवीन जोशी (दावानल) तथा त्रेपन सिंह चौहान (यमुना) के उपन्यासों को देखा जा सकता है।

60. फिर चिपको पर लिखने वाले बढ़ते चले गये : जैसे अनुपम मिश्र, अनिल अग्रवाल, रघुवीर सहाय, थॉमस वेबर, भारत डोगरा, वंदना शिवा, जयन्ता बन्धोपाध्याय, माधव गाडगिल, रामचन्द्र गुहा, जी.डी. बैरीमन, बीना अग्रवाल, अखिलेश्वर पाठक, मुकुल शर्मा, सुनीता नारायण, डी.डी. तिवारी, माधव आशीष, सुमी कृष्ण चौहान, पी.पी. करन, पाण्डुरंग हेगडे, मार्टिन जे. हेग, हरिप्रिया रंगन, अन्तजा लिंकनबाक, के. शिवरामकृष्णन, अरुण अग्रवाल, अजय रावत, शरदचन्द्र लेले, ई. सोमनाथन, धीरेन्द्र डंगवाल, शुभ्रा गुरुरानी, अमित मित्र तथा मनीषा आर्याल आदि अनेक नाम लिए जा सकते हैं।

61. चिपको आन्दोलन में हिस्सेदारी करने के कारण अलमोड़ा कॉलेज के छात्र प्रकाश तिवारी को चयन के बावजूद नौकरी में नहीं लिया गया था। ऐसा ही 1962 के दमन के समय लोक कलाकार संघ के कलाकारों के साथ हुआ था। जहाँ मोहन उप्रेती आदि को ज़िला बदर किया गया वहीं फ़ौज में लेफ्टिनेंट पद के लिए अलखनाथ उप्रेती का चयन निरस्त कर दिया गया था। देखें— मोहन उप्रेती, कुछ खट्टी कुछ तीती यादें; विद्यासागर नौटियाल, मोहन गाता जाये; भेंटवार्ता : अलखनाथ उप्रेती

62. विभिन्न आन्दोलनकारियों से भेंटवार्ता

63. भेंटवार्ता : रमेश पहाड़ी, धनश्याम सैलानी, प्रदीप टम्टा, मोहन सिंह, बालम जनोटी, कुँवर प्रसून आदि

64. हरारी का कथन देखें : " In order to mount a revolution, members are never enough. Revolutions are usually made by small networks of agitators rather than by the masses. If you want to launch a revolution don't ask how many people support my ideas, instead ask your self how many of my supporters are capable of effective colloboration" (Yuval Noah Harari, 2015, Homo Deus : A Brief History of Tomorrow : 109)

65. J. Hall, 1994, Eco Feminism and Geography, Master's Thesis, Virginia Politec State University, USA

66. नैनीताल समाचार : 15 अप्रैल, 1979 तथा युगवाणी के तत्कालीन अंक

67. Fong, Lohfoon, 1996, 'Mother Nature's Protector', *The Star*, Selangor, (Malayasia), January 23; Jayanta Bandyopadhyay, 1999, Chipko Movement : Of Floated Myths and Flouted Realities, *EPW*, 10 April : 882

68. Jardhari et al (1996) : Letter dated May 1, 1996, from Vijay Jardhari and other Chipko Activists of Tehri Garhwal to the editor of *The Star*, Selangor

69. धन सिंह राणा, संघर्षनामा : 12-15

70. सरला देवी, 1976, व्यावहारिक वेदान्त : एक आत्मकथा : 178-179

71. पर्वतीय नवजीवन आश्रम के संस्थापकों में धर्मानन्द नौटियाल, कामेश्वरप्रसाद बहुगुणा, वीरेन्द्रदत्त सकलानी, शंकरदत्त डोभाल तथा सत्यशरण असवाल आदि भी थे (कामेश्वरप्रसाद बहुगुणा, लोकचक्षु : 31 तथा 49)।
72. Bharat Dogra, 1993, Living for Others : Vimla and Sunderlal Bahuguna, Delhi
73. Jack Ives and Bruno Messerli, The Himalayan Dilemma : xxiv
74. भेंटवार्ता : कुँवर प्रसून
75. Ramachandra Guha, 2008 (2006), The Subaltern Ecology of Chandi Prasad Bhatt in *How Much Should A Person Consume* : 175-189
76. देखें : चण्डी प्रसाद को मीरा बहन का 10 नवम्बर, 1974, स्वामीनाथन का 14 जुलाई तथा 1 अगस्त, 1981, मोस्टाफ टोल्बा का 27 मार्च, 1986, माधव आशीश का 12 सितम्बर, 1986, अनिल अग्रवाल का 6 अक्टूबर, 1985 का पत्र। कवि भवानी प्रसाद मिश्र ने लिखा था कि 'चिपको आन्दोलन से भट्ट जी का वही सम्बन्ध है जो देह का प्राण से, नदी का जल से या वृक्ष का वन से हो सकता है' भूमिका, प्रतिकार के अंकुर
77. देखें भूमिका और असहमति नोट : Report of the National Forest Commission, 2006, Ministry of Environment and Forests, GoI : 421; इसी तरह की राय उन्होंने दूसरी कमेटी में भी रखी थी। देखें : Action Plan for Forestry Sector for the Next Twenty Years, 2001
78. Report of the National Forest Commission, 2006, Ministry of Environment and Forests, GoI : 421
79. भट्ट, चण्डी प्रसाद, 1987, लोगों को सौपं दीजिए जंगल, जनसत्ता, 31 दिसम्बर
80. देखें : Chandi Prasad Bhatt, 1990, Heading for Disater, *Illustrated Weekly of India,* September 23 : 7; Ranjana Mathur, 1990, Messiah of the Mountains, *Illustrated Weekly of India,* September 2 : 20-23; चण्डी प्रसाद भट्ट, 1990, प्रधानमन्त्री के नाम पाती, जनसत्ता, 26 फ़रवरी; बम की तरह फटेगा चोरबाड़ी ग्लेशियर, जागरण : 2 अगस्त, 2009
81. शेखर पाठक, 1999, घनश्याम सैलानी-विद्रोह, कविता और मुस्कान, *पहाड़ 9-10* : 413-16
82. घनश्याम सैलानी का चण्डी प्रसाद भट्ट को 5 जनवरी 1997 का पत्र, *पहाड़ 9-10* : 416-17
83. भेंटवार्ता : घनश्याम सैलानी
84. भेंटवार्ता : गोविन्दसिंह रावत; धन सिंह राणा
85. शेखर पाठक, जोशीमठ का कामरेड, नैनीताल समाचार : 9 फ़रवरी, 1999
86. भेंटवार्ता : गोविन्दसिंह रावत
87. भेंटवार्ता : रमेश पहाड़ी, मुरारीलाल
88. रमेश पहाड़ी, 1988, चिपको का एक बुनियादी सवाल, *हिन्दुस्तान,* 15 अप्रैल
89. विस्तार के लिए देखें : कमलाराम नौटियाल, मेरा जीवन मेरा संघर्ष
90. पहली गलतफ़हमी शायद आपातकाल में हुई। उसे ठीक करने हेतु आनन्द सिंह ने चण्डी प्रसाद भट्ट को 22 अप्रैल 1976 को पत्र लिखा था। दूसरी बार 1980 के बाद हुई, जब वे अलग राह में चले गये। 8 फ़रवरी 1990, के पत्र में वे अलग होकर भी भट्ट से बमियाला शिविर में आने का आग्रह कर रहे थे।

    1973 में जब नरेन्द्र सिंह भण्डारी को यह शक हुआ कि चण्डी प्रसाद उनके विरोधी हो गये हैं तो आनन्द सिंह उन्हें बता रहे थे कि उनकी सूचना गलत है। देखें : भण्डारी के आनन्द सिंह को 9 अगस्त, 1973 तथा 1 दिसम्बर, 1973 के पत्र तथा आनन्द सिंह का भण्डारी को 11 दिसम्बर, 1973 का पत्र
91. Gopa Joshi, 1981, Chipko Movement : Community Opposes Activists, Manushi, No. 7 (later in 1996 the article was published in the volume In Search of Answers : 153-157)
92. भेंटवार्ता : गौरादेवी, जून 1984
93. रमेश पहाड़ी, दशौली ग्राम स्वराज्य मण्डल
94. रमेश पहाड़ी उक्त
95. अनुपम मिश्र, चिपको आन्दोलन : 53 (निश्चय ही यह चिपको आन्दोलन के प्रारम्भिक फ़ोटो में से एक है और अनुपम मिश्र का लिया है)
96. पहाड़ 14-15, अआअ अंक : 92-96
97. कुँवर प्रसून, 1995, बीजों की विरासत, जाजल (टिहरी); जरधारी, विजय, 2007, बारहनाजा-समृद्धशाली पारम्परिक कृषि विज्ञान, रायगढ़
98. कुँवर प्रसून, पहाड़ अआअ अंक : 38-45; भेंटवार्ता : कुँवर प्रसून; शेखर पाठक, कुँवर प्रसून–एक ज़िद्दी, जिंदादिल और जुझारू साथी, 2006, युगवाणी, सितम्बर : 6-7

98. सुन्दरलाल बहुगुणा का दिनांक 20 फ़रवरी, 1978 को चण्डी प्रसाद भट्ट को लिखा पत्र
100. भेंटवार्ता : प्रदीप टम्टा, पूरन तिवारी, निर्मल जोशी, विनोद पाण्डे, षष्टीदत्त जोशी आदि
101. खड़क सिंह खनी : 101-7, 178-189
102. बिपिन त्रिपाठी के जीवन के विविध पक्षों हेतु देखें : चारु तिवारी, 2007, विपिन त्रिपाठी और उनका समय, द्वाराहाट
103. भेंटवार्ता : बिपिन त्रिपाठी
104. पी.सी. तिवारी, बालम जनोटी : करला है जाल, नि करला रै जाल, *पहाड़ 18* : 259-262
105. भेंटवार्ता : बालम जनोटी
106. पी.सी. तिवारी, 2012, बालम जनोटी : करला है जाल, नि करला रै जाल, पहाड़ 18 : 259-262; शेर सिंह बिष्ट 'अनपढ़' तथा बालम जनौटी का संयुक्त कविता संग्रह देखें और 'तराण' के अंक भी बालम की रचनात्मकता समझने में मदद देंगे।
107. सरला बहन को योगेश बहुगुणा का 9 मार्च, 1978 का पत्र
108. भेंटवार्ता : षष्टीदत्त भट्ट
109. जैतसिंह किरौला, 2009, उत्तराखण्ड में चकबन्दी : कल्पना और यथार्थ, म्यर पहाड़, दिल्ली
110. शिव नयाल का 5 जून, 1997 का पत्र
111. भेंटवार्ता : कुँवर प्रसून; Bharat Dogra, 1992, Forests, Dams and Survival in Tehri Garhwal : 44
112. हिन्दुस्तान : 15 अप्रैल, 1988; Interview with Kalawati Devi by Indrani Chaudhary in *Women's Link*, Vol 4, No. 1, January-March, 1998 : 45-53 (SAT, New Delhi)
113. अमर उजाला : 10 मार्च तथा 4 जुलाई 1988; अनिकेत : 19 जुलाई, 1988
144. हिन्दुस्तान : 15 अप्रैल, 1988
115. भेंटवार्ता : बालीदेवी

12

चिपको : आर्थिक और पारिस्थितिक

चिपको आन्दोलन के आर्थिक और पारिस्थितिक पक्ष अपनी मूल मंशा में कभी अलग नहीं रहे। ये अविभाज्य थे। चिपको का आर्थिक और पारिस्थितिक पक्ष इतना अन्तःसम्बन्धित था कि इन्हें एक ही सिक्के के दो पहलू या एक ही विचार के दो सूत्रों की तरह लिया जाना चाहिए। इनको अलग करना और देखना दरअसल संरक्षण और हक़-हकूकों या 'पारिस्थितिकी' और 'आर्थिकी' को प्रतिद्वन्द्वी मानना है। सदियों में स्थानीय ग्रामीणों ने जंगलों की सुरक्षा और सन्तुलित इस्तेमाल की पद्धति विकसित की। जिन क्षेत्रों में ज़रूरत पड़ी 'लठ पंचायतें' बनायी गयी, जिन्हें 1921 के जंगलात आन्दोलन के दबाव से पुनर्जीवित किया गया। पंचायतों के प्रबन्धन में जिस तरह की पद्धति और परम्परा विकसित की गयी थी, उससे जंगलों के सन्तुलित दोहन और जनतान्त्रिक प्रबन्धन की प्रक्रिया सामने आती है। औपनिवेशिक काल में ही दूरदराज के आरक्षित जंगलों पर अधिकार जताना समाज ने स्वतः ही कम कर दिया था।

चिपको आन्दोलन चर्चित हुआ तो अनेक लोग अपनी चर्चा के लिए इससे जुड़ने लगे। 1978 के बाद चिपको के अधिकांश कार्यकर्ताओं ने एकाएक एक नयी और बिल्कुल नयी शब्दावली सुननी शुरू की। कहा जाने लगा कि अदवाणी के आन्दोलन के बाद चिपको एकाएक 'आर्थिक' से 'पारिस्थितिक' हो गया। वन्दना शिवा के शब्दों में तो एक साथ 'पारिस्थितिक' और 'स्त्रीवादी' यानी 'इको फेमिनिस्ट' हो गया।[1] कुछ लोगों ने इस नये चिपको के लिए 'गहन पारिस्थितिकी' यानी 'डीप इकोलॉजी' शब्दावली का प्रयोग किया।[2] स्वयं सुन्दरलाल बहुगुणा ने 'पारिस्थितिकी को ही स्थायी आर्थिकी' कहना शुरू किया।[3] कुछ और विशेषज्ञ इसे 'धार्मिक इकोलॉजी' कहने लगे। राजस्थान के जिस महत्त्वपूर्ण बिश्नोई प्रतिरोध का नाम तब तक (1978) उत्तराखण्ड में नहीं सुना गया था, उसे 1973 में चिपको आन्दोलन का प्रेरक होना बताया गया।[4] चिपको से धार्मिक विश्वासों को जोड़ना भी शुरू हुआ।[5]

लगने लगा जैसे जंगलों की कोई आर्थिक भूमिका है ही नहीं। जैसे जंगल के उत्पादों पर मनुष्य की निर्भरता समाप्त हो सकती है। जब 1977 के अन्तिम दिनों में 'क्या हैं जंगल के उपकार, मिट्टी पानी और बयार, मिट्टी पानी और बयार, ज़िन्दा रहने के आधार' नारे अभी बन ही रहे थे तो स्वयं कुँवर प्रसून चिपको आन्दोलन का आधार नहीं भूले थे, बल्कि वे 'लीसा, लकड़ी और व्यापार' का इसी तर्ज में जवाब ढूँढ़ रहे थे। क्योंकि पहले, तब और आज पहाड़ी किसान, पशुचारक या सामान्य ग्रामीण के लिए चारा-पत्ता, जलावन, कन्दमूल, जड़ी-बूटी, रेशा-रंग, खाद तथा दार (मकान बनाने हेतु) जंगल के सबसे बड़े उपकार थे, हैं और रहेंगे। यह व्यावहारिकता का स्वाभाविक तकाजा है। ज़रूर औपनिवेशिक और फिर आज़ाद भारत की सरकार के लिए जंगल का मायना लीसा, लकड़ी और व्यापार था। पर यह नहीं कहा जा सकता है कि इसमें समाज शामिल नहीं था। दार्शनिक रूप से मिट्टी, पानी और बयार इतने स्वतः सिद्ध महत्त्व के होकर भी अगले ही क्रम में आते हैं।[6] अदवाणी का नारा अवश्य चिपको आन्दोलन का एक महत्त्वपूर्ण नारा था पर इसे सिर्फ़ महिलाओं का मानना उनकी सहजता और स्वाभाविकता के साथ ज्यादती होगी। यह प्रचार हेतु उर्वर समझा गया आयाम हो सकता है पर सामाजिक असलियत नहीं।

शिवा को ये नारे चिपको आन्दोलन के एकाएक 'आर्थिक' से 'पारिस्थितिक' ही नहीं 'महिलावादी' हो जाने के संकेत लगे। पर उनकी दृष्टि में यह नहीं आया कि एक पहाड़ी महिला व्यावहारिक होने के बाद ही दार्शनिक हो सकती है, यदि यह ज़रूरी है तो। सुमी कृष्ण ने शायद इसे समझा कि प्रबुद्धजन किस तरह आम लोगों के मुद्दे छीन लेते हैं।[7] पहाड़ की महिला रक्षा सूत्र बाँधती रही तो पीपल, बड़, बाँज, पइयाँ या शिलंग के पेड़ों को। चीड़ के पेड़ों को रक्षा सूत्र महिलाओं ने पहले कभी नहीं पहनाये थे, न बाद में ही। यहाँ आन्दोलन क्षेत्र में क्योंकि चीड़ ही चीड़ था तो रक्षा पहनानी पड़ी। महिलाओं ने यदि बाँज, पइयाँ, पद्म या बुराँस को लेकर गीत गाये तो यह उनके आर्थिक-पारिस्थितिक और सौन्दर्यगत महत्त्व से जुड़ा था। उनके लिए आर्थिक-पारिस्थितिक विभाजन बेमानी था। जब बचनी देवी से पूछा गया कि जंगल क्यों बचाया तो उनका उत्तर था, 'अपनी ख़ातिर बचाया। यह रहेगा तो हम रहेंगे, जानवर रहेंगे और पक्षी रहेंगे'।[8] जंगलों से इतने करीब का रिश्ता होने के कारण निश्चय ही वे अनेक पुरुषों से जंगल के मामलों में ज़्यादा जानकार थीं और यह ज्ञान वे परम्परा से प्राप्त करती रही थीं। लेकिन जंगलों की सुरक्षा और इस्तेमाल वे सिर्फ़ अपनी ओर से नहीं पूरे समाज की ओर से करती थीं।

उत्तराखण्ड में औपनिवेशिक काल में पुरुषों के प्रवास में जाने के कारण बहुत से दैनन्दिन कार्य महिलाओं को अतिरिक्त रूप से करने पड़ते थे। जंगलों से जुड़े अनेक कार्य महिलाओं के हिस्से अधिक आने लगे। इस तरह खेती, पशुपालन तथा कुटीर उद्योग से पहले से ही अभिन्न महिलाएँ अब जंगलों के विभिन्न पक्षों को ज़्यादा जानने लगीं। इससे पहाड़ी जीवन में जंगलों की केन्द्रीयता और महत्त्व उनकी समझ में और गहराई से आने लगा। यहीं से वे जंगलों के पारिस्थितिक और आर्थिक आयामों को अपनी नज़र से देखने लगी। अकालों के समय यह अनुभव बढ़े कि जंगल कैसे खाद्य पदार्थ (कन्द, मूल तथा फल) देकर उनकी मदद करते हैं। यह तथ्य उनके मन में बैठना स्वाभाविक था कि जंगलों की हिफ़ाज़त उनके अपने अस्तित्व की हिफ़ाज़त है। यह समझ पारिस्थितिकी और आर्थिकी को संयुक्त रूप देती थी। यानी समाज इनमें से किसी एक से नहीं चल सकता था। न ही वह किसी एक को चुन सकता था। इस तरह चिपको एक दार्शनिक आन्दोलन है और टिकाऊ

अर्थव्यवस्था का अभ्यास भी। 'गहन पारिस्थितिकी' दार्शनिक रूप से आकर्षक है परन्तु आर्थिक रूप से बिल्कुल असम्भव।[9]

चिपको के कार्यकर्ता योगेश बहुगुणा ने तभी बहुत स्पष्टता से लिखा था कि, 'पहले हमें आम सहमति के मुद्दों पर ही ज़ोर देना पड़ेगा। केवल इकोलाजिकल एप्रोच एकांगी है। अर्थव्यवस्था के साथ भी उसकी संगति बिठानी होगी। इकोलॉजी और इकोनॉमी में संघर्ष न होकर समन्वय है। चिपको आन्दोलन के तीन पक्षों पर विचार करने की आवश्यकता है—इकोलॉजिकल, इकोनॉमिक तथा प्रबन्धकीय'।[10]

यह कहा जा सकता है कि प्राचीन साहित्य/वेदों की रचना के दौर से लेकर स्वतन्त्रता संग्राम तक प्रकृति तथा जंगलों से जुड़े तमाम पक्ष सामाजिक रचना प्रक्रिया और सामाजिक स्मृति में आते रहे हैं।[11] सदियों के अन्तराल में मनुष्य या इस अध्ययन क्षेत्र के सन्दर्भ में पहाड़ी समाज में यह समझ बनी होगी कि जंगलों की तुलना किसी खनिज, धातु या तेल से नहीं की जा सकती है। इन सबकी एक सीमा है। क्योंकि इनमें पुनर्जनन की प्रक्रिया सम्भव नहीं है। जंगल अपने पुनर्जनन, पुनरुत्पादन के विशिष्ट गुणों के कारण फैल सकते हैं, सघन हो सकते हैं, नये और महत्त्व की प्रजाति के आगमन के लिए राह बना सकते हैं। जंगल कितनी ही तरह की भूमिका अदा कर सकते हैं। यह अस्तित्व रक्षा से संस्कृति तक फैले हुए हैं। जंगलों की जनजातीय या पर्वतीय जीवन में एक स्वाभाविक केन्द्रीयता है, इसमें दो राय नहीं हो सकती है।

देवकीनन्दन पाण्डे ने जब 1924-25 में यह लिखा था कि 'जो हमारे जंगल छीनता है वह हमारे प्राण वेधता है' तो यह जंगलों से पर्वतवासियों के रिश्ते की गहराई और नजाकत को सामने रख देता है। मनुष्य की विकास यात्रा में यह माना जाता है कि अनेक जगह चरागाहों, खेती और फिर वसासतों की स्थापना या समुदायों के फैलने के दौर में सबसे बड़ी शहादत जंगलों ने दी। फिर भी जंगलों ने अन्य वनस्पतियों और जीवों की विविधता और अन्तःसम्बन्ध को बनाये रखा। चौड़ी पत्ती के जंगलों ने गैर-काष्ठ (नान-टिम्बर) प्रजातियों की विविधता और प्रचुरता को कायम रखा। इसी तरह ये अनेक जीव प्रजातियों (फौनल स्पेसीज), पक्षियों तथा अन्य नन्ही प्रजातियों की जीवन स्थली बने रहे।

उत्तराखण्ड के गीतों में तरह-तरह से पेड़ों की महिमा गायी गयी है। वह पेड़ बाँज, शिलंग, पइयाँ या आम, काफल और बेड़ू का हो सकता है। पीपल और बट के पेड़ों से तो पहले ही व्यापक पवित्रता जुड़ चुकी थी और इन पेड़ों को सुरक्षा सूत्र मनुष्य अपनी रक्षा के लिए बाँधता रहा है, पेड़ की नहीं। ये टिम्बर प्रजातियाँ नहीं रहीं। पइयाँ जाड़ों में खिलने के कारण एक दुर्लभ प्रजाति है पर उसकी टहनियों से खेती के औजार (विशेष रूप से दराँती के हत्थे आदि) बनते रहे हैं, जैसे कि बाँज या कि चमखड़िक के पेड़ों से खेती के अन्य उपकरण।

यदि बीसवीं सदी के पहले जंगलात आन्दोलन की पड़ताल की जाय तो रोचक पक्ष सामने आते हैं। 1907 से 1942 के दौर में यह कहा जा सकता है कि आधुनिक पारिस्थितिक जानकारी अथवा चेतना आज की तुलना में कम थी। पर पारम्परिक ज्ञान के भीतर संरक्षण से जुड़ी बहुत-सी समझदारियाँ मौजूद थीं, जो स्वाभाविक रूप से सामाजिक-सांस्कृतिक विकास का हिस्सा थीं। वह चेतना आज की तरह नहीं हो सकती थी। लेकिन वह बिल्कुल नहीं थी यह नहीं कहा जा सकता है। जंगलों के खेती, पशुपालन, पशुचारण, वैद्यकी, कुटीर उद्योग तथा लोक संस्कृति से सीधे और गहरे रिश्ते थे। किसानों और पशुचारकों को इसकी सीधी और गहरी समझ थी। औपनिवेशिक अधिकारी

जानते थे कि अकाल के समय पहाड़ी किसान जंगल के संसाधनों से ही जीवन कायम रखते थे। उनके औसत अच्छे स्वास्थ्य से जंगलों तथा नदी-तालों का सम्बन्ध था।[12] उनके गीत-संगीत तथा संस्कृति के कितने ही पक्ष जंगलों से सीधे जुड़े थे।[13]

पहले जंगलात आन्दोलन के समय लिखे गये दो वक्तव्यों से पहाड़ी किसान, जिसमें महिलाएँ आधारभूत हिस्सा हैं, की समझ और सम्मति को स्पष्ट महसूस किया जा सकता है। यह न सिर्फ़ जंगलों के जीवन से जुड़े होने का संकेत बल्कि अपनी जड़ों को जंगलों में ढूँढ़ने की तरह था। अध्याय तीन तथा अध्याय आठ में दिया गया संग्रामी कवि गौर्दा का गीत इस रिश्ते को और विस्तार तथा गहनता से 1926 में प्रकट कर चुका था और गीत की अतिशय ऊर्जा 1977-80 और बाद में भी लगातार काम आती रही। लोक रचनाओं से इतर पेड़ कैसे किसी कवि की रचनाओं में आ रहा है, यह गौर्दा की कविता से लगता है। यह एक आर्थिक और पारिस्थितिक संसाधन का सांस्कृतिक संसाधन बनना था। जैसे पेड़ तीनों संसाधनों के रूप में एक साथ प्रयुक्त हो रहा हो।[14]

पहले जंगलात आन्दोलन का पहला वक्तव्य इस प्रकार था :

> ''यह जानना ज़रूरी है कि कृषि का जंगलात से कैसा घनिष्ठ सम्बन्ध है। प्रथम जंगलों से हमारा जलवायु शुद्ध होता है, जिससे खासकर कृषकों का स्वास्थ्य कृषि करने योग्य बनता है। दूसरा हमारे वन कृषि के निमित्त बहुधा जल वर्षाते हैं। तीसरा पहाड़ों में वन नहीं होते तो भूमि कृषि के योग्य कदापि नहीं रहती। चौथा इन्हीं जंगलों से उपयोगी चौपायों का पालन करते हैं। पाँचवाँ लकड़ी की चीज़ें, काग़ज़, गौंद, दियासलाई, जड़ी-बूटी, कस्तूरी, पशमीने, चुटके आदि सब सामान जंगलों से ही प्राप्त होता है।''[15]

उक्त टिप्पणी में पहली बार घोषित रूप से जंगलों को हवा, मिट्टी और पानी सहित अनेक सामानों का स्रोत बताया गया था। उसी दौर में एक सप्ताह बाद एक स्वतन्त्रता सेनानी ने लिखा था :

> ''पहाड़ी देशों में सभी जगह खेती से जंगलों की अधिकता है। जंगल ही उनकी जायज़ाद हैं। जंगल छीनना उनकी जायज़ाद छीनना है। ...हमारा प्रधान आर्थिक साधन कृषि है। गोपालन परिपूरक है। अन्य गौंण हैं। पहाड़ी प्रदेशों की खेती खाद पर ही निर्भर रहती है। खाद के मुताबिक ही अन्न की उपज होती है। खाद का होना न होना गोवंश की वृद्धि पर अवलम्बित है। गोवंश की वृद्धि जंगलों की सुव्यवस्था पर अवलम्बित है। गोवंश की वृद्धि और जंगलात का मातृ सम्बन्ध होने से जंगलों का हमारी कृषि से बहुत नज़दीकी रिश्ता है। ...जंगलात प्रधानतः, गौणतः और सर्वतः हमारी आर्थिक उन्नति के आधार हैं।''[16]

लगभग आधी सदी के बाद चिपको आन्दोलन ने यही शब्दावली किंचित् नये परिप्रेक्ष्य में इस्तेमाल की। लेकिन बीच में इसी तरह की शब्दावली देश के आज़ाद होने के समय स्थानीय पत्रों में प्रयुक्त की गयी थी।[17] अध्याय चार में विस्तार से 1959 में कुजजास के माध्यम से आये जंगलात सम्बन्धी सुझावों के सार में बताया जा चुका है कि जंगलों की सुरक्षा और हक़-हक़ूकों की एक साथ बात की गयी थी। पंचायतों में प्रतिनिधित्व ठीक करने, वन पंचायत अधिकारियों को नियुक्त करने, टिहरी ज़िले में रियासती ज़माने से चले आ रहे सोयम जंगलों को पुनः पंचायतों को दिये जाने, जंगलों का नया बन्दोवस्त करने, जंगलविहीन वन क्षेत्र में भूमिहीनों को खेती हेतु ज़मीन देने,

सहकारी समितियों को लीसे और जड़ी-बूटी का काम करने, जंगलों में अनियमित और अनियन्त्रित शिकार बन्द करने सहित तमाम माँगों में जंगलों की पारिस्थितिकी और उनके संसाधनों के सन्तुलित इस्तेमाल की बात लगातार दोहराई जाती रही। यानी पारिस्थितिकी और आर्थिकी का द्वन्द्व कहीं न था। ये दोनों सदैव एक-दूसरे के पूरक की तरह प्रकट होते रहे।

1972 में उत्तराखण्ड के महत्त्वपूर्ण सामाजिक कार्यकर्ता बन चुके और जंगलात पर विस्तृत समझ रखने वाले सुन्दरलाल बहुगुणा ने स्वयं लिखा था :

> "उत्तराखण्ड के विकास का कार्यक्रम वन केन्द्रित होना चाहिए। ...वन सम्पदा की सुरक्षा के लिए स्थानीय जनता को प्रत्यक्ष लाभ पहुँचाने की दृष्टि से ही नहीं है, बल्कि देश की सुख और स्मृद्धि के लिए भी आवश्यक है। राष्ट्रीय वन नीति के अनुसार पर्वतीय क्षेत्रों में 60 प्रतिशत वन होने चाहिए। ...बहुद्देश्यीय बाँध योजनाओं की सफलता के लिए वनों का विस्तार और संरक्षण आवश्यक है। बाँधों को हिमनदों से निकलने वाली नदियों के अलावा उनकी सहायक नदियों से भी पानी मिलेगा। इन नदियों के उद्‌गम सघन वनों में हैं। जैसे-जैसे ये वन कटते जा रहे हैं, ये स्रोत भी पतले पड़ते जा रहे हैं। ...सबसे पहली आवश्यकता मौजूदा वननीति में आमूलचूल परिवर्तन करने की है। ठेकेदारी प्रथा तत्काल समाप्त होनी चाहिए और उसके स्थान पर वन क्षेत्रों के निवासियों और वनों के विकास के लिए वन विभाग को उत्तरदायी बनना चाहिए...
>
> "...रोज़गार की सर्वाधिक सम्भावनाएँ तो वनाधारित उद्योगों में हैं। आज वनों से प्राप्त कच्चे माल पर आधारित सभी उद्योग—लीसा, काग़ज़ और लकड़ी का चिरान एवं प्लाइवुड-तराई के नगरों में है। ...विशेषज्ञों की राय है कि वनसम्पदा पर आधारित उद्योग वनों के जितने अधिक निकट होंगे, उतनी ही अधिक वनों की सुरक्षा हो सकेगी। ...बड़े उद्योग पर्वतीय क्षेत्रों में सम्भव नहीं हैं। इसीलिए विभिन्न उँचाइयों के लिए वहाँ पर उपलब्ध कच्चेमाल से छोटे उद्योगों का विकास आवश्यक है... ।"[17]

चिपको आन्दोलन ने 1972 से ही वन संरक्षण और उसके कुशल प्रबन्धन और उपयोग के तर्क लगातार सामने रखे थे। मण्डल और फाटा के बाद रेणी में महिलाओं की ओर से स्पष्ट कहा गया था कि जंगल उनका मायका है और माँ से उन्हें सब कुछ मिलता है। माँ की हिफ़ाज़त ज़रूरी है। इसी से हमें लकड़ी, घास, जड़ी-बूटी और सब्ज़ी मिलती है। जंगल हमें घर बनाने के लिए ही नहीं खेती और व्यापार हेतु इस्तेमाल होने वाले यन्त्रों के लिए सामग्री देते हैं। इन जंगलों में हमारे देवी देवता विराजते हैं और पूर्वज भी। यह जंगल कटेंगे तो हमारे बगड़ बह जायेंगे।[18]

रेणी में वास्तव में महिलाओं के अन्तर्मन से जंगल की असली और गहरी परिभाषा बाहर छलक आयी थी और सार्वजनिक हो गयी थी। जंगल से ग्रामीण जीवन के तमाम अन्तःसम्बन्ध स्पष्ट रूप से प्रकट हो गये थे। इससे पहले उन्हें कभी अपने जंगल को परिभाषित करने की ज़रूरत नहीं पड़ी। यह शब्दावली वास्तव में पुरुषों के मुख से नहीं निकल सकती थी और न यह पुरुषों द्वारा पहले से रची गयी थी। यह गहरी बात संकट और प्रतिरोध की घड़ी में गौरा देवी और साथियों के मन से निकली थी। इसमें स्पष्ट रूप से पारिस्थितिकी, आर्थिकी और माँ या महिला मुखरता स्पष्ट दिखायी देती है। यह तत्त्व एक-दूसरे के स्वाभाविक पूरक के रूप में प्रकट हुए थे। यानी जंगलों की आर्थिक

और पारिस्थितिक महत्ता और महिलाओं का उनके करीब होना। रेणी, लाटा आदि के सन्दर्भ में इसे अन्तजा लिंकनबाक सहित अनेक शोधकर्ताओं ने ग्रामीण महिलाओं की पारिस्थितिक चेतना के रूप में पकड़ लिया था,[19] पर यह चिपको आन्दोलन में प्रारम्भ से ही रहा संरक्षण या पारिस्थितिक चेतना का आधार सूत्र था, जिसे समझने में अनेक लोग चूक गये या बहुत देर से समझे।

14 अक्टूबर, 1974 को 'पर्वतीय वन बचाओ संघर्ष समिति', जिसे कुमाऊँ में चिपको आन्दोलन की प्रारम्भिक टीम कहा जा सकता है, ने अपने स्थापना अधिवेशन में स्पष्ट कहा था :

> ''सरकार विगत 20 वर्षों से बार-बार चेतावनी तथा निवेदनों के बाद भी पर्वतीय वनों के शोषण दोहन की एकाधिकारवादी पद्धति तथा मनमानी लूट को रोक पाने में बिलकुल असमर्थ रही है। फलस्वरूप तेज़ी से भूमि कटाव और वन दोहन के कारण पहाड़ नंगे होते जा रहे हैं। वायु मण्डलीय प्रदूषण, भूमि कटाव और रोज़गार सम्बन्धी ख़तरे पहाड़ के लोगों के लिए पैदा हो गये हैं। पहाड़ की खेती और पशुचारण पर ही नहीं इसका सीधा असर राष्ट्र के मैदानी भागों पर भी पड़ा है। भीषण बाढ़, जलवायु सन्तुलन बिगड़ने और जल स्रोतों के समाप्त होने के ख़तरे पैदा हो गये हैं।''[20]

स्पष्ट है कि नये आन्दोलनकारी सहजता से पारिस्थितिकी और आर्थिकी को प्रतिद्वन्द्वी नहीं एक-दूसरे का पूरक मान रहे थे। उनकी समझ में यह बात आती थी कि संरक्षण होगा तो उपयोग में भी आ सकेगा। जंगल में हरियाली होगी तो जीवन में हरापन रहेगा। पहाड़ी गाँवों में यह समझ कायम थी कि कृषि पारिस्थितिकी यानी मिट्टी, पानी तथा पशुपालन का जंगलों से सीधा सम्बन्ध है। यानी पारिस्थितिकी के बिना आर्थिकी सम्भव नहीं है। जंगल की पारिस्थितिकी से जो जलावन, चारा-पत्ता, रंग-रसायन-रेसा या कन्द-मूल मिलता है वह पहले अस्तित्व बनाये रखता है और फिर प्रत्यक्ष आर्थिकी की रचना करता है।

क्या पारिस्थितिकी एक अलग विचार या दर्शन है, जिसे 1977 में किसी दिन जन्म लेना था और जिसका आर्थिकी से कोई सम्बन्ध नहीं हो सकता है? क्या पारिस्थितिकी और आर्थिकी दो ऐसे पक्ष हैं जिनका एक-दूसरे के प्रतिपक्ष में होना ज़रूरी है या जिनकी एक-दूसरे से प्रतिद्वन्द्विता है? ये बेढंगे से लगने वाले सवाल इसी कारण जन्म लेते हैं। ये सिर्फ़ बौद्धिक प्रलाप या सरलीकृत सूत्र नहीं हैं बल्कि इन्हें कुछ विशिष्ट तरह के व्यक्तिवादी प्रचार के लिए विकसित और इस्तेमाल किया गया लगता है।

दरअसल आपातूकाल के बाद जब चिपको आन्दोलन ने दूसरे और अधिक आक्रामक चरण में प्रवेश किया तो किसी सामाजिक-पारिस्थितिक या आर्थिक आन्दोलन की तरह चिपको में भी प्रतिद्वन्द्विता का दौर शुरू हुआ। प्रतिद्वन्द्विता का भाव प्रारम्भ में सुषुप्तावस्था में था। आपातूकाल में इसे प्रकट होने का मौक़ा नहीं मिला। रेणी चिपको जाँच कमेटी ने इसे कुछ समय तक रोके रखा। आपातूकाल ने सर्वोदय आन्दोलन में दरार पैदा कर दी थी। जब यह उत्तराखण्ड सर्वोदय मण्डल तक पहुँची तो कार्यकर्ता विनोबा और जयप्रकाश नारायण के खेमों में बँट गये। विडम्बना यह थी कि एक ही विचार के साथ काम किये इन दो व्यक्तित्वों में पहले ने आपातूकाल को 'अनुशासन पर्व' उद्घोषित किया और दूसरा 'दूसरी आज़ादी' का स्वप्नदाता था। सम्भवतः सर्वोदयी कार्यकर्ता इन दो व्यक्तित्वों के कारण ही विभाजित नहीं हुए बल्कि उनमें से अनेक पहले से मत भिन्नता लिए हुए थे, जिसे प्रकट होने का मौक़ा आपातूकाल ने दिया।

चिपको आन्दोलन में भी आपातकाल ने एक ठहराव खड़ा कर दिया था। जिस राजसत्ता से कोई सामाजिक, पारिस्थितिक या आर्थिक आन्दोलन टकराता है, उसके मिज़ाज पर संवाद या दमन निर्भर करता है। आपातकाल में राजसत्ता सर्वशक्ति सम्पन्न हो गयी थी क्योंकि उसने नागरिक अधिकारों की संविधान प्रदत्त ऊर्जा और शक्ति अपने हाथ में ले ली थी। किसी आन्दोलन के लिए निर्भय और निर्मम हो गयी सत्ता से टकराना सबसे कठिन होता है। छोटी जनतान्त्रिक छापामार लड़ाइयाँ इसका समाधान नहीं निकाल पाती हैं। पर वे समाज के जीवित होने का संकेत देती रहती हैं। समाधान सिर्फ़ व्यापक सामाजिक-राजनीतिक आन्दोलन से होते रहे हैं या सत्ता के संचालकों का हाथ 'ऐतिहासिक समझदारी' के 'गेर' में चले जाने के कारण भी होते हैं। अन्ततः 1977 में ऐसा ही हुआ। आपातकाल समाप्त कर चुनाव कराना ऐसा ही काम था। 1975-77 के दौरान भारत देश ने इस सन्दर्भ में कितनी कीमत चुकाई यह शायद एक और समीक्षा माँगता है परन्तु यह एक अलग विषय है।

इसी समय उत्तराखण्ड के सर्वोदय परिवार के एक धड़े को दूसरे धड़े में गैर-सर्वोदयी विचार नज़र आने लगे। इसका एक कारण चमोली ज़िले में चिपको आन्दोलन के अब तक के दौर में सर्वोदयी और साम्यवादी कार्यकर्ताओं में सम्पर्क और सहयोग ही नहीं एक आम सहमति वनाधिकारों और आन्दोलन संचालन के बाबत होने से जुड़ा था।[21] ऐसा उत्तरकाशी, टिहरी या अलमोड़ा ज़िलों में नहीं हो पाया था। उत्तराखण्ड में अन्यत्र साम्यवादी दल या कार्यकर्ता प्रभावी थे भी नहीं। इसलिए और जगह यह समस्या नहीं थी। 1974 के अन्तिम महीनों में चण्डी प्रसाद भट्ट का अपने भतीजे के पास रूस जाना इसी असन्तोष की अभिव्यक्ति बतायी जाती है।[22] मतभेद का ज़िक्र बहुगुणा ने अपने एक पत्र में किया था पर इसी पत्र में उन्होंने भट्ट को 'भविष्य का जन नायक' भी कहा था।[23]

मई 1977 में उत्तराखण्ड सर्वोदय मण्डल के एक बडे हिस्से ने अन्य अनेक गैर-सर्वोदयी युवाओं के साथ मिलकर उत्तराखण्ड संघर्ष वाहिनी की स्थापना की। घोषित रूप से उत्तराखण्ड सर्वोदय मण्डल और छात्र युवा मोर्चा सहित अनेक संगठनों ने एक होकर इस गैर-राजनीतिक संगठन को जन्म दिया। प्रकारान्तर में 1974 में स्थापित कुमाऊँ वन संघर्ष समिति इसमें शामिल थी। 1977 से 1983 तक चिपको आन्दोलन की अधिकांश अभिव्यक्तियाँ उत्तराखण्ड संघर्ष वाहिनी के नाम से जुड़ गयी थीं। इस कारण सर्वोदय आन्दोलन के प्रदेश और देश के कार्यकर्ताओं का एक गुट भी उत्तराखण्ड के कुछ सर्वोदय कार्यकर्ताओं (विशेष रूप से दशौलीग्राम स्वराज्य मण्डल से जुड़े समूह) में 'लाल प्रभाव' आरोपित करने लगा। 1977 में तवाघाट आन्दोलन तथा 28 नवम्बर, 1977 को नैनीताल में हुई जंगलों की नीलामी का आक्रामक प्रतिकार इन्हें नहीं भाया और इस तरह शंकाओं का सिलसिला बढ़ता गया।[24] यही नहीं जून 1978 में कार्कीनगर (पिथौरागढ़) में हुई उत्तराखण्ड सर्वोदय समन्वय परिवार की बैठक में स्पष्ट कहा गया कि उनका संघर्ष वाहिनी से कोई सम्बन्ध नहीं है।[25]

यह कुछ प्रान्तीय या राष्ट्रीय गाँधीवादियों द्वारा सविनय आन्दोलनों की विविधता को न समझ पाने से जुड़ा था और अहिंसक आन्दोलनों को अपनी बपौती समझने से भी। उन्हें शायद पता नहीं था या वे यह नहीं मानना चाहते थे कि उत्तराखण्ड में सविनय और अहिंसक जंगल सत्याग्रह की शुरुआत महात्मा गाँधी के भारतीय दृश्य पटल पर आगमन से पहले ही हो चुकी थी। कुली बेगार उन्मूलन आन्दोलन तथा जंगलात आन्दोलन अपने सफल चरम पर तब पहुँच चुके थे, जब स्वयं गाँधी ने चौरीचौरा काण्ड की हिंसा के कारण असहयोग आन्दोलन वापस ले लिया था। स्वयं गाँधी उत्तराखण्ड के उस असाधारण आन्दोलन का स्पर्श 1929 की कुमाऊँ यात्रा के समय पा सके थे और

उन्होंने इसे 'रक्तहीन क्रान्ति' कहा था।[26] उत्तराखण्ड के 1921 के आन्दोलन को गाँधी के अलावा कोई और इतना सटीक सम्बोधन नहीं दे पाया था।

आपातूकाल के बाद का यही दौर था जब कुछ कार्यकर्ताओं ने जंगलात सम्बन्धी अपनी विकास यात्रा खारिज कर दी और शोधकर्ताओं ने चिपको आन्दोलन की भाषा ही बदल दी। श्रमिक सहकारी समितियों के विचार को उत्तराखण्ड में रोपने वालों में एक और कुछ के संस्थापक भी, राम के धनुष-बाण की मज़दूरों के आरे-कुल्हाड़े से तुलना करके उनकी पूजा करने वाले तथा जंगलात मामलों के गहरे जानकार सुन्दरलाल बहुगुणा ने इस समय एकाएक अपनी जंगलात सम्बन्धी भाषा में बदलाव किया।[27] यह चिपको आन्दोलन के लिए बहुत बड़ा धर्मसंकट था।[28]

कुछ लोग कहते हैं कि 1977 के अन्तिम महीनों में ब्रिटिश वनविद् बार्वे बेकर के भारत आगमन के बाद बहुगुणा संरक्षणवादी हो गये थे।[29] दूसरी ओर जैसा एडवर्ड गोल्डस्मिथ ने 'इकोलॉजिस्ट' के सम्पादकीय में लिखा था कि बेकर स्वयं चिपको से प्रभावित थे।[30] पर स्थानीय स्तर पर संरक्षण के सूत्र तो बीसवीं सदी के दूसरे दशक से शुरू जंगलात सत्याग्रह के समय से ही थे, जैसा पिछले अध्यायों में बताया जा चुका है। कुछ आन्दोलनकारी कहते हैं कि यह बहुगुणा के क़दम बदलने का स्वाभाविक समय था। बाद में वे तुरन्त टिहरी बाँध विरोधी संघर्ष में जाने को तत्पर थे।[31]

बहुगुणा कटान पर पूरी तरह रोक लगाने की माँग करने लगे। यह माँग चिपको आन्दोलन पहले से ही कर रहा था। पर अब उनकी माँग उत्तराखण्ड के जंगलों को 'संरक्षण वन' (प्रोटैक्सन फारेस्ट) घोषित करने की थी। यह शब्दावली टिहरी रियासत की वन कार्य योजना बनाने वाले जर्मन विशेषज्ञ फ्रैंज हेस्के के द्वारा ठीक रवाँई काण्ड के बाद अपनी रपट में दी गयी थी। अब तक श्रीमती इन्दिरा गाँधी की सरकार का पुनरागमन हो गया था और 1980 का वन संरक्षण अधिनियम लागू हो गया था। कुछ समय बाद 1,000 मीटर से ऊँचे स्थानों पर हरे पेड़ों के कटान पर रोक भी लग गयी। संरक्षण की सरकारी समझ भी इन सालों में विकसित हो रही थी। इस पर अन्तरराष्ट्रीय चेतना का असर था।[32]

और ठीक इसी समय से चिपको आन्दोलन के पारिस्थितिक और महिलावादी रूप का आविष्कार हुआ। बहुगुणा के साथ तब वन्दना शिवा-जयन्ता बन्द्योपाध्याय इसके विचारक और प्रचारक बने। यह कहा जाने लगा कि एकाएक 1977 में चिपको का रूपान्तरण हुआ और उसमें 'पारिस्थितिक चेतना' संचारित हुई।[33] बाद में इसी तर्ज पर अनेक शोध कार्य हुए। वन्दना शिवा ने 1977 के अदवाणी आन्दोलन को इस विचार की अभिव्यक्ति घोषित किया। 'डीप इकोलॉजी' चिपको आन्दोलन में आरोपित की गयी। यह चिपको को उसके मूल स्वरूप, स्वभाव और स्वायत्तता से काटने का प्रयास था और यह प्रचार बड़ी सीमा तक कामयाब रहा। इसने चिपको आन्दोलन को बांटने, भटकाने और लक्ष्य च्युत करने में बहुत योगदान दिया।

इस समय चिपको के बारे में बहुत से झूठ बोले गये, जो सौभाग्य से अब प्रकाशित-प्रचारित सन्दर्भों की तरह देखे और प्रयुक्त किये जा सकते हैं। जैसे 'इको वाक द टाक' 28 मार्च, 2011 में जिस रेणी गाँव में 26 मार्च, 1974 को ऐतिहासिक प्रतिरोध हुआ था उसे हेंवलघाटी में बताया गया है। इसी तरह एक विदेशी पत्र में बडियारगढ़ आदि के आन्दोलन में सक्रिय 'गौरी देवी' को 'गौरा देवी' दिखाया गया।[34] यह व्याकरण या मुद्रण की गलती हो सकती है पर इसमें प्रकाशित फ़ोटो गौरादेवी का नहीं था।[35] 'ग्लोबल नान वायलेंट डाटा बेस' में चिपको आन्दोलन की अवधि अक्टूबर 1971 से अप्रैल 1974 दी गयी है और अप्पिको की 1983 से 1990 तक। अलकनन्दा बाढ़

में मारे गये लोगों की संख्या 200 बतायी गयी है। यह भी कहा गया है कि अमृतादेवी की कहानी से 1973 से ही चिपको आन्दोलन के ग्रामीण प्रभावित रहे हैं।[36] इनमें से कोई भी बात तथ्यात्मक रूप से सही नहीं है।

एक और अध्ययन में कहा गया है कि हिमालय क्षेत्र 1855 से विदेशियों और विशेष रूप से जर्मनों के नियन्त्रण में रहा। इस अध्ययन में भट्ट और बहुगुणा में फ़र्क़ बताने के साथ उत्तराखण्ड संघर्ष वाहिनी का ज़िक्र है, जिसके संस्थापकों में स्वयं भट्ट थे। इसमें कहा गया है कि बहुगुणा पश्चिमी सभ्यता के प्रतिपक्ष में हैं, जो मनुष्य को पृथ्वी का हत्यारा (मैन इज़ द बूचर आव द अर्थ) कहते हैं। भट्ट कहते हैं कि ग्रामीण जन वन संवर्धन में बहुत महत्त्वपूर्ण भूमिका अदा कर सकते हैं। जंगल से आम ग्रामीणों को अलग करने के कारण यह स्थिति आयी है। अतः वे वनीकरण, गोबरगैस संयन्त्रों और कुटीर उद्योगों को वनों से जोड़कर देखते हैं। तथ्यों की गलती के साथ यह अध्ययन न चिपको आन्दोलन को और न उससे जुड़े व्यक्तियों को समग्रता से प्रस्तुत कर सका।

इसी अध्ययन में उत्तराखण्ड संघर्ष वाहिनी की विचारधारा को मार्क्सवादी सिद्धान्तों से मिलता-जुलता बताया गया है कि यह राज्य द्वारा संवर्धित विकास कार्यों से अपने को नहीं जोड़ती है और प्रशासन से तीव्र तनातनी रखती है। यह भी कि वाहिनी ने अपने को पहले वर्णित दो धाराओं से अलग कर लिया है और यह धारा पारिस्थितिकी से ज़्यादा आर्थिक और सामाजिक मुद्दों को देखती है। सबसे अन्त में इसमें यह आरोप जोड़ दिया गया था कि उत्तराखण्ड संघर्ष वाहिनी बहुगुणा और भट्ट से भिन्न हिंसक प्रतिरोध में विश्वास करती है और ऐसे सामाजिक आन्दोलनों को प्रोत्साहित करती है जो सत्ता को चुनौती देते हैं।[37] यह सब भी तथ्य या निष्कर्ष के रूप में सही नहीं था। वामपन्थी विचार की तरफ़ रुझान का अर्थ हिंसक रास्ते का स्वीकार नहीं हो सकता।

उत्तराखण्ड संघर्ष वाहिनी पर हिंसक होने का यह आरोप फिर राष्ट्रीय सर्वोदय परिवार, उत्तराखण्ड सर्वोदय परिवार तथा उत्तराखण्ड संघर्ष वाहिनी के अन्तर्विरोधों और उनके आपसी असहज सम्बन्धों को उजागर करता है। संघर्ष वाहिनी पर लगाये गये आरोपों के पीछे असली लक्ष्य दशौली ग्राम स्वराज्य मण्डल को और विशेष रूप से चण्डी प्रसाद भट्ट को इन आरोपों के घेरे में लेना रहा हो सकता है क्योंकि नैनीताल प्रतिरोध के बाद यह आरोप लगाया जा चुका था। इससे संकेत मिलता है कि दुष्प्रचार सिर्फ़ साम्प्रदायिक संगठनों, राजनीतिक दलों में ही नहीं गाँधीवादी-सर्वोदयी कार्यकर्ताओं के बीच भी प्रचलन में था। चाहे वह व्यापक न रहा हो। गाँधीवादी-सर्वोदयी आन्दोलनों और कार्यकर्ताओं का यह कम जाना हुआ पक्ष है।

इसी तरह संयुक्त राष्ट्र विश्वविद्यालय की वेबसाइट में मानसिंह रावत, धूम सिंह नेगी और घनश्याम सैलानी का ज़िक्र करते हुए बताया गया है कि भट्ट को 1956 में बहुगुणा के सम्पर्क में आने के कारण कार्यकर्ता बनने का मौक़ा मिला। आगे कहा गया है कि 1977 में अदवाणी में चिपको आन्दोलन एक पारिस्थितिक आन्दोलन में बदल गया। जनहित पारिस्थितिक विज्ञान को इस नारे ने प्रकट कर दिया कि 'क्या हैं जंगल के उपकार, मिट्टी, पानी और बयार'।[38] झूठ किस तरह दोहराया जा रहा था, यह स्पष्ट है। सच यह था कि भट्ट और बहुगुणा की पहली मुलाक़ात ही 1960 में हुई थी। पर तब से वे लगातार साथ-साथ काम करते रहे थे। चिपको के 'अदवाणी नारे' 1977 में नहीं पहली बार फ़रवरी 1978 में लगे।

वन्दना शिवा ने रेणी के सन्दर्भ में एक और गलत सूचना दी, जब उन्होंने लिखा कि गौरा देवी ने पेड़ों से चिपकने वाली ग्रामीण महिलाओं का नेतृत्व किया,[39] जबकि रेणी प्रसंग को वहाँ

पहले और बाद में लगातार जाने वाले अनुपम मिश्र ने पूरी तरह तत्काल लिखे लेखों में और फिर 1978-79 में अपनी पुस्तक में लिपिबद्ध कर दिया था।[40] वहाँ पेड़ों से चिपकने की नौबत नहीं आयी थी। यह स्थिति सिर्फ़ वहीं आ सकती थी, जहाँ आन्दोलन की तैयारी पर्याप्त नहीं होती थी या दमन का अधिक इन्तजाम होता था।

मलेशिया के एक समाचार-पत्र में जो लिखा गया था वह अन्तरराष्ट्रीय स्तर पर फैलाये जा रहे झूठ की पराकाष्ठा थी। यह लेख भेंटवार्ता के रूप में था। इसमें कहा गया था कि वन्दना शिवा का नाम चिपको आन्दोलन का पर्याय है। वन्दना शिवा ने हिमालय क्षेत्र में पेड़ों को कटने से बचाने के लिए हज़ारों महिलाओं का नेतृत्व पेड़ों पर प्रत्यक्ष रूप से चिपकने के लिए किया।[41] पत्रकार फौंग लोहफून ने इस घटना की कोई तिथि, स्थान या जंगल का नाम नहीं दिया, जहाँ कि यह ऐतिहासिक घटना घटी होगी। दरअसल ऐसा कुछ हुआ ही नहीं था।

इस झूठ के ख़िलाफ़ आन्दोलनकारियों में ग़ुस्सा तो सर्वत्र था पर सबकी नज़र में यह तथ्य उस समाचार के माध्यम से तब आया जब चिपको आन्दोलनकारी और बीज बचाओ संस्थापकों में एक विजय जरधारी ने 'द स्टार' के सम्पादक को झूठ प्रकाशित करने के लिए विरोध पत्र भेजा। पत्र में जरधारी ने साफ और सख्त शब्दों में कहा था कि यह भेंटवार्ता वन्दना शिवा के झूठे दावों पर आधारित है और असली आन्दोलनकारी इतने सरल हैं कि वे यह समझ ही नहीं पा रहे हैं कि वन्दना शिवा विदेशी पत्रों में चिपको के बारे में गलत दावे क्यों पेश कर रही हैं। हम लोगों की सरलता और साहस का वन्दना शिवा जैसे चतुर, लालची और स्वार्थी लोगों द्वारा किये जा रहे शोषण का विरोध होना चाहिए।[42]

अरविन्द सिंघल तथा सारा लुबजुहू के लेख में कहा गया था कि अप्रैल 1973 में मण्डल के जंगल में महिलाएँ पेड़ों से चिपक गयी थीं। इस लेख में भट्ट को मार्क्सवादी और बहुगुणा को गाँधीवादी कहा गया था। चिपको आन्दोलन के प्रसार में भागवत कथाओं का योगदान बताया गया था।[43] पदयात्राओं को इन विद्वानों द्वारा 'रिचुअल मार्चेज' कहा गया था। यहाँ भी नये तरह के झूठ गढ़े गये थे। भागवत कथाएँ अवश्य अदवाणी और बडियारगड़ में आयोजित हुई थीं पर इससे प्रसार हुआ या नहीं या कितना हुआ यह शोधकर्ता खोजना भूल गये।

एक और अध्ययन में यह बताया गया कि 1974 से 1979 के बीच चिपको आन्दोलन ने 12 बड़े और अनेक छोटे प्रदर्शन किये, जिनमें चार ज़िलों में फैले हुए 175 गाँवों के 23,000 (तेइस हज़ार) लोग शामिल हुए।[44] जैसा विस्तार से बताया जा चुका है कि 1972 से 1985-86 तक कितनी अधिक हिस्सेदारी चिपको आन्दोलन में थी। 1977 से 1980 के बीच जब यह अनेक बार छात्रों द्वारा संचालित किया गया था तो इसमें हज़ारों लोगों ने एक साथ अनेक जगहों पर प्रदर्शनों में हिस्सेदारी की थी।

चैपल और टकर ने अपने चिपको आन्दोलन सम्बन्धी अध्ययन में सिर्फ़ चण्डी प्रसाद भट्ट को लिया है और इस आन्दोलन को गाँधीवादी विधियों पर आधारित, अहिंसक तथा आत्मनिर्भरता की ओर ले जाने वाला बताया[45] लेकिन इस अध्ययन में चिपको की किसी और धारा का ज़िक्र नहीं है। किस तरह विशेषज्ञों ने चिपको आन्दोलन का कोई भी पक्ष चुन लेने की आज़ादी ले ली। यह दी भी जा सकती है पर तथ्य न बदले जा सकते हैं और न विकृत किये जा सकते हैं।

स्पष्ट लगता है कि चिपको आन्दोलन को पहले सिर्फ़ 'आर्थिक' और अदवाणी आन्दोलन के बाद 'पारिस्थितिक' या 'महिलावादी पारिस्थितिक' बनाने और इसे सिर्फ़ महिलाओं का आन्दोलन

बनाने और बताने का प्रयास सुनियोजित और सुविचारित तरीके से किया गया।[46] सामान्य चिपको कार्यकर्ताओं और ग्रामीणों या कि युवाओं को इसकी जानकारी अनेक साल बाद हुई। सुन्दरलाल बहुगुणा ने जिस तरह अपनी दशकों में विकसित जंगलात सम्बन्धी समझ को एकाएक अलग रख दिया वह आश्चर्य से अधिक शंकाएँ पैदा करता है।

1971 में 'सत्यपथ' में प्रकाशित उनके लम्बे लेख का वह अंश, जो अध्याय 6 के सन्दर्भ 16 में दिया गया है, पुनः प्रस्तुत है। लेख के कुछ अंश निम्न प्रकार थे :

> ''उत्तराखण्ड के विकास का कार्यक्रम वन केन्द्रित होना चाहिए। यह प्रचुर वन सम्पदा की सुरक्षा के लिए स्थानीय जनता को उससे प्रत्यक्ष लाभ पहुँचाने की दृष्टि से ही आवश्यक नहीं है बल्कि सारे देश की सुख और समृद्धि के लिए भी आवश्यक है। हमारी राष्ट्रीय वन नीति के अनुसार पर्वतीय क्षेत्रों में 60 प्रतिशत वन होने चाहिए। हिमालय क्षेत्र की नदियों पर बनने वाली बहुद्देशीय बाँध योजनाओं की सफलता के लिए वनों का विस्तार और संरक्षण आवश्यक है। बाँधों को हिमनदों से निकलने वाली नदियों के अलावा उनकी सहायक नदियों से भी पानी मिलेगा। इन नदियों के उद्गम सघन वनों में हैं। जैसे-जैसे ये वन कटते जा रहे हैं, ये स्रोत भी पतले पड़ते जा रहे हैं। ...वन विकास के कार्यक्रम को सफल बनाने के लिए सबसे पहली आवश्यकता मौजूदा वन नीति में आमूलचूल परिवर्तन करने की है। मौजूदा नीति वनों से अधिकाधिक रुपया कमाने की है। इसके कारण इन क्षेत्रों में वनवासियों के बजाय ठेकेदारों का महत्त्व बढ़ जाता है। अतः ठेकेदारी प्रथा तत्काल समाप्त होनी चाहिए और उसके स्थान पर वन क्षेत्रों के निवासियों और वनों के विकास के लिए वन विभाग को उत्तरदायी बनना चाहिए।...
>
> ...रोज़गार की सर्वाधिक सम्भावनाएँ तो वनाधारित उद्योगों में हैं। आज वनों से प्राप्त कच्चे माल पर आधारित सभी उद्योग–लीसा (क्लटरबकगंज, बरेली), काग़ज़ (स्टार पेपरमिल, सहारनपुर), और लकड़ी का चिरान एवं प्लाइवुड तराई के नगरों में है। वन विशेषज्ञों की राय है कि वन सम्पदा पर आधारित उद्योग वनों के जितने अधिक निकट होंगे, उतना ही अधिक वनों की सुरक्षा हो सकेगी।''[47]

बहुगुणा की इतनी स्पष्ट जंगलात दृष्टि में आये इस अप्रत्याशित परिवर्तन के बारे में चिपको आन्दोलन के किसी कार्यकर्ता को कुछ पता नहीं चलता है। स्वयं घनश्याम सैलानी, धूमसिंह नेगी, कुँवर प्रसून या प्रताप शिखर इससे असहमति जताते हैं। दूसरी तरफ़ चिपको की पहली और तीसरी धारा से अपने को अलग सिद्ध करने के लिए भी यह प्रयास किया गया लगता है। चण्डी प्रसाद भट्ट को अन्तरराष्ट्रीय प्रकाशनों में मार्क्सवादी और उत्तराखण्ड संघर्ष वाहिनी को हिंसा समर्थक और सत्ता से टकराने को आकुल बताया गया था। यह इसी षड्यन्त्र का विस्तार लगता है।

कुछ चिपको कार्यकर्ता यह कहते हैं कि यह एक सुनियोजित षड्यन्त्र था ताकि आन्दोलन विभाजित हो जाय, कुछ भ्रम आन्दोलन के बारे में फैलाये जा सकें और जिन मूल माँगों के लिए आन्दोलन खड़ा हुआ था वे हाशिये पर चली जायें। इन माँगों का समर्थन करने वाले हिस्से को 'हिंसक' करार दिया जाय। इसीलिए आन्दोलन की धाराओं में संवाद करने का प्रयास नहीं किया

गया या उसे टाला गया था। न ही आन्दोलन की समीक्षा कर आगे की राह तय करने की सद् इच्छा विकसित की गयी। आन्दोलन की ऊर्जा और चर्चा को अपने पक्ष में प्रयुक्त करने के प्रयास हुए।[48]

इससे आन्दोलन तो विभाजित हो ही गया और वे बुनियादी माँगें भी अधर में लटक गयीं, जो जंगलों में विकेन्द्रीकृत रोज़गार और स्थानीय अर्थव्यवस्था हेतु आधार तत्व देखती थीं। विभाजन की प्रक्रिया इतनी दुर्भाग्यपूर्ण होती गयी कि जब 'नशा नहीं रोज़गार दो आन्दोलन' शुरू हुआ तो चिपको की दो धाराएँ पूरी तरह अनुपस्थित थीं। जब विष्णुप्रयाग परियोजना के ख़िलाफ़ दशौली ग्राम स्वराज्य मण्डल अकेला आन्दोलन कर रहा था, तब दूसरी धारा इसमें दिलचस्पी नहीं दिखा रही थी। जब टिहरी बाँध विरोधी संघर्ष चला तो विष्णुप्रयाग परियोजना को सतर्क निरस्त कराने में सफल रही चिपको की पहली धारा न सिर्फ़ अनुपस्थित थी बल्कि पूरी तरह अलग थी (निराश पर आन्दोलन को आगे बढ़ाने को तत्पर बहुगुणा ने 1992 में एक मार्मिक पत्र चण्डी प्रसाद को लिखा था जिसमें उन्होंने उनसे टिहरी आने और 1971 का सा आन्दोलन रचने का आग्रह किया था।[49] पर शायद अब बहुत देर हो गयी थी)।

इससे यह लगता है कि आन्दोलन की धाराओं में फ़र्क़ को नियोजित तरीके से परिभाषित और प्रचारित किया गया और अपनी धारा को पवित्र, अहिंसक और पारिस्थितिक या महिला पारिस्थितिक घोषित किया गया। इस प्रक्रिया ने फिर अपने-अपने हिस्से के आन्दोलन की बात करने या उसे ही प्रचारित करने की शैली विकसित कर ली। कभी कभार इस दुष्प्रचार का कुछ कार्यकर्ता प्रतिकार करते रहे पर दुष्प्रचार शक्तिशाली सिद्ध हुआ। चिपको आन्दोलन की तीसरी धारा तो जैसे इस विरासत से अलग कर दी गयी और उसे पता ही नहीं चलता था कि अन्तरराष्ट्रीय स्तर पर चिपको आन्दोलन का प्रचार किस-किस तरह किया जा रहा था।

पद्धतियों और प्रचार सम्बन्धी विवाद इस समय पुनः सामने आये। भूख हड़ताल का जो तत्त्व सुन्दरलाल बहुगुणा ने शराबबन्दी, चिपको और टिहरी बाँध विरोधी आन्दोलन में जोड़ा वह हर बार अत्यन्त व्यक्ति केन्द्रित सिद्ध हुआ। वे बिना साथियों से चर्चा किये ही 'प्रार्थनामय उपवास' शुरू कर देते थे। इससे दो दिन आन्दोलन की चर्चा होती। फिर सबको लगता कि आन्दोलन के मुद्दे पीछे चले गये हैं और अनशनकारी की चिन्ता प्रमुख हो गयी है। इस तरह जनता और सहयोगियों को फिर से सुसंगठित होकर आन्दोलन चलाना पड़ता। अन्य तमाम कार्यकर्ता ही नहीं स्वयं विनोबा और सरला बहन इसके समर्थन में नहीं थे।[50]

इससे भी दुर्भाग्यपूर्ण बात यह हुई कि चिपको की तीन धाराओं को आन्दोलन की विभिन्न प्रवृत्तियाँ और आयाम मानने का सद् विचार किसी के मन में नहीं आया। इस तरह जो आन्दोलन अपने मूल स्वरूप में एक साथ पारिस्थितिक, आर्थिक और सामाजिक-सांस्कृतिक था, उसे सिर्फ़ पारिस्थितिक या संरक्षणवादी कहना गलत था और यह मूलतः एक नियोजित दुष्प्रचार था, जिससे बहुत कम शोधकर्ता और आम लोग बचे रह सके। लेकिन बहुत से जानकार, आन्दोलन के सक्रिय हिस्सेदार और ग्रामीण जन इस विभाजन की कृत्रिमता को जानते थे। पर उनका स्वर सुनने की कोशिश कभी नहीं की गयी।

रामचन्द्र गुहा ने जब यह लिखा कि 'पारिस्थितिकी' चिपको का 'अन्तरराष्ट्रीय सार्वजनिक चेहरा' है और 'आर्थिकी' उसका 'निजी घरेलू चेहरा' है, तो स्पष्ट ही यह 1980 के आसपास या उसके बाद गढ़े गये चेहरे थे वर्ना आन्दोलनों के दो पक्ष हो सकते हैं, दो चेहरे नहीं। यदि बहुगुणा 'पारिस्थितिकी' के प्रतीक बना दिये गये थे और भट्ट 'आर्थिकी' के प्रवक्ता तब भी वे चिपको की 'संयुक्त व्यापकता'

का प्रतिनिधित्व कर सकते थे। बहुगुणा ने जब 'पारिस्थितिकी को ही स्थायी आर्थिकी' कहा तो वे अनजाने ही चिपको के मूल में लौट आये थे पर फिर इस तरफ़ विश्लेषणकर्ताओं की नज़र कभी नहीं गयी और न ही चिपको समूह के सदस्यों की।

उत्तराखण्ड या कम से कम कुमाऊँ के ग्रामीण परिदृश्य पर कुछेक दशकों से नज़र रखे हुए श्री माधव आशीष ने इस द्वन्द्व को समझा था और लिखा था कि :

> ''मानव सभ्यता एक दुविधा में फँसी है कि उसके लिए न तो जंगलों का दोहन करना सम्भव है और न उसे रोक पाना ही। एक ओर जंगल पारिस्थितिक तन्त्र के आधार हैं, जिसको हम अपने अस्तित्व की कीमत पर ही गड़बड़ा सकते हैं। दूसरी ओर इन्हीं से हमें भोजन, चारा, जलावन, इमारती लकड़ी तथा लुग्दी (काग़ज़) आदि संसाधन मिलते हैं, जिन पर हमारा जीवन निर्भर है और जो सभ्यता को आधार देते है। किसी भी तरह से देखे बिना जंगलों के हमारी सभ्यता नष्ट हो सकती है। इस द्वन्द्व का समाधान इस तथ्य में छिपा है कि जंगल पुनर्स्थापित किये जा सकते हैं जैसे कि अन्न उत्पादन। अतः जंगलों की खेती हो, रोपण हो, देखभाल हो, कटान हो और पुनः रोपण हो। जब तक कटान के साथ-साथ रोपण हो या जंगल को पुनर्जनित होने दिया जाय तो पारिस्थितिक तन्त्र को हो रही हानि बहुत कम होगी। जब जंगल एक सीमा से कम हो जाय तो कटान पर तब तक प्रतिबन्ध लगाना उचित है जब तक कि नये क्षेत्रों में रोपण नहीं हो जाता है'[51]

(यह शंका हो सकती है कि कहीं माधव आशीष यूरोपीय या अमेरिकी तर्ज की 'क्लियर फैलिंग' की बात तो नहीं कर रहे हैं। शायद नहीं और यदि हाँ तो वह तरीका वांछनीय नहीं कहा जा सकता है)।

सन्दर्भ

1. Vandana Shiva, Jayanto Bandyopadhyay, 1986, Chipko : India's Civilisational Response to the Forest Crisis : 15-16; Vandana Shiva, 1988, Staying Alive : 71
2. O.P. Dwivedi, in C.K. Chapple and M.E. Tucker (Ed.), 2000, *Hinduism and Ecology : The Intersection of Earth, Sky and Water,* Harvard University Press, MA, Cambridge; O.P. Dwivedi, 1997, Indian Environmental Policies, Programmes and Stewardship, New York, St. Martin Press
3. Bahuguna,1987, Chipko Message
4. St. Barbe Baker, 1987, Chipko Message, Silyara : 7; इसी पुस्तिका में बहुगुणा ने यह भी लिख दिया कि जून 1972 में संयुक्त राष्ट्र की पर्यावरण संगोष्ठी में चिपको को सबसे प्रभावी 'ग्रास रूट' आन्दोलन बताया गया है (पेज : 9), जबकि अभी यह शब्दावली प्रचलन में नहीं आयी थी। इसी पुस्तिका में इन्दु टिकेकर का लेख (23) है, जो कहता है कि चिपको के लोगों को अमृता तथा साथियों के त्याग से प्रेरणा मिली। यह भी देखें : Antje Linkenbach, Forest Futures : 49-50
5. O.P. Dwivedi, in C.K. Chapple and M.E. Tucker (Ed.), 2000, *Hinduism and Ecology : The Intersection of Earth, Sky and Water,* Harvard University Press, MA, Cambridge
6. कुँवर प्रसून ने इस बात को तब स्वीकार भी किया जब इस अध्ययन के दौर में मैंने उनकी तार्किकता पर सवाल किया था। जिन महिलाओं को वे और उनके साथी गाँव-गाँव जाकर संगठित कर रहे थे, उनके मुख से इस तरह के नारे निकलना सम्भव नहीं है। तब कुँवर ने अपने नारे गढ़ने या रचने की प्रतिभा का ज़िक्र करते हुए कहा कि ये नारे रात में उसी ने सोच-सोच कर बनाये थे और साथी उनमें निखार लाने की कोशिश करते थे। उसने कहा था कि ये 'लीसा, लकड़ी और व्यापार' के मुक़ाबले बताये गये तत्त्व थे। इस तरह तुकबन्दी से वह तर्कशीलता पीछे हो गयी, जिसके लिए वह प्रसिद्ध था। पर ये नारे किसी के भी द्वारा रचे गये हों, चिपको आन्दोलन का एक स्वर अवश्य थे।
7. "The success of popular environmental struggles, such as Chipko, reflects the strength of social movements to counter the hegemony of the state. I have suggested that this 'success' is made possible only because

popular environmentalism has an intrinsically conservative political outlook. It is this conservatism that enables the elite to accommodate the new political spaces within their scheme of things...The iconography of Chipko or NBA may be of immense value to the environmental movement, but, perhaps, of least benefit to the people of Uttarakhand or the Narmada valley (Environmental Politics : 268-269)

8. भेंटवार्ता : बचनीदेवी, 18 मार्च, 1997
9. Jeremy Seabrook, 1993, Victims of Development- Resistence and Alternatives, Verso, London : 74-75
10. योगेश बहुगुणा का सरला बहन को लिखा गया 9 मार्च, 1978 का पत्र
11. देखें : 'सकृद द्यौरजायत सकृद भूमिरजायत, पृश्न्या दुग्धं सकृत्पयस्तदन्यो नानु जायते', ऋग्वेद 6, 48, 22
'माता भूमि : पुत्रोऽहम् पृथिव्या' :, अथर्ववेद 12, 1, 12
'यत्ते भूमि विखनामि क्षिप्रं तदपि रोहतु, मा ते मर्म विमृग्वरि मा ते हृदयमर्पिपम', अथर्ववेद : 12, 1, 35
'न मा गरन्नद्यो मातृतमा' : ऋग्वेद : 1, 158, 5
'यदर्णसं मोषथा वृक्षं :' 5, 54, 6 (देखें : दया दवे, वेदों में पर्यावरण; यह भी देखें : Krishna Chaitanya, 1983, A Profound Ecology—The Hindu View of Man and Nature, *The Ecologist,* Volume 13, Number 4 : 127-135
12. W. Walker, 1888, Angling in the Kumaon Lakes : 59
13. Shekhar Pathak, Jungle Satyagraha in *Forest History of the Mountain Regions of the World* : 222
14. देखें : चारु चन्द्र पाण्डे, छोड़ो गुलामी खिताब : 86-88; और देखें : लीलाधर जगूड़ी कृत कविता पेड़
15. शक्ति : 27 जनवरी, 1925
16. देवकीनन्दन पाण्डे : शक्ति, 3 फ़रवरी, 1925
17. कुमाऊँ कुमुद : 16 जुलाई, 1948 तथा कर्मभूमि 1 नवम्बर, 1948 तथा 12 मई, 1949
18. सुन्दरलाल बहुगुणा, सत्यपथ : 1, 8, 16, 23 सितम्बर तथा 1 अक्टूबर, 1972 के अंकों में प्रकाशित विस्तृत लेख से
19. भेंटवार्ता : गौरादेवी
20. Antje Linkenbach, Forest Futures : 58, 74
21. कार्यपंजिका, पर्वतीय वन बचाओ संघर्ष समिति, अलमोड़ा 1974-75
22. इस प्रसंग को शायद सरला बहन ने समझा था जब उन्होंने लिखा था, "मैं मानती हूँ कि कुछ लोगों ने साम्यवाद को आवश्यकता से अधिक एक हौवा बनाया है। साम्यवादी भी मानव है और यदि हम उन्हें अपने एक आन्दोलन में साथ लेकर अपने ही ढंग से उन्हें काम करने की प्रेरणा दे सकते हैं, तो यह एक अच्छी बात है। और आपके कहने से मैं विश्वास करती हूँ कि रेनी में आप इसी दृष्टि से काम कर पाये थे। लेकिन जो लोग आपके साथ वहाँ पर नहीं थे (यह उनकी गल्ती या कमज़ोरी भले ही मान लें) उनके मन पर यह प्रभाव है।" (सरला बहन का चण्डी प्रसाद भट्ट को 18 सितम्बर, 1977 का पत्र)
23. चण्डी प्रसाद का सरला बहन को लिखा गया 28 जनवरी, 1978 का पत्र
24. सुन्दरलाल का चण्डी प्रसाद को लिखा गया 15 दिसम्बर, 1974 का पत्र
25. चण्डी प्रसाद का सरला बहन को लिखा गया 28 जनवरी, 1978 का पत्र
26. देखें : 19-20 जून, 1978 को हुई इस बैठक का जुलाई, 1978 में जारी विवरण का पृष्ठ 4
इस बैठक में चण्डी प्रसाद, मानसिंह रावत, शशिप्रभा, राधा बहन, केदार सिंह कुंजवाल, योगेश बहुगुणा तथा घनश्याम सैलानी आदि नहीं आ सके थे।
27. Young India : July 1929
28. "... मुझे अक्सर लगता है कि अपने काम में आगे बढ़ने की आपकी दृष्टि में अक्सर यह रहता है कि मैं किस प्रकार इस व्यक्ति को प्रभावित कर सकूँगा। इससे आपकी शैली में और आपके सम्पर्कों में अन्तर आता है लेकिन हार्दिकता-निकटता नहीं हो पाती है। इसी दृष्टि की वजह से शुरू में चन्दी भाई के साथ आपके सम्बन्ध बिगड़ गये थे। एक दूसरी बात भी मुझे लगता है। यदि यह सही बात है कि consistency is the virtue of little minds तो आपका बहुत महान mind है। यह आपको मानना ही पड़ेगा। स्थानीय संस्थाओं के द्वारा वनाधारित उद्योगों को बढ़ाया जाना चाहिए—उस विचार का—प्रणेता आप ही थे। क्योंकि आपने समझा कि इससे बनायी हुई कुछ संस्थाएँ आपके काम को आगे बढ़ाने में आपके परिचालन का माध्यम बन सकेंगे। यह जब नहीं हो पाया (चाहे कमज़ोरी उन्हीं में हुआ या आपकी आशा में नियोजन में कमी हुई) तो आप उनका खट्टर (कट्टर) विरोधी बने हैं। एक बार आपने वन को कटवाने के लिए उपवास किया था, बाद को वन नहीं काटने के लिए। जो लोग आपकी गतिविधियों में निकट रहे हैं, ये इतनी जल्दी में होने वाले परिवर्तनों से कुछ चकित हों तो आश्चर्य क्या?" (सरला बहन के सुन्दरलाल को लिखे गये 14 अप्रैल, 1981 के पत्र का अंश)
29. Bharat Dogra, Forests and People : 86
30. बहुगुणा के भट्ट को दि. 22 तथा 26 नवम्बर, 1977 के पत्रों में भी इसका संकेत मिलता है

31. Edward Goldsmith, 1982, Richard St. Barbe Baker: A Tribute, *The Ecologist*, Vol. 12, No. 4, July-August : 146-47
32. भेंटवार्ता : निर्मल जोशी तथा घनश्याम सैलानी
33. Shiva, V. and Bandyopadhyay, J., 1986, The Evolution, Structure and Impact of the Chipko Movement, *Mountain Research and Development,* 6 (2) : 133-42; Bandyopadhyay, Jayanta, 1995 (1992), From Environmental Conflicts to Sustainable Mountain Transformation : Ecological Action in the Garhwal Himalaya : 259-278
34. Eco Walk the Talk : 28 March, 2011
35. TROEF, Amesterdam, September 1981, opening page and 12-14; Antje Linkenbach, Forest Futures : 62
36. O.P. Dwivedi, 1997, Dharmic Ecology : 17
37. Ted Case Study No. 236 Chipko Movement :
    '...A Third group the Uttarakhand Sangharsh Vahini's, active in Kumaon, ideology strongly resembles Marxist theories. Because this movement refuses to associate itself with the state sponsered development programmes, they have many heated confrontations with the administration.
    Ironically the USV also dissociates itself with the other two movements. Perhaps it can be explained that this movement describes to the school of thought that the human-nature relationship must not be viewed in isolation from existing relationship among humans. Ecological harmoney is second to the redistribution of economic and social avenues for USV. Unlike the movements of Bahuguna and Bhatt USV believes in the violent uprisings. USV prefers social movements that confront the state.'
    Antje Linkenbach, Forest Futures : 61 ने उत्तराखण्ड संघर्ष वाहिनी का अंग्रेज़ी अनुवाद Uttarakhand Militant Army किया था। उन्हें शायद जेपी द्वारा प्रेरित छात्र युवा संघर्ष वाहिनी का सन्दर्भ पता नहीं था। यह नाम उसी से प्रेरित था। उत्तराखण्ड संघर्ष वाहिनी के संस्थापकों में सर्वोदयी अधिक थे जैसे कि छात्र युवा संघर्ष वाहिनी के।
38. United Nations University website:http://unu.edu "...the Chipko Movement evolved into an ecological movement in Advani in 1977, the spirit of public interest ecological science was captured in the slogan 'What do the Forests bear? Soil, Water and Pure Air"; Vandana Shiva, Monocultures of the Mind : 20-21
39. Vandana Shiva, 1992, Sanctuary, Volume 12 (3) : 44-49
40. अनुपम मिश्र, चिपको आन्दोलन
41. 'Her (Vandana Shiva) name is synonemous with the Chipko movement in India, an active anti-logging movement in the 70's and early 80's. To stem environmental destruction, Vandana Shiva lead thousand of women to embrace (literally) the trees in the Himalayan mountains in their bid to stop logging activities...'
    Fong Lohfoon, Mother Nature's Protector in The Star : 23 January, 1996 (Selengor, Malaysia)
42. Vijay Jardhari's letter to Editor, The Star (Selangor), Malaysia dated 1st May, 1996
43. Arvind Singhal and Sarah Lubjuhu, The Chipko Environmental Movement in India in John Downing (Ed.) *Encyclopedia of Social Movements Media,* Sage, Beverly Hills, California
44. J. Hall, 1994, Eco Feminism and Geography : The Case of Vandana Shiva and Chipko...
45. C.K. Chapple and M.E. Tucker (Eds.), 2000, Hinduism and Ecology : The Intersection of Earth, Sky and Water, Cambridge University Press : 214, 218 and 235
46. Sumi Krishna, Environmental Politics : People's Lives and Development Choices : 120-138; 152-164
47. सत्यपथ : 1, 8, 16, 23 सितम्बर तथा 1 अक्टूबर, 1972
48. भेंटवार्ता : शमशेर बिष्ट, निर्मल जोशी तथा घनश्याम सैलानी
49. सुन्दरलाल बहुगुणा के चण्डी प्रसाद भट्ट को 23 मार्च, 1992 तथा 10 जुलाई, 1994 के पत्र
50. कामेश्वर प्रसाद बहुगुणा, लोकचक्षु : 88-89; सरला बहन का धूम सिंह नेगी को 5 फ़रवरी, 1977 का पत्र
51. Sri Madhav Ashish, Relating to Reality : 153
    ' One of the many dilemmas facing our civilisation is that neither can we afford to go on exploiting forests, nor can we afford not to. On the one hand they are permanent features of the eco system which we disturb at our peril, and, on the other hand resources of food, fodder, fuel, timber, pulp, etc., on many of which our lives depend and all of which support civilisation. Whichever way we consider it, without forests our civilisation dies.
    'Reconciliation of this conflict lies in the fact that forests are replaceable, in the same sense that food grains are replaceable. Forests must be farmed, planted, tended, harvested and replanted. As long as felled forests are replanted or allowed to generate, harm to the eco-system is reduced to a tolerable level. It is only when the total forest area in a country drops below the required proprtion that a total ban on felling may become advisable until such time as additional areas are planted'.

13

चिपको : महिलाओं और युवाओं का योगदान

चिपको आन्दोलन को महिलाओं और युवाओं का आन्दोलन भी कहा जाता रहा है, जैसे कि वह समाज के और हिस्सों के योगदान के बिना विकसित हुआ हो। यह चिपको को एक खास तरह की विशेषता से सम्पन्न मानने या पूर्वाग्रही दृष्टि से देखने की कोशिश है। 1980 के बाद हुए चिपको आन्दोलन के अध्ययनों में ये दो रूप बार-बार प्रस्तुत और विश्लेषित किये गये। लेकिन इन पक्षों को समग्रता से काटकर देखा गया। 1978-80 के दौर में जब इसमें युवाओं और विद्यार्थियों की सबसे अधिक हिस्सेदारी हुई तब भी यह सिर्फ़ युवाओं का आन्दोलन नहीं था। इसी तरह रेणी, अदवाणी, भ्यूँढार या डूँगरी-पैन्तोली में यह सिर्फ़ महिलाओं का आन्दोलन नहीं था।

कोई सामाजिक आन्दोलन सिर्फ़ महिलाओं या युवाओं का नहीं हो सकता है। समाज के इन दो महत्त्वपूर्ण हिस्सों के बिना भी नहीं हो सकता। एक में लिंग के आधार पर आधा समाज है और दूसरे में उम्र और ऊर्जा के आधार पर। फिर भी हम महिलाओं की महत्त्वपूर्ण भूमिका के बावजूद चिपको को महिलाओं का आन्दोलन नहीं कह पाते हैं, ठीक वैसे ही जैसे युवाओं की जबर्दस्त हिस्सेदारी के बावजूद इसे सिर्फ़ युवाओं का आन्दोलन नहीं कहते हैं। कभी-कभी सिर्फ़ विद्यार्थियों, उनके परिसर या सिर्फ़ शिक्षा या रोज़गार केन्द्रित आन्दोलनों को युवाओं का आन्दोलन कहा जा सकता है, पर जब वे 1968, 1974 की तरह या आरक्षण विरोध/समर्थन या बलात्कार विरोध में प्रकट होते हैं तो वे फिर सिर्फ़ छात्र या युवाओं के आन्दोलन नहीं रह जाते। यह सम्भव है कि समाज का अत्यन्त संवेदनशील और आदर्शवादी हिस्सा होने के कारण वे तब इन आन्दोलनों का नेतृत्व भी कर रहे हों।

इसीलिए 1970-72 में हुए स्थानीय विश्वविद्यालयों की स्थापना के आन्दोलन सिर्फ़ विद्यार्थियों या युवाओं के नहीं थे क्योंकि उनमें अन्य सामाजिक हिस्सों और वर्गों की महत्त्वपूर्ण भागीदारी और भूमिका थी। इसी तरह शराबबन्दी या नशा नहीं रोज़गार दो आन्दोलनों को महिलाओं की महत्त्वपूर्ण हिस्सेदारी के बावजूद शुद्ध महिला आन्दोलन नहीं कहा जाता है। बाद में 1994 में

उत्तराखण्ड आन्दोलन में महिलाओं की जो हिस्सेदारी रही वह अभूतपूर्व थी, और इस हेतु महिलाओं ने जो कीमत चुकाई उसका स्थानीय इतिहास में कोई और उदाहरण नहीं है। फिर भी उत्तराखण्ड आन्दोलन को महिला आन्दोलन नहीं कहा जाता है।

1. चिपको आन्दोलन में महिलाओं का योगदान

यहाँ सबसे पहले सामाजिक आन्दोलनों में उत्तराखण्ड की महिलाओं की भूमिका और हिस्सेदारी की ऐतिहासिक पड़ताल की जा रही है। ज़्यादातर शोधकर्ता सामाजिक आन्दोलनों में महिलाओं की अप्रत्यक्ष भूमिका को ठीक से समझ नहीं पाते हैं।[1] इसी कारण भारतीय राष्ट्रीय आन्दोलन में उनकी भूमिका कमतर आँकी जाती है। स्वतन्त्रता आन्दोलन में हिस्सेदारी कर रहे, दमन का शिकार हुए या जेल गये व्यक्ति (पुरुष) की माँ, बहिन तथा पत्नी आदि क्या अपने बेटे, भाई या पति की अनुपस्थिति में परिवार तथा कारोबार चलाकर; बच्चों की देखभाल कर, जानवरों को पालकर; खेती या बागवानी को जारी रख अपनी भूमिका नहीं निभा रही होती हैं? दरअसल आधी आबादी की भूमिका को हर बार 'पृत्यक्षता' (direct visibility) में ढूँढ़ने की पुरुष और मानव दृष्टि उसे समझ नहीं पाती है। इसी तरह हर जगह महिलाओं को ढूँढने वाली नयी और 'अति महिलावादी' दृष्टि बाँकी समाज को नहीं देख पाती है। ये दोनों अतियाँ किसी समाज विज्ञानी को प्रारम्भ में ही पकड़ लेनी चाहिए। परन्तु चिपको आन्दोलन के अध्ययनों में ऐसा कम ही हो सका है।

सामाजिक स्तर पर दोयम दर्जे की शिकार महिलाएँ सम्पत्ति के अधिकार से वंचित रही हैं। माँ-पिता के घर में मिली थोड़ी-सी उन्मुक्तता विवाहोपरान्त समाप्त हो जाती है। काम का दबाव अधिक होता है। ऐतिहासिक रूप से महिलाओं को शिक्षा और अन्य अवसरों से वंचित किया जाता रहा। जातिगत और आर्थिक गैर-बराबरी की शिकार वे पुरुषों से ज़्यादा रही हैं। उत्तराखण्ड में यद्यपि लिंग और जाति से जुड़ी विडम्बनाएँ उतनी शर्मनाक नहीं थीं, जितनी कि देश के अन्य अनेक हिस्सों में। पर पुरुष वर्चस्व और दृष्टि की पुरुष प्रधानता यहाँ भी रही। लेकिन यह कहा जा सकता है कि जनजातीय समाज चिपको आन्दोलन के एक सन्दर्भ में भोटिया (तोल्छा-मार्छा) समुदाय में पुरुष वर्चस्व उतना मारक नहीं था, जितना कि उत्तराखण्ड के जातीय समाज में।

उत्तराखण्ड के सन्दर्भ में यदि महिलाओं को देखें तो सामाजिक संरचना ने उन्हें जितने बन्धन दिये, भूगोल तथा संसाधनों ने उन्हें उतना ही मुक्त किया। हालाँकि उस मुक्ति ने अनेक नये बन्धनों को भी जन्म दिया। वे खेती, पशुपालन, मौसमी प्रवास, कुटीर उद्योग और लोक संस्कृति की आधार हैं। औपनिवेशिक काल में पुरुषों के प्रवास में जाने के सिलसिले ने उनके शिक्षा और सुअवसरों के अधिकार को तो बढ़ने नहीं दिया, ऊपर से उन पर परिवार, खेती, पशुपालन का अतिरिक्त भार भी आ गया। पुरुषों के प्रवास में चले जाने के कारण किस तरह के सामाजिक, आर्थिक और मनोवैज्ञानिक परिणाम हुए इस विषय पर गहरे अध्ययनों का अभी इन्तज़ार बना हुआ है। पर इससे जहाँ महिलाओं पर काम का बोझ बढ़ा, वहीं उनमें स्वतन्त्र निर्णय लेने की परिस्थिति विकसित हुई। यह एक स्वाभाविक परिघटना थी।

दूसरी तरफ़ पुरुषों का प्रवास में जाना सिर्फ़ आधुनिकीकरण की प्रक्रिया या धनादेशी अर्थव्यवस्था का जन्म और विकास ही नहीं था बल्कि यह प्रकारान्तर में महिलाओं (बच्चों और बूढ़ों के भी) के जीवन को उनके पतियों, बेटों, भाइयों या पिताओं से, अस्थायी रूप से ही सही, रहित बनाता था।

इस अकेलेपन की भरपाई सिर्फ़ मनीआर्डर से नहीं हो सकती थी। यह प्रवास इस तरह का मनोविज्ञान रचता था कि एक महिला को अपने अनुपस्थित पति, बेटे या पिता, भाई की ओर से भी स्थानीय जीवन संघर्ष में जुटना पड़ता था। यह सम्भव है कि इससे महिलाओं के व्यक्तित्व को एक खास तरह की स्वायत्तता और लड़ाकूपन मिला हो, पर इससे उन पर श्रम का दबाव बहुगुणित हो गया था।

100 साल पहले महिलाओं के जीवन के शिक्षा, स्वास्थ्य या रोज़गार सम्बन्धी आयामों की तरफ़ स्वतन्त्रता संग्राम की भी पर्याप्त नज़र नहीं जा सकी। कम से कम उत्तराखण्ड के क्षेत्रीय सन्दर्भ में तो यह कहा ही जा सकता है। औपनिवेशिक (सरकारी तथा मिशनरी) शिक्षा की एक सकारात्मक भूमिका यह रही कि इसने पहली बार बालिका, दलित और जनजाति शिक्षा के बारे में न सिर्फ़ सोचा, बल्कि इसकी शुरुआत की। पर इसमें प्रारम्भ में शहरी समाज के निम्न वर्गों के मात्र उच्च हिस्सों की ही शिरकत हो पायी। समाज का बड़ा हिस्सा इससे वंचित रहा।

पहाड़ के कठिन दैनन्दिन जीवन को जब औपनिवेशिक सरकार ने अपनी अनेक नीतियों के कारण कुछ मामलों में और अधिक कठिन बना दिया था, तो स्थानीय समाज ने प्रतिकार शुरू किया, सामाजिक-राजनीतिक संगठन बने, लोकशिक्षण शुरू हुआ पर इस प्रक्रिया में आधी आबादी की हिस्सेदारी के बाबत नहीं सोचा गया। इसीलिए 1916 में स्थापित कुमाऊँ परिषद् ही नहीं बल्कि 6 दशक बाद 1977 में स्थापित उत्तराखण्ड संघर्ष वाहिनी या 1979 में स्थापित उत्तराखण्ड क्रान्ति दल में महिलाएँ अनुपस्थित थीं। नेतृत्व के स्तर तक उनके उभरने की सम्भावना ही नहीं थीं।

कुछ सामाजिक आन्दोलनों के सन्दर्भ में सरला बहन नज़र आ सकती हैं पर उनकी भूमिका में स्वयं उत्तराखण्ड के समाज या शिक्षा व्यवस्था या पुरुष मानसिकता का कोई योगदान न था। मीरा बहिन की सरला बहिन जैसी भूमिका उत्तराखण्ड के समाज या आन्दोलनों में नहीं रही जैसा कतिपय शोधकर्ताओं ने प्रस्तुत करने की कोशिश की है।[2] बावजूद इसके कि पशुलोक तथा गेंवाली गाँव में वे कार्यरत रहीं और पशुपालन तथा जंगलों–खासकर बाँज के-की उनकी समझ गहरी थी।[3] सुन्दरलाल बहुगुणा, जगदीश प्रसाद उनियाल, इन्द्रमणि बडोनी या योगेश बहुगुणा आदि कुछ कार्यकर्ताओं को उनसे प्रेरणा अवश्य मिली।[4]

स्पष्ट है कि बीसवीं सदी के उक्त तीन स्थानीय संगठनों (कुमाऊँ परिषद्, उत्तराखण्ड संघर्ष वाहिनी तथा उत्तराखण्ड क्रान्ति दल) में महिलाएँ नेतृत्व में नहीं रहीं। उत्तराखण्ड संघर्ष वाहिनी में कुछ आ भी सकीं तो इसके विभाजन के बाद ही। स्वतन्त्रता संग्राम में भाग लेने वाले परिवारों में महिलाओं की हिस्सेदारी को लेकर आम सहमति न थी। आम स्वतन्त्रता संग्रामी महिलाओं को घर से बाहर निकलने देने का प्रारम्भ में पक्षधर नहीं था और बहुत से स्वतन्त्रता संग्रामी जाति के मनोविज्ञान से स्वतन्त्रता संग्राम में शामिल होने के सालों बाद भी पूरी तरह मुक्त नहीं हो पाये थे। यह इतनी जल्दी सम्भव नहीं था।

कुली बेगार उन्मूलन आन्दोलन में न सही पर पहले जंगलात आन्दोलन के दौर में वन कर्म से सीधी जुड़ी महिलाएँ अनेक बार प्रत्यक्ष आन्दोलन में उतरी और औपनिवेशिक सत्ता को चुनौती देने से नहीं कतराईं। इस तरह बीसवीं सदी में किसी महिला की पहली राजनीतिक गिरफ़्तारी सोमेश्वर (अलमोड़ा) में दुर्गा देवी की हुई थी, जिन्हें 1921 में गिरफ़्तार किया गया था। उनके साथ जंगल में आग लगाने में मदद देने के लिए 16 साल के गंङुवा के साथ अन्य अनेक लड़के भी थे।[5] पर इसे महिलाओं की सुसंगठित हिस्सेदारी नहीं कहा जा सकता है। क्योंकि वे जंगलात के तमाम कार्यों में संलग्न थीं, अतः प्रशासन और जंगलात विभाग से उनका आमना-सामना स्वाभाविक था।

1920-30 के दशक में सामाजिक-राजनीतिक चेतना बढ़ी, शिक्षा में इजाफ़ा हुआ और राष्ट्रीय संग्राम का सन्देश गाँव-गाँव तक गया तो इसका सकारात्मक असर महिला जागृति में हुआ। पहली बार महिलाओं की सामाजिक आन्दोलनों या स्वतन्त्रता संग्राम में अधिक सीधी और सक्रिय भूमिका की सम्भावना बाबत सोच विकसित हुई। कहीं-कहीं उसे सहमति मिली। नगरों-क़स्बों में छिटपुट महिलाएँ जुलूसों, धरनों तथा स्वदेशी प्रदर्शनियों में दिखने लगी थीं। ग्रामीण महिलाओं के लिए अभी मुश्किलें बनी हुई थीं। इस सन्दर्भ में 1929 का साल निर्णायक सिद्ध हुआ। जून में महात्मा गाँधी के कुमाऊँ आगमन के समय महिलाओं ने पहली बार अपना स्वतन्त्र जुलूस निकाला, जो युगान्तकारी घटना कही जा सकती है। यह क्रम कुछ महिला स्वतन्त्रता सेनानियों की 1930-32 तथा 1940-42 के आन्दोलनों में हिस्सेदारी और गिरफ़्तारी के बाद बढ़ा। लेकिन कुल मिलाकर आधी आबादी की प्रत्यक्ष और उन्मुक्त हिस्सेदारी राष्ट्रीय संग्राम में नहीं हो सकी।

लेकिन अपने पुरुष सहयोगियों को राष्ट्रीय संग्राम में सक्रिय हिस्सेदारी हेतु आज़ादी देकर महिलाओं ने अपनी अप्रत्यक्ष भूमिका निभायी। यानी महिलाओं ने उन्हें परिवार की ज़िम्मेदारी से पूरी तरह मुक्त कर दिया। आज उस श्रम और कष्ट का ठीक से अनुमान नहीं लगाया जा सकता है, जो तब इन महिलाओं द्वारा परिवार तथा पशुपालन, खेती, कुटीर उद्योग के साथ तमाम सामाजिक-सांस्कृतिक कार्यों को पूरा करने में लगाया तथा झेला गया था। आज उस ज़िम्मेदारी को समझना कठिन है जो महिलाओं ने उस दौर में निभायी। तब महिलाएँ स्वयं शिक्षा से वंचित थीं। पुरुषों की ही नहीं अपनी नज़रों में भी वे दोयम दर्जे की नागरिक थीं।

प्रत्यक्ष भूमिका तो उन्होंने नगरों-क़स्बों में निभायी, जहाँ खेती या पशुपालन या कुटीर उद्योगों का गाँवों का जैसा दबाव न था। नगरों-क़स्बों में वे शिक्षित होने लगी थीं। यहाँ चेतना का स्तर कुछ अलग ज़रूर था परन्तु पूरे ब्रिटिश कुमाऊँ में एक दर्जन भी ऐसे नगर-क़स्बे नहीं थे, जहाँ ऐसा परिवेश बन चुका हो। अलमोड़ा, नैनीताल तथा पौड़ी जैसे ब्रिटिश कुमाऊँ के सबसे बड़े नगर भी जातीय आग्रह या लिंग दोष से मुक्ति नहीं पा सके थे। इन नगरों में बालिका/महिला शिक्षा का तेज़ी से प्रसार नहीं हो सका था तथा संग्राम के दौर में भी जातीय संगठन बन रहे थे। और तो और कुछ नगरों या गाँवों में चर्च निर्माण तथा ईसाई धर्म में कुछ स्थानीय लोगों के दीक्षित होने के बावजूद दलितों का मन्दिर प्रवेश वर्जित बना रहा और समाज छुआछूत से मुक्त नहीं हो सका।

ग्रामीणों के सेना में भर्ती होने के बाद विदेशों का दौरा कर चुकने के बावजूद अलमोड़ा के कतिपय ब्राह्मण समुद्र यात्रा करने पर अपने प्रतिभाशाली युवक को जाति से बाहर कर रहे थे। राष्ट्रीय और सामुदायिक चेतना के पल्लव फूटने के उस दौर में गढ़वाल के कुछ ब्राह्मण अपनी 'सरोला सभा' बना रहे थे। कुछ ही समय बाद 'क्षत्रिय सभा' की स्थापना हुई और फिर 'कुमाऊँ राजपूत' की। दलितों ने अपना संगठन 'शिल्पकार सभा' बनाया और विकसित किया था। पर वे तो अभी कितने ही सामाजिक, सांस्कृतिक और शैक्षिक अधिकारों से वंचित थे।[6]

आज़ादी के बाद दृश्य कुछ बदला। शिक्षा, संचार में इजाफ़े तथा आज़ादी मिलने के माहौल ने महिलाओं के प्रति रचनात्मक दृष्टि को बढ़ाया पर यह पर्याप्त न था। सम्पन्न परिवारों की लड़कियों को उनके भाइयों के बराबर नहीं माना जाता था। इसलिए उन परिवारों में लड़कियों के लिए अधिक विकल्प नहीं थे। 1952 में भारतीय संसद के लिए टिहरी से कमलेन्दुमती शाह का निर्विरोध चुना जाना चाहे प्रजामण्डल और कांग्रेस की भूमिका को कमतर करता हो पर राज परिवार से होने के बावजूद वे इस क्षेत्र से पहली महिला संसद सदस्य बनीं। दूसरी महिला सांसद के रूप में इला पन्त का

नाम आता है, लेकिन चार दशक बाद ही। कुछ महिलाएँ विधान सभा तथा विधान परिषद् के लिए चुनी गयीं। राज्य में अभी 71 विधान सभा सदस्यों में से मात्र 5 महिलाएँ तथा एक महिला मन्त्री है।[7]

सरला बहिन ने 1946 में कौसानी में जिस लक्ष्मी आश्रम की स्थापना की थी वह उत्तराखण्ड की महिला सामाजिक कार्यकर्ताओं की पहली प्रशिक्षण स्थली बना। विभिन्न सामाजिक संघर्षों में शामिल होने वाली विमला बहुगुणा, शशिप्रभा रावत, कमला बहुगुणा, राधा भट्ट (बाद में देवकी कुंजवाल आदि) कितनी ही महिला कार्यकर्ता यहाँ से दीक्षित हुईं और अगली आधी सदी तक सक्रिय बनी रहीं। आज भी हैं। इन सभी के रचनात्मक जीवन की शुरुआत भूदान कार्यों से हुई। तत्पश्चात उन्होंने आज़ादी के बाद के उत्तराखण्ड के पहले सामाजिक आन्दोलन (नशाबन्दी) में महत्त्वपूर्ण हिस्सेदारी की। लोक शिक्षण, ग्राम यात्राएँ, लोक संगठन तथा नेतृत्व यानी हर पक्ष में उन्होंने महत्त्वपूर्ण भूमिका निभायी। उस समय ये सभी सरला बहन के नेतृत्व में चल रहे एक बड़े सामाजिक आन्दोलन का हिस्सा थे। इसी तरह की भूमिका भूदान कार्यक्रमों में रही। भूदान आन्दोलन के माध्यम से स्थानीय मुद्दे नहीं उभर सके, पर सभी ने इस क्षेत्र और यहाँ की समस्याओं को इसी कार्य से जानना शुरू किया।[8] भूदान के बहाने इस टोली ने उत्तराखण्ड यानी अपने कर्म क्षेत्र को जानना और यहाँ के अन्तर्विरोधों को समझना शुरू किया। यहाँ की विभिन्न समस्याएँ उनके सामने उजागर होती चली गयीं।

नशाबन्दी आन्दोलन में पहली बार बड़ी संख्या में महिलाएँ सड़कों में उतरी। वे गिरफ़्तार हुई और जेल गयीं। इससे आगे आन्दोलन को तात्कालिक सफलता तक ले गयीं। उत्तराखण्ड में बीसवीं सदी में पहली बार महिलाओं को इतनी सक्रियता से किसी आन्दोलन में हिस्सेदारी करते हुए और सीधे संघर्ष में उतरते हुए देखा गया। उस दौर में सड़क, संचार साधन बहुत सीमित थे। चीन-भारत सीमा संघर्ष के बाद शुरू हुआ सड़कों को बनाने का सिलसिला अभी चल ही रहा था। फिर भी सामाजिक आह्वान को महिलाओं ने अनुत्तरित नहीं रहने दिया।[9]

चिपको आन्दोलन में महिलाओं की भूमिका और बढ़ी। रामपुर फाटा के आन्दोलन में पहली बार महिलाओं की हिस्सेदारी प्रत्यक्ष रूप से सामने आयी। चिपको आन्दोलन की मातृ संस्था कहे जाने वाले दशौली ग्राम स्वराज्य मण्डल की स्थापना से श्यामादेवी का गहरा सम्बन्ध रहा था। वे न सिर्फ़ स्थानीय स्तर पर सक्रिय थीं वरन् उन्होंने अपनी ज़मीन और जमा पूँजी संस्था को खड़ी करने के लिए सहर्ष दी। यह सर्वथा नया और अनोखा काम था। श्यामा और इन्दिरा देवी न सिर्फ़ रामपुर फाटा के चिपको आन्दोलन में बल्कि रेणी में भी प्रोत्साहन और समर्थन के लिए गयी थीं। यह एक प्रकार से सामाजिक और महिला जागृति के 'द्वीपों' और 'दीपों' को जोड़ने जैसा था। बाद में उन्होंने गोपेश्वर गाँव में पंचायती जंगल को बचाने के लिए प्रत्यक्ष चिपको आन्दोलन चलाया था और ज़िला प्रशासन को उनके और ग्राम समाज के सामने झुकना पड़ा था।[10]

26 मार्च, 1974 को रेणी में अपने पुरुषों की अनुपस्थिति में महिलाओं ने ऐतिहासिक और अप्रत्याशित भूमिका निभायी। पर इस हेतु आवश्यक गृहकार्य भारतीय कम्युनिस्ट पार्टी की स्थानीय टीम और दशौली ग्राम स्वराज्य मण्डल के सदस्यों ने किया था। कुछ माह पहले की गयी ग्रामीण क्षेत्रों की यात्राओं में यह काम कुछ और गहराया था। ज़िले और जोशीमठ के छात्र इस कार्य में शामिल थे। पर रेणी में सीतेल के जंगल को काटने आये मज़दूरों, ठेकेदार के कारिन्दों और जंगलात विभाग के कर्मचारियों को एक भी पेड़ पर आरा या कुल्हाड़ा चलाये बिना वापस करने में और स्वयं किसी पेड़ से चिपके बिना उन्हें बचाने में महिलाओं ने जो भूमिका निभायी और कटान के लिए आये विशाल दल को समझाने के लिए जो बातें कीं और फिर जो आक्रामक पर अत्यन्त संयमित रुख अपनाया

वह उनको एक निश्चित ऊँचाई तक उठा देता है। यह अप्रत्याशित था पर असम्भव नहीं। आखिर इन महिलाओं के भीतर भी रेणी और चिपको आन्दोलन का 'मनुष्य' (पुरुष नहीं) ही विराज रहा था।

26 मार्च, 1974 को गोपेश्वर से चण्डी प्रसाद भट्ट और जोशीमठ से गोविन्दसिंह रावत को रेणी न जाने देने में सफल प्रशासन (स्थानीय और जंगलात विभाग) ने मज़दूरों, ठेकेदार के कारिन्दों तथा राशन पानी को रेणी तक पहुँचाये जाने को इतना गुप्त रखा था कि 26 मार्च, 1974 को सरकारी षड्यन्त्र का यह संयुक्त मोर्चा जीत भी सकता था। रेणी प्रतिरोध सिर्फ़ गाँव में मौजूद महिलाओं, बच्चों और महिला मंगल दल की अध्यक्षा गौरादेवी की समझदारी और अप्रत्याशित रूप से दिये गये नेतृत्व की ही नहीं, बल्कि चिपको के कार्यकर्ताओं द्वारा पिछले अनेक महीनों से इस क्षेत्र में किये गये कार्य की गहराई की परीक्षा भी थी। यहाँ यह नहीं भूलना चाहिए कि गोविन्दसिंह रावत, हयात सिंह, वासवानन्द नौटियाल, चण्डी प्रसाद भट्ट और उन अनेक छात्रों/युवाओं की इस तैयारी में महत्त्वपूर्ण भूमिका रही जो पिछले महीनों में स्थानीय गाँवों की यात्रा कर चुके थे। जन प्रतिनिधि होने के नाते गोविन्दसिंह रावत और वासवानन्द नौटियाल की और सामाजिक कार्यकर्ता होने के नाते चण्डी प्रसाद भट्ट की इस इलाके में व्यक्तिगत प्रतिष्ठा थी।[11] 24 मार्च, 1974 को रेणी गये छात्रों ने किसी सम्भावित संशय का उन्मूलन कर दिया था।

रेणी की सफलता को सालाना उत्सव के रूप में आन्दोलन की समीक्षा करने और भावी रणनीति बनाने के लिए अनेक सालों तक मनाया जाता रहा, जिसमें स्थानीय समाज के अलावा विभिन्न महिला मंगल दलों के सदस्य तथा तमाम कार्यकर्ता और आन्दोलनकारी भाग लेते थे। अनुपम मिश्र, अनिल अग्रवाल, नेत्रसिंह रावत और रघुवीर सहाय जैसे पत्रकार-सम्पादक इन अवसरों पर आमन्त्रित किये गये। 'दिनमान' ने इस आयोजन की रपट भीतरी पन्नों पर और गौरादेवी का फ़ोटो आवरण पर प्रकाशित किया था।[12]

रेणी के बाद 1974 में उत्तरकाशी में जंगलात आन्दोलन की शुरुआत हुई। रेणी की जीत के दो दिन बाद 28 मार्च, 1974 को उत्तरकाशी, 30 को बड़कोट तथा 31 मार्च को पुरौला में जन सभाएँ की गयीं। भारतीय कम्युनिस्ट पार्टी के कमलाराम नौटियाल तथा चन्दन सिंह राणा (ज़िला मन्त्री भाकपा) की ओर से जंगलात सम्बन्धी परिपत्र जारी किया गया था। यह तथ्य जंगलात समस्या के अखिल उत्तराखण्डी होने का सत्य उजागर करता था। यद्यपि पूर्व रियासत होने के नाते अनेक वन कानून या वन अधिकार यहाँ तब तक लागू नहीं हो सके थे।

जुलाई 1974 में वयाली के जंगल में आन्दोलन शुरू हुआ तो किशनपुर और मानपुर सहित स्थानीय गाँवों की महिलाओं—विशेष रूप से चूमा देवी और साथिनों—और विद्यार्थियों ने आन्दोलन में सक्रिय भूमिका निभायी थी। प्रत्यक्ष हिस्सेदारी के अलावा संघर्ष स्थल के कार्यों की सूचना ज़िला मुख्यालय या गाँवों तक ले जाने, पुलिस-पटवारी तथा गुप्तचर विभाग के कर्मचारियों पर नज़र रखने तथा आन्दोलनकारियों तक राशन पानी पहुँचाने में योगदान दिया। परन्तु सरकार द्वारा स्थापित जाँच कमेटी, जिसमें भारतीय कम्युनिस्ट पार्टी के साथ कांग्रेस के प्रतिनिधि भी थे, बनाये जाने के बाद यह आन्दोलन उतार में आ गया था। इस आन्दोलन ने मज़दूरों के मुद्दों को गम्भीरता से उठाया था और ठेकेदार के कारिन्दों के अन्य आपत्तिजनक और आपराधिक मामले उजागर किये थे।[13]

उधर कुमाऊँ में विद्यार्थी, समाजवादी तथा कतिपय कांग्रेसी कार्यकर्ता स्टार पेपर मिल्स को अत्यन्त कम दाम पर चीड़ के पेड़ों के दिये जाने का विरोध कर रहे थे। पर विधिवत संघर्ष पर्वतीय वन बचाओ संघर्ष समिति के 4 सितम्बर, 1974 को अलमोड़ा में जन्म लेने के साथ हुआ। समिति

की पहली प्रत्यक्ष सफल कार्यवाही 23 सितम्बर, 1974 को शैले हाल, नैनीताल में हो रही जंगलों की नीलामी को रोकने में सामने आयी। यह चिपको आन्दोलन के इतिहास में जंगलों की नीलामी स्थगित कराने में प्राप्त पहली सफलता थी। पर इन शहराती विरोधों में महिलाओं की उपस्थिति नहीं थी। पर्वतीय वन बचाओ संघर्ष समिति में एक भी महिला सदस्य नहीं थी। राजनीतिक दलों में ही नहीं छात्र संघों में भी महिलाओं/छात्राओं की अतिशय अनुपस्थिति थी। यह भी सच है कि अलमोड़ा ज़िले से रमा पन्त, सरस्वती टम्टा तथा सरस्वती तिवारी को विधायक बनने का मौक़ा मिला था।

1975 से 1977 के बीच आपातृकाल में अनेक कार्यकलाप—विशेष रूप से वृक्षारोपण और सालाना समारोह और रेणी चिपको जाँच कमेटी के कार्य—होते रहे। इनमें से अधिकांश कार्यकलापों में महिलाएँ अवश्य उपस्थित थीं और यह उपस्थिति अनेक स्थानों पर आज भी बनी हुई है। पर चमोली की तरह अन्यत्र यह क्रम इतने सघन रूप में कायम नहीं रह सका।

आपातृकाल और उसके बाद के दौर में सरकार से संवाद में महिलाओं की कोई उपस्थिति नहीं दिखायी देती है। किसी प्रतिनिधि मण्डल में वे नज़र नहीं आती हैं। या उनको नहीं ले जाया जाता है। लेकिन जहाँ भी प्रत्यक्ष आन्दोलन होता था वे निर्णायक भूमिका में होती थीं। जून 1975 में अपने पंचायती जंगल को ज़िला स्तर के अधिकारियों-कर्मचारियों की घुसपैठ से बचाने के लिए श्यामा देवी और इन्दिरा देवी के नेतृत्व में गोपेश्वर की महिलाओं ने जबर्दस्त आन्दोलन किया था और बड़ी संख्या में महिलाएँ प्रत्यक्ष आन्दोलन में उतर आयी थीं। ज़िला अधिकारी द्वारा माफी माँगी जाने के बाद चेतावनी देकर आन्दोलन वापस लिया गया। यही नहीं दशौली ग्राम स्वराज्य मण्डल के पर्यावरण शिविरों में महिलाएँ बहुत मुखर होती थीं और प्रशासक, वैज्ञानिक या पर्यावरणविद् उनके तर्कों से परास्त हो जाते थे।[14] यह आज भी देखा जा सकता है।

आपातृकाल में टिहरी-उत्तरकाशी में सर्वोदयी कार्यकर्ताओं द्वारा या अलमोड़ा में पर्वतीय युवा मोर्चा द्वारा जो रचनात्मक कार्य हो रहे थे, उनमें महिलाओं की उपस्थिति नहीं या अत्यन्त कम मिलती है। अस्कोट-आराकोट अभियान 1974 तथा इसी क्रम में हुई 1975, 76 या 77 की यात्राओं में महिलाओं या छात्राओं की हिस्सेदारी नहीं थी। हाँ जब गोपेश्वर में 1976 में मद्य निषेध अभियान चला तो उसमें अवश्य कुछ महिलाओं के साथ शिक्षिका गंगोत्री गर्ब्याल शामिल हुई थी।[15]

इस बीच शायद महिलाओं की तमाम सामाजिक कार्यों, अभियानों में कम हिस्सेदारी या अनुपस्थिति के कारण सुन्दरलाल बहुगुणा ने रिखुंड तथा गैरगड़ के जंगल में मज़दूरों की शक्ति जगाने के लिए 25 मार्च से 4 अप्रैल, 1977 तक जो उपवास किया था उसमें उन्होंने वन श्रमिकों को पर्वतीय नवजीवन का अग्रदूत कहते हुए वर्तमान समाज को लँगड़ा बताया था क्योंकि इसमें स्त्री का स्थान नहीं है और एक टांग पर कोई समाज खड़ा नहीं हो सकता है। उन्होंने दलितों का सन्दर्भ भी दिया था। इससे सामाजिक कार्यकर्ताओं की महिला तथा दलित विषयक चिन्ता प्रकट होती है।[16] श्रमिकों का सन्दर्भ देते समय महिलाओं या दलितों को नहीं भूले थे। वे उन्हें गम्भीरता से आगे लाना चाहते थे।

1977 में जब 25 मई को उत्तराखण्ड संघर्ष वाहिनी का गोपेश्वर में जन्म हुआ तो उसके संस्थापक सदस्यों में कोई महिला नहीं थी। वाहिनी की उस समय बनायी गयी कार्यकारिणी में महिलाएँ नहीं थीं, जबकि अनेक अनुपस्थित पुरुष कार्यकर्ताओं को कार्यकारिणी में लिया गया था। बावजूद इसके कि चमोली ज़िले में महिलाएँ आन्दोलनों में अपनी हिस्सेदारी ही नहीं निर्णायक भूमिका सिद्ध कर चुकी थीं। उधर वाहिनी के घटक बन चुके पर्वतीय युवा मोर्चा ने भागुलीदेवी काण्ड के

समय 9 जून, 1977 को मनाण (अलमोड़ा) में जो जुलूस निकाला था उसमें 3,000 महिलाओं की उपस्थिति बतायी गयी थी, जो इस क्षेत्र के लिए एक असाधारण घटना थी और उत्तराखण्ड संघर्ष वाहिनी द्वारा क्षेत्र में किये गये काम के साथ मामले की गम्भीरता ने सभी को उद्वेलित किया था।[17] यानी महिला मुद्दों को महत्त्व देने का नया सिलसिला ज़रूर शुरू हो गया था, पर उन्हें नेतृत्व में लाने का नहीं।

जून 1977 में हेंवलघाटी वन सुरक्षा समिति में महिलाओं की हिस्सेदारी प्रारम्भ से ही थी। यहाँ पृष्ठभूमि में कार्यकर्ताओं द्वारा किया गया गहन कार्य था। 25 जुलाई, 1977 को जब भण्डार गाँव, काकड़सारी, पाली, कोटी, स्वीकर तथा कुड़ी आदि गाँवों से होकर ग्रामीणों का जुलूस जंगल में पहुँचा तो खेती पाती का मौसम होने के बावजूद इसमें महिलाएँ बड़ी संख्या में उपस्थित थीं।[18] सभी अपने आन्दोलन के मुद्दों को ठीक से जानती थीं और अपनी हिस्सेदारी का अर्थ भी समझती थीं।

28 नवम्बर, 1977 के नैनीताल जंगलात नीलामी विरोध में महिलाओं की हिस्सेदारी नहीं थी या कहें कि नैनीताल के किसी भी नीलामी विरोध में वे अनुपस्थित थी पर 1978-80 में दमन के दौर में बड़ी संख्या में महिलाएँ आन्दोलन में आयीं। छात्राओं ने बड़ी संख्या में इसमें हिस्सेदारी की। उसी समय इतिहास में पहली बार उत्तराखण्ड स्तर पर सफल बन्द का आयोजन हुआ था और जगह-जगह हुए प्रदर्शनों में महिलाओं की हिस्सेदारी रही। यह क्रम 1980 में जनता दल की सरकार के जाने तक बना रहा और प्रदर्शनों में महिलाओं और छात्राओं की लगातार उपस्थिति रही।[19]

दिसम्बर 1977 में जब अदवाणी के जंगल में चिपको आन्दोलन चला तो महिलाओं ने सक्रिय भाग लिया। सुदेशा देवी, सौपा देवी, बचनी देवी आदि महिलाओं ने नेतृत्वकारी भूमिका निभायी। पर इनके साथ मूली देवी, जौमा देवी और झाबरी देवी की भूमिका कम महत्त्व की नहीं थी। झाबरी देवी दलित परिवार से थी। उन्हें पहले पति से, फिर परिवार से और अन्त में समाज से लड़ना था। ठेकेदार से लड़ाई तो इसके बाद थी। बचनी देवी को तो अपने पति को चुनौती देनी पड़ी, जो स्वयं ग्राम प्रधान थे तथा ठेकेदार समर्थक भी।[20] यह अलग बात है कि पति ने अन्ततः पत्नी के निर्णय को उचित माना।

अन्य अनेक जगहों की तरह यहाँ भी आन्दोलन में बच्चों की प्रभावी भूमिका रही। यह भूमिका हर बार किसी नये प्रयोग द्वारा 'प्रतिद्वन्द्वी' (ठेकेदार, मज़दूर, जंगलात विभाग या पुलिस-प्रशासन या गुप्तचर विभाग के लोग) को भ्रम में डालने, थकाने और परेशान करने की होती थी। यह एक अलग किस्म की 'अहिंसक छापामार लड़ाई' थी, जिसे बच्चे अपनी मौलिकता से विकसित कर रहे थे। यह गीत, नाटक, नारे से लेकर चिढ़ाने तक के कार्यक्रमों के मार्फत प्रकट होती थी।

चिपको आन्दोलन के पूरे इतिहास में जंगलों की नीलामी स्थगित कराने के सन्दर्भ में महिलाओं की अकेली हिस्सेदारी 8 तथा 9 फ़रवरी, 1978 को नरेन्द्रनगर (टिहरी) में सामने आती है। 8 फ़रवरी की शाम जब हेंवलघाटी की जनता ढोल, नगाड़े, थालियों की आवाज़ों और नारों के साथ नरेन्द्रनगर के नीलामी कक्ष के बाहर डेरा डालने आयी तो प्रशासन दहशत में था। क्योंकि पहली बार नीलामी स्थगित कराने वालों में महिलाओं को देखा गया। 9 फ़रवरी, 1978 की सुबह जब नरेन्द्रनगर टाउन हाल यानी नीलामी कक्ष के बाहर हेंवलघाटी की महिलाएँ अन्य ग्रामीणों तथा देहरादून से आये युवाओं के साथ पहुँचीं तो इनके संयुक्त दबाव से परिसर का बन्द गेट खुल गया। कुछ ही क्षणों में महिलाएँ नीलामी के मंच पर पहुँच गयीं और नीलामी स्थगित हो गयी। महिलाओं की हिस्सेदारी के

कारण स्थगित यह जंगलों की पहली नीलामी थी। महिलाएँ हाल के भीतर वनाधिकारियों की कुर्सी में बैठ गयीं।

9 फ़रवरी, 1978 की मध्य रात्रि में जब 23 आन्दोलनकारियों को गिरफ़्तार किया गया तो उनमें 9 महिलाएँ थीं। इनको 3 घण्टे तक नरेन्द्रनगर हवालात में रखकर अगली सुबह टिहरी जेल पहुँचाया गया। यह वही जेल थी, जहाँ टिहरी के ढंढकी और प्रजामण्डली क़ैद में रहे थे, और जहाँ 84 दिन की भूख हड़ताल के बाद श्रीदेव सुमन ने अपने प्राण त्यागे थे। गिरफ़्तार आन्दोलनकारियों को 2 सप्ताह के बाद 23 फ़रवरी को रिहा किया गया।[21] यह चिपको आन्दोलन में महिलाओं का सबसे लम्बा और एक मात्र जेल निवास था। यह जितनी इन ग्रामीण महिलाओं के साहस की कहानी थी, उतनी ही चिपको के स्थानीय समाज में गहराने की भी।

28 नवम्बर, 1977 के नैनीताल काण्ड के बाद दमन के सिलसिले ने पूरे उत्तराखण्ड को एक कर दिया। पहले उत्तराखण्ड संघर्ष वाहिनी के उस दौरे ने अलख जगाई जिसका नेतृत्व चण्डी प्रसाद भट्ट, गिर्दा और शमशेर बिष्ट आदि कर रहे थे। फिर जगह-जगह हो रहे प्रदर्शनों ने चिपको आन्दोलन को समर्थन देते हुए दमन का विरोध किया। 16 फ़रवरी 1978 के हल्द्वानी के विशाल प्रदर्शन में छात्राओं ने व्यापक हिस्सेदारी की थी, दमन का रूप देखा और भुगता था। हल्द्वानी में कुल 53 गिरफ़्तारियाँ हुई थीं।

24 फ़रवरी, 1978 को उत्तराखण्ड का पहला ऐतिहासिक और समग्र बन्द हुआ था, जब देहरादून, ऋषिकेश, पिथौरागढ़, लोहाघाट, टनकपुर, बागेश्वर, जागेश्वर, रानीखेत, चौखुटिया, अलमोड़ा, नैनीताल, हल्द्वानी, रुद्रपुर, काशीपुर, कोटद्वार, लैंसडौन, रुद्रप्रयाग, कर्णप्रयाग, गोपेश्वर, टिहरी, उत्तरकाशी ही नहीं भवाली, मुक्तेश्वर, गंगोलीहाट, बेरीनाग, सोमेश्वर, द्वाराहाट, भिकियासैण, गरुड़-बैजनाथ, दोगड्डा, गदरपुर, किच्छा, लालकुआँ, पन्तनगर, बाजपुर आदि जगहों में बन्द के साथ जुलूस निकले और सभाएँ हुईं। राजनीतिक दल छात्रों के पीछे थे। अधिकांश स्थानों पर महिलाओं की हिस्सेदारी देखी गयी।[22]

दिसम्बर 1977 तथा जनवरी 1978 में फूलों की घाटी के गाँव भ्यूँढार-पुलना के लोगों ने कोयला बनाने के लिए काटे जा रहे अपने बाँज के जंगल के कटान को रोकने हेतु प्रतिवेदन दिया और फिर सीधा आन्दोलन छेड़ दिया। इस समय महिला मंगल दल की अध्यक्ष कुन्ती देवी तथा तमाम सदस्यों—गैणी देवी, कौशल्या देवी, शरादी देवी, लखमा देवी, सोणी देवी, गीता देवी, कल्पी देवी, दूसरी गीता देवी, भकुली देवी, पवित्रा देवी, अनेक लड़कियों (कुल 28 महिलाओं) और बच्चों की भूमिका रही, जब वे गाँव के अन्य सयानों के साथ पुलना से भ्यूँढार के रास्ते में बर्फ़ के बीच जंगल चट्टी पहुँचे थे। इस समय तापमान शून्य से नीचे था। यह स्थान फूलों की घाटी से 7 कि.मी. नीचे था और 7 हज़ार फ़ीट की ऊँचाई पर। ठेकेदार ने अपने मज़दूर और मुंशी पहले ही कटान हेतु भेज दिये थे।[23]

लक्ष्मण गंगा के दोनों ओर स्थित इस 10 हेक्टेयर में फैले जंगल में 645 पेड़ काटे जाने थे। 4 जनवरी को महिलाओं के पहुँचने से पहले 16 पेड़ काटे गये। 5 जनवरी को महिलाओं ने 429 पेड़ बचा लिए। महिलाओं ने मज़दूरों और उनके मुंशी से कहा कि यदि कटान बन्द नहीं किया जाता है तो वे उनके हथियार छीन लेंगे। ठेकेदार के आदमियों ने यह कहा कि ये पेड़ बद्रीनाथ मन्दिर में इस्तेमाल हेतु कोयला बनाने के लिए काटे जा रहे हैं। उन्होंने 'बद्रीनाथ' पर बहुत जोर दिया था। पर इसका महिलाओं पर कोई असर नहीं पड़ा कि कोयला कहाँ के लिए बन रहा है। जब मज़दूरों ने नहीं माना तो महिलाओं ने उनके हथियार (कुल्हाड़े, बड़ियाठ तथा आरा आदि) ठीक वैसे ही छीन लिए थे जैसे चाँचरीधार

(द्वाराहाट) या जनोटी-पालड़ी में स्थानीय महिलाओं ने। महिलाओं ने इन हथियारों की सूची बना कर मज़दूरों को दे दी। यह देखना रोचक होगा कि चिपको आन्दोलन ने बिड़ला परिवार द्वारा मरम्मत के नाम पर बद्रीनाथ मन्दिर के स्थापत्य से छेड़छाड़ का विरोध किया था और बद्रीनाथ में हुए प्रदर्शन में स्वयं गौरा देवी गयी थीं।[24] पर यहाँ बद्रीनाथ के नाम पर भी पेड़ काटने की इजाजत महिलाएँ नहीं दे रही थीं। यानी धर्म और संस्कृति के नाम पर रक्षा कवच नहीं ढूँढ़ा जा सका था।

भ्यूँढार-पुलना में जब महिलाएँ यह सब कर चुकी थीं, उसके बाद ही सूचना गोपेश्वर पहुँची और दग्रास्वमं तथा उत्तराखण्ड संघर्ष वाहिनी के सदस्य गण चण्डी प्रसाद भट्ट के नेतृत्व में गाँव गये और दो दिन तक वहाँ रहे। गाँव की और उनके आन्दोलन की व्यापक पड़ताल करने के साथ उन्होंने उत्तराखण्ड में अन्यत्र चल रहे जंगलात के संघर्षों का विवरण और विश्लेषण यहाँ के ग्रामीणों को दिया। समानान्तर चेतना किस तरह एक-दूसरे में विलीन होती है उसे यहाँ देखा जा सकता है। ऐसा कुछ समय बाद डूँगरी-पैन्तोली में हुआ।

इसी समय दिसम्बर 1977 से द्वाराहाट के चाँचरीधार जंगल में आन्दोलन चला, जिसमें स्थानीय गाँवों की पार्वती देवी, लछिमा देवी, जीवन्ती देवी आदि ने सक्रिय भूमिका निभायी। यहाँ महिलाओं को अत्यन्त आक्रामक भाषण देते हुए सुना गया, जो महिलाओं का एक नया रूप था।[25] एक साल बाद दिसम्बर 1978 में चले बडियारगढ़ आन्दोलन में महिलाओं की हिस्सेदारी प्रभावशाली रही। नन्दी देवी, सुलोचना देवी, शाकी देवी, पंचमी देवी तथा काली देवी के साथ सिल्यारा आश्रम से आयी विमला बहुगुणा आदि ने इस समय आन्दोलन को निरन्तरता देने में महत्त्वपूर्ण योगदान दिया। हिस्सेदारी कम होने का भय कदाचित कार्यकर्ताओं के मन में था, जिस कारण भागवत कथा का आयोजन किया गया। पर 9 जनवरी, 1979 को सुन्दरलाल बहुगुणा की भूख हड़ताल के कारण आन्दोलन के केन्द्र में उनकी भूख हड़ताल और गिरफ़्तारी आ गयी और महिलाओं और युवाओं के द्वारा किया गया आन्दोलन के संगठन और संचालन का काम उस तरह सार्वजनिक नहीं हो पाया, जैसे कि उसे होना चाहिए था।[26]

इस समय एक और महत्त्वपूर्ण बात हुई थी। जब सुन्दरलाल बहुगुणा को देहरादून जेल ले जाया गया और उनकी भूख हड़ताल 12 वें दिन भी जारी थी और उन्होंने मौन व्रत लिया हुआ था, तभी 30 जनवरी, 1979 को चण्डी प्रसाद भट्ट उनसे मिलने जेल में आये थे। पर संवाद नहीं हो सका। जब भट्ट ने अपनी तथा रमेश पहाड़ी यानी उत्तराखण्ड संघर्ष वाहिनी की ओर से प्रभागीय वनाधिकारी केदारनाथ को लिखा वह पत्र दिखाया जिसमें धनपुर रेंज में कटान-छपान न रोकने पर चिपको आन्दोलन चलाने की चेतावनी दी गयी थी, तो बहुगुणा ने उसी पत्र के पीछे लिखते हुए पिछले साल (1978) की बाढ़, कटान रोकने तथा हिमालय के जंगलों को 'संरक्षण वन' बनाने की चर्चा की।

बहुगुणा ने भट्ट को कहा कि दिल्ली वालों की घुमाव फिराव की वार्ता में न फँसें। अन्त में उन्होंने लिखा था कि आप मेरे नेता हैं और मेरी यह सेवा (भूख हड़ताल) आपकी शक्ति बढ़ाने के लिए है। यह आश्चर्यजनक है कि जन-आन्दोलन के एक नेता दूसरे के साथ सीधा संवाद नहीं कर रहे थे। यह शायद इन दोनों की ऐसी अन्तिम मुलाक़ात थी, जब संयुक्त संघर्ष की एक कार्यकर्ता के द्वारा की गयी पेशकश दूसरे के द्वारा स्वीकार नहीं की गयी। उस समय मौन तोड़कर संवाद या मौन के साथ भी सीधा संघर्ष का रास्ता चिपको आन्दोलन को एक नया आयाम दे सकता था।

महिलाओं की हिस्सेदारी अलमोड़ा के जनोटी-पालड़ी तथा रंगोड़ी-ध्याड़ी के जंगलों के कटान को रोकने के आन्दोलनों में भी रही। यहाँ जागृति का काम कार्यकर्ताओं-विशेष रूप से उत्तराखण्ड संघर्ष वाहिनी से जुड़े युवाओं—ने किया था पर तात्कालिक रूप से। जनोटी-पालड़ी में मैगनेसाइट

कर्मचारियों की यूनियन के कारण और उससे बालम जनोटी या हरीश करायत के जुड़े होने के कारण कुछ चेतना पहले से विकसित मानी जा सकती है पर ध्याड़ी में वाहिनी का एकदम ताजा काम था। पहले से कोई सामाजिक कार्य–विशेष रूप से महिलाओं के बीच–नहीं किया गया था। पर जो युवा यहाँ काम कर रहे थे वे अपनी प्रवृत्ति में लड़ाकू थे, चाहे स्थानीय समाज में अभी जंगलात सम्बन्धी चेतना गहराई नहीं थी।

जनोटी-पालड़ी और रंगोड़ी-ध्याड़ी इन दोनों जगहों पर आन्दोलनकारियों की शासन से सीधी टक्कर थी। अन्य सामान्य गाँवों या स्थानों की तरह इन दोनों जगहों में पहले से इस तरह के आन्दोलन का कोई अनुभव नहीं था। वैसे यह बात चिपको के हर गाँव के लिए कही जा सकती है। ये सभी गाँव पहली बार ही बोल रहे थे। इन दोनों जगहों पर जबर्दस्त दमन हुआ। इन दोनों जगहों की चर्चा चिपको आन्दोलन पर हुए शोध कार्यों में नहीं के बराबर है। दमन की चर्चा तो बिल्कुल नहीं है। जनोटी-पालड़ी में कांती देवी, बचुली देवी, लक्ष्मी देवी, भागुली देवी, बसन्ती देवी तथा अन्य महिलाओं की सक्रिय भूमिका रही। महिलाओं ने अपने गाँव में पी.ए.सी. के बन्दूकधारियों का दमन और आतंक सहा और पुलिस-प्रशासन को जबर्दस्त चुनौती दी। एक बार तो महिलाओं ने अपने वे हथियार भी निकाल लिए जो सामान्यतया आत्मरक्षा के लिए इस्तेमाल होते रहे हैं। हालाँकि पी.ए. सी. की संस्थागत क्रूरता और बन्दूकों के सामने इन्हें पिछड़े हथियार ही कहा जायेगा।

ग्रामीण क्षेत्रों में महिलाओं ने न सिर्फ़ अपने क्षेत्र में प्रकट होने वाले चिपको आन्दोलन में हिस्सेदारी की बल्कि अनेक बार स्वायत्त आन्दोलनों को जन्म दिया। एक बार तो महिलाएँ अपने उस पुरुष समाज के प्रतिपक्ष में चली गयीं, जो 'उनके बाँज के जंगल' की कीमत पर 'अपना आलू का फार्म' स्थापित करना चाहता था। अध्याय नौ में डूँगरी-पैन्तोली का आन्दोलन विस्तार से प्रस्तुत किया गया है। 1980 के आरम्भ में पिंडर घाटी के डूँगरी-पैन्तोली गाँव में बाँज के जंगल को बचाने के लिए महिलाओं को अधिकांश पुरुषों से लोहा लेना पड़ा। पुरुषों में भी कुछ बाँज के जंगल को बचाना चाहते थे। वे महिलाओं की मदद में आये। अन्ततः जब यह आवेदन गढ़वाल का दौरा कर रहे केन्द्रीय मन्त्री हेमवतीनन्दन बहुगुणा को दिया गया तो बात उत्तराखण्ड संघर्ष वाहिनी के कार्यकर्ता और पत्रकार रमेश पहाड़ी तक पहुँची, क्योंकि वे एक पत्रकार की हैसियत से बहुगुणा से बात करने आये थे। उस पुरुष (बचीराम सती) की भूमिका नहीं भूलनी चाहिए, जो महिलाओं का प्रतिवेदन लेकर कर्णप्रयाग गये थे। सती ने गाँव के प्रधान सहित अन्य पुरुषों से अपने सम्बन्धों को दाँव पर लगा दिया। अगर वह कर्णप्रयाग नहीं गये होते तो शायद रमेश पहाड़ी और चण्डी प्रसाद भट्ट तक ये बात नहीं पहुँच पाती। फिर क्या होता कहा नहीं जा सकता। सामाजिक प्रतिरोधों को अपनी आन्तरिक या नव सृजित ऊर्जा के साथ अनेक बार बाहरी समर्थन, अतिरिक्त ऊर्जा या सहयोग की ज़रूरत होती है। दुर्गम पहाड़ी भूगोल तथा विलम्बित संचार में इसकी और अधिक अपरिहार्यता है।

रमेश पहाड़ी के डूँगरी-पैन्तोली जाने और फिर चण्डी प्रसाद भट्ट को वहाँ ले जाने से आन्दोलन और आगे बढ़ा। शासन के साथ एक सम्मानजनक समझौता हुआ और बाँज का जंगल बचाया जा सका। डूँगरी-पैन्तोली गाँव के पूर्वाग्रही पुरुषों ने गाँव की महिलाओं को तो लगातार धमकाया था ही, बाद में चण्डी प्रसाद भट्ट और रमेश पहाड़ी को भी डराना चाहा। ग्राम प्रधान ने उनको गाँव में न आने की चेतावनी दी और उन पर 'गाँव में क्रान्ति कर जाने का' आरोप लगाया।[27]

डूँगरी-पैन्तोली में महिला मंगल दल की अध्यक्ष मथुरा देवी, सदस्य पार्वती देवी, गायत्री देवी, मालती देवी आदि ने निर्भय होकर अपने पतियों को चेताया और चिपको आन्दोलन में एक अलग तरह का आयाम

जोड़ दिया।[28] जंगल से महिलाओं का गहन रिश्ता यहाँ स्पष्ट होता है और प्रजाति विशेष से भी। बाँज के स्थान पर यदि चीड़ प्रजाति का कटान हो रहा होता तो शायद महिलाओं में इतना ग़ुस्सा प्रकट नहीं होता। बीना अग्रवाल डूँगरी-पैन्तोली के चिपको आन्दोलन की आत्मा पकड़ सकीं और उन्होंने लिखा कि यहाँ पर्यावरण संरक्षण का आधार महिलाओं और प्रकृति के बीच किसी जैविक सम्बन्ध में नहीं बल्कि उस लिंग आधारित श्रम विभाजन में देखा जाना चाहिए जिसके अन्तर्गत पहाड़ी महिलाओं को ईंधन, चारा और पानी लाना पड़ता है। महिलाएँ जानती थीं कि बाँज का जंगल कटेगा तो उन्हें लकड़ी के लिए दूर जाना पड़ेगा, दूसरी ओर नकद लाभ सिर्फ़ पुरुषों तक पहुँचेगा।[29]

इसी तरह 1984-85 में बछेर में हो रहे चीड़ के सूखे पेड़ों के कटान पर महिला मंगल दल के हस्तक्षेप और फिर आन्दोलन के बाद रोक लगी। यहाँ कटान के बाद लुढ़कान से होने वाले भूस्खलन का भय था। आवेदन देने के बाद महिलाएँ कलावती देवी तथा राधा देवी रावत के नेतृत्व में जंगल में गयीं और कटान रुकवा दिया।[30] बाद में 1988 में इसी तरह की अभिव्यक्ति नंदासैण में हुई, जहाँ महिला मंगल दल ने बाँज के जंगल में चीड़ और यूकिलिप्टस रोपण का विरोध किया था। साथ ही रोपित पेड़ों को उखाड़ने से इनकार किया।[31] वे चाहती थीं कि जंगलात विभाग चेते और ठीक से काम करे।

क्योंकि 1984-85 का नशा नहीं रोज़गार दो आन्दोलन मूलतः चिपको आन्दोलन का ही विस्तार था। अतः उस पर नज़र डालना उचित होगा। यह आन्दोलन चाहे सघन रूप से कुमाऊँ मण्डल के ज़िला अलमोड़ा तथा नैनीताल में चला था पर इसमें महिलाओं की हिस्सेदारी कार्यकर्ता से आगे नेतृत्व तक विकसित हुई। इसी दौर में पहली बार उत्तराखण्ड संघर्ष वाहिनी में कर्मठ महिला कार्यकर्ता और नेता उभर कर सामने आये। यद्यपि यह संख्या उस अनुपात में नहीं थी, जिस अनुपात में आन्दोलन में महिलाओं ने हिस्सेदारी की थी।

ग्रामीण क्षेत्रों में पहली बार आन्दोलन के महिला द्वीप विकसित हो गये। गाँवों से आने वाली महिलाएँ नशे के मामले में शहरों को भी चौकन्ना और सावधान करने में कामयाब रहीं। इस सन्दर्भ में 17 जून, 1984 का नैनीताल प्रदर्शन या अनेक अन्य प्रदर्शन जो अलमोड़ा, चौखुटिया, रानीखेत, गरमपानी या सोमेश्वर में हुए, न सिर्फ़ संख्या के लिहाज़ से ऐतिहासिक थे बल्कि मिज़ाज और सन्देश देने में बेमिसाल रहे। कमला पन्त, कला काण्डपाल, पुष्पा जोशी, सावित्री मठपाल, उमा भट्ट, मुन्नी तिवारी, हमीदा बानू, मुन्नी पाण्डे, कमल नेगी, उमा पाण्डे आदि अनेक नाम लिए जा सकते है, जिनमें से अनेक आगे जाकर उत्तराखण्ड राज्य आन्दोलन में बहुत सक्रिय रहे। कुछ समय बाद इन्हीं के द्वारा महिला मंच की स्थापना की गयी, जो राज्य स्थापना के बाद गैरसैण में राजधानी स्थापित करने तथा नशा तथा अपराध मुक्त उत्तराखण्ड बनाने की लड़ाई लड़ता रहा (यह अलग बात है कि वाहिनी ने अपने जन्म के एक दशक बाद ही उत्तराखण्ड राज्य के लिए आन्दोलन में शामिल होने का ऐलान किया)।[32] लेकिन जैसा कि हर आन्दोलन के उतार के समय अक्सर विभाजन और ठहराव का दौर आता है, वह 'नशा नहीं रोज़गार दो आन्दोलन' में भी आया। उत्तराखण्ड संघर्ष वाहिनी इसका शिकार हुई, लेकिन फिलहाल उसके विस्तार में जाना सम्भव नहीं है।

इस तरह चिपको आन्दोलन की विभिन्न अभिव्यक्तियों का विश्लेषण करने पर पता चलता है कि इस आन्दोलन में महिलाओं की असाधारण प्रत्यक्ष और अप्रत्यक्ष भूमिका रही। दरअसल इतने कार्यकर्ताओं और आन्दोलनकारियों के परिवारों को चलाने वाली, दमन के दौर में अतिरिक्त भूमिका

निभाने वाली, और ज़रूरत पड़ने पर प्रत्यक्ष जुटने वाली महिलाओं की भूमिका को ठीक से समझने का प्रयास नहीं हुआ है। कुछ लोग महिलाओं की बहुत कम भूमिका देखते हैं और कुछ लोग उनकी भूमिका को जबरन ज़्यादा करने का प्रयास करते हैं। पर उनकी उत्प्रेरित तथा स्वाभाविक हिस्सेदारी के साथ उनकी भूमिका के अप्रत्यक्ष और प्रत्यक्ष मिज़ाज को समझना ज़रूरी है।

जिस तरह 'आर्थिकी' और 'पारिस्थितिकी' का विभाजन आरोपित और अस्वाभाविक लगता है, उसी तरह चिपको के महिला आन्दोलन होने या न होने का भी। यह बात मार्के की है कि चिपको की अनेक माँगें जो पुरुष कार्यकर्ताओं या आन्दोलनकारियों द्वारा रखी जा रही थीं, वे सिर्फ़ उनकी या पुरुषों की या पुरुष दृष्टि से विकसित माँगें नहीं थीं। अनेक बार सीधे श्रम से कटे होने के बावजूद पुरुष भी अपने परिवेश और उसके संकटों को समझते थे। पर अनेक बार रोज़गार, ठेकेदार, सरकार और जंगलात-प्रशासन के मकड़जाल में पुरुष फँस जाते थे। इसमें शराब के अलावा पैसे की भूमिका थी।

उत्तराखण्ड में नशे का तन्त्र विकास कार्यों के साथ फैला। क्योंकि विकास कार्यों के साथ ग्राम प्रधान इसके स्वाद को चख चुके थे। शुरू में समझ न पाने के कारण वे विकास कार्यों के सरकारी एजेण्टों (ग्राम विकास अधिकारी, एडीओ, बीडीओ, रेंजर, वन पंचायत अधिकारी, अन्य विभागों के कर्मचारी) के जटिल जाल में फँस जाते थे। पर्वतीय ग्रामीणों, ग्राम प्रधानों या सरपंचों की सरलता उन्हें सरकारी जाल में फसा देती थी और धीरे-धीरे उन्हें उन आदतों का अभ्यस्त बना देती थी। इससे उनकी पहाड़ी बरकत और ईमानदारी नष्टप्राय हो जाती थी। यह उनके भ्रष्टाचार में फँसने की ही नहीं कुटिल होने की शुरुआत भी थी। यह प्रक्रिया कुछ जगह ग्रामीण नेतृत्व के कर्मठ या आदर्शवादी होने से नियन्त्रित रही।

आज़ादी के बाद महिलाएँ ख़ुद ग्रामीण नेतृत्व में नहीं थीं। शराबबन्दी आन्दोलन में वे पहली बार अपने घर-कारोबार से बाहर निकलीं यानी इनके साथ-साथ संघर्ष में उतरीं। इस आन्दोलन हेतु ज़रूरी गृह कार्य ठीक वैसे ही सर्वोदयी कार्यकर्ताओं ने किया था, जैसा नशा नहीं रोज़गार आन्दोलन के समय उत्तराखण्ड संघर्ष वाहिनी के कार्यकर्ताओं ने। पर शिक्षा के अभाव तथा सामाजिक सोच जैसे तमाम कारणों से वे समाज तथा ग्राम्य विकास की नयी जटिलताओं तथा आज़ादी के बाद हुए परिवर्तनों को ठीक से समझ नहीं पाती थीं। जब समाज के तथाकथित प्रबुद्धों में तार्किकता और स्थितियों के निर्मम विश्लेषण करने का गुण विकसित नहीं हुआ था तो उसे महिलाओं में तलाशना उनके साथ ज़्यादती करना होगा।

पर महिलाओं की स्वाभाविक पारदर्शिता, सरलता; जंगल, खेती, पशुपालन और लोक संस्कृति के तमाम आयामों से उनका रिश्ता उनमें एक अलग और निश्छल मनोविज्ञान की रचना करता था। जहाँ-जहाँ उत्तराखण्ड में नये सामाजिक कार्य विकसित हुए, वहाँ सामाजिक आन्दोलन जन्मे और प्रभावी तरीके से परवान चढ़े। अब महिलाओं में सामाजिकता इस अर्थ में बढ़ी कि वे अब तक अपने लिए वर्जित विषयों को जानने-समझने लगीं। सर्वोदय आन्दोलन ने एक प्रारम्भिक हलचल इस सन्दर्भ में पैदा की। पर प्रारम्भ में ऊपर से आरोपित ग्राम दान के कार्यक्रम ने महिलाओं के मन में वैसा आकर्षण पैदा नहीं किया, जैसा शराबबन्दी और जंगलात के आन्दोलनों ने या बीसवीं सदी के अन्त में उत्तराखण्ड राज्य स्थापना के आन्दोलन ने किया। लेकिन दोनों समय अलग-अलग थे और सामाजिक चेतना में आगामी सालों में बहुत बड़ा बदलाव आ गया था। लेकिन चेतना का रथ जिस रास्ते से गया था, उसे सामाजिक आन्दोलनों ने ही निर्मित किया था।

चमोली ज़िले में सामाजिक कार्यकर्ताओं के साथ 1970 की अलकनन्दा बाढ़ एक उत्प्रेरक बनी और दशौली ग्राम स्वराज्य मण्डल के सदस्य उनके परिवारों द्वारा सार्वजनिक कार्यों के लिए मुक्त छोड़ दिये गये थे। यही अन्य सर्वोदयी कार्यकर्ताओं के बारे में कहा जा सकता है। बताया जा चुका है भूदान, ग्रामदान, शराबबन्दी आन्दोलन और फिर चिपको आन्दोलन में शामिल प्रमुख कार्यकर्ता और आन्दोलनकारी कितने कम साधनों में अपना कार्य करते थे। उनका अपने लिए पर निर्भर न होना उनकी बरकत बढ़ाता था। उनकी सादगी भी इतिहास में मिशाल की तरह प्रस्तुत होती रहेगी। अनेक कार्यकर्ता सम्पन्न परिवारों से आये थे और उन्होंने अपने अतीत से एक प्रकार से मुक्त होने में कामयाबी पायी थी। यह समझना ज़रूरी है कि गरीब, सामान्य या दलित परिवारों से आये या महिला कार्यकर्ताओं के लिए संघर्ष दोगुना था। अपनी सामाजिक-आर्थिक स्थिति से लड़ना और सामाजिक कर्म में अपना स्थान बनाने के लिए लड़ना ये दोनों काम साथ चलते थे। यद्यपि इस मामले में प्रतियोगिता ज़्यादा नहीं थी पर सामाजिक सम्मान प्राप्त करना उत्तराखण्ड के समाज में भी एक कठिन काम था।

उत्तराखण्ड के सामाजिक आन्दोलनों में कुछ असामान्य दलित कार्यकर्ताओं का वैसा सम्मान शेष समाज तो दूर कार्यकर्ताओं द्वारा भी नहीं किया जा सका, जिसके कि वे हकदार थे। राष्ट्रीय संग्राम के दौर में जयानन्द भारती के योगदान को जिस तरह पर्याप्त सम्मान नहीं मिल सका, आज़ादी के बाद वैसी ही अवहेलना सोहन लाल भूभिक्षुक (स्वामी योगानन्द); भवानी भाई आदि की भी की गयी। चिपको आन्दोलन के सबसे प्रारम्भिक क्षेत्र में कार्यरत मुरारीलाल ने संस्था (दशौली ग्राम स्वराज्य मण्डल) और समाज दोनों में स्थान और सम्मान पाया। यह बात अनेकों को आश्चर्यजनक लग सकती है पर यह चिपको आन्दोलन के योगदान का ऐसा पक्ष है, जिसकी तरफ़ शोधकर्ताओं की नज़र नहीं जा सकी है। इसी तरह महिला कार्यकर्ताओं के प्रति शेष समाज या पुरुष कार्यकर्ताओं का पूर्वाग्रह अनेक बार प्रकट हो जाता था। यह पिछले 50 साल के विभिन्न संस्थाओं और आन्दोलनों के इतिहास से पता चल सकता है पर अभी इस तरफ़ ज़्यादा गहरी निगाह डालना सम्भव नहीं है।

रटलैज ने स्थानीय समाज की किंचित् अधूरी समझ के कारण चिपको के एक योगदान के रूप में 'हिन्दू गढ़वाली' और 'बौद्ध भोटिया' का एक-दूसरे से जुड़ना देखा। उनके अनुसार दोनों समुदाय पहले साथ न थे।[33] जब कि यहाँ बौद्ध कोई था ही नहीं और न ही इनमें कोई अलगाव था। बैरीमैन ने भी 'पहाड़ी' और 'भोटिया' में पर्वतीय समाज का विभाजन किया है, जबकि भोटिया भी पहाड़ी हैं। दूसरी ओर सवर्ण और शिल्पकारों की तथा महिलाओं और पुरुषों की भोजन से संघर्ष तथा संगठन से शिविर तक साथ-साथ हिस्सेदारी और योगदान दग्रास्वमं के कार्यक्रमों में सम्भव होना उन्हें नज़र नहीं आ सका है। जब प्रदीप टम्टा ने अन्ततः राजनीति और भवानी भाई या बिहारी लाल या सुरेश भाई ने सामाजिक क्षेत्र में अपना स्थान बनाया तो इसमें उनके काम के साथ चिपको चेतना का योगदान नकारा नहीं जा सकता है।

इन कार्यकर्ताओं/आन्दोलनकारियों की सामाजिक कर्म हेतु प्राप्त मुक्तता में उनके परिवारों, पत्नियों और माताओं का विशेष योगदान रहा। कार्यकर्ताओं/आन्दोलनकारियों के बहुत से बच्चों ने भी इसकी कीमत चुकाई, जो शोधकर्ताओं को तो दूर समाज तक को महसूस नहीं होती है। दूसरी ओर स्वयं इन कार्यकर्ताओं/आन्दोलनकारियों ने अधिक संख्या में महिलाओं को सामाजिक कर्म में लाने या उन्हें प्रशिक्षित करने के व्यापक प्रयास नहीं किये या अपने प्रयासों में उन्हें अधिक सफलता

नहीं मिली। चिपको आन्दोलन में शामिल कार्यकर्ताओं, महिलाओं या युवकों को आपस में मिलाने के कार्यक्रम कभी नियोजित तरीके से सम्पन्न नहीं हो पाये। इसका आर्थिक पक्ष भी था, जिसकी तरफ़ ध्यान दिया जाना चाहिए। कार्यकर्ताओं/आन्दोलनकारियों के पास आर्थिक साधन नहीं के बराबर थे।

उस दौर में राजनीतिक दलों के स्तर पर महिलाएँ सर्वत्र अनुपस्थित थीं। और तो और मतदाता के रूप में वे प्रभावी नहीं थीं और अक्सर मतदान को जाने का मौक़ा उन्हें नहीं मिलता था। राजनीति में जो महिलाएँ कहीं नज़र भी आती थीं, वे महिलाओं से अधिक अपने दलों का प्रतिनिधित्व करती थीं और उनके भीतर की पहाड़ी महिला कहीं खो चुकीं होती थीं। यही राष्ट्रीय परिदृश्य था। महिला आरक्षण की बातें तब बहुत कम होती थीं। अब जब होती हैं तो अधिकांश पुरुष राजनीतिज्ञों का टेढ़ापन, पूर्वग्रह और अकड़ूपन् न सिर्फ़ कायम है, बल्कि बार-बार प्रकट हो जाता है।

चिपको के अधिकांश पुरुष कार्यकर्ता या नेता महिलाओं को नेतृत्व के स्तर पर लाने से कतराते थे। लक्ष्मी आश्रम कौसानी में अवश्य महिलाओं का वर्चस्व दिखता था पर वह संस्था ही 'महिलाओं द्वारा, महिलाओं की और महिलाओं के लिए' तर्ज पर विकसित हुई थी। सामाजिक आन्दोलनों से जुड़े होने के कारण वहाँ पर रचनात्मक खुलापन था। अन्यत्र ऐसे प्रयोग नहीं हो सके। दशौली ग्राम स्वराज्य मण्डल में अवश्य पर्यावरण शिविर महिला और युवा बहुल होते रहे हैं पर एक सीमा से ऊपर वहाँ भी महिलाओं का उभरना सम्भव नहीं हुआ।

अतः चिपको आन्दोलन को महिलाओं का आन्दोलन कहा जाना सम्भव नहीं है। बावजूद इसके कि अनेक चिपको अभिव्यक्तियों में महिलाओं की निर्णायक और बड़ी सीमा तक स्वतन्त्र भूमिका रही। पर वह भूमिका चिपको के व्यापक सामाजिक वृत्त के भीतर मौजूद थी। ऐसे अनेक मौक़ों पर महिलाएँ अपने पिताओं, पतियों, भाइयों और बेटों की ओर से भी लड़ रही थीं। ठीक वैसे ही जैसे तमाम पुरुष कार्यकर्ता अनेक बार अपने स्थानों और अभिव्यक्तियों में अपनी माताओं, बहिनों, पत्नियों या बेटियों की ओर से भी लड़ रहे थे।

एक बड़े और गहरे सामाजिक आन्दोलन में हर बार सिर्फ़ नज़र आने वाली हिस्सेदारी को ढूँढ़ना बड़ा मुश्किल होता है। बहुत बार अप्रत्यक्ष हिस्सेदारी अधिक गहरी होती है और ज़्यादा प्रभावी तरीके से अपनी भूमिका अदा करती है। इसे यों कहा जा सकता है कि अप्रत्यक्ष हिस्सेदारी करने वाला समूह (महिलाएँ) प्रत्यक्ष हिस्सेदारी करने वालों (पुरुषों) को उस तरह की परिस्थिति दे देता है, जहाँ वह पूरी निष्ठा से अपने काम में जुट सकें। पर सामाजिक आन्दोलनों की जटिलता में अनेक अप्रत्यक्ष तत्व महत्त्व के होकर भी गौण भूमिका में चले जाते हैं और अनेक बार वे इतिहास में दफन हो जाते हैं।

चिपको आन्दोलन को 'फेमिनिज़्म' या 'इको फेमिनिज़्म' से जोड़ना इसीलिए युक्तिसंगत नहीं लगता है। अनिल अग्रवाल या बाद में मुकुल शर्मा ने और स्वयं मैंने जब चिपको के अनेक गाँवों का अध्ययन किया तो आश्चर्यजनक रूप से पाया कि इन गाँवों की महिलाओं का प्रतिदिन 14 से 16 घण्टा श्रम में चला जाता है।[34] यह श्रम घर के सामान्य कार्य, खेती, पशुपालन-चारण, जंगल से लकड़ी चारा इकट्ठा करना, स्रोत से पानी लाना, चक्की चलाना, खाना बनाना, बच्चे देखना तथा संस्कृति संरक्षण आदि में व्यय होता है। अनेक बार महिलाओं को चारे, घास तथा जलावन के लिए मीलों दूर जाना पड़ता है। कुछ स्थानों पर ऐसे मामले सामने आये हैं कि मायके में आकर वहाँ से चारा या जलावन महिलाएँ ले गयीं क्योंकि उनका अपना जंगल या तो दूर था या अच्छी स्थिति में नहीं था। इन गाँवों के महिला मंगल दलों की अध्यक्ष और सदस्य भी इस अध्ययन चर्चा में शामिल थे। फिर जब ज़रूरत पड़ी तो वे प्रत्यक्ष आन्दोलन में कूदने से नहीं कतराईं।

पुरुष आन्दोलनकारियों ने महिलाओं को नेतृत्व के सन्दर्भ में अधिक प्रशिक्षित नहीं किया। वे महिला मंगल दलों, ग्राम सभाओं, या वन पंचायतों में तो आतीं और चुनी जातीं पर इससे आगे वे नहीं आ पायीं। इसके पीछे यह विचार रहा होगा कि बच्चों के पालन-पोषण और शिक्षा यानी परिवार बनने की प्रक्रिया इससे टूट सकती है। इसे अत्यन्त परम्परावादी दृष्टिकोण कहा जा सकता है पर यह भी सच है कि महिलाओं की इस भूमिका को पुरुष नहीं निभा पाते हैं। दूसरा पक्ष भी महत्त्वपूर्ण था कि पर्वतीय परिवारों या संयुक्त परिवारों का दबाव सामाजिक सक्रियता के अन्य रास्तों को बन्द कर देता था।

शिक्षा का अभाव इसका एक महत्त्वपूर्ण कारण था। शिक्षा बहुत से अर्थों में महिलाओं को स्वायत्तता प्रदान करती थी। जिनको शिक्षा मिल सकी, जैसे लक्ष्मी आश्रम से शिक्षित-प्रशिक्षित बहिनें, वे विवाह सूत्र में बँधने के बाद अपनी रचनात्मक स्वायत्तता पूरी तरह बनाये नहीं रख सकीं। इसमें हमारे पास सुन्दरलाल बहुगुणा-विमला नौटियाल, मानसिंह रावत-शशिप्रभा या एक सीमा तक केदार सिंह-देवकी कुंजवाल आदि के उदाहरण हैं। इन दम्पतियों ने अपने जीवन में कठिन निर्णय लेकर अपने को सार्वजनिक कार्यों हेतु समर्पित कर दिया था पर इनमें से किसी महिला को एक स्वायत्त रचनात्मकता को विकसित करने का उन्मुक्त मौक़ा नहीं मिला। संयुक्त रूप से महत्त्व के काम वे ज़रूर करते रहे।

प्रतिभा सम्पन्न और विद्रोही विमला बहुगुणा[35] की रचनात्मकता जैसे टिहरी बाँध विरोधी संघर्ष में सुन्दरलाल बहुगुणा के शामिल होने के कारण नियन्त्रित कर ली गयी हो। उन्हें सिल्यारा आश्रम में किये जा रहे ग्रामीण शिक्षा तथा दलित उत्थान के कार्य छोड़ने पड़े। आज भी सिल्यारा का नवजीवन आश्रम अपने संस्थापकों या नयी पीढ़ी के सक्रिय कार्यकर्ताओं का इन्तज़ार कर रहा है।

इनके मुक़ाबले राधा बहन एक अधिक स्वायत्त और स्वतन्त्र कार्यकर्ता के रूप में विकसित हुई। उनके सामने पुरुष कार्यकर्ताओं की चुनौतियाँ थीं और पुरुष समाज की भी।[36] सर्वोदय और गाँधीवादी संस्थाओं के आन्तरिक द्वन्द्व में उन्हें दिक्कतें रहीं होंगी पर उनकी स्वायत्तता ने उन्हें बड़ी भूमिकाओं के लिए तैयार किया। अनेक बार चाहे वे अन्य अनेक कार्यकर्ताओं की तरह आन्दोलनों में सीधी हिस्सेदारी नहीं कर सकीं पर कई बार उन्होंने कठिन निर्णय लिए। जैसे खनन विरोधी खीराकोट या चौड़ाथल आन्दोलन, टिहरी बाँध विरोधी आन्दोलन या नदी बचाओ आन्दोलन।[37] पर अकेले होने की सीमाओं और सम्भावनाओं का विधिवत अध्ययन अभी किया जाना है।

संस्थाओं और आन्दोलनों में नेतृत्व, संगठन और कार्यकर्ता के साथ कार्यक्रमों की निरन्तरता एक बड़ा सवाल रहा है। हमारी अधिकतर संस्थाएँ पुरुष केन्द्रित और पुरुष संचालित होती हैं। उनमें वह सामूहिकता और जनतान्त्रिक पारदर्शिता विकसित नहीं हो पाती है, जो सामूहिक आन्दोलनों की निरन्तरता के लिए अत्यन्त ज़रूरी है। जिस मानसिकता के औसत लोग समाज में शिकार होते हैं वही जब संस्थाओं और आन्दोलनों के भीतर दिखती है तो सामाजिक विकास या सामाजिक चेतना के विकास की जटिलता समझ में आती है और उसका धीमापन भी।

चिपको आन्दोलन के सन्दर्भ में इसे समझा जाना चाहिए। उत्तराखण्ड के बीसवीं सदी के सबसे बड़े आन्दोलन, जो 1994 में 27 प्रतिशत ओबीसी आरक्षण के बाद निर्णायक दौर में पहुँचा था, में महिलाओं की ऐतिहासिक हिस्सेदारी रही। महिलाओं की हिस्सेदारी से यह आन्दोलन अहिंसक और अत्यन्त सघन रहा पर ख़ुद महिलाएँ राजसत्ता की हिंसा, क्रूरता और निर्मम दमन का शिकार हुईं। उन पर गोली चलायी गयी और 2 अक्टूबर, 1994 को देश की राजधानी में आयोजित एक

शान्तिपूर्ण प्रदर्शन में हिस्सेदारी करने हेतु जाते हुए उन्हें रोका गया, बसों से उतारा गया और उनके साथ बलात्कार किये गये।[38] यह इतनी शर्मनाक त्रासदी थी कि न इसकी भरपाई हो सकेगी और न भारतीय राजव्यवस्था और लोकतन्त्र से यह दाग कभी मिटाया जा सकेगा। अपराधियों पर किसी तरह की कार्यवाही न किया जाना बीसवीं सदी की सबसे बड़ी निर्लज्जताओं में एक है। आज भी उस काण्ड के अपराधी (नेता, नौकरशाह और पुलिस अधिकारी) निर्द्वन्द्व घूम रहे हैं।

लेकिन इतनी शहादतों के बाद नये राज्य में महिलाएँ यदि ग्राम प्रधान, बीडीसी सदस्य/अध्यक्ष या विधायक/संसद सदस्य बन सकीं तो सामान्यतया महिला आरक्षित या दलित/अनुसूचित जनजाति आरक्षित सीटों के कारण या किसी कूटनीति के तहत। जैसे पिछले एक संसदीय उप चुनाव में टिहरी राजपरिवार की एक महिला को टिकट दिया जाना। जैसा कि बताया जा चुका है 71 सीट वाली उत्तराखण्ड विधान सभा में 2002 में 4, 2007 में 4, 2012 में 7 तथा 2017 में 5 महिला विधायक चुनी गयीं। दूसरी ओर सरकार द्वारा पंचायतों की 50 प्रतिशत सीटें महिलाओं के लिए आरक्षित करने का दूरगामी असर हो रहा है। क्योंकि यह उन्हें एक कानूनी अधिकार देकर नये रास्ते दे देता है, चाहे इस मार्ग में भी कुछ समय पुरुष प्रभुत्व बना रहेगा।

इसीलिए यह कहने में कोई शंका नहीं होनी चाहिए कि चिपको और अन्य आन्दोलनों में महिलाओं की महत्त्वपूर्ण हिस्सेदारी रही। उनकी हिस्सेदारी से न सिर्फ़ आन्दोलनों ने असली अर्थों में सत्याग्रह का रूप लिया, उन्हें हिंसा और सतहीपन से उबारा बल्कि उनमें गहराई और गरिमा का सृजन किया। इस तरह समाज के आधे हिस्से का प्रतिनिधित्व करने वाली महिलाएँ (सौभाग्य से उत्तराखण्ड में हरियाणा या पश्चिमी उत्तर प्रदेश की तरह का पुरुष-महिला अनुपात नहीं है, जहाँ 1000 पुरुषों पर 800 या उससे भी कम महिलाएँ हैं) अपनी भूमिका निभाने आगे आयीं और साथ ही वे घर-परिवार में भी अपनी भूमिका निभाती रहीं।

अन्त में फिर गौरादेवी की ओर लौटते हैं। गौरादेवी चिपको आन्दोलन के सर्वाधिक सुपरिचित चेहरों में हैं। महिलाओं में तो वह अकेला चर्चित नाम हैं। पर इससे उनके गाँव या परिवार की दिक्कतें घटी नहीं। चिपको आन्दोलन को महिलाओं का बताये जाने की होड़ लगी। पर यह महिलाओं का कितना था? अपनी ही सम्पदा से वंचित लोगों ने अपना प्राकृतिक अधिकार पाने के लिए चिपको आन्दोलन शुरू किया था। इसके पीछे जंगलों की हिफ़ाज़त और इस्तेमाल का सहज दर्शन था। आन्दोलन में तरह-तरह के लोगों ने स्थायी-अस्थायी हिस्सेदारी की। महिलाओं ने इसे ग्रामीण आधार और महिला सुलभ संयम दिया तो छात्र-युवाओं ने आक्रामकता और शहरी-क़स्बाती रूप। चमोली में मण्डल, फाटा, गोपेश्वर, रेणी और बाद में भ्यूँढार, डूँगरी-पैन्तोली, बछेर से नन्दीसैण तक; टिहरी की हेंवलघाटी में अदवाणी सहित अन्य स्थानों और बडियारगढ़ आदि क्षेत्रों तथा अलमोड़ा में चाँचरीधार, जनोटी-पालड़ी और रंगोड़ी-ध्याड़ी के प्रत्यक्ष आन्दोलनों में ही नहीं बल्कि नरेन्द्रनगर में जंगलों की नीलामी के विरोध में भी महिलाओं और युवाओं की असाधारण हिस्सेदारी रही। अधिकांश बार यह संयुक्त मोर्चा था। महिलाएँ या युवा सिर्फ़ अपना ही नहीं, अपने समाज का प्रतिनिधित्व कर रहे थे।

सवाल उठता है कि और भी महिलाओं ने वनान्दोलन में हिस्सेदारी की तो गौरा देवी की ही इतनी चर्चा क्यों? इसका बड़ा श्रेय चमोली ज़िले के सर्वोदयी तथा साम्यवादी कार्यकर्ताओं को जाता है। साथ ही गौरादेवी के व्यक्तित्व और उस ऐतिहासिक सुअवसर को भी, जो उन्हें मिला और जिसमें वे असाधारण निर्णय लेने में नहीं चूकीं। 1984 में जब दशौली ग्राम स्वराज्य मण्डल से जुड़ी 30 महिला मंगल दल अध्यक्ष जब इन्दिरा प्रियदर्शिनी वृक्षमित्र पुरस्कार लेने दिल्ली गयी तो इससे

उनकी सामूहिकता पता लगती है। महिलाओं की स्थिति सबसे संगठित और सन्तोषजनक, यद्यपि यह पर्याप्त नहीं कही जा सकती है, आज भी चमोली ज़िले में नज़र आती है क्योंकि यहाँ आन्दोलन से पहले और बाद के; तैयारी, संघर्ष और शिविरों की निरन्तरता के काम साथ-साथ चले। प्रत्यक्ष आन्दोलन के बाद शिविरों में इतनी संगठित सामूहिकता उत्तराखण्ड में कहीं और नज़र नहीं आती है।

यह ऐतिहासिक और लोमहर्षक तथ्य नहीं भुलाया जाना चाहिए कि चिपको की चेतना से लैस चमोली-रुद्रप्रयाग की महिलाओं ने इसी चेतना से मिली ऊर्जा के कारण उत्तराखण्ड आन्दोलन में बहुत सक्रिय भूमिका निभायी। वे पहली बार अपने क्षेत्र से बाहर यानी देश की राजधानी दिल्ली में दस्तक देने गयीं। पर राज्य आन्दोलन में सुसंगठन के अभाव और सत्ता की दमनकारी नीति की कीमत इन महिलाओं ने दमन और बलात्कार झेल कर चुकाई।[39]

फिर भी महिला मंगल दलों के अलावा महिलाओं को नेतृत्व नहीं दिया गया। यह नहीं कहा जाना चाहिए कि इन महिलाओं के पास पर्याप्त समय नहीं था। अब वे जंगल के अलावा और विषयों पर सोचने और बोलने लग गयी थीं। उन्हें अपने परिवार के पुरुषों से आन्दोलन या महिला मंगल दल में अधिक हिस्सेदारी हेतु भी लड़ना पड़ा था। इसके उदाहरण उत्तराखण्ड में सर्वत्र मिलते हैं। चमोली में अनेक जगह महिलाओं की महत्त्वपूर्ण भूमिका प्रकट हुई लेकिन नेतृत्व को झपटने या अग्रिम पंक्ति में आने की कोशिश करना उनके लिए सम्भव नहीं था। अनेक बार उन्होंने अकेले ही अपना और समाज का नेतृत्व किया। रेणी, डूँगरी-पैन्तोली, बछेर तथा नन्दीसैण ही नहीं अदवाणी, चाँचरीधार, भ्यूँढार, जनोटी-पालड़ी और रंगोड़ी-ध्याड़ी इसके उदाहरण हैं। पुरुष नेतृत्व में महिलाओं के नाम जोड़ने की होड़ कभी-कभी दिखती थी। लेकिन यह सबको आश्चर्यजनक लगा कि राइटलाइवलीहुड पुरस्कार लेते समय दिये व्याख्यान में गौरादेवी या बचनी देवी तो दूर चिपको आन्दोलन की किसी महिला आन्दोलनकारी का नाम नहीं लिया गया था।[40]

महिलाओं की हिस्सेदारी से चिपको आन्दोलन सिर्फ़ पुरुषों का आन्दोलन नहीं रहा, यह असली अर्थों में एक गहरा और प्रभावशाली सामाजिक आन्दोलन बन सका।

2. चिपको आन्दोलन में युवाओं का योगदान

चिपको आन्दोलन में युवाओं की भूमिका अत्यन्त महत्त्व की रही पर सिर्फ़ इस कारण इस आन्दोलन को छात्र या युवाओं का आन्दोलन नहीं कहा जा सकता है। अपने समाज के अपरिहार्य संघटक, अधिक आदर्शवादी और ईमानदार हिस्सा होने के कारण वे उन प्रश्नों से नहीं कतरा सकते हैं, जिनको उनका समाज झेल रहा है। उनका अपना भविष्य इन प्रश्नों से जुड़ा होता है।

असमय में ही घरों से भाग गये और पहाड़ी क़स्बों या मैदानी नगरों में नौकरी करने वाले या फ़ौज या अन्य सेवाओं में गये युवाओं को इस तरह की चेतना का स्पर्श नहीं मिल पाता है। उनको इस उम्र में जो अतिशय संघर्ष करना पड़ता है और शारीरिक तथा मानसिक यन्त्रणाओं से गुज़रना पड़ता है वह अत्यन्त जटिल प्रक्रिया उनकी संवेदना में निर्ममता उड़ेल देती है। वे सामाजिक प्रश्नों को समझने की निगाह विकसित नहीं कर पाते हैं।

जो युवा किसी तरह इण्टरमीडियेट या बी.ए. कक्षाओं तक आ पाते थे, 1980 तक इनमें लड़कियों का प्रतिशत कम था, उन्हें इस आदर्शवाद और संघर्ष के साथ अपने समाज, शिक्षा या राजनीति के अन्तर्विरोधों को आंशिक रूप से समझने का मौक़ा मिलता था। इन्हीं में से कुछ उस

दौर के आदर्शवादी युवा छात्र राजनीति की बागडोर सँभालने लगे थे। राजनीतिक दलों की छात्र शाखाएँ तब, कम से कम 1970-1980 के आसपास के उत्तराखण्ड में, अधिक सक्रिय नहीं थीं। जो थीं भी तो अपने राजनीतिक दल के हिस्से की तरह। राजनीतिक दलों के लोग घोषित रूप से छात्र संघों के चुनाव या छात्र राजनीति में नहीं आते थे। छात्र नेता बनने के बाद राजनीति में ज़रूर जाते थे। उत्तराखण्ड में ऐंसे दर्जनों उदाहरण गिनाये जा सकते हैं।

इन छात्रों के बीच से एक स्वायत्त शक्ति के रूप में नये छात्र आन्दोलन का उदय उत्तराखण्ड में हुआ। गाँवों-क़स्बों से निकले ये छात्र तब ज़्यादातर अपनी शिक्षा तथा कैरियर के प्रति चिन्तित होते थे। 1970 के आसपास से या कहें कि क्षेत्रीय विश्वविद्यालयों की स्थापना के आन्दोलन के दौर से यह प्रक्रिया बदलनी शुरू हुई। विश्वविद्यालयों की स्थापना की माँग कर रहे छात्रों ने जल्दी ही नशे, जंगलात, ज़मीन, पानी, बाढ़, ठेकेदारी, पलायन, महिलाओं का इलाके से भगाया जाना तथा पुरा सम्पदा की चोरी जैसे पक्षों को जानना-समझना शुरू किया।

इन युवाओं में से कुछ तत्कालीन छात्र राजनीति के माध्यम से सामाजिक आन्दोलनों में आये। आज़ादी के बाद के पहले सामाजिक आन्दोलन (नशाबन्दी) में छात्र-युवाओं की आंशिक हिस्सेदारी हुई। यह उससे बहुत कम थी जितनी 1984-85 के 'नशा नहीं रोज़गार दो आन्दोलन' में सम्भव हुई। लेकिन चिपको आन्दोलन ने उस दौर की युवा पीढ़ी को बड़ी सीमा तक झकझोरा। पढ़ाकू और प्रत्यक्ष आन्दोलन में न आ पाने वाले युवाओं के मन में भी विश्लेषण और विवेचना की रोशनी को उपजाया। चिपको आन्दोलन द्वारा जनित ऊर्जा से सभी अपने को जुड़ा हुआ पाते थे।[41]

बाद के दशकों में 'पढ़ाई के साथ लड़ाई' का नारा इसी समझदारी का विकसित रूप था। जब तक यह प्रक्रिया चली इसने चिपको सहित क्षेत्रीय आन्दोलनों में न सिर्फ़ योगदान दिया बल्कि स्वयं युवाओं ने अपने व्यक्तित्व निखारे, समझदारी बढ़ाई और अपने को अधिक बड़ी भूमिका के लिए तैयार किया। इन छात्र नेताओं में से बहुत से आज भी किसी न किसी रूप में सक्रिय हैं। बाद में जब राष्ट्रीय दलों की छात्र शाखाओं की मामूली राजनीति परिसरों में पैर पसारने लगी तो छात्र नेताओं का रूपान्तर मामूली पार्टी नेताओं और ठेकेदारों में होने लगा। आज के उत्तराखण्ड में इसका सबसे निकृष्ट रूप देखा जा सकता है कि कैसे पार्टी राजनीति युवाओं को पथभ्रष्ट कर रही है।

चिपको आन्दोलन के दौर में 1972 से ही उत्तराखण्ड की छात्र राजनीति में एक नया युग शुरू होता है। पहले चाहे कुमाऊँ तथा गढ़वाल विश्वविद्यालयों की स्थापना के लिए ये आन्दोलन शुरू हुए हों, जल्दी ही उन्होंने अन्य स्थानीय मुद्दों को उठाना शुरू कर दिया। जैसे पानी की समस्या, मूर्तियों की चोरी, महिलाओं को भगाकर क्षेत्र से बाहर ले जाना, शराब का धन्धा और प्रचलन बढ़ना आदि पक्षों को जानना और अपनी समझ के अनुरूप विश्लेषित करना और आन्दोलित होना सीखा। इसे उनकी संवेदनशीलता में हुआ जबर्दस्त इजाफ़ा कहा जा सकता है।

जब जंगलात का मुद्दा अधिक चर्चित हुआ और मण्डल तथा फाटा के बाद रेणी का प्रतिरोध सामने आने वाला था, युवाओं की ग्रामीण यात्राओं ने उनमें एक चेतना और समझदारी भरी। इन यात्राओं से छात्र-युवाओं ने किसी विचार या किताब के मुक़ाबले ज़्यादा सीखा। यह उन युवाओं का स्वायत्त विकास था। स्वायत्तता के कारण ही वे छात्र संगठन या पार्टी संगठन के कैडर की तरह विकसित न होकर अधिक प्राणवान और तर्कशील युवाओं के रूप में उभरते चले गये। इन्हीं में से बाद के सालों में अलग-अलग राजनीतिक विचारों और दलों की ओर इन युवाओं का मुड़ान हुआ।

1972-75 के दौर में गोपेश्वर, अलमोड़ा, नैनीताल, टिहरी, श्रीनगर, पौड़ी, पिथौरागढ़, उत्तरकाशी के कॉलेजों में अध्ययन कर रही नयी पीढ़ी अपने आसपास की हलचलों से प्रभावित हो रही थी। अनेक युवा नशाबन्दी और फिर भाषा आन्दोलन में हिस्सेदारी कर चुके थे। विश्वविद्यालयों की स्थापना के आन्दोलनों ने उनका आत्मविश्वास बढ़ाया था। गढ़वाल में इस चेतना को कमिश्नरी स्थापना के आन्दोलन तक पीछे ले जाया जा सकता है। हालाँकि इन दोनों आन्दोलनों ने एक उप-क्षेत्रीयता का भाव विकसित किया पर प्रदेश और स्वयं गढ़वाल के स्थानीय नेतृत्व को चुनौती दी। यह नयी तरह की स्थिति थी।

गोपेश्वर में छात्र राजनीति में सर्वोदयी और साम्यवादी दोनों प्रभाव जा रहे थे। लगभग यही स्थिति अलमोड़ा, टिहरी और उत्तरकाशी में थी। श्रीनगर भी इस समय अलमोड़ा, टिहरी, गोपेश्वर और नैनीताल आदि की तरह रचनात्मकता से भरने लगा था। शिक्षकों से कभी कोई चिनगारियाँ युवाओं को मिलती थीं पर वे उस मुक़ाबले कम थीं, जो उन्हें समाज और उससे फूट रहे आन्दोलनों से मिलती थीं। दरअसल सामाजिक पाठशाला युवाओं को सबसे अधिक सीखने का सामान उपलब्ध कराती है।

धीरे-धीरे अलमोड़ा, टिहरी, गोपेश्वर, उत्तरकाशी और नैनीताल के छात्र-युवा चिपको आन्दोलन की विभिन्न अभिव्यक्तियों के हिस्सा बन गये। फाटा में चाहे अधिक युवा नहीं जा पाये थे पर रेणी में 26 मार्च, 1974 से पहले और पश्चात छात्र-युवाओं का निरन्तर आगमन रहा और इसकी अमिट छाप उनके मन-मस्तिष्कों पर बाद तक बनी रही। इसी क्रम में 1974 में नैनीताल में जंगलों की नीलामी के पहले सफल स्थगन में छात्र-युवाओं की महत्त्वपूर्ण भूमिका रही। युवाओं और छात्रों के इस समूह में राजनीतिक दलों के कार्यकर्ता या जन प्रतिनिधि भी थे पर इन सबने इस विभाजन को किनारे रख 'कुमाऊँ वन संघर्ष समिति' के बैनर तले नीलामी को स्थगित कराने में सफलता पायी थी। यह उदाहरण था कि कोई सामाजिक पुकार कैसे छोटे मतभेदों को भुलाने की क्षमता रखती है और ऐसा माहौल बनाती है कि किसी युवा में सामाजिक ज़िम्मेदारी और अपनी भूमिका का अधिक भान होने लगता है।

कुमाऊँ वन संघर्ष समिति के पदाधिकारी और सदस्य एक़दम युवा थे और कुछ तो अभी छात्र थे। अलमोड़ा में यह क्रम 1980-81 के बाद तक चला, जहाँ छात्र आन्दोलन हर बार सामाजिक आन्दोलन का रूप लेते रहे। या किसी सामाजिक आन्दोलन से वे अपने को जोड़ने में तत्पर रहे थे। यह सघनता उत्तराखण्ड में अन्यत्र कहीं इतनी अधिक नज़र नहीं आ सकी। यों गोपेश्वर, नैनीताल या श्रीनगर में सक्रियता कम नहीं थी पर उसमें निरन्तरता नहीं थी।

चिपको आन्दोलन के महत्त्वपूर्ण साल 1974 में ही अस्कोट-आराकोट अभियान की ग्रामीण यात्रा हुई, जिसे छात्रों ने 1975, 1976, 1977 तथा 1978 में दोहराया और यात्राओं से सीखने की प्रक्रिया बाद तक जारी रही। इन यात्राओं में शामिल अनेक युवा फिर नौकरियों-शिक्षा संस्थाओं, पत्रकारिता, प्रशासनिक सेवाओं— के साथ राजनीतिक तथा सामाजिक कर्म में उस प्रभाव को सदा अपने भीतर जीवन्त पाते रहे, जो यात्राओं के दौर में उन्होंने देखा और सीखा था। आन्दोलन किस प्रकार युवाओं की रचनात्मकता के तमाम आयामों को निखार रहे थे और उनके विचारों को आकार दे रहे थे, उसे किंचित् अन्तिम अध्याय में बताने का प्रयास होगा।

1977 में उत्तराखण्ड संघर्ष वाहिनी के जन्म के साथ युवाओं की हिस्सेदारी चिपको तथा अन्य स्थानीय आन्दोलनों के साथ रचनात्मक कार्यों में बढ़ने लगी। 1977-1980 के बीच नैनीताल तथा नरेन्द्रनगर में जंगलों की नीलामी के विरोध में हुए प्रदर्शनों के बाद जो दमन का दौर चला उसने

विद्यार्थियों और युवाओं की हिस्सेदारी को चिपको आन्दोलन में असाधारण रूप से बढ़ा दिया। सरकार द्वारा जंगलात सम्बन्धी निर्णय लेने और नीतियाँ बनाने में यह दबाव कारगर सिद्ध हुआ। कुछ ही साल पहले तक जो विद्यार्थी और युवाजन अपने-अपने उप क्षेत्रों (कुमाऊँ तथा गढ़वाल) में दिलचस्पी ले रहे थे, उन्हें जैसे चिपको आन्दोलन के दमन के दौर ने सुसंगठित और सावधान कर दिया। साथ ही युवाओं में अपने समाज तथा देश की समकालीन समस्याओं की समझ को कुछ और व्यापक किया। दूसरी ओर उत्तराखण्ड की एक पहचान बनाने में अनजाने ही चिपको आन्दोलन ने सबसे बड़ा योगदान दिया।

इसीलिए विद्यार्थियों और युवाओं के आह्वान पर 24 फ़रवरी, 1978 और 11 अप्रैल, 1979 को हुए अखिल उत्तराखण्डी बन्द स्थानीय इतिहास तथा उसमें युवाओं के प्रभुत्व की महत्त्वपूर्ण घटनाएँ थीं। लेकिन यह बात नहीं भूलनी चाहिए कि ये सभी विद्यार्थी और युवा मात्र चिपको आन्दोलन या स्थानीय अन्य समस्याओं से प्रभावित होकर ही आन्दोलन में नहीं आये थे। बल्कि राजसत्ता द्वारा किये जा रहे दमन और उसके युवाओं और विद्यार्थियों पर केन्द्रित होने से यह हिस्सेदारी जुड़ी और बढ़ी थी।

इसीलिए 1980 में जैसे ही जनता दल सरकार केन्द्र और प्रान्त में सत्ता से गिरी, चुनाव के बाद नयी सरकार आयी, विद्यार्थियों और युवाओं के मुक़दमे वापस हुए और जंगलात सम्बन्धी तीन ऐतिहासिक निर्णय लिए गये तो आन्दोलन उतार में आ गया। इस उतार का रूप 1994-95 के उत्तराखण्ड आन्दोलन का जैसा नहीं था। सन् 2000 के बाद युवा, विद्यार्थी और महिलाएँ राज्य बनने की घोषणा, राज्य बनने और राज्य बनने के बाद राज्य चलाने वालों के व्यवहार और समझ से ठगे जैसे रह गये। पर चिपको आन्दोलन में उतार के बावजूद स्पष्ट उपलब्धियाँ थीं। आन्दोलन की अपनी जटिलताएँ अलग थीं पर उससे उपलब्धियाँ ढक नहीं रही थीं। दूसरी ओर विभिन्न स्थानों पर अनेक रचनात्मक कार्य जारी थे। हरिप्रिया रंगन यह ठीक से नहीं समझ सकीं कि राज्य आन्दोलन दरअसल चिपको आन्दोलन का सामान्य विस्तार नहीं था[42] और नये राज्य में चिपको आन्दोलन की ज़रूरत बनी रहने वाली थी। रंगन ने सुन्दरलाल बहुगुणा के विचारों या अन्तर्विरोधों का विश्लेषण करने के बजाय उन्हें 'एक स्थानीय ठेकेदार' कहने की गलती भी की।[43]

सामाजिक आन्दोलन कभी भी पूरे समाधान प्रस्तुत नहीं कर पाते हैं। इस तरह असन्तोष का बीज बचा रहता है, जो आगामी समय फिर जन-आन्दोलन का कारण बनता है। ऐसा उत्तराखण्ड का बीसवीं सदी का सामाजिक आन्दोलनों का इतिहास बखूबी बताता है। इसमें असहजता या असफलता नहीं देखी जानी चाहिए। निश्चय ही यह सामाजिक आन्दोलनों की द्वन्द्वात्मकता और निरन्तरता के अन्तःसम्बन्ध को सामने रखती है।

यद्यपि 1984 का अस्कोट-आराकोट अभियान चिपको आन्दोलन के सन्देश के साथ नशे के प्रश्न को भी गाँवों में ले गया था, इसलिए इससे ग्रामीण समाज से सीखने के साथ आन्दोलन के मुद्दों को उन तक ले जाने का महत्त्वपूर्ण काम होता रहा। इसी तरह का कार्य 1994 की यात्रा में हुआ जब नये राज्य का मुद्दा ओबीसी आरक्षण के कारण एकदम त्वरित हुआ था। हालाँकि तत्सम्बन्धी आन्दोलन तो इस यात्रा के समाप्त होने के बाद प्रारम्भ हुआ था पर राज्य स्थापना के औचित्य के असली मुद्दों को इस यात्रा में सामने रखा जाता रहा। 1984 से अस्कोट-आराकोट अभियान में महिलाओं की हिस्सेदारी शुरू हो गयी, जो आगामी यात्राओं में बढ़ती गयी। यह कहना उचित होगा कि सिर्फ़ यात्राओं से

आन्दोलन नहीं होते। ग्रामीण यात्राएँ कार्यकर्ताओं या कि हिस्सेदारी करने वालों की पाठशाला हैं। इनसे न सिर्फ़ सीखा जाता है बल्कि यात्री की संवेदनशीलता में इजाफ़ा होता है। पर आन्दोलनों के जन्म के लिए अनसुलझे मुद्दों के साथ विविध अन्तर्विरोध तथा तात्कालिक कारण भी अपरिहार्य होते हैं।

यदि चिपको के प्रमुख कार्यकर्ताओं की उम्र को 1975/1980 के सालों को सन्दर्भ की तरह मानकर देखा जाय तो उस समय सुन्दरलाल बहुगुणा 48/53 साल के और चण्डी प्रसाद भट्ट 41/46 साल के थे। गौरा देवी 50-55 साल की। घनश्याम सैलानी, गोविन्द सिंह रावत, कमलाराम नौटियाल, केदार सिंह रावत, मुरारीलाल, आनन्द सिंह बिष्ट, वासवानन्द नौटियाल, सुदेशा देवी आदि की उम्र 40-45 साल के बीच थी। शमशेर बिष्ट, बिपिन त्रिपाठी, पूरन तिवारी, प्रदीप टम्टा, सच्चिदानन्द भारती, आदि सभी युवा थे और उनकी औसत उम्र 25-35 साल के बीच थी। यदि चिपको आन्दोलन के एक दमयुवा लोगों को लिया जाय तो 1975-80 की अवधि में उनकी उम्र का औसत 20 से 25 साल था। 15 से 20 साल के तरुणों या उनसे छोटे बच्चों ने भी अनेक स्थानों पर अपनी भूमिका निभायी।

बाद के सालों में युवाओं और महिलाओं की हिस्सेदारी और बढ़ी। उत्तराखण्ड संघर्ष वाहिनी में सर्वाधिक युवा थे। 1977 से 1985-86 के दौर में यह उत्तराखण्ड स्तर का सबसे बड़ा और युवाओं द्वारा संचालित संगठन था। यह अलग बात है कि इसमें तरह-तरह के युवा थे, जिनका झुकाव गाँधीवाद-सर्वोदय, समाजवाद-वामपन्थ की दिशाओं में था। कुछ युवाओं में कुछ समय के लिए अति वामपन्थ का रुझान दिखा जो जल्दी ही तिरोहित हो गया। राजनीतिक कार्यकलापों या दलीय राजनीति में न जाने के संकल्प के साथ शुरू हुई उत्तराखण्ड संघर्ष वाहिनी बाद में अपने निर्णय पर नहीं टिक सकी और यही डिगना उसे एक सामाजिक संगठन या आन्दोलन के रूप में नहीं टिका सका और न ही इस गलती ने उसे एक राजनीतिक संगठन के रूप में उभरने दिया।

लेकिन इस विभाजन के बावजूद युवाओं ने जितना उत्तराखण्ड संघर्ष वाहिनी तथा इससे जुड़े आन्दोलनों से सीखा, लगभग उतना ही इसमें योगदान दिया। आन्दोलनों के ठहराव और उतार का दौर अन्ततः उसके हिस्सेदारों को झेलना पड़ता है और यही बिन्दु है जहाँ कोई सामाजिक आन्दोलन किसी सम्भावनाशील युवा को एक बेहतरीन सामाजिक या राजनीतिक कार्यकर्ता के रूप में विकसित करने से वंचित रह जाते हैं। इन युवाओं में से ही आगामी आन्दोलनों के कार्यकर्ता ही नहीं, राजनीतिक दलों के नेता भी विकसित होते हैं।

इस प्रकार चिपको आन्दोलन ने पहली बार उत्तराखण्ड के युवाओं को किसी सामाजिक आन्दोलन में शामिल होने के लिए प्रेरित किया और उनका मानस बदलने में कामयाबी पायी। यह सामाजिक और पारिस्थितिक रुझान आगामी सालों में बढ़ता गया। युवाओं ने अपने हिस्से की भूमिका चिपको आन्दोलन में निभायी। जहाँ उन्होंने चिपको आन्दोलन में आक्रामकता, प्रयोगशीलता और सृजनात्मकता के आयामों को जोड़ा, वहीं अपने व्यक्तित्वों को निखारा।

इस तरह युवा और विद्यार्थी समूह चिपको आन्दोलन के सृजेता नहीं हिस्सेदार बने। उनमें से अनेक ने न सिर्फ़ इसकी कुछ अभिव्यक्तियों का नेतृत्व किया बल्कि आगामी समय में वे अन्य सामाजिक आन्दोलनों के हिस्सेदार और नेतृत्वकर्ता बने। चिपको आन्दोलन उनके लिए एक प्रकार का अमिट प्रशिक्षण बना। चिपको के जाने पहचाने कार्यकर्ताओं के साथ अनेक और सामाजिक-राजनीतिक कार्यकर्ता अपने कैरियर के किसी न किसी दौर में चिपको आन्दोलन में हिस्सेदार या उससे प्रेरित-प्रभावित रहे।[44]

सन्दर्भ

1. दो अपेक्षाकृत स्पष्ट आलेखों में सामाजिक आन्दोलनों तथा चिपको में महिलाओं की भूमिका के योगदान को समझने का प्रयास हुआ है। पर उन्हें उत्तराखण्ड के बीसवीं सदी के सामाजिक आन्दोलनों तथा महिला जागृति के इतिहास से जोड़कर नहीं देखा गया है। महिलाओं की जन-आन्दोलनों में 'अप्रत्यक्ष' भूमिका नहीं समझी जा सकी है। पर महिलाओं की चिपको आन्दोलन में हिस्सेदारी का स्वरूप इनसे पता चलता है (Shobhita Jain, 1984, Women and People's Ecological Movement, *EPW*, 13 October : 1788-1791; Kumud Sharma, Balaji Pandey and Kusum Nautiyal, 1985, The Chipko Movement in the Uttarakhand Region, Uttar Pradesh, India : Women's Role and Participation, in *Rural Development and Women : Lessons from the Field,* Volume II, ILO, Geneva)
2. Vandana Shiva and Jayanto Bandyopadhyay, Chipko : 8
3. कृष्णमूर्ति गुप्ता, 1993, मीरा बहन जन्म शताब्दी ग्रन्थ में प्रकाशित मीरा बहन के लेख, संस्मरण तथा पत्र : 115-149
4. कृष्णमूर्ति गुप्ता, 1993, मीरा बहन जन्म शताब्दी ग्रन्थ में जगदीश प्रसाद उनियाल (166-170), सुन्दरलाल बहुगुणा (179-183) के लेख; भेंटवार्ता : इन्द्रमणि बडोनी; Bill Atkin, Seven Sacred Rivers : 27
5. Ramachandra Guha, 1989, Unquiet Woods : 117
6. शेखर पाठक, 1986, उत्तराखण्ड में सामाजिक आन्दोलनों की रूपरेखा, *पहाड़ 2* : 97-111
7. देखें उत्तराखण्ड पोर्टल; 2017 के विधान सभा चुनाव के बाद भी स्थिति वही है। अब अकेली महिला राज्य मन्त्री है।
8. सरला देवी, व्यावहारिक वेदान्त एक आत्मकथा : 172-73; राधा बहन स्मृतिग्रन्थ; कामेश्वर प्रसाद बहुगुणा, लोकचक्षु
9. शेखर पाठक, नशा एक षड्यन्त्र है
10. देखें अध्याय 7 का खण्ड 4
11. भेंटवार्ता : आनन्द सिंह बिष्ट
12. दिनमान, 23-29 अप्रैल, 1978
13. कमलाराम नौटियाल, मेरा जीवन संघर्ष
14. एक पर्यावरण शिविर, जिसमें योजना आयोग की सदस्य श्रीमती त्रिवेदी उपस्थित थीं, महिलाओं ने उन्हें सम्बोधित कर कहा था कि 'तुम्हारा प्लैनिंग कस्तूरा के दाँत की तरह दिखाने का है और किसी काम का नहीं। उसे ज़मीन की असलियत पता ही नहीं है। इसीलिए तो भला नहीं हो पा रहा है।'
15. युगवाणी : 7 मार्च, 1976
16. वन श्रमिक, पर्वतीय नवजीवन मण्डल, सिल्यारा, टिहरी गढ़वाल 1977; धूम सिंह नेगी की मासिक डायरी : अप्रैल 1977
17. दिनमान : 14-20 अगस्त, 1977 : 9 तथा 11
18. दिनमान : 3-9 जुलाई, 1977 : 14
19. नैनीताल समाचार : 15 फ़रवरी, 1979
20. भेंटवार्ता : बचनीदेवी। वन्दना शिवा कहती हैं कि 'क्या हैं जंगल के उपकार, मिट्टी, पानी और बयार' नारा 1977 में बचनी देवी ने रचा (Staying Alive : 210)। पर इन नारों को रचने वालों में प्रमुख कुँवर प्रसून बताते हैं कि यह नारा महिलाओं के बीच पहली बार 2 जनवरी, 1978 को लगाया गया (प्रसून, चिपको : 45)। भारत डोगरा ने यह तिथि एक साल पहले 1 फ़रवरी, 1977 लिख दी (Dogra, Living for Others : 56), जबकि वे क्षेत्र भ्रमण में गये थे।
21. रविवार : 15 मार्च, 1978
22. अमर उजाला : 25 फ़रवरी, 1978; नवभारत टाइम्स 25 फ़रवरी, 1978; दिनमान : 19-25 मार्च, 1978 : 23
23. रोजलीन विल्सन, 1978, फूलों की घाटी में चिपको आन्दोलन, *नयी दुनिया*, 1 मार्च
24. Anil Agarwal, 1982, The State of India's Environment : A Citizen's Report, CSE : 42-43
25. भेंटवार्ता : बिपिन त्रिपाठी
26. भेंटवार्ता : कुँवर प्रसून
27. ग्राम प्रधान श्याम सिंह का चण्डी प्रसाद भट्ट को दिनांक 18 फ़रवरी, 1980 का पत्र
28. अनिकेत : 5 तथा 12 फ़रवरी, 1980
29. बीना अग्रवाल ने अपने विख्यात अध्ययन में यद्यपि अदवाणी के नारों को डूँगरी-पैन्तोली से जोड़ने की गलती की पर उन्होंने आन्दोलन का मिज़ाज पकड़ लिया :
"Women successfully resisted the axing of the Dungri-Paintoli oak forest for setting up a government potato-seed farm, in opposition to the village men who favoured the new scheme for its potential cash benifits. These women's direct concern with the protection and regeneration of the forest as a source of 'fuel, fodder, food, fibre and fertilizer' and of 'soil, water and pure air', has had significant positive

implications for ecological preservation in the region... The basis of poor peasant and tribal womens concern with environmental protection in movements such as Chipko needs to be sought not in some biological connection between women and nature, but in the prevailing gender division of labour, which makes hill women primarily responsible for fetching fuelwood, fodder and water. In the Dungri-Paintoli incident, for instance, the loss of the forest would have added several miles to women's fuelwood journeys, while they feared that the scheme's cash benifits would flow to men alone" Bina Agrawal, A Field of One's Own : 37-38; Also see : Bina Agrawal, 1992, The Gender and Environmental Debate : Lessons from India, *Feminist Studies*, Volume 18 (1) : 119-158

Eco Feminism की बहस के लिए देखें : Cecile Jackson, Gender Analysis and Environmentalisms in Michael Redclift and Ted Benton (Eds.), 1994, Social Theory and the Global Environment, Routledge, London:123-140

30. वन संरक्षक के नाम बछेर महिला मंगल दल का पत्र, दिनांक 19 अप्रैल, 1985; भेंटवार्ता : कलावती देवी
31. अनिकेत : 19 जुलाई, 1988
32. पिघलता हिमालय : 8 फ़रवरी, 1988
33. P. Routledge, 1993, Terrains of Resistence : Non Violent Social Movements and the Contestations of Peace in India : 96-97
34. Anil Agrawal and Sunita Narayan, 1990, Community Forestry by the Chipko Movement in Chamoli (Uttar Pradesh) : 36-45 in Strategies for the Involvement of the Landless and Women in Afforestation : Five Case Studies from India A Technical Co-operation Report, ILO, Geneva; State of India's Environment : The First Citizen's Report, 1982 : 42-43; Mukul Sharma, 1993, Villages of Chipko Movement, *EPW*, 10 April : 617-621
35. Bill Atkin, Seven Sacred Rivers : 58
36. सरला देवी, व्यावहारिक वेदान्त : एक आत्मकथा : 174-75
37. भेंटवार्ता : राधा बहन
38. Allahabad High Court Judgement, 31 May, 1995 : 22; Allahabad High Court Judgement, 9 February, 1996 : 16, 23-24, 50-54, 62-67, 72-73 and 245-48
39. Allahabad High Court Decision, 31 May, 1995 : 22; Allahabad High Court Decision, 9 February, 1996 : 16, 23-24, 50-54, 62-67, 72-73 and 245-48
40. Sunderlal Bahuguna, 1987, Yes to Life No to Death, speech delivered in Swedish Parliament on 9th December, 1987 in The Chipko Message, Chipko Information Centre, Silyara : 30-34
41. भेंटवार्ता : समाज विज्ञानी प्रकाश उपाध्याय, डीएन भटकोटी तथा प्रभात उप्रेती; पूर्व सांसद महेन्द्रपाल; शिक्षक तथा वनविज्ञानी भगवती नौटियाल तथा कल्याणसिंह रावत; लेखक-सम्पादक राजेन्द्र भट्ट; भाषाविद् तथा शिक्षक देवेन्द्र रावत तथा विज्ञानी पीपी ध्यानी
42. Haripriya Rangan, Of Myths and Movements : 182-83, 194-95; G.D. Berreman, 1985, Chipko : Non Violent Direct Action to Save the Himalayas, in *South Asian Bulletin* 5 (2) : 8-13
43. Haripriya Rangan, 1996, From Chipko to Uttaranchal in Richard Peet and Michael Watts (Eds.), Liberation Ecologies : Environment, Development, Social Movements, Routledge, London : 205 and 216
44. उत्तराखण्ड की पहली विधान सभा में चिपको आन्दोलन, उत्तराखण्ड संघर्ष वाहिनी और इनसे प्रभावित सदस्यों की बड़ी संख्या बतायी गयी थी।

14

चिपको के 40 साल : धुँधलाती चमक और सतत कौंध

2016 'कुमाऊँ परिषद्', जिस संगठन ने बीसवीं सदी के दूसरे दशक में बेगार तथा जंगलात आन्दोलनों को तत्कालीन कुमाऊँ में सुनिश्चित दिशा दी थी और श्रीदेव सुमन, जिन्होंने टिहरी रियासत में जन अधिकारों की लड़ाई आगे बढ़ाई थी, की जन्म शताब्दी का साल भी है। ये आन्दोलन बेगार की शोषक प्रथा तथा औपनिवेशिक जंगलात नीति के ख़िलाफ़ थे और फिर बर्तानवी राज के ही ख़िलाफ़ हो गये। जनान्दोलनों की शताब्दी महापुरुषों की शताब्दी की तरह नहीं मना सकते हैं। जनान्दोलन किसी चमकती सुबह या सूर्यास्त के बाद आये चाँद के साथ जन्म नहीं लेते हैं। वे एक लम्बी भीतरी तैयारी और फिर दिखती हुई बाहरी हलचल के बाद प्रकट होते हैं। उनकी कुछ अभिव्यक्तियाँ ज़रूर तारीखों में अटकाई जा सकती हैं। 1970 के बाद जन्मे चिपको आन्दोलन की विभिन्न लहरों के जन्म के भी चालीस साल पूरे हो गये हैं या हो रहे हैं।

इस बीच ठेकेदारी और जंगलों की खुली नीलामी की प्रथा समाप्त हो गयी है। रेणी समिति के प्रस्ताव मानकर एक बड़े क्षेत्र में जंगलों का कटान रोक दिया गया था और 1981 में 1000 मीटर से ऊपर स्थित हरे पेड़ों के कटान पर रोक लग गयी थी। 1980 में राष्ट्रीय स्तर पर वन संरक्षण अधिनियम लागू हुआ। स्टार पेपर मिल से हुआ सस्ती लकड़ी प्राप्त करने का अनुबन्ध समाप्त किया गया। हिमालयी क्षेत्र में रसोई गैस की उपलब्धता ने रसोई ईंधन का पारम्परिक रूप बदल दिया।[1] तमाम अन्य एक्ट इस बीच बने और संसद से पारित होकर लागू हुए। अब तक कृषि विभाग के साथ नत्थी जंगलात विभाग को पर्यावरण तथा वन मन्त्रालय बनाया गया। वन अधिकार कानून 2006 (एफटीए) लागू हुआ और उससे पहले वन आयोग की स्थापना हुई। देश में नये अभयारण्य बनाकर संरक्षित क्षेत्र बढ़ाया गया। भारतीय वन्य जीव संस्थान की स्थापना हुई। वन्य जीव संरक्षण अधिनियम लागू हुआ। जीव और वनस्पतियों की संकटग्रस्त प्रजातियों की सूची बनाकर उनके संरक्षण के उपाय प्रारम्भ हुए। जैव विविधता अधिनियम पारित हुआ और जैव विविधता बोर्ड की स्थापना हुई।

यही नहीं इस बीच जलवायु परिवर्तन वैश्विक स्तर पर ध्यान खींचता रहा। अतः न सिर्फ़ उसे पर्यावरण और वन मन्त्रालय के साथ जोड़ा गया बल्कि जलवायु परिवर्तन पर एक कार्यदल बना। आपदा प्रबन्धन का राष्ट्रीय संस्थान तथा हर प्रान्त में इसके विभाग बने। पहले गंगा प्राधिकरण बनाया गया और अब वह मन्त्रालय है। हिमालय तथा पश्चिमी घाट पर विशेष कार्यदल बनाये गये। इसी तरह परती विकास बोर्ड गठित हुआ।

दूसरी ओर खुली अर्थव्यवस्था में कारपोरेट प्रभुत्व चहुँओर बढ़ता गया। देशी संसाधनों की लूट/दोहन में विदेशी पूँजी उतरती गयी। इससे संसाधनों पर नये तरह का दबाव पड़ने लगा। केन्द्रीकरण और कारपोरेटीकरण की प्रक्रिया ने लोगों, किसानों, वनवासियों तथा जनजातियों के जीवन में हस्तक्षेप ही नहीं घुसपैठ शुरू कर दी। विकास का जीएनपी/जीडीपी पैमाना दरअसल विकास के उस न टिक सकने वाले आदर्श को सामने ले आया था, जो ग्रामीण, वन्य तथा जनजातीय क्षेत्रों की ओर प्रस्थान तथा घुसपैठ के बिना सम्भव नहीं था। किसानों की ज़मीनों, वनवासियों और जनजातियों के जंगलों-खनिजों तथा मछुआरों के जल उत्पादों पर निगमों की नज़रें गढ़ गयीं और सरकार की निर्लज्ज 'उदारता' ने एक नयी लूट शुरू कर दी। चिपको के एक कवि-कार्यकर्ता के शब्दों में 'ऐसी लूट तो न अंग्रेज़ ने करी और न (टिहरी) महाराज ने'।[2]

चिपको के अलावा जो अनेक सामाजिक-पारिस्थितिक आन्दोलन देश में चले उन्होंने जंगल, ज़मीन, पानी, समन्दर, रेगिस्तान, सागर तटीय क्षेत्र, पर्वत प्रदेश, डेल्टा, जीव विविधता जैसे विषयों को लेकर देश के अलग-अलग हिस्सों को आन्दोलित किये रखा। बार-बार जनता और प्रकृति का पक्ष सामने रखा जाता रहा। कारपोरेट शक्तियों द्वारा जन संसाधनों में सरकार प्रदत्त घुसपैठ ने अनेक नये आन्दोलनों को जन्म दिया। वह चाहे जनजातियों के बीच से उठा हो, पशुचारकों, किसानों या कि मछुआरों की ओर से चलाया गया हो। अनेक जगह औद्योगिक मज़दूर आन्दोलित हुए। खेती की ज़मीन या वनवासियों के जंगलों को उद्योगों हेतु जबरन कब्ज़ा करने, सीमान्त क्षेत्र में सुरक्षा के नाम पर बसासतों को ले लेने, नदियों में बन रहे बड़े बाँधों, परमाणु संयन्त्रों की आबादी के करीब स्थापना, मछली पकड़ने में अति मशीनीकरण आदि के विरोध से जुड़े आन्दोलन भी उठे।

एक ओर उपभोक्तावाद की भूख भारतीय समाज में बढ़ाई गयी। हिमालयी क्षेत्रों के सन्दर्भ में जिन गाँवों में 'विनिमय' की परम्परा थी, वहाँ 'शुद्ध बाज़ार' आ गया। लोग विदेशी कम्पनियों द्वारा पैक अपना ही पानी ख़रीदने लगे। इससे पहले देश में पानी बेचने या ख़रीदने की परम्परा नहीं थी। दूसरी ओर समाज ने अपने आपको, अपने संसाधनों को नये दबावों के आलोक में देखना शुरू किया। प्राकृतिक संसाधनों की हिफ़ाज़त, प्रबन्धन और सदुपयोग के अनेक पारम्परिक और उपयोगी तरीकों की खोज या उन्हें पुनर्जीवित करने के प्रयास इस बीच हुए। पारम्परिक जल ज्ञान[3] और सिंचाई प्रबन्धन पर अध्ययन आये।[4] जंगलों की व्यापक महत्ता,[5] पारम्परिक जंगलात प्रबन्धन, वन पंचायतों,[6] साझा संसाधनों[7] तथा खनन[8] पर भी। अनेक स्थानों पर जंगलों को निजी कोशिश से विकसित किया गया।[9] इससे जंगलों की हिफ़ाज़त और इस्तेमाल की परम्परा को समझने और सीखने के अनेक आयाम उजागर हुए।

1. चिपको चेतना का मिज़ाज

अनेक विद्वान यह मानते हैं कि चिपको ने जिस चेतना को जन्म दिया उसमें दर्शन और व्यावहारिकता का समन्वय था। इसलिए चिपको आन्दोलन के 'कहे' का (विचार) उसके 'करे' (व्यवहार/कार्यवाही) से

रिश्ते के कारण यह आन्दोलन सर्वाधिक आकर्षक और प्रेरक हुआ। महत्त्वपूर्ण पक्ष यह था कि कोई समाज पहले चिपको का विचार दे और फिर उस पर सफल कार्यवाही करे। यह सभी को अनोखा लगा कि चिपको ने संरक्षण का सन्दर्भ आम आदमी से जोड़ा और यह आम आदमी के हक़-हक़ूकों से नज़र हटाये बिना किया। इसलिए वह 'आर्थिकी' और 'पारिस्थितिकी' का आन्दोलन एक साथ बन गया। चिपको में सिर्फ़ 'पारिस्थितिकी' को ढूँढ़ने से स्वयं यहाँ का समाज शंकित हुआ और बना हुआ है। आलमसिंह बिष्ट के शब्दों में 'हम चमखड़िक को सिर्फ़ खेती के यन्त्रों के लिए चाहते थे, जलाने या मकान बनाने के लिए नहीं'। यानी इस प्रजाति के पुनर्जनन के मुक़ाबले उपयोग कम होगा। बालम जनौटी का कहना था कि 'पेड़ न काटने की माँग वैसी ही है जैसे कोई कहे कि बूढ़े आदमियों का मरना बन्द किया जाय। बूढ़े जायेंगे और बच्चे आयेंगे'। यानी उपयोग और हिफ़ाज़त का सन्तुलन ज़रूरी बताया गया।

महिलाओं की हिस्सेदारी ने चिपको को गहराई दी तो युवाओं की सहभागिता ने उसे एक सन्तुलित आक्रामकता दी। महिलाओं ने जब जंगल को 'मायका' बताया तो यह फिर हिफ़ाज़त तथा उपयोग का मध्यमान था। युवाजन जब कह रहे थे कि 'अब पेड़ नहीं हम कटेंगे' तो इसका स्पष्ट अभिप्राय था जंगलों की व्यापारिक लूट पर रोक। इस प्रकार असहयोग और अवरोध के नये नये तरीके इस आन्दोलन के भीतर विकसित हुए। बहुत से आन्दोलन अपनी मुख्य माँग के मान लिए जाने के बाद समाज में विलीन हो जाते हैं। हालाँकि किसी सामाजिक आन्दोलन के लिए अपनी हर माँग को मनवा पाना सम्भव नहीं होता है। उसका कुछ न कुछ हिस्सा अनसुलझा, अन्तर्विरोधों भरा, अस्पष्ट और अनअभिव्यक्त रह जाता है। परन्तु चिपको अपनी बहुत-सी माँगों के मान लिए जाने के बाद अलग तरह की नयी सक्रियता और रचनात्मकता से जुड़ गया। इन नयी-नयी टहनियों के सहारे चिपको ने नयी-सदी तथा सहस्राब्दी में प्रवेश किया। हालाँकि वेबर 1987 में ही पूछने लगे थे कि क्या अभी कहीं चिपको आन्दोलन अस्तित्व में है?[10] अनेक सालों बाद रंगन ने इस सवाल को दोहराया नहीं बल्कि चिपको को 'मिथक' घोषित कर दिया। पर चिपको अपनी तरह से काम कर रहा था।

1985-90 के बीच चिपको आन्दोलन से विकसित अनेक समूह चिपको के सक्रिय दौर के सिमटने और विभाजन के बाद अपनी तरह के रचनात्मक कार्य करने लगे, जो आगामी सालों में महत्त्व के बनते गये। ये काम अत्यन्त विविधता लिए हैं और इनका रिश्ता चिपको से पाये अनेक अनुभवों तथा सीखे गये विभिन्न सामाजिक तथा पारिस्थितिक पाठों के साथ है। चिपको से निकलकर जो राजनीतिक कार्यकर्ता बने उनका काम अपनी तरह से विकसित हुआ। उनके लिए अपने दल में आन्दोलन की स्वायत्तता बचाना सम्भव नहीं था। राजनीतिक दल दरअसल सामाजिक से राजनैतिक बने कार्यकर्ताओं की स्वायत्तता छीन लेते हैं। पर अनेक लोग अपने चिपको दृष्टिकोण से बहुत दूर नहीं गये। विद्यासागर नौटियाल ने टिहरी बाँध को लेकर अपने दल (भाकपा) से निकाले जाने की सजा भुगती। दूसरा उदाहरण प्रदीप टम्टा का है, जो सत्तारूढ़ दल के विधायक या सांसद होकर भी अपने दृष्टिकोण पर कायम रहे। इसका असर कुछ न कुछ होता रहा।[11] चिपको के समर्थक विधायक रहे इन्द्रमणि बडोनी के शब्दों में, 'राष्ट्रीय राजनीति तथा मुख्य पक्ष विपक्ष जब एक सुरा हो गया हो तो देश का स्वर कौन सुनेगा? जन-आन्दोलन ही जनता की ओर से बोल सकते हैं, और जनता के बड़े स्वरों को कोई व्यवस्था अनसुना नहीं कर सकती है'।[12]

कहा जा चुका है कि चिपको की पहली धारा एक प्रकार से चमोली ज़िले में सिमट आयी पर सिमटने के बाद भी उसकी निरन्तरता जारी रही और अब तक कायम है। यह धारा अपने उस बुनियादी

विचार को चिपको के विभाजन के कारण कार्यान्वित नहीं कर पायी, जो जंगलों की हिफ़ाज़त के साथ उनको स्थानीय विकेन्द्रीकृत आर्थिकी से जोड़ना चाहता था। चिपको की दूसरी धारा ने इस विचार से एकाएक और अप्रत्याशित मुँह मोड़ लिया था। चिपको की अपनी धारा को 'पारिस्थितिक' और चिपको की पिछली अभिव्यक्तियों को सिर्फ़ 'आर्थिक' कह कर दोयम दर्जे का मानना शुरू किया गया था। चिपको के जीवन और विचार का यह एक बहुत नाज़ुक बिन्दु था। यह अत्यन्त कृत्रिम विभाजन बाद में गहरी क्षति का कारण बना।

चिपको की यह दूसरी धारा चिपको आन्दोलन को एक दार्शनिक मोड़ पर छोड़कर टिहरी बाँध विरोधी आन्दोलन में चली गयी। हालाँकि हम इसे चिपको का ही विस्तार कह आये हैं पर अब राजसत्ता और पूँजी के अलावा अपने ही समाज का एक हिस्सा प्रतिपक्ष में खड़ा था। यह धारा इस दौर में सरकार से बड़ी लड़ाई का रूप लेने लगी। चिपको आन्दोलन की भारत सरकार से सीधी टकराहट नहीं हुई थी। टिहरी बाँध विरोधी आन्दोलन में सीधी चुनौती केन्द्र सरकार को थी। पर आन्दोलन में सामाजिक हिस्सेदारी कम थी तथा सुसंगठन का अभाव था। अनशन से यह आन्दोलन खड़ा नहीं हो सकता था और सिर्फ़ न्यायालय से निदान सम्भव नहीं था। इसे विज्ञान, न्यायपालिका, पत्रकारिता और राजनीति के साथ गहरे सामाजिक समर्थन की ज़रूरत थी।

टिहरी बाँध विरोधी आन्दोलन की सामूहिकता और जन हिस्सेदारी सिमटती गयी। इसकी अत्यन्त सक्रिय टीम के सदस्य इससे विमुख होते गये। आमरण अनशन की नीति ने अन्य सदस्यों की हिस्सेदारी को इस तरह सीमित कर दिया कि वे स्थानीय या देश के लोगों के बीच जाने का और संवाद करने का मन नहीं बना सके। टिहरी बाँध के सन्दर्भ में स्वतन्त्र पर पार्टी विरोधी निर्णय लेने वाले विद्यासागर नौटियाल बाद में सक्रिय नहीं रह सके।

दूसरी ओर एक प्रभावशाली स्थानीय समूह (ठेकेदारों, नेताओं, निहित स्वार्थों, कुछ पत्रकारों का गठजोड़) इस आन्दोलन का लगातार विरोध करता रहा। तमाम सरकारी और गैर-सरकारी निहित स्वार्थ इस आन्दोलन के ख़िलाफ़ दुशप्रचार में लगे थे। आन्दोलन ने पराजय के बावजूद विकास की प्रचलित अवधारणा को जबर्दस्त चुनौती दी। पर 'हिमालय बचाओ' नाम से जिस आन्दोलन को विकसित करने का प्रयास हुआ, वह हिमालयवासियों को आकर्षित नहीं कर सका। सुन्दरलाल बहुगुणा अपने शरीर की कीमत पर लड़े, पर आन्दोलन को आगे नहीं ले जा सके। यह सच है कि टिहरी के डूब जाने के बावजूद वह विचार नहीं डूबा, जो चिपको आन्दोलन से विकसित हुआ था।[13] ठीक वैसे ही जैसे विष्णुप्रयाग परियोजना बन जाने के बावजूद उसके विरुद्ध दिये गये चिपको आन्दोलन के 'पारिस्थितिक तर्क' अभी भी अकाट्य हैं। 2013 की आपदा में जिस तरह यह परियोजना ध्वस्त हुई और इसके कारण आपदा बहुगुणित होकर अनेक बसासतों को लील ले गयी, यह चेतावनी चिपको आन्दोलन ने लगातार और बार-बार दी थी।[14]

चिपको की तीसरी धारा, जो 1982 के बाद तक तो चिपको की पहली धारा का हिस्सा और 1984-85 में 'नशा नहीं रोज़गार दो आन्दोलन' की संचालक थी, ने एक नयी किस्म की छात्र तथा युवा राजनीति विकसित की। इस धारा ने वृक्षारोपण से वन सहकारी समिति तक के प्रयोग किये और यह धारा उत्तराखण्ड संघर्ष वाहिनी का महत्त्वपूर्ण हिस्सा थी। कुछ समय बाद (1982 के आसपास) यह एक राजनीतिक समूह में बदलने लगी पर दुर्भाग्य से जल्दी ही विभाजित हो गयी। इससे उसकी सामाजिक आन्दोलन की हैसियत कमज़ोर होती गयी पर राजनीतिक हैसियत कुछ खास ऊँचाई तक नहीं पहुँची। सर्वोदय और साम्यवाद के बीच वाहिनी का औसत मानस अटका रहा। दरअसल

राजनीतिक प्रबन्धन और चुनाव प्रबन्धन किसी सामाजिक आन्दोलन की स्वनिर्मित गतिशीलता से भिन्न होते हैं, यह नहीं समझा गया।

इस तरह पहले संयुक्त धारा, फिर विभाजित धाराओं में रहने-बहने के बाद अनेक स्वतन्त्र धाराएँ अपनी तरह से नये रास्तों की खोज करने लगीं। ये छोटे-छोटे स्वतन्त्र काम थे और धीरे-धीरे विकसित होते गये। 1985 के बाद चिपको आन्दोलन की विभिन्न लहरों से जुड़े युवाओं ने अलग-अलग तरह के काम शुरू किये। कुछ पहले से चले हुए थे। इनमें दग्रास्वमं का पर्यावरण शिविर तथा वृक्षारोपण का अभियान, बीज बचाओ आन्दोलन, पाणी राखो आन्दोलन, डाल्यू का दगड़िया, मैती आन्दोलन, छीनो झपटो आन्दोलन, हार्क, नैनीताल समाचार, अनिकेत, पहाड़, माउण्टेन शेफर्ड, चेतना आन्दोलन, लक्ष्मी आश्रम का बांज संरक्षण अभियान, वन पंचायत संघर्ष मोर्चा (इससे पूर्व सरपंच संगठन), रक्षासूत्र आन्दोलन, नदी बचाओ आन्दोलन आदि जैसे काम अभी जारी हैं और इनके योगदान का मूल्यांकन होना है। दशौली ग्राम स्वराज्य मण्डल द्वारा शुरू किया गया सूचना का अधिकार सम्बन्धी काम राज्य बनने और देश को सूचना का अधिकार कानून मिलने या सूचना आयोग स्थापना से पहले शुरू हो गया था।[15]

अनेक युवा चिपको आन्दोलन की रचनात्मकता से प्रेरित होकर अपना वैज्ञानिक या समाज वैज्ञानिक शोध या साहित्य रचना का कार्य भी करते रहे। स्वयं अनिल अग्रवाल के व्यक्तित्व और विचारों को विकसित करने में चिपको आन्दोलन का योगदान रहा। चिपको उनको गाँधी के और करीब ले गया।[16] जब अनिल चिपको के शिविरों में आये तो वे अत्यधिक प्रभावित हुए।[17] विज्ञान तथा पर्यावरण केन्द्र की स्थापना इसका अगला चरण था।

1990 के आसपास या बाद चिपको का अध्ययन करने आये शोधकर्ता, जौनसार बावर या रवांई के गाँवों में इसका प्रभाव ढूँढ़ने लगे। जौनसार बावर या रवांई में चिपको आन्दोलन नहीं चला था। अतः चिपको को 'परीकथा' या 'मिथ' कहा गया।[18] बड़कोट में 1967 से ही स्थानीय इतिहास (1930 का रवांईकांड) से वन सम्बन्धी प्रेरणा प्राप्त करने के लिए रवांई दिवस पर सभा-सम्मेलन आयोजित किये जाने लगे थे। वहाँ उस दौर में या बाद में चिपको आन्दोलन प्रकट नहीं हुआ। वहाँ आरक्षण (अनुसूचित जनजाति में शामिल किये जाने) हेतु अवश्य आन्दोलन हुए थे, पर उनका सम्मान नहीं किया गया। नये राज्य में (2004) इस समाज को 'अन्य पिछड़ा वर्ग' की संवैधानिक हैसियत मिल सकी।

कुछ अध्येताओं ने उत्तराखण्ड राज्य आन्दोलन के समय चिपको का अध्ययन शुरू किया। चिपको तथा राज्य आन्दोलन की तुलना की जाने लगी, बिना यह जाने कि किस तरह चिपको आन्दोलन ने उत्तराखण्ड की आधुनिक पहचान को विकसित किया। नये आन्दोलन के दौर में पुराने आन्दोलन ज़रा पीछे दुबक जाते हैं पर चिपको का प्राकृतिक संसाधनों सम्बन्धी ऐजेण्डा उत्तराखण्ड आन्दोलन के समय मुखर था और आज भी है। राज्य बनने के बाद इस आन्दोलन का मुख्य लक्ष्य प्राप्त हो गया पर चिपको का ऐजेण्डा नये राज्य में भी बना रहेगा। जब भी सरकार या सरकार से समर्थन पायी शक्तियाँ जनता के संसाधनों पर प्रहार करेंगी चिपको का ऐजेण्डा स्वयं ही हरा और हलचल भरा हो जायेगा।[19] इसीलिए चिपको के विचार को 'हरी भरी उम्मीद' कहने का साहस किया गया है।

चिपको के अनेक अध्येताओं ने उन प्रारम्भिक अध्ययनों को अपना आधार बनाया जो चिपको के चलने के दौर में लिखे गये थे। इनमें से कुछ अपूर्ण थे, कुछ में पूर्वाग्रह थे तो कुछ में तथ्यात्मक गल्तियाँ थीं। यह आश्चर्यजनक लगता है कि इलैक्ट्रानिक मीडिया की अनुपस्थिति के दौर में चिपको

आन्दोलन समाचार माध्यमों तथा शोधार्थियों के लिए असाधारण आकर्षण का कारण बना। पर्यावरण, विकास, जंगल, महिला/जेंडर, संसाधन या जन-आन्दोलन या हिमालय पर 1980 के बाद आये अध्ययनों में चिपको सन्दर्भ एक अपरिहार्य 'रिचुअल' की तरह दिया जाने लगा।[20] चिपको आन्दोलन को देखने की नाटकीय दृष्टि दुर्भाग्य से शुरू में ही पैदा हो गयी। लोगों को विश्वास नहीं होता था कि चिपकने की नौबत एक-दो अपवाद छोड़ कर कहीं नहीं आयी। इस चिपको शब्दावली की ताकत ही बहुत थी।[21] पर अकादमिक दुनिया ज़रूर गहराई और विस्तार में जाये बिना चिपको से चिपक गयी।

चिपको पर बाद में जो लेख या अध्ययन आये वे मूलतः अनिल अग्रवाल, अनुपम मिश्र, थामस वेबर, वन्दना शिवा-जयन्ता बन्द्योपाध्याय, रामचन्द्र गुहा, भारत डोगरा, शोभिता जैन या सुन्दरलाल बहुगुणा, चण्डी प्रसाद भट्ट के लेखों तथा किताबों पर ही आधारित रहे। बाद के सालों में बहुगुणा सिर्फ़ टिहरी की चिपको अभिव्यक्तियों पर लिखते रहे जबकि भट्ट ने कभी भी उन चिपको प्रसंगों पर नहीं लिखा जिनमें वे शामिल नहीं थे। चिपको के विभिन्न प्रतिरोध क्षेत्रों, ग्रामीणों, स्थानीय नेताओं, प्रमुख महिलाओं के बीच बहुत कम पत्रकार या शोधार्थी जा सके। कुछ स्थानों पर गये भी तो 10 या 15 या 20 साल बाद। तब तक उत्तराखण्ड में तीन और बड़े सामाजिक आन्दोलन चल चुके थे। आगामी सालों में जंगल ही नहीं राज्य स्थापना, नशे, ज़मीन, पानी/बाँध तथा सुशासन सम्बन्धी विषयों पर इस समाज को आन्दोलित होना पड़ा था।

चिपको जहाँ पुराने आन्दोलनों के दबे अंगारों और अनसुलझे सवालों से सुलगा था, वहीं उसने नये आन्दोलनों की सततता को आधार दिया था। इस तरह सामाजिक ऊर्जा का बड़ा हिस्सा जन-आन्दोलनों में व्यय होता रहा। अनेक बार उन मामूली पर ज़रूरी चीज़ों के लिए भी जिन्हें विधायिका, कार्यपालिका और न्यायपालिका द्वारा 1950 में प्रस्तुत भारतीय संविधान के अनुसार करना चाहिए था। इसलिए ये आन्दोलन सिर्फ़ स्थानीय समस्याओं के समाधान के लिए ही नहीं जन्मे थे बल्कि इस जनतन्त्र और चुनी हुई सरकारों को उनकी ज़िम्मेदारी का भान कराने के लिए, उन्हें धिक्कारने तथा समझदार बनाने के लिए भी थे।

चिपको आन्दोलन ने उत्तराखण्ड को एक सांस्कृतिक क्षेत्र की पहचान दी, जो चारधाम और कैलास क्षेत्र की पहचान के बरअक्स थी। बल्कि कुछ पक्षों में उससे अलग भी। यह समझा जाना है कि सांस्कृतिक पहचान सदा धार्मिक पहचान से बड़ी और गहरी होती है। सदियों तक बहुराजकता के अनुभवों और विविध लघु समाजों-संस्कृतियों के संघर्ष और समन्वय से विकसित होकर यहाँ का मध्यकालीन सामन्ती समाज बना था। औपनिवेशिक शासन दासता और आधुनिकता, शोषण और शिक्षा तथा दोहन और प्रबन्धन का तन्त्र साथ-साथ लाया। इन्हीं विरोधाभासों से बीसवीं सदी के सभी जन-आन्दोलन विकसित हुए और एक दूरस्थ-दुर्गम क्षेत्र अपने आन्दोलनों के कारण भारतीय नक्शे में दिखने लगा। आज़ादी के बाद कमिश्नरी (1967) तथा विश्वविद्यालय (1973) आन्दोलनों ने जो उप क्षेत्रीयता का भाव विकसित किया था, उसे चिपको आन्दोलन ने बड़ी सीमा तक धूमिल कर दिया। कम समझदार नेतृत्व के कारण पहले भी उप क्षेत्रीयता उभारी जाती रही। राज्य बन जाने के बाद भी यह प्रकट हुई।

सामाजिक आन्दोलनों की इस गतिशीलता में सृजनशीलता के सूत्र थे, जिन्हें विविध कार्यकलापों में अभिव्यक्ति मिली। चिपको आन्दोलन की इन उपधाराओं में पानी और प्रवाह संयुक्त धारा से स्वाभाविक रूप से कम था पर ये धाराएँ कभी सूखी नहीं। ये अपनी रचनात्मकता के मानसून से

जीवन पाती रहीं। यह सही है कि चिपको का जंगलों और अन्य वन्य उत्पादों से छोटे और विकेन्द्रीकृत ग्रामीण उद्योगों से रोज़गार पाने का मूल लक्ष्य अभी एक 'वर्जित और विलम्बित आदर्श' की तरह अटका है। चिपको विभाजित नहीं होता तो आज स्वयं सरकारी वन निगम और ग्रामीणों की वन पंचायतें इस विचार की वाहक होतीं और स्थानीय आर्थिकी का एक नया अध्याय ग्रामीणों के सहयोग से विकसित होता। आज जंगल 'कार्बन सिंक' के लिए सर्वाधिक उपयुक्त स्थान घोषित हैं। जंगलों को बचाना और बनाना (वृक्षारोपण) वैश्विक महत्त्व का पारिस्थितिक ही नहीं आर्थिक क्रियाकलाप हो गया है। जंगलों को पृथ्वी के फेफड़ों की तरह माना जाने लगा है, जो वे पहले से ही थे। लेकिन इन फेफड़ों पर पहले इतना अधिक दबाव कभी नहीं रहा।

'चिपको' ने इसके हिस्सेदारों (कार्यकर्ताओं और नेतृत्व) के मन में 'आन्दोलन' का मनोविज्ञान गहराई से बिठा दिया था। इसलिए आन्दोलन की बहुत-सी माँगें मान लिए जाने और चिपको के अनेक शाखाओं में विकसित और विभाजित हो जाने के बाद जब उतार का दौर आया तो कार्यकर्ताओं की रचनात्मकता और चिपको से अर्जित बरकत ने उन्हें कुछ नया करने की प्रेरणा दी। जो नये कार्य अभियानों के रूप में शुरू हुए उन्हें जन्म से ही 'आन्दोलन' कहने का आग्रह कार्यकर्ताओं में था। दरअसल वे अपनी समझ से चिपको को ही आगे ले जा रहे थे। पर एक संयुक्त आन्दोलन के रूप में नहीं बल्कि अलग-अलग अभियानों के रूप में। उनमें संवाद कम मिलता है और कभी-कभी विरोधाभास भी नज़र आते हैं। इन मुद्दों को उत्तराखण्ड संघर्ष वाहिनी, उत्तराखण्ड क्रान्तिदल, भाकपा-माले तथा परिवर्तन पार्टी भी अनेक बार उठाती रही है, क्योंकि इन दलों के नेता-कार्यकर्ता चिपको तथा अन्य जन-आन्दोलनों से ही विकसित होकर निकले हैं। कुछेक बार राजनीति का मुख्य पक्ष-प्रतिपक्ष भी इन्हें छेड़ता रहा है।

इस तरह बीज बचाने, पानी संरक्षण, विवाह के समय पेड़ लगाने, वनाधिकार पुनः प्राप्त करने, ग्रामीण पर्यटन के प्रयोग या ग्रामीणों के बीच चेतना के बीज बोने या नदी बचाने के अभियान जन्म से ही आन्दोलन कहलाने लगे। स्थानीय कृषि तथा बागवानी उत्पादों को सहकारिता से जोड़ने, स्थानीय शिल्पों तथा हुनरों के संरक्षण तथा सदुपयोग, पत्रकारिता तथा प्रकाशन और जंगल, खनिज या पानी के इर्दगिर्द विकसित रचनात्मक आन्दोलन भी चलते रहे। यद्यपि सरकार और शासन से टकराने की क्षमता और ललक इन कामों में कम थी या है पर अपने-अपने क्षेत्र में चुपचाप काम करने और उसे प्रभावी बनाने की बेचैनी इनमें ज़रूर है। ये सभी कार्यक्रम 21वीं सदी के दूसरे दशक में भी निर्विघ्न चल रहे हैं। चिपको की कुछ हरी शाखों की यहाँ संक्षिप्त चर्चा की जा रही है। इनकी सफलता और सीमाओं की समीक्षा कुछ दशकों बाद की जानी चाहिए।

2. चिपको की हरी शाखें

पर्यावरण शिविर तथा वृक्षारोपण अभियान

सबसे पहले दशौली ग्राम स्वराज्य मण्डल के चिपको पर्यावरण शिविरों तथा वृक्षारोपण अभियान के कार्यक्रमों को देखें। मण्डल, फाटा, रेणी, भ्यूँढार, डूंगरी-पैन्तोली, बछेर तथा नन्दीसैण की चिपको अभिव्यक्तियों के बाद दशौली ग्राम स्वराज्य मण्डल को यह विचार करना पड़ा कि ग्रामोद्योगों को छोड़कर जब उनकी हर बात सरकार द्वारा मानी जा रही है तो अब आन्दोलन का क्या रूप होना चाहिए। चिपको के

विभाजन के कारण ग्रामोद्योगों का विचार अधर में लटक गया था और उसकी अखिल उत्तराखण्डीय शक्ति कुछ हद तक विभाजित हो गयी थी। अतः चिपको की अनेक माँगों के माने जाने के बाद जिन सूत्रों से चिपको की निरन्तरता कायम रखी जा सके उनको महत्त्व दिया गया। इनमें गाँवों में पर्यावरण शिविरों का आयोजन और वृक्षारोपण का कार्य सबसे महत्त्व का बना।

सीमित संसाधनों और ग्रामीण सहयोग से शिविर लगातार संचालित होते रहे हैं। ये बौद्धिक तथा श्रम से जुड़ी संयुक्त सृजनशीलता को महत्त्व देते हैं। पर्यावरण, शिक्षा, चिकित्सा, महिलाओं तथा बच्चों की स्थिति, ग्रामीण नेतृत्व, ग्रामीण स्वावलम्बन, विकास कार्यक्रमों के हाल से लेकर सुशासन तथा भ्रष्टाचार तक की चर्चा इन शिविरों में होती है। उनके निदान के रास्ते ढूँढ़ने का प्रयास होता है। यहाँ हर कोई एक-दूसरे से सीखता है। यह युवाओं और महिलाओं का प्रशिक्षण केन्द्र जैसा है। साथ ही अनेक जन प्रतिनिधि, वैज्ञानिक या प्रशासक इनमें हिस्सेदारी करते हैं और सीखते-सिखाते हैं।[22]

विविध स्थानीय, राष्ट्रीय तथा वैश्विक घटनाओं पर चर्चा के साथ शिविरों में गाँव की सामुदायिक ज़मीन पर दीवालबन्दी, गढ्डे खुदाई और वृक्षारोपण का काम होता है। स्थानीय संस्कृति की झलक ही नहीं उसे पुनर्परिभाषित करने का मौक़ा मिलता है।[23] स्थानीय वाद्य यन्त्रों, गीतों तथा कभी थियेटर के रूपों का प्रभावी प्रयोग होता है। इन शिविरों के सामूहिक भोज में गढ़वाल के सरोला ब्राह्मणों और दलितों को साथ खाना बनाते और खाते देखना एक अलग अनुभव है। जातीय विभाजन से ग्रस्त रहे समाज को यह चिपको का बड़ा योगदान है।

इन शिविरों के दौर में लगे वृक्षारोपण को 60 से 85 प्रतिशत तक सफल पाया गया है जबकि सरकारी वृक्षारोपण 10 से 35 प्रतिशत के बीच ही सिमट आता है।[24] अनेक गाँवों में अखरोट, माल्टा या चारे के वृक्ष बड़े हो चुके हैं। अनेक गाँवों में जड़ी-बूटी तथा छोटी इलायची, हल्दी, अदरख, तुलसी तथा चाय की खेती हो रही है। जंगली जानवरों के भय ने एक ओर सुरक्षित फ़सलों को चुनने का रास्ता विकसित किया और दूसरी ओर खेती की घेराबन्दी या दीवारबन्दी को बढ़ावा दिया।[25]

गाँवों से सतत सम्पर्क पर स्थानीय राजनीति से अलग रह कर इस काम को करने का प्रयास होता है। दिक्कतें होती हैं पर चर्चा और विश्लेषण के बाद सर्वसम्मत निर्णय लिया जाता है। शिविरों में दग्रास्वमं के सभी कार्यकर्ता, महिला मंगल दलों की अध्यक्ष, सदस्य तथा युवकों के साथ सामान्य ग्रामीण ही नहीं शिक्षक, विद्यार्थी, वैज्ञानिक, प्रशासक और पत्रकार भी भाग लेते हैं।

संस्था ने 'लोक सूचना तथा सहायता केन्द्र' की स्थापना कर लोक सूचना का महत्त्वपूर्ण काम शुरू किया। दिसम्बर 1996 से 1999 के बीच तीन साल तक 'धरती पर उतरो' नामक लोक सूचना सम्बन्धी पत्रिका के अंक कार्य क्षेत्र के हर गाँव तक जाते थे।[26] इससे लोगों को उनके गाँव हेतु तय योजनाओं, उनके लिए निश्चित समय और धनराशि की सूचना रहती थी। स्थानीय ग्रामीण सुशासन हेतु यह एक आधार शक्ति की तरह था। कपार्ट द्वारा प्राप्त आंशिक आर्थिक सहयोग से शुरू किये गये इस कार्य में रमेश पहाड़ी, मुरारीलाल आदि अनेक कार्यकर्ताओं का योगदान रहा।

पर्यावरण शिविर पहले सिल्यारा में भी चले, लेकिन टिहरी बाँध आन्दोलन के बाद यह क्रम रुक गया। 'चिपको मित्र मिलन' जैसे कार्यक्रम सिल्यारा तथा जाजल में हुए। हेंवलघाटी के कार्यकर्ताओं ने इसे जारी रखा और बाद में बीज बचाओ आन्दोलन ने इसे निरन्तरता दी, जो किसी न किसी रूप में अभी तक जारी है।

बीज बचाओ आन्दोलन

बीज बचाओ आन्दोलन चिपको का दूसरा महत्त्वपूर्ण विस्तार है। चिपको के एक महत्त्वपूर्ण क्षेत्र हेंवलघाटी में जाजल के चारों ओर स्थित गाँवों (जरधार, नागणी, पिपलेथ, कुड़ी, अदवाणी आदि) में रहने वाले कार्यकर्ताओं ने चिपको आन्दोलन के दौर में ही खेती के पानी और जंगलों से रिश्ते को समझना शुरू किया था। इस घाटी में चिपको की एक अभिव्यक्ति जंगल से अधिक पानी पर केन्द्रित रही। हेंवल नदी के उद्गम क्षेत्र में स्थित खुरेत गाँव में जनवरी 1980 में चले जल सत्याग्रह की सफलता के बाद ही ग्रामीण जंगल के मुद्दे की तरफ़ मुड़े। धीरे-धीरे उन्हें जंगल के खेती से रिश्ते को समझने का मौक़ा मिला। इसी दौर में दुनिया भर में बीजों का पेटेन्टीकरण होने लगा था तथा बहुराष्ट्रीय कम्पनियों का प्रभुत्व बढ़ रहा था। चिपको ने इसके ख़िलाफ़ आवाज़ बुलन्द की कि खेती का मूल उद्देश्य व्यापार नहीं पोषण हो, पारम्परिक बीजों तथा उनकी विविधता को महत्त्व दिया जाय, मिश्रित खेती का विस्तार हो, किसानों के जीन बैंक बनें, जल वर्षा का संचय सिंचाई हेतु हो, जैविक खाद का अधिक इस्तेमाल हो, खेती की ज़मीन का गैर खेती उपयोग रोका जाय, राशन की दुकानों में आटा नहीं गेहूँ दिया जाय तथा हरित क्रान्ति से प्रभावित क्षेत्रों की गहन पड़ताल की जाय।[27]

बीज बचाओ आन्दोलन ने कितने ही प्रकार के बीजों का सर्वेक्षण, संचयन तथा उनकी खेती का काम शुरू किया।[28] गाँवों में बीजों का वितरण, जैविक खेती को प्रोत्साहन तथा अतिरिक्त उत्पादों को अन्यत्र ले जाना शुरू किया। यही नहीं बीज बचाओ आन्दोलन ने पर्वतीय क्षेत्रों में प्रचलित 'बारहनाजा पद्धति' को पहचाना और उसे पुनर्आविष्कृत किया।[29]

जैसा विजय जरधारी ने लिखा था, वह आन्दोलन की भाव और भंगिमा बताने के लिए पर्याप्त हैः

> ''बारहनाजा की समृद्ध खेती को परम्परा के नाम पर आगे ढोना नहीं है, अपितु उसमें खाद्य सुरक्षा, खाद्य सम्प्रभुता, पोषण, पशुपालन, पर्यावरण संरक्षण एवं जीवन की नयी आशा के बीज प्रस्फुटित होते हैं। यह खेती ग्राम स्वराज्य, स्वावलम्बन व स्वाभिमान का प्रयोगात्मक विज्ञान है, जिसे आप पारदर्शिता से देख सकते हैं। यह विज्ञान धोखे और फरेब पर आधारित न होकर सत्य और अहिंसा पर आधारित है। यह हमारी वह दौलत है, जिसका मूल्यांकन पैसे में नहीं किया जाता है। लेकिन इसे अगली पीढ़ी तक पहुँचाने की ज़िम्मेदारी भी तो हम सब की है।''[30]

बीज बचाओ आन्दोलन ने बारहनाजा पद्धति का अन्वेषण किया। इससे पहले पहाड़ों में खेती के इस आयाम पर अधिक कार्य नहीं हुआ था। बारहनाजा दरअसल सिर्फ़ 12 अनाज ही नहीं थे बल्कि किसी-किसी क्षेत्र में इसमें 20 तरह की अन्न प्रजातियाँ शामिल पायी गयी हैं। बारहनाजा खरीफ के फ़सल चक्र के अन्तर्गत उगाया जाता था। यह खाद्य सुरक्षा और पोषण के लिए महत्त्वपूर्ण था, साथ ही यह खेती और पशुपालन के रिश्ते को गहरा करता था। बारहनाजा प्रजातियाँ धरती के पोषण के लिए कटिबद्ध होती हैं। इन फ़सलों में तिलहन, दलहन, कार्बोहाइड्रेट, सब्ज़ियाँ, मसाले, रेशे तथा रंग देने वाली प्रजातियों के साथ औषधि पौधे भी होते थे। पारम्परिक पद्धति में कुछ फ़सलों का प्रभुत्व होने के बावजूद एकल खेती का रिवाज नहीं था।

औपनिवेशिक प्रशासकों की विभिन्न बन्दोबस्ती रपटों से उत्तराखण्ड की अन्न सम्पन्नता तथा विविधता का लगातार भान होता है।[31] भारत-तिब्बत व्यापार में उत्तराखण्ड के दर्रों से तिब्बत जाने वाला अनाज उत्तराखण्ड का ही था और अनेक घाटियाँ और क्षेत्र अतिरिक्त अनाज का उत्पादन करते

थे। छोटी और गैर-बर्फ़ानी नदियों के किनारे खेती की उत्पादकता अधिक थी। बीजों को सुरक्षित रखने की समृद्ध परम्परा थी और उसकी हिफ़ाज़त पारिवारिक और सामाजिक ज़िम्मेदारी समझी जाती थी। यह मूलतः समृद्ध और स्थायी जैविक खेती थी।

बीज बचाओ आन्दोलन ने पुनः यह बताया कि बारहनाजा परिवार का प्रमुख मडुवा (कोदो) है। इसके साथ मारसा (रामदाना), ओगल (कुट्टू), मक्का, जोन्याला (ज्वार), राजमा, गहत (कुलथ), भट्ट, रैस, उड़द, सुंटा (लोबिया), गुरूश, तोर, मूंग, भंगीरा/भंगजीरा, अलसी, भांग, तिल, जख्या, झंगोरा, कौणी जैसे तमाम उत्पाद हैं। ये असिंचित खेती के उपहार हैं। इनके बिना गेहूँ और चावल अधूरे कहे जा सकते हैं। इसके साथ ही इन फ़सलों से अन्न के अलावा भी चीज़ें मिलती हैं। जैसे जानवरों के लिए चारा, बिछावन और घरेलू उपयोग के लिए रेसा आदि। दालों का नाइट्रोजन संचय का गुण सर्वविदित है।

आन्दोलन ने 1990 के दशक के अपने प्रारम्भिक दौर में डंकल और गैट प्रस्तावों के विरोध में प्रदर्शन किये थे। इससे सरकार या बहुराष्ट्रीय कम्पनियों पर चाहे कोई असर नहीं पड़ा हो पर पहाड़ी किसान तक बात जा सकी।[32] आन्दोलन ने अब तक धान की 350, गेहूँ की 30 प्रजातियों का सर्वेक्षण तथा संग्रह किया था। साथ ही धान की 100, गेहूँ की 8, राजमा की 220, मडुवा की 10, अंगोरा की 8, रैंस की 9, जौ की 3, रामदाना की 7 तथा दलहन, तिलहन तथा सब्ज़ियों की अनेक प्रजातियों को उगाकर फैलाने का प्रयास किया है।[33]

1998-99 में बीज बचाओ आन्दोलन के कार्यकर्ताओं ने आराकोट से अस्कोट यानी उत्तराखण्ड के पश्चिमी कोने से पूर्वी कोने तक तीन चरणों में यात्र की, जो 11 जून, 1998 को शुरू और 3 जून 1999 को समाप्त हुई। बीजों का अध्ययन, संग्रह तथा लापता प्रजातियों की पड़ताल की गयी। यात्र में प्रसून, विजय, रघुभाई जरधारी तथा धूम सिंह नेगी के अलावा साहब सिंह, दिनपाल, गोविन्द सिंह, विपिन जरधारी, अजय महाजन, जया अप्पा आदि बीच-बीच में शामिल हुए।[34]

आन्दोलन ने ग्रामीणों के बीच पारम्परिक खेती के औचित्य को, रसायनों तथा उर्वरकों से ज़हरीली हो रही खेती को नये आलोक में प्रस्तुत करने की कोशिश की।[35] अनेक बार आन्दोलन ने फ़सलों की जंगली जानवरों से सुरक्षा हेतु धरना-प्रदर्शन किया। पारम्परिक खेती तथा इसके उत्पादों की तरफ़ समाज की सम्मान भरी नज़र विकसित करने में आन्दोलन का योगदान रहा। इस समझ से आज पहाड़ी किसान फिर पुरानी खेती की तरफ़ जा रहे हैं। स्थानीय आत्मनिर्भरता को वापस लाने का यह प्रयास किसानों को उनके उत्पादों का मूल्य भी देने लगा। किसान अपने भोजन के स्वादों की तरफ़ लौट रहा है।[36] आन्दोलन खेती के लिए ही नहीं किसान और समाज के स्वास्थ्य के लिए भी एक अनिवार्यता बनने जा रहा है। जो किसान रसेल कार्सन या मासानोबू फूकूओका के काम से अपरिचित थे, उन्हें इस आन्दोलन ने प्राकृतिक या जैविक खेती में टिके रहने का विवेक या उसकी तरफ़ जाने की प्रेरणा दी।[37]

बीज बचाओ आन्दोलन ने जंगल, चरागाह, नदी और खेती का अन्तःसम्बन्ध समग्रता में समझने और समझाने का प्रयास किया। पारिस्थितिकी का एक पक्ष कैसे दूसरे से जुड़ा है और कैसे इस नाज़ुक अन्तःसम्बन्ध को बनाये रखना ज़रूरी है, इसकी सीख इस आन्दोलन ने दी। बीज बचाओ आन्दोलन ने कटाल्डी खान के मामले में जन संघर्ष के साथ न्यायिक संघर्ष भी किया था। खनन तो 1962 से शुरू हो गया था जब देहरादून के दो ठेकेदारों को तीन एकड़ भूमि खनन हेतु 20 साल के पट्टे पर दी गयी थी। ठेकेदार जब खनन के इरादे से आये तो जड़धार गाँव के भगतकृपाल सिंह,

शिवसिंह तथा बचनसिंह के नेतृत्व में ठेकेदार की टोली को नागणी में ही रोक दिया गया। फिर वे नहीं आ पाये। 1974 में खाड़ी में भी खनन बन्द करवा दिया गया। 1975 में पटुड़ी गाँव की पहाड़ी में खनन हेतु देहरादून के एक और ठेकेदार ने पट्टा प्राप्त किया। ठेकेदार ने चतुराई और आर्थिक चारे से 5 साल तक खनन किया। जब खान में 5 नेपाली मज़दूर मारे गये, विस्फोट से जल स्रोत सूख गये तो ग्रामीणों ने आन्दोलन शुरू किया और खनन बन्द हो गया।

1984 में नये ठेकेदार कुँवरसिंह भण्डारी ने कटाल्डी में खनन का ठेका प्राप्त किया पर आन्दोलन के कारण खनन नहीं हो सका। 1997 में खान की लीज 30 साल के लिए बढ़ाई, गयी पर आन्दोलन ने खनन नहीं होने दिया। विजय जरधारी, धूम सिंह नेगी, कुँवर प्रसून, कलम सिंह, शिवप्रसाद आदि के नेतृत्व में प्रतिरोध चलता रहा और खनन नहीं हो सका। आन्दोलनकारियों को तरह-तरह से परेशान किया गया। नया राज्य बनने के बाद ठेकेदार ने नयी कम्पनी बना कर कटाल्डी गाँव के ऊपर खनन करने का प्रयास किया, ग्रामीणों ने इसे भी नहीं होने दिया।

मुक़दमे चले और आन्दोलनकारियों को परेशान किया गया। ज़िला न्यायालय से उच्च न्यायालय होकर मामला फिर ज़िले में आया। लेकिन न्याय दिसम्बर 2009 में हो पाया जब न्यायालय ने मुक़दमा ख़ारिज कर दिया। कुँवर प्रसून का देहान्त इससे पूर्व ही हो गया था। हेंवलघाटी के लोगों का तर्क अन्ततः न्यायालय ने माना। उनका तर्क इतना ही था कि खनन उनकी नदी, जंगल, चरागाह और अन्ततः खेती को चौपट कर देगा। चिपको और बीज बचाओ आन्दोलन इस संघर्ष के मूल में थे।

एक पक्ष जिसकी तरफ़ आन्दोलन को अधिक गम्भीर नज़र डालनी चाहिए वह है ज़मीन का प्रश्न और खेती की ज़मीन के गैर खेती कार्यों हेतु इस्तेमाल होने की विडम्बना। उत्तराखण्ड का पिछला ज़मीनी बन्दोबस्त 1960-64 में हुआ था और यह 40 साल के लिए था। आज पिछले बन्दोबस्त को 50-55 साल हो गये हैं। आज यह राज्य और इसके वाशिन्दे नहीं जानते हैं कि पिछली आधी सदी में कितनी खेती की ज़मीन गैर खेती कार्यों हेतु लील ली गयी है।

पाणी राखो आन्दोलन

गोपेश्वर में छात्र जीवन के समय चिपको का जो ताप सच्चिदानन्द भारती तथा साथियों को मिला था, उसी से तब अनेक छात्र युवाओं ने 4 अगस्त, 1978 को गोपेश्वर में 'डाल्यों का दगड़्या' की स्थापना की। यह चिपको की युवा टहनी थी। अलमोड़े के पर्वतीय युवा मोर्चा का दूसरा रूप। युवाओं के इस समूह ने कितने ही वृक्षारोपण तथा दीवारबन्दी अभियानों के साथ ग्रामीण क्षेत्रों की यात्राएँ की। कॉलेजों तथा विश्वविद्यालयों में गये युवाओं ने सक्रियता का यह सिलसिला बाद में अपनी-अपनी संस्थाओं में जारी रखा। गोपेश्वर तथा श्रीनगर के कॉलेजों में यह क्रम अभी हाल तक अभिव्यक्त होता रहता था।

'डाल्यों का दगड़िया' से निकले युवाओं में सर्वाधिक महत्त्वपूर्ण नाम सच्चिदानन्द भारती का है और दूधातोली लोक विकास संस्थान (1981) ने पिछले 35 साल से जंगल और जल संरक्षण का अनोखा काम किया है। हालाँकि वे स्वयं इसे सामान्य कार्यकलाप बताते हैं। यह काम स्थानीय समुदाय को सुसंगठित करके किया गया और इसमें न्यूनतम धनराशि और अन्य संसाधन लगाये गये। चिपको आन्दोलन में पानी के वितरण, सिंचाई तथा स्थानीय नदी के पानी से बिजली बनाने के काम तो हुए थे पर वृक्षारोपण, बाँज के पेड़ों के स्वयं उगने हेतु प्रत्यक्ष तथा सामाजिक दीवार विकसित

करने और वर्षा के पानी को रोकने के लिए जल तलैया बनाने का नया काम उफरैंखाल में किया गया। यह बड़ी सीमा तक बिना किसी बाहरी वित्तीय सहयोग के सम्पन्न हुआ।[38]

'पाणी राखो' के नाम से जाना जाने वाला यह अभियान पहले दूधातोली जैसे सघन वन क्षेत्र में चिपको आन्दोलन चलाकर कटान रोकने में सफल हुआ और जंगल बचाने के बाद उन्हें बनाने या लगाने या पेड़ों को स्वयं उग कर विकसित होने का माहौल देने और वर्षा के पानी के संचय का काम संस्थान ने किया।[39]

संस्थान की स्थापना के पीछे मुख्य प्रेरणा चिपको आन्दोलन था, जिसका स्पर्श भारती ने गोपेश्वर में पढ़ाई के दौर में पाया था। फिर स्वयं दूधातोली क्षेत्र में चिपको चला पेड़ों के कटान को रोक अधिक स्थायी कार्यक्रम विकसित करने में जुटे। चण्डी प्रसाद भट्ट की मुख्य प्रेरणा और परामर्श से उन्होंने नयी संस्था का गठन किया।[40] इससे पहले 1979 में वे स्थानीय इण्टर कॉलेज में शिक्षक नियुक्त हो चुके थे। गाँव के विद्यालय में शिक्षक बन जाने से उनकी रोजी रोटी की समस्या का समाधान हो गया और शेष समय उन्होंने चुपचाप सामाजिक कार्य को दिया।[41] अपने विद्यालय में उन्होंने पर्यावरण तथा सामाजिक कार्य का अलग वादन लगाकर पर्यावरण तथा सामाजिक शिक्षा की नयी शुरुआत की और 'विद्यालय वन' का विचार विकसित हुआ।[42] दरअसल औपनिवेशिक काल के स्कूलों में कृषि-वन विज्ञान विषय था, जो आज़ादी के बाद छोड़ दिया गया।

दूधातोली लोक विकास संस्थान ने प्रारम्भ से ही वन संरक्षण-संवर्धन, जल संचयन, श्रम तथा शिक्षण शिविरों का आयोजन किया।[43] जल तलाइयाँ बनाने, जंगल बचाने और लगाने, नर्सरियाँ विकसित करने, गाँवों में धुआँ रहित चूल्हा लगाने, स्नानागार तथा शौचालय निर्माण, जंगली जानवरों से खेती के रक्षार्थ दीवारबन्दी, नौलों की मरम्मत तथा निर्माण, फलदार पेड़ों का रोपण तथा सौर ऊर्जा की गाँवों में स्थापना का काम बहुत समर्पित भाव से किया। इन कामों का लक्ष्य गाँवों को खुशहाल करना, ग्रामीण आत्मनिर्भरता को बढ़ाना, पानी की उपलब्धता बढ़ाना, महिलाओं और युवाओं के बीच पेड़ों तथा जल के संरक्षण हेतु समझ को विकसित करना और अन्ततः गाँवों से पलायन को नियन्त्रित करना था।[44]

आर्थिक संसाधन प्रारम्भ में थे ही नहीं। तमाम ग्रामीण यात्राएँ अस्कोट-आराकोट अभियान की तर्ज में जन निर्भर होकर की गयीं। 1987 में आयोजित पहले बड़े शिविर में 99 महिलाओं सहित 175 लोगों ने भाग लिया था। 14 वन पंचायतों के सरपंच, 6 ग्राम प्रधान, 6 महिला मंगल दल अध्यक्ष भी इस शिविर में नियमित रूप से आये थे। बात बहस के अलावा 3,000 से अधिक गढ्डों की खुदाई हुई। शिविर में जंगलों और चिपको आन्दोलन के अनेक पक्षों पर गहन गम्भीर चर्चा हुई। तब उत्तराखण्ड क्रान्ति दल द्वारा चलाये जा रहे 'पेड़ काटो आन्दोलन' को इस शिविर में चुनौती दी गयी। बताया गया कि 'चिपको आन्दोलन पहाड़ के विकास का विरोधी आन्दोलन नहीं है और ना ही यह पर्यावरण का पर्यायवाची है। यह दोनों के बीच एक अपरिहार्य सन्तुलन चाहता है'।[45]

इन ग्रामीण यात्राओं में 1989 की उफरैंखाल से टंगसा (गोपेश्वर) तक की 15 दिन की यात्रा सर्वाधिक महत्त्वपूर्ण थी। इस यात्रा में चण्डी प्रसाद भट्ट, आदित्यनारायण पुरोहित, रमेश पहाड़ी, जगदीश तिवारी, आनन्द सिंह बिष्ट तथा तोताराम ढौढियाल सहित दर्जनों साथियों ने हिस्सेदारी की। लेकिन सच्चिदानन्द भारती के साथ जो तीन लोग शुरू से अन्त तक यात्रा में रहे वे थे कक्षा 11 के छात्र धनंजय ढौढियाल, नव नियुक्त शिक्षक देवेन्द्र बिष्ट तथा ग्राम सकन्याला के रणसिंहा वादक शेर सिंह, जिनका रणसिंहा वादन निरन्तर आकर्षण का केन्द्र बना रहा। यात्रा में अध्ययन-सर्वेक्षण के साथ चिपको आन्दोलन तथा जल संरक्षण अभियान का संदेश गाँव-गाँव तक ले जाया गया। 15 दिनों

में 300 किमी की दूरी तय करते हुए 73 गाँवों में महिला मंगल दलों तथा ग्रामीणों की सभाओं का आयोजन किया गया।[46] इससे महिला मंगल दलों तथा ग्रामीणों में संसाधनों के संरक्षण का कर्तव्य पुनःपरिभाषित हुआ।

टंगसा में जब पदयात्रा का स्वागत और सम्मान हो रहा था तो उफरैंखाल से 30 महिला मंगल दल अध्यक्ष बस से वहाँ पहुँच रही थीं। काम की अधिकता से वे पैदल यात्रा में शिरकत नहीं कर पा रही थीं। अतः उन्होंने इस तरह हिस्सेदारी करने का समझदारी भरा निर्णय लिया। यही महिलाएँ अगले साल जंगल और जल के संरक्षण के नये अभियान का आधार बनीं।

तब उत्तराखण्ड क्रान्ति दल ने पेड़ काटो अभियान चलाया हुआ था। यह वन संरक्षण अधिनियम 1980 के अन्तर्गत लटके मामलों के कारण उपजे ग़ुस्से का राजनीतिक इस्तेमाल था। इस यात्रा में जंगलों के कटान की इस विनाशक दृष्टिहीनता को चुनौती दी गयी थी। जगह-जगह पेड़ काटो के विचार के लिए उत्तराखण्ड क्रान्ति दल की भर्त्सना की गयी और उसके उन नेताओं को धिक्कारा गया, जो कुछ ही समय पहले चिपको आन्दोलन में शिरकत कर रहे थे।

1990 में ताल-तलैयों का निर्माण करते हुए 'पाणी राखो आन्दोलन' की शुरुआत महिलाओं और युवाओं के योगदान से हुई। दूधातोली के जंगल को बचाने में जुटी और टंगसा के शिविर में गयी महिलाएँ अब नये काम का आधार बनीं। इन दर्जनों महिला मंगल दलों से घुरली देवी (गाड खरक), सरस्वती देवी (दैड़ा), बसन्ती देवी (जान्दरिया) तथा विश्वेश्वरी देवी आदि जैसी बहिनें विकसित हुईं। दर्जनों बहिनें इनकी सहयोगी बनीं। 1989 में जान्दरिया गाँव की महिलाओं ने अपने गाँव के पुरुषों को अपने ही जंगल से अवैध कटान करते हुए पकड़ा था।[47]

संस्थान का कार्य क्षेत्र सघन जंगलों, चरागाहों वाला, पिछड़ा, दुर्गम तथा बाहरी हिमालय की चार गैर बर्फ़ानी नदियों का उद्‌गम होने के कारण अत्यन्त महत्त्वपूर्ण है। पूर्वी तथा पश्चिमी नयार, पूर्वी रामगंगा तथा सहायक बीनू और आटागाड़ नदियाँ इस क्षेत्र से निकलकर अलग-अलग दिशाओं में बहती हैं। ये नदी घाटियाँ बहुत बड़े खेतिहर क्षेत्र का निर्माण करती हैं। गाड खर्क में जल संरक्षण के सफल प्रयोग करके एक पुरानी छोटी नदी को फिर जन्म देने का काम चिपको आन्दोलन के पारिस्थितिक तथा सामाजिक योगदान के सर्वाधिक महत्त्वपूर्ण कार्यों में एक माना जा सकता है।[48] दावानल से लगातार घिरा उत्तराखण्ड अब जल संरक्षण के इस काम का अर्थ समझने लगा है।[49] पर भारती के सामने अपने 'पारिस्थितिक वंशज' तैयार करने की चुनौती है।

छीनो-झपटो आन्दोलन तथा 'माउण्टेन शेफर्ड'

आपातृकाल के बाद जब चिपको आन्दोलन की दूसरी लहर आयी तब तक रेणी चिपको जाँच समिति के सुझावों का कार्यान्वयन किया जा चुका था। इसके अन्तर्गत अलकनन्दा के नाज़ुक जलागमों में 1200 वर्ग किमी क्षेत्र में पेड़ों के कटान पर रोक लगायी गयी। रेणी में हर साल रेणी चिपको आन्दोलन की सालगिरह समारोहपूर्वक मनाई जाती रही।

1980 के बाद हुए निर्णयों, विशेष रूप से वन अधिनियम 1980 के लागू होने से जंगलों के कटान पर और रोक लग गयी। यह प्रक्रिया ग्रामीणों के हक़-हक़ूकों पर हस्तक्षेप तक पहुँचेगी यह उम्मीद प्रारम्भ में किसी को न थी। इस बीच एक ओर चिपको आन्दोलन पर एक गलत और जबरिया बहस विकसित करने कि 'चमोली के आर्थिक चिपको' से 'टिहरी का पारिस्थितिक चिपको' अलग है, दूसरी ओर स्वयं चमोली में जोशीमठ क्षेत्र के नेतृत्व और कुछ ग्रामीणों द्वारा विष्णु प्रयाग परियोजना

का समर्थन करने से आन्दोलन के सामने अपनी स्पष्टता का संकट पैदा हो गया। 1981-82 में जहाँ दशौली ग्राम स्वराज्य मण्डल द्वारा विष्णुप्रयाग परियोजना को विज्ञान सम्मत चुनौती दी जा रही थी, वहीं नन्दादेवी राष्ट्रीय पार्क की स्थापना से क्षेत्र के ग्रामीणों को लगा कि उनके हक़-हकूकों में हस्तक्षेप हो रहा है। दरअसल उनके पारम्परिक चरागाह से उन्हें वंचित कर दिया गया और अधिष्ठात्री देवी के क्षेत्र में जाने से भी। पर तब यह भुलाया गया था कि विष्णुप्रयाग योजना का समर्थन और नन्दादेवी राष्ट्रीय पार्क का विरोध एक साथ सम्भव नहीं है।

इस तरह दो स्तरों पर चिपको का विभाजन शुरू हुआ। रेणी तथा आसपास के अन्य गाँवों की महिलाओं के लिए यह कठिन समय था। वे अपना आधा मायका जंगल के रूप में बचाने में कामयाब रहीं पर जो उनका आधा मायका बुग्यालों में था उसमें जाने की रोक इस समाज के लिए पचा पाना कठिन था। यही सूत्र 'छीनो झपटो आन्दोलन' का आधार बना। पर जल्दी गोविन्द सिंह रावत को लगा कि विभाजित आन्दोलन शक्तिशाली और प्रभावशील नहीं हो पाता है।[50] विष्णुप्रयाग परियोजना का गलत समर्थन उसे कमज़ोर कर गया। 'छीनो झपटो आन्दोलन' में महिलाओं ने बढ़-चढ़ कर हिस्सेदारी की पर उनके अधिकार बहाल नहीं हुए। अब मामला प्रदेश सरकार नहीं भारत सरकार के पास था और उसकी अभयारण्यों की नीति राष्ट्रीय स्तर पर लागू हो चुकी थी। यद्यपि इस नीति में जो बुनियादी खोट था वह समुदायों के बिना या उनसे काटकर संरक्षित क्षेत्रों के विकास की गलत दृष्टि से जुड़ा था।

कुछ समय बाद स्थानीय समाज व्यापक अधिकारों के स्थान पर कुछ अधिकारों की आंशिक बहाली पर आ गया। इस बीच गोविन्दसिंह रावत का निधन हो गया था और धन सिंह राणा तथा महिला मंगल दलों ने नेतृत्व सँभाला। 'वनाधिकार' के तहत उत्तराखण्ड स्तर पर सभा-सम्मेलन आयोजित हुए। इनमें नन्दादेवी अभयारण्य, गोविन्द पशु विहार, राजाजी राष्ट्रीय अभयारण्य, अस्कोट कस्तूरा सैंचुरी तथा बिनसर सैंचुरी के प्रभावित ग्रामीणों ने मिलकर संघर्ष करने की कोशिश की पर सरकारी नीति प्रभावित नहीं की जा सकी। अब तक पर्यावरण कानूनों का नया दौर शुरू हो चुका था।

एक ओर जोशीमठ के पास स्थित औली बुग्याल में बड़ा पर्यटन और स्कीइंग संस्थान विकसित हो रहा था और एक बड़े भूस्खलन तथा पत्थरों के ऊपर स्थित नाज़ुक जोशीमठ में अनियन्त्रित निर्माण कार्य हो रहा था। दूसरी ओर पास में ही स्थित धौली तथा भ्यूँढार घाटी के समुदायों के सदियों से चले आ रहे चराई तथा आवागमन के अधिकारों पर रोक लगनी शुरू हो गयी थी। भ्यूँढार के ऊपर स्थित फूलों की घाटी को भी राष्ट्रीय अभयारण्य बनाया गया। बाद में दोनों यूनेस्को 'विश्व प्राकृतिक धरोहर क्षेत्र' घोषित हुए। इस कठिन समय में ग्रामीण नेतृत्व को समुदाय आधारित और समुदाय संचालित विकेन्द्रीकृत ग्राम पर्यटन का विचार सूझा। इससे ग्रामीणों को अपने पारम्परिक संसाधनों के रूपान्तरित इस्तेमाल या 'चाक्षुष' उपयोग करने का मौक़ा मिला। यह वन्यता या प्राकृतिक सौन्दर्य को सिर्फ़ आँखों से इस्तेमाल करने का तरीका था, जो उत्तराखण्ड ही नहीं पूरे हिमालय में इक्कीसवीं सदी के धूल धुआँ रहित विकेन्द्रीकृत ग्रामीण आर्थिक क्रियाकलाप के रूप में विकसित हो सकता है।[51] सावधानियाँ हज़ार बरतनी पड़ेंगी पर कोई और रास्ता 'वन्यता' के सर्वहित इस्तेमाल का है नहीं।

14 अक्टूबर, 2001 को जब ग्राम लाटा में नन्दादेवी जैव विविधता, संरक्षण एवं इकोटूरिज्म सम्बन्धी घोषणापत्र जारी हुआ तो स्पष्ट था कि समुदाय अब अपनी सम्पदा का नयी तरह का आर्थिक उपयोग करने जा रहा है। यह आन्दोलन से रचना की ओर जाना था और समय पर समझ के साथ एक सम्मानजनक मध्यमार्ग को अपनाना भी। यह जन-आन्दोलन का रचनात्मक और समाधानमुखी

उतार था। यह सच था कि धौली तथा ऋषि गंगा की घाटियों को नष्ट कर रही विभिन्न नीतियों को एक प्रकार से नज़रअन्दाज कर दिया गया था।

इस घोषणा-पत्र में समुदाय आधारित विकेन्द्रीकृत पर्यटन का मार्ग स्वीकार किया गया था।[52] इस हेतु सन् 1998 में 'माउण्टेन शेफर्ड' की स्थापना हुई। धन सिंह राणा के सामाजिक संकल्प, महिलाओं और युवाओं के सहयोग और सुनील कैंथोला की सुसंगठन और व्यावसायिक प्रबन्धन प्रतिभा ने जल्दी ही इस संस्था को एक प्राइवेट लिमिटेड कम्पनी (2008) का रूप दे दिया। कम्पनी द्वारा गाँव में महिलाओं तथा यात्रा क्षेत्रों में युवकों की टीम को विधिवत प्रशिक्षित किया गया। उन्हें न सिर्फ़ पर्वतारोहण, उच्च हिमालय में पर्यटन प्रबन्धन और आपदा प्रबन्धन का, बल्कि स्थानीय भूगोल, इतिहास, संस्कृति, खानपान और संसाधनों का भी विधिवत और साथ-साथ प्रशिक्षण दिया गया।

आज अपने तीन परिसरों, कुछ क्षेत्रीय केन्द्रों के साथ दर्जनों महिलाओं, युवाओं और सैकड़ों ग्रामीणों के सहयोग से 'माउण्टेन शेफर्ड' महत्त्वपूर्ण आर्थिक क्रियाकलाप के साथ पारिस्थितिक संरक्षण का काम कर रहा है। इसके अनेक कार्यकर्ता न सिर्फ़ विदेशों से प्रशिक्षण प्राप्त कर चुके हैं और कर रहे हैं बल्कि देश-विदेश के कुछ विश्वविद्यालयों ने भी 'माउण्टेन शेफर्ड' के साथ संरक्षित क्षेत्रों तथा उनके प्रबन्धन पर अनेक अध्ययन किये हैं।[53]

'माउण्टेन शेफर्ड' ने समता और अधिकार सम्पन्नता का काम साथ किया। गढ़वाल क्षेत्र के उच्च हिमालय में स्थानीय प्रशिक्षित युवाओं के माध्यम से पथारोहण, होटल-रेस्त्रां संचालन, स्कीइंग तथा प्रकृति (जंगल, नदी, ग्लेशियर, पशु तथा पक्षी) दर्शन का काम शुरू किया है। 'नन्दादेवी साहसिक खेल संस्थान' के माध्यम से पर्वतारोहण और आपदा प्रबन्धन का प्रशिक्षण दिया जाने लगा है।

इधर 'माउण्टेन शेफर्ड' ने भोटिया समुदाय के ऊन-कालीन बुनाई तथा रंगकारी के काम को विकसित करने की शुरुआत की है। इससे आगन्तुक पथारोही-पर्यटकों को 'स्थानीय स्मृति उत्पादों' की सतत उपलब्धता शुरू हो जायेगी। यह कोशिश एक पारम्परिक कला या शिल्प को नये समय में रोज़गार देने में मददगार विधा के रूप में मान्यता दे सकी है। यह आगामी समय बतायेगा कि इस कार्यकलाप पर देर तक व्यावसायिकता का असर रहता है कि जन-आन्दोलन का!

पैंतोली आलू-फार्म में काम बन्द

अधिकारियों की शिथिलता से ग्रामीण क्षुब्ध

अनिकेत

जल सत्याग्रह सफल

अनिकेत का एक अंक : डूँगरी-पैंतोली का सन्दर्भ

'नैनीताल समाचार' तथा 'अनिकेत'

अनेक स्थानीय तथा राष्ट्रीय समाचार-पत्रों ने चिपको आन्दोलन को समय पर स्थान तथा समर्थन देकर आन्दोलन के प्रचार में मदद की। 'दिनमान', 'युगवाणी', 'पर्वतीय', 'उत्तरायण', 'कर्मभूमि' या 'शक्ति' जैसे पत्रों ने चिपको आन्दोलन तथा जंगलात की समस्या को निरन्तर अपने लेखों, समाचारों में स्थान दिया और इसके स्थानीय के साथ राष्ट्रीय महत्त्व को उजागर किया। शुरू में समाचार-पत्र छोटी-सी ख़बरें छापते थे पर जल्दी ही वे चिपको पर लम्बे लेख या विशेषांक निकालने लगे थे।

'नैनीताल समाचार' तथा 'अनिकेत' ने इस दौर में महत्त्वपूर्ण भूमिका निभायी। दोनों पत्रों के सम्पादक आन्दोलन में सक्रिय रहे। ग्रामीण क्षेत्रों में वृक्षारोपण और भ्रमण का कार्य करते रहे। दोनों पत्रों ने लगातार आन्दोलन को अत्यन्त आलोचनात्मक रूप से देखने की कोशिश की। आपातकाल में रमेश पहाड़ी गिरफ़्तार होते-होते बचे और आन्दोलन के दौर में राजीव लोचन साह ने गिरफ़्तारी दी।

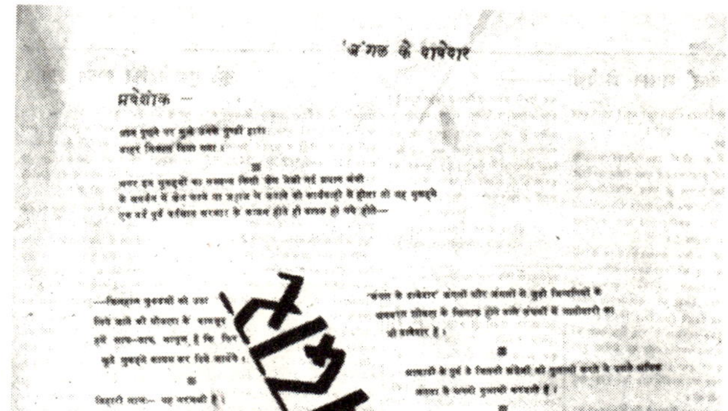

'जंगल के दावेदार' का प्रवेशांक

15 अगस्त, 1977 से शुरू 'नैनीताल समाचार' (पाक्षिक) और 27 सितम्बर, 1977 को स्थापित 'अनिकेत' (साप्ताहिक) तब से लगातार प्रकाशित हो रहे हैं। इन दोनों पत्रों का योगदान न सिर्फ़ चिपको आन्दोलन के सन्दर्भ में महत्त्वपूर्ण है बल्कि दोनों ने स्थानीय आक्रामक और रचनात्मक पत्रकारिता के साथ आम लोगों के मुद्दों को सर्वाधिक महत्त्व दिया। इन पत्रों ने विविध विषयों पर विस्तृत रिपोर्टिंग की और सार्वजनिक बहसें चलायीं। दोनों पत्रों का जन्म उत्तराखण्ड संघर्ष वाहिनी के जन्म (25 मई, 1977) के बाद हुआ। जहाँ 'अनिकेत' जन्म से ही चिपको आन्दोलन तथा उत्तराखण्ड संघर्ष वाहिनी का मुखपत्र था वहीं 'नैनीताल समाचार' घोषित रूप से संघर्ष वाहिनी का मुख पत्र नहीं बना पर इसके सम्पादक अवश्य तब चिपको आन्दोलनकारी हो गये जब नैनाताल में 1977 के अन्तिम महीनों में जंगलों की नीलामी स्थगित कराने के कार्यक्रमों में वे शामिल हुए। दोनों सम्पादकों

ने आन्दोलनों के भीतर-बाहर तमाम विषयों पर बहसें चलायी। नौकरशाही और न्यायालय से टकराने में भी संकोच नहीं किया। रमेश पहाड़ी आपात्काल में भी मुखर रहे।[54]

'अनिकेत' 1977 से ही साप्ताहिक के रूप में नियमित निकला। 1985-86 में लगभग डेढ़ साल तक इसके सप्ताह में दो अंक निकलने लगे। 1987 की वैशाखी (14 अप्रैल) से यह 10 महीने तक दैनिक के रूप में प्रकाशित हुआ। इसके बाद साप्ताहिक के रूप में निकलता रहा। 'अनिकेत' के 4 संग्रहणीय विशेषांक निकले। पिछले चार दशक से 'अनिकेत' ने न सिर्फ़ सामान्य आदमी को वाणी दी बल्कि स्थानीय जन-आन्दोलनों को सदैव पर्याप्त स्थान दिया। अनेक नये रचनाकारों को मौक़ा दिया। प्रकाश पुरोहित 'जयदीप' की पहली कविता 'अनिकेत' में प्रकाशित हुई थी। कहा जा चुका है चिपको आन्दोलन का आजन्म और उत्तराखण्ड संघर्ष वाहिनी का लम्बे समय तक यह मुखपत्र रहा। 'अनिकेत' का जन्म कर्णप्रयाग में हुआ। 1978 में यह गोचर आ गया। 1984 में रुद्रप्रयाग लाया गया। 1996 से 2008 तक गोपेश्वर से निकलकर 2008 से फिर रुद्रप्रयाग आ गया।

38 साल में कुल 1937 अंक (1542 साप्ताहिक, 155 अर्ध-साप्ताहिक, 236 दैनिक तथा 4 विशेषांक) निकालने के बाद 1 जनवरी, 2016 से संस्थापक, सम्पादक और स्वामी रमेश पहाड़ी ने इस पत्र के स्वाामित्व को इसके सहायक सम्पादक अनसूया प्रसाद मलाशी को हस्तान्तरित कर दिया है। इस पत्र को सहयोग देने वालों और सहायक सम्पादकों में अनसूया प्रसाद भट्ट, कैलाश खण्डूड़ी, देवेन्द्र नैनवाल, रवीन्द्र पुजारी, सुदर्शन कठैत, चन्द्र बल्लभ पुरोहित, मदनमोहन पांडे, सुषमा गैरोला, रंजना गैरोला तथा अनसूया प्रसाद मलाशी आदि मुख्य रहे।[55]

'नैनीताल समाचार' ने तमाम विपरीत परिस्थितियों के बावजूद न सिर्फ़ प्रकाशन जारी रखा बल्कि उस उत्तराखण्ड को वाणी और बल दिया जो समाचार माध्यमों तक आ ही नहीं पाता था। नये रचनाकारों, पत्रकारों, संस्कृतिकर्मियों की पौध विकसित करने में 'नैनीताल समाचार' का योगदान रहा है। अपनी गहन रिपोर्टिंग, क्षेत्रीय भ्रमण से विकसित आलेख, विषय विशेषज्ञों का सहयोग, प्रयोगशीलता और निर्भीकता इस पत्र की विशेषता और शक्ति रही है।

पारिवारिक तथा वैचारिक दबावों के बावजूद 'नैनीताल समाचार' ने चार दशक पूरे कर लिए हैं। पत्र न रुका और न डिगा। गिरीश तिवारी गिर्दा, नन्दकिशोर भगत, देवेन्द्र नैनवाल, गोविन्द पन्त राजू, हरीश पन्त, नवीन जोशी, पूरन बिष्ट, महेश जोशी, राजेन्द्र रावत, ललितमोहन कोठियाल, उमा भट्ट, रमेश पाण्डे, शमशेर बिष्ट तो इससे जुड़े ही थे पर शेखर जोशी, शैलेश मटियानी, चारु चन्द्र पांडे, बटरोही, वीरेन डंगवाल, देवेन्द्र मेवाड़ी, नवीन जोशी आदि जैसे साहित्यकारों; त्रिलोचन पांडे, प्रयाग जोशी, ताराचन्द्र त्रिपाठी, गोविन्द चातक, पुष्पेश पन्त, हेमचन्द्र पाण्डे, चन्द्रेश शास्त्री, शम्भू राणा, चण्डी प्रसाद भट्ट या सुन्दरलाल बहुगुणा सहित अन्यान्य लोगों का सहयोग भी इसे मिलता रहा। अनेक रचनाकारों की पहली रचना प्रकाशित करने का श्रेय इस पत्र को जाता है। चिपको आन्दोलन के अत्यन्त सक्रिय दौर में 'नैनीताल समाचार' ने कवि अज्ञेय की एक मार्मिक उक्ति को मुखपृष्ठ पर प्रकाशित किया था।[56]

चिपको आन्दोलन की विविध अभिव्यक्तियों, तवाघाट भूस्खलन, भागीरथी की बाढ़, गढ़वाल भूकम्प (1990 तथा 1999), कर्मी भूस्खलन, कफल्टा काण्ड, पन्तनगर हत्याकाण्ड, कोटखर्रा आन्दोलन, तराई की दास्तान से लेकर समाज, इतिहास, आर्थिकी, पर्यावरण, यात्रा-संस्मरण तथा अनेक समसामयिक विषयों पर 'नैनीताल समाचार' ने अनथके लिखा और छापा। इस पत्र ने अनेक विशेषांक निकाले और पत्रकारिता से इतर अनेक कार्यक्रम किये। इनमें बच्चों के लिए निबन्ध प्रतियोगिता तथा होली

आयोजन विशेष रूप से याद किये जायेंगे। इस पाक्षिक पत्र के पिछले 38 सालों में कुल 803 अंक प्रकाशित हुए और दर्जनों विशेषांक निकले। वाहिनी और जन-आन्दोलनों के समर्थक पत्र के रूप में भी इसका योगदान रहा।

इन दो पत्रों के साथ 'जंगल के दावेदार' का ज़िक्र ज़रूरी है। यह पत्र वाहिनी में पहले विभाजन के बाद प्रकाशित होना शुरू हुआ। बिरसा मुण्डा और उसके समुदाय की औपनिवेशिक सरकार से हुई लड़ाई की दास्तान बताने वाले महाश्वेता देवी के प्रख्यात उपन्यास के शीर्षक से प्रेरित 'जंगल के दावेदार' का सम्पादन पूरन तिवारी (पीसी) तथा प्रकाशन शमशेर बिष्ट ने किया था। अगले 4 सालों तक इसका प्रकाशन होता रहा। इस दौर में यह वाहिनी और स्थानीय समाज के बीच का पुल रहा।

पहाड़

चिपको आन्दोलन से जुड़े कुछेक युवाओं ने 1977 के बाद एक अनौपचारिक मंच स्थापित किया। इसे पहाड़ नाम दिया गया। इसके अन्तर्गत विचार गोष्ठियों, व्याख्यानों और यात्राओं का आयोजन; महत्त्वपूर्ण विषयों पर प्रकाशन तथा हिमालय और पहाड़ों के विभिन्न मुद्दों पर पत्रों में लेखन का कार्य शुरू हुआ। इसके पीछे मुख्य भावना हिमालय के तमाम मुद्दों को अत्यन्त विवेक सम्मत, वैज्ञानिक तरीके से देखने की थी। इस समूह में एक प्रकार से स्वतन्त्र शिक्षक, विद्यार्थी, पत्रकार, संस्कृतिकर्मी, वैज्ञानिक, समाजवैज्ञानिक, सामाजिक कार्यकर्ता और आम नागरिक सक्रिय थे,[57] जिनकी हिमालयी समाजों, पर्यावरण और जन-आन्दोलनों में गहरी दिलचस्पी थी।

1982 में इसे पहाड़ नाम से विधिवत एक संस्था का रूप दिया गया। पहाड़ नाम से ही इसका साल-दोसाला प्रकाशन शुरू किया गया। इसका लक्ष्य हिमालयी समाज, संस्कृति, पर्यावरण और इतिहास तथा तत्सम्बन्धी अन्य तमाम पक्षों के सर्वेक्षण, अध्ययन, सम्पादन तथा प्रकाशन का था। 1983 में पहाड़ का पहला अंक निकला। यह समस्त हिमालय तथा इससे सम्बन्धित विभिन्न विषयों तथा अनुशासनों को एक साथ प्रस्तुत करता था। तब से पहाड़ के 19 वृहत् अंक तथा दर्जनों अन्य प्रकाशन सामने आये। कुछ समय तक अनियतकालीन 'हिमान्तर' प्रकाशित हुआ, जो विषय विशेष पर केन्द्रित होता था। विभिन्न समसामयिक विषयों पर पुस्तिकाओं के साथ पहाड़ ने नक्शे तथा पोस्टरों का प्रकाशन भी किया। हिमालय की महत्त्वपूर्ण प्रतिभाओं को पुस्तकों, पोस्टरों, फ़िल्मों आदि के रूप में सामने लाया गया। हिन्दी, अंग्रेज़ी, कुमाऊँनी तथा गढ़वाली भाषाओं में पहाड़ के प्रकाशन तब से लगातार निकल रहे हैं।

गुमानी, गौर्दा, चन्द्रकुँवर बर्त्वाल, नैनसिंह रावत तथा तारादत्त पाण्डे की दुर्लभतम रचनाओं को पहाड़ सामने लाया, दूसरी ओर फ़िल्मकार नारायणसिंह थापा, चन्द्रसिंह गढ़वाली, ब्रजेन्द्रलाल शाह, मोहन उप्रेती, सरला बहन, मूरक्रोट, खड्ग सिंह वल्दिया या भानुराम सुकोटी आदि की जीवनी/संस्मरणों को। तीसरी ओर स्वतन्त्रता सेनानियों तथा स्थानीय पत्रकारिता सम्बन्धी दुर्लभ चित्रों को सर्वसुलभ कराया। ये काम अवैतनिक रूप से होते रहे। संस्था ने अभी तक न चंदा लिया है और न दान। सदस्यता और साहित्य बिक्री से ये कार्यकलाप चलाये जाते हैं। पहाड़ ने प्रकाशनों के साथ पहाड़ का दूसरा महत्त्वपूर्ण काम दूरस्थ दुर्गम क्षेत्रों की अध्ययन यात्राएँ आयोजित कर वहाँ की वास्तविकता को सामने लाना रहा। यह कार्य लेखों, पुस्तिकाओं और व्याख्यान/स्लाइड या चित्र प्रस्तुतियों के द्वारा सम्पन्न होता है। पहाड़ के द्वारा अब तक तीन दर्जन से अधिक हिमालयी यात्राएँ आयोजित की जा चुकी हैं, जो जम्मू-कश्मीर, हिमाचल, उत्तराखण्ड, नेपाल, सिक्किम, भूटान, तिब्बत,

अरुणाचल, नागालैण्ड, मणिपुर, मेघालय, मिजोरम, त्रिपुरा, असम, दार्जिलिंग आदि देशों, प्रान्तों और क्षेत्रों में सम्पन्न हुई। यात्राएँ सदस्यों के निजी व्यय से हुईं।[58]

पहाड़ द्वारा आयोजित सर्वाधिक महत्त्वपूर्ण अध्ययन यात्रा अस्कोट-आराकोट अभियान के नाम से जानी जाती हैं। 1974 में पहली बार इसे आयोजित किया गया था।[59] 1984 में पहाड़ ने इस अभियान को पुनःपरिभाषित और सुव्यवस्थित किया। तभी अनेक नये इलाके इसमें जोड़े गये। 1984 के बाद 1994, 2004 तथा 2014 में यह यात्रा आयोजित की गयी। चारों बार लगभग 1150 कि.मी. लम्बी यह यात्रा 350 से अधिक गाँवों से होकर गुज़री और कुछ अन्य मार्गों में भी यात्राएँ आयोजित की गयीं, जो दर्जनों गाँवों से गुज़रीं। 1974 में इस अभियान में दर्जन भर यात्री थे और कोई महिला शामिल नहीं हो सकी थी। आगे यह संख्या बढ़ती गयी और 1984 से ही महिलाओं की हिस्सेदारी भी हुई। 2014 में यह संख्या मुख्य मार्ग में ही 260 से अधिक हो गयी, जिसमें 60 से अधिक महिलाएँ थीं।[60]

अस्कोट-आराकोट अभियान की सबसे बड़ी विशेषता इसका अन्न और आवास के लिए पूरी तरह जनता पर निर्भर होना है।[61] यह इस विधि की अपरिहार्यता को ही नहीं इसकी अपरिवर्तनशीलता को भी सामने रखती है। यह विधि अभियान के हिस्सेदारों को समाज के और परिवार के भीतर तक ले जाती है और असली अर्थों में पहाड़ और उसके वाशिन्दों को जानने में मदद करती है। 1974 के अभियान की शुरुआत में सुन्दरलाल बहुगुणा ने कहा था कि आज यात्रा गोमुख से निकलने वाली भागीरथी की पतली धारा की तरह है और धीरे-धीरे यह फैलती जायेगी।[62] यात्रा के विविध अध्ययन आयामों को देखकर 2014 में चण्डी प्रसाद भट्ट ने इस अभियान को 'जंगम विश्वविद्यालय' (वाकिंग यूनिवर्सिटी) कहा।[63]

यह कुछ संयोग ही था कि अस्कोट-आराकोट अभियान की 1974, 84, 94 तथा 2004 की यात्राएँ उत्तराखण्ड के चार बड़े आन्दोलनों के साथ थीं। 1974 चिपको आन्दोलन का महत्त्वपूर्ण साल था तो 1984 में उत्तराखण्ड के पर्वत 'नशा नहीं रोज़गार दो आन्दोलन' के नारों से गूँज रहे थे। 1994 में राज्य स्थापना का आन्दोलन अपनी पराकाष्ठा पर पहुँचा था तो 2004 में न सिर्फ़ नये राज्य के कामकाज की परीक्षा हो रही थी बल्कि गैरसैण में राजधानी स्थापना का आन्दोलन महिला मंच और संघर्ष वाहिनी आदि के नेतृत्व में सक्रियता से चला हुआ था। 2014 में कोई नयी हलचल नहीं थी पर यात्रा के साथ श्रीदेव सुमन की जन्म शताब्दी की शुरुआत हो रही थी।

पहाड़ राहुल सांकृत्यायन स्मारक तथा गोपी-मोहन-झूसिया दमाई स्मारक व्याख्यान भी आयोजित कराता है। पहले में हिमालय की किसी समस्या पर और दूसरे में हिमालयी लोक जीवन के किसी पक्ष पर व्याख्यान कराये जाते हैं।[64] डैन जैन्सन द्वारा विकसित 'पहाड़ डाट इन' हिमालय, तिब्बत तथा मध्य एशिया सम्बन्धी बहु उपयोगी वैबसाइट है। पहाड़ के सामने भी मुख्य चुनौती अपनी निरन्तरता को बनाये रखने की रहेगी।

हार्क

चिपको आन्दोलन की यह विडम्बना रही कि 1980 के आसपास से उसको 'आर्थिक' और 'पारिस्थितिक' खानों में बाँटने के कारण उसका स्थानीय स्वावलम्बन का जंगलों के संसाधनों पर केन्द्रित आर्थिक दर्शन तिरोहित होता गया। 1978 के बाद स्वयं चण्डी प्रसाद भट्ट इस मामले में

उतने मुखर नहीं रहे, जितना इस पक्ष की वकालत करने के लिए ज़रूरी था। पर्यावरणवाद एक सीमा तक ही स्वीकार्य हो सकता था। सन् 1980 के बाद चण्डी प्रसाद भट्ट की वन संसाधनों के आर्थिक इस्तेमाल की दृष्टि पृष्ठभूमि में जाने लगी और संस्था को चलाने के लिए अत्यधिक आर्थिक तंगी होने लगी। सभी कार्यकर्ताओं ने इसे महसूस किया।

स्थानीय रोज़गार या जंगल के संसाधनों से विकसित आर्थिकी समय और क्षेत्र की ज़रूरत थी। पारम्परिक रोज़गार तो पहले भी जंगलों से जुड़ा था। ठेकेदारी प्रथा से मुक्ति के बाद अब विकेन्द्रीकृत कुटीर उद्योगों की स्थापना का सही समय था। चिपको की दूसरी धारा ने अपने ही द्वारा विकसित सिद्धान्त के विपरीत पारिस्थितिकी का आलाप शुरू किया। भारत सरकार के बहुत से निर्णय इस दिशा में हुए। कुछ कम समझदारी भरे थे। जैसे 1,000 मीटर से ऊपर हरे पेड़ों की कटाई पर रोक लगने से चीड़ जैसी शक्तिशाली और तेज़ी से बढ़ने वाली प्रजाति को अपना साम्राज्य फैलाने का मौक़ा मिला। इसने नीचे साल के जंगलों में घुसपैठ शुरू की और ऊपर बांज के। इस हेतु प्रजातियों का चयन कर चीड़ का सन्तुलित समयबद्ध कटान हो सकता था।

सहकारी संस्थाओं को लीसा मिलना बन्द हुआ। स्वयं दशौली ग्राम स्वराज्य मण्डल का छोटा-सा लीसा प्लाण्ट ठप पड़ गया। इसी तरह अन्यत्र स्थापित प्लाण्ट भी। कार्यकर्ताओं को मामूली पारिश्रमिक भी नहीं मिल पा रहा था। खेती के उपकरणों के लिए पेड़ों का मिलना बन्द था, जिसके लिए चिपको की शुरुआत हुई। इस आधारभूत वनाधिकार को छोड़ने से चिपको का आधार कमज़ोर हो सकता था और हुआ भी।

इसी दौर में 1980 के आसपास गढ़वाल विश्वविद्यालय से भूगर्भविज्ञान में एम.एस.सी. करके दशौली ग्राम स्वराज्य मण्डल के साथ कार्यकर्ता के रूप में काम करने के लिए महेन्द्र कुँवर और नवीन जुयाल गोपेश्वर आये। महेन्द्र गोपेश्वर से बी.एस.सी. करते हुए चिपको का ताप पा चुके थे। उन्होंने बहुत तरह से संस्था में काम किया। पर्यावरण शिविर, ग्राम यात्राएँ, लघु बिजली उत्पादन, वृक्षारोपण से लेकर क्षेत्र की भूगर्भीय हलचलों का अध्ययन करना और विशेष रूप से विवादास्पद विष्णु प्रयाग परियोजना की पड़ताल करना भी इसमें शामिल था। जिन अकाट्य भूगर्भीय और भौगोलिक तर्कों और तथ्यों को इन दो युवाओं ने प्रस्तुत किया उन्हें ही प्रस्तुत कर चण्डी प्रसाद भट्ट इस परियोजना को रुकवा सके।[65] जब उन्होंने इन तथ्यों को प्रधानमन्त्री इन्दिरा गाँधी को भेजा तो यह परियोजना बन्द कर दी गयी और अगले दस साल तक बन्द रही। तभी पुनर्जीवित हुई जब नयी आर्थिक नीति के तहत जलविद्युत योजनाएँ निजी हाथों में दी जाने लगीं। तब की गयी भविष्यवाणी तीन दशक बाद 2013 में सही सिद्ध हुई।

कुछ अनुभव के बाद ये दोनों नौजवान अपनी उड़ान में आगे निकले। नवीन जुयाल शोध की तरफ़ गये और जल्दी ही एक सुप्रसिद्ध भूगर्भविद् हो गये और हिमालय उनके अध्ययन के केन्द्र में रहा। महेन्द्र कुँवर के मन में आन्दोलनकारियों के परिवारों और स्थानीय लोगों की गरीबी घूमती रही। वे दशौली ग्राम स्वराज्य मण्डल को जन शक्ति का 'पावर हाउस' मानते थे[66] और सोचते थे कि आन्दोलन या रचनात्मकता के कई रूप हो सकते हैं।[67] महेन्द्र पहले अनिल अग्रवाल के साथ सी.एस.ई. में गये और वहाँ से शोध और संस्था संचालन का अनुभव लेकर वापस लौटे। जैसा कि पहले बताया जा चुका है कि अनिल अग्रवाल स्वयं चिपको आन्दोलन से अत्यधिक प्रभावित हुए थे। चिपको के अध्ययनकर्ता होने के बावजूद चिपको का प्रभाव वन्दना शिवा, जयन्ता बन्द्योपाध्याय तथा रामचन्द्र गुहा पर भी देखा जा सकता है।

1988 में महेन्द्र ने हार्क की स्थापना की। उनके मन में गरीबी से मुक्ति, आत्मनिर्भरता और जीवन स्तर को बढ़ाने का सपना था। हार्क ने समग्र, समन्वित और टिकाऊ पर्वतीय विकास को स्थानीय संसाधनों, सांस्कृतिक मूल्यों तथा परम्पराओं पर आधारित करने का प्रयास किया। लोगों को विकास सम्बन्धी निर्णय ख़ुद लेने लायक बनाना ताकि आर्थिक, सामाजिक तथा लिंग आधारित असमानता से मुक्त मजबूत समाज की नींव रखी जा सके। इस हेतु स्थायी भोजन सुरक्षा, सामाजिक-आर्थिक सुरक्षा हेतु ग्रामीणों के जीवन-यापन के नये साधनों के विकास को अपरिहार्य माना गया।

इसका आधार वे ज़मीन, पानी और जंगल में ही देखते थे। जल्दी ही वे देहरादून में दफ़्तर के बावजूद उत्तरकाशी ज़िले के अन्तर्वर्ती क्षेत्र बड़कोट में कार्य करने लगे। यह क्षेत्र खेती और फलों के लिए सुप्रसिद्ध था। इन्हीं दो विधाओं को नये आर्थिक संसाधन के रूप में चुना गया। नकदी उत्पादों का महत्त्व समझने के साथ इसके ख़तरे समझे गये और किसानों ने तय किया कि वे अपनी ज़मीन के 30 प्रतिशत से अधिक में 'क्रैश क्राप' नहीं लगायेंगे।

हार्क ने महिलाओं के संगठन बनाये। फल और सब्ज़ी के साथ जंगली खुबानी या चूलू को आर्थिक स्रोत का रूप दे दिया। फिर उन्होंने चमोली तथा रुद्रप्रयाग ज़िलों में काम का विस्तार किया। इस तरह की फ़सलों को प्राथमिकता दी जो कठिन मौसम तथा जंगली जानवरों की उपस्थिति के बीच भी हो सकती हैं। साथ ही जिनका आर्थिक महत्त्व है। जैसे तुलसी, हल्दी, अदरख तथा चाय आदि। यह उत्तरकाशी से किंचित् भिन्न प्रयोग था।[68] इसके साथ ही हार्क ने वन पंचायतों के विस्तार का काम किया। जलवायु परिवर्तन के क्रम में उन्होंने क्षेत्रीय विकास को देखने का प्रयास किया। पूर्ण खाद्य सुरक्षा के साथ सामाजिक-आर्थिक विकास हेतु ग्रामीण गरीब को आत्मनिर्भर बनाना उनका अगला लक्ष्य था। इसका आधार हार्क ने महिलाओं को बनाया।

वर्तमान में हार्क देहरादून, उत्तरकाशी, चमोली और रुद्रप्रयाग ज़िलों के 450 गाँवों में काम कर रही है। चार ज़िलों में हार्क से जुड़े कुल 22 संगठन हैं। छोटे संगठन सैकड़ों में हैं और उनका फैडरेशन बनाया गया है। चमोली में दो दर्जन गाँवों में संस्था कार्यरत है। अलकनन्दा घाटी में हार्क ने अलकनन्दा कोआपरेटिव बनायी है, जो 42 गाँवों में काम कर रही है। मसाला, चाय तथा तुलसी उत्पादन, पशुपालन, महिला समूहों का विकास, फूलों की खेती, ग्रेविटी रोपवे की स्थापना आदि कार्य भी लगातार हो रहे हैं। अभी उत्तराखण्ड के 50,000 परिवार प्रत्यक्ष या अप्रत्यक्ष रूप से हार्क के द्वारा विकसित आर्थिक कार्यकलापों में शामिल और लाभान्वित हैं। नौगाँव स्थित प्रयोगशाला में हार्क जैव-प्रौद्योगिकी पर कार्य कर रहा है तो मिट्टी की उर्वरता, नमी तथा सिंचाई/जल उपलब्धता के नक्शे बनाना भी शुरू किया है। हार्क का प्रयास है कि विकास के कार्यों का आधार ग्राम नियोजन से शुरू हो। फिर यह एक जलागम से जोड़ा जाय। गाँव के साथ नगरपालिका भी इसमें जुड़ें। आपदा, जिसमें जंगली जानवरों द्वारा खेती की बरबादी शामिल है, इस नियोजन का हिस्सा हो। इसी तरह शिक्षा, चिकित्सा भी इस प्रक्रिया का हिस्सा बनें।[69]

हार्क एक स्वतन्त्रचेता तथा आत्मनिर्भर संस्था बन चुकी है। अतः उसे अपने अभियान के फैलाव में अब प्रारम्भिक काम करने की ज़्यादा ज़रूरत नहीं पड़ती है। यह देखा जाना है कि हार्क अपने कार्यकलापों की विविधता और स्थायित्व किस तरह बढ़ाता है।

रक्षासूत्र आन्दोलन

जंगलों की रक्षा का काम रक्षासूत्र आन्दोलन ने भी आगे बढ़ाया। इसने टिहरी तथा उत्तरकाशी के अन्तर्वर्ती क्षेत्रों में महिलाओं को सुसंगठित कर रक्षा अभियान चलाया और कटान रोका। 1994 के उत्तराखण्ड आन्दोलन के दौर में टिहरी बाँध विरोधी आन्दोलन जारी था और रक्षासूत्र आन्दोलन शुरू हुआ। राज्य आन्दोलन की आड़ में निहित स्वार्थ भी सक्रिय थे। टिहरी तथा उत्तरकाशी ज़िलों के भागीरथी, भिलंगना तथा सहायक नदियों के जलागमों में वन निगम के द्वारा हज़ारों पेड़ों का कटान हो रहा था। रक्षासूत्र ने भ्रमण के बाद इसकी सूचना स्थानीय ग्रामीणों को दी। कुछ स्थानीय पंचायत प्रतिनिधियों के ठेकेदार होने से विरोध विकसित नहीं हो रहा था।[70] धीरे-धीरे कटान रोकने हेतु ग्रामीणों ने पहल की।

ग्रामीणों का मानना था कि पहले हक़-हक़ूकों का सम्मान हो, वन निगम अपने को बदले और ग्रामीण आवश्यकता के बाद वन उत्पाद राज्य हित में काम आयें। अगस्त 1994 के दूसरे सप्ताह में रक्षासूत्र टीम ने टिहरी ज़िले के गेंवली, पोखार, ज्यूंदाणा, कोठार, छैली, लैणी, सौड़, देवट, बुढ़वां आदि गाँवों के साथ कटान का जायजा लिया। पता चला कि 1991 के भूकम्प से उजड़े हुए ग्रामीण ों को मकानों के पुनर्निर्माण या मरम्मत के लिए वन निगम ने लकड़ी नहीं दी थी। अब यहाँ से हज़ारों हरे पेड़ों को काटकर ले जाया जा रहा था।

कार्यकर्ताओं ने केन्द्र और प्रदेश सरकार के साथ स्थानीय प्रशासन को पत्र भेजा, प्रदर्शन के बाद धरना दिया और भिलंग पट्टी के ग्रामीणों, महिलाओं और ग्राम प्रधानों से मिले। निगम हरे पेड़ों की टहनियाँ भी बाहर ले जा रहा है। पेड़ों को सूखी हालत में दिखाने के लिए लाँपिंग की जा रही है। ठेकेदारों ने जंगल में आग लगायी ताकि सबूत मिट सकें। ज्यूंदाणा, कोठार, छैली, सौड़, देवट, समणगाँव, बुढ़वा, पंयाकोटी और दोणी क्षेत्र में अन्धाधुन्ध कटान की अख़बारों में ख़बर आने से ठेकेदार ग्रामीणों को डराने लगे थे।

सन् 1994 में बालगंगा और भिलंग रेंजों के 40 कम्पार्टमेण्टों में चीड़, देवदार, फर, कैल के जंगलों का छपान भिगुन, पिनस्वाड़, अमरसार, गेंवली, गंगी और घुत्तू के जंगलों में किया गया था। गंगी में कश्मीरी मज़दूर जंगल काट रहे थे। वहाँ 20 साल पहले भी चिपको आन्दोलन कटान बन्द कराने नहीं जा सका था। बालगंगा रेंज के रयाला जंगल में रई (फर) कटान और जड़ी-बूटियों की निकासी लम्बे समय से चल रही थी। जंगली जानवर तबाह हो रहे थे। यह क्षेत्र बुग्यालों और तालाबों के कारण महत्त्व का था।

कटान की जानकारी भेटी, भिगुन, भैड़गाँव, पूनी, खवाड़ा आदि गाँवों के महिला मंगल दलों, प्रधानों तथा कार्यकर्ताओं को 10 अगस्त 1994 को खवाड़ा में दी गयी। बैठक में जंगल, शराब तथा भू माफियाओं से मुक्त उत्तराखण्ड की माँग की गयी। 11 सितम्बर 1994 को विनोबा जयन्ती के दिन खवाड़ा, भिगुन तथा भैड़गाँव की जनता ढोल नगाड़ों के साथ पेड़ों पर राखी बाँधी, जंगल में सभा की और जंगल बचाने का संकल्प लिया। राष्ट्रीय महिला आयोग तक भी बात पहुँची।

5 जुलाई, 1995 से रयाला जंगल में मज़दूर कटान हेतु पहुँचे। 10 अगस्त, 1995 रक्षाबन्धन को डालगाँव, खवाड़ा, भेटी, चानी, भिगुन, तिनगढ़ के महिला-पुरुष रयाला, पयेल, मंज्याबण के जंगल में पहुँचे। मज़दूर पहले ही चले गये थे। ग्रामीणों ने हरे पेड़ों पर रक्षासूत्र बाँधे और दोहरी वन नीति की आलोचना की। रयाला जंगल आन्दोलन का केन्द्र बना। महिलाओं के अलावा शूरवीर सिंह रावत,

कर्णसिंह प्रधान डालगाँव, चन्दनसिंह बिष्ट, सरपंच राधाकृष्ण, नागेन्द्रदत्त, अब्बलदास, विष्णुप्रसाद, भवानी भाई, बिहारी लाल, उत्तमलाल, देवेन्द्र बहुगुणा, रमेश कृषक द्वारा जनता को जाग्रत करने तथा जलकूर, भागीरथी और मेड नदियों के जलागम में कटान रोकने के लिए रणनीति बनायी गयी। ओमप्रकाश डंगवाल ने 11 सितम्बर से 20 अक्टूवर, 1995 तक जंगल में उपवास किया। तब तक बालगंगा तथा भिलंगना के रेंजों में कटान पर पूर्ण रोक लग गयी थी।

अब आन्दोलन उत्तरकाशी की ओर आया, जहाँ 1974 में चिपको चला था। जलकूर नदी के जलागम में बसे गाँव कमद, कुमारकोट, ठाण्डी, ब्रह्मपुरी, ल्वारखा, भेटियारा, भड़कोट, चौदियाटगाँव के जंगल वयाली और चौरंगीखाल से वन निगम कैल, मुरेंडा, बुरांश, बाँज, राई, फर, चीड़ का दोहन कर रहा था। चौरंगीखाल में 1200 पेड़ों पर छपान किया गया था। यहाँ 75 प्रतिशत हरे पेड़ कटे थे। पता चला कि ठेकेदार और निगम कर्मचारी शराब की थैलियाँ मज़दूरों के लिए लाते थे। वन्य जीवों का शिकार हो रहा था। 1991 के भूकम्प में महासरताल, अंयारखाल, तितरुणा, पिनस्वाड़कोट, कुमारकोट, ब्रह्मपुरी, ठाण्डी, कमद आदि गाँवों में दरारें पड़ी हुई थीं। 18 जुलाई, 1994 को अनेक स्थानों पर भूस्खलन भी हुआ था। जलकूर की बाढ़ से ब्रह्मपुरी के 70 से अधिक परिवारों का अस्तित्व ख़तरे में पड़ा था। खेती की ज़मीन जलकूर में समा गयी थी। कमद के मकानों में बाढ़ का मलवा आ गया था। चौरंगीखाल के नज़दीक रतनाली में भूस्खलन से सौड़, दिखोली, लोदाड़ा, चौदियाटगाँव, भेटियारा, धौन्तरी आदि गाँवों की ज़मीन, चरागाह और घराट बह गये थे। मेड गाँव से लेकर आगर और इसके नीचे रगस्या गाँव भूस्खलन की चपेट में आ गये थे। इसी जलागम में कटान हो रहा था।

जलकूर जलागम के गाँवों में कार्यकर्ताओं ने अक्टूबर-दिसम्बर 1995 में दौरा किया। 17 दिसम्बर को चौंदियाटगाँव और दिखोली की महिलाओं ने चौरंगीखाल और वयाली में पेड़ों पर रक्षासूत्र बाँधे। 80 से अधिक महिलाओं का नेतृत्व चौदियाटगाँव की जेठी देवी, दिखोली की मन्दोदरी देवी और सुरेश भाई ने किया। वन निगम ने मज़दूरों को तो वापस बुला लिया पर ठेकेदार जंगलों को नुक़सान पहुँचाते रहे। यह जानकारी जंगल जानेवाली महिलाओं से मिलती थी। इसके बाद धौंतरी रेंज में लगभग 5,000 हरे पेड़ों का छपान किया गया। भेटियारा गाँव के पास भी कटान की तैयारी देखी गयी।

अब दिखोली, चौदियाटगाँव, धौंतरी, भेटियारा, ल्वारखा, कमद आदि गाँवों में गोष्ठियाँ आयोजित की गयीं। 13 फ़रवरी, 1996 को भेटियारा गाँव में सुशीला पैन्यूली की अध्यक्षता में बैठक हुई। 8 मार्च, 1996 को जलकूर घाटी वन बचाओ समिति के गठन के साथ गाँवों में वन सुरक्षा समितियां बनने लगीं। 18 मई, 1996 को वयाली और हरून्ता तक वन कटान रोकने के दावे की पुष्टि की गयी। नेपाली मज़दूरों द्वारा शराब बनाने की बात उजागर हुई। स्थानीय ठेकेदारों ने सुरेश भाई पर हमला करने की कोशिश भी की। 23-24 जून, 1997 को धौंतरी और उत्तरकाशी में आयोजित सम्मेलन में राष्ट्रीय महिला आयोग के सदस्य और सलाहकार भी आये। महिलाओं और कार्यकर्ताओं ने जंगलों की अन्धाधुन्ध कटाई और शराब के फैलाव को पहाड़ के लिए घातक बताया। जंगल सुरक्षा पर गहन चर्चा हुई।

10 अगस्त, 1997 को हरसिल की महिलाओं ने क्षेत्र में हो रहे कटान के विरोध में प्रदर्शन किया तथा व्यावसायिक दोहन नहीं होने देने का संकल्प लिया। सुक्खी, झाला, बगोरी, मुखबा, धराली, हरसिल की महिलाओं तथा प्रतिनिधियों ने कहा कि प्रशासन अवैध कटान रोकने में सहयोग नहीं दे रहा है। कारचा, मुखबा, धराली आदि स्थानों पर देवदार का कटान किया गया था। स्थानीय

महिलाएँ जंगल बचाने आगे आयीं पर शासन सक्रिय नहीं हुआ। यहाँ के जंगलों के विनाश की जाँच के लिए एक स्वतन्त्र समिति बनाने की माँग की गयी।[71]

13-14 अक्टूबर, 1997 को उत्तराखण्ड जनजागृति संस्थान, जाजल के सम्मेलन में चण्डी प्रसाद भट्ट, भवानी भाई, राधा बहन आदि ने वन निगम को अपनी भूमिका से भटका बताया और इसकी कार्यप्रणाली की आलोचना की। गंगा रावत, सुमति नौटियाल, सुशीला पैन्यूली, मन्दोदरी देवी, निर्मला उनियाल आदि ने प्रस्ताव किया कि निगम को वनों में प्रवेश करने से रोका जाय। निगम बाहर से श्रमिकों को बुलाकर न्यूनतम निविदा प्रणाली के आधार पर वनों का व्यावसायिक कटान 'काटो और बेचो' के सिद्धान्त पर कर रहा है, इसलिए वनों के संरक्षण तथा प्रबन्धन का अधिकार ग्रामीणों को दिया जाय।

सुप्रीम कोर्ट द्वारा 12 दिसम्बर, 1996 को उत्तराखण्डवासियों के हक़-हक़ूकों को प्रतिबन्धित करने पर रंज व्यक्त किया गया। जनहित याचिका दायर करने और वन विनाश अध्ययन समिति गठन का निर्णय लिया गया, जो व्यावसायिक दोहन के प्रभावों का अध्ययन कर अवैध दोहन को रोकने में लगे ग्रामीणों को नैतिक बल दे। समिति में चण्डी प्रसाद, राधा बहन, भवानी भाई, प्रताप शिखर, सुरेश भाई और निर्मला उनियाल सम्मिलित थे। ग्राम वनों के प्रबंध के लिए ग्राम स्वराज्य की तर्ज पर प्रयास ज़रूरी बताया गया।[72]

चौरंगीखाल क्षेत्र में अवैध कटान की जाँच नवम्बर 1997 में वन एवं पर्यावरण मन्त्रालय (भारत सरकार) के प्रतिनिधि ने की। जाँच के उपरान्त 6 वनकर्मी निलम्बित हुए। 12 फ़रवरी, 1998 को सेम-मुखेम, सद्‌ड़गाँव, पोखरी की सैकड़ों महिलाओं ने मुखेम के जंगल में प्रदर्शन किया। उधर टिहरी के अगुण्डा गाँव के ग्योन जंगल में मज़दूरों ने महिलाओं की पहल पर कटान रोक 3 मार्च, 1998 को जंगल छोड़ दिया। 8 मार्च, 1999 को धौंतरी में महिलाओं ने जुलूस निकाला और रेंज कार्यालय पर धरना दिया।

8 मार्च, 1998 को यमुना, टौंस, भागीरथी तथा जलकूर घाटियों के ग्रामीणों ने प्रेम पंचोली के संयोजन में उत्तरकाशी के जुलूस में हिस्सेदारी की, प्रशासन को ज्ञापन दिया कि यदि व्यावसायिक दोहन बन्द नहीं किया तो घास, लकड़ी, पानी की समस्या बढ़ेगी। वन निगम की कार्य प्रणाली बदलने पर जोर दिया।[73] 15 फ़रवरी, 1998 को हिन्दाव पट्टी के पैंतालीस गाँवों का 'वन सम्मेलन' आयोजित हुआ। भिलंगना रेंज में हरे पेड़ों के कटान का विरोध हुआ। हक़-हक़ूकों की आपूर्ति वन निगम द्वारा किये जाने पर असहमति व्यक्त की गयी।[74]

इस प्रकार रक्षासूत्र आन्दोलन ने अनेक जगह जंगलों का गलत कटान उजागर किया और इस पर रोक भी लगी। चिपको के विभिन्न नेता और कार्यकर्ता आन्दोलन में हिस्सेदारी करने आये पर सरकार पर नीतिगत फ़ैसला लेने का दबाव नहीं डाला जा सका। प्रदेश सरकार निष्ठुर और वन निगम/वन विभाग निर्मम बने रहे। नये राज्य में वन निगम की कार्यशैली और संस्कार नहीं बदले हैं।

मैती आन्दोलन

मैती आन्दोलन चमोली ज़िले के छोटे से क़स्बे ग्वालदम में शुरू हुआ। गोपेश्वर में अपने छात्र जीवन में चिपको की प्रारम्भिक गतिविधियों का स्पर्श पाने वाले कल्याण सिंह रावत अब जीवविज्ञान के प्रवक्ता

बन चुके थे। चिपको आन्दोलन तथा गौरा देवी के व्यक्तित्व ने उनके मन में जो प्रभाव डाला था, वह उन्हें बेचैन किये था। उनके पिता तथा दादा दोनों जंगलात विभाग में कर्मचारी रहे थे। लगातार वनों के बीच ही उनका बचपन बीता। एक शिक्षक के रूप में बच्चों के बीच रचनात्मक कार्य के साथ कुछ नया और विशिष्ट करने की चाह उनके मन में थी। 1996 में कल्याण ने विवाह समारोह के साथ पेड़ रोपने का अभियान चलाया। उत्तराखण्ड में अनेक स्थानों पर विवाह के समय पइयां के पेड़ लगाने का रिवाज था। इसी सूत्र को पकड़कर यह प्रयोग शुरू किया। ग्वालदम में एक मित्र और जलपान गृह के मालिक ख़िलाफ़ शाह के साथ उन्होंने मिठाई के डिब्बों के बाहर मैती आन्दोलन का सन्देश प्रकाशित करना शुरू किया। बारातों की सूचना मिलते ही कार्यकर्ता वहाँ जाते और धीरे-धीरे बात फैलने लगी।

फिर सुझाव आया कि इसे विदाह ही नहीं विविध शुभकार्यों पर भी वृक्षारोपण का अभियान बनाना चाहिए। मैती आन्दोलन इससे आगे निकल गया जब इसने 'वेलेनटाइन डे' के मौक़े पर 'एक युगल एक पेड़' का नारा देकर पेड़ लगाने का आह्वान किया और प्रेमी जोड़े खुशी से पेड़ लगाने लगे। कारगिल शहीदों की याद में बधाणगढ़ी (ग्वालदम) में मैती की प्रेरणा से शहीद वन लगाया गया। सन् 2000 की नन्दादेवी राजजात शुरू होने से पहले राज्य के 13 ज़िलों से लाये गये पेड़ों को नन्दा के मायके नौटी में रोप कर इसे 'नन्दा मैती वन' नाम दिया गया। इसी तरह 'चीड़ के समन्दर' कहे जाने वाले रवांई के सर्वोच्च और वयोवृद्ध चीड़ के पेड़ के गिरने पर एक प्रेरक और रचनात्मक कार्यक्रम में चीड़ के पेड़ों को लगाया गया।

टिहरी के जलमग्न होने से पहले मैती द्वारा इस शहर के 33 ऐतिहासिक स्थानों से मिट्टी लाकर नयी टिहरी के रामतीर्थ कॉलेज में बनाये गये गढ्डों में यह मिट्टी डालकर वृक्षारोपण कराया गया। दिसम्बर 2006 में भारतीय वन अनुसन्धान संस्थान की शताब्दी के मौक़े पर लाखों बच्चों के हस्ताक्षर से युक्त कपड़ा मुख्य भवन पर पर्यावरण चेतना के संदेश के साथ लपेटने में मैती टीम हिस्सेदार थी। इसी तरह राजगढ़ी (उत्तरकाशी) में 1930 के तिलाड़ी काण्ड के शहीदों की याद में और नारायणबगड़ में पर्यावरण सांस्कृतिक मेले में वृक्षारोपण किया गया।

मैती को विधिवत कोई संस्थानिक रूप नहीं दिया गया। यह इसकी ताकत मानी जाती है और अनेक सन्दर्भों में कमज़ोरी भी। 'मैती की दीदी' और 'मैती कोष' का विचार विकसित किया गया है। लेकिन गैर-सरकारी संगठनों का हाल देखकर कल्याण और उनके साथी इसका यही रूप बनाये रहे। यदि इसमें पैसा और संगठन का सिलसिला जुड़ जायेगा तो इसकी आत्मा मर जायेगी। फिर यह नकली वृक्षारोपण करने वाली संस्थाओं और जंगलात विभाग से अलग कैसे रह पायेगा। अतः वृक्ष चेतना के विस्तार के लिए यह आन्दोलन स्वतःस्फूर्त रूप से काम करता रहेगा।[75] पर यह भी सच है कि वर्तमान रूप में यह एक औपचारिक कार्यक्रम ही रह जायेगा। अवश्य ही मैती के साथियों के मन में नये रास्ते विकसित हो रहे होंगे।

चेतना आन्दोलन

1983 में जब सिल्यारा, चम्याला सहित बालगंगा घाटी के अनेक गाँवों की सैकड़ों महिलाएँ रेंज ऑफिस में चीड़ के छिलकों की मशाल जलाकर गयीं तो लगा कि यह चिपको की वह बची ताकत थी जो पारिस्थितिक बना दिये गये एक जन-आन्दोलन की आन्तरिक पुकार कही जा सकती थी और कटान रोकने के साथ वनाधिकारों की माँग कर रही थी। बाद में चेतना आन्दोलन का विचार विकसित करने वाले त्रेपन सिंह चौहान तब कक्षा सात के विद्यार्थी थे और उनकी चेतना का अंकुरण यहीं से माना जा सकता है।

1990 के बाद चिपको आन्दोलन में उतार और टिहरी बाँध विरोधी आन्दोलन के बिखरने के बाद के दौर में भिलंगना घाटी के उन नौजवानों ने, जो प्रत्यक्ष या अप्रत्यक्ष रूप से चिपको से जुड़े या प्रेरित/प्रभावित थे, एक नये संगठन के माध्यम से अपने को नयी परिस्थितियों में परिभाषित करना शुरू किया। इस पृष्ठभूमि में 5 जून, 1995 को चेतना आन्दोलन जन्मा। शुरू में यह भ्रष्टाचार के विरोध के अलावा जंगलों, चारागाहों और नदियों के मुद्दों पर केन्द्रित रहा। विशेष रूप से भ्रष्टाचार विरोध के कारण 1996 में चेतना आन्दोलन के कार्यकर्ताओं पर निहित स्वार्थों ने अनेक मुक़दमे दायर कर दिये। साथियों के लिए काम करना मुश्किल हो गया, जब उन्हें 'असामाजिक तत्त्व' घोषित किया गया। इस समय सुन्दरलाल बहुगुणा सहित विभिन्न सामाजिक कार्यकर्ता चेतना आन्दोलन के समर्थन में आये। इस तरह यह समूह फिर अपने काम में जुट गया।

1947 में देश आज़ाद हुआ, 1949 में टिहरी रियासत का विलय उत्तर प्रदेश में हुआ। 1970 के बाद चिपको शुरू हुआ और 1980-81 तक उसके अनेक अच्छे परिणाम सामने आये। पर 1998 तक भी टिहरी और उत्तरकाशी ज़िले में वन पंचायतों का गठन नहीं हो सका। इस तरह अगले 5 साल तक चेतना आन्दोलन ने वन पंचायतों की स्थापना हेतु आन्दोलन तथा तैयारी की। अनेक वन पंचायतें बनीं पर उनमें जंगल नहीं थे। इस तरह वृक्षारोपण और घेराबन्दी के प्रयास हुए ताकि स्वयं जंगल उग सकें। कुछ स्थानों पर इसमें सफलता मिली। लोगों को पता चला कि पेड़ों की हिफ़ाज़त के कारण घास का उत्पादन बढ़ा है तथा अतिरिक्त जलावन उपलब्ध हुआ है। गंगादेवी, जगदेई देवी, झड़ीदेवी तथा यशोधरा देवी जैसी कर्मठ सामाजिक नेत्रियों का उदय पंचायतों और वन पंचायतों से हुआ। ये सभी चेतना आन्दोलन की आधार बनीं।[76]

मार्च 2004 में जब भिलंगना नदी पर फलिन्डा में 22.5 मेगावाट की भिलंगना फेज-1 जल बिजली परियोजना बिना गाँव समुदायों की सहमति के बनने लगी तो चेतना आन्दोलन ने तब से अप्रैल 2006 तक आन्दोलन किया। जन सुनवाइयाँ कीं। दर्जनों लोग गिरफ़्तार किये गये और लम्बे समय तक जेल में रखे गये। समस्त ग्रामीणों के विरोध के बावजूद यह योजना बनी पर जन-आन्दोलन के कारण ग्रामीण समाज के सिंचाई तथा मुर्दाघाट के अधिकारों को स्वीकारा गया। टिहरी बाँध विरोधी आन्दोलन की सरकारी अवहेलना तथा विभिन्न बिजली परियोजनाओं के विरोध में संयुक्त आन्दोलन न चला पाना भी असफलता का कारण बना।[77]

इसके बाद चेतना आन्दोलन ने एक ओर महिलाओं को सुसंगठित करना शुरू किया। ग्राम प्रधान के चुनावों में उन्हें उतारा। 40 उम्मीदवारों में से 35 को जीत हासिल हुई और अनेक ने जन प्रतिनिधि के रूप में स्थितियों को समझना और उनसे जूझना सीखा।[78] यद्यपि यह काम अधिक कठिन था और इसमें सुरक्षित मार्ग बनाने में समय लग सकता था। दूसरी ओर 2012 से देहरादून में असंगठित क्षेत्र के मज़दूरों को संगठित करना शुरू किया।[79] उत्तराखण्ड नवनिर्माण मज़दूर संघ स्थापित कर इसका कार्य फैलाना शुरू किया। फिलहाल यह कार्य देहरादून केन्द्रित है।

ग्राम्य जीवन को नये समय में भी अर्थवान और आकर्षक बनाने के साथ पुरानी उपयोगी परम्पराओं को जीवित रखने और पुनःपरिभाषित करने के क्रम में चेतना आन्दोलन ने घसियारी उत्सव/प्रतियोगिता की शुरुआत की। यह टिहरी ज़िले के घणसाली ब्लाक के गाँवों में आयोजित होती है और सर्वश्रेष्ठ घसियारियों को 'इकोलाजिस्ट' घोषित किया जाता है। उन्हें नकद धनराशि तथा चाँदी के मुकुट पहनाकर सम्मानित किया जाता है। इस आयोजन हेतु धनराशि सार्वजनिक रूप से जमा की जाती है।[80] यह संसाधनों की हिफ़ाज़त और समझ बढ़ाने के साथ ग्रामीण जीवन में

सम्भव स्थानीय आकर्षण पैदा करने का प्रयास कहा जा सकता है। इसे उत्तराखण्ड में अन्यत्र रोपित करने की चुनौती सामने है।

लक्ष्मी आश्रम का खनन विरोधी तथा जंगल बचाओ अभियान

लक्ष्मी आश्रम का खनन विरोधी तथा जंगल बचाओ अभियान एक और महत्त्वपूर्ण कार्यकलाप है, जिसकी याद की जानी चाहिए। इस अभियान के अन्तर्गत पहले खीराकोट तथा चौड़ाथल में खनन के ख़िलाफ़ आन्दोलन चला और फिर कोसी के जलागम में बांज के जंगलों को बचाने का कार्यक्रम। यह प्रक्रिया 1978 की कोसी की बाढ़ के बाद शुरू हो गयी थी।

खीराकोट गाँव कोसी के जलागम में कौसानी से कुछ पहले स्थित है। इस गाँव के खकोली-चौथली तोक में रामपालसिंह कटियार नामक ठेकेदार ने 14.01 हेक्टेयर क्षेत्र में खड़िया खनन का ठेका लिया हुआ था। शुरू में इसके दुष्परिणाम स्पष्ट नहीं थे, जो शीघ्र ही नज़र आने लगे। सबसे पहले खीराकोट की महिलाओं ने खनन का दुष्प्रभाव अपने खेतों में आते मलवे से जाना। जंगल में बांज के पेड़ और नयी पौध बर्बाद होती देखी। फिर अपने ग्रामीण मार्ग में अजनबियों का हस्तक्षेप झेला। मार्ग में बने अनेक गढ्डे जानवरों के गिरकर मरने का कारण बने। अन्त में खेतों के बीच के मार्ग से खच्चरों को निरन्तर खड़िया ले जाते देखा। अब हस्तक्षेप के सिवा कोई मार्ग नहीं था। पुरुष इसे सहे जा रहे थे। महिलाओं ने ऐसा करने से इनकार किया और इस तरह प्रतिरोध का जन्म हुआ। गाँव की अत्यन्त सक्रिय मालती देवी सहित अन्य महिलाओं ने लक्ष्मी आश्रम से सम्पर्क किया और लक्ष्मी आश्रम ने इसमें हर तरह की हिस्सेदारी शुरू की।

लक्ष्मी आश्रम की स्पष्ट रणनीति थी कि कोई संस्था नहीं बल्कि ग्रामीण ही प्रतिरोध में सामने दिखें।[81] फिर पुरुष भी आये। हिम्मतसिंह भाकूनी उनमें पहले थे और अन्त तक जुटे रहे। फिर उनके साथ रमेशचन्द्र सिंह भाकूनी तथा अन्य तमाम ग्रामीण और प्रवासी जन आये। ठेकेदार तथा उसके कारिन्दों ने ग्रामीणों को तरह-तरह से डराया। प्रतापसिंह जैसे कुछ स्थानीय लोगों को अपने जाल में फसाया। ग्रामीणों पर मुक़दमे चलवाये। 1981 में खनिज विभाग ने यह लीज समाप्त कर दी लेकिन उद्योग विभाग ने उसे बनाये रखा। लीज की शर्तें न मानने बाबत प्रतिवेदन ग्रामीणों ने दिया। ग्रामीणों ने अपने पत्र में ज़िलाधिकारी को लिखा कि यदि यह काम बन्द नहीं होता है और ग्रामीणों को अब तक हुई क्षति का मुआवज़ा नहीं दिया जाता है तो 15 अप्रैल, 1981 से समस्त ग्रामीण खनन स्थल पर सत्याग्रह आरम्भ कर देंगे।[82]

महिलाओं का योगदान बहुत सुसंगठित और आक्रामक रूप में सामने आया। आन्दोलन की रणनीति सभी तरह से दबाव बनाने की थी। ज़िलाधिकारी, आयुक्त, मुख्यमन्त्री से प्रधानमन्त्री तक को पत्र-प्रतिवेदन भेजे गये। प्रतिनिधि मण्डल मिलने गये। नेतृत्व महिलाएँ ही करती रहीं। खान का ठेकेदार बहुत तरह के प्रपंच करके मामले को लटकाना चाहता था। एक दिन उसने अपने मज़दूरों को पुलिस की ड्रैस पहना कर महिलाओं और गाँव वालों को डराना चाहा। मालती देवी डरी नहीं और उन्होंने कुछ नौजवानों को कहा कि ऊपर जाकर इन पर पत्थर फेंको पर ख़बरदार उन पर चोट नहीं लगे। यही किया गया और नकली पुलिस भाग गयी। सबको अन्दाज़ आ गया कि यह पुलिस नहीं है।

इसी तरह एक बार ज़िलाधिकारी गाँव में आये पर बैठक में महिलाओं को नहीं बुलाया गया। मालती देवी सभी महिलाओं को लेकर सभास्थल पर चली गयीं। ज़िलाधिकारी पुरुषों की तरफ़ ही देखकर बोल रहे थे कि खान से फायदा है और रोज़गार मिलेगा। मालती देवी उठी और ज़िलाधिकारी का कालर पकड़कर कहा कि हमारी तरफ़ देखकर बात करो। फिर बोली जिस रोज़गार की आप बात

कर रहे हो उसने मेरा रोज़गार ख़तम कर दिया है। मेरा जंगल, मेरी खेती और मेरा गोपालन ख़तम कर दिया है। खान रहेगी या हम रहेंगे। ज़िलाधिकारी को लगा कि महिलाओं की बातों में सार है। उन्होंने पर्यावरण का मुद्दा जोड़कर लीज को समाप्त कर दिया। आन्दोलन की परिणति ठेकेदार के क्षेत्र छोड़कर जाने में हुई।

इसी बीच चौड़ास्थल (दानपुर क्षेत्र) और रीमा (पुंगर घाटी) में बहुत बड़ी मात्रा में खड़िया खनन हो रहा था।[84] चौड़ास्थल में लगातार आन्दोलन के बाद प्रशासन ने खान पर रोक लगा दी। यहाँ एसडीएम नयाल ने सकारात्मक भूमिका निभायी। उमेश जोशी सक्रिय रहे। इसी समय तमाम कार्यकर्ता कांडा में खान का दुष्प्रभाव देखने गये। हालाँकि वहाँ आन्दोलन खड़ा नहीं किया जा सका।[83]

पिछले दो दशकों से लक्ष्मी आश्रम ने कोसी जलागम के गाँवों में लगातार बांज के जंगलों की सुरक्षा हेतु चुपचाप काम किया और परिणामस्वरूप आज पूरे क्षेत्र में बांज के जंगलों का पुनर्जनन बहुत अच्छी तरह से हो रहा है। इन जंगलों के प्रबन्धन में ग्रामीणों और विशेष रूप से महिलाओं की सबसे बड़ी भूमिका रही। महिलाओं को इस हेतु सुसंगठित करने में बसन्ती बहन का बड़ा योगदान रहा। वे लगातार गाँवों में जाती रहीं। आज भी यह क्रम जारी है। नदी बचाओ आन्दोलन के समय इस क्षेत्र की अनेक महिलाएँ कौसानी से रामनगर तक की कोसी यात्रा में शामिल हुईं। यह एक नदी की पूरी कहानी को समझने का प्रयास था।

नदी बचाओ आन्दोलन

राज्य बनने से पहले ही उत्तराखण्ड की नदियों पर जल विद्युत परियोजनाओं का सिलसिला शुरू हो चुका था। 1991 के बाद विष्णु प्रयाग परियोजना को निजी हाथों में देने और टिहरी की लड़ाई में हार ने यहाँ के समाज को उदासीन कर दिया था। नये राज्य में बाँधों के बारे में कोई अधिक स्पष्ट तथा कम विनाशकारी नीति के विकसित होने की उम्मीद यहाँ के निवासी करते थे पर विभिन्न सरकारों ने नदियों को सरकारी कम और निजी हाथों में अधिक देना शुरू कर दिया। अधिकांश नदियों में कोई न कोई परियोजना शुरू की जाने लगी। न स्थानीय समाज की सहमति ली गयी और न पर्यावरण सम्बन्धी स्वीकृति। अलकनन्दा, मन्दाकिनी, पिन्डर, सरयू, असीगंगा, धौली, विष्णुगंगा, भिलंगना, यमुना, गोरी गंगा आदि नदियों में निजी कम्पनियों के कार्यकलाप शुरू हो गये और प्रदेश के सभी मुख्यमन्त्री इस बारे में एक राय थे। इसमें निजी तथा दलीय लाभ तो था पर समाज और पर्यावरण को इसकी कीमत चुकानी होगी यह बात भुलाई जा रही थी।

8 जुलाई, 2007 को उत्तराखण्ड की विभिन्न संस्थाओं तथा संगठनों ने नदियों सम्बन्धी चेतना फैलाने के लिए नदी बचाओ अभियान की शुरुआत की। यह सिर्फ़ समाज के नदी या जल सम्बन्धी अधिकारों पर ही केन्द्रित अभियान नहीं था बल्कि यह विभिन्न नदियों के अपने बहने के प्राकृतिक अधिकारों की बहाली का अभियान भी था। विभिन्न नदी घाटियों में यात्राएँ आयोजित की गयीं और गाँवों, क़स्बों तथा शहरों में नदियों पर आये संकट की चर्चा शुरू हुई।

2008 के प्रारम्भ में 5,000 से अधिक आम लोगों ने 15 नदी घाटियों में कुल 2,000 किमी. से अधिक लम्बी यात्राओं में पाया कि अगर यही स्थिति रही तो अगले 20 साल में इस क्षेत्र में पानी के लिए त्राहि त्राहि हो जायेगी। गैर-बर्फ़ानी नदियों में घटता जल प्रवाह सामने आया तो बड़ी बर्फ़ानी नदियों में बाँधों और सुरंगों के निर्माण ने नया ख़तरा सामने रख दिया था। आपदाओं की आशंका

नहीं उन्हें निश्चित रूप लेते देखा गया। यह चाहे डाइनामाइट के अति प्रयोग के कारण हो या सुरंग निर्माण अथवा सुरंगों से लाये गये विशाल मलबे को नदी के किनारे ही एक ख़तरे भरे पहाड़ के रूप में खड़ा करके तैयार किया गया हो। अब यह अवश्यम्भावी त्रासदी बनने जा रही थी और 2-3 साल बाद ही उसके परिणाम सामने आ गये। 2010 में जो छोटे रूप में प्रकट हुई, 2013 में उसने पिछले 100 साल की सबसे बड़ी आपदा का रूप ले लिया।

विभिन्न क्षेत्रों की यात्राओं और स्थानीय संस्थाओं/संगठनों से गहन विचार-विमर्श का सिलसिला शुरू हुआ तो बहुत-सी और सच्चाइयाँ उजागर होती चली गयीं। सरकार द्वारा 300 से अधिक बाँधों और सैकड़ों कि.मी. सुरंगें बनाने का निर्णय लिया हुआ था। इससे प्रभावित होने वाली जनसंख्या लाखों में थी। यात्रा के दौर में अभियान में शामिल लोगों ने पाया कि किस तरह विष्णुप्रयाग परियोजना की सुरंग ने जोशीमठ के चाई गाँव, गोरी घाटी में रुपसियाबगड़-खसियाबगड़ सुरंग के कारण पातों गाँव और मन्दाकिनी घाटी में सिंगोली-भटवाड़ी सुरंग और बाँध के कारण सिंगोली गाँव में दरारें पड़ने, भूस्खलन होने और पानी के स्रोतों के सूखने की घटनाएँ सामने आयीं। निर्णय लिया गया कि सरकार को प्रतिवेदन दिया जाय कि इन परियोजनाओं पर पुनर्विचार करे। निम्न निवेदन सरकार से किये गये :

1. हिमालय में कोई भी विकास कार्य करने से पहले यहाँ की पारिस्थितिकी को ध्यान में रखा जाय। 2. उत्तराखण्ड की जलनीति घोषित की जाय। जल पर समुदायों के नियंत्रण का प्राविधान हो। विकास योजनाएँ बनाते समय समुदाय की राय ली जाये। 3. यहाँ ऐसी जलविद्युत परियोजनाएँ न बनें, जो जन-जीवन के आधार खेती की भूमि, जंगलों और बसासतों को लील लें। 4. गैर बर्फ़ानी नदियों के जलागमों में चौड़ी पत्ती के जंगलों का विस्तार हो। वर्षा के पानी का संचय हो। किसी भी नदी से ऐसी छेड़छाड़ न की जाय जो भूस्थलाकृति को बदलती हो। नदियों के नाज़ुक जलागमों में कोई छेड़छाड़ न की जाय। 5. चौड़ी पत्ती के जंगलों में फैले चीड़ को धीरे-धीरे उन्मूलित किया जाय। 6. उत्तराखण्ड में नदियों के किनारों की बसासतों में दूषित पानी को उचित उपचार के बाद नदियों में डाला जाय। 7. सरकारी-गैर-सरकारी बड़े भवनों तथा होटलों की छतों पर वर्षा का पानी संचय किया जाय ताकि वे ग्रामीण स्रोतों के पानी को लेने न आयें। 8. गधेरों को पुनर्जीवित करने का काम ग्रामीणों को दिया जाय। सरकार जन अभिक्रम के साथ इसकी ज़िम्मेदारी उठाये। 9. समुदाय विभिन्न चुनावों के समय जल, जंगल और ज़मीन से जुड़े मुद्दों पर सवाल उठाये और नीति निर्धारण की माँग करे।

लेकिन 2010 और 2013 की त्रासदी के समय नदी बचाओ आन्दोलन से जुड़ी संस्थाएँ और कार्यकर्ता सुसंगठित तरीके से आन्दोलन के विचार सूत्रों को उस गति से आगे नहीं ले जा सके, जिसकी ज़रूरत थी। बड़ी आपदा के समय अक्सर राहत और पुनर्वास और उससे जुड़ा प्रशासनिक तथा संस्थागत भ्रष्टाचार किसी भी और पक्ष को अपनी छाया में ले लेता है। यही नदी बचाओ अभियान के साथ हुआ।[85]

वन पंचायत संघर्ष मोर्चा

उत्तराखण्ड में जंगल के अधिकारों के लिए जन संघर्षों का लम्बा इतिहास पिछले अध्यायों में प्रस्तुत हुआ है। जब-जब सरकार ने जनविरोधी वन कानून बनाकर उनको थोपने की कोशिश की, जनता ने व्यापक विरोध किया। नया राज्य बन जाने के बाद 2001 में हुए वन कानून परिवर्तनों के बाद सचेत ग्रामीणों, कार्यकर्ताओं और जंगल के संघर्षों से जुड़े लोगों ने वन पंचायतों को बचाने के लिए उत्तराखण्ड वन पंचायत संघर्ष मोर्चा का गठन किया।

मोर्चे के गठन से इस समूह ने वनों के लिए चलाये जा रहे संयुक्त वन प्रबन्धन कार्यक्रम का गहन अध्ययन किया। इस अध्ययन पर विचार-विमर्श के लिए बैठक करने का निश्चय हुआ था कि तत्कालीन सरकार ने वन पंचायत नियमावली में संशोधन करने की कवायद शुरू कर दी। 22 जून, 2001 को जे.एफ.एम. अनुभवों के साथ इसमें होने वाले संशोधनों को शामिल करके एक गोष्ठी का आयोजन किया गया जिसमें राज्य भर से वन पंचायत सरपंच, स्वैच्छिक संगठनों के प्रतिनिधि, वन मुद्दों पर काम कर रहे कार्यकर्ता और वन विभाग के प्रतिनिधियों ने भाग लिया। सरकार द्वारा प्रस्तावित संशोधनों पर लोगों ने गोष्ठी में तीव्र विरोध जताया और इसे वन पंचायतों को समाप्त करने की साजिश करार दिया और इसके इसी रूप में संशोधित होने पर राज्यव्यापी आन्दोलन छेड़ने की चेतावनी दी।

इसी बैठक में जनपक्षीय वैकल्पिक नियमावली तैयार करने के लिए 6 सदस्यों की एक समिति बनायी गयी और वन पंचायत नियमावली में होने वाले संशोधनों के बारे में जनता को जागरूक करने तथा सुसंगठित विरोध करने के लिए अनेक स्थानों पर बैठकें करने का निर्णय लिया गया। इस बैठक में उत्तराखण्ड वन पंचायत संघर्ष मोर्चा का गठन हुआ।[86]

3 जुलाई, 2001 को सरकार ने वही जनविरोधी संशोधित वन पंचायत नियमावली लागू कर दी। मोर्चा ने इसके विरोध में चेतावनी के अनुरूप आन्दोलन शुरू कर दिया। 20 जुलाई को चम्पावत सम्मेलन में वन पंचायत सरपंचों ने इस नियमावली को खारिज करके वन पंचायतों के लिए अलग से अधिनियम बनाने की माँग की। इसके बाद मोर्चा ने दीनापानी, कपकोट, चौखुटिया, हल्द्वानी, भीड़ापानी, धारचूला, पनुआनौला में बैठकें आयोजित कीं और संशोधित नियमावली को निरस्त करने के लिए प्रदेश के राज्यपाल और मुख्यमन्त्री को ज्ञापन भेजे।

लोगों की ओर से हो रहे विरोध को देखते हुए सरकार ने 17 अगस्त, 2001 को हल्द्वानी के एफ.टी.आई. में आयोजित कार्यशाला में वन पंचायत नियमावली पर चर्चा की। जन प्रतिनिधियों ने इस पर तीव्र विरोध प्रकट किया। मोर्चा ने सरकार द्वारा नियमावली लागू करने के बाद इस पर चर्चा कराने की चालाकी को जनता के साथ धोखा बताया। मोर्चा ने नियमावली के विरोध में भवाली, झाकरसैम, गोपेश्वर, गधोली, पौड़ी, देहरादून, दीनापानी, गंगोलीहाट, अलमोड़ा आदि कई स्थानों पर बैठकें आयोजित कीं। गढ़वाल क्षेत्र में भ्रमण करके नियमावली में किये गये संशोधनों के द्वारा जनता के हितों पर होने वाले कुठाराघात को सामने रखा और इस नियमावली के व्यापक विरोध की अपील की। देश के अन्य क्षेत्रों में भी वनों से सम्बन्ध रखने वाले लोगों, संगठनों के बीच जाकर संशोधनों का विरोध करने की देशव्यापी अपील कर सरकार पर राष्ट्रीय दबाव बनाने का प्रयास किया गया।

मोर्चा के प्रयासों से हो रहे व्यापक विरोध के कारण राज्य के प्रथम विधानसभा चुनावों में कांग्रेस, भाकपा (माले) आदि राजनीतिक दलों ने इस मुद्दे को अपने घोषणा-पत्रों में शामिल करके नियमावली का विरोध किया और सरकार बनाने पर संशोधन करने का आश्वासन दिया। बढ़ते जनदबाव के कारण सरकार ने एक बार फिर से 24 अक्टूबर, 2001 को हल्द्वानी में कार्यशाला आयोजित की, जिसमें वनाधिकारियों के अलावा तत्कालीन वन मन्त्री ने भी जन और वन विरोधी प्रावधानों के संशोधन का औचित्य स्वीकार किया।

मोर्चा ने इस बीच तहसील और ब्लाक स्तरों पर सरपंचों के संगठन बनाकर उनके सुझावों से वैकल्पिक वन पंचायत नियमावली विकसित की। वन विभाग और सरकार की मिलीभगत से नैनीताल

के ओखलकांडा में एशिया की सबसे बड़ी दूरबीन लगाने के प्रोजेक्ट में वन पंचायत की भूमि से तयशुदा पेड़ों के अतिरिक्त हज़ारों पेड़ काट दिये गये। मोर्चा ने इसके विरुद्ध जनदबाव बनाया और बाध्य होकर सरकार को इसकी जाँच करवानी पड़ी, जिसमें अवैध कटान की पुष्टि हुई।

2002 में प्रदेश की पहली चुनी हुई सरकार के गठन के बाद मोर्चा ने जन जागरण के साथ वन मन्त्री और मुख्यमन्त्री से मिलकर इस नियमावली को निरस्त करके नयी नियमावली बनाने का अनुरोध किया। कांग्रेस सरकार के मन्त्री और विधायक जहाँ संशोधन के आश्वासन दे रहे थे, वहीं सरकार नियमावली को जबरन लागू करना चाहती थी। मोर्चा प्रतिनिधिमण्डल ने 7 जुलाई, 2002 को कांग्रेस के प्रान्तीय अध्यक्ष से मिलकर उनका घोषणापत्र याद दिलाया। इसके बाद कांग्रेस अध्यक्ष ने एक 8 सदस्यीय कमेटी बनाकर नियमावली में संशोधन करने के लिए रिपोर्ट बनाने की घोषणा की। इस कमेटी में मोर्चा के सर्वाधिक सक्रिय कार्यकर्ता तरुण जोशी को सदस्य बनाया गया। कमेटी ने पूरे राज्य में 5 गोष्ठियाँ करने के बाद अपनी सिफ़ारिशें वनमन्त्री को सौंप दीं। मोर्चा ने बैठकें करके सरकार के 5 माह पूरे हो जाने पर भी संशोधन न करने पर रोष जताया और इस आशय के ज्ञापन मुख्यमन्त्री को भेजे। वन पंचायत फेडरेशन, रुद्रप्रयाग के प्रयासों में भी मोर्चा की सक्रिय सहभागिता रही।

28-29 सितम्बर, 2002 को मोर्चा का राज्य स्तरीय सम्मेलन भवाली में आयोजित किया गया, जिसमें पूरे प्रदेश से सरपंच, स्वैच्छिक संगठनों के कार्यकर्ता, वैज्ञानिकों, वन मुद्दों से जुड़े लोगों और वन विभाग के प्रतिनिधियों ने भाग लिया। अब तक सरकार ने नियमावली के अलावा उत्तरांचल वन अधिनियम-2001 को लागू करके जनता के हितों पर एक और प्रहार कर दिया था। इसलिए सम्मेलन में जनपक्षीय वन पंचायत अधिनियम बनाने, थोपे गये अधिनियम को वापस लेने, संरक्षित क्षेत्रों के ग्रामीणों के पारम्परिक हक़-हकूकों को बहाल करने, समस्त बेनाप भूमि को रक्षित वनों की श्रेणी से अलग करने और 20 प्रतिशत आरक्षित ज़मीन को ग्राम समुदाय को लौटाने की माँग की गयी। इसी सम्मेलन में मोर्चा का नाम बदलकर उत्तराखण्ड पंचायती वन संघर्ष मोर्चा किया गया। सम्मेलन में नियमावली के खारिज न होने पर एक स्वर से फिर आन्दोलन करने की चेतावनी देकर सरकार को सचेत किया।

तब से वन पंचायतों की स्वायत्तता और सम्मान के लिए मोर्चे का संघर्ष लगातार जारी है। मोर्चे ने कार्यशालाओं का आयोजन कर जंगलात तथा वन पंचायतों के मामले को अधिक गहराई से समझने के प्रयास किये और सरकार को सुझाव भेजे। वर्ष 2006 में वन अधिकार कानून के लागू होने के पश्चात मोर्चे ने इस कानून को राज्य में लागू करवाने के प्रयास आरम्भ किये। इस क्रम में 6000 से अधिक व्यक्तिगत तथा 200 से अधिक सामूहिक दावे भरवाये गये। साथ ही लगातार बैठकें और कार्यशालाएँ आयोजित कीं। अधिक लोगों तक इस विषय को ले जाने का प्रयास हुआ।

मोर्चे ने जंगलात, वन अधिकार तथा पंचायतों सम्बन्धी कई अध्ययन किये और चार किताबों का प्रकाशन किया। अनियमित रूप से 'वन-विचार समाचार-पत्र' का प्रकाशन भी जारी है। कोशिश की गयी कि जंगलात का मुद्दा जन-जन का बन सके और विधान सभा तथा संसद सदस्यों को लगातार जंगलों, वनाधिकार तथा पूर्व में किये गये संघर्ष की याद बनी रहे और वे किसी भी जन और वन विरोधी नीति का विरोध अपने दलों तथा विधान सभा/संसद में करें।

मोर्चे की प्रमुख उपलब्धियों में जन वन पंचायत नियमावली का निर्माण, खेती को बरबाद कर रहे सूअरों को मारने का आदेश तथा सोनगाँव में इसको पहली बार लागू करवाने, सूचना अधिकार का इस्तेमाल करते हुए वन पंचायतों के खातों में उनकी धनराशि को वापस लाने, पांडे छोड़ तथा घुलइ के दलित परिवारों को ज़मीन का मुआवज़ा दिलवाने, 1983 के आदेश को निरस्त करवाने तथा भूमिहीनो के लिए 180 वर्ग मीटर ज़मीन का आदेश पारित करवाने आदि शामिल रहे हैं। उत्तराखण्ड में जल, जंगल तथा ज़मीन के लिए चले विभिन्न संघर्षों में मोर्चे ने महत्त्वपूर्ण भूमिका निभायी है। मोर्चे की सक्रियता को बनाये रखने और बढ़ाने में तरुण जोशी और साथियों की भूमिका महत्त्वपूर्ण रही।

इसके अलावा भी अनेक संस्थाएँ हैं जो चिपको की परम्परा को आगे ले जा रही हैं पर उनको विस्तार से देखने का यह मौक़ा नहीं है। पर इस तरह की संस्थाओं के नाम गिनाये जा सकते हैं। जैसे जाखेश्वर शिक्षण संस्थान, उत्तराखण्ड जन जागृति संस्थान, हिमालयन ग्रामीण विकास समिति तथा हैस्को आदि। इसी तरह व्यक्तिगत रूप से कुँवर दामोदर राठौर, मोहन कांडपाल, जगत सिंह जंगली, विश्वेसरदत्त सकलानी, सैकड़ों सफल और सम्पन्न वन पंचायतें तथा महिला मंगल दलों द्वारा संरक्षित तथा विकसित वन वास्तव में उस चेतना के ही प्रतिबिम्ब हैं, जिसकी सबसे बड़ी अभिव्यक्ति जंगल सत्याग्रह और चिपको आन्दोलन रहे हैं।

और सबसे अन्त में

चिपको की चमक का धुँधलाना अस्वाभाविक नहीं है। यह किसी भी सामाजिक आन्दोलन की सच्चाई है। चिपको की उपलब्धियाँ भी कम नहीं हैं पर धुँधलाहट के पीछे सबसे बड़ा कारण है चिपको से जुड़े तमाम समूहों का उस बुनियादी सिद्धान्त पर एकमत न रह सकना, जिसके अन्तर्गत प्राकृतिक सम्पदा पर पहला हक समुदाय का होता है। उसके अस्तित्व की रक्षा के साथ ही सम्पदा की रक्षा हो सकती है और सम्पदा की रक्षा से उसकी अस्तित्व रक्षा होती है। पर्यावरण की नयी व्याख्या, जिसे कुछेक चिपको कार्यकर्ता मानने लगे थे, ने स्थानीय समाज के सदियों से प्रयुक्त हो रहे हक़-हक़ूकों को ताक पर रख दिया। जिस ठेकेदारी प्रथा को समाप्त कर दिया गया था, वह विधिवत नये रूप में वन निगम द्वारा जारी रही। वन निगम की स्थापना जंगलात सम्बन्धी तमाम काम करने के लिए की गयी थी पर वह सिर्फ़ जंगल विदोहन की संस्था बन गयी, जिसने अपने मूल ऐजेण्डे के सिर्फ़ एक सूत्र को ही पिछले चार दशक में कार्यान्वित किया।

आज जब उत्तराखण्ड के समाज का बड़ा हिस्सा स्वयं ईंधन के रूप में गैस का इस्तेमाल (7-8 लाख परिवार यानी 40-45 लाख से अधिक आबादी) कर रहा है, अनेक जगह नये जंगल विकसित हो रहे हैं, घरेलू पशुओं की संख्या घटने से जंगलों पर और तिब्बत व्यापार के अवरुद्ध हो जाने से चरागाहों पर दबाव कम हुआ है तो जंगलों के आर्थिक और पारिस्थितिक इस्तेमाल के सन्तुलन का ताना-बाना बनाया जा सकता था। यार्सागुन्बा दोहन के दुष्प्रभावों पर संस्थागत नियन्त्रण सम्भव था। राज्य में जंगलात तथा ज़मीन का नया बन्दोबस्त कर दो बुनियादी संसाधनों की स्पष्ट स्थिति के साथ नयी शुरुआत की जा सकती थी।

वन पंचायतें अभी जे.एफ.एम. के झटके का दंश सह रही हैं।[87] जे.एफ.एम. पूरे प्रदेश में असफल रहा पर उत्तराखण्ड में उसने एक सफल सामुदायिक पद्धति को भी ध्वस्त किया।[88] जंगलात विभाग तथा सामान्य प्रशासन में ऐसे लोग थे और हैं जो चिपको आन्दोलन द्वारा विकसित उस रचनात्मकता को याद करते हैं जिसने उनकी औपनिवेशिक जंगलात दृष्टि को समाप्त किया और

नये और मौलिक सोच को विकसित करने का दबाव दिया।[89] पर जंगलात विभाग के भीतर वह दृष्टि पूरी तरह पल्लवित नहीं हुई और भारतीय तथा प्रान्तीय राजनीति को रूपान्तरित नहीं किया जा सका। नये राज्य के राजनीतिक और प्रशासनिक नियन्ता उत्तर प्रदेश जितना चैतन्य भी जंगलों और प्राकृतिक संसाधनों के बारे में नहीं बन सके।

ऐसे समय में जंगल के उत्पादों से विकेन्द्रीकृत लघु उद्योगों का विकास स्थानीय आर्थिकी को बहुत बड़ा योगदान दे सकता था। यह जंगलों के विनाश के बिना भी हो सकता था। वन निगम तथा वन पंचायतें इस काम की आधार होतीं और दशौली ग्राम स्वराज्य मण्डल आदि संस्थाओं के अनुभव एक आर्थिक नव निर्माण की प्रक्रिया में मददगार होते। फिर इसके कितने ही आयाम विकसित होते, जो जड़ी-बूटियों, कीड़ा जड़ी और च्यूर, आँवले, थुनेर (टैक्सस बकाटा), चूख (सीबक थार्न) से जंगली जानवरों तक फैले होते। जैविक बागवानी तथा खेती के कारण फल और विविध दुर्लभ तथा अब तक विषैले नहीं हुए अनाज अपनी जगह पर होते। पर्यटन और तीर्थाटन इसके साथ प्रायोजित होता और जंगलों की विविधता बर्फ़ और पानी के साथ इस वन्यता को अनन्त आकर्षण बना देती। क्षेत्र से कुछ पलायन भी देश दुनिया को होता पर सभी भागने को तत्पर नहीं रहते। साथ ही पहाड़ी जीवन को हेय नज़र से देखने की जुर्रत नहीं की जाती।

उत्तराखण्ड का आर्थिक आधार शराब, खनन, बड़ी जलविद्युत परियोजनाएँ, कारपोरेट पर्यटन, मनरेगा के धन का अपव्यय या मुफ़्त अनाज वितरण नहीं हो सकता है। यह राज्य कुछ दलों के कुछ नेताओं के लिए धन संचय तथा ऐशो-आराम का साधन नहीं माना जा सकता है। यह युवाओं को पलायन के लिए विवश करने को निर्मित राज्य नहीं है। राजनीतिक-आर्थिक दर्शन के लिहाज़ से भी स्वरोज़गार और उद्यमता के रास्ते बनाने होंगे। इसके लिए हर आर्थिक क्रियाकलाप का विकेन्द्रीकृत रूप विकसित किया जाना है। ज़मीन, जंगल और पानी और वन्यता मिलकर संसाधनों का समुच्चय बनाते हैं।

पिछले दो सौ साल का जंगलात व्यवस्था और आन्दोलनों का इतिहास बताता है कि जंगलों की केन्द्रीयता हमारे जीवन में बनी रहेगी। ऊर्जा के वैकल्पिक साधनों के विकसित हो जाने पर भी जंगलों की व्यापक पारिस्थितिक भूमिका रहेगी। जलवायु परिवर्तन के दौर में जंगलों की महत्ता और बढ़ेगी। नगरीकरण से त्रस्त समाज को जंगल ही राहत देंगे और मिट्टी को रोकने का जतन करने वाली जंगलों से अधिक प्रभावी कोई व्यवस्था अभी दुनिया में विकसित नहीं हुई है।

इसलिए आने वाली सदियों में भी जंगल आर्थिकी और पारिस्थितिकी के आधार होंगे। नियंत्रित उपयोग के बावजूद उनके बिना लोक संस्कृति की कल्पना नहीं की जा सकेगी। जंगलों को जितना अधिक समुदायों का बनायेंगे उतनी उनकी सुरक्षा होगी। यदि पंचायती जंगलों की उनकी पुरानी सघनता, ग्रामीण प्रबन्धन लौटाया जा सके; चिपको से अर्जित दर्शन सूत्र, कि वनवासी और महिलाएँ वन प्रबन्धन में अधिक हिस्सेदारी करें, जंगलात प्रबन्धन में लागू हो सके; वन निगम अपने पूरे एजेण्डे को लागू करे और चिपको आन्दोलन के जंगलों से विकेन्द्रीकृत स्थानीय रोज़गार प्राप्त करने के दूसरे सूत्र को पकड़ें तो जंगलों के बड़े हिस्से को या आरक्षित जंगलों को तमाम दबावों से मुक्त कर जलवायु परिवर्तन के अब तक आंशिक रूप से समझे जा सके ख़तरों से निपटने के लिए तैयार किया जा सकता है।

आज लगता है कि चिपको आन्दोलन 'वह बना दिया गया है' जो 'वह नहीं था'। वह आर्थिकी और पारिस्थितिकी का सन्तुलित समन्वय था। आज उसे कभी-कभी जिस तरह परिभाषित किया

जाता है उसमें आम लोगों के वनाधिकार का सम्मान कायम नहीं रह सकता है। यहीं से चिपको को अपनी विलम्बित उड़ान लेनी होगी।

पर यही वह बिन्दु है जहाँ इतिहासकार को रुक जाना पड़ता है क्योंकि वह भविष्यविज्ञान के प्रयोग नहीं कर सकता है।

सन्दर्भ

1. उत्तराखण्ड में गैस की महँगी उपलब्धता के बावजूद धरेलू ईंधन इस्तेमाल का रूप बदल गया है। कुमाऊँ मण्डल विकास निगम तथा गढ़वाल मण्डल विकास निगम ने मार्च 1976 में पहली गैस ऐजेन्सियाँ नैनीताल तथा देहरादून में खोलीं। फिर विभिन्न ज़िलों में गैस एजेन्सियाँ खुली। 2016 में कुमाऊँ मण्डल में कुल 4,75,654 तथा गढ़वाल मण्डल में 3,13,732 यानी कुल 7,89,386 गैस कनैक्शन हैं। यदि एक परिवार 4 या 5 सदस्यों का माना जाय तो 35 से 40 लाख जनसंख्या गैस का इस्तेमाल कर रही है (कुमाऊँ तथा गढ़वाल मण्डल विकास निगम से प्राप्त सूचनाओं के आधार पर)।
   यहाँ एक सन्दर्भ और देना उचित होगा। सर्वोच्च न्यायालय में रिट संख्या 202/1995 पर अन्तरिम निर्णय के अनुपालन में बनी विशेषज्ञ समिति की 6 मार्च, 1997 की रिपोर्ट में बताया गया था कि पिछले 11 सालों में उत्तराखण्ड में परम्परागत हक़-हकूकों के अन्तर्गत औसत प्रकाष्ठ अनुमन्यता 76,470.73 घनमीटर (कुमाऊँ में 33,198.96 तथा गढ़वाल में 43,271.77 घनमीटर) और वास्तव में दी गयी मात्रा 32,551.57 (कुमाऊँ में 16,746.46 तथा गढ़वाल में 15,805.11 घनमीटर) **यानी** आधे से भी कम थी। स्पष्ट ही स्थानीय निवासियों का भार जंगलों में कम होता गया है। इससे लकड़ी आधारित कुटीर उद्योगों को विकसित करने की सम्भावना बढ़ती है। जंगल एक साथ 'कार्बन सिंक' का पारिस्थितिक तथा कुटीर उद्योगों के विकास का आर्थिक आधार दे सकते हैं।
2. भेंटवार्ता : घनश्याम सैलानी
3. Anil Agrawal, Sunita Narain, Dying Wisdom, CSE, New Delhi; Manikant Shah, Traditional Water Management Practices in Uttarakhand, New Delhi.
4. U.C. Pande, 1991, State and Farmer Managed Irrigation System in District Almora in U.P. Hills, Water and Land Management Institute, Delhi; Linden Vincent, 1995, Hill Irrigation : Water and Development in Mountain Agriculture, ITP/ODI, London
5. J.S. Singh, S.P. Singh, 1992, Forests of Himalaya; अजय रावत, तराई के वन और वनवासी
6. Madhu Sarin, 2001, Disempowerment in the name of 'Participatory' Forestry?- Village Forest's Joint Management in Uttarakhand, in Forests, Trees and People (News Letter, F.A.O.), No. 44, April: 26-35; Arun Agrawal, 2005,
   Environmenatality, *Current Anthropology*, Vol 46, No. 2, April : 161-190; Arun Agrawal, 2005, Environmenatality: Technologies of Government and the Making of Subjects, Duke University Press, Darham/London; Madhu Sarin and others, 2003, Devolution as a Threat to Democratic Decision-Making in Forestry? Working Paper 197, Overseas Development Institute : 37-61
7. Elinor Ostrom, 1990, Conserving the Commons : The Evolution of Institutions for Collective Action, Cambridge University Press, New York
8. S.C. Joshi and G. Bhattacharya (Eds.), 1988, Mining and Environment in India, HRG, Nainital
9. अनेक वन पंचायतों के अलावा निजी तौर पर भी सफलतापूर्वक जंगल विकसित किये गये। पंचायती जंगलों का किस तरह सुरक्षित रखते हुए सदुपयोग किया जा सकता है उसका सबसे सफल उदाहरण गोपेश्वर ग्राम की वन पंचायत है। सैकड़ों और पंचायती जंगल जे.एफ.एम. का दंश झेलकर भी अपनी जगह खड़े हैं। इन जंगलों को आग से बचाने में ग्रामीण अपनी जान पर खेल गये। अनेक वन पंचायतों ने अपने जंगल जे.एफ.एम. में देने के बदले देवी-देवताओं को चढ़ा दिये। पिथौरागढ़, अलमोड़ा, पौड़ी तथा टिहरी से दामोदर राठौर, मोहन कांडपाल, जगत सिंह जंगली तथा विश्वेसर सकलानी के जंगल विकसित करने सम्बन्धी प्रयोग सर्वाधिक चर्चा के योग्य हैं। भेंटवार्ता : दामोदर राठौर, मोहन कांडपाल, जगत सिंह जंगली तथा विश्वेसर सकलानी; देखें : एक आदमी ने बनाया जंगल, इण्डिया टुडे, 21 मार्च, 1997 : 18; हिमान्तर 11, 2005
10. Weber, T. (1987), Is There Still a Chipko Andolan?, Pacific Affairs, 60 (4) : 615-628
11. भेंटवार्ता : प्रदीप टम्टा
12. भेंटवार्ता : इन्द्रमणि बडोनी
13. Shekhar Pathak, 2005, Tehri Dam : Submersion of a Town, Not of an Idea, *EPW*, 13 August

14. देखें : भट्ट तथा बहुगुणा के विभिन्न लेख
15 देखें : लोक सूचना केन्द्र के विवरण, दग्रास्वमं, गोपेश्वर के संग्रह में
16. Annual Report CSE, 2000-2002, Delhi: 3-4
17. देखें : अनिल अग्रवाल का चण्डी प्रसाद भट्ट के नाम बम्बई से 6 अक्टूबर, 1985 का पत्र
18. Haripriya Rangan, Romancing the Environment in John Friedmann, Haripriya Rangan (Eds.), 1993, In Defense of Livlihood, UNRISD and Kumarian Press
'The Chipko Movement exists today as a fairy tale, a myth sustained and propogated by a few self appointed spokespeople through conferences, books and journal articles that eulogize it as a social movement, peasant movement (Guha 1986), environmental movement (Shiva and Bandyopadhyay, 1989), women's movement (Jain, 1984), Gandhian movement (Weber, 1988)- in short, an all encompassing movement beyond compare. In this way Chipko has joined the host of Indian myths that weave the fabric of reality symbolizing the Himalayas.' page: 158
Also see Haripriya Rangan, 2001, Rewriting Chipko into Himalayan History, OUP and Antje Linkenbach, 2007, Forest Futures, Parmanent Black
19. भेंटवार्ता : चण्डी प्रसाद भट्ट तथा शमशेर बिष्ट
20. देखें : Anil Agrawal, Bina Agrawal, Aseem Shrivastava, Ashish Kotharai, Chambers, Kanchan Chopra, GD Berreman, PP Karan, Arun Agrawal, K. Hanumanta Rao, M.S.Swaminathan, Madhav Gadgil, Jack Ives, Ramachandra Guha, D.D. Tiwari, Vandana Shiva, Jayanta Bandyopadhyay, Madhu Sarin, K. Shivramkrishnan; Richard Grove and team, Nature and the Orient: 8-10; Ekins, P., A New World Order : Grass Roots Movements for Global Change : 143-44; Zurick, David and Karan P.P., Himalaya- Life on the Edge of theWorld, The Johns Hopkins University Press, Baltimore : 16, 18, 121-23, 197, 227-28; Martin J. Haig, Chipko Movement; Radha Kumar, 1997 (1993), The History of Doing : 147-48, 183-87; Robert Chambers, N.C. Saxena, Tushar Shah, To the Hands of the Poor-Water and Trees : 161, 190 and 237; Greta, Gaard, Eco Feminism : Women, Animals and Nature : 4, 236; Robert Chambers, Rural Development: Putting the Last First, Longman : 166
21. 1982 में केरल शास्त्र साहित्य परिषद् के अधिवेशन में जब संस्कृतिकर्मी गिरीश तिवारी 'गिर्दा', निर्मल जोशी और मैं केरल गये तो वहाँ अनेक मित्रों को यह समझाना मुश्किल हुआ कि हम लोगों को पेड़ों से चिपकने का मौक़ा नहीं मिला। सिर्फ़ टिहरी में एक बार यह मौक़ा आया। धूमसिंह नेगी के अकेले होने के कारण यह हुआ। परन्तु इस ऐतिहासिक क्षण की फ़ोटो नहीं खींची जा सकी। केरल में एक युवक ने गिर्दा से 'आज हिमाल तुमन कैं धत्यूछ' सुनकर यह भी पूछा था कि क्या पेड़ को काटने वाले और बचाने वाले का फ़र्क़ समझ में आता होगा। गिर्दा ने इतना ही कहा कि पेड़ आदमी से महान होता है इसलिए वह काटने वाले को भी फल देता है और माफ कर देता है (भेंटवार्ता : गिर्दा)
22. भेंटवार्ता : अनुपम मिश्र, अशोक सैकिया, अनिल अग्रवाल, एम.एस. स्वामीनाथन
देखें पत्राचार : चण्डी प्रसाद भट्ट को अनिल अग्रवाल का 6 अक्टूबर, 1985 का पत्र; एम.एस. स्वामीनाथन के भट्ट को लिखे 14 जुलाई तथा 1 अगस्त, 1981 के पत्र; मधुरा स्वामीनाथन का 31 मई 1979 का पत्र; नित्या स्वामीनाथन का 9 जून, 1981 का पत्र तथा वीरेन्द्रकुमार, गोपा जोशी, माधव गाडगिल, सुनीता नारायण आदि के पत्र (दग्रास्वमं के सग्रह में),
23. दग्रास्वमं के शिविरों के मिज़ाज को समझने के लिए देखें : Linkenback, Forest Futures : 167-178
24. Madhav Gadgil, 1994, The Green Brigade, Economic Times, 20 January; Gopa Joshi, Bare Himalaya : A Himalayan Problem, Gandhi Marg, 1982 : 459-464; Scientific Note, 1993, Environmental Appriasal for Sustainable Eco Development Through Remote Sensing Data : A Case Study for a Few Watersheds of Chamoli Distruct, Land Resources Division, ISRO, Ahmedabad
25. भेंटवार्ता : शिशुपाल सिंह कुँवर
26. भेंटवार्ता : रमेश पहाड़ी, मुरारीलाल
27. विजय जरधारी, कृषि नीति कैसी हो, राजस्थान पत्रिका, 15 दिसम्बर 1996, The Statesman, 2 March, 1995; *India Today*, 7 February, 2005 : 8; विजय जरधारी, किसानों की बरबादी का मसौदा, अमर उजाला, 22 दिसम्बर, 2006
28. Ashish Kothari, Hope for the Future, Hindu Survey of the Environment 1994 : 73-76; Dionne Sunsha, Seeds Soldeir, Frontline 1 February, 2008 : 91-92; Namrata Joshi, Science of the Ages, Outlook, 29 August, 2011: 12-13
29. विजय जरधारी, 2012 (2007), बारहनाजा, अकेडमी ऑफ़ डवलपमेंट साइंस, रायगढ; Vijay Jardhari, 2015, Barahnaja : Traditional Biodiverse Agriculture in Uttarakhand, Sobti, Sudhagarh, Maharashtra
30. विजय जरधारी, 2012 (2007), बारहनाजा की प्रस्तावना
31. देखें : ट्रेल, बैटन, बैकेट-रैमजे, पौ, इबटसन तथा धर्मानन्द जोशी आदि की बन्दोबस्ती रपटें

32. विजय जरधारी, 2012 (2007), बारहनाजा : 138
33. विजय जरधारी, 2012 (2007), बारहनाजा : 139
34. कुँवर प्रसून, 2008, अपने बीजों की खोज में, पहाड़ 14-15 : 230-235
बीज बचाओ आन्दोलन के नारे निम्नवत हैं :
मिट्टी, पानी, बीज और पेड़; बन्द करो तुम इनसे छेड़
आज समय की यही पुकार, बीज पर कृषक का अधिकार
यह लो अपने बीज और खाद, इनसे खेती है बरबाद
खेत हमारे बीज तुम्हारे, नहीं चलेंगे, नहीं चलेंगे
35. जागरण, देहरादून : 21 सितम्बर, 2007
36. कुँवर प्रसून, 2003, जीभ और ज़मीन का रिश्ता, युगवाणी, दिसम्बर : 18-19
37. Carson, Rachel, 1962, Silent Spring, Penguin; Fukuoka, Masanobu, 1995 (1975), The One-Straw Revolution : An Introduction to Natural Farming, OIB, Mapusa
38. रमेश पहाड़ी, उफरैंखाल से निकली एक नयी गंगा, हिमान्तर 11, 2005 : 3-5; पूरन बिष्ट, सामूहिक आत्मविश्वास की वापसी, हिमान्तर 11, 2005: 12;
39. Ajit Menon, Praveen Singh and others, 2007, Community Based Natural Resource Management in the Central Himalayas : The Work of Dudhatoli Lok Vikas Sansthan in Community-based Natural Resource Management : Issues and Cases from South Asia, Sage, New Delhi: 196-241
40. देखें : सच्चिदानन्द भारती के चण्डी प्रसाद को लिखे पत्र : 10 नवम्बर, 1981, 15 मार्च 1982, 19 नवम्बर, 1985, 27 अक्टूबर, 1988, 14 मई, 1989 तथा 16 जून, 1989
41. रमेश पहाड़ी, उफरैंखाल से निकली एक नयी गंगा, हिमान्तर 11, 2005 : 3-5; पूरन बिष्ट, सामूहिक आत्मविश्वास की वापसी, हिमान्तर 11, 2005 : 12; अनुपम मिश्र, गाँधी मार्ग, नवम्बर-दिसम्बर 2011: 33-42
42. देखें: सच्चिदानन्द भारती का चण्डी प्रसाद को 20 नवम्बर, 1981 का पत्र
43. तोताराम ढौढियाल, चिपको पर्यावरण का पर्याय नहीं है, नैनीताल समाचार, 15 जुलाई, 1987: 3 तथा 7
44. Ajit Menon, Praveen Singh and others, 2007, Community Based Natural Resource Management in the Central Himalayas : The Work of Dudhatoli Lok Vikas Sansthan : 206-207
45. तोताराम ढौढियाल, चिपको पर्यावरण का पर्याय नहीं है, नैनीताल समाचार, 15 जुलाई, 1987: 3 तथा 7
46. देखें : सच्चिदानन्द भारती के चण्डी प्रसाद को लिखे पत्र-15 मई, 1982 तथा 27 अक्टूबर, 1987; सच्चिदानन्द भारती, 2008, उफरैंखाल से गोपेश्वर तक, पहाड़ 14-15 : 162-164
47. अमर उजाला : 7 अप्रैल, 1989
48. अनुपम मिश्र, 2011, गाँधीमार्ग, नवम्बर-दिसम्बर : 33-42 (Anupam Mishra, 2010, Liquid Assets on Steep Slopes in Salina, Irena (Editor), Written in Water : Messages of Hope for Earth's Most Precious Resource, National Geographic, Washington, DC; http://www.indiawaterportal.org/sites/indiawaterportal.org/files/Thando_Paani_Mera_Pahad_Ma_Na_Ja_Swami_Pardesa_Sacchidanand_Bharati_Anupam_Mishra_2010.pdf
49. सत्यपथ विकास विशेषांक, 17 फ़रवरी, 1993
50. भेंटवार्ता : गोविन्दसिंह रावत; झपटो छीनो आन्दोलन का 6 जून, 1987 के प्रदर्शन हेतु आह्वान पत्र
51. Pathak, Shekhar & Ghildiyal, Sanjay, 2007, Biodiversity : A Basic Tourism Resource in Tourism and Himalayan Biodiversity : 1-14
52. धनसिंह राणा, संघर्षनामा : 161
53. Time, 29 May, 2008
54. आपातकाल में पुलिस या प्रशासन की गलत कार्यवाही का प्रतिकार करने से अधिकांश पत्रकार, सामाजिक और राजनीतिक कार्यकर्ता कतराते थे। रमेश पहाड़ी ने ज़िला प्रशासन से अकेले लड़ाई लड़ी। आपातकाल लगते ही गोपेश्वर में ज्यादती शुरू हुई। जुलाई 1975 में पुलिस वालों ने गोपेश्वर के मंदिर मार्ग में स्थित कपड़ा दुकानदार पाल के यहाँ से कपड़ा लिया और भुगतान नहीं किया। कहा कि पता नहीं है इमरजेंसी लग गयी है। दुकानदार ने जब कुछ कहना चाहा तो पुलिस वाले कपड़ा लेकर चले गये। विद्यादत्त तिवारी की दुकान से भी ऐसे ही सामान लिया गया। रमेश पहाड़ी को घटना बतायी। पहाड़ी ने एक अत्यन्त कठोर पत्र तत्कालीन ज़िलाधिकारी रस्तोगी को भेजा। ज़िलाधिकारी ने पत्र का संज्ञान लिया और 15 अगस्त, 1975 की सभा में पहाड़ी की प्रशंसा दोहराते हुए क्षमा माँगी।
एक और घटना थी। जनवरी 1975 में दग्रास्वमं की लीसा फैक्ट्री के कर्मचारी ट्रक में नन्दप्रयाग से लीसा ला रहे थे। लीसा फैक्ट्री में बिरोजा बनता था। ट्रक के पीछे से चमोली-गोपेश्वर मार्ग में ज़िलाधिकारी की गाड़ी आ रही थी। ट्रक ड्राइवर कार

को पास नहीं दे रहा था। सड़क सँकरी थी। जब नेगवाड़ में आकर ट्रक फैक्ट्री में गया तो ज़िलाधिकारी ने अपने अर्दली को भेजकर ट्रक ड्राइवर और अन्य कर्मचारियों को बुलाना चाहा। जब वे नहीं आये तो फिर पुलिस इन सबको गिरफ़्तार कर थाने में ले गयी। ट्रक को सीज कर लिया गया। चण्डी प्रसाद गोपेश्वर में नहीं थे। ड्राइवर और अन्य कर्मचारियों को छुड़ाने के लिए सभी प्रयास नाकाम रहे। अन्त में रमेश पहाड़ी ज़िलाधिकारी के पास गये और स्पष्ट रूप से कह आये कि ट्रक ड्राइवर और अन्य कर्मचारियों के साथ ज़िलाधिकारी ने भी गलती की है। वे ऐसा नहीं कर सकते हैं। तब सभी को छोड़ा गया (भेंटवार्ता : रमेश पहाड़ी, शिशुपाल सिंह कुँवर तथा पुरुषोत्तम बगवाड़ी)

55. भेंटवार्ता : रमेश पहाड़ी
56. नैनीताल समाचार के 15 जनवरी से 15 मार्च, 1978 के अंकों के मुखपृष्ठ में अज्ञेय की निम्न पंक्तियाँ प्रकाशित की गयीं थीं : "जब हज़ारों पेड़ कटते हैं, तब जाकर एक दिन का अख़बार तैयार होता है। अतः लिखने से पूर्व लेखक रचना को इस दृष्टिकोण से परखे कि वह इस योग्य है भी या नहीं, जिसके लिए हज़ारों पेड़ों को काटना पड़े!"
57. पहाड के परामर्श मण्डल में बाबा नागार्जुन, शिक्षाविद् डी.डी. पन्त, चित्रकार रणवीरसिंह बिष्ट, सामाजिक कार्यकर्ता चण्डी प्रसाद भट्ट, कृषिविज्ञानी एमएस स्वामीनाथन, भाषाविद् देवीदत्त शर्मा, संस्कृतिविज्ञ कपिला वात्स्यायन, समाजशास्त्री पूरन चन्द्र जोशी, साहित्यकार शैलेश मटियानी, बौद्धयात्री कृष्णनाथ, लोक विषेषज्ञ गोविन्द चातक, भूगर्भशास्त्री खड्ग सिंह वल्दिया, पर्यावरणशास्त्री यमुनाशरण सिंह, माधव गाडगिल, वीरेन्द्रकुमार, आदित्यनाथ पुरोहित तथा न्यायविद् रवि स्वरूप धवन जैसी अपनी विधाओं की श्रेष्ठ प्रतिभाएँ थीं/हैं तो सम्पादक मण्डल में गिरीश तिवारी गिर्दा, पुष्पेश पन्त, राजीवलोचन साह, रघुवीर चन्द, रामचन्द्र गुहा, भगवती प्रसाद मैठाणी, उमा भट्ट, रघुनन्दन सिंह टोलिया, ललित पन्त, शेखर पाठक, कमल जोशी, गिरिजा पांडे, आशुतोष उपाध्याय, नवीन जुयाल, अनूप साह, थ्रीश कपूर तथा अन्य रचनाशीलों की टीम थी। हर विधा के बेहतरीन रचनाकारों का सहयोग पहाड़ को मिला। पहाड़ में लगभग 4 पीढ़ियाँ एक साथ लिखती रही हैं। बाबा नागार्जुन पहाड़ को 'हिमालय सम्बन्धी विश्वकोश' कहा करते थे।
58. देखें पहाड़ का विवरण पहाड़ के अंकों में
59. दिनमान, 4 अगस्त, 1974
60. पहाड़ 16-17
61. पहाड़ 16-17 : 12
62. पहाड़ 16-17 : 7
63. Ramachandra Guha, 2014, From Askot to Arakot : Hills Have Tales to Tell, Hindustan Times, 27 April; शेखर पाठक, पिछड़ने की कसक, रविवारी जनसत्ता : 12 अक्टूबर, 2014; चार दशक से जारी, अमर उजाला : 24 अगस्त 2014; नवभारत टाइम्स : 16 अगस्त, 2014; उत्तरांचल पत्रिका, नवम्बर तथा दिसम्बर 2014
64. पूरन चन्द्र जोशी, अनिल अग्रवाल, देवीदत्त पन्त, देवीदत्त शर्मा, खड्ग सिंह वल्दिया, कृष्णनाथ, डी.पी. अग्रवाल, यशोधर मठपाल, शंकरलाल शाह, रामचन्द्र गुहा, आदित्यनारायण पुरोहित, रामचन्द्र गुहा, ए.डी. मोदी, पी. साईंनाथ, मोहन उप्रेती, ब्रजेन्द्रलाल शाह, दाताराम पुरोहित, शंकरलाल शाह, विलियम सेक्स, रमेश चन्द्र शाह, राजेन्द्र धस्माना, जॉन लेविट आदि ने समय-समय पर ये व्याख्यान दिये।
65. Sunil Sethi, Vishnu Prayag Project : Blue Print for Disaster, *India Today*, 30 Novemeber, 1983 : 42-43, New Delhi; Bhatt, Chandi Prasad, Juyal, N., Kunwar, M., 1985, Vishnuprayag Project : A Risky Venture in Higher Himalaya, in J.S. Singh (Ed.), Environmental Regeneration in Himalaya : Concepts and Stratagies, Nainital : 410-418
66. रमेश पहाड़ी, 2003, दशौली ग्राम स्वराज्य मण्डल : लोक सशक्तीकरण की आधारभूमि : 43-44
67. भेंटवार्ता : महेन्द्र कुँवर
68. भेंटवार्ता : महेन्द्र कुँवर; क्षेत्रीय भ्रमण 2004 तथा 2014
69. भेंटवार्ता : महेन्द्र कुँवर; अप्रैल 1997, 11 दिसम्बर, 2016 तथा 4 फ़रवरी, 2017
70. मुख्य वन संरक्षक, गढ़वाल की निरीक्षण आख्या दिनांक 13 जुलाई, 1996 के अनुसार जहाँ उत्तरकाशी वन प्रभाग में 1986-87 में 3971 घनमीटर, 1987-88 में 5288, 1988-89 में 2287, 1989-90 में 758, 1990-91 में 422, 1991-92 में 4777, 1992-93 में 7309 और 1993-94 में 6474 घनमीटर लकड़ी का दोहन हुआ, वहीं 1994-95 में यह 133136 घनमीटर तथा 1995-96 में 28,000 घनमीटर पहुँच गया। 1996-97 के लिए भी 50,000 धनमीटर बताया गया (विस्तार हेतु देखें : उत्तराखण्ड में वन विनाश रोकने की पहल, 2013, उत्तराखण्ड वन अध्ययन जन समिति की नागरिक रिपोर्ट, 1994-98: 20)
71. अमर उजाला : 11 तथा 12 अगस्त, 1997
72. अमर उजाला : 15 तथा 16 अक्टूबर, 1997; कुछ समय बाद सुरेश भाई, कमलाराम नौटियाल, शूरवीरसिंह रावत, भवानी भाई और मनोज पांडे ने यह रपट बनाई। अन्य नामित सदस्य इसमें शामिल नहीं हो पाये। बाद में यह प्रकाशित हुई।

73. अमर उजाला: 9 मार्च, 1998
74. अरविन्द दरमोड़ा, 2012, रक्षासूत्र आन्दोलन, विन्सर प्रकाशन, देहरादून
75. भेंटवार्ता : कल्याण सिंह रावत
76. जनसत्ता : 26 नवम्बर, 1997
77. भेंटवार्ता : शमशेर बिष्ट
78. Niraja Gopal Jayal, 2001, Democracy and Social Capital in the Central Himalaya : Tale of Two Villages, *EPW*, February 24 : 655-664; Niraja Gopal Jayal, Democracy and Social Capital in the Central Himalaya : A Tale of Two Villages in Dwaipayan Bhattacharya and Niraja Gopal Jayal (Ed.), 2004, Interrogating Social Capital : The Indian Experience, Sage, New Delhi : 89-96
79. Shankar Gopalakrishnan, Trepan Singh Chauhan, 2014, A Struggle over Class and Space in an Indian City, *EPW*, 28 June
80. युगवाणी, फ़रवरी 2016 : 40-41; उत्तरा, जनवरी-मार्च, 2016 : 26-28 तथा जनवरी-मार्च 2017 : 27-28; नैनीताल समाचार, 15-31 जनवरी, 2016 तथा 15 दिसम्बर, 2016-14 जनवरी, 2017
81. भेंटवार्ता: राधा बहन; हिम्मतसिंह भाकूनी का राधा बहन को 4 अप्रैल, 1981 का पत्र
ग्रामीणों और विशेष रूप से हिम्मतसिंह भाकूनी ने ज़िला प्रशासन, प्रान्तीय और भारत सरकार, जन प्रतिनिधि, स्वयं सेवी संस्थाओं को अपना प्रतिवेदन पूरे तथ्यों के साथ भेजा। देखें : संघर्ष समिति का नियोजन मन्त्री उत्तर प्रदेश को 13 मई, 1981 का पत्र, उद्योग मन्त्री, उत्तर प्रदेश को 29 अगस्त, 1981 का पत्र, निदेशक खनिकर्म और भूतत्व विभाग को 26 जुलाई, 1981 तथा 3 मार्च, 1982 के पत्र, (विस्तार हेतु देखें : खीराकोट संघर्ष की फ़ाइल हिम्मतसिंह के परिवार में। फ़ाइल उपलब्ध कराने के लिए राधा दीदी का आभार)
82. खीराकोट के ग्रामीणों का ज़िलाधिकारी अलमोड़ा को 1 अप्रैल, 1981 का पत्र
83. भेंटवार्ता : राधा बहन
84. Joshi and Bhattacharya, Mining and Environment in India : 275-285 and 377-384
85. और विस्तार के लिए देखिये : नदी बचाओ सन्देश बुलेटिन, कौसानी, 2009 से 2012 तक देखें।
86. तरुण जोशी, वन पंचायत : नियम व विश्लेषण, भवाली
87. Madhu Sarin, 2003, Devolution as a Threat to Democratic Decision-Making in Forestry Findings from Three States in India, ODI, London : 37-62
88. D.N. Dhanagare, 2000, Joint Forest Management in U.P., *EPW*, 9 September : 3315-3324 ('*JFM* exists in UP more on paper than as a ground reality and a lot more serious thinking as well as action for institutional gearing up would be needed if *JFM* ideology is to be translated into a practical agenda for action. More or less similar observation have been made in the report of an evaluation study of Van Panchayats in UP under taken by an official agency of the state government': page 3320)
89. भेंटवार्ता : मुकुल सनवाल, डीपी जोशी, निर्मल कुमार जोशी, जेएस मेहता, आदि; उत्तर प्रदेश का वन अंक 1978; हिमाल तथा डाउन टू अर्थ के विशेषांक

सन्दर्भ सामग्री

1. अभिलेखागारों की सामग्री

Anon., 1814-1815, 1826, 1839, 1842, Pre Mutiny Records, Kumaon, Lucknow, U.P. State Archives (UPSA)

---------, 1867, Census of the NW Provinces, 1865, Volume II, Government Press, Allahabad

---------,1870, Pearson's Report on the Deodar Forests at Jamuna and Tons Rivers, Selection from the Records of Govt. of NWP, Second Series, Vol III, No II, Allahabad

---------, 1900, The Tarai-Bhabar Forest Settlement Report, in file 32/1899-1900, Box 32, COR, RA Nainital

--------, 1912, Census of India 1911, Volume XV, United Provinces of Agra and Oudh, Part I and II (By E.A.H. Blunt), Government Press, Allahabad

--------, 1874- 1911, Selections from the Native (Vernacular) News Papers, NWP and Oudh, National Archives of India, New Delhi

--------, 1903, Correspondence of Curzon with Secretary of State and others, 3, MSS Eur F. IIIè 162, Curzon Collection, Reel-4, NAI

--------, 1911, 1922, Vol. 10 and 1924, Vol. 16 and 18, U.P. Council Proceedings, Allahabad

--------, 1916, Report on the Administration of United Provinces of Agra and Oudh 1915-16, Allahabad

--------, 1917, N.C. Stiffe's Forest Settlement Report of Almora, 1911-15 in FD File 177/1916, Box 218, UPSA, Lucknow

--------, 1918, Annual Progress Report of Forest Administration in the United Provinces for the Year 1916-17, Allahabad

--------, 1918, Forest Department Notification No. 234 Special, XIV 237, 19 September 1918, Regional Archieves, Dehradun

--------, 1920, Industries Dept. File 92, UPSA

--------, 1920, General Administrative Dept. (GAD) File 739, UPSA

--------, 1921, Police Dept. File No. 1151, UPSA

--------, 1921 Report of the Forest Grievences Committee

--------, 1921, GAD File 532, UPSA

--------, 1921, Forest Dept. (FD) File 157, UPSA

--------, 1921, FD File 156 (Forest Fires in Kumaon), UPSA

--------, 1922, GAD File 162, UPSA

-------, 1925, Annual Progress Report of Forest Administration in the United Provinces for the Year 1923-24, *The Indian Forester,* Volume LI, Allahabad

--------, 1928, Annual Progress Report of Forest Administration in the United Provinces for the Year 1926-27, *The Indian Forester,* Volume LIV, Allahabad

--------, 1930, Tehri Darbar Circular Number 21

--------, 1935, Annual Progress Report of Forest Administration in the United Provinces for 1933-34, *The Indian Forester,* Volume LXI, June 1935, Allahabad
--------, 1936, Annual Progress Report of Forest Administration in the United Provinces for 1934-35,
The Indian Forester, Volume LXII, May, Allahabad
--------, 1937, Annual Administrative Report of Tehri Garhwal State Forest Department 1936-37, Tehri
--------, 1940, Report of the Kumaun Laws Committee with Notes of Dissent and Annexures, Allahabad
--------, 1948, Report of Excise Administration, U.P., Allahabad
--------, 1955, Report of the State's Reorganization Commission, Delhi
--------, 1955, Report of the Indian Prohibition Inquiry Committee, Delhi
--------, 1960, Report of the Kumaon Forest Fact Finding Committee, Lucknow
--------, 1968, Report on Autonomous Hill State, Communist Party of India
--------, 1968, Report of the Border Area Workers Conference held on 29-31 October, 1968 at Gopeshwar Distt. Chamoli (DGSM Collection)
--------, 1969, Report of the Border Area Workers Conference, 29-31 October, 1968 at Gopeshwar
--------, 1974, Proceeding of the 14th Meeting of the Central Board of Forestry held at Vigyan Bhavan, New Delhi, 14-15 October
--------, n.d., U.P. Forest Statistics 1978-79, Lucknow
--------, 1985, The Ramon Magsaysay Awards 1982-84, Manila
--------, 1993, National Policy for Integrated Development in the Himalayas, Planning Commission, GOI, Delhi
--------, 1994, Uttarakhand Par Mantri Parishad Samiti Ka Prativedan (Kaushik Committee Report), two vols, Uttarakhand Vikas Vibhag, Lucknow
--------, 1995, Allahabad High Court Decision (Petition 29843 of 1994), 31 May, Allahabad
--------, 1996, Allahabad High Court Decision (Civil Misc. Writ Petition 32982 of 1994), 9 February, Allahabad
--------, 1999, Supreme Court of India Decision (Civil Appeal No. 3027 of 1999 with Civil Appeals Nos 3028-3041 and SLPs), 13 May, Delhi
--------, 2000, The Uttar Pradesh Reorganization Bill, (No. 95-C) 2000 as passed by Lok Sabha on 1 August
---------, State of the Forests, 2003 and 2011, FSI, Dehradun
---------, 2013, उत्तराखण्ड में वन विनाश रोकने की पहल, उत्तराखण्ड वन अध्ययन जन समिति की नागरिक रिपोर्ट, 1994-98, रक्षासूत्र, हिमालयी पर्यावरण शिक्षा संस्थान, मातली, उत्तरकाशी

2. व्यक्तिगत संग्रहों की सामग्री, पत्राचार, फ़ोटो आदि

1. नवजीवन आश्रम, सिल्यारा, टिहरी
2. दशौली ग्राम स्वराज्य मण्डल, गोपेश्वर
3. लक्ष्मी आश्रम, कौसानी
4. ओम प्रकाश भट्ट, गोपेश्वर
5. शमशेर बिष्ट, अलमोड़ा
6. बिपिन त्रिपाठी/रमेश त्रिपाठी, द्वाराहाट, अलमोड़ा

7. कुँवर प्रसून, रंजना प्रसून, ग्राम कुड़ी, जाजल, टिहरी
8. प्रताप शिखर, जाजल, टिहरी
9. विजय जरधारी, बीज बचाओ आन्दोलन, जरधार (नागनी), टिहरी
10. धूम सिंह नेगी, पिपलेथ, जाजल, टिहरी
11. पूरन तिवारी, अलमोड़ा
12. सुनील कैंथोला, वनाधिकार, देहरादून
13. संजय कोठियाल, युगवाणी, देहरादून
14. जगत रौतेला, अलमोड़ा
15. जुगल किशोर जोशी, सेण्ट्रल लॉज, अलमोड़ा
16. नरोत्तम प्रसाद त्रिपाठी, लखनऊ
17. कमलाराम नौटियाल, उत्तरकाशी
18. गोविन्द सिंह रावत, जोशीमठ
19. नरेन्द्र भटनागर, देहरादून
20. विज्ञान तथा पर्यावरण केन्द्र, दिल्ली

3. किताबें/Books तथा लेख/Articles

Anon (Ed.), 1971, Hundred Years of Indian Forestry 1861-1961, Volume I and II, FRI, Dehradun

Agarwal, Anil, 1975, 'Ghandis' Ghost Saves the Himalayan Trees' in New Scientist, Volume 67, London

Agarwal, Anil, Chopra, Ravi and Sharma, Kalpana, 1982, State of India's Environment (The First Citizen's Report), CSE, New Delhi

Agarwal, Anil, Narayan, Sunita, 1985, State of India's Environment, 1984-85 (The Second Citizen's Report). CSE, New Delhi

Agrawal, Anil, 1992, The Price of Forests, CSE, New Delhi

Agarwal, Anil and Sunita Narayan, 1997, Dying Wisdom, CSE, New Delhi

Agrawal, Anil and Sunita Narayan, 1990, Community Forestry by the Chipko Movement in Chamoli (Uttar Pradesh) in Strategies for the Involvement of the Landless and Women in Afforestation : Five Case Studies from India — A Technical Co-operation Report, ILO, Geneva

Agrawal, Arun, Sivaramakrishnan, K. (Eds.), 2001, Social Nature : Resources, Representations and Rule in India, OUP, Delhi

Agrawal, Arun, 2005, Environmentality, *Current Anthropology,* Vol 46, No. 2, April

Agrawal, Arun, 2005, Environmentality : Technologies of Government and the Making of Subjects, Duke University Press, London.

Agrawal, A., 2001, The Regulatory Community, Decentralization and the Environment in the Van Panchayats (Forest Councils) of Kumaon, India, *Mountain Research and Development,* Vol. 21, No. 3, August

Agrawal, Bina, 1992, The Gender and Environment Debate : Lessons from India, Feminist Studies, 18 (1)

------------------, 1996 (1994), A Field of One's Own, CUP, Delhi

Agrawal, D.P. and Kharkawal, J.S., 1998, Central Himalayas : An Archaeological, Linguistic and Cultural Synthesis, Delhi, Aryan Books International

Aitchison, C.U., 1863, A Collection of Treaties, Engagements and Sunnuds Relating to India and Neighbouring Countries, Volume II, Bengal Printing, Calcutta

Aitken, Bill, 1992, Seven Sacred Rivers, Penguin, Delhi

Ali, Salim, 1980 (1949), Indian Hill Birds, OUP, Delhi

Alder, Garry, 1985, Beyond Bokhara : The Life of William Moorcroft—Asian Explorer and Pioneer Veterinary Surgeon 1767-1825, Century Publishing, London

Anderson, David and Richard H. Grove, 1990, Conservation in Africa : Peoples, Policies and Practice, CUP

Archer, Mildred, 1980, Early Views of India : The Picturesque Journeys of Thomas and William Daniell 1786 - 1794, Thames and Hudson, London

Aryal, Manisha, 1994, Axing Chipko, *Himal,* Jan-Feb, Kathmandu

Aryal, Manisha, 1995, Dams : The Vocabulary of Protest, *Himal,* July-August, Kathmandu

Ashish, Sri Madhava, 1998, Relating to Reality : Relating the Metaphysical Roots of Value to their Application in Every Field of Human Activity, Banyan Books, New Delhi

Askot Arakot Abhiyan, 1974, 1984, 1994, 2004 and 2014 Surveys, Visual and Audeo Collection, Pahar, NainiTal

Atkinson, E.T., 1973 (1882-86), The Himalayan Districts of the North Western Provinces of India, Three Volumes., Allahabad, Government Press, (Cosmo, New Delhi)

Bahuguna, M.N., 1941, Working Plan for the Tehri Forest Division, Tehri Garhwal State, 1939-40 to 1969-70, Tehri

Bahuguna, Sunderlal, 1983, What Man does to Mountain and to Man, *Future,* First Quarter

-------------------------, 1987, The Chipko Message, Chipko Information Centre, Silyara

-------------------------, 1987, The Chipko : A People's Movement in *The Himalayan Heritage,* Gian, Delhi

-------------------------, 1988, Chipko March Continues, *Hindu,* 5 June

Baker, J.N.L., 1923, History of Geographical Discoveries and Exploration, George G. Harrap, London

Baker, Elizabeth, 2008 (2007), The Otherside of Laurie Baker, DC Books, Kottayam

Ballabh, V., 1993, Van Panchayats : Managing Our Resources, Seminar, 406, New Delhi

Bandyopadhyay, Jayanta, 1995 (1992), From Environmental Conflicts to Sustainable Mountain Transformation : Ecological Action in the Garhwal Himalaya, in Dharam Ghai and Jessica Vivian (Eds), *Grass Roots Environmental Action : People's Participation in Sustainable Development,* Routledge, London

Bandyopadhyay, Jayanta and Shiva, Vandana, 1988, Political Economy of Ecological Movements, EPW, 23 (24), Bombay

Bandyopadhyay, Jayanta, 1999, Chipko Movement : Of Floated Myths and Flouted Realities, EPW, 10 April

Batten, J.H., 1848, Official Report on the Provinces of Garhwal, Secundra Orphan Press, Agra

--------------, 1871 (1851), Official Report on the Provinces of Kumaon, Secundra Orphan Press, Agra

Batten, J.H., 1841, Tea Cultivation in Kumaon, Calcutta

Batten, J.H., 1844, Report of the Settlement of Garhwal 1842 in *Journal of the Asiatic Society,* CLV, Volume 13, Part II

Batten, J.H., 1844, A Few Notes on the Kumaon and Rohilkhand Tarai, Part II in *Journal of the Asiatic Society,* CLV, Volume 13, Part II

Bailey, T.G., 1920, Linguistic Studies from the Himalayas, London

Becket, J.O.B, 1866, Report on the Settlement Operation in the Garhwal District from 1856 to 1864, Allahabad, Government Press

-----------------, 1874, Report on the Revision of Settlement in the Kumaun District from 1863 to 1873, Allahabad, Government Press

Behn, Mira, 1984 (1960), The Spirit's Pilgrimage (The Autobiography of Madeleine Slade), Great Ocean, Virginia

Behn, Sarala, 2010, A Life in Two Worlds (The Autobiography of Sarla Devi or Catherine Mary Heilemann), Lakshmi Ashram and Pahar Pothi, Kausani/Nainital

Berreman, Gerald B., 1963, Hindus of Himalayas, CUP, California

Berreman, Gerald, 1987, Uttarakhand and Chipko: Regionalism and Environmentalism in the Central Himalaya in Manis Kumar Raha (Ed.), *The Himalayan Heritage,* Gian, Delhi

-----------------, 1987, Chipko : A Movement to Save the Himalayan Environment and People, typed ms.

Bhanu, Dharma, 1957, History and Administration of the North-Western Provinces (Subsequently called the Agra Province) 1803-1858, Shivlal Agrawal and Co, Agra

Bhatia, Anupam (Ed.), 2000, Participatory Forest Management : Implications for Policy and Human Resources' Development in the Hindu Kush- Himalayas, Volume IV, India, ICIMOD, Kathmandu

Bhatia, S. B., 1926, W.P. for the East Almora Forest Division : 1924-25 to 1933-34, Allahabad

Bhatt, Chandi Prasad, 1980, Ecosystem of the Central Himalaya and Chipko Movement, Gopeshwar, DGSM

Bhatt, Chandi Prasad, N. Juyal, M. Kunwar, 1985, Vishnuprayag Project : A Risky Venture in Higher Himalaya, in J.S. Singh (Ed.), *Environmental Regeneration in Himalaya: Concepts and Stratagies,* Nainital

Bhatt, Chandi Prasad, 1997 (1992), The Future of the Large Projects in the Himalaya, Pahar, Nainital

Bhatt, Chandi Prasad, 1987, The Chipko Movement : Strategies, Achivements and Impacts in The *Himalayan Heritage,* Gian, Delhi

Bisht, B.S., 1994, Tribes of India, Nepal, Tibet Borderland, Vivek, Delhi

Bora, R.S. 1996, Himalayan Migration : A Study of the Hill Region of Uttar Pradesh, Sage, Delhi

Booth, Martin, 1990, Carpet Sahib : A Life of Jim Corbett, Delhi

Brahmawar, R.N., 1940, A Short Note on the Export Arrangements from the Forests in Sarda Valley, *The Indian Forester,* Volume LXVI, October

Brandis, Dietrich, 1994 (1897), Forestry in India, Natraj, Dehradun

Bryant, Raymond L., 1997, The Political Ecology of Forestry in Burma 1824-1994, Hurst and Company, London

Burrard, S.G., Hayden H.H., Heron, A.M. 1934, A Sketch of Geology and Geography of the Himalaya Mountains and Tibet, New Delhi

Carson, Rachel, 1962, Silent Spring, Penguin

Cautley, Proby Thomas, 1854, Ganges Canal, CEC Press, Roorkee

Cautley, Proby Thomas, 1860, Report on the Ganga Canal Works: From their Commencement until the Opening of the Canal in 1854, 2 Volumes, Smith Elder, London

Chaitanya, Krishna, 1983, A Profound Ecology—The Hindu View of Man and Nature, The Ecologist, Volume 13, Number 4, London

Chakraborty, S., 1999, A Critique of Social Movements in India : Experiences of Chipko, Uttarakhand and Fisworkers Movement, Indian Social Institute, New Delhi

Chakravarty, S., 1987, Development Planning : The Indian Experience, Clarendon Press, Oxford

Chapple, C.K. & Tucker, M.E. (Eds.), 2000, Hinduism and Ecology : The Intersection of Earth, Sky, and Water, Harvard University Press, Cambridge, MA

Chambers, Robert, N.C. Saxena, Tushar Shah, 1991 (1989), To the Hands of the Poor-Water and Trees, Oxford and IBH Publishing, Delhi

Chambers, Robert, 1990 (1983), Rural Development : Putting the Last First, Longman, New York

Champion, H.G., 1919, Observations on Some Aspects of Fires in the Chir *(Pinus Longifolli)* Forests of the West Almora Division, *The Indian Forester,* XLV, July

Champion, H.G. and Seth, S.K., 1968, A Revised Survey of Forest Types of India, Government of India Press, Nasik

Cleghorn H., 1864, Report Upon the Forests of the Punjab and the Western Himalaya, Thomson Engineering College, Roorkee

Colebrooke, H.T., 1818, On the Sources of Ganges in the Himadri or Emodus, Asiatic Researches, Volume 11, Calcutta

Crosby, Alfred, 1986, Ecological Imperialism : The Biological Expansion of Europe, Cambridge University Press, Cambridge

Clay, J.M., 1928, Nainital : A Historical and Descriptive Account, Govt. Press, Allahabad

Crooke, William, The NW Provinces of India, 1897, Allahabad

Dangwal, Dhirendra Datt, 2009, Himalayan Degradation : Colonial Forestry and Environmental Change in India, CUP, New Delhi

Daniell, William and Caunter, Rev. Hobart, 1835, The Oriental Annual, Bull and Churton, London

Das, J.C. and R.S. Negi, 1976, The Chipko Movement, Anthropological Survey of India. Calcutta, September

Devi, Sarala, 1982, Revive our Own Planet, Gyanodaya, Nainital

Dhavan, R. S., 1997, Allahabad High Court, Om Prakash Bhatt and others VS State of UP and others on 28 October, 1996, Equivalent citations : AIR 1997

Dhar, U., (Ed.), 1993, Himalayan Biodiversity Conservation Strategies, GBPIHED, Kosi, Almora

Diamond, Jared, 1997, Guns, Germs, and Steel : A Short History of Everybody for the Last 13,000 Years, W. W. Norton, New York

Dogra, Bharat, 1980, Forests and People, Himalaya Darshan, Rishikesh

Dogra, Bharat, 1993, Living for Others : Vimla and Sunderlal Bahuguna, Delhi

Dogra, Bharat 1992, Forests, Dams and Survival in Tehri Garhwal, Delhi

Dwivedi, O.P., 1997, India's Environmental Policies, Programmes and Stewardship, St. Martin's Press, New York

Dwivedi, O.P., 2000, Dharmic Ecology, in Chapple, C.K. & Tucker, M.E. (Eds.), *Hinduism and Ecology : The Intersection of Earth, Sky, and Water,* Harvard University Press, Cambridge, MA

Eckholm, Erik, 1976, Losing Ground : Environmental Stress and World Food Prospects, Norton and Co, NewYork

Ekins, P. 1992, A New World Order : Grass Roots Movements for Global Change, Routledge, London

Engles, F., 1979, The Dialectics of Nature, Moscow

Epsy, C., 1997, Chipko Indian Movement. TED Case Studies, #236 [Online]. Available: http://www.american.edu/TED/chipko.htm [30 February 2005]

Esterline, Mac Handy, 1990, Faith in Asia's Poor, Ten Paths to Rural Development (Biographies of Ramon Magsaysay Award Foundation Awardees), University Press, New York

Farooqui, Amar, 1997, Colonial Forest Policy in Uttarakhand 1890-1928, Kitab Publishing, New Delhi

Ford- Robertson, F.C., 1936, Our Forests, Calcutta

Frazer, James B., 1820, Account of a Journey to the Sources of the Jamuna and Bhagirathi Rivers, *Asiatic Researches,* Volume 13, Calcutta

Frazer, James B., 1820, Journal of a Tour Through Part of the Snowy Range of the Himala Mountains and the Sources of the Rivers Jamuna and Gange, London

Fukuoka, Masanobu, 1995 (1975), The One-Straw Revolution : An Introduction to Natural Farming, OIB, Mapusa

Gaard, Greta, 1993 (1987), Eco Feminism : Women, Animals and Narure, Temple University Press, Philadelphia

Gadgil, Madhav and Guha, Ramachandra, 1989, State Forestry and Social Conflict in British India : A Study in the Ecological Bases of Agrarian Protest, *Past and Present,* No 123: May

Gadgil, Madhav and Guha, Ramachandra, 1992, This Fissured Land : An Ecological History of India, OUP, Delhi

--, 1995, Ecology and Equity, Penguin, Delhi

Gadgil, Madhav, 1994, Green Brigade, Economic Times, 20 January, Delhi

Gandhi, Indira, 1982, Address to the UN Conference on Human Environmrnt 'Man and His World' on 14 June, 1972 in *Peoples and Problems,* Hodder and Stoughton, London

Gaur, V.K., 1982, Earthquake Risk to Tehri Dam, Unpublished Report, NGRI, Hyderabad

Gaur, V.K. (Ed.), 1993, Earthquake Hazard and Large Dams in the Himalaya, INTACH, Delhi

Ghai, Dharam and Vivian, Jessica M. (Eds.), 1995 (1992), Grassroots Environmental Action, Routledge, London

Goldsmith, Katherine, 1997, Sundar Bahuguna : A Gentle Warrior, Resergence, Issue 181, March-April, London

Green, Michael J.B., 1986, The Distribution, Status and Conservation of the Himalayan Musk Deer *(Moschus chrysogaster), Biological Conservation,* Volume 35, Issue 4

Grim, John and Tucker, Mary Evelyn (Eds.), 2014, Ecology and Religion, Island Press, Washington

Grierson, G.A., 1916, Linguistic Survey of India, Relevant Volumes (I and IX), Calcutta

Grove, Richard H., 1994, Green Imperialism : The Colonial Expansion, Tropical Island Edens and the Origins of Environmentalism 1600-1860, Delhi

Grove, Richard H.; Damodaran, Vinita and Sangwan, Satpal (Eds.), 2000 (1998), Nature and the Orient : The Environmental History of South and Southeast Asia, OUP, Delhi

Guha, Ramachandra, 1983, Forestry in British and Post British India—A Historical Analysis, EPW, 29 October and 5-12 November

-----------------------, 1987, Sociology of Chipko : A Study of the Badyargarh Andolan, 1979 in The *Himalayan Heritage,* Gian, Delhi

-----------------------, 1989, The Unquiet Woods— Economic Change and Peasant Resistance in the Himalaya, OUP, Delhi

-----------------------, 2000, Environmentalism A Global History, OUP, Delhi

-----------------------, 2008 (2006), The Subaltern Ecology of Chandi Prasad Bhatt in *How Much Should A Person Consume,* Permanent Black, Ranikhet

Guha, R. and Martinez-Alier, J. (1997), Varieties of Environmentalism : Essays North and South, Earthscan Publications, London

Gupta, Krishna Murti and Desh Bandhu (Eds.), 1979, Man and Forests, TTP, Delhi

Gururani, Shubhra, (2001), Regimes of Control, Strategies of Access : Politics of Forest Use in the Uttarakhand Himalaya, India in Agrawal, Arun and Sivaramakrishnan, K. (Eds.), *Agrarian Environments : Resources, Representations and Rule in India,* OUP, New Delhi

Habib, Irfan, 1986 (1982), An Atlas of the Mughal India, OUP, Delhi

Haig, Martin J., 1987, Chipko Movement, in *International Journal of Environmental Studies,* 10 July, Lankashire, UK

Hall, J. , 1994, Eco-Feminism and Geography : The Case of Vandana Shiva and Chipko (Masters Thesis, Virginia Polytechnic Institute and State University)

Hamilton, Walter, 1971 (1820), A Geographical, Statistical and Historical Description of Hindustan and the Adjacent Countries, Volume II, Oriental Publishers, Delhi

Harari, Yuval Noah, 2017, Homo Deus : A Brief History of Tomorrow, Harper Collins, New York

Hardin, G., 1968, The Tragedy of Commons, Science, Volume 162, December

Hardwick, Thomas, 1809, Narrative of a Journey to Sirinagur, *Asiatic Researches,* Volume 6, Calcutta

Haynes, Jeff, 1997, Democracy and Civil Society in the third world—Politics and New Political Movements, Polity Press, Cambridge

Hearle, N., 1888, WP for the Tehri Garhwal Leased Forests, Jaunsar Forest Division, Allahabad

Heber, Reginald D.D., 1827, Narrative of a Journey Through the Upper Provinces of India 1824-25, Vol. 2, London (Reprint, Delhi, L.P. Publications 1993)

Heim, Arnold and Gansser, August, 1939, Central Himalaya : Geological Observations of the Swiss Expedition 1936, Zurich

-----------------------, 1939, The Throne of the Gods, Macmilan, London

Hegde, Pandurang, 1988, Chipko and Appiko : How the People Save the Tree, London.

-----------------------, 1908, What is Wrong with Hill Area Development? in *Yojana,* 1-15 January, New Delhi

Heske, Franz, 1931, Problem Der Waldernautung in Himalaya in *Tharandier Forstlichen Jehrabuch,* Volume 82, No. 8

S.R. Hiramath, Sadanand Kanwalli, Sharad Kulkarni (Eds.), 1994, All About Draft Forest Bill and Forest Lands, Samaj Parivartan Samudaya, Dharwad

Hobsbawm, E., 1974, Primitive Rebels, OUP, Delhi

Hoffmiester, W., 1847, Travels in India and Ceylone, London

Hoon, Vineeta, 1996, Living on the Move, Sage, New Delhi

Husain, Zakir, 1995, Uttarakhand Movement : The Politics of Identity and Frustration, Prakash Book Depot, Bareilly

Hutchison, Robert A., 1988, A Tree Hugger Stirs Villagers in India to Save their Forests, in *Smithsonian,* Volume 18, No. 11, February

Ishizaka, Shinya, 2006, The Anti Tehri Dam Movement as a New Social Movement and Gandhism, *Journal of the Japanese Association for South Asian Studies,* No. 18, October, Tokyo: 76-95

Ishizaka, Shinya, 2009, What has the Chipko Movement Brought About?, Working Paper 52

Ishizaka, Shinya, Re-evaluating the Chipko (Forest Protection) Movement in India, *The South Asianist,* Vol. 2, No. 1

I.S.S.T., 1991, Mining in the Himalayas, Delhi, Institute of Social Studies Trust

Ives, Jack D. and Messerli, Bruno, 1989, Himalayan Delemma : Reconciling Development and Environment, UNU-Routledge, London/New York

Ives, Jack D. and Messerli, Bruno, 2006 (2004), Himalayan Perceptions : Environmental Change and the Well-being of Mountain Peoples, Routledge, London

Jackson, Cecile, 1994, Gender Analysis and Environmentalisms, in Michael Redclift and Ted Benton (Eds.), *Social Theory and the Global Environment,* Routledge, London

Jain, Shobhita, 1984, Women and People's Ecological Movement : A Case Study of Women's Role in the Chipko Movement in Uttar Pradesh, EPW, October 13

Jain, S., 1984, Standing up for Trees : Women's Role in the Chipko Movement, Unasylva, 146 (Online), available : http://www.fao.org/documents/show_cdr.asp?url_file=/docrep/r0465e/r0465e03.htm [10 October 2005]

James, G.A., (2000), Ethical and Religious Dimensions of Chipko Resistance, in Chapple, C.K. & Tucker, M.E. (Eds.). *Hinduism and Ecology : The Intersection of Earth, Sky, and Water.* (pp. 499-530), Harvard University Press, Cambridge, MA

James, George Alfred, 2013, Ecology is Permanent Economy : The Activism and Environmental Philosophy of Sunderlal Bahuguna, Sunny Press, New York

Juyal, V., 1967, Dewan Chakra Dhar Juyal and the Tradition of his Family, Lucknow

Jodha, N.S., 2002 (2001), Life on the Edge, OUP, Delhi

Joshi, B.K., 2000, Statehood and Beyond, CHDS, Dehradun

Joshi, Dharmanand, 1910, Notes on Garhwal, Allahabad

Joshi, Gopa, 1981, Forest Policy and Tribal Development, *Social Action,* 31

Joshi, Gopa, 1982, The Chipko Movement and Women, *PUCL Bulletin,* September, Delhi

Joshi, Gopa, 1981, Afforestation of Deforested Himalaya, *How/Kaise,* April, Delhi

Joshi, Lalit, 2000, Forest Policy and Anti-Colonial Policy in Nineteenth Century Kumaun, in Vinaya Chandra Pande and Sunit Singh (Eds.), *Independence Movement and Uttar Pradesh,* A. P. H. Publishing Corporation, Delhi

Joshi, L.D., 1929, The Khasa Family Law in the Himalayan Districts of the United Provinces of India, Allahabad, Government Press

Joshi, Maheshwar P., 1990, Uttaranchal Himalaya—An Essay in Historical Anthropology, Sree Almora Book Depot, Almora

Joshi, (Comrade) P.C., nd, Playing with Natural Resources, PC Joshi Archives, JNU, New Delhi.

--------------, 1974, Interview, Almora

Joshi, P.C., 1995, Uttarakhand : Issues and Challenges, New Delhi, Har Anand

Joshi, P.C., 2000, Upsurge in Uttarakhand and the Himalayan Region, *Mainstream,* January 29
Joshi, Rajesh, 1997, Kafalta Carnage- Victory to the Voiceless, *Outlook,* March 26
Joshi, S.C. and Bhattacharya, Goutam (Eds.), 1988, Mining and Environment in India, H.R.G., Nainital
Juhani, Koponen, 1994, Development for Exploitation : German Colonial Policies in Mainland Tanzania, 1884-1914, FHS, Helsinki/Hamburg
Kadekodi, Gopal K. (Ed.), 2000, Water in Kumaun, Almora
Kala, D.C., 1999 (1979), Jim Corbett of Kumaon, Delhi
Kala, D.C., 2006, Frederick Wilson 'Hulson Sahib' of Garhwal, Ravi Dayal, Delhi
Kala, S.C., 1972, Resin Supply and Small Industries in Hills, Letter to the Editor, *National Herald,* Lucknow, 9 November
Karan, Pradyuman, 1994, Environmental Movements in India, *Geographical Review* 84, No 1
Kaushik, Rama Shanker 1994, Uttarakhand Per Mantri Parishad Samiti Ka Prativedan, 2 vols, Uttarakhand Vikas Vibhag, Lucknow
Kennedy, James, 1993 (1884), Life and Works in Benares and Kumaon, New Delhi
Khan, Alamgir, 1947, The Nandhaur Valley Tramway, The Indian Forester, Allahabad
Khanka, S.S., 1988, Labour Force, Employment in Backward Economy, Himalaya, New Delhi
Khatri, K.N. 1987, Great Earthquakes, Seismicity Gaps and Potential for Earthquake Disaster along the Himalayan Plate Boundary, *Tectophysics,* volume 138
Kimothi, M.M. and N. Juyal, 1996, Environmental Impact Assessment of a few Selected Watersheds of the Chamoli District (Central Himalaya) using Remote Sensed Data in *International Journal of Remote Sensing*, Vol 17, Issue 7, May
Kohli, M.S., Kenneth Conboy, 2003, Spies in the Himalayas : Secret Missions and Perilous Climbs, Harper Collins, New Delhi
Krishna, Sumi, 1996, Environmental Politics: People's Lives and Development Choices, Sage, New Delhi
Kumar, Anup, 2011, The Making of A Small State, Orient BlackSwan, Delhi
Kumar, Pradeep, 2000, Uttarakhand Movement : Construction of a Regional Identity, Kanishka, Delhi
Kumar, Radha, 1997 (1993), The History of Doing, Kali for Women, New Delhi
Lakshmi, C.S., (May 21, 2000), *Lessons from the Mountains : The Story of Gaura Devi,*
The Hindu [Online] ccessed:http://www.hinduonnet.com/2000/05/21/stories/13210414.htm [10 November2005]
Lal, Panna, 1921, Kumaon Local Customs, Government Press, Allahabad
Lang, John, 2015, Wanderings in India and Other Sketches of Life in Hindostan, Rupa, New Delhi
Lele, Sharachchandra, Menon, Ajit, 2014, Democratizing Forest Governance in India, OUP, Delho
Linkenbach, Antje, 2007, Forest Futures, Permanent Black, Delhi
Majumdar, D.N., 1944, The Fortunes of Primitive Tribes, Lucknow
--------------------, 1958, Himalayan Polyandry, Delhi
--------------------, 1949, Social Economy of Bhotias, Introduction to *Lonely Furrows of Borderland,* Lucknow

Majumdar, R.C., 1970, British Paramountcy and Indian Renaissance, Part 1 (1818-1905), *History and Culture of Indian People,* Volume 9, Part I (1818-1905), Vidya Bhavan, Bombay

Marriot, R.G., 1936, The Resin Industry in Kumaun, Compiled in the Kumaun Circle, Bulletin 9, United Provinces Forest Department, Allahabad

Mason, Kenneth, 1955, Abode of Snow, Rupert Hurt-Davis, London

Mason, P., 1985, The Men Who Ruled India, Bombay

Mawdsley, E. (1998) After Chipko : From Environment to Region in Uttaranchal, in *Journal of Peasant Studies,* 25 (4)

Mawdsley, E., 2005, The Abuse of Religion and Ecology: The Vishva Hindu Parishad and Tehri Dam, in *Worldviews : Environment, Culture, Religion,* 8 (2)

McClelland, John, 1835, Some Inquiries in the Province of Kemaon Relative to Geology, and other Branches of Natural Science, Calcutta Ms. Thacker & Co: 1-367

Mellor, M., 1997, Feminism and Ecology, New York University Press, New York

Mendes, C., 1989, Fight for the Forest : Chico Mendes in his Own Words. New York, Monthly Review Press

Menon, Ajit and others (Eds.), 2007, Community Based Natural Resource Management in the Central Himalayas : The Work of Dudhatoli Lok Vikas Sansthan in *Community-based Natural Resource Management : Issues and Cases from South Asia,* Sage, New Delhi

Mies, Maria and Shiva, Vandana, 1993, Ecofeminism, Kali for Women, Delhi

Mildred, Archer, 1980, Early Views of India : The Picturesque Journeys of Thomas and William Daniell 1786-1794, London

Mishra, Anupam and Tripathi, S., 1978, Chipko Movement, G.P.F., Delhi

Mishra, Anupam, 2010, Liquid Assets on Steep Slopes in Salina, Irena (Editor), *Written in Water: Messages of Hope for Earth's Most Precious Resource,* National Geographic, Washington, DC

Mitra, Amit, 1993, Down to Earth, 30th April, Delhi

Moorcroft, William, A Journey to Lake Manasarovara in U'nde's, a Province of Little Tibet, *Asiatic Researches,* Volume 12, Calcutta

Moorcroft, William, Trebeck, George, 1977 (1837), Travels in Hindusthan 1819-1825, Part I and II, Sagar, Delhi

Mountaineer, 1860, A Summer Ramble in the Himalaya, London

Negi, Jodh Singh Bagli, 1920, Himalayan Travels, Chakravoarty Chatterji and Co, Calcutta

Nelson, J.C., 1916, Forest Settlement Report of the Garhwal District, Lucknow

Nevill, H. R., 1922 (1904), Nainital : A Gazetteer, Government Press, Allahabad

Nartham, John, 1884, Guide to Mussoorrie, Calcutta

Oakley, E.S., Gairola, T.D., 1935, Himalayan Folklore, Allahabad

Orwell, George, 2009 (1934), Burmese Days, Penguin, London

Osmaston, A.E., 1920, Effects of Fires, *The Indian Forester,* Vol XLVI, March

Osmaston, A.E., 1921, Working Plan for North Garhwal Forest Division 1921-22 to 1930-31, Allahabad

Osmaston, A.E., 1994 (1927), A Forest Flora for Kumaon, Bishan Singh Mahendrapal Singh, Dehradun

Ostrom, Elinor, 1990, Conserving the Commons : The Evolution of Institutions for Collective Action, Cambridge University Press, New York

Pande, Charu Chandra, 1998, Echoes from the Hills, Pahar, Nainital

Pande, Girija and Geijerstam, Jan af, 2002, Tradition and Innovation in the History of Iron Making : An Indo European Perspective, Pahar Pothi, Nainital

Pande, U.C., 1991, State and Farmer Manages Irrigation System in District Almora in U.P. Hills, Water and Land Management Institute, Delhi

Pande, U, and Singh, J.S, 1984, Energy Flow Relationship between Agro and Forest Eco Systems in Central Himalaya, *Environmental Conservation,* Volume 2, No 1

Pangtey, K.S., 2005 (1949), Lonely Furrows of the Borderland, Pahar Pothi, Nainital

Pant, Govind Ballabh, 1922, The Forest Problem in Kumaon, Allahabad, Government Press, (Reprint, Nainital, Gyanodaya, 1985)

Pant, S.D., 1935, The Social Economy of the Himalayans, George Allen and Unwin, London Pathak, Akhileshwar, 1994, Contested Domains : The State, Peasants and Forests in Contemporary India, Sage, New Delhi

Pathak, Shekhar, 1985, Anti Alcohol Movement in Uttarakhand, *Economic and Political Weekly,* Vol XX, No. 32, 10th August, Bombay

--------------, 1987, The Colonial Intrusion in Uttarakhand, U.P. *Historical Review,* Vol 4, Allahabad

--------------, 1987, Mining in the Himalaya, *Transnational Perspectives,* Vol 13, No.3, Geneva

--------------, 1991, The Begar Abolition Movement in British Kumaon, *The Indian Economic and Social History Review,* Vol. XXVIII, No.3, July-September

--------------, 1997, State, Society and Natural Resources in Himalaya : Dynamics of Change in Colonial and Post Colonial Uttarakhand in EPW, April 26

------------, 1999, Beyond An Autonomous State : Background and Preliminary Analysis *of Uttarakhand Movement, Proceedings of the Indian History Congress,* 60th Session, Aligarh

-------------, 2001, Jungle Satyagraha in Rawat, Ajay S. (Ed.), *Forest History of the Mountain Regions of the World,* Nainital

------------, 2002, A Century of Protests, in *Roots : Genesis of Socio-Economic Development of Modern India,* VHAI, Delhi

-----------, 2004, Dalit Awareness in Pre-Independence Uttarakhand, Proceedings of the Indian History

Congress, 64th Session, Patna

-----------, 2005, Tehri Dam : Submergence of a Town, Not of an Idea, *Economic and Political Weekly,* Mumbai, 13 August

Pathak, Shekhar and Bhakuni, Hira S., 1988, Rise and Growth of Kumaon Parishad, *Proceedings of the Indian History Congress,* 48th Session, Delhi.

Pathak, Shekhar and Ghildiyal, Sanjay, 2007, Biodiversity : A Basic Tourism Resource, in Govind Rajwar, Harshwanti Bisht (Ed.), *Tourism and Himalayan Biodiversity,* Srinagar

Patrick, Colonel Kirk, 1986 (1871), An Account of the Kingdom of the Nepal, Delhi

Pauw, E.K., 1896, Report on the Tenth Settlement of the Garhwal District, NWP and Oudh, Allahabad, Government Press

Pearson, 1870, Report on the Deodar Forests at Jamuna and Tons Rivers, *Selection from the Records of Govt. of NWP,* Second Series, Vol III, No II, Allahabad

Peluso, N.L., 1991, The History of State Forest Management in Java, *Forest and Conservation History,* Volume 35, Part 2

Pemble, John, 1971, The Invasion of Nepal, John Company at War, OUP, London
Peter, L., 1925, The First King George's Own Gorkha Rifles, Vol. I, London
Philimore, R.H, The Historical Records of Survey of India, 4 Volumes, Survey of India, Dehradun
Pilgrim, 1844, Wanderings in the Himmala, Agra
Pouchepadass, Jacques, 1995, Colonialism and Environment in India-Comparative Perspective, EPW, 19 August, Bombay
Pokhariyal, H.C., 1993, Agrarian Economy of the Central Himalayas, Indus, Delhi
........................, 1999, Forest Management in Kumaon Himalaya : Struggle of the Marginalised People, Indus, Delhi
Pranavanand, Swami, 1939, Explorations in Tibet, Calcutta
Prinsep, H.T., 1972 (1825), History of the Political Transections in India during the Administration of the Marquess of Hastings 1813-23, Part I, Irish University Press, Shannon, Ireland
Purohit, A.N., 1995, The Murmuring Man, Bishan Singh Mahendrapal Singh, Dehradun
Raha, M. K. (Ed.), 1987, The Himalayan Heritage, Gian, New Delhi
Rahmani, Asad, 2012, Thretened Birds of India, BNHS, Mumbai
Rahul, Ram (Ed.), 1969, Social Work in the Himalaya, Delhi School of Social Work, Delhi
Rangan, Haripriya, 2001, State Economic Policies and Changing Regional Landscapes in the Uttarakhand Himalaya, 1818-1947 in Arun and Sivaramakrishnan, K. (Eds.), *Agrarian Environments : Resources, Representations and Rule in India,* OUP, New Delhi
Rangan, Haripriya, 1995, Contested Boundaries : State Policies, Forest Classification and Deforestation in the Garhwal Himalayas, *Antipode* 27, No. 4
Rangan, Haripriya, 1996, From Chipko to Uttaranchal in Richard Peet and Michael Watts (Eds.), Liberation Ecologies : Environment, Development, Social Movements, Routledge, London
Rangan, Haripriya, 1993, Romancing the Environment : Popular Environmental Action in the Garhwal Himalayas in In Defense of Livelihood, John Friedman and Haripriya Rangan (Ed.), Kumarion Press, West Hartford, CT
Rangan, Haripriya, 2001 (2000), Rewriting Chipko into Himalayan History, OUP, Delhi
Rangarajan, Mahesh, 1996, Fencing the Forest : Conservation and Ecological Change in India's Central Provinces 1860-1914, OUP, Delhi
Ramakrishnan, P.S. etel (Ed.), 1998, Conserving the Sacred for Biodiversity Management, Science Publishers, New Hampshire
Raper, F.V., 1816, Narrative of a Survey for the Purpose of Discovering the Sources of the Ganges, Asiatic Researches, Vol. 11, Calcutta
Raturi, P.D., 1932, Working Plan for the Jamuna Forest Division, Tehri Garhwal State, 1932-33 to 1952-53, Tehri
Rawat, Ajay S., 1999, Forestry in Central Himalaya, UPAA, Nainital
------------------, 1989, History of Garhwal, Indus, Delhi
Rawat, Ajay S (Ed.) 2001, Forest History of the Mountains Regions of the World, Nainital
Michael Redclift and Ted Benton (Eds.), 1994, Social Theory and the Global Environment, Routledge, London
Regmi, Mahesh. C., 1999, Imperial Gorkha, Delhi
Ribbentrop, Berthold, 1989 (1900), Forestry in British India, Indus, New Delhi

Richards, John F. and Tucker, Richard P. (Ed), 1988, World Deforestation in the 20th Century, Duke University Press Durham and London

Right Livelihood Awards (RLA). (1987). The Chipko Movement in *The Right Livelihood Reward Recipients* [Online]. Available:http://www.rightlivelihood. org/recip/chipko. htm [12 November 2005]

Rizvi, S.A.A., 1960, Freedom Struggle in U.P., Volume 5, Lucknow

Rocheleau, D., Thomas-Slayter, B. and Wangari, E. (Eds.), 1996, Feminist Political Ecology : Global Issues and Local Experiences, Routledge, London

Routledge, P. (1993). Terrains of Resistance : Nonviolent Social Movements and the Contestation of Place in India. Westport, CN : Praeger Publishers

Saidullah, J.K. (1992). Children of the Himalayas : The Spread of the Chipko Message in Chamoli, India. (Masters Thesis, University of Kentucky)

Saklani, Atul, 1987, The History of a Himalayan Princely State, Delhi

Saklani, Pradeep M., Nautiyal, Vinod and Nautiyal, K.P., 1999, Summer : Earthquake Resistant Structures in the Yamuna Valley, Garhwal, Himalaya, India, South *Asian Studies,* Volume 15

Saksena, B.P., 1959, Historical Papers Relating to Kumaon, Government Press, Allahabad

Sax, William S., 1991, Mountain Goddess : Gender and Politics in a Himalayan Pilgrimage, OUP, New York

Saxena, R.N., 1953, Social Economy of Polyandrous People, Agra

Sanwal, B.D., 1962, East India Company and Nepal, Asia Publishing, New Delhi

...................., 1969, Report of the Tarai Lands Committee, Govt. Press, Allahabad

Sanwal, Mukul, 1988, Community Forestry : Policy Issues, Institutional Arrangements and Beurocratic Reorientations in *Ambio,* Vol. 17, No. 5

......................., 1989, What We Know About Mountain Development : Common Property, Investment Prioreties and Institutional Arrangements, *Mountain Research and Development,* Volume 9 No. 1, Boulder, Colorado

Sanwal, R.D., 1976, Social Stratification in Rural Kumaon, OUP, Delhi

Sarin, Madhu, 2001, Disempowerment in the name of 'Participatory' Forestry? Village Forests Joint Management in Uttarakhand, in *Forests, Trees and People News Letter,* No. 44, April : 26-35

Sarin, Madhu, 2001, From Right Holders to Beneficiaries (draft), Chandigarh

Sarin, Madhu, 2003, Devolution as a Threat to Democratic Decision-making in Forestry Findings from Three States in India, ODI, London

Sarkar, Sumit, 1983, Modern India 1885-1947, Delhi, McMillan

Saxena, N.C., 1995, Towards Sustainable Forestry in the UP Hills, CSD, LBSNAA, Mussoorie

Saxena, N.C., 1995, Forests, People and Profit : New Equations for Sustainability, Natraj, Dehradun

Salina, Irena (Editor), 2010, Written in Water : Messages of Hope for Earth's Most Precious Resource, *National Geographic,* Washington, DC

Scott, James C., 1976, The Moral Economy of the Peasant-Rebellion and Subsistence in South East Asia, Yale University Press

Schabel, H.G., 1990, Tanganyika Forestry under German Colonial Administration 1891-1919, Forest and *Conservation History,* 34, Part 3

Seabrook, Jeremy, 1993, Victims of Development—Resistence and Alternatives, Verso, London

Sethi, H, 1993, Survival and Democracy : Ecological Struggles in India in P. Wignaraja (Ed) New *Social Movements in the South,* Zed Books, London

Sethi, Sunil, 1983, Vishnu Prayag Project : Blue Print for Disaster, India Today, 30 November, New Delhi

Shah, Manikant, 2012, Traditional Water Management Practices in Uttarakhand, Pentagon Press, New Delhi

Shah, S.L., 1981, Ecological Degradation and Future Agriculture in the Himalayas, *Indian Journal of Agricultural Economics,* Volume 37, Part I

Sharma, D.D., 1983, Linguistic History of Uttarakhand, Hoshiarpur

Sharma, Kumud, Balaji Pandey and Kusum Nautiyal, 1985, The Chipko Movement in the Uttarakhand Region, Uttar Pradesh, India : Women's Role and Participation, in *Rural Development and Women : Lessons from the Field,* Volume II, ILO, Geneva

Sharma, K., Nautiyal, K. and Pandey, B., 1987, Women in Struggle : The Role and Partipation of Women in the Chipko Movement, Centre for Women's Development Studies, New Delhi

Sharma, Mukul, 1993, Villages of Chipko Movement, *EPW,* 10 April

Sharma, Mukul, 2012, Green and Saffron : Hindu Nationalism and Indian Environmental Politics, Parmanent Black, Ranikhet

Shephard, Mark, 1987, Gandhi Today : A Report on Gandhi's Successors (North India's Tree Huggers), Simple Productions, Calofornia

Sherring, C.A., 1906, Western Tibet and British Borderland, Allahabad, Government Press

Shinn, L.D. (2000). The Inner Logic of Gandhian Ecology, In Chapple, C.K. & Tucker, M.E. (Eds.), (2000), *Hinduism and Ecology: The Intersection of Earth, Sky, and Water,* Harvard University Press Cambridge, MA

Shipton, Eric, 1936, Nanda Devi, London

Sivaramakrishnan, K., 1995, Colonialism and Forestry in India

Shiva, V. and Bandyopadhyay, J., 1986, The Evolution, Structure and Impact of the Chipko Movement, *Mountain Research and Development,* 6 (2)

Shiva, Vandana, 1992 (1988), Staying Alive, New Delhi, Kali Books

Shiva, V. and Bandyopadhyay, J., 1986, India's Civilizational Response to the Forest Crisis, Intach, New Delhi

Shiva, Vandana & Bandyopadhyay, Jayanta, 1987, Chipko : Rekindling India's Forest Culture, *The Ecologist,* Vol 17, No. 1, January/February

Shiva, Vandana, 1992, The Chipko Earth Charter, *Sanctuary,* 12 (3), Bombay

Shiva, Vandana and M. Mics, 1993, Eco Feminism, Zed Books, London

Singhal, Arvind and Lubjuhu, Sarah, The Chipko Environmental Movement of India, in John Downing (Ed), *Encyclopedia of Social Movement Media*

Singh, J.S.and Singh, S.P., 1994, The Forests of Himalaya, Gyanodaya, Nainital

Singh, J.S., Pandey, U. and Tiwari, A.K., 1984, Man and Forest : A Central Himalayan Case Study, Ambio, 13 (2)

Singh, K and Ballabh V., 1991, People's Participation in Forest Management : Experience of Van Panchayats in U.P. Hills, *Wasteland News,* August-October : 5-13

Singh, Vir, 1991, Economic Impact of Apple Cultivation in the Himalaya, Dehradun, I.B. Distributer

Singh, V.P., 1967, Working Plan for the West Almora Forest Division, Kumaon Circle, 1966-67 to 1975-76, Nainital

Smetacek, Peter, 2012, Butterflies on the Roof of the World, Aleph, New Delhi

Smythies, E.A., 1914, The Resin Industry in Kumaun, *Forest Bulletin* 26: 3, Calcutta

Somnathan, E., 1991, Deforestation, Property Rights and Incentives in Central Himalaya, *EPW,* January 26, Bombay

Srivastav, S.K, 1958, The Tharus - A Study in Culture Dynamics, Agra University Press

Stebbing, E.P., 1982 (1922), The Forests of India, Volume I, AJR Agency, New Delhi

-----------------, 1982 (1923), The Forests of India, Volume II, AJR Agency, New Delhi

-----------------, 1982 (1926), The Forests of India, Volume III, AJR Agency, New Delhi

-----------------, 1983 (1962), The Forests of India, Volume IV, PEB Agency, Delhi

Stiffe, N.C., 1917, Forest Settlement Report of Almora, 1911-15 in FD File 177/1916, UPSA, Lucknow

Stiffe, N.C., 1911-16, Kumaon Forest Settlement Report, Allahabad

Stone, Peter B. (Ed.), 1992, The State of the Worlds' Mountains, Zed Books, London

Strachey, R., 1851, On the Physical Geography of the Provinces of Kumaon and Garhwal in the Himalaya Mountains and the Adjoining Parts of Tibet, *The Journal of the Royal Geographical Society,* Volume Twenty First

Sykes, Percy, 1949 (1934), A History of Exploration— From the Earliest Times to the Present Day, Routledge and Kegan Paul, London

Tiwari, D. D., 1923, Historical and Political Notes on Kumaon, Lucknow.

Tiwari, D.D., 1995, The Chipko : The Dialectics of Economics and Environment, *Dialectical Anthropology,* 20, No 2 (pages 133-165)

Thadani, Prem, 1993, Chronicles of the Doon Valley, Indus, New Delhi

Tolia, R.S., 1994 & 96, British Kumaon Garhwal, Two Vols., Shree Almora Book Depot, Almora

Tolia, R.S., 2009, Founders of Modern Administration in Uttarakhand : 1815-1884, Bishen Singh Mahendra Pal Singh, Dehradun

Traill, G.W., 1828, Statistical Sketch of Kumaon, *Asiatic Researches,* Vol. 16, Calcutta

Traill, G.W., 1832, Bhotia Mahals of Kumaon, *Asiatic Researches,* Vol. 18, Calcutta

Tucker, Richard, 1988, The Depletion of India's Forests under British Imperialism in D. Worster (Ed.), *The Ends of the Earth : Perspective on Modern Environmental History,* Cambridge University Press, New York

Tulachan, Pradeep M. and others (Eds), 2000, Contribution of Livestock to Mountain Livelihoods, ICIMOD, Kathmandu

Turner, K.G. (2003). Chipko and the Rose-Colored Glasses of Ecofeminism.University of Austin at *Texas Undergraduate Research Journal* [Online]. Available:www.utexas.edu/research/student/urj/journals/Chipko_for_URJ.doc [12 December 2005]

Ummayya, Pandurang and J. Bandyopadhyay, 1983, The Trans-Himalayan Chipko Foot March, The *Ecologist* Vol. 13, No. 5

Upreti, Pandit Ganga Datt, 2003 (1894), Proverbs and Folklore of Kumaun and Garhwal, IGNCA, Delhi

Valdiya, K.S. (Ed.), 1988, Kumaon : Land and People, Nainital, Gyanodaya

Valdiya, K. S., 1993, High Dams in the Himalaya, Pahar, Nainital

Valdiya, K.S. (Ed.), 1996, Uttarakhand Today, Shri Almora Book Depot, Almora

Valdiya, K.S., 1998, Dynamic Himalaya, Hyderabad
Verma, J. (1998), Reel-Heros and Real Ones, *Down to Earth,* 7 (12), New Delhi
Verma, V.P.S., 1973, Working Plan for the Tehri Forest Division, Garhwal Circle, UP, 1973-74 to 1982-83, Nainital
Vincent, Linden, 1995, Hill Irrigation : Water and Development in Mountain Agriculture, ITP/ODI, London
Walton, H.G., 1911, British Garhwal Gazetteer, Allahabad, Government Press
Walton, H.G., 1911, Dehradun A Gazetteer, Allahabad, Government Press
Wadia, D.N., 1953, Geology of India, London
Watters, Thomas, 1961 (1904), On Yuan Chuwang's Travels in India. Delhi
Webber, Thomas W., 1902, The Forests of Upper India and their Inhabitants, Edward Arnold, London
Weber, Thomas, 1988, Hugging the Trees : The Story of the Chipko Movement, Delhi, Viking
Weber, T., 1987, Is There Still a Chipko Andolan?, *Pacific Affairs,* 60 (4)
Whalley, P., 1870, The Law of the Extra Regulation Tracts, Government Press, Allahabad, reprinted Vishwa Vidyalaya Prakashan, Varanasi, 1991 as British Kumaon with introduction by R.S.Tolia
White, G. F., 1837, Views in India, London
Wilham, Roger, 1994, The Next Great Earthquake, *Himal* (Kathmandu), May-June 1994
Williams, G.R.C., 1994 (1874), Memoir of Dehradun, Roorkee, Thomson College of Engineering Press (Reprint, Dehradun, Natraj)
Williams, Rushbrook, 1922, India in 1921-22, Government of India, Calcutta
---------------------------, 1923, India in 1922-23, Government of India, Calcutta
---------------------------, 1924, India in 1923-24, Government of India, Calcutta
Younghusband, Francis, 1993 (1910), India and Tibet, Delhi
Zurick, David and Karan P.P., 1999, Himalaya- Life on the Edge of the World, John Hopkins University Press, Baltimore
उप्रेती, प्रभात, 2000, संघर्षमय उत्तराखण्ड, गोपेश प्रकाशन, अलमोड़ा
खनी, खड़क सिंह, 2007, सूरज को तो उगना ही था, इंडिपेंडेंट मीडिया, नॉयडा
गुप्ता, कृष्णमूर्ति (सं.), 1993, मीरा बहन जन्म शताब्दी ग्रन्थ, हिमालय सेवा संघ, दिल्ली
गुहा, रामचन्द्र, 1986; वन, वन व्यवस्था और वनान्दोलन, पहाड़ 2, नैनीताल
चे, शेखर, 1974, अब पेड़ नहीं हम कटेंगे, अमर उजाला दीपावली विशेषांक, बरेली
छत्रे, अश्विनि, 1996, भटियात वन आन्दोलन, पालमपुर
जगूड़ी 'नीलाम्बरम', नागेन्द्र दत्त, 2002, मध्य हिमालय के वन आन्दोलनों का राजनीतिक विश्लेषण, सरिता बुक हाउस, दिल्ली
जरधारी, विजय, 1981, दूसरे दर्जे के नागरिकों की लड़ाई, हेंवलिका, जाजल, टिहरी
............................, 2012 (2007), बारहनाजा, अकादमी ऑफ़ डेवलपमेण्ट साइंस, रायगढ़
जोशी, कमल, 1995, टिंचरीमाई तुम्हें लौटना होगा, पहाड़ 8, नैनीताल
जोशी, प्रयाग, 1983, वनराजियों की खोज में, पहाड़ 1, नैनीताल
जोशी, तरुण, 2004, वन पंचायत : नियम व विश्लेषण, भवाली
जोशी, हरीश, 1983 तथा 1986, हिमालय को ज़्यादा जानते हुए, पहाड़ 1 तथा पहाड़ 2, नैनीताल
जोशी, सुधा, 1970, कूर्मांचल केशरी, हैदराबाद

जौनसारी, रतनसिंह, 2006, जौनसार बावर : एक सांस्कृतिक, आर्थिक एवं सामाजिक अध्ययन, गीतांजलि प्रकाशन, देहरादून
टोलिया, रघुनन्दन सिंह, 1999, कुमाऊँ और विद्रोह, पहाड़ 10, नैनीताल
डबराल, शिव प्रसाद, 1964, उत्तराखण्ड के भोटांतिक, वीरगाथा, दोगडा
......................................, 1964, उत्तराखण्ड के पशुचारक, वीरगाथा, दोगडा
......................................, 1968-80, उत्तराखण्ड का इतिहास, भाग 1, 5, 6, 7, 8, वीरगाथा, दोगडा
डंगवाल, किरन, 1998, चिपको आन्दोलन और नारी शक्ति, विनसर, देहरादून
तिवारी, कैलाश चन्द्र, 1998, स्वातंत्र्योत्तर उत्तराखण्ड में नशा विरोधी आन्दोलन, इतिहास विभाग, कुमाऊँ विश्वविद्यालय, नैनीताल का अप्रकाशित शोध प्रबन्ध
तिवारी, चारु, 2007, विपिन त्रिपाठी और उनका समय, द्रोणाचल प्रेस, द्वाराहाट
थपलियाल, मधु नौटियाल (सं.), 2009, मेरा जीवन मेरा संघर्ष : कमलाराम नौटियाल, विनसर, देहरादून
दरमोड़ा, अरविन्द, 2012, रक्षासूत्र आन्दोलन, विन्सर प्रकाशन, देहरादून
दवे, दया, 2000, वेदों में पर्यावरण, सुरभि प्रकाशन, जयपुर
देवी, सरला, 1972 (1970), मैं कहा, गाँधी स्मारक निधि, करनाल
देवी, सरला, 1976, व्यवहारिक वेदान्त : एक आत्मकथा, गांधी शान्ति प्रतिष्ठान, दिल्ली
......................., 1981 (1980), संरक्षण या विनाश, ज्ञानोदय, नैनीताल
धस्माना, योगेश, 2006, उत्तराखण्ड में जनजागरण और आन्दोलनों का इतिहास, विनसर, देहरादून
नागर, विष्णु, 1987, भेड़-बकरियों ने सरकार को पानी पिलाया, नवभारत टाइम्स : 11 जुलाई, दिल्ली
नागरकोटी, दीवान, 1999, उत्तराखण्ड की लठ पंचायतें, पहाड़ 10, नैनीताल
नेगी, धूम सिंह, 1976, चिपको आन्दोलन और वन श्रमिक सहकारी समितियाँ, युगवाणी, 26 दिसम्बर
............................, 1977, वन श्रमिक, युगवाणी, 6 तथा 20 फ़रवरी
............................, 1981, कुल्हाड़ियों तथा बन्दूकों से मुक़ाबला, हेंवलिका, जाजल, टिहरी
............................, 1986, चिपको आन्दोलन का नया दौर, सीमान्त प्रहरी, 3 मार्च, मसूरी
............................, 2008, नेपाल से गुज़रते हुए, पहाड़ 14-15, नैनीताल
नौटियाल, शिवानन्द (अनुवादक), 1994, स्कन्दपुराण केदारखण्डम्, हिन्दी साहित्य सम्मेलन, प्रयाग
पण्डित, गिरधर, 1989, टिहरी में आन्दोलन : स्वतःस्फूर्त ढंढक से प्रजामण्डल तक, पहाड़ 4:, नैनीताल
पन्त, ललित मोहन, 1982, कुमाऊँ के आदिवासियों का आर्थिक अध्ययन, कुमाऊँ विश्वविद्यालय का अप्रकाशित शोध प्रबन्ध, नैनीताल
पहाड़ी, रमेश, 1984, चिपको पुनर्विचार की आवश्यकता, साप्ताहिक मातृपद, 1 मई
.........................., 1989, चिपको के पन्द्रह साल, पहाड़ 3-4, नैनीताल
.........................., 2005, उफरैंखाल से निकली एक नयी गंगा, हिमान्तर 11, नैनीताल
पांगती, एस.एस., 1992, मध्य हिमालय की भोटिया जनजाति : जोहार के शौका, तक्षशिला, दिल्ली
पांडे, धर्मानन्द (सं.), 1984, कूर्मांचल केशरी बद्री दत्त पांडे जन्म शताब्दी स्मारिका, अलमोड़ा
पांडे, गिरिजा, 1996, औपनिवेशिक आबकारी, राधाकृष्ण प्रकाशन, नयी दिल्ली
पाण्डेय, गोपाल दत्त (परिष्कती), 1989, स्कन्दपुराणान्तर्गत : मानसखण्ड :, श्रीनित्यानन्द स्मारक समिति, वाराणसी
पाण्डे, बदरी दत्त, 1937, कुमाऊँ का इतिहास, अलमोड़ा
पाठक, शेखर, 1978, पहाड़ टूट रहा है मैदान डूब रहा है, दिनमान, 1-8 अक्टूबर
पाठक, शेखर, 1979, विश्वम्भर दत्त चन्दोला : एक युग की याद, उत्तर प्रदेश, नवम्बर, लखनऊ
..........................., 1980, श्याम प्रसाद लुहार की बारात, दिनमान, 1-7 जून

........................, 1982, बदरी दत्त पाण्डे और उनका युग, सूचना विभाग, उ.प्र., लखनऊ
........................, 1985, नशा एक षड्यंत्र है, पहाड़, नैनीताल
........................, 1986, उत्तराखण्ड में सामाजिक आन्दोलनों की रूपरेखा, पहाड़ 2, नैनीताल
........................, 1987, उत्तराखण्ड में कुली बेगार प्रथा, राधाकृष्ण, नयी दिल्ली
पाठक, शेखर तथा गुहा, रामचन्द्र 1989, स्थानीय इतिहास जन इतिहास या राष्ट्रीय इतिहास, पहाड़ 4, नैनीताल
पाठक, शेखर, 1991, एक माँ की याद में, उत्तरा महिला पत्रिका, अक्टूबर-दिसम्बर, नैनीताल
........................, 1994, प्रस्तावित वन कानून : एक समीक्षा, अमर उजाला, 28-29 दिसम्बर, बरेली
........................, 1994, नये वन कानून में नया क्या है, नवभारत टाइम्स : 20 जनवरी 1995, दिल्ली
........................, 1998, हिमालय के द्वारों का खुलना, पहाड़ 9, नैनीताल
......................, 1998, सरफरोशी की तमन्ना : उत्तराखण्ड में स्वाधीनता संग्राम का दृश्य इतिहास, नैनीताल
........................, 1999, घनश्याम शैलानी—विद्रोह, कविता और मुस्कान, पहाड़ 10, नैनीताल
........................, 1999, गोविन्द सिंह रावत : जोशीमठ का कामरेड, नैनीताल समाचार, 1 फ़रवरी
........................, 1999, समय विनोद : उत्तराखण्ड का पहला पत्र, पहाड़ 9, नैनीताल
......................., 2006, कुँवर प्रसून : एक ज़िद्दी, ज़िंदादिल और जुझारू साथी, युगवाणी, सितम्बर
पन्त 'राजू', गोविन्द, 1991, ब्रिटिश कुमाऊँ में सामाजिक आन्दोलन, इतिहास विभाग, कुमाऊँ विश्वविद्यालय, नैनीताल का अप्रकाशित शोध प्रबन्ध
पी.यू.डी.आर., 1984, कुमाऊँ की पहाड़ियाँ जन-आन्दोलन और सरकार की नीति, दिल्ली
पी.यू.सी.एल., 1982, जनवादी आन्दोलन बनाम हिंसा की राजनीति, दिल्ली
प्रसून, कुँवर, 1979, क्या चिपको आन्दोलन का गर्भपात होगा, रविवार, 24 जून
....................., 2003, जीभ और ज़मीन का रिश्ता, युगवाणी, दिसम्बर
....................., 2006, चिपको, पिंगलवाड़ा चेरिटेबल सोसायटी, अमृतसर
प्रसून, कुँवर, 1995, बीजों की विरासत, जाजल (टिहरी)
...................., 2008, अपने बीजों की खोज में, पहाड़ 14-15, नैनीताल
पोखरियाल, हरीश, 1999, भूप्रबन्ध की औपनिवेशिक पौध, पहाड़ 10, नैनीताल
बहुगुणा, सुन्दरलाल, 1964, टिहरी गढ़वाल का विकास, सर्वसेवा संघ, बनारस
.....................................,1966, जंगलों की तबाही में हमारा सहयोग, युगवाणी : 18 दिसम्बर
...................................., 1967, पर्वतीय क्षेत्रों का विकास और वननीति, युगवाणी, 15 अक्टूबर
...................................., 1968, पर्वतीय क्षेत्रों का विकास और वननीति, नवजीवन आश्रम, सिल्यारा
.................................., 1968, चौथी योजना में टिहरी उत्तरकाशी का विकास, युगवाणी, 22 तथा 29 दिसम्बर
.....................................,1970, उत्तराखण्ड में मृत्यु और तबाही के लिए जंगलों का जनाजा ज़िम्मेदार, युगवाणी, 4 अक्टूबर
.................................., 1972, पहाड़ों में चलने वाले लीसा समाजवाद का नक्शा, युगवाणी, 10 दिसम्बर
.................................., 1973, वन जागे वनवासी जागे, भूदान यज्ञ, 15 जनवरी
.................................., 1974, चिपको आन्दोलन, गढ़वाल सभा, सहारनपुर
.................................., 1974, सरकार को वनों से अधिक वनों की कमाई से प्यार है, तरुणमन, जून
.................................., 1974, वनों की रक्षा, मेरा उपवास और कुछ प्रश्न, युगवाणी, 10 नवम्बर
बहुगुणा, सुन्दरलाल, 1975, उत्तराखण्ड में एक सौ बीस दिन, पर्वतीय नवजीवन मण्डल, सिल्यारा
...................................., 1976, जाग जाग जाग ज्वान, दिनमान, 5-11 सितम्बर
...................................., 1977, चीड़ के पेड़ों का क्रन्दन, दिनमान, 5-12 जून

................................., 1977, हेंवलघाटी ने चीड़ के पेड़ों का क्रन्दन सुना, अमर उजाला, 31 अगस्त
................................., 1977, हमारे वन हैं जीवन प्राण, सिल्यारा
................................., 1989, जंगल बचाओ मानव बचाओ, सिल्यारा
.................................., 1996, धरती की पुकार, राधाकृष्ण, दिल्ली
बहुगुणा, योगेश चन्द्र, 1975, उत्तर के शिखरों में चेतना के अंकुर, ऋषिकेश
बहुगुणा, योगेश चन्द्र, 1978, अनशनों की राजनीति, नैनीताल समाचार, 1 मार्च
बहुगुणा, योगेश चन्द्र, 2014, अतीत के बिखरे पन्ने, हिमालिका प्रकाशन, देहरादून
बहुगुणा, कामेश्वर प्रसाद, 2007, लोकचक्षु (संस्मरण), विद्यावती प्रकाशन, नैनीताल
बाबुलकर, मोहन लाल तथा धूलिया, सुमित्र, 1999, भैरव दत्त धूलिया स्मृति ग्रन्थ, कोटद्वार
बिष्ट, आलम सिंह, 1988, चिपको आन्दोलन क्यों और कैसे, उत्तरी ध्रुव, 9 मई
बिष्ट, पूरन, 2005, सामूहिक आत्मविश्वास की वापसी, हिमान्तर 11, नैनीताल
बिष्ट, बी.एस., 1992, उत्तराखण्ड की भोटिया जनजाति, विवेक प्रकाशन, दिल्ली
बिष्ट, शमशेर, 1979, और तवाघाट फिर टूट गया, नैनीताल समाचार, 1 सितम्बर
......................, 2015, गिर्दा राजनैतिक व्यक्ति था, पहाड़ 19, नैनीताल
बेदी, रामेश, 1998, पहाड़ी विल्सन : गढ़वाल का फिरंगी राजा, पहाड़ 9, नैनीताल
भक्त दर्शन, 1980 (1952), गढ़वाल की दिवंगत विभूतियाँ, देहरादून
भक्त दर्शन (सं.), 1976 (1947), सुमन स्मृतिग्रन्थ, सिल्यारा
भट्ट, दिवा (सं.), 2001, तुम्हारी ही बहिनजी (सरला बहिनजी के पत्र), लक्ष्मी आश्रम, कौसानी
भट्ट, उमा तथा पाठक, शेखर, 2006, एशिया की पीठ पर, खण्ड एक, नैनीताल
भट्ट, चण्डी प्रसाद, 1977, पेड़ों की खेती, दिनमान, 27 फ़रवरी-5 मार्च
............................., 1978, हिमालय की चेतावनी, दिनमान, 17-23 सितम्बर
.................................1979, अस्तित्व के लिए चिपको आन्दोलन, नैनीताल समाचार, 15 अगस्त
भट्ट, चण्डी प्रसाद, 1979, प्रतिकार के अंकुर (उपन्यास), दशौली ग्राम स्वराज्य मण्डल, गोपेश्वर
............................., 1980, पैन्तोली के जंगल में बांज के पेड़ों का कटान रुका, हिमालय निवासी तथा निसर्ग, अप्रैल
............................, 1983, उत्तराखण्ड में बड़े जलाशयों व विद्युत परियोजनाओं का भविष्य, पहाड़ 1, नैनीताल
............................., 1987, लोगों को सौंप दीजिए जंगल, जनसत्ता, 31 दिसम्बर
............................., 1992, चिपको का एक पृष्ठ, पहाड़ 5-6, नैनीताल
............................., 2011, पर्वत पर्वत बस्ती बस्ती, नेशनल बुक ट्रस्ट, दिल्ली
भट्ट, मदन चन्द्र, 1982, हिमालय का इतिहास, पिथौरागढ़
भण्डारी, नरेन्द्र सिंह, 1974, चिपको आन्दोलन : एक समीक्षा, अमर उजाला, दीपावली विशेषांक, बरेली
भाकूनी, हीरा सिंह, 1998, बदरी दत्त पाण्डे : संग्रामियों के सरताज, प्रकाश बुक डिपो, बरेली
मिश्र, अनुपम, 1976, अगली पीढ़ी के वृक्ष, दिनमान, 27 जून-3 जुलाई
......................, 1978, चिपको आन्दोलन, गाँधी शान्ति प्रतिष्ठान, नयी दिल्ली
......................, 1977, बिजली सत्याग्रह, दिनमान, 13-19 नवम्बर
मैठाणी, उमा (सं.), 1991, स्वामी मन्मथन, एस.बी.एम.ए., अंजनीसैण
मंगलदेव विशारद, 1974, उत्तर प्रदेश भूमि व्यवस्था जाँच समिति का प्रतिवेदन, राजस्व विभाग उप्र
रतूड़ी, हरिकृष्ण, 1928, गढ़वाल का इतिहास, देहरादून
............................, 1921, टिहरी गढ़वाल वर्णन, देहरादून

रतूड़ी 'सैलानी', घनश्याम, 1988, गंगा का मैत बिटी, सर्वोदय कुटीर, गंगोरी, उत्तरकाशी
राणा, धन सिंह/कैंथोला, सुनील (संकलन-सम्पादन), 2001, संघर्षनामा, ग्रामसभा लाटा, चमोली
रावत, अजय एस., 1996, तराई के वन और वनवासी, प्रशासन अकादमी, नैनीताल
रावत, जी. एस., 2005, उत्तरांचल के बुग्याल, जड़ी-बूटी संस्थान, गोपेश्वर
राहुल सांकृत्यायन, 1953, हिमालय परिचय 1 गढ़वाल, इलाहाबाद
................................, 1955, कुमाऊँ, ज्ञानमण्डल, वाराणसी
................................, 1961, जौनसार देहरादून, इलाहाबाद
विल्सन, रोजलीन, 1978, फूलों की घाटी में चिपको आन्दोलन, नयी दुनिया, 1 मार्च, इन्दौर
सुन्दरियाल, पद्मादत्त, 1939, कुमाऊँ के जंगलात, कर्मभूमि प्रवेशांक, 19 फ़रवरी
सिंह, यमुना शरण तथा पांडे, उमा, 1986, इकोतन्त्रों का अन्तःसम्बन्ध, पहाड़ 2, नैनीताल
सिंह, राम, 2002, रागभाग काली कुमाऊँ, पहाड़ पोथी, नैनीताल
................., 2007, सोर का अतीत, मल्लिका बुक्स, दिल्ली
शर्मा, डी.डी., 2006, हिमालय के खश, पहाड़ पोथी, नैनीताल
शर्मा, भुवन, 2002, 'गढ़वाली' पत्रः एक समग्र अध्ययन, इतिहास विभाग, कुमाऊँ विश्वविद्यालय, नैनीताल का अप्रकाशित शोध प्रबन्ध
साह, ज्योति, 1994, शक्ति के तीन दशक : उत्तराखण्ड में राष्ट्रवादी पत्रकारिता का अध्ययन, पहाड़ पोथी, नैनीताल
शाह, शम्भू प्रसाद, 1972, गोविन्द बल्लभ पन्त : एक जीवनी, दिल्ली
त्रिपाठी, बिपिन, 1978, रेणी से चाँचरीधार तक, उत्तरायण, 18-24 मार्च
वैष्णव, शालिग्राम, 2010 (1926), श्रीउत्तराखण्ड रहस्य, पहाड़ पोथी, नैनीताल
वैष्णव 'अशोक', यमुना दत्त, 1950, मद्य निषेध, लखनऊ

4. जॉर्नल्स, स्थानीय/राष्ट्रीय समाचार-पत्र

Allahabad Law Journal, 1904
Ambio
Antipode
Asiatic Researches, Calcutta
Dialectical Anthropology
Down to Earth, Delhi
Economic Political Weekly, Bombay
Environmental Conservation
Forest and Conservation History
Feminist
Frontline, Chennai
Geographical Review
Hindu
Himal, Kathmandu
Hindustan Times
How/Kaise, Delhi
Illustrated Weekly of India, Bombay
Indian Express
Indian Journal of Agricultural Economics

India Today
International Journal of Environmental Studies
Journal of RGS, London
Journal of the Japanese Association for South Asian Studies, Tokyo
Journal of Peasant Studies
Leader (Allahabad), English Daily, 1929
Mainstream, Delhi
Mountain Research and Development
National Geographic, Washington
National Herald, Lucknow
Outlook, Delhi
Pacific Affairs
Past and Present
Patriot, New Delhi
People's Action, GPF, New Delhi
PUCL Bulletin, New Delhi
Resergence, London
Sanctuary, Bombay
Science Age, Mumbai
Smithsonian, Washington DC
Social Action, New Delhi
Social Scientist, New Delhi
South Asian Bulletin
South Asian Studies
Stray Feathers (London), 1874
Surya India, Delhi
Tharandier Forstlichen Jehrabuch
The Ecologist, London
The Field, The Country Gentleman's Newspaper (London), 1866 and 1870
The Indian Social and Economic History Review, Delhi
The South Asianist
The Statesman, Delhi
Times of India, Delhi
U.P. Historical Review, Allahabad
Women's Link, New Delhi
Young India
अनिकेत साप्ताहिक, चमोली/रुद्रप्रयाग
अलमोड़ा अख़बार, अलमोड़ा 1870-1918
अमर उजाला, बरेली, आगरा, देहरादून
इण्डिया टुडे, नयी दिल्ली
उत्तरायण, हल्द्वानी
उत्तर उजाला, हल्द्वानी
उत्तरा महिला पत्रिका, नैनीताल
उत्तराखण्ड ज्योति, पिथौरागढ़

उत्तराखण्ड आब्जर्वर, गोपेश्वर
उत्तराखण्ड भारती, नैनीताल
उत्तराखण्ड नवनीति, पाक्षिक, नैनीताल, 1984-85
उत्तर प्रदेश, लखनऊ 1978
उत्तरी ध्रुव, साप्ताहिक, गोपेश्वर
कर्मभूमि, लैन्सडौन/कोटद्वार 1939-94
कुमाऊँ कुमुद, अलमोड़ा, 1925-1949
कुमाऊँ समाचार पत्रिका, अलमोड़ा, 1896
ख़बर संसार, हल्द्वानी
गढ़वाली, देहरादून 1905-1953
गढ़वाल समाचार, दोगडा, गढ़वाल, 1903-05
जनसत्ता, दिल्ली
जागरण, देहरादून
टाइगर साप्ताहिक, रामनगर
ज़िला समाचार, हिन्दी साप्ताहिक, अलमोड़ा, 1923-25
तरुण कुमाऊँ 1921-23, लैन्सडौन/देहरादून
तरुणमन, बनारस
तरुण हिन्द, ऋषिकश्ष
दिनमान, हिन्दी साप्ताहिक, नयी दिल्ली
द्रोणाचल प्रहरी, द्वाराहाट, अलमोड़ा
नयी दुनिया, इन्दौर
नदी बचाओ सन्देश बुलेटिन, कौसानी, 2009 से 2012
नया ज़माना, देहरादून
नवभारत टाइम्स, दिल्ली
नैनीताल समाचार, पाक्षिक, नैनीताल
पर्वतवाणी, उत्तरकाशी
पर्वतीय, नैनीताल
पहाड़, नैनीताल
पिघलता हिमालय, हल्द्वानी
बद्री केदार, गोपेश्वर
ब्लिट्ज, बम्बई
भूदान यज्ञ, वर्धा
मस्ताना मज़दूर, देहरादून
मातृपद, गोपेश्वर
युगवाणी, देहरादून, 1947
रविवार, कलकत्ता
राजस्थान पत्रिका, जयपुर
लोकभूमि
लोकालय, हल्द्वानी

वन्यजाति
शताब्दी सन्देश
शक्ति, अलमोड़ा, 1918
शान-ए-सहारा, लखनऊ
सन्देश, कोटद्वार, 1938
समता, अलमोड़ा
सर्वोदय समाचार
सत्यपथ, कोटद्वार, 1956
साप्ताहिक मातृपद
सीमान्त प्रहरी, मसूरी
स्वाधीन प्रजा, अलमोड़ा, 1930-33 तथा 1968
हरिजन सेवक, 1946
हिन्दुस्तान, दिल्ली
हिमालय निवासी तथा निसर्ग, नयी दिल्ली
हिमान्तर, नैनीताल
हेंवलिका, जाजल, टिहरी
योजना, हिन्दी पाक्षिक, दिल्ली

5. भेंटवार्ताएँ

अब्बल सिंह (1967), अदवाणी, टिहरी; 18 मार्च, 1997
अवतार सिंह (1925), ग्राम भ्यूँढार, चमोली; 26 अप्रैल, 1997
अनिल अग्रवाल, दिल्ली (23.11.1947-2.1.2002), नैनीताल तथा दिल्ली; 1987, 1992
अनिल जोशी (6.4.1955), देहरादून; 23 जुलाई, 1997
अनुपम मिश्र (5.6.1948-19.12.2016), दिल्ली; 1998, 2005, 7 दिसम्बर, 2013
अशोक सैकिया (31.12.1947-30.12.2007), नयी दिल्ली; 2001
आनन्द सिंह बिष्ट (1.7.1938-11.10.2001), सगर, गोपेश्वर; जून 1994, 25 अप्रैल, 1997
अलखनाथ उप्रेती, अलमोड़ा; जून 1997
आलम सिंह बिष्ट (27.8.1923-23.12.1988), मंडल, गोपेश्वर; जून 1974 तथा जून 1984
इन्द्री देवी, रेणी; जून 1984 तथा जून 1994
इन्द्रमणि बडोनी (23.12.1921-18.8.1999), उत्तराखण्ड कालोनी, शिवानन्दनगर, टिहरी; 18 मार्च, 1997
उमा देवी, रेणी; जून 1984 तथा जून 1994
एम. एस. स्वामीनाथन (7.8.1925), नैनीताल; 1976
कल्याण सिंह रावत (19.10.1953), ग्वालदम/देहरादून; 28 अप्रैल, 1997
कलावती देवी (1951), बछेर, चमोली; 1 फ़रवरी, 1997
करन सिंह गुसाई (1941), ग्राम पैन्तोली, डुंगरी, चमोली; 27 अप्रैल, 1997
कला कांडपाल, चौखुटिया; अगस्त 1984
कल्पी देवी, भ्यूँढार; 26 अप्रैल, 1997
कमला देवी (1949), जरधार, टिहरी; 11 मार्च, 1997
कमला पन्त (27.3.1957), देहरादून; 25 जुलाई, 1997

कमलाराम नौटियाल (5.1.1930-26.12.2012), उत्तरकाशी; 14-18 जनवरी, 1988, अप्रैल 1997
कपिलेश भोज (15.2.1957); सोमेश्वर; अप्रैल 1997
कादम्बरी देवी (1920), टिहरी; 12 मार्च, 1997
कान्ती देवी (1935), ग्राम जनोटी-पालड़ी, अलमोड़ा; 8 अप्रैल, 1997
कामेश्वर प्रसाद बहुगुणा (11.1.1931-2.11.2006), कौसानी तथा नैनीताल; 1995, 1997
कृष्णानन्द मैठाणी (13.5.1946), श्रीनगर, गढ़वालः 17 मार्च, 1997
कुँवर प्रसून (4.5.1949-15.7.2006), रामपुर, जाजल, टिहरी; 1978, 1 जुलाई, 2004, 9 मार्च, 1997
कुन्तीदेवी, भ्यूँढार; 26 अप्रैल, 1997
कुलबीर सिंह रौतेला, रामपुर, जाजल, टिहरी; 10 मार्च, 1997
केदार सिंह रावत (1944-12.1.1976), रामपुर फाटा, चमोली; जून 1974
केदार सिंह कुंजवाल (16.7.1928-30.11.2006), जैंती, अलमोड़ा; 1997
केशर सिंह (1955), ग्राम जनोटी पालड़ी, ज़िला अलमोड़ा (अब बागेश्वर); 8 अप्रैल, 1997
कौशल्या देवी, पुलना, भ्यूँढार, चमोली; 26 अप्रैल, 1997
खड़क सिंह खनी (23.3.1957-28.7.2006), नैनीताल; 4 अप्रैल, 1997
गणेश दत्त जोशी (12.9.1924-23.3.1991); अलमोड़ा, 13 अगस्त, 1980
गंगा प्रसाद बहुगुणा (1928), राणीचौरी, टिहरी; 12 मार्च, 1997
गायत्री देवी गुसाईं (1946), कुन्डलपुर, डूंगरी पैंतोली, चमोली; 27 अप्रैल, 1997
गिरीश तिवारी गिर्दा (10.9.1943-22.8.2010), नैनीताल; 22 अप्रैल, 1997
गीतादेवी, भ्यूँढार, चमोली; 26 अप्रैल, 1997
गुरुप्रसाद उनियाल (21.12.1922), साबली, राणीचौरी, टिहरी; 11 मार्च, 1997
गैणीदेवी, भ्यूँढार, चमोली; 26 अप्रैल, 1997
गोपेश्वर कोठियाल (10.3.1909-19.3.1999), देहरादून; 28 दिसम्बर, 1995, 23 फ़रवरी, 1997
गोविन्दप्रसाद कोटनाला, चमेठाखाल, पौड़ी गढ़वाल; 30 अगस्त, 1979
गोविन्दलाल वर्मा (13.3.1939), अलमोड़ा; 28 अप्रैल, 1997
गोविन्द सिंह रावत (23.6.1935-21.12.1998), जोशीमठ; 26 अप्रैल, 1997
गोविन्द सिंह नेगी, विधायक, श्रीनगर; 17 नवम्बर 1979
गौरादेवी (1925-4.7.1991), रेणी, चमोली; जून 1984
गौमा देवी, रेणी, चमोली; जून 1984
घनश्याम सैलानी (18.5.1934-2.12.1997), उत्तरकाशी/देहरादून; 1 जुलाई, 1984/24 जनवरी, 1997
चण्डी प्रसाद भट्ट (23.6.1934), गोपेश्वर/बछेर; 1994, 2004, 30 जनवरी, 1997
चक्रधर तिवारी (15.6.1942-28.8.2013), गोपेश्वर; जून 1994, अगस्त, 1999
चन्द्रलाल साह (9.6.1923-30.11.2008), नैनीताल; 1997
चन्द्रशेखर भट्ट (23.10.1953), मनाण, अलमोड़ा; 28 अप्रैल, 1997
चन्द्र सिंह राणा (5.6.1929-3.3.2014), वैरांगणा, चमोली; जून 1994, 25 अप्रैल, 1997
चन्द्रा आर्य, नैनीताल; मार्च 1997
चिरंजीलाल भट्ट (27.10.1921-1.1.1976), गोपेश्वर; जून 1974
जगत रौतेला (15.12.1956), अलमोड़ा; 8 अप्रैल, 1997
जयन्ती देवी (1922-7.7.2012), गोपेश्वर; 30 जनवरी, 1997
जसवन्त सिंह बिष्ट (19.11.1929-4.10.2005), तिमली, स्याल्दे, अलमोड़ा; 24 अप्रैल, 1997

जीत जरधारी (11.8.1932-10.8.1995), लखनऊ; जनवरी 1994
जीवन्ती देवी, द्वाराहाट, 14 अप्रैल, 1997
जीवन सिंह मेहता (28.11.1932), अलमोड़ा; 1997
जीवानन्द श्रियाल (12.1.1926-10.3.2004), टिहरी; 20 मई, 1997
दामोदर राठौर (10.1925-8.6.2016), भनड़ा, डीडीहाट; 22 जनवरी, 2010
दीवान घपोला (5.9.1955), अलमोड़ा; 7 अप्रैल, 1997
दीवान मटियानी (15.2.1948), बाड़ेछीना/पिथौरागढ़; मार्च 1997
दुलारी देवी (14.7.1944), जाजल, टिहरी; 8 मार्च, 1997
देबकी कुंजवाल (26.3.1937), जैंती; 1997
देबकी देवी (1927), ग्राम सिन्दूल, घणसाली, टिहरी; 13 मार्च, 1997
देवेश्वरी देवी (1940), गोपेश्वर; 1 फ़रवरी, 1997
देवी दत्त पन्त (14.8.1919-11.6.2008), नैनीताल; 1995 तथा 1 मई, 1997
देवेन्द्र प्रसाद जोशी (20.9.1921-122.7.2013); नैनीताल; 30 अप्रैल, 1997
द्वारिका प्रसाद उनियाल, शिमला; मार्च 1997
धन सिंह राणा (1959), लाटा, चमोली; देहरादून; 1997
धर्मानन्द नौटियाल (22.5.1922-2012), थाती, बूढ़ा केदार, टिहरी; 14 मार्च, 1997
धूम सिंह नेगी (25.8.1941) पिपलेथ, जाजल, टिहरी; 9 मार्च, 1997 तथा 1 जून, 2016
नरोत्तम प्रसाद त्रिपाठी, लखनऊ; फ़रवरी 1994
नवीन जुयाल (10.1.1958), गोपेश्वर/अहमदाबाद; 1997, 2001
नन्दी देवी, बडियारगढ़, टिहरी; मार्च 1997
नन्दा देवी मैठाणी (1929), ग्राम सिन्दूल, घणसाली, टिहरी; 13 मार्च, 1997
नन्दासिंह चौहान (1914), पुलना-भ्यूँढार, चमोली; 26 अप्रैल ,1997
नन्दा बल्लभ जोशी (1942), पालड़ीछीना, अलमोड़ा; 8 अप्रैल, 1997
नारायण दत्त तिवारी (18.10.1925), लखनऊ; फ़रवरी 1997
नारायण दत्त भट्ट (27.11.1956), ग्राम मनाण, अलमोड़ा; 28 अप्रैल, 1997
निर्मल जोशी (18.7.1956-26.10.2007), नैनीताल; 30 अप्रैल, 1997
नेत्रसिंह रावत (23.6.1938-4.2.1990), नयी दिल्ली; 1980
पद्मा दत्त पन्त (24.2.1922-16.2.2009), हल्द्वानी; 10 फ़रवरी, 1980
पवित्रा देवी, भ्यूँढार, चमोली; 26 अप्रैल, 1997
पार्वती देवी (1921-2002), गोपेश्वर; 31 जनवरी, 1997
पार्वती देवी, द्वाराहाट, अलमोड़ा; 14 अप्रैल, 1997
पार्वती देवी, डूंगरी पैंतोली, चमोली; 27 अप्रैल, 1997
पीताम्बर तिवारी (10.4.1925-30.7.2009), गोपेश्वर; जून 1984
पीताम्बर देवरानी (5.10.1940-8.3.1993), कोटद्वार; फ़रवरी 2002
पुष्पा जोशी, नैनीताल (11.7.1951), नैनीताल; 30 अप्रैल, 1997
पुष्पा देवी बहुगुणा (1945), साबली, टिहरी; 12 मार्च, 1997
पुरुषोत्तम असनोड़ा (19.11.1956), गैरसैण, चमोली; 24 अप्रैल, 1997
पुरुषोत्तम बगवाड़ी (13.12.1913-7.10.2004), गोपेश्वर, चमोली; 27 अप्रैल 1997
पूरन सिंह माहरा (10.11.1947-31.5.2015), रानीखेत; अप्रैल 1997

पूरन तिवारी या पीसी (5.1.1957), अलमोड़ा; 28 अप्रैल, 1997
पूरन चन्द्र तिवारी या पीसीटी (11.5.1955), वज्यूला; 28 अप्रैल, 1997
प्रताप शिखर (22.3.1952-25.5.2012), जाजल, टिहरी; 8 मार्च, 1997 तथा फ़रवरी 2002
प्रताप बिष्ट (20.6.1961-19.3.2008), नैनीताल; 17 अप्रैल, 1997
प्रदीप टम्टा (14.1.1957), अलमोड़ा; 5 अप्रैल, 1997
प्रभात उप्रेती (2.6.1944), गोपेश्वर; 27 अप्रैल, 1997
प्रेम सिंह गड़िया (1898-1984), बागेश्वर, अलमोड़ा; 13 जनवरी, 1975
प्रेम सिंह सरपंच (39 साल), ग्राम जनोटी पालड़ी, बागेश्वर; 8 अप्रैल, 1997
बचन सिंह (1927), ग्राम पुलना-भ्यूँढार, चमोली; 26 अप्रैल, 1997
बचनी देवी (74 से 78 साल के बीच), अदवाणी, टिहरी; 18 मार्च, 1997
बल्देव सिंह (1931), जरधार, जाजल, टिहरी; 10 मार्च, 1997
बल्देव सिंह आर्य (1912-1992), नैनीताल; 1976
बचुली देवी (1952), ग्राम जनोटी पालड़ी, अलमोड़ा; 8 अप्रैल, 1997
बसन्ती देवी, जनोटी पालड़ी, अलमोड़ा; 8 अप्रैल, 1997
बसन्ती देवी, गोपेश्वर, चमोली; 1 फ़रवरी, 1997
बचीराम सती, डूंगरी पैंतोली, चमोली; 27 अप्रैल, 1997
बालम सिंह जनोटी (4.12.1949-8.5.2003), अलमोड़ा; 6 अप्रैल, 1997
बाली देवी, रेणी, चमोली; जून 1984 तथा जून, 1994
बसन्ती देवी, रेणी, चमोली; जून 1984
बिपिन त्रिपाठी (23.2.1946-30.8.2004), ग्राम दैरी, द्वाराहाट, अलमोड़ा; 13-14 अप्रैल, 1997
बौणी देवी, उर्गम, चमोली; 27 अप्रैल, 1997
बिहारी लाल (8.11.1942), बूढ़ाकेदार, टिहरी; 1984 तथा 1994
बृ.मो. सिंह नेगी 'मनु निश्चिन्त' (18.6.1947-2006), देहरादून; 23 जुलाई, 1997
भवानी भाई (31.7.1942-6.10.2006), टिहरी/उत्तरकाषी; 1974 तथा 1976
भकुली देवी, भ्यूँढार, ज़िला चमोली; 26 अप्रैल, 1997
भक्तदर्शन (12.2.1912-6.10.2006), देहरादून; 1980
भागुली देवी, पत्नी शूर सिंह, जनोटी पालड़ी, अलमोड़ा; 8 अप्रैल, 1997
भैरवदत्त धूलिया (18.5.1901-5.7.1988), कोटद्वार; 30 जनवरी, 1976 तथा 21 अगस्त, 1979
मंगतराम खंतवाल, ग्राम बंदखणी, लैन्सडौन, गढ़वाल; 30 अगस्त, 1979
मंगली देवी (1941), सगर, चमोली; 25 अप्रैल, 1997
मथुरा देवी, डूंगरी पैंतोली, ज़िला चमोली; 27 अप्रैल, 1997
महावीर प्रसाद गैरोला (21.4.1922), टिहरी; 15 मार्च, 1997
महेन्द्र सिंह पाल (1.1.1949), नैनीताल; 30 अप्रैल 1997
महेन्द्रसिंह कुँवर (25.12.1957), गोपेश्वर/देहरादून; 1983, 1997, 2004
महेन्द्र मटियानी (18.12.1942-19.8.2012), नैनीताल; 20 मई, 1997
माधव आशीष (22.2.1927-13.4.1997), अलमोड़ा/कौसानी; 1986 तथा 1996
माधुरी देवी, गोपेश्वर; 1 फ़रवरी, 1997
मालती देवी, डूंगरी पैंतोली, ज़िला चमोली; 27 अप्रैल, 1997
मुकुन्दीलाल (14.10.1885-10.1.1982), कोटद्वार, गढ़वाल; 31 अगस्त, 1979

मुरारीलाल (1933), गोपेश्वर, चमोली; 1984, 25 अप्रैल, 1997, 2002
मुन्नी तिवारी, नैनीताल; 8 अप्रैल, 1997
मूसी देवी, रामपुर, जाजल, टिहरी; 10 मार्च, 1997
मोतीराम वैष्णव, कौसानी; 19 अप्रैल, 1975
मोहन सिंह मेहता (13.5.1895-9.8.1980), अलमोड़ा; 9 जुलाई, 1975
मोहन सिंह (1.10.1953), ग्राम चमतोला, ध्याड़ी, अलमोड़ा; 11 अप्रैल, 1997
योगेशचन्द्र बहुगुणा (9.5.1939), राणीचौरी, टिहरी; 11 मार्च, 1997
योगेश्वर कुमार, नयी दिल्ली; फ़रवरी 2005
रतनसिंह जौनसारी (1.4.1937-10.12.2015), देहरादून; फ़रवरी 2003
रमेश पहाड़ी (22.8. 1947), गोपेश्वर/रुद्रप्रयाग; 31 जनवरी, 1997
रमेश पाण्डे 'कृषक' (1958), ग्वालदम; 28 अप्रैल, 1997
रघुवीर सहाय (9.12.1929-30.12.1990), दिल्ली; 1978 तथा 1982
रंजना प्रसून (10.9.1960), रामपुर, जाजल, टिहरी; 9 मार्च, 1997
राजीव लोचन साह (25.1.1951), नैनीताल; 22 अप्रैल, 1997
राजा बहुगुणा (16.4.1955), नैनीताल; 30 अप्रैल, 1997
राधाकृष्ण कुकरेती (15.9.1935-17.7.2015), देहरादून; 24 जुलाई, 1997
राधा भट्ट (16.10. 1933), नैनीताल/कौसानी; 3 फ़रवरी, 1997 तथा मार्च 2005
राधा देवी रावत, बछेर, चमोली; 1997
रामप्रसाद उनियाल, उत्तरकाशी; 1976 तथा 1978
रामप्रसाद नौटियाल 'कप्तान', कोटद्वार; 8 अप्रैल 1980
रामसिंह जनोटी (70 साल), ग्राम जनोटी पालड़ी, अलमोड़ा; 8 अप्रैल, 1997
रूपसा देवी, रेणी, ज़िला चमोली; जून 1984
लखमा देवी, भ्यूँढार, ज़िला चमोली; 26 अप्रैल, 1997
लछिमा देवी, चाँचरीधार, ज़िला अलमोड़ा; अप्रैल, 1997
लक्ष्मी देवी पत्नी त्रिलोक सिंह, ग्राम जनोटी पालड़ी, बागेश्वर; 8 अप्रैल, 1997
लक्ष्मी नौटियाल (10.4.1946-3.2.2001), उत्तरकाशी; 1 जुलाई, 1994
ललिता प्रसाद नैथाणी, कोटद्वार; 1990
लीला देवी (1939), कोलधार, साबली, टिहरी; 12 मार्च 1997
वासवानन्द नौटियाल, तपोवन/गोपेश्वर, ज़िला चमोली; 1976
वीरेन डंगवाल (5.8.1947-28.9.2015), बरेली; जनवरी 1998
वीरेन्द्र कुमार (25.1.1937), नयी दिल्ली; जनवरी 1978, 1980
वीरेन्द्र दत्त सकलानी (16.11.1915-...20...), टिहरी; 25 जनवरी, 1976
वीना सजवाण (12.7.1974), चम्याला, टिहरी; 13 मार्च, 1997
विमला देवी चौहान (1951), पुलना, चमोली; 26 अप्रैल, 1997
विमला बहुगुणा (3.4.1932), सिल्यारा, टिहरी; 12 मार्च, 1997 तथा देहरादून
विजय जरधारी (1952), जरधार/नागणी, जाजल, टिहरी; 10 मार्च, 1997
विद्यासागर नौटियाल (29.9. 1933-13.2. 2012), देहरादून; 17 मार्च 1997
विनोद पाण्डे (18.3.1956), नैनीताल; 19/20 अप्रैल, 1997
विश्वम्भरनाथ शाह 'सखा' (5.7.1937), नैनीताल; 22 अप्रैल, 1997/15 मार्च, 2012

सरला बहन (5.4.1901-8.7.1982), कौसानी/धर्मधर/नैनीताल; 1977, 1989
सच्चिदानन्द भारती (5.11.1955), गाड खर्क, उफरैंखाल, गढ़वाल; 1997, 27-28 जनवरी, 2001
सत्येश्वरी देवी (1950), पुलना-भ्यूँढार, चमोली; 26 अप्रैल, 1997
सरदार प्रेम सिंह (1931-24.8.1997), टिहरी; 1978
सावित्री देवी बिष्ट, बछेर, चमोली; 1 फ़रवरी, 1997
साहिब सिंह (1963), चम्याला, टिहरी; 13 मार्च, 1997
सुरेन्द्र सिंह (37 साल), ग्राम जनोटी पालड़ी, बागेश्वर; 8 अप्रैल, 1997
सुलोचना देवी (15.1.1934), पत्नी देवी प्रसाद गैरोला, कौलियाधार, बडियारगढ़, टिहरी; 16 मार्च, 1997
सुरेशा देवी (1937), रामपुर, जाजल, टिहरी; 10 मार्च, 1997
सुन्दरलाल बहुगुणा (9.1.1927), टिहरी/देहरादून; 12 मार्च, 1997 तथा
सुरेन्द्र दत्त भट्ट, उत्तरकाशी; अगस्त 1978
सुदर्शन कठैत (2.9.1947), गोपेश्वर, ज़िला चमोली; 25 अप्रैल, 1997
सोहन लाल भूभिक्षुक (8.10.1930), देहरादून/रामनगर; नवम्बर 2007/16-17 जनवरी 2008
सौपा देवी, अदवाणी, ज़िला टिहरी; 10 मार्च, 1997
सौणी देवी, भ्यूँढार, ज़िला चमोली; 26 अप्रैल, 1997
शंकरलाल शाह (25.8.1919-24.6.1999), अलमोड़ा; 4 अप्रैल, 1994
शमशेर बिष्ट (4.2.1947), अलमोड़ा; 19 फ़रवरी, 1997
शरद चन्द्र अवस्थी (2.8.1925-12.2.1902), नैनीताल; मार्च 1997
शशिप्रभा रावत, कोटद्वार; फ़रवरी 1996
शरादी देवी (1937), पुलना, भ्यूँढार, ज़िला चमोली; 26 अप्रैल, 1997
शाम्भवी देवी, डूंगरी पैन्तोली, चमोली; 27 अप्रैल, 1997
शान्तिलाल त्रिवेदी, अलमोड़ा; जून 1975
शिशुपाल सिंह कुँवर (1948), गोपेश्वर, ज़िला चमोली; 1 फ़रवरी, 1997
शिव सिंह नयाल, नैनीताल; अप्रैल 1997
शेरसिंह कार्की (1900-5.7.1997), मवानी, पिथौरागढ़; 11 अप्रैल, 1997
श्यामा देवी, गोपेश्वर, ज़िला चमोली; जून 1974
श्यामलाल वर्मा, नैनीताल; 12 जून, 1980
षष्टी दत्त भट्ट, जागेश्वर; अप्रैल 1997
षष्टी दत्त जोशी (14.4.1955-1.11.2005), अलमोड़ा; 28 अप्रैल, 1997
श्रीचन्द (15.11.1929), नैनीताल; अप्रैल 1997
श्रीमाधव आशीष (22.2.1927-13.4.1997), नैनीताल; 1986
हयात सिंह, ढाक तपोवन, चमोली; जून 1984 तथा 1994
हरकी देवी, रेणी, ज़िला चमोली; जून 1984
हरीश करायत, ग्राम जनोटी पालड़ी, अलमोड़ा/बागेश्वर; 8 अप्रैल, 1997
हरीकृष्ण पाण्डे, रणमण, अलमोड़ा; 19 अप्रैल, 1975
हमीदाबानू, अलमोड़ा; 24 अप्रैल, 1984
हेमवतीनन्दन बहुगुणा (25.4.1919-17.3.1989), दिल्ली; 1979
क्षेमानन्द शास्त्री गोदयाल (9.1.1913-2005) ग्राम छाम, बडियारगढ़, टिहरी; 16 मार्च, 1997
त्रिलोक सिंह रौतेला (1936), ग्राम बिजैपुर, द्वाराहाट; 14 अप्रैल, 1997

परिशिष्ट

पत्राचार

1. सरला बहन का हिमदर्शन कुटीर, धरमघर से चण्डी प्रसाद भट्ट को लिखा गया 18 सितम्बर, 1977 का पत्र

प्रिय चन्दी भाई,

जय जगत। बहुत दिनों से आपका कोई पत्र नहीं मिला है। आशा करती हूँ कि आपका स्वास्थ्य अभी तक ठीक चल रहा है और कि घर पर सब ठीक होंगे।

आज मैं आपको एक लम्बा पत्र लिखने बैठी हूँ। क्योंकि मालूम नहीं कि कब मिलने का मौक़ा होगा। वैसा ही मुझे मालूम है कि पत्रों के द्वारा कोई बात स्पष्ट नहीं हो पाती है। बल्कि कभी-कभी गलतफ़हमियाँ और बढ़ जाती हैं और मामला और उलझ जाता है। लेकिन फिर भी मैं समझती हूँ कि जहाँ पारम्परिक सद्भावना होती है वहाँ पर ऐसा नहीं होना चाहिए।

वैसा ही मुझे लगता है कि आजकल आम परिस्थिति ऐसी हो रही है कि इधर के राजनीतिज्ञों पर सर्वोदय के विचार का प्रभाव है। और कि संसद में ये काफ़ी जोश से हमारे विचार का प्रचार कर रहे हैं। यह बहुत अच्छी परिस्थिति है और हम लोगों को इससे लाभ उठाना चाहिए। लेकिन हम तब उससे सही लाभ उठा सकेंगे, जब हमारी एक आवाज़ उठेगी और जब लोगों के सामने स्पष्ट हो जाये कि हम एक ही हैं।

मुझे लगता है कि हम लोगों को समझना चाहिए कि काम के प्रति कई दृष्टियाँ (approach) हो सकती हैं तथा काम के कई पहलू भी हैं– जिसको उठाने के लिए अलग-अलग लोगों में क्षमता या विशेषता है। यदि हम मिलकर उस बात को समझें और एक-दूसरे को पारम्परिक सहयोग और प्रोत्साहन दें, तब हमारे काम में एक सही शक्ति आती है और सहयोग से आनन्द भी मिल जाता है। अपने अपना स्वभाव से भी हमें कभी-कभी एक-दूसरे के स्वभाव को पहचानने में काफ़ी मदद होती है।

हाल ही में सुन्दरलाल जी एक रात के लिए यहाँ पर आये और गरमी में जो बातें आपके साथ हुईं उसकी काफ़ी विस्तार से उनसे चर्चा हुई थी।

वैसा ही आपको मालूम है कि मैं दो बार जो उत्तराखण्ड छोड़ कर गयी थी, वह मेरी इज़्ज़त और भावनाओं के प्रति उनके तिरस्कार की वजह से हुआ था। इसलिए उनके साथ मिलकर काम करने की कठिनाइयों को मैं अच्छी तरह समझती हूँ। मुझ पर इतनी श्रद्धा होने पर फिर भी वे मेरी बात को इस प्रकार टुकड़ा (ठुकरा) सकते थे। फिर भी मैं समझती हूं कि एक शक्ति और सद्भावना है जिसका लाभ हम लोगों के काम को मिलना चाहिए। उत्तराखण्ड के समाज में हमारा स्थान भी है जिसके जारी रहने से हम सब में एकता दिखती है। हम सब लोगों को लगता है कि मैंने बहुत स्पष्टता से उनके साथ उनकी दृष्टि समझने की कोशिश की।

एक तो मुझे लगता है कि हम जानते हैं कि वह हर बात को बुद्धि से परखते हैं। खालिस बुद्धि से ही काम उठाते हैं लेकिन जब एक बार उठाया तो वे उस पर अति ज़िद्दी होते हैं। लेकिन वे भावनावश होकर कोई काम नहीं करते हैं। हम सब लोग थोड़ा भावनावश हो जाते हैं, अपने काम में। इसलिए कुछ मतभेद पैदा होता है।

उनके साथ चर्चा करने से और कुछ अन्य मित्रों से परिस्थिति को समझने की कोशिश करने से एक बात मेरे मन में आ रही है। वैसा ही मैं आपके विचार से सहमत हूँ कि चिपको आन्दोलन का सही स्थान जंगलों में है, अरण्यपाल दफ़्तर के सामने नहीं है। कि उसे वहाँ पर ले जाने से राजनीतिक दुरुपयोग होने की बहुत सम्भावना है। लेकिन मित्रों की बातों से मुझे लगता है कि गरुड़ में इस सिलसिले में जो बातबीत हुई थी। बैठक में, जिसमें अरण्यपाल के दफ़्तर के सामने प्रदर्शनी (प्रदर्शन) करना इत्यादि का सवाल उठा—यह निर्णय सबकी सहमति से हुआ था—और उस बैठक में आप भी शामिल थे। शायद देहरादून में आप पहले प्रदर्शनी में शामिल भी हुए थे और उसके बाद आप रूस गये थे। सम्भवतः उस प्रदर्शनी से आपने समझा होगा कि यह एक दूसरी दिशा बन रही है। जो बहुत उपयोगी नहीं है लेकिन उस समय उसे आप व्यक्त नहीं कर पाये थे और आपकी गैरहाजिरी में यह दिशा और आगे बढ़ गयी थी। और मुझे मालूम है कि कम से कम अल्मोड़ा की तरफ़ राजनीतिक 'नेताओं' ने उसका काफ़ी दुरुपयोग किया। लेकिन इससे मुझे लगता है कि दिशा बदलने का पूरा दोष आपको सुन्दर लाल जी को नहीं देना चाहिए। प्रथम सुझाव किसका हुआ मुझे मालूम नहीं है लेकिन लगता है कि सब लोग निर्णय करने में शामिल थे।

फिर जहाँ हमारे कामों या नामों के दुरुपयोग होने का सवाल है। इससे भी हमारे काफ़ी मतभेद होने की सम्भावना है। मैं मानती हूँ कि कुछ लोगों ने साम्यवाद को आवश्यकता से अधिक एक हौवा बनाया है। साम्यवादी भी मानव है और यदि हम उन्हें अपने एक आन्दोलन में साथ लेकर अपने ही ढंग से उन्हें काम करने की प्रेरणा दे सकते हैं, तो यह एक अच्छी बात है। और आपके कहने से मैं विश्वास करती हूँ कि रेनी में आप इसी दृष्टि से काम कर पाये थे। लेकिन जो लोग आपके साथ वहाँ पर नहीं थे (यह उनकी गलती या कमज़ोरी भले ही मान लें) उनके मन पर यह प्रभाव है। यह मैं सिर्फ़ सुन्दरलाल जी के कहने पर नहीं लिख रही हूँ। लेकिन अन्य लोगों के कहने पर भी, (जो समस्या सुलझाने की दृष्टि से सोच रहे हैं) कि आन्दोलन शुरू होने से पहले भी साम्यवादी दर्शाने की कोशिश कर रहे थे कि यह छिपको (चिपको) आन्दोलन उनका ही है और बाद को भी ये ऐसा प्रभाव डालते रहे हैं। और काफ़ी जगहों पर आम लोगों के मन में भावना है कि आन्दोलन मुख्य तौर पर उन लोगों का ही है। तो राजनीतिक लोगों में अक्सर से आन्दोलन और काम का दुरुपयोग करने की कोशिश कर सकते हैं।

यदि आपस में हमारा पारम्परिक विश्वास और प्रेम हो तो इससे कोई ख़तरा नहीं—जनता के सामने सही स्थिति स्पष्ट हो सकती है लेकिन यदि नहीं हो तो आपस का मतभेद बढ़ता है। उसका मानना है हम उन दलों का उपयोग करें, इसके बदले में ये हमारा दुरुपयोग करके हमारे आपस में फूट पैदा करते हैं। लगता है बाद को सुन्दरलाल जी के उपवास के दर्मियान में यह स्थिति और आगे बढ़ायी गयी। तो दोनों तरफ़ से छिपको (चिपको) आन्दोलन राजनीतिक दलों या 'नेताओं' का शिकार बना है। उसका दोष हमें एक-दूसरे पर नहीं डालना चाहिए, जब हम खुली आँख से यह ख़तरा उठाते है।

वैसा ही, मुझे मालूम है कि आप दोनों के बीच में वर्षों से पारम्परिक मतभेद बढ़ता रहा है। (1966 में इस appeasement नीति का शिकार होकर मैं उत्तराखण्ड से चली गयी थी लेकिन उस घटना से भी मामले को सुलझाने का मार्ग आप लोग नहीं खोज पाये)। लेकिन मुझे लगता है कि छिपको आन्दोलन के बाद से यह मामला बहुत ज़्यादा गहराई में चला गया है। और कि यह सबके सामने स्पष्ट होने लगा है। और यह ठीक ऐसे समय में जब हमारी एकता सबके सामने स्पष्ट होनी चाहिए।

यह भी मैं कब से एक बात के बारे में आपको कहने या लिखने के बारे में तरस रही थी। हालाँकि लोगों के सामने एक साथी की आलोचना या टिपणी होना अच्छा नहीं लगता है, फिर भी जब मतभेद हो जाता है तो चाहे सच या चाहे झूठ कभी-कभी आलोचनाएँ हमारे मुँह से निकल सकती हैं। लेकिन जब मैंने सुना था कि देहली में आलोचना हुई थी कि सुन्दरलाल जी अपने परिवार को घुमाने के लिए वहाँ पर ले गये थे तो वास्तव में मुझे बहुत परेशानी हुई थी कि कौन विमला (बहुगुणा) जैसी महिला पर ऐसा आरोप लगा सकता है? मैं सच कहती हूँ कि विमला और उसके काम के सामने मैं नतमस्तक हो जाती हूँ कि कौन इतनी कठिन परिस्थिति में, इतना कठिन काम करके, इतने कठिन व्यक्ति के साथ adjust करके अपने जीवन में पूरा सन्तोष मान सकती है। और जहाँ भी जाये सब पर प्रेम की वर्षा करती रहे। मुझे समझ में नहीं आया कि ऐसा गलत आरोप कौन लगा सकता है? लेकिन बाद को मुझे यह मालूम हुआ कि शायद यह आपकी बात थी और यह भी मालूम हुआ कि हालाँकि काफ़ी लोग सुन्दरलाल जी को अच्छी तरह समझ नहीं पाते हैं लेकिन उन पर उस बात का प्रभाव अच्छा नहीं रहा। इससे आपकी इज़्ज़त नहीं बढ़ी। क्षमा कीजिएगा मैं स्पष्ट बात लिख रही हूँ।

जैसे मैंने ऊपर लिखा, सुन्दरलाल जी भावना के वश में नहीं हैं, वे खालिस बुद्धि से अपना काम करते हैं और अपने में 'बन्द' सा हो जाते हैं। जिससे अक्सर हम उन्हें अच्छी तरह नहीं समझ पाते हैं। मुझे लगता है कि काफ़ी वर्षों से आपको खुश रखने के लिए वे appeasement नीति को चलाते रहे। (मैं भी उसका शिकार बनी)। वैसा ही, आपस में एक-दूसरे को समझने की नीति ज़्यादा सही नीति है। फिर भी उनके बाह्य ठण्डे बर्ताव से उस बात को नहीं समझ पाते हैं तो वे कहते हैं कि आपको सन्तुष्ट रखने के लिए वे हर प्रकार से प्रयत्न कर रहे हैं। उन्होंने आपके रूस जाने के लिए मदद देने का पूरा प्रयत्न किया। एक साल तक उन्होंने सबसे दूर रह कर पदयात्रा करने का व्रत ले लिया ताकि आपके कामों में वे किसी प्रकार से बाधक न हों तबसे वे किसी समिति का सदस्य बनने से इनकार करते हैं—अपने नाम के स्थान पर आपका नाम सुझाते हैं। शायद आपने अबेतन समिति का सदस्य बनने से इनकार किया—तब वे वने। लेकिन वे अपने स्वभाव से बाह्य कोमलता नहीं दिखला पाते हैं। इसीलिए शायद आप उनकी भावनाओं को नहीं समझ पाते हैं।

वैसा ही। तुलना करना घृणास्पद है लेकिन काम के approach की दृष्टि से मैं स्पष्ट रूप से कहना चाहती हूँ कि सीधे जनता में ठोस काम करना तथा इससे संगठन बढ़ाने का आपका approach व्यक्तिगत तौर पर मुझे व्यापक प्रचार से ज़्यादा पसन्द है। मुझे लगता है कि यही हमारे काम की सही जड़ है और अक्सर उसे मजबूत बनाने की कोशिश करनी चाहिए। लेकिन अपना अपना स्वभाव और approach भी है और यह ज़रूरी नहीं है कि ये पारस्परिक विरोधी हों। ये सहयोगी हो सकते हैं।

मैं मानती हूँ कि अभी तक मैंने गलतफ़हमियों को दूर करने के जितने भी प्रयत्न किये ये पूरी तरह असफल रहे हैं। इससे मामले और उलझते रहे और एक प्रकार से मैंने निश्चय किया था कि मैं कभी दुबारा प्रयत्न नहीं करूँगी। क्योंकि अक्सर लोगों ने मुझ पर आरोप लगाया कि मैं सुन्दरलाल

जी की जेब में हूँ—जब मुझे उन्होंने दो बार उत्तराखण्ड से बाहर ढकेल दिया था। इसलिए अब तक मैंने इतनी स्पष्टता से कभी न लिखा, न कहा। आपकी सद्भावनाओं पर पूरा विश्वास है। इसलिए इतनी स्पष्टी से आपको लिख रही हूँ। फिर भी शायद आप भी मुझ पर आरोप लगायेंगे। मैं इस पत्र की प्रतिलिपि सुन्दर लाल जी के पास भी भेज रही हूँ।

वास्तव में मुझे इस समय इस पत्र को लिखने की प्रेरणा इसलिए मिली क्योंकि मैंने सुना था कि तवाघाट के मामले में आपकी और सुन्दरलाल जी की दृष्टि का यह भेद सबके सामने प्रकट हो रहा था और 'फूट डालो राज करो' की राजनीतिक नीति खूब ज़ोर से चलने लगी। लेकिन यह पत्र पूरा हो रहा था कि सदन भाई और दीक्षा बहन खूब जोश खरोश में पिथौरागढ़ से लौटे। वे वहाँ 12 ता. के लिए नशाबन्दी के सिलसिले में गये थे। और सड़कें टूटने की वजह से लौटने में भी पदयात्रा करनी पड़ी। इसलिए ये आज ही मिल पाये थे।

पिथौरागढ़ में आपके तथा शमशेर के वक्तव्यों के बारे में ऊपर से नीचे तक सारी जनता तथा अधिकारियों ने उन पर प्रहार किया था कि ये आ गये झूठी रिपोर्ट देने वाले। लगता है वास्तव में आपकी आलोचना कुछ बेबुनियाद थी। वैसा ही, पहले से मुझे शंका हुई थी। क्योंकि 26 तारीख (अगस्त 1977) के दर्मियान में सदन भाई कुछ काम से पिथौरागढ़ गये थे। और एक भी ज़िला अधिकारी उन्हें मिला नहीं। ये सब तवाघाट की ओर गये हुए थे। अब आम बात है कि एसडीएम अपनी पीठ पर पिट्ठू में गुड़ की भेली और दस किलो चना लेकर गये थे लेकिन रास्ते में दो भूस्खलन की धाराओं के बीच में दो दिनों तक फँसे रहे। पीने का पानी नहीं, खाने के लिए चना गुड़ के सिवा कुछ नहीं और देखते रहे कि तीसरा स्खलन मेरे सिर पर कब आ रुके? दो दिनों के बाद सफाई टोली उन्हें वहाँ से निकाल पायी। पता नहीं कि आप ख़ुद परिस्थिति का अवलोकन कर पाये थे या कैसी जानकारी आपको मिली थी? यह सही है कि कई बार काफ़ी अधिकारी गलत काम करते हैं और उस समय हमें खुले आम तथा इनके साथ भी उसकी आलोचना करने से चुकना नहीं चाहिए। लेकिन जब ये मानवता के तौर पर अपने कर्तव्य की पूर्ति करने की कोशिश करते हैं तो उस बात की सराहना भी करनी चाहिए। और कम से कम पिथौरागढ़ में आम राय है कि इस मामले में अधिकारियों ने मानवता के तौर पर अपना कर्तव्य पूरा करने की कोशिश की। यदि कुछ मामलों में ये तन्त्र की बंझा को फौरन नहीं हिला पाये, तो यह व्यक्ति का नहीं, तन्त्र का दोष है।

वैसा ही, सुन्दरलाल जी के निवेदन में सरकारी तन्त्र पर इतना ज़ोर नहीं दिया गया था, जितना जनता के दुख पर। तथा उस दुख के प्रति जनता की सहानुभूति और कर्तव्य पर। यह भी approach की बात है। जन शक्ति या तन्त्र शक्ति?

आप लोगों ने जो दूसरे किस्म का रिपोर्ट दिया, इससे जनता पर बहुत गलत असर पड़ा है। और क्योंकि मैं आपके ठोस रचनात्मक काम की पूरी कीमत समझती हूँ। इसलिए मुझे बहुत दुख होगा यदि आप गलत प्रभावों में फँस कर असली रचना के मार्ग से दूर जायेंगे। बेलाकूची के मामले में आप लोगों ने कितना अच्छा काम किया था।

वैसा ही, आप लोग शायद 24-25 ता. को तवाघाट पहुँच पाये थे और स्थानीय स्तर पर शायद राहत का काम 17-18 ता. को प्रारम्भ हुआ था, तो आपको गलतफ़हमियाँ कहाँ से मिलीं और किस प्रकार मौक़े पर जाकर आप उन बातों में फँस गये थे, यह मुझे समझ में नहीं आया।

आजकल दो शब्द बहुत सस्ते हो गये हैं—'संघर्ष' और 'सम्पूर्ण क्रान्ति'। ये शब्द भीड़ (mob) के लिए बहुत आकर्षक हो सकते हैं। लेकिन क्या हमें सच्ची जन शक्ति को या उभय शक्ति को

ज़माना है, यह हमें सोचने के लिए एक बड़ी चुनौती है। लेकिन रचनात्मक कार्यकर्ताओं को नहीं भूलना चाहिए कि हमारा अन्तिम लक्ष्य निर्माण ही है। यदि मार्ग में संघर्ष करने की आवश्यकता हो तो हम उससे घबरायेंगे नहीं। लेकिन प्रथम संघर्ष अपने से ही करना है। अपनी प्रतिक्रियाओं और प्रतिकारों को समझने में यह पत्र शायद आपको बुरा लग रहा होगा लेकिन क्योंकि आप अक्सर सहानुभूति के लिए और सुझाव के लिए मेरे पास आते हैं—इस सारी परिस्थिति को देखकर मुझे डर है कि कहीं कम अनुभवी लोगों के प्रभाव में फँस कर, आपने अभी तक जो अच्छा काम किया है और उससे जो अच्छा नाम कमाया है, यह न बदले। सही कीर्ति कमाने में बहुत समय लगता है। उसे खोने में कोई समय नहीं लगता है।

वैसा ही, आप घबराइये नहीं इस पत्र से कि मैं फिर उत्तराखण्ड के कामों में सक्रिय होने जा रही हूँ। अपने पहले के अनुभवों से इससे दूर रहने का मेरा निश्चय पूरा पक्का है। सिर्फ़ एक व्यक्तिगत मित्र के तौर पर मैंने यह पत्र लिखा है।

आपकी ही बहिन जी

2. सरला बहन का चण्डी प्रसाद भट्ट को लिखा गया 10 अक्टूबर, 1977 का पत्र

प्रिय चंदी भाई,

जय जगत। आपका लम्बा वेदनापूर्ण पत्र मुझे परसों ही मिला था। आप बीमारी की हालत में भी इतना लम्बा पत्र लिख सके। इससे स्पष्ट है कि इस सिलसिले में आपको कितनी वेदना है। आशा है कि अभी तक आपके स्वास्थ्य में सुधार हो रहा होगा। मेरी बीमारी में आप समय निकाल कर दौड़ कर मेरे पास आये थे। लेकिन कितनी शर्म की बात है कि मैं आपके लिए ऐसा नहीं कर पाती हूँ।

मुझे भी आजकल इस समस्या से काफ़ी परेशानी रही है। जब से मैं पिछले साल पहाड़ को लौटी, तब से दो-तीन मित्र मुझसे विनती करते रहे हैं कि आप और सुन्दरलाल जी के बीच में जो एक प्रकार का दरार सा आजकल स्पष्ट रूप से दीखने लगा है, मैं उसे पाटने की कोशिश करूँ। लेकिन मैं इनकार करती रही, क्योंकि अब तक मेरा अनुभव रहा कि ऐसे मामलों में सुन्दरलाल जी एक़दम अपने में बन्द हो जाते हैं और मामला आगे नहीं बढ़ पाता है। हालाँकि इस वर्ष में मैं उनमें इस सिलसिले में काफ़ी परिवर्तन पाती हूँ। वैसी ही इन पत्रों में मैं बहुत स्पष्टता से लिख रही हूँ। माना मैं आप लोगों के साथ मिलकर चर्चा कर रही होती। मेरी आदत नहीं है कि मैं इस प्रकार एक-दूसरे के बारे में मेरा क्या मत है, इस बात को प्रकट करूँ। लेकिन हम तीनों को एक-दूसरे को समझने का प्रयत्न करना है तो उसकी आवश्यकता लगती है। (मैं इस पत्र की प्रतिलिपि आपके पत्र के साथ ही सुन्दरलाल जी को भेज रही हूँ तथा उन्हें लिखे मेरे पत्र की प्रतिलिपि आपके पास भेज रही हूँ)।

अवश्य लोगों में कुछ शंका उठ रही थी कि शायद गहराई के साथ आप कुछ विस्तार में जाने का प्रयत्न करने लगे हैं। लेकिन मैं मना करती रही कि यह आपका स्वभाव नहीं है। आप ऐसा नहीं करेंगे।

धरमघर में जो बैठक हुई थी इसमें लोग ख़ुश थे कि लोगों के बीच आपस में काफ़ी खुलकर चर्चा हुई और काफ़ी सफाई हुई है। लोगों ने शायद यह भी मान लिया था कि सुन्दरलाल जी ने लोगों की आलोचना या प्रहार का सामना काफ़ी अच्छे ढंग से सहन कर लिया था। लेकिन लोगों

को दुख था कि आप और एक दो साथी उन चर्चाओं में शामिल नहीं हो सके थे। मैंने समझा कि आप बीमार हैं और आपका डेरा दूर था। लेकिन लोगों के मन में एक धारणा बनी कि शायद उसमें कुछ पार्टीबाजी है।

तब तक आपकी भावनाओं के बारे में मेरे मन में किसी प्रकार की शंका नहीं थी। विमला बहन के बारे में मैं सोच रही थी कि ऐसी बात कौन कह सकता है? मैंने इनकार किया कि आप हरगिज नहीं कह सकते हैं। लेकिन आखिर में किसी ने कहा कि नहीं आपकी ही बात थी। विश्वास होता नहीं था लेकिन क्या करूँ? मैं बहुत परेशान हुई कि आप अब किस प्रकार अपने स्वभाव के विरुद्ध वर्तने लगे हैं? तब भी विश्वास नहीं जैसे हो रहा था। और आपसे मिलकर शंका का स्पष्टीकरण करने की तर्पण लगी। तब तो अन्त में लिखने का निर्णय हुआ और उस दर्मियान में तवाघाट में आप लोगों की प्रतिक्रिया और सुन्दरलाल जी की प्रतिक्रिया में भेद बहुत स्पष्ट हुआ। आप लोगों से मुलाक़ात नहीं हो पायी। अल्मोड़ा में सदन भाई सुन्दरलाल जी मिले थे। वैसा ही वे भी परिस्थिति की जाँच करने में काफ़ी अनुभवी हैं। जनता का रुख भी मालूम हुआ। यदि आप लोगों से प्रत्यक्ष भेंट हुई होती तो शायद हम ऐसी भूल में नहीं पड़े होते।

लेकिन मैं आपको आश्वासन दे सकती हूँ कि आपको मेरी शंकाओं से जितना दुख हुआ था, मुझे भी उससे कम दुख नहीं था। क्योंकि मैं समझ नहीं पा रही थी कि आपका स्वभाव और आपकी दृष्टि इस प्रकार कैसे बदल पा रही है।

मैं आशा करती हूँ कि इस सब स्पष्टीकरण से आप दोनों को एक-दूसरे को आपस में समझने का मार्ग खुलेगा। तब अन्त में जो मधुर होगा, वह बहुत मधुर होगा और हम लोग मार्ग की तकलीफ़ों को भूल जायेंगे। यदि वह मार्ग नहीं खुलता तब मुझे बहुत दुख होगा कि मैंने व्यर्थ में आपकी मानसिक वेदना को बढ़ाया है।

वैसा ही मैं मानती हूँ कि शायद आप भी मान लेंगे कि कभी-कभी परेशानी में आप भी ऐसी बातें व्यक्त करते हैं कि जिससे लोगों के मन में थोड़ी शंका उठ सकती है।

आशा है अब आपके स्वास्थ्य में काफ़ी सुधार होने लगा है। परिवार में सबको जय जगत।

आपकी बहिनजी

3. सरला बहन का सुन्दरलाल बहुगुणा को लिखा गया 10 अक्टूबर, 1977 का पत्र

प्रिय सुन्दरलाल जी,

जय जगत। आशा है आप सब लोग वहाँ पर अच्छी तरह होंगे।

आजकल मैं यहाँ पर अकेली हूँ। शोभा की हालत बिगड़ती गयी। उसे नैनीताल में आँखों के अस्पताल में भर्ती करना पड़ा। शायद अब वह वहाँ से छूट गयी—लेकिन इलाज के लिए रोज़ जाती रहती है। शायद वह सिफलिस का प्रयोग है। डॉक्टर ने कहा कि यह अच्छा हुआ कि हमने ज़्यादा देरी नहीं की।

परसों चन्दी भाई का पत्र बहुत लम्बा और वेदना भरा मिला था। मैं उसे आपके पास भेज रही हूँ। तथा उत्तर में लिखे अपने पत्र की प्रति भी भेज रही हूँ।

मुझे लगता है कि इनके पत्र में बहुत-सार है। वैसा ही तवाघाट का सिलसिला इस चक्र में सिर्फ़ एक ही कड़ी है। लेकिन मैं इस सिलसिले में इतना लिखना चाहती हूँ कि करण भाई कल वहाँ से लौटे थे और उन्हें लगा कि उन लोगों की रिपोर्ट में कोई अनुचित बात नहीं है। शायद आपके

वहाँ पर पहुँचने तक गाँव वालों को चेतावनी मिली होगी कि कोई व्यक्ति बाहर से आ जाय तो ये उसके सामने क्या कहें। सावधान रहें? क्योंकि वैसा ही आपको परिस्थिति पकड़ने की अच्छी आदत भी है। लेकिन जैसे मैंने कहा यह दृष्टि में मतभेद सिर्फ़ एक लम्बे सिलसिले में एक खड़ी (कड़ी) है।

मैं यह सब इसलिए लिख रही हूँ कि क्योंकि मैं मानती हूँ कि आप और चन्दी भाई एक-दूसरे को अच्छी तरह समझें, एक-दूसरे के हेतु पर सद्भाव रखें और एक-दूसरे के कार्य में सहयोग और प्रोत्साहन दें। इससे हमें एक बड़ी शक्ति मिलेगी नहीं तो लोगों को लगता है कि हमारे बीच में दलबन्दी चल रही होगी।

वैसा ही, शुरू से ही मैं चन्दी भाई के काम से, उसके चरित्र और सच्चाई से, उसकी गम्भीरता, संगठन शक्ति, सरलता, प्रेम और समर्पण वृत्ति से और सातत्य से बहुत प्रभावित हूँ। मैंने पहले से ही आपको संकेत किया था कि मुझे लगता है कि आजकल सबको जो लगता है कि आपके बीच में जो दुराव बढ़ रहा है, उसमें एक मुख्य कारण यह है कि हृदय से उन्हें समझने की कोशिश करने के बदले में उनकी सच्चाई और sincerity पर विश्वास करने के बदले में आप अक्सर उनके साथ appeasement नीति चलाते रहे। उनके पत्र से विशेषकर मुझे लगता है कि उनके सामने इस प्रकार हूँडुच्ची का दाना रखने में आपने उनका बड़ा अपमान किया है। उनके साथ अन्याय किया है। क्षमा कीजिएगा—जो मुझे लगता है मैं स्पष्ट रूप से लिख रही हूँ। पता नहीं क्या आप इस दिशा में कुछ विचार कर सकेंगे? वैसे ही उनके दिल में बहुत वेदना है। उसे सोचना आसान नहीं है। लेकिन यदि आप गम्भीरता से और तिंदासल से उनके साथ बातचीत कर सकते हैं तो शायद अब भी यह दुराव की भावना दूर हो सकती है। वैसा ही चन्दी भाई के पत्र में मैंने अपने विचार जरा ज़्यादा विस्तार से लिखे हैं। शायद आप सोचते होंगे कि मैं अनुचित हस्तक्षेप करती हूँ। ये ज़्यादा स्पष्ट रूप से लिख रही हूँ—तो क्षमा प्रार्थी हूँ।

आश्रम में सबको मेरी सप्रेम जयजगत कहिएगा।

आपकी बहिनजी

4. सरला बहन का सुन्दरलाल बहुगुणा को धरमघर से लिखा गया 14 अप्रैल, 1981 का पत्र

प्रिय सुन्दरलाल जी,

जय जगत। आपका कैलाश आश्रम से लिखा पुलिन्दा कुछ दिन पूर्व मिला था। आजकल मैं इतनी हिन्दी अपने आप नहीं पढ़ पाती हूँ। ठहरना पड़ता है कि कोई पढ़ने वाला आ जाय। सदन भाई कल आये थे। तब सुन पायी थी। इससे आपकी मानसिक परिस्थिति कुछ समझ में आई है।

मैं एक साधारण व्यक्ति हूँ। न आध्यात्मिकता को समझने की शक्ति है, न राजनीति। इसलिए वास्तव में मैं आपको कोई सुझाव देने की परिस्थिति में नहीं हूँ। इन वृत्तियों का मेल कैसे हो, यह मेरे समझने के बाहर की बात है। राजनीति से मेरा अर्थ दलगत राजनीति से नहीं है लेकिन लोगों को manipulate (परिचालित) करने की वृत्ति से है। और आप क्षमा कीजिएगा यदि मैं लिखने का दुस्साहस करती हूँ कि मुझे अक्सर लगता है कि अपने काम में आगे बढ़ने की आपकी दृष्टि में अक्सर यह रहता है तो मैं किस प्रकार इस व्यक्ति को प्रभावित कर सकूँगा। इससे आपकी शैली में और आपके सम्पर्कों में अन्तर आता है लेकिन हार्दिकता—निकटता नहीं हो पाती है। इसी दृष्टि की वजह से शुरू में चन्दी भाई के साथ आपके सम्बन्ध बिगड़ गये थे।

एक दूसरी बात भी मुझे लगता है। यदि यह सही बात है कि consistency is the virtue of little minds यह आपका बहुत महानता है। यह आपको मानना ही पड़ेगा। स्थानीय संस्थाओं के द्वारा वनाधारित उद्योगों को बढ़ाया जाना चाहिए—उस विचार के प्रणेता आप ही थे। क्योंकि आपने समझा कि इससे बनायी हुई कुछ संस्थाएँ आपके काम को आगे बढ़ाने में आपके परिचालन का माध्यम बन सकेंगी। यह जब नहीं हो पाया (चाहे कमज़ोरी उन्हीं की हो या आपकी आशा में नियोजन में कमी हुई) तो आप उनका खट्टर (कट्टर) विरोधी बने हैं।

एक बार आपने वन को कटवाने के लिए उपवास किया था, बाद को वन नहीं काटने के लिए। जो लोग आपकी गतिविधियों में निकट रहे हैं, ये इतनी जल्दी में होने वाले परिवर्तनों से कुछ चकित हों तो आश्चर्य क्या? या तो कम से कम बापू की तरह आप सबके सामने अपने 'हिमालयन ब्लंडर' के लिए क्षमा माँगते। अपनी नयी पृष्ठभूमि स्पष्ट करते (क्योंकि बदलती हुई परिस्थिति के साथ विचार और कार्य भी बदलते रहेंगे)। लेकिन उस सब में ऐसा नहीं हो पाता। जैसे हथौड़े चलाकर आपने पहले अपना विचार थोप दिया। इसी प्रकार अब आप नये विचार भी लोगों पर थोपने का प्रयत्न करते हैं।

ऐसी बातों की खुली चर्चा साथियों के आपस में करने के बदले में, हमारे कुछ साथी पत्रकारिता का सहारा लेते हैं। यह एक बहुत बुरी बात है। लेकिन कभी-कभी इस गन्दी प्रवृत्ति में ऐसे सवाल उठते हैं जो वास्तव में हमें उन पर गहराई से विचार करके एक उत्तर देने की चुनौती देते हैं। पिछले साल लक्ष्मी आश्रम के सामने एक ऐसा दुखद प्रसंग उठा। इस साल में आपके बारे में (आगे एक पन्ना ग़ायब था)।

वास्तव में जैसा बाबा कहते हैं—कोई अच्छी घटना दमे नहीं होती है। हम जब दमू बन जाते हैं तो कुछ न कुछ गड़बड़ी उठती रहती है। मैं नम्रता से आपको यह लिखना चाहती हूँ—जो उसी समय उन्हें लिखा था कि यह हमें आत्म परीक्षा का मौक़ा देता है।

मैं जो ऊपर लिख चुकी वह आलोचना की दृष्टि से नहीं। हितेषी की दृष्टि से। क्योंकि आखिर में मैं अक्सर आपके काम की सफलता या असफलता में अपने काम की भी सफलता या असफलता मानती हूँ। जब मेरे सामने ऐसी परिस्थिति दिखती है तो औरों के सामने ऐसा दीखना स्वाभाविक तो है ही लेकिन विचार प्रकट करने की शैली या भावना में अन्तर आ सकता है।

पत्र लम्बा हो गया। क्षमा कीजिएगा। मौक़ा मिलने पर अवश्य इस ओर मिलने आइएगा।

मैं आशा करती हूँ कि आपका उपवास शान्ति से सम्पन्न हुआ होगा। जीवन में आपने इतनी बार इससे काफ़ी लम्बा उपवास रखा है। इसलिए मैं समझती हूँ कि इसमें आपको कोई विशेष कठिनाई नहीं हुई होगी। और आजकल मलेरिया और उसके इलाज से जो क्षति आपके शरीर में आयी है—बाद के आराम से उस क्षति की पूर्ति प्रकट हो जायेगी।

आपकी ही बहिनजी

5. सरला बहन का धूम सिंह नेगी को धरमघर से लिखा गया 5 फ़रवरी, 1977 का पत्र

प्रिय श्री धूम सिंह जी,

जय जगत। आपका 26 ता. का पत्र परसों मिला। फिर कल तार से मालूम हुआ कि पीएसी वहाँ पर पहुँच गयी है। तों अब स्थिति क्या है? मालूम नहीं। फिर भी आपके पत्र के उत्तर में जो लिखने वाली थी। संक्षेप में लिख रही हूँ।

1. सत्याग्रह के बारे में बापू का कहना था कि हमारे काम में ऐसी बात नहीं आनी चाहिए, जिससे हमारे विरोधी के दिल में कुछ चोट लगे, दुख हो। बाबा भी बराबर कहते रहे—सौम्य, सौम्यतर, सौम्यतम। हमारा सत्याग्रह फूल की तरह हल्का होना चाहिए। आपके केनिस्टर वाले जुलूस के बारे में, इन दो बातों के प्रकाश में मुझे बहुत समझ में नहीं आयी।

वैसा ही मुझे कबूल करना चाहिए कि मैं स्वभाव से और आदत से शिक्षिका हूँ—आन्दोलनकारी या प्रचारक नहीं हूँ। तथा सुन्दरलाल जी के सत्याग्रह के तकनीक को समझने में अक्सर मुझे बहुत कठिनाई होती है। और जो आपका तरीका है—अभी तक—वह मुझे उचित लगा। आप व्यापक तौर पर इसमें श्रद्धा और आध्यात्मिक भावना लाने की कोशिश कर रहे हैं—वह अच्छी बात है।

2. मुझे लगता है कि ज़्यादा उतावली में आना भी बहुत उचित नहीं है। आप लोगों ने मिलकर चर्चा की और मुझे मिलना चाहते हैं—यह अच्छी बात है लेकिन उसकी व्यवस्था करने में समय लगेगा। क्योंकि इस तरफ़ के साथियों का उत्तर मिले और मैं उनसे सलाह लूँ। उसमें समय लगेगा। इसलिए एकदम कोटद्वारा का कार्यक्रम स्थगित करना मुझे उचित नहीं लगा। इधर के उत्तर मिलने में कुछ देरी लगेगी। क्योंकि बेवकूफी में मैंने एक पत्र का पता गलत लिखा जो अन्त में वापस आया। वैसा ही, दीवान सिंह जी और गोपाल दत्त भट्ट मिलने के लिए अनुकूल होंगे।

3. पीएसी की पहुँचने की ख़बर से चिन्तित हूँ। क्योंकि नैनीताल की तरह उनका रवैया होगा या कुछ सौम्यता से काम लें—यह समझ में नहीं आता। फिलहाल तो क्या परिस्थिति बनेगी कुछ अन्दाज़ा नहीं आता है। इसलिए मुझे लगता है कि एक दो दौड़धूप करने वाले और सम्पर्क करने वाले को बाहर रहा चाहिए। इसलिए मैंने सदन भाई को फौरन वहाँ पर आने की सलाह नहीं दी। दीक्षा आने को इच्छुक है। मैं यह पत्र उनके हाथ से भेज रही हूँ। रास्ते में वह दीवान सिंह जी और गोपाल दत्त जी से सम्पर्क करेगी। मैं इस पत्र की एक प्रतिलिपि मनोरा और सालम को भी भेज रही हूँ।

आशा है कि बहिनें और युवक दृढ़ और शान्त रहेंगे। सौम्यता का प्रभाव अवश्य पड़ना चाहिए।

आपकी ही
बहिनजी

6. चण्डी प्रसाद भट्ट का गोपेश्वर से सरला बहन को लिखा गया 28 जनवरी, 1978 का पत्र

आदरणीय बहन जी,

सादर नमस्कार। मेरा पहला अन्तरदेशीय मिला होगा। हमारे कार्य की पद्धति में अन्तर सन् 1974 में रेणी आन्दोलन से पहले ही यानी दिसम्बर में फाटा में आन्दोलन चला था। सब अपने-अपने कार्यक्रमों के प्रति आग्रह में एक-दूसरे से नहीं जुड़े और उस समय की जो रेणी की भूस्खलन एवं संवेदनशीलता की स्थिति थी, यदि थोड़ी भी उदासीनता को बरतता तो अलकनन्दा में एक भयंकर बाढ़ को बुलावा था। वह घटना कोई आन्दोलन के लिए नहीं थी। बल्कि अलकनन्दा के संवेदनशील इलाके की रक्षा के लिए था। यही कारण था कि इसमें जनता का अभूतपूर्व योगदान रहा। लेकिन हमने एक-दूसरे की पीड़ा को समझने की कोशिश नहीं की। और अपने-अपने साथ को एक-दूसरे पर थोपने का प्रयास किया। लेकिन यह पहली बार एहसास हुआ कि राजनीति में पले लोगों को दूसरों के हर कार्य में खोट दिखाई देता है और उसे प्रपंच करके सच्चा साबित करे। उस समय पूरा प्रयत्न

किया गया इस आन्दोलन को दबाने का। सरकारी और गैर-सरकारी नेताओं ने मिल करके इसके ख़िलाफ़ प्रस्ताव तक किया। लेकिन जब आन्दोलन सफल रहा फिर सबकी आँखें खुलीं।

इसके बाद अप्रत्यक्ष रूप से 'चिपको' आन्दोलन के साथ अपने नाम को चिपकाने की होड़ में इस आन्दोलन को जबरदस्ती नगरों में ला घसीटा जहाँ कि नीलामियाँ होती हैं। शहरों में या नीलामी स्थल में प्रतिकार का मैं व्यक्तिगत रूप से सहमत नहीं हूँ पर अपने बड़े साथियों के और सर्वानुमति के कारण जिससे टीम टूटे नहीं सहमति व्यक्त की। अगस्त 1974 में देहरादून की नीलामी के अवसर पर हमारे बड़े लोगों की भीड़ को इकट्ठा करने पर आमादा थे। जिसका मैंने विरोध किया। मैंने उस समय संख्या बल के बजाय गुणबल को प्रधानता देने की बात की। जिसके बाद देहरादून में मौन प्रदर्शन निकला और कुल 10-11 लोगों ने भाग लिया।

उसके तत्काल बाद मैं अपने भतीजे के निमन्त्रण पर विदेश चले गया। और मैं देख रहा था कि अब आन्दोलन पर अपने नाम को चिपकाने के नाटक आरम्भ हो गये हैं। इसलिए इससे कुछ निकलने वाला नहीं है। जिससे मैंने विदेश जाना ही श्रेयष्कर समझा और मुझे लाभ भी हुआ। मैंने स्वान्तः सुखाय के लिए 1970 की अलकनन्दा बाढ़ में जो वेदना भरे दृश्य देखे थे उन्हें लिपिबद्ध किया।

लेकिन विदेश जाने से पहले हमारे किसी बड़े साथी ने यह महसूस नहीं किया कि जब वे आन्दोलन चला रहे हैं तो जो व्यक्ति इससे जुड़ा हुआ है उसे ऐसे अवसर पर बाहर नहीं जाना चाहिए। मैं उस समय की परिस्थिति को जानता था और इस प्रक्रिया से जनान्दोलन के न उभरने की बात भी समझता था। इसलिए भी चुपचाप चला गया।

सन् 1974 में नैनीताल-टिहरी-उत्तरकाशी में जो कुछ हुआ, उस बारे में मास्को में जो पत्र मुझे मिले उससे उस समय के कार्यक्रम के खोखलेपन का स्पष्ट अन्दाज़ लग गया था। उसके बाद भी वनों तक जनता को पेड़ों की सुरक्षा के लिए चिपकने की बात कहने की बात भूल ही गये। और चिपको को नीलामी रोकने और भूख हड़ताल के साथ जोड़ा गया—क्योंकि शहरों में इस बात पर खूब नाम कमाया जा सकता है।

उस दौरान मुझे मास्को में दो पत्र अपने ही साथियों के मिले। उसमें नीलामी के विरोध में हुए प्रदर्शनों की बात थी तथा नीलामी स्थगित होने को खूब उछाला गया था तथा मुख्यमन्त्री से हुई बात भी।

उस समय के आन्दोलन का सम्बन्ध एक समर्थ मुख्यमन्त्री से था। लेकिन निकला कुछ भी नहीं। एक बात ज़रूर हुई कि उसके बाद जंगल में तो आन्दोलन चलाने की हुई नहीं पर साथ में जुड़ गया चिपको के साथ नीलामियाँ रोकना एवं उपवास करना भी—और यह विधिवत उसी का अंग बन गया।

इस बारे में मैं तभी से सचेत था। मैंने एक लेख 1975 के प्रारम्भ में लिखा था। उसकी प्रति हिमालय सेवा संघ के गोहाटी सम्मेलन के दौरान आपको भी दी थी। उसमें चिपको आन्दोलन के वन क्षेत्रों से वनवास की ओर इशारा था। शायद आपके ध्यान में नहीं आयी।

योगेश जी ने भी अपने स्पष्टवादी गुण के कारण इस पर दो-तीन बार लिखा भी। 'उत्तर के शिखरों पर चेतना के अंकुर' पुस्तक के चिपको आन्दोलन के जागतिक सन्दर्भ के लेख के ऊपर एक चिप्पी लगी हुई है, जोकि बाद में चिपकाई गयी।

इधर सन् 1975 में चमोली जनपद में रेणी की ही भाँति नन्दाकिनी के जलागम और गोपेश्वर गाँव के जंगल की सुरक्षा का कार्य करके चमोली जनपद के लोगों ने इसमें नयी कड़ी जोड़ दी,

उसकी किसी को जानकारी नहीं है। क्योंकि हम स्वप्रचारक कम हैं। लेकिन वन विभाग के लोग इस बात को अच्छी तरह जानते हैं कि नन्दाकिनी के जलागम के पेड़ों के कटान को रोक कर एक बहुत बड़ी बाढ़ को आने से बचाया है। जिस बात को हम विचारपूर्वक समझते हैं, उसमें हृदय उड़ेलने की बात करते हैं। नंगे, भूस्खलन से धँस रहे पहाड़ों को हरे भरे बनाने की बात आयी। हमारे सभी साथी इसमें जुट गये। 1974 के अन्त से हर वर्ष ही बरसात और जाड़ों में हमने 10 हज़ार पेड़ लगाने का संकल्प लिया। और उसमें जुट गये हैं। अब तक अकेले दशौली ग्राम स्वराज्य संघ ने 30 हज़ार के लगभग पेड़ों का रोपण किया। इस वर्ष से इन तीनों संस्थाओं के अलावा युवकों ने भी एक साथ इसे अपना लिया है। और हमने चमोली जनपद के बौखलाते नदी नालों को बाँधने का भी निश्चय किया। इसी के क्रम में जुलाई में विरही नदी के रोखड़ में एक हज़ार मजनू (विलो) की कलमों का रोपण किया। जो फूट चुकी हैं। तथा इस बार 36 लोगों ने 15 हज़ार के लगभग कलमों का रोपण किया। तथा पूरे उत्तराखण्ड के बौखलाते नदी-नालों में मजनू (विलो) की कलम रोपने का प्रतीकात्मक रूप से विरही से ही एक मोटरसाइकिल अभियान भी प्रारम्भ हुआ। जिसमें दयाल भाई ने जिम्मा उठाया है। मुझे पूरा विश्वास है कि इस गर्मियों तक हम एक लाख तक कलमों का रोपण करेंगे।

आजकल हम चिपको आन्दोलन के तीन स्वरूपों की ओर बढ़ रहे हैं। एक ओर भ्यूँढार घाटी में बहिनें जंगल की निगरानी सावधानीपूर्वक कर रही हैं। जिसमें हम मात्र उनके सहयोगी हैं। यह क्षेत्र भी अलकनन्दा का महत्त्वपूर्ण जलागम है। दूसरी ओर पिछले वर्षों से चले आये वनीकरण को रोखड़ और बाढ़ से प्रभावित नदियों के जलागम में फैला रहे हैं। तीसरी ओर वन खेती के प्रयोग की प्रारम्भिक तैयारी में हैं। जिसमें कि गोपेश्वर गाँव को ही पहला चुना है। चौथी बात यह है कि यहाँ की सभी संस्थाओं ने दिसम्बर 1977 में निर्णय लिया है कि वन नीति में परिवर्तन न होने के कारण काष्ठोपकरण पर आधारित उद्योगों के लिए मिलने वाले कच्चे माल का 77-78 का उपयोग तब तक नहीं करेंगे। जनपद की सभी संस्थाओं का इन सभी निर्णयों में एक मत हं। यह ज़रूर है कि हम लोग इस प्रकार के कार्यक्रमों का कम प्रचार करते हैं। हमारी पद्धति में कोई अन्तर नहीं आया है। सावधानीपूर्वक छोटे से क्षेत्र में अपनी शक्ति भर कार्य कर रहे हैं। 77 में जब नरेन्द्रनगर-कोटद्वार-नैनीताल-देहरादून और गोचर में जंगलों की नीलामी हुई तो इस पद्धति से हमने कहीं भी प्रदर्शन या अनशन या अन्य किसी भी कार्यक्रम में भाग नहीं लिया। जब यह सब कुछ हुआ, जगह-जगह जब इसके साथ चिपको आन्दोलन का नाम जुड़ा तो अवश्य ही 'चिपको' आन्दोलन की मूल बात को समझाने के लिए उसके सौम्यतम स्वरूप की जानकारी देने के लिए आज भी शायद कुछ लोगों को नागवार लग रहा है। खैर यह सब बातें हैं जिनके बारे में लिखने के बजाय मैं विस्तार से अपनी आज तक की पद्धति के बारे में पूरी जानकारी दूँगा कि हर समय कितनी सूक्ष्मता से सावधानी बरती।

मेरा हर समय हर व्यक्ति के साथ हर पक्ष के लोगों के साथ सहयोग का ही रास्ता रहा। संघर्ष का शब्द मात्र से जो कि फैशन भी बन गया है वह भी सहयोग में ही बदला। वर्तमान में भी हमारा किसी से संघर्ष नहीं है? भले ही कोई उसका अर्थ कुछ भी लगा ले। इस बीच इस सहयोगात्मक वातावरण में एक और नदी का जलागम पेड़ों के कटान के लिए रुक गया। चमोली जनपद में अब पिन्डर और मन्दाकिनी के जलागम ही शेष रह गये हैं।

मेरी आपसे प्रार्थना है कि फिलहाल आप मुझे जो पत्र लिख रही हैं उसकी प्रति औरों को न भेजें। न मेरे पत्र की नकल दूसरों को ही भेजें क्योंकि उनकी चर्चा तत्काल दिल्ली और लखनऊ में सुनने को मिलती है।

मैं समय मिलते ही आपको सारी परिस्थितियों से अवगत करा दूँगा।

इस बीच हमने जो पत्रक प्रकाशित किये उनको संलग्न कर भेज रहा हूँ।

आशा है कि हृदय खोलकर जो बात लिखी हैं उनसे नाराज़ नहीं होंगी।

आपका ही

चण्डी प्रसाद भट्ट

❑❑

फ़ोटो एलबम

1. गोपेश्वर में चिपको आन्दोलन का प्रारम्भिक प्रदर्शन : 2 मई 1973

2. फाटा में अधकटे पेड़ को बाँहों में लिए केदारसिंह रावत तथा
अनुसूया प्रसाद भट्ट : 24 दिसम्बर 1973

3. रेणी में विजय जुलूस : 31 मार्च 1974

4. रेणी की सभा में बोलते हुए वासवानन्द नौटियाल : 31 मार्च 1974

5. रेणी में चिपको जुलूस : 7 अप्रैल 1974

6. नैनीताल में गौर्दा का गीत गाते पुलिस से घिरे गिर्दा तथा अन्य : 28 नवम्बर 1977

7. नैनीताल में गिरफ़्तारी से पहले आन्दोलनकारी : 28 नवम्बर 1977

8. नैनीताल में गिरफ़्तारीः 28 नवम्बर 1977

9. ट्रक में पीएसी द्वारा ठूँसे जा रहे आन्दोलनकारी, नैनीताल : 28 नवम्बर 1977

10. जोशीमठ में वृक्षारोपण को जाता उत्तराखण्ड संघर्ष वाहिनी का दल : 1978

11. भ्यूढार (फूलों की घाटी), चमोली के साल तोक (जंगल चट्टी) में ग्रामीण आन्दोलनकारी : 6 जनवरी 1978

12. भ्यूढार में महिलाओं को सम्बोधित करते चंडी प्रसाद भट्ट : 8 जनवरी 1978

13. अलमोड़ा की चिपको सभा में उत्तराखण्ड संघर्ष वाहिनी के शमशेर बिष्ट : 1978

14. पीएसी के पहरे में नरेन्द्रनगर में नीलामीः 9 फ़रवरी 1978

15. अदवाणी आन्दोलन (टिहरी) में बोलते कुंवर प्रसून, पीछे खड़े प्रताप शिखर : 1978

16. अदवाणी आन्दोलन (टिहरी) में बोलते सुन्दरलाल बहुगुणा : 1978

17. चिपको भागवत कथा आयोजन, बडियारगढ़ : 26 जनवरी 1979 से

18. उत्तराखण्ड संघर्ष वाहिनी का जुलूस, ध्याड़ी-धौलादेवी में : 4 फ़रवरी 1979

19. डूंगरी पैंतोली की मथुरादेवी, पर्वती, गायत्री, मालती, रामेश्वरी आदि : 1979

20. 'छीनो झपटो आन्दोलन' में लाटा की महिलाएँ : 1982

21. रामगढ़ (नैनीताल) में 'नशा नहीं रोज़गार दो आन्दोलन' की सभा में बोलती महिला, 1984

22. गौरादेवी, बालीदेवी तथा अन्य, अस्कोट आराकोट अभियान 1984 के समय

23. नन्दीसैण में चिपको आन्दोलन : 1985 (सामने रमेश पहाड़ी और मुरारीलाल)

24. टिहरी में बाँध विरोधी संघर्ष : 1995

25. चंडी प्रसाद भट्ट

26. श्यामा देवी

27. केदार सिंह रावत

28. आलम सिंह बिष्ट

29. आनन्द सिंह बिष्ट

30. चिरंजीलाल भट्ट

31. गौरा देवी

32. शिशुपाल सिंह कुँवर

33. गोविन्द सिंह रावत

34. सुदर्शन कठैत

35. मुरारीलाल

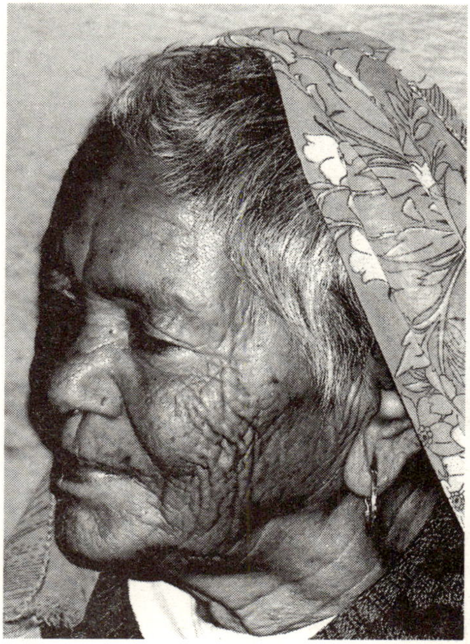

36. जयन्ती देवी

37. हयात सिंह

38. कलावती देवी, बछेर

39. प्रताप सिंह पुष्पाण

40. रमेश पहाड़ी

41. सुन्दरलाल बहुगुणा

42. धूमसिंह नेगी

43. सुदेशा देवी

44. कुँवर प्रसून

45. प्रताप शिखर

46. घनश्याम सैलानी

47 बचनी देवी, अदवाणी, टिहरी

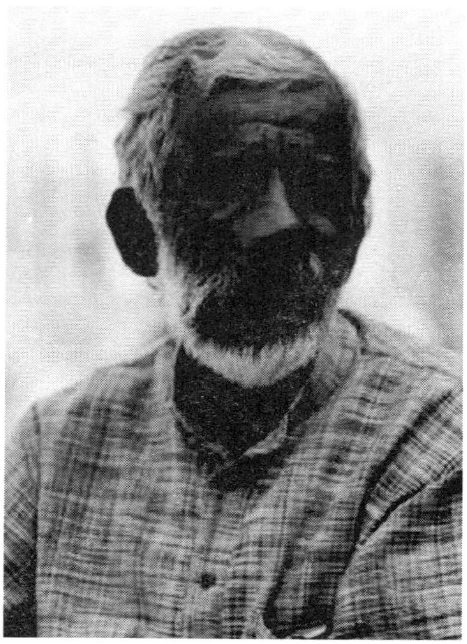

48. विजय जरधारी

49. योगेश बहुगुणा

50. जीवानन्द श्रियाल

51. विमला बहुगुणा
(चित्र में वीरेन्द्र दत्त सकलानी)

52. शाका देवी, बडियारगढ

53. सुलोचना देवी, बडियारगढ़

54. बिपिन त्रिपाठी तथा त्रिलोक सिंह रौतेला (चाचरीधार में ठेकेदार से छीने गये आरे के साथ)

55. शमशेर सिंह बिष्ट

56. पूरन तिवाड़ी (पीसी)

57. बालम सिंह जनोटी

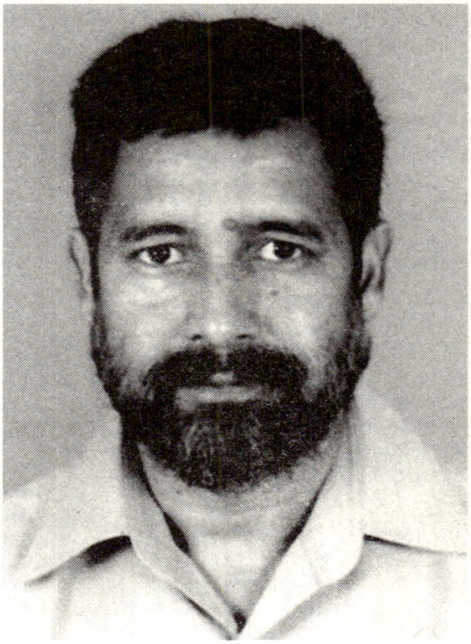

58. प्रदीप टम्टा

59. पी.सी. तिवाड़ी (पीसीटी)

60. गिरीश तिवाड़ी 'गिर्दा'

61. मोहन सिंह, ध्याड़ी, अलमोड़ा

62. राजीव लोचन साह

63. राजा बहुगुणा

64. जसवन्त सिंह बिष्ट

65-66. जनोटी पालड़ी (अलमोड़ा) की कान्ती देवी, बचुली देवी, लक्ष्मी देवी तथा भागुली देवी

67. विद्यासागर नौटियाल

68. कमलाराम नौटियाल

69. चन्दन सिंह राणा

70. सच्चिदानन्द भारती

अनुक्रमणिका

व्यक्ति नाम

ख

ग

घ

च

ज

प

फ

ब

भ

म

य

र

स

ष

ह

स्थान नाम

विषय/संस्था नाम

ब

भ

म

य

र

ल

व

श

स

□□